国家社科基金青年项目"宋代'三礼'诠释研究"(14CZX031)
西南财经大学专著出版资助项目(JBK1804024)

# 宋代"三礼"诠释研究

潘 斌 ◎ 著

# 序

党的十八大以来，习近平总书记在许多场合下，发表了关于继承和弘扬中华优秀传统文化的重要论述。可以说，博大精深的中国传统文化，是当下中国社会推进改革开放和社会主义现代化建设、实现中华民族伟大复兴中国梦的强大精神力量。批判地继承我国传统文化，既是历史赋予我们的神圣使命，也是现时代赋予我们的神圣使命。考察中国传统文化的本质，"礼"乃是其中的核心要素之一，而以儒家为主导的礼乐文化称得上是中国传统文化的主要范式。"礼"是中国古代社会逐渐发展和形成的有关祭天、祀祖、区分尊卑上下和维护宗法社会秩序的一套仪节制度和行为规范，是人们在相互交际时用来表达伦理思想和感情意识的一种外在形式，当然，其中也蕴含着丰富的、系统的社会政治思想、伦理观念，因而它具有很强的渗透性，往往影响、渗透至当时社会的制度、器物、行为、观念、心态等各个层面中。简言之，"礼"几乎是无所不涵的社会生活的总规范。中国古代社会处处有礼学，研究中国文化处处会遇到礼学。所以早在春秋时期，儒家学派创始人孔子便教导其弟子说："不学礼，无以立。"

"经之至者，道也。所以明道者，其词也。"① 如果将整个礼学发展史比作一条奔腾不息的长河的话，那么，产生于两千年前的《周礼》、《仪礼》、《礼记》诸书便是这条文化长河的重要源头。就传统儒家经学而言，以《周礼》、《仪礼》、《礼记》为主要研究对象的"三礼"之学，是中国礼乐文化的理论形态，是中国古典学术的重要组成部分，是产生于齐鲁大地儒家文化的典型代表。皮锡瑞在《经学通论·三礼》中说："六经之文，皆有礼在其中；六经之义，亦

---

① （清）戴震：《与是仲明论学书》，《戴震全书》卷六，黄山书社1995年版，第370页。

以礼为尤重。"① 近代礼学名家曹元弼也说："六经同归，其指在礼。《易》之象，《书》之政，皆礼也。"②"三礼"所记载的典章制度，历来被看作是我国古代礼制的渊薮，历代礼典的修订，亦无不以"三礼"为基础。"三礼"之学所蕴含的礼学思想，对古代中国乃至东亚、东南亚的文化，产生了极为深远的影响。中国古代的"三礼"学既有学术意义，又有治术意义，受到了历代统治者和学者的普遍重视，在中国传统文化中扮演着基础伦理和制度资源的角色。

从内容方面来看，"三礼"诸书的内容非常丰富，遍及先秦时期人们社会生活的各个方面。仅以《仪礼》为例，诚如《礼记·昏义》篇所云："夫礼始于冠，本于昏，重于丧、祭，尊于朝、聘，和于射、乡。此礼之大体也。"③《礼运》篇亦称"达于丧、祭、射、御、冠、昏、朝、聘"，"其行之以货力、辞让、饮食、冠昏、丧祭、射御、朝聘"。其中记述了先民们冠、昏、饮、食、燕、射、聘、觐、丧、虞等方面的礼节仪式，涉及服饰搭配，礼器陈设，挚币等次，言辞容止，主、相、宾、介、门、阶、面、位、升、降、进、退、揖、让、兴、献、荐、祭、啐、歌、笙、间、合等繁文缛节，仪文节制相当烦琐。凡此之类，都给后人解读带来了很大的困难。《周礼》所涉及之内容同样非常丰富，大至天下九州，天文历象，小至沟洫道路，草木虫鱼，凡邦国建制，政法文教，礼乐兵刑，赋税度支，膳食衣饰，寝庙车马，农商医卜，工艺制作，各种名物、典章、制度等，可谓无所不包，堪称我国先秦文化史之宝库。至于《礼记》四十九篇，它阐述的思想更是包括社会、政治、伦理、哲学、宗教等各个方面，在很长一段时间里，发挥着维护统治秩序、维护国家"长治久安"之意识形态的作用。

我国"三礼"研究的历史非常悠久，历代儒家学者的"三礼"学研究相当广泛，传世的"三礼"学论著浩如烟海。据王锷先生《三礼研究论著提要》一书的统计，从汉代到晚清，我国历史上各类"三礼"文献有二千一百一十八种（不含"杂礼书"类），其中《周礼》类文献有五百二十种，《仪礼》类文献有四百九十九种，《礼记》类文献有七百零七种，"三礼总义"类文献有

---

① （清）皮锡瑞：《经学通论·三礼》，潘斌编：《皮锡瑞儒学论集》，四川大学出版社2010年版，第216页。
② （清）曹元弼：《礼经学》卷四，《续修四库全书》第94册，第713页。
③ 本书所引"三礼"原文均出自清阮元校刻《十三经注疏》本（中华书局1980年版），如无例外，不再另外出注。

一百九十五种，"通礼"类文献有一百九十七种。此外，著述中关于各方面研究内容也相当丰富，从文字校勘到字词释音训诂，从礼例发凡到礼制考订，从礼文蕴含之礼意阐释到古今礼俗对比，等等，几乎每一诠释领域都有涉及。其间大多属于礼经学的研究范畴，也涉及礼仪学、礼论和泛礼学等方面的问题。

两宋是我国"三礼"学发展史上非常重要的阶段。仍据王锷的《三礼研究论著提要》一书的统计数据，当时各类"三礼"文献有三百三十种，其中《周礼》类文献有一百零四种，《仪礼》类文献有五十五种，《礼记》类文献有一百二十四种，"三礼总义"类文献有二十三种，"通礼"类文献有二十四种，约占历代"三礼"学著述的 15.6%。这些统计数据虽然不可能完全准确，但数量已经相当可观，可以大致反映宋代三百多年间"三礼"研究的基本概况。对于这一宝贵的历史文化遗产，今人理应保持应有的尊崇和重视，并以科学、严谨的态度加以探讨、研究和总结。然而，很长一段时间以来，宋代"三礼"学断代史研究并未受到学界同仁的太多关注和系统研究，除开吴万居的《宋代三礼学研究》一书外，并未见到以此作为研究对象的同类礼学专门著作。无论在研究深度上，还是在研究广度上，当下对宋代"三礼"诠释状况的研究都还远远不够，这与"礼"作为我国传统文化的特质与核心内容的地位极不相称。从这一意义上说，潘斌所著《宋代"三礼"诠释研究》一书的学术意义是毋庸赘言的。就现实意义而言，当下学者进行断代传统礼学的深入挖掘、清理和总结，有助于今人批判地继承和发扬传统思想文化，也有助于为构建我国和谐社会的伦理规范、社会秩序提供历史借鉴和理论支持。潘斌此书，恰好就迎合了这一现实文化重构的需求。

潘斌是一位年轻有为的学者。2006 年至 2009 年，他曾师从四川大学舒大刚教授攻读中国经学史博士学位。博士毕业后，一直供职于西南财经大学人文学院，致力于历代"三礼"学及其他相关专题的研究，著述有《宋代〈礼记〉学研究》（吉林人民出版社 2011 年）、《经学释要》（孔学堂书局 2014 年）、《皮锡瑞学术研究》（四川大学出版社 2015 年）、《二十世纪中国三礼学史》（南京大学出版社 2016 年）等，可谓学思敏捷，学养深厚，勤于著述。2017 年 10 月，他将这部《宋代三礼诠释研究》书稿寄给我，让我先睹为快，并索序于我。惭愧说来，我自身在"三礼"学研究上素乏创见，只是以整理"三礼"学文献自娱，但考虑到他是我的学术同道，两人之间有着深厚的学术交谊，于是冒昧地应承下来。细细通读潘斌此书，约略说来，该书具有以下几个方面的特点：

首先，从章节结构的安排情况来看，潘斌此书善于将专人专书研究和专题研究融为一体。此书虽然是一部描述宋代"三礼"学史的著作，但在对宋代"三礼"文献的诠释过程中，并不局限于学术史的粗线条式发覆，而是强调通过建立在个案专人专书解读的基础上，进而考察其间蕴含的全局性问题。全书分上下两编，上编兼顾朝代先后与"三礼"各书、名家个案三方面情况，依次围绕北宋与南宋时期各自在《周礼》、《仪礼》、《礼记》等著述而成的专书以及几部"三礼"的综论性著作，进行逐一解读；下编则从专题解读的角度，设立五个章节，考察诸如宋儒诠释"三礼"所采用的诠释体式选择，对于三礼文本撰作者与成书年代的认知，"三礼"文本及郑《注》的辨疑，"三礼"诠释与宋儒理学思想体系的建构，"三礼"诠释与宋儒践行"修身齐家"、"治国平天下"之间的关系等问题。可以说，这种结构安排形式，既有助于发掘不同学者的诠释个性，又有助于彰显宋儒群体的治学共性；既有助于揭示"三礼"文献文本的独特诠释要素与诠释特征，又有助于考察诠释者的治学理念与经世致用观，宏观与微观之间的关系兼顾得较为妥帖。

其次，从研究视角看，潘斌此书善于将学术史与文献史料学、思想史、社会史等多学科研究结合起来，整体关照和理解宋代的"三礼"学，从而形成立体的、网状的多维度诠释视角。就经学家和专书研究而言，"一个思想家不可避免地要受其时代思潮的影响，因此我们不能只做某位思想家经学思想的个案研究，还要从宏观上研究经学演变和理学发展的思想背景，只有把具体思想家的经学思想放在这样的思想背景之下，才能认识其真正的价值和意义"①，此书上编讨论每一位学者的礼学研究，大体上亦是如此做法。就礼学史的通论性、专题性研究而言，"重要的是把握其历史脉动的规律和社会功能，把握其内在的价值和意义，因此对礼学发生、发展的历史考察不能就事论事，而要有一种整体观照的情怀和角度"②。"三礼"文本极具丰富的文化意蕴，其中随处充溢着关心、反映、参与人生深切的人文关怀。此书第三、四、五章，在考察宋儒的理学思想体系建构以及考察"三礼"诠释与宋儒治学与"修身齐家"、"治国平天下"的亲力践行时，试图从经史结合、学术史与社会史结合的角度

---

① 姜广辉：《论宋明理学与经学的关系》，《湖南大学学报》（社会科学版）2004 年第 5 期。
② 姜广辉：《〈礼学思想体系探源〉序》，王启发：《礼学思想体系探源》，中州古籍出版社 2005 年版。

进行解读，彰显了梁启超"用新史家的眼光去整理"学术史的治学路径。

再次，从个案的剖析阐释来看，潘斌此书较好地践行了梁启超《中国近三百年学术史》中提出的学术史撰写要求。梁先生认为，撰写学术史必须达成这样几个条件："叙一个时代的学术，须把那时代重要各学派全数网罗，不可以爱憎为去取"；"叙某家学说，须将其特点提挈出来，令读者有很明晰的观念"；"要忠实传写各家真相，勿以主观上下其手"；"要把各人的时代和他一生经历大概叙述，看出那人的全人格"①。潘斌此书在上编绍述宋儒"三礼"诠释的名家名著时，很善于从具体名著的诠释话语中解读提炼出宋儒在诠释方式方法、诠释路径、诠释内容、诠释旨趣、诠释功用、文献征引方式、"三礼"文本认知观等各个方面的治学特征。例如，此书在发覆北宋学者王昭禹的《周礼详解》一书时，将其概括为"以文字字形释经"、"引《老》、《庄》释经"、"略语训诂而详于解说"、"法先王"四大特点，便是从诠释内容与诠释方式、文献征引特点、诠释旨趣、诠释风格等角度提炼而来，颇为切合王氏著述的实际和治学特点。

复次，从研究动态的把握来看，潘斌此书亦极具学术史的发展眼光，不局限于就宋代论宋代，而是站在"三礼"学史的高度进行审视和评价。此可从以下两方面得到印证：一是对于某一礼学名家的治学特点之概括，往往将其和此前学者的注释相对比（包括汉代学者的注释）。如论述宋儒李觏《周礼致太平论》、《礼论》二书的诠释特点时，征引郑众和郑玄的训释实例与李觏解义加以对比分析，借以考察李觏与汉人解经方式的异同。二是对于某一礼学名家之评价，往往发覆该名家对明清时期礼学之影响。如考察朱熹《仪礼经传通解》一书，潘斌指出该书的影响主要体现在礼书的编纂思想和编纂体例、编纂原则上，并枚举元人吴澄《礼记纂言》、清人江永《礼书纲目》及姜兆锡《仪礼经传内外编》数书之例加以印证。

总而言之，这是一部颇具"辨章学术，考镜源流"的佳作，对于当下礼学和经学史的研究具有重要的参考和借鉴价值。惠承潘斌不弃，加之却之不恭，于是写下拉杂碎语，愿与学界诸君共享此书。

邓声国
2017 年 12 月 28 日

---

① 梁启超：《中国近三百年学术史》，上海三联书店 2006 年版，第 44 页。

# 目　录

序 ............................................................................. 邓声国 1

绪　论 ............................................................................. 1
　一、"三礼"的文本问题 ......................................................... 1
　二、历代"三礼"诠释之概况 ..................................................... 48
　三、宋代"三礼"诠释研究的价值和意义 ........................................... 59
　四、宋代"三礼"诠释研究的现状 ................................................. 64
　五、本书的研究思路和方法 ..................................................... 69

## 上篇　个案研究

第一章　北宋"三礼"诠释名家名著研究 ............................................. 75
　第一节　北宋《周礼》诠释名家名著 ............................................. 75
　　一、李觏的《周礼》诠释 ..................................................... 75
　　二、王安石的《周礼》诠释 ................................................... 90
　　三、张载的《周礼》诠释 ................................................... 107
　　四、王昭禹的《周礼》诠释 ................................................. 114
　第二节　北宋《礼记》诠释名家名著 ........................................... 120
　　一、刘敞的《礼记》诠释 ................................................... 120
　　二、李觏的《礼记》诠释 ................................................... 129
　　三、王安石的《礼记》诠释 ................................................. 136
　　四、王安石后学的《礼记》诠释 ............................................. 146

五、张载、吕大临的《礼记》诠释 …………………………………170
　　六、二程的《礼记》诠释 …………………………………………196
　第三节　北宋"三礼"综论类名家名著 …………………………………207
　　一、聂崇义的"三礼"诠释 ………………………………………207
　　二、陈祥道的"三礼"诠释 ………………………………………216

## 第二章　南宋"三礼"诠释名家名著研究 …………………………………228
　第一节　南宋《周礼》学名家名著 ………………………………………228
　　一、易祓的《周礼》诠释 …………………………………………228
　　二、叶时的《周礼》诠释 …………………………………………235
　　三、郑伯谦的《周礼》诠释 ………………………………………245
　　四、朱熹的《周礼》诠释 …………………………………………254
　　五、王与之的《周礼》诠释 ………………………………………259
　第二节　南宋《仪礼》名家名著 …………………………………………271
　　一、张淳的《仪礼》诠释 …………………………………………271
　　二、李如圭的《仪礼》诠释 ………………………………………285
　　三、朱熹的《仪礼》诠释 …………………………………………298
　　四、杨复的《仪礼》诠释 …………………………………………315
　　五、魏了翁的《仪礼》诠释 ………………………………………326
　第三节　南宋《礼记》学名家名著 ………………………………………334
　　一、朱熹的《礼记》诠释 …………………………………………334
　　二、魏了翁的《礼记》诠释 ………………………………………352
　　三、卫湜的《礼记》诠释 …………………………………………360
　　四、黄震的《礼记》诠释 …………………………………………384

# 下篇　专题研究

## 第三章　宋儒"三礼"诠释之体式 …………………………………………395
　第一节　解体、说体 ………………………………………………………395
　　一、解体 ……………………………………………………………395

二、说体 ·············································································· 400
 第二节　义体、疏体、章句体 ························································ 404
　　一、义体 ·············································································· 404
　　二、疏体 ·············································································· 408
　　三、章句体 ········································································· 411
 第三节　考辨体、集解体、序体 ······················································ 412
　　一、考辨体 ········································································· 412
　　二、集解体 ········································································· 414
　　三、序体 ·············································································· 416
 第四节　图解体 ············································································ 417
 第五节　宋儒"三礼"诠释体式反映的学风 ······································ 423

# 第四章　宋儒于"三礼"之辨疑 ························································ 426
 第一节　宋儒于"三礼"作者和成书之辨疑 ······································ 427
　　一、宋儒于《周礼》作者和成书之辨疑 ································ 427
　　二、宋儒于《仪礼》作者和成书之辨疑 ································ 453
　　三、宋儒于《礼记》作者和成书之辨疑 ································ 460
 第二节　宋儒于"三礼"经文和旧注之辨疑 ···································· 480
　　一、宋儒于"三礼"经文之辨疑 ············································ 480
　　二、宋儒于"三礼"旧注之辨疑 ············································ 489
 第三节　宋儒于"三礼"辨疑之方法 ················································ 500
　　一、以文献为佐证 ······························································ 501
　　二、以义理审核 ································································· 504

# 第五章　"三礼"诠释与宋儒理学思想体系之建构 ······························ 510
 第一节　《周礼》、《仪礼》诠释与理学体系之建构 ························ 511
 第二节　《礼记》诠释与辟释老 ······················································ 520
 第三节　《礼记·大学》诠释与宋儒理学思想体系之建构 ··············· 524
　　一、《大学》的思想内容及特点 ·········································· 525
　　二、《大学》与程朱理学体系之建构 ··································· 527
　　三、《大学》与湖湘学体系之建构 ······································· 536

四、《大学》与陆九渊心学体系之建构·····················541
　第四节　《礼记·中庸》与宋代理学思想体系之建构···········545
　　一、《中庸》的思想内容及特点·······························545
　　二、《中庸》与宋代理学本体论之建构·······················548
　　三、《中庸》与宋代理学心性论之建构·······················558
　　四、《中庸》与宋代道统论之建构·····························570
　第五节　《乐记》与宋代理学思想体系之建构·················577
　　一、《乐记》的思想内容及特点·······························577
　　二、张载的"天理人欲之辨"···································580
　　三、二程、朱熹的"天理人欲之辨"···························582
　　四、胡宏、张栻的"天理人欲之辨"···························589
　　五、陆九渊的"天理人欲之辨"·································593

第六章　宋儒"三礼"诠释与修身齐家·································598
　第一节　"三礼"诠释与宋之修身·································599
　　一、宋儒论《大学》的内圣外王之道···························599
　　二、"三礼"诠释与理想人格的构成要素·······················601
　　三、"三礼"诠释与成圣之途径·································610
　第二节　"三礼"诠释与宋儒之齐家·······························615
　　一、《书仪》于"三礼"之诠释及应用·······················616
　　二、《家礼》于"三礼"之诠释及应用·······················626

第七章　宋儒"三礼"诠释与治国理政·································634
　第一节　"三礼"诠释与宋代教育、人才选拔·····················634
　　一、学校建置及教学理念·······································634
　　二、贡举之科目及试题·········································637
　第二节　"三礼"诠释与移风易俗·································643
　第三节　"三礼"诠释与议礼制礼·································649
　　一、关于丧服之讨论·············································649
　　二、关于祭礼之讨论·············································657
　　三、关于明堂建置之讨论·······································666

四、其他问题之讨论 …………………………………………670
　第四节　"三礼"诠释与议政论政 …………………………………672
　　一、"理想国"理论 …………………………………………673
　　二、治国方略和政策 …………………………………………675
　　三、据"三礼"提出施政措施 ………………………………681
　　四、据"三礼"规劝皇帝 ……………………………………687

结　语 …………………………………………………………………691

参考文献 ………………………………………………………………708
索　引 …………………………………………………………………720
后　记 …………………………………………………………………731

# 绪　论

## 一、"三礼"的文本问题

"三礼"是《周礼》、《仪礼》和《礼记》三部古典文献的统称，属于儒家"十三经"，在中国思想文化史上占有重要地位。与其他经典一样，"三礼"的文字、篇目、思想等都极其复杂。历代以来，很多学人围绕"三礼"文本展开了热烈的讨论，并取得了丰硕的成果。

### （一）《周礼》的文本问题

《周礼》又名《周官》、《周官经》，是"十三经"中唯一一部详言班朝治军、设官分职之书。全书共分为《天官》、《地官》、《春官》、《夏官》、《秋官》、《冬官》六篇，分别叙述各个系统之职官。其中天官系统共有六十三个职官，其长曰大宰，亦曰冢宰。据《叙官》，可知天官系统之职官属于"治官"，即治国理政之官。地官系统共有七十八个职官，其长曰大司徒。据《叙官》，可知地官系统之职官属于"教官"，即掌教育之官。春官系统共有七十个职官，其长是大宗伯。据《叙官》，可知春官系统之职官属于"礼官"，即掌吉、凶、军、宾、嘉五礼。夏官系统共有六十九个职官，其长是大司马。据《叙官》，可知夏官系统之职官属于"政官"，即掌九伐之法、征收军赋、制军诘禁等军政。秋官系统共有六十六个职官，其长是大司寇。据《叙官》，可知秋官系统之职官属于"刑官"，即掌刑法之官。《周礼》缺冬官，据《叙官》，可知冬官系统之职官当属"事官"，即掌富国之事。今本《周礼》之冬官部分是《考工记》，共三十工，分为六类，分别是攻木之工、攻金之工、攻皮之工、设色之工、刮磨之工、抟埴之工。

1. 《周礼》的发现

《周礼》最开始称《周官》①。《汉书·礼乐志》曰："自夏以往，其流不可闻矣，《殷颂》犹有存者。《周诗》既备，而其器用张陈，《周官》具焉。"②《汉书·王莽传》载汉平帝元始四年（4）征天下异能之士，所列书名中有《周官》。其曰："征天下通一艺、教授十一人以上，及有《逸礼》、古《书》、《毛诗》、《周官》、《尔雅》、天文、图谶、钟律、月令、兵法、史籀文字，通知其意者，皆诣公车。网罗天下异能之士，至者前后千数。"③以"周礼"为书名者，最早见于《汉书·王莽传》。王莽居摄三年（8），莽母功显君死，当时刘歆与博士诸生七十八人议功显君服，就有《周礼》之称谓。其议有云："圣心周悉，卓尔独见，发得《周礼》，以明因监。"④由此可见，《周官》改名《周礼》当在王莽居摄之后、居摄三年之前。改《周官》为《周礼》之原因，如孙诒让所云："歆盖以《周官》故名与《尚书》混淆，而此经为周公遗典，与士礼同为正经，因采《左氏》之文，以为题署，义实允当。"⑤

《周礼》被发现，是较晚的事，文献的记载亦有异。归纳起来主要有四种观点，即河间献王所得说、秘府说、孔壁说和孔安国所献说。

一是认为《周礼》是河间献王所得。

《汉书·景十三王传》曰："河间献王德以孝景前二年立，修学好古，实事

---

① "周礼"二字，最早见于《左传》。《左传》文公十八年传，季文子曰："先君周公制周礼曰：则以观德，德以处事，事以度功，功以食民。"闵公元年传，齐仲孙湫曰："鲁犹秉周礼。"昭公二年传，晋国韩起见《易象》与《鲁春秋》曰："周礼尽在鲁矣。"此所言"周礼"，皆指周代礼制，而非书名。此外，《史记》有称《周官》者，如其曰："《周官》曰：'冬至日，祀天于南郊，迎长日之至；夏日至，祭地祇。'"（司马迁：《史记》卷二十八《封禅书第六》，中华书局1959年点校本，第1357页）又曰："自得宝鼎，上与公卿诸生议封禅。封禅用希旷绝，莫知其仪礼，而群儒采封禅《尚书》、《周官》、《王制》之望祀射牛事。"（司马迁：《史记》卷十二《孝武本纪第十二》，中华书局1959年点校本，第473页）现存《尚书·周官》无关于封禅之事者，今之《周礼》亦无此所征引之文字。故《史记》所言《周礼》，既非《尚书·周官》，亦非今之《周礼》。
② （汉）班固：《汉书》卷二十二《礼乐志第二》，中华书局1962年点校本，第1038页。
③ （汉）班固：《汉书》卷九十九上《王莽传第六十九上》，中华书局1962年点校本，第4069页。
④ （汉）班固：《汉书》卷九十九上《王莽传第六十九上》，中华书局1962年点校本，第4091页。
⑤ （清）孙诒让：《周礼正义》卷一，中华书局1987年点校本，第2页。

求是。从民得善书，必为好写与之，留其真，加金帛赐以招之。繇是四方道术之人不远千里，或有先祖旧书，多奉以奏献王者。……献王所得书皆古文先秦旧书，《周官》、《尚书》、《礼》、《礼记》、《孟子》、《老子》之属，皆经传说记，七十子之徒所论。"① 河间献王究竟何年得书，此并无明言。河间献王立于景帝前元二年（前155），薨于武帝元光五年（前130），若《景十三王传》的记载属实，《周礼》被发现当在前155年至前130年之间。

陆德明《经典释文序录》所引"或曰"云："景帝时河间献王好古，得古礼献之。或曰河间献王开献书之路，时有李氏上《周官》五篇，失《事官》一篇，乃购千金不得，取《考工记》以补之。"② 《隋书·经籍志》亦有相似之载："而汉时有李氏得《周官》。《周官》盖周公所制官政之法，上于河间献王，独阙《冬官》一篇。献王购以千金不得，遂取《考工记》以补其处，合成六篇奏之。"③ 李氏献书之事，两汉史书无记载，故阙疑。

二是认为《周礼》出自秘府。

贾公彦《序周礼废兴》曰："《周官》孝武之时始出，秘而不传。《周礼》后出者，以其始皇特恶之故也。是以马融《传》云：'秦自孝公已下，用商君之法，其政酷烈，与《周官》相反，故始皇禁挟书，特疾恶，欲绝灭之，搜求焚烧之独悉，是以隐藏百年。孝武帝始除挟书之律，开献书之路，既出于山岩屋壁，复入于秘府，五家之儒莫得见焉。至孝成皇帝，达才通人刘向子歆校理秘书，始得列序著于《录》、《略》，然亡其《冬官》一篇，以《考工记》足之。'"④ 马融认为，《周礼》曾因秦始皇焚书而被隐藏于山岩屋壁，直到汉代废挟书之律，《周礼》才见天日，然旋即又被藏入秘府，以至于汉代传礼诸儒亦未得见。

至于《周礼》献王所得本与秘府本之关系，孙诒让做如此推测："案：贾所引马《传》，盖即《周礼》传序之佚文。……马序所述此经隐显源流，最为综析，当得其实。……《释文序录》载或说云：'河间献王开献书之路，时有李氏上《周官》五篇，失《事官》一篇，乃购千金，不得，取《考工记》以补

---

① （汉）班固：《汉书》卷五十三《景十三王传第二十三》，中华书局1962年点校本，第2410页。
② （唐）陆德明著，黄焯断句：《经典释文》卷一《序录》，中华书局1983年版，第11页。
③ （唐）魏徵：《隋书》卷三十二《志第二十七·经籍一》，中华书局1973年点校本，第925页。
④ （清）阮元校刻：《十三经注疏（附校勘记）》，中华书局1980年版，第635—636页。

之。'《隋书·经籍志》云李氏'上于河间献王，献王补成，奏之。'《左传·序》孔疏亦云：'汉武帝时河间献王献《左氏》及《古文周官》。'此则秘府本。"①近人黄侃亦云："汉武帝时，河间献王献《左传》及《古文周官》，此则马所云'出于山岩屋壁，复入于秘府'者，即指此献王之本矣。"②今人杨天宇云："盖因河间献王献书时，汉王朝立于学官的儒家经典已经确定了《诗》、《书》、《易》、《礼》、《春秋》五经，这五经都是用当时通行的隶书写成的，而又得此古文《周礼》，且其所述制度又与当时的制度相左，故即将其藏之秘府，致使'五家之儒莫得见焉'。这部'入于秘府'的《周礼》，到成帝刘向、歆父子校理秘书，始又发现而著于《录》、《略》，到王莽时方得表彰而大显于世。"③诸家皆认为《周礼》秘府本即河间献王所得本，各家皆是推论，未知然否。

三是认为《周礼》出自孔壁。

《礼记》孔《疏》引郑玄《六艺论》曰："《周官》，壁中所得，六篇。"④《太平御览》卷六一引杨泉《物理论》曰："鲁恭王坏孔子旧宅，得《周书》，阙，无《冬官》，汉武购千金而莫有得者，遂以《考工记》备其数。"⑤考《汉书·艺文志》与《楚元王传》、刘歆《让太常博士书》及许慎《说文解字叙》，诸家所列孔壁所得经传皆无《周官》。此可明杨泉之记载无甚根据。

四是认为《周礼》乃孔安国所献之书。

《后汉书·儒林传》曰："孔安国所献《礼古经》五十六篇及《周官经》六篇，前世传其书，未有名家。"⑥安国献书之事，《汉书》已言之，所献之书乃《古文尚书》和《逸礼》，而不曾言《周礼》。故安国献《周礼》，亦乃缪悠之说。

2.《周礼》的作者和成书

自古以来，《周礼》的作者和成书问题可谓聚讼纷纭，莫衷一是。观点大致有五种：

---

① （清）孙诒让：《周礼正义》卷一，中华书局1987年点校本，第4—5页。
② 黄侃：《礼学略说》，《二十世纪中国礼学研究论集》，学苑出版社1998年版，第31页。
③ 杨天宇：《周礼译注》，上海古籍出版社2004年版，"前言"第7页。
④ （清）阮元校刻：《十三经注疏（附校勘记）》，中华书局1980年版，第1229页。
⑤ （宋）李昉：《太平御览》卷六百一十九《学部一三》，中华书局1960年影印本，第2778页。
⑥ （南朝）范晔：《后汉书》卷七十九下《儒林列传第六十九下》，中华书局1965年点校本，第2576页。

(1) 西周成书说。

西汉刘歆认为《周礼》成书于西周之初。他说:"其周公致太平之迹,迹具在斯。"① 东汉郑玄承其说曰:"周公居摄而作'六典'之职,谓之《周礼》,营邑于土中,七年致政成王,此以《礼》授之,使居洛邑治天下。"② 贾公彦《序周礼废兴》云:"《周礼》后出者,以其始皇特恶之故也。……时众儒并出共排,以为非是。唯歆独识,其年尚幼,务在广览博观,又多锐精于《春秋》。末年,乃知其周公致太平之迹,迹具在斯。"③ 魏晋王肃、伊说、干宝,宋代李觏、杨杰、王安石、郑伯谦、郑樵、潘元明、赵汝腾、王与之,元人邱葵、吴澄,明人陈凤梧、柯尚迁、徐即登、李材,清人汪中、惠士奇、江永、孙诒让、刘师培等,皆信主此说。

(2) 战国成书说。

二十世纪以来,不少学者认为《周礼》成书于战国后期,持此观点的学者有郭沫若、钱穆、顾颉刚、史景成、钱玄、金春峰等人。然各家之说又不尽一致。

① 笼统战国成书说。杨天宇认为《周礼》成书于战国的观点比较合理,他说:"我比较倾向于成书于战国说。像《周礼》这样的建国规划,只有在战国那样有统一希望和统一要求的时代背景下才有可能被制定出来。"④ 杨天宇认为,《周礼》中的建国规划反映了战国时代的统一希望和要求,故《周礼》成书于战国。

② 战国中期成书说。杨向奎于1954年发表《〈周礼〉的内容分析及其成书年代》一文,从《周礼》所反映的社会经济制度、习惯法和社会习俗的角度,以证《周礼》成书于战国中叶,作者是战国时期之齐国人。如《周礼·秋官·大司寇》"禁民讼"、"禁民狱"之记载,杨向奎曰:"这是齐国的法令,见于《管子》和《国语·齐语》。……其后《淮南子》也有类似记载,当亦本于齐法。"⑤ 杨氏据《管子》、《国语》之记载,认为《周礼》所记法令出于战国时

---

① (清) 阮元校刻:《十三经注疏 (附校勘记)》,中华书局1980年版,第636页。
② (清) 阮元校刻:《十三经注疏 (附校勘记)》,中华书局1980年版,第639页。
③ (清) 阮元校刻:《十三经注疏 (附校勘记)》,中华书局1980年版,第635—636页。
④ 杨天宇:《礼记译注》,上海古籍出版社1997年版,"前言"。
⑤ 杨向奎:《〈周礼〉的内容分析及其成书年代》,《绎史斋学术文集》,上海人民出版社1983年版,第272页。

代之齐国。

③ 战国晚期成书说。持是说者，又可细分为六类：

其一，六国时期成书说。东汉何休认为《周礼》乃"六国阴谋之书"。东汉张禹、包咸，明人季本，清人毛奇龄、崔述、皮锡瑞等皆持是说。皮锡瑞对何休、毛奇龄的观点推崇有加，他说："惟其书是一家之学，似是战国时有志之士据周旧典，参以已意，定为一代之制，以俟后王举行之者，盖即《春秋》素王改制之旨。"① 皮氏认为，《周礼》一书体大物博，乃战国时期有志之士据周之旧典参以已意而成；从政治哲学的角度来看，此书有素王改制之意。

其二，《吕氏春秋》之前成书说。钱穆撰《周官著作时代考》一文，从祀典、刑法、田制等方面对《周礼》的成书问题作了探讨。其中祀典涉及五祀、郊丘、冬至立春祭、方泽祭地、朝日夕月、救日食月食等；刑法涉及法的观念的确立、法律公布之制、五刑制、流放制等；田制涉及公田制、爰田制、封疆沟洫制等；其他还涉及封建制、军制、丧葬制、外族、音乐等。如关于法的观念，钱穆将《周礼》"悬法象魏使万民观"与《韩非子》"吴起令民徙车辕赤菽"、"商鞅徙木立信"进行比较，曰："吴起、商鞅皆属有名之法家。彼两人均在魏国，应皆得闻李悝之遗教者。至于《周官》之'悬法象魏，使万民观'，此正近似吴起、商鞅城门置令之办法，而特重加以学者间之一番理想化。此岂周公之所制，又岂春秋前之所有乎？"② 钱穆通过考察《周礼》所记制度和思想，从而判定其成书于商鞅变法之后、《吕氏春秋》成书以前。

其三，《吕氏春秋》之后成书说。史景成于1966年在《大陆杂志》发表论文《周礼成书年代考》，对《周礼》的成书年代作了研究。史景成认为，《周礼》、《吕氏春秋》所记天文历法皆属于太岁纪年法，故《周礼》与《吕氏春秋》的成书年代相近，即战国末年。他说："《周礼》之十二岁，既为太岁纪年法，则其成书时代，最低限度当与《吕氏春秋》同时。"③ 史氏又认为，《周礼》有取材于《吕氏春秋》者，故《周礼》当成书于《吕氏春秋》之后；公私之印皆称"玺"当在秦统一以前，《周礼》有"玺"之记载，说明《周礼》成书于秦统一之前。

---

① （清）皮锡瑞：《经学通论·三礼》，潘斌编：《皮锡瑞儒学论集》，四川大学出版社2010年版，第200页。
② 钱穆：《两汉经学今古文平议》，商务印书馆2001年版，第376页。
③ 史景成：《周礼成书年代考》（下），《大陆杂志》1966年第32卷第7期。

其四，荀子弟子成书说。郭沫若通过将金文与《周礼》所记之职官进行比较，发现二者有很大的差异，遂认为《周礼》所记职官不可能出于周初至春秋中叶。郭沫若还通过《周礼》所记制度和思想以判断其成书时代。如关于《周礼》之五行思想，郭沫若曰："今《周官》以冢宰配天，司徒配地，宗伯配春，司马配夏，司寇配秋，司空配冬，三说虽小有出入，然其用意则同，且同为'五行'说之派演。是则作《周官》者乃周末人也。"① 郭氏认为，《周礼》以职官与天地四时相配，乃"五行"说之流衍，"五行"说流行于战国末年，故知《周礼》当成书于战国末年。郭沫若甚至认为《周礼》是荀子弟子所作，他说："余谓《周官》一书，盖赵人荀卿子之弟子所为，袭其师'爵名从周'之意。纂集遗闻佚志，参以己见而成一家言。其书盖为未竣之业，故书与作者均不传于世。知此，则其书自身之矛盾，及与旧说之龃龉，均可无庸置辩。"② 郭氏推测，荀子的弟子袭其师"爵名从周"之意，据遗闻佚志而成《周礼》。

其五，战国晚期齐国成书说。顾颉刚于1979年发表了《"周公制礼"的传说和〈周官〉一书的出现》一文，试图在政治经济史和思想史的大背景下来判定《周礼》的成书年代。如关于《周礼》的五行思想，顾氏曰："按'地'与'天'为配是阴阳学说发达后的事情，'四时'分配'四方'则是五行学说发达后的事情。《管子》和《周官》中的六官以天、地、四时命名，分明都是由于阴阳家和五行家们的鼓吹的结果。"③ 顾氏认为，《周礼》将地与天相配是受阴阳学说的影响，四时与四方相配是受"五行"说的影响；阴阳五行思想流行于战国晚期，故知战国晚期乃《周礼》成书之时代。此外，齐国临淄有大规模设官管理之必要，《周礼》中有关、市之征，可证《周礼》是战国时代齐人之作品。

其六，入秦各国学者成书说。金春峰撰著《〈周官〉之成书及其反映的文化与时代新考》一书，将《周礼》所记载的文物、制度、授田制、军制、分封、乡遂制、社会行政组织、商业、教育、神灵祭祀系统、法律、风习、度量衡、币制等，放在特定的时代与文化背景中统一考察，从而判断《周礼》的成书年代。如金氏认为，在理财的内容和特点方面，《秦律》与《周礼》是一致

---

① 郭沫若：《周官质疑》，《沫若文集》第十四卷，人民文学出版社1957年版，第614页。
② 郭沫若：《周官质疑》，《沫若文集》第十四卷，人民文学出版社1957年版，第614页。
③ 顾颉刚：《"周公制礼"的传说和〈周官〉一书的出现》，《文史》1979年第六辑。

的,他说:"《秦律》有《田律》、《厩苑律》、《仓律》、《金布律》、《关市》、《工律》、《工人程》、《均工》、《效》、《徭律》、《司空》、《军爵律》等等,反映秦政府对工商等经济财政活动的全面管理。《周官》亦是如此,故《周官》与《秦律》所描述的财经工作是十分符合的。"① 通过综合考察,金氏认为《周礼》是战国末期秦统一前后入秦的学者所作。

（3）西汉初期成书说。

彭林撰著《〈周礼〉主体思想与成书年代研究》一书,对《周礼》的成书年代作了系统的探讨。彭林将《周礼·天官·冢宰》中的十条官法归纳为三个问题:八法、八则、八柄为治官之要,八统、九两为治民之要,九职、九赋、九式、九贡为理财之要,六典兼统三者。彭林认为,透过六官之官法和设官分职情况,可知《周礼》的作者以法家思想治官理财,以儒家思想治民,儒家与法家相结合,儒、法又与阴阳五行相结合,《周礼》思想之整体性、条理性、成熟性,非《管子》、《吕氏春秋》所能匹比,亦非战国末期任何一位学者或著作所能企及。彭林认为,《周礼》与汉初贾谊等人的思想相一致。如礼法合用,王霸杂用,是汉初社会的共识,当时的儒者对此尤其热衷,其中贾谊的政论思想可为代表。彭林曰:"贾谊对礼、法的功能做了精辟的阐述,礼是'禁于将然之前',法是'禁于已然之后',若能礼法结合,则其政'坚如金石'。而礼对人民的教化,是更为重要的,它能'使民日迁善远罪而不自知','绝恶于未萌,而起教于微眇'。这种理论与《周礼》中关于礼与刑的安排是完全吻合的。"② 通过将《周礼》与贾谊的政论思想进行比较,彭林认为《周礼》与贾谊于礼法关系之认识完全相同。彭林进一步指出《周礼》的作者与贾谊是同一时代的人,他说:"我们认为,《周礼》一书的作者当是与贾谊同时代的人。此时的儒学已经充分吸收了法家思想,并且日益阴阳五行化,《周礼》的作者以此为指导,撷拾先秦旧制,参以当时新制,编撰了这一宏伟的治国模式,以供统治者采用。"③ 彭林认为,《周礼》一书缺乏道家思想,又少谶纬、灾异之说,故该书当成于汉初道家思想尚未成为主流思潮以前,因为"《周礼》作为一部希望被当政者采用的理想国制度,若不迎合当政者的所好,顺应当时潮流,是

---

① 金春峰:《〈周官〉之成书及其反映的文化与时代新考》,台湾东大图书股份有限公司1993年版,第164页。

② 彭林:《〈周礼〉主体思想与成书年代研究》,中国人民大学出版社2009年版,第182页。

③ 彭林:《〈周礼〉主体思想与成书年代研究》,中国人民大学出版社2009年版,第185页。

很难想象的"①。由此，彭林推断"《周礼》成书的下限，当不得晚于文景之世，即道家思想尚未成为主流之前"②。彭林又据《汉书·景十三王传》河间献王得《周礼》之记载，认定《周礼》"出于西汉景武年间无疑"③。

(4) 王莽、刘歆伪造说。

这又可细分为两类：

① 刘歆伪造说。有人认为《周礼》系刘歆伪造，成书于西汉末年。此说之首倡者是宋代的胡安国、胡宏父子。如胡宏曰："夫歆……所列序之书，假托《周官》之名，剿入私说，希合贼莽之所为耳。"④ 洪迈曰："《周礼》一书，世谓周公所作，而非也，昔贤以为战国阴谋之书，考其实，盖出于刘歆之手。"⑤ 宋人苏辙、晁说之、包恢、洪迈，清人崔适、康有为，以及近人钱玄同，今人杜国庠等均持此说。如康有为曰："《周官》经六篇，自西汉前未之见，《史记·儒林传》、《河间献王传》无之，其说与《公》、《穀》、《孟子》、《王制》今文博士皆相反。《王莽传》所谓'发得《周礼》以明因监'，故与莽所更法立制相同，盖刘歆所伪撰也。歆欲附成莽业而为此书，其伪群经乃以证《周官》者，故歆之伪学此书为首。"⑥ 康有为于此所列《周礼》出自刘歆诸理由，如《周礼》于西汉前未见、《史记》无记载，以及《周礼》与《孟子》等文献所记制度不符，皆肇始于宋儒也。

② 王莽、刘歆共同伪造说。徐复观所撰《〈周官〉成立之时代及其思想性格》一书，对《周礼》作者及成书年代作了探讨。《汉书》曰："莽独孤贫，因折节为恭俭。受《礼经》，师事沛郡陈参，勤身博学，被服如儒生。"⑦《汉书》又载王莽罢大司马就第后二岁遣就国，就国三岁征还京师，岁余哀帝崩，再以大司马持政。徐复观据此推断："以莽的性格，也必有所作为。……王莽的政

---

① 彭林：《〈周礼〉主体思想与成书年代研究》，中国人民大学出版社2009年版，第186页。
② 彭林：《〈周礼〉主体思想与成书年代研究》，中国人民大学出版社2009年版，第186页。
③ 彭林：《〈周礼〉主体思想与成书年代研究》，中国人民大学出版社2009年版，第186页。
④ (宋) 胡宏著，吴仁华点校：《极论〈周礼〉》，《胡宏集》，中华书局1987年版，第259—260页。
⑤ (宋) 洪迈：《容斋续笔》卷十六《〈周礼〉非周公书》，上海古籍出版社1978年标点本，第411页。
⑥ (清) 康有为：《新学伪经考·〈汉书·艺文志〉辨伪第三上》，《康有为全集》第一集，中国人民大学出版社2007年版，第393页。
⑦ (汉) 班固：《汉书》卷九十九上，中华书局1962年点校本，第4039页。

治理想与野心,皆集中在制礼作乐之上。则他草创《周官》,是一种合理的推测。但他第二次以大司马持政之后,便没有'亲自制作'的时间,只好委之于'典文章'的刘歆,由他整理成书,也是合理的推测。"① 徐氏据王莽有制礼作乐之事,认为王莽草创《周礼》,据王莽的政治活动轨迹,认为刘歆将《周礼》整理成书。

(5) 西周至战国或西周至汉代成书说。

此又可以细分为两类:

① 西周至战国成书说。周何在其晚年所撰《礼学概论》一书中对"三礼"的作者和成书年代作了研究。其曰:"本书秋官系以刑法为推行教化的工具,以辅礼乐功能之不足,其刑法观念虽非纯粹法家之认识,然已实受法家思想之影响无疑。又此书详密之组织制作,战国以前所未见。战国以前,诸经大抵为杂记形态,至《管子·杂记》、《庄子》内七篇始有部分组织体系,至《吕氏春秋》、《淮南子》始见完密,故此书非至战国不成。因试推论如下:a 周公始作;b 随时增补;c 战国完成。"② 周何认为,《周礼》一书有法家思想,故可推断其出自战国时期;《周礼》之成书可分为三个阶段,即周公始作、随时增补和战国完成。

② 西周至汉代成书说。刘起釪在《两周战国职官考》一书中将春秋之官制分为南北两大系统,南统为楚、宋诸国,北统为周、鲁、卫、郑诸国。通过比较,刘氏得出结论曰:"《周官》一书,最初作为官职之汇编,至迟必成于春秋前期。它录集自西周后期以来逐渐完整的姬周系统之六官官制数据,再加以条理系以成书。不涉及姬周系统以外诸国之官制,尤与战国官制不相干。"③ 刘氏认为,尽管《周礼》的大部分材料反映的是春秋官制,然也不乏战国、汉代之官制。其曰:"《周礼》的成书有一发展过程。……除主要保存了春秋以上数据外,还录进了不少战国数据,所以全书的补充写定当在战国时期。到汉代整理图书时,又有少数汉代资料掺进去了,但不影响这部书原是周代的旧籍。"④

---

① 徐复观:《〈周官〉成立之时代及其思想性格》,台北学生书局 1980 年版,第 51—52 页。
② 周何:《礼学概论》,台北三民书局 1998 年版,第 45 页。
③ 刘起釪:《〈周礼〉真伪之争及其书写成的真实依据》,《古史续辨》,中国社会科学出版社 1991 年版,第 642 页。
④ 刘起釪:《〈周礼〉真伪之争及其书写成的真实依据》,《古史续辨》,中国社会科学出版社 1991 年版,第 650 页。

刘氏认为，《周礼》不乏反映战国、汉代之内容，不过这些内容是《周礼》在流传的过程中不断递加增益的。

在中国古代，对于《周礼》的认知，可以部分地反映出学者的学术立场或政治立场。今人杨世文曰："对《周礼》的辨疑，……还与宋代政治史密切相关，尊《周礼》者极力提升《周礼》一书的地位，誉之为'太平经国'的大典，政治改革的蓝图；而疑《周礼》者斥之为后儒附会之书，甚至认为是刘歆编造的伪经，不得与其他儒家经典并称，后世按照《周礼》推行改革，无不遭受败亡。随着王安石改革的失败，宋儒对《周礼》的怀疑更趋激进，胡宏等人甚至欲废《周礼》而后快。"①杨世文于此所做之分析是切合实际的。在中国古代，儒者"学而优则仕"，从事《周礼》之诠释者，大多既是经纶满腹之儒生，又是跻身政权之高官。而从汉代新莽改制以来，《周礼》就被赋予了浓厚的政治色彩，尊《周礼》者意味着赞同改制，疑《周礼》者意味着否定变革。如王安石尊《周礼》，并积极从《周礼》中获取制度和思想资源从事变法，然而反对者势必贬低《周礼》，从而在理论上占据优势，以此阻挠变法。因此，中国古代学者关于《周礼》作者和成书时代之认识，带有很强的主观色彩。

现代以来，学者如钱穆、郭沫若、顾颉刚、杨向奎、徐复观、史景成、彭林、金春峰摆脱了经学门户及政治立场之影响，力图从客观的角度对《周礼》之成书问题加以探讨。各家于《周礼》作者和成书时代问题之探讨，方法多样，角度新颖。他们或将《周礼》与先秦文献或金文所记制度相比较，从而寻找《周礼》成书时代之参照系；或对《周礼》所记职官职掌加以分析，以判断其是否为圣人所为；或将《周礼》放到思想史背景下加以考察，以断其学派属性，进而判断其成书之时代。特别是郭沫若等人开风气之先，积极采用金文从事《周礼》成书问题之研究，影响甚为深远。后来一些学者如张亚初、刘雨等人，皆是沿着郭沫若所开创的研究路径从事《周礼》的研究。多年过去了，今天我们发现，尽管各家都力图最大限度地还原《周礼》之成书过程，但是结论却五花八门。有西周成书说、战国成书说、西汉成书说，战国说还分战国早期说、中期说和晚期说。各家根据自己所占有的材料，各抒己见，谁也说服不了谁。事实上，各家在从事《周礼》文本之诠释时，"主观"性仍不可避免，这是所有研究的共性，本身无可非议。比如杨向奎和顾颉刚认为五行思想流行

---

① 杨世文：《走出汉学——宋代经典辨疑思潮研究》，四川大学出版社2008年版，第470页。

于战国,《周礼》有五行思想,故《周礼》出于战国。彭林则从整体性、条理性、成熟性的角度,认为《周礼》的五行思想非《管子》、《吕氏春秋》所能匹比,亦非战国末期任何一位学者或著作所能企及,由此推知《周礼》成书于汉代。由此可见,由于所采用的研究视角不同,面对同一问题,所得出的结论可能大相径庭。

迄今为止,《周礼》的作者和成书问题依然没有解决。从今天看来,要想通过《周礼》所记思想和制度的考察从而找到其成书之线索,其难度还是很大的。学者们所常用的研究方法,如将《周礼》所记制度和思想与一些成书年代相对确定的文献加以比较,或者与某些时代的思想流派加以比较,从而找到其成书年代的参照系。然而即使《周礼》与其他文献所记制度相同、相似,还是很难得出结论的,因为相同、相似并不能说明二者一定出自同一时代,因为不能排除两者之间有承袭关系,而这种承袭关系又是极其复杂的。制度的相同或相似还是比较具体的,若是思想的相同或相似,则更难以辨明孰先孰后。在笔者看来,前贤时人对于《周礼》成书问题所作的探讨,对于深化《周礼》之研究可谓功不可没,并丰富了《周礼》学的内容。然而若没有新的出土文献记载加以佐证,《周礼》的作者和成书问题很难有一致的答案。

3.《周礼》的学派属性

自先秦以来,治民治官思想就有德治与法治之分。《周礼》一书中有着丰富的治官治民思想,不少学者据此,对其学派属性作了探讨。

(1) 儒家说。

有的学者认为《周礼》秉承的是儒家的仁政、德治。周何的学生严定暹、李玉和等人皆持此说。严定暹对《周礼》中的礼乐思想作了研究,进而指出《周礼》是儒家著作。[①] 李玉和将《周礼》所记刑法思想作了研究,进而指出《周礼》所记刑法是儒家精神之体现。[②]

彭林在研究《周礼》所记治民思想之基础上,认为《周礼》是一部"较温和的儒家化的法典";《周礼》所记治民思想体现于大宰的"八统"和"九两",这是《周礼》安民、教民的总精神。

---

① 参见严定暹:《〈周礼·春官〉礼乐思想研究》,台湾师范大学国文研究所1976年硕士学位论文。

② 参见李玉和:《〈周礼·秋官〉刑法思想研究》,台湾师范大学国文研究所1977年硕士学位论文。

彭林还对《周礼》所记教化的形式、组织和内容作了探讨。如《周礼》中有六乡官员属民读法之记载，关于"读法"之本质，学者们的认识各异，如侯家驹认为聚众读法是"以吏为师"、"以法为教"。彭林则认为《周礼》之"读法"与法家的"以吏为师"、"以法为教"有着本质的区别，他说："韩非所说的'法'，是指政府的法律、禁令。他对儒家思想深恶痛绝，把它当作应当消灭的'五蠹'之一，他当然不可能用儒家思想教民。而《周礼》使民所读之'法'，内涵要广泛得多，除政教、禁令之外，主要是教法。《周礼》之《大宰》职云，'正月之吉，始和布治于邦国、都鄙'。据《周礼》文例，此为举外以包内，即举畿外邦国、畿内都鄙，以包乡、遂、公邑，文不具也。《地官》、《夏官》、《秋官》均有类似的文字。这表明《周礼》是要运用国家政权的力量，以儒家思想统一万民的思想。"① 彭林认为，《周礼》所记读法之内涵是教法，体现的是儒家思想。

彭林还认为《周礼》与荀子的刑罚思想是一致的。如关于《周礼》的"刑"，彭林曰："大司徒'以刑教中，则民不暴'，刑亦为十二教之一，说明刑是礼与教之从属，是为其服务的。大司徒以'乡三物'教万民，又以'乡八刑'纠万民，说明两者相辅相成，不服教者方刑之。"② 彭林认为，《周礼》的法律思想有预防犯罪、对犯错误者反复教育、强调定案的准确性等特征。彭氏认为，《周礼》虽然也有斩、杀、焚、车辖等刑，然不是针对所有民众，因此，《周礼》一书的儒家意味更强。他说："统观全书，可知《周礼》是以教立国，而非以刑立国，刑法之目的，是所谓'刑期无刑'、'辟以止辟'，使人们不违逆礼制。这是一种'德主刑辅'的方针，与法家之严刑苛法有本质的区别。"③ 在彭林看来，《周礼》一书中虽然有刑罚之记载，然而并不能改变该书儒家思想之整体取向。

金春峰亦对《周礼》中的法治观念作了探究。如其考察《周礼》中"法"字之用法，曰："《周礼》中'法'字用得很多，与'礼'字几乎处于同等的地位。说《周官》是'周礼'，符合《周官》实际。说《周官》是'周法'，也符合《周官》实际。在《周官》中，礼法相通，礼亦法，法亦礼，故《周官》之

---

① 彭林：《〈周礼〉主体思想与成书年代研究》，中国人民大学出版社2009年版，第55页。
② 彭林：《〈周礼〉主体思想与成书年代研究》，中国人民大学出版社2009年版，第68页。
③ 彭林：《〈周礼〉主体思想与成书年代研究》，中国人民大学出版社2009年版，第72页。

礼与传统的礼不相同,其法与法家之法亦不相同。"① 金氏对《周礼》礼法思想之本质作了揭示,他说:"春秋时代,礼法本相通。法度、法典与法是礼的一部分。战国时,法家思想盛行,礼与法遂相对。然而,荀子却以法释礼,沟通礼与法,亦有'礼法'一词。《周官》之礼法就是反映了这一时代特点。"② 在金氏看来,《周礼》与荀子"以法释礼"的主张是一致的。

金春峰还对《周礼》教化思想之本质作了研究。如《地官·大司徒》之"十二教",金氏曰:"十二教的目的是使民'不苟'、'不争'、'不怨'、'不乖'、'不越'、'不愉'、'不虣'、'不怠'、'慎德'、'知足'、'不失职'、'兴功',使社会安定有序、和谐、团结,与法家片面强调功利、刑赏与法治是不同的。"③ 金春峰认为,《大司徒》之"十二教"具有儒家的特征,与法家片面强调功利和法治有所不同。金氏曰:"大司徒又提出'以保息六养万民','以本俗六安万民','以荒政十有二聚万民'。其内容可归纳为:宗族恩情;惠政缓刑;节俭;索鬼神;尊师重儒。……都是与儒家的主张一致的。"④ 金春峰认为,《周礼》在论述有罪相及之同时,更强调相受、相保、相救、相赒、相宾,因此《周礼》是一部渗透着儒家思想的著作。

(2) 法家说。

有的学者认为《周礼》的学派属性是法家。如顾颉刚认为《周礼》的中心问题与《管子》一样,皆是"作内政而寓军令"。如《管子》曰:"内教既成,令不得迁徙。"⑤《周礼·比长》:"徙于国中及郊,则从而授之。若徙于他,则为之旌节而行之。若无授无节,则唯圜土内之。"顾氏认为,《周礼》与《管子》于迁徙之规定是相同的,即一边的官吏将迁徙者交给另一边的官吏,若是要迁徙至远方,则需国家的旌旗为证。又如《管子》曰:"正月之朔,……君

---

① 金春峰:《〈周官〉之成书及其反映的文化与时代新考》,台湾东大图书股份有限公司1993年版,第63页。
② 金春峰:《〈周官〉之成书及其反映的文化与时代新考》,台湾东大图书股份有限公司1993年版,第65页。
③ 金春峰:《〈周官〉之成书及其反映的文化与时代新考》,台湾东大图书股份有限公司1993年版,第93页。
④ 金春峰:《〈周官〉之成书及其反映的文化与时代新考》,台湾东大图书股份有限公司1993年版,第93页。
⑤ 黎翔凤撰,梁运华整理:《管子校注》卷八,中华书局2004年版,第413页。

乃出令布宪于国,……遂于乡官,致于乡属,及于游宗皆受宪。"①《周礼》曰:"大司徒之职,……正月之吉,……乃县教象之法于象魏,使万民观教象。""乡大夫之职……正月之吉,受教法于司徒,退而颁之于其乡吏,使各以教其所治。""州长,……正月之吉,各属其州之民而读法。……正岁,则读教法如初。"顾氏将《周礼》与《管子》所记颁法读法加以比较,得出结论曰:"大司徒县法和乡大夫颁法之后,州长一年该向人民读法两次,党正一年读法五次,族师一年读法十二次,闾胥每逢集会的时候就读法,把'法'作为治理国家的主要工具。这样看来,《周礼》明明是法家之书,而两千年为了它有着周公这顶大帽子压在上面,而周公又是孔子所梦寐不忘的人,以至被人错认作儒家之书,这是多么地可怪又可笑的事呵!"②顾氏认为,《周礼》将法作为治理国家的主要工具,故《周礼》是法家的著作。

顾颉刚认为《周礼》受到了商鞅的影响,如《周礼·遂人》:"辨其野之土,上地、中地、下地以颁田里。上地,夫一廛,田百亩,莱五十亩;余夫亦如之。中地,夫一廛,田百亩,莱二百亩;余夫亦如之。下地,夫一廛,田百亩,莱二百亩;余夫亦如之。"顾氏曰:"按商鞅之法,'令民父子、兄弟同室内息者为禁',这是要打破宗法组织的长、庶之分,使得每一个人民都直接隶属于国家;在这种情形之下,余夫的名义当然取消,他们所得到的田地和长兄不再有差别。《周官》这段文字似乎是接受了商鞅的主张,所可诧异的是他为什么还保留着这个'余夫'的名义呢?这里虽然存在着矛盾,但究竟是《周官》出于法家的一个证据。"③顾氏认为,《周礼·遂人》所记授田制是受到了商鞅变法所立田制的影响。

侯家驹亦认为《周礼》是法家的著作,他说:"《周礼》一书是以儒家为幌子,骨子里却是法家。法家重法不重礼,尊君不爱民,以残酷手段,达统治目的。"④侯家驹认为,《周礼》在本质上是法家的,儒家仅是其幌子而已。他从尊君、农战、统制、以吏为师、九伐之法等多个方面对《周礼》的学派属性作了研究。

侯家驹认为,法家提高君主地位的措施,一是君主养尊处优,显示其高

---

① 黎翔凤撰,梁运华整理:《管子校注》卷一,中华书局2004年版,第65—66页。
② 顾颉刚:《"周公制礼"的传说和〈周官〉一书的出现》,《文史》1979年第六辑。
③ 顾颉刚:《"周公制礼"的传说和〈周官〉一书的出现》,《文史》1979年第六辑。
④ 侯家驹:《周礼研究》,台湾联经出版事业公司1987年版,第61页。

不可攀,二是使用至高无上的权力以统治臣民。侯氏曰:"法家是主张君主应以天下自养自奉,此所以《周礼》'天官之庶司百职,乃无一治国事民事之人,合此庶司百职皆以奉一君。甚且六卿中六太六少之职,皆以奉君事神事为主,其余百官之专为君事者尚多。自是古所谓设官以治民者,则皆为设官以事君矣!'即以进膳一项言:'凡王志馈,食用六谷,膳用六牲,饮用六清,羞用百二十品,珍用八物,酱用百有二十瓮。王日一举鼎,十有二物,皆有俎,以乐侑食。'"①康有为认为《周礼·天官》诸职官皆以事君为要,而无治国事民之人,六卿六少亦皆以奉君事神为主。侯家驹推崇康氏此说,并认为《周礼》处处维护的是君主的权威。

商鞅以兵农合一的政策辅佐秦孝公,秦国由此而走向强大,因此兵农合一的思想成为法家的基本政策。兵农合一,就是管仲所提出的"作内政而寓军令"。侯家驹认为《周礼》中贯穿"作内政而寄军令"的思想。如《周礼·地官·遂人》曰:"五家为邻,五邻为里,四里为酂,五酂为鄙,五鄙为县,五县为遂。皆有地域沟树之使,各掌其政令刑禁。以岁时稽其人民,而授之田野,简其兵器,教之稼穑。"侯家驹认为,《周礼》于此之记载就是"作内政"。《周礼·夏官·司马》曰:"凡制军,万有二千五百人为军。……五人为伍,伍皆有长。"侯家驹认为,《周礼》此记载就是"寄军令"。在侯氏看来,真正承担兵农合一之事的是《地官》中的小司徒。《小司徒》曰:"乃会万民之卒,伍而用之。五人为伍,五伍为两,四两为卒,五卒为旅,五旅为师,五师为军,以起军旅,以作田役,以比追胥,以令贡赋。"侯氏曰:"军事组织上的伍、两、卒、旅、师、军,是和户政组织上的比、闾、族、党、州、乡或邻、里、酂、鄙、县、遂相对应。由于小司徒下曾云,'凡起徒役,毋过家一人',故户数与兵数相当。在基本上,这是和《管子》'作内政以寄军令'的制度类似。"②侯氏认为,《周礼·地官·小司徒》将内政与军令结合起来,与《管子》"作内政以寄军令"在本质上是相同的。

法家主张"以吏为师"、"以法为教",在对人民的控制上,法家主张禁止言论自由。侯家驹认为,《周礼》主张严密控制人民,他说:"至于对人民言行之监视,《周礼》深入基层,这就是《地官》篇各级官员于聚民众读法后,还

---

① 侯家驹:《周礼研究》,台湾联经出版事业公司 1987 年版,第 65 页。
② 侯家驹:《周礼研究》,台湾联经出版事业公司 1987 年版,第 70 页。

要检讨或检查人民的言行，例如州长'以考其德行道艺而劝之，以纠其过恶而戒之'；党正'书其德行道艺'；族师'书其孝弟睦姻有学者'；闾胥'书其任恤者'。此外，还有专门负责监视人民言行的司谏与司救。"① 侯家驹认为，《周礼》主张监视人民并施之以赏罚，这是法家对人民控制之体现。侯氏认为，与《韩非子》一样，《周礼》亦主张"以法为教"，他说："姑不论《地官·大司徒》'以乡八刑纠万民'，或《秋官·司刑》'掌五刑之法，以丽万民之罪'，亦不计算'刑、罚、杀、戮、斩、挞、搏'等字，作者曾对《周礼》中'诛'与'赏'二字，作一初步统计，发现'诛'字至少出现二十一次，'赏'字只出现十三次。"② 侯氏对《周礼》中关于刑法的关键词作了统计，认为《周礼》与法家一样，皆是重罚轻赏。

(3) 儒法兼有说。

有的学者认为《周礼》既非儒家著作，亦非法家著作，而是儒、法兼有之作。持这种观点的代表人物是钱穆。钱氏认为，"法"字很少见于古书，即使是春秋时期郑国子产铸刑书，叔向的谏书中言"义"、"政"、"礼"、"信"、"仁"、"忠"、"和"、"敬"等皆有之，而独不言"法"。《周礼》十分重视"法"的观念，如《天官·大宰》开始便云"以八法治官府"，诸职官亦多有法律公布之制。《周礼》对法之重视，集中体现在"悬法使万民观"之制度上。钱穆对悬法制度之根源作了探讨，他说："吴起、商鞅皆属有名之法家。彼两人均在魏国，应皆得闻李悝之遗教者。至于《周官》之'悬法象魏，使万民观'，此正近似吴起、商鞅城门置令之办法，而特重加以学者间之一番理想化。"③ 钱氏认为，吴起、商鞅城门置令源自魏国之李悝，《周礼》"悬法象魏使万民观"是对吴起、商鞅城门置令的继承。

钱穆将《周礼》所记连坐制度与李悝、商鞅变法之主张作了比较。如《族师》曰："五家为比，十家为联；五人为伍，十人为联；四闾为族，八闾为联。使之相保相受，……以役国事。"《比长》曰："五家相受，相和亲；有罪奇袤，则相及。"《士师》曰："掌乡合州党闾比之联，与其民人之什伍，使之相安相受，以比追胥之事，以施刑罚庆赏。"钱穆曰："以上诸条，完全是商鞅

---

① 侯家驹：《周礼研究》，台湾联经出版事业公司1987年版，第84页。
② 侯家驹：《周礼研究》，台湾联经出版事业公司1987年版，第87页。
③ 钱穆：《两汉经学今古文平议》，商务印书馆2001年版，第367页。

'令民什伍，相牧司连坐'之制，完全是李悝《法经》'网捕'之法，完全是防御人民之为盗贼。"① 钱氏认为，《周礼》族师、比长、大司徒之职掌合于法家人物商鞅、李悝之主张。

钱穆将《周礼》与管子"作内政而寓军令"的思想作了比较，他说："《管子》和《周官》两书，显然同是战国晚年一辈学者之理想，惟《周官》则似乎在制度上格外写得精密与出色些而已。"② 又说："全在一个精神下统一起来。全国凝结成一个有机体，于内务耕稼、外劝战死之后面，再为补上一种为民制产、修其孝弟的儒家精神。则无怪后人要乐于承认《周官》为真是周公致太平之书矣。其实只专就寄军令于内政之一节而论之，便知已不是致太平之规模。尚不如说此为管仲霸诸侯之阴谋，犹较为近情也。"③ 钱氏认为，《周礼》中有"作内政而寓军令"之主张，其精密程度甚至高于《管子》。

笔者认为，若仅将《周礼》有关于礼乐教化的内容集合起来加以研究，而不及其刑法的内容，则肯定会得出《周礼》是儒家著作的结论；若仅将《周礼》有关于刑法的内容集合起来加以研究，而不及其礼乐教化的内容，则会得出《周礼》是法家著作的结论。而事实上，《周礼》讲礼乐教化的内容多，讲刑罚杀戮的文字亦不少。有人以荀子礼法合用、王霸统一为据，认为《周礼》乃儒家说，这种论证其实也是不具有说服力的。荀子的学说是以礼为本、以刑法为末，他把"法治"称为"暴察之威"，"礼治"称作"道德之威"，法治至其极也不过为"霸"，而不能成"王"。而在《周礼》一书，却找不到类似于荀子这样关于礼法关系的论述。有人认为《周礼》讲礼乐教化的比例大些，讲刑法杀戮的文字要少些，遂认为《周礼》是儒家著作。这种观点也不能成立，因为内容的比例与内容所反映的本质是两个层面的问题，内容的多少并不决定所记内容的本质。至于历代将《周礼》纳入儒家"十三经"，更不能作为《周礼》属于儒家的证据，因为此举出于后世政治和教化的需要，与《周礼》撰著者的学派属性已不是一回事。笔者赞同钱穆的观点，即《周礼》是儒法兼有之作；在《周礼》中，儒与法并非本质与表象的关系，二者互相为用、相得益彰。

---

① 钱穆：《两汉经学今古文平议》，商务印书馆2001年版，第395页。
② 钱穆：《两汉经学今古文平议》，商务印书馆2001年版，第399页。
③ 钱穆：《两汉经学今古文平议》，商务印书馆2001年版，第400—401页。

### (二)《仪礼》的文本问题

《仪礼》是一部记载古代贵族生活中之冠、昏、丧、祭、乡、射、朝、聘等各种礼仪的书。据郑玄《三礼目录》，可知《仪礼》的篇次在汉代有三种，分别是刘向《别录》本、戴德本、戴圣本。郑玄在为《仪礼》作注时采用刘向校书时之整理本，而不用大、小戴之篇次。

#### 1. 礼的起源与文本化

仪式活动是一种社会行为，这种行为是人类所独有的，是人与其他动物的根本区别之一。面对神秘的大自然，原始人既感到恐惧，同时又试图对大自然进行控制和施加影响，于是便产生了原始的仪式活动，如自然崇拜、图腾崇拜、鬼魂崇拜、祖先崇拜、生殖崇拜等，这些仪式是人类最初的规范和准则。

中国先民们的仪式活动，在旧石器时代的山顶洞人中已经具有。据考古发现，山顶洞人的尸体周围撒了许多赤铁矿粉，并有装饰品，这表明山顶洞人已经有了鬼神崇拜和葬仪。人类进入新石器时代以后，农业生产依赖于自然界的风调雨顺，为了获得天的庇佑，从而有好的收成，于是产生了形形色色的祈祷活动。这些祈祷活动并不是礼，因为礼不但包括礼仪，还包括礼治、礼制等。但是原始社会的种种仪式活动是礼产生的前奏。杨宽在《"冠礼"新探》一文中指出："礼的起源很早，远在原始氏族社会中，人们已惯于把重要行动加上特殊的礼仪。原始人常以具有象征意义的物品，连同一系列的象征性动作，构成种种仪式，用来表达自己的感情和愿望。这些礼仪，不仅长期成为社会生活的传统习惯，而且常被用作维护秩序、巩固社会组织和加强部落之间联络的手段。进入阶级社会以后，许多礼仪还被大家沿用着，其中部分礼仪往往被统治阶级所利用和改变，作为巩固统治阶级内部组织和统治人民的一种手段。"①

近半个多世纪以来，考古发现的大量资料证实，在中国原始社会末期，即传说中的五帝时代，"礼"已具雏形。在大汶口文化、山东龙山文化、中原龙山文化、良渚文化遗址墓葬中有保存较为完整的礼器的组合，表明当时已经具有较为完备的丧葬之礼。在这些文化遗址中，很多礼器为夏、商、周三代所继承。如在大汶口文化和山东龙山文化中，我们都可以看到陶鼎的制作非常盛行，而鼎在三代是象征社稷的重要礼器。

由于尚未发现夏代的文字，所以目前对夏礼的认识只有两种途径：一是通

---

① 杨宽：《古史新探》，中华书局1965年版，第234页。

过后世的文献进行回溯。比如《礼记·檀弓》："有虞氏瓦棺，夏后氏堲周，殷人棺椁，周人墙置翣。"《礼记·明堂位》："夏后氏牲尚黑，殷白牡，周骍刚。"《论语·八佾》："哀公问社于宰我。宰我对曰：'夏后氏以松，殷人以柏，周人以栗。'"这些记载是古人通过周礼来回溯夏礼，据这些记载，可知夏礼的些许信息。二是通过考古文物来认识。目前被考古界确定为夏文化的二里头文化中，可以看到墓葬中有成批的玉器、铜礼器和兵器，其中青铜礼器的出现意义重大："二里头文化青铜礼器的出现，标志着中国礼文化在经过铜石并用时代的萌芽和初步发展以后，有了一个大的飞跃，进入了一个新的发展时期。"[①]

近代以来的考古发现对于研究商礼提供了很多素材。一是甲骨文的发现，可以与出土文物相映证，共同揭示商礼的特征。如殷墟中的宫室建筑组合复杂，结构多变，通过与甲骨卜辞中名目繁多的建筑名称相对照，可知实物与记载大体相合。与夏代相比，商代的宫室建筑功能更多，并呈现出多元化的建筑风格。殷墟中发现了很多铸铜遗址，从铸铜技术上看，商代比夏代明显进步，形制、花纹明显复杂多样化。商人重"酒"，《尚书·微子》篇就有关于商代贵族因酗酒而导致耽误政事的记载。正因为商人重酒，所以与酒相关的青铜礼器也发展起来。

从甲骨卜辞来看，商人崇奉的神灵异常繁多，祭祀的仪式也非常复杂。原始社会后期的一些礼仪活动与原始的巫术并没有明显的分野，商礼也有浓厚的巫的色彩。商代已十分重视祖先崇拜，天神崇拜已降到其次的地位。商礼朝着切近人事的方向发展，这种特征被周礼继承并得以彰显。

周因殷礼，不仅表现为西周前期的青铜文化主要来源于商文化，还表现为商代的绝大多数祭祖礼也来自殷礼。刘雨通过分析两周金文资料，整理出周代的二十种祭祖礼。经过统计，发现其中十七种与商代祭祖礼的名称相符合。统计还表明，这十七种商周同名的祭礼，大多盛行于周穆王之前，这表明周人曾经在很长一段时间内曾沿袭殷礼。[②]

周公制礼对后世礼学的发展产生了很大影响。作为周代的摄政者，周公推行分封制，用宗法制相辅而行，并对旧礼进行了改造和重新设计，以适应时代需要。司马迁云："召公为保，周公为师，东伐淮夷残奄……归在丰，作

---

[①] 杨志刚：《中国礼仪制度研究》，华东师范大学出版社2001年版，第47页。
[②] 参见刘雨：《西周金文中的祭祖礼》，《考古学报》1989年第4期。

《周官》。兴正礼乐，度制于是改，而民和睦，颂声兴。"①周公所制礼并非后世之《仪礼》，而是"皆监前代而损益之，是以有所不合，待思而后能得之也"②。周公将德注入周礼，使礼在形态上发生了质的飞跃，《左传》文公十八年载季文子所言曰："先君周公制周礼曰：则以观德，德以处事，事以度功，功以食民。"③统治者重礼，即意味着德政。周公制礼并将其作为治国的方略，使"礼"的观念在以后的统治者中得以逐渐强化并主动运用"礼"来经略天下。

礼仪用文字固定下来，可以被参照学习，这就是礼的文本化。从现有的史料来看，我国有文字记载的历史，可以追溯到商代。《尚书·多士》曰："惟尔知，惟殷先人，有典有册。"《吕氏春秋·先识览》载：夏桀暴乱，"夏太史令终古出其图法，执而泣之"。④《尚书》中还有"虞书"、"夏书"、"商书"的说法，这些记载虽不一定完全可靠，但可知我国的文献典籍出现的时间相当早，至少在商代就有了。至于礼书出现的时间，《左传》有两则材料值得重视。《左传》哀公十一年，孔子言"有周公之典在"。又《左传》文公十八年，"季文子使太史克对曰'……先君周公制周礼'"。从这两则材料可知，至迟在周公时代，礼书已经出现。据《左传》哀公三年的记载，鲁国大火，"子服景伯至，命宰人出礼书，以待命，命不共，有常刑"，"命宰人出礼书"，说明鲁国宫内已存有礼书。

春秋以前，文献典籍主要集中于官府，由史官掌管。春秋以降，王官失守，学术下移，这为"三礼"的出现提供了可能。商周时代流传下来关于礼的文字记载，为"三礼"的制作者所参考，这些文字记载包括前面所提到的"礼书"。"三礼"的出现，标志着中国礼的文本化进入了一个新的时期，礼已经可以跨越时空，为众人所传习，而不是仅仅被史官所掌握了。

2.《仪礼》的作者及成书年代

先秦时期，《仪礼》只称"礼"，如《庄子·天运》："孔子谓老聃曰：'丘治《诗》、《书》、《礼》、《乐》、《易》、《春秋》六经。'"⑤汉代《仪礼》又名《礼》、

---

① （汉）司马迁：《史记》卷四《周本纪第四》，中华书局 1959 年点校本，第 133 页。
② （清）崔述：《丰镐考信录》卷五《周公相成王下》，《崔东壁遗书》第 7 册，上海古书流通处 1926 年影印本，第 1 页。
③ （清）阮元校刻：《十三经注疏（附校勘记）》，中华书局 1980 年版，第 1861 页。
④ 许维遹撰，梁运华整理：《吕氏春秋集释》卷十六，中华书局 2009 年版，第 395 页。
⑤ （清）郭庆藩：《庄子集释》卷五下，中华书局 2012 年版，第 533 页。

《士礼》、《礼记》等，《史记·儒林传》："言《礼》自鲁高堂生。"①"诸学者多言《礼》，而鲁高堂生最本《礼》，固自孔子时而其经不具，及至秦焚书，书散亡益多，于今独有《士礼》，高堂生能言之。"②《说文解字叙》："鲁恭王坏孔子宅，而得《礼记》、《尚书》、《春秋》、《论语》、《孝经》。"③

汉代尚无《仪礼》之名，对此，古今学者皆无疑义。黄以周云："郑氏师弟子并无《仪礼》之名也。《礼》注大题《仪礼》当是东晋人所加。东晋人盛称《仪礼》。"④东晋元帝司马睿时，尚书仆射荀崧上疏请求增立博士，其中便有"郑《仪礼》博士一人"⑤。由此可见，《仪礼》之名为东晋人所加。

关于《仪礼》的作者，一说是周公，贾公彦《仪礼疏序》云："至于《周礼》、《仪礼》，发源是一。理有终始，分为二部，并是周公摄政太平之书。"⑥此说在中国古代经学史上的影响很大。然而，由于文献根据不够充分，此说越来越受到后人的质疑，其影响也越来越小，当今学术界已少有人持此说。第二种观点认为《仪礼》十七篇为孔子所编修。《礼记·杂记下》载："恤由之丧，哀公使孺悲之孔子学士丧礼，士丧礼于是乎书。"孺悲所学的"士丧礼"，其内容当不限于今本《仪礼》的《士丧礼》，应包括所有关于士丧之礼。据沈文倬的意见，它应包括《仪礼》中的《士丧礼》、《既夕礼》、《士虞礼》和《丧服》四篇的内容。⑦研究者们据此推定，孔子当年所教的、孺悲所记的，除了《士丧礼》外，尚有其他方面的礼仪。

关于周公制礼作乐，金景芳指出："周公不但制过礼，而且这是周公为了进一步巩固周朝政权而采取的又一项重要措施。它的意义远远超出了周公时代，成为在整个中国古代史上发生重大影响的历史现象。……《周礼》非周公

---

① （汉）司马迁：《史记》卷一百二十一《儒林列传第六十一》，中华书局1959年点校本，第3118页。
② （汉）司马迁：《史记》卷一百二十一《儒林列传第六十一》，中华书局1959年点校本，第3126页。
③ （汉）许慎：《说文解字》卷十五上，中华书局1963年版，第315页。
④ （清）黄以周著，王文锦点校：《礼书通故》第一，中华书局2007年版，第4页。
⑤ （唐）房玄龄等撰：《晋书》卷七十五《列传第四十五·荀崧》，中华书局1974年点校本，第1978页。
⑥ （清）阮元校刻：《十三经注疏（附校勘记）》，中华书局1980年版，第945页。
⑦ 参见沈文倬：《略论礼典的实行和〈仪礼〉书本的撰作》，《菿闇文存》，商务印书馆2006年版，第1—58页。

所作，已为今天的学术界所公认，无须赘述。至于《仪礼》，则如崔述所说：'其文繁，其物奢'，与周公的'享多仪，仪不及物，惟曰不享，惟不役志于享'的主张相违背，也肯定不是周公所作。而且像《仪礼》十七篇这样周详细密，也不是某一个人短时间内所能作出来的。"① 虽然礼乐不可能是周公一个人所作，但是作为周朝的摄政者，以周公为首的周朝统治者对以前的礼仪进行改造，从而制定出适合周代需要的礼仪制度则是可能的。这些礼仪制度曾在周代实行并一直流传下来，到后世被损益，编入《仪礼》中。丁鼎认为，《仪礼》的成书既与周公制礼作乐有关，又与孔子的编修有关。② 我们认为，《仪礼》一书保留了周公"制礼作乐"的一些礼仪规范。至于将这些礼仪规范进行损益并编成书，当是孔子。《史记·儒林传》曰："礼固自孔子时，而其经不具。及至秦焚书，书散亡益多。于今独有《士礼》，高堂生能言之。"③ "其经不具"，说明孔子之时尚无《仪礼》一书。司马迁又云："孔子之时，周室微而礼乐废，《诗》、《书》缺。追迹三代之礼，序《书传》，上纪唐虞之际，下至秦缪，编次其事。……故《书传》、《礼记》自孔氏。"④ 此处所言《礼记》即指《仪礼》，不过此处所说的《仪礼》，并非今所见《仪礼》十七篇，而是《仪礼》的初本，篇目当远不止十七。先秦古籍，如《礼记》、《大戴礼记》、《墨子》、《孟子》、《荀子》多引《仪礼》之文。墨子乃战国初期之人，由此可以推断，《仪礼》的成书当在春秋末、战国初，这也恰好是孔子生活的时代。

今传《仪礼》十七篇为今文，已经没有什么争议。但在汉代，《仪礼》的古文经却有三种。王国维在《观堂集林·汉时古文本诸经传考》中认为有三种古文《仪礼》，分别为鲁淹中本、孔壁本和河间本。《汉书·艺文志》云："《礼古经》五十六卷……《礼古经》者，出于鲁淹中及孔氏，与十七篇文相似，多三十九篇，及《明堂阴阳》、《王史氏记》所见，多天子、诸侯、卿大夫之制，虽不能备，犹愈仓等推《士礼》而致于天子之说。"⑤《礼古经》五十六卷，出

---

① 金景芳：《周公对巩固姬周政权所起的作用》，《古史论集》，齐鲁书社1981年版，第102—103页。
② 参见丁鼎：《仪礼·丧服考论》，社会科学文献出版社2003年版，第71—80页。
③ （汉）司马迁：《史记》卷四十七《儒林列传第六十一》，中华书局1959年点校本，第3126页。
④ （汉）司马迁：《史记》卷四十七《孔子世家第十七》，中华书局1959年点校本，第1935—1936页。
⑤ （汉）班固：《汉书》卷三十《艺文志第十》，中华书局1962年点校本，第1710页。

于鲁淹中,其中有十七篇与今文《仪礼》相似,这十七篇即古文《仪礼》淹中本。《汉书》云:"歆因移书太常博士,责让之曰:……及鲁恭王坏孔子宅,欲以为宫,而得古文于坏壁之中,逸《礼》有三十九,《书》十六篇。天汉之后,孔安国献之,遭巫蛊仓卒之难,未及施行。"①《汉书·艺文志》云:"武帝末,鲁恭王坏孔子宅,欲以广其宫,而得《古文尚书》及《礼记》、《论语》、《孝经》凡数十篇,皆古字也。……孔安国者,孔子后也,悉得其书,以考二十九篇,得多十六篇。安国献之。遭巫蛊事,未列于学官。"②此处所说的《礼记》即《仪礼》,这是《仪礼》的孔壁本。《汉书·景十三王传》云:"河间献王德以孝景前二年立,修学好古,实事求是。从民得善书,必为好写与之,留其真,加金帛赐以招之,由是四方道术之人,不远千里,或有先祖旧书,多奉以奏献王者,故得书多,与汉朝等。……献王所得书,皆古文先秦旧书,《周官》、《尚书》、《礼》、《礼记》、《孟子》、《老子》之属,皆经传说记,七十子之徒所论。"③河间献王所得书有古文《仪礼》,这是《仪礼》的河间本。

郑玄《六艺论》曰:"后得孔子壁中古文《礼》凡五十六篇。其十七篇与高堂生所传同,而字多异。其十七篇外,则《逸礼》是也。"④刘歆校理古籍,认为《礼古经》五十六篇中包括天子、诸侯之礼,远不止《仪礼》十七篇之"士礼",故刘歆主张将《礼古经》列为学官。此举遭到今文经学家的反对而作罢。鲁高堂生所传十七篇是用汉代常见的隶书书写,故属于今文的系统。

我们认为,十七篇与五十六篇均出于孔子之编修。十七篇为删简本,只述士礼,而略及大夫诸侯之礼;五十六篇为繁本,乃孔子所定之完全本。其中不仅有士、大夫礼,还有天子、诸侯礼。只不过除今天所传十七篇外,《礼古经》的其他篇目均已亡佚,亡佚的三十九篇称为《逸礼》。今可考的《逸礼》,有《天子巡狩礼》、《朝贡礼》、《烝尝礼》、《中霤礼》、《王居明堂礼》、《古大明堂礼》。

---

① (汉)班固:《汉书》卷三十六《楚元王传第六》,中华书局 1962 年点校本,第 1967—1969 页。
② (汉)班固:《汉书》卷三十《艺文志第十》,中华书局 1962 年点校本,第 1706 页。
③ (汉)班固:《汉书》卷五十三《景十三王传第二十三》,中华书局 1962 年点校本,第 2410 页。
④ (清)阮元校刻:《十三经注疏(附校勘记)》,中华书局 1980 年版,第 1229 页。

3.《记》的作者及年代

《仪礼》十七篇,其中十二篇有《记》,这些《记》文或阐发礼的意义,或追述远古异制,或补充说明仪制的变异及原因,或详述器物的形制及其规格数量,或附录礼典仪式所用之辞,意义极大。① 学术界一般认为,《仪礼》的《记》文与经文的作者不一,《记》文的出现晚于经文。至于这些《记》文出自什么时代和何人之手,古今学人说法不一。清人盛世佐认为:"凡为《记》者有三:有记经所未备者,有记礼之变异者,有各记所闻颇与经义相违者。记经所未备者,周公之徒为之与经并行者也;记礼之变异,则非周之盛时书矣,……其在春秋之际乎?至于各记所闻而颇失经意者,则七十子后学所记也。意其初经与《记》分,《记》与《记》亦不相杂,至汉儒掇拾灰烬之余,窜以经师之说,而三者之辨不可复知。且有经连于《记》,《记》混于经者,错乱无次,于《记》为甚,读者不可不分别观之也。"② 盛世佐还说:"据《汉书·艺文志》所载,诸《记》与经文各自为书,本不相杂,以《记》附于逐篇之下者,其始于郑氏乎?郑氏注《易》,合象象于经,亦其例也。"③ 盛世佐认为,《仪礼》的《记》文的作者不一,有周公,有春秋时人,有战国时人;汉儒将《记》文附于《仪礼》经文之下,遂成今日所见经文和《记》文合为一书者。

清人刘沅亦认为《仪礼》的《记》文与汉儒有关,其曰:"周之典礼明备,凡经礼、曲礼,盖皆有方策记之。周衰渐以凌迟,孔门弟子采掇其要及所闻于孔子者记之,大、小戴之类是也,二戴亦从秦火之后就其所闻见所得者汇记之。此下所记与《冠义》与《戴记》所载详略不同,又汉儒撮其要者附于篇后,以明冠礼之概,不必执同异以相疑也。"④ 刘沅认为,《仪礼》的《记》文乃孔门弟子采掇或闻于孔子者,汉儒将这些说记进行汇集,从而使经、《记》合为一书。

我们认为,与《礼记》、《大戴礼记》中有些篇目的性质一样,《仪礼》的《记》文也是先秦到秦汉时期人们在研习《仪礼》的过程中所记下来的礼学资料。《记》文在流传过程中,被一些礼学家选编,或为大、小戴《礼记》,或附于《仪礼》经文之后。这些《记》文作者的时代目前尚不可考。我们认为考

---

① 参见丁鼎:《仪礼·丧服考论》,社会科学文献出版社2003年版,第103页。
② (清)盛世佐:《仪礼集编》卷二,文渊阁《四库全书》第110册,第107页。
③ (清)盛世佐:《仪礼集编》卷二,文渊阁《四库全书》第110册,第124页。
④ (清)刘沅:《仪礼恒解》卷一,《续修四库全书》第91册,第339页。

证《记》文的作者和撰作时代对于礼学史研究来说固然是重要的,但对于认识《记》文的性质并无太大意义。因为可以肯定的是,这些《记》文是解释和补充《仪礼》的,我们更看重的,是其对于《仪礼》和先秦礼制研究的意义。

4.《仪礼》的篇次和各篇的内容

据贾公彦《士冠礼疏》引郑玄《三礼目录》,今本《仪礼》共十七篇在汉代有三种不同的排列次序。杨志刚将其用表格的形式予以表述,甚为清楚,兹录于下。①

| 篇名 | 刘向《别录》本次序 | 戴德本次序 | 戴圣本次序 |
| --- | --- | --- | --- |
| 《士冠礼》 | 第一 | 第一 | 第一 |
| 《士昏礼》 | 第二 | 第二 | 第二 |
| 《士相见礼》 | 第三 | 第三 | 第三 |
| 《乡饮酒礼》 | 第四 | 第十 | 第四 |
| 《乡射礼》 | 第五 | 第十一 | 第五 |
| 《燕礼》 | 第六 | 第十二 | 第六 |
| 《大射》 | 第七 | 第十三 | 第七 |
| 《聘礼》 | 第八 | 第十四 | 第十五 |
| 《公食大夫礼》 | 第九 | 第十五 | 第十六 |
| 《觐礼》 | 第十 | 第十六 | 第十七 |
| 《丧服》 | 第十一 | 第十七 | 第九 |
| 《士丧礼》 | 第十二 | 第四 | 第十三 |
| 《既夕礼》 | 第十三 | 第五 | 第十四 |
| 《士虞礼》 | 第十四 | 第六 | 第八 |
| 《特牲馈食礼》 | 第十五 | 第七 | 第十 |
| 《少牢馈食礼》 | 第十六 | 第八 | 第十一 |
| 《有司彻》 | 第十七 | 第九 | 第十二 |

郑玄在为《仪礼》作注时,篇次采用刘向整理本,而不用大、小戴本。贾公彦认为,刘向《别录》本,序"皆尊卑吉凶、次第伦叙,故郑用之"②。

---

① 参见杨志刚:《中国礼仪制度研究》,华东师范大学出版社2001年版,第114—115页。
② (清)阮元校刻:《十三经注疏(附校勘记)》,中华书局1980年版,第945页。

《仪礼》记载了古代贵族生活中的冠、昏、丧、祭、乡、射、朝、聘等各种礼仪，各篇内容如下：

《士冠礼》记载了古代青年贵族男子的加冠礼仪。古代贵族男子到了二十岁要举行隆重的加冠典礼，作为成年的标志。此后，加冠者就拥有了一个贵族成员的权利和义务。

《士昏礼》记载了古代的士娶妻的礼仪。婚礼步骤有六，分别是纳采、问名、纳吉、纳征、请期、亲迎。

《士相见礼》记载了古代的士以及其他各级贵族互相拜访的礼仪。

《乡饮酒礼》记载了乡大夫为了招待乡中的贤能之士和德高望重者而主持的饮酒礼。

《乡射礼》记载了乡的下级组织中举行的射箭比赛之礼，意在教民礼让、敦化成俗。

《燕礼》记载了诸侯国君在政事完毕之后，为安乐群臣而举行的饮酒礼。

《大射》记载了诸侯在大学举行的射箭、宴饮活动，这些活动意在为将举行的祭祀、朝觐、会盟活动选拔人员，或是让群臣练习射技。

《聘礼》记载了诸侯国之间的聘问礼。若诸侯国之间很长时间没有会盟，就要互派使者，带着礼物访问，以结友好，这就是聘礼。

《公食大夫礼》记载了诸侯用食礼款待聘问使者的礼仪。

《觐礼》记载了诸侯朝见天子之礼。

《丧服》记载了古时的丧服制度。古时人死以后，活着的人要为死者服丧。根据与死者的亲疏和尊卑关系的差异，所穿的丧服以及服丧的时间也有所不同。

《士丧礼》记载了古代的士死后，为其操办丧事之礼。该篇与下篇的《既夕礼》实为一篇，因内容太多，编者将其分为两篇。本篇只记载到卜丧日。

《既夕礼》是《士丧礼》的下篇，记载从起殡到下葬的礼仪。

《士虞礼》记载了人落葬后的安魂礼。父母葬后，当天中午就要迎父母的神灵于殡宫，并举行祭祀以安之，这就是虞祭。

《特牲馈食礼》记载了诸侯祭祀父祖之神的礼仪。诸侯的士于岁时用猪、黍稷、酒在庙中祭祀已故的父祖神灵，此与父祖生前子孙馈食以奉养之的礼仪相同。

《少牢馈食礼》与下篇《有司彻》实为一篇，记载了诸侯的卿大夫岁时用少牢以及黍稷等多种食物在庙中祭祀已故父祖之神的礼仪，此与父祖生前子孙馈食以奉养父祖的礼仪相同。本篇只是记载到正祭部分。

《有司彻》为《少牢馈食礼》的下篇，主要记载正祭之后所行的傧礼。

5.《仪礼》的思想和价值

《仪礼》十七篇，记载了冠、昏、丧、祭、乡、射、朝、聘等各种礼仪，仿佛一个大的礼仪清单。这些清单将各种礼仪的细节都进行罗列，非常繁冗。《仪礼》是纯礼仪细节的记载，不像《礼记》那样有礼意之阐发，因此会给人一种错觉，即《仪礼》缺乏思想性。许多从事思想史和哲学史研究的学者对《仪礼》不予重视，根本原因就在这里。实际上，透过《仪礼》十七篇所记载的礼仪制度，可以看到作礼者代表的是某个时代的风尚和思想倾向。通过对《仪礼》所记礼制涵义的挖掘，可以管窥古人的礼学思想和礼仪风范。《仪礼》所蕴含的思想是非常丰富的，我们在此仅就其中的宗法观念加以讨论，以期《仪礼》能进入从事中国思想史和中国哲学史研究的学人之视野。

（1）《仪礼》中的宗法等级观念。

在中国古代，为了适应按血缘关系分配国家权力的需求，从氏族社会父系家长制中催生了宗法制。宗法制的特点是宗族与国家合而为一，宗法与政治等级完全一致。夏、商是宗法制度的形成期，西周是宗法制度的完备期。西周以后，宗法制度的幽魂依然影响历代王朝。西周宗法制规定，宗族分为大宗和小宗，周王自称天子，乃天下之大宗。天子除嫡长子以外的其他诸子被封为诸侯，相对于天子来说，诸侯是小宗，但诸侯在自己的封国内却是大宗。诸侯的其他儿子被分封为卿大夫，相对于诸侯来说，卿大夫又是小宗，不过在自己的采邑内，卿大夫又是大宗。大宗拥有祭祀权，亦享有政治上的特权。

宗法制和宗法思想在《仪礼》所记载的各种礼仪中有充分的体现。根据《仪礼》的记载，丧葬之礼既包括一般通行的礼仪程序和步骤，又有宗法等级社会的约束和禁忌，由此构成了丧葬礼的许多礼仪形式和礼数规则。就一般通行的礼仪程序而言，丧礼大体上有初丧、复、哭吊、饭含、设铭、悬重、小敛、大敛、殡、祖奠、赗赙、遣奠、葬仪、虞祭、卒哭、祔祭、小祥、大祥、除丧等仪节。就宗法等级规定而言，丧礼则有天子、诸侯、卿、大夫、士及庶人的差别，以及体现"亲亲"、"尊尊"的学统与政统的准则。

《仪礼》有《丧服》一篇，丧服是建立在宗法制度基础上的产物，也是从天子到庶民体现宗法观念最广泛最深刻的一种制度。丧服是用特殊的服饰表示对死者的哀痛，又在服饰的不同中反映亲疏。丧服反映了"亲亲"、"尊尊"

为宗法之核心，亦为丧服之重要原则。① 所谓亲亲，是辨别亲疏的原则。上直系血亲服：为父"斩衰三年"，父卒则为母"齐衰三年"，父在则为母"齐衰杖期"，为祖父"齐衰杖期"，为曾祖父"齐衰三月"，为高祖"齐衰三月"。下直系血亲服：父为长子"斩衰三年"，为嫡子"不杖期"，为曾孙"缌服三月"，为玄孙"缌服三月"。旁系血亲服：为昆弟"不杖期"，为从父昆弟"大功九月"，为从祖昆弟"小功五月"，为族昆弟"缌服三月"。所谓尊尊，是指辨别嫡庶的关系。嫡长子为继承大宗、小宗之宗主者是尊，其庶及幼者为卑，丧服中充分反映了这个原则，如父为长子"斩衰三年"，为众子"不杖期"，为嫡子"不杖期"，为庶孙"大功九月"，公为嫡子之长子殇"大功殇九月"，中子殇"大功殇七月"，为庶子之长殇小功殇五月。以上均表明为嫡子之服重，为庶子之服轻。

《仪礼》还记载了古代的祭礼。从器物表现上来说，凡祭祀必有相应的祭品、祭器、祭服，还有车马、场所等方面的安排和设置，其中包含着广泛的象征意义。比如从祭品方面来看，既不同于日常生活之所用，又丰俭相称，从而体现了特殊的精神内涵。以其与日常生活不同而言，如《礼记·郊特牲》曰："笾豆之荐，水土之品也，不敢用常亵味而贵多品，所以交于神明之义也，非食味之道也。先王之荐，可食也而不可嗜也；卷冕路车，可陈也而不可好也；《武》，壮而不可乐也；宗庙之威，而不可安也；宗庙之器，可用也而不可便其利也。所以交于神明者，不可同于所安乐之义也。"为神明所享用的物品不可与日常安乐之用相同，否则就有失虔敬而亵渎神明了。

祭祀和丧葬礼仪以及丧服原则，透显出的是古人的社会秩序观念。陈来在《儒家思想的起源》一书中用发生学的方法对中华文明早期的农业文明与儒家思想起源的关系进行了研究，并有详细的论述。陈来指出，中华文明在远古一直是农业文明，农业文明的一大特征就是节奏缓慢，于是生活于其中的人逐渐形成了重视伦理亲情、和谐温和的民族性格，礼就是在这样的文明演进中逐渐形成的。礼在中国古代是具有相当大的涵摄力的，法也包括其中，在战国以前更是如此。礼实际上就是一种社会秩序，通过具体的仪节和程序，使得人们的言行举止均有一定标准。《仪礼》记载的仪节如此之繁，程序如此之多，反映了其作者的良苦用心。《仪礼》的作者希望通过礼仪的实施，使人们各处其

---

① 参见钱玄：《三礼通论》，南京师范大学出版社1996年版，第455页。

位，各行其是，社会秩序和人的心灵皆由此而得到安顿。以上所述丧服所体现的宗法制度中，亲亲、尊尊实际上是古人所设定的一种秩序，古人认为，在那样的社会中，才不会出现臣弑君、少凌上之乱象，整个社会才能井然有序。又如《乡饮酒礼》记载了诸侯的乡大夫主持的饮酒礼，其意义，《礼记·乡饮酒义》已讲得非常清楚："五十者立侍，以听政役，所以明尊长也。六十者三豆，七十者四豆，八十者五豆，九十者六豆，所以明养老也。民知尊长养老，而后乃能入孝弟，民入孝弟，出尊长养老，而后成教；成教而后国可安也。君子之所谓孝者，非家至而日见之也，合诸乡射，教之乡饮酒之礼，而孝弟之行立矣。孔子曰：'吾观于乡而知王道之易易也。'"行乡饮酒礼时，六十岁以上的才可以坐着，五十岁以下的只能站着侍候。上饮食，六十岁的三盘，七十岁的四盘，年岁越长，饮食越丰盛。乡饮酒礼不仅按年岁大小排定位次，而且不同年龄段的人待遇也不同，体现的是对老者、贤者的尊敬和爱戴。实际上，这里面就暗含着一种秩序观念——长幼有序。通过君臣、长幼等一系列秩序的设定，并在礼仪的演示中得以彰显和强化，从而使社会实现和谐和稳定。从这个角度来看，《仪礼》是一本关于美好社会秩序构想的书。

《仪礼》所记载的祭祀、丧葬礼仪以及丧服原则，透显出古人的思想观念，而这些观念很可能在那个时代的人们心中具有普遍性，因为精英的思想是不能脱离他们所处的时代而独立存在的，精英的思想只有在时代思想那片沃土之上才能生根发芽，最终成为参天大树。在这些繁文缛节的背后，究竟还隐藏着什么样的思想观念呢？笔者认为，祭祀和丧葬礼仪还体现了古人灵魂不灭的观念。有人认为"丧祭之礼本源于人死为'鬼'的观念"[1]，这种看法是很有见地的。《礼记·祭法》云："大凡生于天地之间者皆曰命，其万物死皆曰折，人死曰鬼。"《礼记·祭义》记载："宰我曰：'吾闻鬼神之名，不知其所谓。'子曰：'气也者，神之盛也。魄也者，鬼之盛也。合鬼与神，教之至也。众生必死，死必归土，此之谓鬼。骨肉毙于下，阴为野土。其气发扬于上，为昭明、焄蒿、凄怆，此百物之精也，神之著也。'"按照孔子的解释，众生死后，其气发扬上升，活人往往看不到，也听不到，但是这些气常在人的左右，可以感动人，以显示其存在；这些气也可以在祭祀时回到祭祀者的面前，享承祭祀。由此可见，在西周和春秋时期，鬼神信仰还是相当普遍的。

---

[1] 姜广辉主编：《中国经学思想史》第一卷，中国社会科学出版社2003年版，第283页。

(2)《仪礼》的学术价值与现实意义。

《仪礼》十七篇记载了冠、婚、丧、祭、乡、射、朝、聘诸礼,所记载各礼相当繁琐。今天,《仪礼》所记载的礼仪制度也许有些不合时宜,不过作为一部对中国社会产生过深远影响的儒家经典,其学术价值和现实意义仍不可忽视。

中国自古以来就是礼仪之邦,对于个人而言,懂礼守礼是有教养的起码要求;对于国家而言,崇礼行礼是社会秩序整合的重要工具。虽然《仪礼》所记载的是远古的礼仪,但是历代统治者仍将其奉为宝典,作为议礼和制礼的依据。二十四史的礼志、《通典》、《文献通考》等书,都有大量的文字涉及《仪礼》。

礼学是中国儒家之核心,研究礼学,《仪礼》可谓最基本也是最重要的经典。在古代社会,以礼治国、以礼立身乃主导性的思想观念和实践原则,礼已经渗透到了人们社会生活的方方面面,衣食住行,生老病死,无一不涉及礼。礼已不仅是一套思想观念,而且是实实在在的见之于生活。《仪礼》记载了这些见之于生活的仪节,故其对研究儒家的礼学思想有着极为重要的价值。

从社会学的角度来看,《仪礼》是我们研究先秦社会重要的材料来源。《仪礼》记载了很多士礼,因此其是研究先秦时期士的地位、士担任的官职、士的生活和经济状况的重要依据。《仪礼》亦部分记载了天子、诸侯、卿大夫的礼仪,这是我们研究社会各阶层关系的重要资料。同时,《仪礼》记载的服饰、饮食,是我们研究古人衣食的素材。《仪礼》记载的宫室制度亦为我们研究古人建筑艺术提供了宝贵资料。总之,《仪礼》记载了古人生活的多方面内容,是一幅幅生动的古人社会生活画卷。

《仪礼》还有着十分重要的史料价值。如其记载的古代职官,是研究先秦时期官制的宝贵史料,清代学人胡匡衷的《仪礼释官》在这方面已有探索。又如《仪礼》记载的礼器,可以与考古发掘相印证,从而解决一些考古学上的难题。杨天宇曾指出,读懂《仪礼》,对于人们读懂其他历史文献是十分有帮助的,因为中国古代的许多文献都涉及礼,没有读过《仪礼》的人,对于有关的记载很难真正理解。[①]

《仪礼》对于今天的道德建设、礼仪重建颇有参考价值。作为承载中国礼乐精神的宝典,《仪礼》所记载的礼仪制度虽然不尽合时宜,但是其所蕴含的礼乐精神却具有超越时空的价值。尽管便捷、高效已经成为现代社会发展的主

---

① 参见杨天宇:《仪礼译注·序言》,上海古籍出版社1994年版。

流意识，但是符号和仪式并非可以尽数舍弃而不顾。事实上，在一个成熟的现代社会，礼不但不可丢弃，还应该提倡，这是社会人生存的前提，也是生存质量的保证。因此，汲取传统的礼乐精神，部分地转换传统的仪式，以适应今天的社会，是十分必要的。今天的中国，礼仪文明建设的紧迫性，可以用迫在眉睫这个词来形容。而在此过程中，《仪礼》是我们最应该关注的礼典。

### （三）《礼记》的文本问题

《礼记》是一部先秦到秦汉时期礼学资料的汇编，共四十九篇，篇目编次没有义例。各篇内容驳杂，有的是对《仪礼》部分内容所作之诠释，有的是对孔子及其弟子言行之记录，还有的是对礼学所做之通论。

#### 1.《礼记》各篇的来源

关于《礼记》各篇的来源，自古及今，人们看法不一。有人认为《礼记》来源于《记》百三十一篇，代表人物如钱大昕、李学勤等；也有人认为《礼记》来源于《记》百三十一篇、《明堂阴阳记》三十三篇、《孔子三朝记》七篇、《王史氏》二十一篇、《乐记》二十三篇等五种，代表人物如陈邵、陆德明、陈寿祺等；还有人认为，《礼记》各篇不但选自《记》百三十一篇等五种，还选自其他一些文献，代表人物有洪业、钱玄、王文锦、杨天宇等。各家的观点不同，然皆有相关的材料作为佐证。近几十年来，随着出土文献的大量出现，《礼记》的来源问题变得愈来愈清晰。结合出土文献和传世文献之记载，我们认为《礼记》有三大来源，即诸子之说，先秦到秦汉时期礼学家的《记》文，以及《礼古经》。

1993年，湖北省荆门市郭店一号墓出土八百余枚竹简，经过整理，这批竹简主要被分为儒家和道家著作。儒家著作有《缁衣》、《鲁穆公问子思》、《穷达以时》、《五行》、《唐虞之道》、《忠信之道》、《成之闻之》、《尊德义》、《性自命出》、《六德》、《语丛》等共十四篇。1994年，上海博物馆从香港购得一千二百余枚战国竹简，这批竹简约三万字，内容涉及儒家、道家、兵家等，共百余种古籍。其中少数有传世本，如《缁衣》、《易经》、《孔子闲居》、《曾子立孝》等。其他多数是佚书，如《诗论》、《性情论》、《乐礼》、《鲁邦大旱》、《四帝二王》、《乐书》、《子羔》等。[①]

---

[①] 参见张立行：《战国竹简露真容》，《文汇报》1999年1月5日；郑重：《"上博"看竹简》，《文汇报》1999年1月14日；马承源主编：《上海博物馆藏战国楚竹书》（一），上海古籍出版社2001年版，"序"、"前言"。

郭店竹简和已公布的上博竹简中，《缁衣》两件与《礼记·缁衣》内容基本一致；上博竹简中的《民之父母》与《礼记·孔子闲居》内容基本一致；郭店简的《性自命出》与《礼记·乐记》有着密切的关系；《六德》、《内礼》与《礼记·丧服四制》、《内则》等密切相关。正因为郭店竹简、上博竹简与《礼记》有着密切联系，所以不少学者对二者的关系作了研究，有的学者将郭店简称作"荆门礼记"①，有的学者从郭店简中的《子思子》来看《礼记》中的子思子，并对郭店简与《礼记》思想关联进行了探讨②。还有的学者利用这些文献重新考察《礼记》各篇的成书年代。③ 从郭店竹简和上博竹简中，可知《礼记》这类文献在先秦时期曾经大量存在，并且广为流传，其中的各篇在先秦时期是以单篇的形式流传。

先秦时期，礼学家们在传习《仪礼》的过程中都编写一些参考资料，这种资料被称为"记"。先秦时期，这些《记》是很多的，其非一人一时之作，而是累世相传。郭店竹简和上博竹简中关于《礼记》的这类文献，正是这些以单篇形式流传的《记》文。到了西汉时期，这些传抄的《记》遗失了不少，留传下来的也不多。西汉礼家在传习《仪礼》的过程中，也各自选辑了一些资料作为参考，如汉宣帝于甘露年间召集诸儒讲论《五经》于石渠阁，其议有曰：《经》云"宗子孤为殇"，言"孤"何也？闻人通汉曰："孤者，师传曰：'因殇而见孤也。'男子二十冠而不为殇，亦不为孤，故因殇而见之。"戴圣曰："凡为宗子者，无父乃得为宗子。然为人后者，父虽在，得为宗子，故称孤。"圣又问通汉曰："因殇而见孤，冠则不为孤者，《曲礼》曰：'孤子当室，冠衣不纯采。'此孤而言冠，何也？"对曰："孝子未曾忘亲，有父母无父母衣服辄异。《记》曰：'父母存，冠衣不纯素；父母殁，冠衣不纯采。故言孤。言孤者，别衣冠也。'"圣又曰："然则子无父母，年且百岁，犹称孤不断，何也？"通汉对曰："二十冠而不为孤，父母之丧，年虽老，犹称孤。"④ 此所谓"《经》云"者，见于《仪礼·丧服》，所谓"《曲礼》曰"者，见于今《礼记·曲礼》，所谓"《记》曰"者，大概是《曲礼》的逸文。另外，《通典》卷八十一有引《王

---

① 参见陈来：《郭店简可称"荆门礼记"》，《人民政协报》1998年8月3日。
② 参见龚建平：《郭店简与〈礼记〉二题》，《武汉大学学报》1999年第5期。
③ 参见王锷撰：《〈礼记〉成书考》，中华书局2007年版。
④ （唐）杜佑著，王文锦等校点：《通典》卷七十三《礼三十三·嘉礼十八》，中华书局1988年版，1998—1999页。

制》的内容,卷八十三有引《礼记·杂记》的内容。由此可见,当时的经师们都各自拥有篇数不等的礼的《记》文。这些《记》文为当时的经师们所熟悉,故能在论辩的时候运用自如。这些《记》文,在西汉初期也仅是以单篇的形式流传。1973年,河北定县40号西汉墓出土有《哀公问五义》、《保傅》,内容与今传本《大戴礼记》基本一致。竹简《儒者之言》与《礼记》的《曾子大孝》、《曾子本孝》以及小戴《礼记·祭义》中的内容大致相同。① 这是西汉时期有今传大、小戴《礼记》单篇流传的有力证据,也说明大、小戴《礼记》部分篇目是选自这些单篇流传的《记》文。

班固云:"《记》百三十一篇,七十子后学者所记也。"② "七十子后学",上自战国,下至秦汉,时间跨度很大。班固虽然未能明确指出各篇的撰著者,但却使我们知道,《礼记》选编的材料很大一部分为先秦诸子之文。如《小戴礼记》的《月令》出自《吕氏春秋》;《坊记》、《中庸》、《表记》、《缁衣》等选自《子思子》;《大戴礼记》的《曾子立事》等十篇选自《曾子》。顾实云:"如小戴《记》之《三年问》全出《礼论篇》,《乐记》、《乡饮酒义》所引俱出《乐论篇》,《聘义》'贵玉贱珉'语亦与《法行篇》大同。《大戴礼记》之《礼三本篇》出《礼论篇》;《劝学篇》即《荀子》首篇,而以《宥坐篇》末'见大水'一则附之;《哀公问五义》出《哀公篇》之首。"③ 据顾氏所言,可知《礼记》的好些篇目选自《荀子》。

除了参考礼学家所传的《记》文以及诸子之说以外,大、小戴《礼记》的有些篇目还来自《礼古经》。《汉书·艺文志》著录《礼古经》五十六篇,除今传《仪礼》十七篇外,其他各篇均已亡佚。《礼记》中的《奔丧》和《投壶》均为《礼古经》的逸篇。对于《礼记》中的《奔丧》篇,郑玄《三礼目录》云:"名曰:'奔丧'者,以其居他国,闻丧奔归之礼。此于《别录》属丧服之礼矣,实逸《曲礼》之正篇也。汉兴后得古文,而礼家又贪其说,因合于《礼记》耳。"④ 对于《礼记》中的《投壶》篇,郑玄《三礼目录》云:"名曰:'投壶'者,以其记主人与客燕饮讲论才艺之礼。此于《别录》属吉礼,亦实

---

① 参见定县汉墓竹简整理组:《定县40号墓出土竹简简介》,《文物》1981年第8期。
② (汉)班固:《汉书》卷三十《艺文志第十》,中华书局1962年点校本,第1709页。
③ 顾实:《汉书·艺文志讲疏》,上海古籍出版社1987年版,第100页。
④ (清)阮元校刻:《十三经注疏(附校勘记)》,中华书局1980年版,第1653页。

《曲礼》之正篇。"① 任铭善云："谓'逸曲礼'者，郑君误以《仪礼》为《曲礼》耳。此于《别录》属吉礼，亦实《曲礼》之正篇。"② 据郑玄之说，可知《奔丧》、《投壶》是《礼古经》之篇目，本来是经，而不是《记》。

《礼记》类文献大量产生于先秦时期，故古有《礼记》为"七十子之徒所论"的说法。王锷《〈礼记〉成书考》进而对《礼记》每篇的成书年代做了考辨，发现有春秋末、战国初、战国中期、战国后期的作品，而其最晚出的《檀弓》、《月令》、《明堂位》也是战国后期的文献。③ 这些成篇于先秦时期的作品，是研究春秋末到战国晚期儒家思想的重要资料，对于先秦古制的研究，同样有着重要意义。

2. 《礼记》的纂集成书

关于《礼记》的选编，孔颖达《礼记正义序》引郑玄《六艺论》曰："今礼行于世者，戴德、戴圣之学也。……戴德传《记》八十五篇，则《大戴礼》是也；戴圣传《礼》四十九篇，则此《礼记》是也。"④ 据郑玄之记载，戴德和戴圣分别传《大戴礼记》八十五篇和《小戴礼记》四十九篇。戴圣所传四十九篇，每篇都有"此于《别录》属某类"的记载。如《曲礼上第一》下，《目录》云"此于《别录》属制度"；《曾子问第七》下，《目录》云"此于《别录》属丧服"；《大传第十六》下，《目录》云"此于《别录》属通论"，等等。从郑玄《三礼目录》所引刘向《别录》关于《礼记》各篇之分类，可知《礼记》四十九篇的抄辑时间应当在成帝命刘向校书之前。

晋代陈邵始偏离郑玄的说法。陈邵《周礼论序》云："戴德删古《礼》二百四篇为八十五篇，谓之《大戴礼》；戴圣删《大戴礼》为四十九篇，是为《小戴礼》。后汉马融、卢植考诸家同异，附戴圣篇章，去其繁重及所叙略而行于世，即今之《礼记》是也。郑玄亦依卢、马之本而注焉。"⑤ 陈邵偏离郑玄之处在于他首次提出戴德删古《礼》二百零四篇为八十五篇，戴圣又删八十五篇为四十九篇。《隋书·经籍志》又在陈邵的基础之上提出"马融足三

---

① （清）阮元校刻：《十三经注疏（附校勘记）》，中华书局1980年版，第1665页。
② 任铭善：《礼记目录后案》，齐鲁书社1982年版，第76页。
③ 笔者认为，《礼记》的少数篇目出自西汉。如汉初礼学家在阐释和补充《仪礼》时所辑的一些"记"文，《礼记》的选编者曾参考之。
④ （清）阮元校刻：《十三经注疏（附校勘记）》，中华书局1980年版，第1226页。
⑤ 吴承仕：《经典释文序录疏证》，中华书局2008年版，第91页。

篇"说①。清代学者毛奇龄、永瑢、戴震、钱大昕、陈寿祺,近代学者王国维、龚道耕、吴承仕、洪业、钱玄、王文锦、杨天宇等都力辨"小戴删大戴,马融足三篇"说之非。如永瑢云:"其(《隋志》)说不知所本。今考《后汉书·桥玄传》云:'七世祖仁,著《礼记章句》四十九篇,号曰桥君学。'仁即班固所谓小戴授梁人桥季卿者,成帝时尝官大鸿胪。其时已称四十九篇,无四十六篇之说。又孔《疏》称《别录》:《礼记》四十九篇,《乐记》第十九。四十九篇之首,《疏》皆引郑《目录》,郑《目录》之末必云此于刘向《别录》属某门。《月令目录》云:'此于《别录》属《明堂阴阳记》。'《明堂位目录》云:'此于《别录》属《明堂阴阳记》。'《乐记目录》云:'此于《别录》属《乐记》。'盖十一篇今为一篇,则三篇皆刘向《别录》所有,安得以为马融所增?《疏》又引玄《六艺论》云:'戴德传《记》八十五篇,则《大戴礼》是也。戴圣传《礼》四十九篇,则此《礼记》是也。'玄为马融弟子,使三篇果融所增,玄不容不知,岂有以四十九篇属于戴圣之理?况融所传者乃《周礼》,若小戴之学,一授桥仁,一授杨荣。后传其学者有刘祐、高诱、郑玄、卢植。融绝不预其授受,又何从而增三篇乎?知今四十九篇实戴圣之原书,《隋志》误也。"②陈邵"小戴删大戴"与《隋志》"马融足三篇"之说固不可信,然陈邵和《隋志》并没有否定戴德和戴圣分别为大、小戴《礼记》的纂集者。传统的观点一直还是坚持认为《大戴礼记》和《小戴礼记》分别为戴德和戴圣所纂集。可是到了近代,受疑古思潮的影响,这一传统说法受到了挑战,首先是洪业先生在《礼记引得序》中首次提出《礼记》并非戴圣所录,是在大、小戴之后郑玄之前,由多人抄合而成,非一人一时之作。③蔡介民、钱玄、王文锦等人也认为《大戴礼记》和《礼记》非二戴所辑。这些持怀疑态度者,有的是从严谨求实的态度来对《礼记》的成书问题进行探讨,但是由于时代的局限和资料的不足,所以得出的结论还值得商榷;有的并不是抱着实事求是的研究态度来讨论《礼记》

---

① 《隋书》云:"汉末马融,遂传小戴之学。融又定《月令》一篇、《明堂位》一篇、《乐记》一篇,合四十九篇;而郑玄受业于融,又为之注。"(魏徵:《隋书》卷三十二《志第二十七·经籍一》,中华书局1973年点校本,第925—926页)

② (清)永瑢等:《四库全书总目》卷二一《经部·礼类三》,中华书局1965年影印本,第168—169页。

③ 参见洪业:《礼记引得序——两汉礼学源流考》,《洪业论学集》,中华书局1981年版,第197—220页。

成书问题，他们从怀疑《礼记》的成书进而否定《礼记》各篇的价值，怀疑其文献的可信度，进而否定其中所蕴含的儒家思想。

上述各家以《礼记》非戴圣所纂集者均以《汉志》不载二戴《记》为依据。对于此，近代学者龚道耕有新的观点，其曰："《释文·叙录》引刘向《别录》云'《古文礼》二百四篇'，此《古文记》都数也。《正义》云：'刘向《别录》：《礼记》四十九篇，《乐记》第十九'，此《小戴记》都数及目录也。……是古文与诸家之记，刘向俱载其目。……至刘歆总群书而奏《七略》，遂仅载刘所校诸记篇数，而古文、戴、庆诸记，《别录》有其目者，并不著录。"① 自注："《别录》著录刘向定本，而仍存古文今文之篇目，犹乾隆间《四库全书》之有'存目'也；《七略》但著刘向定本、篇目，犹《四库简明目录》，不载'存目'之书也。"② 各家均注意到《汉志》未载二戴《记》，然却在没有探讨原因的状况下，便认为《礼记》非戴圣所集。而龚道耕从刘向《别录》与刘歆《七略》著录方式差异着眼，从而探讨《汉志》不载二戴《记》的原因。龚氏之说，可以解决戴圣所辑《礼记》为何不载于《汉志》的问题，可惜龚氏此论并没有受到学术界的重视。

近代以来，疑古学者认为戴圣为今文家，不可能纂集杂今古文的《礼记》。此论已为不少学者所驳。如龚道耕辩正曰："廖君（平）作《戴记今文古文篇目表》，以为《戴记》'古多于今'。近人泥之，遂疑戴氏为今文家，何以多录古学？又以其采及《逸礼》（即《奔丧》、《投壶》二篇）及曾、思、荀、贾诸子书，疑今之《礼记》并非二戴所辑。夫古文晚出，戴氏所传之记适与古经相同，初非取经附记。曾、思、荀、贾，儒家大宗，吐词为经，宁谓非当？且诸子之书亦多述古，必谓出于自作，则又识昧通方，斯为妄矣。"③ 龚氏认为戴圣古文经晚出，戴圣辑《礼记》并非取古文，其所传之《记》与古文相合而已。

当代学者杨天宇对戴圣辑《礼记》时兼采今古文的现象作了探讨。杨先生认为，两汉时期的今文经学和古文经学并非水火不容，今文经学家懂古文学，而古文经学家也懂今文学，因此，作为今文经学家的戴圣纂集今古文杂之的《礼记》也就不难理解了。

---

① 龚道耕：《礼记郑义疏发凡》，《志学》1942 年第 3 期。
② 龚道耕：《礼记郑义疏发凡》，《志学》1942 年第 3 期。
③ 龚道耕：《礼记郑义疏发凡》，《志学》1942 年第 3 期。

龚道耕、杨天宇二人跳出成见，对于今人认识《礼记》的辑者甚有启发。我们知道，"今文"乃指汉代文字，"古文"指先秦六国文字，而"今文经"与"古文经"的区别则是比较复杂的。以前人们大多认为，凡是用隶书抄写的经书都是今文经，凡用秦以前的文字抄写的经书就是古文经。其实，仅仅用文字的不同来区分今古文经是不妥当的。六国文字在汉代已不通行，为了传授的方便，西汉的经师们多将古文经改写为当时通行的隶书本，而今文经的系统在西汉尚未形成，所以西汉的经书抄本多介于今文与古文之间。据学者考证，马王堆帛书和银雀山汉简都是用隶书体写于汉初，而用字往往与许慎、郑玄等人所说的古文一致。① 由此可见，古文经很可能有今文抄本，而今文经也可能有古文祖本。如人所共知的今文《尚书》，此书用战国古文写成，在传授过程中，古文本写成今文抄本，逐渐形成今文《尚书》。

汉代的经师大多是今古文兼通，时时表现出混淆今古文的立场。刘向在汉宣帝时为《春秋》穀梁派的代表人物，桓谭《新论·识通》云："刘子政、子骏、伯玉三人，尤珍重《左氏》。下至妇女，无不读论者。"②《汉书·楚元王传》引刘向于汉元帝时所上疏云："周室多祸，……郑伤桓王。"③ 杨树达先生对此句的解释为："伤王事但见于《左氏传》，《公》、《穀》二传并无之。然则（刘）向虽持《穀梁》义，亦时兼用《左氏》之说也。"④ 由此可见，刘向虽为今文经学的代表，却也研习古文经，也不排斥采用古文经说。

刘向之子刘歆的《移让太常博士书》是公认的古文经学的代表作，文中说："是故孔子忧道之不行，历国应聘，自卫反鲁，然后乐正，《雅》、《颂》乃得其所；修《易》，序《书》，制作《春秋》，以纪帝王之道。"⑤ 学者们通常以为，古文家眼中的孔子是史料的编修者，今文家才将《六经》归为孔子所

---

① 《周礼·小宗伯》郑玄《注》引郑司农之说曰："《春秋经》'公即位'为'公即立'。"而"位"字在马王堆帛书和银雀山汉简均作"立"，与古文经一致。《仪礼·觐礼》郑《注》云："古文'尚'作'上'。"而马王堆帛书《老子》"不尚贤"写为"不上贤"，"吉事尚左，凶事尚右"写作"吉事上左，凶事上右"，与古文经用字一致。（参见姜广辉主编：《中国经学思想史》第二卷，中国社会科学出版社 2003 年版，第 573 页）
② （宋）李昉：《太平御览》卷六百一十《学部四》，中华书局 1960 年影印本，第 2746 页。
③ （汉）班固：《汉书》卷三十六《楚元王传第六》，中华书局 1962 年点校本，第 1937 页。
④ 杨树达：《汉书窥管》卷四，湖南教育出版社 2007 年版，第 238 页。
⑤ （汉）班固：《汉书》卷三十六《楚元王传第六》，中华书局 1962 年点校本，第 1968 页。

作。① 刘歆认为孔子制作《春秋》，恰恰是今文家的立场。王葆玹曰："《汉书·艺文志》由刘歆《七略》删成，书中屡次称颂孔子而不提周公，如说儒家'祖述尧舜，宪章文武，宗师仲尼'，在这圣王统绪之中有孔子而没有周公的位置，可见古文经学未必尊崇周公超过孔子。"② 在东汉，兼通今古文经的经师比比皆是，如马融、许慎、郑玄等，皆是汇通今古的大儒。

事实上，汉代的今古文之争多是利禄之争而非学术之争，学术之争的根本原因是为了维护利禄。杨天宇曾言："至于博士们一致反对立古文经的根本原因，则是为了垄断利禄之途，不愿古文经学派出来跟他们争饭碗。"③ 也就是说，汉代的今古文之争集中表现在今文经学家与古文经学家争立学官上。今文家为了保持学术上的统治地位，当然要竭力反对古文家，但是只要不争立博士，两派便可相安无事。由此我们便不难理解为什么作为今文经大师的戴圣在纂集《礼记》时收入《奔丧》、《投壶》等古文经作品。

李学勤说："晚清以来的疑古之风，很大程度上是对学术史的怀疑否定，而这种学风本身又是学术史上的现象。只有摆脱疑古的局限，才能对古代文明作出更好的估价。"④ 实际上，只要我们证明了《礼记》各篇撰著的大致年代出于先秦和汉初，至于是谁将这些篇章收集起来编订成书，对于本书之史料价值似乎没有太大干系。因为不管是谁选编了《礼记》，都只表明其去取态度，并不能左右其所选者的史料价值。然而为了明确在历史上围绕《礼记》编者问题所发生的种种争议，以窥学术史曲折发展之一斑，我们在上面还是无可回避地对其具体编者的争论略作回顾，并略有考证。

3.《礼记》的今古文问题

"三礼"中，《周礼》为古文，无今文；《仪礼》今存十七篇全为今文，古文三十九篇已散佚；《礼记》的今古文问题却不甚清楚。《汉书·艺文志》云："《礼古经》者，出于鲁淹中及孔氏，与十七篇文相似，多三十九篇。"⑤ 又云："鲁恭王坏孔子宅，欲以广其宫，而得《古文尚书》及《礼记》、《论语》、《孝

---

① 参见周予同：《经今古文学》，朱维铮编：《周予同经学史论》，上海人民出版社2010年版，第6页。
② 姜广辉主编：《中国经学思想史》（第二卷），中国社会科学出版社2003年版，第573页。
③ 杨天宇：《略论汉代今古文经学的斗争与融合》，《郑州大学学报》2001年第2期。
④ 李学勤：《重写学术史》，河北教育出版社2002年版，第440页。
⑤ （汉）班固：《汉书》卷三十《艺文志第十》，中华书局1962年点校本，第1710页。

经》凡数十篇,皆古字也。"① 《汉书·景十三王传》云:"河间献王以孝景前二年立,修学好古,实事求是。从民得善书,必为好写与之,留其真,加金帛赐以诏之。于是四方道术之人不远千里,或有先祖旧书,多奉以奏献王者,故得书多,与汉朝等。……献王所得书皆古文先秦旧书,《周官》、《尚书》、《礼》、《礼记》、《孟子》、《老子》之属,皆经传说记,七十子之徒所论。"② 从《汉书·艺文志》和《汉书·景十三王传》的记载来看,《礼记》显然为古文。

《经典释文》引郑玄《六艺论》云:"公后得孔氏壁中河间献王古文《礼》五十六篇,《记》百三十一篇,《周礼》六篇,其十七篇与高堂生所传同而字多异。"③ 又引刘向《别录》云:"古文《记》二百四篇。"④ 郑玄将《记》百三十一篇与古文《礼》、《周官》并举,说明《记》百三十一篇亦为古文。刘向则明确说《记》二百四篇为古文。大、小戴《礼记》的来源之一就是这些《记》文,所以大、小戴《礼记》有古文也实属必然。

除此之外,《投壶》、《奔丧》为《礼古经》的逸篇,为古文明甚。《礼记》中的《王制》为今文大宗,与为古文的《周礼》正相对峙。信今文者,尊崇《王制》,认为《周礼》乃刘歆伪书,或以《周礼》为周时旧法,以《王制》为素王孔子所立新法;信古文者,以《王制》为夏、殷之制,以《周礼》为周公之制。根据传统观点,则《礼记》中的《王制》当为今文。前已述及,《礼记》各篇的来源,除《记》百三十一篇以外,还有汉代礼学家所辑的参考资料,这些参考资料用隶书写成,当然是属于今文的范畴。

大、小戴《礼记》来源很广,戴德和戴圣在选编时,除了参考古文《记》和《礼古经》以外,还收录了汉初礼学家对《仪礼》进行阐释和补充的《记》文,这些《记》文是用隶书写成,为今文。因此我们说,大、小戴《礼记》中,既有古文,又有今文。

4.《礼记》的篇目及分类

《礼记》四十九篇,内容驳杂,篇目编次没有义例。孔颖达《礼记正义》引郑玄《三礼目录》记录了刘向《别录》对《礼记》各篇的分类。《别录》将

---

① (汉)班固:《汉书》卷三十《艺文志第十》,中华书局1962年点校本,第1706页。
② (汉)班固:《汉书》卷五十三《景十三王传第二十三》,中华书局1962年点校本,第2410页。
③ (唐)陆德明著,黄焯断句:《经典释文》卷一《序录》,中华书局1983年版,第11页。
④ (唐)陆德明著,黄焯断句:《经典释文》卷一《序录》,中华书局1983年版,第11页。

《礼记》各篇分为制度、通论、明堂阴阳、丧服、世子法、祭祀、乐记、正篇、吉事九类。

制度类有《曲礼上》、《曲礼下》、《王制》、《礼器》、《少仪》、《深衣》；

通论类有《檀弓上》、《檀弓下》、《礼运》、《玉藻》、《大传》、《学记》、《经解》、《哀公问》、《仲尼燕居》、《孔子闲居》、《坊记》、《中庸》、《表记》、《缁衣》、《儒行》、《大学》；

明堂阴阳类有《月令》、《明堂位》；

丧服类有《曾子问》、《丧服小记》、《杂记上》、《杂记下》、《丧大祭》、《问丧》、《服问》、《间传》、《三年问》、《丧服四制》；

世子法类有《文王世子》、《内则》；

祭祀类有《郊特牲》、《祭法》、《祭义》、《祭统》；

乐记类有《乐记》；

正篇类有《奔丧》、《投壶》；

吉事类有《冠义》、《昏义》、《乡饮酒义》、《射义》、《燕义》、《聘义》。

刘向分类标准比较混乱。比如"通论"是根据文体来进行划分的，而"祭祀"是根据内容来进行划分的，"乐记"则是根据出处来进行划分的。

梁启超在《要籍解题及其读法》中将大、小戴《礼记》的篇目混合在一起，分为十类。分别为：

记述某项礼节条文之专篇；

记述某项政令之专篇；

解释《礼经》之专篇；

专记孔子言论；

记孔门及时人杂事；

制度之杂记载；

制度礼节之专门的考证及杂考证；

通论礼意及学术；

杂记格言；

某项掌故之专记。①

---

① 参见（清）梁启超：《要籍解题及其读法》，《国学要籍研读法四种》，国家图书馆出版社2008年版，第241页。

梁启超划分的条目太多,又有繁复之弊。

杨天宇在各家划分之基础上对《礼记》篇目的命名作了归纳:一是依据篇中所记主要内容命名;二是仅据首节或仅据篇中部分内容命名;三是取篇首或首句中若干字,或取篇中若干字命名;四是以所记内容的性质命名;五是命名之由不详者。①

杨天宇主要探讨的是《礼记》各篇的命名,并从命名的角度对《礼记》的篇目进行划分。

在各家对《礼记》篇目所作的分类中,王锷的归纳是比较科学的。其根据《礼记》各篇的内容,将四十九篇分为四类:

一是记礼节条文,补他书所不备,如《曲礼》、《檀弓》、《玉藻》、《丧服小记》、《大传》、《少仪》、《杂记》、《丧大祭》、《奔丧》、《投壶》;

二是阐述周礼的意义,如《曾子问》、《礼运》、《礼器》、《郊特牲》、《内则》、《学记》、《乐记》、《祭法》、《祭义》、《祭统》、《经解》、《哀公问》、《仲尼燕居》、《孔子闲居》、《坊记》、《中庸》、《表记》、《缁衣》、《问丧》、《服问》、《间传》、《三年问》、《儒行》、《大学》、《丧服四制》;

三是解释《仪礼》之专篇,如《冠义》、《昏义》、《乡饮酒义》、《射义》、《燕义》、《聘义》;

四是专记某项制度和政令,如《王制》、《月令》、《文王世子》、《明堂位》等。②

王锷的划分,可使《礼记》的初学者找出自己感兴趣的篇目,研究者亦可借此重点阅读某些篇目,因此其划分比较合理和实用。

5.《礼记》的思想与价值

先秦诸子对人性多有讨论。孟子主张人性善,礼是人性的组成部分,他说:"仁义礼智,非由外铄我也,我固有之也,弗思耳矣。"《孟子·告子上篇》又说:"君子所性,仁义礼智根于心。"《孟子·尽心上》又说:在孟子看来,人要扩充善的本性,才能够成为君子。荀子驳孟子,其认为恶乃人之本性。他说:"人之性恶,其善者伪也。"③"伪"指后天的教化和学习。在荀子看来,礼

---

① 参见杨天宇:《〈礼记〉简述》,《礼记译注》卷首,上海古籍出版社1997年版,第21—23页。
② 参见王锷:《〈礼记〉成书考》,中华书局2007年版,"绪论"第4页。
③ (清)王先谦:《荀子集解》卷十七,中华书局1988年版,第434页。

义规范外在于人性，是必须通过学习才能具备的。然而战国时代的社会现实却使得人性"善"、"恶"的标准在事实面前大打折扣，"通行于春秋战国时代并真正发挥作用的主流社会话语，并不是滑动于两个极端的非'善'即'恶'的人性论。作为一种让大多数人信服的尺度，它更应该是一个不带褒贬且能够混一'善恶'、'义利'和'圣凡'间价值畛域的白描式把握标准"①。孟、荀以"善"或"恶"的价值判断来把握人性，很容易以事实判断来服从价值判断，甚至最终取消事实判断。

《礼记》的作者从"人情"的角度来探求人的本质。②《礼运》云："何谓人情？喜、怒、哀、惧、爱、恶、欲，七者弗学而能。"《礼记》的作者并没有用"善"或"恶"的价值判断来界定人的本性，而是用"人情"这个近乎中性的概念作为观察人的标准。《礼记》的作者认为，对于人情，首先要顺从，《礼运》云："故礼义也者……所以达天道、顺人情之大窦也。"《礼记》这里明确提出要"顺人情"。儒家十分重视丧葬之礼，认为此间有人真实情感的流露，那么顺乎这种感情，就有哭踊。不过《礼记》的作者认为对人情又不能放纵，需要以礼来对人情进行节制，《曾子问》云"君子礼以饰情"，《礼运》云"故圣王修义之柄，礼之序，以治人情"，《坊记》云"礼者，因人之情而为之节文，以为民坊者也"，对人情的顺从与节制，通过礼而得以整合，这是《礼记》的作者对孟子的性善论与荀子的性恶论的调和。

人情之顺与节制都需要礼，然而这只是礼产生的两个必要条件，而非充分条件，因为顺人情和节制人情并不一定就产生礼。《礼记》的作者认识到了这一点，遂提出了先王制礼说。《礼运》："故先王秉蓍龟，列祭祀，瘗缯，宣祝嘏辞说，设制度。"《乐记》："夫豢豕为酒，非以为祸也，而狱讼益繁，则酒之流生祸也。是故先王因为酒礼。"《乐记》又云："故圣人作乐以应天，制礼以配地。礼乐明备，天地官矣。"在这里，礼的产生，被归为先王之制作。

然而，先王制礼说也难以从根本上消弭礼起源论的缺陷，因为先王制礼也并不能成为礼产生和存在的终极依据。《礼记》的作者于是又将目光转向了

---

① 韩东育：《日本近世新法家研究》，中华书局2003年版，第324页。
② "人情论"在《荀子》已显端倪。《荀子·正名篇》曰："不事而自然谓之性，性之好、恶、喜、怒、哀、乐谓之情。"《荀子·性恶篇》又云："起礼义，制法度，以矫饰人之情性而正之，以扰化人之情性而导之也。"荀子所论人情与人性并无实质区别。《礼记》则完整地提出了"人情论"。

人的主体之外，在更加广阔的背景中寻求礼产生和存在的根源。《礼记·丧服四制》："凡礼之大体，体天地，法四时，则阴阳，顺人情，故谓之礼。"《礼运》："是故夫礼，必本于大一，分而为天地，转而为阴阳，变而为四时，列而为鬼神。"《乐记》："大礼与天地同节。"《礼运》："夫礼，先王以承天之道，以治人之情，故失之者死，得之者生。"《礼记》的作者将礼产生和存在的终极依据归为"大一"和"天之道"。何谓天之道？《哀公问》曰："如日月东西相从而不已也，是天道也。"天道乃世间万物永恒不变的秩序和规则，先王据这种秩序和规则以制礼。由此，《礼记》的作者将礼的产生和存在的依据上升到宇宙秩序的高度。

我们知道，在孔子的思想体系里，超越的终极依据并不是其关注的。正如子贡所说："夫子之文章，可得而闻也；夫子之言性与天道，不可得而闻也。"① 这种不看重终极依据的思想倾向影响了后来的儒家。在道家本体追寻的刺激下，儒家也在不断地完善自己的学说，尝试以"天道"来论证人及世事存在的依据和合理性，《礼记》对礼的起源之论证，正是其在新的思想文化背景下所做的努力。

礼仪不仅是一种动作、姿态，也不仅是一种制度，它所象征的是一种秩序，保证这一秩序得以安定的是人对于礼仪的敬畏和尊重，而对礼仪的敬畏和尊重又与人的道德伦理自觉相关联，没有礼仪这种符号性的存在，观念就无从寄寓和表现，社会秩序也无法得到确认和遵守。《仪礼》所记载的诸礼仪节，皆有深义存焉。孔子及其后学去寻找仪节背后的秩序观念，以及这种秩序观念对于社会的意义，于是就有了《礼记》关于礼仪意义的诠释。

战国时代，无序的社会现实激发了思想家们探求有序社会的激情。如《礼记》的作者认为礼就是一种"序"。《乐记》云："礼者，天地之序也。……序，故群物皆别。"孔颖达疏："礼明贵贱是天地之序也。"《礼运》亦云："故先王秉蓍龟、列祭祀……故国有礼，官有御，事有职，礼有序。"对于"礼有序"，清人孙希旦云："惟上下一于礼，故官有所御，而事得其职，所行之礼莫不顺其次序也。……故天下国家可得而正之意，而极言其功效之盛也。"②《礼记》所说的"序"，既是区分万物的标准，也是规范社会的秩序。

---

① （清）阮元校刻：《十三经注疏（附校勘记）》，中华书局 1980 年版，第 2474 页。
② （清）孙希旦著，沈啸寰等点校：《礼记集解》卷二十二，中华书局 1989 年版，第 614 页。

《礼记》的作者认为，"序"则能有"别"。《坊记》："夫礼，坊民所淫，章民之别……""别"首先体现在人与禽兽的区别上。《曲礼上》云："鹦鹉能言，不离飞鸟。猩猩能言，不离禽兽。今人而无礼，虽能言，不亦禽兽之心乎？夫唯禽兽无礼，故父子聚麀。是以圣人作，为礼以教人，使人以有礼，知自别于禽兽。"《礼记》的作者将是否有礼作为人与动物区别的标志。不仅如此，礼还是人的治身之本。《冠义》云："凡人之所以为人者，礼义也。"《礼器》云："礼也者，犹体也。体不备，君子谓之不成人。"可见，礼是治身之本，是人的属性。

　　"别"还体现在社会人与自然人的区别上。儒家所关注的不是自然的个人，而是社会中的人，他们主张将人纳入到社会的网络中来进行认识。《礼记》的作者认为，关乎人生成长中标志性的礼仪，如冠礼，并不只是让人们明白礼仪的过程是什么，而是要人们明白礼仪的意义何在。对于个人来讲，就是要通过"别"使人成为社会中的人。《冠义》云："成人之者，将责成人礼焉也。责成人礼焉者，将责为人子、为人弟、为人臣、为人少者之礼行焉。将责四者之行于人，其礼可不重与？"这里的"别"，意在区分成人与未成人，礼则是成人之属性。

　　"别"也体现在社会秩序的整合方面。荀子用"分"来概括礼的功能，他说："人何以能群？曰分。分何以能行？曰义。"① 又说："先王恶其乱也，故制礼义以分之。"②《礼记》的作者在荀子的基础之上做了发挥。《曲礼上》云："夫礼者，所以定亲疏，决嫌疑，别同异，明是非也。"《坊记》："夫礼者，所以章疑别微，以为民坊者也。故贵贱有等，衣服有别，朝廷有位，则民有所让。"通过"别"，社会才能达到井然有序，不至于混乱。《乐记》说："礼义立，则贵贱等矣。"《哀公问》借孔子之口说："丘闻之，民之所由生，礼为大。非礼无以节事天地之神也，非礼无以辨君臣、上下、长幼之位也，非礼无以别男女、父子、兄弟之亲，昏姻、疏数之交也。君子以此之为尊敬然。"可以看出，《礼记》所说的"别"，就是要在社会中分出等级，这种等级既有政治层面的，如君臣关系，也有伦理层面的，如父子关系。《礼记》的作者试图通过礼的"别"，使人拥有社会属性，进而使人知礼守礼。

---

① （清）王先谦：《荀子集解》卷五，中华书局1988年版，第164页。
② （清）王先谦：《荀子集解》卷十三，中华书局1988年版，第346页。

《礼记》的作者追求的是"伦理本位社会"①。在这样的社会里，政治方面更强调伦理的作用。《大传》云："圣人南面而听天下，所且先者五，民不与焉：一曰治亲，二曰报功，三曰举贤，四曰使能，五曰存爱。五者一得于天下，民无不足，无不赡者。"又说："服术有六：一曰亲亲，二曰尊尊，三曰名，四曰出入，五曰长幼，六曰从服。"在这两段论述中，"治亲"和"亲亲"都是放在首位的。《礼记》的作者将人伦关系泛化到国家政治生活中，《哀公问》借孔子之口说："古之为政，爱人为大。所以治爱人，礼为大。所以治礼，敬为大。"《燕义》云："礼无不答，言上之不虚取于下也。上必明正道以道民，民道之而有功，然后取其什一，故上用足而下不匮也，是以上下和亲而不相怨也。和宁，礼之用也。此君臣上下之大义也。"在这里，《礼记》的作者更强调，君王为政必须以爱敬为本。

《礼记》的作者也看到刑法对于社会所具有的规范作用，《乐记》云："故礼以道其志，乐以和其声，政以一其行，刑以防其奸。礼乐刑政，其极一也，所以同民心而出治道也。"《乐记》又云："礼节民心，乐和民声，政以行之，刑以防之。礼乐刑政，四达而不悖，则王道备矣。"不过，《礼记》的作者并没有将刑法提高到与礼一样的高度。《哀公问》借孔子之口曰："为政先礼，礼其政之本与。"国君施政，以礼为先，礼是国政的根本，至于刑法，则是在治国方面对礼的补充，不能起到支配作用。在《礼记》一书中，对刑法作用的论述仅限于此。礼的作用，则被反复强调。这也反映出《礼记》的作者对于道德伦理的重视，以及对于刑法的社会作用的警惕。

《礼记》的作者以礼作为社会整合的途径，与殷周以来人们逐渐形成的重孝、亲人、贵民和贵德的文化气质一脉相承。周代的文化具有和商代文化一脉相承的连续性，并且更多地表现出对宗族成员的亲和力和对人际关系的浓厚兴趣。西周以来，周礼就成了具有巨大涵摄力的社会整合实体。春秋时期，礼坏乐崩，孔子倡导恢复周礼，对礼进行了广泛的发挥，使之成为有体系的学说。荀子生活在法家思想极为流行的战国末年，提出了寓法于礼的学说。《礼记》在荀子的基础之上对礼和法的关系作了进一步的探讨，从而建立起一套以伦理为本位的社会秩序学说，影响了中国两千多年。

《礼记》是我国先秦时期对《仪礼》进行解释、补充和发挥的文献的汇

---

① 姜义华：《论〈礼记〉及其文化内涵》，《中国文化》1996年第2期。

集,也是儒学论文的汇编,包括社会、历史、伦理各方面的内容。《礼记》之所以能成为儒家经典,是由其本身丰富的儒学意蕴所决定的。今人可以从现代学术的视角对《礼记》的学术价值加以审视。

从社会学的角度看,《礼记》就是先秦到汉代的一部社会生活史。李安宅用社会学的眼光来检讨《仪礼》和《礼记》两部书,撰著了《〈仪礼〉与〈礼记〉之社会学的研究》一书,告诉我们,《礼记》记载的冠、婚、丧、祭、乡、射、朝、聘等礼,与人的衣食住行、生老病死密切相关;不同年龄、不同阶层以及不同辈份的人,行礼的服饰、方位等亦各有异。《礼记》为我们提供了先秦时期人们社会生活的生动画面。如《学记》记载:"古之教者,家有塾,党有庠,术有序,国有学。比年入学,中年考校。一年视离经辨志,三年视敬业乐群,五年视博习亲师。七年视论学取友,谓之小成;九年知类通达,强立而不反,谓之大成。"《学记》这段记载,可让我们看到古人的教育场所、教学内容以及教育时间的分配。又如《曾子问》从作者模拟曾子和孔子的对话,可以让我们知道战国秦汉之际,礼学家们所面临的各种各样的问题,以及解决这些问题的途径。

我们还可以用历史学的眼光来审视《礼记》,并从中发掘古史研究的材料。如《王制》记载了周代的爵禄、封国、职官、巡守、祭祀、养老等制度,《檀弓》、《月令》、《明堂位》等亦记载了不少先秦古制。詹子庆说:"经过学者们长期研究,较普遍地认为这些篇章大多数写就于春秋战国时代,文中反映的基本内容多系先秦古制,其中录有一些孔子言论或其弟子对孔子思想真谛的发挥,即使有个别篇章是秦汉儒生所撰,但其基本内容也是对先秦古制的追忆。"①

《礼记》在流传的过程中,地位很快就超越《仪礼》,并受到很多统治者的重视。究其原因,是《礼记》中的礼乐思想对于治国安邦有益。《礼记》的礼意是轴心时代基于对人的基本认识而生发的社会秩序观念,具有超越时空的价值。我们今天要建设精神文明,弘扬中华传统优秀文化,彰显中华民族的优秀品质,就必须要在《礼记》等文化遗产中去寻找。研究《礼记》,从中发掘有关礼乐精神和道德伦理方面的优秀成分,可以为弘扬优秀文化、铸就我们的民族精神提供宝贵的思想资源。

---

① 詹子庆:《〈礼记〉的史学价值》,《光明日报》2001年4月10日。

## 二、历代"三礼"诠释之概况

汉唐至明清,"三礼"研究者多不胜数,相关文献汗牛充栋。中国古代的"三礼"学是宋代"三礼"诠释研究之基础。本节拟对中国历代的"三礼"研究史作一概述,以见宋代"三礼"诠释研究之前提。

### (一)历代《周礼》诠释之概况

《周礼》在汉代的流传,史书和经籍主要有以下之记载:

班固《汉书·艺文志》曰:"《周官经》六篇",颜注曰:"王莽时刘歆置博士"。①

荀悦《汉纪》曰:"歆以《周官》十六篇为《周礼》,王莽时,歆奏以为《礼经》。"②

贾公彦《序周礼废兴》引郑玄之语曰:"世祖以来,通人达士大中大夫郑少赣名兴,及子大司农仲师名众,故议郎卫次仲、侍中贾君景伯、南郡太守马季长皆作《周礼解诂》。……二郑者,同宗之大儒。……发疑正读,亦信多善,徒寡且约,用不显传于世。今赞而辨之,庶成此家世所训也。"③

范晔《后汉书》曰:"(玄)从东郡张恭祖受《周官》。"④又曰:"中兴,郑众传《周官经》,后马融作《周官传》,授郑玄,玄作《周官注》。"⑤

陆德明《经典释文叙录》云:"王莽时刘歆为国师,始建立《周官经》,以为《周礼》。河间缑氏杜子春受业于歆,还家以教门徒,好学之士郑兴父子等多往师之。"⑥

细绎诸记载,可得出以下结论:

第一,《周礼》在西汉时称《周官》,王莽时才更名为《周礼》。《周礼》真正受到重视是在王莽改制时期,此与刘歆的作为分不开。

---

① (汉)班固:《汉书》卷三十《艺文志第十》,中华书局1962年点校本,第1709页。
② (汉)荀悦:《前汉纪》卷二十五,台湾商务印书馆1973年影印本,第2页。
③ (清)阮元校刻:《十三经注疏(附校勘记)》,中华书局1980年版,第636页。
④ (南朝)范晔:《后汉书》卷三十五《张曹郑列传第二十五》,中华书局1965年版,第1207页。
⑤ (南朝)范晔:《后汉书》卷七十九下《儒林列传第六十九下》,中华书局1965年版,第2577页。
⑥ (唐)陆德明著,黄焯断句:《经典释文》卷一《序录》,中华书局1983年版,第11页。

第二,《周礼》在汉代的传授统绪如下:刘歆传杜子春,杜子春传郑兴、郑众、贾逵。东汉后期,郑玄在杜子春、郑兴、郑众、贾逵、马融等人研究的基础上撰《周礼注》,集汉代《周礼》研究之大成。

第三,郑玄精研"三礼",而特崇《周礼》。在中国经学史上,郑玄第一次将《周礼》排在"三礼"之首,此之排列方式一直延续至今。

据《后汉书·卫宏传》,可知卫宏对《周礼》亦作了研究,成《周官解诂》,钱大昭《补续〈汉书·艺文志〉》、姚振宗《后汉艺文志》、侯康《补后汉书艺文志》、曾朴《补后汉书艺文志》皆著录此书。据《后汉书·张衡传》,可知张衡著有《周官解诂》。据侯康《补后汉书艺文志》引贾公彦之言,可知林孝存曾作《周礼难》。

汉魏之际,郑玄之学独盛。与郑玄一样,魏代王肃亦兼通今古之学,然王肃不喜郑学,处处与郑学为异。王肃有《周官礼注》,此书今佚,可见者仅《通典》卷五十五所引两条注文。王肃凭借姻亲关系和政治势力使其所注诸经皆立学官,由此王学盛而郑学衰。然东晋时期,王学博士皆废,王学衰而郑学复兴。据史书和经籍之记载,魏晋时期,干宝撰有《周官礼注》、《周礼音》,刘昌宗、徐邈、李轨、聂熊皆撰有《周礼音》,袁准撰有《周官传》。

南北朝时期,经学有南学、北学之分。南朝治《周礼》者寥寥,唯梁人沈峻之《周礼》研究为时人所称道。吏部郎陆倕向当朝者推荐沈峻时曰:"《周官》一书,实为群经源本。此学不传,多历年世。……唯助教沈峻特精此书。……弟谓宜即用此人,令其专此一学,周而复始,使圣人正典废而更兴。"① 据陆倕所言,可知当时的《周礼》学几为绝学。已知的南朝《周礼》学著作还有戚衮的《周礼戚氏音》和崔灵恩的《集注周官礼》。

北朝的礼学研究盛于南朝,当时最负盛名的礼学家当推熊安生。熊安生曾"专以'三礼'教授",并撰有《周官义疏》二十卷。北朝时期,《周礼》曾被当作改制之书。西魏宇文泰任用苏绰改制,六官之制全袭《周礼》。北周时期,从事《周礼》研究者颇多,《周书》曰:"时朝廷既行《周礼》,公卿以下多习其业。"② 可见当时研习者之众。已知的北朝《周礼》学著作还有刘芳的《周官音》、《周官义证》和沈重的《周官礼义疏》、《周礼音》。

---

① (唐)李延寿:《南史》卷七十一《列传第六十一·儒林》,中华书局1975年版,第1741页。
② (唐)令狐德棻:《周书》卷四十五《列传第三十七·儒林》,中华书局1975年版,第812页。

初唐孔颖达奉诏撰《五经正义》，"三礼"中有《礼记》而无《周礼》、《仪礼》，由此可见《周礼》在初唐不被重视。唐高宗时期，太学博士贾公彦撰《周礼义疏》五十卷。该书以郑《注》为本，旁征博引，增益阐发，集汉唐《周礼》学之大成。贾公彦的《周礼义疏》受到了后人的高度赞许，如朱熹曾云："《五经》中，《周礼疏》最好。"① 永瑢云："公彦之《疏》，亦极博核，足以发挥郑学。"② 已知的唐代《周礼》学著作还有杜牧的《杜注考工记》、王玄度的《周礼义决》等。

宋代的经学，一方面承汉唐注疏之余绪，另一方面受到了自中唐以来疑古辨伪思潮的影响。自宋庆历年间，学风大变。王应麟云："自汉儒至于庆历间，谈经者守训故而不凿，《七经小传》出而稍尚新奇矣，至《三经义》行，视汉儒之学若土埂。"③ 可见宋庆历年间出现了怀疑注疏乃至经书的倾向。宋儒治《周礼》，体现了疑古惑经的时代学风。如欧阳修、刘敞、苏辙、胡宏等人皆疑《周礼》；俞庭椿《周礼复古编》认为《周礼》之《冬官》不亡，乃错简于五官之中，遂割裂《周礼》经文以补《冬官》；王与之《周礼订义》亦持《冬官》不亡之说。由是而有《周礼》学之补亡一派。

宋儒治《周礼》重经世致用。李觏的《周礼致太平论》有《内治》七篇、《国用》十六篇、《军卫》四篇、《刑禁》六篇、《官人》八篇、《教道》九篇，皆借经义以济世。王安石利用《周礼》推行变法，其所撰《三经新义》中有《周官新义》二十二卷。四库馆臣评《周官新义》曰："宋当积弱之后，而欲济之以富强，又惧富强之说必为儒者所排击，于是附会经义，以钳儒者之口实。"④ 此外，叶时的《礼经会元》、郑伯谦的《太平经国之书》皆多据《周礼》以达经世之意。

元代经学株守宋学而少创新，《周礼》之学亦走向衰微。陈友仁所辑《周礼集说》多据宋人旧本重辑而少新材料，毛应龙《周官集传》采择宋人经说而

---

① （宋）黎靖德辑：《朱子语类》卷八十六，朱杰人等编：《朱子全书》（修订本）第17册，上海古籍出版社、安徽教育出版社2010年版，第2914页。

② （清）永瑢等：《四库全书总目》卷十九《经部·礼类一》，中华书局1965年影印本，第149页。

③ （宋）王应麟：《困学纪闻》卷八《经说》，《四部丛刊三编》第3册，上海商务印书馆1935年影印本，第21—22页。

④ （清）永瑢等：《四库全书总目》卷十九《经部·礼类一》，中华书局1965年影印本，第150页。

少已见，邱葵《周礼补亡》袭俞庭椿、王与之《冬官》不亡说而无创见。元代见诸史志、官目和私目之《周礼》学著作还有吴澄的《周礼考注》、《周官考证》、《周礼经传》、《批点考工记》，吴当的《周礼纂言》以及汪克宽的《周礼类要》等。

明代经学亦多守成而少创新。顾炎武曾说："若有明一代之人，其所著书无非盗窃而已。"[1] 明人治《周礼》，亦多此弊，如何乔新的《周礼集注》、郝敬的《周礼完解》、舒芬的《周礼定本》、陈深的《周礼训隽》、柯尚迁的《周礼全经释原》皆袭宋人《冬官》不亡之说而多有窜乱。然明代《周礼》学著作亦有可称道者，如王志长所撰《周礼注疏删翼》三十卷，四库馆臣评论曰："志长此书，亦多采宋以后说，浮文妨要，盖所不免，而能以注疏为根柢，尚变而不离其宗。"[2] 又曰："志长能恪遵古本，亦为力遏横流，在经学荒芜之日，临深为高，亦可谓研心古义者矣。"[3] 又如王应电所撰《周礼传》十卷，虽考证不甚详明，然论说较为醇正，于义理多有发明。

清初仍袭疑古惑经之宋学学风，如毛奇龄《周礼问》辨《周礼》出于战国末，不出刘歆。万斯大《周官辨非》，于《周礼》之法制典章取校于《五经》、《论语》、《孟子》诸书，皆有不合者近五十条，四库馆臣斥其"惩羹吹齑"[4]。方苞《周官集注》，皆仿朱子之例，采合众说。此皆宋学之余绪也。乾隆十三年（1748）御定《三礼义疏》，第一部是《周官义疏》。是书博采众说，混淆汉宋，《四库全书简明目录》曰："是编禀承睿鉴，精粗并贯，本末兼赅，实为集汉学、宋学之成。"[5]

乾嘉时期，考据学大兴，此间《周礼》研究成就斐然。精于经文之考订者，如有程际盛的《周礼故书考》、丁晏的《周礼异字释》；长于音读之训释

---

[1] （清）顾炎武著，旧题何义门批校：《顾炎武日知录》卷二十《窃书》，台北明伦出版社1970年版，第542页。
[2] （清）永瑢等：《四库全书总目》卷十九《经部·礼类一》，中华书局1965年影印本，第155页。
[3] （清）永瑢等：《四库全书总目》卷十九《经部·礼类一》，中华书局1965年影印本，第155页。
[4] （清）永瑢等：《四库全书总目》卷二三《经部·礼类存目一》，中华书局1965年影印本，第186页。
[5] （清）永瑢、纪昀等：《钦定四库全书简明目录》卷二《经部·礼类》，文渊阁《四库全书》第6册，第38页。

者，如有段玉裁的《周礼汉读考》、杨国桢的《周礼音训》；辨析旧注尤为有力者，如有蒋载康的《周官心解》、李忠伦的《周礼训纂》；绘制图谱以释《周礼》者，如有戴震的《考工记图》、江永的《考工记图》、阮元的《车制图考》、李锡书的《周官图说》、胡匡衷的《周礼井田图考》。

  在清代《周礼》学史上，有两部著作需要特别说明。一是段玉裁的《周礼汉读考》。此书从文字音义方面对《周礼》作了研究。段氏所阐述的《周礼》汉读三例属创见，获得阮元高度赞赏，阮氏曰："此言出，学者凡读汉儒经子汉书之注，如梦得觉，如醉得醒。"① 此书于字之正借、声之分合，辨析尤精。二是孙诒让的《周礼正义》。此书是作者集三十年之功而成，共八十六卷，二百余万字。此书大体是以字书正训诂，以《仪礼》、大小戴《礼记》正制度，博采汉唐至明清诸儒之经说，参互证绎，发郑《注》之渊奥，裨贾《疏》之遗缺。其训诂之精准，考证之详尽，远超唐宋诸儒。

### （二）历代《仪礼》诠释之概况

  孔子编修之礼书，在流传的过程中不断地被修订。秦代焚书，这些礼书遭秦火之灾。司马迁曰："及至秦之季世，焚《诗》、《书》，坑术士，六艺从此缺焉。"② 秦火之后，礼书传本减少，到汉代，流传下来的只有高堂生传本了。汉代曾见《礼古经》五十六篇，比当时所传的十七篇多出三十九篇，这三十九篇被称作《逸礼》。汉代十分重视鲁高堂生所传的十七篇，并将其列为学官，《逸礼》三十九篇却不被重视。

  据《汉书·儒林传》，可知高堂生所传十七篇即《士礼》，经由他的再传或三传弟子瑕丘萧奋授东海人孟卿，孟卿授后仓，后仓授闻人通汉、戴德、戴圣和庆普，《礼》遂有大戴、小戴和庆氏三家之学。三家在汉宣帝时皆立为学官。据《汉书·儒林传》，可知大戴将《礼》传徐良，小戴将《礼》传桥仁和杨荣，于是《礼》又有徐氏、桥氏和杨氏之学。庆氏《礼》又传夏侯敬和庆咸。东汉时期，大、小戴《礼》均衰微，只有庆氏《礼》盛行于世。

  东汉末年，今古文兼通的郑玄对《仪礼》作了校勘、整理和注释。郑氏将今古文两种本子进行对照，当发现两个本子用字有异时，便"取其义长者"，

---

① （清）阮元：《周礼汉读考序》，《周礼汉读考》卷首，《续修四库全书》第 80 册，第 263 页。
② （汉）司马迁：《史记》卷一百二十一《儒林列传第六十一》，中华书局 1959 年点校本，第 3116 页。

或采今文，或采古文。因此郑玄的《仪礼注》是一部混淆今古之作。该书考证礼制、解释名物、阐发礼义，集前人经说之成。

魏代王肃曾作《仪礼注》、《丧服经传注》和《丧服要记》。郑玄用今文说，王肃便以古文说驳之；郑玄用古文说，王肃便用今文说驳之。所以王肃的《仪礼》学著作亦是混淆今古。魏晋时期，《仪礼》音义方面的著作较多，如袁准、李轨、刘昌宗等人皆撰《仪礼音》。

魏晋根据门第高低选拔官吏，形成了"上品无寒门"、"下品无世族"的门阀制度。在士族本位的社会中，为了维系士族本身之存在，保持一姓士族内部之凝聚力，士族不废礼学，还特重丧服，以之作为维系门户的重要手段，因此魏晋南北朝时期的《丧服》传注尤多。如蜀有蒋琬的《丧服要记》、谯周的《丧服图》，吴有射慈的《丧服变除图》、《丧服天子诸侯图》，晋有刘智的《丧服释疑》、崔游的《丧服图》、伊说的《丧服杂记》、袁准的《丧服经传注》、贺循的《丧服要记》与《丧服谱》、蔡谟的《丧服谱》与《丧服图》、葛洪的《丧服变除》等。

南北朝时期，义疏体兴起，开唐疏之先河。南朝士庶界限分明，治《丧服》者众多，如庾蔚之、裴松之、周续之、费沈、雷次宗、蔡超、王俭、司马宪、沈麟士、贺玚、何佟之、皇侃等人均为《丧服》作义疏。其中有些人于《丧服》的著作还不止一种，如庾蔚之有《丧服》、《丧服要记》、《丧服世要》三种，皇侃有《丧服文句义疏》、《丧服问答目》等。北朝经学以郑学为宗，其最负盛名者，当推北魏徐遵明。《北史·儒林传》云："'三礼'并出遵明之门"①。徐遵明的弟子李铉及再传弟子熊安生皆通《仪礼》，然二人《仪礼》学著作皆佚。北朝沈重为当世儒宗，据《经义考》和《北史·沈重传》，可知沈氏撰有《仪礼义》、《丧服经义》。

隋唐时期，南学北学归于一统，《仪礼》以郑学为本。《隋书·经籍志》云："三礼""唯郑《注》立于国学"②。据《经义考》，可知隋代有张冲的《仪礼传》与《丧服义》、李孟悊的《仪礼注》。初唐孔颖达奉敕撰《五经正义》，"三礼"中独取《礼记》，可见唐初不重《仪礼》。唐永徽年间，贾公彦据齐黄

---

① （唐）李延寿：《北史·儒林传》卷八十一《列传第六十九·儒林上》，中华书局1974年版，第2708页。
② （唐）魏徵：《隋书》卷三十二《志第二十七·经籍一》，中华书局1973年点校本，第926页。

庆、隋李孟悊二家义疏，间及他书，择善而从，增以己意，成《仪礼疏》五十卷。该书对汉唐时期的《仪礼》学作了总结，集汉唐《仪礼》学之大成。此外，唐代的《仪礼》学文献还有王方庆的《礼经正义》、凌准的《仪礼注》、殷价的《丧服极议》、庞景昭的《丧服制》等。

自宋庆历年间始，经学研究出现了怀疑注疏乃至经书的风气。不过《仪礼》学是实学，受宋学学风的影响不大。宋代的《仪礼》文献中，张淳《仪礼识误》、李如圭的《仪礼集释》、魏了翁的《仪礼要义》、朱熹的《仪礼经传通解》、杨复的《仪礼图》和《仪礼旁通图》皆是名作。李如圭《仪礼集释》十七卷全录郑《注》，又兼综博采，发贾《疏》之未发。魏了翁因郑《注》古奥、贾《疏》文繁而作《仪礼要义》五十卷，取《注》、《疏》之精华，甚便后学。《仪礼经传通解》是朱熹晚年的绝笔之作，由其弟子黄榦、杨复续修而成。《仪礼经传通解》以《仪礼》为经、《礼记》为记，并旁采传记杂文以补经阙。

元代《仪礼》学衰微，可观者有吴澄的《仪礼逸经传》和敖继公的《仪礼集说》。吴澄的《仪礼逸经传》杂采诸书，并将其归为《仪礼》逸经，编纂体例仿朱子《仪礼经传通解》。敖继公的《仪礼集说》于郑《注》有所去取，当其认为郑《注》不符经义时，则取贾《疏》及他说以补之。其他如汪克宽的《经礼补逸》亦尚可观，清人秦蕙田的《五礼通考》即循此书之体例而作。

明代学风空疏，《仪礼》学文献虽多，而质量却不及前代。其中可观者，有郝敬的《仪礼节解》、张凤翔的《礼经集注》、朱朝瑛的《读仪礼略记》等。

清初学者受宋学影响，治《仪礼》亦多疑古惑经。如万斯大的《仪礼商》篇为之说凡六十五条，动辄驳郑、贾之文。方苞《丧礼或问》于经文不通者，则言乃王莽、刘歆增窜。不过，宋学在清初的垄断地位逐渐被打破，乾隆年间所修《仪礼义疏》，就是混淆汉宋之作，作者既采郑《注》，又多用敖继公之说。需要指出的是，清初学人张尔岐所撰《仪礼郑注句读》全录郑《注》，摘录贾《疏》，并附以己意。因郑《注》简奥，遂为句读。顾炎武对此书大为推崇，认为其立言简当，实是可传。

乾嘉时期，考据之学大兴，《仪礼》的考据之作也大量出现。吴廷华的《仪礼章句》对《仪礼》各篇划分章节，析其句读，多采郑《注》和贾《疏》，兼采他说，并附己意，多有发明；盛世佐《仪礼集编》采古今说《仪礼》者一百九十余家，并对各家之谬误逐一辨析。此外，沈彤的《仪礼小疏》、胡匡衷的《仪礼释官》、江永的《仪礼释宫增注》、卢文弨的《仪礼注疏详校》、阮元的《礼经宫室答问》、程瑶田的《仪礼丧服文足征记》都是很有影响的《仪礼》学著作。

清代治《仪礼》诸家，胡培翚、张惠言、凌廷堪最负盛名。胡培翚参稽众说，精研覃思，积四十余年之力而成《仪礼正义》一书。该书集中国古代《仪礼》学之大成，对后人的《仪礼》研究有极大的参考价值。张惠言于《仪礼》各篇之重要仪节皆绘图，成《仪礼图》一书。借此书，《仪礼》所记之名物礼制便可了然于心。凌廷堪《礼经释例》一书荟萃一切礼仪，条分缕析，考其同异，观其会通，皆以例释之。通过该书所列之礼例，读《仪礼》就若网在纲、如衣挈领。

### （三）历代《礼记》诠释之概况

相对于其他儒家经典而言，《礼记》的成书较晚。西汉中后期，戴圣才纂辑《礼记》。《礼记》成书后出现了不少传本，如刘向对戴圣所纂集的《礼记》进行校勘，遂有《礼记》刘向本；《后汉书·桥玄传》："七世祖仁，从同郡戴德学，著《礼记章句》四十九篇。"[①]《礼记》遂有桥氏本；《后汉书·曹褒传》载曹褒"传《礼记》四十九篇，教授诸生千余人"[②]，《礼记》遂有曹氏本。东汉时期，一些经师为《礼记》作注，《礼记》遂有了早期的训释之作。据《后汉书》之记载，马融、卢植、郑玄均为《礼记》作注。东汉后期，郑玄在参考众本之基础上，对《礼记》作了校勘和注释。郑玄的《礼记注》是《礼记》学史上一座不朽的丰碑，千百年来，学者们在从事《礼记》研究时，皆须参考此书。汉代是《礼记》学的开创时期，该时期《礼记》研究之路径被汉唐学人奉为圭臬，并为清代汉学家所推崇。

如前所述，魏代王肃攀附司马氏，遍注群经，但他不好郑学，处处与郑玄为异。王肃与郑学为异，在《礼记》研究方面体现得尤为明显。从清人马国翰《玉函山房辑佚书》所辑《礼记王氏注》与郑《注》进行比较，可知王、郑之分歧主要在于礼制。西晋时期，王学仍一度显耀，然随着东晋时期王学不再立于学官，王学衰，而郑学得以复兴。

南朝尚王弼之玄虚，经学益衰。然而南朝的"三礼"学却一枝独秀。此

---

① （南朝）范晔：《后汉书》卷五十一《李陈庞陈桥列传第四十一》，中华书局1965年版，第1695页。

② （南朝）范晔：《后汉书》卷三十五《张曹郑列传第二十五》，中华书局1965年版，第1205页。

时期义疏之作较多，如有崔灵恩的《三礼义宗》、沈文阿的《礼记义疏》、皇侃的《礼记义疏》与《礼记讲疏》、戚衮的《礼记义》、贺玚的《礼记新义疏》、贺㻛之的《礼记义》、陈灼的《礼记子本义疏》、萧衍的《礼记大义》等。北朝经学盛于南朝，"三礼"方面义疏之作亦较多，如有刘献之的《三礼大义》、李铉的《三礼义疏》、沈重的《礼记义疏》、熊安生的《礼记义疏》。

隋唐时期，经学走向一统。隋朝虽然短暂，然亦有学者的《礼记》学著作见诸于史志。如王元规撰有《礼记音》，褚晖撰有《礼记文外大义》，王邵撰有《勘定曲礼》等。初唐孔颖达等人所撰的《礼记正义》，依皇侃和熊安生之义疏，并参考南北朝时期其他的义疏之作而成。《礼记正义》为《五经正义》中成就较高者，永瑢云："故其书务伸郑《注》，未免有附会之处。然采撷旧文，词富理博，说礼之家，钻研莫尽。譬诸依山铸铜，煮海为盐。即卫湜之书尚不能窥其涯涘，陈澔之流益如筵与楹矣。"① 隋唐时期的《礼记》学文献数量很少，除《礼记正义》以外，几乎没有其他《礼记》文献能对后世产生影响，这种状况一直到宋代才有所转变。

宋儒诠释《礼记》重视义理之阐发，这主要体现在两个方面：一是礼意之发掘。《礼记》是《仪礼》之"记"，其中既有对《仪礼》所记礼制的补充，也有对《仪礼》所记礼制意义的阐释。宋儒对《礼记》所记礼制之礼意进行阐发，同时也对《礼记》本来所记礼意进行再诠释。宋儒中，张载、吕大临、王安石、陆佃、马希孟、叶梦得等人的诠释《礼记》均是如此。二是思想体系之建构。《礼记》不仅是《仪礼》之"记"，同时也有一些哲理性的单篇论文，其中《大学》、《中庸》、《乐记》等涉及中国古代哲学的多个概念和命题。对于善于思辨的宋代理学家而言，《礼记》中的《大学》、《中庸》是他们构建思想体系首选之文本。

宋儒多从义理的角度诠释《礼记》，然而他们也不废考据，这固然与宋代一些学者不废考据有关，同时也与"三礼"学本身的特点相系。宋儒中，刘敞、朱熹、魏了翁、卫湜、黄震等人均于《礼记》的名物礼制多有考证，新见多出，并为清人所看重。即使是极为重视义理的张载、吕大临，他们在诠释《礼记》时也有名物礼制之考证。

---

① （清）永瑢等：《四库全书总目》卷二十一《经部·礼类三》，中华书局1965年影印本，第169页。

宋儒在诠释《礼记》时重经世致用。宋儒大多是理想主义者，他们高悬道德标准，以此要求自己，同时也以此要求别人。《礼记》所讲的儒家信条，伦理意味极重，对于宋儒来说，《礼记》正是他们谈论道德伦理的现成资源。宋儒不仅为道德理想主义者，他们同时也投身政治，为生民立命。宋儒中，如李觏、张载、朱熹等人均参与政治，重视礼教，他们在对《礼记》的诠释中，部分地表达了他们的政治理想和对儒家伦理的维护。

宋代学术思想环境相对自由，对于本为儒者奉为神圣的儒家经典，宋儒则多加怀疑。宋儒不仅疑改《礼记》经文，还疑旧注。如朱熹对《礼记》经文提出疑义，他说："《王制》'牺袷、袷禘、袷尝、袷烝'之说，此没理会，不知汉儒何处得此说来。礼家之说，大抵自相矛盾。"①"《表记》言'仁有数，义有长短大小'，此亦有未安处。"②朱熹不仅疑经，而且还改经、移易经文。有人认为经文不可轻改，朱子曰："改经文，固启学者不敬之心。然旧有一人，专攻郑康成解《礼记》不合改其文。如'蛾子时术之'，亦不改，只作蚕蛾子，云，如蚕种之生，循环不息，是何义也！且如《大学》云：'举而不能先，命也。'若不改，成甚义理！"③由此可见，朱子改经的主观愿望，并非想标新立异，而是希望通过改经，从而使经文文义亨通。此外，卫湜《礼记集说》不以郑《注》、孔《疏》为宗，而是将《注》、《疏》与所采各家相并列而列举之，这是宋学的风气使然；魏了翁《礼记要义》割裂《礼记》经文而为之解，亦非亦步亦趋地为《礼记》经文作注。

元朝科考大抵以宋人经说为主。除《春秋》和《礼记》二经之外，皆宗朱子学。《春秋》用胡安国《春秋传》，《礼记》则用古注疏。元代所立考试科目，"三礼"只有《礼记》，可见元代官方重视《礼记》之学远甚于《周礼》、《仪礼》。元人在《礼记》学方面的贡献主要体现在陈澔的《礼记集说》和吴澄的《礼记纂言》两书上。

元代陈澔以朱子学统自任，其《礼记集说》的特点之一就是株守宋人之

---

① （宋）黎靖德辑：《朱子语类》卷八十七，朱杰人等编：《朱子全书》（修订本）第17册，上海古籍出版社、安徽教育出版社2010年版，第2954页。
② （宋）黎靖德辑：《朱子语类》卷八十七，朱杰人等编：《朱子全书》（修订本）第17册，上海古籍出版社、安徽教育出版社2010年版，第2987页。
③ （宋）黎靖德辑：《朱子语类》卷八十七，朱杰人等编：《朱子全书》（修订本）第17册，上海古籍出版社、安徽教育出版社2010年版，第2942页。

说。陈澔在《礼记集说序》中云:"《仪礼》十七篇,戴《记》四十九篇,先儒表彰《学》、《庸》,遂为千万世道学之渊源。其四十七篇之文虽纯驳不同,然义之浅深同异,诚未易言也。郑氏主谶纬,孔《疏》惟郑之从,虽有他说,不复收载,固为可恨,然其灼然可据者,不可易也。"① 陈澔认为《礼记》杂有非圣之言,这种观念与宋人对《礼记》的看法基本一致。此外,陈澔对宋儒表彰《大学》、《中庸》的做法予以肯定,认为这是道学之渊源。

元人吴澄的《礼记纂言》也继承朱子学,在该书《自序》中,吴澄云:"朱子尝与东莱先生吕氏商订'三礼'篇次,欲取戴《记》中有关于《仪礼》者附之经,其不系于《仪礼》者仍别为记,吕氏既不及答,而朱子亦不及为,幸其大纲存于文集,犹可考也。"② 对于朱子未能将"三礼"篇目重新编次就去世,吴澄深表遗憾。吴澄割裂《礼记》,如他将《大学》、《中庸》从《礼记》析出,并将二者与《论语》、《孟子》并为《四书》,与朱熹的做法如出一辙。

明代学术空疏,经学领域亦然。《明史·选举志》记载,永乐以前科举考试的课目沿用元人之法,《礼记》仍用古注疏。而到了明永乐年间《五经四书大全》颁布以后,其中的《礼记大全》以陈澔《礼记集说》为宗而采掇之,其中有所说解,亦沿袭陈澔之说,无所发明。由于陈澔之说多采自宋代卫湜《礼记集说》,因此胡广虽是直承陈澔《礼记集说》,而实是受惠于宋人。皮锡瑞《经学历史》云:"元以宋儒之书取士,《礼记》犹存郑《注》,明并以此而去之,使学者全不睹古义,而代以陈澔之空疏固陋,《经义考》所目为兔园册子者。故经学至明为极衰时代。"③《四库全书》所收明人的《礼记》学著作较多,然而能对后世产生影响者甚少。

清初官方科举考试沿袭元明旧制,《礼记》以陈澔的《礼记集说》为本。万斯大的《礼记偶笺》就《礼记》诸篇随意笺说,颇有新义,然永瑢认为其"独出新义,而多不能自通"④。此外,毛奇龄的《明堂问》专攻郑玄五宫之非,张沐《礼记疏略》有些篇目全用元人陈澔注。清初学人治《礼记》并非仅从宋

---

① (元)陈澔:《礼记集说序》,《礼记集说》卷首,文渊阁《四库全书》第121册,第680页。
② (元)吴澄:《礼记纂言序》,《礼记纂言》卷首,文渊阁《四库全书》第121册,第3页。
③ (清)皮锡瑞:《经学历史·经学积衰时代》,潘斌编:《皮锡瑞儒学论集》,四川大学出版社2010年版,第35页。
④ (清)永瑢等:《四库全书总目》卷二十四《经部·礼类存目二》,中华书局1965年影印本,第196页。

学，王夫之的《礼记章句》即是汉宋兼采之作。至康熙年间，纳兰性德撰《陈氏礼记集说补正》，既采宋元人之说，又不废郑《注》孔《疏》，俨然有会通汉宋之气象。

乾嘉时期，汉学复兴，然《礼记》研究不及《仪礼》、《周礼》之盛，未有集成之新疏。乾嘉学派重考据，如江永的《礼记训义择言》，虽短促而不具大体，然持论多精核；朱彬的《礼记训纂》虽简约，然能集众家之长，义理训诂兼备；翁方刚的《礼记附证》兼采众说，校其得失；汪绂的《礼记章句》虽多引朱熹、陈澔之说，然亦间采郑《注》孔《疏》，考据亦精审。

清代《礼记》学史上，杭世骏编纂的《续卫氏礼记集说》一百卷有集成意味。该书在编纂体例上延续卫湜《礼记集说》。卫湜之书兼综博采，杭世骏此书亦是如此。杭氏所采解义，自汉至清共二百余家。所列自汉郑玄至宋魏了翁凡四十一家，皆卫湜《集说》已列而采之未备者。又采汉司马迁至宋黄仲炎凡四十五家，皆在卫氏以前而《集说》未采者。自宋张虙至明冯氏凡55家，皆在卫氏以后。此书分为四类，皆以不雷同旧说及发明新义者为主。采择清儒解义以姚际恒、姜兆锡、方苞、任启运为多。此外，孙希旦的《礼记集解》能打破门户之见，汉宋兼采，对《礼记》中除《大学》、《中庸》以外的44篇，从篇名到经文，博采宋元以来各家之说，有详尽之集释，是一部具有很高学术价值的《礼记》注本。此外，朱彬的《礼记训纂》能充分吸收清代学者的研究成果来校勘经文和疏通旧注，其于名物制度、文字音义、义理等无不涉及，亦是清代《礼记》学的代表作之一。孙希旦的《礼记集解》、朱彬的《礼记训纂》皆被收入近年中华书局辑印的清人《十三经注疏》。

## 三、宋代"三礼"诠释研究的价值和意义

宋代"三礼"诠释研究的意义，可以从学术价值和社会价值两个方面来加以探讨。

### （一）宋代"三礼"诠释研究的学术价值

"三礼"所记之内容，涉及先秦时期社会、历史、伦理、价值观念等各个方面。由于"三礼"本身所具有的丰富的思想文化内涵，使其从汉代开始陆续成为官方所认定的经典，并在科考中成为重要的科目。今人完全可以突破传统经学的限制，用现代学术的眼光来审视"三礼"，对其学术价值进行考察和

陈述。

若用社会学的眼光来看"三礼","三礼"就是中国先秦时期的社会生活史。如著名历史学家金景芳的《中国奴隶社会史》、《先秦思想史》、《中国古代史分期商榷》、《论宗法制度》、《中国奴隶社会诞生和上升时期的思想》等论著,积极利用"三礼"从事先秦史研究,影响颇为深远。此外,当代学者杨向奎、侯家驹、彭林、金春峰等人以《周礼》之记载为据,从事先秦政治、经济、文化制度和思想之研究,亦有可喜之发现。特别是李安宅用社会学的眼光来检讨《仪礼》和《礼记》两部书,撰成《〈仪礼〉与〈礼记〉之社会学的研究》一书,影响巨大。

清人章学诚在其所撰《文史通义》一书中提出"六经皆史"的命题,认为《易》、《书》、《诗》、《礼》、《春秋》、《乐》本为三代史官所记先王之政典。章学诚用历史学的眼光来审视《六经》,启示人们可以从《六经》中获得古史研究的材料。如《周礼》记载了很多职官,若将《周礼》之记载与金文结合起来研究,可以对西周的官制有更加深入的认识。

历代学人从事"三礼"之诠释,有非常丰富的文献流传至今。然而学术界重视"三礼"本经的研究,而疏于历代"三礼"诠释文献和诠释学之探讨,这种状况既不利于深化对"三礼"本经之认识,亦不利于对中国经典诠释史和中国学术史进行全面的把握。宋代乃中国学术思想发展的高峰时期,亦是所谓"变古时期",此间之"三礼"诠释批判地继承了汉唐时期的笺注之学,又从方法上对元、明、清之"三礼"诠释产生了深远影响。

从文献的角度来看,宋代"三礼"诠释研究的学术价值主要体现在以下三个方面:

第一,宋代"三礼"诠释文献研究是宋代经学文献研究的重要组成部分。宋代《易》学和《春秋》学发达,著作也很多。宋儒喜以《易》、《春秋》为文本依据,阐发书中的微言大义。礼学是关乎伦理纲常的学术,所以具有悲悯情怀的宋儒对"三礼"也颇为重视,并有不少"三礼"诠释文献流传至今。据笔者统计,在宋代的"三礼"诠释文献中,尚可考见的《周礼》诠释文献有一百零六种,《仪礼》诠释文献有六十六种,《礼记》诠释文献则多达二百七十余种。可见宋代"三礼"诠释学之盛。"三礼"所记之礼仪制度、礼仪风范对于宋代的社会管理、教育教化等都颇有启发意义,此外,"三礼"所具有之概念、命题以及其所涵之礼意,为宋儒建构哲学体系、礼学体系提供了丰富的思想资源。因此，宋代"三礼"诠释文献是宋代经学文献的重要组成部分，从事宋代"三礼"诠释文献研究，对于丰富宋代的经学研究颇有助益。

第二，宋代"三礼"诠释文献之研究，对于更好地理解"三礼"经文和注疏、标举典范和恢复"三礼"的生命力有着特殊的意义。"三礼"乃先秦时期官制、礼制之著述或礼学思想之汇编，尽管汉唐时期有不少学者对"三礼"有整理和研究，然而错讹仍在所难免。比如汉代郑玄《三礼注》面世以后，魏晋以来诸儒株守郑《注》而少有突破，故郑《注》虽精，然亦不乏疏漏者。宋儒张扬理性精神，对经书文本以及前人注疏进行重新审视，他们于"三礼"各篇的作者、成书年代以及经文中的讹、脱、衍、倒、错乱之处均提出了自己的看法。如尽管人们对刘敞的经学研究颇有微词，然而其对《礼记》经文和郑《注》提出的异议，对于认识《礼记》经文旧注还是具有一定的参考价值。清代不少学者在研究《礼记》时，对于刘敞的《礼记小传》中的内容颇为重视，就从一个侧面说明其所具有的学术价值。又如张载的《礼记说》疑经改经之处很多，张载不以考据见长，然这些疑改也不乏真知灼见。

第三，宋代的一些"三礼"诠释文献在辑佚方面颇具学术价值。由于时代久远、战乱以及印刷术尚未出现等问题，汉唐时期的"三礼"诠释文献绝大多数已经亡佚。唐代贾公彦所撰《周礼注疏》、《仪礼注疏》以及孔颖达所撰《礼记正义》部分地保留了汉唐时期已佚的"三礼"诠释文献的内容。宋代的"三礼"诠释文献亦多亡佚，所幸南宋中后期几部礼书部分地保留了宋人的"三礼"诠释文字。在《周礼》方面，王与之的《周礼订义》征引宋代诸儒《周礼》解义多达四十五家，成为宋代《周礼》诠释文献辑佚之渊薮。《礼记》方面，卫湜的《礼记集说》抄录宋代学人的《礼记》解义达一百二十余家，成为宋代《礼记》诠释文献辑佚之渊薮。今人陈俊民从卫湜《礼记集说》中辑出了吕大临的《礼记解》，收入《蓝田吕氏遗著辑校》一书中。笔者也从卫湜的《礼记集说》中辑出了王安石的《礼记发明》、张载的《礼记说》等著作。通过这些辑佚之作，我们对宋代《周礼》、《礼记》诠释文献的认识会更加深入和全面。

若我们将视野放宽到中国古代学术史和"三礼"诠释史上，便可以更加清楚地认识宋代"三礼"诠释研究的学术价值。汉唐学人重视笺注之学，中唐以后学风开始转变，注不驳经、疏不破注的经学研究路数开始被疑经惑传的风气所取代。在学风的转变中，"三礼"文本及其注疏常被宋儒怀疑论断，如欧阳修、晁说之、包恢、魏了翁、洪迈等人皆反对《周礼》成于周公之传统观点，而认为《周礼》乃出于刘歆之伪作。清代廖平、康有为，以及近人钱玄同，今人杜国庠、徐复观等，均持此说。康有为等人所列《周礼》出自刘歆之理由，如《周礼》于西汉前未见、《史记》无记载，以及《周礼》与《孟子》等文献所记制度不符等，皆肇始于宋儒。若于宋代《周礼》诠释无研究，后人于《周礼》成书的观点也就难有深入评论之可能。

宋儒从义理的角度诠释"三礼"，对于元、明、清的"三礼"诠释产生了深远影响。清人皮锡瑞说宋人"尽反先儒，一切武断，改古人之事实，以就我之义理；变三代之典礼，以合今之制度"①。从义理的角度从事"三礼"之诠释，早在北宋中前期就见诸于李觏、王安石、张载等人的著述中。如王安石通过对《周礼》等儒家经典加以诠释，从而为熙宁变法提供制度和思想依据。又如张载通过《周礼》之诠释，从而阐释井田论、宗法思想。理学兴起以后，《大学》、《中庸》受到空前的重视，宋儒通过诠释《大学》、《中庸》等文献，阐发理学思想，从而形成了"四书"学，并得到官方的提倡。宋儒的"三礼"诠释并非不讲考据，朱熹的《仪礼经传通解》、《大学章句》、《中庸章句》就是考据与义理相结合的名著。朱熹之后，魏了翁、黄震、卫湜等人的"三礼"诠释均是考据与义理并重。

纵观元、明、清时期的"三礼"学，可知元代效法宋代，明代经学效法元代。总体来看，元、明两代的"三礼"诠释的著述数量不少，但诠释方法与宋代无异。清儒之"三礼"诠释亦受到宋人影响颇深，如清代孙希旦、朱彬等人从事《礼记》之诠释，在义理阐发之同时，于考据亦颇为重视。孙锵鸣评价孙希旦的《礼记集解》，曰："是书首取郑《注》孔《义》，芟其繁芜，掇其枢要，下及宋元以来诸儒之说，靡不博观约取。苟有未当，裁以己意。其于名物制度之详，必求确有根据，而大旨在以经注经，非苟为异同者也。至其阐明礼意，往复曲畅，必求即乎天理人心之安，则尤笃实正大，粹然程朱之言也。"② 林则徐评价朱彬的《礼记训纂》，曰："先生……纬以古今诸说，如肉贯串。其附己意者，皆援据精确，发前人所未发，不薄今而爱古，不别户而分门，引掖

---

① （清）皮锡瑞：《经学历史·经学变古时代》，潘斌编：《皮锡瑞儒学论集》，四川大学出版社2011年版，第32页。

② （清）孙希旦著，沈啸寰等点校：《孙锵鸣序》，《礼记集解》卷首，中华书局1989年版，第1—2页。

来学之功，岂浅鲜哉！"① 孙希旦、朱彬等人之《礼记》诠释方法，可追溯至宋人也。

"三礼"诠释在宋代学术中占有十分重要的地位，探讨宋代学人于"三礼"之理解、阐释及运用，对于认识"三礼"在宋代文化中的地位、扮演的角色以及发挥的作用等有着重要意义，对于学界研究宋代理学、经学等有一定的参考价值。此外，中国古代有源远流长而且别具特色的经典诠释传统，对宋代"三礼"诠释加以研究，对于丰富中国经典诠释传统的内涵无疑亦具有重要的学术意义。

### （二）宋代"三礼"诠释研究的社会价值

从事中国传统文化研究，可以使我们更好地"知道自己"。美国学者卡尔·贝克认为："对个人来说，知识或历史的最主要价值无疑是它能在个人经历以外的更广阔的领域内认清自己，同时可以从较长远的观点来看这渺小的、褊狭的现在，从而使他能够在不那么直接的和受局限的经历中，来判断包括他个人在内的人们的思想和行为。"② 贝克此说，注意到了历史的延续性和个人经历见识的褊狭性。今人以历史性的眼光从事传统文化之研究，希望在浩瀚的历史长河中对自己的所在作相对适当的定位，并将自己所思所为放到传统的资源系统中进行评估，以见我们的超越与不足。

从事中国传统文化研究，还可以给予我们以道德的启迪，黑格尔说："人们常常从历史中希望求得道德的教训：因为历史家治史常常要给人以道德的教训。不消说，贤良正方的实例足以提高人类的心灵，又可以做儿童的道德的教材，以灌输善良的品质。"③ 中国人向来就重视传统文化的道德借鉴功能，司马迁云："《春秋》以道义"，这里的"义"，在刘知几看来便是"以惩恶劝善为先"④。刘知几进而指出："史之为务，申以劝诫，树之风声"⑤。《六经》皆可作史看，刘氏于此所言"史"之内涵便是传统文化。尽管不同的时代，世风各有不同，但是一些最基本的价值观念，比如奉献精神、英雄气概、奋斗激情等，人们的称颂却是古今如一的。传统文化中有大量的精华，其能告诉我们何谓神

---

① （清）朱彬著，饶钦农点校：《林则徐序》，《礼记训纂》卷首，中华书局1996年版，第1页。
② 张文杰等编译：《现代西方历史哲学文集》，上海译文出版社1984年版，第240页。
③ （德）黑格尔：《历史哲学》，三联书店1956年版，第240页。
④ （唐）刘知几著，赵吕甫校注：《史通新校注》，重庆出版社1990年版，第1098页。
⑤ （唐）刘知几著，赵吕甫校注：《史通新校注》，重庆出版社1990年版，第445页。

圣与高尚。

"三礼"是中国古典文化之瑰宝，其所记载的礼仪制度和蕴含的礼学思想具有超越时空的恒常价值。"三礼"学是中国传统文化研究中最重要的领域之一。故从事"三礼"及其诠释史之探讨，实际上是从事中国传统文化的最核心内容之研究。自"三礼"产生以后，特别是从汉代提倡儒学以来，"三礼"在流传过程中受到统治者的高度重视。如王莽效法《周礼》以推行改制，尽管失败，后世仍有效法者；又如北周宇文泰命苏绰、卢辩仿《周礼》置六卿官，北宋王安石以《周礼》为据推行政治、经济和军事改革。当然，这些也许是政治家的权宜之计。然而，从汉代设立《五经》博士之礼经博士，到后来科举考试设置"三礼科"，可知历代统治者一直将"三礼"作为官方意识形态之重要载体。这些举措绝非偶然，而是有其深刻的历史原因，即统治者们认为《周礼》、《礼记》中的职官制度、礼义精神有益于治国安邦、移风易俗。历史一再证明，当某个时代重视教育、提倡礼教，那么该时代就国运兴隆。今天要从事精神文明建设，就必须要到中华民族的优秀文化中去寻找资源，从而彰显中华民族的优秀品质。从事"三礼"之研究，发掘礼乐精神和道德伦理方面的优秀成分，可以为铸就民族精神、成就良善美俗提供经典依据和思想资源。

从宏观的视角来看，中国儒学经历了原始儒学、宋明新儒学和现代新儒学三个时期。宋儒在先秦两汉儒学的基础上，吸取新时代的思想学术资源，构建起一套新的儒家话语体系，从而左右了中国宋代以来千余年的思想文化发展的轨迹。在中国古代思想文化史上有着"登峰造极"（陈寅恪语）地位的宋代，其拥有的最核心、最深刻、影响力最大最广泛的文化成就就是宋儒所构建的新儒学，而宋代新儒学的建构，乃是建立在对儒家经典的重新诠释基础之上。宋儒的"三礼"诠释，包含着大量有关于哲学思想、礼仪风范、理想人格、政治制度的内容，无疑这些内容都是传统文化之精华。宋人于"三礼"之诠释，可以折射出中国古人对于社会秩序整合的基本认识。我们今天从事宋人"三礼"诠释之研究，实际上是对宋人"三礼"学之再诠释，进而为学界研究学术文化与现实社会之间的关系提供历史的鉴镜。

## 四、宋代"三礼"诠释研究的现状

有意义的学术研究，必然是在他人之基础上有所突破，或是使用的材料比他人更丰富，或是研究的范式和方法更新颖。惟有这样的研究，方能有价值。因此，从事宋代"三礼"诠释研究，必须要对前贤时人之研究状况有一透彻了解，方能避免不必要的精力浪费，亦才能有所超越。下面，笔者将结合相关材料，对宋代"三礼"诠释之概况做一介绍。

近代以来，宋代"三礼"诠释之研究主要是从文献学和学术史两个角度展开。

从文献学方面对宋代"三礼"诠释所作的研究，既有目录，又有文献学专著。这些著作于宋代"三礼"诠释文献之作者、成书、卷数、流传以及历代著录等皆有涉及。

如二十世纪二十至四十年代成书的《续修四库全书总目提要·经部》（中华书局1993年），其"经部·礼类"有部分宋代"三礼"学文献之提要。由于该书计划收录《四库全书》所不取者，故其提要可补乾隆时期《四库全书总目》之不备。

宋慈抱《两浙著述考》（浙江人民出版社1985年）的"经术类·礼类"著录了宋代东南地区的"三礼"学文献三十余种。该书按著者生卒先后逐条加以考评，或提要，或质疑，或录版本，或加评说，或记撰人简历，或述原书著录所在，不一而足。

王锷编著的《三礼研究论著提要》（甘肃教育出版社2001年）著录了宋代《周礼》、《仪礼》和《礼记》学专著，每本专著皆撰提要，内容包括书名、卷数、作者简介、内容、价值、版本、存佚状况及收藏单位。提要对版本的源流等问题也有考证。学者借此一书，便可掌握宋代"三礼"诠释文献的基本信息。

黄俊郎所编著《周礼著述考》（台湾编译馆2003年）、《仪礼著述考》（台湾编译馆2003年）、《礼记著述考》（台湾编译馆2003年）是"三礼"诠释文献资料之汇编。这些书不仅有序跋、题记之收集，还有解题之罗列，最后还附有编者的按语，其所收资料丰富，有辨章学术、考镜源流之功效。

周洪才《孔子故里著述考》（齐鲁书社2004年）"经部"的"周礼类"、"仪礼类"、"礼记类"对宋代"三礼"诠释文献有所著录，并对这些文献的作者和存佚状况作了考辨。

宋代"三礼"诠释文献亡佚者多，今有学者作了一些辑佚工作。

程元敏所撰《三经新义辑考汇评》（华东师范大学出版社2011年）新辑北

宋著名政治家、改革家王安石《周官新义》，并汇集诸家评语。程元敏细致辑佚与周密考辨，使其所辑《周官新义》成为研究宋代学术史的重要参考资料。

陈俊民从卫湜《礼记集说》（《四库全书》本）中辑出了吕大临的《礼记解》，并以清牛兆濂校本《蓝田吕氏礼记传》加以点校。该辑本收录在《蓝田吕氏遗著辑校》（中华书局1993年）一书中。陈俊民此工作，对于关学研究可谓功不可没。

笔者为了能部分复原王安石的佚书《礼记发明》，曾按照辑佚书的一般原则，依据南宋卫湜的《礼记集说》、元代吴澄的《礼记纂言》等著述，从中采辑王安石《礼记》训释六十五条，合为一编，刊于《古代文明》2010年第2期。

此外，还有学者从文献学的角度对宋代"三礼"学作综合研究。

夏微《王与之〈周礼订义〉研究》（吉林人民出版社2011年）对王与之的《周礼订义》做了研究。由于王与之此书乃宋代《周礼》文献的集成之作，故夏微之研究也涉及两宋诸儒之《周礼》学。该书所收集资料较全面，为宋代《周礼》学的进一步研究作了坚实的铺垫。

有的学者从辨伪学的角度对宋代"三礼"学文献加以探讨。叶国良是较早从事宋代疑经研究的学人，其所撰《宋代疑经改经考》（台湾大学出版委员会1980年）第四章是关于宋儒疑改"三礼"内容和方法之辨析。叶氏征引文献丰富，条分缕析，奠定了当代学人于宋代"三礼"疑经问题研究之基础。

张富祥的《宋代文献学研究》（上海古籍出版社2006年）于宋代"三礼"辨疑有所涉及。

杨新勋《宋代疑经研究》（中华书局2007年）一书"北宋疑经述论"部分对刘敞、欧阳修、张载、苏轼等人疑改《周礼》、《礼记》的内容作了分析和评论，亦对二程疑改《大学》的相关内容作了辨析。该书"南宋疑经述论"部分对朱熹、杨简疑改《周礼》、《礼记》的内容有所考察。

杨世文《走出汉学——宋代经典辨疑思潮研究》（四川大学出版社2008年）在宋代思想文化的大背景下，专辟三章介绍宋儒于《周礼》、《仪礼》、《礼记》之辨疑。该书资料收集较全面，分析也较深入，能比较清楚地展示宋代"三礼"辨疑之面貌。

有的学者从学术史的角度对宋代"三礼"诠释文献有所研究。相关论说多寓于经学史或学术史著作的某一章或某一节。这方面又可以分为专题和专人研究，或专题与专人相结合的研究。

吴万居所撰《宋代三礼学研究》（台湾编译馆1999年）一书从文献学和学术史的角度对宋代"三礼"学的学术背景、学者著述及学术特点等作了较全面的研究。该书既分专题，又有个案。如于宋代之《周礼》学，既有宋代治《周礼》之学者及著作的个案研究，也有宋儒治《周礼》特色之专题介绍。又如于宋代之《仪礼》学，既有宋代治《仪礼》之学者及著作的个案研究，也有宋儒治《仪礼》特色之专题介绍。该书是第一部全面研究宋代"三礼"学的专著，在宋代"三礼"学研究方面具有开创意义。此外，该书将文献学与学术史相结合的研究方法，对于宋代"三礼"学乃至中国经典诠释学的研究都具有参考价值。

汪惠敏《宋代经学之研究》（台湾师范大学书苑有限公司1989年）一书在宋代学术之大背景下，对宋代《周礼》学、《仪礼》学、《礼记》学作了研究。

李祥俊《王安石学术思想研究》（北京师范大学出版社2000年）第一章附录部分"对王安石专经研究的评价"有"关于王安石的《礼》学"，对王安石的《礼记》观有所辨析。

张伟《黄震与东发学派》（人民出版社2003年）一书的"黄震的经学"部分，对黄震撰《读礼记》的初衷、集注的方法以及后人对《读礼记》的评价等皆有所交代。

张立文主编的《中国学术通史》宋元明卷（人民出版社2004年）于宋代"三礼"诠释有所涉及。如该书第六章的"《礼记》伦理道德的教化"部分，对吕大临《礼记解》、朱熹《语类》中的《小戴礼》、叶适的《礼记》学、卫湜的《礼记集说》等都作了介绍，并归纳出宋儒治《礼记》时有凸显理学道德性命之学的特点。

蔡方鹿的《朱熹经学与中国经学》（人民出版社2004年）"朱熹的《礼》学"部分，对朱熹《家礼》的真伪、《仪礼经传通解》的编纂等作了研究。此外，该书还对朱熹《礼》学的指导思想作了归纳，如作者认为朱熹以《仪礼》为经，以《礼记》为传，以《周礼》为纲领，理寓著在《仪礼》所载之事中。

姜广辉主编的《中国经学思想史》第三卷（中国社会科学出版社2010年）对王安石的《周礼》诠释学作了研究，还对朱熹于"三礼"文本及汉唐礼学著述的议论和评价、《仪礼经传通解》的编纂及其礼学价值、《家礼》的礼学价值和历史影响等皆有所探讨。

宋儒积极采用《礼记》之记载，从而构建理想思想体系。不少学者从哲学的角度对宋儒之"三礼"诠释作了研究。如张岱年《中国哲学大纲》（中国社会科学出版社 1982 年）、张立文《走向心学之路——陆象山思想的足迹》（中华书局 1992 年）、朱汉民《湖湘学派史论》（湖南大学出版社 2004 年）、王育济《论二程的"天理人欲之辨"》（《山东大学学报》1991 年第 2 期）对《乐记》与理学"天理人欲之辨"的关系作了探讨。

蔡方鹿《宋明理学心性论》（巴蜀书社 1997 年）、陈来《朱子哲学研究》（华东师范大学出版社 2008 年）、郑熊《宋儒〈中庸〉学研究》（陕西人民出版社 2010 年）等对《中庸》与程朱理学心性论的关系作了研究。

彭林《论朱熹的礼学观》（《宋代经学国际研讨会论文集》，"中研院"文哲所 2006 年）一文对朱熹的礼学思想和特点作了探讨，其所归纳的"朱熹以情说礼"、"以礼为理"、"强调礼的践履性"等，皆颇有见地。

蔡方鹿《中国经学与宋明理学研究》（人民出版社 2011 年）不少章节涉及宋儒的"三礼"诠释学。如该书对魏了翁"三礼"学与理学的关系所作之辨析，对于全面认识魏了翁的经学思想颇有意义。

综上所述，可知近代以来的学人对宋代"三礼"诠释的面貌以及其在中国经学史中的地位已有研究。这些研究既涉及整体面貌，也有专题和专人，对于进一步探讨宋代"三礼"诠释有着重要的参考价值。

不过，宋代"三礼"诠释研究也有不足，这主要表现在三个方面：

一是学人们对宋代"三礼"诠释不够重视。"三礼"之学在宋代学术中有着十分重要的地位，即使强调心性之学的理学家们对"三礼"学也有精深的造诣。然而当代学者倾向于研究宋代《易》学、《春秋》学等所谓的"显学"，而忽视宋代的"三礼"学。故宋代"三礼"诠释研究之论著寥寥，研究方法和范式也尚待进一步完善。

二是学人们于宋代"三礼"诠释研究的深度不够。部分学人已看到宋代"三礼"诠释之重要性，然而相关研究尚值得商榷。如一些学者对宋代"三礼"诠释文献多是面上之简单罗列，而乏深入之考证，没能利用史书、文集、笔记等从学术思想的角度作立体的研究。

三是学人们于"宋代"三礼诠释研究的内容不够全面。"三礼"学不是纯粹的学术问题，它还触及政治、社会、风俗、道德等多方面的问题，所以有必要梳理"三礼"学参与的宋代社会变迁、制度变革、移风易俗等。迄今为止，这样的论著还没有出现。

因此，不管是从哪个角度上来说，宋代"三礼"诠释研究都还处于起步阶段，值得认真研究。

## 五、本书的研究思路和方法

### （一）本书的研究思路

本书拟将文献史料学、学术史与思想史形成一个交互作用的立体阐释网络，目标是最大限度地呈现宋代"三礼"诠释的面貌和特点，并发挥经典诠释研究的学术及现实的启示价值。本书拟分为两大部分，第一部分是个案研究，主要是对宋代"三礼"诠释的名家名著展开具体研究。在该部分，又分为"北宋'三礼'诠释名家名著研究"、"南宋'三礼'诠释名家名著研究"。每章将择影响最大、最具有代表性的"三礼"诠释文献加以探讨。第二部分是专题研究，主要是对宋代"三礼"诠释中的各家共同面对的问题加以归纳和辨析。该部分又细分为五章，分别是"宋儒'三礼'诠释之体式"、"宋儒于'三礼'之辨疑"、"'三礼'诠释与宋儒理学思想体系之建构"、"宋儒'三礼'诠释与修身齐家"、"宋儒'三礼'诠释与治国理政"。

### （二）本书的研究方法

笔者从事宋代"三礼"诠释研究，拟采用以下的方法。

其一，采用历史学的研究方法。历史就是已经发生过的事件，历史学就是研究过去的事件而形成的一门学问。历史学在长期的发展过程中，逐渐形成了与文学、哲学等学科不同的研究风格和研究方法。一般来说，文学允许有想象和夸张，哲学重义理和思辨，而史学则强调求真，"有一分材料说一分话"，求真可谓史学之灵魂。历史研究者的任务，就是借助于文献记载，对历史事件、历史人物作最大限度的复原。虽然史学工作者也是在一定的理论支配下从事研究，然而他们有一个最基本的信念，那就是最大限度地追寻历史的真实。

从事宋代"三礼"诠释问题之研究，首要任务就是全面搜集宋人的论著，并作认真的爬梳，在此基础上对各家各派的研究状况进行归纳和总结。这个过程虽然受研究者主观意识的左右，但是研究者应尽量将立论建立在文献考察的基础上，唯有如此，才能较为客观地展现宋代"三礼"诠释之真实面貌。此外，史学研究者主张联系而非孤立地看问题，他们往往是将历史事件或历史人物放到广阔的时代背景下进行考察,从而更加全面地认识历史事件和历史人物的来龙去脉。笔者将在社会背景和学术背景下探讨宋代"三礼"诠释演变的特点及发展趋势,充分展示这些特点和趋势与整个社会文化发展的冲突与融合。

求真固然是历史学研究的基本任务,然而对于还原纯粹客观事实的追求也只是一种理想,因为研究者本身的知识结构、价值观念、生活阅历等必然会对研究带来影响。在笔者看来,宋代"三礼"诠释主要有以下三个层面的内容:首先是文本。宋儒于"三礼"诠释之文本的撰著、流传及版本,这是宋代"三礼"诠释研究最基本的问题。其次是"三礼"所记制度和名物。文本及其所记制度名物属于知识层面的问题,只要通过文献的考证,采用文字学、训诂学的方法,面貌便可得以呈现。再次是"三礼"所记职官制度、礼仪制度背后的意义之阐释,以及从哲学的高度对礼以及与礼相关的概念命题所作的发挥。礼意和哲学的建构属于意义的层面,如何结合宋代文化背景,通过对宋人"三礼"诠释作再诠释,从而较为准确地把握宋人的思想内涵和价值取向,这是需要特别加以考虑的。

其二,采用比较研究法。传统的史学方法往往把某种历史现象局限于一定的时间与空间范围内,这就容易切断历史现象之间的联系,难以从整体出发揭示历史现象之间的同异关系。而历史比较法可以将不为人所注意的历史联系与本质揭示出来,形成新的超越型的历史认识。日本学者深泽助雄在谈到历史比较方法的意义时说:"从经济方面的急剧发展,特别是贸易的普遍化来看,世界正在走向一元化。但同时,我们应该肯定各国都有自己传统的文化,而且不能一下子把它们结合起来,并应该避免单纯的一元化。我们应尊重各文化区域的特殊性,使他们顺着自己的道路而发展自己的文化。所以,一方面有世界走向一元这个事态,另一方面需要尊重各国文化的特殊性。那么,在此所必要的是使生活在不同的文化传统中的国民更好地、更深地理解彼此之间的类似性以及差异,这样看来,研究比较思想的意义就越来越大。"[①]

在全球化时代的今天,任何学术研究都必定要具有一种全球视野,都是一种比较研究。只知其一,实际上便是一无所知。因此当使用史学研究的一些方法,比较研究将是笔者在对宋代"三礼"学研究时所采用的重要方法之一。

---

① [日]深泽助雄:《日本学术界对思想史及比较思想史的研究概况》,《中国哲学史研究》1982年第3期。

在研究的过程中,笔者重视将不同时代的经学家的"三礼"解义加以比较。历代皆有不少人从事"三礼"之诠释,将宋代的"三礼"解义放到整个中国古代"三礼"诠释史上,通过诠释背景、诠释内容、解经风气之比较,从而可见宋人"三礼"诠释与其他时代异同之处。比如陈祥道的《礼书》对聂崇义《新定三礼图》有所继承,因此在从事陈祥道《礼书》研究时,可将陈、聂二人之书加以比较,以见陈氏对聂氏之承袭关系。又如对刘敞的《礼记》诠释进行考察时,可将其与汉唐时期经学家的解义进行比较,以见刘敞解义之"变古"特点;还可将刘敞与后世经学家的解义进行比较,以见其影响及在经学史上的价值。

其三,采用归纳法。归纳法是在实验基础上抽象和概括事物之间关系的一种科研方法,它是一种由个别到一般、从特殊到普遍、从经验事实到事物内在规律性的认识手段和模式。在西方,归纳法经历了提出和反省的历程,对归纳法的探讨本身就已经成为一门学问。而我们于此所说的归纳法,与西方科学主义的归纳法有着一定的相似性,其特点亦是由个别到一般、从特殊到普遍,从而总结出一些规律性的认识。

实际上,我们很多时候使用了归纳法,但是却"日用而不知"。在"三礼"研究方面,古今学者使用归纳法者不乏其人。清人凌廷堪于诸仪中求例,复以诸例求礼,撰《礼经释例》十三卷,此书独创《仪礼》研究体例,成为礼学研究史上的里程碑之作。今人杨天宇遍索"三礼"郑《注》取舍异文之字例,并一一加以考辨,在此基础上,对郑玄舍取异文之条例和所遵循之原则进行归纳,成《郑玄〈三礼注〉研究》一书。由此可见,古今学者以归纳法研究"三礼",行之有效,成就斐然。

从事宋代"三礼"诠释研究,归纳法尤其重要。如何在宋代众多的"三礼"诠释者以及他们的著作中找到规律,首先需要对他们的"三礼"文献作全面的考察,进而归纳他们治学的相同点。宋代的"三礼"诠释文字不仅存在于专著中,还存在于文集、奏疏甚至书信中,因此需要遍索各家"三礼"诠释文字,从而归纳出各家诠释之特点。其次,在此基础上,再从更大的层面归纳宋代"三礼"诠释之特点,以见宋代"三礼"诠释涉及的基本问题。

# 上篇 个案研究

# 第一章　北宋"三礼"诠释名家名著研究

从公元960年后周诸将发动陈桥兵变，拥立赵匡胤为帝，到公元1127年徽钦二帝及在开封的宗室三千余人被金兵掳走，北宋共出现9位皇帝，享国167年。北宋是中国历史上文化最繁荣的时代之一，其间的"三礼"诠释突破汉唐笺注传统，而出现新的研究格局。

## 第一节　北宋《周礼》诠释名家名著

### 一、李觏的《周礼》诠释

李觏（1009—1059），字泰伯，世称盱江先生，又称直讲先生。建昌军南城（今江西南城）人。庆历二年（1042）举茂才异等不中，退主郡学，以教授自资，学者常数百人。皇祐初，范仲淹荐为试太学助教。嘉祐三年（1058），除通州海门主簿、太学说书。嘉祐四年（1059），权管勾太学。是年八月卒，年五十一。李觏能文章，通经术，独不喜《孟子》。有文集三十三卷、后集六卷，传世本为三十七卷、外集三卷。事见陈次公《盱江先生墓志铭》、《宋史》卷四三二。

李觏特别重视礼学，罗伦在《建昌府重修李泰伯先生墓记》中云："先生……学通《五经》，尤长于《礼》。"[①] 近人陈钟凡亦云："李觏……乃以礼制为立国之大经。"[②] 李觏所撰《周礼致太平论》五十一篇（并序）以及《礼论》七篇（并序）皆是掷地有声之作。其礼学思想体系建构的主要依据是《礼记》，其康国济民思想则多受《周礼》之启发。

---

① （明）罗伦：《建昌府重修李泰伯先生墓记》，《李觏外集》卷三，中华书局2011年版，第517页。
② 陈钟凡：《两宋思想述评》，商务印书馆1933年版，第2页。

(一) 据《周礼》阐发致太平理想

庆历前后，北宋王朝内外交困。内部土地兼并日趋严重，吏治腐败，边境又有西夏和辽的侵扰。一些有识之士遂寻求社会变革，力图摆脱困境。李觏生活在这个时代，他饱读经书，积极建构自己的学术思想体系。他在著作中大谈富国策、强兵策、安民策以及王霸功利之论，对现实极为关注。李觏不是纯粹的书斋型学者，他为国计民生和范仲淹主持的新政奔走呼号，并在实际的政治活动中施展自己的远大抱负。李觏申明自己撰《周礼致太平论》五十篇并非为了解经，而是述天下之理、明为政之本、讲先王之制、通古今之义。《周礼致太平论》以《周礼》为纲，兼取《周礼》之外其他儒家经典的相关内容，从而阐发治国平天下思想。

《周礼》究竟出自何人之手，古今学人见仁见智。西汉刘歆认为其是"周公致太平之迹"[1]，东汉郑玄承刘歆之说，认为"周公居摄而作六典之职，谓之《周礼》"[2]。唐人贾公彦，宋人张载、王安石、曾巩、司马光、朱熹，清人惠士奇、江永、汪中、魏源、孙诒让等人皆持周公所作说。李觏继承传统观点，认为《周礼》出自周公，蕴含周公致太平之意。他交代撰《周礼致太平论》之缘由曰："昔刘子骏、郑康成皆以《周礼》为周公致太平之迹，而林硕谓末世之书，何休云六国阴谋。然郑义获伸，故《周官》遂行。觏窃观六典之文，其用心至悉，如天焉有象者在，如地焉有形者载。非古聪明睿智，谁能及此？其曰周公致太平者，信矣。鄙儒俗士，各滞所见，林之学不著，何说《公羊》诚不合礼，盗憎主人，夫何足怪？今之不识者，抑又哓哓，将使人君何所取法？是用摭其大略而述之。"[3] 李觏认为，《周礼》内容严谨，用心至悉，若非周公这样聪明睿智之人，绝不可能达到此等撰著水平。

在肯定《周礼》为圣人周公所作之后，李觏结合《周礼》的记载，从内治、国用、军卫、刑禁、官人、教道等多个方面阐发了他的致太平理想。笔者于此拟通过对《周礼致太平论》的"内治"、"国用"、"军卫"、"官人"等内容加以考察，以见李觏《周礼》诠释之特色。

先秦时期，关于男女关系和地位之论述并不少见，比如《易传》曰："有

---

[1] （清）阮元校刻：《十三经注疏（附校勘记）》，中华书局1980年版，第636页。
[2] （清）阮元校刻：《十三经注疏（附校勘记）》，中华书局1980年版，第639页。
[3] （宋）李觏：《周礼致太平论序》，《李觏集》卷五，中华书局2011年版，第70页。

天地然后有万物，有万物然后有男女，有男女然后有夫妇，有夫妇然后有父子，有父子然后有君臣，有君臣然后有上下，有上下然后礼义有所错。"《易传》从天道引出人事，认为天地之下最基本的关系是男女，男女关系最基本的是夫妇，由此而有父子、君臣、上下，最终才有了礼义。由此可见，《易传》是从宇宙或本体，引出自然属性的男女，以及拥有社会属性的夫妇，再到政治教化层面的礼义。《易传》还对夫妇与正天下的关系作了梳理，其曰："家人，女正位乎内，男正位乎外。男女正，天地之大义也。家人有严君焉，父母之谓也。父父子子、兄兄弟弟、夫夫妇妇，而家道正，正家而天下定矣。"《易传》认为，正家道是正天下的前提，而家道正的前提是女正位乎内、男正位乎外。

《易传》对男女关系认识的影响至为深远，如《礼记·昏义》曰："古者天子后立六宫、三夫人、九嫔、二十七世妇、八十一御妻，以听天下之内治，以明章妇顺，故天下内和而家理。天子立六官、三公、九卿、二十七大夫、八十一元士，以听天下之外治，以明章天下之男教，故外和而国治。故曰：天子听男教，后听女顺；天子理阳道，后治阴德；天子听外治，后听内职。教顺成俗，外内和顺，国家理治，此之谓盛德。"由此可见，"内治"是相对于"外治"而言的。《昏义》认为，天子的后妃立六宫、三夫人、九嫔、二十七世妇、八十一御妻，以治理宫内及天下的家务事，以彰显妇女柔顺的品德，并以此为天下家庭的榜样；而天子所立六官治理宫廷之外的国家政事，使宫廷之外的人能和睦相处。《昏义》还认为，天子治理男子的政教，后妃治理女子的教育，天子崇尚阳刚之道，后妃崇尚阴柔之德。若教育顺畅并成为习俗，宫廷内外和谐，国家得到治理，这就是盛大的德行。

《易传》到《礼记》的论述，可以归纳为《大学》的"家齐而后国治"。这种中国古人一贯的社会理想思维，在李觏的《周礼致太平论》中得到了集中的体现。该书第一部分的《内治》七篇，对宫廷伦理、后妃应恪守的礼义之道以及婚姻的意义等皆有系统的阐释。

李觏对加强内治的原因作了说明。

首先，重视内治，与"妇人之性"有关。李觏说："男女之际，人道所重，前哲固备言矣。然而贤妃相成之道不世出，乱国家者，往往而是。盖妇人之性，鲜克正也。阴则昧，柔则弱，昧不足自见，弱不足自立，与物而迁，直情忘反，其体一也。"① 李觏认为妇人之本性"阴"、"柔"、"昧"、"弱"，以至于"不足自见"、"不足自立"，甚至"与物而迁，直情忘反"。李觏还以《史记》为据以明之。据《史记·五帝本纪》记载，舜让娥皇、女英降下尊贵之心住到妫河边的家中，以守为妇之道。在李觏看来，娥皇、女英为圣人之女，然"尚曰舜能以义理下其心，是无圣人为之耦，则不克使其行妇道也"②，意即二女若不以舜为偶，就不一定能恪守妇道。

其次，重视内治，是从历史和现实妇人败家乱政中获得的教训。在李觏看来，现实中的家庭，"犹以妇倾，或靡敝财用，或离析骨肉，速刑召祸，至无可救者多矣"③。至于后妃，则是"同体于王"，嫔御"亦所爱幸"，因此后妃、嫔御之举动影响颇大，"足以旋转天地，薄蚀日月，其为祸福，可胜言哉"；无内治之后妃、嫔御，"贵则为骄，富则为侈，并宠则妒，不答则怨，憎则有谗言，爱则有私谒，府库或为之空，刑赏或为之滥，奸邪或为之昌，忠良或为之剥，宗室或为之弃，冢嗣或为之易，帷簿或为之不修，社稷或为之不食"④。李觏还以夏朝末年的妹喜、商朝末年的妲己为例，以明内治不修，可致亡国之严重后果。

再次，重视内治乃圣人之意。如《周礼》天官有"六宫"、"六官"，"六宫内也，如家人，家人私也"⑤，"六官外也，乃国事，国事公也"⑥。然而使嫔妇属天官，则是无外内、国家、公私之辨。李觏曰："圣人之意，于是深矣！彼妇人女子，而当于至尊，幽居九重，人弗得见，则骄蹇自恣，无所不至也。是故使之分职于内，而附属于外。有职则当奉其法，有属则必考其功。奉法则不敢不谨，考功则不敢不慎。举宫中之人而知所劝勉者，官有其长之效也。而况内宰亦用大夫、士。《春官》'世妇，每宫卿二人'，盖皆分命贤臣，以参检内事，与夫婢妾贱人自相使令而无畏忌者，不同年而语矣。天子所御，而服官政，从官长，是天子无私人。天子无私人，则群臣焉得不公？庶事焉得不平？'无偏

---

① （宋）李觏：《周礼致太平论·内治第一》，《李觏集》卷五，中华书局 2011 年版，第 71 页。
② （宋）李觏：《周礼致太平论·内治第一》，《李觏集》卷五，中华书局 2011 年版，第 71 页。
③ （宋）李觏：《周礼致太平论·内治第一》，《李觏集》卷五，中华书局 2011 年版，第 71 页。
④ （宋）李觏：《周礼致太平论·内治第一》，《李觏集》卷五，中华书局 2011 年版，第 71 页。
⑤ （宋）李觏：《周礼致太平论·内治第二》，《李觏集》卷五，中华书局 2011 年版，第 72 页。
⑥ （宋）李觏：《周礼致太平论·内治第二》，《李觏集》卷五，中华书局 2011 年版，第 72 页。

无党，王道荡荡'，此之谓也。"① 李觏认为，九嫔、世妇、女御、女祝、女史本是六宫之内者，如君之家人，有家人之私，然其又隶属于天官冢宰，乃国家政权机关之人，圣人如此安排，使九嫔等分职于内，又附属于外，既可使之无骄蹇自恣之心，又可避免奉法不谨、考功不慎之弊。此外，使君之所御服官政、从官长，表明天子不以九嫔、世妇、女御、女祝、女史为私相依附之人，天子不以私心待人，群臣就会效法君之公心，从政就会公平公正。李觏通过分析《周礼·天官》职官之设置，认为圣人之意在于劝勉九嫔等女官谦虚谨慎，以及国君当以公心待天下。

李觏对内治的具体措施作了说明。

后宫教育之具体措施，首要的是学礼知礼。如《周礼·天官·内宰》曰"以阴礼教六宫"，又曰"以妇职之法教九御，使各有属，以作二事，正其服，禁其奇邪，展其功绪"，李觏曰："九嫔掌妇学之法，以教九御妇德、妇言、妇容、妇功。后，尊也，不得不受教。女御，卑也，而教亦及之。在王宫者，不可不知礼也。如使后、夫人、九嫔、世妇、女御皆受教，皆知礼，德皆正，言皆顺，无冶容，无废功，无侈服，无邪道，则闺门之内，何有不肃？溥天之下，何有不化？"② 李觏认为，后、夫人、九嫔、世妇、女御若皆受教礼仪规范，则可知礼，进而德正言顺，可避免后宫的诸多不良现象。

此外，后宫妇人之贤者非一朝一日可成，古之贤妇培养之道可资借鉴。李觏曰："自古妇人之贤者，盖不易得。故其生，则寝之地以教其卑，衣之裼以教其正，弄之瓦以教其事。既十年姆教，婉娩听从。执麻枲，治丝茧，织纴组纫，学女事以共衣服。观于祭祀，纳酒浆、笾豆、菹醢，礼相助奠。十有五年而笄，二十而嫁，先嫁三月，祖庙未毁，教于公宫；祖庙既毁，教于宗室。教以妇德、妇言、妇容、妇功，教成之。祭，牲用鱼，芼用苹藻，所以成妇顺也。如此而后，备于从人之道。"③ 李觏于此所言妇人贤者养成之道，皆出自典籍。如其言"十有五年而笄"，出自《礼记·内则》；其言"先嫁三月，祖庙未毁，教于公宫；祖庙既毁，教于宗室。教以妇德、妇言、妇容、妇功"等，出自《礼记·昏义》。

---

① （宋）李觏：《周礼致太平论·内治第一》，《李觏集》卷五，中华书局2011年版，第72页。
② （宋）李觏：《周礼致太平论·内治第一》，《李觏集》卷五，中华书局2011年版，第72页。
③ （宋）李觏：《周礼致太平论·内治第三》，《李觏集》卷五，中华书局2011年版，第73页。

李觏还对后宫伦理加以引申，认为其与民间伦理密切相关。如《周礼·天官·内宰》"中春，诏后帅外内命妇，始蚕于北郊，以为祭服"，又"上春，诏王后帅六宫之人，而生穜稑之种，献之于王"，李觏曰："夫普天王土，率土王臣。蚕者非一女也，将以为王服，有不足乎？而后且亲蚕其夫，以事先舅先姑，敢不用力焉？不可以为妇道也。耕者非一男也，将以为祭盛，有不足乎？而后且佐耕其夫，以事先舅先姑，敢不用力焉？不可以为妇道也。王后之尊而亲蚕，天下之女子有不遵微行求柔桑者乎？王后之尊而佐耕，天下之女子有不馌南亩喜田畯者乎？王后之尊而为妇道，天下之女子有不承先祖共祭祀者乎？明王之以孝治天下，此其一助也。"① 李觏又曰："夫礼禁乱之所由生，犹坊止水之所自来也。故以内女外女谓之内宗外宗，列为礼官之属，其职礼，则视必在礼，听必在礼，言必在礼，貌必在礼，思必在礼。视、听、言、貌、思，无不在礼，则其人之智愚、贤不肖何如也？祭祀宾客，非有切身之急，而不敢不以礼，则己之所以为妇者，敢有不恭乎？观后之事宗庙，则知所以顺其舅姑；观后之飨同姓诸侯，则知所以和其室人；观后之亚王祼献，则知所以从其夫。顺于舅姑，和于室人，而当于夫，是故妇顺备而内和理，内和理而家可长久也。"② 在李觏看来，王后的德行会影响天下女子之德行；王后的身份，既是天子之妻，又是天下女子之表率，此即"母仪天下"之义。

此外，李觏认为后宫伦理与国家的存亡密切相关。如《诗》"蜎蜎在东，莫之敢指"，李觏认为是"邪色之乘阳也"③；《曲礼》"纳女于天子曰备百姓"，李觏认为是"以广子姓耳"④。因此，后宫妇人要有德，若"无德以色亲，则天有投蜺之异"。李觏曰："先王之制，百二十人，犹以无人而阙之，至难、至慎若此。武帝平吴之后，掖庭殆将万人，复何义也？人多则御幸不可遍，怨恨由是兴，费广则财物不足支，民甿所以困，国家之败，何莫由斯者邪！"⑤ 先王对待后宫极为谨慎，后宫人不在多，关键在于有德，人多而御幸不可遍，则怨恨生，人多还要耗费大量钱财，这是国家败亡的根源。

---

① （宋）李觏：《周礼致太平论·内治第五》，《李觏集》卷五，中华书局2011年版，第75页。
② （宋）李觏：《周礼致太平论·内治第六》，《李觏集》卷五，中华书局2011年版，第76—77页。
③ （宋）李觏：《周礼致太平论·国用第十四》，《李觏集》卷六，中华书局2011年版，第93页。
④ （宋）李觏：《周礼致太平论·内治第三》，《李觏集》卷五，中华书局2011年版，第73页。
⑤ （宋）李觏：《周礼致太平论·内治第三》，《李觏集》卷五，中华书局2011年版，第74页。

李觏言"内治",并将"内治"放在《周礼致太平论》的第一部分,绝非偶然。李觏认为,"天下之理,由家道正"①,此继承了《易传》、《礼记》对国家兴亡与家庭伦理关系之观点。李觏认为,国是由家组成,家是国的基础。家庭之中,夫妇关系是最基本的关系,因此夫妇关系当需合符"道";而处于一个政权最上层的男女关系即天子与后宫的关系是比较特殊的,后宫妇女不仅与天子的关系至为重要,而且对于天下妇女有着表率和引领作用。然而在宋代以前,后宫乱政的现象并不鲜见,远的如夏之妹喜、商之妲己,近的如唐玄宗宠爱杨玉环,身居禁中,专以声色自娱,唐朝从此由盛转衰。这些活生生的事例,让李觏认识到:若后宫妇女无德,则宫廷之家道不正,天下之理何来?天下太平何从谈起?

在李觏《周礼致太平论》中,有"国用"十六篇。所谓"国用",指国家的收入以及获得收入的途径。用今天的术语,就是理财。在该部分,李觏所论及的有土地制度、农业、手工业、器用、赋税、财贿、燕私之物、水旱灾之防御、任民、钩考等各个方面。李觏积极利用《周礼》、《礼记》等经典,阐发他对理财的看法。

如关于赋税,李觏认为其关系国之兴衰:"一谷之税,一钱之赋,给公上者,各有定制。苟不量入以为出,节用而爱人,则哀公云'二犹不足',《公羊》谓'大桀小桀,诛求无已',怨刺并兴,乱世之政也。"②

《周礼·天官·大府》记载大府所掌之赋,分别是关市之赋、邦中之赋、四郊之赋、家削之赋、邦甸之赋、邦县之赋、邦都之赋、山泽之赋、币余之赋。李觏对大府所掌之赋作了阐释,曰:"王日一举,其膳六牲,祀兵朝觐,其服有九。故'关市之赋,以待王之膳服'。诸侯来朝,卿大夫来聘,致之则有积殗饔,接之则有飨食燕。故'邦中之赋,以待宾客'。……股肱或亏,君之所痛,赗襚含赙,阙一不可。故'山泽之赋,以待丧纪'。王及冢宰,时有所善,燕好之用,亦以推恩。故'币余之赋,以待赐予'。"③在辨析赋之种类后,李觏对赋分类之意义作了阐释,他说:"凡其一赋之出,则给一事之费。费之多少,一以式法。如是而国安财阜,非偶然也。"④李觏认为,每一种赋,

---

① (宋)李觏:《周礼致太平论·序》,《李觏集》卷五,中华书局 2011 年版,第 70 页。
② (宋)李觏:《周礼致太平论·国用第一》,《李觏集》卷六,中华书局 2011 年版,第 79 页。
③ (宋)李觏:《周礼致太平论·国用第一》,《李觏集》卷六,中华书局 2011 年版,第 79 页。
④ (宋)李觏:《周礼致太平论·国用第一》,《李觏集》卷六,中华书局 2011 年版,第 80 页。

都是为了满足一事之花费,花费的多少皆有一定的标准,如此才会国泰民安。

关于商业政策,《周礼·地官·泉府》:"泉府,掌以市之征布,敛市之不售货之滞于民用者,以其贾买之,物楬而书之,以待不时而买者。"据《周礼》,可知泉府之职掌是收购市场上滞销的商品以待需要时再出售,并管理财务借贷及利息。泉府之作为,可起到调控市场物价的作用。李觏曰:"《系辞》曰'理财正辞,禁民为非曰义'是也。君不理,则权在商贾。商贾操市井之权,断民物之命。缓急,人之所时有也,虽贱不得不卖,裁其价大半可矣。虽贵不得不买,倍其本什百可矣。如此,蚩蚩之氓,何以能育?是故不售之货则敛之,不时而买则与之,物楬而书,使知其价,而况赊物以备礼,贷本以治生,皆所以纾贫窭而钳并兼,养民之政不亦善乎?"[1]李觏受《周礼》泉府职掌之启发,认为君主当控制市场物价,即在货物销售不畅时购买之,货物急需时抛售之,从而满足百姓的不时之需,并将物价稳定在一定范围,防止奸商操控物价,掠夺民财。

《周礼·天官·大宰》还对人之任职作了说明,论及的有三农、园圃、虞衡、薮牧、百工、商贾、嫔妇、臣妾、闲民等。李觏阐释"任民"之内容曰:"天之生民,未有无能者也,能其事,而后可以食,无事而食,是众之殃、政之害也。是故圣人制天下之民,各从其能,以服于事,取有利于国家,然后可也。太宰授之职,闾师责其功,故曰任农以耕事,贡九谷;任圃以树事,贡草木;任工以饬材事,贡器物;任商以市事,贡货贿;任牧以畜事,贡鸟兽;任嫔以女事,贡布帛;任衡以山事,贡其物;任虞以泽事,贡其物。凡无职者,出夫布也。人各有事,事各有功,以兴材征,以济经用。无惰而自安,无贼于粮食,是富民之大本,为国之上务。虽关百圣,何以易此?"[2]李觏据《周礼》所记九职,认为统治者应该使人各司其职、各尽其能,此乃富民之大本、为国之上务。

土地政策亦属于"国用"的范畴。北宋中期,土地兼并日趋严重,贫者愈贫,富者愈富。李觏曰:"今者天下虽安矣,生人虽庶矣,而务本之法尚或宽弛,何者?贫民无立锥之地,而富者田连阡陌。"[3]鉴于北宋土地集中之现

---

[1] (宋)李觏:《周礼致太平论·国用第十一》,《李觏集》卷八,中华书局2011年版,第90—91页。

[2] (宋)李觏:《周礼致太平论·国用第三》,《李觏集》卷六,中华书局2011年版,第81页。

[3] (宋)李觏:《富国策第二》,《李觏集》卷十六,中华书局2011年版,第141页。

状,李觏反对古代开阡陌之制,他说:"自阡陌之制行,兼并之祸起,贫者欲耕而或无地,富者有地而或乏人,野夫有作惰游,况邑居乎?沃壤犹为芜秽,况瘠土乎?饥馑所以不支,贡赋所以日削。孟子曰'仁政必自经界始',师丹言'宜略为限',不可不察也。"① 针对社会现实,李觏提出解决方案曰:"言井田之善者,皆以均则无贫,各自足也。此知其一,未知其二。必也人无遗力,地无遗利,一手一足无不耕,一步一亩无不稼,谷出多而民用富,民用富而邦财丰者乎?大司徒'凡造都鄙,制其地域而封沟之,以其室数制之。不易之地,家百亩。一易之地,家二百亩。再易之地,家三百亩。'不易之地,岁种之,地美,故家百亩。一易之地,休一岁乃复种,地薄,故家二百亩。再易之地,休二岁乃复种,故家三百亩。遂人'辨其野之土:上地、中地、下地,以颁田里。上地,夫一廛,田百亩,莱五十亩,余夫亦如之。中地,夫一廛,田百亩,莱百亩,余夫亦如之。下地,夫一廛,田百亩,莱二百亩,余夫亦如之'。莱,谓休不耕者。户计一夫一妇而赋之田,其一户有数口者,余夫亦受此田也。载师'以宅田、士田、贾田任近郊之地;以官田、牛田、赏田、牧田任远郊之地'。宅田,致仕者之家所受田也。士田,仕者亦受田。贾田,在市贾人其家所受田也。官田,庶人在官者其家所受田也。牛田、牧田,畜牧者之家所受田也。若余夫、致仕者、仕者、贾人、庶人在官者、畜牧者之家,皆受田,则是人无不耕。无不耕,则力岂有遗哉?一易再易,莱皆颁之,则是地无不稼。无不稼,则利岂有遗哉?"② 李觏据《周礼》,认为土地分配有宅田、士田、贾田、官田、牛田、赏田、牧田,其他如余夫、致仕者、仕者、贾人、庶人在官者、畜牧者之家亦皆受田,如此则可实现人人有其田。

李觏还以《周礼》为据,对灾恤做了说明。如《司救》"凡岁时有天患民病,则以节巡国中及郊野,而以王命施惠",李觏曰:"由是观之,非直凶荒而后施与也,疾疫亦有之矣。夫四时之厉,或连月不愈,或阖门不起,丁壮卧于床蓐,则老稚无能为。饮食所不给,医药所不济,以至于死者,岂天命乎?人主所宜动心矣!"③ 李觏据《司救》,主张对遭疾疫之人给予救济。又如《贾师》"凡天患,禁贵價者,使有常价",《司关》"国凶札,则无关门之征,犹几",

---

① (宋)李觏:《周礼致太平论·国用第四》,《李觏集》卷六,中华书局2011年版,第82—83页。

② (宋)李觏:《周礼致太平论·国用第四》,《李觏集》卷六,中华书局2011年版,第82页。

③ (宋)李觏:《周礼致太平论·国用第十四》,《李觏集》卷六,中华书局2011年版,第93页。

李觏曰:"由是观之,凶年非直除减田租,彼货贿之征皆舍之,疾疫亦然。夫阻饥之人,营求衣食,固无所不至,又将笼其货贿,则何以措手足乎?况于疾疫之世,安得助天为虐耶?人主所宜动心矣。"①李觏据《贾师》《司关》认为,救济百姓不仅仅是减免田租,货贿征收亦应舍之。又如《掌客》"凡礼宾客,国新杀礼,凶荒杀礼,札丧杀礼,祸灾杀礼,在野在外杀礼",李觏曰:"由是观之,非直以岁之下则杀邦用,若新建国及札丧、祸灾、在野在外,皆杀礼也。礼许俭不非无,安得重困于无聊之民,求备乎笾豆之事也?人主所宜动心矣。"②李觏据《掌客》,认为新建国及札丧、祸灾、在野在外,皆应降低礼之规格。

在李觏《周礼致太平论》中,有《军卫》四篇。所谓"军卫",是指应付可能发生的战争或军事冲突而在平时进行的准备和戒备。北宋时期,内忧外患日甚一日,面对辽国和西夏的进犯,北宋军队疲于应付,处处被动挨打。鉴于外患的严峻形势,一些思想家如范仲淹、张载、李觏等人积极研究军事和兵法,试图振兴北宋之军事。李觏撰有《强兵策》十篇,在《周礼致太平论》中亦有《军卫》四篇。在这些篇目中,可以看到李觏的军事和强兵思想。如《周礼·地官·小司徒》有伍、两、卒、旅、师、军之记载,《夏官序》有王、大国、次国、小国之军的记载,李觏以之为据,对军队之编制作了说明。他说:"凡民在乡则五家为比,家出一人,故在军五人为伍,比长因为伍长。五比为闾,故五伍为两,闾胥因为两司马。四闾为族,故四两为卒,族师因为卒长。五族为党,故五卒为旅,党正因为旅帅。五党为州,故五旅为师,州长因为师帅。五州为乡,故五师为军,乡大夫因为军将。"③受《周礼》的启发,李觏构建了一个从家庭到军队的建制。此外,他还对兵源作了说明,曰:"士不特选,皆吾民也;将不改置,皆吾吏也。有事则驱之于行阵,事已则归之于田里。无招收之烦而数不阙,无禀给之费而食自饱。故曰:'先王足兵而未尝有兵'也。垒壁以聚之,仓库以生之,群眠类坐而不使补死填亡之不暇。故曰:'后世有兵而未尝足兵'也。"④李氏认为,平日不必征兵和选拔将领,士兵和将领都在

---

① (宋)李觏:《周礼致太平论·国用第十四》,《李觏集》卷六,中华书局2011年版,第93页。
② (宋)李觏:《周礼致太平论·国用第十四》,《李觏集》卷六,中华书局2011年版,第93页。
③ (宋)李觏:《周礼致太平论·军卫第一》,《李觏集》卷九,中华书局2011年版,第96—97页。
④ (宋)李觏:《周礼致太平论·军卫第一》,《李觏集》卷九,中华书局2011年版,第96—97页。

民间，战时出征，平时归于乡里。这样，兵源既有保障，又避免了征兵之烦；既让士兵有了给养，又没有军费之开支。

在李觏《周礼致太平论》中，有"官人"八篇。所谓"官人"，指选拔官吏的制度。北宋中期，由于选官制度的缺陷，造成大量的冗官冗吏，这些人拥有高官厚禄，却大多是腐败无能之辈。针对北宋官僚制度之弊端，李觏提出了以实际才能为标准的选官用人之道。李觏十分重视官员之选拔，他说："为人上者，孰不欲进贤？而贤或不进。孰不欲退不肖？而不肖或不退。岂知而纵之邪？人未易知也。知人则哲，帝尧犹以为难。彼色厉内荏，言行不相顾者，滔滔皆是也。非久与居，胡能睹其真伪耶？久与居者，非邻里乡党而谁邪？"①李氏认为，作为统治者，谁都想进贤退不肖，然而事实上却是贤或不进、不肖或不退。究其症结，是统治者选官时未能知人。鉴于此，李觏据《周礼》对选官任人之办法作了说明。《周礼·闾胥》"凡春秋之祭祀、役政、丧纪之数，聚众庶，既比，则读法，书其敬敏任恤者"，《族师》"月吉，则属民而读邦法，书其孝弟睦姻有学者。春秋祭酺亦如之"，《党正》"正岁属民读法，而书其德行道艺"，《州长》"正月之吉，各属其州之民而读法。以考其德行道艺而劝之，以纠其过恶而戒之。若以岁时祭祀州社，则属其民而读法，亦如之"，《乡大夫》"三年则大比，考其德行道艺而兴贤者能者。乡老及乡大夫帅其吏与其众寡，以礼礼宾之。厥明，乡老及乡大夫群吏献贤能之书于王。王再拜受之，登于天府，内史贰之。退而以乡射之礼五物询众庶：一曰和，二曰容，三曰主皮，四曰和容，五曰兴舞"。李觏据此，曰："闾胥，二十五家之吏，凡因会聚则书其人材。族师，每月朔书，春秋祭酺又书。党正，夏正之月书。州长，正月之朔考，春秋社又考。是一岁之中凡几书、凡几考。至于三岁，乡大夫乃考而兴之，献其书于王，退而又询众庶，宁复有贤能者乎？其详如此，其慎如此，而官谤不戢，治道不登，未之有也。"②李觏认为，《周礼》中的闾胥、族师、党正、州长之职掌，均有辨人之贤与不肖、才与不才、真诚与虚伪之内容，由此可见，古人对于官员选拔重视程度之高。

又如《周礼·大宰》"岁终，则令百官府各正其治，受其会，听其致事，

---

① （宋）李觏：《周礼致太平论·官人第一》，《李觏集》卷十一，中华书局2011年版，第108页。
② （宋）李觏：《周礼致太平论·官人第一》，《李觏集》卷十一，中华书局2011年版，第108—109页。

而诏王废置。三岁，则大计群吏之治而诛赏之"，《宰夫》"岁终，则令群吏正岁会；月终，则令正月要；旬终，则令正日成，以考其治。治不以时举者，以告而诛之"，《司会》"以参互考日成，以月要考月成，而以岁会考岁成，以周知四国之治，以诏王及冢宰废置"。李觏据此，曰："噫！先王所以课吏考功如是其密也。日入其成，是无一日而可敖荡；岁终废置，是无一岁而不劝惩。三年有成，则申之以诛赏。有功者骤获其利，无功者卒伏其辜。虽能言之类，亦知劝勉愧耻矣；况智者乎？《舜典》'三载考绩，三考黜陟幽明'，彼三岁而一考，九岁而后黜陟，盖帝道宽简，抑时世之然，未若周公之典垂后昆之甚也。"① 李觏认为，《周礼》所记先王课吏考功非常细密，功过清楚，奖惩分明。

（二）李觏《周礼》诠释的特色

李觏《周礼》诠释的特色可以从以下两个方面来看：

第一，李觏的《周礼》诠释不同于汉儒。

汉唐时期的经学家重视《周礼》文本的考订，他们多在文字训诂和名物制度之考证方面下工夫。李觏不废汉人之注，然其解经的方式却与汉儒有很大的差异。如《周礼·天官·内宰》："内宰……以阴礼教六宫，以阴礼教九嫔，以妇职之法教九御。"郑众曰："阴礼，妇人之礼。"② 郑玄曰："玄谓，六宫谓后也。妇人称寝曰宫，宫，隐蔽之言。后象王，立六宫而居之，亦正寝一，燕寝五。教者，不敢斥言之，谓之六宫，若今称皇后为中宫矣。"③ 郑玄又曰："教以妇人之礼。不言教夫人、世妇者，举中，省文。"④ 李觏曰："内宰'以阴礼教六宫'，阴礼，妇人之礼。六宫，谓后也。又以阴礼教九嫔，不言教夫人、世妇，举中以见，上下省文也。又'以妇职之法教九御，使各有属，以作二事，正其服，禁其奇邪，展其功绪'。九嫔掌妇学之法，以教九御妇德、妇言、妇容、妇功。后，尊也，不得不受教。女御，卑也，而教亦及之。在王宫者，不可不知礼也。如使后、夫人、九嫔、世妇、女御皆受教，皆知礼，德皆正，言皆顺，无冶容，无废功，无侈服，无邪道，则闺门之内，何有不肃？溥天之下，何有不化？《关雎》之不淫，《葛覃》之躬俭，《樛木》之无嫉妒，《螽斯》之多子孙，《卷耳》之辅佐求贤，《兔罝》之莫不好德，于斯见矣！王道安得不

---

① （宋）李觏：《周礼致太平论·官人第二》，《李觏集》卷十一，中华书局2011年版，第110页。
② （清）阮元校刻：《十三经注疏（附校勘记）》，中华书局1980年版，第684页。
③ （清）阮元校刻：《十三经注疏（附校勘记）》，中华书局1980年版，第684页。
④ （清）阮元校刻：《十三经注疏（附校勘记）》，中华书局1980年版，第684页。

成乎？"① 通过比较，可知李觏于此暗引郑众、郑玄之说以释"阴礼"、"六宫"，又引郑玄之说以明经文不言教夫人、世妇之原因。由此可知，李觏不排斥汉唐学人之解义，然其不事训诂，仅直接或间接对汉人解义加以引用。此外，李觏着眼于《周礼》思想之发掘，而非文字训诂和名物制度考证。

第二，李觏的《周礼》诠释是在崇古尊圣中以求经世致用。

崇古尊圣是北宋中期的普遍学风，范仲淹、司马光、王安石等人都津津乐道地称述"先王"。如司马光云："余学先王之道，勤且久矣。"② 范仲淹云："臣观《周礼》有医师，掌医之政令，岁终考其医事，以振其禄，是先王以医事为大，著于典册。"③ 王安石更是言必称先王，宋仁宗嘉祐三年（1058），王安石在《上仁宗皇帝言事书》中提到"先王"一词多达四十余次。

李觏是出色的政论家、思想家，其著作的内容主要是解决社会弊病，故有"儒学功利派的先驱"④ 之称谓。李觏对《周礼》的诠释，贯穿着他的崇古尊圣、经世致用思想。比如他说："管仲通轻重而桓公以霸，李悝平籴而魏国富强。耿寿昌筑'常平'而民便之，师古之效也。"⑤ 李觏认为，管仲、李悝、耿寿昌变法能有成效，在于效法古人。据笔者统计，李觏的《旴江集》使用"先王"一词多达七十三次。"先王"指的是传说时代政治开明、道德高尚的君王，以及夏商周三代的开国之君。在李觏的思想中，"先王"是以经典为依托的理想性政治标志和道德标志。李觏的这种崇古思想，使他剖析和解决现实社会问题时，总是喜欢将目光转向过去，在古圣先贤的话语中寻找思想资源。

李觏不是纯粹书斋型的学者，其尊圣崇古之目的是经世致用。对于《周礼》，李觏不像汉唐学人那样作注疏，他对于《周礼》的研究，旨在从《周礼》中获得灵感和启示。北宋中期，各种社会矛盾都很尖锐，内忧外患日甚一日，如何化解社会矛盾，解决边患，是很多知识分子都在思考的问题。李觏对现实社会问题有着深刻的洞察力，他在《周礼致太平论》中涉及的有内治、国用、

---

① （宋）李觏：《周礼致太平论·内治第一》，《李觏集》卷五，中华书局2011年版，第71—72页。
② （宋）司马光著，李文泽整理：《辨庸》，《司马光集》卷七十四，四川大学出版社2010年版，第1503—1504页。
③ （宋）范仲淹：《上仁宗乞选医师教授生徒》，赵汝愚编：《宋名臣奏议》卷八十四，文渊阁《四库全书》第432册，第56页。
④ 参见王国轩：《李觏集前言》，《李觏集》卷首，中华书局2011年版，"前言"第2页。
⑤ （宋）李觏：《周礼致太平论·国用第十一》，《李觏集》卷六，中华书局2011年版，第90页。

军卫、刑禁、官人、教道等,这些皆关乎北宋社会之安危。在寻找解决危机的途径时,李觏将他的注意力转向了儒家经典,并且选择相信周公作《周礼》之说。借助于有着丰富的政治、经济、军事、教育制度记载的《周礼》,他较为系统地提出了解决社会问题的方案。

李觏于内治、国用、军卫等各个方面的论述,在《周礼》中皆可找到类似记载。不过他不是照搬《周礼》,而是将《周礼》各个职官之职掌加以归纳,比如玉府、内府等职官之职掌,在论及器用、货贿时皆引之。又如大宰、宰夫、司会、冢宰等职官之职掌,涉及官人时皆引之。李觏甚至还引用《尚书》、《诗经》、《礼记》、《孟子》之记载,从而论证自己的观点。由此可见,李觏的《周礼致太平论》并非《周礼》文献研究之专著,其主要是借用《周礼》,辅之以其他儒家经典,从而阐发自己的社会理想。《周礼致太平论》并非解经之作,而是政论之书。

(三) 李觏《周礼》诠释的影响

在宋代学术思想史上,李觏占有重要的地位。清人陆瑶林评价李觏云:"道德文章卓绝一世,且多所著作,学者皆斗山仰之,盖屹然为宋代儒宗。"[①]近人胡适云:"李觏是北宋的一个大思想家。他的大胆,他的见识,他的条理,在北宋的学者之中,几乎没有一个对手。"[②] 又云:"他是江西学派的一个极重要的代表,是王安石的先导,是两宋哲学的一个开山大师。"[③] 今人王国轩认为李觏"是北宋中期革新运动中一位有见识的思想家。他的思想对当时东南士人有着不小的影响"[④]。今天的学者普遍认为李觏的学说在当时具有代表性,对张载、王安石、叶适等人都有影响。李觏对王安石、张载、叶适最直接的影响,就是《周礼》之诠释。

王安石坦言自己受到李觏思想之影响,他说:"安石愚不量力,而唯古人之学,求友于天下久矣。闻世之文章者,辄求而不置,盖取友不敢须臾忽也。其意岂止于文章耶?读其文章,庶几得其志之所存。其文是也,则又欲求其质,是则固将取以为友焉。故闻足下之名,亦欲得足下之文章以观。不图不遗而惠赐之,又语以见存之意。幸甚,幸甚。书称欧阳永叔、尹师鲁、蔡君谟诸

---

① (清)陆瑶林:《李泰伯先生文集序》,《李觏集》附录三,中华书局2011年版,第551页。
② 胡适:《记李觏的学说》,《胡适文集》卷三,北京大学出版社1998年版,第25页。
③ 胡适:《记李觏的学说》,《胡适文集》卷三,北京大学出版社1998年版,第25页。
④ 王国轩:《李觏集前言》,《李觏集》卷首,中华书局2011年版,"前言"第13页。

君以见比。此数公今之所谓贤者,不可以某比。足下又以江南士大夫为无能文者,而李泰伯、曾子固豪士,某与纳焉。江南士大夫良多,度足下不遍识。安知无有道与艺,闭匿不自见于世者乎?特以二君概之,亦不可也。况如某者,岂足道哉?"① 李觏的学生邓润甫等人直接参与了王安石变法。《宋史》载:"觏尝著《周礼致太平论》、《平土书》、《礼论》。门人邓润甫,熙宁中,上其《退居类稿》、《皇祐续稿》并《后集》,请官其子参鲁,诏以为郊社斋郎。"② 邓润甫等人将李觏的著作进献朝廷,并参与王安石的变法,使王安石对李觏的思想有了清楚的认识。

王安石对《周礼》可谓高度重视。其主持编撰的《三经新义》,只有《周官新义》是其亲手所作。通过将王安石的《周官新义》与李觏的《周礼致太平论》相比较,可知二者有着很大的相似性。

首先,二者《周礼》诠释的方法和风格如出一辙。李觏不事《周礼》文字训诂、制度考证,其主要是从大体着眼,通过征引《周礼》职官职掌之记载,从而提出解决现实社会政治、经济、军事、文化、教育问题的对策。王安石的《周官新义》虽然有文字训诂,然其并非该书的核心内容。从今天可见《周官新义》的佚字,可知该书主要是据《周礼》阐发政治思想和经济理论。因此,与汉儒所热衷的文字训诂、名物制度考证有着很大的不同,李觏和王安石对于《周礼》更多的是在议论中加以征引而非考证,这种经典诠释风格,使其能更加灵活地论政议政。

其次,二者《周礼》诠释之内容有很大的相似性。李觏和王安石皆认为《周礼》为周公所作,并赋予了《周礼》神圣性。在此前提之下,二者皆以《周礼》为制度资源和思想资源,提出解决土地兼并、文化教育、军事防御、官吏选拔问题的对策。比如针对北宋土地集中的问题,李觏和王安石都主张采纳《周礼》所记的均田制、赋税制,认为此可以缓解地主和商人对百姓的盘剥。此外,二人受《周礼》的启发,在选官用人等方面皆主张唯才是用。

李觏的《周礼》诠释对张载亦有影响。与李觏、王安石一样,张载亦认为《周礼》是周公致太平之书。在《经学理窟·周礼》中,张载据《周礼》对

---

① (宋)王安石著,秦克等标点:《王安石全集》卷八《答王景山书》,上海古籍出版社1999年版,第75—76页。

② (元)脱脱:《宋史》卷四百三十二《列传第一百九十一·儒林二》,中华书局1977年点校本,第12842页。

北宋的土地兼并问题提出了解决方案。与李觏一样，张载亦倡导恢复西周的井田制，从而达到抑制土地兼并之目的。在《经学理窟·周礼》中，张载对井田制做了大量的探讨，他甚至在"得君行道"的愿望破灭以后，回到了家乡郿县，将自己的井田理论付诸实践。由此可见，北宋中期学人对《周礼》所记井田制的笃信和推崇是一种十分普遍的现象。

李觏还对南宋叶适的思想有影响。叶适曰："《周官》言道则兼艺，贵自国子弟，贱及民庶皆教之。其言'儒以道得民'，'至德以为道本'，最为要切，而未尝言其所以为道者。虽书尧舜时亦已言道，及孔子言道尤著明，然终不得言道是何物。……今且当以'儒以道得民'，'至德以为道本'二言为证，庶学者无畔涣之患，而不失古人之统也。"① 叶适根据《周礼》提出的一系列治国理财主张，与李觏的思想可谓如出一辙。

## 二、王安石的《周礼》诠释

王安石（1021—1086），字介甫，号半山，抚州临川人（今江西抚州东乡县）。庆历二年（1042）进士及第，授签书淮南判官。仁宗朝历官至三司度支判官、知制诰，以母丧去职。神宗即位，起知江宁府，召为翰林学士兼侍讲。熙宁二年（1069）拜参知政事，主持变法，陆续颁行农田水利、青苗、均输、保甲、免役、市易、保马、方田等新法。次年拜同中书门下平章事。新法遭保守势力强烈反对，七年（1074）罢相，以观文殿大学士出知江宁府。八年（1075）复相。九年（1076）再罢相，出判江宁府，退居江宁半山园。次年封舒国公，元丰三年（1080）改封荆国公。绍圣中，谥曰文。崇宁三年（1104），追封舒王。安石善属文，为唐宋八大家之一。文集有《王文公文集》和《临川先生文集》两种，皆宋人所编，内容大体不差。另著有《三经新义》，后人辑有《周官新义》、《诗义钩沉》、《字说》等。《宋史》卷三二七有传。

以《周礼》为制度资源和思想资源，从事政治、经济、文化制度的改革，在中国古代并不鲜见。西汉末年王莽以"周公致太平之迹"，仿照《周礼》推行改制，试图在现实中推行据《周礼》所设计的政治、经济和文化模式。尽管王莽改制以失败而告终，但这并没有影响到后世政治家采信《周礼》的热情。到北宋中期，王安石发动了一场利用解读《周礼》等经典作依据，旨在改变北宋建国以来积贫积弱局面的变法运动。王安石深受儒学影响，有着儒家理想主

---

① （宋）叶适：《习学记言》卷七，上海古籍出版社1992年影印本，第56页。

义的性格,又一度跻身于北宋政权的高层,权倾朝野,有着政治家功利主义的特质。这一特殊身份与经历,使得他的《周礼》诠释有别于一般的儒家士人。

长期以来,人们仅从功利主义的角度探讨王安石的《周官新义》,认为王安石的《周礼》诠释无非是以经典作为变法的工具而已矣。实际上,王安石既以《周礼》为据从事变法,又从学术的角度对《周礼》的文字经义作重新诠释,既有治术意义,也不乏学术意义,还有对圣人之道尊崇的价值意义。透过王安石的《周礼》诠释,可以看到他试图在政治与学术、理想与现实之间寻求平衡的努力。

(一)对《周礼》文本的重新诠释

北宋庆历年间,学者们对于儒家经典的态度与过去有了很大的不同。王应麟在《困学纪闻》中引陆游的话说:"唐及国初,学者不敢议孔安国、郑康成,况圣人乎?自庆历后,诸儒发明经旨,非前人所及,然排《系辞》,毁《周礼》,疑《孟子》,讥《书》之《胤征》、《顾命》,黜《诗》之《序》,不难于议经,况传注乎?"① 然宋儒疑经和重新解释典的初衷并非贬低经典,而是通过对经典的重新诠释,以寻求圣人之意。② 王安石据孔子"《诗》、《书》、执礼皆雅言也"③一语,认为《诗》、《书》和《周礼》最具圣人之意。如于《诗经》,王安石曰:"《诗》上通乎道德,下止乎礼义。考其言之文,君子以兴焉。循其道之序,圣人以成焉。"④ 由此可见,王安石对包括《诗》在内的儒家经典是尊崇的,其在经典诠释中所强调的"新",是在摆落汉唐注疏的基础上,重新寻求经典所蕴含的圣人之意、君子之道。

---

① (宋)王应麟:《困学纪闻》卷八《经说》,《四部丛刊三编》第3册,上海商务印书馆1935年影印本,第22页。
② 关于宋人疑经的本质,前贤时人已多有探讨。如永瑢云:"儒者不肯信传,其弊至于诬经,其究乃至于非圣。"(永瑢等:《四库全书总目》卷十五《经部·诗类一》,中华书局1965年影印本,第122页)永瑢站在自己的学术立场上,认为宋儒怀疑经典、否定权威,危害甚大,故加以批驳。笔者同意叶国良、吴怀琪、杨新勋等人的观点,即认为宋儒疑经中包含了宋人特有的复古、尊经和崇圣思想,并非如四库馆臣所云乃"非圣无法"之举。(参见叶国良:《宋人疑经改经考》,台湾大学出版委员会1980年版;杨新勋:《宋代疑经研究》,中华书局2007年版;吴怀琪:《宋代史学思想史》,黄山书社1992年版)
③ (清)阮元校刻:《十三经注疏(附校勘记)》,中华书局1980年版,第2482页。
④ (宋)王安石著,秦克等标点:《王安石全集》卷三十六《诗义序》,上海古籍出版社1999年版,第321—322页。

王安石《周礼》诠释之"新",首先体现在文字训诂和经义的探求上。关于文字,王安石有着特别的看法,他说:"惟知造文字,人惑鬼愁慑。秦愚既改皋,新眊仍易叠。六书遂失指,……东京一祭酒,收拾偶予惬。少尝妄思索,老懒因退怯。侯方习篆籀,寸管静尝厴。深原道德意,助我耕且猎。"① 王安石追溯了文字发展的历史,认为文字学中的"六书"理论难明字义,故需重新解字。在《周官新义》中,王安石对《周礼》之经字有颇多新说。② 如王安石对《周礼·天官》中的"卿"、"夫"、"士"、"旅"、"府"、"胥"等职官进行诠释时曰:"'卿'之字从卪,卪,奏也;从卩,卩,止也;左从卪,右从卩,知进止之意。从皂,黍稷之气也。黍稷地产,有养人之道,其皂能上达,卿虽有养人之道而上达,然地类也,故其字如此。'夫'之字与'天'皆从一从大;夫者,妻之天故也。天大而无上,故一在大上;夫虽一而大,然不如天之无上,故一不得在大上。夫,以智帅人者也;大夫,以智帅人之大者也。士之字与'工'与'才',皆从二从丨,才无所不达,故达其上下;工具人器而已,故上下皆弗达;士非成才,则宜亦皆弗达;然志于道者,故达其上也。士,事人者也,故士又训事;事人则未能以智帅人,非人之所事也,故未娶谓之士。下士谓之旅,则众故也。'旅'之字从认从从,众矣,则从旌旗指挥故也;从旌旗指挥,则从人而不自用,下士之为旅,则亦从人而不自用者也。'府'之字从广从付,则其藏也,付则以物付之。'史'之字从中从又,设官分职以为民中,史则所执在下,助之而已。'胥'之字从疋从肉,疋则以其为物下体,肉则以其亦能养人;其养人也,相之而已,故胥又训相也。卿从皂,胥从肉,皆以养人为义,则王所建置,凡以养人而已。"③ 又如释《周礼·天官》"设官分职,以为民极"的"极"字曰:"设官分职,内以治国,外以治野,建置在上,如屋之极,使民于是取中而苉焉,故曰'以为民极'。'极'之字从木从亟,木之亟者,屋

---

① (宋)王安石著,秦克等标点:《王安石全集》卷四十四《再用前韵寄蔡天启》,上海古籍出版社1999年版,第380页。
② 王安石的《周官新义》早已亡佚,清乾隆年间编《四库全书》时,馆臣们从《永乐大典》中辑得《周官新义》原文,厘为十六卷。台湾学人程元敏在《四库》本之基础上,结合宋至清代的礼学著述、史籍、类书、笔记、文集等重加辑佚,成《三经新义辑考汇评(三)——〈周礼〉》(台湾编译馆1987年版)一书,该书是《周官新义》目前最详备的辑本。本书所引《周官新义》原文皆据程氏辑本。
③ 程元敏:《三经新义辑考汇评(三)——〈周礼〉》上编《天官冢宰一》,台湾编译馆1987年版,第7页。

极是也。"① 王安石于此对《周礼·天官·冢宰》的"卿"、"夫"、"士"、"旅"、"府"、"胥"、"极"诸字作了训释，其解字的方法皆不遵传统的"六书"理论。胡玉缙评价王氏此之解义曰："至所谓牵合者，如解'以为民极'云：'设官分职，内以治国，外以治野，建置在上，如屋之极。极之字从木从亟，木之亟者屋极是也。'解上士、中士云：'士之字与工与才皆从二从丨，才无所不达，故达其上下。'解宰夫云：'夫之字与天，皆从一从大，夫者妻之天故也，天大而无上，故一在大上，夫虽一而大，然不如天之无上，故一不得在大上。'诸如此类极可哂。"②

王安石《周官新义》用其所谓的"会意"法解字，即仅据字的点画释字，与"六书"之"会意"大不同也。由于字的点画可以被人任意诠释，因此王安石所谓的"会意"解字法很容易流于穿凿附会。《周官新义》的解字受到后人的颇多诟病，如元代熊朋来云："王荆公《字说》，则字皆会意，无所谓六书，故王氏《周礼》新经至六书无可说。"③ 清代全祖望云："《周礼》则亲出于荆公之笔，盖荆公生平用功此书最深，所自负以为致君尧、舜者俱出于此，是固熙、丰新法之渊源也，故郑重而为之。……荆公解经，最有孔、郑诸公家法，言简意赅，惟其牵缠于《字说》者，不无穿凿，是故荆公一生学术之祕，不自知其为累也。"④ 诸家之评价，确已言中王安石《周官新义》解字之弊也。

王安石《周礼》诠释之"新"，还表现在对《周礼》文本句读的认识上。如《周礼·地官·司徒》："旅师，掌聚野之锄粟、屋粟、闲粟而用之，以质剂致民，平颁其兴积；施其惠，散其利，而均其政令。凡用粟，春颁而秋敛之。凡新甿之治，皆听之，使无征役；以地之媺恶为之等。"郑玄云："'而'读为'若'，声之误也。若用之，谓恤民之艰阨，委积于野，如遗人于乡里也。"⑤ 王

---

① 程元敏：《三经新义辑考汇评（三）——〈周礼〉》上编《天官冢宰一》，台湾编译馆1987年版，第4页。

② 胡玉缙撰，王欣夫辑：《四库全书总目提要补正》卷六《礼类》，中华书局1964年版，第123页。

③ （元）熊朋来：《经说》卷四《保氏六书》，文渊阁《四库全书》第184册，第298页。

④ （清）黄宗羲撰，全祖望补：《宋元学案》卷九十八《荆公新学略》，中华书局1986年版，第3252页。

⑤ （清）阮元校刻：《十三经注疏（附校勘记）》，中华书局1980年版，第745页。

安石曰："'而用之'之'而'，连上'粟'字读。"① 王安石此说受到王与之、江永、孙诒让等人的肯定。如王与之曰："愚案：郑氏改'而'为'若'，最无义，王氏连上读之为是。"② 江永曰："旧读'而用之'，'而'字为'若'。今详文势及经意，当读本音，与上连为一句。此粟岁岁皆用，非谓有时而用也。"③ 孙诒让曰："'而用之'者，此当属上为句。……案：江说本王安石，是也。王昭禹、王与之、王应电、姜兆锡、方苞、庄存与、武億、庄有可读并同。"④ 孙诒让认为，王昭禹、王与之、王应电、姜兆锡、方苞、江永、庄存与、武億、庄有可亦与王安石此说相同，皆是受王安石此说之启发也。

王安石《周礼》诠释之"新"，还表现为力求新义。如《周礼·天官·冢宰》："惟王建国，辨方正位，体国经野，设官分职，以为民极。" 王安石曰："昼参诸日景，夜考诸极星，以正朝夕；于是求地中焉，以建王国，此之谓辨方。既辨方矣，立宗庙于左，立社稷于右，立朝于前，立市于后，此之谓正位。宫门、城阙、堂室之类，高下、广狭之制，凡在国者，莫不有体，此之谓体国。井牧、沟洫、田莱之类，远近多寡之数，凡在野者，莫不有经，此之谓经野。设官，则官府之六属是也；分职，则官府之六职是也。"⑤ 清人王太岳评价王安石此之解义曰："《义》'宫门、城闻、堂室之类，高下广狭之制，凡在国者，莫不有体，此之谓体国'，案：郑康成《注》云'体犹分也'，贾公彦《疏》云'分国城之中为九经九纬、左祖右社之属'，今云宫门、城闻之类，莫不有体，终不如《注》、《疏》之说为长。"⑥ 王太岳认为，王安石于此对《周礼·天官·冢宰》之释义虽有一定的道理，但还是不及注疏通达。

《周礼·天官·冢宰》："玉府……共王之服玉、佩玉、珠玉。王斋，则共食玉。"王安石曰："《考工记》：'玉人之事，大圭长三尺，天子服之。'服玉则大圭之属是也，佩玉则珩璜琚瑀之属是也，珠玉则珠也玉也，凡以共王之

---

① 程元敏：《三经新义辑考汇评（三）——〈周礼〉》上编《地官司徒二》，台湾编译馆1987年版，第252页。
② （宋）王与之：《周礼订义》卷二十六，文渊阁《四库全书》第93册，第443页。
③ （清）江永：《周礼疑义举要》卷三，文渊阁《四库全书》第101册，第744页。
④ （清）孙诒让：《周礼正义》卷三十，中华书局1987年点校本，第1165页。
⑤ 程元敏：《三经新义辑考汇评（三）——〈周礼〉》上编《天官冢宰一》，台湾编译馆1987年版，第3—4页。
⑥ （清）王太岳、王燕绪等辑：《钦定四库全书考证》卷八，书目文献出版社1991年版，第187页。

用者，食玉则其食之盖有法矣。"①清人鄂尔泰评价王安石此之解义曰："案：服玉，共于弁师；佩玉，共于春官司服。珠玉，注不言所用，姑从原父；若然，则'服玉'中可以该之。又出此者，或别有他用也。王安石以服玉为大圭之属，非也。"②鄂尔泰认为，王安石于此以服玉为大圭之属的观点有误。

《周礼·天官·冢宰》："九嫔掌妇学之法。……凡祭祀，赞玉齍，赞后荐彻豆笾。若有宾客，则从后。大丧，帅叙哭者亦如之。"王安石曰："下言赞后，则上言赞王，言之序也。"③宋人郑锷曰："故书以玉齍为王齍，王安石用其说，乃谓'下言赞后，则上言赞王，言之序也'。以经考之，大宗伯'奉玉齍'、小宗伯'逆齍'、肆师'表齍盛，告洁'，凡此皆赞王也。礼官当赞王，则九嫔所赞者皆赞后，谓为赞王，非也。"④鄂尔泰曰："案：王安石……似矣，而犹未尽析也。宗伯奉玉齍，兼天神地示言之，若宗庙则摄后耳。后亲祭，则后设而九嫔赞焉，无所用宗伯矣，岂可混为一事乎？赞者，赞其设也。小宗伯之逆，肆师之表告，皆前此之事，不可谓赞。《少牢馈食礼》：'主妇荐自东房，韭菹、醓醢，坐奠于筵前。主妇赞者一人，执葵菹蠃醢，以授主妇。主妇不兴，遂受。陪设于东，韭菹在南，葵菹在北。'此谓赞荐豆笾也。又云：'主妇自东房，执一金敦黍，有盖，坐设于羊俎之南。妇赞者执敦稷以授主妇，主妇兴，受，坐设于鱼俎南。又兴，受赞者敦黍，坐设于稷南。又兴，受赞者敦稷，坐设于黍南。敦皆南首。'此谓赞设黍稷也。九嫔之赞后，盖亦如是。"⑤

《周礼·春官·宗伯》："以吉礼事邦国之鬼神示：以禋祀祀昊天上帝，以实柴祀日月星辰。"王安石曰："谓之建邦之天神、人鬼、地示之礼，则礼当自王出故也；谓之事邦国之鬼、神、示，则其所事，非特王国而已。禋者，意之精也，无事于气矣；血者，物之幽也，无事于形矣。实柴槱燎，用气而已；貍沈疈辜，则用形焉；气亲上，形亲下，则各从其类也。"⑥清人王太岳曰："郑

---

① 程元敏：《三经新义辑考汇评（三）——〈周礼〉》上编《天官冢宰一》，台湾编译馆1987年版，第146页。
② （清）鄂尔泰：《钦定周官义疏》卷六，文渊阁《四库全书》第98册，第190页。
③ 程元敏：《三经新义辑考汇评（三）——〈周礼〉》上编《天官冢宰一》，台湾编译馆1987年版，第165页。
④ （宋）王与之：《周礼订义》卷十三，文渊阁《四库全书》第93册，第207页。
⑤ （清）鄂尔泰：《钦定周官义疏》卷七，文渊阁《四库全书》第98册，第222页。
⑥ 程元敏：《三经新义辑考汇评（三）——〈周礼〉》上编《春官宗伯三》，台湾编译馆1987年版，第277—278页。

注'禋之言烟，周人尚臭；禋，气之臭闻者'，《疏》云'《尚书·洛诰》"予以秬鬯二卣，明禋"，《注》云"禋，芬芳之祭"，又《周语》云"精意以享谓之禋"，则精意仍藉烟气之芬芳以达。今云'意之精者，无事于气'，似不如《注》、《疏》之周密。"①袁准曰："禋者，烟气烟煴也。天之体远不可得就，圣人思尽其心，而不知所由，故因烟气之上以致其诚。……先儒云凡洁祀曰禋，若洁祀为禋，不宜别六宗与山川也。凡祭祀无不洁，而不可谓皆精。然则精意以享，宜施燔燎，精诚以假烟气之升，以达其诚故也。"②孙诒让曰："案：袁说是也。"③

《周礼·春官·宗伯》："掌共秬鬯而饰之。凡祭祀、社壝，用大罍；禜门，用瓢赍；庙，用脩；凡山川四方，用蜃。凡裸事，用概；凡疈事，用散。大丧之大渳设斗，共其眹鬯。凡王之齐事，共其秬鬯；凡王吊临，共介鬯。"王安石曰："雩禜所以除害，门所以御暴；除害御暴皆所以养人。甘瓠则有养人之美道，以之为瓢，又中虚为善容，亦有门之象。《易》以艮为门阙，八音以艮为匏说爵之意。"④郑锷评价王安石此之解义曰："王安石……无乃穿凿之甚！观祭天用瓦甒瓦甄，又用瓢爵，《礼记》言器用陶匏，以象天地之性，物莫足以称天地之德，故贵全素而用陶匏，此所谓大罍则瓦甄之类，用瓢赍则瓠之类，皆质而已。"⑤

从文献学的角度看，王安石对《周礼》经文之释义亦有可取者。如于《周礼·天官·冢宰》"疡医"一职，王安石曰："肿疡，聚而不溃；溃疡，溃而不聚；金疡，刃创未必折骨；折疡，折骨未必刃创；肿疡、溃疡自内作，而溃疡为重；金疡、折疡自外作，而折疡为重。故先肿疡，后溃疡；先金疡，后折疡也。《素问》曰：'上古移精变气，祝由而已。'医之用祝尚矣，而疡尤宜祝，后世有以气封疡而徙之者，盖变气祝由之遗法也。祝之不胜，然后举药；药之不胜，然后劀；劀之不胜，然后杀。郑氏谓'杀以药，食其恶肉'是也。

---

① （清）王太岳、王燕绪等辑：《钦定四库全书考证》卷八，书目文献出版社1991年版，第189页。
② （清）阮元校刻：《十三经注疏（附校勘记）》，中华书局1980年版，第528页。
③ （清）孙诒让：《周礼正义》卷三十三，中华书局1987年点校本，第1300页。
④ 程元敏：《三经新义辑考汇评（三）——〈周礼〉》上编《春官宗伯三》，台湾编译馆1987年版，第302页。
⑤ （宋）王与之：《周礼订义》卷三十三，文渊阁《四库全书》第93册，第552页。

以五毒攻之者，攻以杀之；以五气养之者，养以生之；以五药疗之者，疗以治之；以五味节之者，节以成之。独于疡言以五气养之者，《素问》曰：'形不足者，温之以气；疡之治，宜以气。'疡之治，宜以气，而其以五气养之，反在五毒攻之之后，则必先除其恶，然后可养故也。凡疗疡者，五毒、五气、五味亦所以疗也；而独言以五药疗之，以药为主也。疾医以五味、五谷、五药养其病，而疡医以五药疗之，然后以五味节之者。疾医所言者养也，且病以治内为主，故先味而后药；疡医所言者疗也，且疡以治外为主，故先药而后味。以酸养骨者，骨欲收；以辛养筋者，筋欲散；以咸养脉者，脉欲奭；以苦养气者，气欲坚；以甘养肉者，肉欲缓；以滑养窍者，窍欲利。于疡医言养，骨筋脉气肉窍，则善养此六者，疡无所生也；及其生而治之也，则亦以此养之。"① 王安石于此对疡医职掌的训释，受到宋人王与之、魏了翁等人的认可。如王与之曰："愚考医之用祝，理或宜然。今世有以气封疡而徙之者，正祝由之遗法也。祝之不胜，于是用药；药或不能去，必劀以刀而去恶血；劀而不效，必杀之以药，而食其恶肉。凡四法，各有浅深之度，故言齐。"② 魏了翁曰："郑氏之说牵合，而'滑石'尤误人，荆公似近之。"③

《周礼·天官·冢宰》："疾医掌养万民之疾病。四时皆有疠疾：春时有痟首疾，夏时有痒疥疾，秋时有疟寒疾，冬时有嗽上气疾。" 王安石曰："《列子》曰'指擿无痟痒'，痟，痛也。《素问》曰：'冬伤于寒，春必病温；夏伤于暑，秋必痎疟。'病温，则所谓痟首之疾；痎疟，则所谓疟寒之疾。盖方冬之时，阳为主于内，寒虽入之，势未能动；及春，阳出而阴为内主，然后寒动而搏阳，为痟首之疾矣。方夏之时，阴为主于内，暑虽入之，势未能动；及秋，阴出而阳为内主，然后暑动而搏阴，为疟寒之疾矣。痒疥疾，则夏阳溢于肤革，清搏而淫之故也；嗽上气疾，则冬阳溢于藏府，清乘而逆之故也。"④ 王安石对《周礼》疾医职掌所作的训释，受到魏了翁等人的肯定。如魏氏曰："荆公此一

---

① 程元敏：《三经新义辑考汇评（三）——〈周礼〉》上编《天官冢宰一》，台湾编译馆1987年版，第118—119页。
② （宋）王与之：《周礼订义》卷八，文渊阁《四库全书》第93册，第125页。
③ （宋）魏了翁：《鹤山集》卷一百六《周礼折衷·天官冢宰下》，文渊阁《四库全书》第1173册，第533页。
④ 程元敏：《三经新义辑考汇评（三）——〈周礼〉》上编《天官冢宰一》，台湾编译馆1987年版，第115页。

节最好，常举以教医者。"①

《周礼·地官·司徒》所记公、侯、伯、子、男之封地，王安石曰："孟子据实封言之，《周官》则兼附庸言之也。"② 王安石对《周礼》司徒职掌所作的训释受到后世学人的肯定。如宋人陈汲曰："王介甫以为孟子据实封言之，《周官》则兼附庸言之也，其说是矣。"③ 清人江永曰："诸侯之地，土田为实封。若附庸在其封内，虽为社稷臣，而不得有其地。名山大泽有不以封者，其余山川、薮泽、斥卤、硗确之地，与夫城郭、宫室、沟塗皆不可食者，统而计之，大国宜有数百里，小国亦不下百里。此《周礼》与《孟子》、《王制》所以不能同，《周礼》就其虚宽者言之，《孟子》、《王制》惟举土田实封耳。"④ 清人孙诒让曰："江说略本王安石、陈祥道，于义得通。金鹗、黄以周亦并谓《孟子》、《王制》所言三等之封，百里、七十里、五十里者，除山川、附庸言之；此经五等之封，五百里、四百里、三百里、二百里、百里，为兼山川、附庸言之，与江说略同。"⑤ 孙诒让认为，《周礼》所言建邦国封地的大小，金鹗、黄以周与江永之说略同，而江永之说是受王安石、陈祥道的启发。

通过爬梳《周官新义》之辑本，可知王安石的《周礼》诠释有着浓厚的学术意味。《周官新义》所刻意追求的"新"，不乏学术层面的文字训诂和经义阐释，在文字训诂和经义阐释中体现出更多的是学术价值而非应用功能。王安石《周官新义》之求新，受其所处时代经学研究价值取向的影响，具有开一代学风之意义。宋人王应麟曰："自汉儒至于庆历间，谈经者守训故而不凿。《七经小传》出而稍尚新奇矣。至《三经义》行，视汉儒之学若土梗。"⑥ 王应麟指出，北宋庆历年间士人谈经不宗汉唐注疏而尚新奇，王安石的《三经新义》对于北宋学风的转变影响甚巨。不过《周官新义》刻意求新，客观上所带来的后果是王安石《周礼》诠释存在大量穿凿附会的成分，此是《周官新义》受到后

---

① （宋）魏了翁：《鹤山集》卷一百六《周礼折衷·天官冢宰下》，文渊阁《四库全书》第1173册，第531页。
② 程元敏：《三经新义辑考汇评（三）——〈周礼〉》上编《地官司徒二》，台湾编译馆1987年版，第182页。
③ （宋）王与之：《周礼订义》卷十五，文渊阁《四库全书》第93册，第247页。
④ （清）江永：《周礼疑义举要》卷二，文渊阁《四库全书》第101册，第726页。
⑤ （清）孙诒让：《周礼正义》卷十九，中华书局1987年点校本，第732页。
⑥ （宋）王应麟：《困学纪闻》卷八《经说》，《四部丛刊三编》第3册，上海商务印书馆1935年影印本，第21—22页。

世学人强烈批判的原因之一。

（二）借《周礼》寻求变法的理论依据

熙宁变法中，王安石既以《周礼》等经典为据制定变法的内容，又以《周礼》为据与反对派进行辩论，这是其《周礼》诠释之"新"的又一体现。如北宋熙宁二年（1069）颁布的青苗法，王安石依据的是《周礼》泉府之职掌。《地官·司徒·泉府》："泉府，掌以市之征布，敛市之不售货之滞于民用者，以其贾买之，物楬而书之，以待不时而买者。"王安石释之曰："周人国事之财用，取具于息钱。"①"善为国者，不取于民而财用足。"②"泉府所言国之财用，凡以赊贷之息供之。"③王安石推行青苗法之用意，是改变北宋旧有的常平仓制度"遇贵量减市价粜，遇贱量增市价籴"的做法，将常平仓、广惠仓的储粮折算为本钱，以百分之二十的利率贷给农民和城市手工业者，以缓和高利贷的盘剥，同时增加政府的财政收入。

青苗法的颁布，既触犯了豪强大贾的利益，又触动了文化保守派敏感的神经，所以招致不少人的激烈反对。如北宋谏官李常上书宋神宗，指责王安石的"青苗之法，言补助则为虚名，言敛散则为徒扰，适所以惧妄费不恩之民，使之日入于困穷"④；刘攽等也批评王安石的"称贷之法"，"甚非圣人之意也"⑤。对于这些攻击，王安石四引《周礼》作答。针对青苗法贷款利率太高，无益于缓解民称贷之患，王安石以《周礼》泉府贷款利息为据，认为青苗法的二分息已低于《周礼》；针对青苗法徒有抑制兼并，实际上是夺民之利以益官府，王安石以《周礼》为据，认为青苗法是将所获利息用于管理青苗钱粮有关事项，而非用于其他行政事务，故"公家无所利其入"。

又如宋神宗熙宁五年（1072）公布和实施了市易法，此法意在将全国较大城市中物价的控制权从富商大贾那里夺回政府手中，这样既可以使小商贩免

---

① 程元敏：《三经新义辑考汇评（三）——〈周礼〉》上编《地官司徒二》，台湾编译馆1987年版，第212页。
② 程元敏：《三经新义辑考汇评（三）——〈周礼〉》上编《地官司徒二》，台湾编译馆1987年版，第213页。
③ 程元敏：《三经新义辑考汇评（三）——〈周礼〉》上编《地官司徒二》，台湾编译馆1987年版，第212页。
④ （清）徐松辑，刘琳等校点：《宋会要辑稿·食货五》，上海古籍出版社2014年版，第6058页。
⑤ （宋）刘攽：《彭城集》卷二七《与王介甫书》，文渊阁《四库全书》第1096册，第272页。

遭豪商富贾的压榨，又能使北宋政府从中获益。此法一出，即受到反对派的抵制，如枢密使文彦博向神宗上书曰："且京邑翼翼，四方取则，魏阙之下，治象所观。今乃官作贾区，公取牙利，《易》所谓理财正辞者，岂若是之琐屑乎？《周官》泉府'敛市之不售货之滞于民用，以待不时而买者'，各从其故价，亦不如是之规利也。"①受文彦博之鼓动，宋神宗询问王安石是否可罢市易之法。王安石曰："市易司但以细民上为官司科买所困，下为兼并取息所苦，自投状乞借官钱出息，行仓法供纳官果实。自立法以来，贩者比旧皆即得见钱，行人比旧官司兼并所费十减八九，官中又得好果实供应，此皆逐人所供状及案验事实如此。每年行人为供官不给，辄走却数家，每纠一人入行，辄诉讼不已。今自立法数月以来，乃有情愿投行人，则是官私利便可知。只是此等皆贫民无抵挡，故本务差人逐日收受合纳官钱，初未尝官卖果实也。陛下谓其繁细，有伤国体，臣愚切谓不然。今设官监酒，一升亦卖，设官监商税，一钱亦税，岂非细碎？人不以为非者，习见故也。臣以为酒税法如此，不为非义。何则？自三代之法固已如此。《周官》固已征商，然不云须几钱以上乃征之。泉府之法，物货之不售，货之滞于民用者，以其价买之，以待买者，亦不言几钱以上乃买。又珍异有滞者，敛而入于膳府，供王膳，乃取市物之滞者。周公制法如此，不以烦碎为耻者，细大并举，乃为政体，但尊者任其大，卑者务其细，此先王之法，乃天地自然之理。如人一身，视、听、食、息皆在元首，至欲搔痒，则须爪甲，体有小大，所用不同，然各不可阙。天地生万物，一草之细，亦皆有理。今为政但当论所立法有害于人物与否，不当以其细而废也。"②文彦博据《周礼》泉府之职掌，认为市易之法太繁细，不得古之理财正辞之义。王安石同样据《周礼》泉府之职掌，认为泉府不曾言几钱以上乃买，又据膳府之职掌，认为《周礼》并不以烦碎为耻，所以市易法不嫌细碎，符合《周礼》之记载。

青苗法、市易法等变法措施颁布以后，一些文化保守主义者从儒家义利之辨的角度攻击变法。如韩琦曰："臣详制置司疏驳事件，即将臣元奏要切之语多从删去，唯举大概，用偏辞曲说为阻难，及引《周礼》'国服为息'之说，

---

① （宋）文彦博：《上神宗论市易》，赵汝愚编：《宋名臣奏议》卷一百十六，文渊阁《四库全书》第432册，第448页。

② （宋）李焘：《续资治通鉴长编》卷二百四十《神宗·熙宁五年》，中华书局1986年版，第5826—5827页。

文其缪妄，上以欺罔圣听，下以愚弄天下之人。"① 杨时曰："泉府之法，非以取利也。"② 司马光曰："更立制置三司条例司，聚文章之士及晓财利之人，使之讲利。孔子曰：'君子喻于义，小人喻于利。'樊须请学稼，孔子犹鄙之，以为不知礼义信，况讲商贾之末利乎？使彼诚君子邪，则固不能言利；彼诚小人邪，则固民是尽，以饫上之欲，又可从乎？"③ 针对质疑和攻击，王安石曰："示及青苗事。治道之兴，邪人不利，一兴异论，群聋和之，意不在于法也。孟子所言利者，为利吾国，如曲防遏籴，利吾身耳。至狗彘食人则检之，野有饿莩则发之，是所谓政事。所以理财，理财乃所谓义也。一部《周礼》，理财居其半，周公岂为利哉？奸人者因名实之近，而欲乱之，眩惑上下，其如民心之愿何？始以为不请，而请者不可遏；终以为不纳，而纳者不可却。盖因民之所利而利之，不得不然也。然二分不及一分，一分不及不利而贷之，贷之不若与之。然不与之而必至于二分者，何也？为其来日之不可继也。不可继则是惠而不知为政，非惠而不费之道也，故必贷。然而有官吏之俸，辇运之费，水旱之逋，鼠雀之耗，而必欲广之，以待其饥不足而直与之也，则无二分之息可乎？则二分者，亦常平之中正也，岂可易哉？公立更与深于道者论之，则某之所论无一字不合于法，而世之诡诡者，不足言也。"④ 王安石认为，周公所作的《周礼》一书理财内容过半，周公如此重视理财，是因民之所利而利之；青苗法二分息，是为应对可能发生的饥荒，也是防无谓之借贷。

反对变法者认为，既然刘歆借《周礼》助王莽新政已告失败，今王安石又用《周礼》实行变法，无非是涉新莽之陈迹。如孙觉于熙宁三年曰："况《周官》载治法甚详，必欲举而行之，宜有先于此者，如赊贷之法，刘歆行于新室，已不效矣。莽之亡虽不专以此，然亦取亡之一道也。故臣谓圣世宜讲求先王之法章明较著、已试而效者推而行之，不当取疑文虚说苟以图治焉。"⑤

---

① （宋）韩琦：《上神宗论条例司画一申明青苗事》，赵汝愚编：《宋名臣奏议》卷一百十二，文渊阁《四库全书》第432册，第385页。
② （宋）王与之：《周礼订义》卷二十四，文渊阁《四库全书》第93册，第402页。
③ （宋）司马光著，李文泽等校点：《司马光集》卷六十《与王介甫书》，四川大学出版社2010年版，第1256页。
④ （宋）王安石著，秦克等标点：《王安石全集》卷八《答曾公立书》，上海古籍出版社1999年版，第73—74页。
⑤ （清）徐松辑，刘琳等校点：《宋会要辑稿·食货五》，上海古籍出版社2014年版，第6057—6058页。

李常亦曰:"条例司始建,已致中外之议。至于均输、青苗,敛散取息,傅会经义,人且大骇,何异王莽猥析《周官》片言,以流毒天下!"① 王安石也许已意识到有人会以新莽为口实而攻击他,所以他在《周官新义》的"序言"中曰:"其人足以任官,其官足以行法,莫盛于成周之时;其法可施于后世,其文有见于载籍,莫具于《周官》之书。盖其因习以崇之,庚续以终之,至于后世,无以复加,则岂特文武周公之力哉?犹四时之运,昼夜积而成寒暑,非一日也。自周之衰,以至于今,历岁千数百矣;太平之遗迹,扫荡几尽,学者所见,无复全经。"② 王安石认为,《周礼》是周公致太平之书,然而周代以后,周公致太平之遗迹扫荡几尽,后世学者(包括刘歆)对《周礼》一书所蕴含的圣人致太平之意已未能解。言下之意,王安石自己所阐释的才是《周礼》之奥义,并可以之用于当代。

在用人方面,王安石唯才是举,而不论门第出身。司马光曰:"更立制置三司条例司,聚文章之士及晓财利之人,使之讲利。……又于其中不次用人,往往暴得美官。于是言利之人,皆攘臂圜视,衔鬻争进,各斗智巧,以变更祖宗旧法。大抵所利不能补其所伤,所得不能偿其所亡,徒欲别出新意,以自为功名耳。此其为害已甚矣。"③ 司马光表达的是对王安石用人政策的不满,不过司马光的描述恰好折射出王安石不拘一格、唯才是举的用人特点。王安石在诠释《周礼》时表达了他的用人理念。如《周礼·天官·冢宰》:"治官之属,大宰,卿一人。小宰,中大夫二人。……史十有二人,胥十有二人,徒百有二十人。"王安石曰:"府史胥徒虽非士,而先王之用人无流品之异,其贱则役于士大夫而不耻,其贵则承于天子而无嫌。"④ 王安石认为,《周礼》天官治官之属有史、胥、徒,可知先王用人无门第出身之偏见。陈傅良批评王安石此说曰:"王金陵论府史胥徒,谓成周用人,流品不分。非也。古人用人无他途,自公卿大夫之子弟,皆养于学宫,以备宿卫,考其德行而升进之;自乡遂侯国,凡

---

① (元)脱脱:《宋史》卷三百四十四《列传第一百三·孔文仲》,中华书局1977年点校本,第10930页。
② 程元敏:《三经新义辑考汇评(三)——〈周礼〉》上编《天官冢宰一》,台湾编译馆1987年版,第1页。
③ (宋)司马光著,李文泽等校点:《司马光集》卷六十《与王介甫书》,四川大学出版社2010年版,第1256—1257页。
④ 程元敏:《三经新义辑考汇评(三)——〈周礼〉》上编《天官冢宰一》,台湾编译馆1987年版,第8页。

占氏数而为民者，亦考察于乡里以择其天民之秀异者，节级而升之，故受命为士。傥不由此者，终不得以通籍于仕版。故以天子之子犹不得仕者，《记》所谓'无生而贵者也'。至于上之不可以为士，下之不止于为农，则任以府史之职，司士所谓'以久奠食者'此也。头须守藏，犹见于春秋之世，盖不比胥徒之流，更迭为之，而均谓之庶人在官也。"①陈傅良认为，成周用人有着严格的选拔程序，所用之人亦受到严格的训练。陈傅良对王安石此说的理解有误。在中国古代社会中，由于各种原因，并非人人都可接受良好的教育，然而这些未受过良好教育的人在某些方面也许有着过人之处，不完全看教育的背景，大胆选拔任用有才能的人，这才是王安石所说的"先王"用人之道。

王安石《周礼》诠释经世致用的特点，与有着"儒学功利派的先驱"之称谓的李觏有着直接的联系。李觏以《周礼》为周公致太平之书，赋予《周礼》以神圣性，从而为范仲淹主持的庆历新政摇旗呐喊。王安石受同时代李觏等人的思想影响颇深，他说："安石愚不量力，而唯古人之学，求友于天下久矣。闻世之文章者，辄求而不置，盖取友不敢须臾忽也。其意岂止于文章耶？读其文章，庶几得其志之所存。其文是也，则又欲求其质，是则固将取以为友焉。故闻足下之名，亦欲得足下之文章以观。不图不遗而惠赐之，又语以见存之意。幸甚，幸甚。书称欧阳永叔、尹师鲁、蔡君谟诸君以见比。此数公今之所谓贤者，不可以某比。足下又以江南士大夫为无能文者，而李泰伯、曾子固豪士，某与纳焉。江南士大夫良多，度足下不遍识。安知无有道与艺，闭匿不自见于世者乎？特以二君概之，亦不可也。况如某者，岂足道哉？"②李觏的学生邓润甫直接参与了王安石变法。《宋史》载："觏尝著《周礼致太平论》、《平土书》、《礼论》。门人邓润甫，熙宁中，上其《退居类稿》、《皇祐续稿》并《后集》，请官其子参鲁，诏以为郊社斋郎。"③邓润甫等人将李觏的著作进献朝廷，并参与王安石的变法，使王安石对李觏的思想有了清楚的认识。将王安石的《周礼》解义与李觏的《周礼致太平论》相比较，可以十分清楚地看到王安石受李觏思想的影响。李觏所撰《周礼致太平论》五十篇，其中的《国用》、《军

---

① （宋）王与之：《周礼订义》卷一，文渊阁《四库全书》第93册，第24页。
② （宋）王安石著，秦克等标点：《王安石全集》卷八《答王景山书》，上海古籍出版社1999年版，第75—76页。
③ （元）脱脱：《宋史》卷四百三十二《列传第一百九十一·儒林二》，中华书局1977年点校本，第12842页。

卫》《刑禁》《官人》《教道》等，关涉经济、政治、军事、教育等多个领域；王安石于《周官新义》借《泉府》《膳宰》等提出经济变革之主张，据《周礼》天官治官之属阐发用人之道，皆与李觏学说吻合。不过需要指出的是，与李觏的《周礼致太平论》相比较，王安石的《周官新义》的学术意味更浓。李觏《周礼》诠释的着眼点完全是经世致用，他撰作此书时就申明自己并非为了解经，而是述天下之理、明为政之本、讲先王之制、通古今之义，王安石虽然亦借《周礼》阐述变法理论，然而通观《周官新义》之佚文，可知其大部分内容仍是学术层面之探讨。因此，王安石的《周礼》诠释受到了李觏的影响，然其诠释路径却与李觏有所不同。

（三）对先王之法和圣人之道的尊崇

王安石的《周礼》诠释固然重视经世致用，但是绝不能仅将王安石的《周礼》诠释作功利主义的解读[①]，应该看到其背后对先王之法与圣人之道的尊崇。北宋于庆历前后可谓内外交困，内部土地兼并日趋严重，吏治腐败，边境又有西夏和辽的侵扰，一些有识之士开始寻求变革，力图摆脱困境。同时，士人们的观念也在发生转变。苏轼描述庆历年间士人价值观念的转变曰："宋兴七十余年，民不知兵，富而教之，至天圣、景祐极矣；而斯文终有愧于古。士亦因陋守旧，论卑气弱。自欧阳子出，天下争自濯磨，以通经学古为高，以救时行道为贤，以犯颜纳说为忠。长育成就，至嘉祐末，号称多士。"[②] 庆历前后，不少士人以通经学古、救时行道、犯颜纳说的价值追求代替了以往固陋守旧的价值取向。王安石主持的熙宁变法，就是这种士人价值观念转变现象的最好注脚。

在中国古代，儒家经典的权威是不容挑战的，这就不难理解要谋求政治经济制度的变革或文化的创新时，人们都喜欢到古老的经典中去寻找制度资源和思想资源的原因了。主张变法革新的王安石亦不例外。如果说变法意味着改变旧有的制度，其眼光是向前看的，那么回溯古老的经典、抬出旧有的制度，其眼光则是向后看的，然而这两者在王安石这里却并不矛盾。反对变法的如司马光等人总是以王安石"不守先王之法"为把柄。司马光说"祖宗之

---

[①] 批评与赞扬王安石的多作此解读。
[②] （宋）苏轼：《六一居士集叙》，《苏轼文集》卷八十三，曾枣庄、舒大刚编：《三苏全书》第13册，语文出版社2001年版，第466页。

法不可变也"①，并指责王安石尽变更祖宗之法。文彦博亦认为"祖宗法未必皆不可行"②，"祖宗法制具在，不须更张，以失人心"③。谏官范纯仁说"王安石变祖宗法度，掊克财利"④。在理想尚未付诸实践之前，为应对可能有的攻击，王安石于宋仁宗嘉祐三年《上仁宗皇帝言事书》中提出了"法先王之政"的主张，《言事书》提到"先王"一词多达四十余次。不过王安石认为"法先王之政""当法其意"，应该"视时势之可否，因人情之患苦，变更天下之弊法"。司马光等人的法"先王"，是主张谨守祖宗之成法，并默认祖宗之成法有利而无弊；王安石认为先王之法固然应当效法，然而还需要关照"时势"和"人情"，变更现实中的弊法是"法先王"的应有之义。由此可见，王安石既遵循他那个时代人们津津乐道称述"先王"之习，又赋予了"法先王"全新的意义。

王安石《周礼》诠释的深层动机，从宋代开始就饱受争议。如南宋朱熹说："彼安石之所谓《周礼》，乃姑取其附于己意者，而借其名高以服众口耳，岂真有意于古者哉！若真有意于古，则格君之本、亲贤之务、养民之政、善俗之方，凡古之所谓当先而宜急者，曷为不少留意，而独于财利兵刑为汲汲耶！"⑤ 清代永瑢说："《周礼》之不可行于后世，微特人人知之，安石亦未尝不知也。安石之意，本以宋当积弱之后，而欲济之以富强，又惧富强之说必为儒者所排击，于是附会经义以钳儒者之口，实非真信《周礼》为可行。"⑥ 朱熹和四库馆臣认为，王安石借助于《周礼》经典的权威推行变法是真，尊崇信仰《周礼》是假。朱熹和四库馆臣固然看到了王安石尊崇《周礼》的部分实质，

---

① （元）脱脱：《宋史》卷三百三十六《列传第九十五·司马光》，中华书局1977年点校本，第10764页。
② （元）脱脱：《宋史》卷四百一十三《列传第七十二·文彦博》，中华书局1977年点校本，第10261页。
③ （元）脱脱：《宋史》卷三百一十四《列传第七十三·范纯仁》，中华书局1977年点校本，第10283页。
④ （元）脱脱：《宋史》卷三百一十四《列传第七十三·范纯仁》，中华书局1977年点校本，第10283页。
⑤ （宋）朱熹：《晦庵先生朱文公文集》卷七十《读两陈谏议遗墨》，朱杰人等编：《朱子全书》（修订本）第23册，上海古籍出版社、安徽教育出版社2010年版，第3382页。
⑥ （清）永瑢等：《四库全书总目》卷十九《经部·礼类一》，中华书局1965年影印本，第150页。

然而所作评论未免失之于片面。

不可否认的是，王安石的《周礼》诠释有其政治上的考量，借《周礼》的权威推行变法也是事实，然而王安石对《周礼》发自内心的敬畏和尊崇同样不可否认。王安石在《周礼义序》云："士弊于俗学久矣，圣上闵焉，以经术造之；乃集儒臣，训释厥旨，将播之校学，而臣某实董《周官》。惟道之在政事，其贵贱有位，其后先有序，其多寡有数，其迟数有时；制而用之存乎法，推而行之存乎人。其人足以任官，其官足以行法，莫盛于成周之时；其法可施于后世，其文有见于载籍，莫具于《周官》之书。盖其因习以崇之，庚续以终之，至于后世，无以复加，则岂特文武周公之力哉？犹四时之运，昼夜积而成寒暑，非一日也。自周之衰，以至于今，历岁千数百矣；太平之遗迹，扫荡几尽，学者所见，无复全经。于是时也，乃欲训而发之，臣诚不自揆，然知其难也；以训而发之之为难也，则又以知夫立政造事追而复之之为难；然窃观圣上致法就功，取成于心，训迪在位，有冯有翼，亹亹乎乡六服承德之世矣。以所观乎今，考所学于古，所谓见而知之者。"① 王安石对成周之制度多有溢美之词，对于记载成周制度之《周礼》亦褒奖推崇无余。无论对王安石抱有何种程度的偏见，只要细读这段文字，都能体会到王安石对于《周礼》一书的态度绝非仅停留于功利的层面。

王安石青少年时代饱读经书，他认为汉唐儒生所作注释使经典的本义愈加"冥冥"②。不过正如前面所说，王安石疑经的本质是为了更好地尊经。他认为经典载道，研究经典是为了"明道"，除了"明道"，还要"行道"。王安石说："呜呼！道之不明邪，岂特教之不至也，士亦有罪焉。呜呼！道之不行邪，岂特化之不至也，士亦有罪焉。盖无常产而有常心者，古之所谓士也。士诚有常心以操圣人之说而力行之，则道虽不明乎天下，必明于己。道虽不行于天下，必行于妻子。内有以明于己，外有以行于妻子，则其言行必不孤立于天下矣。此孔子、孟子、伯夷、柳下惠、扬雄之徒所以有功于世也。"③ 王安石倡导

---

① 程元敏：《三经新义辑考汇评（三）——〈周礼〉》上编《天官冢宰一》，台湾编译馆1987年版，第1页。
② 参见（宋）王安石著，秦克等标点：《王安石全集》卷三十三《书〈洪范传〉后》，上海古籍出版社1999年版，第301页。
③ （宋）王安石著，秦克等标点：《王安石全集》卷九十二《王逢原墓志铭》，上海古籍出版社1999年版，第691—692页。

士人明道和行道有着鲜明的儒家理想主义的特质，这也可以看成是他对自己人生的期许。学而优则仕是中国古代不少士人的人生理想，然而学术与政治之间毕竟还是存在张力。当一介书生王安石走上相位、权倾朝野之时，他的学术修养与他的政治实践之间，既有一定的契合，也难免会产生一定的张力。王安石既有着儒家士人理想主义的性格特质，又有着政治家功利主义的价值取向，当儒家的理想主义与政治家的功利主义集于一身之时，王安石就会比纯粹的知识分子或纯粹的政治家要复杂得多。因此，透过王安石的《周礼》诠释，我们可以很清楚地看到他试图在政治与学术、理想与现实之间寻求一种平衡，而这种平衡的寻求，在中国古代"学而优则仕"的人们那里又何尝不是一种共相！

### 三、张载的《周礼》诠释

张载（1020—1077）字子厚，陕西凤翔郿县（今陕西郿县）横渠镇人，世称横渠先生。青年时代曾习兵法，欲结客收复洮西失地，又任崇文院校书等职。因讲学关中，其学派被称为关学。张载提出"太虚即气"的学说，肯定气是充塞宇宙之实体，气之聚散变化，形成各种事物现象，并以此反对佛老空无之说。《宋史》卷四二七有传。

张载于《周礼》无专书，然其《张载集》的"经学理窟"部分有"周礼"一类，于《周礼》的成书、性质、应用等皆有论说。

（一）论《周礼》之成书

西汉刘歆认为，《周礼》乃周公致太平之迹。张载亦认为《周礼》为周公所作，"然其间必有末世添入者"①。张载以《周礼》所记盟诅之事，对其成书加以说明。《周礼·秋官·司约》曰："凡盟诅，各以其地域之众庶共其牲而致焉。既盟，则为司盟共祈酒脯。"张载曰："如盟诅之属，必非周公之意。盖盟诅起于王法不行，人无所取直，故要之于神，所谓'国将亡，听于神'，盖人屈抑无所伸故也。如深山之人多信巫祝，盖山僻罕及，多为强有力者所制，其人屈而不伸，必诅咒于神，其间又有偶遇祸者，遂指以为果得伸于神。如战国诸侯盟诅，亦为上无王法。今山中人凡有疾者，专使巫者视之，且十人间有五人自安，此皆为神之力，如《周礼》言十失四已为下医，则十人自有五人自安之理。则盟诅绝非周公之意，亦不可以此病周公之法，又不可以此病《周

---

① （宋）张载著，章锡琛点校：《经学理窟·周礼》，《张载集》，中华书局1978年版，第248页。

礼》。"① 张载认为,《周礼》所记盟诅之事起于王法不行、人无所取直之时代,从事盟诅之事意在要之于神,与生活于山中之人相信巫祝的愿望相同;盟诅记载不可能出自周公,当出于后人之增入。

(二) 借《周礼》批判佛教

东汉后期,佛教传入中国,其精微的义理对于不少士大夫颇具吸引力。同时由于社会的动荡,普通百姓也愿意在佛教中寻得来世的盼望。佛教的传播,对于传统的儒学造成很大的冲击,从而引起了一些以儒学为本位的士大夫的警觉。从唐代开始,不少士大夫就起来反对佛教在中国的传播。如大文学家韩愈撰《论佛骨表》,公开反对佛教。不过韩愈对佛教仅有一般的感知,故其没有能从理论上反佛。北宋一些以儒学为本位的士人认识到只有构建更有理论高度的学说,才能使儒学在对抗佛教时立于不败之地。与很多宋代思想家的经历相似,张载年轻时亦曾泛滥佛老,最终却在研读儒家《六经》的过程中形成了自己的哲学体系,进而反对佛学。张载对佛教有精深之研究,故其与唐代韩愈反佛的前提是不同的。

张载在"三礼"诠释文字中,表达了他对佛教的不满。② 如张载通过《周礼》之诠释,以明儒、佛之区别,他说:"天官之职,须襟怀洪大方看得。盖其规模至大,若不得此心,欲事事上致曲穷究,凑合此心,如是之大必不能得也。释氏锱铢天地,可谓至大;然不尝为大,则为事不得,若界之一钱则必乱矣。至如言四句偈等,其先必曰人所恐惧,不可思议,及在后则亦是小人所共知者事。今所谓死,虽奴隶窃间岂不知皆是空!彼实是小人所为,后有文士学之,增饰其间,或引入《易》中之意,或更引他书文之,故其书亦有文者,实无所依取。庄子虽其言如此,实是畏死,亦为事不得。"③ 张载认为,《周礼》天官一职规模宏大、包罗全面,若非胸襟宏大之人是不能懂其中之蕴意的;释家论说天地,看上去很大,实则不然;佛法大意,必是先说那些恐惧的、深妙的、难以理解的佛理,或是说些稀奇少见的事情,然后再去说些人们都习以为

---

① (宋) 张载著,章锡琛点校:《经学理窟·周礼》,《张载集》,中华书局1978年版,第248页。

② 张载从哲学的高度反对佛教,如他积极构建气本论的哲学体系,从世界观的角度对佛教加以批判。本书重点探讨张载的"三礼"诠释与其反佛教之间的关系,至于其《易》之诠释与辟佛之间的关系,则不在本书探讨的范围之内。

③ (宋) 张载著,章锡琛点校:《经学理窟·周礼》,《张载集》,中华书局1978年版,第248—249页。

常的事情；释家谈生死、谈空，连在灶间做饭都可以拿来举例解说。在张载看来，佛经本属于小人之语，后来被文人雅士增订修饰，有的引用《周易》中的文字，有的引用他书中的文字，所以佛经看上去很有文采，实际上是没有依据的。平心而论，张载对佛教的批评与对《周礼》天官的称赞，带有很强的主观色彩。实际上，《周礼》天官布局之"大"与佛教所说天地之"大"本不相涉，二者不具有可比性。张载将二者相比较，意在扬儒而抑佛。

（三）借《周礼》倡导井田制

北宋中期，土地高度集中到大官僚、大地主的手中，很多农民丧失土地，贫富悬殊加大，从而造成严重的社会问题。很多思想家和政治家都看到了这一点，他们希望通过改革，改变土地高度集中的现象，缓和社会矛盾。如与张载同时代的政论家李觏据《周礼》，主张恢复西周的井田制，从而达到抑制土地兼并之目的。王安石据《周礼》颁布市易法、青苗法，以抑制豪强富商对农民、手工业者的盘剥。

张载对王安石颁布的"市易法"褒贬不一，他说："一市之博，百步之地可容万人，四方必有屋，市官皆居之，所以平物价，收滞货，禁争讼，是决不可阙。故市易之政，非官专欲取利，亦所以为民。百货亦有全不售时，官则出钱以留之，亦有不可买时，官则出而卖之，官亦不失取利，民亦不失通其所滞而应其所急。故市易之政，止一市官之事耳，非王政之事也。"① 张载认为，市易之法，官不失取利，民不失通其所滞而应其所急；不过市易法仅一市官之事，与"王政"尚有差距。张载所言"王政"，从经济制度上来说是井田制，从政治制度来说是封建制和宗法制。

张载对《周礼》所记载的井田制颇感兴趣，他说："治天下不由井地，终无由得平。周道止是均平。"② 又说："仁政必自经界始。贫富不均，教养无法，虽欲言治，皆苟而已。世之病难行者，未始不以亟夺富人之田为辞，然兹法之行，悦之者众，苟处之有术，期以数年，不刑一人而可复，所病者特上未之行尔。"③ 张载认为，北宋社会的主要问题是土地分配不均，时下紧要的，是推行西周的井田制，从而改变土地分配不均的现状。张载还预料，大部分人对井田

---

① （宋）张载著，章锡琛点校：《经学理窟·周礼》，《张载集》，中华书局1978年版，第249页。
② （宋）张载著，章锡琛点校：《经学理窟·周礼》，《张载集》，中华书局1978年版，第248页。
③ （宋）吕大临著，章锡琛点校：《横渠先生行状》，《张载集·附录》，中华书局1978年版，第384页。

制会表示满意,少部分人会表示反对,此举措若得以推行数年,便可获得良好的效果。

张载认为,实行井田制,首先要将土地收归国有,然后重新以田授民。他说:"井田至易行,但朝廷出一令,可以不笞一人而定。盖人无敢据土者,又须使民悦从,其多有田者,使不失其为富。借如大臣有据土千顷者,不过封与五十里之国,则已过其所有;其他随土多少与一官,是有租税人不失故物。治天下之术,必自此始。今以天下之土棋画分布,人受一方,养民之本也。后世不制其产,止使其力,又反以天子之贵专利,公自公,民自民,不相为计。"① 张载知道推行井田会损坏部分人的利益,这些人会起来阻扰土地的重新分配。鉴于此,张载建议,那些拥有较多土地者,土地重新分配以后可做土地的管理者,从而弥补他们的损失。张载试图通过这样的举措,从而减小井田制推行的阻力。

张载认为,井田制能否得到推行,与皇帝的支持密切相关。不仅张载如此,北宋时期的很多思想家都希望得到皇帝的信任,从而将自己的政治主张付诸实践,即所谓的"得君行道"。比如范仲淹将自己的理想寄托在仁宗的身上,王安石将理想寄托在仁宗和神宗身上。张载认为,井田制能否顺利推行,与君主的关系极大。他说:"人主能行井田者,须有仁心,又更强明果敢,及宰相之有才者。唐太宗虽英明,亦不可谓之仁主;孝文虽有仁心,然所施者浅近,但能省刑罚,薄税敛,不惨酷而已。自孟轲而下,无复其人。"② 张载认为,皇帝有仁心,才有决心推行井田制。张载对皇帝仁心的期许是很高的,在他看来,即使是汉文帝、唐太宗的作为,与其所说的仁心都还有差距。

在《经学理窟·周礼》中,张载对井田制有颇多论述,如他说:"一亩,城中之宅授于民者,所谓廛里,国中之地也。百家谓之廛,二十五家为里,此无征。其有未授闲宅,区外有占者征之,'什一使自赋'也。"③ "五亩,国宅,城中授于士者五亩,以其父子异宫,有东宫西宫,联兄弟也,亦无征。城外郭内授于民者亦五亩,于公无征。"④ "三百亩,田百亩、莱二百亩者,其征十二。

---

① (宋)张载著,章锡琛点校:《经学理窟·周礼》,《张载集》,中华书局1978年版,第249页。
② (宋)张载著,章锡琛点校:《经学理窟·周礼》,《张载集》,中华书局1978年版,第251页。
③ (宋)张载著,章锡琛点校:《经学理窟·周礼》,《张载集》,中华书局1978年版,第251页。
④ (宋)张载著,章锡琛点校:《经学理窟·周礼》,《张载集》,中华书局1978年版,第251—252页。

以莱田半见耕之田，通田莱三百亩，都计之得十二也。惟其漆林之征二十而五者，其上园地，近郊、远郊、甸、稍、县、都之漆林也。"① 张载于此提出的"廛"、"莱"、"近郊"、"远郊"、"甸"、"稍"、"县"、"都"等概念，皆源自《周礼·地官·小司徒》。

张载对《周礼》所记载的井田制有着真诚的迷信，当他"得君行道"的愿望破灭以后，就回到了家乡郿县，将自己的井田理论付诸实践，"纵不能行之天下，犹可验之一乡"②。据吕大临《横渠先生行状》记载，张载回乡后，"方与学者议古之法，共买田一方，画为数井，上不失公家之赋役，退以其私正经界，分宅里，立敛法，广储蓄，兴学校，成礼俗，救灾恤患，敦本抑末，足以推先王之遗法，明当今之可行"③。张载在家乡以礼化俗，意在重建伦理、收复人心。他曾告诉二程，自己所做的努力使"关中学者，用礼渐成俗"④。此所言"关中学人"，包括吕大临、吕大钧兄弟以及张载自己。他们在关中地区所做的努力，使当地逐渐形成了重礼尚礼的风气。

毫无疑问，张载在从事《周礼》诠释时主张推行井田制，有着很强的理想主义特质，在积弊甚多的北宋中期，这无疑是张载编织的无法实现的梦想。南宋朱熹评价张载之井田说曰："讲学时，且恁讲。若欲行之，须有机会。经大乱之后，天下无人，田尽归官，方可给与民。如唐口分世业，是从魏、晋积乱之极，至元魏及北齐、后周，乘此机方做得。荀悦《汉纪》一段正说此意，甚好。若平世，则诚为难行。"⑤ "这个事，某皆不曾敢深考。而今只是差役，尚有万千难行处，莫道便要夺他田，他岂肯！"⑥ 朱熹认为，在社会大乱之后，土地方可能重新分配，北宋中期社会积弊已久，张载的井田设想是"难

---

① （宋）张载著，章锡琛点校：《经学理窟·周礼》，《张载集》，中华书局1978年版，第253页。
② （宋）吕大临著，章锡琛点校：《横渠先生行状》，《张载集·附录》，中华书局1978年版，第384页。
③ （宋）吕大临著，章锡琛点校：《横渠先生行状》，《张载集·附录》，中华书局1978年版，第384页。
④ （宋）程颢、程颐：《河南程氏遗书》卷十《二先生语十》，王孝鱼点校：《二程集》，中华书局1981年版，第114页。
⑤ （宋）黎靖德编：《朱子语类》卷九十八，朱杰人等编：《朱子全书》（修订本）第17册，上海古籍出版社、安徽教育出版社2010年版，第3324—3325页。
⑥ （宋）黎靖德编：《朱子语类》卷九十八，朱杰人等编：《朱子全书》（修订本）第17册，上海古籍出版社、安徽教育出版社2010年版，第3325页。

行"、"万千难行"。

不过，对于张载推崇《周礼》所记之井田制，又不可简单地以"不识时务"、"食古不化"来简单地加以否定。否则就是缺乏历史地看问题的态度，对古人也就没有"同情"地理解了。

在中国古代，儒家经典的权威是不容挑战的，这就不难理解要谋求政治经济制度的变革或文化的创新时，宋儒都喜欢到古老的经典中去寻找制度资源和思想资源的现象了。北宋的范仲淹云："圣人法度之言存乎《书》，安危之几存乎《易》，得失之鉴在乎《诗》，是非之辩存乎《春秋》，天下之制存乎《礼》，万物之情存乎《乐》。"[1] 范仲淹认为，治国理政的理念、方法全备于圣人所定之《六经》，至于诸子和群史仅可作为参考而已。王安石变法，也是在《周礼》等儒家经典寻找思想资源和制度资源。张载乃一介书生，其既有士人的古典理想主义，又有对现实社会问题的敏锐洞察力。对于北宋中期土地兼并，释道蔓延，张载有着十分清醒的认识。对于社会问题的分析，张载受同时代"法先王"、"复三代"风气的影响颇大。[2] 张载对于儒家经典、"三代"理想社会有着真诚的迷信，他试图在人们所普遍认同的儒家经典和"三代"的理想社会中去寻找资源，从而解决当前的社会问题。而在北宋许多学者和政论家的眼中，井田制是周公设立的制度，是最理想的土地分配制度。[3] 在现实社会问题面前，士人们试图回溯"三代"的理想社会，以此来缓解社会问题，这是北宋中期一种普遍的士人心理。在张载看来，要解决土地集中的问题，周代的井田制无疑是最为理想的制度选择，要维系宗亲关系、维护儒家伦理，周代的

---

[1] （宋）范仲淹：《范文正集》卷九《上时相议制举书》，文渊阁《四库全书》第1089册，第647页。

[2] 向往三代之制，是北宋士大夫普遍的学术价值取向。朱熹曾说："国初人便已崇礼义，尊经术，欲复二帝三代，已自胜如唐人，但说未透在。"[黎靖德编：《朱子语类》卷一百二十九，朱杰人等编：《朱子全书》（修订本）第18册，上海古籍出版社、安徽教育出版社2010年版，第4020页] 余英时追溯宋朝"三代说"的缘起，判定"三代说"是宋代政治文化中的一种特有现象。这一风潮起于太宗，而盛于仁宗。仁宗时期，石介、尹洙、欧阳修等一大批仁人志士皆主张回复三代，其中李觏据《周礼》提出了系统的改革方案。[参见余英时：《朱熹的历史世界》（上），三联书店2004年版，第189—196页]

[3] 井田制是夏、商、周时期的土地国有制度。《周礼》、《孟子》中有井田制之记载，孟子还对井田制作了一番美化，故井田制逐渐成为士大夫心目中一种理想的土地分配制度。今人从各个角度对井田制作了研究，不少人认为井田制仅是乌托邦式的理想制度，有很多理想化成分。

宗法制无疑是最好的制度选择。因此，主张推行井田制，效法三代之理想社会，既是张载的社会理想，也是其士人良心的体现。

张载在《周礼》诠释时所展现的"法先王"、"复三代"理想，并不是要亦步亦趋地恪守先王之法、三代之制。张载说："时措之宜便是礼，礼即时措时中见之事业者。非礼之礼，非义之义，但非时中皆是也。……时中之义甚大，须是精义入神以致用，始得观其会通以行其典礼，此方是真义理也。行其典礼而不达会通，则有非时中者矣。"① 张载认为，古代的礼仪制度，今天不必完全照搬，重要的是明白圣人所制定的礼仪制度背后的意义，并结合社会现实加以调整，如此方能恰到好处。② 当然，与王安石相比，张载对于《周礼》等儒家经典的诠释显得较为"保守"。此所谓"保守"，即恪守经典记述的成分要多一些，而在变通的成分上要少一些。王安石在解决社会问题时亦常引经据典、称述先王，甚至采用《周礼》作为变法的理论依据。然而王安石毕竟是政治家，在政治现实层面，他必然要更多地考虑操作的可行性，他甚至不惜通过歪曲经典原义以钳反对者之口。王安石的《周礼》诠释，往往有《周礼》之名，而无《周礼》之实，尽管他不乏古典理想主义气质，然而在诠释以及操作过程中，与《周礼》已渐行渐远。王安石在对《周礼》等儒家经典进行诠释时的自由度更大，从而使得他的古典理想主义与现实主义实现了一定程度的结合。与王安石相比，张载的理想主义成分要多一些，他将解决现实问题的法宝几乎全部押在了他所尊崇的儒家经典之记述中，虽然其经典诠释的范围及解决社会问题的主张与王安石没有太大的区别，但是其产生的影响却比王安石变法要小得多。

---

① （宋）张载著，章锡琛点校：《横渠易说·系辞上》，《张载集》，中华书局1978年版，第192—193页。
② 北宋中期的士人虽然主张"师古"，但是他们并非亦步亦趋地照搬古代的制度。如对于古代的明堂制度，范仲淹曰："揖让而治天下者，明堂之谓也。惜乎三代以还，智者间出，诸儒靡协，议者喋喋，而皆胶其增损，忘礼乐之大本；泥于广狭，废皇王之大业。使朝廷茫然有逾远之叹，惘然有中辍之议。殊不知五帝非沿乐而兴，三王岂袭礼而至。为明堂之道，不必尚其奥，行明堂之义，不必尽其制。适道者与权，忘象者得意。大乐同天地之和，岂匏竹而已矣；大礼同天地之节，岂豆笾之云尔。"（范仲淹：《范文正集》卷一《明堂赋》，文渊阁《四库全书》第1089册，第554页）范氏认为，诸儒重视明堂制度之考证，而于明堂制度背后的礼乐大本、皇王大业却论之甚少。范氏主张"行明堂之义"、"不必尽其制"，否则所有的讨论都是毫无意义的腐儒之言。

### 四、王昭禹的《周礼》诠释

王昭禹,字光达,约北宋徽宗、钦宗时人。他所撰《周礼详解》四十卷,为后世习举业者所重视。《周礼详解》的内容和特点可从以下四个方面来看:

(一) 以文字字形释经

王安石新学对北宋中后期的经典诠释学产生了极深远的影响。① 安石重视经典之诠释,并好以文字的字形释字。安石曰:"惟知造文字,人惑鬼愁慑。秦愚既改皋,新盱仍易叠。六书遂失指,隶草矜敏捷。……东京一祭酒,收拾偶予慊。少尝妄思索,老懒因退怯。侯方习篆籀,寸管静尝屦。深原道德意,助我耕且猎。"② 其所撰《周官新义》之"新",主要是据《字说》以释经。在北宋中后期,安石新学的释经风格为不少学人所效法。王昭禹据《字说》释《周礼》,撰著《周礼详解》四十卷,丰富了新学的经典诠释内容。兹举数例以明之。

《周礼·天官·叙官》"惟王建国",王昭禹曰:"业格于上下谓之王,或而围之谓之国(國)。王者天下之利势,国者天下之利用,王之利势待国而后立,国之利用待王而后行。此六官之首,所以皆先言'惟王建国'。"③ 此是根据文字的字形释"王"、"国"二字。

《周礼·地官·大司徒》"园圃毓草木",王昭禹曰:"圃有樊蔽谓之园,园有众甫谓之圃,即《载师》所谓'场圃任园地'是也。枝叶上出而下幂者谓之木,蔓延而柔脆不能以自立者谓之草,草、木能自生而不能相毓,待园、圃而后毓。毓者,顺其性而养之也。"④ 此是根据文字的字形释"园"、"圃"、"草"、"木"四字。

《周礼·天官·大宰》"四郊之赋",王昭禹曰:"'郊'之字,以交从邑,与邑交故也。四郊者,近郊、远郊是也。"⑤ 此是根据文字的字形释"郊"字。

---

① 北宋熙宁四年(1071),朝廷下令废除旧的科考制度,转而推行重视义理的新的科考制度。王安石所设置的经义局撰《三经新义》,颁之太学,作为科举取士的标准。安石新学在北宋后期六十余年是处于独尊地位的官学,为天下士林所尊。南宋建立以后,安石新学受到冲击。不过作为一个学术流派,安石新学在南宋孝宗乾道(1165—1173)、淳熙(1174—1189)后才真正走向式微。南宋理宗淳祐(1241—1252)以后,安石新学才被彻底否定。
② (宋)王安石著,秦克等标点:《王安石全集》卷四十四《再用前韵寄蔡天启》,上海古籍出版社1999年版,第380页。
③ (宋)王昭禹:《周礼详解》卷一,文渊阁《四库全书》第91册,第201—202页。
④ (宋)王昭禹:《周礼详解》卷一,文渊阁《四库全书》第91册,第211页。
⑤ (宋)王昭禹:《周礼详解》卷一,文渊阁《四库全书》第91册,第212页。

《周礼·天官·大宰》"以九式均节财用",王昭禹曰:"'式'之字从弋从工,工者所以具人器也,弋者所以取小物也。工为取之小则用式,式非大者之事而大者用之,以为百官之所承,此以为天下之所准也。"① 此是根据文字的字形释"式"字。

《周礼·天官·大宰》"丧荒之式",王昭禹曰:"哭亡之谓丧,则川亡而草生之谓荒。"② 此是根据文字的字形释"丧"、"荒"二字。

《周礼·天官·大宰》"匪颁之式",王昭禹曰:"散其所藏曰匪,以等级之曰颁。故'匪'之字从匚,从非,言其分而非藏也。'颁'之字从分、从页,言自上而颁之下也。匪颁之用,缓于刍秣,故八曰'匪颁之式'。"③ 此是根据文字的字形释"匪"、"颁"二字。

《周礼·地官·掌节》"门关用符节,货贿用玺节,道路用旌节",王昭禹曰:"'玺'之字从尔从玉,盖无以辨物,欺之生也,故为玺信之。其字从土,于五常为信。从尔,则为辨物之我,不能辨物则为尔。以其不能辨物而虑其为欺,故以玺验而信之。然其字或从玉者,以玉为之故也,以玉孚尹旁达,瑕瑜并见,亦以信为验也。"④ 此是根据文字的字形释"玺"字。

《周礼·地官·均人》"均人掌均地政,均地守,均地职,均人民、牛马、车辇之力政",王昭禹曰:"'均'之字从土,从匀,远近多寡适于匀之谓也。均人于地政、地守、地职、力政,皆有以均之,使适于匀而已,故曰均人。"⑤ 此是根据文字的字形释"均"字。

《周礼·地官·贾师》"贾师各掌其次之货贿之治,辨其物而均平之",王昭禹曰:"平之从八、从弋、从丂,丂而别之,使一也。均之从匀,则远近多寡而适于匀矣。既均平之,然后为之展其成,以去其伪,奠其价,以去其欺,欺伪既去,然后可以令市矣。"⑥ 此是根据文字的字形释"平"、"均"二字。

《周礼·天官·医师》"医师掌医之政令,聚毒药以共医事",王昭禹曰:"'醫'之字从酉,酉阴中也,动与疾遇,所以醫能已。从矢,醫者疾也,如矢

---

① (宋)王昭禹:《周礼详解》卷二,文渊阁《四库全书》第91册,第214页。
② (宋)王昭禹:《周礼详解》卷二,文渊阁《四库全书》第91册,第214页。
③ (宋)王昭禹:《周礼详解》卷二,文渊阁《四库全书》第91册,第215页。
④ (宋)王昭禹:《周礼详解》卷十四,文渊阁《四库全书》第91册,第359—360页。
⑤ (宋)王昭禹:《周礼详解》卷十三,文渊阁《四库全书》第91册,第340页。
⑥ (宋)王昭禹:《周礼详解》卷十四,文渊阁《四库全书》第91册,第354页。

为之醫，使伤人者不得作。从殳者，疾作矣，攻而胜之。从酉者，酉时也。"①此是根据文字的字形释"醫"字。

《周礼·天官·大宰》"师以贤得民"、"儒以道得民"，王昭禹曰："众附而下焉谓之师，人皆需之谓之儒。"②此是根据字的点画释"师"、"儒"二字。

（二）引《老》、《庄》释经

新学学者对道家著作颇有研究，他们重视调和儒、道以及诸子百家之说，如陆佃曾亲撰《老子注》和《庄子注》。受新学之影响，王昭禹亦征引道家学说从事《周礼》之诠释。兹举数例以明之：

《周礼·天官·大宰》"以九式均节财用"，王昭禹曰："《书》曰'百官承式'，《老子》曰'知其白，守其黑，为天下式'是矣。若夫大者之事则从宜制节，式非所用矣。然则先王之为九式，凡委大宰均节财用而已，非大者之事也。《诗》曰'仪式刑文王之典'，则式之所载为有书矣。《老子》曰'圣人抱一为天下式'，则式之所丽为有数矣。"③王昭禹于此两次征引《老子》，以释《周礼》"九式"之"式"字。

《周礼·天官·宫正》"会其什伍而教之道艺"，王昭禹曰："首万物而为道，道显于事为艺，道在天则为阴阳，在地则为刚柔，在人则为仁义。艺则礼乐射御书数，而道之所寓也。《庄子》曰：'能有所艺者，技也。技兼于事，事兼于义，义兼于德，德兼于道。'然则道为艺之本，艺则其末也。道为艺之实，艺则其华也。先王教之道艺，欲其本末华实俱得也。"④王昭禹于此征引《庄子》，以释《周礼》"道艺"二字。

《周礼·天官·疾医》"以五味、五谷、五药养其病"，王昭禹曰："人之生也，精得于杳冥之中，气杂于芒芴之间，形具于物成之后。《易》曰'精气为物'，则精全而气从之，而精者气之本也。《庄子》曰'气变而有形'，则气聚而形从之，而形者气之舍也。"⑤王昭禹于此征引《庄子》，以释《周礼》疾医养病之原则。

《周礼·地官·乡大夫》"三年则大比，考其德行道艺而兴贤者能者"，王

---

① （宋）王昭禹：《周礼详解》卷五，文渊阁《四库全书》第91册，第253页。
② （宋）王昭禹：《周礼详解》卷二，文渊阁《四库全书》第91册，第217页。
③ （宋）王昭禹：《周礼详解》卷二，文渊阁《四库全书》第91册，第214页。
④ （宋）王昭禹：《周礼详解》卷四，文渊阁《四库全书》第91册，第240页。
⑤ （宋）王昭禹：《周礼详解》卷五，文渊阁《四库全书》第91册，第256页。

昭禹曰："盖务引其英才而教育之者，大人所以治民也。虽帝王之盛，而立三公，不必备，谓非大人不足以为之。故《老子》曰：'容乃公，公乃王。'其作人也，有教而无类，可谓能容矣。其取人也，有类而无方，可谓能公矣。"① 王昭禹于此引《老子》，以释《周礼》举贤才之原则。

《周礼·天官·大宰》"及执事眡涤濯"，王昭禹曰："涤濯，谓溉器所以致洁也。涤则以水荡垢污，与《老子》所谓'涤除玄览'之'涤'同。"② 王昭禹于此征引《老子》，以释《周礼》"涤濯"一词。

（三）略于训诂而详于解说

王昭禹解《周礼》"略于训诂而详于解说"③。兹举数例以明之：

《周礼·天官》"六曰夺以驭其贫"，王昭禹曰："予则以私恩予之，夺则以公义夺之。凡有位之臣，皆受诏于天子，虽小大尊卑之不等，无以分之，皆可为富。非王夺之，则无贫矣。此夺所以驭其贫。"④

《周礼·天官》"以八统诏王驭万民，一曰亲亲"，王昭禹曰："宗族兄弟，天属也，以天属者合之以天，宜致亲以亲之，故先王惇之以恩，叙之以礼，合之以饮食，同之以福禄。爱之所立，则必先于此，施之所行，则必始于此。如是，则亲者无失其为亲矣。亲亲，孝也，仁也，驭以亲亲，则民莫遗其亲，故尧亲九族，而黎民于变时雍。"⑤

《周礼·天官》"二曰敬故"，王昭禹曰："故，旧朋友人属也。以人属者合之以人，易失于慢而不敬，先王于是以燕饮致其恩，以宾射致其亲，久要而不忘，无故而不弃，所以敬之也，则故者无失其为故矣。敬故，仁也，义也，驭以敬故，则人莫慢其故。孔子曰：故旧不遗，则民不偷。民德归厚，良有由哉。"⑥

以上所举诸例，王昭禹既没有引用字书，亦没有引用其他经典，而是据己意以释经。其语言顺畅平实，易于为初学者所接受，故该书一出，即"为举子业者多用之"⑦。

---

① （宋）王昭禹：《周礼详解》卷十一，文渊阁《四库全书》第 91 册，第 322 页。
② （宋）王昭禹：《周礼详解》卷二，文渊阁《四库全书》第 91 册，第 221 页。
③ （清）陆心源：《仪顾堂续跋》卷二，《续修四库全书》第 930 册，第 218 页。
④ （宋）王昭禹：《周礼详解》卷一，文渊阁《四库全书》第 91 册，第 209 页。
⑤ （宋）王昭禹：《周礼详解》卷一，文渊阁《四库全书》第 91 册，第 209 页。
⑥ （宋）王昭禹：《周礼详解》卷一，文渊阁《四库全书》第 91 册，第 209 页。
⑦ （宋）陈振孙著，徐小蛮等点校：《直斋书录解题》卷二《礼类》，上海古籍出版社 1987 年版，第 45 页。

王昭禹《周礼详解》"阐发经义，颇有注疏所未及者"①。兹举数例以见之：

《周礼·地官·载师》："凡宅不毛者，有里布；凡田不耕者，出屋粟；凡民无职事者，出夫家之征。"郑司农云："玄谓宅不毛者，罚以一里二十五家之泉，空田者罚以三家之税粟，以共吉凶二服及丧器也。民虽有间无职事者，犹出夫税、家税也。夫税者，百亩之税。家税者，出士徒车辇，给徭役。"②王昭禹曰："地以草木为毛，谓五亩之宅不植，墙下以桑也，故罚之以里布。里，民居也，凡国宅无征，民居宜有征，但无布耳，以其不毛焉，然后使之有里布。《春秋传》曰'有者，不宜有也'，然则里布特使出之，故曰'有里布'者，先王所以惩游惰。季世则人人有之，此孟子所以欲廛无夫里之布也。夫民出耕而在田庐，入居而在里，则其屋有田，故以出粟。今不耕则就罚矣。夫田计屋而敛之，故谓之屋粟。无职事者，无九职、三事也。夫有丁则出夫征，有户则出家征，夫家征则均人，所谓人民、牛马、车辇之力政是也。屋粟、夫家之征，则夫人而有之，不以其不耕与无职事除之耳，有异于里布焉，故屋粟与夫家之征则曰出。"③关于"里布"和"屋粟"，历代经学家争议不断，没有定论。王昭禹于此对"里布"和"屋粟"所做之辨析，虽与郑司农之说有异，但仍可备一家之说。

王安石推行青苗法，依据的是《周礼》泉府、旅师之职掌。如《地官·司徒·泉府》："凡民之贷者，与其有司辨而授之，以国服为之息。"王安石释之曰："周人国事之财用，取具于息钱。"④"善为国者，不取于民而财用足。"⑤"泉府所言国之财用，凡以赊贷之息供之。"⑥王昭禹曰："赊之为民也，贷之为国也。以其为民，故无息焉，但各以其物为抵而已。以其为国，故不以物抵而责之以出息，必与有司辨而授之，则辨其可与而后授之，以有司能知其有无故也。以国服为之息，则各以其所服国事贾物为息也。若农以粟米，工以

---

① （清）丁丙：《善本书室藏书志》卷二，《续修四库全书》第927册，第178页。
② （清）阮元校刻：《十三经注疏（附校勘记）》，中华书局1980年版，第726页。
③ （宋）王昭禹：《周礼详解》卷十三，文渊阁《四库全书》第91册，第337页。
④ 程元敏：《三经新义辑考汇评（三）——〈周礼〉》上编《地官司徒二》，台湾编译馆1987年版，第212页。
⑤ 程元敏：《三经新义辑考汇评（三）——〈周礼〉》上编《地官司徒二》，台湾编译馆1987年版，第213页。
⑥ 程元敏：《三经新义辑考汇评（三）——〈周礼〉》上编《地官司徒二》，台湾编译馆1987年版，第212页。

器械，皆以其所有也。孟子曰：'使民盻盻然，将终岁勤动，不得以养其父母，又称贷而益之。'夫周之衰，不能为民正田制地，税敛无度，又从而贷之，则凶年饥岁无以为偿矣。下无以为偿，而上之人又必责之，则称贷之法岂特无补于民哉？求以国服为之息，则恐收还其母而不可得也。称贷之法虽存，其实异矣。"① 四库馆臣评王氏此说曰："然其发明义旨，则有不尽同于王氏之学者。……盖已目睹青苗之弊而阴破其说矣。"②

（四）法先王

王安石认为礼和法的根源是道。他说："惟道之在政事，其贵贱有位，其先后有序，其多寡有数，其迟数有时。"③ 王安石认为《周礼》出自周公，其所撰《周官新义》有对先王之法与圣人之道的尊崇。

受王安石的影响，王昭禹亦认为《周礼》为周公所作。他说："圣人为天下，而有治教礼政刑事。天地四时，道之所任，以致其用者也。六官圣人任以致其事者也。噫！六官之建，岂圣人之私智哉！实天理之所为也。由此以观，则礼之事虽显于形名度数之粗，而礼之理实隐于道德性命之微，即事而幽者阐，即理而显者微，然则礼其神之所为乎？夫神无在而无乎不在，无为而无乎不为，圣人立礼以为体，行礼以为翼，事为之制，曲为之防，亦神之无不在，无不为之意也。彼荀卿徒知礼为道之华，而不知为物之致，乃曰生于圣人之伪，又乌知礼意哉？"④ 王昭禹认为，天道自然，故圣人所制之礼、法亦合乎自然之道。其《周礼》诠释体现了对圣人之道的尊崇。在《周礼详解》中，王昭禹言必称"先王"。如其解《周礼·地官·大司徒》"正月之吉始和布治于邦国都鄙"，使用"先王"一词有四次。其释《周礼·天官·大宰》"祀大神示亦如之，享先王亦如之，赞玉几、玉爵"，使用"先王"一词达十次。

由于新学的《三经新义》在北宋中后期列为学官，故王昭禹的《周礼》学难以避开新学《周官新义》解经方法的影响。故王昭禹在诠释《周礼》经文时，重视以形体结构释字。这种释经的方法虽新，却多流于臆说，故为清代的汉学家所不齿。在晚清孙诒让《周礼正义》这本《周礼》学史上集大成之作

---

① （宋）王昭禹：《周礼详解》卷十四，文渊阁《四库全书》第91册，第356—357页。
② （清）永瑢：《四库全书总目》卷十九《经部·礼类一》，中华书局1965年影印本，第150页。
③ （宋）王安石著，秦克等标点：《王安石全集》卷三十六《周礼义序》，上海古籍出版社1999年版，第321页。
④ （宋）王昭禹：《周礼详解序》，《周礼详解》卷首，文渊阁《四库全书》第91册，第199页。

中，王昭禹的《周礼》解义没有受到重视也就不足为怪了。撇开汉学与宋学的立场，平心而论，王昭禹的《周礼详解》还是颇有创见的，南宋王与之撰《周礼订义》、林之奇撰《周礼讲义》时，皆大量引用王昭禹之说亦可说明这一点。清代四库馆臣认为王氏此书"不得以遵用新说，而尽废之也"①，可谓较客观的态度。

## 第二节 北宋《礼记》诠释名家名著

### 一、刘敞的《礼记》诠释

刘敞（1019—1068）字原父，号公是，北宋临江军新喻（今江西新余）人。庆历六年（1046）进士，授大理评事，通判蔡州。皇祐三年（1051）召试学士院，擢太子中允，直集贤院，第二年改判吏部南曹。至和元年（1054）迁右正言，知制诰。二年（1055）八月奉使契丹，使还，出知扬州，徙知郓州，兼京东西路安抚史。旋召还纠察在京刑狱。嘉祐五年（1060）因言事与台谏异，自请出知永兴军。八年（1063）还朝判三班院。后知汝州。治平三年（1066）改集贤院学士、判南京御史台。熙宁元年（1068）卒，年五十。刘敞学问渊博，为文敏赡。著有《公是集》及《春秋权衡》、《春秋传》、《春秋意林》、《春秋传说例》、《七经小传》、《公是先生弟子记》等。《宋史》卷三一九有传。

刘敞的《七经小传》以笔记的形式为《尚书》、《毛诗》、《周礼》、《仪礼》、《礼记》、《公羊传》和《论语》七种经书作新传。②其中为《礼记》作新传三十一则，包括：《曲礼上》二则，《曲礼下》二则，《檀弓上》二则，《檀弓下》三则，《王制》三则，《文王世子》二则，《郊特牲》一则，《玉藻》一则，《丧服小记》一则，《学记》一则，《乐记》三则，《杂记上》三则，《杂记下》一则，《丧大祭》一则，《祭义》一则，《中庸》一则，《表记》二则、《射义》一则。在这些《礼记》新传中，刘敞既疑《礼记》经文，又疑郑《注》。

此外，刘敞还有数篇关于《礼记》的论文保存于《公是集》。《公是集》

---

① （清）永瑢：《四库全书总目》卷十九《经部·礼类一》，中华书局1965年影印本，第150页。
② 刘敞于《周礼》、《仪礼》、《礼记》皆有新传，不过由于其对《礼记》所作的新传最具有代表性，故本书重点考察其对《礼记》所作的训释。

卷四六中的《疑礼》,是刘敞对《礼记》作者和成书的认识。《疑礼》又见于《江右文钞》卷一。刘敞撰《投壶义》,对《礼记》、《大戴礼记》所记载投壶礼的礼意加以阐发。《投壶义》见于《公是集》卷三七,又见《永乐大典》卷二二五七、《江右文钞》卷一。刘敞还撰《与为人后议》,见《公是集》卷四一,又见《江右文钞》卷一。

(一) 疑改《礼记》经文和郑《注》

刘敞疑《礼记》经文和郑《注》,并好以己意改经。今以刘敞的著述为主,结合清儒的意见,对刘敞疑改《礼记》经注的内容加以分析和讨论。①

1. 疑《礼记》经文

汉唐时期,《礼记》由"记"逐渐升格为"经",特别是唐代以《礼记正义》作为科考的标准后,《礼记》的权威性得到更多人的认可。然而刘敞却大胆怀疑《礼记》经文。

如《檀弓下》:"人喜则斯陶,陶斯咏,咏斯犹,犹斯舞,舞斯愠,愠斯戚,戚斯叹,叹斯辟,辟斯踊矣。"刘敞云:"按:人舞宜乐,不宜更愠,又不当渐至辟踊,此中间有遗文矣。盖本曰:'人喜则斯陶,陶斯咏,咏斯犹,犹斯舞,舞斯蹈矣;人悲则斯愠,愠斯戚,戚斯叹,叹斯辟,辟斯踊矣。'自喜而下,五变而至蹈;自悲而下,亦五变而至踊。所谓孺子慕者也。"②刘敞认为,"舞斯愠",在"舞斯"与"愠"之间,脱"蹈矣人悲则斯"六字。

清人对刘敞此论多有辨释,大致可以分为两派:

一派认为刘敞此处增字解经合理,持此论的有万斯大、江永。

万斯大云:"据本文是哀乐相生之序,但此章是论丧礼之踊。上文云'辟踊,哀之至也',哀亲之死,岂因乐极而生乎?诸家纷纷其说,未悟斯旨。孔《疏》云郑康成诸本,亦有无'舞斯愠'一句者,而刘敞欲于'犹斯舞'之下增'矣'字,而删'舞斯愠'三字,即孔《疏》意,此为可从。盖上文固言愠、哀之变也,此言辟踊始于愠,方与哀死意合。"③万斯大认为《檀弓下》此

---

① 刘敞以郑玄《礼记注》为考察对象,并多有疑义,这必然引起清代以许郑之学自居的汉学家们的注意。万斯大、惠栋、江永、翁方刚、孙希旦等人常以刘敞的结论为起点,进而展开论述。
② (宋)刘敞:《七经小传》卷中,文渊阁《四库全书》第 183 册,第 26 页。
③ (清)万斯大:《礼记偶笺》卷一,《丛书集成初编》第 1020 册,中华书局 1985 年版,第 17 页。

段文字前有"辟踊哀之至也"一语,刘敞增字,使辟踊始于愠之义得以呈现。

江永曰:"'舞斯愠',按:此句疑有误字。或是'舞斯蹈'对下文'辟斯踊',或是'忧斯愠'对上文'喜斯陶'。"① 按江永之意,此段经文应为"人喜则斯陶,陶斯咏,咏斯犹,犹斯舞,舞斯蹈;忧斯愠,愠斯戚,戚斯叹,叹斯辟,辟斯踊矣。"江永增字解经,与刘敞之说如出一辙,显然是受到了刘敞的启发。

另一派认为"舞斯愠"三字为衍文,刘敞增字解经不当,持此论的是惠栋和孙希旦。

如孙希旦云:"独'舞斯愠'一句在其中间,言哀乐循环相生之意,详文义,似不当著此。孔《疏》谓郑他本或无此句,或本系衍文,如陆氏之说与?"② 陆德明有"本或于此句上有'舞斯愠'一句并注皆衍文"之说,孙氏据之,认为"舞斯愠"三字系衍文。

惠栋的观点较孙希旦明确。惠氏曰:"栋谓刘氏之说是也,而以为中间有遗文者,非盖衍文也。案古本《礼记》无'舞斯愠'及注'愠犹怒也'七字,故陆氏《释文》云'此喜怒哀乐相对,本或于此句上有舞斯愠一句,并注皆衍文'。'喜则陶'以下叙乐之节也。'愠斯戚'以下叙哀之节也,文自相配,不须增入'人悲则斯愠'五字。古文文简而意备,非若后世之繁重也。《释文》具在,何不以取正之,而为是臆说耶?"③ 惠栋认为,虽然刘敞发现了《檀弓下》此处经义不通,但是其增字解经则是多余之举。惠氏认为,陆德明《释文》早已言"舞斯愠"及其注释为衍文,去"舞斯愠"三字及其注释,文义自通。

郭店楚简的出土,为解决学术公案提供了新证据。郭店简《性自命出》曰:"喜斯慆,慆斯奋,奋斯咏,咏斯犹,犹斯舞。舞,喜之终也。愠斯忧,忧斯戚,戚斯叹,叹斯辟,辟斯踊。踊,愠之终也。"④ 简文由"喜"到"陶",由"陶"到"奋",由"奋"到"咏",由"咏"到"犹",由"犹"到"舞",然后以"舞,喜之终也"作为小结;再由"愠"到"忧",由"忧"到"戚",由"戚"到"叹",由"叹"到"辟",由"舞"辟"踊",最后以"踊,愠之

---

① (清)江永:《礼记训义择言》卷一,文渊阁《四库全书》第128册,第324页。
② (清)孙希旦著,沈啸寰等点校:《礼记集解》卷十,中华书局1989年版,第272页。
③ (清)江永:《礼记训义择言》卷三,文渊阁《四库全书》第128册,第324页。
④ 荆门市博物馆编:《郭店楚墓竹简·性自命出》,文物出版社2002年版,第34—35页。

终也"作为结束语。而《檀弓下》由"舞"到"愠",缺乏逻辑,且与情不符。据简文,我们认为《经典释文》是正确的,《檀弓下》原文不当有"舞斯愠"三字。①

2. 疑郑《注》

自汉末以来,郑玄《礼记注》为学林所尊,少有异议。而刘敞则以理性的眼光审视之,并为《礼记》作新传。刘敞所作新传之"新"主要是与郑《注》为异。兹举数例以见之:

《檀弓上》:"圣人之葬人与?人之葬圣人也,子何观焉?"郑《注》:"与,及也。"②《檀公上》此之"与"字,郑玄视为连词。王肃云:"'圣人葬人与',属上句以言。若圣人葬人与,则人庶有异闻,得来观者;若人之葬圣人,与凡人何异,而子何观之?"③王肃此解以"与"为语助辞,与郑玄为异。孔《疏》已知王《注》合理,然囿于"疏不破注"之陈条,还是极力为郑《注》辩护。刘敞支持王肃之说,云:"与,语助辞。"④若依刘敞之说,此句断逗应为:"圣人之葬人与?人之葬圣人也,子何观焉?"刘敞支持王肃之说,不为孔《疏》所蔽,可见其经典诠释是颇有主见的。事实上,王肃之说的合理性,后来也得到了很多清儒的认可,如清人江永在训释《檀弓上》这段经文时云:"按:王肃说是。"⑤孙希旦云:"案:'与'字,郑《注》训为及,如字读,下属为句,故《释文》无音。王肃读平声,属上句,今从之。"⑥朱彬《礼记训纂》亦从之。⑦

《乐记》:"《清庙》之瑟,朱弦而疏越,壹倡而三叹,有遗音者矣。大飨之礼,尚玄酒而俎腥鱼,大羹不和,有遗味者矣。"郑《注》:"遗犹余也。"⑧孔《疏》:"此皆质素之食,而大飨设之,人所不欲也。虽然,有遗余之味矣,

---

① 彭林指出,《檀弓下》此段文字语意散乱,"舞斯愠"尤不可解。郭店楚简《性自命出》的相关记载与《檀弓下》所记略有不同,语意甚明,应以楚简为是。(参见彭林:《经田遗秉偶拾》,《学林漫录》第14辑,中华书局1999年版,第267—270页)
② (清)阮元校刻:《十三经注疏(附校勘记)》,中华书局1980年版,第1292页。
③ (清)阮元校刻:《十三经注疏(附校勘记)》,中华书局1980年版,第1292页。
④ (宋)刘敞:《七经小传》卷中,文渊阁《四库全书》第183册,第26页。
⑤ (清)江永:《礼记训义择言》卷二,文渊阁《四库全书》第128册,第318页。
⑥ (清)孙希旦著,沈啸寰等点校:《礼记集解》卷九,中华书局1989年版,第227页。
⑦ (清)朱彬著,饶钦农点校:《礼记训纂》卷三,中华书局1996年版,第115页。
⑧ (清)阮元校刻:《十三经注疏(附校勘记)》,中华书局1980年版,第1528页。

以其有德质素，其味可重，人爱之不忘，故云'有遗味者矣'。"①孔《疏》从郑《注》，训"遗"为"余"，其既言"质素之食"本为"人所不欲也"，又言"其味可重，人爱之不忘"。刘敞云："此皆言贵其本而忘其末也。遗者，忘也，弃也。《清庙》之瑟，美其德而忘其音；大飨之礼，美其敬而忘其味。"②刘敞训"遗"为"忘"、"弃"，将经文贵本轻末之义得以呈现。刘敞之训释，于古文献中有成例可寻，如《孝经·孝治》"昔者明王之以孝治天下也，不敢遗小国之臣"，此之"遗"即作"忘"讲。又如《孔子家语·五刑解》"斗变者，生于相陵；相陵者，生于长幼无序而遗敬让"，王引之云："上质贵本，故曰有进乎味。言进乎音，则所贵者不在音，故其乐之质素有遗忘乎音者矣。言进乎味，则所贵者不在味，故其礼之质素有遗忘乎味者矣。此谓不尚音与味，非谓其有余音余味也，不当如郑《注》所云。"③王引之训"遗"为"遗忘"，与刘敞之说如出一辙。

《曲礼下》："言谥曰类。"郑《注》："使大夫行，象聘问之礼也。'言谥'者，序其行及谥所宜，其礼亡。"④孔《疏》："'言谥'谓将葬，就君请谥也。……今案郑旨谓吉时遣大夫行则曰聘，今请谥使大夫不得曰聘，而名曰类，言类象聘而行此礼也。故云'言谥曰类'也。"⑤王肃曰："请谥于天子，必以其实为谥，类于平生之行也。"⑥何胤曰："类其德而称之，如经天纬地曰文也。"⑦郑、孔、王、何皆以"类"为"相似"之义，只不过郑、孔以"类"为类似聘问之礼，而王、何以"类"为类似平生德行。刘敞不同意前人于此"类"之解义，他说："'言谥曰类'，'类'当为'诔'，声误尔，谓诔而谥之也。"⑧其以此"类"为"诔"，"诔"系读音而误为"类"。何谓"诔"？《说文·言部》："诔，谥也。"段注："当云所以为谥也。"王筠云："皇侃《论语义疏》：'诔者，谓如今行状也。'"由此可知，"诔"可作"谥"讲。《礼记》中，"诔"字屡出，如《曾子问》"贱不诔贵，幼不诔长"，郑《注》："诔，累也，累列生时行迹，

---

① （清）阮元校刻：《十三经注疏（附校勘记）》，中华书局1980年版，第1529页。
② （宋）刘敞：《七经小传》卷中，文渊阁《四库全书》第183册，第28页。
③ （清）王引之：《经义述闻》卷十五，《续修四库全书》第174册，第613页。
④ （清）阮元校刻：《十三经注疏（附校勘记）》，中华书局1980年版，第1266页。
⑤ （清）阮元校刻：《十三经注疏（附校勘记）》，中华书局1980年版，第1267页。
⑥ （清）阮元校刻：《十三经注疏（附校勘记）》，中华书局1980年版，第1267页。
⑦ （清）阮元校刻：《十三经注疏（附校勘记）》，中华书局1980年版，第1267页。
⑧ （宋）刘敞：《七经小传》卷中，文渊阁《四库全书》第183册，第26页。

读之以作谥,谥当由尊者成。"① 又《檀弓上》"鲁哀公诔孔丘"。由此可见,"诔"乃累述死者功德,以事哀悼并定谥。依刘敞之说,"言谥曰类"之义为继位诸侯派人请求天子按功德为先君定谥号。刘敞训"类"为"诔",既有文献依据,经义亦可通,故可备一说。

刘敞疑郑《注》有过勇之处,如《曲礼下》:"执玉,其有藉者则裼,无藉者则袭。"郑《注》:"藉,藻也。裼、袭,文质相变耳。有藻为文,裼见美亦文。无藻为质,袭充美亦质。圭璋特而袭,璧琮加束帛而裼,亦是也。"② 何谓"藻"? 陆德明曰:"藻音早,本又作缫。"关于"缫"字,郑玄《仪礼·聘礼注》云:"杂采曰缫,以韦衣木板饰以三色,再就,所以荐玉重慎也。"③ 孔《疏》:"凡执玉之时,必有其藻,以承于玉。若尽饰见美之时,必垂藻于两端,令垂向于下,谓之'有藉'。当时所执之人,则去体上外服,以见在内裼衣,故云'有藉者则裼'也。其事质充美之时,承玉之藻,不使下垂,屈而在手,谓之'无藉'。当时所执之人,则掩其上服,袭盖裼衣,谓之'无藉者则袭'。"④ 郑、孔认为,"有藉"、"无藉",是指缫承玉时是否下垂的状态。刘敞云:"'执玉,其有藉者则裼,无藉者则袭',此直谓朝聘时耳。圭、璋、璧、琮、琥、璜,皆玉也。执璧、琮、琥、璜,则与帛、锦、绣、黼同升,所谓'有藉'。有藉则裼,裼者,礼差轻,尚文也。执圭、璋则特达,所谓'无藉'。无藉则袭,袭者,礼方敬,尚质也。裼、袭系于有藉、无藉,不系于有缫、无缫。又缫非藉,藉非缫。藉者,荐也;缫者,组也。礼之质文,以圭、璋、琥、璜为轻重,而不在一尺之组屈伸也。"⑤ 刘敞认同郑玄"裼袭文质相变"的观点,不过刘氏认为"有藉"之义为执璧、琮、琥、璜等玉器与帛、锦、绣、黼同升,"无藉"为执圭、璋时不与帛、锦、绣、黼同升。刘敞此说受到清人的重视,如万斯大云:"《仪礼·聘礼·记》曰'凡执玉,无藉者袭',此条盖即是语而申之。"⑥ 江永云:"按:《聘礼》,聘君以圭,聘夫人以璋,皆特达,无束帛以藉,其时使者袭,而君受玉亦袭。享君以璧,享夫人以琮,皆

---

① (清)阮元校刻:《十三经注疏(附校勘记)》,中华书局1980年版,第1398页。
② (清)阮元校刻:《十三经注疏(附校勘记)》,中华书局1980年版,第1256页。
③ (清)阮元校刻:《十三经注疏(附校勘记)》,中华书局1980年版,第1072页。
④ (清)阮元校刻:《十三经注疏(附校勘记)》,中华书局1980年版,第1256页。
⑤ (宋)刘敞:《七经小传》卷中,文渊阁《四库全书》第183册,第26页。
⑥ (清)万斯大:《礼记偶笺》卷一,《丛书集成初编》第1020册,中华书局1985年版,第3页。

有束帛藉之,其时使者裼,而君受玉亦裼。此经所谓'有藉''无藉'者,本谓此。"①朱彬《礼记训纂》采江永此说。②笔者认为,《仪礼》是"经",《礼记》是"记",万、江二氏据《仪礼·聘礼》所记载的"有藉"和"无藉"释《曲礼》,结论较为可靠。刘敞之疑的启示意义自不待言,然其解义没有文献依据,故有师心自说之嫌。

《曲礼上》:"太上贵德,其次务施报。"郑《注》:"太上,帝皇之世,其民施而不惟报。三王之世,礼始兴焉。"③刘敞曰:"太上者,致极之称,犹言大备全德之人也。全德之人,自得而已,夺之不以为损,予之不以为益,爱之不自以为仁,利之不自以为义,所谓不知有之者也。其次,夺之知损,予之知益,爱之为仁,利之为义,所谓亲之誉之者也。故施则必报,是以不可无礼也。自《礼记》、《左氏》、《老子》,凡所言太上者皆若此,系其人,不系其时。"④郑玄以"太上"为"帝皇"之世,"其次"为"三王之世";刘敞则认为"太上"是"大备全德之人","太上"指人而非时代。言下之意,"其次"则为"非大备全德之人"。据下文"礼尚往来,往而不来,非礼也;来而不往,亦非礼也"可知,此"其次"为制作交往之礼者,"务施报"为行交往之礼,《曲礼上》对"其次务施报"持肯定和赞赏的态度。若依刘敞之说,"其次务施报"是经文作者所反对的,这与经文原义不合。⑤

(二)考证礼制和阐发礼意

除了怀疑《礼记》经文和旧注,刘敞还对《礼记》所记礼制有所考证。如《文王世子》:"凡释奠者,必有合也,有国故则否。凡大合乐,必遂养老。"刘敞曰:"合谓合乐也。春释采,合舞。秋颁学,合声。释奠则并合之,以侑神也。有国故者,谓凶礼师旅也,惟是不合。"⑥此"释奠",乃设置脯醢菜酒

---

① (清)江永:《礼记训义择言》卷一,文渊阁《四库全书》第128册,第300页。
② 参见(清)朱彬著,饶钦农点校:《礼记训纂》卷二,中华书局1996年版,第52页。
③ (清)阮元校刻:《十三经注疏(附校勘记)》,中华书局1980年版,第1231页。
④ (宋)刘敞:《七经小传》卷中,文渊阁《四库全书》第183册,第26页。
⑤ (清)孙希旦云:"郑氏曰:大上,帝皇之世,其民施而不惟报。三王之世,礼始兴焉。愚谓太上,上古之时;其次,谓后王也。……然施之有报,乃理之当然,而情之不可以已者,故后王有作,制为交际往来之礼,称情立文,而礼制于是大备矣。"孙氏虽不同意郑《注》,但还是认为"太上"和"其次"当指时代,而非指人,并认为"施之有报"是礼的内容。(孙希旦著,沈啸寰等点校:《礼记集解》卷一,中华书局1989年版,第12页)
⑥ (宋)刘敞:《七经小传》卷中,文渊阁《四库全书》第183册,第27页。

供奉先圣以及先师。郑玄《注》曰:"国无先圣先师,则所释奠者当与邻国合也。若唐虞有夔、伯夷,周有周公,鲁有孔子,则各自奠之,不合也。"①郑玄认为,若本国没有先圣先师,那么则当与邻国合而祭之。刘敞不同意郑氏之说,他认为此"合"为"合乐"之意,正与"凡大合乐"义同。据刘敞此解,文义可通,故受到了后世学者的肯定,如朱熹云:"以下文考之,'有合'当为合乐。"②明人戴冠云:"经文既曰'必有合也',又曰'凡大合乐',则合是合乐无疑矣。谓合祭邻国之先圣先师者,非是。"③清人江永比较了郑《注》与刘敞、朱熹之说后,认为"当从刘氏朱子说"④。翁方刚、孙希旦等人亦是批评郑玄,而肯定刘氏之说。⑤

《礼记》、《大戴礼记》虽然记载了投壶礼的仪节,但是没有对投壶礼的意义加以阐发。为此,刘敞撰《投壶义》,对投壶礼的意义作了阐释:"古者投壶之礼,主人以宾燕而后投壶也。燕者,礼之轻者也。轻则易,易则亵,亵则慢。酒之祸,恒由此作。是以君子恶其亵以慢也,为壶矢以节其礼,全其欢也。君子之于人,苟有以欢之,必有以礼之;苟有以礼之,必有以乐之;苟有以乐之,必有以言之。宾者所法也,非法人也;所养也,非养人也。主人奉矢以亲之,言卑其身以事贤也。主人三请不怠,宾三辞不烦,尊礼重乐之义也。尊礼则敬矣,重乐则和矣。敬以和,故上下能相亲也。君子之所异乎人者,其惟易事而难说乎。不亵其接,所以致难说也。主人拜送,宾辞;宾拜受,主人辞。授受之礼也。授受者,人道之大也,不可以不敬也,拜以敬之也。胜饮,不胜者罚也。辞不曰罚,曰养,不尚人以胜也,不耻人以不能也。饮曰赐灌,不耻过也,不忌人以胜己也。故尚人以胜则矜,耻人以不能则怨,自耻其过则忿,忌人以胜也则怼,矜以怨,忿以怼,此辨讼之所由作也。胜者有爵,贵也;有马,富也。内不失其乐,外不失其功,然后富贵可保也。投顺为入,不顺,虽入不释,明顺而后有功也。"⑥刘敞认为,燕礼易轻慢,酒祸由此而生,

---

① (清)阮元校刻:《十三经注疏(附校勘记)》,中华书局1980年版,第1406页。
② (宋)卫湜:《礼记集说》卷五十一,文渊阁《四库全书》第118册,第73页。
③ (明)戴冠:《礼记集说辨疑》,《丛书集成初编》第1020册,中华书局1985年版,第6页。
④ (清)江永:《礼记训义择言》卷四,文渊阁《四库全书》第128册,第337页。
⑤ 参见翁方刚:《礼记附记》卷二,《丛书集成初编》第1022册,中华书局1985年版,第34页;又见孙希旦著,沈啸寰等点校:《礼记集解》卷二十,中华书局1989年版,第561页。
⑥ (宋)刘敞:《投壶义》,《公是集》卷三十七,文渊阁《四库全书》第1095册,第720—721页。

君子恶燕礼所生之轻慢，遂以投壶礼为之节，以全其欢。此是言投壶礼产生的原因。刘氏还认为，主人奉矢是卑身以事贤，主人三请、宾三辞是尊礼重乐，对于不胜者不"罚"而言"养"是不以胜为荣、不以不胜为耻。此是言投壶礼的意义。

在中国经学史上，一涉及疑经问题，刘敞必被提及，可见刘敞疑经影响之深远。如果仅从表象上看，刘敞疑经惑传与汉唐学人尊经风尚可谓背道而驰。然而从实质上来看，刘敞疑经惑传的动机却是尊经。刘敞尊崇儒家经典，认为儒家经典记载的是圣人之道。他说："圣人之政，吾非得亲见之也，而有礼存焉。圣人之言，吾非得亲闻之也，而有道存焉。"① 刘敞还认为经书乃君子修身行事之准则。他说："《礼》者德行之本也，《诗》者言语之本也，《书》者文学之本也，《春秋》者政事之本也。此四本者，君子之所尽心也。"②

刘敞的思路是，由于尊经，所以要疑经，疑经是为了更好地尊经。刘敞怀疑经书在传抄的过程中简文有讹脱衍倒，遂致他改经文和句读。刘敞认为郑玄《注》不尽合经义，遂致他撇开郑《注》而阐发新义。只有洞悉了刘敞疑经惑传的初衷，才能对其观点作出客观公允的评价。

刘敞对《礼记》经文旧注的疑改受到后世经学家特别是清儒的高度重视。清儒对刘敞之疑改内容作了重新审视，并在刘敞之说的基础上提出新的观点。清儒如江永、惠栋、翁方刚、孙希旦等人的《礼记》学著述中，常常可见"刘原父"、"刘氏"字样，可见刘敞《礼记》解义影响之深远。清人的论证告诉我们，刘敞对《礼记》经文旧注的疑改既有眼光独到之处，又有臆断的成分。刘敞疑《礼记》经文旧注的最大价值，在于他的发现。《礼记》经文有不连贯、于文义有不通者，汉唐近千年以来无异议，刘敞却看到了，这就是他最大的贡献。

至于刘敞解经方法和提出的解决方案，则是有得有失，需要具体看待。比如刘敞对《礼记》经文旧注的怀疑大多是建立在文献分析基础之上，故其方法还是笃实的，这与后来理学家以天道性命之学来改造《礼记》经文旧注的思路相去甚远。四库馆臣云："敞之谈经虽好与先儒立异，而淹通典籍，具由心得，究非南宋诸家游谈无根者比。故其文湛深经术，具有本原。"③ 在具体问题

---

① （宋）刘敞：《公是弟子记》卷四，文渊阁《四库全书》第 698 册，第 470 页。
② （宋）刘敞：《公是弟子记》卷一，文渊阁《四库全书》第 698 册，第 446 页。
③ （清）永瑢等：《四库全书总目》卷一百五十三《集部·别集类六》，中华书局 1965 年影印本，第 1316 页。

的考证上,刘敞也有所得。如其对《檀弓上》"与"字以及对《文王世子》"合乐"的解释,均可更正郑《注》孔《疏》之误。刘敞解经之失在于主观臆断、好以己意改经。永瑢云:"盖好以己意改经,变先儒淳实之风者,实自敞始。"①如其对《曲礼上》"太上"以及《曲礼下》"有藉"、"无藉"的理解,则属于臆断。

**二、李觏的《礼记》诠释**

李觏不仅重视《周礼》,而且十分重视《礼记》。李觏礼学思想体系之建构,与其对《礼记》的研究有着至为密切的关系。

(一) 以《礼记》构建礼学思想体系

在李觏的思想体系中,礼学思想占有十分重要的地位。李觏一生"学通《五经》,尤长于礼"②。"礼"在李觏的思想体系中居于核心的地位,贯穿着李觏学说的各个方面。李觏认为,礼乃仁、义、智、信之本,如果只知仁、义、智、信,而不知求之于礼,那只是"率私意,附邪说,荡然而不反,此失其本者也"③。因此,对李觏的礼学之探讨是把握其思想的关键。

李觏重视《周礼》,因为《周礼》可以作为阐发经世致用思想的资源。李觏重视《礼记》,是因为《礼记》义理性强,可满足构建礼学思想体系的需要。一些学者将李觏与荀子的《礼论》加以比较,认为李觏是继承和发展了荀子的礼学思想。④ 然而笔者通过研究发现,李觏《礼论》更多的是继承和发展了《礼记》的礼学思想。

在《礼论》七篇中,李觏多次引用《王制》、《中庸》、《乐记》、《郊特牲》、《月令》、《曲礼》、《丧服四制》、《礼运》中的内容,并加以解说和议论,而于《荀子》之篇目却不曾提及。此外,李觏在对礼之起源的论述上,也是以《礼记》为思想基础。从下面两段文字的比较可以清楚地看到这一点。《礼运》云:"夫礼之初,始诸饮食,其燔黍捭豚,污尊而抔饮,蕢桴而土鼓,犹若可以致

---

① (清) 永瑢等:《四库全书总目》卷三十三《经部·五经总义类》,中华书局1965年影印本,第270页。
② (宋) 罗伦:《建昌府重修李泰伯先生墓记》,《李觏外集》卷三,中华书局2011年版,第517页。
③ (宋) 李觏:《礼论第五》,《李觏集》卷二,中华书局2011年版,第12页。
④ 姜国柱《李觏的"礼论"思想》(《江汉论坛》1983年第6期)、赖井洋《略论李觏对荀子〈礼论〉的继承和发展》(《韶关大学学报》1999年第6期)亦持此论。

其敬于鬼神。及其死也，升屋而号，告曰'皋某复'，然后饭腥而苴孰，故天望而地藏也。体魄则降，知气在上，故死者北首，生者南乡，皆从其初。昔者先王未有宫室，冬则居营窟，夏则居橧巢。未有火化，食草木之实，鸟兽之肉，饮其血，茹其毛。未有丝麻，衣其羽皮。后圣有作，然后修火之利，范金合土，以为台榭、宫室、牖户，以炮以燔，以亨以炙，以为醴酪；治其麻丝，以为布帛。以养生送死，以事鬼神上帝。皆从其朔。"① 李觏云："夫礼之初，顺人之性欲而为之节文者也。人之始生，饥渴存乎内，寒暑交乎外。饥渴寒暑，生民之大患也。食草木之实、鸟兽之肉，茹其毛而饮其血，不足以养口腹也。被发衣皮，不足以称肌体也。圣王有作，于是因土地之宜，以殖百谷；因水火之利，以为炮燔烹炙。治其犬豕牛羊及酱酒醴酏，以为饮食。艺麻为布，缲丝为帛，以为衣服。夏居橧巢，则有颠坠之忧；冬入营窟，则有阴寒重腿之疾，于是为之栋宇。取材于山，取土于地，以为宫室。手足不能以独成事也，饮食不可以措诸地也，于是范金斲木，或为陶瓦，脂胶丹漆，以为器皿。"② 李觏认为，"礼"乃顺应先民的物质欲望、解决人们衣食住行等需要而产生的"节文"者。先民初生，饥欲食、渴欲饮、寒欲暖等生活方面的需求便应然而生，为了满足并节制人们的欲望，圣王才制定了礼。通过将《礼运》与李觏《礼论》中的这两段文字加以比较，可知二者在用词、行文及思想上都具有一致性。后者直接取材于前者没有疑义。③

在关于礼之范围的认识上，李觏不同意前人将礼与乐、刑、政、仁、义、智、信并列的传统提法，而以其他各条目均是"一本于礼"。李觏说："曰乐，曰政，曰刑，礼之支也。而刑者，又政之属矣。曰仁，曰义，曰智，曰信，礼之别名也。是七者，盖皆礼矣。"④ 有人发问："吾子之论乐、刑、政、仁、义、智、信咸统于礼也。其始得之于心与？抑尝闻圣人之言及此者与？"李觏曰：

---

① （清）阮元校刻：《十三经注疏（附校勘记）》，中华书局1980年版，第1415—1416页。
② （宋）李觏：《礼论第一》，《李觏集》卷二，中华书局2011年版，第6页。
③ 《荀子·礼论》云："礼起于何也？曰：人生而有欲，欲而不得，则不能无求，求而无度量分界，则不能不争。争则乱，乱则穷。先王恶其乱也，故制礼义以分之，以养人之欲，给人之求。使欲必不穷乎物，物必不屈于欲，两者相持而长，是礼之所起也。"有学者认为，李觏是继承和发展了荀子关于礼起源的思想。笔者认为，李觏与《礼运》不仅在礼的起源的思想上一致，而且在表述上也大体相同，因此，李觏关于礼起源的思想直接源于《礼运》，而非源于《荀子·礼论》。
④ （宋）李觏：《礼论第一》，《李觏集》卷二，中华书局2011年版，第5—6页。

"予闻诸圣人矣。《礼运》记孔子之言曰:'禹、汤、文、武、成王、周公,此六君子者,未有不谨于礼者也。以著其义,以考其信,著有过,刑仁讲让,示民有常。'其下文曰'礼者,君之大柄也。所以别嫌明微,傧鬼神,考制度,别仁义,所以治政安君也'。周公作六官之典,曰治典,曰教典,曰礼典,曰政典,曰刑典,曰事典,而并谓之《周礼》。今之《礼记》其创意命篇有不为威仪制度者,《中庸》、《缁衣》、《儒行》、《大学》之类是也。及其成书,总而谓之《礼记》。是其本传之者,亦知礼矣。"①李觏认为,他所说的礼统乐、刑、政、仁、义、智、信并非出于己意,而是得之于圣人。他引用《礼运》中的内容,认为《礼运》记孔子所言六君子均是谨于礼之人,礼乃国君手中之权柄,国君以礼别嫌疑,明隐微,敬鬼神,立制度,别仁义。礼是用来治国理政、保君安位的。李觏还认为,除开《中庸》、《缁衣》、《儒行》、《大学》以外,《礼记》其他篇目之记载均有关于礼仪制度。据李觏之意,正是由于圣人有所言,书中有所记,所以礼乃乐、刑、政、仁、义、智、信之本,其他各条目均是礼之别名。

《礼运》是《礼记》的第九篇,主要论述了礼的起源、发展、演变及作用,探讨了圣王制礼的依据、原则,以及礼与仁、义、乐的关系,特别强调了礼对于治理社会的意义。据《礼运》,可知礼的范围很广泛,礼的功能也很全面,仁、义等条目均涵纳于礼。李觏认为,礼与仁、义、乐是包涵与被包涵的关系,其文献依据仅限于此。李觏以《礼运》外的其他《礼记》篇目来论证礼的范围则失偏颇。除《礼运》外,《礼记》所记礼与乐并包涵与被包涵的关系。如《乐记》:"乐者,天地之和也。礼者,天地之序也。和,故百物皆化;序,故群物皆别。""乐也者,情之不可变者也,礼也者,理之不可易者也。乐统同,礼辨异。""乐者敦和,率神而从天;礼者别宜,居鬼而从地。故圣人作乐以应天,制礼以配地。礼乐明备,天地官矣。"《郊特牲》:"乐由阳来者也,礼由阴作者也,阴阳和而万物得。"《乐记》、《郊特牲》以礼和乐来概括事物之间互相依存的状态,礼与乐既相互对立,又相互统一,并非本与末的关系。

礼统仁、义、智、信是李觏礼学思想的重要内容。在《礼论》七篇中,李觏多处征引《礼记》中的内容,或遵从,或反驳,其取舍的标准皆以是否有利于建构礼统仁、义、智、信的礼学思想体系。当《礼记》中的内容与自己的

---

① (宋)李觏:《礼论第六》,《李觏集》卷二,中华书局2011年版,第19—20页。

礼学思想一致时，李觏便予以征引。有人问："仁义智信，疑若根诸性者也。以吾子之言，必学礼而后能乎？"李觏回答说："圣人率其仁、义、智、信之性，会而为礼，礼成而后仁、义、智、信可见矣。……圣与贤，其终一也。始之所以异者，性与学之谓也。《中庸》曰：'自诚明，谓之性；自明诚，谓之教。诚则明矣，明则诚矣。'自诚明者，圣人也；自明诚者，贤人也。"①《中庸》于此将圣人与贤人做了区分。李觏据此，认为"性"与圣人相关，"学"则与贤人相关，"性"与"学"相当于礼与仁、义、智、信的关系。《中庸》区分圣人、贤人的观点有利于阐发礼统诸端的礼学思想，故得到李觏的赞同。不过，李觏以区分圣贤引申出礼与诸端之关系，并非《中庸》文本原义。

当《礼记》经文及郑《注》不利于构建自己的礼学思想体系时，李觏便予以批评。有人问："《月令》之推五性亦然矣，如何？"李觏曰："《月令》之书，盖本于战国之时吕氏门人所作，至唐增修之，未足以观圣人之旨也。后之人见仁、义、礼、智、信列名而齐齿，谓五者之用，各有分区。故为仁、义、智、信则不取于礼，而任其私心为礼，则不能辨仁、义、智、信。但以器服物色，升降辞语为玩，以为圣人作礼之方，止于穷奢极富，炫人听览而已矣。"②《月令》将礼与仁、义、智、信相提并论，与李觏礼统诸端的观点不通，遂招致李觏的批评。

在《礼论》第五中，李觏曰："郑氏注《中庸》性命之说，谓'木神则仁，金神则义，火神则礼，水神则信，土神则智'，疑若五者并生于圣人之性，然后会而为法制。法制既成，则礼为主，而仁、义、智、信统乎其间，若君臣之类焉。"③又云："郑氏之学，其实不能该礼之本，但随章句而解之。句东则东，句西则西，百端千绪，莫有统率。故至乎性命之说，而广求人事以配五行，不究其端，不揣其末，是岂知礼也哉？"④《中庸》郑《注》将仁、义、礼、智、信相提并论，与李觏礼统诸端的思想不合。李觏遂驳郑《注》，为自己的礼学思想辩护。

在批评《礼记·乐记》的基础上，李觏对礼乐的功能作了讨论。有人问："《乐记》曰'圣人作乐以应天，制礼以配地，礼乐明备，天地官矣'。又以天

---

① （宋）李觏：《礼论第四》，《李觏集》卷二，中华书局2011年版，第11—12页。
② （宋）李觏：《礼论第五》，《李觏集》卷二，中华书局2011年版，第15页。
③ （宋）李觏：《礼论第五》，《李觏集》卷二，中华书局2011年版，第14—15页。
④ （宋）李觏：《礼论第五》，《李觏集》卷二，中华书局2011年版，第15页。

地卑高，动静方物，在天成象，在地成形，以为礼者，天地之别也。地气上齐，天气下降，阴阳相摩，天地相荡，雷霆风雨，四时日月，百化之兴，以为乐者，天地之和也。由此观之，则礼乐之比隆竞大，盖已著矣。而吾子统之于礼，益有疑焉？"李觏回答："彼以礼为辨异，乐为统同，推其象类，以极于天地之间，非能本礼乐之所出者也。礼也者，岂止于辨异而已哉？乐也者，岂止于统同而已哉？是皆见其一而忘其二者也。"①李觏认为，《乐记》所言"礼辨异"、"乐统同"并非礼乐的全部功能。李觏又曰："乐、刑、政各有其物，与礼本分局而治。十二管，五声八音，干戚羽旄，乐之物也；号令官府，军旅食货，政之物也；鈇钺刀锯，大辟、宫、刖、墨、劓、荆、鞭、扑、流、赎，刑之物也。是三者之物，与饮食、衣服、宫室、器皿、夫妇、父子、长幼、君臣、上下、师友、宾客、死丧、祭祀之目少异，故得谓之支而强其名也。夫仁、义、智、信岂有其物哉？总乎礼、乐、刑、政而命之，则是仁、义、智、信矣，故止谓之别名也。"②在李觏看来，乐、刑、政为礼之支，仁、义、智、信为礼之别名。从李氏所列乐、刑、政、仁、义、智、信的丰富内容来看，礼乐的功能远不止"辨异"和"统同"。

（二）以《礼记》为据阐发治世理论

李觏重视教化，其通过征引《礼记》等文献，成《教道》九篇。李觏征引《礼记·经解》来强调教化的重要性，他说："善观民者，见刑之不胜恶也，则反之曰是教之罪也。焉可以刑不胜恶而谓教益不可用也？譬诸人身，导养得理则无疾，疾作而后用药，药所以不胜病也。善观身者，见药之不胜病也，则反之曰是导养之失也。焉可以药不胜病而谓导养益不可用也？《记》曰：'昏姻之礼废，则夫妇之道苦，而淫辟之罪多矣。乡饮酒之礼废，则长幼之序失，而争斗之狱繁矣。丧祭之礼废，则臣子之恩薄，而倍死忘生者众矣。聘觐之礼废，则君臣之位失，诸侯之行恶，而倍畔侵陵之败起矣。故礼之教化也微，其止邪也于未形，使人日徙善远罪而不自知也。是以先王隆之也。'"③李觏援引《礼记·经解》，以婚礼、乡饮酒礼、丧祭之礼、聘觐之礼的丧失，从反面来说明古礼对于教化民众、安定百姓所具有的重要意义。

---

① （宋）李觏：《礼论第六》，《李觏集》卷二，中华书局2011年版，第18页。
② （宋）李觏：《礼论第五》，《李觏集》卷二，中华书局2011年版，第17页。
③ （宋）李觏：《安民策第一》，《李觏集》卷十八，中华书局2011年版，第174—175页。

在《教道第二》中，李觏论述了养老之礼对于教化之意义。他说："夫养老之礼，自古帝王未始不隆之也。《王制》曰：'凡养老，有虞氏以燕礼，夏后氏以飨礼，殷人以食礼，周人修而兼用之。五十养于乡，六十养于国，七十养于学，达于诸侯。''有虞氏养国老于上庠，养庶老于下庠。夏后氏养国老于东序，养庶老于西序。商人养国老于右学，养庶老于左学。周人养国老于东胶，养庶老于虞庠。虞庠在国之西郊。有虞氏皇而祭，深衣而养老。夏后氏收而祭，燕衣而养老。商人冔而祭，缟衣而养老。周人冕而祭，玄衣而养老。'凡四代之制虽时有改，然其道则莫之变也。"① 李觏援引《礼记·王制》于虞、夏、商、周养老礼之记载，意在说明养老礼于四代虽有变更，孝悌之道却始终如一。

在《教道第三》中，李觏论述了乡饮酒礼对于教化的作用，其佐证材料主要来自《礼记·乡饮酒义》和《礼记·经解》。李觏曰："《乡饮酒义》曰：'六十者坐，五十者立侍，以听政役，所以明尊长也。六十者三豆，七十者四豆，八十者五豆，九十者六豆，所以明养老也。民知尊长养老而后乃能入孝弟。民入孝弟，出尊长养老，而后成教，成教而后国可安也。'《经解》曰：'乡饮酒之礼废，则长幼之序失，而争斗之狱繁矣。'夫二人同居，亦一长一幼，如使幼皆顺长，则争何由兴？推此以及千万人，宜乎其狱讼之寡也。而况尊人之长，以及吾长，养人之老，以及吾老，则轻重可知矣。轻重可知，而不孝不弟者，其唯禽兽之心乎？若是，则教焉得不成，国焉得不安也哉！"② 李觏引《乡饮酒义》所记不同年龄的老人所受的礼遇，说明此礼的意义在于使民知孝悌，教化才能成，国才能安。李觏又引《经解》所记载的不行乡饮酒礼可能产生的后果，从反面说明乡饮酒礼的重要性。即若不行乡饮酒礼，民众则不孝不悌，与禽兽无异，教化不成，国不得安。

在《教道第四》中，李觏征引《礼记·大传》来论述敬宗收族、重宗尊祖对于敦化民俗的重要作用。他说："宗，继别为大宗，收族者也。大宗者，其先祖之负荷，族人之纪纲乎？《大传》曰：'别子为祖，继别为宗，继祢者为小宗。有百世不迁之宗，有五世则迁之宗，百世不迁者，别子之后也。宗，其继别子之所自出者，百世不迁者也。宗，其继高祖者，五世则迁者也。'别子

---

① （宋）李觏：《教道第二》，《李觏集》卷十三，中华书局2011年版，第117—118页。
② （宋）李觏：《教道第三》，《李觏集》卷十三，中华书局2011年版，第119页。

谓公子，若始来在此国者，后世以为祖也。别子之嫡子、嫡孙，世世继别子，为大宗，百世不迁。族人五世外者，皆为之齐衰三月，母妻亦然。故大宗有族食、族燕之礼，所以收族也。……故立大宗以承其祖，族人五世外皆合之宗子之家，序以昭穆，则是始祖常祀而同姓常亲也。"①李觏征引《大传》，意在说明通过宗法教育可使人不忘先祖、慎终追远、睦族孝亲；通过宗法教育，个人在社会中的贵贱、尊卑、长幼、亲疏关系和地位才能得到确立。

在《教道第八》中，李觏援征引《礼记·乐记》来论述音乐教化的重要作用。李觏曰："声之感人也，如水之激，如草之偃，自生民以来，莫之能免也。《乐记》曰：'志微噍杀之音作，而民思忧；啴谐慢易繁文简节之音作，而民康乐；粗厉猛起奋末广贲之音作，而民刚毅；廉直劲正庄诚之音作，而民肃敬；宽裕肉好顺成和动之音作，而民慈爱；流辟邪散狄成涤滥之音作，而民淫乱。'先王慎所以感之者，故禁其淫、过、凶、慢之声。而舞人又取卿大夫子有中和祗庸孝友之德者，是声与人无不正也。声与人无不正，则闻之且见之者，焉得不正乎？"②李觏征引《乐记》，认为好音乐可使人向善的方向发展，邪荡的音乐则可能对人造成负面的影响。此乃先王禁淫、过、凶、慢之声的原因。

在《教道第九》中，李觏征引《王制》、《文王世子》来说明世子教育的重要意义。他说："师保诏王以善，谏王之恶，王者既立乎无过之地矣。又使教养国子，而世子与焉，是策之上也。《王制》曰：'乐正崇四术，立四教，顺先王《诗》、《书》、《礼》、《乐》以造士。春秋教以《礼》、《乐》，冬夏教以《诗》、《书》。王太子，王子，群后之太子，卿大夫元士之嫡子，国之俊选皆造焉。'则古之教人者，世子无不在也。《文王世子》曰：'行一物而三善皆得者，唯世子而已，其齿于学之谓也。故世子齿于学，国人观之曰：将君我而与我齿让，何也？曰：有父在则礼然，然而众知父子之道矣。其二曰：将君我而与我齿让，何也？曰：有君在则礼然，然而众著于君臣之义也。其三曰：将君我而与我齿让，何也？曰：长长也，然而众知长幼之节矣。故父在斯为子，君在斯谓之臣，居子与臣之节，所以尊君亲亲也。故学之为父子焉，学之为君臣焉，学之为长幼焉。父子君臣长幼之道得而国治。'夫将以宗庙社稷属之，可不教

---

① （宋）李觏：《教道第四》，《李觏集》卷十三，中华书局 2011 年版，第 119—120 页。
② （宋）李觏：《教道第八》，《李觏集》卷十四，中华书局 2011 年版，第 124—125 页。

乎?"① 世子即天子诸侯之嫡长子。李觏征引《王制》于教学参与者之记载,认为天子诸侯的嫡长子需要在国学中学习。李觏还征引《文王世子》于世子"序齿"教育之记载,认为世子教育可使人知父子之亲、君臣之义、长幼之序。

李觏通过征引《礼记》的《王制》、《经解》、《乡饮酒义》、《大传》、《文王世子》等篇目中的内容,从而说明教化的重要性,并指出实现教化的途径。李觏征引《礼记》所记古昔圣贤之说,并非是发掘经典之原义,而是将圣贤之说作为自己思想的注脚。

(三) 李觏《礼记》诠释的特色

郑玄《礼记注》重视文字训诂和礼制考证。汉唐以后,治《礼记》者无不受郑玄的影响。李觏的《礼记》诠释则摆落汉唐,自创新义。其特点主要体现在以下三个方面:

第一,李觏很少从文献的角度从事《礼记》经文之诠释。李觏所关注的,并不是《礼记》的文字训诂,而是礼意的阐发。《礼记》义理性较强,迎合了李觏构建礼学体系的需要。如果说刘敞的《礼记》诠释还具有汉学特征的话,那李觏的《礼记》诠释则是完全脱离汉学,走上了宋学义理解经之路。

第二,李觏对《礼记》经文多有新解。虽然李觏并未明言自己是在否定《礼记》旧注,但是其解义已经在事实上否定了旧注。作为一个擅长以义理解经的学者,李觏的《礼记》诠释有着独特的视角,其于《礼记》之解义,虽然在文献学上的价值不大,但是从学术思想史的角度来看还是有其时代的合理性。

第三,李觏是政论家,其著述仅仅是手段,最终的目的是经世致用。汉唐学人重视《礼记》经文之训诂、名物制度之考证;宋代理学家则以《礼记》为资源来建立理学体系,阐发天道性命之说。李觏的《礼记》诠释,既无汉学家们的详密考证,又无哲学体系之建构,他所在意的,是利用《礼记》来阐发礼学、政治、经济及教化思想。李觏对《礼记》之诠释是从两个维度展开的:若《礼记》之记载有助于建构自己的礼学思想体系,则予以征引;若《礼记》之记载与他的礼学思想不符,则予以批判。由此可见,李觏对《礼记》的征引和论说,仅仅意在使《礼记》成为自己学说的佐证。

**三、王安石的《礼记》诠释**

从目录和相关著作的著录来看,王安石的《礼记》学著作有《礼记要义》

---

① (宋) 李觏:《教道第九》,《李觏集》卷十四,中华书局 2011 年版,第 125—126 页。

## 第一章 北宋"三礼"诠释名家名著研究

和《礼记发明》两种。南宋赵希弁《郡斋读书志附志》卷五载王安石有《礼记要义》二卷,南宋卫湜《礼记集说》的"集说名氏"载王安石有《礼记发明》一卷。赵希弁、卫湜只记书名,不记版刻。明代朱睦㮮《授经图义例》卷二十载王安石有《礼记要义》二卷、《礼记发明》一卷,也不言二书的版刻。以汇录经籍版本丰富著称的《经义考》于卷一四一亦仅著录"王氏安石《礼记发明》一卷"、"《礼记要义》二卷",俱云"未见",可见两书散佚已久。

清乾隆四十三年(1778),永瑢校阅《礼记集说》时云:"《礼记集说》一百六十卷,宋卫湜撰。湜字正叔,吴郡人。其书始作于开禧、嘉定间,自序言'日编月削,几二十余载而后成'。……绍定辛卯,赵善湘为锓版于江东漕院。越九年,湜复加核订,定为此本。自作前序、后序,又自作跋尾,述其始末甚详。盖首尾阅三十余载,故采摭群言最为赅博,去取亦最为精审。自郑《注》而下,所取凡一百四十四家,其他书之涉于《礼记》者,所采录不在此数焉。今自郑《注》、孔《疏》而外,原书无一存者。朱彝尊《经义考》采摭最为繁富,而不知其书与不知其人者,凡四十九家,皆赖此书以传,亦可云礼家之渊海矣!"①"采摭最为繁富"的《经义考》和搜罗天下群书的《四库全书》的编者,皆未见世间有王安石《礼记要义》、《礼记发明》二书的刊行,而且断定《礼记集说》所取包括王安石《礼记发明》在内的一百四十四家,除郑《注》、孔《疏》以外,"原书无一存者",可见王安石《礼记要义》和《礼记发明》早已散佚。

王安石一生著述甚丰,然而由于北宋末年的党派之争以及后世的毁誉之论,其著作散佚颇多。自近代以来,陆续有学者从经籍中辑出王安石的《易解》、《三经新义》、《老子注》、《字说》中的佚文,然而迄今尚没有王安石《礼记》学的辑本面世。② 为了能够复原王安石的佚书《礼记发明》,笔者曾按照辑佚书的一般原则,依据南宋卫湜的《礼记集说》、元代吴澄的《礼记纂言》、

---

① (清)永瑢等:《四库全书总目》卷二十一《经部·礼类三》,中华书局1965年影印本,第169页。

② 如刘成国辑得《易解》七十八条佚文,参见刘成国:《荆公新学研究·附录》,上海古籍出版社2006年版,第278—304页;容肇祖有《王安石老子注辑本》(中华书局1979年版);蒙文通《道书辑校十种》亦收王安石《老子注》佚文多条,参见蒙文通:《道书辑校十种》,巴蜀书社2001年版;张宗祥有《熙宁字说辑》,现存浙江图书馆;程元敏在《四库全书》本之基础上另辑有《三经新义辑考》,由台湾编译馆于1987年出版;邱汉生辑有《诗义钩沉》二十卷,由中华书局于1982年出版。

明代胡广所编《礼记大全》、清代乾隆年间的《钦定礼记义疏》、清纳兰性德的《陈氏礼记集说补正》等著述，从中采辑王安石《礼记》训释六十二条，合为一编，以见王安石《礼记发明》之梗概。①

(一) 对《礼记》文本的重新诠释

王应麟云："自汉儒至于庆历间，谈经者守训故而不凿，《七经小传》出而稍尚新奇矣，至《三经义》行，视汉儒之学若土埂。"②自北宋庆历年间开始，疑经惑传之风气盛行于学界。王应麟于此特别提到了王安石，因为其对于北宋学风的转变产生了深远的影响。王安石认为，汉唐经学之失在于治学方法不妥，即拘泥于家传师说，恪守章句，与圣人传授之意相悖。他说："古之学者，虽问以口，而其传以心；虽听以耳，而其受以意。故为师者不烦，而学者有得也。孔子曰：'不愤不启，不悱不发，举一隅不以三隅反，则不复也。'夫孔子岂敢爱其道，骜天下之学者，而不使其早有知乎！以谓其问之不切，则其听之不专；其思之不深，则其取之不固。不专不固，而可以入者，口耳而已矣。吾所以教者，非将善其口耳也。孔子没，道日以衰熄，浸淫至于汉，而传注之家作。为师则有讲而无应，为弟子则有读而无问。非不欲问也，以经之意为尽于此矣，吾可无问而得也。岂特无问，又将无思。非不欲思也，以经之意为尽于此矣，吾可以无思而得也。夫如此，使其传注者皆已善矣，固足以善学者之口耳，而不足善其心，况其有不善乎？宜其历年以千数，而圣人之经卒于不明，而学者莫能资其言以施于世也。"③王安石抛弃了汉唐时期繁冗的章句之学，以注解的形式阐发思想，自出新义。其所撰《礼记发明》，从书名"发明"二字就可知其《礼记》诠释之目的在于获取新义。

汉唐经学家秉承注不驳经、疏不破注的原则，把经书的一些理想化记载当作事实看待。王安石则从情理出发，对这些理想化的记载作了重新审视和拷问并提出新见。兹举数例以明之：

《王制》云："乐事劝功，尊君亲上，然后兴学。"王安石曰："'乐事劝功，尊君亲上，然后兴学'，礼乎？曰：学者，先王之所以教，有教然后使人能乐

---

① 参见潘斌：《王安石佚书〈礼记发明〉辑考》，《古代文明》2010年第2期。
② (宋) 王应麟：《困学纪闻》卷八《经说》，《四部丛刊三编》第3册，上海商务印书馆1935年影印本，第21—22页。
③ (宋) 王安石著，秦克等标点：《王安石全集》卷三十三《书〈洪范传〉后》，上海古籍出版社1999年版，第301页。

事劝功，尊君亲上。教成然后立学，似非先王之法也。孔子谓富而后教之者，民窭于衣食，固不可驱而之善也。故富之者，王道之始。虽然，所以教者未尝待民以大富足之后乃始兴之也，随其力之厚薄，势之缓急，而为之礼，皆所以教之也。教不可以一日废，则学不可一日亡于天下也。"① 王安石认为，"乐事劝功"、"尊君亲上"、"然后兴学"不符合先王之道；不是要等富裕后才兴办教育，要根据人之力量的大小、情势的缓急而推行教育，教育不可一日缺失，学习也不可一日荒废。

《王制》云："千里之外设方伯，五国以为属，属有长。十国以为连，连有帅。三十国以为卒，卒有正。二百一十国以为州，州有伯。"王安石曰："千里之外设方伯，方伯连帅，固宜有之。五国、十国、三十国亦宜或然也。但州必二百一十国，恐不必然也。"② 王安石认为，千里之外设方伯，方伯连帅，五国、十国以及三十国，此皆可为事实；然言州必二百一十国，则是夸大之辞，并非历史事实。

王安石对《礼记》所记礼制之诠释时与旧注有异。兹举数例以明之：

《曲礼下》："大夫士去国，逾竟，为坛位，乡国而哭，素衣、素裳、素冠，彻缘，鞮屦、素簚，乘髦马，不蚤翦，不祭食，不说人以无罪，妇人不当御，三月而复服。"孔《疏》云："此大夫士三谏而不从，出在竟上。大夫则待放，三年听于君命，若与环则还，与玦便去。……若士不待放，临去皆行此礼也。"③ 王安石云："孔氏云'大夫三年待放竟上，士不待放'，恐无此礼。孔子屡仕屡去，岂常行待放之礼乎？或者古之大夫有得罪，被放于竟上三年，而后听其去者乎？故季孙请因于费以待察，《春秋》有放大夫之文，盖缘此礼也。又三谏不从则去，亦不可必以为常。要之，三谏不从而不能去，则苟禄者也。如孔子去国乃，未尝一谏也。且待放得环则还，是以待放要君耳。三谏不从，以为不合，则可以去，虽有庶几其君或改之心。如孟子三宿然后出昼可也，何待三年？"④ 王安石认为，《春秋》虽有放大夫之记载，然非常礼；孔子、孟子皆曾去国，而未待放境上三年，故大夫三年待放境上之礼纯属子虚乌有。清人孙希旦赞同王安石此说，曰："王安石曰：孔氏云'大夫三年待放竟上'，

---

① （宋）卫湜：《礼记集说》卷三十二，文渊阁《四库全书》第117册，第664页。
② （宋）卫湜：《礼记集说》卷二十六，文渊阁《四库全书》第117册，第532页。
③ （清）阮元校刻：《十三经注疏（附校勘记）》，中华书局1980年版，第1258页。
④ （宋）卫湜：《礼记集说》卷十一，文渊阁《四库全书》第117册，第219页。

'士不待放',恐无此礼。……愚谓大夫待放之说,出于《公羊》,然《春秋》二百四十年间,大夫之去国者多矣,未闻有待放三年而后去者。孔子去鲁,曰'迟迟吾行也'。孟子去齐,三宿而后出昼。以道去君者,宜无如孔孟,亦未闻其待放三年而后去者也。孟子之告齐宣王曰:'谏行言听,膏泽下于民。有故而去,则君使人导之出疆;去三年不反,然后收其田里。'古之去国者,其君臣相与有礼,不过如此,则其去固不俟三年,而必无待放竟上,赐环则还、赐玦则去之事矣。"① 孙希旦批驳了孔氏之说,维护了王安石之论。

《王制》:"天子百里之内以共官,千里之内以为御。"孔《疏》:"百里之内者,谓去王城百里,四面相距则二百里;经云千里之内以为御者,谓四面相距为千里,去王城四面五百里。"② 孔子认为此恐是周礼,出自周代。王安石驳孔《疏》曰:"此一说亦不知是何时,于他经亦不见。其有此,恐于事亦难如此,盖当合王府之财而通其调乃可也已。"③ 王安石认为,既然此制度于他经无载,故尚难断定此制度出自何时。

王安石对《礼记》所蕴含礼意的阐释与旧注有异。兹举数例以明之:

《曲礼上》:"三赐不及车马。"郑《注》曰:"三赐,三命也。凡仕者,一命而受爵,再命而受衣服,三命而受车马。车马,而身所以尊者备矣。卿、大夫、士之子不受,不敢以成尊比逾于父。天子、诸侯之子不受,自卑远于君。"④ 郑玄认为,因为子不敢成尊逾于父,故天子、诸侯、卿、大夫、士之子不受车马。王安石驳郑《注》曰:"'三赐不及车马',若以为有辞逊之心而终必受之,则虽不为人子不害辞逊。若以为人子则辞逊而不敢受,则舜亦人子,而未尝辞百官、牛羊、仓廪之奉也。车服爵命,所以序功德,天下之公义,古今之达礼。苟当其功,苟称其德,虽人子弟有辞逊之心,而终必不敢不受,以申其逊弟之志者,不以小廉小逊害天下之大公也。凡礼有辞逊之文者,以难进易退为道也,辞逊自是君子之常,岂系为人子哉?"⑤ 王安石认为,车服爵命用以序功德,只要与功德相称,人子以辞逊之心受之无可厚非。清人江永赞同王氏此说,曰:"疑此不及车马,亦谓受之而不敢用耳。若天子之赐,又爵秩所

---

① (清)孙希旦著,沈啸寰等点校:《礼记集解》卷五,中华书局1989年版,第119—120页。
② (清)阮元校刻:《十三经注疏(附校勘记)》,中华书局1980年版,第1325页。
③ (宋)卫湜:《礼记集说》卷二十六,文渊阁《四库全书》第117册,第531页。
④ (清)阮元校刻:《十三经注疏(附校勘记)》,中华书局1980年版,第1233页。
⑤ (宋)卫湜:《礼记集说》卷三,文渊阁《四库全书》第117册,第67页。

当得，岂容独辞而不受耶？"① 江永认为，若是天子之赐，又是爵秩所当得，则车马可受。②

《曲礼上》："赐人者不曰来取，与人者不问其所欲。"郑《注》曰："与人不问其所欲，己物或时非其所欲，将不与也。"③ 郑玄认为，赠人礼物，首先要询问对方是否有需要，若对方无需要，则不必赠之。王安石出新解曰："'赐人者不曰来取，与人者不问其所欲'，为人养廉也。"④ 王安石认为，不问是否有需要而赠人以礼，意在养廉，而防生贪欲之心。王安石此说对清人颇有启发，如江永云："临川王氏云：'为人养廉也。'陈氏云：'赐者君子，与者小人。'朱氏云：'君子有守，必将之以理，小人无厌，必节之以礼。'按：尊者曰赐，敌者曰与。王氏为人养廉之说甚善。陈氏、朱氏之说，则因《玉藻》赐君子与小人不同日而误。彼所谓与者，连及之辞，非谓君子曰赐、小人曰与也。"⑤ 孙希旦曰："王安石曰：为人养廉也。吕氏大临曰：赐人者使之来取，人之所难取也。与人者问所欲，人之所难言也。赐之而难取，与之而难言，非所以惠人之道也。……愚谓君子多自好，故赐之不曰'来取'，所以养其廉。小人多苟得，故与之不问其所欲，所以节其贪。"⑥ 江永、孙希旦与王安石之说如出一辙，由此可见王安石此说之深远影响。

《檀弓上》："曾子之丧，浴于爨室。"郑《注》："见曾元之辞易箦，矫之以谦俭也。礼，死浴于适室。"⑦ 孔《疏》："此一节论曾子故为非礼以正其子也。……曾子达礼之人，应须浴于正寝，今乃浴于爨室，明知意有所为。"⑧ 王安石驳郑《注》、孔《疏》曰："此自元申失礼于记，曾子无遗言，郑何以知其矫之以谦俭也？"⑨ 王安石认为，此失礼之举乃曾子之子曾元所为，并非曾子故意为之。王安石此说对后世有影响深远，如元代陈澔曰："《士丧礼》'浴于適室'，无浴爨

---

① （清）江永：《礼记训义择言》卷一，文渊阁《四库全书》第128册，第292页。
② 王安石、江永于此疑"三赐不及车马"，可备一说。此外，吕大临、朱熹、孙希旦、王引之、朱彬等人于"三赐不及车马"亦有不同的理解。
③ （清）阮元校刻：《十三经注疏（附校勘记）》，中华书局1980年版，第1249页。
④ （宋）卫湜：《礼记集说》卷七，文渊阁《四库全书》第117册，第151页。
⑤ （清）江永：《礼记训义择言》卷一，文渊阁《四库全书》第128册，第298—299页。
⑥ （清）孙希旦著，沈啸寰等点校：《礼记集解》卷三，中华书局1989年版，第78页。
⑦ （清）阮元校刻：《十三经注疏（附校勘记）》，中华书局1980年版，第1281页。
⑧ （清）阮元校刻：《十三经注疏（附校勘记）》，中华书局1980年版，第1281页。
⑨ （宋）卫湜：《礼记集说》卷十六，文渊阁《四库全书》第117册，第339页。

室之文。旧说曾子以曾元辞易箦,矫之以谦俭,然反席未安而没,未必有言及此,使果曾子之命,为人子者亦岂忍从非礼而贱其亲乎? 此难以臆说断之,当阙之。"① 陈澔此说显然受到了王安石的启发。明代胡广修《礼记大全》、清人李光坡撰著《礼记述注》、鄂尔泰等奉敕编《礼记义疏》皆采陈氏之说。②

《檀弓下》:"延陵季子适齐,于其反也,其长子死,葬于嬴、博之间。孔子曰:'延陵季子,吴之习于礼者也。'往而观其葬焉。其坎深不至于泉,其敛以时服,既葬而封,广轮掩坎,其高可隐也。既封,左袒,右还其封且号者三,曰:'骨肉归复于土,命也。若魂气则无不之也,无不之也。'而遂行。孔子曰:'延陵季子之于礼也,其合矣乎。'" 孔《疏》云:"今季子长子之丧而左袒者,季子达死生之命,云骨肉复归于土,不须哀戚,以自宽慰,故从吉礼也。左袒讫,乃右而围绕其封,兼且号哭而绕坟三匝也。"③ 依孔氏之意,经文"右还其封且号者三"应为一句,延陵季子号哭并绕坟三圈。王安石出新解曰:"先王之制,为长子三年服之,如此其重,则其哀戚不可不称是也。三号而遂行,哀不足矣。孔子曰:'丧事不敢不勉。'又曰:'丧不若礼不足而哀有余也。'谓其葬,于礼为合尔。称其合于礼,所以讥其哀不足也,哀不足则不可谓仁矣。延陵之言,盖老庄之徒也。或曰而遂行者,君命不可缓也。君命亦不可若此其急也,不若此其急,则命废乎? 不废,则少辽缓之,何为而不可得也?"④ 王安石认为,"右还其封且号者三",断逗应为"右还其封,且号者三",此段经文之义即延陵季子绕坟,并且号哭三次;根据丧服制度,为长子服丧三年,延陵季子三号而行,不足以体现哀戚之情。王安石进一步推断,延陵季子之作为不符合礼制,对于延陵季子,孔子的态度是讥讽而非称赞。清人对王安石此说不予认同,如江永曰:"吴氏云:'右还其封且号者三,八字为一句。'王氏以此为'哀不足',盖误分一句作两句读,遂误解耳。"⑤ 孙希旦云:"右还者,季子在墓道东,西面,又转而南行,又转而北行而绕之也。右绕其封且号者三,

---

① (元)陈澔:《礼记集说》卷二,文渊阁《四库全书》第121册,第713页。
② 参见胡广《礼记大全》卷三、鄂尔泰《钦定礼记义疏》卷十、李光坡《礼记述注》卷三。关于《檀弓上》此段经文之义,各家意见不一,尚无定论。如江永、孙希旦认为曾子所为并非为矫子谦俭,此必传闻之误,可参见孙希旦《礼记集解》卷七、江永《礼记训义择言》卷二。李调元仍支持郑、孔之说,可参见李调元《礼记补注》卷一。
③ (清)阮元校刻:《十三经注疏(附校勘记)》,中华书局1980年版,第1314页。
④ (宋)卫湜:《礼记集说》卷二十三,文渊阁《四库全书》第117册,第459页。
⑤ (清)江永:《礼记训义择言》卷三,文渊阁《四库全书》第128册,第326—327页。

谓还绕其封且号哭者凡三匝而止,以将还吴而与之诀也。……季子在途葬其子,其视常礼,盖有所杀矣,故孔子善其合礼而不质言,正以见其能随时斟酌而得乎礼意也。"①

对于《礼记》经文,王安石主张义理推求,进而得出新的解义。如其不信汉唐经学家之说,对《王制》所记制度进行重新审视。《王制》所记载的多属于理想化的政治模式,而非史实。王安石认为《王制》的记载"于人情似不合"、②"恐于事亦难如此"③,其以己意解经的倾向昭然若揭。

(二)借《礼记》阐发思想

王安石有着的古典理想主义的特质,他借《礼记》之诠释,从而阐发崇圣复古思想。其在训释《礼记》时多使用"先王"一词,体现的正是他的这一思想倾向。如《檀弓下》:"战于郎,公叔禺人遇负杖入保者息,曰:'使之虽病也,任之虽重也,君子不能为谋也,士弗能死也。不可。我则既言矣。'与其邻重汪踦往,皆死焉。鲁人欲勿殇重汪踦,问于仲尼,仲尼曰:'能执干戈以卫社稷,虽欲勿殇也,不亦可乎?'"王安石曰:"以此知先王制礼,大为之防,而事有常变,不可以常礼制之者,可变而从宜也,小德出入可也。"④安石认为,先王制礼,意在为人行事立定规则。

《礼运》:"后圣有作,然后修火之利,范金合土,以为台榭、宫室、牖户,以炮以燔,以亨以炙,以为醴酪,治其麻丝,以为布帛,以养生送死,以事鬼神上帝,皆从其朔。"王安石曰:"皆从其初,皆从其朔,或言初,或言朔,何也?初者,一始而不可变;朔则终而复始。故于始诸饮食则言初,于后圣有作则言朔,盖先王为后世所因,乃其所以为朔也。"⑤王安石言先王当为后世所效法。

《王制》:"乐事劝功,尊君亲上,然后兴学。"王安石云:"'乐事劝功,尊君亲上,然后兴学',礼乎?曰:学者先王之所以教,有教然后使人能乐事劝功,尊君亲上。教成然后立学,似非先王之法也。"⑥王安石认为此段经文记载

---

① (清)孙希旦著,沈啸寰等点校:《礼记集解》卷十一,中华书局1989年版,第294—295页。
② (宋)卫湜:《礼记集说》卷二十四,文渊阁《四库全书》第117册,第491页。
③ (宋)卫湜:《礼记集说》卷二十六,文渊阁《四库全书》第117册,第531页。
④ (宋)卫湜:《礼记集说》卷二十二,文渊阁《四库全书》第117册,第445页。
⑤ (宋)卫湜:《礼记集说》卷五十四,文渊阁《四库全书》第118册,第139页。
⑥ (宋)卫湜:《礼记集说》卷三十二,文渊阁《四库全书》第117册,第664页。

与先王之法不合。

王安石虽然主张"法先王",但绝非亦步亦趋地效法和模仿。王安石认为法先王当法其意,他说:"以今之世,去先王之世远,所遭之变、所遇之势不一,而欲一二修先王之政,虽甚愚者,犹知其难也。然臣以谓今之失,患在不法先王之政者,以谓当法其意而已。夫二帝三王,相去盖千有余载,一治一乱,其盛衰之时具矣。其所遭之变,所遇之势,亦各不同,其施设之方亦皆殊,而其为天下国家之意,本末先后,未尝不同也。臣故曰:当法其意而已。法其意,则吾所改易更革,不至乎倾骇天下之耳目,嚣天下之口,而固已合乎先王之政矣。"①"当法其意",即效法先王为天下国家之意,唯有如此,才符合先王本意。

王安石《礼记》之诠释,尊崇周公和周礼的倾向颇为明显。如《礼运》:"孔子曰:'……鲁之郊禘,非礼也,周公其衰矣。'"王安石云:"鲁有周公之功而用郊,不亦可乎?鲁之郊也,可乎?曰:有伊尹之心,则放其君可也,有汤武之仁,则绌其君可也,有周公之功,用郊不亦宜乎?"②郊礼祭天,被历代统治者所看重。王安石认为,鲁国若有周公之功,就可以行郊祭。由此可见,王安石对周公之尊崇态度。

《檀弓》:"悬子琐曰:'吾闻之,古者不降,上下各以其亲。滕伯文为孟虎齐衰,其叔父也;为孟皮齐衰,其叔父也。'"郑《注》云:"古谓殷时也,上不降远,下不降卑。"③王安石云:"亲亲之敝,君不尊则命不一,而争夺之祸繁矣,故继之以尊尊。尊尊,周道也,亲亲,殷道也。"④王安石认为,不降上下为殷礼,属于"亲亲"的范畴;"亲亲"之弊是"君不尊则命不一,而争夺之祸繁";仅有亲亲,君上的地位难以彰显,政令不能统一,争夺之祸就会发生;周礼讲"尊尊",君尊臣卑,上下有等,"亲亲"之弊则可避免。王安石贬抑"亲亲",而推崇"尊尊",出于他对周礼的尊崇态度。

王安石还以《礼记》为资源讨论性情。宋初胡瑗、晁说之等人已注意到了《中庸》的心性资源,但是没有受到当时人的重视。当王安石的《淮南杂

---

① (宋)王安石著,秦克等标点:《王安石全集》卷一《上皇帝万言书》,上海古籍出版社1999年版,第1页。

② (宋)卫湜:《礼记集说》卷五十五,文渊阁《四库全书》第118册,第150页。

③ (清)阮元校刻:《十三经注疏(附校勘记)》,中华书局1980年版,第1291页。

④ (宋)卫湜:《礼记集说》卷十八,文渊阁《四库全书》第117册,第384页。

说》问世以后，学林风气为之一变。蔡卞《王安石传》云："宋兴，文物盛矣，然不知道德性命之理。安石奋乎百世之下，追尧舜三代，通乎昼夜阴阳所不能测而入于神。初著《杂说》数万言，世谓其言与孟轲相上下。于是天下之士始原道德之意，窥性命之端。"① 蔡卞乃安石女婿，此记载难免有溢美之辞。不过借此可知安石对性命之学颇有一番研究。安石所言性命之学影响深远，苏轼曾云："昔王衍好老庄，天下皆师之，风俗凌夷，以至南渡。王缙好佛，舍人事而修异教，大历之政，至今为笑。故孔子罕言命，则为知者少也。子贡曰：'夫子之文章，可得而闻也，夫子之言性与天道，不可得而闻也。'夫性命之说，自子贡不得闻，而今之学者，耻不言性命，此可信也哉！今士大夫至以佛老为圣人，粥书于市者，非庄老之书不售也，读其文，浩然无当而不可穷，观其貌，超然无著而不可捉，岂此真能然哉？"②

王安石的著述如《淮南杂说》、《性情》、《原性》、《性说》、《性论》、《扬孟》、《答王深甫书二》皆言性命之理。今天研究王安石性命之说者，所依据的文献也仅限于此。实际上，王安石的性命之说还见于其《礼记发明》。③

王安石依据《中庸》，从两个维度对性情之来源作了阐释：

首先，以《中庸》为思想资源论性情之起源。王安石曰："人之生也，皆有喜、怒、哀、乐之事，当其未发之时谓之中者，性也，能发而中喜、怒、哀、乐之节谓之和者，情也。后世多以为性为善而情为恶，夫性、情一也，性善则情亦善，谓情而不善者，说之不当而已，非情之罪也。《礼》曰：'人生而静，天之性也，感物而动，性之欲也。'则是中者，性之在我者之谓中，和者，天下同其所欲之谓和。夫所谓大本也者，性非一人之谓也，自圣人愚夫皆有是性也。达道也者，亦非止乎一人，举天下皆可以通行。致中和，天地位焉，万物育焉，此论中和之极，虽天地之大亦本中和之气。天位于上，地位于下，阳气下降，阴气上蒸，天地之闲薰。然春生夏长，而万物得其生育矣，《易》曰：'天地交而万物生。'其中和之致也。"④ 王安石认为，性是"当其未发之时谓

---

① （宋）赵希弁：《郡斋读书后志》卷二，文渊阁《四库全书》第674册，第394页。
② （宋）苏轼：《议学校贡举状》，《苏轼文集》卷十九，曾枣庄、舒大刚编：《三苏全书》第11册，语文出版社2001年版，第435—436页。
③ 参见刘成国《荆公新学研究》第三章第二节以及第五章第三节对王安石的性命之学作了较为全面的探讨，不过其所据材料没有涉及《礼记发明》。
④ （宋）卫湜：《礼记集说》卷一百二十四，文渊阁《四库全书》第120册，第42页。

之中者",情是"能发而中喜怒哀乐之节谓之和者",性是"未发",情是"已发",二者分别属于心理活动的不同阶段。这与安石在《性情》中的观点如出一辙。① 王安石还对性情的来源作了追溯,他说:"人受天而生,使我有是之谓命,命之在我之谓性。不唯人之受而有是也,至草木、禽兽、昆虫、鱼鳖之类,亦禀天而有性也。"② 由此可见,王安石在《中庸》的启发下,还将超越的"天"作为性情的来源。王安石从超越的角度论性情起源,与宋初以来佛教心性论的影响有很大关系。

其次,以《中庸》为资源论人性。王安石云:"盖君子养性之善,故情亦善;小人养性之恶,故情亦恶。"③ 王安石受孟子性善论的影响,更多地强调性善,④ 他说:"然性果何物也?曰:善而已矣。性虽均善,而不能自明,欲明其性,则在人率循而已,率其性不失,则五常之道自明。然人患不能修其五常之道以充其性,能充性而修之,则必以古圣贤之教为法。而自养其心,不先修道,则不可以知命。《易》曰:'穷理尽性以至于命。'《易》何以不先言命,而此何以首之?盖天生而有是性,命不修,其道亦不能明,其性,命也,是《中庸》与《易》之说合。此皆因中人之性言也,故曰:'自诚明谓之性;自明诚谓之教。'夫教者在中人,修之则谓之教,至于圣人,则岂俟乎修而至也?若颜回者,是亦中人之性也,唯能修之不已,故庶几于圣人也。"⑤ 王安石认为,圣人之性纯全,故不需要教化;对于普通人来说,只有通过教化,天所赋之性才能显明。

### 四、王安石后学的《礼记》诠释

北宋时期王安石创立的学派,学术界一般称之为"荆公新学",又简称为"新学"。新学初步形成于宋仁宗后期,当时有一部分青年学子从王安石游。安石执政后,设局修经义,不少学者参与其事,成为其学派中人,新学遂为官方之学。从安石执政直至北宋灭亡前的近六十年里,新学基本上统治了当时的思

---

① 王安石云:"喜、怒、哀、乐、好、恶、欲未发于外而存于心,性也;喜、怒、哀、乐、好、恶、欲发于外而见于行,情也。"(王安石著,秦克等标点:《王安石全集》卷二十七《性情》,上海古籍出版社1999年版,第234页)
② (宋)卫湜:《礼记集说》卷一百二十三,文渊阁《四库全书》第120册,第16页。
③ (宋)王安石著,秦克等标点:《王安石全集》卷二十七《性情》,上海古籍出版社1999年版,第235页。
④ 王安石学术与《孟子》关系密切,其所著《淮南杂说》就是拟孟之作。
⑤ (宋)卫湜:《礼记集说》卷一百二十三,文渊阁《四库全书》第120册,第16页。

想界。新学经学著作,如《三经新义》、《字说》、《易解》、《论语解》、《孟子解》等,通行于科举考场,为学子所宗。新学学派的成员,除了王安石外,还有王雱、吕惠卿、蔡卞、常秩、陆佃、蹇序辰、邓洵武、方悫、龚原、许允成、马希孟、沈括、王子韶、章惇、蔡京、陈祥道等。在这些学者中,陆佃、方悫、马希孟对《礼记》颇有研究,且有相关文字流传至今。

陆佃(1042—1102),字农师,号陶山,越州山阴(今浙江绍兴)人。神宗熙宁三年(1070)进士,授蔡州推官。补国子监直讲,加集贤校理、崇政殿说书,同修起居注。元丰定官制,擢中书舍人、给事中。哲宗时迁吏部侍郎,以修《神宗实录》,徙礼部,进权礼部尚书。出知颖、江宁、泰、海、蔡等州府。徽宗即位,召为礼部侍郎,迁吏部尚书。建中靖国元年,拜尚书右丞,迁左丞。崇宁元年(1102),以名在党籍,罢知亳州,数月卒,年六十一。有《陶山集》二十卷,已佚,清四库馆臣据《永乐大典》辑为十六卷。并有《埤雅》、《尔雅新义》、《鹖冠子注》、《春秋后传》、《礼象》、《礼记解》、《老子注》、《庄子注》等著作。《宋史》卷三四三有传。《宋史·艺文志》载陆佃有《礼记解》四十卷。不过此书早已散佚,唯卫湜《礼记集说》多有征引。卫湜《集说》保留陆佃《礼记》解义多达九百四十五则,借这些解义,可窥陆佃《礼记》诠释之特点。

方悫,字性夫,宋桐庐(今属浙江)人。政和八年(1118)进士,官至礼部侍郎。关于方悫《礼记解》的撰写,陈振孙《直斋书录解题》云:"《礼记解》二十卷,新安方悫性夫撰。政和二年表进,自为之序。以王氏父子独无解义,乃取其所撰《三经义》及《字说》,申而明之,著为此解,由是得上舍出身。其所解文义亦明白。"① 卫湜《礼记集说》"集说名氏"亦云:"方氏、马氏及山阴陆氏三家,书坊锓板传于世。方氏最为详悉,有补初学,然杂以《字说》,且多牵合,大为一书之累,间有与长乐陈氏《讲义》同者。方自序亦谓诸家之说,于王氏有合者,悉取而用之,则其说不皆自己出也。马氏、陆氏皆略,马氏《大学解》又与蓝田吕氏同。"② 又云:"以上解义,唯严陵方氏、庐陵胡氏始末全备,自余多不过二十篇,或三数篇,或一二篇,或因讲说,仅

---

① (宋)陈振孙著,徐小蛮等点校:《直斋书录解题》卷二《礼类》,上海古籍出版社1987年版,第48页。
② (宋)卫湜:《礼记集说》卷首《礼记集说名氏》,文渊阁《四库全书》第117册,第14页。

十数章。"① 此书已佚。卫氏撰《礼记集说》时，采择方悫《礼记》解义多达一千五百八十九则。借这些解义，可窥方悫《礼记》诠释之特点。

马希孟，字彦醇，宋庐陵（今属江西）人，熙宁六年（1073）进士。《直斋书录解题》卷二云："《礼记解》七十卷，马希孟彦醇撰。未详何人，亦宗王氏。"② 朱熹云："方、马二解，合当参考，尽有说好处，不可以其新学而黜之。"③ 卫湜《礼记集说》"集说名氏"云："方氏、马氏及山阴陆氏三家，……马氏、陆氏皆略。"④《经义考》卷一四一云"未见"。卫湜《礼记集说》采择马希孟《礼记》解义六百一十五则。借这些解义，可窥马希孟《礼记》诠释之特点。

（一）补旧注之不备

《礼记》郑《注》简奥，孔《疏》虽详，然未备者甚多，讹误者也不少。故针对郑《注》、孔《疏》之不备，宋人作了一些补充。

首先是对郑《注》、孔《疏》所未关注者加以诠释。如《曲礼上》："邻有丧，舂不相；里有殡，不巷歌。"郑《注》："助哀也。相，谓送杵声。"⑤ 孔《疏》于此无解。方悫曰："除丧而后祥，故未祥之前通谓之有丧。启殡而后葬，故未葬之前通谓之有殡。于邻言有丧，舂不相，则有殡可知。于里言有殡，不巷歌，则有丧可知。舂犹不相，则不巷歌可知。不巷歌，则容或相舂矣。五家为邻，五邻为里，邻近而里远，邻寡而里众，近而寡者其情昵，远而众者其情疏，故哀不能无轻重浅深之别焉。"⑥ 方悫既对"有丧"、"有殡"加以诠释，又对"邻有丧舂不相"与"里有殡不巷歌"之关系作了辨析。方悫此之解义，受到孙希旦的赞同："愚谓方氏之说皆是，惟云'里言有殡，不巷歌，则有丧可知'，尚未当。盖里有殡，不巷歌，则既葬之后，歌或非所禁也。邻里之哀，非但轻重浅深之不同，而其久暂固有别矣。"⑦

又如《月令》："天子乃与公、卿、大夫共饬国典，论时令，以待来岁之

---

① （宋）卫湜：《礼记集说》卷首《礼记集说名氏》，文渊阁《四库全书》第117册，第16页。
② （宋）陈振孙著，徐小蛮等点校：《直斋书录解题》卷二《礼类》，上海古籍出版社1987年版，第48页。
③ （宋）黎靖德编：《朱子语类》卷八十七，朱杰人等编：《朱子全书》（修订本）第17册，上海古籍出版社、安徽教育出版社2010年版，第2942页。
④ （宋）卫湜：《礼记集说》卷首《礼记集说名氏》，文渊阁《四库全书》第117册，第14页。
⑤ （清）阮元校刻：《十三经注疏（附校勘记）》，中华书局1980年版，第1249页。
⑥ （宋）卫湜：《礼记集说》卷七，文渊阁《四库全书》第117册，第153页。
⑦ （清）孙希旦著，沈啸寰等点校：《礼记集解》卷四，中华书局1989年版，第80页。

宜。"郑《注》云："饬国典者，和六典之法也。《周礼》以正月为之，建寅而县之。今用此月，则所因于夏殷也。"① 孔《疏》云："经云'共饬国典'，调和饬正之，故云'和六典之法'。'六典'者，则治典、教典、礼典、政典、刑典、事典是也。云'《周礼》以正月为之，建寅而县之'者，案《太宰职》云'正月之吉始和布治'，《小宰》云'正岁而观治象之法'是也。云'今月此月，则所因于夏殷'者，不用周法，故知因于夏殷，以王者损益不出三代故也。"② 马希孟云："此所谓平在朔易也。先王之时，岁终令百官府各正其治，受其会，听其致事。于是饬国典之未宜者改之，以经邦治；论时令之未协者正之，以受民事；至正月之吉始和，然后布焉，则所谓'待来岁之宜'也。"③ 郑《注》、孔《疏》于"论时令"、"以待来岁之宜"无解义。马希孟认为，"论时令"即论时令之不协和者，以此指导民事；所谓"以待来岁之宜"，即待来年正月始颁布整饬后的国典及更正后的时令。

其次是补郑《注》、孔《疏》诠释之不充分者。如《檀弓下》："鲁人有周丰也者，哀公执挚请见之，而曰不可。公曰：'我其已夫。'使人问焉，曰：'有虞氏未施信于民，而民信之；夏后氏未施敬于民，而民敬之。何施而得斯于民也？'对曰：'墟墓之间，未施哀于民而民哀；社稷宗庙之中，未施敬于民而民敬。殷人作誓而民始畔，周人作会而民始疑。苟无礼义、忠信、诚悫之心以莅之，虽固结之，民其不解乎！'"郑《注》云："下贤也。挚，禽挚也。诸侯而用禽挚，降尊就卑之义。辞君以尊见卑。士礼，先生异爵者，请见之则辞。已，止也。重强变贤。时公与三桓始有恶，惧将不安。言民见悲哀之处则悲哀，见庄敬之处则庄敬，非必有使之者。墟，毁灭无后之地。会谓盟也。盟誓所以结众以信，其后外恃众而信不由中，则民畔疑之。"④ 马希孟云："先王之制法，事为之制，曲为之防，有不听者可以弃矣。而犹有誓以致其戒，故大司徒之制曰'以誓教恤则民不怠'。其教之如此之详，其治之如此之备。有犯命者可以刑矣，而犹有盟以听其政，故司盟曰'盟万民犯命，诅不信者'，此有以见先王仁之至也。是以殷周之盛时，以礼义道民，故其民始于无犯非礼，而终于无思犯礼，誓可以已矣，而犹不敢忘。以忠信遇民，故其民始于不敢欺，

---

① （清）阮元校刻：《十三经注疏（附校勘记）》，中华书局1980年版，第1384页。
② （清）阮元校刻：《十三经注疏（附校勘记）》，中华书局1980年版，第1384页。
③ （宋）卫湜：《礼记集说》卷四十六，文渊阁《四库全书》第117册，第913页。
④ （清）阮元校刻：《十三经注疏（附校勘记）》，中华书局1980年版，第1313页。

而终于不忍欺,盟可以已矣,而犹不敢废。此有以见先王智之尽也。方其俗之成如此,则盟誓之助于教岂小补哉?及其末也,无善政以使之远刑罚,而徒作誓,故曰民始畔;无德教以使之畏鬼神,而徒作会,故曰民始疑。盖誓之以礼义,盟之以忠信,末也。不修其本而一之于末,故民其有不解乎?本末无不备,然后可以为治。"①郑《注》强调盟誓使民叛疑,于盟誓的积极作用却没有涉及。马氏则认为,殷周盛时,以礼义规范民众,以盟誓警戒民众,以盟会听政,百姓诚实不欺,并内化为品质,此乃盟誓的积极作用;后世注重盟誓的形式,忽略了盟誓德教之本义,民众疑叛之事遂生。

《哀公问》:"公曰:'敢问何谓敬身?'孔子对曰:'君子过言则民作辞,过动则民作则。君子言不过辞,动不过则,百姓不命而敬恭。如是则能敬其身。能敬其身,则能成其亲矣。'"郑《注》云:"则,法也。民者,化君者也,君之言虽过,民犹称其辞。君之行虽过,民犹以为法。"②孔《疏》云:"以前经对哀公为政在于敬身,故此经公问敬身之事,孔子对以敬身之理。'君子过言则民作辞'者,以君为民表,下之所从。假令过误出言,民犹法之,称作其辞。'过动则民作则'者,君子假令过误举动,而民作其法则,所以君子出言不得过误其辞,举动不得过误法则。"③马希孟云:"言动者,敬身之所宜慎也。拟之而后言,则无过言;议之而后动,则无过动。过言而民作辞,过动而民作则,以其贵者贱者之所矜式也。上者,人之所视效也。言而世为天下法,动而世为天下则,不命而民敬恭,能敬身之效也。能敬其身,则能立其身,能扬其名,以显父母,故能敬其身,则能成其亲。"④郑《注》、孔《疏》皆强调君子"过言"、"过动"而民从之的原则,而忽略了这段经文的重点即原则所产生的效果。马氏之解义,实际上是对郑《注》、孔《疏》所作的补充。

《礼器》曰:"礼也者,合于天时,设于地财,顺于鬼神,合于人心,理万物者也。……居山以鱼鳖为礼,居泽以鹿豕为礼,君子谓之不知礼。"郑《注》云:"鬼神,所祀事有德也。言皆有异。天不生,谓非其时物也。地不养,谓非此地所生。不顺其乡之所有也。"⑤方悫云:"以阳生于子,故祀天于冬之日

---

① (宋)卫湜:《礼记集说》卷二十二,文渊阁《四库全书》第117册,第457页。
② (清)阮元校刻:《十三经注疏(附校勘记)》,中华书局1980年版,第1612页。
③ (清)阮元校刻:《十三经注疏(附校勘记)》,中华书局1980年版,第1612页。
④ (宋)卫湜:《礼记集说》卷一百十八,文渊阁《四库全书》第119册,第537页。
⑤ (清)阮元校刻:《十三经注疏(附校勘记)》,中华书局1980年版,第1431页。

至;以阴生于午,故祭地于夏之日至;以饮养阳气,故禴禘于春;以食养阴气,故食尝于秋。此礼所以合于天时者也。黍稷之馨,足以为簠簋之实;水土之品,足以为笾豆之荐。货无常,以示远物之致;币无方,以别土地之宜。此礼所以设于地财者也。以天之高,故燔柴于坛;以地之深,故瘗埋于坎;以魂气归于天,故焫萧以求阳;以形魄归于地,故祼鬯以求阴。此则礼所以顺于鬼神者也。以人莫不有男女之别,故制为冠昏之礼;以人莫不有君臣之分,故制为朝觐之礼;莫不有追远之心,故制为丧祭之礼;莫不有合欢之情,故制为燕飨之礼。此则礼所以合于人心者也。火田必于昆虫未蛰之时,罻罗必在鸠化为鹰之后,獭祭鱼然后虞人入泽梁,豺祭兽然后田猎。此则礼所以理万物者也。礼本乎天而还以事天,出乎人而还以治人,则是以天合天,以人合人者也,故于天人皆曰'合',地则效法焉故曰'设',鬼神不可遗也故曰'顺',万物有成理也故曰'理'。然上言'鬼神'而下不言者,以天地兼之也,犹之《礼运》言'山川'而下不言者,亦以社兼之尔。若韭生于春,黍生于秋,稻生于冬,所谓'天时有生'也。山林则宜毛,川泽则宜鳞,丘陵则宜羽,坟衍则宜筴,所谓'地理有宜'也。簠簋蒙璆,戚施直镈,瞽瞍司火,瞽蒙修声,所谓'人官有能'也。水之润下,火之炎上,木之曲直,金之从革,所谓'物曲有利'也。"① 郑《注》对经文"合于天时"、"设于地财"、"顺于鬼神"、"合于人心"、"理万物者"无解义。孔《疏》有解义,但较简略。方氏既对经文"合"、"设"、"顺"、"理"四字作了解释,还对经文上言"鬼神"而下不言的原因做了探寻。方氏此解义,弥补了郑《注》、孔《疏》之不备。清人孙希旦撰著《礼记集解》,于方氏此之解义悉数抄录,并解释说:"上言'鬼神',而下不言者,盖鬼神体物不遗,天地之所生养莫非鬼神之所为,不可专指一事为言也。"② 孙希旦此解义,显然是受到了方悫的启发。

再次是对郑《注》、孔《疏》予以纠偏。如《曲礼上》:"年长以倍,则父事之;十年以长,则兄事之;五年以长,则肩随之。群居五人,则长者必异席。"③ 郑《注》云:"席以四人为节,因宜有所尊。"孔《疏》云:"古者地敷横席而容四人,四人则推长者居席端。若有五人会,应一人别席,因推长者一

---

① (宋)卫湜:《礼记集说》卷五十九,文渊阁《四库全书》第118册,第254—255页。
② (清)孙希旦著,沈啸寰等点校:《礼记集解》卷二十三,中华书局1989年版,第627页。
③ (清)阮元校刻:《十三经注疏(附校勘记)》,中华书局1980年版,第1233页。

人于异席也。"① 马希孟云："徐行后长谓之弟，疾行先长谓之不弟。尧舜之道，孝弟而已矣。夫孝弟于步趋疾徐之间，而圣人之道乃始于此者，盖达事长之礼，无所往而不为顺也。推其齿而以父兄事之者，谓其愈长而愈加敬也。长之五年则肩随者，不敢与先生并行也。其出也不敢与之并行，则其居也可以同席乎？盖五人之群当有所长，推其长者，必异席以敬之，古人敬长如此，则民之犯上而逾礼者宜鲜矣。"② 郑《注》、孔《疏》认为，席以四人为节，四人之席，长者当居席端，若有五人，长者需别为一席。马氏则认为，出于敬长之意，不论人数多少，长者都应别为一席。马氏此说理由充分，清人孙希旦援引之以示赞同，今人王文锦《礼记》译文与马氏此说亦相合。③

郑玄认为，《礼记·缁衣》篇名与郑诗《缁衣》好贤有关。④ 陈祥道云："缁衣，朝服也。卫武公父子并为周司徒，国人宜之，故为之制缁衣焉。其《诗》之辞，每章而每加者，以明善善而无已也。人君好善如是，则人将轻千里而来矣。是则缁衣之善，岂特当时以为宜？而天下后世亦宜然也。故记者取《诗》以名篇。"⑤ 陈祥道认为，《诗经·缁衣》有人君好善之义，宜为后世效法，故《礼记》取《诗》以名篇。方悫云："此篇凡二十四节，大抵多明人之好恶。人之所宜好者莫如贤，所宜恶者莫如恶。《缁衣》，好贤之诗也，经正引此，故以名篇。"⑥ 方悫认为，《诗经·缁衣》为好贤之诗，《礼记》好贤，遂取《诗》以名篇。后世学人对方氏此之解义颇有认同，如清人孙希旦、李调元都认为《礼记·缁衣》篇名与该篇"好贤如缁衣"一语直接相关。⑦

---

① （清）阮元校刻：《十三经注疏（附校勘记）》，中华书局1980年版，第1233页。
② （宋）卫湜：《礼记集说》卷三，文渊阁《四库全书》第117册，第72—73页。
③ 参见（清）孙希旦著，沈啸寰等点校：《礼记集解》卷一，中华书局1989年版，第20页。"群居五人，则长者必异席"，王文锦《礼记译解》之译文为："五个人聚集共处，要推让年纪最大的人单坐一席。"（见王文锦：《礼记译解》，中华书局2001年版，第7页）
④ 郑玄："名曰《缁衣》者，善其好贤者厚也。缁衣，郑诗也。其诗曰：'缁衣之宜兮，敝予又改为兮。适子之馆兮，还予授子之粲兮。'粲，餐也。设餐以授之，爱之欲饮食之。言缁衣之贤者，居朝廷，宜其服也。我欲就为改制其衣，反欲与之新衣，厚之而无已。此于《别录》属通论。"[（清）阮元校刻：《十三经注疏（附校勘记）》，中华书局1980年版，第1647页]
⑤ （宋）卫湜：《礼记集说》卷一百四十一，文渊阁《四库全书》第120册，第431页。
⑥ （宋）卫湜：《礼记集说》卷一百四十一，文渊阁《四库全书》第120册，第432页。
⑦ （清）孙希旦著，沈啸寰等点校：《礼记集解》卷五十二，中华书局1989年版，第1322页；（清）李调元：《礼记补注》卷四，《丛书集成初编》第1024册，中华书局1985年版，第67页；王锷：《〈礼记〉成书考》，中华书局2007年版，第82—83页；（清）阮元校刻：《十三经注疏（附校勘记）》，中华书局1980年版，第1647页。

(二) 考证礼制和阐发礼意

王安石的后学从事《礼记》之诠释，既重视礼制之考证，又重视礼意之阐发。兹举数例以见之：

《文王世子》："若公与族燕，则异姓为宾，膳宰为主人，公与父兄齿。族食，世降一等。"《文王世子》此所言乃公族燕饮之礼。贾公彦曰："案上下经注，燕有四等：《目录》云：诸侯无事而燕，一也；卿大夫有王事之劳，二也；卿大夫有聘而来，还与之燕，三也；四方聘客与之燕，四也。"① 贾氏认为，燕礼有三：一是王、诸侯燕本国卿大夫，二是王、诸侯燕来朝聘者，三是养老之燕礼。陈祥道云："先王之与同姓，有时燕焉，有因祭而燕焉。《国语》曰：'时燕不淫。'此时燕也。《诗》曰：'诸宰君妇，废彻不迟。诸父兄弟，备言燕私。'《坊记》曰：'因其酒肉，聚其宗族，以教民睦。'此因祭而燕也。其礼之详虽不可考，要之，服皮弁服，即于路寝，宰夫为主，异姓为宾，主与族人燕于堂后，帅内宗之属燕于房。其物肴蒸，所以合食也；其食世降一等，所以辨亲疏也；昭穆以序之，所以明世次也；夜饮以成之，所以别异姓也。若夫几席之位，升降之仪，脱屦而坐，立监相礼，羞庶羞以尽爱，爵乐无筭以尽欢，其大率盖与诸侯燕礼不异。诸侯燕族人与父兄齿，虽王之尊，盖亦不以至尊废至亲也。《特牲馈食礼》祝告利成，彻庶羞设于西序下，郑氏引《书传》曰：'宗室有事，族人皆侍终日。大宗已侍于宾奠，然后燕私。'燕私者何也？已而与族人饮也。……燕族之礼，不特天子诸侯而已。"② 陈祥道认为，先王与同姓燕饮，可分为时燕和因祭而燕两类。《国语》有"时燕不淫"之说，指时燕；《诗》"诸父兄弟，备言燕私"，《坊记》"因其酒肉，聚其宗族，以教民睦"，指因祭而燕。陈氏还对燕礼的具体仪节以及仪节的意义做了说明。贾氏解义没有提到族燕，陈祥道则补之。

《郊特牲》："郊之用辛也，周之始郊，日以至。"郑《注》云："言日以周郊天之月而至，阳气新用事，顺之而用辛日。此说非也。郊天之月而日至，鲁礼也。三王之郊一用夏正，鲁以无冬至祭天于圜丘之事，是以建子之月郊天，示先有事也。用辛日者，凡为人君，当斋戒自新耳。周衰礼废，儒者见周礼尽在鲁，因推鲁礼以言周事。"③ 马希孟云："此对祈谷之郊则为始，故言'始郊'。

---

① （清）阮元校刻：《十三经注疏（附校勘记）》，中华书局1980年版，第1014页。
② （宋）卫湜：《礼记集说》卷五十二，文渊阁《四库全书》第118册，第94—95页。
③ （清）阮元校刻：《十三经注疏（附校勘记）》，中华书局1980年版，第1452页。

《周礼》冬至日祭天于地上之圜丘，圜丘与郊一也。王肃曰：'郊则圜丘，圜丘则郊。'盖郊者圜丘之地，而圜丘者郊之坛。由是言之，则始郊乃周之礼，康成以为鲁礼，非也。康成以圜丘祭天，而郊祭感生帝，则又非也。凡郊皆所以祀昊天上帝，《周礼》以禋祀祀昊天上帝是也。盖康成所疑有三：以《周礼》王祀昊天上帝则服大裘而冕，于此则王被衮，此其疑一也；《周礼》以玉路祀天，而于此则乘素车，其疑二也；《周礼》以苍璧礼天，而于此则牲用骍而尚赤，其疑三也。夫记者之言，非必止于记周而已，泛而记之也，则安知不杂于夏殷之礼乎？"①周代始郊之日在冬至前后之辛日，取阳气新生之义。郑玄认为此乃鲁礼。马希孟则据《周礼》和王肃之说，认为圜丘与郊为一，始郊并非鲁礼，而是周礼。郑玄认为圜丘祭天，郊祭感生帝，马希孟则认为凡郊皆祀昊天上帝。马氏此之解义，受到后人之推崇，如孙希旦云："郊，即圜丘也。王肃谓'以所在言之则谓之郊，以所祭言之则谓之圜丘'，是也。祭之于冬至者，大报天之正祭也，祭之于孟春者，祈谷之祭也，其所祭则皆昊天上帝也。"②

《王制》："凡养老，有虞氏以燕礼，夏后氏以飨礼，殷人以食礼，周人修而兼用之。"方悫云："燕以示慈惠，慈惠者，上之所以接下也，接下者，天之道，故有虞氏养老以燕礼。飨以训恭俭，恭俭者，下之所以事上也，事上者，人之道，故夏后氏以飨礼。殷尚质，故以食礼，食礼则简而质。周尚文，故修而兼用之，兼用三代礼也，岂尝增损于其间哉？亦治其坏而已，故以修言之。"③《王制》认为，凡年终敬养、礼待某些有资格的老人，各朝的方式不同：有虞氏用在正寝中举行轻松酒会的形式即燕礼，夏代用隆重酒会的形式即飨礼，殷代用以食物为主的宴会形式即食礼，周代遵循三代礼节，而分别用于不同季节。方悫认为，有虞氏养老行燕礼，燕礼象征慈惠，慈惠则能以上接下；夏代养老行飨礼，飨礼体现恭俭，恭俭则能以下事上；殷代养老行食礼，殷代尚质，食礼体现简单和质朴；周代尚文，故养老用三代之礼，行于不同季节。

（三）据《礼记》阐发崇圣复古思想

与王安石的学术倾向一致，方悫等人对《周礼》亦颇为重视，这集中体现在他以《周礼》为据从事《礼记》之诠释。据卫湜《礼记集说》记载，可知

---

① （宋）卫湜：《礼记集说》卷六十五，文渊阁《四库全书》第118册，第388页。
② （清）孙希旦著，沈啸寰等点校：《礼记集解》卷二十五，中华书局1989年版，第690页。
③ （宋）卫湜：《礼记集说》卷三十五，文渊阁《四库全书》第117册，第709页。

方悫利用《周礼》从事《礼记》诠释多达一百四十余次。

方悫常以《周礼》之记载从事礼意之阐发。如《礼器》："有以大为贵者。宫室之量，器皿之度，棺椁之厚，丘封之大，此以大为贵也。"方悫云："《周官·典命》宫室以命数为节，自上公至子男，或以九，或以五，各有差，此宫室以大为贵也。天子之路谓之大路，弓谓之大弓，斗谓之大斗，房谓之大房，此器皿以大为贵也。尊者之棺，至于四重，卑者止于一重，椁则周于棺，此棺椁以大为贵也。《周官·冢人》以爵等为丘封之度，此丘封以大为贵也。量言其所容，度言其所至。度、量，宫室、器皿皆有之，于宫室言量，于器皿言度，互相备也。"①方悫于此对宫室和丘封"以大为贵"的意义做了阐释，其依据是《周礼·典命》、《冢人》。

《王制》："用民之力，岁不过三日。田里不粥，墓地不请。"方悫云："不过三日，所以宽其力，而民无徭役之苦矣。《周官》'丰年旬用三日'，则经所言，盖虽丰不得过三日之制也。田言野外所耕之地，里言国中所居之地。《周官》墓大夫掌凡墓地域，令国民族葬，则固不在所请矣，请谓求之也。"②《周礼·均人》云"丰年则公旬用三日，中年则公旬用二日，无年则公旬用一日"，方悫据《周礼》此之记载，以释《王制》"用民之力，岁不过三日"之义，又以《周礼》所记墓大夫之职掌，以释《王制》"墓地不请"之原因。

方悫从事《礼记》之诠释，常据《周礼》之记载与《礼记》相比附。如《王制》："凡执技论力，适四方，裸股肱，决射御。凡执技以事上者，祝、史、射、御、医、卜及百工。凡执技以事上者，不贰事，不移官，出乡不与士齿。仕于家者，出乡不与士齿。"方悫云："祝若《周官》大祝之类，史若《周官》大史之类，祝、史皆事神之官。以其作辞以事神，故曰祝；以其执书以事神，故曰史。射则《周官》之五射，若白矢参连之类；御则《周官》之五御，若鸣和鸾逐禽左之类；医则医师之类；卜则卜师之类；百工则土工、木工、金工、石工之类，以其类之非一，故以百言之，以其足以兴事，故谓之工焉。凡此者，皆执技之名也。"③方悫于此据《周礼》大祝、大史之职掌以释《王制》所记之"祝"、"史"，又据《周礼》五射以释《王制》所记之"射"，以《周礼》

---

① （宋）卫湜：《礼记集说》卷六十，文渊阁《四库全书》第118册，第273页。
② （宋）卫湜：《礼记集说》卷三十二，文渊阁《四库全书》第117册，第654页。
③ （宋）卫湜：《礼记集说》卷三十三，文渊阁《四库全书》第117册，第684页。

五御以释《王制》所记之"御"。

方悫据《周礼》所记之职官以释《王制》，后人褒贬不一。如对于《王制》"射"、"御"之解释，朱彬对方悫之说表示赞同。① 孙希旦则驳之，云："愚谓此又因上言'执技论力'而备陈执技之人也。执技之人凡七：祝一，史二，射三，御四，医五，卜六，百工七。射、御，上文已见，而重言之者，因五者而并列之也。此皆谓执技之贱人，非《周礼》大祝、大史、射人、大驭、医师、大卜等之官也。"② 笔者以孙希旦之说为是。据《王制》，前论大乐正、司马等，此属于职官序列，后论祝、史、射、御、医师、大卜等，则不属于职官序列，因此，方悫据《周礼》以释《王制》所记"射"、"御"是不合适的。

方悫从事《礼记》之诠释，常以《周礼》之记载作为补充。如《曲礼下》："君有疾饮药，臣先尝之。亲有疾饮药，子先尝之。医不三世，不服其药。"方氏曰："君于平居无事之时，其膳也，膳夫品尝之，大子亲视之，亦以致其谨而已，则于有疾之时，尤所不可忽也。医之为术，苟非父祖子孙传业，则术无自而精，术之不精，其可服其药乎？《周官》司徒以世事教能者，良以此也。虽然，经之所言亦道其常而已，若夫非传业而或自得于心者，未及三世，固在所取也。故《周官》医师止以十全为上，或传之非其人，虽三世亦所不取也。故孔子言无恒之人，不可以作巫医。"③ 方悫于此据《周礼·地官》之记载来强调"医不三世，不服其药"所具有的合理性，又据《周官·天官》之记载以释"医不三世，不服其药"的原因。

王安石为《周礼》作新义，方悫则以《周礼》释《礼记》。尽管在表现形式上有所不同，然而二者对《周礼》皆多加重视的学术取向却是一致的。王安石及其后学尊崇《周礼》，并非欲恢复周礼，而是借《周礼》经世致用，这正如永瑢云："《周礼》之不可行于后世，微特人人知之，安石亦未尝不知也。安石之意，本以宋当积弱之后，而欲济之以富强，又惧富强之说必为儒者所排击，于是附会经义，以钳儒者之口，实非真信《周礼》为可行。"④

---

① 清人朱彬《礼记训纂》悉数抄录方氏此之解义，可见朱彬对方氏此之解义是认同的。[参见（清）朱彬著，饶钦农点校：《礼记训纂》卷五，中华书局1996年版，第197页]
② （清）孙希旦著，沈啸寰等点校：《礼记集解》卷十三，中华书局1989年版，第369页。
③ （宋）卫湜：《礼记集说》卷十三，文渊阁《四库全书》第117册，第272页。
④ （清）永瑢等：《四库全书总目》卷十九《经部·礼类一》，中华书局1965年影印本，第150页。

（四）王安石后学《礼记》诠释之方法

宋代义理之学取代了汉唐时期的章句训诂之学，而在宋学内部，根据地域又可分为濂、洛、关、闽、蜀五派，根据学术特点则可分为理学、心学两派。由于各学派有学术取向的差异，故在经典诠释的方法上有所不同。兹仅对荆公后学的《礼记》诠释方法加以探讨，以窥宋儒经典诠释方法之一斑。

1. 以经解经

新学学者多引儒家经典从事《礼记》之诠释。兹举两例以见之：

《曲礼下》："居丧，未葬，读丧礼。既葬，读祭礼。丧复常，读乐章。居丧不言乐，祭祀不言凶，公庭不言妇女。"郑《注》云："非其时也。"① 孔颖达于此无解义。马希孟云："斩衰之丧，唯而不对；齐衰之丧，对而不言；大功之丧，言而不及议；小功之丧，议而不及乐。夫小功之丧，议而不及乐，况大于此而可言乐乎？古者易服而葬，《周官·蜡氏》'凡大祭祀'，'禁凶服'，《祭义》'郊之祭，丧者不敢哭'，以为交于神明者不可以凶也，又况祭祀可言凶乎？男正位乎外，女正位乎内，内言不出，外言不入，凡欲无相渎而已，又况公庭可言妇女乎？居丧不言乐，后世犹有如卫孙文子者；公庭不言妇女，后世犹有如陈灵公者。此季札泄冶所以讥之。"② 马氏征引《礼记·间传》、《周官·蜡氏》、《礼记·祭义》，以释《礼记·曲礼下》之记载。方氏解义，语言平正，说理有据。清人孙希旦撰著《礼记集解》时对马氏此说予以征引。③

《明堂位》："爵，夏后氏以盏，殷以斝，周以爵。"陈祥道云："考之《尔雅》，钟之小者谓之栈。晋元兴中，剡县民井中得钟长三寸，口径四寸，铭曰栈，则栈，卑而浅矣。夏爵命之以盏，盖其制若栈然也。《祭统》'尸酢夫人执柄，夫人受尸执足。'柄，其尾也，有足而尾命之以爵，盖其制若雀然也。盏象栈，爵象雀，而斝有耳焉，则三者之制可知矣。《明堂位》言玉盏，《周礼》言玉爵，《春秋传》言瓘斝，则三者之饰可知矣。"④ 陈祥道征引《尔雅》、《祭统》、《明堂位》、《周礼》、《春秋传》以释盏、斝、爵之形制。

2. 引诸子之说解经

新学学者喜引《孟子》解《礼记》。兹举数例以见之：

---

① （清）阮元校刻：《十三经注疏（附校勘记）》，中华书局1980年版，第1257页。
② （宋）卫湜：《礼记集说》卷十，文渊阁《四库全书》第117册，第213页。
③ 参见（清）孙希旦著，沈啸寰等点校：《礼记集解》卷五，中华书局1989年版，第114页。
④ （宋）卫湜：《礼记集说》卷八十，文渊阁《四库全书》第118册，第687页。

《内则》:"七十不俟朝,八十月告存,九十日有秩。"陆佃云:"告存,告而后存之。即日有秩,不必告也,故孟子曰:'廪人继粟,庖人继肉,不以君命将之。'"①《孟子·万章下》:"曰:'敢问国君欲养君子,如何斯可谓养矣?'曰:'以君命将之,再拜稽首而受。其后廪人继粟,庖人继肉,不以君命将之。'"陆佃于此征引《孟子》以释《内则》所记养老礼。

《明堂位》:"昔殷纣乱天下,脯鬼侯以飨诸侯,是以周公相武王以伐纣。武王崩,成王幼弱,周公践天子之位,以治天下。六年,朝诸侯于明堂,制礼作乐,颁度量,而天下大服。"陆佃曰:"《秦誓》三篇,数纣之恶:初曰焚炙忠良,刳剔孕妇;次曰剥丧元良,贼虐谏辅;后曰斮朝涉之胫,剖贤人之心,放黜师保,囚奴正士。今曰脯鬼侯而已,则以明堂朝诸侯故也。明堂所含义众,所谓明诸侯之尊卑亦以此。孟子言伊尹说汤以伐夏救民,故书伊尹主伐事,伊尹相汤是也。孟子言周公相武王,诛纣伐奄,故《记》以周公主伐事,周公相武王是也。"②《孟子·万章上》:"伊尹相汤以王于天下。"《孟子·滕文公下》:"周公相武王,诛纣伐奄,三年讨其君,驱飞廉于海隅而戮之。"陆佃据《孟子》以释《明堂位》所记周公之事。

《礼器》:"是故昔先王之制礼也,因其财物而致其义焉尔,故作大事必顺天时,为朝夕必放于日月,为高必因丘陵,为下必因川泽。是故天时雨泽,君子达亹亹焉。"陆佃云:"孟子曰:'为高必因丘陵,为下必因川泽。为政不因先王之道,可谓智乎?'则所谓为高为下义,不在冬至祀天,夏至祭地也。高为高而已,下为下而已,则不交也,故又告之以天时雨泽,君子达亹亹焉。盖阳降而下,阴升而上,和而后为雨,此尾闾之事也,君子于此有觉焉。"③《孟子·离娄上》曰:"为高必因丘陵,为下必因川泽。为政不因先王之道,可谓智乎?"陆佃于此征引《孟子》释《礼器》。

马希孟亦常征引《孟子》释《礼记》。如《曲礼上》:"敖不可长,欲不可从,志不可满,乐不可极。"马希孟云:"敖不可长者,欲消而绝之也。欲不可纵者,欲克而止之也。志不可满者,欲损而抑之也。乐不可极者,欲约而归于礼也。有周公之才之美,使骄且吝,其余不足观,则骄敖之丧德也甚矣,此

---

① (宋)卫湜:《礼记集说》卷三十五,文渊阁《四库全书》第117册,第715页。
② (宋)卫湜:《礼记集说》卷七十九,文渊阁《四库全书》第118册,第661页。
③ (宋)卫湜:《礼记集说》卷六十一,文渊阁《四库全书》第118册,第306页。

所以不可长也。孟子曰：'其为人也多欲，虽有存焉者，寡矣。'盖欲者出于人为，遂之而不克以义，则无所不至矣，此所以不可从也。"①《孟子·尽心下》云："养心莫善于寡欲。其为人也寡欲，虽有不存焉者，寡矣；其为人也多欲，虽有存焉者，寡矣。"由于《曲礼上》"欲不可从"与《孟子》"寡欲"、"多欲"相关，马希孟遂以《孟子》"多欲"说以释《曲礼上》"欲不可从"一语。

《曲礼上》："是故圣人作为礼以教人，使人以有礼，知自别于禽兽。"马希孟云："孟子曰：'人之所以异于禽兽者几希，庶民去之，君子存之。'夫人于禽兽，其肖象、性识固有间矣，而曰几希者，在去存之间尔。故曰'饱食暖衣，逸居而无教，则近于禽兽'，此圣人所以作为礼以教人，使知独贵于万物而不失其良心也。"②《孟子·离娄下》："人之所以异于禽兽者几希，庶民去之，君子存之。舜明于庶物，察于人伦，由仁义行，非行仁义也。"《曲礼上》认为，人有礼是人与禽兽的根本区别，《孟子》认为，人能存义是人与禽兽的根本区别。二者意义相通，马希孟遂征引《孟子》以释《曲礼》。

《王制》："爵人于朝，与士共之。刑人于市，与众弃之。"马希孟云："爵者，天之所以命有德；刑者，天之所以讨有罪。人心从，则天意亦从。故圣人之制爵刑，不拂百姓以从己之欲，而与众共之也，此与孟子所谓'国人皆曰贤然后用之，国人皆曰可杀然后杀之'同意。"③《孟子·梁惠王下》云："左右皆曰贤，未可也；诸大夫皆曰贤，未可也；国人皆曰贤，然后察之；见贤焉，然后用之。左右皆曰不可，勿听；诸大夫皆曰不可，勿听；国人皆曰不可，然后察之；见不可焉，然后去之。左右皆曰可杀，勿听；诸大夫皆曰可杀，勿听；国人皆曰可杀，然后察之；见可杀焉，然后杀之。故曰，国人杀之也。此然后可以为民父母。"《王制》与《孟子》皆认为爵人、刑人当谨慎，两者意义相通，马希孟遂据《孟子》解《王制》。

马希孟还以《孟子》作为标准对《礼记》之记载加以评论。如《檀弓上》："陈庄子死，赴于鲁，鲁人欲勿哭，缪公召县子而问焉。县子曰：'古之大夫，束修之问不出竟，虽欲哭之，安得而哭之？今之大夫，交政于中国，虽欲勿哭，焉得而弗哭？且臣闻之，哭有二道，有爱而哭之，有畏而哭之。'"马

---

① （宋）卫湜：《礼记集说》卷一，文渊阁《四库全书》第117册，第24页。
② （宋）卫湜：《礼记集说》卷二，文渊阁《四库全书》第117册，第48页。
③ （宋）卫湜：《礼记集说》卷二十八，文渊阁《四库全书》第117册，第566页。

希孟云："孟子曰：'哭死而哀，非为生者也。'以有畏而哭之，能无为乎？古之人引君以当道，志于仁而已。县子语君，非志于仁者也。"①《孟子·尽心下》："动容周旋中礼者，盛德之至也；哭死而哀，非为生者也；经德不回，非以干禄也；言语必信，非以正行也。"孟子所言，强调哭死而哀、经德不回、言语必信皆非刻意为之，而是自然而然。马希孟以《孟子》此说作为标准，认为《檀弓上》县子"有畏而哭之"非引君以当道。

根据今人的研究，王安石的学术态度是"尊孟抑荀"②。王安石批评荀子曰："呜呼！荀卿之不知礼也！"③ 安石认为荀子论礼，实际上是不知礼。受学于安石的陆佃、马希孟尊孟，但不抑荀，这从陆、马屡引《荀子》以释《礼记》便可得到证明。

《王制》："五十而爵，六十不亲学，七十致政，唯衰麻为丧。"陆佃云："'唯衰麻为丧'，言虽重服，唯服衰麻而已。据'子游为之麻衰，牡麻绖'，彼言麻衰，此言衰麻，衰麻先衰，以轻服服重也。荀子曰：'七十唯衰存。'据此，虽谓之麻衰，无牡麻绖矣。"④《荀子·大略篇》云"七十唯衰存"，意即人到七十，若父母亡，只穿麻制丧服便可。陆氏认为，《荀子》"七十唯衰存"与《王制》"七十致政唯衰麻为丧"义同，遂以《荀子》解《礼记》。

又如《玉藻》："玄端而朝日于东门之外，听朔于南门之外。"陆佃云："玄端而冕谓之端，以斋制名，故斋服有玄端、素端。玄端而冕，冕服之斋服也。玄端而冠，冠服之斋服也。端冕亦或谓之玄冕，玄冕斋戒是也。荀子曰：'端衣、玄裳、絻而乘路者，志不在于茹荤。'则端冕以斋，明矣。"⑤《荀子·哀公篇》云："夫端衣、玄裳、絻而乘路者，志不在于食荤；斩衰、菅屦、杖而啜粥者，志不在于酒肉。"《荀子》所记端衣、玄裳是祭祀时所穿礼服。陆佃认为

---

① （宋）卫湜：《礼记集说》卷十八，文渊阁《四库全书》第117册，第380页。
② 关于王安石"抑荀"之原因，马积高在《荀学源流》第十二章"宋（金）元明时期荀学的衰微与遗响"中有所论述。马积高认为，作为务实的政治家，荀子看到了天人并不合一，但是他又不敢或不愿承认天人各有其职。因而在不得已承认善恶出于习之后，马上掉过头去回到善为正性的观点上去。（参见马积高：《荀学源流》，上海古籍出版社2000年版，第257页）既然如此，那么王安石尊孟抑荀就在情理之中。
③ （宋）王安石著，秦克等标点：《王安石全集》卷二十九《性情》，上海古籍出版社1999年版，第252页。
④ （宋）卫湜：《礼记集说》卷三十五，文渊阁《四库全书》第117册，第717页。
⑤ （宋）卫湜：《礼记集说》卷七十三，文渊阁《四库全书》第118册，第534页。

《玉藻》所记玄端与《荀子》所记端衣、玄裳皆与斋戒有关，遂据《荀子》释《玉藻》。

《礼器》："是故君子之于礼也，非作而致其情也，此有由始也。……三月系，七日戒，三日宿，慎之至也。"陆佃云："礼出于自然，非作之也。夫礼一于本而已，则或失之愿，是故以介相见，辞让而后至。自道观之，去本远，非其至也；自礼观之，去用远，亦非其至也。故此篇反复言之如此。荀子曰：'至备，情文俱尽；其次，情文代胜；其下，复情以归大一也。'鲁人告后稷于頖宫以配上帝，晋人告恶池以配河，齐人告配林以配泰山，虽曰告之，实以肄习其礼，即事有渐也。"①《荀子·礼论》云："凡礼，始乎梲，成乎文，终乎悦校。故至备，情文俱尽；其次，情文代胜；其下，复情以归大一也。"《荀子》认为，礼开始时比较简单，后来逐渐完备，最后达到满意。陆氏认为《荀子》此之记载与《礼器》之义相通，遂引《荀子》解《礼器》。

根据以上之论述，可知陆佃仅征引《荀子》中的词句以释《礼记》，其于《荀子》的核心思想，如"天人相分"、"性恶"等则不涉及。即便如此，我们还是可以看到陆佃对《荀子》一书的尊信态度。

据马希孟的《礼记》解义，同样可以看到他对《荀子》之尊崇态度。如《王制》："天子祭天地，诸侯祭社稷，大夫祭五祀。天子祭天下名山大川，五岳视三公，四渎视诸侯。诸侯祭名山大川之在其地者。"马希孟云："天子祭天地，诸侯祭社稷，大夫祭五祀，所以报本反始，抑以防僭乱之阶也。盖天地者，有域之最大者也，而天子者，域中之所尊也。故祭天地社稷者，土谷之神也。而诸侯者为天子守土也，故祭社稷。大夫则有家，故祭五祀。盖在上者可以兼下，故天子祭天地、社稷、五祀。在下者不可以兼上，故诸侯祭社稷，而不得祭天地，大夫祭五祀，而不得祭社稷。荀子曰'郊止乎天子，社止乎诸侯，道及乎大夫'是也。古之为祀典，有功于民则祀之，而名山大川者，有功于民，而民之取材用也。盖天子君天下，而其所报者众，故祭天下之名山大川；诸侯君一国，而其所报者寡，故祭名山大川之在其地者。"②《王制》云天子祭天地，诸侯祭社稷，大夫祭五祀，强调尊卑差等。《荀子·礼论》云："郊止乎天子，而社至于诸侯，道及士大夫，所以别尊者事尊，卑者事卑，宜大者

---

① （宋）卫湜：《礼记集说》卷六十一，文渊阁《四库全书》第118册，第300页。
② （宋）卫湜：《礼记集说》卷三十一，文渊阁《四库全书》第117册，第630—631页。

巨，宜小者小。"① 荀子认为，只有君主才能祭天，诸侯才能祭地，士大夫以上皆有除丧服之祭，尊贵才能侍奉尊贵，卑贱只能侍奉卑贱，该大就大，该小就小。马希孟认为《王制》此之思想与《荀子》相合，遂据《荀子》解《王制》。

《礼运》："夫礼必本于天，动而之地，列而之事，变而从时，协于分艺，其居人也曰养，其行之以货力、辞让、饮食、冠、昏、丧、祭、射、御、朝、聘。"马希孟云："礼以养人为本，故曰养。荀子曰：'恭敬辞让之所以养安，礼义文理之所以养情。'通此则可以知其所养之之意也。盖圣人之道寓于度数之间，莫非顺性命之理，而所以养人也。然其行之大者，在于货力、辞让、饮食、冠昏、丧祭、射御、朝聘而已。此亦非礼之尽，特言大略而已。"②《礼运》"其居人也曰养"，郑玄认为"'养'当为'义'字之误也"③。马氏则认为，此之"养"为"养人"之义。《荀子·礼论》云："孰知夫出死要节之所以养生也！孰知夫出费用之所以养财也！孰知夫恭敬辞让之所以养安也！孰知夫礼义文理之所以养情也！"荀子认为遵守礼义规范和仪式是为了培养人的崇高情感。马氏认为《荀子》与《礼运》所言"养"意义相通，遂据《荀子》释《礼运》。

《祭法》："大凡生于天地之间者皆曰命，其万物死皆曰折，人死曰鬼，此五代之所不变也。七代之所更立者，禘、郊、宗、祖，其余不变也。"马希孟云："人与物，命于天则同，其所以命则异。皆曰命者，荀子所谓'大同名'者是也。有始必有终，有生必有死，人物之始，命于无，而成形于有，皆不同也。至于死之名，不可以不正。是以物之死谓之折，人之死谓之鬼。物死谓之折，则生足以自完而已。人谓死为归，则知生为行。此荀子所谓'大别名'也。"④《祭法》认为，万物皆禀受天之赋命而生，生时形体虽异，但可同名，可"皆曰命"。不过至死，万物无知，故死曰"折"，人为有识，故死曰"鬼"。《荀子·正名》曰："万物虽众，有时而欲遍举之，故谓之物。物也者，大共名也。推而共之，共则有共，至于无共然后止。有时而欲遍举之，故谓之鸟兽。鸟兽也者，大别名也。"⑤ 荀子认为，"物"这个概念是最大的"同名"，"鸟"或"兽"的概念是最大的"别名"。马氏认为，《荀子》所说"大同名"、"大别

---

① （清）王先谦：《荀子集解》卷十三，中华书局 1988 年版，第 350—351 页。
② （宋）卫湜：《礼记集说》卷五十八，文渊阁《四库全书》第 118 册，第 221 页。
③ （清）阮元校刻：《十三经注疏（附校勘记）》，中华书局 1980 年版，第 1426 页。
④ （宋）卫湜：《礼记集说》卷一百八，文渊阁《四库全书》第 119 册，第 350 页。
⑤ （清）王先谦：《荀子集解》卷十六，中华书局 1988 年版，第 419 页。

名",与《祭法》所言命名原则相同,遂据《荀子》释《礼记》。

　　荆公新学解经不专主一家,而是力图调和儒道以及诸子百家之说。新学学者对《老子》、《庄子》用力颇多,如陆佃曾亲撰《老子注》和《庄子注》。根据卫湜《礼记集说》所保存下来的《礼记》解义,可知新学学者常据《老》、《庄》以释经。《礼运》:"故天秉阳,垂日星。地秉阴,窍于山川。播五行于四时,和而后月生也,是以三五而盈,三五而阙。"陆佃曰:"垂,阳也。窍,阴也。播,阴阳也。老子曰:'道生一,一生二,二生三。'三,阴阳冲气也,五行是矣。三然后有中,五然后有中和。中之所生也,和而后月生也,是以三五而盈,三五而阙。此言阴阳中而为五行,五行播而为四时,四时和而十有二月生焉。月以盈阙为节,故皆以三五。"①《老子》曰:"道生一,一生二,二生三,三生万物,万物负阴而抱阳,冲气以为和。"②陆佃认为《老子》与《礼运》的宇宙发生论相通,遂据《老子》以释《礼运》。

　　陆佃征引《老》、《庄》解《礼记》,不少内容流于穿凿附会。如《学记》:"君子:'大德不官,大道不器,大信不约,大时不齐,察于此四者,可以有志于学矣。'三王之祭川也,皆先河而后海,或源也,或委也,此之谓务本。"陆佃曰:"大德、大道、大信、大时,凡所道之事也,于学之终篇言此者,将以道学也。老子曰:'绝学无忧。'夫守古人之糟粕而不能远离者,犹虫缕诗书,不能自化,安能化民?不能自成,安能成俗?有见于学,又有见于本,可谓君子矣。作《记》者以是终焉以此,彼不知因心会道而溺于末流之弊者,学之失也。"③《老子》言"绝学无忧"④,义即弃绝异化之学可无搅扰。在《老子》看来,为学以致情欲日益,天下生事日扰。此说是针对"为学日益"而言。而《学记》认为,志学乃众事之本,学然后至圣,学为圣本;排除杂念之搅扰,是更好地"为学",而非"绝学"。因此,陆佃引《老子》"绝学无忧"以释《学记》之为学观,显属不当。

　　《哀公问》:"公曰:'今之君子胡莫之行也?'孔子曰:'今之君子好实无厌,淫德不倦,荒怠敖慢,固民是尽,午其众以伐有道,求得当欲不以其所。昔之用民者由前,今之用民者由后,今之君子,莫为礼也。"陆佃云:"'淫德不

---

① (宋)卫湜:《礼记集说》卷五十六,文渊阁《四库全书》第118册,第187页。
② 朱谦之:《老子校释》,中华书局2017年版,第182页。
③ (宋)卫湜:《礼记集说》卷九十,文渊阁《四库全书》第118册,第885页。
④ 朱谦之:《老子校释》,中华书局2017年版,第80页。

倦'，庄子所谓'骈拇枝指'近之矣，故曰'淫僻于仁义之行，而多方于聪明之用也'。"①《庄子·骈拇篇》云："骈拇枝指出乎性哉！而侈于德。附赘县疣，出乎形哉！而侈于性。"②所谓"骈拇"，即足拇指连第二指；所谓"枝指"，即旁生的手指。《庄子》认为，并生的足趾和歧生的手指超过了应得的，不是出于人的本性；"淫僻于仁义之行，而多方于聪明之用也"，意即超出了内在的真性，是矫饰仁义的行为，而多方滥用了聪明。陆氏据《庄子》此说来解释"淫德不倦"。所谓"淫德不倦"，据郑《注》："淫，放也。"③意即过分获取而不知足。从表面上看，《庄子》"骈拇枝指"与《哀公问》"淫德不倦"都有超出人的正常所得之义。然而《庄子》意在说明人的行为不合于自然，不顺人情之常；《哀公问》意在说明诸侯失礼之本，不能行礼。由此可见，陆氏将《庄子》"骈拇枝指"与《哀公问》"淫德不倦"相比附，显属不当。

方愨亦重视儒道会通。据笔者统计，卫湜《礼记集说》中，方愨引《庄子》释《礼记》者达三十余次，引《老子》释《礼记》者有五次。如《檀弓下》："复，尽爱之道也，有祷祠之心焉。望反诸幽，求诸鬼神之道也。北面，求诸幽之义也。"方氏云："孝子之事亲，固有爱之道，及其死也，犹复以冀其复生，则爱之道于是为尽，故曰'尽爱之道也'。冀其复生，故所以有祷祠之礼也，特有是心耳，故曰'有祷祠之心'。庄子曰'鬼神守其幽'，则幽者，鬼神之道也。复之时，望其魂气，自幽而反，故曰'望反诸幽'。南为阳，有明之义，北为阴，有幽之义，故曰'北面求诸幽'也。"④《庄子·天运》云："鬼神守其幽，日月星辰行其纪。"⑤方愨认为，"鬼神守其幽"、"望反诸幽"，两"幽"字之义皆为鬼神之道。

《乐记》："乐著大始，而礼居成物。著不息者，天也；著不动者，地也。一动一静者，天地之间也。故圣人曰礼乐云。"方愨云："有物者必由于有始，有始者必至于有物。曰大始，则又始之前也，亦犹大初谓之大朴。曰成物，则又物之后也，亦犹成效谓之成尔。乾知大始，知之而已，及乐由阳来，则著其理而可见；坤作成物，作之而已，及礼由阴作，则居其功而得所著。大始则有

---

① （宋）卫湜：《礼记集说》卷一百十八，文渊阁《四库全书》第119册，第528页。
② （清）郭庆藩：《庄子集释》卷四上，中华书局2012年版，第317页。
③ （清）阮元校刻：《十三经注疏（附校勘记）》，中华书局1980年版，第1611页。
④ （宋）卫湜：《礼记集说》卷二十，文渊阁《四库全书》第117册，第415页。
⑤ （清）郭庆藩：《庄子集释》卷五下，中华书局2012年版，第507页。

气而已,居成物则有形焉。气则往来未尝息,而乾健之所以为天欤,故曰著不息者,天也。形则未尝动,而坤静之所以为地欤,故曰著不动者,地也。夫天之不息,以气所以为天者,未尝不息,庄子曰'天其运乎'是矣。地之不动,以形所以为地者,未尝不动,庄子曰'地其处乎'是矣。礼乐亦然。"①《庄子·天运》:"天其运乎?地其处乎?"方悫认为,《天运》此说与《乐记》天地息动之说一致,遂征引《天运》以释《乐记》。

《表记》:"子不以辞尽人,天下有道则行枝叶,天下无道则辞有枝叶。……故君子之接如水,小人之接如醴。君子淡以成,小人甘以坏。"方悫云:"天下有道,则君子之道发之于行事,此行所以有枝叶;天下无道,则君子之道载之空言,此辞所以有枝叶。则其所以有言者,岂得已哉?宜其不以是而尽人也。庄子曰:'君子之交淡若水,小人之交甘若醴。君子淡以亲,小人甘以绝。盖成则相亲,坏则相绝。'其说正于此合。然庄子言交,此言接,何也?交言其情,接言其迹。"②《庄子·山木》云:"君子之交淡若水,小人之交甘若醴。君子淡以亲,小人甘以绝。"③方悫认为《庄子》所言君子与小人交情各不相同的表现,与《表记》之记载相似,遂据《庄子》以释《表记》。

《经解》:"其为人也温柔敦厚,《诗》教也;疏通知远,《书》教也;广博易良,《乐》教也;洁静精微,《易》教也;恭俭庄敬,《礼》教也;属辞比事,《春秋》教也。"方氏曰:"《诗》言其志,《书》言其事,《乐》言其情,《易》言其道,《礼》言其体,《春秋》言其法。庄子曰:'《诗》以道志,《书》以道事,《礼》以道行,《乐》以道和,《易》以道阴阳,《春秋》以道名分。'其义正与此合。《六经》之教,先王之所以载道也,其教岂有失哉?然或不免于失者,由其有浅深之异尔。若夫得之深,则不至有失矣。"④《庄子》认为《诗》以言志,《书》以道事,《礼》以道行,《乐》以道和,《易》以道阴阳,《春秋》以道名分,此是言各部经典之功能。方悫认为,此与《经解》所言《六经》教化民众之功效意义相同,遂征引《庄子》以释《经解》。

方悫引《老》、《庄》释《礼记》有牵强附会之处。如《月令》:"是月也,不可以称兵,称兵必天殃。兵戎不起,不可从我始。毋变天之道,毋绝地之

---

① 参见(宋)卫湜:《礼记集说》卷九十四,文渊阁《四库全书》第119册,第81—82页。
② (宋)卫湜:《礼记集说》卷一百四十,文渊阁《四库全书》第120册,第418页。
③ (清)郭庆藩:《庄子集释》卷七上,中华书局2012年版,第682页。
④ (宋)卫湜:《礼记集说》卷一百十七,文渊阁《四库全书》第119册,第509—510页。

理,毋乱人之纪。"方氏云:"称兵,举兵也。兵者人之义事,春者天之仁气,苟以人之义事而逆天之仁气,则天灾适当之矣。兵戎之所以不称而起之者,非不起也,特不可以从我始而已。老子曰用兵'不敢为主,而为客',盖不可从我始之谓也。故汤之伐桀,言造攻自鸣条,朕载自亳。用兵之义,未尝不然。"①王弼排定本《老子》第六十九章云:"用兵有言:'吾不敢为主而为客,不敢进寸而退尺。'是谓行无行;攘无臂;扔无敌;执无兵。祸莫大于轻敌,轻敌几丧吾宝。故抗兵相加,则哀者胜。"②《老子》认为,若不得已卷入战争,应不为主而为客,不敢进寸而退尺,主张采取被动守势;虽有制敌的力量,但不轻易使用,主张谦退无争。《老子》警告参战者不可"轻敌",轻敌是好战的表现,出师轻敌则好杀,所杀则伤慈。老子通过阐扬哀慈,以明"不争"之德。《月令》则强调,孟春本非兵戎兴起之月,不过若彼来伐我,我则不得不应,只是兵戎之起不得从我而始。由此可见,《月令》并不否定兵戎之事,而《老子》则强调谦退无争,二者之义相去甚远,不可简单比附。

《乐记》:"故乐者,审一以定和,比物以饰节,节奏合以成文,所以合和父子君臣,附亲万民也。是先王立乐之方也。"方悫曰:"乐之为乐则一,而听之者各有所主,故其感皆不同。至于所以为和,则一而已,故每以和言之。……《老子》曰:'天得一以清,地得一以宁。'则知乐亦得一以和也。且乐为天地之和,天地之和同出于一气而已。乐之道在乎审其一,而后其和可定也。乐有自然之节,比物则因以为之饰尔。合言道,和言情,离者可使附,疏者可使亲也。"③《老子》:"昔之得一者,天得一以清,地得一以宁。"④义即天得到"一"(道)而清明,地得到"一"(道)而宁静。方氏认为,乐本为"一",听之者不同,所感也有异。于是方氏据《老子》所言"一"以释乐之所以"和"。而实际上,《老子》此所云"一"是"道"⑤,《乐记》此所云"一"是"人声",⑥孙希旦认为是"中声之所止也"⑦。从前后文来看,《乐记》此所言

---

① (宋)卫湜:《礼记集说》卷三十九,文渊阁《四库全书》第117册,第791页。
② 朱谦之:《老子校释》,中华书局2017年版,第289—290页。
③ (宋)卫湜:《礼记集说》卷一百,文渊阁《四库全书》第119册,第195页。
④ 朱谦之:《老子校释》,中华书局2017年版,第161页。
⑤ 林希逸注:"'一'者,道也。"严灵峰说:"者,'道'之数。'得一',犹言得道也。"(参见陈鼓应:《老子今注今译》,商务印书馆2003年版,第221页)
⑥ 参见(清)阮元校刻:《十三经注疏(附校勘记)》,中华书局1980年版,第1545页。
⑦ (清)孙希旦著,沈啸寰等点校:《礼记集解》卷三十八,中华书局1989年版,第1033页。

"一"指声音，与《老子》所言"一"之义相去甚远。

综上所述，可知陆佃、方悫引《老》、《庄》释《礼记》，重在词句之征引，而非思想之会通。当其所引《老》、《庄》词句与《礼记》文义一致时，可以达到印证之目的；当其所引《老》、《庄》词句与《礼记》文义不一致时，则流于穿凿附会。

新学与濂学、洛学、关学、蜀学同为北宋时期重要的学派，从宋神宗熙宁二年（1069）开始，以王安石为首的新学"六十年间，诵说推明，按为国是"①，士人们"专意王氏之学，士非《三经》、《字说》不用"，②"一时学者，无敢不传习，主司纯用以取士，士莫得自名一说，先儒传注，一切废不用。"③新学几乎统治了当时整个学术界，风行天下六十余年，其影响远在濂、洛、关、蜀各学派之上。

虽然今人注意到新学重视礼学之学术倾向，但是对新学的礼学著述却缺乏研究，以至于从事王安石礼学研究的资料也仅限于《周官新义》。不过这种状况正在改变。王安石既重视《周礼》，又重视《礼记》，其所撰《礼记发明》就是明证。"在王安石的影响下，新学学者纷纷注解'三礼'，导致了儒学复兴运动在经典文献层面上的转移。"④陆佃、马希孟、方悫等人皆从事《礼记》之诠释，他们的著述见诸于目录，解义见诸于卫湜的《礼记集说》。笔者从卫湜的《礼记集说》中辑出王安石、陆佃、马希孟、方悫的《礼记》解义，其中方悫《礼记解》的内容几乎悉数得以保存下来。新学学者们的《礼记》解义，不仅是今人研究新学之礼学的重要资料，同时也是研究宋代经学不可或缺的重要材料。

从文献学的角度来看，新学之《礼记》诠释对于深化经文和旧注的认识有一定的参考意义。自东汉郑玄为《礼记》作注以后，汉唐经学家很难跳出郑学的框架，他们中有人疏通郑《注》，如孔颖达作《礼记正义》；有人驳郑《注》，如王肃的《礼记注》；有人在疏中有驳，如皇侃的《礼记义疏》。除个别

---

① （宋）朱熹：《晦庵先生朱文公文集》卷七十《读两陈谏议遗墨》，朱杰人等编：《朱子全书》（修订本）第23册，上海古籍出版社、安徽教育出版社2010年版，第3384页。
② （宋）吴曾：《能改斋漫录》，上海古籍出版社1979年版，第371页。
③ （元）脱脱：《宋史》卷三百二十七《列传第八十六·王安石》，中华书局1977年点校本，第10550页。
④ 刘成国：《荆公新学研究》，上海古籍出版社2006年版，第113页。

人外，研究者的初衷是想通过郑《注》之考察，从而对《礼记》经文有更确切之认识。

新学学者对《礼记》经文、旧注均提出了不少新见。据前面的考察，新学学者的《礼记》解义得失兼有。即使新学学者对《礼记》经文的理解有偏差，他们的新见还是启发了后世经学家对《礼记》作更深入的研究。此外，新学学者之《礼记》解义，也能补郑《注》、孔《疏》之未备。他们的解义文从字顺，新见迭出，有功于当世和后世的学者，正如卫湜所云："方氏、马氏及山阴陆氏三家，书坊锓板传于世，方氏最为详悉，有补初学。"①

从思想史的角度来看，新学之《礼记》诠释彰显了荆公新学的学术特点。这可以从以下三个方面来看：

第一，新学的《礼记》解义体现了新学调和儒道的学术取向。北宋中前期，面临佛教和道教的文化挑战，有些学者采取了对抗的态度，如石介、孙复、欧阳修主张排斥佛、道。与此相反，新学学者解经不专主一家，而是调和诸子百家之说为一炉，体现出调和论的为学取向。② 新学学者从事《礼记》之诠释时多引《老》、《庄》，虽然所征引者仅言片语，但是征引之事实说明其对《老》、《庄》的信任和接纳。新学学者征引《老》、《庄》释《礼记》，是新学调和儒道学术取向之体现。③

第二，新学学者据《周礼》释《礼记》，体现了新学会通礼书的学术特点。据现有资料，王安石据《周礼》解《礼记》的内容尚不可见，不过王氏在从事《礼记》诠释时对周礼的重视，实际上就是会通《周礼》与《礼记》之翻版。王安石重视《周礼》的学术取向对其后学影响颇大，"王昭禹、林之奇、王与之、陈友仁等注《周礼》，颇据其说"④。陆佃、马希孟、方慤等人多据《周礼》从事《礼记》之诠释，表现出会通《周礼》和《礼记》的学术取向。

---

① （宋）卫湜：《礼记集说》卷首《礼记集说名氏》，文渊阁《四库全书》第 117 册，第 14 页。
② 刘成国认为，以"理一"为基础，以"道之大全"来整合儒、释、道等诸子百家，是荆公新学的基本治学取向。（参见刘成国：《荆公新学研究》，上海古籍出版社 2006 年版，第 103—112 页）
③ 严格地说，《老》、《庄》属于道家著作，而非道教著作。
④ （清）永瑢等：《四库全书总目》卷十九《经部·礼类一》，中华书局 1965 年影印本，第 150 页。

第三，新学学者为《礼记》所作解义有尊《孟》倾向，对《荀子》的不同态度表明新学内部存在分歧。

中唐以前，《孟子》没有受到特别重视。中唐韩愈、皮日休等人推尊《孟子》，以儒家的道统说对抗佛家的祖统说。自此以后，《孟子》逐渐受到重视，唐宋思想史上出现了一个重大变迁，即周予同所谓"《孟子》的升格运动"[①]。在这一运动中，王安石功勋卓著。[②] 受王安石的影响，新学学者治《孟子》甚勤。除有王雱、王令、龚原等人专门为《孟子》作解义外，陆佃、马希孟均以《孟子》解《礼记》。陆佃、马希孟从事《礼记》诠释时对《孟子》的尊崇，与新学尊《孟》的学术取向一致，亦与宋代尊《孟》的学术思潮息息相关。

不过应该看到，新学学派内部对于《荀子》的态度不尽一致。王安石对《荀子》基本上是持批判态度，其曰："呜呼！荀卿之不知礼也！其言曰'圣人化性而起伪'，吾是以知其不知礼也。知礼者贵乎知礼之意，而荀卿盛称其法度节奏之美，至于言化，则以为伪也，亦乌知礼之意哉？故礼始于天而成于人，知天而不知人则野，知人而不知天则伪。圣人恶其野而疾其伪，以是礼兴焉。今荀卿以谓圣人之化性为起伪，则是不知天之过也。"[③] 不过王安石的后学却有不少人推尊《荀子》。陆佃、马希孟大量征引《荀子》以释《礼记》就是明证。由此可见，尽管新学学者的学术取向大体一致，但是内部也存在着分歧。

荆公新学对后世的《礼记》诠释产生了深远的影响。就宋代来看，卫湜撰著《礼记集说》时于新学学者的《礼记》解义就有大量征引。清人从事《礼记》之诠释，对王安石、陆佃、马希孟、方悫、陈祥道等人的《礼记》解义也多有辨析。如孙希旦撰《礼记集解》时曾大量参考新学之《礼记》解义。据笔者统计，孙希旦征引方悫《礼记》解义达六十二则，征引马希孟《礼记》解义二十四则，征引陆佃《礼记》解义二十则。此外，江永的《礼记训义择言》、

---

[①] 周予同：《群经概论》，朱维铮编：《周予同经学史论》，上海人民出版社2010年版，第190页。

[②] 关于王安石在"《孟子》升格运动"中的地位，可参见夏长朴《王安石思想与孟子的关系》一文（载《李觏与王安石研究》，大安出版社1989年版，第175—212页）。据刘成国的研究，"宋神宗熙宁之前，王安石主要是继承和发扬孟子的出处哲学，阐述士人在仕隐出处中所应遵循的原则。熙宁之后，则更加侧重于阐述孟子的仁政及大有为的精神，以为变法更制张目"（参见刘成国：《荆公新学研究》，上海古籍出版社2006年版，第204页）。

[③] （宋）王安石著，秦克等标点：《王安石全集》卷二十九《性情》，上海古籍出版社1999年版，第252页。

朱彬的《礼记训纂》均于新学的《礼记》解义多有评论。

## 五、张载、吕大临的《礼记》诠释

关学是北宋张载创立的一个理学学派。张载是关中人,弟子也多为关中人,故称之为关学。世称张载"横渠先生",因此关学又有"横渠之学"之称。就关学的内涵性质而言,其属于宋明理学"气本论"的一个哲学学派。张载之时,关学之盛,不下洛学。据《宋元学案》可知,关学代表还有吕大忠、吕大钧、吕大临、范育、苏昞、游师雄、种师道、李复等。明清时期的王廷相、王夫之、戴震等思想家都深受关学的启发,继承并发展了关学的传统。关学重视礼学,主张躬行礼教,强调通经致用。

张载的《礼记》学著述,朱熹《近思录》"引用书目"、晁公武《郡斋读书志》、陈振孙《直斋书录解题》以及《宋史·艺文志》均无著录。最早介绍张载《礼记》学著述的是南宋时期的魏了翁。魏氏有云:"今《礼记说》一编,虽非全解,而四十九篇之目,大略固具。且又以《仪礼》之说附焉。然则是编也,果安所从得与?尝反复寻绎,则其说多出于《正蒙》、《理窟》、《信闻》诸书。或者先生虽未及定著为书,而门人会粹遗言,以成是编与?"① 从魏了翁所言可知,张载曾为《礼记》作注,且有《礼记说》一书问世。不过魏了翁已经不知《礼记说》是否是张载亲定。

南宋卫湜《礼记集说》对张载《礼记》的礼记解义多有征引。"集说名氏"云:"横渠张氏,字子厚,《记说》三卷。"②"《记说》"乃《礼记说》之省称。由此可见,卫湜曾见到张载的《礼记说》,并对《礼记说》有所征引。

从卫湜所征引之解义来看,张载《礼记说》与《经学理窟》、《正蒙》、《语录》中的部分内容相同。如《乐记》:"乐者,音之所由生也,其本在人心之感于物也,……是故先王慎所以感之者。"《礼记集说》引张载解义为:"古乐不可见,盖为后人求之太深,始以古乐为不可知。但以《虞书》言'诗言志,歌永言,声依永,律和声'求而得之,乐之意尽于是。诗止言志,歌但永其言而已,永转其声,令人可听耳,今学者亦以转声不变字为善歌。既长言之要入于律,则知音者察之,知此声入得何律,错综以成文矣。"③《经学理窟·礼

---

① (清)朱彝尊:《经义考》卷一百四十一,中华书局1998年影印本,第743页。
② (宋)卫湜:《礼记集说》卷首《礼记集说名氏》,文渊阁《四库全书》第117册,第11—12页。
③ (宋)卫湜:《礼记集说》卷九十一,文渊阁《四库全书》第119册,第6页。

乐》云:"古乐不可见,盖为今人求古乐太深,始以古乐为不可知。只此《虞书》'诗言志,歌永言,声依永,律和声'求之,得乐之意盖尽于是。诗只是言志。歌只是永其言而已,只要转其声,合人可听,今日歌者亦以转声而不变字为善歌。长言后却要入于律,律则知音者知之,知此声入得何律。"①通过比较可知,《礼记集说》与《经学理窟》中的两段文字大同小异,《经学理窟·礼乐》稍显简略。

《礼记集说》所援引张氏解义与《正蒙》、《语录》有相同或相似者。如《曲礼》"支子不祭,祭必告于宗子",《礼记集说》所征引张氏解义与《经学理窟·宗法》的相关内容基本一致。《礼记·乐记》"乐也者情之不可变者也"、"礼也者礼之不可易者也",《礼记集说》所征引张氏解义与《语录》中的相关记载基本相同。关于《礼器》的篇名,《礼记集说》所征引张氏解义与《正蒙》中的相关记载完全相同。

综上所述,可知张载曾为《礼记》作注,这些注释很可能是张载讲学的讲稿。张载去世之后,门弟子对他的遗稿作了汇编,"礼记说"很可能就是门弟子在资料汇编时所定的书名。《经学理窟》、《语录》亦是由弟子记录并整理的。在整理的过程中,弟子们也择取了一些张载的《礼记》解义,只是取舍与《礼记说》有所不同,《礼记说》与《经学理窟》、《语录》遂有同有异。

由于年代久远,书缺有间,张载《礼记说》的流传情况已难确考。据四库馆臣考证,卫湜的《礼记集说》始作于南宋开禧、嘉定间,成书于宝庆二年(1226)②,由此可知南宋开禧、嘉定年间,张载《礼记说》还流传于世。明吕柟于嘉靖五年(1526)所编《张子抄释》之序曰:"横渠张子书甚多,今其存者止《二铭》、《正蒙》、《理窟》、《语录》及《文集》,而《文集》又未完,止得二卷于三原马伯循氏。"③由此可见,明嘉靖年间,张载《礼记说》已佚。二程的著作经过朱熹的整理,完整无缺,张载的著作,除《文集》外也大部分散佚,从中可见程朱学派的态度。

张载主要是以《六经》、《论语》和《孟子》为资源,通过对经书的重新

---

① (宋)张载著,章锡琛点校:《经学理窟·礼乐》,《张载集》,中华书局1978年版,第262页。
② 参见(清)永瑢等:《四库全书总目》卷二十一《经部·礼类三》,中华书局1965年影印本,第168页。
③ (明)吕柟著,章锡琛点校:《张子抄释序》,《张载集·附录》,中华书局1978年版,第389页。

诠释从而批判佛老，建立理学思想体系。《正蒙》、《经学理窟》是张载重要的解经注经之作，其中包含了张载思想多个层面的内容。《正蒙》成书于熙宁九年（1076），是张载最重要的作品之一。张载曾对学生说："此书予历年致思之所得，其言殆与前圣合与！大要发端示人而已，其触类广之，则吾将有待于学者。正如老木之株，枝别固多，所少者润泽华叶尔。"① 至于《经学理窟》，朱熹《近思录》和有关传记没有著录，有人据此认为其非张载的作品。根据明代黄巩、当代张岱年等人的考辨，《经学理窟》是张载的作品。在《正蒙》、《经学理窟》中，可知张载对《礼记》有深入的研究。《正蒙》的《诚明篇》、《乐器篇》、《王禘篇》，《经学理窟》的《宗法》、《礼乐》、《祭祀》、《丧纪》等，对《礼记》多有征引和阐释。

吕大临（1046—1092）字与叔，号芸阁，其祖上是汲郡（今河南汲县）人，因其祖父太常博士吕通葬于蓝田（今陕西蓝田县），遂为蓝田人。吕大临曾是关学的著名代表，其师承张载，张载去世后，又从学于二程，与谢良佐、杨时、游酢并称为"四先生"。史称其学"通《六经》，尤深于《礼》"②。据晁公武《郡斋读书志》和陈振孙《直斋书录解题》可知，吕大临的礼学著作有《礼记解》、《编礼》、《家祭礼》。不过在流传中，三书皆佚。

晁公武《郡斋读书志》著录吕大临"《芸阁礼记解》四卷"③，尤袤《遂初堂书目》作"《礼记解》"④，不记卷数，陈振孙《直斋书录解题》作"《芸阁礼记解》十六卷"⑤，卫湜《集说名氏》云"《解》十卷"⑥，王应麟《玉海》载"《芸阁礼记解》十卷"⑦。根据宋人的著录，可知吕大临《礼记》学著述全称为《芸阁礼记解》，尤《目》所言《礼记解》和卫湜《名氏》所言《解》，都是省称。各家所著录《芸阁礼记解》的卷数，或为四，或为十六，或为十，可能是流传过程中分卷不一所致。马端临《文献通考》载"《芸阁礼记解》十六

---

① （宋）吕大临著，章锡琛点校：《横渠先生行状》，《张载集·附录》，中华书局1978年版，第384页。

② （宋）王称：《东都事略》卷八十九，文渊阁《四库全书》第382册，第576页。

③ （宋）晁公武：《郡斋读书志》卷一上《礼类》，文渊阁《四库全书》第674册，第169页。

④ （宋）尤袤：《遂初堂书目·礼类》，文渊阁《四库全书》第674册，第440页。

⑤ （宋）陈振孙著，徐小蛮等点校：《直斋书录解题》卷二《礼类》，上海古籍出版社1987年版，第47页。

⑥ （宋）卫湜：《礼记集说》卷首《礼记集说名氏》，文渊阁《四库全书》第117册，第12页。

⑦ （宋）王应麟：《玉海》卷三十九《艺文·三礼》，文渊阁《四库全书》第944册，第102页。

卷"①，可是到元脱脱修《宋史》时，却作"《礼记传》十六卷"②。宋代目录均无吕大临《礼记传》的记载，所以很可能是《宋史》将《礼记解》误作《礼记传》。清朱彝尊《经义考》袭《宋史》之误，将《礼记传》与《芸阁礼记解》皆归之于吕大临。今人省称《芸阁礼记解》作《礼记解》。

明万历张萱重编《内阁书目》时云："吕氏《礼记传》（当为《礼记解》）十六卷，今阙第三卷，宋淳熙中朱晦庵刻之临漳学官。"③由此可知，明万历年间，朱熹所刻吕氏《礼记解》还流传于世。朱彝尊和四库馆臣均未见吕氏《礼记解》之刊行，并断定《礼记集说》所取吕大临《礼记解》在内的一百四十四家，除郑《注》、孔《疏》外，"原书无一存者"④，可见《礼记解》在清乾隆时期已失传。

今人陈俊民从《礼记集说》（《四库全书》本）中将卫湜征引吕大临《礼记说》的内容全部辑出，并参考牛兆濂校勘本《蓝田吕氏礼记传》加以点校，成辑本《礼记解》，保存于《蓝田吕氏遗著辑校》中。陈振孙所言十六篇，均已包括在辑本内。借辑本可知，《曲礼》、《中庸》、《大学》、《表记》、《缁衣》几乎是全文详解，足以见吕氏《礼记解》的主要内容得以保留下来。

下面对张载、吕大临的《礼记》诠释加以考察。

（一）名物礼制之考证

《礼记》有名物礼制之记载，张载从事《礼记》之诠释，重视名物礼制之考证。如《祭法》："王为群姓立七祀，曰司命，曰中霤，曰国门，曰国行，曰泰厉，曰户，曰灶。……诸侯为国立五祀，……大夫立三祀，……庶士、庶人立一祀。"张载云："五祀，户、灶、门、行、中霤而已。一亩之宫，五者皆具，故曰天子至于士，皆立五祀之祭。天子之立五祀，见于经者不一。士之立五祀，见于《士丧礼》。《祭法》有七祀、五祀、三祀、二祀、一祀之法，加以司命及厉。而诸侯不祭户、灶，大夫以下皆不祭中霤，殆非推报之义。又未尝参见诸书及庙祧、坛墠之法，亦与经多不合，恐别是一法，非世之达礼。社稷

---

① （元）马端临：《文献通考》卷一百八十一《经籍八》，中华书局1986年版，第1559页。
② （元）脱脱：《宋史》卷二百二《志第一百五十五·艺文一》，中华书局1977年点校本，第5049页。
③ （清）朱彝尊：《经义考》卷一百四十一，中华书局1998年影印本，第744页。
④ （清）永瑢等：《四库全书总目》卷二十一《经部·礼类三》，中华书局1965年影印本，第169页。

者,土谷之神。后土、后稷,古司土、司谷之有功德者,故以配之祭社,则后土之功可以报矣。井不在五祀,恐水土之神已属之社。厉无后者也,国祭无后者是亦一术也。中霤恐是天窗漏明处,《诗》所谓'不愧屋漏'是也。盖穴居之处亦必有以取明,及其宫室当深奥处仍有漏明之所。《尔雅》指屋漏于东北隅,不必尽尔。礼浴于中霤,盖就其明也,然则又不可以中庭谓之中霤。五祀曰门、曰行,以报功而言,则门、行岂大于井,反不祭井?"①张载认为,中霤是《诗经》之"不愧屋漏",是宫室漏明之处。张载还对《既夕礼》所记士祭五祀的内容做了辨析,认为《祭法》所记载的七祀、五祀、三祀、二祀、一祀非通行之礼。张载此之解义影响深远。北宋陈祥道云:"《周官》虽天子亦止于五祀,《仪礼》虽士亦传五祀,则五祀无尊卑隆杀之数矣。《祭法》自七祀推而下之,至于'嫡士二祀'、'庶人一祀',非周礼也。"②清人孙希旦云:"愚谓五祀有二:其大者为五行之神,《大宗伯》'以血祭''祭五祀',《左传》'社稷五祀,是尊是奉'是也。其小者为户、灶、门、行、中霤之神,《曲礼》、《王制》、《月令》、《周礼·小祝》、《士丧礼》之所言者是也。盖户、灶、门、行、中霤,皆关于饮食起居之至切近者,故自天子以下皆祭其神。若司命以为文昌宫星,则《大宗伯》以槱燎祭之者,不当祭于宫中;若如以为宫中小神督察三命者,则不知其于天神、地祇、人鬼何所属耶?至泰厉、公厉,则天子诸侯所祭,因之在其地而无主后者,亦不当于中霤、户、灶、门、行为类。且五祀为宫中之神,故自天子以下各自祭之,今乃谓'天子为群姓立七祀',有中霤、户、灶,'诸侯为国立五祀',有中霤,则是国人宫内之神,而乃祭之于天子诸侯之宫,有是理乎?"③陈祥道、孙希旦之说,显然是受张载之启发。

又如《乐记》:"夫乐者,象成者也。总干而山立,武王之事也。发扬蹈厉,大公之志也。武乱皆坐,周、召之治也。……久立于缀,以待诸侯之至也。"郑《注》云:"成,谓已成之事。"张载云:"舞以八佾,佾以八人为列,则六十四人也。六成者,六奏曲终也。大凡舞者,必于其中以见其象。周始有雍州之地,及灭商,所得者又有冀、青,犹有六州之地。既得天下,必须镇抚其诸侯,故三成而南,镇抚南方诸侯也;四成则见南方之国皆疆理而治也;五

---

① (宋)卫湜:《礼记集说》卷一百九,文渊阁《四库全书》第119册,第366页。
② (宋)陈祥道:《礼书》卷九十四,文渊阁《四库全书》第130册,第591页。
③ (清)孙希旦著,沈啸寰等点校:《礼记集解》卷四十五,中华书局1989年版,第1203—1204页。

成而分，舞列皆分两行，以象周、召分而治也；六成复缀以崇，此时必改易衣冠服饰，使之充盛，象治定致文也；天子夹振而驷伐，以舞列分为左右，则总干者在中央振铎，而舞列夹而进也。驷伐者，必是舞列四出，象兵四出也。南国是疆之后，亦有不服者，如淮夷是也。其时须当用兵，故言盛威于中国，大中国之威也。分夹而进，夹总干者也。久立于缀，亦是总干者立于缀也，以待诸侯之至，舞中亦必有此象，是舞人四出后，改易衣冠以待其至也。"①郑《注》以"成"为"已成之事"，是对"成"字的误解，正如翁方刚云："郑《注》：'成，谓已成之事。'此解未得'成'字义也。"②张载认为，"六成者，六奏曲终也"，"成"为舞曲之一终。张载以"成"为曲终，见诸经籍，如《论语·八佾》："子语鲁大师乐，曰：'乐其可知也，始作翕如也，从之纯如也，皦如也，绎如也，以成。'"《论语》称曲终乐尽为"成"。孙希旦云："成者，舞之一终也。"③此外，张载还对"三成而南"、"四成而南国是疆"、"五成而分"、"六成复缀以崇"等做了诠释，其解义的重点是礼仪考证，而非义理阐发。

《王禘篇》为《正蒙》的第十六篇，篇名源自《礼记·丧服小记》"礼不王不禘"一语。王夫之释此篇的大旨曰："此篇略释《三礼》之义，皆礼之大者，先王所以顺天之秩序而精其义者也。张子之学以立礼为本，而言礼则辨其大而遗其细。盖大经有一定之理，而恭敬、樽节、退让之宜，则存乎人之随时以处中，而不在乎度数之察也。"④在《王禘篇》，张载征引了《周礼》、《仪礼》、《礼记》、《孟子》、《论语》，对丧、祭、昏、射诸礼作了解释。

据笔者统计，《王禘篇》引用《礼记》达十六次，其中征引《丧服小记》七次，《王制》三次，《曲礼上》一次，《学记》一次，《射义》一次，《玉藻》一次，《礼器》一次，《丧服四制》一次。征引《仪礼》仅二次，《周礼》一次，《论语》二次，《孟子》一次。由此可知，张载主要是根据《礼记》阐述自己对礼制的认识。如《丧服小记》"礼不王不禘"，张载云："'礼不王不禘'，则知诸侯岁阙一祭为不禘明矣。至周以祠为春，以禴为夏，宗庙岁六享，则二

---

① （宋）卫湜：《礼记集说》卷九十九，文渊阁《四库全书》第119册，第169页。
② （清）翁方刚：《礼记附记》卷五，《丛书集成初编》第1023册，中华书局1985年版，第145页。
③ （清）孙希旦著，沈啸寰等点校：《礼记集解》卷三十八，中华书局1989年版，第1024页。
④ （清）王夫之著，船山全书编辑委员会编校：《王禘篇》，《船山全书》第十二册，岳麓书社1989年版，第335页。

享四祭为六矣。诸侯不禘，其四享与！夏商诸侯，夏特一祫，《王制》谓'礿则不禘，禘则不尝'，假其名以见时祀之数尔，作《记》者不知文之害意，过矣。"①前人只重视对"禘"的解释，张载则对"礼不王不禘"有深入之研究。从其解义可知张载对古礼是十分熟悉的。②

张载在《经学理窟·丧纪》中专论丧礼和丧服。据笔者统计，此篇征引《礼记》达十二次，其中多涉及《檀弓》上、下，另还涉及《杂记》上、下。于《丧纪》中，张载对《礼记》经文表示质疑。如《檀弓下》："卒哭曰成事。是日也，以吉祭易丧祭，明日祔于祖父。其变而之吉祭也，比至于祔，必于是日也接，不忍一日末有所归也。殷练而祔，周卒哭而祔，孔子善殷。"卒哭即止哭，丧主在祭后"卒无时之哭"。《礼记·杂记下》："士三月而葬，是月也卒哭；大夫三月而葬，五月而卒哭；诸侯五月而葬，七月而卒哭。"卒哭后次日，把死者的神主敬奉祖庙，依昭穆次序安放在神座上，与祖先一起合祭，称为祔。祭毕，仍奉神主归家。据《檀弓下》可知，祔在卒哭后。张载云："丧须三年而祔，若卒哭而祔，则三年都无事。礼卒哭犹存朝夕哭，若无祭于殡宫，则哭于何处？古者君薨，三年丧毕，吉禘然后祔，因其祫，祧主藏于夹室，新主遂自殡宫入于庙。《国语》言'日祭月享'礼，庙中岂有日祭之礼？此正谓三年之中不彻几筵，故有日祭。朝夕之馈，犹定省之礼，如其亲之存也。至于祔祭，须是三年丧终乃可祔也。"③张载认为，若卒哭而祔，三年之内将无祭祀；卒哭后，朝夕哭犹存，若卒哭后行祔礼，就无可供朝夕哭之殡宫，因此，三年丧终才可行祔礼。

吕大临也重视名物之考证。如《丧服小记》："斩衰括发以麻，为母括发

---

① （宋）张载著，章锡琛点校：《正蒙·王禘篇第十六》，《张载集》，中华书局1978年版，第59页。
② 王夫之注："谓夏、商春礿夏禘，即于夏季时享行大禘，诸侯不禘，则夏不祭。二享、禘、祫，四祭，祠、禴、尝、烝。四时之祭阙其一，合祫而四。周制，诸侯各以其方助祭于天子，故其时不行宗庙之祭。《王制》盖谓诸侯祠则不礿，礿则不尝，亦言阙一祭尔。假夏、商时享之名谓礿为禘，于文未审，恐读者不察，且疑诸侯之亦禘，害于礼矣。夏、商诸侯，夏时天子大禘之时而祫祭，非禘也。作《记》者，汉文帝时博士。"[（清）王夫之著，船山全书编辑委员会编校：《王禘篇》，《船山全书》第十二册，岳麓书社1989年版，第335—336页] 船山之解并非尽合张子原意，然大体上可从。
③ （宋）张载著，章锡琛点校：《经学理窟·月令统·丧纪》，《张载集》，中华书局1978年版，第297—298页。

以麻,免而以布,齐衰恶笄以终丧。"吕大临云:"免以布为卷帻,以约四垂短发,而露其髻,于《冠礼》谓之'阙项'。冠者必先著此阙项,而后加冠。故古者有罪,免冠而阙项存,因谓之免。音'免',以其与'冕弁'之'冕'其音相乱,故改音'问'。"① "免"为古代的丧服,吕氏将其与《仪礼·冠礼》"缺项"进行比较,使"免"之形制得以展现。吕氏还将"免"的读音改为"问",以别于"冕弁"之"冕"。

又如关于《曲礼下》所言天子之五官、六府、六工,吕大临释之云:"殷人尊神,率民以事神,先鬼而后礼。大宗以下,皆事鬼神,奉天时之官,故总谓之'天官'。太宰者,佐王代天工以治者也;大宗,掌事鬼神者也;大史,掌正岁年及颁朔,则奉天时者也;大祝,所以接神者也;士者,即周司巫,巫所以降神者也;大卜,主问龟,所以求神者也。六者,皆天事也,人事也,人事可变,天事不可变者也。《周官》司士,则夏官之属,此别出司士为一官者。司士掌群臣之版,及卿大夫士庶子之数,则所统有众。与司马、司徒、司空、司寇略等矣,所以并立为五官也。司徒之众,则六乡六遂是也;司马之众,六军是也;司空之众,百工是也;司寇之众,士师司隶之属是也,故曰典司五众。六府者,主藏之官,敛藏六者之入,以待国用者也。农以耕事贡九谷,则司土受之;山虞以山事贡木材,则司木受之;泽虞以泽事贡水物,则司水受之;圃以树事贡薪刍疏材,则司草受之;工以饬材事贡器物,则司器受之;商以市事贡货贿,则司货受之。《周官》司土,则廪人、仓人之职;司木,则山虞、林衡之职;司水,则泽虞、川衡之职;司草,则委人之职;司器、司货,则玉府、内府之职。所入者,乃农圃虞衡工商之民所贡,故曰'典司六职'。六工者,饬材为器,以待国用者也;草工,以萑苇莞蒲菅蒯之类为器用者。六工所治之材,各有不同,故曰'典制六材'。岁终,则司徒以下五官各致其功,以献于王,故谓之'享',王得以行其诛赏。大宰不贡者,《周官》大宰诏王废置,则殷制亦然也。"② 吕氏于此随文作注,《曲礼下》所言天子之五官、六府、六工之职掌粲然可见。清人孙希旦评论吕氏此之解义云:"吕氏之说,稍微该括,

---

① (宋)吕大临:《礼记解》,陈俊民辑校:《蓝田吕氏遗著辑校》,中华书局1993年版,第258页。
② (宋)吕大临:《礼记解》,陈俊民辑校:《蓝田吕氏遗著辑校》,中华书局1993年版,第236—237页。

然亦未有以见其必然也。"①

吕大临谙熟礼制。如《曲礼下》："天子当依而立，诸侯北面而见天子，曰'觐'；天子当宁而立，诸公东面，诸侯西面，曰'朝'。"吕氏曰："自此至'曰盟'，言朝、觐、会、同、聘、问、盟、誓之所以名也。古者谓相见曰'朝'，相问曰'聘'。臣见于君，子见于亲，贱见于贵，皆谓之'朝'，以朝暮别之，则朝见曰'朝'，暮见曰'夕'；以春秋别之，则春见曰'朝'，秋见曰'觐'。然考之《舜典》'二月，东巡守，肆觐东后'，则春亦曰'觐'，盖'朝''觐'互名，至周始以春秋别之。又有夏宗冬遇，以备四时之朝，又曰：'春朝以图天下之事，秋觐以比邦国之功，夏宗以陈天下之谟，冬遇以协诸侯之虑。'则四者非独时异，事亦异矣。此章天子之立，有'当依'、'当宁'之别，其朝位，有'诸侯北面'及'诸公东面'、'诸侯西面'之别，则朝觐之礼，非独事异，仪亦异矣。"② 吕大临引用《尚书》之记载，对朝、聘、觐、夕诸礼加以辨析，言之有据，可备一家之说。

又如《祭法》："祭法：有虞氏禘黄帝而郊喾，……周人禘喾而郊稷，祖文王而宗武王。"吕大临云："天子宗庙之祭，自殷以前，常祭有四，春礿、夏禘、秋尝、冬烝是也；非常之祭有四，禘、祫、郊、宗是也。祫对祪之名，无别祭，因时祭而举之，故有祪礿、祫禘、祫烝。春祭物薄，故不祫祪。祪，祭一庙也，春祭物薄，不足合食，故特祭之。祫，合也，合群庙之主而祭于祖也。禘，谛也。自祢率祖，顺而祭之至于祢，先尊后卑，审谛昭穆，同时异日，各行其祭也。常禘则止及大祖，大禘则及其始祖所自出之帝，以其大祖配之。二禘之祭皆在下，有大禘则无常禘，常禘岁行，大禘则五岁一行。祫禘者，若常禘，则合于大祖；大禘，则合于始祖。不失追享之义，而合食之郊者，推其祖之功德，可以配天者，祀天于郊，以所配者配之，故曰'郊'。宗者，以功德可宗，祀帝于明堂，则以其宗配之。禘郊祖宗，虽皆祀其先，然必推其先世之有功德者，非此不在祀典。故瞽、鲧皆有恶德，虞不郊瞽，而夏郊鲧，鲧有以死勤事之功也。至周则以礿为夏祭，而立祠以为春祭，别出禘为大祭，又有肆献祼馈食之享。肆献祼，飨礼也，行于禘祭；馈食，食礼也，行于

---

① (清)孙希旦著，沈啸寰等点校：《礼记集解》卷五，中华书局1989年版，第134页。
② (宋)吕大临：《礼记解》，陈俊民辑校：《蓝田吕氏遗著辑校》，中华书局1993年版，第239—240页。

尝祭。凡非常之祀,用飨礼、食礼也,皆取于此。故周人禘、祫间行于四时,飨、食互用于非常,禘郊祖宗庙亦不变。然周公推严配之礼,以事天之礼事其先,故以后稷配天;而郊之祀,不祀天而祀稷,以文王配帝;而明堂之祀,不祀稷而祀文王者,周公时宗文王而已。及其后世,乃祖文而宗武,故《孝经》与《祭法》异。"①《祭法》所记禘、祫、郊、宗之礼,历来是礼家争论的焦点,各家各执己说,难成定论。吕氏于此对禘、祫、郊、宗诸礼之解释,语言流畅,且没有连篇累牍之考证,表明其对礼制是十分熟悉的。

(二) 礼意之阐发

《仪礼》记载了冠、昏、丧、祭、乡、射、朝、聘诸礼,《礼记》对这些礼仪的意义作了阐发。张载十分重视阐发礼意,他对《礼记》所记礼意作了再诠释。兹举数例以见之:

《杂记下》:"孔子曰:'吾食于少施氏而饱,少施氏食我以礼。吾祭,作而辞曰:疏食不足祭也。吾餐,作而辞曰:疏食也,不敢以伤吾子。'"郑《注》:"言贵其以礼待己,而为之饱也。时人倨慢,若季氏则不以礼矣。少施氏,鲁惠公子施父之后。"②张载曰:"后世不安于礼,相见唯务简便。至如宾主相与为礼,安然不动,复何相劝相敬之意?但以酒食相与醉饱而已。古人非不知此简便,必自进笾豆几席,酌酒而拜,所以致其敬也。末世虽宗庙之飨,父母之养,礼意犹有所阙。然所谓如食宜饮,如酌孔取,但取饮食醉饱而已,殊非养老之意,老马反为驹,不顾其后。孔子食于少施氏而饱,必是少施氏有礼也。食于季氏,不食肉而飱。孔子虽欲行礼,施于季氏,必是不知,故不若辞食而已。凡礼必施之知者,若为不知,礼亦难行。"③在郑《注》之基础上,张载则对《礼记》这段文字的意义做了阐释。张氏认为,后世一味求简,相劝相敬之意渐失;后世虽有宗庙进食礼,但相对古人而言,礼意仍有所缺失。

《杂记下》:"子贡问丧。子曰:'敬为上,哀次之,瘠为下。颜色称其情,戚容称其服。'"郑《注》:"问丧,问居父母之丧也。丧尚哀,言敬为上者,疾时尚不能敬也。"④张载云:"持丧敬则必哀,哀则必瘠,恣适非所以居丧,稍

---

① (宋) 吕大临:《礼记解》,陈俊民辑校:《蓝田吕氏遗著辑校》,中华书局1993年版,第264—265页。
② (清) 阮元校刻:《十三经注疏 (附校勘记)》,中华书局1980年版,第1569页。
③ (宋) 卫湜:《礼记集说》卷一百四,文渊阁《四库全书》第119册,第285页。
④ (清) 阮元校刻:《十三经注疏 (附校勘记)》,中华书局1980年版,第1561页。

不敬则哀忘之矣。或谓三年致哀于君子，所养得无损乎！是君子之所养也。居丧以敬为上，敬则一于礼也。"①张载认为，居丧期间必哀，哀之前提是敬，只有敬才是真正的哀，哀则有憔悴黑瘦之模样；居丧期间有敬才能达于礼。清人江永撰《礼记训义择言》时征引张载此说，认为"张子之言至矣"②。

《檀弓上》："事师无犯无隐，左右就养无方，服勤至死，心丧三年。"郑《注》："心丧，戚容如父而无服也。凡此以恩义之间为制。"③张载云："古不制师服，师服无定体也。见彼之善而己效之亦师也，故有得其一言一义而如朋友者，有亲炙如兄弟者，有成就己身而恩如天地父母者，此岂可一概服之？故圣人不制其服，心丧之可也。孔子死，门人一时心丧，又岂可责其一概？以传道久近而各尽其哀之隆杀，如子贡独居三年而后归也，如言二三子皆经而出，群居则经也。或曰吊服加麻亦是服也，却不得谓无服也。"④郑《注》简奥，于礼意探求不深。张载在郑《注》之基础上，探寻古不制师服之原因。张载认为，所谓师者，有像朋友的，有亲如兄弟的，有恩情厚如天地父母的，师与己身关系太复杂，很难一概而论，故师去世心丧即可。

吕大临亦重视礼意，他说："冠、昏、射、乡、燕、聘，天下之达礼也。《仪礼》所载，谓之礼者，礼之经也。《礼记》所载，谓之义者，训其经之义也。先王制礼，其本出于君臣、父子、尊卑、长幼之间，其详见于仪章、度数、周旋、曲折之际，皆义理之所当然。故礼之所尊，尊其义也。失其义，陈其数，祝史之事也。知其义，则虽先王未之有，可以义起也；不知其义，则陷于非礼之礼，非义之义，大人弗为也。凡冠、昏、射、乡、燕、聘义，皆举其经之节文，以述其制作之意者也。"⑤又说："礼之所尊，尊其义也。其文，则揆相习之；其义，则君子知之；修其文，达其义，然后可以化民成俗也。"⑥吕氏认为，《仪礼》为礼经，《礼记》则阐发礼经之义；礼之所尊是礼意，而非仪节度数。基于这样的认识，吕大临对《礼记》所记礼意作了再诠释。兹举数例

---

① （宋）卫湜：《礼记集说》卷一百三，文渊阁《四库全书》第119册，第253页。
② （清）江永：《礼记训义择言》卷八，文渊阁《四库全书》第128册，第385页。
③ （清）阮元校刻：《十三经注疏（附校勘记）》，中华书局1980年版，第1274页。
④ （宋）卫湜：《礼记集说》卷十五，文渊阁《四库全书》第117册，第309页。
⑤ （宋）吕大临：《礼记解》，陈俊民辑校：《蓝田吕氏遗著辑校》，中华书局1993年版，第382—383页。
⑥ （宋）吕大临：《礼记解》，陈俊民辑校：《蓝田吕氏遗著辑校》，中华书局1993年版，第396页。

以见之：

《儒行》："儒有衣冠中，动作慎；其大让如慢，小让如伪；大则如威，小则如愧；其难进而易退也，粥粥若无能也。其容貌有如此者。"吕大临曰："儒者未尝无意乎天下之用，然非其义也，禄之以天下弗顾也。辞其大者，若自尊以骄人，然非自尊也，尊道也；辞其小者，若矫饰而不出于情，然非矫饰也，欲由礼也。由尊道而不屈于世，若有所威；由礼而不犯非礼，若有所愧。此儒者所以贵于天下也。衣冠中，所谓其服也乡得其中制，不异于众，不流于俗而已。动作慎，则非礼勿履而已，故曰'难进而易退也，粥粥若无能也'。'其容貌有如此者'，非容貌之可贵也，德可贵而已。翔而后集，非义则不就，此所以难进，'色斯举矣'，礼貌未衰，言弗行也，则去之，所以易退。难进易退，此所以德可尊也。"①《儒行》记载了儒者应行之礼仪，吕氏对这些礼仪蕴含的礼意做了阐发。吕大临认为，儒者应入乡随俗，不应特立独行，因此"儒有衣冠中"；儒者行动要与礼相合，因此"动作慎"；儒者贵之在德，而非容貌。

《表记》："子曰：'事君不下达，不尚辞，非其人弗自。'"吕大临云："以下达之事事其君，则贼其君者也；尚辞而实不称，则欺其君者也；非其人而自达之，枉己以事君者也。传曰：'君子上达，小人下达。'上达者，进乎高明，如伊尹耻其君不及尧舜，孟子非尧舜之道不敢陈于王前者也。下达者，趋乎污下，如孟子言谓吾君不能谓之贼者也，又曰'逢君之恶其罪大'者也。自者，所由以为主者也。观近臣以其所主，观远臣以其所为主。"②吕大临认为，下达之事卑，贼国害君，故侍奉国君"不下达"；尚浮华言辞，欺骗国君，不合正道，故侍奉国君"不尚辞"。

《聘义》："夫昔者君子比德于玉焉：温润而泽，仁也。……圭璋特达，德也。天下莫不贵者，道也。"吕大临云："玉气粹精之所发，则温润而泽，如君子之仁，温厚深淳之气形诸外也。玉理密致而坚实，如君子之知，密而不疏则中理，坚而不解则可久也。金之有廉，虽利也，用之则伤；玉之有廉，虽不利也，用之则不能伤。如君子之义，其威虽若不可犯，卒归于爱人而已。玉之体

---

① （宋）吕大临：《礼记解》，陈俊民辑校：《蓝田吕氏遗著辑校》，中华书局1993年版，第361—362页。
② （宋）吕大临：《礼记解》，陈俊民辑校：《蓝田吕氏遗著辑校》，中华书局1993年版，第329页。

重，垂之则如坠而欲下，如君子之好礼，以谦恭下人为事，故曰礼也。凡声滞浊而韵短者，石也；清越而韵长者，玉也。始洪而终杀者，金也；始终若一者，玉也；此玉之声所以与金石异也。其终诎然，所谓始终若一，所谓玉振之也者，终条理也。乐之始作翕如，至于皦如以成；歌者止如槁木，其合止皆无衰杀之渐。则君子于乐，其终诎然，如玉之声。玉之瑜者其美也，瑕者其病也，玉之明洞昭昭乎内外，瑜瑕不能相掩，如君子之忠无隐情，善恶尽露而无所盖，故曰忠也。'孚尹'未详，或曰'信发于忠谓之孚也'，信也；'尹'或训为'诚'，亦信也。玉之明彻，蕴于内而达于外，犹君子之信由中出也。先儒以'孚'为'浮'，以'尹'为'筠'，如竹箭之'筠'，谓玉采色也。其文其音，既悉有改，义亦无据，恐未然也。玉之莹者，光气能达于天，所谓'气如白虹'也。韫诸石中，则光辉必见，所谓'精神见于山川'也。如君子之达于天，则与天同德；充实而有光辉，则与地同德。玉之为璧琮，其用也，必有币以将之；玉为圭璋，特达而已，不用币也，如君子之德，无待乎外也。莫非物也，玉之为物，天下贵之；莫非道也，君子之道，天下尊之。故曰：'天下莫不贵者道也。'"① 吕大临云"玉气粹精之所发，则温润而泽，如君子之仁，温厚深淳之气形诸外也"，是对"温润而泽，仁也"意义的阐发；"玉理密致而坚实，如君子之知，密而不疏则中理，坚而不解则可久也"，是对"缜密以栗，知也"意义的阐发。

（三）据《礼记》阐发思想

张载著述是采取经学的形式，他通过注释、解说、议论、引用经书的形式将自己的思想表达出来。如《正蒙》一书，就是张载仿《论语》和《孟子》的体例而作。其他如《横渠易说》、《经学理窟》等均是解经注经之作。但是我们必须看到，张载解经注经的形式，并非汉唐笺注的简单重复，而是试图以宋代兴起的义理之学取代汉唐的笺注之学。张载曾说："学贵心悟，守旧无功。"② 又说："心解则求义自明，不必字字相校。"③ 张载于此所提到的"心悟"、"心解"，意在对经书的注释和解说中，获得新的思想和见解。他批评只读经而不求义理之人曰："饱食终日，不图义理，则大非也，工商之辈，犹能晏寐夙兴

---

① （宋）吕大临：《礼记解》，陈俊民辑校：《蓝田吕氏遗著辑校》，中华书局1993年版，第418—419页。
② （宋）张载著，章锡琛点校：《经学理窟·义理》，《张载集》，中华书局1978年版，第274页。
③ （宋）张载著，章锡琛点校：《经学理窟·义理》，《张载集》，中华书局1978年版，第276页。

以有为焉。"①

1. 理学思想

张载是理学的奠基人,此为学界所公认。《宋史》记载,张载之学"以《易》为宗,以《中庸》为体,以《孔》、《孟》为法,黜怪妄,辨鬼神"②。张载的理学思想见诸《横渠易说》、《正蒙》、《经学理窟》等著述。其借助《礼记》阐发的理论,不但涉及中庸、礼乐,还涉及太虚即气论、格物论、天理人欲、民吾同胞等。

张载提出的"太虚即气"说,是其思想体系之基础。在张载看来,万物皆由"气"变化而来,"气"是万物之来源。然而"气"与"太虚"又紧密相关,"太虚"是无形的,其是"气之本体"③,"太虚"可以看作是"气"存在的空间。"气"聚而为万物,"气"散则变成"太虚"。

张载的"气本论"思想之形成,所依靠的经典主要是《礼记》。如《礼记·中庸》借助于孔子的口,对"鬼神之德"作了描述,即"视之而弗见,听之而弗闻,体物而不可遗"。张载认为,凡是有形状的,能被形容的,都是属于"气"的范畴;"气"有不同的表现,促进"气"变化的根源则是"神",即"气之性,本虚而神"④。《中庸》开篇提出"天命"、"性"、"道",并对三者之间的关系作了说明,即"天命之为性"、"率性之为道"、"修道之为教"。张载据《中庸》,对"太虚"、"气"、"性"、"道"之间的关系作了辨析,其指出:"由太虚,有天之名;由气化,有道之名;合虚与气,有性之名;合性与知觉,有心之名。"⑤ 张载认为,"太虚"等同于"天","气"变化的过程是"道","太虚"与"气"合而为"性","性"与"知觉"合而为"心"。此所言"虚与气",乃指"太虚之气"的本性,以及"气"之属性;"太虚之气"聚,从而有了"气","气"聚,从而有了人,因此人之本性源于"太虚"。

张载认为,由于"气"之聚散有异,故人所秉承之"气"不同。得"气"之清者为"天地之性",得"气"之浊者为"气质之性"。在此基础上,张载借

---

① (宋)张载著,章锡琛点校:《经学理窟·义理》,《张载集》,中华书局1978年版,第271页。
② (元)脱脱:《宋史》卷四百二十七《列传第一百八十六·道学一》,中华书局1977年点校本,第12724页。
③ (宋)张载著,章锡琛点校:《正蒙·太和篇第一》,《张载集》,中华书局1978年版,第7页。
④ (宋)卫湜:《礼记集说》卷一百二十八,文渊阁《四库全书》第120册,第145页。
⑤ (宋)卫湜:《礼记集说》卷一百二十三,文渊阁《四库全书》第120册,第8页。

助于《礼记·乐记》提出了他的"天理"、"人欲"之辨理论。《乐记》认为，人不断接触外界事物，就会产生好恶之情，如此，则人容易为物所异化，"人化物也者，灭天理而穷人欲者也"。张载指出，穷人欲，则心无虚，以立天理；而"人心"乃人欲之范畴，"道心"乃天理之范畴，故"穷人欲则灭天理"①，"既无人欲则天理自明"②，在张载看来，所谓"人欲"，即人之物欲，此乃恶之源头。张载所言"人欲"，并非生理上之欲念。③

张载对《礼记·中庸》有很深的研究，他从理学家的视角对《中庸》中的"诚"作了阐释。④《中庸》曰："天命之谓性，率性之谓道，修道之谓教。"此语对"天道"和"人道"作了经典性的论述，即以天道为本体，为依据，人道由效法天道而来。那么，"天道"与"人道"之间达成统一的确实途径是什么呢？《中庸》将其归结为"诚"，"诚者，天之道也；诚之者，人之道也。诚者不勉而中，不思而得，从容中道，圣人也。"意即"诚"乃天道，而效法"诚"乃人道。这样，"诚"就在天道与人道之间架起了一座桥梁，使得二者得以相通。

何谓"诚"？张载曰："天所以长久不已之道，乃所谓诚。仁人孝子所以事天诚身，不过不已于仁孝而已。故君子诚之为贵。"⑤诚为天之长久不已之道，其最大的特点乃真实无妄。张载论"诚之者"曰："不诚不庄，可谓之尽性穷理乎？性之德也未尝伪且慢，故知不免乎伪慢者，未尝知其性也。勉而后诚庄，非性也；不勉而诚庄，所谓'不言而信，不怒而威'者与！"⑥"'屈信相感而利生'，感以诚也。'情伪相感而利害生'，杂以伪也。至诚则顺理而利，伪

---

① （宋）张载著，章锡琛点校：《张子语录·语录上》，《张载集》，中华书局1978年版，第313页。
② （宋）张载著，章锡琛点校：《张子语录·语录上》，《张载集》，中华书局1978年版，第313页。
③ 张载是理学背景下"天理人欲之辨"之第一人，其为后来理学家们大谈天理人欲开了先河。北宋的二程，南宋的朱熹、陆九渊无不重视"天理人欲之辨"。在二程、朱熹等人关于天理人欲之论述中，可见张载思想的影子。
④ 张载年轻时"志气不群"，年十八"慨然以功名自许"，上书范仲淹，范仲淹一见便知其能成大器，遂劝他读《中庸》。张载说："某观《中庸》义二十年，每观每有义，已长得一格。"（张载著，章锡琛点校：《经学理窟·义理》，《张载集》，中华书局1978年版，第277页）由此可见，张载的儒学研究是从《中庸》发端的。
⑤ （宋）张载著，章锡琛点校：《正蒙·诚明篇第六》，《张载集》，中华书局1978年版，第21页。
⑥ （宋）张载著，章锡琛点校：《正蒙·诚明篇第六》，《张载集》，中华书局1978年版，第24页。

则不循理而害。顺性命之理，则所谓吉凶，莫非正也；逆理则凶为自取，吉其险幸也。"①张载继承了《中庸》关于"诚"真实无妄的特性，认为只有"不勉而诚庄"，自然率性，才能是真正的诚；从人的角度来看，只有诚达到自然而然、没有任何造作的境地，才能实现客观的天道转化为"诚之者"的人道。

张载还对"礼"与"理"的关系作了辨析。《礼记·仲尼燕居》曰："礼也者，理也。"《礼记·乐记》曰："礼也者，理之不可易者也。"张载据此，认为礼就是理，知理才能制礼。他说："礼者，理也，须是学穷理，礼则所以行其义，知理则能制礼，然则礼出于理之后。"②张载认为，理出于礼之先，为礼之依据。结合张载对《周易》"形而上者谓之道，形而下者谓之器"的解释，更能看出其对礼与理关系的认识。张载曰："形而上者，是无形体者也，故形而上者谓之道也；形而下者，是有形体者，故形而下者谓之器。无形迹者即道也，如大德敦化是也；有形迹者即器也，见于事实如礼义是也。"③道是根本、原理，器是表象、事实，道、理是礼的形上依据，礼是道的形下事实，然而道与器不可分离，礼与理亦不可分。由此可见，张载将礼升华到形上依据的高度来看待，礼与理一样，具有恒常意义。不过，在张载的思想体系中，理并非礼的终极根源，这一点，林乐昌先生已有精辟的论述，其曰："在张载思想体系中，由于'理'是居于'天'之下的次级范畴，'理'和'天'并未如二程洛学那样同一化为一个整体观念；理虽具有根源涵义，但毕竟还不是终极根源。"④张载将礼的终极依据称作"太虚"，他说："大虚（太虚）即礼之大一（太一）也。大者，大之一也，极之谓也。"⑤此所云"太虚"，是无形的、聚而未散的气，"太虚无形，气之本体，其聚其散，变化之客形尔"⑥。张载于此所说的"本体"，是指原始的、本来如此的、永恒的状态。张载以太虚为气的本然状态，气就是虚，虚就是气，太虚与气之涵义相当。张载以礼源于太虚，即以礼来源于属于本体范畴的气。张载还认为礼本于"天"，他说："礼本于天，

---

① （宋）张载著，章锡琛点校：《正蒙·诚明篇第六》，《张载集》，中华书局1978年版，第24页。
② （宋）张载著，章锡琛点校：《张子语录·语录下》，《张载集》，中华书局1978年版，第326—327页。
③ （宋）张载著，章锡琛点校：《横渠易说·系辞上》，《张载集》，中华书局1978年版，第207页。
④ 林乐昌：《张载礼学论纲》，《哲学研究》2007年第12期。
⑤ （宋）卫湜：《礼记集说》卷五十八，文渊阁《四库全书》第118册，第216页。
⑥ （宋）张载著，章锡琛点校：《正蒙·太和篇第一》，《张载集》，中华书局1978年版，第7页。

天无形,固有无体之礼。"① 又说:"虚者天地之祖,天地从虚中来。"② 天源自太虚,太虚即气,故追溯天之本原,则又回归于气。既然礼本之于天,天本之于气,按此逻辑,可知礼仍是本之于气。

张载于礼、理关系之认识对朱熹等人产生了深远的影响。如朱熹曰:"所以礼谓之'天理之节文'者,盖天下皆有当然之理。今复礼,便是天理。但此理无形无影,故作此礼文,画出一个天理与人看,教有规矩可以凭据,故谓之'天理之节文',有君臣,便有事君底节文;有父子,便有事父底节文;夫妇长幼朋友,莫不皆然,其实皆天理也。"③ 又曰:"这个典礼,自是天理之当然,欠他一毫不得,添他一毫不得。惟是圣人之心与天合一,故行出这礼,无一不与天合。其间曲折厚薄浅深,莫不恰好。这都不是圣人白撰出,都是天理决定合着如此。后之人此心未得似圣人之心,只得将圣人已行底,圣人所传于后世底,依这样子做。做得合时,便是合天理之自然。"④ 在朱熹的哲学体系中,天理是最高概念,是万事万物存在的依据和宇宙运行的规律。朱子认为礼乃天理之节文和天理之当然,是将礼上升到天理的高度来看待。在朱子之前,张载早就提出礼源于理的命题,然而张、朱二人所说的理在各自思想体系中的地位不尽相同,故二者对于礼与理关系的界定有着根本的不同。从逻辑上说,朱子对于礼与理关系之认识是对张载礼学思想的继承和发展。

吕大临的《礼记解》涉及一些理学的重要概念,如:

"吾生所有,既一于理,则理之所有,皆吾性也。人受天地之中,其生也,具有天地之德,柔强昏明之质虽异,其心之所然者皆同。特蔽有浅深,故别而为昏明;禀有多寡,故分而为强柔;至于理之所同然,虽圣愚有所不异。尽己之性,则天下之性皆然,故能尽人之性。"⑤

---

① (宋)卫湜:《礼记集说》卷五十八,文渊阁《四库全书》第 118 册,第 216 页。
② (宋)张载著,章锡琛点校:《张子语录·语录中》,《张载集》,中华书局 1978 年版,第 326 页。
③ (宋)黎靖德辑:《朱子语类》卷四十二,朱杰人等编:《朱子全书》(修订本)第 15 册,上海古籍出版社、安徽教育出版社 2010 年版,第 1494 页。
④ (宋)黎靖德辑:《朱子语类》卷八十四,朱杰人等编:《朱子全书》(修订本)第 17 册,上海古籍出版社、安徽教育出版社 2010 年版,第 2885 页。
⑤ (宋)吕大临:《礼记解》,陈俊民辑校:《蓝田吕氏遗著辑校》,中华书局 1993 年版,第 298 页。

"知崇者，所以致吾知也；礼卑者，所以笃吾行也。"①

"学至于致知格物，则天下之理斯得，虽质之愚而不明者寡矣。"②

"学问思辨，所以求之也；行，所以至之也。求之至，非人一己百，人十己千，不足以化气质。"③

宋儒讲本体与工夫。吕大临既以"性"为"理"，视"理"为本体，又强调"变化气质"，故在本体工夫论上主张"格物"、"致知"、"穷理"、"笃行"、"学问思辨"，以及由礼之工夫来变化气质、复性节情。

敬是理学修养的重要方法，其作为完成理想人格、实现人性自觉的重要途径，被理学家广泛使用和宣传。不过理学家们对敬的理解不尽一致，强调的重点也不同。吕大临在从事《礼记》之诠释时将敬的作用凸显了出来。

吕大临认为，敬是指人的仪容呈现之状态。吕氏曰："修身之要有三：貌也，色也，言也。曾子告孟敬子，君子所贵乎道者三：动容貌，出辞气，正颜色而已。《冠义》曰：'礼义之始，在于正容体，齐颜色，顺辞令。'若巧言令色足恭，则反是者也。所谓足者，举动是也。举动即貌也，主于足，故言足也。色者，颜色见于面目者也。口者，言辞是也。修此三者，敬而已矣。不敬则失之，故貌敬则足畏也，色敬则足惮也，言敬则足信也。"④吕大临认为，修身之关键，姿容体态要端正，面部表情要整饬，言谈辞令要理顺，做到这三点才能达到敬的标准；容貌敬才会令人生敬畏，表情敬才会庄重，言语敬才会令人信从。

吕大临认为，敬贯穿于事天事君等具体的礼仪。吕氏说："事天事君，至敬而不敢亵，故有卜筮；因言卜筮之用，礼者敬而已矣。明则敬于人，礼仪三百，威仪三千，敬人之事也。幽则敬于鬼神，内尽志，外尽物，凡祭祀之礼，卜筮之用，皆敬鬼神之事也。"⑤吕大临认为，礼可使人敬之，故侍奉国

---

① （宋）吕大临：《礼记解》，陈俊民辑校：《蓝田吕氏遗著辑校》，中华书局1993年版，第297页。
② （宋）吕大临：《礼记解》，陈俊民辑校：《蓝田吕氏遗著辑校》，中华书局1993年版，第297页。
③ （宋）吕大临：《礼记解》，陈俊民辑校：《蓝田吕氏遗著辑校》，中华书局1993年版，第295页。
④ （宋）吕大临：《礼记解》，陈俊民辑校：《蓝田吕氏遗著辑校》，中华书局1993年版，第312页。
⑤ （宋）吕大临：《礼记解》，陈俊民辑校：《蓝田吕氏遗著辑校》，中华书局1993年版，第336页。

君、祭祀神灵皆应循礼。吕大临认为礼的本质是敬，他说："礼者，敬而已矣，敬者，礼之常也。"①

吕大临认为，只要心中有敬，仪节等可以灵活对待。他说："礼者，敬而已矣。心苟在敬，财力之不足，非礼之訾也。潢污行潦，可荐于鬼神，瓠叶兔首，不以微薄废礼，此不以货财者也。……丧礼秃者不免，伛者不袒，跛者不踊，此有疾而不能行者也。男女不授受，嫂溺则援之以手；君子正其衣冠，同室有斗，则被发缨冠而救之，此临难而不得已也。居山者不以鱼鳖为礼，居川者不以鹿豕为礼，此土地之所不有也。凡此，皆礼之变也。行礼而知变，所谓非礼之礼也。"②吕大临认为，心存敬，即使财力不足，行礼也不会有缺失；不同境况之下，礼的具体表现会有所不同，然皆可至于敬。

在二程、朱熹的思想世界，敬是修养方法。程颐说："所谓敬者，主一之谓敬。所谓一者，无适之谓一。且欲涵泳主一之义，一则无二三矣。……至于不敢欺、不敢慢、尚不愧于屋漏，皆是敬之事也。"③专心一意于心中之理，不能有丝毫的懈怠，就是主敬的根本方法。朱熹认为，除了"主一无适"，主敬还有"敬畏""收敛身心""整齐严肃""随事专一"等多种含义。④在吕大临这里，敬与礼紧密相关，敬不是脱离礼的独立修养方法。由此可见，吕大临《礼记解》应该成书于吕大临投奔二程之前，这也印证了陈俊民的推断，即"《礼记解》无疑是他（吕大临）早年从张载时期的力作"⑤。

2. 礼的形上依据

张载认为礼的来源是"太虚"，这是从宇宙本体的角度为礼的存在寻求理论依据。他说："大虚（太虚）即礼之大一（太一）也。大者，大之一也，极之谓也。礼非出于人，虽无人，礼固自然而有，何假于人？今天之生万物，其尊卑小大，自有礼之象，人顺之而已，此所以为礼。或者专以礼出于人，而不

---

① （宋）吕大临：《礼记解》，陈俊民辑校：《蓝田吕氏遗著辑校》，中华书局1993年版，第189页。
② （宋）吕大临：《礼记解》，陈俊民辑校：《蓝田吕氏遗著辑校》，中华书局1993年版，第206—207页。
③ （宋）程颢、程颐：《河南程氏遗书》卷十五《伊川先生语一》，王孝鱼点校：《二程集》，中华书局1981年版，第169页。
④ 参见蒙培元：《理学范畴系统》，人民出版社1989年版，第406页。
⑤ （宋）吕大临：《礼记解》，陈俊民辑校：《蓝田吕氏遗著辑校》，中华书局1993年版，第58页。

知礼本天之自然。"① 张载哲学以"气"为最高的范畴，其所言"太虚"是无形的、聚而未散的气，或者说是气的本然状态，"太虚无形，气之本体，其聚其散，变化之客形尔"②。张载所言"气之本体"中的"本体"，即指原始的、本来如此的、永恒的状态。在太虚与气的关系上，太虚是气的本然状态，气就是虚，虚就是气。张载说："太虚者，气之体。……形聚为物，形溃反原。"③ 气之聚，成为万物；气之散，形消解复归于无形之太虚。太虚是气的别名，二者涵义相当。张载以礼源于太虚，即以礼源于本体范畴的气。

在张载的哲学体系中，"天"具有抽象性，并非有形迹，具有本体的特征。张载认为礼本于天，他说："礼本于天，天无形，固有无体之礼。礼有形则明于地，明于地则有山川、宗庙、五祀、百神，以至达于丧、祭、射、御、冠、昏、朝、聘，是见于迹也。盖礼无不在，天所自有人以节文之耳。本于天，殽于地，犹是总言之鬼神，则布列于地上也。然则礼非自人而出，至于鸟兽，莫不有父子、配偶、长幼、朋友，蝼蚁之君臣，鸿雁之兄弟，但不能推类而有别，此亦皆天性也，至圣人则能粹美之。"④ 张载认为，天无形，礼本于天，故有无体之礼；鸟兽有父子、配偶、长幼、朋友，蝼蚁有君臣，鸿雁有兄弟，此皆源自天性，圣人之礼亦源自天性。张载认为，源自天性之礼不可变："礼亦有不须变者，如天叙天秩，如何可变！……天地之礼自然而有，何假于人？天之生物便有尊卑大小之象，人顺之而已，此所以为礼也。"⑤ 张载认为，天所生造之物之大小、尊卑等属于礼之范畴，这些礼独立于人之外。张载言天之来源，曰："虚者天地之祖，天地从虚中来。"⑥ 天源自太虚，太虚即气，追溯天之本原又回归于气。既然礼本于天，天本于气，按此逻辑，礼即本于气。

张载认为礼还源自"性"、"情"、"心"，这是从主体的维度对礼的形上依据所做的探寻。张载说："人情所安即礼也。"⑦ "礼非止著见于外，亦有无体之

---

① （宋）卫湜：《礼记集说》卷五十八，文渊阁《四库全书》第118册，第216页。
② （宋）张载著，章锡琛点校：《正蒙·太和篇第一》，《张载集》，中华书局1978年版，第7页。
③ （宋）张载著，章锡琛点校：《正蒙·乾称篇第十七》，《张载集》，中华书局1978年版，第66页。
④ （宋）卫湜：《礼记集说》卷五十四，文渊阁《四库全书》第118册，第126—127页。
⑤ （宋）张载著，章锡琛点校：《经学理窟·礼乐》，《张载集》，中华书局1978年版，第264页。
⑥ （宋）张载著，章锡琛点校：《张子语录·语录中》，《张载集》，中华书局1978年版，第326页。
⑦ （宋）卫湜：《礼记集说》卷五十八，文渊阁《四库全书》第118册，第228页。

礼。盖礼之原在心。"① "仁义礼智，人之道也；亦可谓性。"② 张载认为性是构成心的要素之一，"合性与知觉，有心之名。"③ 性与心皆源于气，二者是气所固有的内容。张载说："合虚与气，有性之名。"④ 又云："太虚者心之实也。"⑤ 张载将仁义礼智的根源归诸于心、性、气，有将道德理性客体化的倾向。

张载还认为礼与情有关。所谓情，张载曰："有形则有体，有性则有情。发于性则见于情，发于情则见于色，以类而应也。"⑥ 张载认为情源于性，是性的表征，情通过具体事物得以体现。由此可见，张载在探讨礼与心、性、情之关系时，根据是气本论哲学；其对礼的本原的探讨，亦是落实到气本论哲学上。

吕大临亦试图为礼寻找形上依据。其是从两个维度来说明：

第一，礼"象法天地"。吕大临云："先王制礼之意，象法天地，以达天下之情而已。《书》曰'天叙有典'，体也，人伦之谓也；'天秩有礼'，用也，冠、昏、丧、祭、射、乡、朝、聘之类也。二者皆本于天，此礼之所由生也。礼之有吉凶，犹天之有阴阳，可异而不可相干也；礼有恩、有理、有节、有权，犹天之有四时，可变而不可执一也。仁义礼知，人道具矣，人道具则天道具，其实一也。"⑦ 吕大临认为，先王象法天地而制礼（此处所说之地，实际上仍是天），天为体，礼为用，为"用"之礼源于为"体"之天；礼分吉凶，像天有阴阳，二者相互依存，各不干犯；礼有恩、有理、有节、有权，像天有春、夏、秋、冬，可转化，不可守一。在吕氏看来，礼所具有的一切特点皆是与天相合，礼源自天并体现了天的特点。

第二，礼是人与动物相区别的"理义"。吕大临曰："人之血气、嗜欲、视听、食息，与禽兽异者几希，特禽兽之言，与人异耳，然猩猩、鹦鹉亦或能

---

① （宋）张载著，章锡琛点校：《经学理窟·礼乐》，《张载集》，中华书局1978年版，第264页。
② （宋）张载著，章锡琛点校：《张子语录·语录中》，《张载集》，中华书局1978年版，第324页。
③ （宋）张载著，章锡琛点校：《正蒙·太和篇第一》，《张载集》，中华书局1978年版，第9页。
④ （宋）张载著，章锡琛点校：《正蒙·太和篇第一》，《张载集》，中华书局1978年版，第9页。
⑤ （宋）张载著，章锡琛点校：《张子语录·语录中》，《张载集》，中华书局1978年版，第324页。
⑥ （宋）张载著，章锡琛点校：《拾遗·性理拾遗》，《张载集》，中华书局1978年版，第374页。
⑦ （宋）吕大临：《礼记解》，陈俊民辑校：《蓝田吕氏遗著辑校》，中华书局1993年版，第419页。

之。是则所以贵于万物者，盖有理义存焉，圣人因理义之同然，而制为之礼，然后父子有亲，君臣有义，男女有别，人道所以立，而与天地参也。纵欲怠敖，灭天理而穷人欲，将与马牛犬彘之无辨，是果于自弃，而不欲齿于人类者乎？"① 吕大临认为，人在生理方面与禽兽差别很小，人与禽兽异，主要原因在于人有理义，禽兽则无；圣人因理义而制礼，遂有君臣之义、男女之别。与张载、程朱思想体系本体的"理"不同，吕氏于此所言之"理"是人别于禽兽的因素。

张载、吕大临论礼形上依据的思路相似，即从宇宙本体和主体的角度为礼的存在寻找依据。不过二者也有不同，张载论礼的形上依据时，涉及太虚、天、性、情、心，其讨论丰富而深刻，而吕大临则仅限于天和理义范畴，没有张载思想富有思辨性。

3. 礼学思想

在《经学理窟·礼乐》中，张载对礼乐多有论说，其不少观点明显是受到了《礼记》的启发，兹举数例以见之。

关于礼的本质和形上依据，张载云："时措之宜便是礼，礼即时措时中见之事业者，非礼之礼，非义之义，但非时中者皆是也。非礼之礼，非义之义，又不可以一概言，如孔子丧出母，子思不丧出母，又不可以子思守礼为非也，又如制礼者小功不税，使曾子制礼，又不知如何，以此不可易言。时中之义甚大，须是精义入神以致用，始得观其会通以行其典礼，此则真义理也；行其典礼而不达会通，则有非时中者矣。礼亦有不须变者，如天叙天秩，如何可变！礼不必皆出于人，至如无人，天地之礼自然而有，何假于人？天之生物便有尊卑大小之象，人顺之而已，此所以为礼也。学者有专以礼出于人，而不知礼本天之自然，告子专以义为外，而不知所以行义由内也，皆非也，当合内外之道。"② "时措之宜"一词出自《中庸》；"时中"一词出自《周易·蒙卦》和《中庸》，"孔子丧出母"、"子思不丧出母"、"小功不税"出自《檀弓》。张载认为，礼本于天，天所生造之物的属性如大小、尊卑等为礼，这些礼源于人之外而又独立存在。换句话说，天是礼产生和存在的依据；礼的本质是"时措之宜"，

---

① （宋）吕大临：《礼记解》，陈俊民辑校：《蓝田吕氏遗著辑校》，中华书局1993年版，第192页。

② （宋）张载著，章锡琛点校：《经学理窟·礼乐》，《张载集》，中华书局1978年版，第264页。

即做事合宜就是礼。

《礼记·乐记》云:"凡音者,生人心者也。情动于中,故形于声,声成文,谓之音。是故治世之音安以乐,其政和;乱世之音怨以怒,其政乖;亡国之音哀以思,其民困。声音之道与政通矣。……郑卫之音,乱世之音也,比于慢矣。桑间濮上之音,亡国之音也,其政散,其民流,诬上行私而不可止也。"《乐记》认为,音乐与世道、地域有紧密之关系。张载《经学礼窟·礼乐》云:"郑卫之音,自古以为邪淫之乐,何也?盖郑卫之地滨大河,沙地土不厚,其间人自然气轻浮;其地土苦,不费耕耨,物亦能生,故其人偷脱怠堕,弛慢颓靡。其人情如此,其声音同之,故闻其乐,使人如此懈慢。其地平下,其间人自然意气柔弱怠堕;其土足以生,古所谓'息土之民不才'者此也。若四夷则皆据高山溪谷,故其气刚劲,此四夷常胜中国者此也。"①又云:"声音之道,与天地同和,与政通。蚕吐丝而商弦绝,正与天地相应。方蚕吐丝,木之气极盛之时,商金之气衰。如言'律中大簇','律中林钟',于此盛则彼必衰。方春木当盛,却金气不衰,便是不和,不与天地之气相应。"②张载认为,郑、卫是"邪淫之乐",是因为郑、卫之地濒临大河,土地不厚,不需耕耨,作物也能生长;人成长于此,易轻浮怠惰;此地音乐使人懈慢,是受该地民风之影响;音与天地同和相应,如蚕吐丝时,木气极盛,商金气衰,商弦则绝。通过比较,可知张载此之解义受到了《乐记》的启发。

《礼记·乐记》云:"乐也者,情之不可变者也;礼也者,理之不可易者也。乐统同,礼辨异。"《礼器》又云:"礼也者,反其所自生,乐也者,乐其所自成。"张载借此,对礼的"别异"与乐的"统同"功能做了论述。其曰:"'礼反其所自生,乐乐其所自成。'礼别异不忘本,而后能推本为之节文;乐统同,乐吾分而已。礼天生自有分别,人须推原其自然,故言'反其所自生';乐则得其所乐即是乐也,更何所待!是'乐其所自成'。"③张载借《乐记》,对礼辨异、乐统同的功能作了辨析,并对这种功能的来源作了探寻。

《礼记》对礼的"辨异"功能有颇多论述,如《曲礼上》云:"夫礼者,所

---

① (宋)张载著,章锡琛点校:《经学理窟·礼乐》,《张载集》,中华书局1978年版,第263页。
② (宋)张载著,章锡琛点校:《经学理窟·礼乐》,《张载集》,中华书局1978年版,第263页。
③ (宋)张载著,章锡琛点校:《经学理窟·礼乐》,《张载集》,中华书局1978年版,第261页。

以定亲疏、决嫌疑、别同异、明是非也。"《哀公问》云："民之所由生，礼为大。非礼无以节事天地之神也，非礼无以辨君臣、上下、长幼之位也，非礼无以别男女、父子、兄弟之亲，昏姻、疏数之交也。君子以此之为尊敬然。"礼的主要功能是"辨""别"各种社会关系，从而对社会成员的身份和等级予以确认。吕大临强调礼"别"之功能，他说："礼主乎别，节文虽繁而不可乱也。因亲疏、长幼、贵贱之等差，以为屈伸隆杀之节文，明辨密察，然后尽乎制礼之意矣。"① 吕大临认为，因为礼使亲疏、长幼、贵贱等皆有等差，所以繁冗的仪节度数不会导致混乱。

吕大临结合社会具体问题对礼的"辨异"功能作了说明。其曰："礼之所贵，别而已矣。亲疏、长幼、贵贱、贤不肖，皆别也，大别之中又有细别存焉。均亲也，而有斩衰、大功、小功、缌麻、袒免之异；均长也，而有父事、兄事、肩随之异。故以贱事贵，有十等焉，所谓王、公、卿、士、皂、舆、隶、僚、仆、台也。君者，积尊而为之也。苟无差等，民可得而犯之，贵贵之义有所不行，此乱之所由生也。燕礼之别，故上卿、小卿、大夫、士、庶子，其席其就位，皆有次；献君、献卿、献大夫、献士、献庶子，及举旅行酬，皆有序；俎豆、牲体、荐羞，皆有等差。君臣贵贱之义，极其密察，至于此者，所以防乱也。"② 又曰："朝廷之礼，所以别嫌明微，正名分以尊君者也，故有外朝内朝之政。左右九棘，面三槐，左嘉石，右肺石，以别公、卿、大夫、诸侯及群士、群吏之位，以致民而询焉，及辨贵贱之等，叙群吏之治其仪也，有不历位而相言也，不逾阶而相揖也。如此，然后君臣之分明，邦国之政行。"③ 吕氏认为，亲疏、长幼、贵贱、贤不肖等仅是从大体言，"大别"中有"细别"，比如，在血亲的前提下，亲人之间还是有亲疏之别，根据亲疏，丧服有斩衰、大功、小功、缌麻、袒免之异；根据长幼，有父事、兄事、肩随之异等。如此细密的分别，意在于防乱之产生。又如朝廷之礼，有内外朝之分、左右九棘、面三槐、左嘉石、右肺石等，皆是明君臣之分。

---

① （宋）吕大临：《礼记解》，陈俊民辑校：《蓝田吕氏遗著辑校》，中华书局1993年版，第397页。
② （宋）吕大临：《礼记解》，陈俊民辑校：《蓝田吕氏遗著辑校》，中华书局1993年版，第411页。
③ （宋）吕大临：《礼记解》，陈俊民辑校：《蓝田吕氏遗著辑校》，中华书局1993年版，第312页。

### 4.宗法思想

宗周时期，宗法制盛行。礼的重要功能，是维护宗法制。受礼书之影响，张载对宗法制颇为重视，他说："管摄天下人心，收宗族，厚风俗，使人不忘本，须是明谱系世族与立宗子法。宗法不立，则人不知统系来处。古人亦鲜有不知来处者，宗子法废，后世尚谱牒，犹有遗风。谱牒又废，人家不知来处，无百年之家，骨肉无统，虽至亲，恩亦薄。"① 在《宗法》中，张载通过征引《礼记》等经籍，对宗法思想多有探讨。

如《礼记·曲礼下》："支子不祭，祭必告于宗子。"此是言嫡长子在家族中拥有祭祀的特权。关于嫡长子继承制，张载云："古所谓'支子不祭'也者，惟使宗子立庙主之而已。支子虽不得祭，至于斋戒致其诚意，则与祭者不异；与则以身执事，不可与则以物助之，但不别立庙，为位行事而已。后世如欲立宗子，当从此义，虽不与祭，情亦可安。若不立宗子，徒欲废祭，适足长惰慢之志，不若使之祭犹愈于已也。今日大臣之家，且可方宗子法，譬如一人数子，且以嫡长为大宗。须据所有家计厚给以养宗子，宗子势重，即愿得之，供宗子外，乃将所有均给族人。宗子须专立教授，宗子之得失，责在教授；其他族人，别立教授。仍乞朝廷立条，族人须管遵依祖先立法，仍许族人将已合转官恩泽乞回授宗子；不理选限官，及许将奏荐子弟恩泽与宗子。且要主张门户，宗子不善，则别择其次贤者立之。"② 张载认为，虽然庶子不得主持祭祖祭祢，但是其清心斋戒，对先人的思念与宗子无异；庶子可以直接参与祭祀，若不直接参与，以财物助祭亦可。若不立宗子，祭祀则废，怠慢之心遂生。张载认为，官宦之家可仿效宗子法，若一人有数子，则可以年长者为宗子，对宗子予以优待；若宗子不能担其责，就需另择贤者充当。

又如《礼记·曾子问》："曾子问曰：'宗子为士，庶子为大夫，其祭也如之何？'孔子曰：'以上牲祭于宗子之家。'"据郑《注》可知，"上牲"为大夫少牢，用大夫之牲是贵禄；庶子为大夫得祭曾祖庙，庶子不合立庙则寄曾祖庙于宗子之家，用少牢，宗子祭。张载借此，云："言宗子者，谓宗主祭祀。宗子为士，庶子为大夫，以上牲祭于宗子之家。非独宗子之为士，为庶人亦

---

① （宋）张载著，章锡琛点校：《经学理窟·宗法》，《张载集》，中华书局1978年版，第258—259页。

② （宋）张载著，章锡琛点校：《经学理窟·宗法》，《张载集》，中华书局1978年版，第260页。

然。"① 又云："宗子为士，立二庙；支子为大夫，当立三庙；是曾祖之庙为大夫立，不为宗子立。然不可二宗别统，故其庙亦立于宗子之家。"② 张载认为，宗子的地位当坚决维护，不但为大夫的宗子如此，为士和庶人的宗子也应如此。

林乐昌认为，张载的礼学是由两套系统构成，"一套是关于礼的基本观念和礼学结构功能的学理系统，一套是突出礼在教学过程中的作用和意义的实践系统"③。张载《礼记》之诠释于学理系统、实践系统兼而有之。

张载、吕大临是入世的思想家，他们心忧天下，匡国济民。如张载年少时就有报国之志，喜欢谈论兵法。思想成熟后，又提出了比较系统的社会改革思想，如主张恢复三代"井田"、"封建"和"肉刑"等。张载、吕大临匡国济民之重要表现，就是对礼教的重视。司马光云："窃惟子厚平生用心，欲率今世之人，复三代之礼者也，汉魏以下盖不足法。"④《宋元学案》说张载的学问"以礼为体，以孔、孟为极"⑤。《宋史·张载传》亦云张载"其学尊礼贵德、乐天安命"⑥。吕大防言吕大临"博及群书，妙达义理，如不出诸口；子之行，以圣贤为法；其临政事，爱民利物"⑦。吕大临强调"克己复礼"，并以礼"正心修身"。

汉唐时期，经学家重视《礼记》文字训诂和礼制考证，宋人于《礼记》之研究则重视义理之阐发和理论之建构。张载说："学者只是于义理中求，……道理须从义理生。"⑧ 吕大临亦云："礼之所尊，尊其义也。"⑨ 基于重视义理之学术取向，张载、吕大临对《礼记》所记礼意作了再诠释。此外，张载、吕大临擅长思辨，重视理学体系之建构，从《正蒙》、《经学理窟》相关篇目以及吕大

---

① （宋）张载著，章锡琛点校：《经学理窟·宗法》，《张载集》，中华书局1978年版，第259页。
② （宋）张载著，章锡琛点校：《经学理窟·宗法》，《张载集》，中华书局1978年版，第261页。
③ 林乐昌：《张载礼学论纲》，《哲学研究》2007年第12期。
④ （宋）司马光：《论谥书》，章锡琛点校：《张载集·附录》，中华书局1978年版，第387页。
⑤ （清）黄宗羲撰，全祖望补：《宋元学案》卷十七《横渠学案上》，中华书局1986年版，第663页。
⑥ （元）脱脱：《宋史》卷四百二十七《列传第一百八十六·道学一》，中华书局1977年点校本，第12724页。
⑦ （宋）朱熹：《伊洛渊源录》卷八，文渊阁《四库全书》第448册，第478页。
⑧ （宋）张载著，章锡琛点校：《经学理窟·学大原下》，《张载集》，中华书局1978年版，第286页。
⑨ （宋）吕大临：《礼记解》，陈俊民辑校：《蓝田吕氏遗著辑校》，中华书局1993年版，第396页。

临《礼记解》，可清楚地知道张载、吕大临《礼记》的诠释与理学体系建构之间的密切关系。张载、吕大临《礼记》诠释以义理见长，不以考据为务。尽管如此，他们的部分观点对于理解《礼记》经文本身还是有参考价值。比如他们于《礼记》经文旧注之辨疑，既有臆断之处，又不乏真知灼见。

### 六、二程的《礼记》诠释

程颢（1032—1085）字伯淳，人称明道先生，北宋洛阳人。与程颐为同胞兄弟。举进士后，历官京兆府鄠县主簿，江宁府上元县主簿，泽州晋城令。神宗初任御史，因与王安石政见不合，不受重用，遂潜心于学术。

程颐（1033—1107）字正叔，人称伊川先生，北宋洛阳人。为程颢胞弟，历官汝州团练推官、西京国子监教授。元祐元年（1086）除秘书省校书郎，授崇政殿说书。与其胞兄程颢共创"洛学"，为理学奠定了基础。

程颢、程颐，世称"二程"。二程早期受学于理学创始人周敦颐，宋神宗时，建立起自己的理学体系。二程的学说在某些方面有所不同，但基本内容并无二致。二程的著作有后人编成的《河南程氏遗书》、《河南程氏外书》、《明道先生文集》、《伊川先生文集》、《二程粹言》、《经说》等。程颐另著有《周易传》。二程的学说由南宋朱熹等理学家继承发展，成为程朱学派。

二程不满汉唐学术，其云："汉之经术安用？只是以章句训诂为事。且如解'尧典'二字，至三万余言，是不知要也。"① 二程认为，汉代儒生只重章句训诂，经学大要遂失。二程认为宋初以来的学风亦有其弊："今之学者有三弊，一溺于文章，二牵于训诂，三惑于异端。苟无此三者，则将何归？必趋于道矣。"② "今之学者，歧而为三：能文者谓之文士，谈经者泥为讲师，惟知道者乃儒学也。"③ 二程认为，前人解经之弊在于只讲训诂而不讲义理，经学之大旨遂无从说起；解经应寻求古圣先贤的微言大义，从而使经学与道学相通。二程以义理解经，并将经学纳入了理学的轨道。

"三礼"中，《礼记》多讲礼意，其《大学》、《中庸》等篇目，甚至超越

---

① （宋）程颢、程颐：《河南程氏遗书》卷十八《伊川先生语一》，王孝鱼点校：《二程集》，中华书局1981年版，第232页。

② （宋）程颢、程颐：《河南程氏遗书》卷十八《伊川先生语四》，王孝鱼点校：《二程集》，中华书局1981年版，第187页。

③ （宋）程颢、程颐：《河南程氏遗书》卷十八《二先生语六》，王孝鱼点校：《二程集》，中华书局1981年版，第95页。

礼意,提出了一套修身、齐家、治国、平天下的修己治人之道。《礼记》的义理性,使其受到理学家的高度重视。在《二程集》中,二程论说《周礼》、《仪礼》者绝少,而论说《礼记》者,既有《明道先生改正大学》、《伊川先生改正大学》等单篇,还有不少零碎解义。今结合二程文集及其门人所辑语录,对二程的《礼记》诠释做一探讨。

(一)对《礼记》文本的基本认识

二程认为,《礼》书为秦火余烬,"孟子之时,去先王为未远,其所学于古者,比后世为未缺也,然而周室班爵禄之制,已不闻其详矣。今之礼书,皆掇拾秦火之余,汉儒所傅会者多矣,而欲句为之解,字为之训,固已不可,又况一一追故迹而行之乎?"①《礼》书不但有残缺,还有汉儒之附会,故不可尽信。

二程对《礼记》信疑参半,其曰:"《礼记》杂出于汉诸儒所传,谬乱多矣。考之,完合于圣人者,其篇有几?"②二程认为,《礼记》是礼学资料之汇编,其中谬乱处甚多。此外,《礼记》内容瑕瑜互见,"《礼记》除《中庸》、《大学》,唯《乐记》为最近道,学者深思自求之。《礼记》之《表记》,其亦近道矣乎!其言正。"③"《礼记》之文多谬误者。《儒行》、《经解》,非圣人之言也。夏后氏郊鲧之篇,皆未可据也。"④二程认为,《礼记》有圣人之言,《大学》、《中庸》、《乐记》是也;也有非圣之言,《儒行》、《经解》是也。二程对《礼记》瑕瑜互见之原因做了探寻,其曰:"《礼记》之文,亦删定未了,盖其中有圣人格言,亦有俗儒乖谬之说。乖谬之说,本不能混格言,只为学者不能辨别,如珠玉之在泥沙。泥沙岂能混珠玉?只为无人识,则不知孰为泥沙,孰为珠玉也。"⑤二程认为,《礼记》中圣人与俗儒之说并存,是因为汉儒在对先秦礼学资料加以选编时,没能认真分辨,格言与谬论遂被收录在一起。

---

① (宋)程颢、程颐:《河南程氏粹言》卷一《论书篇》,王孝鱼点校:《二程集》,中华书局1981年版,第1206页。

② (宋)程颢、程颐:《河南程氏文集》卷八《为家君作试汉州学策问三首》,王孝鱼点校:《二程集》,中华书局1981年版,第580页。

③ (宋)程颢、程颐:《河南程氏遗书》卷二十五《伊川先生语十一》,王孝鱼点校:《二程集》,中华书局1981年版,第323页。

④ (宋)程颢、程颐:《河南程氏粹言》卷一《论书篇》,王孝鱼点校:《二程集》,中华书局1981年版,第1201页。

⑤ (宋)程颢、程颐:《河南程氏遗书》卷十八《伊川先生语四》,王孝鱼点校:《二程集》,中华书局1981年版,第240页。

二程对《礼记》的部分单篇有所讨论。

《檀弓》:"颜渊之丧,馈祥肉,孔子出受之,入,弹琴而后食之。"二程曰:"受祥肉弹琴,恐不是圣人举动。使其哀未忘,则子于是日哭,则不歌,不饮酒食肉以全哀,况弹琴可乎?使其哀已忘,则何必弹琴?"①二程认为,若哀伤未忘,何来饮酒食肉,何况弹琴;若哀伤已忘,则何必弹琴!因此,孔子受祥肉而弹琴,与圣人之作为不合。

《王制》记载天子七庙,诸侯五庙,大夫三庙,士一庙。有人问:"天子七庙,诸侯五,大夫三,士二,如何?"二程曰:"此亦只是礼家如此说。"②二程认为,《王制》于此之记载乃礼家之理想,与现实并不一定相符合。

《内则》,二程曰:"《内则》谓请靧请浴之类,虽古人谨礼,恐不如是之烦。"③二程认为,《内则》所记请浴之礼太繁,重视礼仪之古人,亦不至于繁琐如是。

《儒行》,二程云:"煞害义理。恰限《易》,便只'洁静精微'了却;《诗》,便只'温柔敦厚'了却,皆不是也。"④又云:"《儒行》之篇,此书全无义理,如后世游说之士所为夸大之说。观孔子平日语言,有如是者否?"⑤二程认为,《儒行》对义理有害,且多夸大之说。⑥

二程认为《礼记》个别单篇可信。如《月令》,二程云:"《月令》尽是一部好书,未易破也。柳子厚破得他不是。若春行赏,秋行刑,只是举大纲如此。如云'汤执中,文王视民如伤,武王不泄迩,不忘远',不成圣人各只有一事可称也?且据一处言之耳。又如'冬日则饮汤,夏日则饮水',不成冬日

---

① (宋)程颢、程颐:《河南程氏遗书》卷十五《伊川先生语一》,王孝鱼点校:《二程集》,中华书局1981年版,第155页。
② (宋)程颢、程颐:《河南程氏遗书》卷二十二上《伊川先生语八上》,王孝鱼点校:《二程集》,中华书局1981年版,第286页。
③ (宋)程颢、程颐:《河南程氏遗书》卷二下《二先生语二下》,王孝鱼点校:《二程集》,中华书局1981年版,第55页。
④ (宋)程颢、程颐:《河南程氏遗书》卷十九《伊川先生语五》,王孝鱼点校:《二程集》,中华书局1981年版,第254页。
⑤ (宋)程颢、程颐:《河南程氏遗书》卷十七《伊川先生语三》,王孝鱼点校:《二程集》,中华书局1981年版,第177页。
⑥ 参见李觏《读儒行》一文,认为《儒行》所记非孔子之言。二程疑《儒行》,上承李觏,下启朱熹。

不得饮水,夏日不得饮汤也?"① 二程认为,《月令》内容详密,不得随意破之。

二程对《大学》、《中庸》推崇备至。我们将作详细探讨,此不赘言。

二程疑《礼记》,多讲义理,而少事考证。其根据既有的制度、人格理想和礼仪规范,对《礼记》之记载加以审视,故认为《王制》、《儒行》乃非圣之书。二程摆落汉唐笺注之学、以义理解经,对于开创经典诠释之新风气有示范意义。

(二)对《大学》的表彰、疑改及阐释

1. 对《大学》的表彰

《大学》是《礼记》的第四十二篇。唐以前,《大学》不曾单独刊行,学者们仅将其看作《礼记》中的单篇进行研究。中唐韩愈、李翱表彰《大学》,并在《大学》中寻求思想资源与佛学相抗衡,由此开启了唐宋学者《大学》诠释之先河。

二程以前,司马光有《大学广义》一卷,《大学》自此别行于世。四库馆臣云:"惟《大学》自唐以前无别行之本。然《书录解题》载司马光有《大学广义》一卷,《中庸广义》一卷,已在二程以前,均不自洛闽诸儒始为表章。"②

二程极力推崇《大学》,掀起了表彰《大学》的高潮。二程认为,"《大学》乃孔氏遗书,须从此学则不差"③。"《大学》,孔子之遗言也。学者由是而学,则不迷于入德之门也。"④"入德之门,无如《大学》。今之学者,赖有此一篇书存,其他莫如《论》、《孟》。"⑤"修身,当学《大学》之序。《大学》,圣人之完书也,其间先后失序者,已正之矣。"⑥ 二程所言"《大学》之序",是指修、

---

① (宋)程颢、程颐:《河南程氏外书》卷五《冯氏本拾遗》,王孝鱼点校:《二程集》,中华书局1981年版,第375页。

② (清)永瑢等:《四库全书总目》卷三十五《经部·四书类一》,中华书局1965年影印本,第293页。

③ (宋)程颢、程颐:《河南程氏遗书》卷二上《二先生语二上》,王孝鱼点校:《二程集》,中华书局1981年版,第18页。

④ (宋)程颢、程颐:《河南程氏粹言》卷一《论书篇》,王孝鱼点校:《二程集》,中华书局1981年版,第1204页。

⑤ (宋)程颢、程颐:《河南程氏遗书》卷二十二上《伊川先生语八》,王孝鱼点校:《二程集》,中华书局1981年版,第277页。

⑥ (宋)程颢、程颐:《河南程氏遗书》卷二十四《伊川先生语十》,王孝鱼点校:《二程集》,中华书局1981年版,第311页。

齐、治、平这条内圣外王之道。二程此说被朱熹归纳为"三纲领"、"八条目"。在朱熹那里,《大学》成为《四书》之一,被经典化了。

2. 对《大学》的疑改

(1) 程颢对《大学》的疑改。

《程氏经说》卷五有《明道先生改正大学》一篇。程颢改动《大学》有两处:一是将"《康诰》曰'克明德',……与国人交止于信"放到"知所先后,则近道矣"与"古之欲明明德于天下者,先治其国"之间;二是将"《诗》云'瞻彼淇澳,菉竹猗猗',……此以没世不忘也"放到"有国者不可以不慎,辟则为天下僇矣"与"《诗》云'殷之未丧师,克配上帝,仪监于殷'"之间。①

程颢的第一次疑改是将《尚书》、《诗经》和汤之《盘铭》的内容放到了朱子所谓的"三纲领"之后,这可能与程颢的理学思想有关。杨新勋认为:"很明显,依程颢改本,格物、致知必无释文,其改本诚意体察之旨独显而格致涵养工夫无见,这也是程颐与朱熹改本与程颢改本的一个明显不同。"②杨先生着眼于二程、朱熹理学思想之分歧,以见《大学》改本之差异,是有见地的。程颢移易经文,意在彰显《尚书》、《诗经》和《盘铭》之"敬"、"信",这正是程颢理学思想之体现。③

程颢的第二次疑改是将"《诗》云'瞻彼淇澳,菉竹猗猗',……此以没世不忘也"这段经文后置。从改动以后的《大学》文本来看,程颢的初衷是想将《大学》五个以"所谓"为首的文句形成并列关系。如果"《诗》云……此以没世不忘也"位置不移,五个"所谓"就不能形成排比关系,文本就不如改动后齐整。审视程颢之疑改,可知其难弥合文本存在的问题。若要真正实现文本的齐整,《大学》"格物致知"也应有解义,然移改之后的文本同样缺"格物致知"之解义。程颐和朱熹在程颢的基础上做了调和、弥补,使"格物致知"与"诚

---

① 杨新勋认为,程颢此处是将"所谓修身在正其心者……辟则为天下僇矣"放到"德润身,心广体胖,故君必诚其意"与"《诗》云:瞻彼淇澳"之间,其余的顺次连接在一起。(杨新勋:《宋代疑经研究》,中华书局2007年版,第140页)笔者认为,程颢于此是移易"《诗》云:瞻彼淇澳,菉竹猗猗……此以没世不忘也"一段的位置。

② 杨新勋:《宋代疑经研究》,中华书局2007年版,第141页。

③ 卢连章认为,程颢的哲学在本体论上讲"天者理也"、"心是理,理是心",强调主观意识与客观世界的同一性,表现出主观的心本论倾向;而程颢的认识论和道德论是统一的,主张"仁者,浑然与物同体",强调"以诚敬存之"的内心体认工夫。(卢连章:《程颢程颐评传》,南京大学出版社2001年版,第118页)

意"等条目一样,都有了"传"的部分。

程颢移改《大学》,所使用的方法是非文献学的,其既没有利用同一文献的不同版本互校,也没有利用相关文献作他校。如果从恢复古文献原貌的角度来看,程颢的《大学》改本不及注疏本合理。事实上,先秦古书非一人一时之作,《大学》五个以"所谓"开首的文句,并非一定要齐整如一,《大学》缺少"格物致知"的解义就是如此。程颢移易经文,强将五个"所谓"句形成并列关系,带有很强的主观色彩。

程颢虽疑《大学》有错乱,却并不疑《大学》的内涵。程颢认为《大学》乃圣人之书,是修身入德最理想的读本。从这个角度看,程颢移改《大学》,是其为士人进德修业寻求示范文本意向之体现。

程颢激发了学者们疑改《大学》的兴趣。程颐、朱熹等人从程颢那里获得启发,他们在程颢改本的基础上,对《大学》做了重新调整。除程颐、朱熹外,还有很多人参与到移改《大学》文本的行列。据清人毛奇龄的考证,程颢之后,《大学》有程颐改本、朱熹改本、王柏改本、季本改本、高攀龙改本、崔铣改本、葛寅亮改本。① 由此可见程颢疑改《大学》影响之深远。

(2) 程颐对《大学》的疑改。

《程氏经说》卷五有《伊川先生改正大学》一篇。程颐改动《大学》有三处:一是将"《康诰》曰'克明德',……与国人交止于信"与"子曰:'听讼,吾犹人也。'……此谓知本"两段交换位置,并将这两段放到"其所厚者薄而其所薄者厚,未之有也"与"所谓诚其意者"之间;二是将"《诗》云'瞻彼淇澳,菉竹猗猗',……此以没世不忘也"紧接在"有国者不可以不慎,辟则为天下僇矣"之后;三是经过第二处改动,又将"《康诰》曰'惟命不于常',……骄泰以失之"放到"此以没世不忘也"之后。

在改动(1)中,程颐认为"子曰……此谓知本"与"此谓知本,此谓知之至也"两处均有"此谓知本"四字,遂将二者联系起来,并以"此谓知本,此谓知之至也"中的"此谓知本"为衍文。关于程颐此处疑改之动机,程元敏认为"似以之释八目之首目格物、致知者"②,杨新勋认为程元敏之说不妥,

---

① 参见(清)永瑢等:《四库全书总目》卷三十六《经部·四书类二》,中华书局1965年影印本,第305页。

② 程元敏:《王柏之生平与学术》,台湾学海出版社1975年版,第461页。

原因如下：一是程颐改本下文"《康诰》曰"部分明显为"三纲"的释文，程颐虽然重视格致，但是还不至于认为"格致"高于"三纲"，而且与其他条目隔离，均有突兀；二是朱子的改本也没有沿用程颐此举，而是补了"格物致知传"。①

程颐之所以将"子曰：'听讼，吾犹人也。'……此谓知本"放到"《康诰》曰'克明德'……"之前，是因为此句中的"此谓知本"与"自天子以至于庶人，壹是皆以修身为本……未之有也"与强调"本"的思想密切相关。程颐此举，意在强调前所言"修身为本"的重要性。而"《康诰》曰'克明德'……与国人交止于信"是从修身讲起，从而达到亲民、止于至善，与前面所讲"知本"正好相呼应。不少人认为程颐此处疑改之动机是解释"格物致知"，②笔者认为，程颐固然重视"格致"，然而认为程颐为解释"格致"而有此移改之举则似显牵强。程颐对《大学》的改动（2）与程颢的改动是相同的，此可说明二程改本曾相互参考。③

程颐对《大学》的文字也有一些改动：（1）是认为"大学之道，在明明德，在亲民"中的"亲"当作"新"。这与程颢的观点是一致的。南宋朱熹继承二程之说，将"亲民"改为"新民"。（2）是认为"大畏民志，此谓知本"中的"此谓知本"四字为衍文。程颐此处是将几个以"所谓"开首的句子做比较后得出的结论。（3）是认为"身有所忿，则不得其正"中的"身"为"心"。从《大学》文中的"忿懥"、"恐惧"、"好乐"、"忧患"来看，此处改"身"为"心"可通。（4）是认为"见贤而不能举，举而不能先，命也"中的"命"字为"怠"字。

（3）对《大学》的阐释。

关于《大学》"格物"二字，郑玄《注》："格，来也。物，犹事也。其知

---

① 参见杨新勋：《宋代疑经研究》，中华书局2007年版，第148页。
② 如叶国良认为程颐此处的改动是将《大学》开首《大学》之道至"未之有也"当作一部分，是总说；二是将"子曰……此谓知之至也"当作一部分，解释《大学》的"格物致知"。（参见叶国良：《介绍宋儒林之奇的〈大学〉改本》，《幼狮杂志》第18卷第4期）
③ 杨新勋认为，程颐与程颢于此之改动是相同的，由此证明程颐是在继承程颢改本成果基础上形成的。（参见杨新勋：《宋代疑经研究》，中华书局2007年版，第149页）笔者不同意杨说，因为程颐、程颢作《大学》改本的时间先后尚不明确，我们不能据程颢年长于程颐，就认为程颐改本是在继承程颢改本基础上形成的。事实上，二程只有一岁之差，程颢改本是在程颐改本基础上形成的可能性也不能排除。

于善深，则来善物；其知于恶深，则来恶物，言事缘人所好来也，此'致'或作'至'。"① 中唐李翱曰："物者，万物也，格者，来也，至也。物至之时，其心昭昭然明辨焉，而不应于物者，是致知也，是知之至也。知至故意诚，意诚故心正，心正故身修，身修而家齐，家齐而国治，国治而天下平，此所以能参天地者也。"② 李翱将《大学》"格物致知"与《中庸》"尽心复性"相结合，使内心本有之"知"对万物予以明辨，从而达到意诚、心正、身修、家齐、国治和天下平。李翱将认识论和修养论结合起来，对程朱有直接或间接影响。

二程对《大学》中的"格物致知"格外重视。《二程集》中有多条关于"格物致知"的解释。程颢云："'致知在格物'。格，至也，穷理而至于物，则物理尽。"③ "'穷理尽性以至于命'，三事一时并了，元无次序，不可将穷理作知之事。若实穷得理，即性命亦可了。"④ 程颢所言穷理方式并不是认识客观事物，而是诉诸于内在修养。

程颐认为："《大学》曰：'物有本末，事有始终，知所先后，则近道矣。'人之学莫大于知本末始终。致知在格物，则所谓本也，始也；治天下国家，则所谓末也，终也。治天下国家，必本诸身，其身不正而能治天下国家者无之。格犹穷也，物犹理也，犹曰穷其理而已也。穷其理，然后足以致之，不穷则不能致也。格物者适道之始，欲思格物，则固已近道矣。是何也？以收其心而不放也。"⑤ 程颐认为"格物"即"穷理"，《大学》的基本工夫在于穷究事物之理，这就把理学的天理学说与知识论沟通起来了。⑥ 程颐论穷理的方法曰："凡一物上有一理，须是穷致其理。穷理亦多端：或读书，讲明义理；或论古今人物，别其是非；或应接事物而处其当，皆穷理也。"⑦ 由此可见，程颐所言穷理范围

---

① （清）阮元校刻：《十三经注疏（附校勘记）》，中华书局1980年版，第1673页。
② （唐）李翱：《李文公集》卷二《复性书》中，文渊阁《四库全书》第1078册，第109页。
③ （宋）程颢、程颐：《河南程氏遗书》卷二上《二先生语二上》，王孝鱼点校：《二程集》，中华书局1981年版，第21页。
④ （宋）程颢、程颐：《河南程氏遗书》卷二上《二先生语二上》，王孝鱼点校：《二程集》，中华书局1981年版，第15页。
⑤ （宋）程颢、程颐：《河南程氏遗书》卷二十五《伊川先生语十一》，王孝鱼点校：《二程集》，中华书局1981年版，第316页。
⑥ 参见陈来：《宋明理学》，三联书店2011年版，第123页。
⑦ （宋）程颢、程颐：《河南程氏遗书》卷十八《伊川先生语四》，王孝鱼点校：《二程集》，中华书局1981年版，第188页。

是很大的，事物无穷，是否格所有事物后才能"知至"呢？程颐说："若只格一物便通众理，虽颜子亦不敢如此道。须是今日格一件，明日又格一件，积习既多，然后脱然自有贯通处。"① 程颐认为，格一物便知众理是不可能的，格物需要积累，当积累到一定程度时就会发生质的飞跃，达到豁然贯通的地步，即达到对普遍天理的认识。

二程于格物范围、对象以及方法的论说由朱熹加以继承。朱熹十分重视《大学》中的"格物"，他说："知读《大学》，甚善。大抵其说虽多，多是为学之题目次第，紧要是'格物'两字。"② 朱熹在《大学章句》中将程子的格物论做了更加系统的发挥，"格物"被其当作"八条目"之一。从此以后，格物成为士人认识论和修养论的重要内容。

(三) 对《中庸》的表彰及阐释

《程氏经说》卷八有《中庸解》一篇，此《中庸解》并非二程所撰，而是蓝田吕大临的作品。③ 二程没有专门的《中庸》诠释之作，不过他们对《中庸》是非常重视的。二程于《中庸》之诠释，被其门弟子记录下来，保存在《二程集》中。

1. 对《中庸》文本的认识

二程认为，子思为传圣人之道而作《中庸》，"然则《中庸》之书，决是传圣人之学不杂，子思恐传授渐失，故著此一卷书。"④ "《中庸》之书，是孔门传授，成于子思。"⑤ 既然《中庸》是子思为传圣人之道而作，故其应受到推崇。程子云："善读《中庸》者，只得此一卷书，终身用不尽也。"⑥

---

① （宋）程颢、程颐：《河南程氏遗书》卷十八《伊川先生语四》，王孝鱼点校：《二程集》，中华书局1981年版，第188页。

② （宋）朱熹：《晦庵先生朱文公文集》卷五十四《答朱子绎》，朱杰人等编：《朱子全书》（修订本）第23册，上海古籍出版社、安徽教育出版社2010年版，第2560页。

③ 参见庞万里：《〈中庸解〉考辨》，《二程哲学体系》附录，北京航空航天大学出版社1992年版，第415—420页。

④ （宋）程颢、程颐：《河南程氏遗书》卷十五《伊川先生语一》，王孝鱼点校：《二程集》，中华书局1981年版，第153页。

⑤ （宋）程颢、程颐：《河南程氏遗书》卷十五《伊川先生语一》，王孝鱼点校：《二程集》，中华书局1981年版，第160页。

⑥ （宋）程颢、程颐：《河南程氏遗书》卷十七《伊川先生语三》，王孝鱼点校：《二程集》，中华书局1981年版，第174页。

根据语录，可知二程疑《中庸》文本者仅有一处。《中庸》曰："小人之中庸，小人而无忌惮也。"二程曰："'小人之中庸，小人而无忌惮也'，小人更有甚中庸？脱一'反'字。小人不主于义理，则无忌惮，无忌惮所以反中庸也。亦有其心畏谨而不中，亦是反中庸。语恶有浅深则可，谓之中庸则不可。"① 二程认为，小人不可能中庸，而只会反中庸，故"小人之中庸"一语，"之"字与"中"字之间脱一"反"字。②

### 2. 对《中庸》的阐释

二程对《中庸》有所阐释。"中庸"一词，《论语》有记载，孔子曰："中庸之为德也，其至矣乎！民鲜久矣。"《中庸》"君子中庸，小人反中庸"，郑玄《注》："庸，常也；用中为常道也。"③《中庸》，孔颖达解题："名曰中庸者，以其记中和之为用也。庸，用也。"④据郑、孔之说，可知"庸"可释"用"，即中和之为用，"庸"还可释"常"，即无过无不及之常道。

二程继承了汉唐以来的"中庸"说。程颢云："中之理至矣。独阴不生，独阳不生，偏则为禽兽、为夷狄，中则为人。中则不偏，常则不易，惟中不足以尽之，故曰中庸。"⑤程颐云："中者，只是不偏，偏则不是中。庸只是常。犹言中者是大中也，庸者是定理也。定理者，天下不易之理也，是经也。"⑥程颢此说与具体事物相关，程颐此说则已上升到天理高度。程颐还说："天地之化，虽廓然无穷，然而阴阳之度、日月寒暑昼夜之变，莫不有常，此道之所以为中庸。"⑦程颐认为，万事万物所循之常道是中庸。程颐将中庸之道提升到普遍原理的高度，是对汉唐中庸说的深化和发展。

---

① （宋）程颢、程颐：《河南程氏遗书》卷十五《伊川先生语一》，王孝鱼点校：《二程集》，中华书局1981年版，第160—161页。

② 魏代王肃认为"小人之中庸"应为"小人之反中庸"。[（清）阮元校刻：《十三经注疏（附校勘记）》，中华书局1980年版，第1625页]

③ （清）阮元校刻：《十三经注疏（附校勘记）》，中华书局1980年版，第1625页。

④ （清）阮元校刻：《十三经注疏（附校勘记）》，中华书局1980年版，第1625页。

⑤ （宋）程颢、程颐：《河南程氏遗书》卷十一《明道先生语一》，王孝鱼点校：《二程集》，中华书局1981年版，第122页。

⑥ （宋）程颢、程颐：《河南程氏遗书》卷十五《伊川先生语一》，王孝鱼点校：《二程集》，中华书局1981年版，第160页。

⑦ （宋）程颢、程颐：《河南程氏遗书》卷十五《伊川先生语一》，王孝鱼点校：《二程集》，中华书局1981年版，第149页。

二程对"中"与"道"、"中"与"性"的关系做了辨析。"中"与"道",吕大临云:"中者道之所由出。"程子驳曰:"中者道之所由出,此语有病。""中即道也。若谓道出于中,则道在中外,别为一物矣。所谓'论其所同,不容更有二名,别而言之,亦不可混为一事。'"① 二程认为,"道"与"中"是不分不离的关系。"中"与"性",吕大临云:"既云'率性之为道',则循性而行莫非道。此非性中别有道也,中即性也。"二程驳曰:"'中即性也',此语极未安。中也者,所以性状之体段。如称天圆地方,遂谓方圆即天地,可乎?方圆既不可谓之天地,则万物绝非方圆之所出。如中既不可谓之性,则道何从称出于中?盖中之为义,无过不及而立名。若只以中为性,则中与性不合,与'率性之谓道'其义自异。性道不可合一而言。中止可言体,而不可与性同德。"② 二程认为,"中"多关乎事物存在的状态,"性"则多关乎事物的本质。

二程子借《中庸》阐发"中和"思想。如《中庸》曰:"喜怒哀乐之未发,谓之中;发而皆中节,谓之和。中也者,天下之大本也;和也者,天下之达道也。"程颐曰:"中和,若只于人分上言之,则喜怒哀乐未发既发之谓也。若致中和,则是达天理,便见得天尊地卑、万物化育之道,只是致知也。"③"'喜怒哀乐未发谓之中。'赤子之心,发而未远于中,若便谓之中,是不识大体也。"④ 程颐的心有体用说,将"未发"、"已发"联系起来,纳入了心的主体范畴之中。

二程的人生修养论多从《中庸》汲取资源。如于"诚",程颢言:"学要在敬也、诚也,中间便有个仁。"⑤ 程颢认为,为学之关键在于诚、敬。程颢又云:"诚者天之道,敬者人事之本。敬则诚。"⑥ 程颢借《中庸》"诚者天之道"

---

① (宋)程颢、程颐:《河南程氏文集》卷九《与吕大临论中书》,王孝鱼点校:《二程集》,中华书局1981年版,第606页。
② (宋)程颢、程颐:《河南程氏文集》卷九《与吕大临论中书》,王孝鱼点校:《二程集》,中华书局1981年版,第606页。
③ (宋)程颢、程颐:《河南程氏遗书》卷十五《伊川先生语一》,王孝鱼点校:《二程集》,中华书局1981年版,第160页。
④ (宋)程颢、程颐:《河南程氏文集》卷九《与吕大临论中书》,王孝鱼点校:《二程集》,中华书局1981年版,第607页。
⑤ (宋)程颢、程颐:《河南程氏遗书》卷十四《明道先生语四》,王孝鱼点校:《二程集》,中华书局1981年版,第141页。
⑥ (宋)程颢、程颐:《河南程氏遗书》卷十一《明道先生语一》,王孝鱼点校:《二程集》,中华书局1981年版,第127页。

一语,将诚上升到天道的高度。程颐认为"诚"既是为学之起点,又是学者的最高境界。他说:"《中庸》之书,学者之至也,而其始则曰:'戒慎乎其所不睹,恐惧乎其所不闻。'"①学由"诚"始,便可达到"诚"的境界。二程在对《中庸》"中"、"中庸"等概念的演绎中,为"诚敬为本"的人生修养说寻找到了理论依据。在二程后学杨时等人的努力下,二程提出的"中"、"中和"、"诚"等概念和命题得到了进一步深化;到南宋朱熹作《中庸章句》时,这些概念就更加完善了。

## 第三节 北宋"三礼"综论类名家名著

### 一、聂崇义的"三礼"诠释

聂崇义,河南洛阳人,五代末北宋初著名的礼学家。少举"三礼",善礼学,通经旨,学问赅博,深受时人推崇。周显德中累官国子司业兼太常博士。周世宗诏崇义参定郊庙祭玉,因取"三礼"旧图,凡得六本,重加考订。宋初上于朝,太祖览而嘉之,诏颁行。崇义所纂辑《新定三礼图》②,引经据典,对"三礼"所记名物制度作了考证。今对聂崇义《新定三礼图》的诠释方法、治学态度等加以探讨,以见该书在"三礼"学史上的地位和影响。

(一)补充、修正旧图

据目录之记载,可知较早绘制礼图的人是东汉的阮谌。《隋书·经籍志》云:"《三礼图》九卷,郑玄及后汉侍中阮谌等撰。"③《经义考》引张昭云:"阮谌受礼学于綦毋君,取其说为图三卷,多不案礼文而引汉事,与郑君之文违错。"④阮谌礼图在流传中已佚。隋代夏侯伏朗有《三礼图》十二卷,《经义考》引张彦远云:"隋文帝开皇二十年,勅有司撰,左武侯执旗侍官夏侯朗画。"⑤

---

① (宋)程颢、程颐:《河南程氏遗书》卷二十五《伊川先生语十一》,王孝鱼点校:《二程集》,中华书局1981年版,第325页。
② 聂崇义此书,历代有刻本和影抄本,不过书名不一,或名《新定三礼图》,或名《三礼图集注》,或名《三礼图》。今传世最早的,是南宋淳熙二年(1175)镇江府学据蜀本重刻的《新定三礼图》。今依淳熙二年刻本,名该书《新定三礼图》。该书还有2006年清华大学出版社出版的丁鼎先生的校点本。
③ (唐)魏徵:《隋书》卷三十二《志第二十七·经籍一》,中华书局1973年点校本,第924页。
④ (清)朱彝尊:《经义考》卷一百六十三,中华书局1998年影印本,第847页。
⑤ (清)朱彝尊:《经义考》卷一百六十三,中华书局1998年影印本,第847页。

此书亦佚。此外还有张镒《三礼图》、梁正《梁氏三礼图》以及开皇《三礼图》。由于诸礼家时代有早晚，所以后者对前者增损补益之迹亦显而易见。如聂崇义所引梁正《图》往往与阮《图》同称，可知梁正《图》袭自阮谌也。聂崇义在广泛参考、补充、修正前人礼图之基础上成一家之言。

第一，聂崇义对旧图作了补充。

聂崇义《新定三礼图》参考旧图凡六部，分别是郑玄《图》、阮谌《图》、夏侯伏朗《图》、张镒《图》、梁正《图》及隋开皇《图》。《新定三礼图》依旧《图》，主体部分析为十九卷，第二十卷是旧《图》目录之集注。卷一《冕服图》，卷二《后服图》，卷三《冠冕图》，卷四《宫室图》，卷五《投壶图》，卷六、卷七《射侯图》，卷八《弓矢图》，卷九《旌旗图》，卷十《玉瑞图》，卷十一《祭玉图》，卷十二《匏爵图》，卷十三《鼎俎图》，卷十四《尊彝图》，卷十五、卷十六《丧服图》，卷十七《袭敛图》，卷十八、卷十九《丧器图》。全书绘图三百六十余幅，于"三礼"名物制度有详尽之诠释。

鉴于郑玄、阮谌、夏侯伏朗、张镒、梁正等人所绘礼图遗漏者多，聂崇义遂据己意补之。如"三公毳冕"，聂崇义曰："三公八命而下服毳冕者。……臣崇义案：《弁师》注于命爵之中独着孤缫四就，用玉三十二，仰推王之三孤六命，上极三公，缫玉形制、彩绘章数，触类可知。故特图于'上公衮冕'之右，亦内外之次也。"①聂崇义于此触类旁通，以已知推未知。

又如"匏爵"，聂崇义云："遍检'三礼'经注、孔贾疏义及《开元礼》、崔氏《义宗》，唯言破匏用匏片为爵，不见有漆饰之文。诸家礼《图》又不图、说。但陶匏是太古之器，历夏殷周，随所损益，《礼》文不坠，以至于今。其间先儒不言有饰，盖陶者资火化而就，匏乃非人功所为，皆贵全素自然，以象天地之性也。"②聂崇义遍考群书，不见匏爵有漆饰之文，遂凭己意，推知无漆饰之义是贵全素自然，象征天地之性。

又如梁正、张镒云"匜受一斗"、"流长六寸"，聂崇义曰："图本又有作流长三寸者。案郑注《既夕礼》云：'流，匜口也。'又《士虞礼》注云：'流，匜吐水口也。'并不言流口寸数。揆之人情，流长三寸于义为近。"③聂崇义于

---

① （宋）聂崇义著，丁鼎点校：《新定三礼图》卷一，清华大学出版社2006年版，第26页。
② （宋）聂崇义著，丁鼎点校：《新定三礼图》卷十二，清华大学出版社2006年版，第349页。
③ （宋）聂崇义著，丁鼎点校：《新定三礼图》卷十三，清华大学出版社2006年版，第420页。

此从人情的角度，对匜之流口的长度予以说明。

第二，聂崇义对前人所绘之图作了修正。

聂崇义《新定三礼图》征引旧《图》、梁氏《图》、张氏《图》数百处。如其论"咒中"引旧《图》为证，论"皮树中"、"诸侯朝服"引张镒《图》为据。不过聂氏对前人所绘图并非一味信从，如"紘"，聂崇义曰："皮弁、爵弁皆有笄，故设此紘也。先以组一头于左笄上系定，乃绕颐下，右相向上属于笄，屈系之，垂余为饰。纁边者，以缁为中，以纁为边，侧而织之也。旧《图》紘两头别出细带，甚误。"① 聂氏认为，旧《图》紘两头别出细带之说有误。

又如"毕"，旧《图》云："叶博三寸，中镂去一寸，柄长二尺四寸，漆其柄末及两叶，皆朱。"聂崇义云："臣崇义案：毕、柶二制，《礼》有明文，丧祭用桑，取其同名，表有哀素；吉祭用棘，取其赤心，尽其至敬。盖圣人制礼，有以故兴物者，如此之深也。今若以毕、柶二物桑之与棘皆漆而丹之，则亡哀素之情，遐弃赤心之敬，既无所法，实谓不经。"② 聂氏认为，旧《图》朱漆毕之柄末及两叶，不合经典原义。

又如"登"，梁正、阮谌《图》云："登，盛湆，以瓦为之，受斗二升，口径尺二寸，足径尺八寸，高二尺四寸，小身，有盖，似豆状。"聂崇义认为此"所记制度并非礼文"，并证之曰："臣崇义案：《尔雅》云：'木豆谓之豆，竹豆谓之笾，瓦豆谓之登。'《大雅·生民篇》曰：'于豆于登。'毛《传》云：'木曰豆，瓦曰登。'其在《周礼》：'旅人为瓦豆，而实四升，高一尺，空径二寸，厚半寸。'又《生民》传云：'豆荐菹醢，登盛大羹。'以其盛湆，故有盖也。然则瓦、木、竹之三豆，随材造作，殊名，其制大小无异。况此图以'三礼'为目，梁、阮二氏自题又何舍此正经，别资他说？贵从典故，岂好是非！今依《周礼·旅人》制度为定。"③ 聂崇义认为，"登"之形制，梁《图》、阮《图》与《周礼》之记载有异；梁、阮舍经而别取他说，故不可据。

（二）"三礼"名物制度之考证

在《新定三礼图》一书中，聂崇义不但以图释礼，还以文字解礼。

---

① （宋）聂崇义著，丁鼎点校：《新定三礼图》卷三，清华大学出版社2006年版，第83页。
② （宋）聂崇义著，丁鼎点校：《新定三礼图》卷十三，清华大学出版社2006年版，第408页。
③ （宋）聂崇义著，丁鼎点校：《新定三礼图》卷十三，清华大学出版社2006年版，第432页。

第一，聂崇义广泛征引各种文献以释"三礼"所记名物制度。

聂崇义交代《新定三礼图》之取材曰："凡所集注，皆周公正经，仲尼所定，康成所注，傍依疏义。事有未达，则引汉法以况之。"① 清人钱谦益认为聂书"援据经典，考译文象，鬣唐虞讫建隆，粲然可证"②。聂氏之所据，既有儒经，又有注疏，还有史书。如于冕服，聂氏之所据，有"'三礼'经注、孔贾疏义并诸家礼图"③。下面再举数例以明之。

如其释大裘冕曰："大裘者，黑羔裘也。其冕无旒，亦玄表纁里。案《郑志》，大裘之上又有玄衣，与裘同色，但无文彩耳。裘下有裳，纁色，朱韨素带，朱里，朱绿，终辟，佩白玉而玄组绶，赤舄黑絇繶。纯絇者谓拘屦。舄之头以为行戒。繶，缝中紃也。纯，缘也。三者皆黑色。大裘已下，冕皆前圆后方。天子以球玉为笏。王祀昊天上帝、五帝、昆仑、神州皆服大裘。"④ 聂氏释大裘冕，以《郑志》为据。

又如其释衮冕曰："衮冕九章。《舜典》曰：'予欲观古人之象，日、月、星辰、山、龙、华虫，作缋；宗彝、藻、火、粉米、黼、黻，絺绣。'"⑤ 聂氏释衮冕，引《舜典》为据。

又如其释白琥，所征引文献有《周礼·大宗伯》、《郑图》、《符瑞图》、《开元礼》、《晋中兴书》、《尚书大传》、《周书》以及郑玄《注》。其释大璋瓒，所据文献有《周礼·玉人》、《易·文言》及《礼记·聘义》。其释高山冠，所据文献有《后汉书·舆服志》、《独断》、《史记》及《汉旧仪》。由此可见，聂崇义考证"三礼"之名物制度，所征引文献不局限于儒家经典，其于史书、子书亦皆有所征引。

第二，聂崇义以"三礼"互证。

所谓"三礼"互证，是以《周礼》、《仪礼》和《礼记》所记载的名物制度互相证明。在经典诠释者的意识里，"三礼"之记载尽管重点不一，然有相同或相通之处。"三礼"互证在东汉郑玄那里已是较成熟的解经方法，唐代孔颖

---

① （宋）聂崇义著，丁鼎点校：《新定三礼图》卷二十，清华大学出版社2006年版，第612页。
② （清）钱谦益：《〈新定三礼图〉跋》，丁鼎点校：《新定三礼图·附录》，清华大学出版社2006年版，第655页。
③ （宋）聂崇义著，丁鼎点校：《新定三礼图》卷一，清华大学出版社2006年版，第7页。
④ （宋）聂崇义著，丁鼎点校：《新定三礼图》卷一，清华大学出版社2006年版，第9页。
⑤ （宋）聂崇义著，丁鼎点校：《新定三礼图》卷一，清华大学出版社2006年版，第11页。

达、贾公彦已普遍采用之。

聂崇义《新定三礼图》常以"三礼"互证。兹举数例以见之：

聂崇义考证皮弁服时曰："《士冠礼》：'皮弁服素积，缁带，素韠。'《注》云：'以白鹿皮为冠，象上古也。'此明上古未有布帛，衣其羽皮也。又云：'积犹辟也。以素为裳，辟蹙其要中也。亦用十五升布为衣，以象弁色。'盖天子素带，素韠，朱里，朱绿，终辟，佩白玉，白舄，青絇繶纯。又《弁师》云：'王之皮弁，会五采玉璂，象邸玉笄。'《注》云：'会，缝中也。璂，读为綦。綦，结也。邸谓下柢。'梁正、张镒《图》云：'弁缝十二。'贾《疏》引《诗》'会弁如星'，谓于弁十二缝中结五采玉，落落而处，状似星也。"①聂氏于此以《仪礼》与《周礼》所记皮弁服的内容互证。

笲，聂崇义曰："《士冠礼》云：'栉实于笲。'《注》云：'笲，筥也。'又《曲礼》注云：'圆曰箪，方曰笥。'笥与箪方圆有异。此云'笲，筥也'，共为一物者，郑举其类也。"②聂崇义于此征引《仪礼》和《礼记》关于笲之记载，对笲之形制作了阐释。

上公衮冕，聂崇义以《周礼·司服》、《周礼·弁师》、《仪礼·觐礼》、《礼记·祭义》、《礼记·明堂位》、《礼记·玉藻》互证。

釜，聂崇义以《周礼·栗氏》、《仪礼·聘礼》、《礼记·内则》互证。

第三，聂崇义重视对名物的象征意义进行阐释。

在《新定三礼图》中，聂氏不仅重视名物之考证，还重视名物象征意义之阐释。兹举数例以见之：

于冕服，聂崇义云："毳冕五章，祀四望山川之服。……此五章初曰宗彝，二曰藻，三曰粉米，皆画于衣；四曰黼，五曰黻，皆绣于裳。藻，水草也。取其文如华虫之义。粉米取其洁，又取其养人也。粉米不可画之物，故皆刺绣于衣与裳也。黼，诸文亦作'斧'。案《绘人》职据采色而言，白与黑谓之黼。若据绣于物上，即为金斧之文，近刃白，近銎黑，则曰斧。取金斧断割之义也。青与黑为黻，形则两'已'相背，取臣民背恶向善，亦取君臣离合之义。"③聂崇义认为，"藻"、"粉米"、"黼"、"黻"并非随意为之，每一物皆有

---

① （宋）聂崇义著，丁鼎点校：《新定三礼图》卷一，清华大学出版社2006年版，第21页。
② （宋）聂崇义著，丁鼎点校：《新定三礼图》卷三，清华大学出版社2006年版，第85页。
③ （宋）聂崇义著，丁鼎点校：《新定三礼图》卷一，清华大学出版社2006年版，第15页。

象征意义，如黼为斧形，取金斧割断之义；黻是两"已"形相背，象征臣民背恶向善、君臣离合之义。

《士冠礼》："玄端、玄裳、黄裳、杂裳可也、缁带、爵韠。"聂崇义曰："诸侯之士有三等之裳：上士玄裳；中士黄裳；下士杂裳，前玄后黄。但玄是天色，黄是地色，天尊地卑，故上士玄裳，中士黄裳，下士杂裳。还用玄黄者，以前阳后阴，故知前玄后黄也。"①聂崇义认为，诸侯之士所着玄、黄之裳，玄乃天色，黄乃地色，有天尊地卑之义；前玄后黄，还有前阳后阴之义。

《玉藻》："童子之节也，缁布衣，锦缘，锦绅，并纽，锦束发，皆朱锦也。"聂崇义曰："皆用朱锦饰者，以童子尚华，示将成人有文德，故皆用锦。示一文一质之义。"②聂崇义认为，童子用朱锦饰，义取将成人有文德。

苴杖，聂崇义云："苴杖，竹也。为父所以杖用竹者，父是子之天，竹圆亦象天。竹又外内有节，象子为父亦有外内之痛。又能贯四时而不变，子之为父哀痛亦经寒温而不改，故用竹也。"③斩衰三年之丧，子为父用苴杖，以黑色之竹为之。聂崇义认为，父为子之天，圆竹象征天；竹外内有节，象征子之外内有痛，悲伤之至；竹四季长青，象征子之哀痛经寒暑而不变。

第四，聂崇义于疑惑难解者以阙疑待之。

聂崇义治学严谨，对于疑惑难解者，其主张阙疑。兹举数例以见之：

委貌，《士冠礼》释为"玄冠"，郑《注》云："玄冠，委貌也。"旧《图》云："委貌，进贤冠其遗象也。"《后汉书·舆服志》云："委貌冠、皮弁冠同制。"④张镒则认为，诸侯朝服之玄冠，士之玄端之玄冠，诸侯之冠弁，皆与周天子委貌形制同，与进贤之遗象、皮弁之同制者异。梁正则因阮氏本，委貌图又异于他家。聂崇义曰："臣崇义详此委貌之四状，盖后代变乱法度，随时造作，古今之制或见乎文。张镒仅得之矣。今并图之于右，冀来哲所择。"⑤聂崇义认为，委貌形制不一，可能出自后人随时之造作。其虽以张镒图接近古制，但为了谨慎起见，仍将其他三图列出。

赤璋，聂崇义云："《大宗伯》云：'以赤璋礼南方。'《注》云：'以立夏祭

---

① （宋）聂崇义著，丁鼎点校：《新定三礼图》卷二，清华大学出版社2006年版，第40页。
② （宋）聂崇义著，丁鼎点校：《新定三礼图》卷三，清华大学出版社2006年版，第71页。
③ （宋）聂崇义著，丁鼎点校：《新定三礼图》卷十五，清华大学出版社2006年版，第491页。
④ （南朝）范晔：《后汉书·志第三十》，中华书局1965年版，第3665页。
⑤ （宋）聂崇义著，丁鼎点校：《新定三礼图》卷三，清华大学出版社2006年版，第87页。

赤精之帝，而炎帝、祝融食焉。'牲币皆如璋色。半圭曰璋。夏物半死而象焉。熊氏云：'祀中央黄帝亦用赤璋。'臣崇义今案上下经文，祀五精之帝玉币各如其色，季夏土王，而祀黄帝于五帝之内。礼用赤璋，独不如其色，于理未允。上已准孔义，依先师所说，用黄琮九寸为当。熊氏之义亦存。冀来哲所择。"①熊氏认为祭祀中央黄帝用赤璋，聂崇义则认为祭祀黄帝当用黄琮。聂崇义虽不同意熊之解义，但仍保留之，以期来哲所择。

献尊，《明堂位》云："献，象周尊也。"《周礼·司尊彝》认为春祠、夏禴，其朝践用两献尊，一盛玄酒，一盛醴齐。王以玉爵酌醴齐以献尸也。关于献尊之饰，阮氏认为是牛形，郑玄则认为是凤凰形。为谨慎起见，聂崇义将阮图和郑图皆列出，"请择而用之"②。

象尊，梁正、阮谌认为当以象形为饰，郑玄认为当以象骨为饰。聂崇义将阮图、郑图皆列出，"亦请择而用之"③。

（三）聂崇义"三礼"诠释之影响

古人于聂崇义《新定三礼图》褒贬皆有之。如陈伯广认为聂崇义"其图度未必尽如古昔"④，然"苟得而考之，不犹愈于求诸野乎"⑤。四库馆臣认为聂崇义"钞撮诸家，亦颇承旧式，不尽出于杜撰"⑥。此可谓公允之见也。对于聂崇义此书，还需要从经学史的角度来评价。

首先，聂崇义《新定三礼图》对于宋代"三礼"学的发展有推促作用。东汉末年，郑玄为"三礼"作注，集汉代"三礼"学之大成；唐代孔颖达、贾公彦为"三礼"作疏，集汉唐"三礼"学之大成。唐末五代至宋初，"三礼"研究趋于沉寂，呈现青黄不接的局面。聂崇义为五代后期人，其推出《新定三礼图》时已是北宋初年。《新定三礼图》上于朝廷，太祖览而嘉之，并诏颁行。此后，北宋朝廷议礼制礼多据聂崇义此书。聂书出现以后，"三礼"学凋敝状

---

① （宋）聂崇义著，丁鼎点校：《新定三礼图》卷十一，清华大学出版社2006年版，第332页。
② （宋）聂崇义著，丁鼎点校：《新定三礼图》卷十四，清华大学出版社2006年版，第457页。
③ （宋）聂崇义著，丁鼎点校：《新定三礼图》卷十四，清华大学出版社2006年版，第459页。
④ （宋）陈伯广：《〈新定三礼图〉跋》，丁鼎点校：《新定三礼图》附录，清华大学出版社2006年版，第654页。
⑤ （宋）陈伯广：《〈新定三礼图〉跋》，丁鼎点校：《新定三礼图》附录，清华大学出版社2006年版，第654页。
⑥ （清）永瑢：《四库全书总目》卷二十二《经部·礼类四》，中华书局1965年影印本，第176页。

况逐渐改变。陈祥道在吸收聂书精华的基础上成《礼书》一百五十卷，陈书仿聂书之体例，于每卷皆先列若干题目，题目之下或绘图，或以文字辨析。王安石及其后学兴起《周礼》、《礼记》之研究，张载、吕大临等人积极从事《周礼》、《礼记》之诠释。由此可见，在"三礼"学式微的宋初，聂崇义此书对于学界开创研究领域和形成新的学风有着积极意义。

其次，聂崇义《新定三礼图》是"三礼"学史上承前启后的重要著作。"三礼"图著作早已有之，然而由于各种原因，前人所绘的图皆不尽令人满意。聂崇义在吸取前人"三礼"学成果，特别是"三礼"学旧图的基础上，重新撰著一书。东汉郑玄《三礼注》一出，其他各家"三礼"解义全佚。与此类似，聂图一出，其他"三礼"图皆亡。聂氏此书能借前人之长，避前人之短，借此一书，"三礼"名物制度尽收眼底。此前诸书遂少有人关注，时间一长，便进入历史的尘埃，仅书名出现于目录中了。

聂崇义此书一出，北宋陈祥道便批判地加以继承。聂书此书对陈祥道《礼书》的影响颇为深远。如于鷩冕，聂崇义《新定三礼图》云："鷩冕七章，享先公飨射之服。郑注《弁师》云：'鷩衣之冕，缫九斿。'亦以五采缫绳贯五采玉，每斿各十二玉垂于冕前后，共一十八斿，计用玉二百一十六。鷩，雉名，即华虫也。华虫，五色虫也。故一曰华虫，二曰火，三曰宗彝，皆画于衣；四曰藻，五曰粉米，六曰黼，七曰黻，皆刺于裳。韨带绶舄皆与衮冕同。"①陈祥道《礼书》云："鷩冕七章，鷩，雉也，雉之为物，五色备而成章，故曰夏翟，亦曰华虫，犹中国谓之夏，亦谓之华也。《司服》又谓之鷩者，别其名也。《考工记》曰鸟兽蛇，鸟而类于兽、蛇者，指其文也。鷩冕以祀先公飨射，然先公尊矣，所服止于此者，非卑之于先王，以为祭，则各以其服授尸，尸服如是，而王服衮以临之，非所以为敬，故弗敢也。其制亦五采缫十有二就，五采玉十有二，前后皆九斿，共玉二百一十六，玄衣𬘘裳。绘于衣者，华虫、火、宗彝也。绣于裳者，藻、粉米、黼、黻也。韨带、圭佩、绶舄与衮冕同。然则飨射亦以鷩冕者，王朝觐诸侯以衮冕，故飨与宾射以鷩冕，祭祀以衮冕，故大射亦以鷩冕，以飨与宾射杀于朝觐，而大射杀于祭祀故也。燕射于寝，则皮弁而已。"②通过比较可知，陈祥道于此之释义源自聂书，只不过较聂

---

① （宋）聂崇义著，丁鼎点校：《新定三礼图》卷一，清华大学出版社2006年版，第14页。
② （宋）陈祥道：《礼书》卷一，文渊阁《四库全书》第130册，第13—14页。

书考证详尽。

南宋陈振孙曰："太常博士长乐陈祥道用之撰。论辩详博，间以绘画，于唐代诸儒之论，近世聂崇义之图，或正其失，或补其阙。"① 由于陈祥道《礼书》出自聂书之后，能吸取聂书之精华，故陈书"比之聂崇义图尤为精密"②。范祖禹甚至主张将陈书"乞送学士院及两制或经筵看详如何施行，请付太常寺与聂崇义图参用"③。

聂崇义此书还对清代的礼书编纂有深远之影响。清人秦蕙田纂集《五礼通考》时，对聂书多有征引。如《五礼通考》考证"乏"、"楅"、"算"、"扑"等射器，几乎全以聂书为据。此外，黄以周《礼书通故》、孙诒让《周礼正义》亦于聂书多有征引。如《周礼·小师》"箫"，孙诒让曰："《说文·竹部》云：'箫，参差管乐，象凤之翼。'《释名·释乐器》云：'箫，肃也，其声肃肃然清也。'《通典·乐》引蔡氏《月令章句》云：'箫，编竹，有底，大者上十三管，小者十六管，长则浊，短则清，以蜜蜡实其底而增减之则和。'《艺文类聚·乐部》引《三礼图》云：'雅箫管长尺四寸，二十四驱；颂箫管长尺二寸，十六驱。'案：驱，聂《图》引旧图作管，则驱即管也。"④ 孙诒让以聂《图》为据，认为《艺文类聚》所言"驱"即"管"。

聂崇义《新定三礼图》，后人褒贬不一。如聂崇义同时代人陈伯广认为此书"未必尽如古者"⑤，林光朝亦认为此书"全无来历"⑥。四库馆臣曰："今考书中宫室车服等图，与郑《注》多相违异。即如《少牢馈食》'敦皆南首'，郑《注》云：'敦有首者，尊者器饰也。饰盖象龟。周之制，饰器必以其类。龟有上下甲。'此言敦之上下，象龟上下甲。盖者，意拟之辞。而是书敦与簋、簠皆作小龟以为盖顶。是一器之微，亦失郑意。沈括《梦溪笔谈》讥其牺象尊、黄目尊之误；欧阳修《集古录》讥其簠图与刘原甫所得真古簠不同；赵彦卫《云麓漫钞》讥其爵为雀背承一器，牺象尊作一器绘牛象。林光朝亦讥之曰：

---

① （宋）陈振孙著，徐小蛮等点校：《直斋书录解题》卷二《礼类》，上海古籍出版社1987年版，第50页。
② （清）永瑢：《四库全书总目》卷一九《经部·礼类一》，中华书局1965年影印本，第216页。
③ （宋）李焘：《续资治通鉴长编》卷四百五十《哲宗·元祐五年》，中华书局1992年版，第10808页。
④ （清）孙诒让：《周礼正义》卷四十五，中华书局1987年点校本，第1858页。
⑤ （清）朱彝尊：《经义考》卷一百六十三，中华书局1998年影印本，第850页。
⑥ （清）朱彝尊：《经义考》卷一百六十三，中华书局1998年影印本，第849页。

'聂氏《三礼图》全无来历，谷璧则画谷，蒲璧则画蒲，皆以意为之。不知谷璧止如今腰带胯上粟文耳。'"①由此可知，聂书在宋代就受诸儒诟病。诸儒认为聂书不足之体现，或是与郑《注》违异，或是所绘图与出土礼器形制不合，或是所绘图有尽出己意而全无来历。

聂书确有考证不精者。如于"鼖鼓"，秦蕙田曰："《诗》曰'鼖鼓弗胜'，又曰'鼓钟伐鼖'，盖鼖鼓所以鼓役事也。文王说以使民，虽以鼖鼓节之使缓，而民各致其功而不止，虽鼖鼓有所弗胜也。幽王拂民而役之，虽伐鼖不足使之劝功，适以劳之而已，此诗人所以美文王于《緜》，刺幽王于《鼓钟》也。冯元谓鼖鼓长寻有四尺，不容有流苏笋簴之饰，而聂崇义《三礼图》有之，盖失之矣。"②秦蕙田认为，聂崇义于"鼖鼓"有流苏笋簴之饰，不符合"鼖鼓"之本来面貌。又如于"琴瑟"，聂崇义引《尔雅》，认为雅瑟长八尺一寸，广一尺八寸，二十三弦，常用者十九弦。秦蕙田曰："聂崇义《礼图》亦师用郭璞二十三弦之说，其常用者十九弦，误矣。"③秦蕙田认为，聂崇义于此据《尔雅》以释瑟，不合瑟之实际。秦蕙田此说有理有据，可证聂书之失。

不过林光朝等人认为聂书"毫无来历"，亦未免绝对。今人李学勤云："聂崇义的《三礼图》，它的内容很多可能是从汉代和六朝的一些图传下来的。它把器物每每画成一种动物形状，背上背着个尊。宋仿的铜器很多是这个样子。后来人就说这种东西是杜撰，实际不是这样，没有动物身上背个尊的。现在像这样的东西出了好几件，最近文物精华展上看到的一件，完全是这个样子，可见《三礼图》虽然画的不一定都对，但是并非毫无所据。"④由此可见，聂崇义《新定三礼图》并非"毫无来历"，只是后人对其所言内容之来历并不清楚而已。

### 二、陈祥道的"三礼"诠释

陈祥道（1042—1093）字用之，一字祐之，福建闽清（今福建福州闽清县）人。北宋著名的经学家，贯通群经而尤精于礼。著作有《礼书》一百五十卷、《周礼纂图》二十卷、《仪礼注解》三十二卷、《礼记讲义》二十四卷、《礼

---

① （清）永瑢：《四库全书总目》卷二十二《经部·礼类四》，中华书局1965年影印本，第176页。
② （清）秦蕙田：《五礼通考》卷七十五，文渊阁《四库全书》第136册，第852页。
③ （清）秦蕙田：《五礼通考》卷七十六，文渊阁《四库全书》第136册，第890页。
④ 李学勤：《走出疑古时代》，《李学勤讲中国文明》，东方出版社2008年版，第3页。

例详解》十卷、《论语全解》十卷。

陈祥道所撰《礼书》起初为一百卷。《续资治通鉴长编》载:"翰林学士许将言,太学博士陈祥道尤深于《礼》,尝著《增广旧图》,及考先儒异同之说,著《礼书》一百卷。望试以礼官,取所为书付之有司。诏以何宗元为国子监丞,陈祥道为太常博士。"① 任太常博士后,陈祥道增补《礼书》至一百五十卷。范祖禹《荐陈祥道礼官札子》曰:"陈祥道深于礼学,用意专精,求之诸儒,未见其比。昨任太常博士,上其所著《礼书》一百五十卷,蒙擢置秘省校正之职。"② 陈祥道《礼书》规模宏大,考证精详,对后世的礼学及礼书编纂有着深远影响。

(一) 补正《新定三礼图》

宋初学人聂崇义据郑玄、夏侯伏朗、张镒、梁正等人所撰礼图,互相考订,成《新定三礼图》。是书于北宋建隆三年(962)四月表上之,太宗览而嘉之,赐崇义紫袍、犀带、银器、缯帛以奖之。聂书引经据典,考释器象,被颁行天下,画于国子监讲堂中。然聂书一出,亦受到同时代人的批评,如陈伯广认为此书"未必尽如古者"③,林光朝亦认为此书"全无来历"④。对于聂书,陈祥道加以批判地继承。陈振孙曰:"太常博士长乐陈祥道用之撰。论辩详博,间以绘画,于唐代诸儒之论、近世聂崇义之图,或正其失,或补其阙。"⑤ 陈祥道《礼书》对聂书的批判继承可从以下三个方面来看:

第一,在绘图和考证部分,陈祥道《礼书》对聂崇义《新定三礼图》有所继承。聂书所绘制的毳冕前后皆七旒,聂氏曰:"毳冕五章,祀四望山川之服。案郑义,毳冕七旒,亦合五采丝绳贯五采玉,每旒各十二玉,前后共十四旒,计用玉百六十八。毳,画虎蜼,谓宗彝也。故此五章初曰宗彝,二曰藻,三曰粉米,皆画于衣;四曰黼,五曰黻,皆绣于裳。藻,水草也。取其文如华虫之义。粉米,取其洁,又取其养人也。粉米不可画之物,故皆刺绣于衣与裳

---

① (宋)李焘:《续资治通鉴长编》卷四百二十二《哲宗·元祐四年》,中华书局1992年版,第10210页。
② (宋)范祖禹:《范太史集》卷二十三《荐陈祥道礼官札子》,文渊阁《四库全书》第1100册,第276—277页。
③ (清)朱彝尊:《经义考》卷一百六十三,中华书局1998年影印本,第850页。
④ (清)朱彝尊:《经义考》卷一百六十三,中华书局1998年影印本,第849页。
⑤ (宋)陈振孙著,徐小蛮等点校:《直斋书录解题》卷二《礼类》,上海古籍出版社1987年版,第50页。

也。黼,诸文亦作斧。案《绘人》职据采色而言,白与黑谓之黼。若据绣于物上,即为金斧之文,近刃白,近銎黑,则曰斧。取金斧断割之义也。青与黑为黻,形则两'已'相背,取臣民背恶向善,亦取君臣离合之义。"① 陈书所绘制的毳冕前后亦皆七旒,陈祥道曰:"毳冕五章,《说文》:'毳,兽细毛也。'宗彝有虎蜼之饰,而毳衣有宗彝之章,故《书》谓之宗彝,《周礼》谓之毳冕。毳冕,王所祀四望山川之服也。五采缫十有二就,五采玉十有二,前后皆七旒,共玉百六十有八。绘于衣,则宗彝、藻、粉米也,绣于裳,则黼、黻也。韨带圭佩绶舃,与鷩冕同。《诗》曰'毳衣如菼',菼之初生其色玄,则如菼言其衣也。又曰'毳衣如璊',璊之为玉,其色赤,则如璊言其裳也。刘熙《释名》以毳为藻文,郑司农以毳为罽衣,与宗彝之制不合,不足信也。《尔雅》曰:'蜼,卬鼻而长尾。'郭璞曰:'蜼,似猴而色黑,尾数尺,鼻上向,雨则以尾苦两指窒其鼻。'盖虎取其义,蜼取其智。《说文》:'璊,玉赪色。'"② 通过比较,可知陈祥道、聂崇义皆认为毳冕是祀四望山川之服,不过,陈祥道在聂崇义基础上,通过引用《诗》、《释名》、《尔雅》、《说文》,对"毳"、"蜼"等词汇作了考释。

第二,陈祥道《礼书》对聂崇义《新定三礼图》所绘的礼图作了细化和补充。如聂书卷一所绘制之冕服有十七种,分别是大裘冕、衮冕、鷩冕、毳冕、絺冕、玄冕、韦弁服、皮弁服、冠弁服、玄端、三公毳冕、上公衮冕、侯伯鷩冕、子男毳冕、絺冕、卿大夫玄冕、爵弁、皮弁、诸侯朝服、士玄端。陈祥道《礼书》卷一、卷二所绘制有大裘而冕、衮冕、鷩冕、毳冕、絺冕、玄冕、禅冕、上公龙冕、侯鷩冕、伯鷩冕、子毳冕、男毳冕、王之孤毳冕、王之三公鷩冕、王之大夫希冕、王之卿毳冕、诸侯之卿玄冕、诸侯之孤希冕、诸侯之大夫玄冕。通过比较,可知陈氏在聂氏之基础上,对冕服的分类作了细化和补充。

第三,在古礼研究方面,陈祥道《礼书》较聂崇义《新定三礼图》更为全面。如聂书仅释"三礼"所记之名物,而于礼之仪节和意义没有探讨。与聂崇义之书不同,陈祥道《礼书》除了考证冠、婚、丧、祭、乡、射、朝、聘诸礼所涉及的名物外,还对诸礼的仪节及意义皆有阐发。如于冠礼,陈祥道《礼

---

① (宋)聂崇义著,丁鼎点校:《新定三礼图》卷一,清华大学出版社2006年版,第15页。
② (宋)陈祥道:《礼书》卷二,文渊阁《四库全书》第130册,第15页。

书》卷六对皮弁、韦弁、爵弁作了考证,卷八对缁布冠、毋追冠、委貌冠等作了考证。此外,陈祥道《礼书》卷六十四对冠礼的意义、行冠礼的年龄等作了辨析。《礼书》论行冠礼之年龄,曰:"二十而冠,士礼也。天子诸侯则十二而冠。故《春秋传》曰:'十二年谓一终,一星终也。国君十五而生子,冠而生子,礼也。'考之经传,文王十三而生伯邑考,成王十五而弁,则十二而冠可知。荀卿天子、诸侯十九而冠,失之矣。《小记》曰'大夫冠而不为殇',则大夫不待五十而爵者,亦不待二十而冠,岂天子、诸侯之冠特先士礼一岁哉?"① 陈祥道据《左传》和《礼记》,认为天子诸侯十二而冠,天子诸侯十九而冠之说有误。此外,陈氏还对"士冠筮日之仪"、"陈服设筵及加冠之仪"、"孤子冠"、"庶子冠"、"醴醮"、"醴宾"等仪节作了辨析。陈祥道还对冠礼之意义作了阐述,其曰:"冠者礼之始、事之重也。古者尊重事,故筮日、筮宾行之于庙,冠之于阼,醮于客位,祝之以成德,字之以伯仲。见于母,母拜之,见于兄弟,兄弟拜之,所以责之为人子、为人弟、为人臣、为人少之礼。为子而孝,为弟而悌,为臣而忠,为少而顺,然后可以为人,可以为人然后可以治人,则冠礼其可不重欤。"② 陈祥道据《仪礼·士冠礼》、《礼记·冠义》,认为冠礼乃"礼之始"、"事之重"者,是责之"为人子"、"为人弟"、"为人臣"、"为人少"的重要礼仪。由此可见,陈祥道《礼书》于冠礼的名物、仪节及意义皆有探讨,这对于全面认识古代的冠礼有参考价值。

陈祥道《礼书》出自聂崇义《新定三礼图》之后,因此在礼图的绘制及名物礼制的考证方面,陈书较为详备。早在北宋时期,范祖禹就认为陈祥道《礼书》"比之聂崇义图尤为精密",遂主张"乞送学士院及两制或经筵看详如何施行,请付太常寺与聂崇义图参用"③。

(二) 通论诸礼

清乾隆年间,四库馆臣编纂《四库全书》时,礼部分六类,分别是"周礼"、"仪礼"、"礼记"、"三礼总义"、"通礼"、"杂礼"。"周礼"、"仪礼"、"礼记"类是分别对"三礼"加以诠释的文献,"三礼总义"类是兼论"三礼"的文献,"通礼"类则是通论"三礼"的文献。

---

① (宋)陈祥道:《礼书》卷六十四,文渊阁《四库全书》第130册,第401页。
② (宋)陈祥道:《礼书》卷六十四,文渊阁《四库全书》第130册,第401页。
③ (宋)李焘:《续资治通鉴长编》卷四百五十《哲宗·元祐五年》,中华书局1992年版,第10808页。

汉代就有通礼类文献，如景鸾《礼略》、曹褒《礼通义》就是通礼著作。据《隋书·经籍志》、《旧唐书·经籍志》、《新唐书·艺文志》可知，汉以后的通礼类著作，晋有吴商的《杂议》、范宁的《礼杂问》、范宣的《礼论难》，南朝有何承天的《礼论》、任预的《礼论条牒》、徐广的《礼论问答》、荀万秋的《礼杂抄略》、周捨的《礼疑义》、贺述的《礼统》，隋代有潘徽的《江都集礼》，唐代有王方庆的《礼杂问答》、元行冲的《释疑论》、杜肃的《礼略》。不过这些著作全已亡佚，今所能见者，仅见于他书所引的零言碎语。

陈祥道的《礼书》是第一部完整流传至今的通礼类著作。该书一百五十卷，于衣服宫室之度、冠昏丧祭之仪、军赋官禄之制、天文地理之说，皆能一一辨析，考求古义。该书第一卷至第二十四卷主要是考证衣服制度，涉及布帛、色采、冠冕、衣裳等名物或制度；第二十五卷至第三十六卷主要是考证田制、畿服制及军制；第三十七卷至第五十卷主要是考证宫室制；第五十一卷至第六十一卷主要是考证玉瑞、射具之形制；第六十二卷至第一百十四卷主要是考证冠、昏、丧、祭、乡、射诸礼制；第一百十五卷至第一百四十七卷主要是考证兵器、乐器、乐舞、旗帜、车舆等名物或制度；第一百四十八卷至第一百五十卷主要是考证丧期和丧服制度。

从内容来看，陈祥道《礼书》既精于名物礼制之考证，又多辨析前人之说的是非。陈祥道此书于每一卷皆先列若干题目，题目之下或绘图，或以文字辨析。与纯粹的资料纂集性的礼书不同，陈祥道《礼书》的资料排比是服从于辨析是非的。陈祥道《礼书》并不局限于古礼之考证，其于古书所记之井田、田赋、职役、乐器、乐舞、车制、兵器等皆有所讨论。其所征引者主要是《周礼》、《仪礼》和《礼记》，然亦有《周易》、《尚书》、《诗经》、《左传》、《白虎通义》等先秦或汉代文献。陈祥道此书规模之宏大，内容之丰富，分类之系统，可谓空前。

陈祥道《礼书》对后世礼学的发展和礼书编纂产生了深远的影响。北宋熙宁年间，王安石改制，废《仪礼》学官，而以《周礼》取士。当时规定："进士罢诗赋、帖经、墨义，各占治《诗》、《书》、《易》、《周礼》、《礼记》一经，兼以《论语》、《孟子》。"[①] 追随王安石者如方悫、陆佃、马希孟等人皆重

---

① （宋）李焘：《续资治通鉴长编》卷二百二十《神宗·熙宁四年》，中华书局1986年版，第5334页。

视《礼记》而弃《仪礼》。由于朝廷的推崇，王安石新学盛行六十余载。南宋以来，安石新学受到胡宏、朱熹等人的严厉批评。朱熹批评安石新学的原因之一，就是新学不重视《仪礼》。朱熹云："《仪礼》旧与《六经》、《三传》并行，至王介甫始罢去。其后虽复《春秋》，而《仪礼》卒废。今士人读《礼记》而不读《仪礼》，故不能见其本末。场屋中《礼记》义，格调皆凡下。盖《礼记》解行于世者，如方、马之属，源流出于熙、丰。士人作义者多读此，故然。"① 又说："熙宁以来，王安石变乱旧制，废罢《仪礼》，而独存《礼记》之科，弃经任传，遗本宗末，其失已甚。"② 朱熹认为，《仪礼》为经，《礼记》为记，安石于科考取缔《仪礼》，而重视《周礼》、《礼记》，此乃本末倒置之举，为害甚大。

陈祥道是王安石的门人，③ 不过，与其他新学的学人不同，陈祥道颇重视《仪礼》。据记载，陈祥道曾撰《仪礼注解》三十二卷，经范祖禹推荐，请求朝廷"下两制看详，并前所进礼图付太常，以备礼官讨论"④。从《礼书》的内容亦可看出，陈祥道对《仪礼》有精深的研究。陈祥道重视《仪礼》，与王安石新学轻视《仪礼》的学术取向完全相反。正是由于陈祥道坚持从事《仪礼》之研究，才使得北宋的《仪礼》学能延续不断。

到了清代，一些站在汉学立场的经学家如孙诒让等不满宋学，故其著作提及陈祥道《礼书》者甚少。而事实上，陈祥道此书对于清代礼书编撰的影响是深远的。清代通礼类的著述如秦蕙田的《五礼通考》、黄以周的《礼书通故》，皆阴袭陈书之体例。秦蕙田之书"上自朝廷之制作，下逮儒者之议论，靡不搜抉爬隐，州次部居，令读者一览易晓"⑤。黄以周之书采集汉唐至清代的礼制说解，于礼制、学制、封国、职官、田赋、乐律、刑法、名物、占卜等无所不包。除此之外，秦蕙田、黄以周还屡次征引陈书，或引以为据，或驳之

---

① （宋）黎靖德辑：《朱子语类》卷八十四，朱杰人等编：《朱子全书》（修订本）第 17 册，上海古籍出版社、安徽教育出版社 2010 年版，第 2888 页。
② （宋）朱熹：《晦庵先生朱文公文集》卷十四《乞修三礼札子》，朱杰人等编：《朱子全书》（修订本）第 20 册，上海古籍出版社、安徽教育出版社 2010 年版，第 687 页。
③ 晁公武云："王介甫撰《论语解》，其子雱作口义，其徒陈用之作解，绍圣后皆行于场屋。"[（清）朱彝尊：《经义考》卷二百十三，中华书局 1998 年影印本，第 1097 页]
④ （宋）范祖禹：《范太史集》卷二十四《荐陈祥道仪礼解札子》，文渊阁《四库全书》第 1100 册，第 289 页。
⑤ （清）卢见曾：《雅雨堂文集》卷一《五礼通考序》，《续修四库全书》第 1423 册，第 454 页。

以申己说。由此可见，清代通礼类著作的编纂与陈祥道《礼书》有着极深的渊源。

（三）掊击郑学、多生别解

郑玄集汉代"三礼"学之大成，其所撰《三礼注》是历代学者从事礼学研究的必读之书。唐代孔颖达撰《礼记正义》，贾公彦撰《周礼疏》、《仪礼疏》，于郑玄《三礼注》疏通证明，不持异议。宋人疑经惑传、好以己意解经。受时代学风之影响，陈祥道所撰《礼书》亦"掊击郑学"[①]、"多生别解"[②]。如在《礼书》第十八卷，陈祥道对宵衣、袗玄衣、景衣、褧衣、副、编、次、纚笄、象揥皆有考证，而于每一名物之考证，皆有疑郑《注》者。如其论"宵衣"曰："《玉藻》曰'王被衮'，《士昏礼》曰'女从者毕袗玄、纚笄，被颖黼'，《孟子》曰'被袗衣'，则被者服之也，不特首饰而已，郑以被为首饰，以少牢之被锡为髲髢，以《诗》'被之僮僮'为髲髢，误矣。"[③] 其论"次"曰："《说文》曰：'髢，益发也。'盖髢所以益发，而鬒发者不屑焉。《诗》曰'被之僮僮'，则被之者不特髲鬒也。《少牢》曰'主妇被锡衣侈袂'，则被锡者非髲髢也。郑氏皆以为髲髢，非是。"[④] 其论"袗玄衣"曰："郑氏以袗为同，《曲礼》曰'袗絺绤'，郑氏又以袗为禅，是自戾也。"[⑤]

陈祥道驳郑玄等人的观点，可匡补郑《注》之不逮，纠郑《注》之错误。如关于士大夫寝庙之制，郑玄谓天子诸侯有左右房，大夫、士有左房而无右房。陈祥道云："《少牢礼》司宫尊两甒于房户之间，《士冠》、《乡饮》亦尊于房户之间，《特牲礼》尊于户东，皆指东房言之，非谓无东房也。《乡饮记》曰'席出自左房'，《乡射记》曰'出自东'，与《大射》'诸侯择士之宫'、'宰胥荐脯醢由左房'其言相类。盖言左以有右，言东以有西，则大夫士之房室与天子诸侯同可知。郑氏曰'大夫士无西房'，误矣。"[⑥] 陈祥道此说有文献可据，故较郑说可信。陈祥道此说得到了清人的赞同，如万斯大云："大夫士若无右

---

① （清）永瑢：《四库全书总目》卷二十二《经部·礼类四》，中华书局1965年影印本，第178页。

② （清）永瑢：《四库全书总目》卷二十二《经部·礼类四》，中华书局1965年影印本，第178页。

③ （宋）陈祥道：《礼书》卷十八，文渊阁《四库全书》第130册，第106—107页。

④ （宋）陈祥道：《礼书》卷十八，文渊阁《四库全书》第130册，第108页。

⑤ （宋）陈祥道：《礼书》卷十八，文渊阁《四库全书》第130册，第107页。

⑥ （宋）陈祥道：《礼书》卷四十三，文渊阁《四库全书》第130册，第263页。

房,则宾坐西北,已逼西序,不容众宾之席,以为必有西房,兹于聘礼还玉,宾升自西阶,受圭,退,负右房而立,则明言有右房矣。"① 黄以周云:"《特牲馈食》,士礼,有东房之文。《聘礼》'卿馆于大夫,大夫馆于士',郑注云'馆于庙'。经亦有右房之文。右房者,西房也。是大夫士之庙有两房之证。"② 万斯大、黄以周皆认为大夫士之庙有两房,郑玄以大夫士有东房而无西房之说有误。

又如《仪礼·丧服》:"布总箭笄,髽衰三年。"郑玄《注》:"妇人不殊裳,衰如男子,衰下如深衣,深衣则衰无带,下又无衽。"③ 陈祥道云:"《诗》言妇人之采苤苢,或袺衽,或襭衽,是妇人之服未尝无衽也。"④ 陈祥道据《诗》,认为妇人之服有衽,此说得到黄以周的赞同。黄以周曰:"妇人连衣裳,裳亦别为之,而连缀于衣,非裳与衣同幅为之也。俗儒据《诗》'绿衣黄裳',以为妇人亦殊裳,殊谬。陈云'袺衽'、'襭衽'见《尔雅》,但《尔雅》之衽以衿言,注云无衽,谓衣旁垂如燕尾者,郑固不谓妇人无衣衿也。然衣旁之衽,妇人似亦有之。《释名》云:'妇人上服曰袿,其下垂者上广下狭如刀圭。'此妇人有衽之证也。"⑤

又如《士昏礼》:"昏礼。下达。纳采用雁。"郑玄《注》:"达,通也。将欲与彼合昏姻,必先使媒氏下通其言。女氏许之,乃后使人纳其采择之礼。用雁为挚者,取其顺阴阳往来。《诗》云:'取妻如之何?匪媒不得。'昏必由媒,交接设绍介,皆所以养廉耻。"⑥ 贾《疏》承郑《注》,以昏礼用雁取阴阳往来之义。其曰:"顺阴阳往来者,雁木落南翔,冰泮北徂,夫为阳,妇为阴,今用雁者,亦取妇人从夫之义,是以昏礼用焉。"⑦ 陈祥道驳郑《注》贾《疏》,曰:"帛有衣被之仁,皮有炳蔚之文,故孤执之。羔有跪乳之礼,有群而不党之义,故卿执之。进必以时,行必以序,雁也,故大夫执之。交有时,别有伦,被文以相质,死分而不变者,雉也,故士执之。可畜而不散迁者,鹜也,故庶人执

---

① (清) 万斯大:《仪礼商》卷一,文渊阁《四库全书》第108册,第267页。
② (清) 黄以周著,王文锦点校:《礼书通故》第二,中华书局2007年版,第35页。
③ (清) 阮元校刻:《十三经注疏(附校勘记)》,中华书局1980年版,第1101页。
④ (宋) 陈祥道:《礼书》卷十一,文渊阁《四库全书》第130册,第70页。
⑤ (清) 黄以周著,王文锦点校:《礼书通故》第三,中华书局2007年版,第185页。
⑥ (清) 阮元校刻:《十三经注疏(附校勘记)》,中华书局1980年版,第961页。
⑦ (清) 阮元校刻:《十三经注疏(附校勘记)》,中华书局1980年版,第961页。

之。可畜而不违时者，鸡也，故工商执之。士相见礼，于雉左头奉之，于雁饰之以布，维之以索，如执雉。于羔饰之以布，四维之，结于面，左头，如麛执之。盖执禽者必左首，雉必左首而无饰，维雁有饰，维而亦左首。雁之饰与羔同，而维与羔异。羔四维而结于面，郑氏谓系联四足，交出背上，于胸前结之，是也。士执雉，而昏礼用雁，以贽不用死，且摄盛故也。观其所乘者墨车，所冠者爵弁，女衣必纁袡，领必頳黼，腊必用鲜鱼，必用鲋，则其摄盛可知。郑氏谓雁顺阴阳往来，故昏礼用焉，误也。《诗》曰：'雝雝鸣雁，旭日始旦，士如归妻，迨冰未泮。'亦谓用雁，士礼也。贾公彦曰'昏礼无问尊卑，皆用雁'，盖附会郑氏而为之说欤。"①陈祥道认为，正常情况下，大夫执雁，士执雉；士于昏礼本应用雉，然为示贵盛，此所执之物超越一等，即执大夫所持的雁；昏礼用雁，并非如郑《注》贾《疏》所云为顺阴阳之义。陈祥道之说得后世一些学人的赞同，如朱熹曰："'下达'二字，本为用雁一事而发，言自士以下，至于庶人，皆得用雁，亦摄盛之意也。"②黄以周云："贾《疏》'昏礼无问尊卑用雁'，未知何据。士当用雉，雉难生致，摄盛用雁。大夫用雁，如公孙黑强委禽是。《记》曰'挚不用死'，死谓雉。"③由此可见，陈祥道于此之解义较合经义。

陈祥道驳郑玄等人的观点，可备一家之说。如关于黼裘，郑玄《注》："天子祭上帝则大裘而冕，大裘，羔裘也。黼裘以羔与狐白杂为黼文也，省当为狝，狝，秋田也。"④陈祥道曰："故以黼裘誓，则前期十日，太宰帅执事卜日，遂戒是也。省则前祭一日，大宰及执事眡涤濯，宗伯大祭祀，省牲，眡涤濯是也。司寇大祭祀，纳享前王。郊特牲卜之日，王立于泽，亲听誓命，则王于誓省皆与之也。先王制礼，盥重于既，荐币贵于未将，则礼常严于未然之前。祭祀，治官以治之，刑官以莅之，则义常肃，于行礼之际，则黼裘以誓省宜矣。《家语》合大裘、黼裘为一，则曰大裘黼之以象天。郑氏改省为狝，则曰黼裘以誓狝田。然大裘纯色，无白黑之文，狝田在秋，非用裘之日，二者之说误

---

① （宋）陈祥道：《礼书》卷六十一，文渊阁《四库全书》第 130 册，第 382—383 页。
② （宋）朱熹：《仪礼经传通解》卷二，朱杰人等编：《朱子全书》（修订本）第 2 册，上海古籍出版社、安徽教育出版社 2010 年版，第 83—84 页。
③ （清）黄以周著，王文锦点校：《礼书通故》第六，中华书局 2007 年版，第 247 页。
④ （清）阮元校刻：《十三经注疏（附校勘记）》，中华书局 1980 年版，第 1478 页。

矣。"① 黄以周曰："陈说亦备一义。观《周官·司裘》疏，郑注自通。"②

又如《士冠礼》："筮于庙门。"郑注："筮者，以蓍问日吉凶于《易》也。……不于堂者，嫌蓍之灵由庙神。"③ 郑玄认为，冠礼筮日之仪不行于堂上，是因为占筮之神灵在父庙而不在堂。陈祥道驳郑《注》曰："天子诸侯筮于庙堂，大夫士筮于庙门，此尊卑之辨耳。郑玄谓筮不于堂，嫌筮之灵由庙神，其说误也。"④ 陈氏此说虽与郑《注》不同，然于理可通，故可备一家之说。

陈祥道驳郑玄等人的观点，受后人非议者亦不少。如《周礼·大行人》郑玄《注》："朝先享，不言朝者，朝正礼，不嫌有等也。"⑤ 陈祥道云："皮弁服，王日眡朝之礼，非受诸侯朝觐之服也。行人之职，统言朝觐之礼，上公冕服九章，侯伯冕服七章，子男冕服五章，而继之以庙中将币。则未将币之前，受朝于朝，未闻不以冕服也。"⑥ 任大椿云："《大行人》冕服九章以下经文，康成《注》云：'朝先享，不言朝者，朝正礼，不嫌有等也。'则是此节专言朝后享礼，不言朝礼也。此节经文云'建常九斿，樊缨九就'，即《觐礼》所云偏驾也。如以为受朝之礼，则下云'立当车轵'，是偏驾入公门矣。又此一节云'其朝位，宾主之间九十步'，谓迎宾也。如以为受朝之礼，则觐礼天子不下堂而见诸侯，朝礼天子反出门而见诸侯矣。于制皆不可通。故郑《注》贾《疏》以冕服九章已下皆为朝后行享之礼，最确。祥道徒以庙中将币文在冕服九章诸文之后，遂谓冕服为未将币之前受朝于朝之服。今考此节有云'礼九牢'，谓饔饩大礼，朝享后乃陈于馆，文亦在庙中将币之前，岂遂得谓致饔饩在未将币之前乎？又此节云'三问三劳'，文乃在庙中将币之后，岂遂得谓行享后始郊劳乎？故经文序有顺逆，不得尽以文之前后定节次之前后也。盖冕服九章以下诸文，与庙中将币之文为目，谓庙中将币，其车服傧介迎送之仪如此，不谓受朝亦冕服也。"⑦ 黄以周云："任驳陈说可谓详矣。其实朝受之于庙，其服当冕服，与觐礼同。朝觐衮冕，《节服氏》有明文。凡受挚重于受享，受享冕服，

---

① （宋）陈祥道：《礼书》卷十二，文渊阁《四库全书》第130册，第75页。
② （清）黄以周著，王文锦点校：《礼书通故》第三，中华书局2007年版，第115页。
③ （清）阮元校刻：《十三经注疏（附校勘记）》，中华书局1980年版，第945页。
④ （宋）陈祥道：《礼书》卷六十四，文渊阁《四库全书》第130册，第405页。
⑤ （清）阮元校刻：《十三经注疏（附校勘记）》，中华书局1980年版，第891页。
⑥ （宋）陈祥道：《礼书》卷三十九，文渊阁《四库全书》第130册，第236页。
⑦ 转引自（清）黄以周著，王文锦点校：《礼书通故》第三，中华书局2007年版，第120—121页。

受挚反服朝服，断无是礼。"①

又如《礼记·玉藻》郑《注》："杂犹饰也，即上之裨也。君裨带，上以朱，下以绿终之。大夫裨垂，外以玄，内以华。华，黄色也。士裨垂之下，外内皆以缁，是谓缁带，大夫以上以素，皆广四寸。士以练，广二寸，再缭之。凡带，有司之带也，亦缂之如士带矣。无箴功，则不裨之。士虽缂带，裨亦用箴功。"②陈祥道驳郑《注》云："辟犹冠裳之辟积也。率，缝合之也。天子诸侯大带终辟，则竟带之身辟之。大夫辟其垂，士辟其下而已。……凡带有率无箴功，则带缂而已，无刺绣之功也。……古者于物言华，则五色备矣。于文称凡，则众礼该矣。郑氏以华为黄，以凡带为有司之带，以率为士与有司之带，以辟为裨，以二寸为士带广，以至大夫以上用合帛，士以下禫而不合，皆非经据之论也。"③黄以周云："陈氏议郑，皆不足据，惟释凡带有率无箴功，可以正郑之失。合帛率积皆有箴功，云无箴功，以箐绣言。云凡带，统天子以下。郑读辟为裨，与下杂带相合。陈说带用辟积，于文无征。士惟禫，故有率，不谓生时大带有率也。若生时大带，据《玉藻》君大夫止二采，士止一采。陈说天子至士皆有率有合帛，亦误。《记》于大夫言带广四寸，明其上同而下有别，故于士带又曰二寸也。于士言绅三尺，亦明其上同而下有别，故于有司又曰二尺有五寸也。郑说二寸为士带广，又何可议。陈以二寸为辟积数，亦非。"④

又如关于六龟，陈祥道云："《逸礼》'天子龟尺二寸，诸侯八寸'，是也。《礼》曰'家不宝龟'，《仪礼》大夫士祭，筮而已，则大夫无守龟矣。《逸礼》又言大夫龟六寸，误也。"⑤黄以周曰："《尔雅》十龟，一曰神龟，二曰灵龟，三曰摄龟，以气言；四曰宝龟，五曰文龟，以形言；六曰筮龟，七曰山龟，八曰泽龟，九曰水龟，十曰火龟，以产言。龟长盈尺谓之宝龟，诸侯用一尺龟，故曰'以龟为宝'。天子龟长尺二寸，大于诸侯，故曰'遗我大宝龟'。大夫八寸，士六寸，皆不盈尺，故曰'家不宝龟'。陈说殊谬。"⑥

---

① （清）黄以周著，王文锦点校：《礼书通故》第三，中华书局2007年版，第121页。
② （清）阮元校刻：《十三经注疏（附校勘记）》，中华书局1980年版，第1481页。
③ （宋）陈祥道：《礼书》卷十四，文渊阁《四库全书》第130册，第84—85页。
④ （清）黄以周著，王文锦点校：《礼书通故》第三，中华书局2007年版，第139页。
⑤ （宋）陈祥道：《礼书》卷七十三，文渊阁《四库全书》第130册，第470页。
⑥ （清）黄以周著，王文锦点校：《礼书通故》第四，中华书局2007年版，第195页。

又如《玉藻》"卜人定龟",郑玄《注》:"谓灵射之属所当用者。"① 陈祥道云:"太卜掌三兆之法,有玉兆、瓦兆、原兆,而《洪范》占者必三人,《士丧礼》占者亦三人,先儒以为三人,所以占三兆也,于义或然。然《玉藻》'卜人定龟',即占坼也。而郑氏以为定所当用之龟,《卜师》'作龟致其墨',则后墨也。而孔氏以为先墨画龟乃灼之,其说误也。"② 黄以周云:"《占人》曰'占坼',在卜后;《玉藻》曰'定龟',在卜前。且坼不足以贱龟,故郑以为灵射之属所当用者。致其墨,谓推究其兆坼,与前所画之墨食否。旧说如此。陈驳皆非。"③

综上所述,陈祥道《礼书》驳郑玄《注》不可一概而论,其既有考证精详者,亦不乏臆断者。永瑢曰:"其(案:指陈祥道《礼书》)中多掊击郑学。……盖祥道与陆佃皆王安石客,安石说经,既创造新义,务异先儒,故祥道与佃亦皆排斥旧说。佃《礼象》今不传,惟神宗时详定郊庙礼文诸议,今尚载《陶山集》中。大抵多生别解,与祥道驳郑略同。盖一时风气所趋,无庸深诘。然宗其大致,则贯通经传,缕析条分,前图后说,考订详悉。"④ 四库馆臣认为,陈氏驳郑《注》是受王安石新学追求"新义"之影响;尽管如此,陈书之体例和内容还是多有可取者。

---

① (清)阮元校刻:《十三经注疏(附校勘记)》,中华书局1980年版,第1475页。
② (宋)陈祥道:《礼书》卷七十三,文渊阁《四库全书》第130册,第471页。
③ (清)黄以周著,王文锦点校:《礼书通故》第四,中华书局2007年版,第198—199页。
④ (清)永瑢:《四库全书总目》卷二十二《经部·礼类四》,中华书局1965年影印本,第178—179页。

# 第二章 南宋"三礼"诠释名家名著研究

靖康之变后，宋徽宗第九子康王赵构在南京应天府（今河南商丘）继承大宋皇位，史称南宋，后迁都临安（今浙江杭州）。南宋经济发达、文化繁荣、科技进步。共九位君主，享国一百五十二年。南宋是古代中国文化的鼎盛时期，王国维说："天水一朝人智之活动与文化之多方面，前之汉唐，后之元明，皆所不逮也。"① 在新的社会文化背景下，南宋"三礼"诠释的参与者更多，取得的成就更大。

## 第一节 南宋《周礼》学名家名著

### 一、易祓的《周礼》诠释

易祓（1156—1240）字彦章（一作彦祥、彦伟），号山斋居士，湖南宁乡（今湖南省宁乡县）人。著述有《周易总义》、《易学举隅》、《禹贡疆理记》、《周官总义》、《山斋集》等。

易祓有《周官总义》三十卷，陈振孙《书录解题》无著录，惟赵希弁《读书附志》著录，称许仪为之序，刻于衡阳。衡阳本在流传中亦佚。清乾隆年间，四库馆臣从《永乐大典》辑出《周官总义》的《天官》、《春官》、《秋官》、《考工记》的部分内容，又从王与之《周礼订义》辑出《地官》、《夏官》的部分内容，依《读书附志》所列勒为三十卷。四库馆臣之辑佚，使该书"虽非完帙，然十已得其八九矣"②。今据四库辑佚本，对易祓《周官总义》的内容及特色做一探讨，以明该书在经学史上的价值。

---

① 王国维：《宋代之金石学》，谢维扬、房鑫亮主编：《王国维全集》第十四卷，浙江教育出版社2009年版，第315页。
② （清）永瑢：《四库全书总目》卷十九《经部·礼类一》，中华书局1965年影印本，第152页。

（一）补正前儒之说

易祓对郑玄《周礼注》、贾公彦《周礼疏》颇为重视，《周官总义》征引、阐释郑《注》、贾《疏》者随处可见。

如《周礼·天官·庖人》："庖人掌共六畜、六兽、六禽，辨其名物。凡其死生鱻薧之物，以共王之膳与其荐羞之物及后、世子之膳羞。"易祓曰："膳夫之职，备物之奉以养乎君者也。庖人之职，致君之养而辨其物之奉者也。六畜即马、牛、犬、羊、豕、鸡是已。六兽即狼、麕、兔、麋、鹿、野豕是已。六禽即羔、豚、麛、雉、犊、鴈是已。此其名也，亦其物也。而名物之外，又有死生鱻薧之物，其间或有不时者，不中食者，臣子其可共之于君父乎？凡王之膳与其荐羞，庖人辨而共之，一刀匕之间，而臣子爱君之道著矣。"①案：郑玄《注》重在释"六畜"、"六兽"、"六禽"，贾公彦亦如之。易祓则重在论庖人、膳夫职掌之别。

又如《周礼·地官·庖人》："凡用禽献，春行羔豚，膳膏香；夏行腒鱐，膳膏臊；秋行犊麛，膳膏腥；冬行鱻羽，膳膏膻。"郑玄《注》："玄谓膏腥，鸡膏也。羔豚，物生而肥。犊与麛，物成而充。腒、鱐，暵热而干。鱼、雁，水涸而性定。此八物者，得四时之气尤盛，为人食之弗胜，是以用休废之脂膏煎和膳之。牛属司徒，土也。鸡属宗伯，木也。犬属司寇，金也。羊属司马，火也。"易氏曰："人之一身与天地相为流通，参以四时之休王，而后可以知万物之性。庖人之用禽献，察乎此而已。春草始生，则羔豚肥，秋草始窟，则犊麛肥，夏则腒鱐之性为燥，冬则鱻羽之性为定，此其所行者，顺乎物之性者也。而其所膳者，则有理也。牛，土畜也，其膏香而土废于春。犬，金畜也，其膏臊而金废于夏。鸡，木畜也，其膏腥而木废于秋。羊，火畜也，其膏膻而火废于冬。其膳以五行之废者，胜其物之太盛者而已，以其所胜，济其所顺，养生之道也。"②通过比较，可知易祓于牛、犬、鸡、羊之释义以及四季更替与五行之关系之说明，皆是在郑玄基础上而成，只不过较郑玄解义详备而已。

又如《周礼·地官·鼓人》："鼓人掌教六鼓、四金之音声。……以雷鼓鼓神祀，以灵鼓鼓社祭，以路鼓鼓鬼享，以鼖鼓鼓军事，以鼛鼓鼓役事，以晋鼓鼓金奏。"郑玄《注》对"六鼓"声用作了解释，如于晋鼓，曰："晋鼓长六

---

① （宋）易祓：《周官总义》卷三，文渊阁《四库全书》第92册，第298页。
② （宋）易祓：《周官总义》卷三，文渊阁《四库全书》第92册，第299页。

尺六寸，金奏谓乐作奏编钟。"易袚曰："以六鼓声用考之，惟雷鼓专用于天神，鼛鼓专用于役事。若灵鼓用于社祭，至冥氏则用之以殴猛兽矣。路鼓用于鬼享，至大司马则用之于教战，大仆则用之以待达穷者与遽令矣。以至辟雍作乐之鼖鼓维镛，仲春搜田，军将晋鼓，则又鼖鼓不止乎军事，晋鼓不止乎金奏矣。要之，声用各有所主，所以不容不辨。"①易袚认为，六鼓中除了雷鼓、鼛鼓，其他四鼓皆有多种用途。此是在经文和郑《注》之基础上，对六鼓声用所做之补充。

又如《周礼·天官》："以八统诏王驭万民，一曰亲亲，二曰敬故，……八曰礼宾。"郑玄《注》对"八统"的意义作了阐释，其曰："亲亲，若尧亲九族也。敬故，不慢旧也。……礼宾，宾客诸侯。"贾氏《疏》略有阐发，曰："此八者，民与在上同有。物，事也。谓牵下民，使与上合，皆有以等其事，上行之，下效之也，故以万民为主也。"易袚曰："八统亦所以诏王也。虽曰驭万民，而实本于王者之躬行，故曰统，言统于上而系属于下者也。亲亲，则睦九族之类。敬故，则燕朋友之类。进贤，则兴其德行。使能，则任其道艺。保庸，则安其有功者。尊贵，则崇其有爵者。达吏，则察举勤劳之吏。礼宾，则接遇诸侯之礼。此皆王者之事，而何与乎万民？然驭以亲亲，则民莫遗其亲；驭以敬故，则民莫慢其故；驭以进贤，则民知德之不可不务；驭以使能，则民知能之不可不勉；驭以保庸，则民知功实之不可害；驭以尊贵，则民知爵命之不可陵；驭以达吏，则民知交通之情；驭以礼宾，则民知交际之义。上作而下应，犹丝之牵物，约其涣散，而归之于统，故曰八统驭万民。"②易袚认为，表面上看，此之经文是言君驭万民的八法，实际上却是讲王本身之标准，只有当王自己做到了，百姓才能信服，从而达到上行下效之目的。易袚此说实际上是对郑《注》、贾《疏》所做的补充。

又如《周礼·玉府》："凡王之好赐，共其货贿。"郑玄无解。贾《疏》曰："此谓王于群臣有恩好，因燕饮而赐之货贿者也。"易袚曰："此谓王之好于群臣，而有货贿之赐。玉府则以所藏之良货贿共之。共其货贿而不共玩好金玉兵器，君臣上下相率以礼，不贵异物贱用物也。"③易袚于此所言玉府供货贿而不

---

① （宋）易袚：《周官总义》卷八，文渊阁《四库全书》第92册，第363页。
② （宋）易袚：《周官总义》卷一，文渊阁《四库全书》第92册，第272页。
③ （宋）易袚：《周官总义》卷五，文渊阁《四库全书》第92册，第327页。

供玩好金玉兵器之原因，是对郑《注》、贾《疏》所作之补充。

又如《周礼·春官·小宗伯》："掌五礼之禁令与其用等。"郑玄《注》："用等，牲器尊卑之差。郑司农云：'五礼，吉、凶、宾、军、嘉。'"易祓曰："五礼，吉、凶、军、宾、嘉也。皆有禁令与其用等。用等，即轻重隆杀之等，见于九仪之命者是已。用等辨，而后禁之令之焉。以吉礼言之，三代命祭祀不越望，淫祭无福，逆祭有罚，此其所禁也。天子祭天地四方岁遍，诸侯方祀岁遍，大夫祭五祀岁遍，此其所令也。以宾礼言之，变礼易乐为不从，改制度衣服为畔，此其所禁也。朝觐、宗遇、会同为君之礼，存俯省聘问为臣之礼，此其所令也。以军礼言之，非赐弓矢不得征，非赐斧钺不得杀，此其所禁也。大国三军，次国二军，小国一军，此其所令也。以嘉礼言之，系之以姓而弗别，缀之以食而弗殊，百世婚姻不通，此其所禁也。男三十而娶，女二十而嫁，仲春为之会男女，此其所令也。以凶礼言之，三年之丧，自天子达，或短丧而期，或朝祥而暮歌，此其所禁也。歠粥面深墨颜色之戚，哭泣之哀，此其所令也。禁令之施于五礼者不一而足，其大略如此。先言禁令，而后言用等，用等待禁令而后辨云尔。"① 郑玄于此仅释"五礼"、"用等"。易祓在郑玄之基础上，于吉、凶、军、宾、嘉五礼中的"禁"、"令"、"用等"之意义皆作了阐释。

宋人疑经惑传，喜出新说。受时代学风之影响，易祓《周官总义》亦喜驳郑《注》、贾《疏》，自出新义。如《周礼·天官·酒正》："酒正掌酒之政令，以式灋授酒材。"郑玄《注》："式法，作酒之法式。作酒既有米曲之数，又有功沽之巧。《月令》曰：乃命大酋，秫稻必齐，曲糵必时，湛饎必洁，水泉必香，陶器必良，火齐必得。郑司农云：'授酒人以其材。'"易祓曰："酒之政令，则酒正一职所掌者皆是也。郑玄以式法为作酒之式法，且引《月令》所谓'秫稻必齐，曲糵必时，湛饎必洁，水泉必香，陶器必良，火齐必得'以为此经之证。然《月令》所陈不过酒材而已，以为作酒之式法，则非矣。凡《周礼》所谓式法者，无非大宰九式之法。而酒正所授，则其关系为尤重。盖酒以行礼，不继以淫，凡酣饮无常，纵欲败礼，皆淫也。晋知悼子卒，未葬，而平公饮酒鼓钟，小大之臣昵于其私，而忘君之疾，太师不诏，亵臣不规，而区区之宰夫反越刀匕之职，进放滥之戒，则淫之害为甚大。今酒正之式法，不待其共酒、饮酒也。凡授酒材之初，已有几微存焉。若曰祭祀也，宾客也，凡王之

---

① （宋）易祓：《周官总义》卷十二，文渊阁《四库全书》第92册，第401页。

燕饮赐颁也，凡飨士庶子飨耆老孤子也，一物之所取，一岁之所用，纲目多寡，具有常仪，酒人不敢专受之于酒正，酒正不敢决受之于大宰，共之有道，用之有时，日有成，月有要，岁有会，而诛赏亦有式，其意深矣哉。"① 郑玄认为，此所谓"式法"指"作酒之法式"。易氏则认为，此所言"法式"不仅是《月令》所记之"酒材"，还包括以酒行礼等丰富蕴义。

又如《周礼·天官·酒正》："凡酒之颁赐，皆有灖以行之，凡有秩酒者，以书契授之。"郑玄《注》："玄谓所秩者，谓老臣。《王制》曰：'七十不俟朝，八十月告存，九十日有秩。'"易祓曰："郑氏谓《王制》'九十日有秩者，老臣也'，然宫正所谓月终则均秩，则凡有职者皆有秩也。"② 郑玄认为，"秩"乃"老臣"之义；易祓以宫正为例，认为有职者皆有秩，言下之意，郑玄以"秩"为"老臣"之说有误。

又如《周礼·天官·冢宰》，郑玄《注》："大府，为王治藏之长，若今司农矣。"又曰："会，大计也。司会，主天下之大计，计官之长，若今尚书。"易氏曰："司会一职次于大府，则宜若听命于大府。然大府以下大夫二人为之长，而司会乃以中大夫为之次，是知司会非大夫之属，乃诸府之所以听其会也。郑氏乃谓司会若汉之尚书，大府若汉之司农。不知汉之司农与少府均掌内外之财，而尚书特少府之属官耳。以属官而令其长，则各有所不行。厥后尚书徒为具文，而汉之财计甚无纪。以比司会，则非其类也。"③ 郑玄于此以《周礼》之司会比附汉代之尚书，以大府比附汉代之司农。易祓认为，汉代的尚书乃少府属官，属官共掌其事则有所不行；此外，尚书在汉代非财计之官，以其与司会相比附，非其类也。

又如《周礼·天官·女史》："女史掌王后之礼职，掌内治之贰，以诏后治内政。逆内宫，书内令，凡后之事以礼从。"郑玄《注》："女史，女奴晓书者。"易氏云："王有大史、小史，后亦有女史。郑氏以为女奴晓书者，非矣。掌王后之礼职以至凡后之事以礼从，岂女奴知书者能之。盖古者后、夫人必有女史彤管之法，无非礼者，不然大史诏王而以书协礼事，此亦诏后以礼从，而且为之掌礼职，非贤而知礼者能之乎？"④ 易祓认为，掌王后之礼职，非女奴能

---

① （宋）易祓：《周官总义》卷三，文渊阁《四库全书》第92册，第309页。
② （宋）易祓：《周官总义》卷四，文渊阁《四库全书》第92册，第311页。
③ （宋）易祓：《周官总义》卷五，文渊阁《四库全书》第92册，第330页。
④ （宋）易祓：《周官总义》卷六，文渊阁《四库全书》第92册，第343页。

任之；郑玄以女奴任之，可知其说为非。

又如《周礼·天官·典妇功》："凡授嫔妇功，及秋献功，辨其苦良、比其小大而贾之，物书而楬之，以共王及后之用，颁之于内府。"郑玄《注》："授，当为受，声之误也。国中嫔妇所作成即送之，不须献功时。"易祓曰："郑玄谓'授'当为'受'，非也。其意谓国中嫔妇所作，共典妇功之所受，故言受。秋献功则女御所作，而王后所受，故此不言受，而言献。其说亦无据。盖典妇功之职，虽兼言授嫔妇及内人女功之事资，若内人女御所献之功，则内宰佐王后受之，典妇功无与焉，故此再专言授嫔妇功，则只当读为'授'字。"①易祓于此驳郑玄以"授"为"受"。

四库馆臣认为易祓此书"研索经文，断以己意，与先儒颇有异同"。比如论大宰九赋，则援载师之任地，及司市、司关、廿人、角人、职币等职以驳口率出泉之说；论宗庙九献，则合筴人、醴人、内宰、司尊彝及行人王礼再祼之文，以驳列祼事于九献之说；论肆师之祈珥，则引羊人、小子及山虞诸条，以斜改祈为刉，改珥为衈之说；论輈人之四旗，则历辨巾车、司常、大司马、大行人，与《考工记》不合，以明《曲礼》车骑为战国之制。"诸如此类，虽持论互有短长，要皆以经释经，非凿空杜撰"②。馆臣又指出，内宰二事则改为副贰之贰，于酒正式法则指为九式之法，于园廛漆林诸赋则谓以什一取民，又于一分中分十一、十二、二十之三数等而输之于王，于凌人斩冰则谓十二月为建亥之月，先令之于亥月而后三为凌室，以待亥子丑三月之藏，"亦皆自出新义"③，而于职方氏之地理山川尤为详悉。四库馆臣又曰："盖祓虽人品卑污，而于经义则颇有考据，不以韩侂胄、苏师旦故掩其著书之功也。"④

（二）重视义理之阐发

与汉唐经学家重视考据不同，宋人普遍重视经义之阐发。这一经学风格在易祓《周官总义》中亦有所体现。兹举数例以见之：

如易祓探寻小宰、宫正、宫伯诸职官设置之义曰："今自天官分职而论之，大宰卿一人，而兼之以三公，则论道经邦，燮理阴阳，有以格人主之非心。小宰掌建邦之宫刑，而有以正其治于宫庭之间。宰夫掌王及三公、六卿、大夫、

---

① （宋）易祓：《周官总义》卷六，文渊阁《四库全书》第92册，第343页。
② （清）永瑢：《四库全书总目》卷十九《经部·礼类一》，中华书局1965年影印本，第152页。
③ （清）永瑢：《四库全书总目》卷十九《经部·礼类一》，中华书局1965年影印本，第152页。
④ （清）永瑢：《四库全书总目》卷十九《经部·礼类一》，中华书局1965年影印本，第152页。

群吏之位，而有以正其俗于朝廷之上，以至宫正、宫伯所掌之官府士庶子，凡在王所，罔匪正人，使之日闻正言，日见正行，皆所以辅成君德，而纳君于当道。是固所以为人主正心之端也。"① 易祓认为，天官冢宰之下，治官之安排意在正人主之心，比如小宰掌建邦之宫刑，宰夫掌王及三公、六卿、大夫、群吏之位，宫正、宫伯掌之官府士庶子，皆为人主正心之端，"辅成君德而纳君于当道"。

易祓还对春官职官设置之深义有所探寻。如易祓认为，春官设属官最有统纪，所典之礼以五礼为先，五礼中以吉礼为本。易祓云："今观大宗伯之所谓礼者，其用亦博矣。合内外、备小大本末精粗之具，举而实以天神人鬼地示为主。然后小宗伯为之建国之神位，肆师为之立国祀之礼，而五礼从之。自其设属而言，虽五礼之用为不同，而莫先于祭祀之礼。于是因礼事之缓急，而为职掌之先后，祭祀始于祼，而告时告备之礼行焉。故郁人先之，鬯人次之，鸡人次之，尊彝几筵瑞玉命服之官又次之，以至内外祭祀，无不毕举。而凶礼为谨终之事，此冢、墓、职丧之所以居五礼之末。掌礼之职，至此详且备矣。"② 易祓认为，《周礼》春官属官先后之设置，因礼事之缓急而定。五礼中莫先于祭，而祭又有轻重缓急之分，故掌祭礼之职官有先后之别；由于凶礼为谨终之事，故冢人、墓大夫、职丧三职官居五礼职官之末。此外，大司乐至司干二十职官之设置，亦有深义存焉。易祓曰："礼之所至，乐亦至焉。又自大司乐以至司干凡二十职，而皆列于礼官之次，盖圣人制礼，所以检柅人心，而归之于中，使之周旋鼓舞于声容之间，而至敬存焉。是乐之为用，皆所以辅成乎是礼者也。"③ 易祓认为，春官中，礼官之次是乐官，此亦圣人制礼良苦用心之所在。

又如《考工记》："国有六职，百工与居一焉。"易祓曰："有大人之事，有小人之事，自王公以至农妇是已。百工则并列于其间，而本末精粗备焉。……王公、士大夫职于道者也，故视百工为先。商旅、农夫职于物者也，故视百工为后。惟守之世谓之工者，虽不过乎物，而百工之事皆圣人所作，则实进乎道。盖形而上者谓之道，形而下者谓之器。而百工之职兼大人、小人之事，记

---

① （宋）易祓：《周官总义》卷一，文渊阁《四库全书》第92册，第268页。
② （宋）易祓：《周官总义》卷十一，文渊阁《四库全书》第92册，第389页。
③ （宋）易祓：《周官总义》卷十一，文渊阁《四库全书》第92册，第389—390页。

考工者以百工而与居六职之一，其意深矣哉。"① 易袯认为，《考工记》将百工与王公、士大夫、商旅、农夫、妇功合在一起，统称为六职，有深义存焉。比如王公、士大夫职于道，故王公、士大夫列于百工之首；商旅、农夫职于物，故商旅、农夫列于百工之次；百工职兼大人、小人之事，合道、器之义，其被列入六职之意义即在此。

易袯《周官总义》敢于怀疑前人解义，喜自出新说，其解义往往可补郑《注》、贾《疏》之不备。易袯《周官解义》重视经义之阐发，而疏于名物制度之考证。此外，易袯此书文字浅显、语言简练，能避免连篇累牍的考证，故易于阅读和理解。

**二、叶时的《周礼》诠释**

叶时（生卒年不详）字秀发，自号竹野愚叟，钱塘人。淳熙十一年（1184）进士及第，授奉国军节度推官，历官吏部尚书。理宗初以显谟阁学士出知建宁府，后以宝文阁学士提举崇福宫。卒谥文康。其立朝无大功过，惟函韩侂胄首以乞和，出时之谋。著有《礼经会元》、《竹野诗集》。其所著《礼经会元》借《周礼》以阐发"体国经野"之意，对于宋代《周礼》学由"考证之学"变为"论辩之学"起到了推波助澜的作用。

（一）以《周礼》为周公致太平之书

西汉刘歆以《周礼》为周公致太平之书，郑玄、贾公彦、李觏、王安石、张载、朱熹等对此说深信不疑。如贾公彦《序周礼废兴》云："《周礼》后出者，以其始皇特恶之故也。……时众儒并出共排，以为非是。唯歆独识，其年尚幼，务在广览博观，又多锐精于《春秋》。末年，乃知其周公致太平之迹，迹具在斯。"② 叶时继承了刘歆、贾公彦之说，认为《周礼》出自周公。叶时曰："夫'礼仪三百'，经礼也，说者谓《周礼》是也。'威仪三千'，曲礼也，说者谓《仪礼》是也。二书皆周公所述也。"③ 叶时认为，《周礼》、《仪礼》皆是周公所述，《周礼》为"经礼"，《仪礼》为"曲礼"。

叶时认为《周礼》蕴含周公之"道"、"法"，他说："虽然有周公则《周礼》作，有成王则《周礼》用，制而用之存乎法，推而行之存乎人。昔周公相

---

① （宋）易袯：《周官总义》卷二十六，文渊阁《四库全书》第92册，第603页。
② （清）阮元校刻：《十三经注疏（附校勘记）》，中华书局1980年版，第635—636页。
③ （宋）叶时：《礼经会元》卷一上，文渊阁《四库全书》第92册，第2页。

成王，兼三王之事，监二代之文，夜以继日，坐以待旦，事为之制，曲为之防，垂至治之法，而先有乱日之忧，处极盛之时，而逆为衰世之虑。纪纲制度纤悉必备，于是乎《周礼》作焉。君臣同德，相与图维，以《立政》、《无逸》之规模，而植立《凫鹥》、《既醉》之事业，以《蓼萧》、《行苇》之恩意，而讲明《洛诰》、《周官》之典刑，精神心术，亹亹忘倦，于是乎《周礼》用焉。井牧始于黄，而九夫经野之制备，弼服昉于尧，而九畿分国之制详，典刑俶于舜，而五刑丽民之制具，施诸今而不悖，稽诸古而益彰。此三者，道之所以行也，然此尤其大者。又次如冠昏丧祭之文，又其次如服食器用之度，无不竭吾心思而经画之，微而至于羽毛鳞介之形，又微而至于蠢貍鼀龟之类，而必为之区处各当而后已。是礼也，举本而不遗末，语精而不遗粗，周公以之相七年之治，成王以之致四十年之平，周家以之永八百年之命，即此一书，可以发育万物，峻极于天，非徒为三百礼文而已。此周公之道，所以为周公之法与。然周公岂有它道哉？尧以是传之舜，舜以是传之禹，禹以是传之汤，汤以是传之文、武、周公。《周礼》一书皆此道也。"① 叶时认为，周公的治道受自尧、舜、禹、汤，此治道载于《周礼》；《周礼》一书对于周家贡献甚大，"周公以之相七年之治"，"成王以之致四十年之平"，"周家以之永八百年之命"，皆受惠于《周礼》。由此可见，叶时对《周礼》的评价是很高的。

（二）认为刘歆、郑玄《周礼》解义不可信

清代学者皮锡瑞云："宋人治经，务反汉人之说。"② 此言不假。叶时在《礼经会元》中，对刘歆、郑玄等人的解义多有批评。

汉代河间献王刘德以重金搜求天下之书，《周礼》从民间征得。不过《周礼》一直秘而不传，直到刘向、刘歆校理秘书时才重被发现，并加以著录。叶时虽赞同刘歆将《周礼》的作者归为周公的做法，但对于刘歆以《周礼》助王莽变革之举则嗤之以鼻。叶时曰："奈何身为国师，取之以辅王莽，乃为泉府理财之说，于是六干立法，则郡皆置市官。即此一说，可谓不知《周礼》矣。当时奏入学官，《周礼》虽存，汉儒訾之，以为六国阴谋之书，得非刘歆一法诬之乎，故曰诬《周礼》者，刘歆也。"③ 叶时认为，刘歆是通过曲解《周礼》

---

① （宋）叶时：《礼经会元》卷一上，文渊阁《四库全书》第92册，第2—3页。
② （清）皮锡瑞：《经学历史·经学变古时代》，潘斌编：《皮锡瑞儒学论集》，四川大学出版社2010年版，第32页。
③ （宋）叶时：《礼经会元》卷一上，文渊阁《四库全书》第92册，第4—5页。

以助王莽变革，使得《周礼》饱受后人诟病。

汉唐学人将郑玄《周礼注》奉为正宗，深信不疑。如贾公彦以疏通郑《注》为要务，遇郑《注》不通者则予以回护。叶时看到了郑玄《注》的历史贡献，他说："《礼经》之学，所赖以相传者，诸儒讲明之功也。今杜子春得之于刘歆，郑兴、郑众得之于杜子春，郑康成号为囊括六典、网罗众家，盖亦知所折衷矣。"① 然而叶时又指出郑玄《注》不可尽从，他说："胡为不抱遗经，推究终始，而乃凭私臆决，旁据曲证，此《周礼》所以不明而召后儒纷纭之议也。"② 叶时认为，后儒于《周礼》有纷纭之议，是因为郑玄《注》"凭私臆决"、"旁据曲证"所致。

叶时认为郑玄解《周礼》有五失：一是引纬书，二是引《司马法》，三是引《春秋传》，四是引《左氏》、《国语》，五是引汉儒《礼记》。如叶时云："《周礼》无天帝之异名，而注有北辰耀魄宝之说，后儒是以有天帝之辨，此纬书之失也。《周礼》无分野之明文，而注有'岁之所在，我周分野'之说，后儒是以有分野之惑，此《国语》之失也。丘乘之政，在《周礼》可推也，郑则曰'甸出长毂一乘'，'丘乘'当为'丘甸'，则丘乘之法坏矣，此《司马法》误之也。冕服之章，在《周礼》可覆也，郑则曰'三辰旂旗'，'王服正为九章'，则服章之制紊矣，此以《春秋传》误之也。内司服以褘衣为后饰，追师以副编为后饰，而注曰'夫人副袆'，则王后夫人之饰又乱矣，此又以《礼记》误之也。"③ "汉儒纬书非圣人之书，穰苴兵法非圣人之法，《左氏》之语多诬，戴氏之记多杂。"④ 叶时认为，郑玄征引纬书、《司马法》、《春秋传》、《左传》、《国语》以释《周礼》，遂致误。

叶时认为郑玄解《周礼》有比附之嫌，他说："以御史大夫比小宰，以城门校尉比司门，以少内譬职内，以尚书准司会，以尚书作诰文类御史，官制已大戾矣。以汉算方九赋，以莽制比国服，以国服为息加师旅，以殷周变制议封建，以乡遂异制诬井田，以贡助异法释畿内邦国之税，此皆害《周礼》之大者也。"⑤ 叶时认为，郑玄在诠释《周礼》所记之官制、封建制、田制、税制等方

---

① （宋）叶时：《礼经会元》卷一上，文渊阁《四库全书》第92册，第5页。
② （宋）叶时：《礼经会元》卷一上，文渊阁《四库全书》第92册，第5页。
③ （宋）叶时：《礼经会元》卷一上，文渊阁《四库全书》第92册，第5页。
④ （宋）叶时：《礼经会元》卷一上，文渊阁《四库全书》第92册，第5页。
⑤ （宋）叶时：《礼经会元》卷一上，文渊阁《四库全书》第92册，第5页。

面，皆随意比附。

叶时认为郑玄解《周礼》带来严重后果，他说："《周礼》之出，自刘德始；累《周礼》者，亦自刘德始。《周礼》之立，自刘歆始；诬《周礼》者，亦自刘歆始。《周礼》之传自郑康成始，坏《周礼》者亦自郑康成始。"①又说："自康成之注既行，而贾公彦一疏一惟郑注之是解《周礼》，制度合与不合不暇究矣。儒者沿袭注疏之文，考之于经而不合，遂指《周礼》为非周公之全书，是敢于叛圣人之经，而不敢违汉儒之说也。吁！刘歆之诬《周礼》，一时之失，而《周礼》之法尚在；郑康成之坏《周礼》，千载之惑，而《周礼》之法几亡。然而法未尝亡，礼未尝坏，读周公之礼，而行周公之法，亦惟以圣经为据，斯可也。"②叶时认为，刘德累《周礼》，刘歆诬《周礼》，《周礼》之法尚存；郑玄臆解《周礼》在前，贾公彦唯郑《注》是从在后，故自汉唐以来，《周礼》备受学人非议。

郑玄的《周礼注》在《周礼》学史上占有极重要的地位，据《后汉书·儒林传》，"马融作《周官传》，授郑玄，玄作《周官注》"③，《后汉书》本传又说郑玄"从东郡张恭祖受《周官》"④，《序废兴》引郑《序》曰："窃观二三君子之文章，顾省竹帛之浮辞，其所变易，灼然如晦之见明；其所弥缝，奄然如合符；复析斯，可谓雅达广揽者也。然犹有参错，同事相违。则就其原文字之声类，考训诂，捃秘逸。谓二郑者，同宗之大儒，明理于典籍，粗识皇祖大经《周官》之义，存古字，发疑正读，亦信多善，徒寡且约，用不显传于世。今赞而辨之，庶成此家世所训也。"⑤魏博士张融称"（郑）玄《注》渊深广博，两汉四百余年，未有伟于玄者。"⑥由此可见，郑玄《周礼注》能综揽前儒之说，择善而从。该书一出，天下靡然乡风，咸宗其学。宋人疑经惑古，不唯前人之说是从，叶时驳郑玄《周礼注》，乃时代学风使然。清人认为叶时疑

---

① （宋）叶时：《礼经会元》卷一上，文渊阁《四库全书》第92册，第4页。
② （宋）叶时：《礼经会元》卷一上，文渊阁《四库全书》第92册，第5—6页。
③ （南朝）范晔：《后汉书》卷七十九下《儒林列传第六十九下》，中华书局1965年版，第2577页。
④ （南朝）范晔：《后汉书》卷三十五《张曹郑列传第二十五》，中华书局1965年版，第1207页。
⑤ （清）阮元校刻：《十三经注疏（附校勘记）》，中华书局1980年版，第636页。
⑥ （后晋）刘昫等：《旧唐书》卷一百二《列传第五十二·元行冲》，中华书局1975年点校本，第3181页。

《周礼》郑《注》"过于非议古人，未免自立门户之习"①，此说是也。

（三）主张解《周礼》者不可以辞害意

宋儒喜以己意解经，重视阐发义理。皮锡瑞云："宋人尽反先儒，一切武断，改古人之事实，以就我之义理；变三代之典礼，以合今之制度。"②叶时主张读《周礼》不能以辞害意，他说："善说《诗》者，不以文害辞，不以辞害意。读《周礼》者亦然。"③叶时所谓"意"，即《周礼》所蕴含的思想。在《礼经会元》中，叶时不事《周礼》文字之考证、章句之训诂，而是通过《周礼》之内容，阐发所谓的"周公之道"、"周公之法"④。

叶时对《周礼》纲领的意义作了诠释。其认为《周礼》有纲领贯穿其中，非周公随意为之。《周礼》曰："惟王建国，辨方正位，体国经野，设官分职，以为民极。"⑤叶时认为此"民极"即《周礼》之纲领。他又说："今周公所以为民立极者，惟在王畿。方位国野官职之中，盖王畿立而后根本定，方位设而后等级明，国野分而后疆理正，官职举而后纲目张，民极之立，孰有大于此者？故周公不惟于天官言之，而五官各引之，以冠其篇首，丁宁训告若是谆复，则是三百六十余官，事事物物皆有极，何往而非斯民之标准与？盖极之所在，所以习民于尊卑等级之中，而导民于礼乐教化之内，消其亡等冒上之念，而敛其安分知足之心，斯民入则会其有极，出则归其有极，经制乌乎而不定？风俗乌乎而不淳？尝观大司徒以五礼防万民之伪而教之中，以六乐防万民之情而教之和。又曰'以刑教中则民不暴，以乐教和则民不争'。至大宗伯，亦曰'以天产作阴德，以中礼防之，以地产作阳德，以和乐防之'。一则曰中和，二则曰中和，皆所以建中和之极也。然而王畿之根本未定，方位之等级未明，国野之疆理未正，官职之纲目未张，虽有礼乐刑政之具，将安所施设邪？周公立极之意必寓于七者之中，而冠于六篇之首，岂不诚哉深乎？先正范公有言曰：

---

① （清）纪昀等：《礼经会元提要》，《礼经会元》卷首，文渊阁《四库全书》第92册，第1页。
② （清）皮锡瑞：《经学历史·经学变古时代》，潘斌编：《皮锡瑞儒学论集》，四川大学出版社2010年版，第32页。
③ （宋）叶时：《礼经会元》卷三上，文渊阁《四库全书》第92册，第102页。
④ 据四库馆臣的意见，南宋郑伯谦所撰《太平经国书》与叶时的《礼经会元》体例略同，议论互有出入。笔者认为，两书撰作时间相去不远，然两书确切的撰作时间已难详考，孰先孰后已不可知，或是叶时之书在先，郑氏对叶氏之书作了简化；或是郑氏之书在先，叶氏对郑氏之书作了扩充。
⑤ （清）阮元校刻：《十三经注疏（附校勘记）》，中华书局1980年版，第639页。

'曲礼三千,一言以蔽之,曰毋不敬。'愚窃曰:经礼三百,一言以蔽之,曰为民极。"① 叶时认为,"民极"是周公所设,贯穿于《周礼》三百六十余官,设民极之意义在于"习民于尊卑等级之中"、"导民于礼乐教化之内"、"消其亡等冒上之念"、"敛其安分知足之心"。

叶时对《周礼》职官职掌的性质作了诠释。《周礼》所记州长、党正、族师诸职掌有属民读法之事,在叶时看来,《周礼》此读法之事与儒家倡导的仁义并不矛盾。叶时曰:"大宗伯掌礼,独无礼象以垂于象魏而不使万民观之,小宗伯亦不率礼官之属而读礼法,何哉? 此当以周公作书之意求之也。盖《周官》六典总而谓之《周礼》。礼也者,岂特天地人之三礼,吉、凶、军、宾、嘉之五礼云乎哉? 太宰之治此礼也,司徒之教此礼也,司马之政、司寇之刑、司空之事,皆此礼也。治非礼不制,教非礼不行,政非礼不立,刑无礼则淫,事无礼则乱,五典与礼典并行,五职与礼职并举,故《礼记》曰'经礼三百'。是三百六十官之所掌者礼也,彼垂其象以示人,则此礼已行乎其中矣。彼观其象而读法,则此礼已生乎其心矣,岂必揭之于礼象,垂之于象魏,而后为礼邪?"② 叶时认为,《周礼》以礼为宗,而非以法为大;大宗伯掌礼而无礼象以垂于象魏,小宗伯亦不率礼官而读礼法,是因为礼已行乎其中矣。

叶时对《周礼》部分职官职掌的意义作了诠释。如《周礼·凌人》有"藏冰"仪节,叶时曰:"盖藏冰将以备暑,而亦所以达阳,出冰虽以御暑,而亦所以助阴。阴阳二气流行于天地之间,一气未至,则闭塞而为灾,一气或过,则乖戾而为疾。盖防患者或养其弱而抗其强,故方阴之盛,而阳之微也,则凿冰以达阳而备暑;或损其余以补其不足,故方阳之隆,而阴之消也,则出冰以助阴而御暑。是以冬无愆阳,夏无伏阴,春无凄风,秋无苦雨,疠疾不作,民不夭札,凌人之冰政,实有助焉。故周人以凌人一职而继于膳官、医官、酒官之列,盖将调其气于无事之先,而不待药其病于已然之后也。凌人一职,虽无一语及民,然而夏曰颁冰,则必均及字民矣。不然,则冰生于水,而寒于水尔,古人拳拳于凌阴之纳者,岂特如《大学》所谓伐冰之家仅止卿大夫而已哉!"③《周礼》凌人藏冰之事,郑《注》和贾《疏》皆于意义无涉及,叶

---

① (宋)叶时:《礼经会元》卷一上,文渊阁《四库全书》第92册,第6—7页。
② (宋)叶时:《礼经会元》卷一下,文渊阁《四库全书》第92册,第29页。
③ (宋)叶时:《礼经会元》卷二上,文渊阁《四库全书》第92册,第57—58页。

时遂以阴阳观念释之。

叶时对《周礼》职官间的关系作了探讨。《周礼》三百六十职官，各职官之间往来联络，关系复杂。叶时云："太宰以官联会官治，举其要也。小宰以六联合邦治，分其详也。夫所谓联者，太宰、小宰、宰夫之职，正贰之联也，宫正、宫伯、宫卫之联；膳夫、庖人、膳羞之联；医师至兽医，医官之联，酒正至盐人，饮食之联；太府而下，财官之联，内宰而下，宫正之联。此治官之联也。教官有教之联，礼官有礼之联，政官有政之联，刑官有刑之联，人皆知其分职率属之为官联也。至于联事合治，有非其官之属而实相联者焉。且以祭祀言之，宗伯而下，郁鬯、尊彝、典祀等职皆联事也。而太宰祭祀则赞玉币，司徒奉牛牲，司马奉马牲，司寇奉犬牲，此非他官之合联乎？又以宾客言之，行人而下，司仪、行人、环人、掌客等职皆联事也，而太宰朝会则赞玉币，宰夫掌牢礼，司徒修委积，封人饰牛牲，此非他官之合联乎？"①叶时认为，《周礼》有多个职事相近之职官成一事者，正贰之联、宫卫之联、膳羞之联、医官之联、饮食之联、财官之联、宫正之联、教之联、礼之联、政之联、刑之联即如此；有职事不相近而联事合治者，如于祭祀，太宰赞玉币，司徒奉牛牲，司马奉马牲，司寇奉犬牲，又如于宾客，太宰赞玉币，宰夫掌牢礼，司徒修委积，封人饰牛牲。叶时于《周礼》官联之研究，对明人王应电，清人吴廷华、孙诒让等产生了深远的影响。

叶时还对《周礼》易引起歧义的内容作了辨析。如《周礼·媒氏》"仲春之月令会男女"，有人认为此"乱人伦之本"、"开淫恣之门"。叶时驳之曰："古者昏礼必问名，必纳采，必请期，必亲迎，必得六礼之备而后行。诚以婚姻，人伦之大，嘉礼之重者也。《春官》宗伯以婚礼亲成男女，《地官》司徒以阴礼教亲则民不怨，《遂人》以乐昏扰氓，皆重昏也，岂于《媒氏》而独不致谨乎？每岁孟春，乃谓男女而行昏娶之礼，此常礼也。然昏娶非必尽以仲春行礼，盖《媒氏》以是月而令会也，此正有女怀春之时也。诗人'三星在天'之咏，正谓是尔。于是时也，苟有故不得行昏礼，则有不待礼而行者，此之谓奔。奔非钻穴相窥、踰墙相从之谓也，特以其凶荒札丧而不得备其礼尔，有不待亲迎而行尔，岂若《桑中》之所谓奔乎？故下文曰'若无故而不用令者罪之'，是其无凶荒札丧之变，有不待礼而相奔者则有罚也。案《大司徒》以荒政十有二聚

---

① （宋）叶时：《礼经会元》卷一下，文渊阁《四库全书》第92册，第36—37页。

万民,七曰眚礼,十曰多昏,盖古者国有凶荒,则杀礼而多昏,会男女之无夫家者,故下文又曰'司男女之无夫家者而会之'。是三十而未娶、二十而未嫁者,皆因其有故而会之也。则夫仲春之月,苟有故而奔者,虽不禁之,不亦可乎?"① 叶时认为,婚姻之礼,对于养廉耻、正风俗有重要意义;凶荒札丧等特殊情况下,礼难全备,仲春之月令会男女因应而生,此举并非意在乱人伦、坏风俗。

重视《周礼》经义之阐发,王安石的《周官新义》那里已得到体现。当有人驳王安石以《周礼》乱天下时,王安石辩解说:"法先王之政者,以谓当法其意而已。"② 此所谓"法其意",即发掘经典与诠释者所处时代相吻合的意义,而非亦步亦趋照搬经典之记载。王安石之后,《周礼》经义之阐发逐渐成为一种风气。清人曰:"王安石、王昭禹推寻于文句之间,王与之始脱略旧文,多辑新说,叶时、郑伯谦始别立标题、借经以抒议,其于经义盖在离合之间。于是考证之学渐变为论说之学,而郑、贾几乎从祧矣。"③ 叶时的《礼经会元》以《周礼》为文本依据,阐发经略天下的思想。故叶时的《周礼》学为"论说之学",而非"考证之学"。后人认为叶时《礼经会元》借《周礼》以抒发自己的经略思想得失皆有,如四库馆臣认为"其大旨醇正,多能阐发'体国经野'之深意,故数百年来,讲礼者犹有取焉"④。

(四)借《周礼》经世致用

在《礼经会元》一书中,叶时以《周礼》为思想资源,撰写了上百篇论文,系统地阐述了他的经略思想。《礼经会元》共四卷,每一卷皆由多篇论文组成。卷一上是《礼经》、《注疏》、《民极》、《官名》、《兼官》、《相权》、《邦典》、《官法》、《都则》、《驭臣》、《驭民》、《任民》、《赋敛》、《式法》;卷一下是《侯贡》、《系民》、《正朔》、《象法》、《考课》、《宫刑》、《官叙》、《官属》、《官联》、《官成》、《朝仪》。卷二上是《宫卫》、《膳羞》、《燕礼》、《飨食》、《耕藉》、《同姓》、《医官》、《酒政》、《藏冰》、《盐政》、《财计》、《内帑》、《钱币》;卷二下是《内政》、《门制》、《奄官》、《教化》、《王畿》、《封建》、《井田》、《荒政》、《乡遂》、《军

---

① (宋)叶时:《礼经会元》卷三上,文渊阁《四库全书》第92册,第102—103页。
② (宋)王安石著,秦克等标点:《王安石全集》卷一《上皇帝万言书》,上海古籍出版社1999年版,第1页。
③ (清)永瑢:《四库全书总目》卷十九《经部·礼类一》,中华书局1965年影印本,第155页。
④ (清)永瑢:《四库全书总目》卷十九《经部·礼类一》,中华书局1965年影印本,第151页。

赋》、《役法》、《选举》。卷三上是《齿德》、《迁邑》、《社稷》、《教胄》、《谏官》、《和难》、《昏礼》、《市治》、《水利》、《重农》、《山泽》、《囿游》、《制禄》；卷三下是《祭祀》、《郊庙》、《宾礼》、《礼命》、《瑞节》、《礼乐》、《天府》、《冕服》、《学校》、《祭乐》、《乐舞》、《诗乐》。卷四上是《卜筮》、《史官》、《明堂》、《系世》、《名讳》、《天文》、《分星》、《车旗》、《兵政》、《将权》、《师田》；卷四下是《功赏》、《马政》、《火禁》、《险固》、《射仪》、《久任》、《图籍》、《地理》、《刑罚》、《诅盟》、《鸟兽》、《遣使》、《夷狄》、《补亡》。根据篇名可知，叶时《礼经会元》的主要内容是邦国建制、政法文教、礼乐兵刑、赋税度支、膳食衣饰、寝庙车马、农商医卜等。与李觏、王安石、张载一样，叶时《周礼》诠释之目的在于经世致用。

北宋李觏、张载等人主张推行《周礼》所记载的井田制和封建制，从而缓和北宋的社会矛盾。叶时亦认为井田制、封建制和肉刑是周公之道的体现，值得推行，他说："战国孤秦而下，道已不得其传，而周公之法隳。汉武号为有志于道，然承嬴刘之弊，井田行而阡陌，封建裂而郡县，肉刑变而笞箠，三者行道之本，汉去古未远，且不能以渐复，区区官名之定，服色之易，正朔之改，曾无补于治道之万一。河间所献之书，且不肯过目，况望其勉强行道乎？"① 叶时认为，《周礼》所记井田制、封建制和肉刑本是上好之制度，然而战国、秦汉以来，井田行而阡陌，封建裂而郡县，肉刑变而笞箠，周公之道遂不得传。

叶时主张推行周代的制度，他以史实予以说明。叶时曰："后世惟一唐太宗亦知《周礼》为真圣人所作。而曰不井田，不封建，不肉刑，欲行周公之道，不可得也。是亦徒发望洋之叹耳。世儒尝恨太宗不能修复古制，以为唐自元魏北齐以来，授民以田，分民以乡，先王之制，十已用其一二；继以苏绰在周，约六典以建官，而府兵之制微有端绪，先王之制，十已用其五六；又继以隋文帝之富盛，苏威高景之损益，先王之制，十已用其七八。太宗蹑其后而行之，使其深观详察，纤悉委曲，有以补前代之未备，则唐之治为周之治。惜太宗之不为此也。"② 叶时认为，元魏北齐以来，统治者积极采纳先王之制，本应有所起色；然而到了唐代，太宗不能行周公之道，周公之制遂湮没不彰。

---

① （宋）叶时：《礼经会元》卷一上，文渊阁《四库全书》第92册，第3页。
② （宋）叶时：《礼经会元》卷一上，文渊阁《四库全书》第92册，第3—4页。

以《周礼》为制度资源和思想资源从事社会变革者，北宋的王安石可谓典型。在《周官新义》一书中，王安石云："其人足以任官，其官足以行法，莫盛于成周之时；其法可施于后世，其文有见于载籍，莫具于《周官》之书。"① 王安石的《周礼》诠释饱受后人批评，如朱熹曰："彼安石之所谓《周礼》，乃姑取其附于己意者，而借其名高以服众口耳，岂真有意于古者哉！若真有意于古，则格君之本、亲贤之务、养民之政、善俗之方，凡古之所谓当先而宜急者，曷为不少留意，而独于财利兵刑为汲汲耶！"② 叶时对王安石亦有严厉批评。他说："盖自周衰，道之不行久矣。子思子已逆知后世之不善用周公者也，故曰'待其人然后行'。金陵王氏以儒学相熙宁，而尝一用《周礼》，奈何新经行而僻学兴，新法立而私意胜，末流之弊，罪有浮于汉儒者。故程明道曰'《关雎》、《麟趾》之意，而后可行《周官》之法度'，正为斯人发也。乌乎，道其不行已夫！后世身君师之责者，有能思周公之所思，行周公之所行，庶乎其可以为成周之治矣。不然，道之不行，而徒法之是任，未可以语《周礼》。"③ 叶时认为，王安石借《周礼》变法本身没有错，问题在于安石不懂《周礼》所记周公之道，故安石以《周礼》为据推行变法，客观结果是"僻学兴"、"私意胜"。

王安石特别重视《周礼》中的理财思想，其曾言"一部《周礼》，理财居其半"④。叶时批评王安石此说，曰："王金陵谓《周礼》一书理财居其半，今观《周官》货贿之入不过大宰九职、九赋、九贡之目尔，民职所贡有常额，地职所敛有常制，侯贡所致有常法，尚何待于理乎？然则周人理财之道，非见于理财之日，而见于出纳之际，非见于颁财之顷，而见于会计之时。考之太府，九赋以待膳服，九事、九贡以待吊用，五事、九职之贡以充府库，式贡之余以共玩好。太宰所以定为取财之法，取此财也。太府所以分其颁财之府，颁此财也。内府所受，受此财也。司会所计，计此财也。司书所叙，叙此财也。别其

---

① 程元敏：《三经新义辑考汇评（三）——〈周礼〉》上编《天官冢宰一》，台湾编译馆1987年版，第1页。
② （宋）朱熹：《晦庵先生朱文公文集》卷七十《读两陈谏议遗墨》，朱杰人等编：《朱子全书》第23册，上海古籍出版社、安徽教育出版社2010年版，第3382页。
③ （宋）叶时：《礼经会元》卷一上，文渊阁《四库全书》第92册，第4页。
④ （宋）王安石著，秦克等标点：《王安石全集》卷八《答曾公立书》，上海古籍出版社1999年版，第73页。

为金玉则曰货，别其为器币则曰贿，总而言之则曰财。《周官》掌财固非一职，而敛散出入之权，太府实主之，故入而受之太府也，分而颁之太府也。凡执事者受财用，受于太府也。凡邦之赋用取具焉，取于太府也。以太府为府官之长，而司货贿出入之权，则利权不分，敛散得宜，而出入得以通知之矣。向使分掌于诸府而不专总于一司，则出财者惟以给办为能，用财者惟以济事为功，而后之不继不恤也，财如何而不亏哉？"①叶时认为，《周礼》所记民职有常额，地职所敛有常制，侯贡所致有常法，故财无所谓理；此外，《周礼》太府一职实主敛散出入之权，其他诸官皆甚少涉及理财之事，故以《周礼》为理财之书的观点不可信据。

**三、郑伯谦的《周礼》诠释**

郑伯谦（生卒年不详）字节卿，南宋永嘉（今属浙江）人。光宗绍熙元年（1190）进士。官至修职郎、衢州府学教授。郑伯谦与其兄郑伯熊、郑伯英等人一并被列为南宋永嘉学派的代表人物。《宋史·艺文志》、《经义考》载郑伯谦有《太平经国书》七卷。今存《太平经国书》共十一卷，三十二篇。书首列四图，分别是《成周官制图》、《秦汉官制图》、《汉官制图》、《汉南北军图》。卷一共六篇，分别是《教化》、《奉天》、《省官》、《内治》、《官吏》、《宰相》。卷二有三篇，分别是《官民》、《官刑》、《揽权》。卷三有三篇，分别是《养民》、《税赋》、《节财》。卷四有两篇，分别是《保治》、《考课》。卷五有两篇，分别是《宾祭》、《相体》。卷六有两篇，分别是《内外》上下。卷七有三篇，分别是《官制》、《臣职》、《官民》。卷八有三篇，分别是《宫卫》、《奉养》、《祭享》。卷九有三篇，分别是《爱物》、《医官》、《盐酒》。卷十有两篇，分别是《理财》、《内帑》。卷十一有三篇，分别是《会计》上下和《内治》。

（一）借《周礼》以抒义

西汉刘歆以《周礼》为"周公致太平之迹"②，郑伯谦名其书为《太平经国书》，义取刘歆此说也。郑伯谦曰："三代圣人之纪纲法度、宪章文物，所以本诸身而布诸天下者甚设也，而尤周密详备于成王周公之时。彼其处心积虑，上彻乎尧舜，下及乎万世者也。外不惧天下之谤而私其迹，曰必使我子孙相承，而宗祀不绝也；内实达天下之道而公其心，曰必使我君臣相安，而祸患不作

---

① （宋）叶时：《礼经会元》卷二上，文渊阁《四库全书》第92册，第59页。
② （清）阮元校刻：《十三经注疏（附校勘记）》，中华书局1980年版，第636页。

也。是故兼三王,施四事,夜以继日,尽吾精神心术而为之。"① 郑伯谦认为,虽然《周礼》为周公所作,然历代鲜有人能真正理解此书,他说:"盖自有《周礼》以来,若孔子、文中子及伊洛横渠诸子则恨不及用,房玄龄、杜如晦、魏徵则愧不能用,汉之刘氏、宋朝之王氏则又悔不善用。自汉唐以至今日,天下之治所以驳杂而难考、弊坏而不可收者,大抵出于是三者之间也。是以时君世主厌薄儒生,姗笑王制,悉意于浅功近利,就其自私之心,而姑为是目前苟简之谋,傥可以维持一世足矣,不暇及此宏阔之谈也。嗟乎!千载之下,有能起周公之治者,学者所不能而见也,有能讲明周公之制者,学者所不能而辞也。"② 郑伯谦认为,前人之于《周礼》,或"恨不及用",或"愧不能用",或"悔不善用",其撰《太平经国之书》,意在纠前人之弊、明圣人之意。

与同时代叶时的学术取向一样,郑伯谦亦认为《周礼》诠释当重视义理而非考据。③ 明人高叔嗣论《太平经国书》曰:"'三礼'莫古于仪,周公所亲定者。《说文》云:'礼之字从豆,从曲,从示。'示,古神祇字。盖先王于笾豆、神祇之间曲尽其意,于是乎录其升降、等其隆杀,故谓之礼,此其迹也。先王之意有不再是者,《周易·观》之《彖》曰:'盥而不荐,有孚颙若。'先王以其诚敬之心事神,故下观而化。故《传》曰'圣人以神道设教而天下服矣'。今夫官名之设、内外之辨、崇卑之度、多寡之数,成周致治之具也,而所以致治岂尽于是邪?故善为治者,师其意而已。若《周礼》者,存之以考可也。"④ 高氏言善治礼者当师礼书之意,此即郑书之特点也。郑伯谦认为,《周礼》所记名物制度蕴含着圣人之意,故治《周礼》者之要务是发掘此意,名物制度考证可暂搁置。

兹举数例,以见郑伯谦以义理释《周礼》之倾向。

如《周礼》有不少职官掌管食饮膳羞之味、禽兽鱼鳖之献、酒浆酏醴之

---

① (宋)郑伯谦:《太平经国书序》,《太平经国书》卷首,文渊阁《四库全书》第92册,第187页。
② (宋)郑伯谦:《太平经国书序》,《太平经国书》卷首,文渊阁《四库全书》第92册,第189页。
③ 叶时主张读《周礼》不能以辞害意,他说:"善说《诗》者,不以文害辞,不以辞害意。读《周礼》者亦然。"叶时于此所言"意",即《周礼》蕴含的思想。在《礼经会元》一书中,叶时从义理的角度对《周礼》文本做了诠释。
④ (宋)高叔嗣:《太平经国书序》,《太平经国书》卷首,文渊阁《四库全书》第92册,第190页。

物、官舍幕幄供帐之仪。对此，郑伯谦曰："存我则苍生可厚，自安则国家可保，人主之于天下总万变，财万物而养万民。智虑以治之，非受天下之备物则不足以养其知；仁厚以安之，非享天下之备味则不足以养其仁；德音以化之，非兼天下之备产则不足以养其德。使其气体衰而不充，精神耗而不行，则四肢不享于安适，而耳目不足于聪明。是以太宰之佐王，将与之讲论治道，而经理邦国，则内必有以养其心，外必有以养其身。以一人而治四海，则必以四海而奉一人。若夫奉养有节，而交于万物有道，则自有九式存焉，奢侈非所虑也。……夫先王之所以自奉，惟丧荒札瘥则减膳彻乐，敬天之变而与民同其忧，其余则未尝过自贬薄。盖将以吾身为天下本，而何至萧然自敝其形神若此邪？莫贵于天子，莫富于四海，夫岂不足以奉一人而所以利天下者，顾岂在于计口腹四体之区区邪？劳心者治人，劳力者治于人，治于人者食人，此固天下之通义。"①郑伯谦认为，《周礼》所记人主之奉养非意在享乐，不过有节之奉养，可养人主之身心，以便于更好地经邦理国、养育万民。郑伯谦还从反面的角度对奉养的必要性做了说明，其曰："克勤于邦，克俭于家，家固不可以施诸邦也。夫使殚财以华其居，尽美以饬其躬，穷五味以爽其口，此固失万物之性。至于肥甘不足养于口，声音不足养于耳，采色不足视于目，而便嬖不足使令于前，则亦非所以为自厚其生也。自待于菲薄，而自敝于多事，曰吾将以节俭化天下，儒者又从而助之，不知人之和气冲然而甚微，泊乎其易危，知用而不知养，吾身之不存，而天下将谁与安哉？……天官一官，吾固知谓自有九式者存，何虑其不节邪？玩《易》之象，反覆膳夫以下之职事，务以所养保毓冲粹，使身安而道隆。当是时也，将不独一身之肥而已也，天地万物实有赖焉。"②郑伯谦认为，奢靡享乐固然会失万物之性，然而人主若自待菲薄，以至于自身不存，天下难安。

又如《周礼》有不少职官掌管鸟兽、鱼鳖、昆虫之事。对此，郑伯谦曰："凡田兽之政令则要皆兽人掌之，先王于鸟兽之微、鱼鳖昆虫之细，其在所当养则设官以养之，以顺春生夏长之道，非独养民而已也。其猛鸷，在所当去，其托为神，奸在所当除，则设官以去之除之，以象刑罚之威，以顺天地肃杀之气，非独诘奸慝刑暴乱而已也。夫以鸟之高，飞兽之远，走鱼之深潜，昆虫之

---

① （宋）郑伯谦：《太平经国书》卷八，文渊阁《四库全书》第92册，第235—237页。
② （宋）郑伯谦：《太平经国书》卷八，文渊阁《四库全书》第92册，第237页。

杂出,至难及以政者也。而先王于此,犹无所不尽其心焉,甚矣。"① 郑伯谦认为,《周礼》设掌管鸟兽、鱼鳖、昆虫之职官,意在养民,这既合乎春生夏长之规律,又体现了先王待万物之仁心。

又如《周礼》有医师、食医、疾医、疡医、兽医,诸职官从事人、兽病之治疗。对于此,郑伯谦曰:"夫天之寒暑、阴阳、风雨、晦明既足以伤形,而人之喜怒、阴阳运于荣卫之间,交通则和,有余不足则病。今也喜怒之不节与寒暑之过度者适相值焉,是以其生不固,疾灾交作,寒极为热,热极为寒,为疠疟,为痒疥,结为瘤赘,陷为痈疽,以至不能自有其生于天地之间。当是时也,而不有圣人同万物之忧,同民吉凶之患,不有良医探性命之情而顺阴阳之理,辨内外之证,而明死生之决,则将谁与哀救之哉?是故疾病疕疡总之于医师,而分治之于疾医、疡医。疾医掌民之疾病,而以五味、五谷、五药养其病,以五气、五声、五色胝其死生,两之以九窍之变,参之以九藏之动。疡医则掌肿溃金折之疡,而攻之以五毒,养之以五气,疗之以五药,节之以五味。以至兽病兽疡亦有官以掌之,亦推其有余以及其分治其事,而各精其业,岁终则稽其医而制其食,考其全失而定其上下。国家仁民爱物之意,至是极矣。若曰养王于未疾之前,而治民于已病之后,此非先己而后民也,尊卑之分,贵贱之理,臣子爱君之深意也。"② 郑伯谦认为,人、兽不免有疾病,医师、食医、疾医、疡医、兽医诸职官因此而设置,国家仁民爱物之意由此得以体现。此外,养王于未疾之前而治民于已病之后,意在明尊卑之分、贵贱之等。

又如《周礼》有玉府、外府、内府供王玩好之记载,有人据此,认为此与汉灵帝置私库、唐诸节度之献羡余无异。郑伯谦驳之曰:"此周公之所以为切近人情,而经久可行者也。王者富有四海,贵为天子,若一切限制之,而寻常玩好之私亦所不容,锱铢之用必计其出纳,须臾之欲不得以自逞使常得,如文武之君而处之,固可以恭俭而无欲,安于啬陋而无所慕乎外也。子孙不能皆贤,不幸继之以庸闇之君,不堪其检制,而奢侈之念不能自克于胸中,郁积磅礴之余,启其暴怒,而逞其威虐,一日而发泄之,则人欲横流,反有不可得而遏者。且夫玩好之私,亦人主之所不能免也。以舜之圣而犹有漆器之造,而通道九夷八蛮之后,西旅之献,虽武王犹不免焉。后世如汉文帝之恭俭,能惜露

---

① (宋)郑伯谦:《太平经国书》卷九,文渊阁《四库全书》第92册,第241页。
② (宋)郑伯谦:《太平经国书》卷九,文渊阁《四库全书》第92册,第244页。

台百金之费，而不能无赏赐累巨万之私。是以周公之深见远识，虽不敢导人主以奢侈，而亦不敢强人主以所不堪。"① 郑伯谦认为，《周礼》有职官掌人主之玩好，正是周公制礼切人情之体现；周公之制作，既不会使人主养成奢侈之习气，亦不会让人主陷于不堪之境地。

作为"永嘉学"的代表人物之一，郑伯谦在从事《周礼》诠释时主张发挥义理而不事考证，切人事而不疏阔，重论辩而不喜征引文献。其所阐发《周礼》之经义，不少地方"不可为训"②，然"以他篇贯通经义，尚颇有发明"③。

（二）借《周礼》经世致用

黄宗羲论浙东事功派云："俱以读书经济为事，嗤黜空疏、随人牙后谈性命者，以为灰埃。亦遂为世所忌，以为此近于功利，俱目之为浙学。"④ "永嘉学"的创始人薛季宣认为学问"务为深醇盛大，以求经学之正，讲明时务本末利害，必周知之，无为空言，无戾于行"⑤。"永嘉学"有着务实的治学风格和明确的事功取向，其出入经史，畅谈事功，讲求经世致用，反对空谈心性义理。"永嘉学"的这些学术特征在郑伯谦《太平经国书》一书中得到了集中的体现。

《太平经国书》十分重视财政管理，该书的《税赋》、《理财》、《会计》等篇皆是关于赋税度支、财政收入的论述。兹以《会计》一篇为例，以见郑伯谦据《周礼》阐发财政思想之特点。

从《周礼》职官的安排来看，自太宰而下，出纳移用之权尽总于太府，而司会至掌皮则不过纠察钩考而已。然太府以下大夫为之长，司会反以中大夫为之长。郑伯谦对司会权力重于太府的原因作了探讨，他说："此圣人之深意也。以会计之官稽掌财用财之吏，苟其权不足以相检括，而为太府者反得以势临之，则彼将听命之不暇，而何敢以究卤莽而察奸欺？卤莽奸欺无所忌，则沉匿掩蔽之弊生，而匮乏枵虚之患至，暴征横敛之原必自是而启矣。是以圣人必

---

① （宋）郑伯谦：《太平经国书》卷十，文渊阁《四库全书》第92册，第250—251页。
② （清）永瑢：《四库全书总目》卷十九《经部·礼类一》，中华书局1965年影印本，第151页。
③ （清）永瑢：《四库全书总目》卷十九《经部·礼类一》，中华书局1965年影印本，第151页。
④ （清）黄宗羲著，全祖望补：《宋元学案》卷五十六《龙川学案》，中华书局1986年版，第1832页。
⑤ （宋）薛季宣：《浪语集》卷二十五《答象先侄书》，文渊阁《四库全书》第1159册，第395页。

使之有相邻之势，以去其相党之私，然后理财之本末为可观。"① 郑伯谦认为，会计之官的权力小于财用之官，听命唯恐不及，何敢行监督之权；赋予会计之官较大的权力，意在更好地行监督之事。

郑伯谦又说："夫惟会计之权重，则纠察钩考之势得以行于诸府之中，事不至于欺伪，用不至于干没，数不至于亏耗，国计不匮，而功化无不举，推而至于典法则之处，无不各行其所行。大抵欺罔不生则财用足，财用不缺则百度无所亏。可以备威仪，可以兴文物，车旗、圭璧之器，梓匠、轮舆之度，衣裳、冕弁、尊爵、俎豆之礼，上而郊天祀地，下而师田行役，冠、昏、丧、祭皆可以并举而无遗。当其礼制乐作，兵寝刑措，而余财余力之效，虽神祇祖考尤安乐之，治道之治天下，夫孰有废而不举者。向使司会之于太府不敢论其曲直当否，不敢抗其是非，上下相蒙以为欺，而彼此兼容以为奸，则不终日而匮乏随之矣。财力既屈，国用萧条，下无以应无厌之求，上无以充法式之用，上下解散而礼乐庶事废坠而荒落，向之所谓六典、八法、八则，太宰固不得而自行矣。然则周家所以重司会之权者，固将以助太宰之治也。"② 郑伯谦认为，会计之官的重要性在于纠察钩考用财之事，从而避免财政经济中的欺伪现象，以至于"财用不缺"、"百度无所亏"。

郑伯谦以汉之盛衰为例，对会计之官的作用作了进一步的阐释，他说："自汉家无计相之官，公卿大臣无有能知钱谷之数，是以人主肆其侈于上，人臣肆其欺于下，而民独被其害于中，以至于若此时也，周家之所谓充羡宜不如此。夫以汉去周之近，使其参酌周制，有书契、版图如司书，则口筭、田租何至于无定数？有颁财、受财如太府，则剂券、禀给何至于无定所？有九贡、九赋、九功之令财用，有日成、月成、岁成之考出入，则课最期会何至于无定期？有玉府、外府，则经费、私用必不至于紊杂。有职内、职币，则羡租、杂赋必不至于涣散。总而言之，有会计之权如司会之重，则凡百官吏又将不敢以容其奸欺。奈何聚天下之财于公，而听君臣上下之各自行其私乎！恣人以财而人无不贪，犹饮人以酒而人无不狂也，与人以利而人无不取，犹饲马以刍粟而马无不食也。周公创法肯若是其疏乎？"③ 郑伯谦认为，汉代府库由充实变空

---

① （宋）郑伯谦：《太平经国书》卷十一，文渊阁《四库全书》第92册，第253页。
② （宋）郑伯谦：《太平经国书》卷十一，文渊阁《四库全书》第92册，第253—254页。
③ （宋）郑伯谦：《太平经国书》卷十一，文渊阁《四库全书》第92册，第257页。

虚，是由于没有会计之官。鉴于此，郑伯谦以《周礼》职官为据，对天下的财务管理提出了自己的设想，他说："以司书观之，所谓知民之财者，则诸府所受之贡赋必欲知其欠余也，所谓知器械之数者，则执事官吏所用之器械必欲知其存亡也。至于知田野夫家六畜之数，则井田夫家有多而有寡，牧野畜产有蕃而有耗，无不考之。知山林川泽之数，则山林之材木有童而有殖，川泽之蒲苇鱼鳖有盛而有衰，无不考之。若其有余则输官之数必不容其亏，若其不足则输官之数必不取其盈。盖上下相通，有无相济，合天下为一体而为之，不若汉之判然不相关也。论财物之充羡，其本末源流，要必如是而后可。"① 郑伯谦认为，会计诸职官于贡赋之欠余、井田夫家之多寡、牧野畜产之蕃耗、山林材木之童殖、川泽蒲苇鱼鳖之盛衰，皆需要全面知晓，从而实现盈亏可控、有无相济。

除了会计，郑伯谦还对有关国计民生的盐、酒之利做了探讨。盐、酒与经济之关系重大，却与农业有着根本的区别，在不少人眼里，农业为本，而盐、酒为末。郑伯谦据《周礼》所记盐人、酒正二职官之职掌，对本末之关系做了辨析。他说："是知山泽之利虽与民共，而犹未尝不虑其舍本逐末，以至于贫匮不给也。汉兴犹存此意，盐铁酒榷之利，虽尽捐以与民，而后元之诏亦拳拳然忧百姓之从事于末以害农，多为酒醪以縻谷，先王之意正若是而已矣。春秋、秦、汉以来，犹不忘之，况以周公忧民之深乎。以百亩分民，以九职任民，有本之可敦，则其末为可抑。有生生之可乐，则其刑罚为可畏。是故周公虽不与民争盐酒之利，亦不恣民趋盐酒之利。夫煮海以为盐，利至博也，不为之禁，则缘亩之农夫将日耗，侈心日动，而本心日摇，官吏之贪者亦将并缘以为奸矣。豢豕以为酒，祸至无穷也，不为之禁，则淫酒而无度，是以民人及市，群饮而斗嚣，酒乱其德，而狱讼日益繁滋矣。周公于此则一切有法以待之。其盐人、酒正之政令，彼特施之上者也，而犹有式法以受酒材，有酌数以供祭祀，有法以行颁赐，有书契以授秩酒，有日成月要以考出入。"② 郑伯谦认为，盐、酒为末，故不可舍本逐末；为了节制贪欲，减少饮酒所致狱讼，可设盐人、酒正分别管理盐政和酒业。

郑伯谦据《周礼》以论财政经济，正是南宋永嘉学的学术特征。如果说

---

① （宋）郑伯谦：《太平经国书》卷十一，文渊阁《四库全书》第 92 册，第 257—258 页。
② （宋）郑伯谦：《太平经国书》卷九，文渊阁《四库全书》第 92 册，第 246 页。

洛学、闽学皆是重心性理论的内圣之学，那么永嘉学则是重功利的外王之学。永嘉学人的外王之学"以经制言事功"①，如叶适的功利主义思想根植于《六经》，陈傅良义理阐发源自《诗》、《书》、《周礼》。郑伯谦借《周礼》阐发经世致用思想，正是永嘉外王之学的体现。

郑伯谦重视《周礼》所记载的财政经济现象，与南宋两浙路的经济发展和风土人情密切相关。《宋史》记载道："两浙路，盖《禹贡》扬州之域，当南斗、须女之分。东南际海，西控震泽，北又滨于海。有鱼盐、布帛、秔稻之产。人性柔慧，尚浮屠之教。俗奢靡而无积聚，厚于滋味。善进取，急图利，而奇技之巧出焉。余杭、四明，通蕃互市，珠贝外国之物，颇充于中藏云。"②南宋两浙路经济发达，贸易繁荣，城市工商业阶层力量不断壮大。在《太平经国书》中，郑伯谦借《周礼》对赋税、理财以及会计的论述，反映的是南宋两浙路经济和文化发达的社会现实。

（三）征引史实以解经

在《太平经国书》中，郑伯谦撰文三十余篇，皆据《周礼》以立论。如在《教化》篇中，郑伯谦先对《周礼》中的司徒等职官之职掌加以辨析，再言教化之事。在《宫卫》篇中，郑伯谦先对《周礼》中的宫正、宫伯、宿卫等职掌加以辨析，再论宫卫之事。在《爱物》篇中，郑伯谦先对《周礼》中的兽人、鳖人、服不氏、射鸟氏、罗氏、穴氏等职官加以辨析，再论诸职官设置之深意。郑伯谦借儒家经典以阐发思想，此可得以体现。

郑伯谦从事《周礼》之诠释，常以史实作为参证。如在《会计上》篇中，郑伯谦引汉代之史实，以明会计的作用和意义。郑伯谦曰："先王建官之意深矣，汉唐何足以知之？汉兴之初，亦尝少近于此，以萧何为相国，而以张苍为计相，计相之权，正周司会之职也。命名曰相，与相国并立，其事权为甚重，计天下之财，而财不在其手。"③又曰："自光武归禁钱于司农，归水利于少府，归盐铁于郡国，意善而治不精，故章、和以后，改司农平准为中准，而列于内署，而取少府之所掌尚药、太官、御者、钩盾、尚方、考工诸曹列而为监。

---

① （清）黄宗羲著，全祖望补：《宋元学案》卷五十六《龙川学案》，中华书局1986年版，第1830页。

② （元）脱脱：《宋史》卷八十八《志第四十一·地理四》，中华书局1977年点校本，第2177页。

③ （宋）郑伯谦：《太平经国书》卷十一，文渊阁《四库全书》第92册，第254页。

又尽用奄人以领之，不惟无稽考之官，而士大夫亦无复有与财计者矣。"① 又曰："以至李唐，此弊不革，财虽掌于士大夫之手，而纠察稽考犹未有执其权者。且三司使之名，一曰盐铁，二曰租调，三曰度支，度支以相会计，其名非不美也，然当时三司独设副使，以三司使为之长，则度支要是三司使之属耳。其官长治财而其属考之，于势为不顺。宋朝三司使，其属官亦有磨勘司，均之为失《周官》之意也。"② 郑伯谦认为，西汉的计相类似于西周的司会，因此西汉的纠察稽考与《周礼》相合；东汉改司农平准为中准，列于内署，取少府之所掌，列而为监，阉人当政，稽考遂废；唐代度支为三司使之属，监督官长治财之事不力；宋代磨勘司为三司使之属，亦难监督长上用财之事。在郑伯谦看来，东汉至宋代，会计作用越来越小，财政政策亦与《周礼》渐行渐远。

在《宰相》篇中，郑伯谦曰："盖古者三公无官，惟与天子坐而论道，故设六卿以分主六典，而三公实统之。三公既兼冢宰，则六卿之六典，非冢宰而谁建邪？此事权之所以合于一，而国家所以无多门之政。自汉以来则失之矣，有三公，又有九卿，而丞相、御史未尝行九卿事。观武帝时桑弘羊等致利王温舒之属峻法，倪宽等推文学九卿更进用事，不关决于丞相，而大臣之权尽去矣。呜呼，人君之为天下，如欲稽古正名，而使事权之合于一，苟舍《周官》，未有不泛然无统者矣。"③ 郑伯谦认为，《周礼》所记三公与天子论道而已，本非职官；汉代以来，既有三公，又有九卿，国家事权分散，大臣之权尽去。郑伯谦认为，此与《周礼》事权合一思想不符。

在《节财》篇中，郑伯谦言九式均节财用之意义曰："秦汉以来，散无统纪，武帝穷奢极侈，尤为无度。卫士已三万人，而郎卫之外又增置期门羽林，南北军之外又增置八校尉，无复多寡之节。少府掌山海池泽之税，以充天子私供养。大官七丞主膳食，汤官主饼饵，导官主择米，庖人主宰割，无复丰约去取之制。黄门给事禁中，钩盾掌苑囿，尚方作禁器，御府主衣服，掖庭永巷亦置八丞，上林池籞多至十监，无复用舍损益之限。北至朔方，东封泰山，所过赏赐，用帛百余万疋，金钱以巨万计，县官空虚，而吏始坐市，列肆贩物求利矣。"④ 汉武帝时期，宫室、器用、服食、赐予无度。郑伯谦以此为证，以明

---

① （宋）郑伯谦：《太平经国书》卷十一，文渊阁《四库全书》第 92 册，第 255 页。
② （宋）郑伯谦：《太平经国书》卷十一，文渊阁《四库全书》第 92 册，第 255 页。
③ （宋）郑伯谦：《太平经国书》卷一，文渊阁《四库全书》第 92 册，第 199—200 页。
④ （宋）郑伯谦：《太平经国书》卷三，文渊阁《四库全书》第 92 册，第 208—209 页。

《周礼》九式均节财用对于国家长治久安有着重要意义。

南宋永嘉学人叶适主张在《六经》中发掘功利思想,使浙东功利之学接受了经学的洗礼。郑伯谦接续叶适的学术取向,其所撰《太平经国书》既重视经典之诠释,又重视史实之勾考,以史为鉴,古为今用。郑伯谦对于扭转浙东薛季宣、陈傅良等人以治史言事功的学术方法以及"永嘉学"的经学化,起到了推波助澜的作用。[①]

### 四、朱熹的《周礼》诠释

朱熹(1130—1200),字元晦,后改仲晦,号晦庵、遯翁。祖籍徽州婺源(今江西婺源),出生于福建尤溪(今福建尤溪)。绍兴十八年(1148)进士及第,调泉州同安县主簿。任满还家,著书讲学达二十余年。淳熙五年(1178),知南康军。在任期间,重建了著名的白鹿洞书院。八年,就任提举两浙东路常平茶盐公事。绍熙元年(1190),知漳州。四年(1193),除知潭州、荆湖南路安抚使,这期间修复了岳麓书院。五年(1194),诏为焕章阁待制兼侍讲。同年被罢免,回到福建考亭,主讲紫阳书院,又别称考亭、紫阳,继续著书立说。朱熹一生做官时间不长,主要从事著书讲学。他上承二程的学说,又加以阐释发挥,成为宋代理学的集大成者,在中国哲学史上占有很重要的地位,并在国际上产生了广泛的影响。朱熹著述甚富,计有《诗集传》八卷,《四书章句集注》十九卷,《太极图解》注一卷,《通书解》一卷,《伊洛渊源录》十四卷,《资治通鉴纲目》五十九卷,《楚辞集注》八卷,《名臣言行录》前集十卷、后集十四卷,文集一百卷、续集十一卷、别集十卷等;收集整理《上蔡先生语录》三卷,《河南程氏遗书》二十五卷,《河南程氏外书》十二卷,《近思录》十四卷,俱存世。事见黄榦《朱先生行状》(《勉斋集》卷三六),《宋史》卷四二九有传。

朱熹没有《周礼》诠释之专著。《朱子语类》卷八十六记载了朱熹与门人讨论《周礼》的内容。今据《朱子语类》,以见朱熹《周礼》诠释的内容和

---

① 浙东永康学人陈亮既重治经,又重治史。其曰:"《六经》诸史,反复推究,以见天运人事流行参错之处,而识观象之妙、时措之宜,如长江大河,浑浑浩浩,尽收众流而万古不能尽也。"(陈亮著,邓广铭点校:《陈亮集》卷三十六《钱叔因墓志铭》,中华书局1987年增订版,第484页)陈亮认为,《六经》、诸史记载了道之损益,故治经与治史不可偏废。永嘉诸子中,薛季宣、陈傅良强调通过治史言事功,如陈傅良所撰《两汉史钞》,就主张以两汉史实为当时为政者之鉴镜。

特点。

(一) 认为《周礼》乃周公之遗典

西汉刘歆认为《周礼》是"周公致太平之迹"①，郑玄承刘歆，认为"周公居摄而作六典之职，谓之《周礼》"②。朱熹承刘歆、郑玄之说，认为"《周礼》是周公遗典也"③。

朱熹认为，《周礼》的编撰可从纲领与内容两个角度来看。

从纲领来看，《周礼》规模宏大，结构严谨。朱熹说："《周礼》一书好看，广大精密，周家法度在里，但未敢令学者看。"④"《周礼》一书，也是做得来缜密，真个盛水不漏。"⑤朱熹认为，《周礼》的结构缜密，蕴意甚深，应当出自圣人周公之手。

至于《周礼》之内容，朱熹曰："《周礼》只疑有行未尽处。看来《周礼》规模皆是周公做，但其言语是他人做。"⑥又曰："大抵说制度之书，惟《周礼》、《仪礼》可信，《礼记》便不可深信。《周礼》毕竟出于一家。谓是周公亲笔做成，固不可，然大纲却是周公意思。"⑦朱熹认为，《周礼》的纲领出自周公，而具体内容则出自他人。朱熹论证曰："今时宰相提举敕令，岂是宰相一一下笔？有不是处，周公须与改。至小可处，或未及改，或是周公晚年作此。"⑧朱熹以时下宰相提举敕令作类比，以明《周礼》的具体内容非出自周公。

朱熹尊信《周礼》，处处为《周礼》辩护。

如有人认为《周礼》所载职官过于繁多，圣人之书，不可能如此。朱熹

---

① (清) 阮元校刻：《十三经注疏 (附校勘记)》，中华书局 1980 年版，第 636 页。
② (清) 阮元校刻：《十三经注疏 (附校勘记)》，中华书局 1980 年版，第 639 页。
③ (宋) 黎靖德辑：《朱子语类》卷八十六，朱杰人等编：《朱子全书》(修订本) 第 17 册，上海古籍出版社、安徽教育出版社 2010 年版，第 2912 页。
④ (宋) 黎靖德辑：《朱子语类》卷八十六，朱杰人等编：《朱子全书》(修订本) 第 17 册，上海古籍出版社、安徽教育出版社 2010 年版，第 2912 页。
⑤ (宋) 黎靖德辑：《朱子语类》卷八十六，朱杰人等编：《朱子全书》(修订本) 第 17 册，上海古籍出版社、安徽教育出版社 2010 年版，第 2912 页。
⑥ (宋) 黎靖德辑：《朱子语类》卷八十六，朱杰人等编：《朱子全书》(修订本) 第 17 册，上海古籍出版社、安徽教育出版社 2010 年版，第 2911—2912 页。
⑦ (宋) 黎靖德辑：《朱子语类》卷八十六，朱杰人等编：《朱子全书》(修订本) 第 17 册，上海古籍出版社、安徽教育出版社 2010 年版，第 2912 页。
⑧ (宋) 黎靖德辑：《朱子语类》卷八十六，朱杰人等编：《朱子全书》(修订本) 第 17 册，上海古籍出版社、安徽教育出版社 2010 年版，第 2912 页。

曰："禁治虾蟆，也专设一官，岂不酷耶！"① 又曰："今人不信《周官》。若据某言，却不恁地。盖古人立法，无所不有，天下有是事，他便立此一官，但只是要不失正耳。且如女巫之职，掌宫中巫、祝之事，凡宫中所祝，皆在此人。如此，则便无后世巫蛊之事矣。"② 朱熹认为，《周礼》所载职官虽多，然却不失其正，因为有其事便有相应之职官。

又如有人认为《周礼》所记制度难以付诸实践，圣人之书不应如此。朱熹曰："或谓周公作此书，有未及尽行之者，恐亦有此理。只如今时法令，其间颇有不曾行者。"③ 又曰："《周礼》一书，圣人姑为一代之法尔。到不可用法处，圣人须别有通变之道。"④ 朱熹认为，《周礼》所记制度，圣人可用变通之道处之，不可仅以常人眼光待之。比如于《周礼》占梦之职官，朱熹曰："圣人无所不用其敬，虽至小没紧要底物事，也用其敬。到得后世儒者方说得如此阔大，没收煞。如《周礼》，梦亦有官掌之，此有甚紧要？然圣人亦将做一件事。某平生每梦见故旧亲戚，次日若不接其书信，及见之，则必有人说及。看来惟此等是正梦，其他皆非正。"⑤ 朱熹认为，《周礼》有占梦之职官，体现了圣人于万事皆用敬。朱熹甚至以切身体验来说明《周礼》设置占梦职官之意。

南宋湖湘学人胡宏认为《周礼》非周公之书，如天官冢宰掌宫闱之事，后世宰相请托宫闱，交结近习，皆由此来。朱熹驳之曰："殊不知，此正人君治国、平天下之本，岂可以后世之弊而并废圣人之良法美意哉？又如王后不当交通外朝之说，他亦是惩后世之弊。要之，《仪礼》中亦分明自载此礼。至若所谓女祝掌凡内祷、祠、禬、禳之事，使后世有此官，则巫蛊之事安从有哉？"⑥ 朱

---

① （宋）黎靖德辑：《朱子语类》卷八十六，朱杰人等编：《朱子全书》（修订本）第17册，上海古籍出版社、安徽教育出版社2010年版，第2912页。
② （宋）黎靖德辑：《朱子语类》卷八十六，朱杰人等编：《朱子全书》（修订本）第17册，上海古籍出版社、安徽教育出版社2010年版，第2914页。
③ （宋）黎靖德辑：《朱子语类》卷八十六，朱杰人等编：《朱子全书》（修订本）第17册，上海古籍出版社、安徽教育出版社2010年版，第2913页。
④ （宋）黎靖德辑：《朱子语类》卷八十六，朱杰人等编：《朱子全书》（修订本）第17册，上海古籍出版社、安徽教育出版社2010年版，第2914页。
⑤ （宋）黎靖德辑：《朱子语类》卷八十六，朱杰人等编：《朱子全书》（修订本）第17册，上海古籍出版社、安徽教育出版社2010年版，第2936页。
⑥ （宋）黎靖德辑：《朱子语类》卷八十六，朱杰人等编：《朱子全书》（修订本）第17册，上海古籍出版社、安徽教育出版社2010年版，第2914页。

熹认为，天官冢宰掌宫闱之事，体现了圣人正人君、治国平天下之美意。

宋代以前，周公作《周礼》是主流观点，然而到了宋代，胡宏等人不信传统观点，认为《周礼》并非出自周公。朱熹遵从传统观点，认为周公作《周礼》的观点可信。不过朱熹并非仅简单地重复前人的观点，其认为周公仅是《周礼》纲领的制定者，既然纲领出自周公，那么《周礼》体现的是周公致太平的理想，就无可怀疑了。朱熹认为，《周礼》的纲领出自周公，具体内容却出自他人；周公对于具体内容不是完全不管，而是仍有修改。朱熹的观点，既可维护《周礼》的神圣性，又可对《周礼》有疑义处给出解释。在《周礼》学史上，刘歆、王安石等人绝对地肯定《周礼》的神圣性，即使有疑义，还是百般回护。何休、胡宏等人则绝对地否定该书的神圣性，他们甚至认为该书出自阴谋家。较之上述两种倾向，朱熹的观点显得平允可信。

（二）前贤时人解义之评议

郑玄集汉代《周礼》学之大成，其《周礼注》被汉唐治《周礼》者奉为圭臬。对于郑氏《周礼注》，朱熹疑信参半。

如《周礼·地官·大司徒》："以土圭之法测土深，正日景以求地中。日南则景短，多暑；日北则景长，多寒；日东则景夕，多风；日西则景朝，多阴。"郑玄《注》："日南，谓立表处太南，近日也；日北，谓立表处太北，远日也；景夕，谓日跌景乃中，立表之处太东，近日也；景朝，谓日未中而景中，立表处太西，远日也。"朱熹曰："'景夕多风，景朝多阴'，此二句，郑注不可晓，疑说倒了。看来景夕者，景晚也，谓日未中而景已中；盖立表近南，则取日近，午前景短而午后景长也。景朝者，谓日已过午而景犹未中；盖立表近北，则取日远，午前长而午后短也。"①朱熹认为，郑玄《注》在释"景夕多风"、"景朝多阴"时，将二者说颠倒了。

又如《周礼·地官·大司徒》："以土圭之法测土深，正日景以求地中。"郑玄《注》："土圭所以致四时日月之景也。"朱熹曰："大司徒以土圭求地中，今人都不识土圭，郑康成解亦误。圭，只是量表影底尺，长一尺五寸，以玉为之。夏至后立表，视表影长短，以玉圭量之。若表影恰长一尺五寸，此便是地之中。今之地中，与古已不同。汉时阳城是地之中，本朝岳台是地之中，

---

① （宋）黎靖德辑：《朱子语类》卷八十六，朱杰人等编：《朱子全书》（修订本）第17册，上海古籍出版社、安徽教育出版社2010年版，第2921页。

已自差许多。"① 朱熹认为，土圭是量表影的工具，而非如郑玄所云乃致日月之影者。

朱熹对宋人张载的《周礼》解义颇为重视。如张载论《周礼》天官曰："天官之职，须襟怀洪大方看得。盖其规模至大，若不得此心，欲事事上致曲穷究，凑合此心，如是之大必不能得也。释氏锱铢天地，可谓至大；然不尝为大，则为事不得，若界之一钱则必乱矣。至如言四句偈等，其先必曰人所恐惧，不可思议，及在后则亦是小人所共知者事。今所谓死，虽奴隶窃闾岂不知皆是空！必实是小人所为，后有文士学之，增饰其间，或引入《易》中之意，或更引他书文之，故其书亦有文者，实无所依取。庄子虽其言如此，实是畏死，亦为事不得。"② 张载认为，《周礼》天官规模宏大、包罗全面，若非胸襟宏大之人，是不能懂其中之蕴意的；《周礼》天官所体现的"大"，与释家所言的"大"在本质上是不同的。朱熹曰："天官之职，是总五官者。若其心不大，如何包得许多事？且冢宰内自王之饮食衣服，外至五官庶事，自大至小，自本至末，千头万绪，若不是大其心者区处应副，事到面前，便且区处不下。况于先事措置，思患预防，是着多少精神？所以记得此，复忘彼。佛氏只合下将那心顿在无用处，才动步便疏脱。所以吾儒贵穷理致知，便须事事物物理会过。'舜明于庶物'，物即是物，只是明，便见皆有其则。今文字在面前，尚且看不得，况许多事到面前，如何奈得他？须襟怀大底人始得。"③ 朱熹认为，《周礼》天官乃总五官者，冢宰于大小本末之事皆涉之，合于儒家穷理致知之说，而别于佛教。通过比较可知，朱熹此说是受张载解义之启发也。

朱熹对南宋永嘉学派的《周礼》研究亦多有关注。南宋时期，在浙东永嘉地区形成了提倡事功之学、反对虚谈性命的永嘉学派。黄宗羲和全祖望论永嘉学派云："俱以读书经济为事，嗤黜空疏、随人牙后谈性命者，以为灰埃。亦遂为世所忌，以为此近于功利，俱目之为浙学。"④ "永嘉学"的创始人薛季

---

① （宋）黎靖德辑：《朱子语类》卷八十六，朱杰人等编：《朱子全书》（修订本）第17册，上海古籍出版社、安徽教育出版社2010年版，第2922—2923页。

② （宋）张载著，章锡琛点校：《经学理窟·周礼》，《张载集》，中华书局1978年版，第248—249页。

③ （宋）黎靖德辑：《朱子语类》卷八十六，朱杰人等编：《朱子全书》（修订本）第17册，上海古籍出版社、安徽教育出版社2010年版，第2919页。

④ （清）黄宗羲著，全祖望补：《宋元学案》卷五十六《龙川学案》，中华书局1986年版，第1832页。

宣认为学问"务为深醇盛大，以求经学之正，讲明时务本末厉害，必周知之，无为空言，无戾于行"①。"永嘉学"有着务实的治学风格和明确的事功取向，其出入经史，畅谈事功，反对空谈心性义理。如果说洛学、闽学皆是重视心性理论的内圣之学，那么永嘉学派则是重视功利主义的外王之学。

朱熹对永嘉学派的《周礼》解义多有评议。如于井田制，朱熹曰："君举说井田，道是《周礼》、《王制》、《孟子》三处说皆通。他说千里不平直量四边，又突出圆算，则是有千二百五十里。说出亦自好看，今考来乃不然。《周礼》，郑氏自于《匠人》注内说得极仔细。前面正说处却未见，却于后面僻处说。先儒这般极仔细。君举于《周礼》甚熟，不是不知，只是做个新样好话谩人。"②此所谓"君举"，指陈傅良。朱熹认为，陈傅良于《周礼》有所研究，然陈氏之《周礼》解义不可信。在《朱熹语类》中，我们可以看到朱熹对陈傅良《周礼》解义的批评是最多的。

又如薛季宣云："小司徒九夫为井，匠人亦九夫为井，井间有沟，自井地言之也。遂人十夫有沟，兼沟涂言之也。……洫与浍，沟之大者也，于成举洫，于同举浍，亦其大略云耳。遂入沟，沟入洫，洫入浍，浍入川。周世井田之法，实公行于天下，内外远近之沟洫，固无异制，则遂人、匠人之所掌，其制一也。"③薛氏认为，《周礼》所记井田制与沟洫制是同一种制度。朱熹驳薛氏此说云："《周礼》有井田之制，有沟洫之制。井田是四数，沟洫是十数。今永嘉诸儒论田制，乃欲混井田、沟洫为一，则不可行。郑氏注解分作两项，却是。"④朱熹认为，《周礼》所记井田是四数，沟洫是十数，故沟洫制与井田制并非同一。

**五、王与之的《周礼》诠释**

王与之（生卒年不详）字次点，号东岩，南宋后期乐清（今浙江乐清市）人。其精研《周礼》，相关著作有《周礼订义》、《周官补遗》和《周礼十五

---

① （宋）薛季宣：《浪语集》卷二十五《答象先侄书》，文渊阁《四库全书》第1159册，第395页。

② （宋）黎靖德辑：《朱子语类》卷八十六，朱杰人等编：《朱子全书》（修订本）第17册，上海古籍出版社、安徽教育出版社2010年版，第2916页。

③ （元）陈友仁辑：《周礼集说》卷十，文渊阁《四库全书》第95册，第744页。

④ （宋）黎靖德辑：《朱子语类》卷八十六，朱杰人等编：《朱子全书》（修订本）第17册，上海古籍出版社、安徽教育出版社2010年版，第2917页。

图》①。王与之《周礼订义》共八十卷，书首除有真德秀之"序言"外，还有《编集条例》、《序周礼兴废》、《论周礼纲目》、《论五官目录》、《论天地四时官名》、《论公孤不列于六职》、《论官职多寡》、《论六官次叙先后》、《论六官所属交互》、《编类姓氏世次》。正文部分卷一至卷十四为《天官冢宰》，卷十五至卷二十八为《地官司徒》，卷二十九至卷四十六为《春官宗伯》，卷四十七至卷五十七为《夏官司马》，卷五十八至卷六十九为《秋官司寇》，卷七十至卷八十为《冬官考工记》。

（一）《周礼订义》的宋学特征

东汉郑玄在遍览两汉诸儒《周礼》解义之基础上撰《周礼注》，集汉代《周礼》学之大成。欲窥汉代《周礼》学，舍郑玄《周礼注》莫由。唐初贾公彦在参稽汉唐诸儒《周礼》解义之基础上成《周礼疏》，集汉唐《周礼》学之大成，欲窥魏晋南北朝的《周礼》学，舍贾公彦《周礼疏》莫由。南宋王与之博采宋儒之说成《周礼订义》，集宋代《周礼》学之大成，欲窥宋代《周礼》学，舍王与之《周礼订义》莫由。

清末学人皮锡瑞认为宋代是经学的"变古时代"，其论宋代"三礼"学云："宋人治经，务反汉人之说。以礼而论，如谓郊禘是一，有五人帝，无五天帝，魏王肃之说也；禘是以祖配祖，非以祖配天，唐赵匡之说也。此等处，前人已有疑义，宋人遂据以诋汉儒。三代之礼久亡，汉人去古未远，其说必有所受。古时宫室制度，至汉当有存者。如周之灵台，汉时犹在，非后人臆说所能夺也。若古礼之不宜于今者：郊禘一岁屡行，天子难于亲出；宗庙四代迭毁，人情必疑不安。后世天则每岁一郊，祖则同堂异室，此皆不必强摹古礼，亦不必以古礼为非。宋人尽反先儒，一切武断，改古人之事实，以就我之义理；变三代之典礼，以合今之制度。是皆未敢附和以为必然者也。"② 与宋代学风相符合，宋代"三礼"学有疑经改经、重视义理的特点。王与之《周礼订义》出自南宋末年，集中地体现了宋学的精神。

第一，《周礼订义》特别重视宋人解义。

宋人从事《周礼》之诠释，多阐发义理而少考据。如理学家张载、二程

---

① 参见元人邱葵：《周礼全书序》云王与之有《周官补遗》一书，今佚。明人焦竑：《国史经籍志》载王与之有《周礼十五图》一书，亦佚。

② （清）皮锡瑞：《经学历史·经学变古时代》，潘斌编：《皮锡瑞儒学论集》，四川大学出版社2011年版，第32页。

虽无《周礼》学专著，然于《周礼》仍有不少论说文字；李觏《周礼致太平论》以《周礼》为纲阐发治国平天下理想；王安石《周官新义》以《周礼》为变法的理论依据和制度资源。由此可见，宋人解《周礼》重义理而非考据，与汉唐经学家解《周礼》之方法可谓大相径庭。

王与之《周礼订义》所引汉唐诸儒之说者有六家，分别是杜子春、郑兴、郑众、郑玄、崔灵恩、贾公彦。征引宋代诸儒之说达四十五家，既有二程、张载、朱熹、吕祖谦等理学家，又有李觏、王安石、郑伯谦等政论家。以《周礼订义》第一卷为例，其征引汉唐学人之说者，郑玄十八次，郑司农七次，贾公彦一次；其所征引宋人之说者，王安石十一次，王氏《详说》四次，黄度六次，刘执中一次，李嘉会一次，郑伯谦三次，郑锷十三次，王昭禹十七次，《礼库》四次，林之奇四次，项安世一次，胡安国二次，陈傅良一次，杨时三次，吕祖谦二次，李叔宝一次，陈祥道一次，易祓一次，林椅一次。又如《周礼订义》卷八十，其所征引汉唐学人之说者，郑玄二十八次，贾公彦二十二次；其所征引宋人之说者，王安石三次，郑司农二次，李嘉会五次，郑锷五十三次，王昭禹二十八次，易祓十四次，赵氏四十次，毛氏七次，陈祥道二十九次。由此可见，《周礼订义》特别重视宋人之解义。

第二，《周礼订义》大胆怀疑郑玄等人的解义，并喜创新说。

汉代郑玄《周礼注》为后世学人所宗，特别是唐代贾公彦《周礼疏》秉承"疏不破注"的原则，对郑《注》作了疏释，影响颇为深远。宋人鄙薄汉唐经学，对于汉唐《周礼》学亦多有异议。如北宋王安石撰《周官新义》力破汉唐学人之旧说，务求《周礼》之"新义"。北宋李觏撰《周礼致太平论》，南宋郑伯谦撰《太平经国书》，叶时撰《礼经会元》，从政治的角度重新诠释《周礼》，以济时用。他们在重新诠释《周礼》时，遇经文注疏与己意有不合者，便大胆疑经惑传，甚至改易经文。

受时代学风之影响，王与之从事《周礼》诠释时亦疑经惑传。如《周礼·夏官·戎右》"会同，充革车"，郑玄曰："会同，王虽乘金路，犹以革路从行也。充之者，谓居左也。《曲礼》曰：'乘君之乘车，不敢旷左。'"① 王与之曰："愚案：会同虽以乘车会，而革路亦为从车，故充革路之右者，戎右也。郑见《曲礼》有'乘君之乘车不敢旷左'之言，遂以充之者为居左，殆

---

① （清）阮元校刻：《十三经注疏（附校勘记）》，中华书局1980年版，第857页。

失之。"① 郑玄据《礼记·曲礼》，认为"充革车"之义为革车居金路之左。王与之驳郑玄，认为革车为从车，"充革车"之义为戎右在革车之右。又如《周礼·地官·司徒》："司门……幾出入不物者，正其货贿。"郑玄曰："正，读为征，征税也。"②贾《疏》从之。王与之曰："愚案：正，故书为正，如中度、中数、中量，皆正也。"③郑《注》、贾《疏》释"正"为"征"。王与之认为，此"正"与"中度"、"中数"、"中量"之"中"同义。

第三，《周礼订义》多阐发义理而少事考据。

王与之重视《周礼》义理之阐发。如《周礼·天官》"四曰使能"，郑玄曰："能，多才艺者。"④王与之曰："愚案：人各有能，用之然后见。如伯夷能典礼，使作秩宗，足以究其典礼之能。后夔能典乐，使教胄子，足以究其典礼之能。君知量能以任，使人之有能者，孰不欲自效以见其能。"⑤郑玄解义过于简略，"能"字之义不明。王与之举例以明"能"字之义，既可释经，又可补郑《注》之不备。又如《周礼·天官·酒正》："酒正之出，日入其成，月入其要，小宰听之。"郑玄曰："出，谓授酒材及用酒之多少也。受用酒者，日言其计于酒正，酒正月尽言于小宰。"⑥王与之曰："愚案：一酒至微，尤不少置，非是督责之，察要之，一事废则一职废，今日之不治，他日必有不胜治之叹。故日入其成，月入其要，经特于酒正见之，意者三百六十之职无时不然。"⑦郑玄于此仅释"出"字，王与之则对"日入其成，月入其要"之原因作了探寻，认为此举有防微杜渐之义。又如《周礼·天官》："幂人，奄一人，女幂十人，奚二十人。"郑玄曰："以巾覆物曰幂，女幂，女奴晓幂者。"王与之曰："愚案：以巾覆物者，其间既有八尊六彝，故亦属酒正，掌共巾幂。"⑧郑玄于此仅释"幂"和"女幂"。王与之在郑《注》之基础上对幂人和酒正在《周礼》中的排列情况作了说明。从以上诸例可知，王与之《周礼》诠释不重文字训诂、制度考证，而是重视经文义蕴之发掘。

---

① （宋）王与之：《周礼订义》卷五十三，文渊阁《四库全书》第94册，第131页。
② （清）阮元校刻：《十三经注疏（附校勘记）》，中华书局1980年版，第738页。
③ （宋）王与之：《周礼订义》卷二十四，文渊阁《四库全书》第93册，第405页。
④ （清）阮元校刻：《十三经注疏（附校勘记）》，中华书局1980年版，第646页。
⑤ （宋）王与之：《周礼订义》卷二，文渊阁《四库全书》第93册，第37页。
⑥ （清）阮元校刻：《十三经注疏（附校勘记）》，中华书局1980年版，第670页。
⑦ （宋）王与之：《周礼订义》卷八，文渊阁《四库全书》第93册，第134页。
⑧ （宋）王与之：《周礼订义》卷九，文渊阁《四库全书》第93册，第150页。

南宋真德秀在《周礼订义序》中云："郑、贾诸儒析名物、辨制度，不为无功，而圣人微旨终莫之睹。惟洛之程氏，关中之张氏，其所论说不过数条，独得圣经精微之蕴。盖程、张之学，公之学也。有公之学，故能得公之心，而是书所赖以明也。永嘉王君次点，其学本于程、张，而于古今诸儒之说莫不深究，著为《订义》一编，用力甚至，然未以为足也。方将夙夜以思，深原作经本指，以晓当世，其心抑又仁矣。以是心而为是学，《周礼》一书，其遂大明矣。"① 真德秀指出，张载、二程深得周公之心，故能发圣经精微之蕴；王与之的学术立场与张载、二程相同，亦能得周公作《周礼》之旨。真德秀从理学家的立场，对《周礼订义》学术价值所做之评价，正说明《周礼订义》有重视义理的经学取向。

第四，《周礼订义》认为《周礼·冬官》不亡，杂于五官。

南宋胡宏认为《周礼·冬官》一篇并未亡佚，《冬官》之所以不可见，是刘歆将《冬官》之职官属之《地官》。程大昌认为，《周礼》六官，各六十职官，总数三百六十；现存《周礼》五官已近三百六十，故《冬官》已杂入五官。继胡宏和程大昌，俞庭椿撰《周礼复古编》曰："曰司空篇亡，汉兴以千金求之不得，若以此论，则传授之误，似不必责。郑司农贯通博学，犹不能思索于此，汉儒信于师传之故耳。孟子曰'尽信书不如无书'，武成之事，孟子去古未远，已不敢信，《周礼》经秦火之后，复出于诸儒之口传，其当熟复详考，不宜尽信也决矣。"② 俞氏认为，《周礼》在流传过程中已有窜乱之失，《司空》一篇之职官杂于其他五官，故可从现存五官中一一勾稽，从而恢复《冬官》之原貌。

继胡宏、程大昌和俞庭椿之后，王与之亦认为《周礼·冬官》不亡。他说："汉儒谓《冬官》亡，补以《考工记》。司空果亡乎？以《周官》司空之掌考之，司空未可以为亡也。夫《周官》言司空掌邦土、居四民、时地利，凡经言田莱、沟洫、都邑、涂巷者，非邦土而何？农工商贾、市井里室庐者，非居民而何？桑麻、谷粟之所出，山泽、林麓之所生，非地利而何？及考小宰言六官，设属各有六十，今治官之属六十有三；教官之属七十有九，礼官之属七十有一，政官之属六十有六。意者秦火之余，简编脱落，司空之属错杂五官之

---

① （宋）真德秀：《周礼订义序》，《周礼订义》卷首，文渊阁《四库全书》第93册，第6页。

② （宋）俞庭椿：《周礼复古编》，文渊阁《四库全书》第91册，第618—619页。

中，先儒莫之能辨，遂以《考工记》补之。其实司空一官未尝亡也。"① 王与之认为，《冬官》司空"掌邦土"、"居四民"、"时地利"，而《周礼》皆有相关之记载，由此可知《周礼·冬官》司空不亡，是杂于其他五官也。王与之提出"冬官不亡"论，是建立在否定汉儒说的基础上，乃宋儒"反传统"学术特质之体现。

第五，《周礼订义》对王安石的经说颇为重视。

北宋熙宁年间，王安石发动了一场旨在富国强兵的变法运动。在这场变法中，王安石通过诠释《周礼》等儒家经典，从而为变法寻求思想根据和制度资源。王安石的《周礼》解义虽名重一时，然却受到朱熹、胡宏等人的严厉批评。与朱、胡等人不同，王与之《周礼订义》一书对王安石的《周礼》解义颇为重视，全书征引安石《周礼》解义达五百余条。比如《天官》"冢宰"之"冢"，王安石曰："《尔雅》曰'山顶曰冢'，冢于地特高，列职于王，则冢宰与六卿同谓之大，百官总焉，则太宰于六卿独谓之冢。"② 王安石于此解字不遵传统的"六书"理论，故流于穿凿附会。尽管如此，王与之还是征引安石一家之说以释"冢"。

又如《周礼·天官》："以听官府之六计，弊群吏之治，一曰廉善，二曰廉能，三曰廉敬，四曰廉正，五曰廉法，六曰廉辨。"郑玄曰："既断以六事，又以廉为本。"③ 贾公彦曰："廉者，洁不滥浊也。"④ 王安石曰："廉者，察也；听官府、弊吏治，察此而已。……察其吏治，而知其所以治者行能如此。"⑤ 王与之曰："愚案：廉者，犹廉问、廉察。康成谓六事以廉为本，非也。廉特善之小，言善则廉在其中，而廉非为善之主，后世贪浊者多，始以廉洁为贵。周以六计，弊吏治先之，廉善者问其吏之善否。何谓善？如《诗》之'淑人君子'是也。"⑥ 王与之驳郑《注》，以安石训"廉"为"察"为是。清人秦蕙田曰："蕙田案：王介甫训'廉'为'察'，王次点亦从之。然上文曰'听'，曰'弊'，

---

① （宋）王与之：《周礼订义》卷七十，文渊阁《四库全书》第94册，第379页。
② （宋）王与之：《周礼订义》卷一，文渊阁《四库全书》第93册，第19页。
③ （清）阮元校刻：《十三经注疏（附校勘记）》，中华书局1980年版，第654页。
④ （清）阮元校刻：《十三经注疏（附校勘记）》，中华书局1980年版，第654页。
⑤ 程元敏：《三经新义辑考汇评（三）——〈周礼〉》上编《天官冢宰一》，台湾编译馆1987年版，第61页。
⑥ （宋）王与之：《周礼订义》卷四，文渊阁《四库全书》第93册，第74页。

则'察'已在其中矣,无庸赘出也。皋陶制刑,贪墨者杀,《周官》弊吏,以廉为本,古人之重廉而惩贪如此。"①秦蕙田之说未必正确。"廉"在文中皆可作"察"讲,"廉善"是动宾结构,"廉"是动词,"善"是宾语,正是因为"听"、"弊"皆有"察"义,行为才换了一个词"廉"。古代有职官"廉察使",亦可证"廉"有察义。

(二)《周礼订义》的文献价值

南宋中后期,"三礼"学出现了一些集解类著作。朱子以《仪礼》为经,取《礼记》及诸经史杂书所载有及于礼者附于本经之下,成《仪礼经传通解》。卫湜采汉唐学人二十余家解义、宋人一百二十余家解义,成《礼记集说》。

王与之采择汉唐六家、宋代五十余家之解义,成《周礼订义》一书。在《周礼》相同经文之下,王与之往往既列汉唐学人之说,又采宋人解义。如《周礼·天官》:"六曰事典,以富邦国,以任百官,以生万民。"王与之先引王昭禹之说以释"任百官",再引郑玄、郑锷之说以释"生万民"。郑玄属于汉学系统,王昭禹、郑锷则属于宋学系统。又如《周礼·天官》言"以八法治官府","一曰官属以举邦治",王与之征引郑司农之说以为据;"二曰官职以辨邦治",王与之征引郑司农、王昭禹之说以为据;"三曰官联以会官治",王与之征引郑司农、郑锷之说以为据;"四曰官常以听官治",王与之征引王昭禹之说以为据;"五曰官成以经邦治",王与之征引郑司农之说以为据;"六曰官法以正邦治",王与之征引郑司农、王昭禹、郑锷之说以为据;"七曰官刑以纠邦治",王与之征引郑玄、王昭禹之说以为据;"八曰官计以弊",王与之征引郑玄、王昭禹之说以为据。由此可见,王与之既征引汉人郑玄、郑司农之说,又采宋人王昭禹、郑锷之解义,可见其《周礼》学汉宋兼采之倾向昭昭也。

王与之《周礼订义》虽然汉宋兼采,然却以采宋人解义为重。据夏微统计,《周礼订义》卷首《编类姓氏世次》所列宋代四十五家中,仅有十三家《周礼》著述流传至今,其余三十二家或散佚不存,或存佚不明。在这三十二家之中,王与之征引其说达百条以上者有十二家,分别是郑锷《周礼解义》二千二百五十条,易祓《周礼总义》七百五十九条,黄度《周礼说》六百七十六条,王安石《周官新义》五百一十三条,无名氏《周礼详

---

① (清)秦蕙田:《五礼通考》卷二百十三《嘉礼八十六》,文渊阁《四库全书》第140册,第327页。

说》三百三十二条,刘彝《周礼中义》三百零五条,赵溥《兰江考工记解》二百三十三条,项安世《周礼》一百九十七条,陈祥道《考工解》一百七十七条,陈傅良《周礼说》一百二十三条,薛季宣《周礼辨疑》一百一十七条,陈汲《周礼辨疑》一百零二条。①

由于《周礼订义》采择宋人解义最多,因此今人可据《周礼订义》以窥宋代《周礼》著述之概况。据《宋史·艺文志》,可知郑锷有《周礼解义》二十二卷。然郑锷此书在流传过程中早已亡佚。《周礼订义》采郑锷解义达二千二百余条,借助于《周礼订义》,可对郑锷的《周礼》诠释有一基本认识。又如据《直斋书录解题》和《宋史·艺文志》,可知北宋刘彝有《礼记中义》八卷。该书在后世亡佚。今人若要认识刘彝的《周礼》学,非《周礼订义》莫由。此外,刘恕的《周礼记》,杨时的《周礼义辨疑》,林之奇的《周礼讲义》,薛季宣的《周礼释疑》,陈汲的《周礼辨疑》,项安世的《周礼乘丘图说》,陈傅良的《周礼说》,薛衡的《周礼序官考》等,《周礼订义》皆保留了部分解义。借《周礼订义》,已亡佚的部分宋代《周礼》学文献可得以略窥一二。

宋人好发议论,他们对于经典的诠释,并非一定通过专著的形式来实现。《周礼订义》"凡文集、语录无不搜采"②。如刘敞、程颢、程颐、陆佃、胡安国、胡宏、刘彝、方悫、朱熹、吕祖谦、刘迎、杨恪、黄度、叶适、易祓、郑敬仲、赵溥、陈汪、李嘉会、孙之宏、胡伸、窦严、高闶、徐卿、毛彦清、吕大临、张栻、张沂公、陈季雅、陈宏父等人于《周礼》皆有论说,若非《周礼订义》所征引,已不可能为今人所知晓了。因此,《周礼订义》所保留的宋人《周礼》解义,对于全面认识宋代的《周礼》学有着极为重要的价值。四库馆臣曰:"惟是四十五家之书,今佚其十之八九,仅赖是编以传。虽贵近贱远,不及李鼎祚《周易集解》能存古义,而搜罗宏富,固亦房审权《周易义海》之亚矣。"③

《周礼订义》所采宋人解义,部分原著已佚。借《周礼订义》,可对宋人《周礼》学文献加以辑佚。《周礼订义》收宋人解义宏富,是宋代《周礼》学文献辑佚之渊薮。《周礼订义》的辑佚价值,古人早就有认识。如《直斋书录解

---

① 参见夏微:《〈周礼订义〉研究》,吉林人民出版社 2011 年版,第 441 页。
② (清)永瑢:《四库全书总目》卷十九《经部·礼类一》,中华书局 1965 年影印本,第 152 页。
③ (清)永瑢:《四库全书总目》卷十九《经部·礼类一》,中华书局 1965 年影印本,第 152 页。

题》、《宋史·艺文志》皆云南宋黄度有《周礼说》一书,《宋史》本传对此书还颇有赞美。然而此书在流传中已失传。据《续修四库全书总目提要》记载,清道光年间学人陈金鉴据《周礼订义》等书辑得黄度《周礼说》五卷。又如据《宋史·艺文志》记载,可知易祓有《周礼总义》三十卷。易氏此书在流传中早就亡佚,四库馆臣从《永乐大典》中辑得其《天官》、《春官》、《秋官》、《考工记》四部分,又从《周礼订义》中辑出《地官》、《夏官》两部分。易氏《周礼总义》十之八九遂得以重现于后世。

(三)《周礼订义》的解经成就

王与之《周礼订义》不仅征引浩富,其还通过"愚案"的形式对《周礼》经文及所记名物制度加以辨析。《周礼订义》"愚案"部分最能体现王与之对《周礼》的理解程度。在"愚案"部分,既有《周礼》成书和流传之考证,又有经文和前人注疏之辨析和补充。

第一,《周礼订义》对《周礼》成书和流传作了说明。

关于《周礼》的作者,古人观点不尽一致。有人认为《周礼》为周公所作,郑玄、贾公彦皆持是说。何休认为《周礼》是六国阴谋之书。王与之全录贾公彦《序周礼废兴》,并征引其他各家之说以释之。张栻认为:"周公相成王,欲以立经陈纪,制礼作乐,成一代之法。"① 又曰:"凡井田封建,取士建官,礼备于周,是皆周公心思之所经纬,本诸三代而达之者也。周公之心,孟子发明之至矣。"② 王与之征引张栻此说,并附案语曰:"愚案:已上论周公作《周礼》本旨。"③ "愚案:已上论周公授《周礼》于成王。"④ 由此可见,王与之继承了郑玄、贾公彦等人的观点,以《周礼》为周公所作,以《周礼》为周公的施政纲领。

王与之结合《左传》、《孟子》之记载,对《周礼》的流传情况作了交代。《左传》曰:"齐仲孙归曰:'不去庆父,鲁难未已。'公曰:'若之何而去之?'对曰:'难不已,将自毙,君其待之。'公曰:'鲁可取乎?'对曰:'不可,犹秉《周礼》,《周礼》所以本也,……鲁不弃《周礼》,未可动也。'""晋侯使韩宣子来聘,且告为政而来见礼也。观书于太史氏,见《易象》与鲁《春秋》,

---

① (宋)王与之:《周礼订义》弁言,《周礼订义》卷首,文渊阁《四库全书》第93册,第8页。
② (宋)王与之:《周礼订义》弁言,《周礼订义》卷首,文渊阁《四库全书》第93册,第8页。
③ (宋)王与之:《周礼订义》弁言,《周礼订义》卷首,文渊阁《四库全书》第93册,第8页。
④ (宋)王与之:《周礼订义》弁言,《周礼订义》卷首,文渊阁《四库全书》第93册,第8页。

曰:'《周礼》尽在鲁矣,吾乃今知周公之德与周之所以王也。'"① 王与之征引《左传》之记载,并附案语曰:"愚案:已上见《周礼》至春秋犹存。"②《孟子》曰:"北宫锜问曰:'周室班爵禄也如之何?'孟子曰:'其详不可得闻也,诸侯恶其害己也,而皆去其籍,然而轲也尝闻其略也。'"王与之征引《孟子》之记载,并附案语曰:"愚案:已上见《周礼》至战国已亡。"③ 综上所述,可知王与之认为《周礼》尚存于春秋而亡于战国。

第二,《周礼订义》对部分经文作了重新诠释。

如《周礼·天官》"以为民极",郑《注》曰:"极,中也。"④ 贾《疏》曰:"案《尚书·洪范》云'皇建其有极'。……其有中之道。庶民于之取中。案《尚书·洪范》云'皇建其有极',于下之人各得其中,不失所也。"⑤ 王与之于此未征引郑《注》贾《疏》,而是重新释"极"字。其曰:"愚案:先儒或以'极'为'中',或以'极'为'至'。要知惟中而后能极,而极者,中之至也,犹天之极众星拱焉,犹屋之极众材萃焉。极处未尝不中,所谓中者,莫能加毫末于此也。王者宅中建国,四方辐凑,至斯为极,必辨方以为庙社朝市之正,体国以为乡遂田野之经。官由是而设,职由是而分,内外相维,小大相济,治教礼政刑事靡不毕举,何往非尔民之极。《诗》曰:'商邑翼翼,四方之极。'即经以建国为极也。《书》曰:'五皇极,皇建其有极。'又见圣人为斯道之极也,以皇极之道,立民极之制。"⑥ 王与之通过譬喻,对"极"字作了重新解释,对"极"的应用亦有说明。通过比较,可知王与之的释义较郑氏和贾氏清楚。

又如《周礼·天官·冢宰》:"六曰事典,以富邦国,以任百官,以生万民。"郑司农曰:"以三隅反之,则事典司空之职也。"⑦ 王与之曰:"愚案:事典乃司空之职。《书》言司空'居四民,时地利',所谓'事'者,非止如今《考工记》之补亡,止言百工之事也。民各有职,职各有事,民以其职而治其事,

---

① (宋)王与之:《周礼订义》弁言,《周礼订义》卷首,文渊阁《四库全书》第93册,第8页。
② (宋)王与之:《周礼订义》弁言,《周礼订义》卷首,文渊阁《四库全书》第93册,第8页。
③ (宋)王与之:《周礼订义》弁言,《周礼订义》卷首,文渊阁《四库全书》第93册,第9页。
④ (清)阮元校刻:《十三经注疏(附校勘记)》,中华书局1980年版,第639页。
⑤ (清)阮元校刻:《十三经注疏(附校勘记)》,中华书局1980年版,第639页。
⑥ (宋)王与之:《周礼订义》卷一,文渊阁《四库全书》第93册,第21页。
⑦ (清)阮元校刻:《十三经注疏(附校勘记)》,中华书局1980年版,第645页。

百姓既足，君孰与不足。邦国之富，实基于此。如卫文公务材训农，通商惠工，驯致国家殷富之福。后世急于富国，而不知民事，若季氏之富于周公，其得罪于周典深矣。"①王与之同意郑司农之说，认为事典乃司空之职。王与之还指出，此所谓"事"并非仅是《考工记》所记百工之事。

第三，《周礼订义》对前人注释作了补充和阐释。

如《周礼》："廛人掌敛市，絘布，总布，质布，罚布，廛布，而入于泉府。"郑玄曰："布，泉也。"②王昭禹曰："所敛之泉谓之布，所入之府谓之泉。盖布言布利于外，泉言利出于一孔。"③王与之曰："愚案，絘布，胥师所取其在次之布也。总布，肆长总敛在肆之布也。质布，质人所税质剂者之布也。罚布，司市所举犯市令者之布也。方货入于市，胥师、贾师各居其次，辨物经市，其间有诈伪者罚之以布。出于次谓之絘布，货入于肆，肆长随其所货之物收其税，总而计之，其数非一，谓之总布。质人卖价之质剂，如今田宅牛马，官给券以收税，谓之质布。司市于辟布等有犯于市令，举而罚之，谓之罚布。廛人正掌市廛之地，凡诸物邸舍之税，廛人得以敛之。然廛人本敛廛布，亦兼敛五布者，欲使之知取以任地者，不可取其物之税，取其物之税者，不得取其地之税。廛人所敛必入于泉府，又将敛市之不售与货之滞于民者，虽取之，实予之，岂若后世因之以夺民之利哉？"④王与之对郑玄、王昭禹的注释作了进一步的解释，使絘布、总布、质布、罚布、廛布之义得以显明。

又如《周礼·天官》："六曰邦都之赋。"贾公彦曰："谓五百里中有大都，大都采地，其赋入主外为公邑，其中民所出泉入王家也。"王昭禹曰："五百里之地谓之大都，大都之地，即载师所谓疆地是也。小都不谓之都，而谓之县，大都不谓之置，而谓之都，互相备也。盖言家甸稍县，则都为疆地可知，言都则郊甸稍县为乡遂公邑家邑，小都亦可知也。"⑤王与之曰："愚案：家稍邦县都，三等采地之余，尽为公邑，天子使大夫治之，公卿大夫王子弟不得有也。此是圣人深意，大率三代封建诸侯，亦不是连并封，去其间，自有公邑间其

---

① （宋）王与之：《周礼订义》卷一，文渊阁《四库全书》第93册，第26—27页。
② （清）阮元校刻：《十三经注疏（附校勘记）》，中华书局1980年版，第737页。
③ （宋）王与之：《周礼订义》卷二十四，文渊阁《四库全书》第93册，第396页。
④ （宋）王与之：《周礼订义》卷二十四，文渊阁《四库全书》第93册，第396—397页。
⑤ （宋）王与之：《周礼订义》卷二，文渊阁《四库全书》第93册，第45页。

中。汉时郡国之制，亦有此意。盖郡国相错于天下，使彼此相监也。"① 王与之于此对天子使大夫治公邑的原因所作之说明，是对贾公彦、王昭禹释义所作的补充。

又如《周礼·春官》："大史，下大夫二人，上士四人。"郑玄曰："大史，史官之长。"② 王与之曰："愚案：史官，公道所系，清议所出，君相有一过举，史氏直书，此所以权重宰相，列之春官，虽大宰不得统摄之。"③ 王与之于此对大史职官地位的说明，是对郑《注》所作的补充。

王与之《周礼订义》网罗众家，集宋代《周礼》学之大成，获得当时和后世学人的高度赞赏。如南宋真德秀云："《订义》一编，用力甚至。……以是心而为是学，《周礼》一书，其遂大明矣。呜呼！使是书而果大明，在上者以周公之心行三王之事，则太平之路开，祸乱之源窒，岂空言哉？"④ 南宋赵汝腾曰："次点研精覃思十余年，而《订义》成，显幽阐微，商是确非，其有发先儒所未发者多矣。"⑤ 清人孙诒让云："东岩《周礼订义》采摭浩博，为《周官》说之渊薮，易袚、王昭禹诸书莫能及也。"⑥ "搜辑之富，不减卫湜《礼记集说》。"⑦《周礼订义》对后世《周礼》学产生了深远的影响，其所保留的宋人《周礼》解义，为元、明、清之学者注释《周礼》时所采择。如元人毛应龙的《周官集传》、陈友仁的《周礼集说》、邱葵的《周礼补亡》，明人何乔新的《周礼明解》、王应电的《周礼传》、柯尚迁的《周礼全经释原》，清人鄂尔泰的《周官义疏》、孙诒让的《周礼正义》在征引宋人解义时，多以《周礼订义》为据。如孙诒让在《周礼正义略例十二凡》中云："大氏宋元明旧说，多采之王与之《订义》、陈友仁《集说》及官纂《义疏》。"⑧《周礼订义》是清人从事《周礼》诠释的重要文献依据。今人从事宋代《周礼》学之研究，《周礼订义》亦是最重要的参考文献。

---

① （宋）王与之：《周礼订义》卷二，文渊阁《四库全书》第93册，第45页。
② （清）阮元校刻：《十三经注疏（附校勘记）》，中华书局1980年版，第755页。
③ （宋）王与之：《周礼订义》卷四十四，文渊阁《四库全书》第93册，第713页。
④ （宋）真德秀：《周礼订义序》，《周礼订义》卷首，文渊阁《四库全书》第93册，第5页。
⑤ （宋）赵汝腾：《周礼订义后序》，《周礼订义》卷末，文渊阁《四库全书》第94册，第570页。
⑥ （清）孙诒让：《温州经籍志》卷三《经部·礼类》，《续修四库全书》第918册，第185页。
⑦ （清）孙诒让：《温州经籍志》卷三《经部·礼类》，《续修四库全书》第918册，第186页。
⑧ （清）孙诒让：《周礼正义略例十二凡》，《周礼正义》卷首，中华书局1987年点校本，第5页。

## 第二节　南宋《仪礼》名家名著

### 一、张淳的《仪礼》诠释

张淳（生卒年不详）字忠甫，南宋永嘉（今属浙江）人。乾道年间，温州曾逮刊印《仪礼郑氏注》十七卷、陆德明《经典释文》之《仪礼》部分一卷，张淳为之校勘。任务完成后，张淳汇集校勘《仪礼》时所得经注误字二卷，又将《释文》误字集为一卷附于后。该书单行于世，亡佚久矣。今所见之《仪礼识误》一书，为清乾隆年间四库馆臣从《永乐大典》中辑出者。张淳是书在《仪礼》校勘方面具有重要价值，在中国《仪礼》学史上占有重要地位。

（一）《仪礼识误》的撰作缘由

《宋史》没有为张淳立传，幸有南宋陈傅良的《祭张忠甫》，对张淳生平学术略有介绍。陈氏此文，对张淳《仪礼识误》有所涉及。今据《仪礼识误》自序及陈傅良所撰《祭张忠傅》，对张淳《仪礼识误》的撰著原因作一探讨。

第一，《仪礼》是圣人之书，有重要的现实意义。张淳认为《仪礼》"若曰周公作之则非"[①]，不过绝非出自秦汉间，"其制度必出于圣人"[②]。张淳认为，相对于《周礼》、《礼记》来说，《仪礼》更为根本，他说："《周礼》古矣，然圣人设官分职之书也，至其所用以长以治者，岂能舍《仪礼》？《礼记》古矣，然皆释《仪礼》之义。若《祭义》、《冠义》、《昏义》、《乡饮酒义》、《射义》、《燕义》、《聘义》是也，岂得而先《仪礼》？"[③]张淳认为，作为设官分职之书，《周礼》不能脱离《仪礼》而独立存在；《礼记》乃释《仪礼》之书，故从学礼明礼之秩序看，《仪礼》当优先于《礼记》。张淳认为，《仪礼》的教化意义不可小视，他说："班固之论曰：'六经之道同归，礼乐之用为急。'固之言必有得于先生长者之绪余，而非臆度也。古者圣王重礼，以之修身，以之齐家，以之治国，以之平天下，以之丰财裕民，以之强兵御侮，厥后狃于淫靡骄倨苟且之习，不惟缓其所急，亦既废之。成德致治之具废，而望学士大夫有日可见之行如三代，国之安富尊荣如三代，所以难也。"[④]张淳认为，《仪礼》对于修身、

---

[①] （宋）张淳：《仪礼识误序》，《仪礼识误》卷首，文渊阁《四库全书》第103册，第3页。
[②] （宋）张淳：《仪礼识误序》，《仪礼识误》卷首，文渊阁《四库全书》第103册，第3页。
[③] （宋）张淳：《仪礼识误序》，《仪礼识误》卷首，文渊阁《四库全书》第103册，第4页。
[④] （宋）张淳：《仪礼识误序》，《仪礼识误》卷首，文渊阁《四库全书》第103册，第4页。

齐家、治国、平天下皆有重要意义。

第二,《仪礼》在流传的过程中,文本出现了讹误,需要校勘。张淳认为,郑玄参以今古之文,定为之注,"其书已不纯古矣"①。而陆德明《释文》因刘、范二家之音,作为《释文》,刘之本与德明本异,"德明之本尚非,刘本其可谓纯郑乎?"②张淳认为,贾公彦所据者是德明所谓"亦作"、"又作"、"或作"之本也;公彦论《乡饮酒》"执觯兴"、"洗北面"之句,云俗本有"盥"字,则今本又公彦所谓俗本。"此书之传如是而已,岁久而文益讹,既讹而莫之订,礼之又失,其谁尤乎?"③由此可见,不管是《仪礼》经文,还是郑《注》、贾《疏》、陆德明《释文》,在流传的过程中皆出现了很多讹误,实有校勘之必要。

第三,曾逮刊《仪礼郑氏注》和陆氏《释文》,张淳参与之,这是张淳校勘《仪礼》的直接原因。乾道八年(1172),两浙转运判官直秘阁曾逮刊《仪礼郑氏注》十七卷、陆氏《释文》一卷,淳为之校定,因举所改字句,汇为一编。

(二)《仪礼识误》的校勘方法

张淳在校勘《仪礼》经文和注疏时常用对校法,或以其他版本为据,或以经校经,或以注疏为据,或以其他文献为据。此外,张氏还采用了理校法。

1. 对校法

张淳《仪礼》校勘所据经文和注疏的版本,有周广顺三年(953)及显德六年(959)刊行之监本,有汴京之巾箱本,有杭之细字本,严之重刊巾箱本。兹举数例以明张氏采用多种版本互校之情况:

如《仪礼·昏礼》:"对曰:'某得以为昏姻之故,不敢固辞,敢不从。'""不",张淳曰:"按五代广顺中监本同,至显德中吉观国所校监本乃曰'敢从中',无'不'字,或曰岁久版脱之也。从广顺本。"④张淳于此以广顺本为据,认为经文于此无"不"字。

又如《仪礼·聘礼》:"皆进,讶受其币。"郑《注》:"此言皆讶受者,嫌摈者一一授之。""一一",张淳曰:"注曰'嫌摈者一一授之',监、杭本以

---

① (宋)张淳:《仪礼识误序》,《仪礼识误》卷首,文渊阁《四库全书》第103册,第4页。
② (宋)张淳:《仪礼识误序》,《仪礼识误》卷首,文渊阁《四库全书》第103册,第4页。
③ (宋)张淳:《仪礼识误序》,《仪礼识误》卷首,文渊阁《四库全书》第103册,第4页。
④ (宋)张淳:《仪礼识误》卷一,文渊阁《四库全书》第103册,第9页。

'一'为'二'。从巾箱、严本。"① 张淳罗列异文，谓监本、杭本载郑《注》作"二"，巾箱、严本作"一"，当从巾箱、严本。

又如《仪礼·聘礼》："受币堂中西，北面。"郑《注》："趋主君命也。堂中西，中央之西。""央"，张淳云："注曰'中夫之西'，杭本以'夫'为'失'，按监本作'央'，从监本。"② 张淳据杭本、监本，认为此之"央"，当从监本作"央"，而不当从杭本作"失"。

又如《仪礼·聘礼》："宾三拜乘禽于朝，讶听之。"郑《注》："发去乃拜乘禽，明已受赐，大小无不识。""己"，张淳云："注曰'明己受赐'，监本'己'作'已'，从诸本。"③ 张淳将《仪礼》各个版本做了比较，认为当从诸本作"己"，不当从监本作"已"。④

2. 本校法、他校法

在《仪礼识误》一书中，张淳常以《仪礼》和其他文献为校勘之依据。兹举数例以明之：

如《仪礼·士冠礼》"筮于庙门"，此"庙"字，唐石经、《释文》、《集释》、严本、曹氏俱作"庿"。张淳曰："按《释文》，《士冠礼》云'庿'，刘昌宗音'庙'。按'庿'，古'庙'字。引此证经，经不当复有从'朝'者。第十六卷《少牢馈食礼》之注引《春秋》'禘于大庿'，郑氏亦写从'苗'。引此证注，注亦不当复有从'朝'者。《冠礼》一卷，经注皆一，自昏礼而下，稍稍从'朝'，是盖后之传抄校勘者失于不审而已。近岁湖北漕司所刻本，字皆从'朝'，不审之失可验矣。今悉改作'庿'，从《释文》。"⑤ 张淳据《冠礼》经文、《少牢馈食礼》郑《注》及《释文》，认为此"庙"（廟）当为"庿"。阮元以张氏此说为是。阮氏曰："按《仪礼》'庿'、'庙'（廟）错出，张淳论之详矣。经、注既然，疏文更甚，今当画一从'庿'。'庿'乃古文，郑不叠今文者，郑叠今古有三例：辞有详略则叠之，宾对曰'某敢不夙兴'，今文无对，是也；义有乖互则叠之，'礼于阼'，今文'礼'作'醴'，是也；字有通借则叠之，'阑

---

① （宋）张淳：《仪礼识误》卷一，文渊阁《四库全书》第103册，第13页。
② （宋）张淳：《仪礼识误》卷一，文渊阁《四库全书》第103册，第13页。
③ （宋）张淳：《仪礼识误》卷一，文渊阁《四库全书》第103册，第13页。
④ 阮校："按刻本'己'、'已'二字不甚有别，大抵皆作'已'，张所说恐亦未能审谛。"[（清）阮元校刻：《十三经注疏（附校勘记）》，中华书局1980年版，第1070页]
⑤ （宋）张淳：《仪礼识误》卷一，文渊阁《四库全书》第103册，第7页。

西阈外',古文'阈'为'槷','阈'为'蹙',是也。若'庿'、'庙'则同字,故不叠。然《仪礼》字多参差,如《士冠》、《特牲》俱有'主人受眂'之语,《士冠》作'眂',《特牲》作'视';《士冠》'嘉荐亶时',刘作'旹',陆作'时',皆后人任意为之,非郑氏之旧。"①

又如《仪礼·士相见礼》:"赞者酌醴,加角柶,面叶,出于房。"郑《注》:"出房南面,待主人迎受。""迎受",《释文》作"梧授"。张淳曰:"按《释文》云:'梧授,吾故反。'《既夕礼》曰:'若无器,则梧授之。'《注》曰:'谓对相授。'《玉篇》曰:'梧,受也。'从《既夕礼》'梧对'之说,谓待主人之来对而授之也,从《玉篇》'梧受'之说,谓待主人之受其所授也,二说皆通。必改为'迎受'以变旧,何也?从《释文》。"②张淳据《既夕礼》,并以《玉篇》作为佐证,认为郑《注》此之"迎受"当为"梧授"。阮元对张氏此说作了辨析,曰:"按今本《释文》'梧'从木,《聘礼》、《公食大夫》、《既夕》皆然。张氏引《释文》从手。各本注疏《聘礼》、《公食大夫》从木,《既夕》从手,未知孰是。《说文》无'梧'字,有'啎'字,训逆也,《既夕》疏云'梧即迕也',迕、迎二义相近,疑'梧'即'啎'之俗体,而'捂'则又其假借通用者也。卢文弨云:'陆"梧授","授"字讹。'今案《公食》注及《既夕》经既有'梧受'之言,张氏引《既夕》乃作'梧授',又引《玉篇》云'梧受'也,'梧授'谓受其所授也,郑于《既夕》注云'谓对相授不委地',则经文似当作'授',张说不为无据,而此处《释文》'授'字亦未必讹也。"③

又如《仪礼·士昏礼》:"匕者逆退,复位于门东,北面,西上。""匕",石经同。《释文》曰:"朼者,必履反。"刘昌宗曰:"匕,器名;朼者,朼载也。"张淳曰:"陆氏详论之,所以辨时本之误也。其后《士丧礼》'乃朼载',又曰'朼'者,《士虞礼》'朼者',《特牲馈食》'乃朼有司'、'朼羊'、'朼豕鱼',字皆从木。至《少牢馈食》'长朼',古文作'匕',郑氏亦改为'朼'。从《释文》。"④张淳据《士丧礼》、《特牲馈食礼》、《少牢馈食礼》,认为此"匕"字,当从《释文》作"朼"。

又如《仪礼·士昏礼》:"主人对曰:'某以得为外昏姻之数,某之子未得

---

① (清)阮元校刻:《十三经注疏(附校勘记)》,中华书局1980年版,第948页。
② (宋)张淳:《仪礼识误》卷一,文渊阁《四库全书》第103册,第7页。
③ (清)阮元校刻:《十三经注疏(附校勘记)》,中华书局1980年版,第964页。
④ (宋)张淳:《仪礼识误》卷一,文渊阁《四库全书》第103册,第8页。

濯溉于祭祀,是以未敢见。'"溉",张淳曰:"按《释文》云'摡,古代反',《少牢馈食》'摡鼎匕俎'、'摡甑甗匕与敦'、'摡豆笾勺爵觚觯',字皆作'摡',从《释文》。"①张淳据《少牢馈食礼》,认为此"溉"字当从《释文》作"摡"。卢文弨曰:"案《义疏》作'摡'。"②

又如《仪礼·士相见礼》:"下大夫相见,以雁,饰之以布,维之以索,如执雉。"郑《注》:"雁,取知时,飞翔有行列也。饰之以布,谓裁缝衣其身也。维,谓繫联其足。""之以索",张淳曰:"《注》曰'维谓繫联其足'。按《释文》云'以索,悉各反,注同',今《注》无'以索'字,经曰'饰之以布,维之以索',《注》举'饰之以布'全句释之,至下句不应独曰'维',此必今本脱去'之以索'三字。今增入,从《释文》。"③张淳据《士昏礼》经文和《经典释文》认为郑《注》"维"字后当有"之以索"三字。

又如《仪礼·乡饮酒礼》:"主人就先生而谋宾、介。"郑《注》:"一曰六德,知、仁、圣、义、忠、和;二曰六行,孝、友、睦、姻、任、恤。""姻",张淳曰:"《注》曰'孝友睦姻任恤',按《周礼》'姻'作'婣',郑氏引经多用古字,若《玉藻》'视朔'、'视朝',郑氏引作'眂',《周颂》'於穆清庙(廟)',郑氏引作'庿'。于此必不改'婣'为'姻',从《周礼》。"④张淳据《周礼》,认为此"姻"字当为"婣"。

又如《仪礼·乡饮酒礼》:"卒洗,主人壹揖、壹让,升。"郑《注》:"俱升。古文'一'作'壹'。""壹",张淳曰:"按经云'壹揖壹让升','壹'字当在上,从经。"⑤张淳据《仪礼》经文,认为此"壹"字当在上。

又如《仪礼·乡饮酒礼》:"工歌《鹿鸣》、《四牡》、《皇皇者华》。"郑《注》:"乐嘉宾有孔昭之明德,可则傚也。""傚",《释文》作"詨",张淳曰:"《注》曰'可则傚也',《大射》、《燕礼》同。此盖引《诗》'是则是傚'也。故好事者皆改为'傚'。按《释文》云'詨,户孝反,本又作傚',《大射》云'詨,户教反,亦作傚',《燕礼》云'傚,户教反,本又作詨',是必古文

---

① (宋)张淳:《仪礼识误》卷一,文渊阁《四库全书》第103册,第9页。
② (清)卢文弨:《仪礼注疏详校》卷二,"中研院"中国文哲研究所2012年点校本,第55页。
③ (宋)张淳:《仪礼识误》卷一,文渊阁《四库全书》第103册,第9页。
④ (宋)张淳:《仪礼识误》卷一,文渊阁《四库全书》第103册,第9页。
⑤ (宋)张淳:《仪礼识误》卷一,文渊阁《四库全书》第103册,第10页。

'詨'、'傚'通用，宜各从其故，从《释文》。"①张淳据《大射》、《燕礼》，认为此"傚"字当从《释文》作"詨"字。

又如《仪礼·乡饮酒礼》："坐取觯，不祭，遂饮，卒觯，兴，坐奠觯，遂拜，执觯，兴，盥洗。""盥"，《集释》同，《通解》、毛本无。张淳曰："按〔疏〕曰《乡射》、《大射礼》皆直云'取觯洗，南面，反奠于其所'，不云'盥'。此俗本有'盥'者误，今去'盥'字，从《疏》。"②卢文弨曰："石经有，各本俱删去。金云《疏》言'此俗本有"盥"者，误'，则注疏本亦依石经有'盥'字。今本竟去'盥'字，则《疏》文不可读矣。张氏《识误》始去'盥'字，从《疏》，彼所校唯郑《注》，故犹可通。今注疏本，不当依之。"③张淳据《乡射礼》、《大射礼》及贾《疏》，认为经文"盥"字当去。

在《仪礼识误》一书中，张淳还以郑《注》、贾《疏》为校勘之依据。兹举数例以明之：

《仪礼·聘礼》："宰命司马戒众介，众介皆逆命，不辞。"郑《注》："宰，上卿，贰君事者也。诸侯谓司徒为宰。""诸侯谓司徒为宰"，《集释》"宰"前有"大"字。张淳曰："《注》曰'诸侯谓司徒为宰'，又曰'宰夫，宰之属也'。按《释文》云'大宰，音泰，下放此'，自'宰命司马'而下，皆不见'大'字，古者天子有大宰，诸侯则以司徒兼之，疑注'司徒为宰'之句合称大宰。又《燕礼》注曰'宰夫，大宰之属'，《大射》注曰'宰夫，冢宰之属'，《公食大夫》注曰'甸人，冢宰之属'，又曰'司宫，大宰之属'，彼不兼'大'则兼'冢'，此不应独称'宰之属'，故又疑注'宰之属也'之句亦有'大'字。余无据者不敢增，独增二'大'，从《释文》。"④张淳据《燕礼》、《大射》、《公食大夫》郑《注》，认为此"宰"字前有"大"字。

又如《仪礼·士相见礼》："上大夫相见，以羔，饰之以布，四维之，结于面，左头，如麛执之。"郑《注》："上大夫，卿也。羔取其从帅，群而不党也。""后"，张淳曰："按监本'后'作'从'，《疏》引《注》文亦作'从'。至其下释乃云'凡羔羊皆有引帅，若卿之后，君之命者也'，此释亦误以'从'

---

① （宋）张淳：《仪礼识误》卷一，文渊阁《四库全书》第103册，第10页。
② （宋）张淳：《仪礼识误》卷一，文渊阁《四库全书》第103册，第10页。
③ （清）卢文弨：《仪礼注疏详校》卷四，"中研院"中国文哲研究所2012年点校本，第73—74页。
④ （宋）张淳：《仪礼识误》卷一，文渊阁《四库全书》第103册，第11—12页。

为'后','后'字近'从',传写误也,从监本。"① 张氏据贾《疏》引《注》,认为此"后"字当作"从"字。

又如《仪礼·聘礼》:"北面设几,不降,阶上荅再拜稽首。"郑《注》:"不降,以主人礼未成也。几,宾左几。""几",《集释》、《通解》同。张淳作"凡",曰:"《注》曰'几,宾左几',按《疏》上'几'作'凡',从《疏》。"② 张淳据贾《疏》,认为此"几"字当作"凡"字。

又如《仪礼·聘礼》:"牛以西羊、豕,豕西牛、羊、豕。"郑《注》:"豕,束之,寝右,亦居其左。""豕束之",张淳云:"注曰'豕东之',按《疏》云'豕束缚其足,亦北首',经云'牛以西羊、豕,豕以西牛、羊、豕',则豕在羊西,言'东'非也,'束'字误作'东'尔,从《疏》。"张氏据贾《疏》,认为此"束"不可为"东"。阮校:"按严、徐、钟本俱作'束'。"③

又如《仪礼·聘礼》:"公馆宾,宾辟。"郑《注》:"凡君有事于诸侯臣之家,车造庙门乃下。""侯",《通解》同,《集释》、毛本无。张淳云:"《疏》无'侯'字,从《疏》。"④ 张淳以贾《疏》为据,认为郑《注》"诸"字后无"侯"字。

张淳在从事《仪礼》校勘时,除了以《仪礼》经文、郑《注》、贾《疏》为校勘依据外,还大量采用其他文献。兹举数例以见之:

如《仪礼·士冠礼》:"玄端:玄裳、黄裳、杂裳可也,缁带、爵韠。"郑《注》:"杂裳者,前玄后黄。《易》曰:'夫玄黄者,天地之杂色。'""色",严本同,毛本作"也"。张淳曰:"《注》曰:'《易》曰:"夫玄黄者,天地之杂色"。'郑氏正引《易》文,不必改'也'为'色'。'也'字近'色',传写者误尔,从《易》。"⑤ 胡培翚曰:"黄氏丕烈亦以严本为不误。"⑥ 张淳以《周易》经文为据,以明《仪礼》郑《注》此"色"字不必改成"也"。

又如《仪礼·士昏礼》:"御衽于奥,媵衽良席在东,皆有枕,北止。"郑《注》:"衽,卧席也。妇人称夫曰良。《孟子》曰:'将见良人之所之。'""见",

---

① (宋)张淳:《仪礼识误》卷一,文渊阁《四库全书》第103册,第9页。
② (宋)张淳:《仪礼识误》卷一,文渊阁《四库全书》第103册,第13页。
③ (清)阮元校刻:《十三经注疏(附校勘记)》,中华书局1980年版,第1065页。
④ (宋)张淳:《仪礼识误》卷一,文渊阁《四库全书》第103册,第13页。
⑤ (宋)张淳:《仪礼识误》卷一,文渊阁《四库全书》第103册,第6页。
⑥ (清)胡培翚:《仪礼正义》卷一,《续修四库全书》第91册,第608页。

《集释》、敖氏皆同。《释文》作"覸"。张淳曰:"《注》曰《孟子》曰将见良人之所之,按《释文》云'将覸,刘古徧反,今本亦作见','见'今本,则'覸'古本也,且与今《孟子》合,从《释文》。"① 张淳据《孟子》,认为此之"见"字当从《释文》作"覸"字。臧琳曰:"贾本作'将见',故后人校《释文》云'今本亦作见',乃注疏本反作'覸',此又近人依《释文》改也。《祭义》'见以萧光','见间以侠甒','见'及'见间'皆为'覸'字之误,《仪礼》注当从《释文》作'覸',贾《疏》作'见',非也。"②

又如《仪礼·乡饮酒礼》:"乃合乐,《周南》:《关雎》、《葛覃》、《卷耳》。""葛覃",张淳曰:"按《释文》'葛蕈,大南反',《五经文字》云'《诗》葛覃,亦作蕈';《九经字样》云'葛覃,经典或作蕈'。今不作'蕈',非古也。后《燕礼》同。从《释文》。"③ 张淳据《五经文字》、《九经字样》,认为此之"覃"字当据《释文》作"蕈"字。

3. 理校法

张淳在从事《仪礼》校勘时,还常运用自己的知识进行分析、推理,以定经文和《注》、《疏》之是非。兹举数例如下:

如《仪礼·聘礼》:"夫人使下大夫劳以二竹簠方,玄被纁里,有盖。""簠",唐石经、《集释》、聂氏、敖氏同。《释文》作"簋",云"本或作'簠',外圆内方曰簠,内圆外方曰簋"④,《通解》、《要义》、杨氏俱作"簠"。张淳曰:"经曰'竹簠方',按《释文》云'簋音甫,刘音蒲,本或作"簠"。外圆内方曰簠,内圆外方曰簋。'《释文》明著内外方圆之制,盖辨或本之误也。郑氏注曰'以竹为之,状如簋而方',若取郑注易'簠'以'簋'字读之,'簋'义甚明,郑氏固作'簋'字解矣。今诸本犹从或本,惑之甚也。从《释文》。"⑤ 张氏根据文义,认为此"簠"当作"簋"。此说得到卢文弨的赞同。卢氏曰:"石经'簋'作'簠',敖同,戴校《集释》亦从之,并注'簠,亦作簋'。文弨案:此从《释文》作'簋'是也。簋者,外圆,今云竹簠方,故《注》云'状如簋而方'。簠者,外方。知此虽名竹簠,而实不圆,状如簋之方

---

① (宋)张淳:《仪礼识误》卷一,文渊阁《四库全书》第103册,第8页。
② 转引自(清)阮元校刻:《十三经注疏(附校勘记)》,中华书局1980年版,第969页。
③ (宋)张淳:《仪礼识误》卷一,文渊阁《四库全书》第103册,第10页。
④ (唐)陆德明著,黄焯断句:《经典释文》卷十,中华书局1983年版,第151页。
⑤ (宋)张淳:《仪礼识误》卷一,文渊阁《四库全书》第103册,第12页。

也。若本是簠，则何必更言方？至云'状如簠而方'，更不辞矣。是知'簠'字为是。"①

又如《仪礼·聘礼》："使者归，及郊，请反命。"郑《注》："春秋时，郑伯恶其大夫高克，使之将兵，逐而不纳，此盖请而不得入。""逐"，监本作"遂"。张淳云："按监本'逐'作'遂'，郑伯于高克不召使归而已，非逐也。遂者谓遂其将兵之事而终不召也，于义为得，从监本。"②张淳据文义，认为此"逐"当为"遂"字。③

（三）《仪礼识误》之评价

在《仪礼》学史上，张淳的《仪礼识误》是第一部全面校勘《仪礼》的专著，受到后人的高度重视。南宋朱熹认为《仪礼识误》得失参半。朱子曰："张忠甫所校《仪礼》甚仔细，……较他本为最胜。"④然亦"不能无舛谬"⑤。

《仪礼识误》在《仪礼》校勘方面影响颇为深远，其不少校勘意见能正前人之失。兹举数例以见之：

如《仪礼·士昏礼》："勖帅以敬先妣之嗣，若则有常。"郑《注》："勖，勉也。若，犹女也。勉帅妇道，以敬其为先妣之嗣。""勉帅妇道"，张淳曰："按《释文》上'帅道'之注云'下"帅道"同'，谓此句也。此句当曰'勉帅道妇'，从《释文》。"⑥阮校申张说，曰："按张氏之说是也。'帅'之训道，上文已具，故此不复言，但叠'帅道'两字以见义。《通典》云'勉导以敬其为先妣之嗣'，正合《注》意，盖敬其为先妣之嗣即是妇道，若云'勉帅妇道'，则不可通矣。据改。"⑦卢文弨亦以张氏为是，曰："张淳引《释文》上'帅道'

---

① （清）卢文弨：《仪礼注疏详校》卷八，"中研院"中国文哲研究所2012年点校本，第167—168页。
② （宋）张淳：《仪礼识误》卷一，文渊阁《四库全书》第103册，第13页。
③ 阮元云："按何休云'随后逐之'，则当作'逐'明矣，张说殊迂。"[（清）阮元：《仪礼注疏校勘记》卷八，《续修四库全书》第181册，第404页]
④ （宋）黎靖德辑：《朱子语类》卷八十五，朱杰人等编：《朱子全书》（修订本）第17册，上海古籍出版社、安徽教育出版社2010年版，第2900页。
⑤ （宋）朱熹：《晦庵先生朱文公文集》卷七十《记永嘉仪礼误字》，朱杰人等编：《朱子全书》第23册，上海古籍出版社、安徽教育出版社2010年版，第3390页。
⑥ （宋）张淳：《仪礼识误》卷一，文渊阁《四库全书》第103册，第9页。
⑦ （清）阮元校刻：《十三经注疏（附校勘记）》，中华书局1980年版，第974页。

之注云'下帅道同','下帅道同'谓此句也。今据改正。"① 张淳据《释文》,认为"妇道"当为"道妇",此说受到了阮元、卢文弨的肯定。

又如《仪礼·聘礼》:"贾人东面坐启椟,取圭,垂缫,不起而授上介。"郑《注》:"贾人乡入陈币,东面俟,于此言之,就有事也。""乡",张淳云:"《注》曰:'贾人乡入陈币,东面俟。'按《释文》云'曏,许亮反,下同'。前释'南乡'云'下以意求之'。以二音考之,对乡(鄉)之乡从乡,曩曏之曏加日,此曩曏之曏也,宜加日。后乡公、乡将、乡时、乡以皆同。从《释文》。"②《仪礼集释》校语:"案'曏',各本作'乡',今从《释文》及张淳《仪礼识误》订正。"③张淳此之校勘,得到四库馆臣的赞赏。

又如《仪礼·聘礼》:"使者既受行日,朝同位。"郑《注》:"介立于左少退,别其处臣也。""别"后,毛本有"其"字,《通解》、《集释》、杨氏俱无。张淳云:"《注》曰'少退别其处',按《释文》'别于'之注云'别处同'。'别处'谓此也,无'其'字,从《释文》。"④张淳据《释文》,认为此"别处"二字之间无"其"字。此说得到清人的赞同。如四库馆臣校《仪礼集释》时云:"张淳《仪礼识误》辨证甚明。"⑤

又如《仪礼·聘礼》:"辞曰:'非礼也,敢。'对曰:'非礼也,敢辞。'""敢辞",唐石经同。《集释》、《通解》、《要义》、毛本"敢"字后无"辞"字。张淳云:"按《注》云'辞,不受。对,答问也。二者皆卒曰"敢",言不敢',又按《疏》云'辞谓宾辞主人,答谓宾答主人,介则在旁,曰非礼也敢'。以《注》及《疏》文义考之,下羡一'辞'字审矣。又窃疑《注》'辞不受也'之句上更有一'辞'字,传写者误以注文作经文,今减经以还注,减经从《注》、《疏》。"⑥张淳据《注》、《疏》和文义,认为此"敢"字后无"辞"字。此说得到了阮元的肯定。阮校:"按张说是也。《注》以'辞'为不受,'对'为答,为截然两事,二者皆曰'不敢',一则不敢不辞,一则不敢不对,疏引《易》注其义甚明,故朱子、敖氏皆从张说。《疏》中'非礼也敢辞'句,

---

① (清)卢文弨:《仪礼注疏详校》卷二,"中研院"中国文哲研究所2012年点校本,第54页。
② (宋)张淳:《仪礼识误》卷一,文渊阁《四库全书》第103册,第13页。
③ (宋)李如圭:《仪礼集释》卷十一,文渊阁《四库全书》第103册,第224页。
④ (宋)张淳:《仪礼识误》卷一,文渊阁《四库全书》第103册,第14页。
⑤ (宋)李如圭:《仪礼集释》卷十四,文渊阁《四库全书》第103册,第260页。
⑥ (宋)张淳:《仪礼识误》卷一,文渊阁《四库全书》第103册,第14页。

此本无'辞'字,今本于经、注既依《通解》,而《疏》中反增一'辞'字,适滋后人之惑,然此单疏标经文起止仍有'辞'字,盖自唐石经之后误读已久,校《疏》者不知而无改耳。"①

由于张淳《仪礼识误》株守《释文》,故舛谬者亦不少。四库馆臣曰:"今观其书,株守《释文》,往往以习俗相沿之字转改六书正体,则朱子所谓不能无舛谬者,诚所未免。"②《仪礼识误》于《仪礼》经文和《注》、《疏》校勘之不足,可以从以下三个方面来看:

第一,盲从《释文》,不事考证。

如《仪礼·士冠礼》:"宿曰:'某将加布于某之首,吾子将莅之,敢宿。'""莅",张淳曰:"经曰'吾子将莅之',《注》曰:'莅,临也。'按《释文》云:'涖,音利,一音类。'其后《丧礼》经曰'涖卜',《特牲馈食》经曰'吾子将涖之',皆用'涖'字,从《释文》。"③

又如《仪礼·士冠礼》:"乃易服,服玄冠、玄端、爵韠,奠挚见于君。""挚",《释文》作"贽",并曰:"本又作'挚'。"④张淳曰:"按《释文》云'贽,本又作挚,音至',虽'贽'、'挚'皆有据,陆德明所释之本必从贝也。从《释文》。"⑤阮校:"按'挚'、'贽'今本错出,宜俱从手。"⑥

又如《仪礼·士冠礼》:"筵末坐,啐醴。建柶,兴。"郑《注》:"建柶,扱柶于醴中。其拜皆如初。""扱",张淳曰:"《乡射》之注曰:'搢,插也,插于带右。'《大射》之注曰:'搢,扱也。'《士丧礼》之注曰:'搢,插也,插于带之右旁。'《释文》皆作'捷'。由是观之,《释文》之前,'捷'字犹在,《释文》之后,始尽变而为'插'、'扱'尔。并从《释文》。"⑦《集释》校语:"案'扱',《释文》作'捷',今考此即《释文》所云'亦作扱'者,是唐初已非一本,无庸改'扱'为'捷'。"⑧

---

① (清)阮元校刻:《十三经注疏(附校勘记)》,中华书局1980年版,第1077页。
② (清)永瑢等:《四库全书总目》卷二十《经部·礼类二》,中华书局1965年影印本,第159页。
③ (宋)张淳:《仪礼识误》卷一,文渊阁《四库全书》第103册,第6页。
④ (唐)陆德明著,黄焯断句:《经典释文》卷十,中华书局1983年版,第143页。
⑤ (宋)张淳:《仪礼识误》卷一,文渊阁《四库全书》第103册,第6页。
⑥ (清)阮元校刻:《十三经注疏(附校勘记)》,中华书局1980年版,第955页。
⑦ (宋)张淳:《仪礼识误》卷一,文渊阁《四库全书》第103册,第6页。
⑧ (宋)李如圭:《仪礼集释》卷一,文渊阁《四库全书》第103册,第47页。

又如《仪礼·士冠礼》："皮弁笄、爵弁笄；缁组纮，纁边；同箧。"郑《注》："同箧，谓此上凡六物。隋方曰箧。""此上"，严本同，毛本、《要义》"此"下皆有"以"字。张淳曰："注曰'谓此上凡六物'，按《释文》云'以上'，从《释文》。"①

又如《仪礼·乡饮酒礼》："乃间歌《鱼丽》，笙《由庚》；歌《南有嘉鱼》，笙《崇丘》；歌《南山有台》，笙《由仪》。"郑《注》："此采其能以礼下贤者，贤者纍蔓而归之，与之燕乐也。""燕"，《释文》作"宴"，张淳曰："《注》曰'与之燕乐也'，按《释文》'燕'作'宴'，从《释文》。"②

又如《仪礼·乡饮酒礼》："乡，朝服而谋宾、介，皆使能，不宿戒。"郑《注》："礼，将有事，先戒而又宿戒。""又"，《集释》同；《通解》、毛本俱作"复"。张淳曰："《注》曰'先戒而又宿戒'，按《释文》'复'字注曰'而复同'，此'又'必'复'字也，从《释文》。"

又如《仪礼·聘礼》："出祖，释軷，祭酒脯，乃饮酒于其侧。"郑《注》："《春秋传》曰'軷涉山川'，然则軷，山行之名也。""軷"，张淳云："《注》曰'軷涉山川'，按《释文》释经'释軷'之注云'注跋涉音同'，此'軷'，盖'跋'字也。从《释文》。"③张淳认为此"軷"字当作"跋"，从《释文》而不从郑《注》。

又如《仪礼·聘礼》："受享束帛加璧，受夫人之聘璋，享玄纁束帛加琮，皆如初。"郑《注》："君享用璧，夫人用琮，天地配合之象也。""配"，《释文》作"妃"，云"本亦作'配'"。张淳曰："《注》曰'天地配合之象也'，按《释文》云'妃音配'，从《释文》。"④

又如《仪礼·聘礼》："未入竟，壹肆。""壹"，《释文》、《集释》作"一"。张淳云："经曰'未入竟，壹肆'，按《释文》云'一肆'，从《释文》。"⑤

又如《仪礼·聘礼》："及竟，张旜，誓。乃谒关人。"郑《注》："古者竟上为关，以讥异服，识异言。""讥"，《释文》作"几"，云"本亦作'讥'"。张淳云："《注》曰'以讥异服'，按《释文》云'几音机，本亦作讥'，从《释

---

① （宋）张淳：《仪礼识误》卷一，文渊阁《四库全书》第103册，第6页。
② （宋）张淳：《仪礼识误》卷一，文渊阁《四库全书》第103册，第10页。
③ （宋）张淳：《仪礼识误》卷一，文渊阁《四库全书》第103册，第14页。
④ （宋）张淳：《仪礼识误》卷一，文渊阁《四库全书》第103册，第12页。
⑤ （宋）张淳：《仪礼识误》卷一，文渊阁《四库全书》第103册，第12页。

文》。"①

第二，陆德明撰《经典释文》时，混入了不少俗体字。

张淳在从事《仪礼》校勘时，一以《释文》所载字为准，故有盲从之嫌。兹举两例以见之：

如《仪礼·士冠礼》"彻筮席"，此"彻"字，唐石经、严本经注皆同。张淳曰："经曰'彻筮席'，《注》曰：'彻，去也。'按《释文》写注作'撤'，《注》举经以释之，注字必与经同，宜皆作'撤'，从《释文》。"②《释误》作"撤"。戴震驳曰："案《说文》无'撤'字，'彻'通'彻去'，古皆用'彻'，'撤'乃后代俗书，张氏不能订正其非，转改'彻'以从'撤'，疏矣。"③戴震认为，张淳是以习俗相沿之字"撤"转改六书正字"彻"。

又如《仪礼·士冠礼》："缁布冠缺项，青组缨属于缺，缁纚广终幅，长六尺。"郑《注》："纚一幅，长六尺，足以韬发而结之矣。笄，今之簪。""韬"，《释文》作"弢"，张淳曰："《士昏礼》注之'绹发'，《释文》亦云'他刀反'，本又作'弢'，以二音考之，其字不为'弢'则为'绹'，今之为'韬'，未知孰据，从《释文》。"④阮校曰："按《说文》'韬，剑衣也'，'弢，弓衣也'，二字音义相近，故古多通用，如'六韬'一作'六弢'是也。'弢'本训'滑'，因'弢'而转为'弢'，从省也。'绹'则'韬'之俗字。"⑤胡培翚曰："今案《集释》作'韬'，与严本同，不误。"⑥

第三，张淳在从事《仪礼》校勘时，不通文字学，未能就正于《说文》。

如《仪礼·士昏礼》："玄酒在西。绤幂。""绤幂"，张淳曰："经曰'绤幂加勺'，按《释文》'幂'作'鼏'，后'撤尊幂'，《乡饮酒》、《乡射》'尊绤幂'同，从《释文》。"⑦戴震校曰："案《周礼》：'幂人掌其巾幂，祭祀，以疏布巾幂八尊，以画布巾幂六彝。'可证《仪礼》中凡'尊幂'皆当作'幂'，明矣。《说文》'幎'从巾，冥声，《周礼》有幎人，今《周礼》作'幂'，即'幎'

---

① （宋）张淳：《仪礼识误》卷一，文渊阁《四库全书》第103册，第12页。
② （宋）张淳：《仪礼识误》卷一，文渊阁《四库全书》第103册，第5页。
③ （宋）张淳：《仪礼识误》卷一，文渊阁《四库全书》第103册，第5页。
④ （宋）张淳：《仪礼识误》卷一，文渊阁《四库全书》第103册，第6页。
⑤ （清）阮元校刻：《十三经注疏（附校勘记）》，中华书局1980年版，第954页。
⑥ （清）胡培翚：《仪礼正义》卷一，《续修四库全书》第91册，第609页。
⑦ （宋）张淳：《仪礼识误》卷一，文渊阁《四库全书》第103册，第7页。

之变体，俗或讹作'幂'，又作'幂'，皆非。《五经文字》云幂与鼏同，盖因《释文》二字溷淆，遂误合为一。张氏淳据《释文》，改'尊幂'从鼎鼏之'鼏'，于文字学殊少精覈。"①

又如《仪礼·聘礼》："史读书，司马执策立于其后。""策"，张淳曰："经曰'司马执策立于其后'，按《释文》云'筴音策'，《仪礼》谓'蓍为筴'，《士冠礼》'筮人执筴'，《丧礼》'椟，藏筴之器'者是也。谓'箠为筴'，此句'司马执筴'，《既夕礼》'御者执筴'，《特牲馈食礼》'北面以筴动作豕者'是也。至此篇之'筴，祝策简'，《既夕礼》之'书于策'，则'策'也。今本以'箠筴'亦为'策'，其误明矣。从《释文》。"②张淳于此以后之通俗字，替古之正字。戴震曰："案《说文》无'筴'字，'筴'即'策'之俗体。《说文》云：'策，马箠也，从竹，朿声。'《五经文字》云：'策'，《礼记》作'筴'，《释文》以为龟策字，久讹，今不敢辄改。谓'策'久讹作'筴'是也。张氏淳不知'箠筴'、'龟筴'并'策'之讹，转以作'策'者为误，而改是从非，于六书之学疏矣。"③

又如《仪礼·聘礼》："上介出请，入告。宾礼辞，迎于舍门之外，再拜。"郑《注》："其有来者，皆出请入告，于此言之者，宾弥尊，事弥录。""来者"字后，毛本有"与"字，严本有"者"字，《集释》无。张淳曰："《注》曰'其有来者者'，巾箱、杭本同，监本无一'者'字。按《释文》云'者与，音余'，盖传写者误以'与'字作'者'尔，监本以其重复，遂去其一，尤非也。从《释文》。"④朱子驳曰："注中'与'字，陆氏音余，监本作'此者'，此非疑词，不当音余。复出'者'字亦无义理。窃疑本'介'字也。"⑤卢文弨云："案：朱说是。"⑥

北宋时期，由于王安石重《礼记》而轻《仪礼》，《仪礼》学遂晦而不明。张淳所撰《仪礼识误》对于宋代《仪礼》学之重光有着十分重要的意义。清人

---

① （宋）张淳：《仪礼识误》卷一，文渊阁《四库全书》第103册，第7—8页。
② （宋）张淳：《仪礼识误》卷一，文渊阁《四库全书》第103册，第12页。
③ （宋）张淳：《仪礼识误》卷一，文渊阁《四库全书》第103册，第12页。
④ （宋）张淳：《仪礼识误》卷，文渊阁《四库全书》第103册，第12页。
⑤ （宋）朱熹：《仪礼经传通解》卷二十二，朱杰人等编：《朱子全书》（修订本）第2册，上海古籍出版社、安徽教育出版社2010年版，第738—739页。
⑥ （清）卢文弨：《仪礼注疏详校》卷八，"中研院"中国文哲研究所2012年点校本，第166页。

全祖望曰:"是经在宋,当以忠甫为功臣之首。"① 朱子编撰《仪礼经传通解》,于张氏《识误》有所参考。此外,《仪礼识误》校勘时所采宋本,今多已亡佚,后人若要窥宋人于《仪礼》经、注、疏刊刻之概况,舍张氏是书莫由。四库馆臣云:"是书存而古经汉注之讹文脱句藉以考识,旧椠诸本之不传于今者亦藉以得见崖略,其有功于《仪礼》诚非浅小。"② 清人卢文弨、胡培翚、阮元等人从事《仪礼》之校勘,受惠于《仪礼识误》者良多。

当然,与清人的《仪礼》校勘学相比,张淳《识误》还有很多不足之处。不过今人应以历史的眼光看待其人其书。今人彭林曰:"《仪礼》之学至清代复又勃兴,且文字、金石、版本之学无不称盛,校勘亦成癫门之学,学者多能综合运用各学科研究成果于《仪礼》,所校又远较忠甫为精审,然可以清代学术水准苛求忠甫?忠甫生于宋,为宋之功臣,不能为清人功臣也。"③ 彭氏所言,公允之见也。

### 二、李如圭的《仪礼》诠释

李如圭(1167—?),字宝之,庐陵人。据宋燕考证,李如圭卒年"当在绍定间"④。李如圭曾受朱熹之邀,辅助朱熹、黄榦共修《仪礼经传通解》。李如圭所撰《仪礼集释》(以下简称《集释》)和《仪礼释宫》(以下简称《释宫》),在中国古代《仪礼》学史上占有较重要的地位。如宋人陈汶认为李如圭《集释》"穷探博采,出入经传,以发明前人之未备",陈汶"遂刻之桂林郡之学官,与同志者共之"⑤。清代卢文弨、胡培翚、阮元从事《仪礼》校勘或注释,对李如圭《集释》和《释宫》颇为重视,并给予了高度的评价。如胡培翚云:"《集释》一书全录郑《注》,而博采经传为释,以相证明,其异于前人者多有根据,不为臆断。盖《注》、《疏》以后,释《仪礼》全经者,此为第一书矣。"⑥ 然而近代以来,学界于李如圭《集释》和《释宫》研究的成果屈指可

---

① (清)全祖望:《鲒崎亭集》卷三十一《永嘉张氏古礼序》,《续修四库全书》第1429册,第249页。
② (清)永瑢等:《四库全书总目》卷二十《经部·礼类二》,中华书局1965年点校本,第159页。
③ 彭林:《张淳〈仪礼识误〉校勘成就论略》,《北京图书馆馆刊》1996年第3期。
④ 宋燕、邓声国:《李如圭生平事迹考》,《古籍整理研究学刊》2013年第2期。
⑤ (宋)陈汶:《仪礼集释序》,《仪礼集释》卷首,文渊阁《四库全书》第103册,第35页。
⑥ (清)胡培翚:《仪礼集释书后》,《研六室文钞》卷七,《续修四库全书》第1507册,第440页。

数,致使李氏礼学成就湮没不彰。①

(一) 诠释的体例和方法

清人皮锡瑞认为宋人"不信注疏,驯至疑经;疑经不已,遂至改经、删经、移易经文以就己说"②。不过宋人从事"三礼"之诠释,对于汉唐注疏还是颇为重视。③如王与之《周礼订义》于杜子春、郑兴、郑众、郑玄、崔灵恩、贾公彦等汉唐诸儒之说多有征引;朱熹《仪礼经传通解》亦博采汉唐诸儒之说;卫湜《礼记集说》首先采择郑玄和孔颖达之解义,再及宋儒之说。由此可见,在"三礼"诠释方面,宋人"不信注疏"之表现并不突出。相反,宋人不但采择"三礼"注疏,还多加引申和补充。

李如圭《仪礼集释》之"集释",即集众家之说以释《仪礼》经文。在《集释》一书中,李氏于《仪礼》经文之下皆以"郑注"开首,然后全录郑玄《仪礼注》。④《集释》有时甚至仅引郑玄《仪礼注》,而于他家解义无涉及。据笔者统计,在《士冠礼》部分,李如圭所释《仪礼》经文共一百三十四则,其中六十九则经文之下仅引郑玄《仪礼注》。在《士昏礼》部分,李氏所释《仪礼》经文共一百五十七则,其中六十七则仅引郑玄《仪礼注》。由此可见,李如圭对郑玄《仪礼注》应当是十分重视的。

在《集释》一书中,李如圭对郑玄《注》多加引申和补充。如《士冠礼》:"弃尔幼志,顺尔成德,寿考惟祺,介尔景福。"郑《注》:"尔,女也。既冠为成德。祺,祥也。介、景,皆大也。因冠而戒,且劝之。女如是则有寿考之祥,大女之大福也。"李如圭曰:"古'顺'、'慎'通用。既冠,责以为人子、为人弟、为人臣、为人少者之礼,皆成人之德也。《家语》曰:成王年十三而嗣立,明年冠,周公命祝雍祝王,祝雍曰:'使王近于民,远于年,啬

---

① 今人邓声国所撰《李如圭〈仪礼集释〉的解经特色》,从训诂学的角度对李氏《仪礼集释》"释曰"解经类注语加以剖析,认为《集释》无论是在训释对象与内容方面,还是在礼经仪文节度的训释焦点方面,或是在先秦儒家典籍的语料引证方面,都形成了自身独到的解经特色,在礼学史上具有一定的学术地位。(参见邓声国:《李如圭〈仪礼集释〉的解经特色》,《江西社会科学》2010年第11期)
② (清)皮锡瑞:《经学通论·经学变古时代》,潘斌编:《皮锡瑞儒学论集》,四川大学出版社2010年版,第32页。
③ 王安石《周官新义》不采郑《注》、贾《疏》,而是自出新义。此为特例,与宋儒"三礼"诠释之整体风格不同。
④ 郑玄于《仪礼》经文并非皆有注,遇郑氏无注者,李氏则自出解义。

于时，惠于财，亲贤而任能。'其颂曰：'令月吉日，王始加元服，去王幼志，服衮职，钦若昊天，六合是式，率尔祖考，永永无极。'此周公之制也。"① 郑玄于"顺"字无解，李如圭补释之。此外，李如圭还征引《家语》之言，与经文之祝语相印证。

又如《士冠礼》："爰字孔嘉，髦士攸宜。"郑《注》："爰，于也。孔，甚也。"李如圭曰："嘉，古音姬，与宜字叶。"② 郑玄于"嘉"字无解，李氏对"嘉"字作了解释，以补郑《注》之不备。

又如《士昏礼》："纳征，玄纁束帛俪皮，如纳吉礼。"郑《注》："纳币以成昏礼，用玄纁者，象阴阳备也。束帛十端也。"李如圭曰："两，两端也，每端二丈，两端相向卷之为一两。五两，玄三纁二，象阳奇阴偶也。"③ 李如圭此解，是对郑玄以阴阳释"玄纁"的引申和深化。

又如《士昏礼》："大羹湆在爨。"郑《注》："大羹湆，煮肉汁也。大古之羹无盐菜。爨，火上。《周礼》曰：'羹齐视夏时。'今文'湆'皆作'汁'。"李如圭曰："湆，汁也。《郊特牲》'大羹不和'，后王更有铏羹。致以五味，犹存大羹，不忘古也。羹尚熟，故设时乃取之于爨。"④ 李如圭于此引《郊特牲》，是对郑《注》的深化。

又如《士昏礼》："子曰：'诺。惟恐弗堪，不敢忘命。'"此段经文，郑玄、贾公彦皆无解。李如圭曰："《荀子》曰：'亲迎之礼，父南乡而立，子北面而跪，'醮而命之：'往迎尔相，成我宗事，勖率以敬先妣之嗣，若则有常。'子曰：'诺。惟恐不能，敢忘命矣。'"⑤ 李如圭此解是补郑、贾之不备。

又如《燕礼》："射人纳宾。宾入，及庭，公降一等揖之。公升就席。"郑《注》："及，至也。至庭，谓既入而左北面时。"李如圭云："出堂涂时也。客人入门而左。"⑥ 李如圭此解是补郑《注》之不备。

又如《燕礼》："射人作大夫长升受旅。"郑《注》："言作大夫，则卿存矣。长者，尊先而卑后。"李如圭云："《王制》曰'上大夫卿'，通言之，则卿亦大

---

① （宋）李如圭：《仪礼集释》卷一，文渊阁《四库全书》第103册，第52页。
② （宋）李如圭：《仪礼集释》卷一，文渊阁《四库全书》第103册，第53页。
③ （宋）李如圭：《仪礼集释》卷二，文渊阁《四库全书》第103册，第61页。
④ （宋）李如圭：《仪礼集释》卷二，文渊阁《四库全书》第103册，第62页。
⑤ （宋）李如圭：《仪礼集释》卷二，文渊阁《四库全书》第103册，第77页。
⑥ （宋）李如圭：《仪礼集释》卷七，文渊阁《四库全书》第103册，第152页。

夫。"① 李如圭引《王制》，认为卿乃上大夫，故经言"作大夫"当包括卿在内。

李如圭对贾公彦《仪礼疏》亦颇为重视。不过李如圭不是直接征引贾《疏》，而是约贾《疏》而成解义。如《士冠礼》"筮于庙门"，郑《注》："筮者，以蓍问日吉凶于《易》也。冠必筮日于庙门者，重以成人之礼成子孙也。庙谓祢庙，不于堂者，嫌蓍之灵由庙神。"贾《疏》曰："郑知筮一蓍者，《曲礼》云'龟曰卜，蓍曰筮'，故知筮以蓍也。"又曰："云'庙为祢庙'者，案《昏礼》行事皆直云庙，《记》云'凡行事，受诸祢庙'，此经亦直云庙，故知亦于祢庙也。然《仪礼》之内单言庙者，皆是祢庙，若非祢庙，则以庙名别之。"《集释》曰："龟为卜，筴为筮。凡言庙者，皆祢庙。昏礼行事于庙。《记》云：'受诸祢庙是也。'其非祢庙，则皆举庙名以别之。"② 通过比较，可知《集释》此之解义是约贾《疏》而成。

又如《士冠礼》："乃宿宾。宾如主人服，出门左，西面再拜，主人东面答拜。"郑《注》："宿，进也。宿者必先戒，戒不必宿。其不宿者为众宾，或悉来或否。主人朝服。"贾《疏》曰："云'主人朝服'者，见上文筮日时朝服，至此无改服之文，则知皆朝服。"李如圭曰："筮日朝服，至此无改服之文，知皆朝服。朝服者，常时相见所服也。"③ 通过比较，可知《集释》此解义是约贾《疏》而成。

又如《士冠礼》："告兄弟及有司。"郑《注》："摈者告也。"贾《疏》："上文陈兄弟及有司位次，此告讫，下乃云告事毕，则兄弟及有司亦庙门之外矣。必告知者，礼取审慎之义故也。"李如圭曰："兄弟有司在列，而犹告之者，审慎重冠事。"④ 通过比较，可知《集释》是约贾《疏》而成。

又如《士冠礼》："若不醴则醮用酒。"郑《注》："若不醴，谓国有旧俗可行，圣人用焉不改者也。"贾《疏》曰："醴大古之物，自然质无酬酢。此醮用酒，酒本有酬酢，故无酬酢得名醮也。"李如圭曰："醴尚质，无酬酢。酒本有酬酢，故无酬酢者爲醮。"⑤ 通过比较，可知李如圭此说是约贾《疏》而成。

又如《士冠礼》："黄耇无疆，受天之庆。"郑《注》："黄，黄发也。耇，

---
① （宋）李如圭：《仪礼集释》卷七，文渊阁《四库全书》第103册，第158页。
② （宋）李如圭：《仪礼集释》卷一，文渊阁《四库全书》第103册，第36页。
③ （宋）李如圭：《仪礼集释》卷一，文渊阁《四库全书》第103册，第39页。
④ （宋）李如圭：《仪礼集释》卷一，文渊阁《四库全书》第103册，第40页。
⑤ （宋）李如圭：《仪礼集释》卷一，文渊阁《四库全书》第103册，第49页。

冻梨也。"贾《疏》："此云耇冻梨者，以其面似冻梨之色故也。"李如圭曰："黄发，发白而复黄也。冻梨，面似冻梨色也。"① 通过比较，可知李如圭此说是约贾《疏》而成。

又如《士昏礼》："腊必用鲜，鱼用鲋，必殽全。"郑《注》："殽全者，不餒败。"贾《疏》："腊用鲜者，义取夫妇日新之义。云'鱼用鲋'者，义取夫妇相依附者也。云'殽必全'者，义取夫妇全节无亏之理。此并据同牢时也。"李如圭曰："用鲜，贵新也。鼎九者，腊乃有鲜，用鲋、殽全者，取相依附、全节之义。"② 通过比较，可知李如圭此说是约贾《疏》而成。

不过，李如圭对郑《注》、贾《疏》并非绝对信从而毫无疑义。在《集释》中，李如圭有据己意以驳郑《注》者。如《士冠礼》："请醴宾，宾礼辞，许。"郑《注》："此'醴'当作'礼'，礼宾者，谢其自勤劳也。"李如圭曰："士之醴子、醴宾、醴妇，经皆作'醴'，不必改为'礼'。大夫以上乃曰儐、曰礼耳。"③ 李如圭于此驳郑《注》，引起后人颇多争议。胡氏《仪礼正义》曰："云此'醴'当作'礼'者，下'若不醴'注：'醴亦当作礼。'《士昏礼》'出，请醴宾'注：'此醴亦当为礼。''赞醴妇'注：'醴当为礼。'褚氏云：'经于醴宾、醴妇字皆为醴，《注》必读为礼者，盖推优礼于人之意，不欲质言之也。'贾《疏》谓天子礼，诸侯用郁，不云郁宾，足破不必改礼之论。"④ 夏炘《学礼管释》则认为，《仪礼》凡用醴而不用酒酬宾皆曰醴宾。

又如《士冠礼》："若孤子，则父兄戒、宿。冠之日，主人紒而迎宾。拜、揖、让，立于序端，皆如冠主，礼于阼。"郑《注》："冠主，冠者亲父若宗兄也。古文'紒'为'结'，今文'礼'作'醴'。"贾《疏》："云'今文礼作醴'者，郑不从今文者，以其言醴则不兼于醮，言礼则兼醴、醮二法故也。"李如圭曰："'礼'当从今文作'醴'。醴重而醮轻，孤子礼盛，醴而不醮也。且士之醴子，无作'礼'字者。"⑤ 郑玄认为，此经文"礼"，不可从今文作"醴"。贾《疏》从之。李如圭则认为，醴重而醮轻，孤子冠礼隆重，醴而不醮，故此"礼"字当从今文作"醴"。

---

① （宋）李如圭：《仪礼集释》卷一，文渊阁《四库全书》第103册，第53页。
② （宋）李如圭：《仪礼集释》卷二，文渊阁《四库全书》第103册，第72—73页。
③ （宋）李如圭：《仪礼集释》卷一，文渊阁《四库全书》第103册，第47—48页。
④ （清）胡培翚：《仪礼正义》卷一，《续修四库全书》第91册，第622页。
⑤ （宋）李如圭：《仪礼集释》卷一，文渊阁《四库全书》第103册，第51页。

又如《聘礼》："'君贶寡君，延及二三老，拜。'又拜送。"此记宾将回国，摈者赞君致拜送之辞。郑玄认为，自本节"曰"字后至"又拜送"，当承上之《记》文"明日君馆之"。李如圭驳郑说云："案'君馆之'自终，上有'故加书'之文，此赞拜辞在重贿反币下、释皮帛谢主人上，与公馆宾之节正相当，其次宜在此。"① 李如圭认为，此节在重贿反币之下、释皮帛谢主人之上，与"公馆宾"之仪节相当，故其为正文。

在《集释》中，李如圭除了引郑《注》、贾《疏》以解经，还大量采用包括《仪礼》在内的经文以释经。如《士冠礼》："若不吉，则筮远日，如初仪。"李如圭曰："《曲礼》曰：'旬之外曰远某日。'吉事先近日。《夏小正》曰：'二月绥多女士，冠子取妇之时，是则冠有常月。'"② 此引《礼记·曲礼》、《夏小正》以释《士冠礼》筮日仪节。

又如《士昏礼》："妇车亦如之，有裧。"李如圭曰："《春秋传》宣五年秋，齐高固来逆叔姬。冬，高固及叔姬来反马。反马者，留其车也。留车，妻之道；反马，壻之义。此大夫已上，自以其车送女也。《诗》曰：'渐车帷裳。'"③ 李如圭于此引《左传》、《诗》以释婚礼车马之制。

又如《士昏礼》："妇乘以几，姆加景，乃驱。御者代。"李如圭曰："乘以几，谓登车时也。《曲礼》曰：'尸乘必以几。'《诗》云：'衣锦褧衣，裳锦褧裳。'以锦为衣裳，而上加禅縠，庶人妻之嫁服也。《硕人》诗亦云'衣锦褧衣'，庶人卑，不嫌与国君夫人同。士妻纯衣，加明衣，非为其文大著，为御风尘耳。"④ 李如圭于此引《曲礼》、《诗》以释《仪礼》所记妇乘几及所著嫁服。

又如《士昏礼》："母施衿结帨，曰：'勉之敬之，夙夜无违宫事。'"李如圭曰："《孟子》曰：'女子之嫁也，母命之，往送之门，曰：往之女家，必敬必戒，毋违夫子。'《坊记》曰：'昏礼，壻亲迎，见于舅姑，舅姑承子以授壻，恐事之违也。以此坊民，妇犹有不至者。'"⑤ 李如圭于此引《孟子》、《坊记》与《士昏礼》所记母戒女之内容相印证。

又如《聘礼》："归，执圭复命于殡，升自西阶，不升堂。"李如圭曰：

---

① （宋）李如圭：《仪礼集释》卷十四，文渊阁《四库全书》第103册，第269页。
② （宋）李如圭：《仪礼集释》卷一，文渊阁《四库全书》第103册，第38—39页。
③ （宋）李如圭：《仪礼集释》卷二，文渊阁《四库全书》第103册，第63—64页。
④ （宋）李如圭：《仪礼集释》卷二，文渊阁《四库全书》第103册，第65页。
⑤ （宋）李如圭：《仪礼集释》卷二，文渊阁《四库全书》第103册，第77页。

"《春秋传》吴子僚使季子聘于上国,公子光弑僚,季子至,复命,哭墓。"① 李如圭于此引《左传》以释《聘礼》所记复命之礼。

又如《既夕礼》:"既殡主人说髦。"李如圭曰:"《内则》曰:'子事父母,总,拂髦,冠緌缨。'《玉藻》曰:'亲没不髦。'"② 李如圭于此引《内则》以释《既夕礼》所记既殡主人说(脱)髦之仪节。

《仪礼集释》甚至还引诸子之说解经。如《仪礼·士昏礼》:"子曰:'诺。惟恐弗堪,不敢忘命。'"此段经文,郑玄、贾公彦皆无解义。李如圭曰:"《荀子》曰:'亲迎之礼,父南乡而立,子北面而跪,醮而命之:往迎尔相,成我宗事,勖率以敬,先妣之嗣,若则有常。'子曰:'诺。惟恐不能,敢忘命矣。'"③ 李如圭于此引《荀子》以解经。

(二) 诠释的内容

李如圭《仪礼》诠释之内容,可从以下几个方面来看。

一是经文之校勘。在《仪礼集释》中,李如圭对《仪礼》经文做了校勘。如《士冠礼》:"兴。筵末坐,啐醴。建柶,兴。""建",唐石经、《集释》、敖氏同,然《通解》、毛本俱作"捷"。李如圭作"建柶"。戴震校语:"案《释文》云'捷柶,初洽反',本又作'插',亦作'扱'。张淳《仪礼识误》以为《注》之'扱柶',《释文》作'捷柶'。李如圭以为经之'建柶',《释文》作'捷柶',今注疏本此处经文作'捷柶兴',乃误据《释文》改经。考之他篇经文仍作'建柶',不得此处独异。唐石经亦作'建柶',则《释文》指注非指经,明矣。"卢文弨曰:"'捷'误,当从石经,《疏》同。"④ 凌廷堪曰:"《士昏》、《聘礼》皆云'建柶',当从石经也。"⑤

又如《士昏礼》:"妇拜,扱地,坐奠菜于几东席上。"李如圭曰:"皆拜之重者,几东,东字疑。"⑥ "东",李如圭疑此字为误,卢文弨曰:"盖当言'北'。"⑦

---

① (宋) 李如圭:《仪礼集释》卷十四,文渊阁《四库全书》第 103 册,第 256 页。
② (宋) 李如圭:《仪礼集释》卷二十四,文渊阁《四库全书》第 103 册,第 419 页。
③ (宋) 李如圭:《仪礼集释》卷二,文渊阁《四库全书》第 103 册,第 77 页。
④ (清) 卢文弨:《仪礼注疏详校》卷一,"中研院"中国文哲研究所 2012 年点校本,第 27 页。
⑤ 转引自 (清) 胡培翚:《仪礼正义》卷二,《续修四库全书》第 91 册,第 620 页。
⑥ (宋) 李如圭:《仪礼集释》卷二,文渊阁《四库全书》第 103 册,第 72 页。
⑦ (清) 卢文弨:《仪礼注疏详校》卷二,"中研院"中国文哲研究所 2012 年点校本,第 50 页。

又如《既夕礼》"缁纯"，李如圭曰："案：自'掘坎南顺'至'缁纯'，经次当在'夏祝淅米'之前，疑脱简在此。"① 李如圭之校语，被胡培翚引用。

二是礼意之阐发。在《集释》中，李如圭对《仪礼》仪节所蕴含的深意做了探寻。如《士昏礼》："主人揖入，宾执雁从。至于庙门，揖入。三揖，至于阶，三让。主人升，西面。宾升，北面，奠雁，再拜稽首，降，出。妇从，降自西阶。主人不降送。"李如圭曰："宾奠挚而拜，稽首，婿有子道也。"② 李如圭认为，宾奠挚而拜、稽首之举，是婿向主人表达子辈谦逊之义。

又如《燕礼》："惟受爵于公者拜，卒受爵者兴，以酬士于西阶上。士升，大夫不拜，乃饮，实爵。"李如圭曰："卒受爵者，自酌酬士，不使执爵者，不以己尊孤人也。前为士举旅时，大夫犹拜，至此不拜，礼又杀。"③ 李氏认为，卒受爵者自酌酬士，意在不以己尊孤人，此不拜，原因是礼的等级降低了。

三是礼例之归纳。《仪礼》的语法有一定规律可寻，所记诸礼亦有共通性。《仪礼》之例，郑玄、贾公彦皆作过归纳，不过并不全面。李如圭在前人之基础上，对《仪礼》的礼例有所归纳。如《士昏礼》："授于楹间，南面。"李如圭曰："堂上有两楹，楹间，堂东西之中也。凡敌者授受于楹间。"④ 此是对授受之礼的礼例所作的归纳。

又如《士昏礼》："主人迎宾于庙门外，揖让如初，升，主人北面再拜，宾西阶上北面答拜。主人拂几，授校，拜，送宾，以几辟，北面设于坐左之西，阶上答拜。"李如圭曰："北面拜，拜宾至也。以几辟者，宾卑也。凡受几，皆横受之。及其设，皆旋几纵执，乃设之。"⑤ 此是对设几执几礼例所作的归纳。

又如《士昏礼》："宾即筵坐，左执觯，祭脯醢，以柶祭醴三，西阶上北面坐，啐醴，建柶，兴，坐奠觯，遂拜，主人答拜。"李如圭曰："公食大夫，豆多者祭于上豆之间，知凡祭皆于笾豆之间也。"⑥ 此是结合《公食大夫礼》，对祭之场所之通例所作的归纳。

又如《士昏礼》："主人筵于户西，西上，右几。"李如圭曰："凡逆者皆受

---

① （宋）李如圭：《仪礼集释》卷二十四，文渊阁《四库全书》第103册，第418页。
② （宋）李如圭：《仪礼集释》卷二，文渊阁《四库全书》第103册，第65页。
③ （宋）李如圭：《仪礼集释》卷八，文渊阁《四库全书》第103册，第168页。
④ （宋）李如圭：《仪礼集释》卷二，文渊阁《四库全书》第103册，第59页。
⑤ （宋）李如圭：《仪礼集释》卷二，文渊阁《四库全书》第103册，第60页。
⑥ （宋）李如圭：《仪礼集释》卷二，文渊阁《四库全书》第103册，第61页。

女于庿。"① 此是对逆者受女之例所作的归纳。

四是名物制度之考证。在《集释》和《释宫》中，李如圭对《仪礼》所记名物制度作了考证。李如圭特别重视宫室制度，其认为"周之礼文盛矣，今仅见于《仪礼》"，然而"去古既远，《礼经》残阙，读礼者苟不先明乎宫室之制，则无以考其登降之节、进退之序，虽欲追想其盛，而以其身揖让周旋乎其间且不可得，况欲求之义乎"②？李如圭遂本之于经，稽之于《注》、《疏》，取宫室名制之可考者，汇而次之曰《释宫》。今列举数例，以见李氏在宫室制度考证方面所取得的成就。

如郑玄认为天子、诸侯有左右房，大夫、士有左房而无右房。郑玄此说，后人争议颇多。③ 在前人研究之基础上，李如圭对郑玄此说作了考证。李如圭曰："《聘礼·记》：'若君不见，使大夫受聘，升受，负右房而立。'《大射仪》'荐脯醢由左房'，是人君之房有左右也。《公食大夫礼·记》'筵出自东房'，《注》曰：'天子诸侯左右房。'贾氏曰：'言左对右，言东对西，大夫、士惟东房西室，故直云房而已。'然案《聘礼》'宾馆于大夫、士，君使卿还玉于馆也，宾亦退负右房'，则大夫士亦有右房矣。又《乡饮酒礼·记》'荐出自左房'，《少牢馈食礼》'主妇荐自东房'，亦有左房、东房之称。"④ 李如圭此说得到了清人的赞同，如戴震曰："案：贾氏以言左对右，言东对西，为人君有左右房之证。李氏援《聘礼》之右房，《乡射礼·记》之左房，《少牢馈食》之东房，疑大夫、士亦有右房，亦有左房。东房之称，实足以订正旧说之误。"⑤ 黄以周亦云："《特牲馈食》，士礼，有东房之文。《聘礼》'卿馆于大夫，大夫馆于士'，郑《注》云'馆于庙'。经亦有右房之文。右房者，西房也。是大夫士之庙有两房之证。"⑥

---

① （宋）李如圭：《仪礼集释》卷二，文渊阁《四库全书》第 103 册，第 64 页。
② （宋）李如圭：《仪礼释宫》，文渊阁《四库全书》第 103 册，第 523 页。
③ 北宋陈祥道曰："《少牢礼》司宫尊两甒于房户之间，《士冠》、《乡饮》亦尊于房户之间，《特牲礼》尊于户东，皆指东房言之，非谓无东房也。《乡饮·记》曰'席出自左房'，《乡射·记》曰'出自东'，与《大射》'诸侯择士之宫'、'宰胥荐脯醢由左房'其言相类。盖言左以有右，言东以有西，则大夫士之房室与天子诸侯同可知。郑氏曰'大夫士无西房'，误矣。"（陈祥道：《礼书》卷四十三，文渊阁《四库全书》第 130 册，第 263 页）
④ （宋）李如圭《仪礼释宫》校语，文渊阁《四库全书》第 103 册，第 524 页。
⑤ （宋）李如圭《仪礼释宫》校语，文渊阁《四库全书》第 103 册，第 524 页。
⑥ （清）黄以周著，王文锦点校：《礼书通故》第二，中华书局 2007 年版，第 35 页。

天子庙与明堂之关系，是历代经学家们争论的焦点问题之一。李如圭对此问题做了探讨，他说："案《书·顾命》，成王崩于路寝，其陈位也，有设斧依牖间，南乡则户牖间也。西序东向，东序西向，则东西序也。西夹南向，则夹室也。东房西房，则左右房也。宾阶面阼阶，面则两阶前也。左塾之前，右塾之前，则门内之塾也。毕门之内，则路寝门也。两阶间，则堂廉也。东堂西堂，则东西厢也。东垂西垂，则东西堂之宇阶上也。侧阶，则北阶也。又曰诸侯出庙门俟，则与《士丧礼》殡宫曰庙合也。然则郑氏谓天子庙及路寝如明堂制者，盖未必然。《明堂位》与《考工记》所记明堂之制度者，非出于旧典，亦未敢必信也。"① 李如圭认为，天子庙与明堂建置有异，不可混而为一。李如圭此说得到了清人的赞同，如四库馆臣曰："据《顾命》'东西序'、'东西夹'、'东西房'之文，证寝庙之制异于明堂。……其辨析详明，深得经意，发先儒之所未发，大抵类此，非以空言说礼者所能也。"②

又如《士冠礼》："摈者告期于宾之家，夙兴，设洗，直于东荣，南北以堂深。水在洗东。"此"荣"究竟为何物，亦是经学家争论不休的问题。李如圭曰："荣者，《说文》曰：'屋栭之两头起者为荣。'又曰：'栭，齐谓之檐，楚谓之栭。'郭璞注《上林赋》曰：'南荣，屋南檐也。'义与《说文》同。然则檐之东西两头起者曰荣，谓之荣者，为屋之荣饰，谓之屋翼者，言檐角之轩。"③ 清人沈彤云："《疏》云即今之抟风，朱子厦屋说，云横栋尽外，有版下垂，谓之抟风。荣，翼，乃接簷之名，《疏》直指抟风，误。"④ 胡培翚引李如圭、沈彤之说，并作评论曰："案二说，《释宫》为得其实。谓檐为荣，乃本郭璞注。《上林赋》所云'南荣屋南檐者'，以《说文》核之，郭亦误也。又《士丧礼》云升自前东荣，降自后西荣，前者南，后者北，由南北而言，则曰东荣西荣，由东西而言，则曰前荣后荣，故《丧大祭》之西北荣，与《士丧礼》之后西荣，一也。"⑤ 胡氏认为，李如圭以荣为檐之东西两头起者之说得经之义。

又如《士冠礼》："布席于门中，闑西阈外，西面。"郑《注》："闑，门

---

① （宋）李如圭：《仪礼释宫》，文渊阁《四库全书》第103册，第534页。
② （清）永瑢：《四库全书总目》卷二十《经部·礼类二》，中华书局1965年影印本，第159页。
③ （宋）李如圭：《仪礼释宫》，文渊阁《四库全书》第103册，第534页。
④ （清）沈彤：《仪礼小疏》卷二，文渊阁《四库全书》第109册，第912页。
⑤ （清）胡培翚：《仪礼正义》卷一，《续修四库全书》第91册，第604页。

橛。闑，阈也。古文'闑'为'槷'，'阈'为'蹙'。"李如圭曰："闑，门中央所竖短木也。阈，门限也。闑西而曰门中者，举大分言之。闑与槷。《穀梁传》曰：'置旃以为辕门，葛覆质以为槷。'古文即出于孔氏壁中，字以篆书者。"①胡培翚承其说，曰："以经考之，《玉藻》曰'公事自闑西，私事自闑东'，《曲礼》曰'由闑右'，闑有东西、左右之称，则闑之为中央竖木无疑也。"②

又如《仪礼·聘礼》："公侧袭，受玉于中堂与东楹之间。"郑玄《注》："堂南北之中也。入堂深，尊宾事也。东楹之间，亦以君行一，臣行二。"贾《疏》云："于当楣北面拜讫，乃更前北侵半架于南北之中乃受玉，故云南北之中。两楹之间为宾主处中，今乃于东楹之间，更侵东半间，故云君行一，臣行二也。"李如圭云："受玉于中堂、东楹二者之间也。中堂，堂东西之中也，是为两楹间。凡敌者受玉于两楹间。聘宾与主君非敌，故进东，近主君，受玉于中堂与东楹之间也。下宾觌受币当东楹，觌，私事，宾又宜近东而当东楹，则此受玉在东楹之西，明矣。贾氏据郑以中堂为南北之中，意以楹间为东楹之东，若然，则宾觌受币，不得反当东楹也。"③胡培翚评论曰："凡言之间者，必有两物对待而后可云'之间'。今《注》、《疏》以中堂为南北之中，而解东楹之间为更侵东半间，则经当云'东楹之东'，不当云'东楹之间'矣。且单言东楹，经文'之间'二字亦无著，及读宋李氏如圭《仪礼集释》，而后此疑豁然以解。"④李如圭认为，经文"中堂与东楹之间"，指堂东西之中与东楹之间，并非如郑玄所云乃堂南北之间也。

除了宫室制度，李如圭还对《仪礼》所记名物做了考证。如《聘礼》："贾人西面坐，启椟，取圭垂缫，不起而授宰。"此"缫"字，李如圭云："以韦衣木画，以杂采，以之荐玉，广袤各如其玉之大小，又以五彩组系焉。"⑤根据李氏解义可知，缫即圭垫，用以承玉；其用木板外包皮革制成，末端缀有五彩丝带。

---

① （宋）李如圭：《仪礼集释》卷一，文渊阁《四库全书》第103册，第37—38页。
② （清）胡培翚：《仪礼正义》卷二，《续修四库全书》第91册，第598页。
③ （宋）李如圭：《仪礼集释》卷十一，文渊阁《四库全书》第103册，第226页。
④ （清）胡培翚：《仪礼集释书后》，《研六室文钞》卷七，《续修四库全书》第1507册，第439—440页。
⑤ （宋）李如圭：《仪礼集释》卷十一，文渊阁《四库全书》第103册，第213页。

又如《聘礼》："饪一牢，鼎九，设于西阶前，陪鼎当内廉，东面，北上，上当碑，南陈；牛、羊、豕、鱼、腊、肠胃同鼎，肤、鲜鱼、鲜腊，设扃鼏。膷、臐、膮，盖陪牛、羊、豕。""内廉"一词，郑《注》、贾《疏》皆无解。李如圭云："西阶之东廉也。皆有东西两廉，近堂之中者为内廉。"①借李氏此解义，可使人对"内廉"有清楚之认识。

（三）诠释之影响

李如圭之《仪礼》诠释对南宋中后期《仪礼》学之复兴起到了推波助澜的作用。

唐代《五经正义》只收《礼记》而不及《仪礼》，《礼记》遂超越《仪礼》，成为官方最重要的礼书。北宋熙宁变法期间，王安石废《仪礼》学官，以《周礼》、《礼记》取士。当时规定："进士罢诗赋、帖经、墨义，各占治《诗》、《书》、《易》、《周礼》、《礼记》一经，兼以《论语》、《孟子》。"②由于政治的干预，《仪礼》学益加衰微，在很长时期内没有受到学人的重视。南宋陈汶言《仪礼》学之光景曰："自汉以来，礼日益坏，其大经大本，固已晦蚀，不明所谓颂貌威仪之事，仅存此书。世亦莫有知者，此学士大夫之责也。"③

《仪礼》学衰微之景象在南宋中后期有所改变。南宋朱熹治学虽重义理，然其在礼学研究方面，却特别重视《仪礼》一书。朱熹曰："熙宁以来，王安石变乱旧制，废罢《仪礼》，而独存《礼记》之科，弃经任传，遗本宗末，其失已甚。"④朱熹以《仪礼》为经，以《礼记》为记，并认为王安石于科考中取缔《仪礼》乃本末倒置之举。朱熹遂集众人之力成《仪礼经传通解》一书，意在提升《仪礼》之地位，强化《仪礼》学为礼学基础之观念。

黄榦继承朱熹遗志，续成《通解》之丧、祭二礼；杨复亦承朱熹礼学思想，续成《通解》之祭礼。李如圭是与朱熹同时代的人，其礼学造诣颇得朱熹称赏。朱熹曰："更有《祭礼》，工夫想亦不多。若伯丰、宝之能便下手，亦只

---

① （宋）李如圭：《仪礼集释》卷十二，文渊阁《四库全书》第103册，第237页。
② （宋）李焘：《续资治通鉴长编》卷二百二十《神宗·熙宁四年》，中华书局1986年版，第5334页。
③ （宋）陈汶：《仪礼集释序》，《仪礼集释》卷首，文渊阁《四库全书》第103册，第35页。
④ （宋）朱熹：《晦庵先生朱文公文集》卷十四《乞修三礼札子》，朱杰人等编：《朱子全书》（修订本）第20册，上海古籍出版社、安徽教育出版社2010年版，第687页。

须数月可也。"① 朱熹所谓"宝之"即李如圭的字。与朱熹礼学思想一样，李如圭亦特别重视《仪礼》，其礼学著作皆属《仪礼》学之范畴。李如圭《集释》一问世，即受时人的重视。南宋福建路转运使陈汶认为《集释》颇有益于世教，遂命人刻于桂林郡之学官。陈汶曰："李君如圭所著《集释》，穷探博采，出入经传，以发明前人之未备。考论宫室之制，则有《释宫》，分别章句之指，则有《纲目》。其有志于古，而用力之勤如此，学者能玩而绎之，则知礼与天地并。其周旋揖让，登降进退，莫非天理之流行，人道之所以立，先王之盛，化行俗美，与夫后世之不如古，皆由于礼之兴废而不可诬也。则是书于世教，岂小补哉？"② 在唐宋《仪礼》学式微之景况下，李如圭之研究对于南宋中后期《仪礼》学的复兴起到了推波助澜的作用。

李如圭《仪礼集释》为后世的《仪礼》诠释提供了参考。

宋儒治学，总体上是以讲求义理为取向。然而与《易》、《春秋》之学不同，"三礼"学在宋代更侧重于考据训诂。清人皮锡瑞曰："三礼本是实学，非可空言；故南北学分，而'三礼'皆从郑《注》；皇、熊说异，而皆在郑《注》范围之中。宋时'三礼'之学讲习亦盛。王安石以《周礼》取士，后有王昭禹、易祓、叶时，皆可观。《仪礼》有李如圭《集释》、《释宫》，张淳《识误》，并实事求是之学。"③ 皮锡瑞认为，宋儒"三礼"学以考据为主，而非空言义理。

相对于《礼记》而言，《仪礼》所记载的礼制更加全面和系统，《仪礼》学的实学意味更强。李如圭继承实学传统，其《集释》、《释宫》重视经文之校勘、名物礼制之考证，能发前人所未发，对后世的《仪礼》学产生了深远的影响。实学大兴之清代，李如圭之《仪礼》学受到了高度重视。四库馆臣云："宋自熙宁中废罢《仪礼》，学者鲜治是经，如圭乃全录郑康成注，而旁征博引，以为之释，多发贾公彦疏所未备。"④ 清儒胡培翚亦云："《集释》一书，全录郑注，而博采经传为释，以相证明，其异于前人者多有根据，不为臆断。盖

---

① （宋）朱熹：《晦庵先生朱文公续集》卷一《答黄直卿》，朱杰人等编：《朱子全书》（修订本）第 25 册，上海古籍出版社、安徽教育出版社 2010 年版，第 4650 页。

② （宋）陈汶：《仪礼集释序》，《仪礼集释》卷首，文渊阁《四库全书》第 103 册，第 35 页。

③ （清）皮锡瑞：《经学通论·经学变古时代》，潘斌编：《皮锡瑞儒学论集》，四川大学出版社 2010 年版，第 32 页。

④ （清）永瑢：《四库全书总目》卷二十《经部·礼类二》，中华书局 1965 年影印本，第 159 页。

注疏以后，释《仪礼》全经者，此为第一书矣。"① 胡氏乃清代《仪礼》学大家，其以李如圭《集释》为郑《注》、贾《疏》后释《仪礼》全经的第一书，实非虚言。胡氏在其所著《仪礼正义》中多处征引李如圭的观点，由此可见，李如圭《仪礼》学在清代的影响之深远。

### 三、朱熹的《仪礼》诠释

《仪礼经传通解》（以下简称《通解》）是朱子晚年的重要著作。该书对后世的礼书编纂和《仪礼》学产生了十分深远的影响，考察该书对于全面认识朱子的礼学思想和学术成就有着十分重要的意义。今人于此书已有一些探讨，相关研究成果值得重视。然而诸家所作之研究，多是《通解》具体问题之考证，而很少将其放到经学史和礼学史的视域中加以考察和评价，故难免以偏概全。② 笔者拟在前贤时人所作研究之基础上，将《通解》放到经学史和礼学史的背景下加以考察，以期更加清楚地认识朱子编纂该书之原因及该书对于宋、元、明、清时期礼学之影响。

（一）朱子编纂《通解》之原因

朱子晚年始编纂《通解》，其原因可从以下三个方面来看。

第一，朱子编纂《通解》的根本原因，是为了继承和弘扬儒家的礼乐文化。

儒学是中国文化的主干，礼学又是儒学的主干。儒家的代表人物孔子、孟子和荀子对礼的价值皆给予了高度的评价，如孔子曰"克己复礼为仁"、"不

---

① （清）胡培翚：《仪礼集释书后》，《研六室文钞》卷七，《续修四库全书》第1507册，第439—440页。
② 《仪礼经传通解》是朱子晚年最重要的著作之一，故受到历代学者的重视。今人于此书有不少研究成果问世，如钱穆《朱子新学案》（九州出版社2011年版）、白寿彝《〈仪礼经传通解〉考证》（《国立北平研究院院务汇报》1936年7月7卷，后被收入《白寿彝史学论集》，北京师范大学出版社1994年版）、戴君仁《朱子〈仪礼经传通解〉与修门人及修书年岁考》（《文史哲学报》1967年第16期）、王贻梁《〈仪礼经传通解〉与朱熹礼学思想体系》（《21世纪的朱子学——纪念朱熹诞辰870周年逝世800周年论文集》，华东师范大学出版社2001年版）、蔡方鹿《朱熹经学与中国经学》（人民出版社2004年版）、孙致文《朱熹〈仪礼经传通解〉研究》（台湾"中央"大学2004年博士学位论文）、王启发《朱熹〈仪礼经传通解〉的编纂及其礼学价值》（《炎黄文化研究》第三辑，大象出版社2006年版）、殷慧《论朱熹〈仪礼经传通解〉的特点》（《朱子学与21世纪国际学术研讨会论文集》）、邓声国《〈仪礼经传通解〉"今按"之文献学面面观》（《齐鲁文化研究》第八辑）对朱子《仪礼经传通解》之编撰过程、特点等皆有考证。

学礼无以立",孟子曰"以仁存心、以礼存心",荀子曰"人无礼则不生,事无礼则不成,国家无礼则不宁"。礼对中国人的修养和社会秩序的整合产生了极为深远的影响。与历代的学者一样,朱子亦对礼学给予了充分的重视,他说:"所以礼谓之'天理之节文'者,盖天下皆有当然之理。今复礼,便是天理。但此理无形无影,故作此礼文,画出一个天理与人看,教有规矩可以凭据,故谓之'天理之节文',有君臣,便有事君底节文;有父子,便有事父底节文;夫妇长幼朋友,莫不皆然,其实皆天理也。"① 又说:"这个典礼,自是天理之当然,欠他一毫不得,添他一毫不得。惟是圣人之心与天合一,故行出这礼,无一不与天合。其间曲折厚薄浅深,莫不恰好。这都不是圣人白撰出,都是天理决定合着如此。后之人此心未得似圣人之心,只得将圣人已行底,圣人所传于后世底,依这样子做。做得合时,便是合天理之自然。"② 在朱子的哲学体系中,天理是最高概念,是万事万物存在的依据和宇宙运行的规律。朱子认为礼乃天理之节文和天理之当然,是将礼上升到天理的高度来看待,由此可见,朱子对礼当是十分重视的。

朱子强调礼要与时俱进,不可拘泥于礼书之记载而不知变通。他说:"古礼繁缛,后人于礼日益疏略。然居今而欲行古礼,亦恐情文不相称,不若只就今人所行礼中删修,令有节文、制数、等威足矣。"③ 又说:"古礼难行。后世苟有作者,必须酌古今之宜。若是古人如此繁缛,如何教今人要行得。"④ 朱子认为,古礼繁冗,不可亦步亦趋照搬,后世当修礼书,从而使古礼有古为今用之效能。朱子指出,《仪礼》等古代礼书所记仪节虽繁冗,然却是后世礼书编纂之资源,故不可小视。他说:"古人上下习熟,不待家至户晓,皆如饥食而渴饮,略不见其为难。本朝陆农师之徒,大抵说礼都要先求其义。岂知古人所以讲明其义者,盖缘其仪皆在,其具并存,耳闻目见,无非是礼,所谓

---

① (宋)黎靖德辑:《朱子语类》卷四十二,朱杰人等编:《朱子全书》(修订本)第15册,上海古籍出版社、安徽教育出版社2010年版,第1494页。
② (宋)黎靖德辑:《朱子语类》卷八十四,朱杰人等编:《朱子全书》(修订本)第17册,上海古籍出版社、安徽教育出版社2010年版,第2885页。
③ (宋)黎靖德辑:《朱子语类》卷八十四,朱杰人等编:《朱子全书》(修订本)第17册,上海古籍出版社、安徽教育出版社2010年版,第2877页。
④ (宋)黎靖德辑:《朱子语类》卷八十四,朱杰人等编:《朱子全书》(修订本)第17册,上海古籍出版社、安徽教育出版社2010年版,第2877页。

'三千三百'者，较然可知，故于此论说其义，皆有依据。若是如今古礼散失，百无一二存者，如何悬空于上面说义！是说得甚么义？须是且将散失诸礼错综参考，令节文度数一一着实，方可推明其义。若错综得实，其义亦不待说而自明矣。"①又说："礼学多不可考，盖为其书不全，考来考去得更没下梢，故学礼者多迂阔。一缘读书不广，兼亦无书可读。如《周礼》'仲春教振旅，如战之陈'，只此一句，其间有多少事？其陈是如何安排，皆无处可考究。其他礼制皆然。大抵存于今者，只是个题目在尔。"②朱子认为，古人对于礼仪和礼意皆烂熟于心，故行礼如吃饭喝水一样容易；后世对于礼制、礼仪和礼意已不甚了解，学礼者多迂腐而不切实际，行礼更是难上加难，故古礼仪节虽繁冗，却不能弃之不用。相反，应该将散诸群籍之礼加以辨析和整合，并结合时代的需要重新编纂礼书，以达到经世致用之效能。

  古代礼仪之载体，最基本也是最重要的是《仪礼》。朱子曰："《仪礼》，不是古人预作一书如此。初间只以义起，渐渐相袭，行得好，只管巧，至于情文极细密，极周经处，圣人见此意思好，故录成书。"③朱子认为，《仪礼》所记载的礼仪是圣人之意的体现，故须特别重视；若轻视《仪礼》，则会造成社会失序的严重后果。朱子以宋代君臣之礼为例，以明《仪礼》所记古礼之重要意义，他说："只看古人君臣之际，如公前日所画图子，君临臣丧，坐抚当心，要经而踊。今日之事，至于死生之际，恝然不相关，不啻如路人！所谓君臣之恩义安在！祖宗时，于旧执政丧亦亲临。渡江以来，一向废此。只秦桧之死，高宗临之，后来不复举。如陈福公，寿皇眷之如此隆至，其死亦不亲临。祖宗凡大臣死，远地不及临者，必遣郎官往吊。寿皇凡百提掇得意思，这般处却恁地不觉。今日便一向废却。"④朱子认为，《仪礼》一书情文极细密，通过《仪礼》一书，可明古代君臣之义；然宋代君臣死丧之际形同路人，人情之不达，风俗之不存，皆是由于不知《仪礼》所致。

---

① （宋）黎靖德辑：《朱子语类》卷八十四，朱杰人等编：《朱子全书》（修订本）第17册，上海古籍出版社、安徽教育出版社2010年版，第2877页。
② （宋）黎靖德辑：《朱子语类》卷八十四，朱杰人等编：《朱子全书》（修订本）第17册，上海古籍出版社、安徽教育出版社2010年版，第2876页。
③ （宋）黎靖德辑：《朱子语类》卷八十五，朱杰人等编：《朱子全书》（修订本）第17册，上海古籍出版社、安徽教育出版社2010年版，第2898页。
④ （宋）黎靖德辑：《朱子语类》卷八十五，朱杰人等编：《朱子全书》（修订本）第17册，上海古籍出版社、安徽教育出版社2010年版，第2898页。

为了适应宋代社会礼俗的需要，朱子根据《仪礼》等书制定了简便易行的《家礼》。①朱子希望通过撰作《家礼》，从而"古人所以修身齐家之道、慎终追远之心犹可复见，而于国家所以崇化导民之意，亦或有小补云"②。《家礼》，顾名思义，其重点当是齐家的礼仪。该书共分五卷，分别是通礼、冠礼、昏礼、丧礼、祭礼，皆是关于修身齐家之礼仪。然而礼的效用绝不仅限于修身、齐家层面，治国、平天下亦是礼之重要功能。朱子论礼的治国、平天下功能，集中体现在《通解》一书中。如该书所涉及的王朝礼中的分土、治国、王礼、王事、设官、建侯、名器、师田、刑辟等，皆已超越人身修养，而上升到社会秩序整合的层面。③戴君仁曰："朱子生平讲学，是修身以前的较多，修身以后的差少。在他中年以后，大约想到了这点，所以要编修礼书，举凡礼乐刑政，学校军旅，一切都包括在礼里，以完成《大学》的整个系统。"④戴氏认为，朱子中年以后集中精力投入《通解》之编纂，与其继承儒家礼乐文化、实现经世济民之理想密切相关。

第二，朱子编纂《通解》，是对王安石新政的文化政策所作之回应。

唐代所撰《五经正义》有《礼记》而无《仪礼》，故自唐代始，《礼记》备受士子重视，而《仪礼》则被冷落。北宋熙宁年间，王安石改制，废《仪礼》学官，而以《周礼》取士。当时规定："进士罢诗赋、帖经、墨义，各占治

---

① 元代武林应氏作《家礼辨》以前，无人疑《家礼》为朱子所作。明代邱濬、今人陈来、束景南、蔡方鹿等人皆力辩《家礼》为朱子的作品。从今人的考证来看，《家礼》为朱子所作已无可疑。可参考陈来《朱子〈家礼〉真伪考议》（《北京大学学报（哲学社会科学版）》1989年第3期）、束景南《朱熹〈家礼〉真伪辨》（《朱子学刊》1993年第1辑，黄山书社1993年版）、蔡方鹿《朱熹经学与中国经学》（人民出版社2004年版）。

② （宋）朱熹：《家礼序》，《家礼》卷首，朱杰人等编：《朱子全书》（修订本）第7册，上海古籍出版社、安徽教育出版社2010年版，第873页。

③ 蔡方鹿论《通解》与《家礼》之关系曰："从形式上讲，《仪礼经传通解》之礼学体系是以家、乡、学、邦国、王朝为顺序排列的，体现了朱熹礼学思想是以修身、齐家之家礼为基础，再扩展到治国平天下之邦国、王朝之礼，可见家礼是朱熹整个《礼》学的基础。也就是说，《家礼》，包括《仪礼经传通解》之第一部分的《家礼》占据了朱熹《礼》学之基础地位，朱熹《礼》学是在家礼的基础上展开的。作为朱熹早年礼书的《家礼》，自然在朱熹《礼》学体系中具有基础性的重要地位。其他如乡礼、学礼、邦国礼、王朝礼等均是在家礼基础上的展开。"（蔡方鹿：《朱熹经学与中国经学》，人民出版社2004年版，第432页）

④ 戴君仁：《书朱子〈仪礼经传通解〉后》，李曰刚编：《三礼论文集》，台湾黎明文化事业股份有限公司1982年版，第307页。

《诗》、《书》、《易》、《周礼》、《礼记》一经,兼以《论语》、《孟子》。"① 追随王安石之学人,如方悫、陆佃、马希孟等人皆重视《礼记》而弃《仪礼》。② 如方悫之《礼记解》,陈振孙云:"新安方悫性大撰。政和二年表进,自为之序。以王氏父子独无解义,乃取其所撰《三经义》及《字说》,申而明之,著为此解,由是得上舍出身。其所解文义亦明白。"③ 受王安石新政之影响,北宋中期以后,士子对于《仪礼》之热情更为削减,《仪礼》学遂湮没不彰。

与王安石的学术观点不同,朱子认为《仪礼》是经,《礼记》是记,经是源,记是流。朱子曰:"《仪礼》是经,《礼记》是解《仪礼》。如《仪礼》有《冠礼》,《礼记》便有《冠义》;《仪礼》有《昏礼》,《礼记》便有《昏义》;以至燕、射之类,莫不皆然。"④ 又曰:"《仪礼》,礼之根本,而《礼记》乃其枝叶。"⑤ 朱子认为,《仪礼》是经,《礼记》是解释《仪礼》之记,如《仪礼》有《士冠礼》,《礼记》便有《冠义》,《仪礼》有《士昏礼》,《礼记》便有《昏义》,故《仪礼》是根本,《礼记》是枝叶。朱子多次批评王安石废《仪礼》学官之举,如他说:"《仪礼》旧与《六经》、《三传》并行,至王介甫始罢去。其后虽复《春秋》,而《仪礼》卒废。今士人读《礼记》而不读《仪礼》,故不能见其本末。场屋中《礼记》义,格调皆凡下。盖《礼记》解行于世者,如方、马之属,源流出于熙、丰。士人作义者多读此,故然。"⑥ 又说:"旧来有明经科,

---

① (宋)李焘:《续资治通鉴长编》卷二百二十《神宗·熙宁四年》,中华书局1986年版,第5334页。
② 从目录和相关著作的著录来看,王安石曾撰《礼记要义》和《礼记发明》两书。笔者曾据南宋卫湜的《礼记集说》、元代吴澄的《礼记纂言》等著述,采辑王安石《礼记》解义六十二则,合为一编。此外,卫氏《礼记集说》部分保留了王安石后学的《礼记》解义,其中陆佃的解义九百四十五则、方悫的解义一千五百八十九则,马希孟的解义六百一十五则。具体可参见拙文《王安石佚书〈礼记发明〉辑考》(《古代文明》2010年第2期)及拙著《宋代〈礼记〉学研究》(吉林人民出版社2011年版)第四章"新学学者的《礼记》学"。
③ (宋)陈振孙著,徐小蛮等点校:《直斋书录解题》卷二《礼类》,上海古籍出版社1987年版,第48页。
④ (宋)黎靖德辑:《朱子语类》卷八十五,朱杰人等编:《朱子全书》(修订本)第17册,上海古籍出版社、安徽教育出版社2010年版,第2899页。
⑤ (宋)黎靖德辑:《朱子语类》卷八十四,朱杰人等编:《朱子全书》(修订本)第17册,上海古籍出版社、安徽教育出版社2010年版,第2888页。
⑥ (宋)黎靖德辑:《朱子语类》卷八十四,朱杰人等编:《朱子全书》(修订本)第17册,上海古籍出版社、安徽教育出版社2010年版,第2888页。

便有人去读这般书,注、疏都读过。自王介甫新经出,废明经学究科,人更不读书。卒有礼文之变,更无人晓得,为害不细。如今秀才,和那本经也有不看底。朝廷更要将经义、赋、论、策颁行印下教人在。"①又说:"熙宁以来,王安石变乱旧制,废罢《仪礼》,而独存《礼记》之科,弃经任传,遗本宗末,其失已甚。"②朱子认为,《仪礼》为经,《礼记》为记,王安石于科考中取缔《仪礼》,致使士子皆读《礼记》而弃《仪礼》,此乃本末倒置之举,为害甚大。其编纂《通解》一书,便是突出《仪礼》的礼经地位,并将《礼记》及诸史记载作为传,与《仪礼》相发明。

第三,朱子编纂《通解》,与其同吕祖谦、潘恭叔等人之论学有关。

朱子曾计划编纂一本名为《仪礼附记》的书,他将自己的设想告诉了吕祖谦,并希望得到吕祖谦的修改意见。据朱子《问吕伯恭三礼篇次》,可知朱子《仪礼附记》的篇目安排如下:《仪礼附记》的上篇,《士冠礼》、《士昏礼》、《乡饮酒礼》、《乡射礼》、《燕礼》、《聘礼》分别附以《冠义》、《昏义》、《乡饮酒义》、《射义》、《燕义》、《聘义》,《士相见礼》、《大射礼》、《公食大夫礼》、《觐礼》则无所附;《仪礼附记》的下篇,《丧服》附以《丧服小记》、《大传》、《月服问》、《间传》,《士虞礼》附以《丧大祭》、《奔丧》、《问丧》、《曾子问》、《檀弓》,《有司彻》附以《祭义》、《祭统》,《士丧礼》、《既夕礼》、《特牲馈食礼》、《少牢馈食礼》则无所附;《礼记》余下诸篇分为五类:《曲礼》、《内则》、《玉藻》、《少仪》、《投壶》、《深衣》六篇为一类,《王制》、《月令》、《祭法》三篇为一类,《文王世子》、《礼运》、《礼器》、《郊特牲》、《明堂位》、《大传》、《乐记》七篇为一类,《经解》、《哀公问》、《仲尼燕居》、《坊记》、《儒行》五篇为一类,《中庸》、《大学》、《学记》、《表记》、《缁衣》五篇为一类。

朱子曾就所拟《仪礼附记》的篇目征求吕祖谦的修改意见,其过程已难详考,然朱子在与潘恭叔的通信中谈到了自己编纂礼书曾受吕祖谦门人之启发。朱子曰:"《礼记》须与《仪礼》相参,通修作一书乃可观。中间伯恭欲令门人为之,近见路德章编得两篇,颇有次第。然渠辈又苦尽力于此,反身都无自得处,亦觉枉费功夫。熹则精力已衰,绝不敢自下功夫矣。恭叔暇日

---

① (宋)黎靖德辑:《朱子语类》卷八十五,朱杰人等编:《朱子全书》(修订本)第17册,上海古籍出版社、安徽教育出版社2010年版,第2906页。

② (宋)朱熹:《晦庵先生朱文公集》卷十四《乞修三礼札子》,朱杰人等编:《朱子全书》(修订本)第23册,上海古籍出版社、安徽教育出版社2010年版,第687页。

能为成之，亦一段有利益事。但地远，不得相聚评订为恨。如欲为之，可见报，当写样子去也。今有篇目，先录去，此又是一例，与德章者不同也。"① 通过此段追忆之言，可知吕祖谦的弟子路德章就朱子《仪礼附记》之篇目提出了修改意见，朱子还肯定路德章所编礼书"颇有次第"。在与潘恭叔论《仪礼附记》之篇目安排时，朱子曰："《礼记》如此编甚好，但去取太深，文字虽少而功力实多，恐难得就，又有担负耳。留来人累日，欲逐一奉答所疑，以客冗不暇。昨夕方了得一篇，今别录去。册子必有别本可看，却且留此，俟毕附的便去也。"② 朱子主张《礼》书可分为《仪礼附记》和《礼记分类》两部分，其中《仪礼附记》用路德章的本子。由此可见，吕氏门人和潘恭叔等人对朱子礼书编纂之影响可谓深远。朱子《通解》之编纂原则，正是在与吕祖谦弟子和潘恭叔等人探讨《仪礼附记》的基础上逐渐形成的。

(二)《通解》于《仪礼》校勘和训释之成就

朱子编纂《通解》时，对《仪礼》经、注、疏作了校勘和训释。这些校勘和训释成果，对于朱子礼学成就之评价以及《仪礼》经、注、疏之辨析皆有着重要的参考价值。正如邓声国所云："朱熹在疏解《仪礼》所载白文及其相关注疏材料时，往往通过附加'今案'一类的方式，表明他对于某一具体问题的具体看法，这一鳞半爪的诠释见解，对于读者研读和探究经文本身深有裨益。"③ 前贤时人对《通解》于《仪礼》之校勘和训释已有研究，然于朱子校勘和训释之渊源和影响却着墨不多。④ 笔者拟从经学史的角度来考察《通解》于《仪礼》校勘和训释的内容，以见朱子于《仪礼》校勘和释义之成就和影响。⑤

---

① （宋）朱熹：《晦庵先生朱文公文集》卷五十《答潘恭叔》，朱杰人等编：《朱子全书》（修订本）第22册，上海古籍出版社、安徽教育出版社2010年版，第2307页。
② （宋）朱熹：《晦庵先生朱文公文集》卷五十《答潘恭叔》，朱杰人等编：《朱子全书》（修订本）第22册，上海古籍出版社、安徽教育出版社2010年版，第2307页。
③ 邓声国：《〈仪礼经传通解〉"今按"之文献学面面观》，《齐鲁文化研究》第八辑。
④ 孙致文《朱熹〈仪礼经传通解〉研究》一文将朱子之校勘对典籍理解所产生的效用归纳为以下几点：改正误字，使文义晓畅，补正缺字，阐明经义；借校勘使文义前后相应；借校勘联结篇章旨意；借校勘彰显经传结构。邓声国《〈仪礼经传通解〉"今按"之文献学面面观》一文对朱子《仪礼经传通解》整理《仪礼》白文、注疏的特点作了辨析和归纳。
⑤ 笔者于此主要以《通解》之校语和释义为考察对象，此外还将《朱子语类》所载朱子的《仪礼》校语及释义纳入考察的范围。

朱子对《仪礼》的经文作了校勘。如《乡饮酒礼》："俎由东壁，自西阶升。宾俎，脊、胁、肩、肺。主人俎，脊、胁、臂、肺。介俎，脊、胁、肫、胳、肺。肺皆离。皆右体，进腠。""肫胳"，朱子曰："印本'胳'上有'肫'字，然《释文》无音。《疏》又云'有臑肫而介不用'，明本无此字也。成都石经亦误，今据音、疏删去。"①朱子据《释文》和贾疏，认为《乡饮酒礼》此之"肫"字为衍文。朱子此说，后世学者颇有争议。敖继公和四库馆臣皆认可朱子此说。如四库馆臣云："《疏》云'或有肫胳两言者'云云，则是作《疏》之时，或本已有两言'肫胳'二字者矣，是盖后人妄增之，而当时无有是正之者，故二本并行。其后石经与印本但以或本为据，所以皆误，今从《通解》删之。"②《仪礼集释》四库馆臣之校语云："案今注疏本无'肫'字，唐石经有。据《疏》云'宾用肩，主人用臂，介用胳，其间有臑肫在而介不用者，盖以大夫俎，故此阙焉'，是贾《疏》之本无'肫'字也。《疏》又云'或有介俎肫胳竝言'者，是贾氏所见别本有'肫'字也。然《注》内作'膞'，《释文》云'刘音纯'而绝不涉及于'肫'，是注及《释文》皆不知经有'肫'字，使'肫胳'两见，康成必解释其意，古本无'肫'字明矣。"③卢文弨则认为"肫"字不衍，他说："石经有，朱删。以《疏》云'有臑肫，而介不用'，明本无此字也。金案：'《疏》又云"或有介俎肫胳两言者，欲见用体无常，若有一大夫，即介用肫，若有二大夫，则介用胳，故肫胳两见亦是也。"又案：前经"乃设折俎"下，《疏》引此《记》亦有"肫"字，则贾《疏》所据之本明有"肫"字。'今官本亦删之，非是。"④阮元持折中说，曰："按贾云'肫胳两见亦是也'，又前《疏》云下有'介俎脊胁肫胳'，仍有'肫'字，则贾氏所据之本虽无'肫'字，亦不以有'肫'为非。"⑤敖继公、四库馆臣、卢文弨、阮元等人对《乡饮酒礼》此之"肫"字之辨析，乃是受朱子校语之影响。

---

① （宋）朱熹：《仪礼经传通解》卷七，朱杰人等编：《朱子全书》（修订本）第2册，上海古籍出版社、安徽教育出版社2010年版，第273页。
② （元）敖继公《仪礼集说》卷四，文渊阁《四库全书》第105册，第138页，四库馆臣校语。
③ （宋）李如圭《仪礼集释》卷四，文渊阁《四库全书》第103册，第108页，四库馆臣校语。
④ （清）卢文弨：《仪礼注疏详校》卷四，"中研院"中国文哲研究所2012年点校本，第77—78页。
⑤ （清）阮元校刻：《十三经注疏（附校勘记）》，中华书局1980年版，第992页。

又如《聘礼》:"所以朝天子,圭与繅皆九寸,剡上寸半,厚半寸,博三寸,繅三采六等,朱白苍。"此之"苍"字,朱子云:"今按:上记只有'朱白苍'三字,而《杂记》疏所引乃重有之,不知何时传写之误,失此三字。"① 朱子之说得到了阮元的认可。阮氏曰:"《杂记》疏'三采六等,以朱白苍画之再行也'者,案《聘礼·记》云'朝天子圭与繅皆九寸,繅三采六等,朱白苍朱白苍'是也。既重云'朱白苍',是一采为二等,相间而为六等也。朱子曰:《记》只有'朱白苍'三字,而《杂记》疏所引乃重有之,不知何时传写之误,失此三字。"②

又如《聘礼》宾使者如初之仪,及退,拜送。辞曰:"非礼也,敢。"对曰:"非礼也,敢。"朱子曰:"今按:诸本下句末有'辞'字,《注》无复出'辞'字,永嘉本张淳《识误》曰:'以《注》、《疏》考之,经下羡一辞字,《注》上合更有一辞字,盖传写误以注文为经文也,当以《注》、《疏》减经以还《注》。'其说为是,今从之。"③ 朱子从张淳之说,认为《聘礼》此之第二个"敢"字下无"辞"字。阮校:"按张说是也。注以'辞'为不受,'对'为答,为截然两事,二者皆曰'不敢',一则不敢不辞,一则不敢不对,《疏》引《易》注其义甚明,故朱子、敖氏皆从张说。《疏》中'非礼也敢辞'句,单疏本无'辞'字,今本于经、注既依《通解》,而《疏》中反增一'辞'字,适滋后人之惑,然单疏标经文起止仍有'辞'字,盖自唐石经之后误读已久,校疏者不知而误改耳。"④ 阮元承张淳、朱子之说,认为《仪礼》"敢"字后无"辞"字。

朱子对《仪礼》郑《注》、贾《疏》亦作了校勘。如《聘礼》:"上介出请,入告。宾礼辞,迎于舍门之外,再拜。"郑《注》:"出请,出门西面,请所以来事也。入告,入北面告宾也。每所及至,皆有舍。其有来者,皆出请入告,于此言之者,宾弥尊,事弥录。""者"字后,毛本有"与"字,严本有"者"字,李如圭《仪礼集释》无。张淳曰:"《注》曰'其有来者者',巾箱、杭本

---

① (宋)朱熹:《仪礼经传通解》卷二十二,朱杰人等编:《朱子全书》(修订本)第2册,上海古籍出版社、安徽教育出版社2010年版,第730页。
② (清)阮元校刻:《十三经注疏(附校勘记)》,中华书局1980年版,第1076页。
③ (宋)朱熹:《仪礼经传通解》卷二十二,朱杰人等编:《朱子全书》(修订本)第2册,上海古籍出版社、安徽教育出版社2010年版,第741页。
④ (清)阮元校刻:《十三经注疏(附校勘记)》,中华书局1980年版,第1077页。

同，监本无一'者'字。按《释文》云'者与，音余'，盖传写者误以'与'字作'者'尔，监本以其重复，遂去其一，尤非也。从《释文》。"①朱子曰："今按：注中'与'字，陆氏音余，监本作'此'者，非疑词，不当音余。复出'者'字亦无义理，窃疑本'介'字也。"②卢文弨云："案：朱说是。"③

又如《聘礼》："陪鼎当内廉，东面北上，上当碑，南陈。"郑《注》："宫必有碑，所以识日景、引阴阳也。"朱子曰："今按：注内'景'下'引'字疑当作'别'。"④周学健云："'别'字固直截，或以绳著碑引之而定方位，则'引'字亦可解。敖氏《集说》改'别'。"⑤

又如《士冠礼》："乃醴宾以壹献之礼。主人酬宾，束帛俪皮。赞者皆与，赞冠者为介。"郑《注》："赞者，众宾也。"朱子曰："赞者谓主人之赞者也，恐字误作'众宾'耳。"⑥胡培翚、阮元赞同朱子之说。胡培翚云："今案：下云'赞冠者为介'，即前经宿赞冠者一人，乃宾之赞者也，则此赞者为主人之赞者甚明。"⑦阮元云："按如朱子说，则疏中两'众宾'亦当改为'主人之赞者'。"⑧前之经文云"赞冠者一人"，明指宾之赞者，此之经文有"赞冠者"，亦宾之赞者，故此处经文所云"赞者"即主人之赞者甚明。所谓主人之赞者，即辅佐主人行礼之人。

朱子还补《仪礼》郑《注》、贾《疏》之未备。如《士冠礼》："布席于门中，闑西阈外，西面。宰自右少退，赞命。"郑《注》："宰，有司主政教者。自，由也。赞，佐也。命，告也。佐主人告所以筮也。《少仪》曰：'赞币自左，诏辞自右。'"郑玄于此对"宰"、"自"、"赞"、"命"等字皆作了解释，而于所赞之辞无说明。朱子曰："今按：所赞之辞未闻，下《疏》云文不具也，盖当

---

① （宋）张淳：《仪礼识误》卷一，文渊阁《四库全书》第 103 册，第 12 页。
② （宋）朱熹：《仪礼经传通解》卷二十二，朱杰人等编：《朱子全书》（修订本）第 2 册，上海古籍出版社、安徽教育出版社 2010 年版，第 738—739 页。
③ （清）卢文弨：《仪礼注疏详校》卷八，"中研院"中国文哲研究所 2012 年点校本，第 166 页。
④ （宋）朱熹：《仪礼经传通解》卷二十二，朱杰人等编：《朱子全书》（修订本）第 2 册，上海古籍出版社、安徽教育出版社 2010 年版，第 770 页。
⑤ （清）阮元校刻：《十三经注疏（附校勘记）》，中华书局 1980 年版，第 1061 页。
⑥ （宋）朱熹：《仪礼经传通解》卷一，朱杰人等编：《朱子全书》（修订本）第 2 册，上海古籍出版社、安徽教育出版社 2010 年版，第 63 页。
⑦ （清）胡培翚：《仪礼正义》卷一，《续修四库全书》第 91 册，第 624 页。
⑧ （清）阮元校刻：《十三经注疏（附校勘记）》，中华书局 1980 年版，第 955 页。

云：某有子某，将以来日某加冠于其首，庶几从之。"①朱子于此言宰所赞之辞，意在补郑《注》之未备也。

又如《士冠礼》："前期三日，筮宾，如求日之仪。"郑《注》："前期三日，空二日也。筮宾，筮其可使冠子者，贤者恒吉。《冠义》曰：'古者冠礼筮日筮宾，所以敬冠事。敬冠事所以重礼，重礼所以为国本。'"朱子曰："今按：前已广戒众宾，此又择其贤者筮之，吉则宿之以为正宾，不吉则仍为众宾，不嫌于预戒也。"②郑《注》于此仅言筮宾之重要意义，朱子则对筮宾之过程作了说明。

又如《燕礼》："工歌《鹿鸣》、《四牡》、《皇皇者华》。"郑《注》："三者皆《小雅》篇也。《鹿鸣》，君与臣下及四方之宾燕，讲道修政之乐歌也。此采其已有旨酒，以召嘉宾，嘉宾既来，示我以善道。又乐嘉宾有孔昭之明德，可则傚也。《四牡》，君劳使臣之来乐歌也。此采其勤苦王事，念将父母，怀归伤悲，忠孝之至，以劳宾也。《皇皇者华》，君遣使臣之乐歌也。此采其更是劳苦，自以为不及，欲咨谋于贤知而以自光明也。"经文于此所列《鹿鸣》、《四牡》、《皇皇者华》皆属《诗经·小雅》篇目。朱子论歌此三篇之深意曰："今按：《鹿鸣》，即谓今日燕饮之事，所以导达主人之诚意，而美嘉宾之德也；《四牡》，言其去家而仕于朝，辞亲而从王事，于此乎始也；《皇皇者华》，言其将为君使而赋政于外也。"③朱子此说可与郑《注》相发明。

又如《乡饮酒礼》："主人西南面三拜众宾，众宾皆答壹拜。"郑《注》："三拜，示遍也。壹拜，不备礼也。献宾毕，乃与众宾拜，敬不能并。"众宾人数多且位卑，故主人不一一拜之，仅行三拜之礼以概之。郑玄认为，不能同时向宾、众宾表达敬意，故献宾之后才献众宾。朱子曰："今按：此疏云：'众宾各得主人一拜，主人亦遍得一拜。'《乡射》疏又云：'众宾无问多少，止为三拜，是示遍也。'然则主人之拜众宾，不能一一拜之，但为三拜以示遍，而众宾之长者三人各答一拜也。然经及注、疏但言众宾一拜，而无三人之文，未

---

① （宋）朱熹：《仪礼经传通解》卷一，朱杰人等编：《朱子全书》（修订本）第2册，上海古籍出版社、安徽教育出版社2010年版，第44页。
② （宋）朱熹：《仪礼经传通解》卷一，朱杰人等编：《朱子全书》（修订本）第2册，上海古籍出版社、安徽教育出版社2010年版，第47页。
③ （宋）朱熹：《仪礼经传通解》卷七，朱杰人等编：《朱子全书》（修订本）第2册，上海古籍出版社、安徽教育出版社2010年版，第281—282页。

详其说。"① 朱子认为，主人于众宾只为三拜以示遍，众宾之长者三人应各答一拜，然而经文及注疏仅言众宾一拜而无三人之文。朱子于此所言，乃是对郑《注》、贾《疏》所作之补充。

又如《乡射礼》："乃合乐，《周南》：《关雎》、《葛覃》、《卷耳》，《召南》：《鹊巢》、《采蘩》、《采苹》。工不兴，告于乐正曰：'正歌备。'乐正告于宾，乃降。"郑《注》："周，周公所食；召，召公所食。于时文王三分天下有其二，德化被于南土，是以其诗有仁贤之风者，属之《召南》焉；有圣人之风者，属之《周南》焉。夫妇之道，生民之本，王政之端，此六篇者，其教之原也。"朱子曰："今按：二《南》之分，《注》、《疏》说皆未安，唯程子曰：'以周公主内治，故以畿内之诗言文王、太姒之化者，属之《周南》。以召公掌诸侯，故以畿外之诗言列国诸侯大夫之室家被文王、太姒之化而成德者，属之《召南》。'此为得之。谓之南者，言其化自岐、雍之间，被于江、汉之域，自北而南也。"② 朱子于此引程子之说以补郑《注》、贾《疏》之未备。

又如《聘礼》："至于阶，三让。公升二等。"郑《注》："先宾升二等，亦欲君行一，臣行二。"贾《疏》云："诸侯阶有七等，公升二等，在上仍有五等，而得云君行一，臣行二者，但君行少，臣行多，大判而言，非谓即君行一，臣行二。"有人问《聘礼》所言"君行一，臣行二"之义，朱子曰："君行步阔而迟，臣行步狭而疾，故君行一步而臣行两步，盖不敢同君之行而践其迹也。《国语》齐君、晏子行，子贡怪之，问孔子君臣交际之礼一段，说得甚分晓。"③ 相比较而言，郑《注》、贾《疏》之解义不甚明了，朱子认为君行一而臣行二，是因为臣不敢践君之迹，意在尊君也。朱子此说阐明了经义，可补郑、贾之不备。

朱子不迷信郑玄《仪礼注》。如《士冠礼》："宜之于假，永受保之，曰伯某甫。"郑《注》："假，大也。宜之是为大矣。"朱子驳郑《注》曰："'假'，

---

① （宋）朱熹：《仪礼经传通解》卷七，朱杰人等编：《朱子全书》（修订本）第2册，上海古籍出版社、安徽教育出版社2010年版，第278页。
② （宋）朱熹：《仪礼经传通解》卷七，朱杰人等编：《朱子全书》（修订本）第2册，上海古籍出版社、安徽教育出版社2010年版，第285页。
③ （宋）黎靖德辑：《朱子语类》卷八十五，朱杰人等编：《朱子全书》（修订本）第17册，上海古籍出版社、安徽教育出版社2010年版，第2903页。

恐与'嘏'同，福也。《注》说非是。"① 朱子此说影响深远，如王引之据《艺文类聚》礼部、《通典》礼十六并引作"一之于嘏"，曰："引之谨案：格，俗字也；嘏，正字也。大福曰嘏。孝友时嘏，言唯孝友之人是福也。其福久而不失，故又曰永乃保之。'之'字正指嘏而言也。下文字辞曰：'宜之于假，永受保之。'注曰：'假，大也。'案：'假'与'嘏'通，嘏，大福也，'宜之于嘏'，犹言福禄宜之也。'永受保之'，'之'字亦指嘏而言也。前后文义正同，不当异训。始醮曰'孝友时嘏'，再醮曰'承天之祜'，三醮曰'承天之庆，受福无疆'，皆祝其多福之辞。郑以为醮者不祝，非也。"② 王引之于此训"假"为"嘏"，乃大福之义，其虽不言出自朱子，然通过比较，可知王氏此说实承自朱子。

又如《聘礼》："既受行，出，遂见宰，问几月之资。"郑《注》："资，行用也。古者君臣谋密草创，未知所之远近，问行用，当知多少而已。古文'资'作'齎'。"资，出使所需的钱物。使者入朝向君请命，出则与宰商议所需钱物之多少。郑玄认为，使者不知所去之地的远近，故需与宰商议。朱子驳之曰："上言与卿图事，则固已知所之矣。此但言与宰计度资费之多寡而已，《注》言未知所之，非是。"③ 朱子于此所言可备一说。

朱子根据《仪礼》，以证笙诗有声无辞。《乡饮酒礼》："笙入堂下，磬南，北面立。乐《南陔》、《白华》、《华黍》。"郑《注》："笙，吹笙者也，以笙吹此诗以为乐也。《南陔》、《白华》、《华黍》，《小雅》篇也，今亡，其义未闻。昔周之兴也，周公制礼作乐，采时世之诗以为乐歌，所以通情，相风切也，其有此篇明矣。"《南陔》、《白华》、《华黍》，皆《小雅》之篇名，郑玄未见三诗之辞，亦不晓其义，故云"今亡，其义未闻"。然毛《传》曰："有其义而亡其辞。"郑《笺》："遭战国及秦之世而亡之，其义则与众篇之义合编故存。"郑玄于两处解义有不同，可能是其注《礼》与笺《诗》时间有先后、所见材料有不同所致。刘敞云："乡饮酒鼓瑟而歌《鹿鸣》、《四牡》、《皇皇者华》。然后笙入立于县中，奏《南陔》、《白华》、《华黍》。《南陔》以下，今无以考其名篇

---

① （宋）朱熹：《仪礼经传通解》卷一，朱杰人等编：《朱子全书》（修订本）第2册，上海古籍出版社、安徽教育出版社2010年版，第61页。
② （清）王引之：《经义述闻》卷十，《续修四库全书》第174册，第483页。
③ （宋）朱熹：《仪礼经传通解》卷二十二，朱杰人等编：《朱子全书》（修订本）第2册，上海古籍出版社、安徽教育出版社2010年版，第724页。

之义。然曰笙、曰乐、曰奏而不言歌，则有声而无辞明矣。"①刘敞以"亡"作"无"解。朱子承刘敞之说，认为"笙诗"有声无辞，他说："笙入立于县中，奏《南陔》、《白华》、《华黍》。《南陔》以下，今无以考其名篇之义。然曰笙、曰乐、曰奏，而不言歌，则有声而无词明矣。"②朱子笙诗之说影响深远，后世学者围绕笙诗之性质有很多争议，如杨洪才主朱子笙诗无词之说，而毛奇龄则谓笙诗之词亡。

朱子对《仪礼》所作之释义有不达经义者。如《士昏礼》："下达，纳采用雁。"郑《注》："用雁为挚者，取其顺阴阳往来。"贾《疏》云："顺阴阳往来者，雁木落南翔，冰泮北徂，夫为阳，妇为阴，今用雁者，亦取妇人从夫之义，是以昏礼用焉。"有人问朱子："昏礼用雁，'婿执雁'，或谓取其不再偶，或谓取其顺阴阳往来之义。"朱子曰："《士昏礼》谓之'摄乘'，盖以士而服大夫之服，乘大夫之车，则当执大夫之贽。前说恐傅会。"③又曰："重其礼而盛其服。"④郑玄、贾公彦认为，士昏礼纳采用雁，乃取顺阴阳之义。朱子驳郑、贾之说，认为此乃士礼之"摄盛"，所谓摄盛，谓古代男女举行婚礼时，可据车服常制超越一等，以示贵盛。朱子认为，士昏礼纳采用雁，是士用大夫之礼，故为摄盛。清人多驳朱子此说，如褚寅亮曰："朱子谓'下达'二字为用雁而发，言士庶皆得用雁，'摄盛'之意也。如此，则宜云'纳采用雁下达'，文义与'三年之丧自天子达'同，方顺。今无上事，而启口即云'下达'，古人立言，恐不若是。仍当主使媒氏下通其言之说。至用雁之义，注所谓顺阴阳往来也，与六贽绝不相涉。……又案，《白虎通》云用雁者，取其随时南北，不失其节，明不夺女子之时也。又取飞成行，止成列，明嫁娶之礼长幼有序，不相逾越也。此二义兼可补注所未备。"⑤吴廷华亦云："纳，入也，采择也。女氏既许，乃使人用雁纳采择之礼。昏礼有六，首纳采，次问名，次纳吉，次纳

---

① （宋）卫湜：《礼记集说》卷一百五十七，文渊阁《四库全书》第120册，第724—725页。
② （宋）朱熹：《仪礼经传通解》卷七，朱杰人等：《朱子全书》（修订本）第2册，上海古籍出版社、安徽教育出版社2010年版，第284页。
③ （宋）黎靖德辑：《朱子语类》卷八十五，朱杰人等编：《朱子全书》（修订本）第17册，上海古籍出版社、安徽教育出版社2010年版，第2902页。
④ （宋）黎靖德辑：《朱子语类》卷八十五，朱杰人等编：《朱子全书》（修订本）第17册，上海古籍出版社、安徽教育出版社2010年版，第2902页。
⑤ （清）褚寅亮：《仪礼管见》，王先谦编：《清经解续编》（第一册）卷一百七十二，上海书店1988年版，第891页。

征,次请期,次亲迎,六挚,大夫执雁,昏则无问贵贱皆用之,取其顺阴阳往来之义也。"①郑《注》、《白虎通》皆云士昏礼纳采用雁有顺阴阳往来之义,朱子摄盛之说未得经义也。

(三)《通解》对后世礼书编纂之影响

朱子《通解》一书对后世的礼学产生了深远的影响。不少经学家虽不以礼书编纂为要务,但是他们或褒奖或批评,对《通解》皆格外重视。如有些学人认为《通解》一书有不足,清初学人姚际恒云:"《仪礼经传通解》一书,经传颠倒,前已言之。然吾实不解作者意指,以为尊《仪礼》耶? 全录《注》、《疏》,毫无发明,一抄书吏可为也,尊之之义安在?以裁割《礼记》、《周礼》、史传等书附益之为能耶? 检摘事迹可相类者,合于一处,不别是非同异,一粗识文字童子亦可为也,又何以为能? 其于无可合者,则分家、乡、学、邦国、王朝等名,凭臆变乱,牵强填塞,此全属纂辑类书伎俩。使经义破碎支离,何益于学? 何益于治?"②姚氏认为,朱子《通解》录《注》、《疏》之文而少有辨析,引用史料而不别异同,分家礼、乡礼、学礼、邦国礼又凭臆变乱、牵强填塞,此皆与编纂类书近似。皮锡瑞亦曰:"其(《通解》)失在厘析《仪礼》诸篇,多非旧次。如《士冠礼》三屦本在辞后,乃移入前,陈器、服章、戒宿、加冠等辞,本总记在后,乃分入前各章之下之类,未免宋儒割裂经文之习。"③皮锡瑞认为,《通解》之失在于割裂经文,移易经书。姚、皮二氏之观点,是站在汉学之立场而言,若跳出汉学的立场看待《通解》,割裂经文正是《通解》之特点也。

《通解》对后世礼学影响至深者,是其以《仪礼》为经、以《礼记》为记的思想和礼书编纂原则。清初学人万斯大曰:"《仪礼》一经,与《礼记》相表里。考仪文,则《仪礼》为备,言义理,则《礼记》为精。在圣人即吾心之义礼而渐著之为仪文,在后人必通达其仪文而后得明其义理。故读《礼记》而不知《仪礼》,是无根之木,无源之水也。悬空无据,岂能贯通?"④江永亦曰:

---

① (清)吴廷华:《仪礼章句》,阮元编:《清经解》(第二册)卷二百七十二,上海书店1988年版,第342页。

② (清)姚际恒:《仪礼论旨》,《仪礼通论》卷首,《续修四库全书》第86册,第30—31页。

③ (清)皮锡瑞:《经学通论·三礼》,潘斌编:《皮锡瑞儒学论集》,四川大学出版社2010年版,第178页。

④ (清)万斯大:《与陈令升书》,《仪礼商·附录》,文渊阁《四库全书》第108册,第285页。

"《礼记》四十九篇,则群儒所记录,或杂以秦汉儒之言,纯驳不一,其《冠》、《昏》等义,则《仪礼》之义疏耳。"① 又曰:"散逸之余《仪礼》正篇,犹存二戴之《记》者,如《投壶》、《奔丧》、《迁庙》、《釁庙》之类,已不可多见。"② 万斯大、江永皆强调《仪礼》对于认识《礼记》的重要性,这是对朱子礼书编纂思想的继承和发展。晚清学人皮锡瑞评价《通解》分别经传之举云:"分别经传,当从朱子之说。朱子既有此分别,遂欲合经传为一书。《答李季章书》云:'累年欲修《仪礼》一书,厘析章句,而附以传说。'《答潘恭叔书》云:'《礼记》须与《仪礼》参通修,作一书,乃可观。'《乞修三礼札子》云:'以《仪礼》为经,而取《礼记》及诸经史杂书所载有及于礼者,皆以附于本经之下,具列《注》、《疏》诸儒之说。'札子竟不果上,晚年乃本此意修《仪礼经传通解》。其书厘析章句,朱子已明言之。……其功在章句分明,每一节截断,后一行题云'右某事',比贾疏分节尤简明。"③ 皮锡瑞认为,《通解》一书分别经传较贾疏分节简明,故分别经传当从朱子。

《通解》之体例和编纂原则,对后世礼书之编纂产生了深远的影响。朱子去世以后,门人黄榦继承了朱子的礼书编纂思想,并审定了丧礼部分的稿本。黄氏云:"礼时为大要,当以《仪礼》为本。今《仪礼》惟有《丧服》、《士丧》、《士虞》仅存,而王、侯、大夫之礼皆阙。近世以来,儒生诵习,知有《礼记》而不知有《仪礼》;士大夫好古者,知有唐开元以后之礼,而不知有《仪礼》,昔之仅存者废矣。今因其篇目之仅存者,为之分章句、附传记,使条理明白而易考,后之言礼者有所依据,不至于弃经而任传、遗本而宗末。"④ 黄氏认为,《仪礼》乃礼之根本,然唐代开元以后,人们只知《礼记》而不知《仪礼》,此为弃经任传、遗本宗末之举。此礼书编纂思想与朱子如出一辙。黄氏去世后,杨复继承朱、黄之遗志,继续从事《通解》之编纂,其于黄榦去世后的十年,续成《祭礼》。由此可见,黄榦、杨复的礼书编纂思想与朱子一脉相承。

元人吴澄继承朱子礼书编撰思想,成《礼记纂言》一书。是书自序云:

---

① (清)江永:《礼记纲目序》,《礼记纲目》卷首,文渊阁《四库全书》第133册,第43页。
② (清)江永:《礼记纲目序》,《礼记纲目》卷首,文渊阁《四库全书》第133册,第43页。
③ (清)皮锡瑞:《经学通论·三礼》,潘斌编:《皮锡瑞儒学论集》,四川大学出版社2010年版,第177—178页。
④ (宋)杨复:《宋嘉定癸未刊仪礼经传通解续丧礼后序》,朱杰人等编:《朱子全书》(修订本)第5册,上海古籍出版社、安徽教育出版社2010年版,第3416页。

"汉兴,得先儒所记礼书二百余篇,大戴氏删合为八十五,小戴氏又损益为四十三,《曲礼》、《檀弓》、《杂记》分上下,马氏增以《月令》、《明堂位》、《乐记》,郑氏从而为之注,总四十九篇,精粗杂记,靡所不有。秦火之余,区区掇拾,所存什一于千百,虽不能以皆醇,然先王之遗制,圣贤之格言,往往赖之而存。第其诸篇,出于先儒著作之全书者无几,多是记者旁搜博采,剿取残篇断简,会稡成书,无复铨次,读者每病其杂乱而无章。唐魏徵公为是作《类礼》二十篇,不知其书果何如也,而不可得见。朱子尝与东莱先生吕氏商订《三礼》篇次,欲取戴《记》中有关于《仪礼》者附之经,其不系于《仪礼》者仍别为记。吕氏既不及答,而朱子亦不及为,幸其大纲存于文集,犹可考也。晚年编校《仪礼》经传,则其条例与前所商订又不同矣。其间所附戴《记》数篇,或削本篇之文而补以他篇之文,今则不敢,故止就其本篇之中,科分栉剔,以类相从,俾其上下章文义联属,章之大旨标识于左,庶读者开卷了然。"①吴氏仿效朱子,重新分类编排《礼记》篇目,比如他将《礼记》中的《冠义》、《昏义》、《乡饮酒义》、《燕义》、《聘义》等辑成《仪礼传》,将《礼记》余下的三十六篇分为通礼、丧礼、祭礼、通论四类。吴氏重新组合编排《礼记》之篇目,对于认识《礼记》与《仪礼》的关系以及探讨《礼记》的思想,皆有积极意义。吴氏治《礼记》,不管是从思路上还是从方法上皆是袭自朱子。后人对此书毁誉参半,如四库馆臣云:"澄复改并旧文,俨然删述,恐亦不免僭圣之讥。以其排比贯串,颇有伦次,所解亦时有发明,较诸王柏删《诗》,尚为有间。"②

清人江永以朱子《仪礼经传通解》修于晚岁,前后体例不一,于是以黄榦《丧礼》为式,为之增损隐括,撰《礼书纲目》一书。全书共分八门,分别是《嘉礼》十九篇,计十二卷,《宾礼》十篇,计五卷,《凶礼》十七篇,计十六卷,《吉礼》十五篇,计十四卷,皆因《仪礼》所有而附益;《军礼》五篇,计五卷,《通礼》二十八篇,计二十三卷,《曲礼》六篇,计五卷,皆补《仪礼》所未备;《乐》六篇,计五卷。总共一百零六篇八十五卷。《礼书纲目》搜罗赅备,考证详密,篇章次第也较朱熹《通解》为优。四库馆臣评价是书曰:"其书虽仿《仪礼经传通解》之例,而参考群经,洞悉条理,实多能补所未及,

---

① (元)吴澄:《礼记纂言序》,《礼记纂言》卷首,文渊阁《四库全书》第121册,第3页。
② (清)永瑢:《四库全书总目》卷二十一,中华书局1965年影印本,第170页。

非徒立异同。……盖《通解》，朱子未成之书，不免小有出入。其间分合移易之处，亦尚未一一考证，使之融会贯通。永引据诸书，厘正发明，实足终朱子未竟之绪。"① 戴震亦云："先生以朱子晚年治《礼》，为《仪礼经传通解》，书未就，虽黄氏、杨氏相继纂续，犹多阙漏，其书非完。乃为之广摭博讨，一从《周官经》大宗伯吉、凶、宾、军、嘉五礼旧次，使三代礼仪之盛，大纲细目，井然可睹。"②

清人姜兆锡撰《仪礼经传内外编》一书，在体例上与朱熹、黄榦一脉相承。该书自序云："兹编实奉朱子遗训，以其所编家、乡、邦国、王朝之礼，用勉斋丧、祭二礼之例以通之，不袭其迹而师其意。"③ 至于"内外编"，姜氏曰："《仪礼》之得名，本于升降揖让动作威仪之所发而为名，故十六篇及凡所补之属为内编；而《丧服》篇及凡所补之属，乃所以行是仪礼之具，而与其发见于升降揖让动作威仪之间者则有间矣，故为外编也。"④ 此书《内编》共二十三卷，前二十二卷依次为嘉礼、军礼、宾礼、凶礼、吉礼。嘉礼分冠昏礼、饮食礼、燕飨礼、宾射礼、脤膰礼、贺庆礼。军礼分大封礼、大均礼、大田礼、大役礼、大师礼。宾礼分为朝觐之属之礼、聘问之属之礼。凶礼分为丧礼、荒礼、吊礼、禬礼、恤礼。吉礼分为享人鬼礼、祀天神礼、祭地示礼、因事之祭、类祭之事、因祭之事。第二十三卷为庶民入小学礼、国子入小学礼、国子暨民后入大学礼、弟子职礼、凡小学大学简升礼、世子豫教礼、诸侯元年即位礼、王元年即位礼。《外编》共五卷，卷一和卷二为《丧服》上下，卷三为《丧服补》。后附《五礼分合图考》。与《通解》一样，姜氏此书十分重视经史杂书之说，除引用《礼记》外，还广泛采纳《诗经》、《春秋》三传、《论语》、《国语》、《白虎通义》、《孔子家语》、《列女传》中的内容。

### 四、杨复的《仪礼》诠释

杨复（1164—1234）字志仁，又字茂才，号信斋，福州人。受业于朱子，

---

① （清）永瑢：《四库全书总目》卷二十二，中华书局1965年影印本，第179页。
② （清）戴震：《戴震文集》卷十二《江慎修先生事略状》，中华书局1980年版，第178页。
③ （清）姜兆锡：《仪礼经传内外编目录序》，《仪礼经传内外编》卷首，《续修四库全书》第87册，第169页。
④ （清）姜兆锡：《仪礼经传内外编目录序》，《仪礼经传内外编》卷首，《续修四库全书》第87册，第168页。

颇有才智，尤善于考证。著有《仪礼经传通解续卷祭礼》、《仪礼图》等。杨复《仪礼图》共十七卷，后附《仪礼旁通图》，该书对后世的《仪礼》研究产生了深远影响，在《仪礼》学史上有着重要地位。

(一)《仪礼图》的撰作之由

杨复《仪礼图》成书于绍定元年（1228），该书的撰作缘由有以下几点：

第一，杨复以图解《仪礼》，是对《仪礼》诠释传统的继承和发扬。《仪礼》所记名物礼制繁多，要读懂《仪礼》，仅靠文字记载是很困难的。早在汉代，一些研究者就将《仪礼》中的名物、礼制、宫室以及行礼的方位绘成图。借《仪礼》图，本来复杂难明的礼器和宫室就变得十分直观，《仪礼》由一本艰深难读的书变得易懂了。郑玄、贾公彦等著名的礼学家从事《仪礼》之研究，对图解《仪礼》格外重视。陈澧推测曰："郑、贾作《注》、作《疏》时，皆必先绘图。"① 其列证据曰："今读《注》、《疏》，触处皆见其踪迹，如《士冠礼》'筮人许诺，右还即席坐'，《注》云：'东面受命，右还北行就席。'《疏》云：'郑知东面受命者，以其上文有司在西方东面，主人在门东西面。今从门西东面，主人之宰命之，故东面受命可知也。知右还北行就席者，以其主人在门外之东南，席在门中，故知右还北行，乃得西面就席坐也。'如此之类，乃显而易见者。又如《燕礼》'主人盥，洗象觚'，《注》云：'取象觚者东面。'《疏》云：'以膳篚南有臣之篚，不得北面取，又不得南面背君取。从西阶来，不得篚东西面取。以是知取象觚者，东面也。'此必郑有图，故知东面取，贾有图，故知不得北面、南面、西面而必东面也。"② 陈澧认为，虽然郑玄、贾公彦并没有《仪礼》图的著作流传下来，但通过阅读《注》、《疏》，可知郑、贾从事《仪礼》诠释时必先绘图。

第二，杨复认为，以图解《仪礼》，与以图解《易》类似。杨复在《仪礼图》自序中曰："学者多苦《仪礼》难读，虽韩昌黎亦云何为其难也。圣人之文，化工也，化工所生，人物品彙，至易至简，神化天成，竭天下之至巧莫能为焉。圣人写胸中制作之妙，尽天理节文之详，经纬弥纶，混成全体，竭天下之心思莫能至焉。是故其义密，其辞严，骤读其书者，如登太华，临沧溟，望其峻深，既前且却，此所以苦其难也。虽然，莫难明于《易》，可以象而求；

---

① （清）陈澧：《东塾读书记》卷八，《续修四库全书》第1160册，第573页。
② （清）陈澧：《东塾读书记》卷八，《续修四库全书》第1160册，第573页。

莫难读于《仪礼》,可以图而见。图,亦象也。"① 杨复认为,《仪礼》是圣人之书,其文字、义理皆难懂,"竭天下之心思莫能至";以图解《仪礼》,与以象解《易》的思路如出一辙。《易》难解,然借助于象,《易》也易懂了;《仪礼》难读,然借助于图,《仪礼》也就易懂了。

第三,杨复以图解《仪礼》,是对朱熹礼学思想的继承。杨复曾跟随朱熹读《仪礼》,"求其辞而不可得,则拟为图以象之,图成而义显"②。"凡位之先后秩序,物之轻重权衡,礼之恭逊文明,仁之忠厚恳至,义之时措从宜,智之文理密察,精粗本末,昭然可见"③。严陵赵彦肃尝作《特牲》、《少牢》二礼图,求教于朱熹。朱熹认为,若能将冠、昏图及堂室制度并考之当更好。杨复遂本其师之意,录《仪礼》经文和注、疏,并依《仪礼》十七篇之顺序,绘图二百零五幅。又分宫庙门、冕弁门、牲鼎礼器门,作图二十五幅,附于二百零五幅之后,名曰《仪礼旁通图》。杨复认为,自己所做的虽未敢谓无遗误,"庶几其或有以得先师之心焉"④。

(二)《仪礼图》的特点

杨复依《仪礼》十七篇,将《仪礼图》分为十七卷,后附《仪礼旁通图》。杨复《仪礼图》的特点可从以下几个方面来看。

第一,杨复将《仪礼》图与文字结合起来,从而实现以图释经文、郑《注》和贾《疏》,又以文字释所绘仪节和名物。

《仪礼图》的每一卷,杨复先录《仪礼》经文,又节录郑《注》、贾《疏》以释经文,然后再绘图以释名物和仪节。如《士冠礼》部分,杨复所绘图共六幅,分别是《筮于庙门图》、《陈服器及即位图》、《迎宾加冠受醴见母送宾图》、《若不醴则醮用酒图》、《孤子冠图》、《庶子冠图》。杨复全录《士冠礼》经文,并节取郑《注》和贾《疏》以释经文。如《若不醴则醮用酒图》,杨复先全录《仪礼》经文,又节录注、疏,然后绘图。在此图中,杨氏在东房门与室之间绘制两甒,标明"酒"、"玄酒",盛玄酒的甒在酒甒的西边。此外,在庭东绘制一洗,洗的西边绘制一篚,篚首朝北,尾南顺。在所绘图中,杨复对相关仪

---

① (清)朱彝尊:《经义考》卷一百三十二,中华书局1998年影印本,第702—703页。
② (清)朱彝尊:《经义考》卷一百三十二,中华书局1998年影印本,第703页。
③ (清)朱彝尊:《经义考》卷一百三十二,中华书局1998年影印本,第703页。
④ (清)朱彝尊:《经义考》卷一百三十二,中华书局1998年影印本,第703页。

节有文字予以说明,其曰:"始加缁布则醮,用脯醢。再加皮则再醮,再醮摄酒。三加爵弁则三醮,有干肉折俎。"① 杨复还将醴礼与醮礼作了辨析,曰:"醮子与醴子同,但节文有少异。彼三加既讫,出房,立,宾揖之,则就西序之筵受醴。此则一加讫,出房,立,宾揖之,就西序之筵受醮,醮讫,立于筵西,宾揖之,就东序之筵。再加亦然。三加醮讫,而后取脯见母。彼则赞酌醴于房中,宾受醴于户东,此则尊于房户之间,宾降取爵于篚,升酌。"② 借杨氏此图和文字,士冠礼行醮用酒之仪节便一目了然。

《士冠礼》记载了孤子和庶子冠礼等特殊情况,杨复通过绘图予以诠释。在《孤子冠图》中,杨复先绘制宫室图,然后用文字对仪节予以说明。在庭东,有"冠于阼"、"降于阼"、"主人"字样。在庭东南附有一段文字:"主人北面拜,此与父在时拜于庭西南面为异。"③ 在庭东之西有一段文字:"父在时冠于东序,醴于户西,此则冠于东序,三加讫,又改筵受醴于东序也。"④ 在庭西有一"宾"字,并附小字:"宾北面拜,此与父在时宾拜于序端东面为异。"⑤ 在《庶子冠图》中,杨复附文字以释图,曰:"《记》云:'嫡子冠于阼,以著代也。'庶子不于阼,而冠于房外南面,非代故也。《记》云:'醮于客位,加有成也。'是嫡子于客位成而尊之,此则成而不尊,故因冠之处遂醮焉。"⑥ 借图中的文字,可对冠礼中的特殊情况有清楚之认识。

第二,杨复通过平面图和立体图,使《仪礼》所记载的抽象的名物和制度变得形象和生动。

杨复为《仪礼》所绘图既有平面图,亦有立体图。兹以杨复为《丧服》所绘图为例以明之。在中国古代,根据与死者关系之亲疏,生者为悼念死者所穿的衣服有不同,服丧的时间长短亦有异。按服丧重轻、做工粗细、周期长短,丧服分为五等,即斩衰、齐衰、大功、小功、缌麻。由于丧服仪节复杂,内涵丰富,要领会丧服制度及其内涵,实非易事。从三国时代开始,就有学者通过绘图来诠释《丧服》,如谯周有《丧服图》,射慈有《丧服变除图》、《丧服

---

① (宋) 杨复:《仪礼图》卷一,文渊阁《四库全书》第104册,第20页。
② (宋) 杨复:《仪礼图》卷一,文渊阁《四库全书》第104册,第20页。
③ (宋) 杨复:《仪礼图》卷一,文渊阁《四库全书》第104册,第20页。
④ (宋) 杨复:《仪礼图》卷一,文渊阁《四库全书》第104册,第20页。
⑤ (宋) 杨复:《仪礼图》卷一,文渊阁《四库全书》第104册,第20页。
⑥ (宋) 杨复:《仪礼图》卷一,文渊阁《四库全书》第104册,第20页。

天子诸侯图》。魏晋南北朝时期为《丧服》绘图的，晋有崔游的《丧服图》、蔡谟的《丧服图》，南朝有王俭的《丧服图》。然而这些《丧服》图已佚，故难知篇目之具体内容。杨复《仪礼图》的《丧服》部分，是迄今为止可见的最早、最完整的《丧服》图。

杨复通过文字和立体图描绘《丧服》中的名物。如于冠制、绖带制、杖制、屦制、衰制，杨复先录经文，又节取注、疏，再绘制立体图。如其所绘冠（图一）、绖带（图二）图如下：

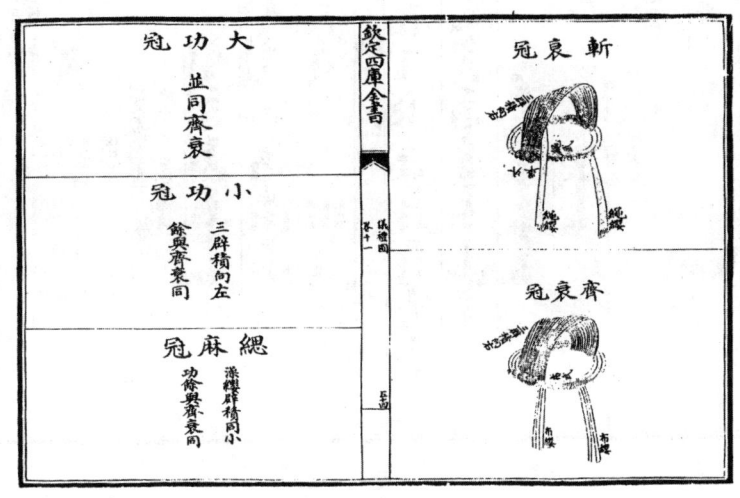

图一

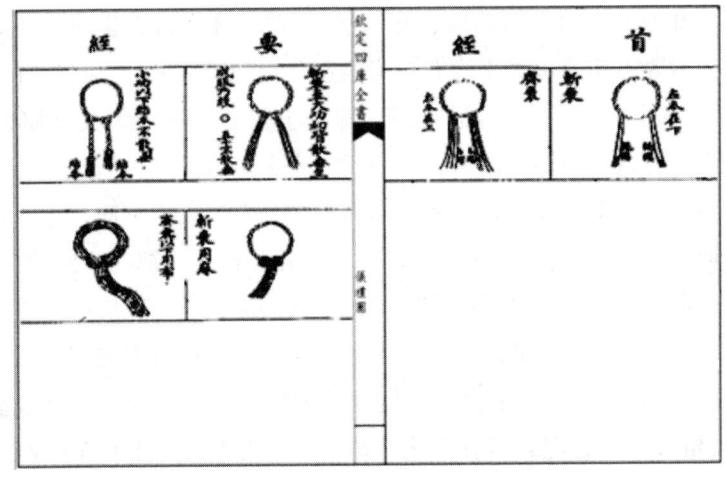

图二

借助于杨氏所绘的立体图，可以较为直观地知道丧冠、首绖、腰绖之形制。杨氏所绘丧冠和绖带图，为清代张惠言和吴之英所承袭。

杨复还通过绘图，使复杂的五服制度变得清楚明了。其所绘《本宗五服图》（图三）如下：

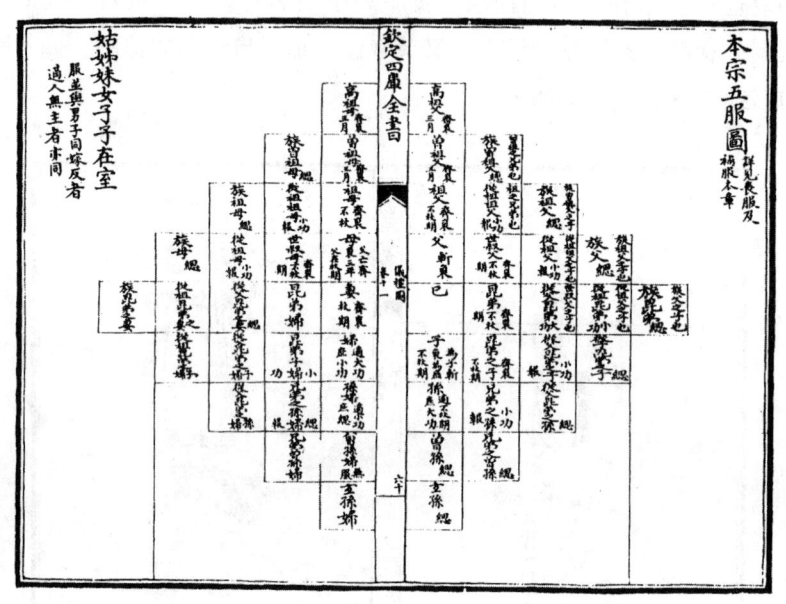

图三

此图将服丧重轻、做工粗细、周期长短等十分直观地反映了出来。

又如关于宫室制度，《仪礼》、郑《注》、贾《疏》皆有说明。如郑玄认为天子、诸侯有左右房、大夫士惟有东房西室。贾《疏》曰："诸侯三门，有皋、应、路。"《聘礼》曰："宾朝服问卿，卿受于祖庙。……大夫朝服迎于外门外。……大夫先入，每门每曲揖，及庙门，大夫揖入。"贾《疏》曰："大夫二门，入大门，东行即至庙门，未及庙门而有每门者，大夫三庙，每庙两旁皆南北竖墙，墙皆闱门。"杨复通过绘图，对《仪礼》经文、郑《注》、贾《疏》关于宫室之记载予以诠释。其所绘宫室图包括《郑注大夫士东房西室之图》、《诸侯五庙图》、《贾疏诸侯五庙之图》、《大夫三庙图》、《贾疏大夫三庙图》。

郑《注》、贾《疏》所云宫室制度，后世争议颇多。杨复所绘宫室图，对郑《注》、贾《疏》之记载多有遵从。如郑玄认为大夫、士有东房西室，而无西房，杨复所绘图有东房西室，而无西房（见图四）。并附案语："郑《注》谓天子诸侯有左右房，大夫士惟有东房、西室，故别图以见之。陈祥道云：《乡饮酒》'荐脯五脡出自左房'，《乡射·记》'笾豆出自东房'，《大射》'宰胥荐脯醢由左房'，《乡饮》、《乡射》大夫礼，《大射》诸侯礼，其言皆相类。盖言左以有右，言东以有西，则大夫、士之房室与天子诸侯同可知。郑氏谓大夫士无西房，恐未然也。"①杨氏于此从郑《注》，于异议亦有所交代，由此可见其治学的阙疑精神。

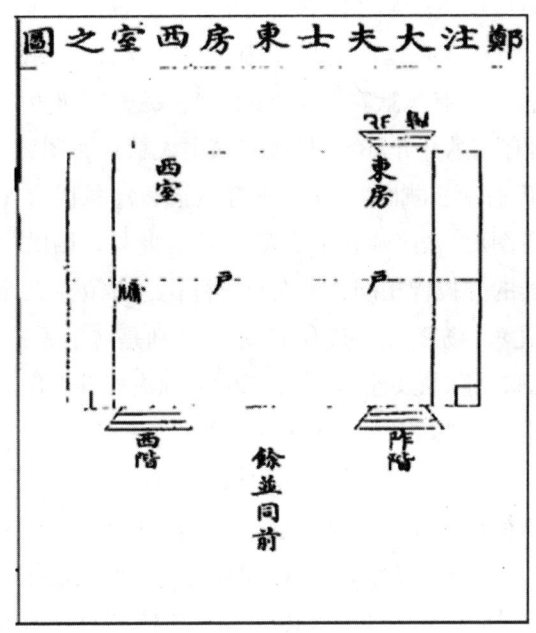

图四

（三）《仪礼图》对后世的影响

世人论杨复《仪礼图》，往往将其与清人张惠言的《仪礼图》进行比较。如清人皮锡瑞云："杨复图世罕传，惟张惠言《仪礼图》通行，比杨氏更精密。"②张惠言《仪礼图》是在参考杨复《仪礼图》基础上成书，故较杨氏图精密。

通过将张惠言与杨复之《仪礼图》进行比较，可知张氏图受到了杨氏图

---

① （宋）杨复：《仪礼旁通图》，文渊阁《四库全书》第104册，第317页。
② （清）皮锡瑞：《经学通论·三礼》，潘斌编：《皮锡瑞儒学论集》，四川大学出版社2010年版，第183页。

的影响。如杨复《乡饮酒礼》所绘图有《设席陈器图》、《主人迎宾图》、《主人献宾图》、《宾酢主人图》、《主人酬宾图》、《主人献介图》、《介酢主人图》、《主人献众宾图》、《一人举觯为旅酬始图》、《主人迎遵献遵图》、《乐宾图》、《司正中庭奠觯图》、《旅酬图》、《二人举觯为无筭爵始图》、《无筭爵图》，共十五图。张惠言所绘图有《迎宾拜至》、《献宾酢主人酬宾》、《献介介酢》、《献众宾一人举觯》、《工入笙入》、《立司正》、《旅酬》、《二人举觯》、《彻俎》，共九图。通过比较，可知二者所绘图涉及之仪节大同小异，如杨氏有《设席陈器图》、《主人迎宾图》，张氏则有《迎宾拜至》；杨氏有《主人献宾图》、《宾酢主人图》、《主人酬宾图》，张氏则有《献宾酢主人酬宾》；杨氏有《主人献介图》、《介酢主人图》，张氏则有《献介介酢》；杨氏有《主人献众宾图》，张氏则有《献众宾一人举觯》；杨氏有《旅酬图》，张氏则有《旅酬》；杨氏有《二人举觯为无筭爵始图》、《无筭爵图》，张氏则有《二人举觯》。此外，杨氏、张氏所绘图于所设之席、所陈之器的方位皆相同，主人、宾行礼之方位亦无异。

又如《士昏礼》，杨复所绘共有12图，分别是《纳采及问名图》、《醴宾图》、《纳征图》、《婿家陈鼎及器图》、《亲迎图》、《夫妇即席图》、《彻馔成礼图》、《妇见舅姑及醴妇图》、《妇馈舅姑图》、《舅姑飨妇一献图》、《舅姑没三月乃奠菜图》、《不亲迎三月婿见妻之父母图》。张惠言《士昏礼》所绘亦有12图，分别是《纳采纳吉纳征》、《礼宾》、《亲迎》、《妇入室士匕载》、《同牢》、《见妇》、《礼女》、《盥馈》、《妇馂》、《飨妇》、《三月奠菜》、《婿见外舅姑》。通过比较，可知张惠言与杨复所绘婚礼仪节大体一致。如杨复有《亲迎图》，张惠言有《亲迎》；杨复绘《舅姑飨妇一献图》，张惠言有《飨妇》；杨复绘《舅姑没三月乃奠菜图》，张惠言有《三月奠菜》；杨复绘《纳采及问名图》、《纳征图》，张惠言绘《纳采纳吉纳征》。杨复绘《婿家陈鼎及器图》，张惠言略去。杨复所绘《夫妇即席图》、《彻馔成礼图》，张惠言则合为《同牢》一图。由此可见，张惠言所绘图，与杨复图有着渊源关系。

不过张惠言与杨复所绘图的重点有差异。比如杨复所绘《纳采及问名图》（图五）《纳征礼图》（图六）皆十分详细。以《纳采及问名图》为例，杨复先全录《仪礼》相关经文，并节录注、疏，再绘图以明仪节。在此图中，名物和仪节包括主人于户西所设之筵、筵西所设之几、主人与宾行揖礼入大门、三揖三让、宾顶面致命、主人于阼阶北面再拜、宾于西楹间向主人授雁、主人授老雁。杨氏还通过文字的位置和方向，表明行礼主体的向位。此外，杨复还附文字以明仪节。如主人与宾行揖礼入大门之仪节,杨复在图之空白处附文字曰:"使者至,主人如宾服,迎于门外,再拜,宾不答拜,揖入。"① 杨复还对几在席西的原因作了说明,曰:"乡射就礼等设席皆东上,是统于人,今以神不统于人,取地道,尊右之义,故席西上,几在右。"② 张惠言所绘图,所涉及仪节有宾致命、宾授雁、主人受雁、宾降出、主人降授老雁。由此可见,张惠言此图较杨复图简略。

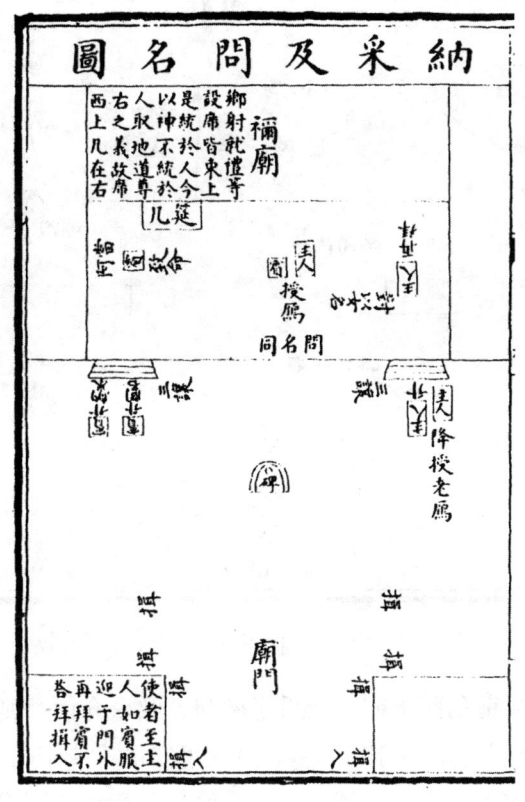

图五

又如杨复所绘《士相见受挚图》(图七),图中言主人受挚于庭而不受挚于堂的原因曰:"今案:受挚于庭,不受之于堂,《注》谓下人君,此义难晓。案:聘礼,宾至于近郊,君使卿朝服,用束帛劳宾,受于舍门内,诸公之臣则受

---

① (宋)杨复:《仪礼图》卷二,文渊阁《四库全书》第104册,第23页。
② (宋)杨复:《仪礼图》卷二,文渊阁《四库全书》第104册,第23页。

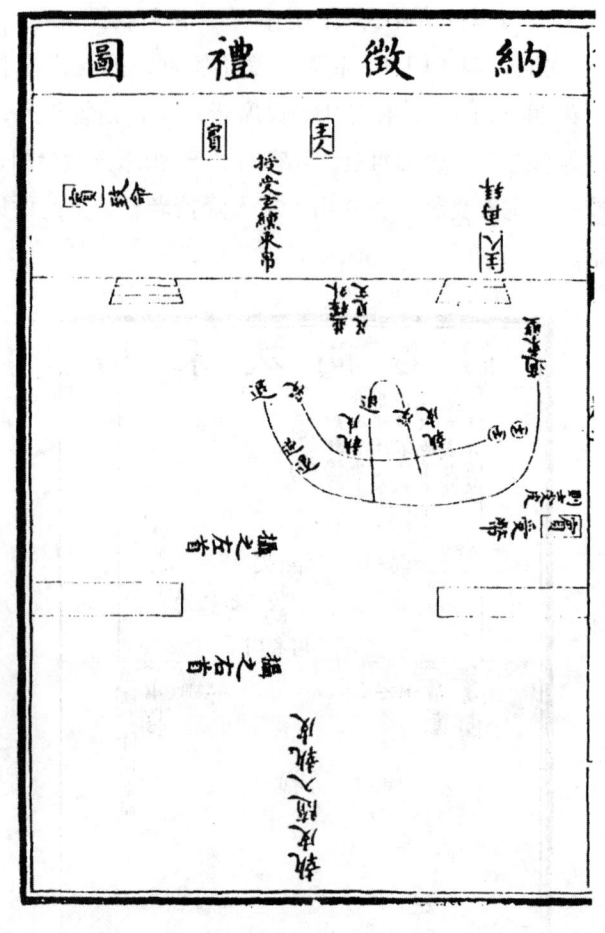

图六

于堂。又案：聘礼宾私面于卿，受币于楹间，及众介面，则受币于中庭，以此言之，则受于堂为重，受于庭为轻，其义可知也。"① 杨复《士相见受挚图》对士相见礼中的主人、宾的位置、方向有清楚的标识，还对主人受挚于庭而非受挚于堂的原因做了说明。张惠言所绘士相见礼图强调宾、主人的向位，宾授挚、主人受挚图则十分简略。由此可见，杨复图与张惠言图所强调的重点有异。

杨复《仪礼图》影响深远，清代四库馆臣认为杨氏图"尚皆依经绘象，约举大端，可粗见古礼之梗概，于学者不为无裨"，又曰杨复图"一二舛漏，

---

① （宋）杨复：《仪礼图》卷三，文渊阁《四库全书》第104册，第38页。

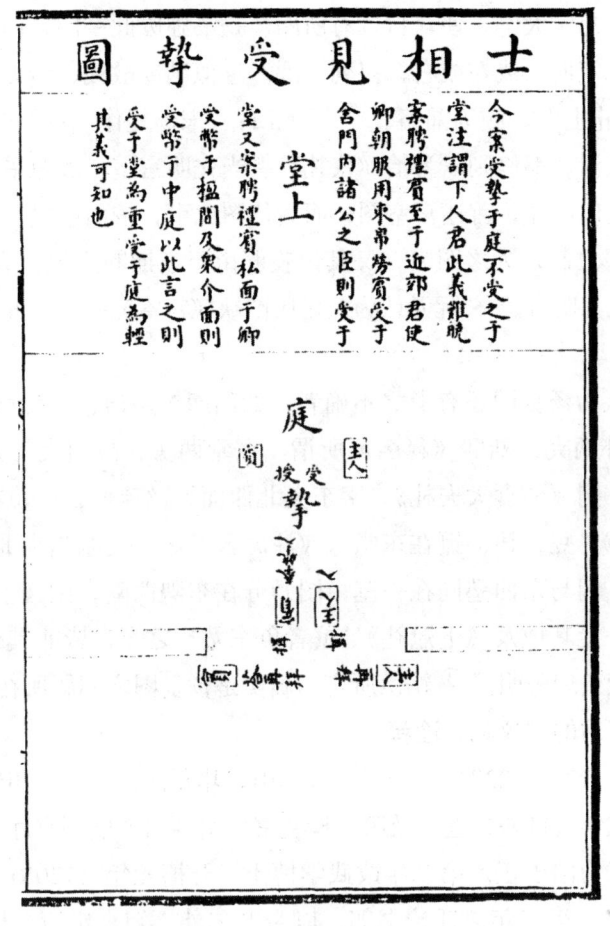

图七

谅其韧始之难工可也"①。陈澧亦曰："杨信斋作《仪礼图》，厥功甚伟，惜朱子不及见也。《通志堂经解》刻此图，然其书巨帙不易得，故信斋此图罕有称述者。张皋文所绘图更加详密，盛行于世，然信斋创始之功不可没也。"② 由此可见，杨复《仪礼图》虽不及张惠言图精审，但是其在以图释礼方法层面的价值和意义，却是张氏图所不可替代的。

当然，杨复《仪礼图》的缺陷也不容掩饰。如在体例上，杨复图缺《释宫》，四库馆臣曰："李如圭《仪礼集释》、朱子《仪礼经传通释》皆特出《释

---

① （清）永瑢：《四库全书总目》卷二十《经部·礼类二》，中华书局1965年影印本，第160页。
② （清）陈澧：《东塾读书记》卷八，《续修四库全书》第1160册，第574页。

宫》一篇，以总挈大纲，使众目皆有所丽。是书独废此一门，但随事立图，或纵或横，既无定向，或左或右，仅列一隅。遂似满屋散钱，纷无条贯。其见于《宫庙门》仅止七图，颇为漏略。"① 阮元曰："宋杨复作《仪礼图》，虽礼文完具，而地位或淆。编修则以为治《仪礼》者当先明宫室，故兼采唐宋元及本朝诸儒之义，断以经注，首述宫室图，而后依图比事，按而读之，步武朗然，又详考吉凶冠服之制，为之图表，又其论丧服由至亲期断之说，为六服加降表，贯穿礼经，尤为明著。"② 阮元认为，杨氏图缺《宫室》一编，此弊为张惠言所矫正。

清人还认为杨复图还有考之不确者，如四库馆臣曰："又远近广狭，全无分数。如序外两夹，刘熙《释名》所谓'在堂两头，故曰夹'是也。图乃与房、室并列，则《公食大夫礼》'宰东夹北西面'，《疏》云'位在北堂之南'，《特牲馈食礼》'豆、笾、铏在东堂'，《注》云'房中之东当夹北者'，皆茫然失其处所矣。门与东西塾同在一基，图乃分在东隅西隅，则《士虞礼》'匕俎在西塾之西'无其地及《士冠礼》'摈者负东塾'之类，皆非其处所矣。如斯之类，殊未能条理分明。"③ 馆臣所言，确实是杨复图之问题所在。

### 五、魏了翁的《仪礼》诠释

魏了翁（1178—1237）字华父，号鹤山，邛州蒲江（今四川蒲江）人。南宋宁宗庆元五年（1199）进士及第，授签书剑南西川节度判官厅公事。嘉泰二年（1202）召为国子正。第二年改武学博士。开禧元年（1205）召试学士院，改秘书省正字。第三年，迁校书郎，以亲老乞外，知嘉定府。历知汉州、眉州。嘉定四年（1211）擢潼川路提刑。八年，兼提举，迁转运判官。十年，知泸州，主管潼川路安抚司公事。十五年召对，进兵部郎中，俄改司封郎中，兼国史院编修官。迁太常少卿、秘书监、起居舍人。理宗即位，迁起居郎。会论济王事忤时相，为言者所劾，诏降三官，靖州居住。绍定四年（1231）复职，进宝章阁待制、潼川路安抚使、知泸州。还朝，权礼部尚书、兼直学士院。六月之间，奏论二十余上，皆当时急务。忌者合谋挤之，乃以端明殿学士、同签书枢密院事督视京湖军马。未几兼江淮督府，改知绍兴府、浙东安抚使。嘉熙

---

① （清）永瑢：《四库全书总目》卷二十《经部·礼类二》，中华书局1965年影印本，第160页。
② （清）阮元：《仪礼图序》，《揅经室集》一集卷十一，《续修四库全书》第1478册，第661页。
③ （清）永瑢：《四库全书总目》卷二十《经部·礼类二》，中华书局1965年影印本，第160页。

元年，改知福州、福建安抚使。是年以疾卒于官，年六十。诏赠太师，谥文靖，累赠秦国公。了翁穷经博古，学术自成一家。著述甚丰，今存者有《九经要义》、《古今考》、《经外杂抄》、《鹤山先生大全文集》等。事见《宋史》卷四三七本传。

（一）《仪礼要义》之编纂

魏了翁有《仪礼要义》五十卷，此书为《九经要义》之一种。关于《九经要义》的撰作缘由，魏了翁在与许玠、袁甫交流学术的书信中曾提及。魏了翁云："山中自课以圣贤之书，日有程限。诸经义疏，重与疏剔一遍。帝王典则，粗见端绪，《仪礼》一书，幸而存者，以之参考。诸经尤为有功。今咀嚼经味已久，便觉秦汉以后体格复别，况晋、魏、隋、唐文人所作，又是一格，此甚难言。"①又曰："某山间三阅寒暑，于《六经》名数文义上重下钝功夫，的然见得古人所志所学，历战国、暴秦以后无传焉。极于五胡之乱，影灭迹绝，岂无经生学士，随其才分，有所建立？然骛于高远者，惟欲直指径造，以步步而行，字字而讲者为卑近；而安于卑近者，则又以区区记诵、小小词章为学问之极功。所谓合外内、贯精粗者，百数十年间，始有人讲寻，以发汉唐之所未讲，又苦于实未有所见者，剿说雷同，为声利计，以为斯道之病。方欲通古今为一书，使后之有志于王道者，犹可以推原寻流，而学未能信，不敢容易下笔也。"②魏了翁通过考察历代学术，发现很多人或骛于高远，或安于卑近，他们的学术剿说雷同、为声利计。通过反思前人之学术，魏氏主张通古今为一书，以便推原寻流。其编纂诸经《要义》，意在给后学指明进学之路。

魏了翁深感多作"题识序引"于己无益，不如梳理古注疏的学问实在。他谈到编纂诸经《要义》时云："山中静坐，教子读书。取诸经、'三礼'，自义疏以来，重加辑比。在我者益觉有味，不知世间何乐可以加此。"③在与苏振文书中，魏了翁谈到自己以编书收获很多，不憾此生，他说："终日书案，极天下之至乐。偶有带行书册，再三寻绎之外，功夫尽多。从两三郡士友家宛转借得诸经义疏，重别编校，益叹从前涉猎疏卤。使无是役，亦泯泯此生矣。"④

---

① （宋）魏了翁：《鹤山集》卷三十四《答许介之解元》，文渊阁《四库全书》第1172册，第400—401页。

② （宋）魏了翁：《鹤山集》卷三十四《答袁衢州》，文渊阁《四库全书》第1172册，第398页。

③ （宋）魏了翁：《鹤山集》卷三十四《答范殿撰》，文渊阁《四库全书》第1172册，第401页。

④ （宋）魏了翁：《鹤山集》卷三十六《答苏伯起》，文渊阁《四库全书》第1172册，第416页。

在与赵必愿书中,魏氏云:"某囚山三载,粗不废学。山间所难得者,书与友耳。带行之书,以少而精。旧友眉山士李肩吾相随在此,有朝夕观摩之益。比又得滕兄景重远来相处数月,亦湘中之所罕有,适居甚不索莫也。"①

在与周监酒书中,魏了翁谈到了关于《周易》和"三礼"之编纂,他说:"某向来多作《易》与'三礼'功夫,意欲以《读诗记》之类为一书。此来山间温寻旧读,益觉今是昨非,安知数年后又不非今也?以此多惧,未暇轻有著述。又见得向来多看先儒解说,不如一一从圣经看来,盖不到地头亲自涉历一番,终是见得不真。又非一一精体实践,则徒为谈辩文乘之资耳。"② 由此可见,魏了翁是欲仿吕祖谦《吕氏家塾读诗记》之体例来编纂诸经《要义》。

(二)《仪礼要义》之内容和体例

1.《仪礼要义》之内容

据阮元所刻《十三经注疏》之《仪礼注疏》,可知宋本《仪礼注疏》分为五十卷。魏了翁据《仪礼要义》亦分为五十卷,卷一至卷三是《士冠礼》,卷四至卷六是《士昏礼》,卷七是《士相见礼》,卷八至卷十是《乡饮酒礼》,卷十一至卷十三是《乡射礼》,卷十四至卷十五是《燕礼》,卷十六至卷十八是《大射仪》,卷十九至卷二十四是《聘礼》,卷二十五至卷二十六上是《公食大夫礼》,卷二十六下至卷二十七是《觐礼》,卷二十八至卷三十四是《丧服》,卷三十五至卷三十七是《士丧礼》,卷三十八至卷四十一是《既夕礼》,卷四十二至卷四十三是《士虞礼》,卷四十四至卷四十六是《特牲馈食礼》,卷四十七至卷四十八是《少牢馈食礼》,卷四十九至卷五十是《有司彻》。

(1)征引解题内容。

郑玄所撰《三礼目录》于《仪礼》每篇的主要内容和大旨皆有陈述。贾公彦对郑玄之解题作了进一步的阐释。如于《士冠礼》,贾《疏》在郑玄解题内容之基础上又引经据典,对古代冠礼的类别、加冠者的年龄以及前人于本篇之著录等皆有说明。

魏了翁《仪礼要义》将郑玄、贾公彦《仪礼》解题之内容分为多个部分,每部分皆冠以小标题。如于《士冠礼》,魏了翁将郑氏、贾氏之解题内容分为

---

① (宋)魏了翁:《鹤山集》卷三十六《答赵全州》,文渊阁《四库全书》第1172册,第417页。
② (宋)魏了翁:《鹤山集》卷三十六《答周监酒》,文渊阁《四库全书》第1172册,第418页。

三部分，所冠小标题分别是"士、大夫、诸侯、天子加冠之年不同"①、"天子、诸侯自有冠礼，余皆士礼"②、"大小戴、《别录》皆《冠》一、《昏》二、《士相见》三"③。又如于《乡饮酒礼》，魏了翁将郑氏、贾氏之解题内容分为两部分，所冠小标题分别是"郑以此乡饮为诸侯之乡大夫献贤能"④、"凡乡饮酒其名有四"⑤。

魏了翁于郑《注》、贾《疏》之解题内容并非全录，而是有所去取。如于《士昏礼》，贾公彦《仪礼疏》先录郑玄之解题内容，又做了新的阐释。魏了翁《仪礼要义》则仅录贾《疏》"释曰"之内容，而于郑玄解义略而不取。

（2）节录经文和注疏。

与郑玄《仪礼注》、贾公彦《仪礼疏》以及张淳《仪礼识误》等《仪礼》诠释著作不同，魏了翁的《仪礼要义》主要是节录《仪礼》经文、郑《注》和贾《疏》，而鲜阐发己见，实际上属于集解类的经典诠释文献。

然魏了翁于《仪礼》经文和注疏并非全部征引，而是择其要者录之。如《乡饮酒礼》："主人戒宾，宾拜辱。主人答拜，乃请宾，宾礼辞，许。主人再拜，宾答拜。"郑《注》："拜辱，出拜其自屈辱至己门也。"贾《疏》："云'拜辱，出拜其自屈辱至己门也'者，知宾出门者，见《冠礼》主人宿宾，宾出门左，《乡射》戒宾亦出门，故知此亦出门。云'所为来之事'者，谓行乡饮酒之礼也。云'不固辞者，素所有志'者，不如《士相见》固辞，此礼辞即许者，以其主人与先生谋时，宾已知欲贡已，又宾以学习德业，拟为宾主情意相许，是以不固辞，为素有志也。案《冠礼》主人先拜，宾答拜，此宾先拜，主人答拜者，彼《冠礼》主人戒同寮，同寮尊，又使之加冠于子，尊重之，故主人先拜。此则乡大夫尊矣，宾是乡人，卑矣，又将贡已，宜尊敬主人，故宾先拜辱也。是以下文云'宾拜辱者，以送谢之'也。"魏了翁《仪礼要义》节录之内容为："案《冠礼》主人先拜，宾答拜，此宾先拜，主人答拜者，彼《冠礼》主人戒同寮，同寮尊，又使之加冠于子，尊重之，故主人先拜。此则乡大夫尊矣，宾是乡人，卑矣。又将贡已，宜尊敬主人，故宾先拜辱也。是以下注

---

① （宋）魏了翁：《仪礼要义》卷一，文渊阁《四库全书》第104册，第343页。
② （宋）魏了翁：《仪礼要义》卷一，文渊阁《四库全书》第104册，第344页。
③ （宋）魏了翁：《仪礼要义》卷一，文渊阁《四库全书》第104册，第344页。
④ （宋）魏了翁：《仪礼要义》卷八，文渊阁《四库全书》第104册，第416页。
⑤ （宋）魏了翁：《仪礼要义》卷八，文渊阁《四库全书》第104册，第416页。

云'去又拜辱者，以送谢之'也。"① 魏氏所列小标题为"冠礼宾尊，故答拜，此宾卑，故先拜"②。通过比较，可知魏氏于此没有录郑《注》，所录贾《疏》者，也是部分而已。魏氏节录贾《疏》之内容，主要是辨析《乡饮酒礼》宾先拜与《士冠礼》主人先拜不同之原因。

又如《士虞礼》："尊于室中北墉下，当户，两甒醴、酒，酒在东，无禁，幂用绨布，加勺，南枋。"郑《注》："酒在东，上醴也。"贾《疏》曰："云'酒在东，上醴也'者，醴法，上古酒是人所常饮，故在东，吉礼玄酒在酒上。今以丧祭礼无玄酒，则醴代玄酒，在上，故云上醴也。云'绨布，葛属'者，绨绤以葛为之，布则以麻为之。今绨，布并言，则此麻葛杂，故有两号，是以郑云葛属也。"魏了翁《仪礼要义》节录之内容为："云'酒在东，上醴也'者，醴法，上古酒是人所常饮，故在东，吉礼玄酒在酒上。今以丧祭礼无玄酒，则醴代玄酒，在上，故云上醴也。云'绨布，葛属'者，绨绤以葛为之，布则以麻为之。今绨，布并言，则此麻葛杂，故有两号。"③ 魏氏所列小标题为："玄酒在酒上，丧祭无玄酒，醴之。"④ 魏氏于此不录《仪礼》经文和郑《注》，而仅录贾《疏》之部分内容。其所节录之内容，主要是解释郑《注》"酒在东，上醴"一语。

2.《仪礼要义》之体例

魏了翁《仪礼要义》乃其所撰《九经要义》之一种，故其体例与《九经要义》相同。魏氏将《仪礼》全书分为五十卷、每篇皆列篇名，并以小标题概括经文和注疏之大义。

（1）标明卷次和篇名。

宋人刻《仪礼注疏》，分为五十卷，数卷为《仪礼》之一篇。《仪礼要义》依刘向《别录》于《仪礼》篇目之序，每一卷开始，顶格先标明卷次，卷次下一行低两格标明篇名，篇名之下一行再低一格是小标题。如卷一除了"序言"外，卷首低两格有"士冠礼一"字样，下一行再低一格有"士大夫诸侯天子加冠之年不同"的小标题。然后再录郑玄《仪礼目录》之内容。又如《仪礼要义》卷十八，卷首顶格先标明卷次，卷次下一行低两格标明篇名"大射仪三"，

---

① （宋）魏了翁：《仪礼要义》卷八，文渊阁《四库全书》第104册，第419页。
② （宋）魏了翁：《仪礼要义》卷八，文渊阁《四库全书》第104册，第419页。
③ （宋）魏了翁：《仪礼要义》卷四十二，文渊阁《四库全书》第104册，第771页。
④ （宋）魏了翁：《仪礼要义》卷四十二，文渊阁《四库全书》第104册，第771页。

篇名下一行再低一格有"三耦卒射，公与卿大夫将射"的小标题，小标题的下一行节录《大射仪》之经文及注疏。

（2）以小标题概括经文和注疏大义。

魏了翁《仪礼要义》列了很多小标题，如仅《士冠礼》篇所列小标题就多达百余个。这些小标题皆能概括经文和注疏之义，如《士冠礼》的小标题"士大夫、诸侯、天子加冠之年不同"①、"天子、诸侯自有冠礼，余皆士礼"②、"大小戴、《别录》皆《冠》一、《昏》二、《士相见》三"③、"题《周礼》者别夏殷，题《仪礼》兼异代"④、"《仪礼》次序以贱先贵，以吉先凶"⑤、"筮于庙门，谓布席门中，阃西闑外"⑥、"经单言庿者皆袮庙"⑦、"筮在庿门外，嫌蓍之灵由庿神"⑧、"将谋日，亲父兄先服即位"⑨、"所卦者画地记爻，古用木画地，今用钱"⑩、"西塾门外西堂，阃西闑外，指陈席处"⑪、"筮人执筴抽韇，向东方受命请筮"⑫，等等，皆是对注疏内容所作之概括。

魏了翁所列小标题，对于掌握《仪礼》经文及注疏之大义颇有参考价值。如《仪礼·士冠礼》"布席于门中，阃西闑外，西面"，郑《注》："古文'闑'为'槷'，'阃'为'蹙'。"贾《疏》："此注不从古文槷蹙者，以槷蹙非门限之义，故从今不从古也。《仪礼》之内，或从今，或从古，皆逐义强者从之。"魏氏为此之经文和注疏所列小标题为"此注以槷蹙非门限之义，故不从古文"⑬，此小标题显然是从贾《疏》中提炼而来。魏氏所列小标题，对于读者理解经文"阃"、"闑"两字以及郑《注》颇有启发意义。

又如《仪礼·士昏礼》"主人爵弁，纁裳，缁袘。"郑《注》："主人壻也，

---

① （宋）魏了翁：《仪礼要义》卷一，文渊阁《四库全书》第104册，第343页。
② （宋）魏了翁：《仪礼要义》卷一，文渊阁《四库全书》第104册，第344页。
③ （宋）魏了翁：《仪礼要义》卷一，文渊阁《四库全书》第104册，第344页。
④ （宋）魏了翁：《仪礼要义》卷一，文渊阁《四库全书》第104册，第344页。
⑤ （宋）魏了翁：《仪礼要义》卷一，文渊阁《四库全书》第104册，第344页。
⑥ （宋）魏了翁：《仪礼要义》卷一，文渊阁《四库全书》第104册，第345页。
⑦ （宋）魏了翁：《仪礼要义》卷一，文渊阁《四库全书》第104册，第345页。
⑧ （宋）魏了翁：《仪礼要义》卷一，文渊阁《四库全书》第104册，第346页。
⑨ （宋）魏了翁：《仪礼要义》卷一，文渊阁《四库全书》第104册，第346页。
⑩ （宋）魏了翁：《仪礼要义》卷一，文渊阁《四库全书》第104册，第347页。
⑪ （宋）魏了翁：《仪礼要义》卷一，文渊阁《四库全书》第104册，第348页。
⑫ （宋）魏了翁：《仪礼要义》卷一，文渊阁《四库全书》第104册，第349页。
⑬ （宋）魏了翁：《仪礼要义》卷一，文渊阁《四库全书》第104册，第348页。

婿为妇主。"贾《疏》:"云'主人,婿也'者,以其亲迎向女家。女父称主人,男称婿,已下皆然。今此未至女家,仍据男家而言,故云主人是婿,为妇主。故下亲迎至男家,婿还称主人也。"魏了翁于此所列小标题为"婿为妇主,故称主人"①,借助于魏氏所列小标题,读者对《士昏礼》于此称婿为主人之原因可有清楚之认识。

(三)《仪礼要义》的特点

魏了翁《仪礼要义》主要有以下两大特点:

1. 分胪纲目,条理秩然

《仪礼》所记古礼种类繁多,名物制度也十分复杂,故《仪礼》难读,早已为士人普遍之认识。从汉代开始,不少经学家就开始为《仪礼》作注释,以开示后学。众家之注释中,东汉末年郑玄的《仪礼注》胜出。郑玄精于《仪礼》,其注释能集前贤时人之大成,且简要不繁。然郑玄《仪礼注》过于简奥,至魏晋南北朝时期已为人所难懂。于是有人以解释郑《注》为己任,遂有《仪礼》疏。诸家《仪礼》之疏中,齐黄庆、隋李孟悊二家最负盛名。唐人贾公彦在黄、李二家基础之上,增以己意而成《仪礼疏》五十卷。贾《疏》对自汉至唐的《仪礼》学做了一次总结,可谓集汉唐《仪礼》学之大成。然该书内容繁芜,读者难得要领。

魏了翁撰《仪礼要义》,意在扬郑《注》贾《疏》之长,而避其短。其最重要的举措是用小标题统领《仪礼》的经、注、疏。魏氏所列之小标题,多是从郑《注》或贾《疏》中归纳而来,这些小标题分胪纲目,使《仪礼》经、注、疏条理秩然。在小标题之下,魏了翁按《仪礼》原书所记礼仪程序节录经、注、疏之内容,使小标题与经、注、疏之具体内容互相搭配,相得益彰。魏了翁所征引经、注、疏之具体内容,于不关礼仪大旨者往往略而不录,这样使其所录内容颇为精练,易于读者掌握经、注、疏之要义。

魏了翁对《仪礼》经、注、疏之节录和归纳,对于学者掌握《仪礼》要义可谓功不可没。清人对魏氏《仪礼要义》评价颇高,如《四库全书总目》曰:"《仪礼要义》……于每篇各为条目,而节取注疏,录于下方,与《周易要义》略同。盖其著书本例如是也。《仪礼》一经,最为难读,诸儒训诂亦稀,其著录于史者,自《丧服》诸传外,《隋志》仅四家,《旧唐志》亦仅四家,《新

---

① (宋)魏了翁:《仪礼要义》卷四,文渊阁《四库全书》第104册,第388页。

唐志》仅三家。今惟郑玄《注》、贾公彦《疏》存耳。郑《注》古奥，既或猝不易通，贾《疏》文繁句复，虽详赡而伤于芜漫，端绪亦不易明。朱子《语录》谓其不甚分明，盖亦有故。了翁取而删剟之，分胪纲目，条理秩然，使品节度数之辨，展卷即知，不复以词义轇轕为病。其梳爬剔抉，于学者最为有功。"① 清人于此指出魏氏《仪礼要义》能避免郑《注》"猝不易通"、贾《疏》"文繁句复"之弊，可谓切中肯綮之见。

2. 重视郑《注》贾《疏》

魏了翁推崇朱子之理学，又与陆九渊心学接近。然其中年以后从事经典诠释有笃实之风，与宋代义理之学已有不同。清人纪昀云："南宋之衰，学派变为门户，诗派变为江湖。了翁容与其间，独以穷经学古，自为一家。……自中年以后，覃思经术，造诣益深。"② 魏了翁"穷经学古"之学术取向，在其《仪礼要义》等经学著作中得到了集中的体现。

魏了翁之前，北宋聂崇义、陈祥道，南宋朱熹、杨复、张淳、李如圭等，皆是宋代《仪礼》研究之杰出者，且是"求是之学"③。然而魏了翁从事《仪礼》之诠释，所征引前贤之说者，仅郑《注》和贾《疏》。魏氏此举，反映了其对汉唐经学之高度重视，这与宋人鄙薄汉唐经学之学术取向有很大的不同。魏氏《仪礼要义》不陈己说，而是将自己对经、注、疏的理解通过小标题得以展示，将自己治《仪礼》之方法和态度通过文献之征引得以表明。

在"经学变古"之宋代，不少学者"不信注疏，驯至疑经；疑经不已，遂至改经、删经、移易经文以就己说"④。魏了翁之《仪礼要义》以郑《注》、贾《疏》为宗，而不及宋人之解义，与宋人疑经惑古之经学态度大相径庭，对于征实之学的延续，起到了一定的推动作用。当然，魏氏《仪礼要义》也有时代学风之烙印，比如其割裂《仪礼》经、注、疏，而加以重新编排，这是宋人"移易经文"及注疏之习的体现。

---

① （清）永瑢等：《四库全书总目》卷二十《经部·礼类二》，中华书局1965年影印本，第160页。
② （清）永瑢等：《四库全书总目》卷一百六十二《集部·别集类十五》，中华书局1965年影印本，第1391页。
③ （清）皮锡瑞：《经学历史·经学变古时代》，潘斌编：《皮锡瑞儒学论集》，四川大学出版社2010年版，第32页。
④ （清）皮锡瑞：《经学历史·经学变古时代》，潘斌编：《皮锡瑞儒学论集》，四川大学出版社2010年版，第32页。

## 第三节　南宋《礼记》学名家名著

### 一、朱熹的《礼记》诠释

《朱子语类》卷八七有朱熹对《礼记》所做的通论以及对《礼记》部分篇目的训释。其中"总论"部分共十四则，主要是论述如何阅读《礼记》，以及辨析《礼记》与《仪礼》的关系等。各篇之训释部分，《曲礼》十九则、《檀弓上》二十一则、《檀弓下》四则、《王制》八则、《月令》八则、《礼运》十七则、《礼器》五则、《郊特牲》五则、《内则》二则、《玉藻》三则、《明堂位》一则、《丧服小记》四则、《大传》四则、《少仪》二则、《学记》八则、《乐记》二十三则、《祭法》四则、《祭义》十六则、《哀公问》一则、《仲尼燕居》一则、《孔子闲居》一则、《表记》五则、《深衣》二则、《乡饮酒义》四则、《乡射义》三则，此外还有拾遗七则。

朱熹特别重视《礼记·大学》，认为《大学》是"入德之门"。朱熹说："学问须以《大学》为先，次《论语》，次《孟子》，次《中庸》。《中庸》工夫密，规模大。"① 又说："某要人先读《大学》，以定其规模；次读《论语》，以立其根本；次读《孟子》，以观其发越；次读《中庸》，以求古人之微妙处。"② "《论》、《孟》、《中庸》，待《大学》贯通浃洽，无可得看后方看，乃佳。道学不明，元来不是上面欠却工夫，乃是下面元无根脚。"③ 朱熹认为，治学须先读《四书》，《四书》则需先读《大学》，因为《大学》是一个总纲，能使学者"定其规模"。朱熹对前人的《大学》研究并不满意，其答许顺之云："《大学》之说，近日多所更定，旧说极陋处不少，大抵本领不是，只管妄作，自悞悞人，深为可惧耳。"④ 鉴于此，朱熹在《大学》研究上花费了很多精力，他

---

① （宋）黎靖德辑：《朱子语类》卷十四，朱杰人等编：《朱子全书》（修订本）第 14 册，上海古籍出版社、安徽教育出版社 2010 年版，第 419 页。

② （宋）黎靖德辑：《朱子语类》卷十四，朱杰人等编：《朱子全书》（修订本）第 14 册，上海古籍出版社、安徽教育出版社 2010 年版，第 419 页。

③ （宋）黎靖德辑：《朱子语类》卷十四，朱杰人等编：《朱子全书》（修订本）第 14 册，上海古籍出版社、安徽教育出版社 2010 年版，第 420 页。

④ （宋）朱熹：《晦庵先生朱文公文集》卷三十九《答许顺之》，朱杰人等编：《朱子全书》（修订本）第 22 册，上海古籍出版社、安徽教育出版社 2010 年版，第 1746 页。

说:"我平生精力尽在此书。先须通此,方可读书。"① 朱熹在广泛参考前人《大学》改本基础上成《大学章句》,他说:"《大学》一篇,经二百有五字,传十章。今见于戴氏礼书,而简编散脱,传文颇失其次,子程子盖尝正之。熹不自揆,窃因其说复定此本。"② 由此可见,朱熹《大学章句》是在程子《大学》改本基础上形成的。

朱熹亦重视《礼记·中庸》,其把《中庸》视为高深、难读、谈本体、谈玄妙的著作,并一再告诫学生,读《四书》时,要将《中庸》放到最后。其《中庸章句序》曰:"异端之说日新月盛,以至于老佛之徒出,则弥近理而大乱真矣。"③ 由此可见,辟佛老是朱熹撰作《中庸章句》的一大目的。朱熹认为前人的《中庸》研究有缺失,他说:"游、杨、吕、侯诸先生解《中庸》,只说他所见一面道理,却不将圣人言语折衷,所以多失。"④ "游、杨诸公解《中庸》,引书语皆失本意。"⑤ 在诸家《中庸》解义中,朱熹最重视的是石𡼗的《中庸集解》。石𡼗《中庸集解》收录了周敦颐、张载、二程、吕大临、谢良佐、游酢、杨时等十余家解义,朱子说:"抑子重之为此书,采掇无遗,条理不紊,分章虽因众说,然去取之间不失其当,其谨密详审,盖有得乎行远自迩、升高自卑之意。"⑥ 朱熹"因其《集解》删成《辑略》,别为章句以总其归"⑦。朱熹以《辑略》繁芜,故又作《章句》。

淳熙元年甲午(1174),朱熹是年四十五,他在答吕伯恭时云:"《中庸章句》一本上纳,更有详说一书,字多未暇,余俟后便寄去。有未安者,

---

① (宋) 黎靖德辑:《朱子语类》卷十四,朱杰人等编:《朱子全书》(修订本) 第14册,上海古籍出版社、安徽教育出版社2010年版,第430页。
② (宋) 朱熹:《晦庵先生朱文公文集》卷八十一《记大学后》,朱杰人等编:《朱子全书》(修订本) 第24册,上海古籍出版社、安徽教育出版社2010年版,第3829—3830页。
③ (宋) 朱熹:《晦庵先生朱文公文集》卷七十六《中庸章句序》,朱杰人等编:《朱子全书》(修订本) 第24册,上海古籍出版社、安徽教育出版社2010年版,第3675页。
④ (宋) 黎靖德辑:《朱子语类》卷六十二,朱杰人等编:《朱子全书》(修订本) 第16册,上海古籍出版社、安徽教育出版社2010年版,第2010页。
⑤ (宋) 黎靖德辑:《朱子语类》卷六十二,朱杰人等编:《朱子全书》(修订本) 第16册,上海古籍出版社、安徽教育出版社2010年版,第2010页。
⑥ (宋) 朱熹:《晦庵先生朱文公文集》卷七十五《中庸集解序》,朱杰人等编:《朱子全书》(修订本) 第22册,上海古籍出版社、安徽教育出版社2010年版,第3640页。
⑦ (清) 朱彝尊:《经义考》卷一百五十二,中华书局1998年影印本,第799页。

一一条示为幸。《大学章句》并往，亦有详说，后便寄也。"① 由此可见，朱熹四十五岁时，《大学章句》和《中庸章句》已草具。据《年谱》，淳熙十六年（1189）朱熹六十岁，是年二月序《大学章句》，是年三月序《中庸章句》，可见，自草本至成书，《大学章句》和《中庸章句》历时十五年之久。在这个过程中，朱熹对二书曾反复修改。有人问："赵书记欲以先生《中庸解》锓木，如何？"朱熹曰："公归时，烦说与，切不可！某为人迟钝，旋见得旋改，一年之内改了数遍不可知。"② 在答应仁仲时，朱熹云："《大学》、《中庸》屡改，终未能到得无可改处。"③ 绍熙五年甲寅（1194）朱熹辞官还考亭之后，在答詹帅时云："但两年以来，节次改定又已不少。其间极有大义所系，不可不改者，亦有一两文字。若无利害，而不改终觉有病者。……《中庸》、《大学》旧本已领，二书所改尤多，幸于未刻，不敢复以新本拜呈。幸且罢议，他日却附去请教也。《中庸序》中推本尧、舜传授来历，添入一段甚详。《大学》格物章中，改定用功程度甚明，删去辨论冗说极多。旧本真是见得未真。"④ 所谓"两年以来"，指的是乙卯、丙辰，朱熹年六十六、六十七。可见在《大学章句》、《中庸章句》成书以后，朱熹还是没有停止对两书的修改。

在撰《四书章句集注》后，朱熹又以诸家之说纷错不一，因此又设问答，以明去取之意，成《四书或问》一书，包括《大学或问》二卷、《中庸或问》三卷。朱熹对《大学或问》用力较多，他说："今年诸书都修得一过，《大学》所改尤多，比旧已极详密。"⑤ 朱熹反复修改《四书章句集注》，至老未已；而于《四书或问》则无暇修订，故该书相抵牾处甚多。朱熹在《与潘端叔书》中云："《论语或问》，此书久无功夫修得，只《集注》屡改不定，却与《或问》前后

---

① （宋）朱熹：《晦庵先生朱文公文集》卷三十三《答吕伯恭》，朱杰人等编：《朱子全书》（修订本）第 21 册，上海古籍出版社、安徽教育出版社 2010 年版，第 1454 页。

② （宋）黎靖德辑：《朱子语类》卷六十二，朱杰人等编：《朱子全书》（修订本）第 16 册，上海古籍出版社、安徽教育出版社 2010 年版，第 2011 页。

③ （宋）朱熹：《晦庵先生朱文公文集》卷五十四《答应仁仲》，朱杰人等编：《朱子全书》（修订本）第 23 册，上海古籍出版社、安徽教育出版社 2010 年版，第 2548 页。

④ （宋）朱熹：《晦庵先生朱文公文集》卷二十七《答潘恭叔》，朱杰人等编：《朱子全书》（修订本）第 21 册，上海古籍出版社、安徽教育出版社 2010 年版，第 1203 页。

⑤ （宋）朱熹：《晦庵先生朱文公文集》卷五十《答潘端叔》，朱杰人等编：《朱子全书》（修订本）第 22 册，上海古籍出版社、安徽教育出版社 2010 年版，第 2292 页。

不相应矣。"① 可见朱熹并不忌讳《四书或问》与《四书章句集注》有牴牾处。今人将《或问》与《章句》加以比较研究，可知朱熹《大学》、《中庸》诠释之历程。

需要说明的是，朱熹的《大学》、《中庸》论著，历代都是归于《四书》学文献中，这也符合朱熹学术的实际。由于《大学》、《中庸》与朱熹理学思想体系之建构有着密切的关系，所以我们从《礼记》学的角度研究朱熹的《大学》、《中庸》诠释，不会脱离朱熹的《四书》学语境。

据朱彝尊《经义考》卷一四七，可知朱熹有《明堂图说》一卷；据《经义考》卷一五〇，可知朱熹有《深衣制度》一卷；据《经义考》卷一四七，可知朱熹有《投壶说》一篇；据《经义考》卷一四八，可知朱熹有《井田类说》一篇。这些文献，《经义考》皆云"存"，今已不可见。

（一）论读《礼记》之方法

在《朱子语类》卷八七的"总论"部分，朱熹着重论述了读《礼记》之方法。

第一，读《礼记》要有先后次序。有人问："看《礼记》、《语》、《孟》孰先？"朱熹曰："《礼记》有说宗庙朝廷，说得远后，杂乱不切于日用。若欲观礼，须将《礼记》节出切于日用常行者看，节出《玉藻》、《内则》、《曲礼》、《少仪》看。"② 朱熹认为，读《礼记》，首先要读那些与日常生活密切相关的篇目，如《玉藻》、《内则》、《曲礼》、《少仪》等。至于那些谈宗庙朝廷而又不切日用者，则宜暂缓。

第二，读《礼记》须先读《仪礼》。朱子云："读《礼记》，须先读《仪礼》。"③ "学礼，先看《仪礼》。《仪礼》是全书，其他皆是讲说。如《周礼》、《王制》是制度之书，《大学》、《中庸》是说理之书。《儒行》、《乐记》非圣人之书，乃战国贤士为之。"④ "《礼记》只是解《仪礼》，如《丧服小记》便是解

---

① （宋）朱熹：《晦庵先生朱文公文集》卷五十《答潘端叔》，朱杰人等编：《朱子全书》（修订本）第 22 册，上海古籍出版社、安徽教育出版社 2010 年版，第 2292 页。
② （宋）黎靖德辑：《朱子语类》卷八十七，朱杰人等编：《朱子全书》（修订本）第 17 册，上海古籍出版社、安徽教育出版社 2010 年版，第 2940 页。
③ （宋）黎靖德辑：《朱子语类》卷八十七，朱杰人等编：《朱子全书》（修订本）第 17 册，上海古籍出版社、安徽教育出版社 2010 年版，第 2941 页。
④ （宋）黎靖德辑：《朱子语类》卷八十七，朱杰人等编：《朱子全书》（修订本）第 17 册，上海古籍出版社、安徽教育出版社 2010 年版，第 2941 页。

《丧服传》，惟《大传》是总解。"① "礼记要兼《仪礼》读，如冠礼、丧礼、乡饮酒礼之类，《仪礼》皆载其事，《礼记》只发明其理。读《礼记》而不读《仪礼》，许多理皆无安著处。"② "《仪礼》，礼之根本，而《礼记》乃其枝叶。《礼记》乃秦汉上下诸儒解释《仪礼》之书，又有他说附益于其间。"③ 朱子强调，《礼记》依附于《仪礼》，要读《礼记》必须先懂《仪礼》，不懂《仪礼》是不能真正读懂《礼记》的。因此，朱熹对王安石罢《仪礼》而只存《礼记》的做法深表不满，他说："自荆公废了学究科，后来人都不知有《仪礼》。"④ "荆公废《仪礼》而取《礼记》，舍本而取末也。"⑤

第三，读《礼记》须参考旧注。首先，朱子认为读《礼记》必须重视郑《注》和孔《疏》，他说："郑康成是个好人，考礼名数大有功，事事都理会得。如汉《律令》亦皆有注，尽有许多精力。东汉诸儒煞好。卢植也好。"⑥ "郑《注》自好。看《注》看《疏》，自可了。"⑦ 朱子强调，读《礼记》时看郑《注》和孔《疏》，《礼记》则可明。其次，对于与郑学为异的王肃《注》，也可以参考。朱子说："《礼记》有王肃《注》，煞好。又，太史公《乐书》载《乐记》全文，注家兼存得王肃。"⑧ 朱子认为，王肃《礼记注》值得参考。再次，朱熹对宋代部分《礼记》注家也表示推崇。他说："方马二解，合当参考，尽有说好处，不可以其新学而黜之。如'君赐衣服，服以拜赐'．'以辟之命，铭

---

① （宋）黎靖德辑：《朱子语类》卷八十七，朱杰人等编：《朱子全书》（修订本）第 17 册，上海古籍出版社、安徽教育出版社 2010 年版，第 2941 页。
② （宋）黎靖德辑：《朱子语类》卷八十七，朱杰人等编：《朱子全书》（修订本）第 17 册，上海古籍出版社、安徽教育出版社 2010 年版，第 2940 页。
③ （宋）黎靖德辑：《朱子语类》卷八十四，朱杰人等编：《朱子全书》（修订本）第 17 册，上海古籍出版社、安徽教育出版社 2010 年版，第 2889 页。
④ （宋）黎靖德辑：《朱子语类》卷八十七，朱杰人等编：《朱子全书》（修订本）第 17 册，上海古籍出版社、安徽教育出版社 2010 年版，第 2941 页。
⑤ （宋）黎靖德辑：《朱子语类》卷八十七，朱杰人等编：《朱子全书》（修订本）第 17 册，上海古籍出版社、安徽教育出版社 2010 年版，第 2941 页。
⑥ （宋）黎靖德辑：《朱子语类》卷八十七，朱杰人等编：《朱子全书》（修订本）第 17 册，上海古籍出版社、安徽教育出版社 2010 年版，第 2942 页。
⑦ （宋）黎靖德辑：《朱子语类》卷八十七，朱杰人等编：《朱子全书》（修订本）第 17 册，上海古籍出版社、安徽教育出版社 2010 年版，第 2942 页。
⑧ （宋）黎靖德辑：《朱子语类》卷八十七，朱杰人等编：《朱子全书》（修订本）第 17 册，上海古籍出版社、安徽教育出版社 2010 年版，第 2942 页。

为烝彝鼎',旧点'以辟之'为一句,极无义。辟,乃君也。以君之命铭彝鼎,最是。又如陆农师点'人生十年曰幼'作一句,'学'作一句,下放此,亦有理。'圣人作'作一句,'为礼以教人'。《学记》'大学之教也'作一句,'时教必有正业,退息必有居学'。'乃言底可绩三载',皆当如此。'不在此位也',吕与叔作'岂不在此位也',是。后看《家语》乃无'不'字,当从之。"① 朱子抛弃门户之见,认为新学派方悫、马希孟、陆佃等人以及关学派吕大临等人的《礼记》解义均有可取之处。

(二)疑改《礼记》经文和旧注

受时代疑经思潮的影响,朱熹对《礼记》的经文的旧注多有疑改。

1. 疑《礼记》经文和旧注

朱熹对《礼记》部分经文有疑义,他说:"《王制》'牺祔、祫禘、祫尝、祫烝'之说,此没理会,不知汉儒何处得此说来。礼家之说,大抵自相矛盾。"②"《表记》言'仁有数,义有长短大小',此亦有未安处。"③"《乡饮酒义》'三让'之义,《注》、《疏》以为'月三日而成魄,魄三月而成时'之义,不成文理,说倒了。他和《书》'哉生魄',也不曾晓得,然亦不成譬喻。或云,当作'月三日而成明',乃是。"④

又如《王制》:"凡四海之内九州,州方千里。州建百里之国三十,七十里之国六十,五十里之国百有二十,凡二百一十国。名山大泽不以封,其余以为附庸闲田。八州,州二百一十国。"郑玄《注》:"建,立也。立大国三十,十三公也。立次国六十,十六卿也。立小国百二十,十二小卿也。名山大泽不以封者,其民同财,不得障管,亦赋税之而已。此大界方三千里,三三而九,方千里者九也。其一为县内,余八各立一州,此殷制也。"⑤郑玄认为,此之经文是论四海之内各州建国之数量,以及附庸闲田之法。郑玄于此随经作注,于经文

---

① (宋)黎靖德辑:《朱子语类》卷八十七,朱杰人等编:《朱子全书》(修订本)第17册,上海古籍出版社、安徽教育出版社2010年版,第2942—2943页。

② (宋)黎靖德辑:《朱子语类》卷八十七,朱杰人等编:《朱子全书》(修订本)第17册,上海古籍出版社、安徽教育出版社2010年版,第2954页。

③ (宋)黎靖德辑:《朱子语类》卷八十七,朱杰人等编:《朱子全书》(修订本)第17册,上海古籍出版社、安徽教育出版社2010年版,第2987页。

④ (宋)黎靖德辑:《朱子语类》卷八十七,朱杰人等编:《朱子全书》(修订本)第17册,上海古籍出版社、安徽教育出版社2010年版,第2988页。

⑤ (清)阮元校刻:《十三经注疏(附校勘记)》,中华书局1980年版,第1323页。

毫无疑义。朱子曰:"《王制》:'四海之内九州,州方千里。'及论建国之数,恐只是诸儒做个如此算法,其实不然。建国必因其山川形势,无截然可方之理。又,冀州最阔,今河东河北数路,都属冀州。雍州亦阔,陕西秦凤皆是。至青徐兖豫四州皆相近做一处,其疆界又自窄小。其间山川险夷又自不同,难概以三分去一言之。如三代封建其间,若前代诸侯先所有之国土,亦难为无故去减削他。所以周公之封鲁,太公之封齐,去周室皆远。是近处难得空地,偶有此处空隙,故取以封二公。不然,何不只留封近地,以夹辅王室?《左氏》载齐本爽鸠氏之地,其后蒲姑氏因之,而后太公因之。又,《史记》载太公就封,莱人与之争国。当时若不得蒲姑之地,太公亦未有安顿处。又如襄王以原田赐晋文公,原是王畿地,正以他无可取之处故也。然原人尚不肯服,直至用兵伐之,然后能取。盖以世守其地,不肯遽以予人。若封建之初,于诸侯有所减削,夺彼予此,岂不致乱!圣人处事,决不如此。若如此,则是王莽所为也。"① 朱子认为,《王制》所记封国制,只是汉儒立下的算法而已;九州之地,有的极阔,有的则极狭,故疆域大小未必是定制;三代皆有封建,前代诸侯国土大小,很难无故削减,若分封之初削减前朝诸侯之土地,则可能导致社会混乱,圣人明白此道德,故不会如此行。朱子以理性的眼光来看待《王制》经文,自有其合理性,正如孙希旦云:"愚谓此言畿外八州,每州之内所封之国数也。然立法如此,至其行之,须有变通。盖州有广狭,山川形势有迂曲,不必皆整如棋局,亦不必每州封国必取足于此数而不可增减也。"②

　　朱熹还怀疑郑玄《注》,如《曲礼上》:"馂余不祭,父不祭子,夫不祭妻。"朱子曰:"便是此一说,被人解得都无理会了。据某所见,此二句承上面'馂余不祭'说。盖谓馂余之物,虽父不可将去祭子,夫不可将去祭妻。且如孔子'君赐食,必正席先尝之;君赐腥,必熟而荐之'。君赐腥,则非馂余矣,虽熟之以荐先祖可也。赐食,则或为馂余,但可正席先尝而已;固是不可祭先祖,虽妻子至卑,亦不可祭也。"③"'馂余不祭,父不祭子,夫不祭妻',先儒自为一说,横渠又自为一说。看来只是祭祀之'祭',此因'馂余'起义。谓

---

① (宋)黎靖德辑:《朱子语类》卷八十七,朱杰人等编:《朱子全书》(修订本)第17册,上海古籍出版社、安徽教育出版社2010年版,第2952—2953页。
② (清)孙希旦著,沈啸寰等点校:《礼记集解》卷十二,中华书局1989年版,第316页。
③ (宋)黎靖德辑:《朱子语类》卷八十七,朱杰人等编:《朱子全书》(修订本)第17册,上海古籍出版社、安徽教育出版社2010年版,第2946页。

父不以是祭其子，夫不以是祭其妻，举其轻者言，则他可知矣。"①"'馂余不祭，父不祭子，夫不祭妻'，古注说不是。今思之，只是不敢以馂余又将去祭神。虽以父之尊，亦不可以祭其子之卑；夫之尊，亦不可以祭其妻之卑，盖不敢以鬼神之余复以祭也。祭，非'饮食必有祭'之'祭'。"②郑《注》："食人之余曰馂，馂而不祭，唯此类也。食尊者之余则祭，盛之。"③熊安生曰："谓年老致仕，传家事于子孙，子孙有宾客之事，故父得馂其子余。"④孔《疏》申郑《注》。郑玄、熊安生、孔颖达等人认为，《曲礼》以子、妻为卑，故父亲吃子女剩下的饭菜，或丈夫吃妻子剩下的饭菜，皆无须祭先人。朱熹则认为，郑、孔、熊之注释均不确切，《曲礼》此"祭"为"祭祀"之义，吃剩下的饭菜不可用以祭祀，即使是父亲，也不可用剩下的饭菜祭子，即使是丈夫，也不可用剩下的饭菜祭妻。朱熹此解义受到了清人的推崇，如孙希旦云："戴氏溪曰：父不祭子，夫不祭妻，各使其子主之，明有尊也。此与'馂余不祭'义不相属。顾氏炎武曰：父不祭子，夫不祭妻，不但名分有所不当，而以尊临卑，则死者之神亦必不安，故其当祭则有代之者。此谓平日四时之祭，若在丧，则祥禫之祭未尝不行。此节诸家之说不同。注疏解'祭'字为'祭食'之祭，谓'食尊者之余则祭之'，'若父得子余，夫得妻余，不须祭，以其卑故也'。愚谓食之有祭，所以报先代始为饮食之人，若用食余以祭，则非所以为敬。故《玉藻》'特牲三俎，祭肺，夕深衣，祭牢肉'，若日中而馂，则不祭也。虽尊者之余，亦不可用以祭矣。且礼惟有卑馂尊者之余，若父馂子余，夫馂妻余，尤礼之所未尝有也。……朱子与戴氏、顾氏之说皆可通，但上言'御食于君'，下言'御同于长者'，故因而及于馂余不祭之事，忽于其间言吉祭，未免不伦，又似朱子之说为长也。"⑤江永亦云："按：此经固当断从朱子说，而陈氏《集说》兼存祭食之说，与《注》、《疏》小异，亦可玩也。"⑥根据江永、孙希旦之论述，可知朱子所创之新说是可信的。

---

① （宋）黎靖德辑：《朱子语类》卷八十七，朱杰人等编：《朱子全书》（修订本）第17册，上海古籍出版社、安徽教育出版社2010年版，第2946页。
② （宋）黎靖德辑：《朱子语类》卷八十七，朱杰人等编：《朱子全书》（修订本）第17册，上海古籍出版社、安徽教育出版社2010年版，第2946页。
③ （清）阮元校刻：《十三经注疏（附校勘记）》，中华书局1980年版，第1243页。
④ （清）阮元校刻：《十三经注疏（附校勘记）》，中华书局1980年版，第1243页。
⑤ （清）孙希旦著，沈啸寰等点校：《礼记集解》卷三，中华书局1989年版，第61—62页。
⑥ （清）江永：《礼记训义择言》卷一，文渊阁《四库全书》第128册，第296页。

又如《礼器》："经礼三百，曲礼三千，其致一也。"郑玄《注》："经礼谓《周礼》也。《周礼》六篇，其官有三百六十。曲犹事也，事礼谓今礼也。礼篇多亡，本数未闻，其中事仪三千。"① 郑玄以为，《礼器》所云"经礼"指《周礼》，"曲礼"指礼仪。朱熹云："'经礼三百'，便是《仪礼》中士冠、诸侯冠、天子冠礼之类。此是大节，有三百条。如始加，再加，三加，又如'坐如尸，立如齐'之类，皆是其中之小目，便有三千条。或有变礼，亦是小目。吕与叔云：'经便是常行底，纬便是变底'，恐不然。经中自有常、有变，纬中亦自有常、有变。"② 又云："人只是读书不多。今人所疑，古人都有说了，只是不曾读得。郑康成注'经礼三百'，云是《周礼》；'曲礼三千'，云是《仪礼》。某尝疑之。近看臣瓒注《汉书》云，'经礼三百'，乃冠、昏、丧、祭，《周官》只是官名云云。乃知臣瓒之说，已非康成之说矣。盖'经礼三百'，只是冠、昏、丧、祭之类。如冠礼之中，便天子冠、士冠礼，他类皆然，岂无三百事？但《仪礼》五十六篇今皆亡阙，只存十七篇，故不全尔。'曲礼三千'，乃其中之小目。如冠礼中筮日、筮宾、三加之类，又如'上于东阶，则先右足；上于西阶，则先左足'，皆是也。"③ 朱熹认为，"经礼"指《仪礼》所记诸仪，如冠礼、昏礼等；"曲礼"指冠礼、昏礼等诸仪中更小的仪节。朱子此说影响深远，如清人孙希旦云："贵多谓之大，贵少谓之小，外心谓之显，内心谓之微。经礼者，常行之礼，如《仪礼》冠礼、昏礼之类，其目有三百也。曲礼者，仪文之委屈，如冠礼有三加，昏礼有六礼之类，其目有三千也。礼文虽繁，而莫得乎大、小、微、显之宜，则其致一也。惟其然，故人之所行莫不由之，如入室必由户而不可外也。"④ 翁方纲云："窃按经礼三百，必非《周礼》六官之职，郑氏以三百六十官为经礼，非也。朱子曰：礼仪三百，即《仪礼》中士冠、诸侯冠、天子冠之类。如始加，再加，三加，又如坐如尸、立如齐之类，皆是其中小目。陈云庄《集说》亦从朱子之说。又载赵氏曰：经礼，如冠、昏、丧、

---

① （清）阮元校刻：《十三经注疏（附校勘记）》，中华书局1980年版，第1435页。

② （宋）黎靖德辑：《朱子语类》卷八十七，朱杰人等编：《朱子全书》（修订本）第17册，上海古籍出版社、安徽教育出版社2010年版，第2961—2962页。

③ （宋）黎靖德辑：《朱子语类》卷八十七，朱杰人等编：《朱子全书》（修订本）第17册，上海古籍出版社、安徽教育出版社2010年版，第2962页。

④ （清）孙希旦著，沈啸寰等点校：《礼记集解》卷二十四，中华书局1989年版，第651—652页。

祭、朝觐、会同之类；曲礼，如进退、升降、俯仰、揖逊之类。按此则《注》、《疏》迂滞，当以宋儒后定之说为正矣。"① 孙希旦、翁方刚均以朱《注》为是，而以郑《注》、孔《疏》为非。

2. 改易《礼记》经文

在疑《礼记》之基础上，朱熹还改易《礼记》经文。有人认为《礼记》经文不可改，朱熹驳曰："改经文，固启学者不敬之心。然旧有一人，专攻郑康成解《礼记》不合改其文。如'蛾子时术之'，亦不改，只作蚕蛾子，云，如蚕种之生，循环不息，是何义也！且如《大学》云：'举而不能先，命也。'若不改，成甚义理！"② 由此可见，朱子改经之主观愿望并非标新立异，而是通过改经使经文文义亨通。

朱熹对《大学》和《中庸》加以改易，并划分章句。《礼记》中的《大学》，先有二程序其编次，继有朱熹别为次序。朱熹改易《大学》有两处：一是将"《康诰》曰：克明德……与国人交止于信"提到"而其所薄者厚，未之有也"与"《诗》云：瞻彼淇澳"之间；二是将"此为知本，此为知之至也……故君子必诚其意"移至"大畏民志，此谓知本"与"所谓修身在正其心者"之间。其余的内容顺次相接。很明显，朱熹是在程颐《大学》改本的基础上完成的。③ 朱熹认为，"听讼"章第二个"所谓知本"不是衍文，"所谓知本"与"此为知之至也"是一个整体。其还认为"此句之上别有阙文，此特其结语耳"，因此增补"格物致知传"。由此可见，朱熹对《大学》之改易，意在突出"格物致知"在《大学》中的重要性。

朱熹将《大学》划分为十章，将《中庸》划分为三十三章。朱熹曰："《大学》一篇，经二百有五字，传十章。今见于戴氏礼书。而简编散脱，传文颇失其次，子程子盖尝正之。熹不自揆，窃因其说复定此本。"④ 朱熹认为，《大

---

① （清）翁方刚：《礼记附记》卷二，《丛书集成初编》第1022册，中华书局1985年版，第49页。

② （宋）黎靖德辑：《朱子语类》卷八十七，朱杰人等编：《朱子全书》（修订本）第17册，上海古籍出版社、安徽教育出版社2010年版，第2942页。

③ 程颐将《大学》"子曰：'听讼，吾犹人也，必也使无讼乎？'无情者不得尽其辞，大畏民志，此谓知本"提到"其所厚者薄而其所薄者厚，未之有也"与"此谓知本，此谓知之至也"之间，并将两个"此谓知本"联系起来，认为"此谓知之至也"前面的"此谓知本"是衍文。

④ （宋）朱熹：《晦庵先生朱文公文集》卷八十一《记大学后》，朱杰人等编：《朱子全书》（修订本）第24册，上海古籍出版社、安徽教育出版社2010年版，第3829页。

学》有散脱者，顺序也不尽合理，故需移易，并划分章句。其《书中庸后》曰："熹尝伏读其书，而妄以己意分其章句如此。窃惟是书子程子以为孔门传授心法，且谓善读者得之，终身用之有不能尽，是岂可以章句求哉？然又闻之，学者之于经，未有不得于辞而能通其意者。是以敢私识之，以待诵习而玩心焉。"①朱熹作章句，意在让学者通过章句明《大学》、《中庸》之义。

朱熹改易《大学》，以及为《大学》、《中庸》划分章句，多凭主观立论，而无文献依据，"文献考证是朱熹改动《大学》的一个必要条件，但绝非充分条件，在没有版本、目录、校勘等文献学的依据下，断然将《大学》分为经传，且明定其作者，已越出了文献学的范畴。"②朱熹云："熹窃谓生于今世而读古人之书，所以能别其真伪者，一则以其义理之所当否而知之，二则以其左验之异同而质之，未有舍此两途而能直以臆度悬断之者也。"③朱熹所云"义理"，即指以"天理"、"天命之性"，这是改易文本、划分章句之依据。因此，朱熹对《大学》、《中庸》的改易和划分章句，是为了更好地阐发理学思想，为理学提供较为完善的思想文本。

朱熹对《礼记》的移易，还可参见本书"朱熹的《仪礼》诠释"部分。

（三）朱熹诠释《礼记》之方法

朱熹从事《礼记》之诠释，既重视义理推求，又重视考据，二者相得益彰。

1. 文献学的方法

朱熹重视考据，他说："学者观书，先须读得正文，记得注解，成诵精熟。注中训释文意、事物、名义，发明经指，相穿纽处，一一认得，如自己做出来底一般，方能玩味反复，向上有透处。若不如此，只是虚设议论，如举业一般，非为己之学也。"④又说："字画音韵是经中浅事，故先儒得其大者多不留意。然不知此等处不理会，却枉费了无限辞说牵补而卒不得其本义，亦甚害事

---

① （宋）朱熹：《晦庵先生朱文公文集》卷八十一《记中庸后》，朱杰人等编：《朱子全书》（修订本）第24册，上海古籍出版社、安徽教育出版社2010年版，第3831页。
② 杨新勋：《宋代疑经研究》，中华书局2007年版，第212页。
③ （宋）朱熹：《晦庵先生朱文公文集》卷三十八《答袁机仲》，朱杰人等编：《朱子全书》（修订本）第21册，上海古籍出版社、安徽教育出版社2010年版，第1664页。
④ （宋）黎靖德辑：《朱子语类》卷十一，朱杰人等编：《朱子全书》（修订本）第14册，上海古籍出版社、安徽教育出版社2010年版，第349页。

也。非但《易》学,凡经之说,无不如此。"① 朱熹认为,先儒有人不重视文字音韵,辞说牵补,而难得经典本义,因此,要读经书,文字训诂必不可少。在从事《礼记》之诠释时,朱熹对考据的重视,体现在他引经史解《礼记》和引旧注解《礼记》两个方面。

(1) 引经史解《礼记》。

钱穆在《朱子新学案》中将朱熹与孔子相比,认为中国文化及学术中,没有第三者能与孔、朱二人齐等。孔子是"述而不作",朱熹是"以述代作"。朱熹遍注群经,择前贤时人之见,熔铸建构成为新的儒家思想体系,影响深远。②

朱熹从事《礼记》之诠释,喜引引经典之记载为据。如《曲礼上》:"夫为人子者,三赐不及车马。"朱熹曰:"《左氏传》鲁叔孙豹聘于王,王赐之路,豹以上卿无路而不敢乘。疑此'不及车马',亦谓受之而不敢用耳。若尊者之赐,又爵秩所当得,岂容独辞而不受之邪?"③《左传》有叔孙豹聘王而不敢乘大路之事。朱熹据此,认为《曲礼上》"夫为人子者,三赐不及车马"之义为人子受车马而不敢用。

又如《大学》:"《帝典》曰:'克明峻德。'皆自明也。"朱熹曰:"峻,《书》

---

① (宋)朱熹:《晦庵先生朱文公文集》卷五十《答杨元范》,朱杰人等编:《朱子全书》(修订本)第 22 册,上海古籍出版社、安徽教育出版社 2010 年版,第 2289 页。

② 据钱穆《朱子新学案(中)》的统计,朱熹《四书集注》征引汉魏古注多达五十余家。(钱穆:《朱子新学案》第四册,台北三民书局 1980 年版,第 189 页)又据黄俊杰的统计,《孟子集注》征引、袭用赵岐《孟子注》多达五百八十次。(黄俊杰:《儒学传统与文化创新》,东大图书公司 1983 年版,第 57 页)此外,朱熹还十分重视征引宋代理学家之《四书》学成果,如陈铁凡云:"《四书集注》征引诸家解说,共计为九二三条。而汉、魏、梁、唐四代学者的解说,一共只引了七十五条(汉六十条、魏四条、梁一条、唐十条);其余八四八条,皆为宋儒之说。而在这八四八条中,二程夫子之说计为三〇四条,程门高弟吕大临、杨时、谢良佐、游酢、尹焞之说二五六,两共五六〇条,已占全数三分之二以上。其余亦皆程门有关学者,或二程之再传三传弟子之说。其他诸家解说的征引,不过是点缀而已。所以笔者认为,《四书集注》,不只集宋学之大成,而且是传伊洛一家之学。"(陈铁凡:《四书章句集注考源》,收入钱穆等著《论孟论文集》,台北黎明文化事业公司 1982 年版,第 68 页)陈逢源、黄瀚仪撰《朱熹〈四书章句集注〉征引书目辑考》一文,文中言征引若干笔,而无征引情况之说明,故难见征引意义之所在。(陈逢源、黄瀚仪:《朱熹〈四书章句集注〉征引书目辑考》,台湾《政大中文学报》2005 年第 3 期)

③ (宋)卫湜:《礼记集说》卷三,文渊阁《四库全书》第 117 册,第 67 页。

作'俊'。《帝典》,《尧典》、《虞书》。峻,大也。"①《尧典》云"克明俊德",《大学》则云"克明峻德",朱熹通过比较,认为"峻"乃"大"之义。

又如《中庸》:"中庸其至矣乎!民鲜能久矣。"朱熹曰:"《论语》无'能'字。"②《论语·雍也》:"子曰:'中庸之为德也,其至矣乎!民鲜久矣!'"朱熹将《论语》与《中庸》相比较,指出《论语》于此少一"能"字。

又如《中庸》:"忠恕违道不远,施诸己而不愿,亦勿施于人。"朱子曰:"尽己之心为忠,推己及人为恕。违,去也。如《春秋传》齐师'违谷七里'之违。言自此至彼,相去不远,非背而去之之谓也。"③《左传·哀公二十七年》有"违谷七里"一语,朱熹引《左传》以释《中庸》"违道"之"违"字。

又如《中庸》:"武王缵大王、王季、文王之绪,壹戎衣而有天下,身不失天下之显名,尊为天子,富有四海之内,宗庙飨之,子孙保之。"朱熹曰:"此言武王之事。缵,继也。大王,王季之父也。《书》云:'大王肇基王迹。'《诗》云:'至于大王,实始翦商。'绪,业也。戎衣,甲胄之属。'壹戎衣',《武成》文,言一著戎衣以伐纣也"④《尚书·武成》:"至于大王肇基王迹,王季其勤王家。"《诗经·闷宫》:"后稷之孙,实维大王。居岐之阳,实始翦商。"《尚书·武成》:"一戎衣,天下大定。"朱熹征引《尚书》、《诗经》以释《中庸》所记载周武王之事。

朱熹亦常以史书为据以释《礼记》。如《中庸》:"子曰:'素隐行怪,后世有述焉,吾弗为之矣。'"朱子曰:"'素',按《汉书》当作'索',盖字之误也。"⑤《汉书》云:"孔子曰:'索隐行怪,后世有述焉,吾不为之矣。'"⑥朱熹据《汉书》"索隐行怪",认为《中庸》"素"为"索"字。

---

① (宋)朱熹:《大学章句》,朱杰人等编:《朱子全书》(修订本)第6册,上海古籍出版社、安徽教育出版社2010年版,第18页。
② (宋)朱熹:《中庸章句》,朱杰人等编:《朱子全书》(修订本)第6册,上海古籍出版社、安徽教育出版社2010年版,第34页。
③ (宋)朱熹:《中庸章句》,朱杰人等编:《朱子全书》(修订本)第6册,上海古籍出版社、安徽教育出版社2010年版,第39页。
④ (宋)朱熹:《中庸章句》,朱杰人等编:《朱子全书》(修订本)第6册,上海古籍出版社、安徽教育出版社2010年版,第42页。
⑤ (宋)朱熹:《中庸章句》,朱杰人等编:《朱子全书》(修订本)第6册,上海古籍出版社、安徽教育出版社2010年版,第37页。
⑥ (南朝)范晔:《反汉书》卷三十《艺文志第十》,中华书局1965年版,第1780页。

又如《少仪》:"不度民械,不愿于大家,不訾重器。"朱熹曰:"訾犹计,度也。下'无訾金玉成器',字义同此。《国语》云'訾相其质',《汉书》云'为无訾者',又云'不訾之身',皆此义。此言不訾重器者,谓不欲量物之贵贱,亦避不审也。"①朱熹引《国语》、《汉书》于"訾"字之记载,以释《少仪》"不訾重"之"訾"字。

(2) 引旧注解《礼记》。

朱熹亦常征引旧注解《礼记》,这可以从以下几个方面来看:

第一,朱熹常征引旧注从事《礼记》之校勘。如《中庸》:"君子之中庸也,君子而时中;小人之中庸也,小人而无忌惮也。"朱子云:"王肃本作'小人之反中庸也',程子亦以为然。今从之。"②朱子据王肃、程子之说,认为"中庸"二字前脱一"反"字。

又如《中庸》:"在下位不获乎上,民不可得而治也。"朱子曰:"郑氏曰:'此句在下,误重在此。'"③朱熹据郑《注》,认为《中庸》此句经文为误置此处。

第二,朱熹常征引《礼记》旧注以解字。如《大学》:"见贤而不能举,举而不能先,命也;见不善而不能退,退而不能远,过也。"朱子云:"命,郑氏云:'当作慢。'程子云:'当作怠。'未详孰是。"④此之"命"字,郑玄作"慢",程子作"怠",朱熹列二者之解义以阙疑。

又如《大学》:"小人闲居为不善,无所不至,见君子而后厌然。"朱熹曰:"閒,音闲。厌,郑氏读为黡。"⑤朱子取郑《注》,以释"厌"字的读音。

第三,朱熹常引旧注以释《礼记》章旨。如于《大学》之解题,朱熹云:"子程子曰:'《大学》,孔氏之遗书,而初学入德之门也。'于今可见古人为学次第者,独赖此篇之存,而《论》、《孟》次之。学者必由是而学焉,则庶乎其

---

① (宋) 卫湜:《礼记集说》卷八十六,文渊阁《四库全书》第 118 册,第 799 页。
② (宋) 朱熹:《中庸章句》,朱杰人等编:《朱子全书》(修订本) 第 6 册,上海古籍出版社、安徽教育出版社 2010 年版,第 34 页。
③ (宋) 朱熹:《中庸章句》,朱杰人等编:《朱子全书》(修订本) 第 6 册,上海古籍出版社、安徽教育出版社 2010 年版,第 45 页。
④ (宋) 朱熹:《大学章句》,朱杰人等编:《朱子全书》(修订本) 第 6 册,上海古籍出版社、安徽教育出版社 2010 年版,第 26 页。
⑤ (宋) 朱熹:《大学章句》,朱杰人等编:《朱子全书》(修订本) 第 6 册,上海古籍出版社、安徽教育出版社 2010 年版,第 21 页。

不差矣。"① 朱子援引程子解义，以明《大学》的作者及大义。

又如于《中庸》，朱熹云："子程子曰：'不偏之谓中，不易之谓庸。中者，天下之正道，庸者，天下之定理。'此篇乃孔门传授心法，子思恐其久而差也，故笔之于书，以授孟子。其书始言一理，中散为万事，末复合为一理，'放之则弥六合，卷之则退藏于密'，其味无穷，皆实学也。善读者玩索而有得焉，则终身用之，有不能尽者矣。"② 朱熹援引程子的解义，以明《中庸》篇名大义。

第四，朱熹常征引旧注以阐发《礼记》经义。如《大学》："生财有大道，生之者众，食之者寡，为之者疾，用之者舒，则财恒足矣。"朱熹曰："吕氏曰：国无游民，则生者众矣；朝无幸位，则食者寡矣；不夺农时，则为之疾矣；量入为出，则用之舒矣。愚按：此因有土有财而言，以明足国之道在乎务本而节用，非必外本内末而后财可聚也。自此以至终篇，皆一意也。"③ 朱熹征引吕大临的解义，以阐释《大学》所谓"生财之道"。

又如《中庸》："子曰：鬼神之为德，其盛矣乎。"朱熹云："程子曰：'鬼神，天地之功用，而造化之迹也。'张子曰：'鬼神者，二气之良能也。'愚谓以二气言，则鬼者阴之灵也，神者阳之灵也。以一气言，则至而伸者为神，反而归者为鬼，其实一物而已。为德，犹言性情功效。"④ 朱熹征引程子、张载之说，以释《中庸》"鬼神"之义。

有人问："'君子庄敬日强'，是志强否？"朱子答曰："志也强，体力也强。今人放肆，则日怠惰一日，那得强！伊川云：'人庄敬则日就规矩。'庄敬自是耐得辛苦，自不觉其日就规矩也。"⑤ 朱熹征引程颐之说，以明庄敬之重要性。

又如《学记》："一年视离经辨志，……九年知类通达，强立而不反，谓之

---

① （宋）朱熹：《大学章句》，朱杰人等编：《朱子全书》（修订本）第6册，上海古籍出版社、安徽教育出版社2010年版，第16页。
② （宋）朱熹：《中庸章句》，朱杰人等编：《朱子全书》（修订本）第6册，上海古籍出版社、安徽教育出版社2010年版，第32页。
③ （宋）朱熹：《大学章句》，朱杰人等编：《朱子全书》（修订本）第6册，上海古籍出版社、安徽教育出版社2010年版，第27页。
④ （宋）朱熹：《中庸章句》，朱杰人等编：《朱子全书》（修订本）第6册，上海古籍出版社、安徽教育出版社2010年版，第41页。
⑤ （宋）黎靖德辑：《朱子语类》卷八十七，朱杰人等编：《朱子全书》（修订本）第17册，上海古籍出版社、安徽教育出版社2010年版，第2987页。

大成。"朱熹曰:"'九年知类通达',横渠说得好:'学者至于能立,则教者无遗恨矣。此处方谓大成。'盖学者既到立处,则教者亦不消得管他,自住不得。故横渠又云:'学者能立,则自强不反,而至于圣人之大成矣。而今学者不能得扶持到立处。'尝谓此段是个致知之要。如云:'一年视离经辨志。'古注云,离经,断绝句也。此且是读得成句。"①朱子两次征引张载之说,以明《学记》"大成"之义;朱熹还征引郑玄《注》,以明《学记》所云"离经"之义。

2. 义理阐发

朱熹解经重视义理之探求,他说:"熹窃谓生于今世而读古人之书,所以能别其真伪者,一则以其义理之所当否而知之。"②朱熹认为,古书之真伪,可据义理辨之。其在《中庸集解序》中云:"窃谓秦汉以来,圣学不传,儒者惟知章句训诂之为事,而不知复求圣人之意,以明夫性命道德之归。至于近世,先知先觉之士始发明之,则学者既有以知夫前日之为陋矣。然或乃徒诵其言以为高,而又初不知深求其意。甚者遂至于脱略章句,陵藉训诂,坐谈空妙,展转相迷,而其为患反有甚于前日之为陋者。"③朱熹认为,古之学者仅事章句训诂,不求圣人之意,故难明经书性命道德之旨;宋儒既知古人之弊,以发明性命道德为己任,然其全然不讲训诂,亦难得圣人之意。朱熹主张汉、宋兼采,考据、义理并重。

如《礼运》:"用人之知,去其诈;用人之勇,去其怒;用人之仁,去其贪。"有人问:"知与诈,勇与怒,固相类。仁却如何贪?"朱熹答曰:"盖是仁只是爱,爱而无义以制之,便事事都爱。好物事也爱,好官爵也爱,钱也爱,事事都爱,所以贪。诸家解都不曾恁地看得出。"④朱熹认为,仁只是爱,若没有义来节制,事事贪恋,官爵、钱财,不一而足,贪由是以生。朱熹于《礼运》此段经文,重视的是其义理之阐发。

又如《礼记·郊特牲》云:"魂气归于天,形魄归于地,故祭,求诸阴阳

---

① (宋)黎靖德辑:《朱子语类》卷八十七,朱杰人等编:《朱子全书》(修订本)第17册,上海古籍出版社、安徽教育出版社2010年版,第2969页。
② (宋)朱熹:《晦庵先生朱文公文集》卷三十八《答袁机仲》,朱杰人等编:《朱子全书》(修订本)第21册,上海古籍出版社、安徽教育出版社2010年版,第1664页。
③ (宋)朱熹:《晦庵先生朱文公文集》卷七十五《中庸集解序》,朱杰人等编:《朱子全书》(修订本)第24册,上海古籍出版社、安徽教育出版社2010年版,第3640页。
④ (宋)黎靖德辑:《朱子语类》卷八十七,朱杰人等编:《朱子全书》(修订本)第17册,上海古籍出版社、安徽教育出版社2010年版,第2959页。

之义也。"《礼记》认为,人死后,魂气归天,形魄落地,故祭祀时,应各向阴阳求。朱熹曰:"魂气归于天,是消散了,正如火烟腾上去处何归?只是消散了,论理大概固如此。然亦有死而未遽散者,亦有冤恨而未散者。然亦不皆如此,亦有冤死而魂即散者。"① 朱熹认为,《礼记》"魂气归于天",是魂气消散了;蒙冤而死,魂气消散较慢,然不尽然,也有冤死而魂气立即消散者。朱熹此之魂气说,显然是出于己意。

又如《乐记》云:"穷本知变,乐之情也;著诚去伪,礼之经也。"《乐记》认为,穷究本心,通晓声音的变化,这是乐之实质;显明诚敬,除去虚伪,这是礼之原则。朱熹曰:"这两个物事,只是一件。礼之诚,便是乐之本;乐之本,便是礼之诚。若细分之,则乐只是一体周流底物,礼则是两个相对,著诚与去伪也。礼则相刑相克,以此克彼;乐则相生相长,其变无穷。乐如昼夜之循环,阴阳之阖辟,周流贯通,而礼则有向背明暗。论其本则皆出于一。乐之和,便是礼之诚;礼之诚,便是乐之和。只是礼则有诚有伪,须以诚克去伪,则诚著。所以《乐记》内外同异,只管相对说,翻来覆去,只是这两说。"② 朱熹于此对"礼之诚"与"乐之本"之关系做了辨析,其辨析重视义理之推衍,而非文献之考证。

又如《乐记》:"乐胜则流,礼胜则离。"朱熹云:"礼、乐者,皆天理之自然。节文也是天理自然有底,和乐也是天理自然有底。然这天理本是佹侗一直下来,圣人就其中立个界限,分成段子;其本如此,其末亦如此;其外如此,其里亦如此,但不可差其界限耳。才差其界限,则便是不合天理。所谓礼、乐,只要合得天理之自然,则无不可行也。"③ 朱熹将礼、乐问题放到天理论中加以讨论,使礼乐问题上升到了哲学的高度。

《礼记》之篇目,朱熹最为重视的是《大学》和《中庸》,其通过《大学》、《中庸》之诠释,从而建构理学思想体系,并直接导致《五经》向《四书》的转移。关于此,笔者将在专题部分予以讨论,此不赘言。

---

① (宋)黎靖德辑:《朱子语类》卷八十七,朱杰人等编:《朱子全书》(修订本)第17册,上海古籍出版社、安徽教育出版社2010年版,第2964页。

② (宋)黎靖德辑:《朱子语类》卷八十七,朱杰人等编:《朱子全书》(修订本)第17册,上海古籍出版社、安徽教育出版社2010年版,第2976页。

③ (宋)黎靖德辑:《朱子语类》卷八十七,朱杰人等编:《朱子全书》(修订本)第17册,上海古籍出版社、安徽教育出版社2010年版,第2973页。

蔡方鹿指出："朱熹作为宋学的代表人物和集大成者，不仅在中国经学史上占有重要地位，而且其经学思想对中国经学的进一步发展产生了重要影响。这突出表现在：朱熹兼采汉学和宋学，促进了中国经学的发展；其'四书'义理之学对后世中国经学产生了重要影响；以及朱熹的重训诂辨伪对后世经学所产生的重要影响等方面。"① 朱熹兼采汉、宋，考据与义理相结合，在其《礼记》诠释上得到充分的体现。朱熹的《礼记》诠释对后世影响很大。宋人魏了翁、黄震，清人孙希旦、朱彬，从事《礼记》诠释，皆是考据与义理相结合，由此可见朱熹《礼记》学影响之深远。

朱熹以《仪礼》为经、以《礼记》为记的思想亦影响深远。元代吴澄《礼记纂言序》云："朱子尝与东莱先生吕氏商订三《礼》篇次，欲取戴《记》中有关于《仪礼》者附之经，其不系于《仪礼》者，仍别为记。吕氏既不及答，而朱子亦不及为。幸其大纲存于文集，犹可考也。"② 吴澄对于朱子未能将"三礼"篇目重新编次即辞世深表遗憾，他以朱子未竟之志自诩，割裂《礼记》以释《仪礼》，成《礼记纂言》一书。吴澄还将《大学》、《中庸》从《礼记》中析出，与《论语》、《孟子》并为"四书"；又将《投壶》、《奔丧》析出，与《大戴礼记》中的《公冠》、《诸侯衅庙》、《诸侯迁庙》以及郑玄《注》中提到的《中霤》、《禘于太庙》、《王居明堂》等集为《仪礼逸经》；又以《礼记》中的《冠义》、《昏义》、《乡饮酒义》、《燕义》、《聘义》加上由《射义》析出的《大射义》、《乡射义》，再加上《大戴礼记》中的三篇，从而成《仪礼传》。由此可见，吴澄《礼记纂言》之编纂思想，实源自朱子于《仪礼》、《礼记》关系之认识。

朱熹以《仪礼》为经、以《礼记》为记的思想对清代学人亦有启发。如万斯大曰："《仪礼》一经，与《礼记》相表里。考仪文，则《仪礼》为备，言义理，则《礼记》为精。在圣人即吾心之义礼而渐著之为仪文，在后人必通达其仪文而后得明其义理。故读《礼记》而不知《仪礼》，是无根之木、无源之水也。悬空无据，岂能贯通？"③ 江永亦曰："《礼记》四十九篇，则群儒所记录，或杂以秦汉儒之言，纯驳不一，其《冠》、《昏》等义，则《仪礼》之义疏

---

① 蔡方鹿：《朱熹经学与中国经学》，人民出版社2004年版，第582页。
② （元）吴澄：《礼记纂言序》，《礼记纂言》卷首，文渊阁《四库全书》第121册，第3页。
③ （清）万斯大：《与陈令升书》，《仪礼商》附录，文渊阁《四库全书》第108册，第285页。

耳。"① 又曰："散逸之余《仪礼》正篇，犹存二戴之《记》者，如《投壶》、《奔丧》、《迁庙》、《衅庙》之类，已不可多见。"② 万斯大、江永皆强调《礼记》对于理解《仪礼》的重要性，与朱熹的礼学观如出一辙。

### 二、魏了翁的《礼记》诠释

魏了翁生平，见《仪礼要义》部分。

《礼记要义》三十三卷，《宋史·艺文志》载之。明人《授经图义例》亦著录之。清朱彝尊《经义考》著录魏了翁《礼记要义》三十三卷，云"未见"。魏了翁《礼记要义》今所能见之版本，开卷即第三卷《檀弓上》。

（一）《礼记要义》的内容和体例

今以《续修四库全书》本为据，对魏氏此书的内容、体例和特点分别加以探讨。

1. 《礼记要义》的内容

《续修四库全书》所收《礼记要义》存三十二卷。各卷分布情况为：卷三为《檀弓上》，卷四为《檀弓下》，卷五为《王制上》和《王制下》，卷六为《月令》，卷七为《曾子问》，卷八为《文王世子》，卷九为《礼运》，卷十为《礼器》，卷十一为《郊特牲》，卷十二为《内则》，卷十三为《玉藻》，卷十四为《明堂位》，卷十五为《丧服小记》，卷十六为《大传》，卷十七为《少仪》，卷十八为《学记》，卷十九为《乐记》，卷二十为《杂记上》，卷二十一为《杂记下》，卷二十二为《丧大祭》，卷二十三为《祭法》，卷二十四为《祭义》，卷二十五为《祭统》，卷二十六为《经解》至《坊记》，卷二十七为《中庸》，卷二十八为《表记》至《缁衣》，卷二十九为《问丧》至《深衣》，卷三十为《投壶》和《儒行》，卷三十一为《大学》、《冠义》和《昏义》，卷三十二为《乡饮酒义》，卷三十三为《燕义》、《聘义》和《丧服四制》。《礼记要义》涵盖了《礼记》的所有篇目，内容是十分丰富的。

《礼记要义》有时先征引经文，再征引郑《注》、孔《疏》；有时并不征引经文，而只节录郑《注》和孔《疏》。魏氏所征引《礼记》解义，并非原文照搬，而是节录其认为最有价值的内容。归纳起来，魏了翁《礼记要义》主要包括以下三个方面的内容：

---

① （清）江永：《礼记纲目序》，《礼记纲目》卷首，文渊阁《四库全书》第133册，第43页。
② （清）江永：《礼记纲目序》，《礼记纲目》卷首，文渊阁《四库全书》第133册，第43页。

(1) 征引解题内容。

汉代郑玄《三礼目录》有《礼记》各篇之解题，唐代孔颖达撰《礼记正义》时征引了郑玄之解题，这些解题是理解《礼记》经文之门径。魏了翁重视郑玄、孔颖达为《礼记》各篇所作之解题，并在《礼记要义》中多次援引。

《礼记要义》卷三曰："案郑《目录》云：'名曰《檀弓》者，以其记人善于礼，故著姓名以显之。姓檀名弓，今山阳有檀氏。此于《别录》属通论。'此檀弓在六国之时，知者，以仲梁子是六国时人，此篇载仲梁子，故知也。"①通过与《礼记正义》相比较，可知魏氏所引并非《檀弓上》孔氏解题的全部内容。魏氏在这段文字前还冠以"檀弓六国时人"的小标题。读者即使不看解题内容，仅凭借小标题，也可以较快知道《檀公》篇名之义。

又如《礼记要义》卷五标题"《王制》是秦汉时作"下，魏氏曰："案郑《目录》云：'名曰《王制》者，以其记先王班爵、授禄、祭祀、养老之法度，此于《别录》属制度。'《王制》之作，盖在秦汉之际，知者，案下文云'有正听之'，郑云汉有'正平承，秦所置'。又有'古者以周尺'之言，今以'周尺'之语，则知是周亡之后也。秦昭王亡周，故郑答临硕云：'孟子当赧王之际，《王制》之作，复在其后。'卢植云：'汉孝文皇帝令博士诸生作此《王制》之书。'"②魏氏于此征引孔颖达《礼记正义》于《王制》之解题内容，并有删节。

《礼记要义》卷二十七曰："《正义》曰：按郑《目录》云：'名曰《中庸》者，以其记中和之为用也。庸，用也。孔子之孙子思伋作之，以昭明圣祖之德。此于《别录》属通论。'"③《礼记正义》于《中庸》解题的内容太繁，魏氏仅节录孔氏所引郑玄之说，并冠以小标题"《中庸》子思作"。

(2) 征引有分歧的解义。

魏代王肃不喜郑学，处处与郑为异。王肃《礼记注》，驳郑者不在少数。此外，南朝皇侃的《礼记》解义亦时与郑氏之说相左。魏了翁《礼记要义》对王肃、皇侃之解义颇为重视，多有征引。

如《礼记要义》卷三小标题"子思哭嫂，或云原宪"下，魏了翁曰："'子

---

① （宋）魏了翁：《礼记要义》卷三，《续修四库全书》第96册，第555页。
② （宋）魏了翁：《礼记要义》卷五上，《续修四库全书》第96册，第581页。
③ （宋）魏了翁：《礼记要义》卷二十七，《续修四库全书》第96册，第825页。

思之哭嫂也为位',《正义》曰：此子思哭嫂，是孔子之孙，以兄先死，故有嫂也。皇氏以为原宪字子思，若然，郑无容不注，郑既不注，皇氏非也。孔氏《连丛》云：一子相承，以至九世。及《史记》所说亦同者，不妨。虽有二子相承者，唯存一人，或其兄早死，故得有嫂。且杂说不与经合，非一也。"①郑玄认为此"子思"乃孔子之孙。皇侃驳郑玄，认为原宪字子思，此"子思"为原宪。魏氏对郑玄、皇侃之说皆予以征引，以阙疑。

又如《礼记要义》卷三小标题"王肃以'圣人之葬人与'绝句"下，魏了翁曰："子夏曰：'圣人之葬人与人之葬人也，子何观焉？'《注》：'与，及也。'《正义》曰：'王肃云：圣人葬人与，属上句以言。若圣人葬人与，则人庶有异文，得来观者；若人之葬圣人，与凡人何异，而子何观之？'"②郑玄认为，此处经文"与"字应作"及"字解。依郑玄之意，此处经文断句应为：子夏曰："圣人之葬人，与人之葬人也，子何观焉。"王肃则认为此之"与"字是语气词。据王肃之意，此处经文断句应为：子夏曰："圣人之葬人与，人之葬人也，子何观焉？"魏氏对郑玄、王肃之说皆予以征引，以阙疑。

《礼记要义》卷二十六小标题"都城百雉之说，杜郑异"下，魏了翁云："'高一丈长三丈为雉'者，《异义》与古《春秋左氏》说。云'百雉为长三百丈，方五百步'者，六尺为步，五六三十，故三百丈为五百步。云'子男之城方五里'者，《周礼·典命》云：'子男五命，其国家，宫室以五为节。'国家谓'城方'也。是子男城方五里也。云'百雉者，此谓大都，三国之一'者，言子男五里，积千五百步。《左传》云：'大都参分国之一。'子、男大都三分国城而居其一，是大都五百步为百雉也。但国城之制，凡有二义，郑之此注，子、男五里，则侯、伯七里，公九里，天子十二里。案郑《驳异义》又云：'天子城九里，公城七里，侯、伯之城五里，子、男之城三里。此云百雉者，谓侯、伯之大都。'杜预同焉。与郑此注异也。"③郑玄认为，子、男城五里，侯、伯城七里，公城九里，天子城十二里；杜预则认为，天子城九里，公城七里，侯、伯城五里，子、男城三里。魏氏征引郑、杜二人之说以存疑。

---

① （宋）魏了翁：《礼记要义》卷三，《续修四库全书》第 96 册，第 560 页。
② （宋）魏了翁：《礼记要义》卷三，《续修四库全书》第 96 册，第 569 页。
③ （宋）魏了翁：《礼记要义》卷二十六，《续修四库全书》第 96 册，第 821 页。

又如《礼记要义》卷二十七小标题"'一戎衣',郑作'一戎殷',与《书》异"下,魏了翁云:"《正义》曰:案《尚书·武成》云'一戎衣',谓一著戎衣而灭殷。此云'壹'者,以经武王继大王、王季、文王三人之业,壹用灭殷,对三人之业为一耳。由三人之业,故壹身灭之。郑必以'衣'为'殷'者,以十一年观兵于孟津,十三年灭纣,是再著戎服,不得称'一戎衣',故以'衣'为'殷'。故《注》云'齐人言殷声如衣'。"①《尚书·武成》"一戎衣",郑玄认为当作"一戎殷"。魏氏于此将各家之说予以征引,以明各家之分歧。

魏了翁在征引有分歧的解义时,一般不增入自己的意见。其先节录郑《注》和孔《疏》,再冠以概括经文大义之小标题。魏了翁所列小标题,主要是陈述事实,而不带主观判断。如上述"子思哭嫂,或云原宪"、"王肃以'圣人之葬人与'绝句"、"都城百雉之说,杜郑异"等小标题,皆客观陈述,而无主观判断。《礼记》各家解义之分歧,往往亦是后世学者争论的焦点,魏氏征引之,以俟读者自行裁断。

(3) 征引有疏通或补充意义的解义。

汉唐诸家《礼记》著述中,最重要的无疑是郑玄《礼记注》和孔颖达《礼记正义》。魏了翁《礼记要义》在节录郑《注》和孔《疏》时,最重视的是于经文有疏通或补充意义的解义。

如《礼记要义》卷三小标题"孔子梦馈食,不梦凶奠"下,魏了翁云:"言奠者以为凶象。《正义》曰:时夫子梦见馈食,不梦凶奠也。但奠礼既死之后,未葬之前,柩仍在地,未立尸主,唯奠停饮食,故云奠也。"②此所征引者,乃孔《疏》于《檀弓上》"予畴昔之夜,梦坐奠于两楹之间"之解义。据郑《注》,此"奠"字是孔子梦馈食之礼。孔《疏》在郑《注》的基础上,对此"奠"字做了阐释。魏了翁征引孔《疏》,意在引起读者的注意,以免将此奠误作"凶奠"。

又如《礼记要义》卷八小标题"年寿不可增损"下,魏了翁云:"年寿之数,赋命自然,不可延之寸阴,不可减之晷刻。文王九十七,武王九十三,天定之数。今文王云'吾与女三'者,示其传基业于武王,欲使武王承其所传

---

① (宋)魏了翁:《礼记要义》卷二十七,《续修四库全书》第96册,第827页。
② (宋)魏了翁:《礼记要义》卷三,《续修四库全书》第96册,第568页。

之业，此乃教戒之义训，非自然之理。"① 此所征引者，乃孔《疏》于《文王世子》之解义。孔氏认为，文王欲传基业于武王，文王所云"吾与女三"者乃教戒之义，事实上并非如此。魏氏认为孔《疏》于经文之理解有助益，遂征引之。

又如《礼记要义》卷三小标题"死不得礼者亦不吊"下，魏了翁云："死不得礼亦不吊。故昭二十年，卫齐豹欲攻孟絷，宗鲁事孟絷。是时齐豹欲攻孟絷，宗鲁许齐豹攻之，不告孟絷。及孟絷被杀而死，宗鲁亦死之。孔子弟子琴张欲往吊之，孔子止之曰：'齐豹之盗，而孟絷之贼，女何吊焉？'杜预云：'言齐豹所以为盗，孟絷所以见贼，皆由宗鲁。'是失礼者亦不吊也。"② 郑《注》、孔《疏》于"畏"、"厌"、"溺"不合哭吊之事的原因皆有说明。此外，孔《疏》还对"畏"、"厌"、"溺"之外不合哭吊之礼者有所阐释。魏氏为了避免重复，仅征引"畏"、"厌"、"溺"之外不合哭吊礼之解义。

魏了翁《礼记要义》既看重郑《注》孔《疏》直接解经的部分，也看重二者解经的推衍部分。这些推衍部分易被人忽略，魏氏强调之，有利于人们加深对《礼记》经文的理解。

2. 《礼记要义》的体例

（1）标明卷次和篇名。

《礼记要义》依刘向《别录》于《礼记》篇目之次序，每一卷开始，顶格先标明卷次，卷次下低数格标明篇名。《礼记要义》有时将数篇合为一卷，如卷二十八开首，先有"《礼记要义》卷第二十八"字样，其下空出两格，再有"《表记》至《缁衣》"五字，意即此卷内容是《表记》、《缁衣》两篇。又如《礼记要义》卷三十一起始，顶格先有"《礼记要义》卷第三十一"字样，其下空出四格，再有"《大学》、《冠义》、《昏义》"六字，意即此卷内容是《大学》、《冠义》、《昏义》三篇。

（2）每段之前，各有标题。

《礼记要义》每卷皆分为若干段，每段包括若干方面的内容。每段之前都有一个小标题，小标题前有数字标明次序。魏氏列小标题的用意有二：

第一，概括所征引内容之大旨。《礼记要义》中的小标题，大多是对经

---

① （宋）魏了翁：《礼记要义》卷八，《续修四库全书》第96册，第644页。
② （宋）魏了翁：《礼记要义》卷三，《续修四库全书》第96册，第558页。

文、郑《注》或孔《疏》的大旨加以说明。如《檀弓上》第二十四个小标题是"曾子以主人荣己,为之隐讳"①,标题下罗列经文:"曾子吊于负夏,……曾子闻之曰:'多矣乎,予出祖者。'"接着罗列郑《注》:"负夏,卫地。祖谓移柩车去载处,为行始也。填池,当为'奠彻',声之误也。奠彻谓彻遣奠,设祖奠。"②又列孔《疏》:"此是启殡之后至柩车出之节也。曾子吊于负夏氏,正当主人祖祭之明旦,既彻祖奠之后、设遣奠之时而来吊,主人荣曾子之来,乃彻去遣奠,更设祖奠。又推柩少退而返之向北,又遣妇人升堂。至明旦,妇人从堂更降,而后乃行遣车礼。从曾子者意以为疑,问曾子云:'此是礼与?'曾子既见主人荣己,不欲指其错失,为之隐讳云:'夫祖者,且也。''且'是未定之辞,祖是行始,未是实行。'且'去住二者皆得,既得旦住,何为不可以反宿,明日乃去?"③魏了翁所列小标题"曾子以主人荣己,为之隐讳",是对郑《注》、孔《疏》大义之概括。

第二,不援引材料,以标题提纲挈领,方便读者。魏了翁《礼记要义》多处仅有小标题,而不征引具体内容,意在方便读者把握经文和注文之义。如《礼记要义》卷三第二十一个小标题是"师友丧服"④,此标题下没有任何引文。《礼记·檀弓上》:"伯高死于卫。赴于孔子。……知伯高而来者,勿拜也。"孔《疏》云:"师友为重,所知为轻,所以哭师于寝,寝是己之所居,师又成就于己,故哭之在正寝,此谓殷礼。若周礼,则《奔丧》云,师哭诸庙门外。故郑答赵商之问亦以为然。孙炎云:'《奔丧》,师哭诸庙门外,是周礼也。'依礼而哭诸野,若不依此礼,则不可。"⑤经文、孔《疏》均论师友所哭之处。魏了翁以"师友丧服"为小标题,是对经文和孔《疏》大义之概括。读者借魏氏所列小标题,可迅速知晓经文和注文之大义。

(二)《礼记要义》的特点

魏了翁《礼记要义》有如下两大特点:

第一,简易不繁,方便读者。

魏了翁《礼记要义》删节注疏,存其简当,颇为精允,与孔《疏》之繁

---

① (宋)魏了翁:《礼记要义》卷三,《续修四库全书》第96册,第562页。
② (宋)魏了翁:《礼记要义》卷三,《续修四库全书》第96册,第562页。
③ (宋)魏了翁:《礼记要义》卷三,《续修四库全书》第96册,第562—563页。
④ (宋)魏了翁:《礼记要义》卷三,《续修四库全书》第96册,第561页。
⑤ (清)阮元校刻:《十三经注疏(附校勘记)》,中华书局1980年版,第1282页。

冗形成了鲜明对比。

首先，《礼记要义》有时并非全引郑《注》、孔《疏》，而是只择其一。《礼记正义》先引郑《注》，再列孔《疏》。郑《注》虽精简，但失之于古奥。孔《疏》往往长篇累牍，令人难得其要。对于郑氏、孔氏之解义，魏氏往往择其一家。以《礼记要义》卷七为例，此卷共有三十三个小标题，其中只援引郑《注》的有九个，只援引孔《疏》的亦有九个。又如《礼记要义》卷十八，此卷共有十八个小标题，其中只采择郑《注》者有三个，只采择孔《疏》者有十一个。

其次，《礼记要义》对郑《注》、孔《疏》并非大段援引，而是有所去取。如《礼记要义》卷六于《月令》之解题为："案吕不韦集诸儒士著为《十二月纪》，合十余万言，名为《吕氏春秋》，篇首皆有《月令》，与此文同，是一证也。又周无大尉，唯秦官有大尉，而此《月令》云'乃命大尉'，此是官名不合周法，二证也。又秦以十月建亥为岁首，而《月令》云'为来岁授朔日'，即是九月为岁终，十月为授朔，此是时不合周法，三证也。又周有六冕，郊天迎气则用大裘，乘玉辂，建太常日月之章，而《月令》服饰车旗并依时色，此是事不合周法，四证也。故郑云'其中官名时事多不合周法'。然案秦始皇十二年吕不韦死，二十六年并天下，然后以十月为岁首，岁首用十月，时不韦已死十五年，而不韦不得以十月为正。又云《周书》先有《月令》，何得云不韦所造？又秦并天下立郡，何得云诸侯？又秦以好兵杀害，毒被天下，何能布德施惠，春不兴兵？"① 孔《疏》于《月令》之解题，不但有《月令》作者之考证，还引《老子》、《易乾凿度》、《考灵耀》以释《月令》所记阴阳之事。魏氏所引孔《疏》者，主要是论《月令》与周法之关系，以及《月令》与吕不韦之关系。通过比较，可知魏了翁所征引者，仅是《礼记正义》于《月令》解题之很小部分。

又如《中庸》"天命之谓性"，孔《疏》："云'天命，谓天所命生人者也，是谓性命'，案《易·乾·彖》云'乾道变化，各正性命'是也。云'木神则仁'者，皇氏云'东方春，春主施生'，仁亦主施生。云'金神则义'者，秋为金，金主严杀，义亦果敢断决也。云'火神则礼'者，夏为火，火主照物而有分别，礼亦主分别。云'水神则信'，冬主闭藏，充实不虚，水有内明，

---

① （宋）魏了翁：《礼记要义》卷六，《续修四库全书》第 96 册，第 612 页。

不欺于物，信亦不虚诈也。云'土神则知'者，金、木、水、火、土，无所不载，土所含者多，知亦所含者众，故云'土神则知'。"①《礼记要义》卷二十七小标题"水神信，土神知"下，魏了翁云："云'水神则信'，冬主闭藏，充实不虚，水有内明，不欺于物，信亦不虚诈也。云'土神则知'者，金、木、水、火、土，无所不载，土所含义者多。知亦所含者众，故'土神则知'。"②通过比较可知，魏了翁于此征引孔《疏》，仅节取了"水神则信"、"土神则知"之解义，而于"木神则仁"、"火神则礼"则略之。实际上，通过魏了翁所列小标题，以及其所征引孔《疏》之内容，"天命之谓性"可得深彻之认识，若再引于木神、火神之解义，则显繁冗。

第二，穷经学古，汉宋兼采。

四库馆臣云："南宋之衰，学派变为门户，诗派变为江湖。了翁容与其间，独以穷经学古，自为一家。……史称了翁年十五时为《韩愈论》，抑扬顿挫，已有作者之风。其天资本自绝异，故自中年以后，覃思经术，造诣益深。所作醇正有法，而纡徐宕折，出乎自然，绝不染江湖游士叫嚣狂诞之风，亦不染讲学诸儒空疏拘腐之病，在南宋中叶，可谓翛然于流俗外矣。"③四库馆臣认为，魏了翁之学"穷经学古"，没有宋儒空疏拘腐之病。"穷经学古"之特点，在《礼记要义》中得到体现。对于汉唐学人《礼记》之解义，魏了翁持尊重态度，其《礼记要义》所采择之解义，除《礼记》经文外，全部来自郑《注》和孔《疏》。

魏了翁生活于南宋，其《礼记要义》无疑会打上时代学风的烙印。首先，《礼记要义》的编纂有宗朱学之意味。朱熹晚年从事《仪礼经传通解》之编纂，其析离《仪礼》和《礼记》，将《礼记》内容附于《仪礼》相关经文之下。魏氏《礼记要义》分割郑《注》、孔《疏》，并将二者附于《礼记》经文之下，冠以小标题，其做法有效法朱熹礼书编纂之意。其次，魏了翁有疑经倾向。宋人疑经惑传，视汉唐经解如土梗。魏氏亦不盲从郑、孔解义，他说："向看'三礼'，每叹后郑于礼学极有功，敬之而不敢议，近来再三玩绎，觉得碍处极

---

① （清）阮元校刻：《十三经注疏（附校勘记）》，中华书局1980年版，第1625页。
② （宋）魏了翁：《礼记要义》卷二十七，《续修四库全书》第96册，第825页。
③ （清）永瑢：《四库全书总目》卷一百六十二《集部·别集类一五》，中华书局1965年影印本，第1391页。

多。"① 由此可见，魏了翁在承认郑玄于"三礼"有功之同时，亦认为其有不可解者。

### 三、卫湜的《礼记》诠释

卫湜（生卒年不详）字正叔，世称栎斋先生，平江府昆山（今江苏昆山）人。锁厅试屡中第，除太府寺丞、将作少监，皆不赴。闭门著书。宝庆中，以通直郎知常州武进县。绍定中，尝为江东漕筦，后倅金陵。嘉熙三年（1239）知严州，寻内召，擢直秘阁。官终至宝谟阁、知袁州。卫湜居处豪华，有园林之胜，以藏书为乐趣。与叶适有密交，叶适有《栎斋藏书记》一篇。卫湜有《礼记集说》一百六十卷，今存。

（一）《礼记集说》的成书及版本

1.《礼记集说》的撰著缘由及成书过程

从卫湜所撰《礼记集说序》、《礼记集说后序》及《进礼记集说表》中，可知《礼记集说》的撰著缘由主要有以下三点：

首先，《礼记集说》的撰作是为了帮助统治者实行礼教。宋代的士大夫多具有忧国忧民的情怀，他们积极奔走，为当权者献计纳策，并著书立说以表达自己的治国理想。卫湜撰《礼记集说》，书成即进献朝廷，希望施于新学，有补于将来。卫湜在宝庆二年（1226）十月所呈《进礼记集说表》云："臣湜言：伏以私庭学《礼》，妄尝穷汗竹之劳；昭代尊经，窃欲效野芹之献。辄忘寡陋，仰渎睿聪。臣惶惧惶惧，顿首顿首。惟六籍之指归，赖群言之训释。《戴记》虽云于后出，汉儒备述于前闻，制度文为，炳若具陈，道德性命，灿然毕载。倪非博习，畴克兼通？然俚笺臆说，罕识其全，故微辞奥旨，或几于晦，所可知也，犹多阙焉。臣叨袭布韦，滥承弓冶，睠时恭俭庄敬之教，颇得父兄师友之传。念艺著名场者仅止决科，而业擅专门者又多胶柱，乃考同而辨异，爰撮要以芟繁。孔郑《注》、《疏》，孰是孰非；程张讲授，或详或约。会稡略备，编摩罔遗，阅二十余年，其书始成。凡四十九篇之义皆在，可以施于新学，庶有补于将来。恭惟皇帝陛下天启皇图，日新圣政。谓家欲齐，国欲治，必谨范防；而帝所兴，王所成，不相沿袭。若朝觐会同之品式，与射乡祀飨之等威，方搜举于缛仪，以铺张于景铄。有元老大臣以赞表章之盛，有巨儒硕士以增缉熙之光。虽简断以篇残，亦海涵而川纳。兹率录诸家之善，庸冒尘乙夜之观，

---

① （宋）魏了翁：《鹤山集》卷三十六《答杨次房》，文渊阁《四库全书》第1172册，第415页。

举而错之,维其时矣。名曰《集解》,敢睎先哲之纂修,悉上送官,愿备秩宗之采择。"①

其次,《礼记集说》的撰作是为了补"圣代阙文"。卫湜在宝庆二年(1226)七月所撰《礼记集说序》曰:"《礼记》四十九篇,自二戴分门,王郑异注,历晋迄陈,虽南北殊隔,家传师授,代不乏人。唐贞观中,孔颖达等详定疏义,稍异郑说,罔不芟落,诸家全书自是不可复见。由贞观至五代,逾三百年,世儒竞攻专门之陋,学《礼》者几无传矣。本朝列圣相承,崇显经学,师友渊源,跨越前代。故经各有解,或自名家,或辑众说,逮今日为尤详。《礼记》并列六籍,乃独阙焉,率散见杂出,而又穷性理者略度数,推度数者遗性理,欲其参考并究,秩然成书,未之有也。予晚学孤陋,滥承绪业,首取郑《注》孔《义》,翦除芜蔓,采摭枢要,继遂博求诸家之说,零篇碎简,收拾略遍。至若说异而理俱通,言详而意有本,抵排孔郑,援据明白,则亦并录,以俟观者之折衷。"②卫湜认为,唐孔颖达撰《礼记正义》,经学归于一统,《正义》之外,汉至唐代的《礼记》著作都已散佚;宋人虽然重视《礼记》,但各家各有偏重,或"穷性理者略度数",或"推度数者遗性理",即有人只重视名物制度之考证,有人只重视礼意之阐发。鉴于此,卫湜认为可取郑《注》、孔《疏》的枢要部分,并博求汉唐及宋人之说,以成一书。至于各家观点有抵牾之处,亦予以援引,以待读者折衷。卫湜又说:"予之《集说》,窃取斯义,是则此书之博也,非所以为学者造约之地邪。犹愧寡闻,访论未尽。然《六经》之典,敷畅发明至是粗备,或于圣代阙文小有补云。"③卫湜认为,通过博采众家之解义,既便于学者观览,又有补于"圣代阙文"。

再次,《礼记集说》的撰著是为了使学者不忘先儒之言。宝庆二年(1226)十一月卫湜在其所撰《礼记集说后序》云:"予旧习诸家训解,每病世儒剽取前人之说,以为己出,近得延平周谞希圣解,一再翻阅,始知陈氏、方氏亦推衍其说者耳。比岁枢密何公澹本生继母亡,疑于持服,太学生乔嘉、朱九成、黄会卿移书何公,引'逮事父母,则讳王父母;不逮事父母,则不讳王父母'

---

① (宋)卫湜:《礼记集说》卷首《进礼记集说表》,文渊阁《四库全书》第117册,第4—5页。
② (宋)卫湜:《礼记集说》卷首《礼记集说序》,文渊阁《四库全书》第117册,第3页。
③ (宋)卫湜:《礼记集说》卷首《礼记集说序》,文渊阁《四库全书》第117册,第4页。

之文，以为本朝方悫解此一节，谓特庶人之礼耳。此说见于郑康成《注》，乃指为方悫，盖后人掇拾前言，而观者据新忘旧，莫究其始。先儒之书，日就湮晦，此予之所慨叹，而《集说》所由作也。他人著书，惟恐不出于己；予之此编，惟恐不出于人。因不敢谓此编能尽经旨，后有达者，何嫌论著，谨无袭此编所已言，没前人之善可也。"①

关于《礼记集说》的撰著过程，四库馆臣曾略有考辨："其书始作于开禧、嘉定间。自序言日编月削，几二十余载而后成。宝庆二年官武进令时，表上于朝，得擢直秘阁。后终于朝散大夫，直宝谟阁，知袁州。绍定辛卯，赵善湘为锓版于江东漕院。越九年，湜复加核订，定为此本。自作前序、后序，又自作跋尾，述其始末甚详。盖首尾阅三十余载。"② 由此可见，卫湜此书历前后三十余年反复修订而成。

2.《礼记集说》的版本

据《四库全书总目》，卫湜《礼记集说》的最早版本是宋绍定四年（1231）赵善湘刻本。赵善湘，字清臣，宋朝宗室，庆元二年（1196）进士，历官焕章阁直学士，知绍兴府。他所刻《礼记集说》本，今已无传。王锷《三礼研究论著提要》"专著·礼记类"对《礼记集说》的版本作了初步的考察，现结合相关的资料，对王锷的考证略做增补。③

宋刻本。宋嘉熙四年（1240）新定郡斋朴之叔刻本。卷三十四至卷四十、卷九十三至卷九十五、卷一百至卷一〇六配清抄本，半页十三行，每行二十五字，白口，左右双边，有黄丕烈跋两篇。《中国版刻图录》云："《礼记集说》宋卫湜撰，宋嘉熙四年新定郡斋刻本，建德，图版一〇二。匡高21.3厘米，广15.1厘米，十三行，行二十五字，白口，左右双边。嘉熙四年卫湜知严州时刻于新定郡斋，严州古名新定，《景定严州续志》，郡有经史诗文方书八十种，中有栎斋《礼记集说》一目，盖即此本。"根据《宋版书叙录》，此本乃卫湜于嘉熙三年（1239）到嘉熙四年（1240）间在严州做知州时由朴之叔所刻。《北京图书馆古籍善本书目》载之，今藏国家图书馆。

影写宋刊本。《藏园群书经眼录》云："《礼记集说》一百六十卷，宋卫湜

---

① （清）朱彝尊：《经义考》卷一百四十二，中华书局1998年影印本，第748—749页。
② （清）永瑢：《四库全书总目》卷二十一《经部·礼类三》，中华书局1965年影印本，第169页。
③ 参见王锷：《三礼研究论著提要》，甘肃教育出版社2007年版，第287—290页。

## 第二章 南宋"三礼"诠释名家名著研究

撰。影写宋刊本,十三行二十四字。前有魏了翁序,草书。"①《木犀轩藏书题记及书录》云:"《礼记集说》一六〇卷,宋卫湜撰,明抄本。"②又云:"《礼记集说》一百六十卷,宋卫湜撰,影宋抄本,半页十三行,行二十五字,有卫正叔进表及自序。又宝庆元年魏了翁序,系摹手书上板者。又'集说名氏'并'统说'均在卷首。"③此版今藏北京大学图书馆。

明抄本。《藏园群书经眼录》云:"《礼记集说》一百六十卷,宋卫湜撰。精写本,九行二十一字。"④藏书地点今已不详。

明抄本。《中国善本书提要》云:"《礼记集说》一百六十卷六十册(北图)明抄本[九行二十二字(20.2×13.7)]宋卫湜撰。魏了翁序[宝庆元年(一二二五)]进表[宝庆二年(一二二六)]自序[宝庆二年(一二二六)]又后序[嘉熙四年(一二四〇)]。"⑤又台湾《"中央"图书馆善本书目》云:"《礼记集说》一百六十卷,六十册,宋卫湜撰。蓝格旧抄本,朱墨合校,北平。"⑥此版现藏台湾"中央"图书馆。

明抄本。有丁丙跋。《善本书室藏书志》卷二云:"《礼记集说》一百六十卷,影宋抄本,吴氏绣谷、孙氏寿松堂藏书。……前有临邛魏了翁序,绍定辛卯赵善湘锓版江东漕院,越九年,复为核定,别刊于新定郡斋,传本绝稀。江阴李贯如一从事'三礼',借是书于绛云楼,焚香肃拜而后起视。余姚黄宗羲购归祁氏旷园遗籍,途中为书贾窃去,是书见之于所撰《天一阁藏书记》中,则当时之珍重可知矣。自刊入《通志堂》后,学者始稍稍见之,此当为纳兰氏未刻以前所抄,经吴氏瓶花斋、孙氏寿松堂校藏。……按:宋本道光间藏于上海郁泰峰家,同治间归于丰顺丁雨生中丞。《持静斋书目》识云:'绵纸初印,魏鹤山序已残缺,仅存'了翁'二字,'鹤山书院'一印。通志堂补遗错误尤甚者,七十三卷、七十六卷、七十七卷、九十六至九十九卷。仰曾字景高,号虚白,仁和人,岁贡,候选盐运司运同。绣谷者,钱塘吴焯别号也。"⑦据丁丙

---

① 傅增湘:《藏园群书经眼录》,中华书局1983年版,第56页。
② 李盛铎著,张玉范整理:《木犀轩藏书题记及书录》,北京大学出版社1985年版,第71页。
③ 李盛铎著,张玉范整理:《木犀轩藏书题记及书录》,北京大学出版社1985年版,第71页。
④ 傅增湘:《藏园群书经眼录》,中华书局1983年版,第56页。
⑤ 王重民:《中国善本书提要》,明文书局1984年版,第18页。
⑥ "中央"图书馆特藏组:《"中央"图书馆善本书目》(一),"中央"图书馆1986年增订二版,第30页。
⑦ (清)丁丙:《善本书室藏书志》卷二,《续修四库全书》第927册,第185页。

跋,可知此书曾为吴焯藏书,后相继为孙仰曾和丁丙所得。《中国古籍善本书目》载之,今藏南京图书馆。

明抄本。明蓝丝格抄本。残存二十四卷(卷一一三至卷一三六),七册。黄宗羲《天一阁藏书记》所言者,疑即此本。《中国古籍善本书目》和《新编天一阁书目》载之,今藏天一阁文管所。

《通志堂经解》本。据《北京图书馆馆藏普通线装书书名目录》,有一部卫湜《礼记集说》残本(《通志堂经解》本),藏于国家图书馆。此本现存二十三卷,共分六册,分别是卷十八至卷二〇、卷五二至卷五五、卷八一至卷八四、卷一〇九至卷一一二、卷一二一至卷一二四、卷一四〇至卷一四二。

文渊阁《四库全书》本。

清文澜阁抄本。残存四卷(卷二十五至卷二十八),二册,台湾《"中央图书馆"善本书目》载之,今藏台湾"中央图书馆"。

《四库全书荟要》本。据台湾《故宫博物院善本旧籍总目》,文渊阁《四库全书荟要》本《礼记集说》一百六十卷、"统说"一卷、"集说名氏"一卷,一百二十一册。今藏台湾故宫博物院。

旧抄本。《礼记集说》一百六十卷,附"集说名氏"一卷,宋卫湜撰,旧抄本,一百二十册。台湾《故宫博物院善本旧籍总目》载之,今藏台湾故宫博物院。

高丽本。《书目答问补正》载之,今存佚不详。

《涧松文库》本。《礼记集说》一百六十卷,三十六册,宋卫湜撰,《涧松文库》本。前有纳兰性德序(1677)。《韩国所藏中国汉籍总目》载之。

木版本。李朝的肃宗、正祖年间所刻,九册(零本)。有魏了翁序。

(二)《礼记集说》的内容、体例和特点

1.《礼记集说》的内容

(1)"集说名氏"。

文渊阁《四库全书》"经部·礼类"收录了卫湜《礼记集说》一百六十卷,卷首有卫湜所撰"集说名氏"。在"集说名氏"中,卫湜罗列了所征引的一百四十四家名氏,并对所列各家著述作了简单的介绍。由于宋代的《礼记》学文献大多数已亡佚,因此"名氏"对于今人认识宋代《礼记》学文献之概貌,有着珍贵的史料价值。通过考察,"集说名氏"大致包括以下五个方面的内容:

一是关于所征引著述的作者名氏、籍贯之介绍。如于刘敞,《名氏》曰:

"清江刘氏,字原父。"① 于陆九渊,《名氏》曰:"象山陆氏,字子静。"② "清江"、"象山"分别是刘敞和陆九渊的籍贯,"原父"和"子静"分别是刘敞和陆九渊的字。

二是关于所征引著述的篇卷、版本之介绍。如在叶梦得《礼记解》,《名氏》云:"石林叶氏,字少蕴。解《曲礼》、《檀弓》、《王制》、《文王世子》、《祭义》、《祭统》、《哀公问》、《仲尼燕居》、《孔子闲居》、《坊记》、《表记》、《缁衣》、《儒行》、《大学》、《昏义》、《乡饮酒义》、《射义》、《燕义》、《聘义》十九篇,仲子模《过庭录》时有论。"③ 此是关于叶梦得《礼记解》篇目之介绍。又如吕大临《礼记解》,《名氏》云:"蓝田吕氏,字与叔。《解》十卷。案:《中兴馆阁书目》止一卷,有《表记》、《冠义》、《昏义》、《乡饮酒义》、《射义》、《燕义》、《聘义》、《丧服四制》八篇而已。今书坊所刊十卷,又有《曲礼》上下、《孔子闲居》、《中庸》、《缁衣》、《深衣》、《儒行》、《大学》八篇。"④ 此是对吕氏《礼记解》的著录情况和书坊所刻本的篇卷之介绍。

三是关于所征引著述诠释体例之介绍。如于李格非《礼记精义》,《名氏》云:"李氏,字文叔。《精义》十六卷,就《曲礼》、《檀弓》、《王制》、《丧服小记》、《大传》、《少仪》、《学记》、《乐记》、《杂记》、《丧大记》、《祭法》十一篇中,随所见为之义。"⑤ "随所见为之义",是卫氏对李格非《礼记精义》诠释体例之归纳。

四是关于所征引著述之评论。如在马希孟条目下,《名氏》云:"方氏、马氏及山阴陆氏,三家书坊锓板传于世,方氏最为详悉,有补初学。然杂以《字说》,且多牵合,大为一书之累,间有与长乐陈氏《讲义》同者。方自序亦谓诸家之说,于王氏有合者,悉取而用之,则其说不皆自己出也。马氏、陆氏皆略,马氏《大学解》又与蓝田吕氏同,朱文公《或问》以为吕氏,今从之。陆氏说多可取,间有穿凿,亦字学误之也。"⑥ 卫湜于此对方氏、马氏和陆氏的《礼记》学著述做了比较和评论。

---

① (宋)卫湜:《礼记集说》卷首《礼记集说名氏》,文渊阁《四库全书》第117册,第11页。
② (宋)卫湜:《礼记集说》卷首《礼记集说名氏》,文渊阁《四库全书》第117册,第11页。
③ (宋)卫湜:《礼记集说》卷首《礼记集说名氏》,文渊阁《四库全书》第117册,第13页。
④ (宋)卫湜:《礼记集说》卷首《礼记集说名氏》,文渊阁《四库全书》第117册,第12页。
⑤ (宋)卫湜:《礼记集说》卷首《礼记集说名氏》,文渊阁《四库全书》第117册,第13页。
⑥ (宋)卫湜:《礼记集说》卷首《礼记集说名氏》,文渊阁《四库全书》第117册,第14页。

五是关于所征引著述的选择标准之说明。如《名氏》云："以上解义，唯严陵方氏、庐陵胡氏始末全备，自余多不过二十篇，或三数篇，或一二篇，或因讲说仅十数章。其他如语录，如文集，凡有及于礼经可以开晓后学者，裒辑编次，粗已详尽。唐杜佑《通典》论议丧制者，亦已编入。独绍兴间进士夏休撰《破礼记》二十卷，断章析句，妄加讥诋，《中庸》、《大学》犹且不免，其不知量甚矣。大抵解经非其他著书比，前后诸儒类尝讲究，后学偶得昔贤未竟之旨，曾未一二，动欲牵强饾饤，自为一书以垂世，不无差谬蹈袭之患。至有立意毁訾如休者，亦登载《中兴馆阁书目》，今不取。"① 由此可见，卫湜征引著述的标准是"凡有及于礼经可以开晓后学者"，对于断章析句、妄加讥诋《中庸》、《大学》者则不选。卫湜于此还对不征引夏休《破礼记》的原因作了交代。

（2）《礼记集说》正文之内容。

《礼记集说》一百六十卷，各卷具体内容分布是：卷一至卷九为《曲礼上》；卷一○至卷一四为《曲礼下》；卷一五至卷一九为《檀弓上》；卷二○至卷二三为《檀弓下》；卷二四至卷三六为《王制》；卷三七至卷四六为《月令》；卷四七至卷四九为《曾子问》；卷五○至卷五三为《文王世子》；卷五四至卷五八为《礼运》；卷五九至卷六二为《礼器》；卷六三至卷六八为《郊特牲》；卷六九至卷七二为《内则》；卷七三至卷七七为《玉藻》；卷七八至卷八○为《明堂位》；卷八一至卷八三为《丧服小记》；卷八四至卷八五为《大传》；卷八六至卷八七为《少仪》；卷八八至卷九○为《学记》；卷九一至卷一百为《乐记》；卷一○一至卷一○二为《杂记上》；卷一○三至卷一○四为《杂记下》；卷一○五至卷一○七为《丧大祭》；卷一○八至卷一○九为《祭法》；卷一一○至卷一一三为《祭义》；卷一一四至卷一一六为《祭统》；卷一一七为《经解》；卷一一八为《哀公问》；卷一一九为《仲尼燕居》；卷一二○为《孔子闲居》；卷一二一至卷一二二为《坊记》；卷一二三至卷一三六为《中庸》；卷一三七至卷一四○为《表记》；卷一四一至卷一四二为《缁衣》；卷一四三为《奔丧》和《问丧》；卷一四四为《服问》和《间传》；卷一四五为《三年问》和《深衣》；卷一四六为《投壶》；卷一四七至卷一四八为《儒行》；卷一四九至卷一五三为《大学》；卷一五四为《冠义》；卷一五四至卷一五五为《昏义》；卷一五六至卷

---

① （宋）卫湜：《礼记集说》卷首《礼记集说名氏》，文渊阁《四库全书》第117册，第16页。

一五七的一部分为《乡饮酒义》；卷一五七的一部分至卷一五八为《射义》；卷一五九为《燕义》；卷一五九至卷一六〇的一部分为《聘义》；卷一六〇的一部分为《丧服四制》。

卫湜《礼记集说》一百六十卷，征引解义一百四十四家。卫湜所征引的解义主要是两个方面的内容：一是篇名之解题，二是经文之释义。

其一，篇名解题。

东汉末年，郑玄为《礼记》作注，四十九篇皆有解题，如于《中庸》，郑玄云："名曰'中庸'者，以其记中和之为用也。庸，用也。孔子之孙子思伋作之，以昭明圣祖之德。此于《别录》属通论。"① 又如于《曾子问》，郑玄云："名为'曾子问'者，以其记所问多明于礼，故著姓名以显之。曾子，孔子弟子曾参。此于《别录》属丧服。"② 郑玄之解题，于篇名之字义、全篇之大旨等都有涉及，这是后人理解《礼记》各篇主旨的重要参考资料。唐代孔颖达撰《礼记正义》时，征引郑玄之解题内容并做了阐释。宋人于郑玄之解题既有继承，又有修正。

卫湜对汉唐以来各家《礼记》之解题予以征引，如于《曲礼上》，卫湜征引了陆德明、吕大临、马希孟、陆佃、叶梦得、朱熹、吕祖谦、叶适八家之解题内容。③ 卫湜所征引之内容如下：

唐陆氏曰："本或作《曲礼上》者，后人加也。《檀弓》、《杂记》放此。"

蓝田吕氏曰："曲礼，礼之细也。《礼》云：'经礼三百，曲礼三千，其致一也。'《中庸》云：'礼仪三百，威仪三千，待其人而后行。'然则曲礼者，威仪之谓，皆礼之细也。布帛之有经，一成而不可变者也，故经礼象之。经礼三百，盖若祭祀、朝聘、燕飨、冠昏、乡射、丧纪之礼，其节文之不可变者有三百也。布帛之有纬，其文曲折，有变而不可常者也，故曲礼象之。曲礼三千，盖大小、尊卑、亲疏、长幼，并行兼举、屈伸损益之不可常者有三千也。今之所传《仪礼》者，经礼也；其篇末称《记》者，记礼之变节，则曲礼也。汉兴，高堂生传《礼》十七篇，今《仪礼》是也，戴圣传《礼》四十九篇，今《礼记》是也。《礼记》所载，皆孔子门人所传授之书，杂收于遗编断

---

① （清）阮元校刻：《十三经注疏（附校勘记）》，中华书局1980年版，第1625页。
② （清）阮元校刻：《十三经注疏（附校勘记）》，中华书局1980年版，第1388页。
③ 参见（宋）卫湜：《礼记集说》卷一，文渊阁《四库全书》第117册，第17—20页。

简者，皆经礼之变节也。特以此篇名《曲礼》者，盖他篇稍各以类相从，此篇杂记诸礼曲折之文者也。"

石林叶氏曰："经礼三百，曲礼三千，经礼一，而曲礼十。经礼其常，犹言制之凡也；曲礼其变，犹言文之目也。故言礼仪三百，威仪三千。先王之时，皆有书与法，藏于有司，官掌之，士习之，有司守之，谓之执礼。《周官》大史掌邦之六典，礼居一焉。其曰大祭祀，与群执事读礼书而协事。祭之日，执书以次位常，大会同朝觐，以书协礼事，将币之日，执书以诏王。小史大祭祀读礼法，或读之以喻众，或执之以行事。至周衰而二者皆亡，惟孔子独能知之，故亦谓之执礼。今《礼记》首载《曲礼》，此非其书与法之正，汉儒杂记其所闻而纂之尔，故言'《曲礼》曰'以表之。如'毋放饭，毋流歠'，孟子亦云，则孟子犹及见其略欤！所谓经礼者，无复闻矣。"

新安朱氏曰："《礼器》作经礼、曲礼，而《中庸》以经礼为礼仪。郑玄等皆曰经礼即《周礼》三百六十官，曲礼即今《仪礼》冠、昏、吉、凶，其中书仪三千，以其有委曲威仪，故有二名。独臣瓒曰：'《周礼》三百，特官名耳。经礼为冠、昏、吉、凶，盖以《仪礼》为经礼也。'而近世括苍叶梦得曰：'经礼，制之凡也；曲礼，文之目也。先王之世，二者盖皆有书，藏于有司，祭祀、朝觐、会同，则大史执之以莅事，小史读之以喻众，而卿大夫授之以教万民，保氏掌之以教国子者，亦此书也。'愚意礼篇三名，《礼器》为胜，诸儒之说，瓒、叶为长。盖《周礼》乃制治立法、设官分职之书，于天下事无不该摄。礼典固在其中，而非专为礼设也。其中或以一官兼掌众礼，或以数官通行一事，亦难计其官数，以充礼篇之数。至于《仪礼》，则其冠、昏、丧、祭、燕、射、朝、聘自为经礼大目，亦不容专以曲礼名之也。但《曲礼》之篇，未见于今何书为近，而三百三千之数又将何以充邪？又尝考之，经礼固今之《仪礼》，其存者十七篇，而其逸见于他书者，犹有《投壶》、《奔丧》、《迁庙》、《衅庙》、《中霤》等篇；其不可考者，又有古经增多三十九篇，而《明堂阴阳》、《王史氏记》数十篇，及河间献王所辑礼乐古事，多至五百余篇。傥或犹有逸在其间者，大率且以《春官》所领五礼之目约之，则其初固当有三百余篇亡疑矣。所谓曲礼，则皆礼之微文小节，如今《曲礼》、《少仪》、《内则》、《玉藻》、《弟子职》篇，所记事亲、事长、起居、饮食、容貌、辞气之法，制器、备物、宗庙、宫室、衣冠、车旗之等，凡所以行乎经礼之中者，其篇之全数虽不可知，然条而析之，亦应不下三千有余矣。若或者专以经礼为常礼，曲礼为变礼，则如《冠礼》之不醴而醮用酒，杀牲而有折俎，若孤子冠母不在之类，皆礼之变，而未尝不在《经礼》篇中。坐如尸，立如齐，毋放饭，毋流歠之类，虽在《曲礼》之中，而不得谓之变礼，其说误也。"

东莱吕氏曰："《曲礼》、《少仪》皆是逊志道理、步趋进退、左右周旋，若件件要理会，必有不到处。如学者常存此心，则自然不违乎礼。心有时而不存，则礼有时而或失。内有毫厘之碍，则外有毫厘之差，如天之于百物，根茎枝叶，花实条干，岂一一生之哉？气到则百物自生，若一枝一叶之病，则是气不到处也。所谓徐行后长，洒扫应对，皆是逊志气象。"

马氏曰："直则简，曲则详，直有所碍则曲以通之，简有所略则详以足之。先王制礼，小大曲直，如栋梁榱桷，相成而不可以相无也。其威仪法度，纤悉完具，视之若甚繁，及考其义而要其归，则知其支离之所以为简易也。故曰先王之制礼也，必有主也，故可述而多学也。后世之不知礼者，以为繁礼饰貌无所用之者，是未尝推明先王之礼意耳。"

山阴陆氏曰："小礼之不谨，大礼之所自亡也。"

龙泉叶氏曰："《曲礼》中三百余条，人情物理，的然不违。余篇如此要切言语，可并集为篇，使初学者由之而入。岂惟初入，固当终身守而不畔。盖一言行，则有一事之益，如鉴睹像，不得相离也。"

卫湜所征引八家之解题，按内容可分为四类：一是《曲礼》篇名之由来。如陆德明认为《曲礼上》本无篇名，篇名为后人所加。二是《曲礼》篇名之含义。如吕大临认为，曲礼为经礼之变节，《礼记》所载为曲礼，与《仪礼》所记经礼相对应。叶梦得也将曲礼与经礼对举，经礼为常，曲礼为变。朱熹认同臣瓒、叶梦得之观点，即以曲礼为礼之微文小节，经礼为《仪礼》中冠、昏、丧、祭、乡、射、朝、聘诸仪。不过朱熹认为《仪礼》中也有曲礼之记载，《礼记》中也有经礼之内容。三是《曲礼》所记礼仪之功用。如东莱吕氏（吕祖谦）、山阴陆氏（陆佃）均是如此。东莱吕氏认为，《曲礼》之内容对于学者存礼仪之心有意义。山阴陆氏认为，曲礼为小的仪节，遵从礼仪应从小事做起。四是阐释先王制礼之意义。如马氏认为，先王制礼，小大曲直互相补充，繁礼饰貌蕴含先王制礼之深意。

卫湜征引诸家之解题内容，使汉宋诸儒于《曲礼上》之解题得以呈现。由于各家是从不同的角度对《曲礼上》之篇名、篇旨所做之诠释，故读者通过阅读卫氏所列各家之解义，前人之说便可一目了然。《礼记》四十九篇，卫湜于每篇皆征引多家解题内容，其征引方式与《曲礼上》基本一致。

其二，经文注释。

汉、宋诸儒从事《礼记》之诠释，重点是《礼记》文字之训诂、名物制度之考证，以及礼意之阐发。卫湜所引各家解义，于文字音韵、名物制度及义理阐释均已涉及。下面举例以明之。

一是征引关于《礼记》文字音韵之解义。唐陆德明《经典释文》总汇经典音义，是一部极有价值的语言资料性质的工具书，卫湜征引此书解义二十余则，兹采择数条如下：

《曲礼上》："《曲礼》曰：'毋不敬，俨若思，安定辞，安民哉。'"

卫湜云："唐陆氏曰：'毋字，从女，内有一画，有禁止意。古人云毋，犹今人言莫也。'"①

《曲礼上》："长者与之提携，则两手奉长者之手，负剑辟咡诏之，则掩口而对。"

卫湜云："唐陆氏曰：'何云：口耳之间曰咡。'"②

《檀弓上》："丧三日而殡，凡附于身者，必诚必信，勿之有悔焉耳矣。丧三年以为极亡，则弗之忘矣。故君子有终身之忧，而无一朝之患，故忌日不乐。"

卫湜云："唐陆氏曰：'王以"极"字绝句。"亡"作"忘"，向下读。'"③

《礼器》："君子曰：'祭祀不祈，不麾蚤，不乐葆大，不善嘉事，牲不及肥大，荐不美多品。'"

卫湜云："唐陆氏曰：'齐人谓快为麾。'"④

卫湜于此所征引陆德明之解义，均是关于《礼记》字之音义的内容。

二是征引关于《礼记》所记名物礼制之解义，如《檀弓上》"有子盖既祥而丝屦组缨"，卫湜所引孔氏（孔颖达）和严陵方氏（方慤）的解义为：

"孔氏曰：'此节明除丧失礼之事。既祥，素纰当用素为缨，未用组。今用素组为缨，乃禫后之服，故讥之。案《士冠礼》，冬皮屦，夏用葛，无云丝屦者。此丝屦，以丝为饰，绚缋纯之属。郑《注》屦人曰绚屦，头饰也。'"

---

① （宋）卫湜：《礼记集说》卷一，文渊阁《四库全书》第117册，第20页。
② （宋）卫湜：《礼记集说》卷四，文渊阁《四库全书》第117册，第84页。
③ （宋）卫湜：《礼记集说》卷十五，文渊阁《四库全书》第117册，第317页。
④ （宋）卫湜：《礼记集说》卷六十，文渊阁《四库全书》第118册，第287页。

"严陵方氏曰:'以丝为屦之绚,以组为冠之缨,则服之吉者也。而有子服之于既祥,固失之于早矣。然则既祥之屦如之何?亦曰彻绚而已。既祥之缨如之何?亦曰用素而已。有子为孔门高弟,而失礼若是,疑或不然。抑记者或得于传闻,故曰盖焉。'"①

又如《文王世子》:"立大傅、少傅以养之,欲其知父子君臣之道也。……是以教喻而德成也。"卫湜所引诸家解义为:

"郑氏曰:'养犹教也,言养者积浸成长之。大傅示之,谓为之行其礼;少傅审喻之,为说其义;在前在后,谓其在学时;出入,谓燕居出入时;教喻德成,以有四人维持之也。'"

"孔氏曰:'外有傅相,内有师保,是以世子于师教晓喻其德业成就。'"

"严陵方氏曰:'礼乐者,教之之道也。有教之之道,苟非教之之人,则道不虚行,故立大傅、少傅以养之,养之将以成其才故也。内则父子,外则君臣,人之大伦也。教养之道,欲其知此而已。保则亲也,故入则有保;师则正也,故出则有师。然分而言之固如此,合而言之,则左右前后,出入起居,师也,傅也,保也,未尝不在焉。'"

"马氏曰:'莫非道也,而父子君臣者,道之要也。'"

"庐陵胡氏曰:'养,长养也,犹《易》蒙以养正。'"

"石林叶氏曰:'家则父子,国则君臣,世子所学,治国齐家以及平天下,然其道不可不先有所养。大傅、少傅,养世子之官也,大傅在前,审其道以示之,使视而见也,少傅在后,奉世子以观之,使观而化也。'"

"长乐陈氏曰:'师则帅以善而使之知,保则保其善而使之勿失,傅则辅其善而使之成。大傅在前,少傅在后,则师保在左右矣。入则有保,出则有师,则大傅、少傅出入皆预矣。出入前后,莫非正人,则目不阅淫色,耳不闻优笑,居不近庸邪,玩不备珍异。而所见者正事,所闻者正言,所行者正道,此所以教喻而德成。'"

"山阴陆氏曰:'示,示之以象;喻,喻之以言。保者,母道也;师者,父道也。保,保其身体;傅,傅之德义师道之教训。'"

"建安真氏曰:'前言礼乐者,教世子之具,此言师傅者,教世子之人,故立大傅、少傅以养之。养者从容启迪,以养其本然之善,使之自然开悟也。然

---

① (宋)卫湜:《礼记集说》卷十六,文渊阁《四库全书》第117册,第334—335页。

其道无他，不过君臣父子之大伦而已。大傅以审示言，谓修于身以示之也。少傅以审喻言，谓开说其义以晓之也。大傅、少傅所以教者虽同，然大傅以身教，少傅以言教，二者盖互相发也。以一世子之身，而大傅在前，少傅在后，入有保，出有师，四人者，扶持而左右之教，安得不达德，安得不成哉！'"①

卫湜征引郑氏、孔氏、严陵方氏、马氏、庐陵胡氏、石林叶氏、长乐陈氏、山阴陆氏、建安真氏各家之解义，从各个方面对《文王世子》所记大傅、少傅之职责进行说明，可谓详尽。

三是征引关于《礼记》义理阐发的内容。如：《中庸》："仲尼曰：君子中庸，小人反中庸。君子之中庸也，君子而时中。小人之中庸也，小人而无忌惮也。"卫湜征引了五家解义：

"郑氏曰：'庸，常也。用中为常道也。反中庸者，所行非中庸，然亦自以为中庸也。'"

"河南程氏曰：'君子之于中庸，无适而不中，则其心与中庸无异体矣。小人之于中庸，无所忌惮，则与戒慎恐惧者异矣，是其所以反中庸也。'"（伊川）

"又曰：'且唤做中，若以四方之中为中，则四边无中乎？若以中外之中为中，则外面无中乎？如生生之谓易，天地设位而易行乎其中，岂可只以今之《易》书为易乎？中者且谓之中，不可捉一个中来为中。'"（明道）

"横渠张氏曰：'时中之义甚大，须精义入神，始得观其会通，行其典礼，此方是真义理也。行其典礼，而不达会通，则有非时中者矣。君子要多识前言往行，以畜其德者，以其看前言往行，熟则自能见得时中。'"

"蓝田吕氏曰：'此章言中庸之用。时中，当其可而已，犹冬饮汤、夏饮水之谓。无忌惮，所以无取则也。不中不常，妄行而已。'"

"新安朱氏曰：'此第三章已下十章，皆论中庸以释首章之义。文虽不属，而意实相承也。中庸者，不偏不倚，无过不及，而平常之理，乃天命所当然，精微之极致也。唯君子为能体之，小人反是。王肃本作"小人之反中庸也"，程子亦以为然。今从之。'"

"又曰：'君子之所以为中庸者，以其有君子之德，而又能随时以处中也。小人之所以反中庸者，以其有小人之心，而又无所忌惮也。盖中无定体，随时而在，是乃平常之理也。君子知其在我，故能戒谨不睹，恐惧不闻，而无时不

---

① （宋）卫湜：《礼记集说》卷五十二，文渊阁《四库全书》第118册，第81—82页。

中。小人不知有此，则肆欲妄行，而无所忌惮矣。'"①

卫湜于此所征引郑玄等五家解义，几乎全是从义理的角度来从事《中庸》之诠释。

汉唐学人从事《礼记》之诠释重文字之训诂、名物制度之考证，宋儒则重义理之阐发，而不重考据。卫湜《礼记集说》所征引者，既有汉唐诸家考据之说，亦有宋人义理阐发之见。

2.《礼记集说》的体例

古书之注释，若体例不完善，则可能导致层次不清，采择不精。卫湜《礼记集说》数十万言，体大思精，条理清晰，采择广博，有条不紊，读来一目了然。

(1) 各卷标明卷次、篇名并有解题。

卫湜《礼记集说》将全书分为一百六十卷，并依刘向《别录》所定《礼记》各篇之次序。从《通志堂经解》和文渊阁《四库全书》所收卫湜《礼记集说》来看，该书各卷开始低一格先标明卷次，并有"宋卫湜撰"字样紧接其后。若某一卷之起始是《礼记》某篇之开篇内容，《集说》则另起一行，顶格标明篇名，并交代此篇于《礼记》四十九篇中所属之篇次。如第一卷之卷首，低一格有如下字样："《礼记集说》卷一，宋卫湜撰。"另起一行，顶格有如下字样："《曲礼上》第一。"《集说》第二卷仍是《曲礼上》的内容，故不需标明篇名，卷首低一格有如下字样："《礼记集说》卷二，宋卫湜撰。"

《礼记》有些篇目文字较少，卫湜遂将数篇置于一卷之内，不过篇名仍予以标明。如在《礼记集说》卷一五九，卷首低一格有如下字样："《礼记集说》卷一百五十九，宋卫湜撰。"另起一行，顶格有如下字样："《燕义》第四十七。"同一卷《燕义》后，接着是《聘义》，顶格文字为"《聘义》第四十八"。

《礼记》四十九篇，各篇均有篇名，卫湜于每篇之篇名后另起一行，低一格，以"某氏曰"字样引出某人于篇名之解义。罗列下一解义时，又另起一行，低一格，以"某氏曰"字样引出某人于篇名之解义。如于《曲礼上》之解题，《集说》先低一格，有"唐陆氏曰"字样，接着再列陆德明对《曲礼上》之解题内容。在陆氏观点之后，又另起一行，以"蓝田吕氏曰"字样引出吕大临之解题内容。此外还有石林叶氏、新安朱氏、东莱吕氏、马氏、山阴陆氏、

---

① （宋）卫湜：《礼记集说》卷一百二十五，文渊阁《四库全书》第120册，第46—50页。

龙泉叶氏等诸家解题内容，格式均与陆氏、吕氏一致。

卫湜在征引各家解题内容时，除了《中庸》，皆不下己意。在《中庸》篇名之后，《集说》另起一行，低两格，曰："《中庸》一篇，会稽石氏《集解》自濂溪先生而下，凡十家。朱文公尝为之序，已而自著《章句》，以十家之说删成《辑略》，别著《或问》以开晓后学。今每章首录郑《注》、孔《疏》，次载《辑略》，即继以朱氏。然十家之说，凡《辑略》所不敢取者，朱氏《或问》间疏其失，仅指摘三数言，后学或未深解。今以石氏本增入，庶几览者可以参绎其旨意，其有续得诸说，则附于朱氏之后。"① 石𡼽撰《中庸集解》，征引了周敦颐、二程、张载、吕大临、谢良佐、杨时等人之解义。朱熹极称赞石氏此书谨密详审，并在石氏之书之基础上成《中庸章句》。卫湜看到了石氏《中庸辑略》与朱熹《中庸章句》之密切关系，故其在征引石氏和朱氏著作时，有必要对二者之关系加以辨析，并阐明自己的征引原则。

(2) 罗列诸家解义，不下己意。

卫湜《礼记集说》在征引诸家解题内容后，又另起一行，顶格先列一则《礼记》经文，经文后另起一行，低一格列诸家之解义，并以"某氏曰"字样引出解义之内容。引用第二家解义时，又另起一行，格式与第一家同。这样的格式，可使读者对各家解义一目了然。

汉代郑玄的《礼记注》和唐代孔颖达的《礼记正义》为《礼记》汉学之最高成就。卫湜十分重视这两部著作，其在《礼记》经文后，皆先列郑《注》，再列孔《疏》。重视郑《注》和孔《疏》之精神，贯穿于整部《礼记集说》。此外，卫湜还以时代先后排列诸家解义，从而有助于读者看到历代解义之因革关系。

与元代陈澔《礼记集说》和清代孙希旦《礼记集解》的体例不同，卫湜只征引诸家解义，而不增入自己的见解。卫湜《后序》云："他人著书，惟恐不出于己，予之此编，惟恐不出于人。因不敢谓此编能尽经旨，后有达者，何嫌论著，谨无袭此编所已言，没前人之善可也。"② 卫湜认为，别人著书以阐发观点为主，自己著书则以罗列他人观点为主。

(3) 不专采成书，对所征引者有删减。

孔颖达《礼记正义》、陆德明《礼记释文》、刘敞《七经小传》、张载《礼

---

① (宋) 卫湜：《礼记集说》卷一百二十三，文渊阁《四库全书》第120册，第1页。
② (清) 朱彝尊：《经义考》卷一百四十二，中华书局1998年影印本，第749页。

记说》、吕大临《礼记解》均是《礼记》诠释之专著,卫湜《礼记集说》对此重视有加,所采解义亦多是出自这些专著。

不过,《礼记集说》并非专采《礼记》专著之解义,正如朱彝尊所云:"卫湜《集说》援引解义凡一百四十四家,不专采成书也,如文集、语录、杂说及群经讲论有涉于《礼记》者,皆裒辑焉。"① 卫湜所征引者,除《礼记》学专著外,还有文集、语录、杂说等。宋代不少人于《礼记》没有专门之著述,如二程于《礼记》之解义,散见于《二程遗书》。卫湜将二程的《礼记》解义从《二程遗书》离析出来,附于《礼记》的相关经文之下。又如朱熹之《礼记》解义散见于文集或语录,卫湜将朱熹的《礼记》解义从文集和语录中析离出来,附于《礼记》的相关经文之下。下面列举数例以明之:

如《曲礼上》:"馂余不祭,父不祭子,夫不祭妻。"卫湜援引朱熹解义曰:

"'君赐食,必正席先尝之;君赐腥,必熟而荐之'。君赐腥,则非馂余矣,虽熟之以荐先祖可也。赐食,则或为馂余,但可正席先尝而已;固是不可荐先祖,虽妻子至卑,亦不可祭也。"②

《朱子语类》云:

"盖谓馂余之物,虽父不可将去祭子,夫不可将去祭妻。且如孔子'君赐食,必正席先尝之;君赐腥,必熟而荐之'。君赐腥,则非馂余矣,虽熟之以荐先祖可也。赐食,则或为馂余,但可正席先尝而已;固是不可祭先祖,虽妻子至卑,亦不可祭也。"③

将卫氏所引朱熹解义与《朱子语类》加以比较,可知卫氏所引朱熹解义乃是出自《朱子语类》,卫氏在征引时有所删减。

又如《礼记·檀弓上》:"事亲有隐而无犯,左右就养无方,服勤至死,致丧三年。……事师无犯无隐,左右就养无方,服勤至死,心丧三年。"卫湜援引程子之解义曰:

"师不立服,不可立也,当以情之厚薄,事之大小处之。如颜闵于孔子,虽斩衰三年可也,其成己之功,与君父并。其次各有浅深,称其情而已。下至

---

① (清)朱彝尊:《经义考》卷一百四十二,中华书局1998年影印本,第749页。
② (宋)卫湜:《礼记集说》卷六,文渊阁《四库全书》第117册,第130页。
③ (宋)黎靖德辑:《朱子语类》卷八十七,朱杰人等编:《朱子全书》(修订本)第17册,上海古籍出版社、安徽教育出版社2010年版,第2946页。

曲艺，莫不有师，岂可一概制服？"①

《二程遗书》卷二上云：

"师不立服，不可立也，当以情之厚薄，事之大小处之。如颜闵于孔子，虽斩衰三年可也，其成己之功，与君父并。其次各有浅深，称其情而已。下至曲艺，莫不有师，岂可一概制服？"②

通过比较，可知卫湜此处所引二程《礼记》解义乃是出自《二程遗书》，卫氏在征引《二程遗书》解义时无删减。

又如《礼记·檀弓上》："曾子寝疾病，乐正子春坐于床下，……举扶而易之，反席未安而没。"卫湜征引程子之解义曰：

"人苟有'朝闻道夕死可矣'之志，则不肯一日安于所不安也。何止一日？须臾不能。如曾子易箦，须要如此乃安。人不能若此者，只为不见实理。实理者，实见得是，实见得非。凡实理，得之于心自别。若耳闻口道者，心实不见。若见得，必不肯安于此。"③

《二程遗书》卷十五云：

"人苟有'朝闻道夕死可矣'之志，则不可一日安其所不安也。何止一日？须臾不能。如曾子易箦，须要如此乃安。人不能若此者，只为不见实理。实理者，实见得是，实见得非。凡实理，得之于心自别。若耳闻口道者，心实不见。若见得，必不肯安于所不安。"④

通过比较可知，卫湜于此所征引之解义乃是出自《二程遗书》，二者内容大体一致。

卫湜在援引各家解义时，并非原文照录，而是有所删减。卫湜云："首取郑《注》孔《义》，翦除芜蔓，采撮枢要，继遂博求诸家之说，零篇碎简，收拾略遍。"⑤这突出地体现在卫湜对孔《疏》的处理上。

如《哀公问》："公曰：'敢问何谓敬身？'孔子对曰：'君子过言则民作辞，

---

① （宋）卫湜：《礼记集说》卷十五，文渊阁《四库全书》第117册，第309页。
② （宋）程颢、程颐：《河南程氏遗书》二上《二先生语二上》，王孝鱼点校：《二程集》，中华书局1981年版，第23页。
③ （宋）卫湜：《礼记集说》卷十六，文渊阁《四库全书》第117册，第329页。
④ （宋）程颢、程颐：《河南程氏遗书》十五《伊川先生语一》，王孝鱼点校：《二程集》，中华书局1981年版，第147页。
⑤ （宋）卫湜：《礼记集说》卷首《礼记集说序》，文渊阁《四库全书》第117册，第3页。

过动则民作则，君子言不过辞，动不过则，百姓不命而敬恭，如是则能敬其身，能敬其身则能成其亲矣。'"《礼记正义》曰：

"以前经对哀公为政在于敬身，故此经公问敬身之事，孔子对以敬身之理。君子过言则民作辞者，以君为民表，下之所从，假令过误出言，民犹法之，称作其辞。过动则民作则者，君子假令过误举动，而民作其法则，所以君子出言，不得过误其辞，举动不得过误法则。"①

卫湜《礼记集说》引孔颖达解义之全文为：

"哀公因上言敬身，故此问敬身之事，孔子对以敬身之理。"②

通过比较可知，卫湜在征引孔《疏》时并非全文照搬，而是有所删减。

除了孔《疏》，卫湜对所征引文集中的内容亦有删减。如《郊特牲》："昏礼不用乐，幽阴之义也。乐，阳气也。昏礼不贺，人之序也。"《二程遗书》卷十八云：

"昏礼不用乐，幽阴之义，此说非是。昏礼岂是幽阴？但古人重此大礼，严肃其事，不用乐也。昏礼不贺，人之序也，此说却是。妇质明而见舅姑，成妇也；三日而后宴乐，礼毕也；宴不以夜，礼也。"③

卫湜《礼记集说》引程子解义之全文为：

"昏礼不用乐，幽阴之义，此说非是。昏礼岂是幽阴？但古人重此大礼，严肃其事，不用乐也。昏礼不贺，人之序也，此则得之。"④

通过比较可知，后者出自前者，且对前者有删减。

卫湜《礼记集说》的体例十分灵活，其于汉唐以来诸家《礼记》解义之采择，既重视《礼记》学之专著，亦重视文集和语录。此外，卫湜并非照录各家之解义，而是在尊重解义之前提下，力求精练。这样既保证了全书可尽量容纳多家解义，又不至于繁冗杂乱。

3.《礼记集说》的特点

（1）援引解义宏富。

卫湜《礼记集说》首取郑玄《注》和孔《疏》，还博采除郑、孔以外

---

① （清）阮元校刻：《十三经注疏（附校勘记）》，中华书局1980年版，第1612页。
② （宋）卫湜：《礼记集说》卷一百十八，文渊阁《四库全书》第119册，第537页。
③ （宋）程颢、程颐：《河南程氏遗书》十八《伊川先生语四》，王孝鱼点校：《二程集》，中华书局1981年版，第244页。
④ （宋）卫湜：《礼记集说》卷六十七，文渊阁《四库全书》第118册，第430页。

一百四十二家，原书所列分别是田琼、淳于纂、贺循、曹述初、皇侃、崔灵恩、熊安生、庾蔚之、贾公彦、丘光庭、成伯玛、赵匡、陆德明、陆贽、陆佃、陆九渊、范宣、范成大、范钟、范祖禹、刘世明、刘彝、刘敞、刘氏、刘孟治、魏王肃、王安石、新安王氏（失名）、王昭禹、王苹、王氏（失名）、魏征、魏了翁、张守节、张载、张栻、张九成、张幼伦、张氏（失名）、东山何氏（失名）、何胤、何洵直、何平叔、周敦颐、周谞、周行己、周处约、程颢、程颐、程迥、游酢、游桂、杨时、杨复、杨简、吕大临、吕本中、吕祖谦、胡瑗、胡铨、胡安国、胡宏、王子墨、李觏、李道传、李元白、李格非、陈祥道、陈知柔、陈亮、陈骙、陈淳、陈氏（失名）、叶梦得、叶适、叶棣、叶氏（失名）、沈焕、沈括、沈清臣、黄敏求、黄裳、黄榦、司马光、曾巩、侯仲良、方悫、马希孟、谢良佐、尹焞、朱熹、晁以道、郭忠孝、慕容彦逢、唐仲友、辅广、应镛、徐自明、项安世、戴溪、薛季宣、谭惟寅、奚士达、倪思、潘植、袁甫、高闶、家颐、宋远孙、宣缯、真德秀、于有成、顾元常、洪迈、吴华、吴知愚、喻樗、喻仲可、钱文子、钱时、郑耕老、郑氏（失名）、孙佖、孙景南、林光朝、林垧、邵渊、邵甲、海陵查氏（失名）、西蜀董氏（失名）、晏光、湛循、毛信卿、蔡渊、蒋君实、庄夏、施氏、虞氏、费氏、卢氏、谯氏、许氏、俞氏、张氏（均失名）。其中二程算一家，吕本中、吕祖谦算一家，凡一百四十四家。他书涉于《礼记》者，所采录不在此数焉。

卫湜于每段经文下所列解义至少有两家，大多数则在五家以上，最多甚至达到二十余家。如于《大学》"大学之道，在明明德，……知所先后，则近道矣"，卫湜所列解义多达十六家，分别是郑氏、孔氏、河南程氏、蓝田吕氏、延平杨氏、新安朱氏、涑水司马氏、广汉张氏、范阳张氏、山阴陆氏、建安真氏、雪川倪氏、晋陵喻氏、新定邵氏、金华邵氏、严陵方氏。又如于《中庸》"天命之谓性，率性之谓道，修道之谓教"，卫湜所列解义达二十四家，分别是郑氏、孔氏、河南程氏、横渠张氏、蓝田吕氏、建安游氏、延平杨氏、新安朱子、北溪陈氏、涑水司马氏、临川王氏、广汉张氏、海陵胡氏、广安游氏、晋陵喻氏、马氏、山阴陆氏、延平周氏、吴兴沈氏、晋陵钱氏、临邛魏氏、蔡氏、新定顾氏、四明袁氏。

东汉末年，郑学大兴于世，"盖汉时经有数家，家有数说，学者莫知所从；郑君兼通今古文，沟合为一；于是经生皆从郑氏，不必更求各家。郑学之盛在此，汉学之衰亦在此"①。郑玄出而经学趋于一统，但是与郑学为异者亦大有人在，王肃的《礼记注》、皇侃的《礼记讲疏》及《礼记义疏》即如此。宋人疑经惑古，疑郑《注》、孔《疏》者更多。对于汉唐以来各家《礼记》解义，卫湜兼而取之，他说："矧会《礼》之家名为聚讼，傥率意以去取，其能息异同之辨、绝将来之讥乎？近世朱文公著《诗传》，多刊削前言，张宣公谓诸先生之见虽不同，然自各有意，在学者玩味如何尔，盖尽载程、张、吕、杨之说，而诸家有可取者亦兼存之。"②又说："至若说异而理俱通，言详而意有本，抵排孔、郑，援据明白，则亦并录，以俟观者之折衷。"③卫湜往往将郑玄、孔颖达与王安石等人的解义并列于同一段经文之下。如《檀弓上》"曾子之丧，浴于爨室"，郑玄《注》："见曾元之辞易箦，矫之以谦俭也。礼，死浴于嫡室。"王安石解义："此自元、申失礼，于《记》曾子无遗言，郑何以知其矫之以谦俭也？"④王安石认为，此失礼之举是曾子之子曾元所为，并非如郑《注》、孔《疏》所云乃曾子矫其失为之。郑、王两家之分歧昭然若揭，卫湜却兼录之，其良苦用心可见一斑。

（2）汉宋兼采，以宋学为重。

《四库全书总目》"经部总叙"将从汉代到清代的经学划分为汉学和宋学两派，并归纳汉宋两派的特点曰："夫汉学具有根柢，讲学者以浅陋轻之，不足服汉儒也；宋学具有精微，读书者以空疏薄之，亦不足服宋儒也。"⑤据四库馆臣之划分，汉唐之经学无疑属于汉学系统，宋儒之经学则属于宋学系统。就《礼记》之诠释来说，汉学系统之下的学者以尊经为主，宋学系统下的学者则在尊经中有疑经。卫湜的《礼记集说》，从征引解义之内容看属于汉宋兼采，从编排体例来看则具有明显的宋学特征。

卫湜《礼记集说》大量采择宋儒之说，也不废汉唐诸家之论。《礼记集说》采择汉唐解义共二十家，采择宋代解义则达一百二十余家。卫湜先将属于汉学系统的郑《注》孔《疏》列于某段经文之下，然后再列其他各家。郑《注》孔

---

① （清）皮锡瑞：《经学历史·经学中衰时代》，潘斌编：《皮锡瑞儒学论集》，四川大学出版社2010年版，第19页。
② （宋）卫湜：《礼记集说》卷首《礼记集说序》，文渊阁《四库全书》第117册，第4页。
③ （宋）卫湜：《礼记集说》卷首《礼记集说序》，文渊阁《四库全书》第117册，第3页。
④ （宋）卫湜：《礼记集说》卷十六，文渊阁《四库全书》第117册，第339页。
⑤ （清）永瑢：《四库全书总目》卷一《经部总叙》，中华书局1965年影印本，第1页。

《疏》在《礼记集说》中所处的显著位置，可以说明卫湜对汉学是重视的。

汉唐时期的《礼记》学文献大多数已亡佚，除了孔颖达《礼记正义》所保留汉唐学人之解义外，别无他者可据，故卫湜所采《礼记》汉学著述之数量远远小于宋学著述。而宋代雕版印刷术的发展，使文献易于流传和保存，宋代《礼记》著述的数量由此大增。由于卫湜生活于南宋后期，所以《礼记集说》多采宋代诸儒之说就不难理解了。

不过，一个人的学术取向与时代学风是密切相关的，卫湜的《礼记集说》虽然汉宋兼采，但却是以宋学为重。

首先，卫湜《礼记集说》特别重视《大学》和《中庸》之诠释。中唐韩愈、李翱为了辟释老，开始重视《大学》、《中庸》的心性资源。北宋二程、南宋朱熹以《大学》、《中庸》等文献为基础，从而构建起以《四书》为经典依据的理学思想体系。二程、朱熹之努力，使《大学》、《中庸》受到宋人的高度重视，并衍生出大量关于《大学》、《中庸》之著述。据《经义考》之著录可知，朱熹以后的《大学》、《中庸》文献急剧增加。卫湜为《大学》、《中庸》每则经文所列解义，少则十余家，多则二十余家，远远高于其他各篇所采之解义。此外，卫湜从事《大学》、《中庸》之诠释时，往往长篇大段地引用朱熹、二程等理学家之解义。这表明卫湜对《大学》、《中庸》给予了特别的关注。

如《中庸》"喜怒哀乐之未发谓之中，……致中和，天地位焉，万物育焉"，卫湜采择了二十一家解义，分别是郑氏、孔氏、濂溪周氏、河南程氏、建安游氏、延平杨氏、河东侯氏、河南尹氏、蓝田吕氏、新安朱氏、涑水司马氏、东莱吕氏、临川王氏、延平周氏、长乐陈氏、龙泉叶氏、高要谭氏、广安游氏、建安真氏、蔡氏、新定顾氏。汉唐仅郑玄、孔颖达两家，宋代十九家，所采宋代之解义多是出自理学家。宋代诸家中，二程、朱熹解义的篇幅最长。

又如《大学》"所谓诚其意者，毋自欺也，……故君子必诚其意"，卫湜采择了十五家解义，分别是郑氏、河南程氏、蓝田吕氏、涑水司马氏、新安朱氏、山阴陆氏、石林叶氏、庐陵胡氏、东莱吕氏、龙泉叶氏、建安真氏、新定邵氏、雪川倪氏、延平周氏、长乐陈氏。其中属于汉学系统仅郑玄一家，宋学系统十四家，宋学各家中，朱熹解义的篇幅最长。

宋代理学家重视《大学》、《中庸》之诠释，是宋代经典诠释理学化之表征。姜广辉说："理学家建立'天理'论的思想体系，就是要人们用'天理'论的观点来看待自然、社会和人生。但这种思想体系只有贯通在经典诠释之中，成为儒家经学的指导思想和灵魂，才能最终实现其理论的价值。"① 二程、朱熹等人通过《大学》、《中庸》之诠释，从而阐发理学思想、建构理学体系。卫湜对《大学》、《中庸》的重视，以及对理学家解义的大量征引，正是宋代经学理学化的表现。

唐代经学实现一统，由于受到官方的推崇，《礼记》郑《注》、孔《疏》的地位之高，远非其他各家所能及。宋儒疑经惑传，打破了迷信经、注之治经传统，因此宋儒与汉唐诸儒之《礼记》解义有很大的区别。在《礼记集说》中，卫湜并不以郑《注》、孔《疏》为宗，而是将郑《注》、孔《疏》与各家解义并列，这实际上是降低了郑《注》、孔《疏》之地位。郑《注》、孔《疏》由他家不能匹敌之地位降到与诸家并列，显然是宋学风气使然。

(三)《礼记集说》的学术价值及其影响

1. 宋代《礼记》学文献辑佚之渊薮

孔颖达《礼记正义》采择了汉唐多家解义，保留了不少已佚《礼记》注本的内容，是汉唐《礼记》学文献辑佚之渊薮。卫湜《礼记集说》除了继续收录《礼记正义》所存汉唐诸家解义外，还于宋代《礼记》学文献有大量的征引。四库馆臣云："故采摭群言最为赅博，去取亦最为精审。自郑《注》而下，所取凡一百四十四家。其他书之涉于《礼记》者，所采录不在此数焉。今自郑《注》、孔《疏》而外，原书无一存者。朱彝尊《经义考》采摭最为繁富，而不知其书与不知其人者，凡四十九家，皆赖此书以传。亦可云《礼》家之渊海矣。"②

卫湜《礼记集说》征引宋儒解义达一百二十余家，征引之文献，除了语录和文集外，还有大量的《礼记》学专著。由于年代久远，不少宋代《礼记》学专著在流传过程中已散佚，卫湜所征引宋人《礼记》解义，可以让后人看到宋代《礼记》诠释之概况。

清人已知卫湜《礼记集说》的辑佚价值。清宣统三年（1911），蓝田牛兆濂积十余年之功，从卫湜《礼记集说》（《通志堂经解》本）中辑出了吕大临的《礼记解》十六卷，由清末西京《清麓丛书续编》刊载行世。今人亦重视《礼

---

① 姜广辉：《论宋明理学与经学的关系》，《湖南大学学报》2004年第5期。
② （清）永瑢：《四库全书总目》卷二十一《经部·礼类三》，中华书局1965年影印本，第169页。

记集说》的文献价值，如陈俊民从卫湜《礼记集说》（《四库全书》本）中将吕大临的《礼记解》全部辑出，分系于《礼记》各篇经文之下，并参考牛兆濂辑本加以点校，收入《蓝田吕氏遗著辑校》一书。

又如卫湜《礼记集说》保留了叶梦得《礼记解》的解义二百三十余条，清人叶廷管据卫氏《集说》辑有《石林先生礼记解》，共二百三十七则解义，分为二卷。叶德辉在叶廷管的基础上重新辑录。《丛书集成初编》收有叶德辉辑本。

卫湜《礼记集说》也是今人从事宋代礼学研究不可或缺的资料来源。如林乐昌曾从卫湜《礼记集说》中辑出张载的《礼记解》，并在《礼记解》和《张载集》之基础上，对张载的礼学做了系统的研究。[①] 笔者曾从卫湜《礼记集说》中辑出了王安石《礼记发明》的部分内容。在辑佚的基础上，笔者对王安石的《礼记》诠释做了研究。[②]

卫湜《礼记集说》保存了大量的宋代《礼记》学资料，对于我们认识宋代的《礼记》学和礼学都有十分重要的意义。随着宋代礼学研究的深入，相信越来越多的学者会认识到卫湜《礼记集说》的文献价值。

2. 后世礼书编纂的资料来源

卫湜《礼记集说》一出，便对宋代的《礼记》学产生了影响。南宋黄震撰《黄氏日抄》，以及陈栎撰《礼记集义详解》时，都从卫湜此书节取材料。黄震云："吴郡卫湜集《礼记》解，自郑康成而下，得一百四十六家，惟方氏、马氏、陆氏有全书，其余仅解篇章。凡讲义、论说尝及之者，皆取之以足其数。其书浩瀚，惟严陵郡有官本。岳公珂《集解》亦然。皆未易遍观。天台贾蒙继之，始选取二十六家，视卫、岳为要，而其采取亦互有不同。其书又惟仪真郡学有录本，世罕得其传。今因并合各家所集而类抄之。"[③] 黄震认为，卫湜《集说》内容过于丰富，学者难以遍览，所以其"合各家所集而类抄之"，其中的"各家"就包括卫湜的《礼记集说》。

明初科举考试采用元人陈澔的《礼记集说》，而将卫湜《礼记集说》束之高阁。清乾隆年间敕修《礼记义疏》时，修纂者从卫湜《集说》所采内容甚

---

① 参见林乐昌：《张载礼学论纲》，《哲学研究》2007年第12期。
② 参见潘斌：《王安石〈礼记〉学探论》，《社会科学辑刊》2008年第1期。
③ （宋）黄震：《黄氏日抄》卷十四，文渊阁《四库全书》第707册，第350页。

多。四库馆臣曰："明初定制，乃以陈澔注立于学官，而澔注在若隐若显间。今圣朝钦定《礼记义疏》，取于澔书者特多。岂非是非之公，久必论定乎？"①四库馆臣认为，卫湜之书的学术价值在陈书之上，虽然陈书一时为科举考试之定本，但从长远来看，卫书的生命力更强，影响更大。

清代学者从事礼书之编纂，卫湜《礼记集说》是重要的资料来源。如徐乾学撰《读礼通考》，孙希旦撰《礼记集解》，皆大量征引卫书所存宋人之《礼记》解义。

3. 对后世礼书编纂体例的影响

卫湜《礼记集说》一百六十卷，卷帙浩瀚，内容丰富，保存了很多重要文献。对于一般的读者而言，由于卫书浩富，实难通读。繁必思简，这是学术演变的规律所在。元代陈澔《礼记集说》十六卷，其卷数正好是卫书的十分之一。朱彝尊《经义考》云："自汉以来，治小戴之《记》者，不为不多矣。以公论撰之，自当用卫氏《集说》取士，而学者厌其文繁，全不寓目。若《云庄集说》，直兔园册子耳，独得颁于学官，三百余年不改，其于度数品节，择焉不精，语焉不详。礼云！礼云！如斯而已乎。"②四库馆臣亦云："盖说《礼记》者，汉唐莫善于郑、孔，而郑《注》简奥，孔《疏》典赡，皆不似澔注之浅显。"③由于陈澔《礼记集说》简易，初学者易于接受，又因为陈澔标榜自己为朱子学统，故陈书在明初被列为学官。

在体例上，卫湜《礼记集说》对清人礼书编纂颇有启发。清杭世骏曾编纂《续礼记集说》一百卷，其所云"续"，主要是对卫氏书编纂体例之延续。卫书兼综博采，杭书亦如此。杭书所采汉代至清代解义二百余家，其中所列汉代至宋代四十一家，皆卫书已列而采之未备者；又采司马迁至宋黄仲炎凡四十五家，皆在卫氏以前而卫书未采者；又采自宋张虑至明冯氏凡五十五家，皆在卫氏以后。

卫湜《礼记集说》在卷帙编排上，有经文一篇而《集说》分为数卷者，有经文数篇而《集说》合为一卷者。杭氏《续礼记集说》一百卷，卷帙之分受

---

① （清）永瑢：《四库全书总目》卷二十一《经部·礼类三》，中华书局1965年影印本，第169页。
② （清）朱彝尊：《经义考》卷一百四十三，中华书局1998年影印本，第753页。
③ （清）永瑢：《四库全书总目》卷二十一《经部·礼类三》，中华书局1965年影印本，第170页。

卫书影响很大，如《曲礼》、《檀弓》以解说文繁，竟至十卷、九卷，《王制》、《月令》亦至六卷，最少者如卷九十六合《深衣》、《投壶》为一卷，卷一百合《燕义》等三篇为卷。如九十四、五等卷，则分别合两篇为一卷。这种卷帙之编排，乃受卫氏《礼记集说》之影响也。

### 四、黄震的《礼记》诠释

黄震（1213—1280）字东发，号于越，南宋庆元府慈溪（今浙江慈溪东南）人。年四十四登宝祐四年（1256）进士第，调吴县尉。景定元年（1260）摄华亭县，复摄长洲县，皆有政声。辟主管浙东提举常平帐司文字，改辟提领镇江转般仓分司。擢史馆检阅，与修宁宗、理宗两朝国史、实录。出通判广德军，改绍兴府。咸淳七年（1271）知抚州，推行荒政，民赖以安。升提举江西常平仓司，恤孤赡贫，全活者众。改提点江西刑狱，决滞狱，清民讼，致豪贵怨，以谗言劾去，奉云台祠。贾似道罢相，以宗正寺簿召。移浙东提举常平，升直宝章阁。宋将亡，归宝幢山中。宋亡，饿而卒，年六十八。门人私谥曰文洁先生。震为人清介自守，尊朱子学，轻讲说，重践履，所著有《古今纪要》十九卷、《古今纪要逸编》一卷、《戊辰修史传》一卷、《黄氏日抄》九十七卷，均存。

《黄氏日抄》九十七卷，前六十八卷为读经、史、子、集日抄。六十九卷之后为作者自作之文。凡读经者三十卷，其中《读孝经》一卷、《读论语》一卷、《读孟子》一卷、《读毛诗》一卷、《读尚书》一卷、《读易》一卷、《读春秋》七卷、《读礼记》十六卷、《读周礼》一卷。《黄氏日抄》读经部分，《礼记》卷帙过半，可见黄震对《礼记》之重视程度。

（一）《黄氏日抄·读礼记》的内容

《黄氏日抄·读礼记》之内容，主要是篇目解题和经文注释。其篇目解题的内容又可细分为二：

一是篇名由来之探讨。郑玄《三礼目录》有《礼记》各篇之解题，孔颖达《礼记正义》对郑玄之解题有所补充。黄震《读礼记》则对郑玄、孔颖达之解题有所增补。如于《曾子问》之解题，黄震云："此篇多著处凶礼之变。曾子所问三十七、子游一、子夏二，故以'曾子问'名篇。文类《檀弓》，不知谁所集。"[①] 黄震认为，由于《曾子问》中曾子问礼的次数最多，故以"曾子

---

① （宋）黄震：《黄氏日抄》卷十七，文渊阁《四库全书》第707册，第489页。

问"名篇。

二是篇目作者之探讨。如于《王制》之解题，黄震云："《汉·郊祀志》：'文帝使博士诸生刺《六经》中作《王制》，谋议巡守封禅事。'……愚按：西汉惟有五经博士，未尝有六经之名。《郊祀志》言'刺《六经》'，盖班固生于后汉，追为此论，而不计其实况。《孟子》、《公羊》、《左氏》皆不在《六经》之列，惟巡守见于《虞书》，为列于五经。然其书昭白，正不待别集为《王制》而后可知。其实周室班爵之制，孟子生于周末，其详已不复可闻，况汉人耶？《王制》既与《孟子》不同，《周礼》出于汉末之刘歆，又与《王制》不同。今诸儒之说《礼》者，乃欲强三者之不同以为同，回护条析，动累万言，今皆不录；而惟以先出之《孟子》为正，余则取其折衷而不曲说者附之。"① 黄震认为，《王制》所记周室班爵之制，周末的孟子已不可知，汉人更不可晓，因此《汉书》所言文帝使博士诸生刺《六经》作《王制》之说不可信。

《黄氏日抄·读礼记》于经文注释之内容又可细分为三：

一是征引前人之解义。黄震不采卫湜《礼记集说》的集解体，而是采择一到两家，最多不过三家解义，在汇通各家解义的同时，增入自己的观点。如《曲礼上》："临财毋苟得，临难毋苟免，很毋求胜，分毋求多，疑事毋质，直而勿有。"黄震云："狠（很），忿争。分，所分之物，初与人共者。质，谓臆决而果言之。直，谓理在我。毋，禁词。勿，戒词。毋苟得，见得思义也。毋苟免，见危授命也。毋求胜，惩忿。毋求多，平施。疑事毋质，阙疑也。直而勿有者，理虽在我，一有恃直之心，是亦好已胜，故戒之也。"② 黄震在这段经文解义的最后部分云："右本《论语》及胡氏说而补其余。"③《论语·子张》云："见危致命，见得思义。"庐陵胡氏解义曰："狠毋求胜，惩忿也。分毋求多，平施也。疑事毋质，质，正也，事有可疑，勿以臆决。正之，所谓阙疑。直而勿有，不以己直彰彼曲。"④ 由此可见，黄震是在考察《论语》和胡氏解义之基础上，从而提出自己的解义。黄氏于《论语》和胡氏解义有所变通，并作了补充，如其将《论语》"见危致命，见得思义"拆散，以释经文"毋苟得"、"毋苟免"，又将胡氏解义"直而勿有，不以己直彰彼曲"加以变通，并作了补充，

---

① （宋）黄震：《黄氏日抄》卷十六，文渊阁《四库全书》第707册，第436页。
② （宋）黄震：《黄氏日抄》卷十四，文渊阁《四库全书》第707册，第351页。
③ （宋）黄震：《黄氏日抄》卷十四，文渊阁《四库全书》第707册，第351页。
④ （宋）卫湜：《礼记集说》卷一，文渊阁《四库全书》第117册，第32页。

以成己说。

二是疏通前人之解义。如《中庸》:"天命之谓性,率性之谓道,修道之谓教。"黄震对朱熹《中庸章句》之解义做了疏解:"'性即理也'一语,近世间有疑之者。愚意训义不得不有所托,以明之耳。天命本言赋予之自然,然不得不假人为之命令为喻,故曰'命犹令'也。性本指人物之所禀赋,然不得不推所赋之实理为说,故曰'性即理'也。陈氏曰理是泛言天地间公共之理,性是言在我之理,只此一理,受于天而为我所有,故谓之性。此语足以解或者之疑矣。又据贾氏《集解》载晦庵之说曰:'天命即天道也,以其化育流行,赋与万物,故谓之命。万物禀而受,则谓之性。盖无一理之不具,而一毫人欲之私未有与焉。语其大目,则仁、义、礼、智是也。率,循也,循其性之自然,而不杂乎人欲之私,是之谓道,若君臣、父子、夫妇、兄弟、朋友之伦,与凡事物当然之理是也。修,品节之也。圣人修道,以教天下,使之遏人欲,存天理,是所谓教,礼、乐、刑、政,皆其具也。'此说比《章句》尤易见,而《纂疏》、《集义》未之收,因附此。"① 黄震于此对朱熹"命犹令"、"性即理"之命题做了阐释。

三是驳前人解义,另立新说。卫湜在征引他家解义时并不增入己见,黄震在征引他家解义时,对与己见不合者予以批驳。如《大学》"格物致知",黄震云:"愚按:《大学》自二程先生更定,至晦庵先生《章句》益精矣。独所谓《传》之四章,自'听讼,吾犹人'以下释'本末',云'下有阙文';《传》之五章释'致知',云'上有阙文',是以功夫次第大备之间,犹有文字阙失,未满之恨也。辛酉岁见董丞相槐行实载此章,谓经本无阙文,此特错简之厘正未尽者矣。首章'明德'、'新民'、'至善'三句纲领之下,即继以'欲明明德'以下条目八事之详,此经也。自'知止而后有定,定而后能静,静而后能安,安而后能虑,虑而后能得,物有本末,事有终始,知所先后,则近道矣,此谓知本','子曰:听讼,吾犹人也,必也使无讼乎。无情者不得尽其辞,大畏民志,此谓知本,此谓知之至也',右正系释'致知在格物',不待别补。今错在首章三句之下耳。"② 朱熹认为《大学》缺"格物致知"之传,遂凭己意补之。黄震认为《大学》有错乱处,但不同意朱熹补传之举。黄震认为,《大学》的

---

① (宋)黄震:《黄氏日抄》卷二十五,文渊阁《四库全书》第707册,第721—722页。
② (宋)黄震:《黄氏日抄》卷二十八,文渊阁《四库全书》第707册,第804页。

文本应为:"知止而后有定,定而后能静,静而后能安,安而后能虑,虑而后能得。物有本末,事有终始,知所先后,则近道矣。此谓知本。子曰:'听讼,吾犹人也,必也使无讼乎。'无情者不得尽其辞,大畏民志,此谓知本,此谓知之至也。"黄震宗朱学,然在《大学》文本的认识上却能坚持己见,这是宋人治学独立精神之体现。黄震不同意朱熹补"格物致知传",其观点对后世产生了深远影响。明王守仁、吴应宾、刘宗周,清代的李光地等,均反对朱熹改易《大学》古本,其中就包括反对朱熹补传之举。

(二)《黄氏日抄·读礼记》的体例

《礼记》之注释,黄震以前已有多种体例。如孔颖达《礼记正义》先著录经文,接着附郑《注》和《释文》,然后再为郑《注》作疏。卫氏《礼记集说》则是先列经文,经文下再列诸家解义。黄震参考了前人著述之体例,并有所变通。

一是标明卷次和篇名。文渊阁《四库全书》本《黄氏日抄》卷十四至二十九为《读礼记》,有的一卷之中是《礼记》之一篇,有的一卷中包括《礼记》之数篇。每一卷前,先低一格标明卷次和篇名,次行低一格有"读礼记"字样。如果黄氏于解题有自己的意见,则又另起一行,低两格列解题的内容。

二是采择前人注释,注明出处,并以"愚按"、"愚意"等字样附以己意。黄震在采择前人注释时,并非像卫氏《集说》那样务求网罗百家,而是力求采择精当。如果没有解题内容,则于"读礼记"三字的次行,顶格列经文,经文之后,如果需要注音的则以双行小字列陆德明《释文》,次行低一格援引解义。在解义前,一般不言作者。解义之后,以双行小字注明此解义采自哪一家,常用的术语有"本……氏说"、"本……氏"、"右本……氏说"等。如《曾子问》"曾子问曰:'古者师行,必以迁庙主行乎?'……老聃云"经文之下,黄震以双行小字援引陆氏《释文》曰:"斋,侧皆反。"①次行低一格援引解义云:"斋车、金路,示有斋敬之心。天子崩,诸侯薨,则藏诸主于祖庙,象有凶事而聚也。君去国,以庙主从,鬼神依人而行者也。主,木主,天子尺二寸,诸侯一尺。祝迎主,祝接神者也。跸,止行者。老聃,陈国苦县赖乡曲仁里人,为周柱下史,或为守藏吏。"②在解义后,有双行小字云"郑氏、孔氏"。③

---

① (宋)黄震:《黄氏日抄》卷十七,文渊阁《四库全书》第707册,第494页。
② (宋)黄震:《黄氏日抄》卷十七,文渊阁《四库全书》第707册,第494页。
③ (宋)黄震:《黄氏日抄》卷十七,文渊阁《四库全书》第707册,第494页。

黄震还以"愚按"、"愚意"、"用……氏补"、"补"等字样附以己意。如《中庸》："君子之道四，丘未能一焉。……君子胡不慥慥尔。"黄氏引朱熹解义："右第十三章。道不远人者，夫妇所能，丘未能一者，圣人所不能，皆费也。而其所以然者，则至隐存焉。下章放此。"解义之后，有双行小字："愚按：'丘未能一者'，皆事父从兄之事，特圣人之谦词。"①案：黄震于此以"愚按"引出己见。

又如《中庸》："武王末受命，……父母之丧无贵贱一也。"在援引了朱注之后，紧接着有双行小字："愚意末受命，谓末年方受天命，故事不及竟，而有待于周公以成之也。组绀者，太王之父。"②案：黄震于此以"愚意"引出己见。

又如《文王世子》"宗庙之中，以爵为位，崇德也。……尊祖之道也"一段经文后，次一行低一格为解义："此释前章'其在宗庙之中'一段。"③此段解义后有一小字"补"，意即此解义为黄震自己所补。

又如《檀弓上》："孔子在卫，有送葬者，……曰：'小子识之，我未之能行也。'"此行低一格解义云："慕，如婴儿之慕，疑，谓傍徨不进。哀亲之在外，不知神之来否。子贡意葬毕，岂如速反虞祭以安神灵。夫子善其哀慕，虞祭虽迟，不害。曰'我未之能行'，抑己以实彼之可法也。"④在这段解义之后，有"用孔氏胡氏补"六字，意即此是黄氏在孔氏和胡氏解义基础上所作的补充。⑤

三是征引前人解义时有所删减。黄震在援引前人解义时并非一成不变，而是有所删减。如《曲礼上》"曲礼曰：毋不敬，俨若思，安定辞，安民哉"，黄震征引了吕大临和朱熹两家解义，曰："曲礼，礼之细也，所谓'曲礼三千'者也。毋，禁止辞。主一之谓敬。俨，矜庄貌，人之坐思，貌必俨然。安定，

---

① （宋）黄震：《黄氏日抄》卷二十五，文渊阁《四库全书》第707册，第730页。
② （宋）黄震：《黄氏日抄》卷二十五，文渊阁《四库全书》第707册，第734页。
③ （宋）黄震：《黄氏日抄》卷十八，文渊阁《四库全书》第707册，第509页。
④ （宋）黄震：《黄氏日抄》卷十五，文渊阁《四库全书》第707册，第397页。
⑤ 孔颖达曰："'子贡曰，岂若速反而虞乎'。子贡之意，葬既已竟，神灵须安，岂如速反虞祭安神乎？但哀亲在彼，是痛切之本情，反而安神，是祭祀之末礼，故下文夫子不许。"（阮元校刻：《十三经注疏（附校勘记）》，中华书局1980年版，第1283页）胡铨曰："'小子识之，我未之能行也'。善其哀慕，虞祭虽迟，不害。"（卫湜：《礼记集说》卷十七，文渊阁《四库全书》第117册，第353页）

审也。哉，叹美辞。毋不敬，正其心也。俨若思，正其貌也。安定辞，正其言也。安民哉，正己而物正也。毋不敬，总言主宰处。俨若思，敬之貌。安定辞，敬之言。安民哉，敬之效（右本吕氏及晦庵说）。"① 卫湜《礼记集说》所引朱《注》全文为："毋不敬，是统言主宰处。俨若思，敬者之貌也。安定辞，敬者之言也。安民哉，敬者之效也。若只以事无过举，可以安民为说，则气象浅迫，无含蓄也。"② 黄震与卫湜所引朱《注》大义相同，然文字有异。通过比较，可知黄震对朱《注》作了删减。

（三）《黄氏日抄·读礼记》的特点

清人章学诚云："朱子求一贯于多学而识，寓约礼于博文，其事繁而密，其功实而难，虽朱子之所求，未敢必谓无失也。然沿其学者，一传而为勉斋（黄榦）、九峰（蔡沈），再传而为西山（真德秀）、鹤山（魏了翁）、东发（黄震）、厚斋（王应麟），三传而为仁山（金履祥）、白云（许谦），四传而为潜溪（宋濂）、义乌（王祎），五传而为宁人（顾炎武）、百诗（阎若璩），则皆服古通今，学求其是，而非专己守残，空言性命之流也。"③ 章学诚认为，宋代虽以义理之学为主，然考据之学亦在发展，且向义理之学渗透。《黄氏日抄·读礼记》重视考据，主要体现在以下三个方面：

一是重视音韵和文字训诂。如《中庸》："今夫山，一卷石之多，及其广大，草木生之，禽兽居之，宝藏兴焉。"郑玄《注》："卷犹区也。"④ 朱熹云："卷，区也。"⑤ 郑玄、朱熹均未言"区"字之义。黄震云："愚按：卷，古注平声，训区。范作去声，亦训区，然未明言区果何义。《礼韵》平声、去声皆训曲，如有卷者、阿之卷，言卷曲也，当参考。意者，区乃小石成块之称，如土之言撮欤。"⑥ 黄震利用《礼部韵略》，对"区"字作了考证，以补郑《注》和朱熹解义之不备。

二是重视以其他文献作为校勘依据。如《坊记》："《诗》云：'尔卜尔筮，履无咎言。'子云：'善则称人，过则称己，则民让善。'《诗》云：'考卜惟王，

---

① （宋）黄震：《黄氏日抄》卷十四，文渊阁《四库全书》第707册，第351页。
② （宋）卫湜：《礼记集说》卷一，文渊阁《四库全书》第117册，第353页。
③ （清）章学诚：《文史通义》，世界书局1989年版，第55页。
④ （清）阮元校刻：《十三经注疏（附校勘记）》，中华书局1980年版，第1633页。
⑤ （宋）卫湜：《礼记集说》卷一百三十四，文渊阁《四库全书》第120册，第277页。
⑥ （宋）黄震：《黄氏日抄》卷二十五，文渊阁《四库全书》第707册，第744页。

度是镐京。惟龟正之，武王成之。'子云：'善则称君，过则称己，则民作忠。《君陈》曰：尔有嘉谋嘉猷，入告尔君于内，女乃顺之于外。曰：此谋此猷，惟我君之德。'"黄震曰："'履'，《诗》作'体'。'度'，《诗》作'宅'。'君'，《书》作'后'。文之烦简亦不同。《君陈》，周公子伯禽弟书，取以为篇名。"①黄震将《坊记》所引内容与《诗》、《书》的原文做了比较，认为《礼记》在引《诗》、《书》时做了变通。

又如《学记》："《兑命》曰：敬孙务时敏，厥修乃来。其此之谓乎！"黄震云："'敬孙'，《书》作'逊志'。"②《尚书·说命中》有"惟学逊志务时敏，厥修乃来"一语，黄震据《尚书》此之"逊志"，与《学记》引《兑命》之"孙"字相参证。

三是名物礼制考证精详。如《杂记上》："诸侯行而死于馆，则其复如于其国。如于道，则升其乘车之左毂，以其绥复。其輤有裧，缁布裳帷，素锦以为屋而行。至于庙门，不毁墙，遂入，适所殡，唯輤为说于庙门外。"黄震曰："馆，王国所致馆舍。复，招还其魂魄。绥，郑改为'緌'，庐陵胡氏谓即所执升车之绥。輤，载柩将殡之车饰。裧，鳖甲边缘。缁布裳帷者，谓輤下棺外用缁色之布以为裳帷。素锦屋者，谓于裳帷之中又用素锦为小帷，如屋形以覆棺也。庙所殡宫墙，指裳帷。诸侯死于馆舍，则其招魂如在其国，升屋东荣，用衣而号。如死于道，则升车左毂，以象升屋东荣，用所执之绥，象所服之衣，整车饰而归殡。将入殡宫，惟脱柩上之輤，不脱柩旁之帷裳，上者高而妨入庙门，旁者留之，不露柩也。"③黄震于此对经文中的馆、复、绥、輤、裧等名物一一做了解释；此外还对诸侯死于馆舍与死于道将如何行招魂之礼有所说明。由此可见，黄震重视名物礼制之考证。

黄震从事《礼记》诠释时对义理亦颇为重视，这主要体现在他对朱熹《大学章句》和《中庸章句》的推崇上。如于朱熹《中庸章句》，黄震云："《中庸》，按《家语》，子思所作，实得圣门之亲传，非汉儒所集其他记礼比也。然至唐李翱始为之说，至本朝周濂溪始得其要，至二程先生、张横渠、吕氏、游氏、杨氏、侯氏、谢氏、尹氏始各推衍其义。自是为集解者，凡三家。会稽石

---

① （宋）黄震：《黄氏日抄》卷二十四，文渊阁《四库全书》第707册，第713页。
② （宋）黄震：《黄氏日抄》卷二十一，文渊阁《四库全书》第707册，第618页。
③ （宋）黄震：《黄氏日抄》卷二十二，文渊阁《四库全书》第707册，第641—642页。

初集濂溪以下十人之说，晦庵先生因其《集解》删成《辑略》，别为《章句》，以总其归，又为《或问》，以明其所以去取之意，已无余蕴矣。"[1] 黄震对朱熹的《大学章句》亦十分推崇，他说："《大学》自二程先生更定，至晦庵先生《章句》益精矣。"[2] 黄震对朱熹《大学章句》和《中庸章句》之推崇，反映了他的理学立场和对义理之学的看重。

---

[1]（宋）黄震：《黄氏日抄》卷二十五，文渊阁《四库全书》第707册，第718页。
[2]（宋）黄震：《黄氏日抄》卷二十八，文渊阁《四库全书》第707册，第804页。

# 下篇　专题研究

# 第三章　宋儒"三礼"诠释之体式①

由于诠释的角度和目的与汉唐诸儒有所不同，所以宋儒在"三礼"诠释时所采用的体式也与汉唐诸儒有异，并产生了不同的诠释效果。观有宋一代"三礼"学文献，其诠释体式大致有两大类，即随文注释体和图解体。其中随文注释体又包括解体、说体、义体、疏体、章句体、集解体六类。以下各节，笔者将对宋代"三礼"学文献之诠释体式加以介绍，每种诠释体式下先简明扼要地对该体式的特点做一概述，然后再对其中有代表性的文献进行分析。

## 第一节　解体、说体

### 一、解体

汉唐时期，经学家们在诠释"三礼"时多采用注体、章句体和音义体，宋代才有真正意义上的解体。"解"，就是分析和解说。解体不以训释词义为要务，而是重视经籍蕴义奥旨之发掘。

据史志、官目及私目之记载，可知的宋代解体类《周礼》学文献如下：

| 作者姓名 | 作者时代 | 著述名称 | 著录或称引 | 存佚状况 |
| --- | --- | --- | --- | --- |
| 周　谞 | 北宋 | 《周礼解》 | 《经义考》 | 佚 |
| 陈祥道 | 北宋 | 《考工记解》 | 《经义考》 | 佚 |
| 王昭禹 | 北宋 | 《周礼详解》 | 《四库全书总目》 | 存 |
| 闻人宏 | 北宋 | 《周礼通解》 | 《经义考》 | 佚 |
| 林亦之 | 南宋 | 《考工记解》 | 《四库全书总目》 | 佚 |
| 王　炎 | 南宋 | 《考工记解》 | 《四库全书总目》 | 佚 |

---

① 冯浩菲在《中国训诂学》第三章对训诂体式作了全面的研究，笔者于宋儒"三礼"诠释体式之研究，受冯先生的启发良多。

| 作者姓名 | 作者时代 | 著述名称 | 著录或称引 | 存佚状况 |
|---|---|---|---|---|
| 余　嘉 | 南宋 | 《周礼解》 | 《经义考》 | 佚 |
| 朱　申 | 南宋 | 《周礼句解》 | 《四库全书总目》 | 存 |
| 徐邦宪 | 南宋 | 《周礼解》 | 《两浙著述考》 | 佚 |
| 陈　兢 | 南宋 | 《周礼解》 | 《经义考》 | 佚 |
| 高　崇 | 南宋 | 《周官解》 | 《经义考》 | 佚 |
| 林希逸 | 南宋 | 《考工记解》 | 《四库全书总目》 | 存 |
| 江致尧 | 南宋 | 《周礼解》 | 《经义考》 | 佚 |
| 尹　躬 | 南宋 | 《冬官解》 | 《经义考》 | 佚 |
| 赵　溥 | 南宋 | 《兰江考工记解》 | 《经义考》 | 佚 |
| 郑　若 | 南宋 | 《周礼疑误解》 | 《两浙著述考》 | 佚 |

据史志、官目及私目之记载，可知的宋代解体类《仪礼》学文献如下：

| 作者姓名 | 作者时代 | 著述名称 | 著录或称引 | 存佚状况 |
|---|---|---|---|---|
| 陈祥道 | 北宋 | 《注解仪礼》 | 《宋史·艺文志》 | 佚 |
| 陈祥道 | 北宋 | 《礼例详解》 | 《宋史·艺文志》 | 佚 |
| 刘　燸 | 南宋 | 《仪礼云庄经解》 | 《经义考》 | 佚 |
| 叶味道 | 南宋 | 《仪礼解》 | 《经义考》 | 佚 |
| 周　燔 | 南宋 | 《仪礼详解》 | 《宋史·艺文志》 | 佚 |

据史志、官目及私目之记载，可知的宋代解体类《礼记》学文献如下：

| 作者姓名 | 作者时代 | 著述名称 | 著录或称引 | 存佚状况 |
|---|---|---|---|---|
| 周　谓 | 北宋 | 《礼记解》 | 《经义考》 | 佚 |
| 马希孟 | 北宋 | 《礼记解》 | 《直斋书录解题》 | 佚 |
| 杨　训 | 北宋 | 《礼记解》 | 《经义考》 | 佚 |
| 慕容彦远 | 北宋 | 《礼记解》 | 《经义考》 | 佚 |
| 叶梦得 | 北宋 | 《礼记解》 | 《石林遗书》 | 存 |
| 陆　佃 | 北宋 | 《礼记解》 | 《经义考》 | 佚 |
| 吕大临 | 北宋 | 《礼记解》 | 《直斋书录解题》 | 佚 |
| 苏总龟 | 南宋 | 《儒行解》 | 《经义考》 | 佚 |

| 作者姓名 | 作者时代 | 著述名称 | 著录或称引 | 存佚状况 |
|---|---|---|---|---|
| 吕祖谦 | 南宋 | 《礼记详解》 | 《经义考》 | 佚 |
| 杨 炳 | 南宋 | 《礼记解》 | 《经义考》 | 佚 |
| 王 炎 | 南宋 | 《礼记解》 | 《经义考》 | 佚 |
| 吴仁杰 | 南宋 | 《礼记解》 | 《经义考》 | 佚 |
| 庄 夏 | 南宋 | 《礼记解》 | 《经义考》 | 佚 |
| 张 虑 | 南宋 | 《月令解》 | 《宋史·艺文志》 | 存 |
| 辅 广 | 南宋 | 《礼记解》 | 《经义考》 | 佚 |
| 范 钟 | 南宋 | 《礼记解》 | 《经义考》 | 佚 |
| 贾 蒙 | 南宋 | 《礼记辑解》 | 《经义考》 | 佚 |
| 王 氏 | 南宋 | 《礼记解》 | 《经义考》 | 佚 |
| 朱 申 | 南宋 | 《礼记句解》 | 《经义考》 | 存 |
| 宋闻礼 | 南宋 | 《礼记解》 | 《经义考》 | 佚 |
| 韩 惇 | 南宋 | 《礼义解》 | 《经义考》 | 佚 |
| 刘 燏 | 南宋 | 《礼记解》 | 《经义考》 | 佚 |
| 许 升 | 南宋 | 《礼记文解》 | 《经义考》 | 佚 |
| 黄樵仲 | 南宋 | 《礼记解》 | 《经义考》 | 佚 |
| 颜 棫 | 南宋 | 《礼记解》 | 《经义考》 | 佚 |
| 邵 囦 | 南宋 | 《礼解》 | 《经义考》 | 佚 |
| 邵 囦 | 南宋 | 《曲礼解》 | 《经义考》 | 佚 |
| 邵 囦 | 南宋 | 《乐记解》 | 《经义考》 | 佚 |

从以上所列表格可知，可考的宋代解体类《周礼》学著作共十六种，其中北宋四种，南宋十二种；可考的宋代解体类《仪礼》学文献共五种，其中北宋二种，南宋三种；可考的宋代解体类《礼记》学文献共二十八种，其中北宋七种，南宋二十一种。由此可见，解体是宋代"三礼"诠释较为普遍的体式。

下面以王昭禹《周礼详解》、朱申《周礼句解》、吕大临《礼记解》、朱申《礼记句解》、张虑《月令解》为例，对宋代解体类"三礼"学文献的特点加以分析。

在北宋《周礼》诠释文献中，王昭禹的《周礼详解》至今尚存。王昭禹效法王安石解经之方法，对《周礼》有别开生面之诠释。清人认为王氏此书

"发明义旨"、"阐发经义",以至于"附会穿凿"①,于此点明了王昭禹此书绝非一般的考据类经学著述。这一点,在王氏《周礼详解》序中就可见端倪。《详解序》曰:"礼之事虽显于形名度数之粗,而礼之理实隐于道德性命之微。即事而幽者阐,即理而显者微。然则礼其神之所为乎?夫神无在而无乎不在,无为而无乎不为。圣人立礼以为体,行礼以为翼,事为之制,曲为之防,亦神之无不在无不为之意也。彼荀卿徒知礼为道之华,而不知为物之致,乃曰生于圣人之伪,又乌知礼意哉?"② 王昭禹对礼之"事"与"理"、"形名度数"与"道德性命"、"体"与"翼"之关系做了辨析,在此基础上指出其著作意在探寻"礼意",而非文字训诂和名物制度考证。在本书个案部分,我们将王昭禹《周礼详解》的内容和特点归纳为四点,即"以文字字形释经"、"以《老》、《庄》释经文"、"发前人所未发"、"法先王"。这些《周礼》诠释之特点,皆与王昭禹《周礼》诠释之体式密切相关。兹举数例以见之:

如《周礼·天官》:"以八法治官府。"郑玄《注》:"百官所居曰府。"王昭禹曰:"劳心于道者君之任,劳力于事者臣之职。君劳于道,则以道制法;臣劳于事,则以法守事。惟以法守事,此大宰得以八法而治之矣。官府者,百官所居之府。八法施于官府,则事为之制,典为之防,其制足以兼天下之事物,其防足以尽事物之情伪。本数末度,灿然而有序,大纲小纪,有条而不紊。百官循此以为行,莫不绳绳然,秩秩然。虽有智者,不敢淫意以乱法;虽有愚者,不敢率私以废法。八法之于治,岂小补哉!"③ 郑玄于此仅释"官府"一词。王昭禹对太宰以八法而治之原因作了探寻,对八法施于官府之意义做了阐释。王氏于此之解义,既没有文字之训诂,又没有典章制度之考证。王昭禹解义之着力点在职官设置的原因和意义之探寻上。

又如《周礼·天官》:"宫正掌王宫之戒令纠禁。"郑玄《注》:"纠,犹割也,察也。"王昭禹曰:"凡官言正者,属官之所取正也。宫正者,凡宫官之属于是而取正,盖侍卫之不严,则无以备非常,左右之不正,则无以谨近习。又言王宫者,百官之治事,皆会于此,天下之治忽,实本于此。苟为不严其制,则将何以谨近习而备非常乎?先王由是择人以为之正,而又使之掌戒令纠禁

---

① (清)永瑢:《四库全书总目》卷十九《经部·礼类一》,中华书局1965年影印本,第150页。
② (宋)王昭禹:《周礼详解序》,《周礼详解》卷首,文渊阁《四库全书》第91册,第199页。
③ (宋)王昭禹:《周礼详解》卷一,文渊阁《四库全书》第91册,第205页。

焉，所以为防制之具也。戒以戒其怠忽，纠以纠其缓散，令使之有为，禁使之勿为。如是，则在王宫中者无非公正之士，忠义之人，非僻之心无自而启，奸宄之变无自而作。"① 郑玄于此仅释"纠"字，而于经义毫无阐发。王昭禹先释宫正之职掌，然后对官正职掌于王宫百官治事之意义作了阐发。王氏于此之解义，既无文字之训诂，又无典章制度之考证，其对宫正职掌之解释多出己意，而非据典籍之记载。

此外，朱申的《礼记句解》也是典型的解体著作。所谓"句解"，即对原文逐句作解，从而使文句义明，便于普及。朱氏此书"于讲论义理外，亦重考据"②。如朱申曰："亲疏定，则分不差；嫌疑决，则情不壅；同异别，则文不杂；是非明，则理不蔽。"③ 案：朱申于此对经文"定亲疏"、"决嫌疑"、"别同异"、"明是非"做了诠释，意在明经义，而非事考据。

又如《礼运》："大道之行也，天下为公，选贤与能，讲信修睦。……是谓大同。"朱申曰："不独亲其亲，孝其亲，以及人之亲也；不独子其子，慈其子，以及人之子也。使老有所终，以将化而欲善其终也；壮有所用，以方刚而欲致其用也；幼有所长，以尚少而欲趋于长也。天之穷民与废民，发政施仁，宜有以养之。谋闭而不兴，以力不必为己，而同乎无知。盗窃乱贼而不作，以货不必藏于己，而同于无欲也。"④ 案：朱申于此对经文中的"不独亲其亲"、"不独子其子"、"使老有所终"、"壮有所用"、"幼有所长"、"谋闭而不兴"、"盗窃乱贼而不作"一一进行诠释，从而使整段经文之义清楚明晰。

张虑《月令解》亦属于解体之作。张虑《奏月令解札子》曰："臣昨者叨侍经筵，适讲《月令》秋之三月，尝与侍读钟震言，欲待《月令》终篇，以十二月分为十二卷书之，纳于禁中。时当此月，陛下则以此月一卷观览。凡一月之中，阴阳消长之运，星夜出入之躔，气序之迁改，景物之多易，与夫园林草木之华盛，鸟兽虫鱼之生育，田舍耕耘之节，妇子蚕桑之期，历历具载。使置之座侧，又切于崔寔之政论；置之几案，何减乎魏徵之谏疏？"⑤ 由此可见，张虑作《月令解》之动机是便于皇帝观览，并发掘经文蕴义从而有助于为政。

---

① （宋）王昭禹：《周礼详解》卷三，文渊阁《四库全书》第91册，第239页。
② 王锷：《三礼研究论著提要》，甘肃教育出版社2007年版，第286页。
③ （清）乾隆敕撰：《钦定礼记义疏》卷一，文渊阁《四库全书》第124册，第51页。
④ （清）乾隆敕撰：《钦定礼记义疏》卷三十，文渊阁《四库全书》第125册，第49页。
⑤ （宋）张虑：《奏月令解札子》，《月令解》卷首，文渊阁《四库全书》第116册，第539页。

如《月令》："毋变天之道，毋绝地之理，毋乱人之纪。"张虙曰："日月东西相从不已，风霆流形，庶物露生，是天道之显者，变之可乎？载华岳而不重，振河海而不泄，是地理之显者，绝之可乎？五常设教之伦，五事敬用之范，是人纪之显者，乱之可乎？《月令》载此于孟春，亦《春秋》正王道之端之意，其示戒深矣。"[①] 在张虙看来，日月东西相从不已，风霆流形，庶物露生，皆是天道之体现，因此"毋变天之道"；载华岳而不重，振河海而不泄，是地理之体现，因此"毋绝地之理"；五常设教之伦，五事敬用之范，是人纪之体现，因此"毋乱人之纪"。张虙认为，此段经文意在"正王道之端"。张虙诠释《月令》，重视发掘经文之涵义，这正符合解体重解说经籍蕴义奥旨之特征。

吕大临等人从事《礼记》之诠释，亦采用了解体。吕大临诠释《礼记》，定其书名为《礼记解》。据第一编之举例和论述，可知吕大临《礼记》诠释的重点并非名物礼制之考证，而是《礼记》所记礼意之阐发；此外，吕大临还据《礼记》之文，从而阐发性命之学。这些都表明，吕大临的《礼记解》是一部解说经籍蕴义奥旨的著述。

### 二、说体

说体是一种源远流长而使用广泛的古籍诠释体式，以多出己义为基本特征，即所诠释的不是传述师说，而是自宣己见。宋代疑古创新成为时尚，说体盛行，且在说解经籍原文义蕴时以辨正旧注误说为标的，即加强了考辨性质。从宋代"三礼"诠释文献来看，说体也是较多使用的诠释体式，如李觏的《周礼致太平论》、王十朋的《周礼详说》、黄度的《周礼说》、叶时的《礼经会元》、郑伯谦的《太平经国之书》、俞庭椿的《周礼复古编》、陈普的《仪礼说》、刘敞《七经小传》中的《礼记小传》、张载的《礼记说》、王安石的《礼记发明》等均属于"三礼"说体文献。

据史志、官目及私目之记载，可知的宋代说体类《周礼》学文献如下：

| 作者姓名 | 作者时代 | 著述名称 | 著录或称引 | 存佚状况 |
| --- | --- | --- | --- | --- |
| 李 觏 | 北宋 | 《周礼致太平论》 | 《四库全书总目》 | 存 |
| 王十朋 | 南宋 | 《周礼详说》 | 《经义考》 | 佚 |
| 朱 熹 | 南宋 | 《周礼说》 | 《朱子语类》 | 存 |

---

① （宋）张虙：《月令解》卷一，文渊阁《四库全书》第116册，第547页。

| 作者姓名 | 作者时代 | 著述名称 | 著录或称引 | 存佚状况 |
| --- | --- | --- | --- | --- |
| 黄　度 | 南宋 | 《周礼说》 | 《经义考》 | 佚 |
| 马之纯 | 南宋 | 《周礼说》 | 《续文献通考经籍考》 | 佚 |
| 陈傅良 | 南宋 | 《周礼说》 | 《直斋书录解题》 | 佚 |
| 俞庭椿 | 南宋 | 《周礼复古编》 | 《四库全书总目》 | 存 |
| 陈　谦 | 南宋 | 《周礼说》 | 《经义考》 | 佚 |
| 叶　时 | 南宋 | 《礼经会元》 | 《四库全书总目》 | 存 |
| 郑伯谦 | 南宋 | 《太平经国之书》 | 《四库全书总目》 | 存 |
| 项安世 | 南宋 | 《周礼丘乘图说》 | 《直斋书录解题》 | 佚 |
| 乔行简 | 南宋 | 《周官总说》 | 《经义考》 | 佚 |
| 余　复 | 南宋 | 《礼经类说》 | 《经义考》 | 佚 |
| 叶秀发 | 南宋 | 《周礼说》 | 《经义考》 | 佚 |
| 陈　已 | 南宋 | 《周礼详说》 | 《江苏艺文志》 | 佚 |
| 孙之宏 | 南宋 | 《周礼说》 | 《经义考》 | 佚 |
| 陈尧英 | 南宋 | 《周礼说》 | 《两浙著述考》 | 佚 |
| 王　氏 | 南宋 | 《周礼详说》 | 《经义考》 | 佚 |

据史志、官目及私目之记载，可知的宋代说体类《仪礼》学文献如下：

| 作者姓名 | 作者时代 | 著述名称 | 著录或称引 | 存佚状况 |
| --- | --- | --- | --- | --- |
| 朱　熹 | 南宋 | 《仪礼说》 | 《朱子语类》 | 存 |
| 陈　普 | 南宋 | 《仪礼说》 | 《经义考》 | 佚 |

据史志、官目及私目之记载，可知的宋代说体类《礼记》学文献如下：

| 作者姓名 | 作者时代 | 著述名称 | 著录或称引 | 存佚状况 |
| --- | --- | --- | --- | --- |
| 张　载 | 北宋 | 《礼记说》 | 《经义考》 | 佚 |
| 黄祖舜 | 北宋 | 《礼记说》 | 《经义考》 | 佚 |
| 朱　熹 | 南宋 | 《投壶说》 | 《经义考》 | 佚 |
| 徐自明 | 南宋 | 《礼记说》 | 《两浙著述考》 | 佚 |
| 余　复 | 南宋 | 《礼记类说》 | 《经义考》 | 佚 |
| 黄以翼 | 南宋 | 《礼记说》 | 《经义考》 | 佚 |

根据以上表格统计可知，宋代说体类《周礼》学文献至少有十八种，其中北宋仅一种，南宋十七种；宋代说体类《仪礼》学文献共二种，皆出自南宋；宋代说体类《礼记》类文献共六种，其中北宋二种，南宋四种。宋儒在从事《周礼》诠释时重经世致用，看重义理而非考据，这种经典诠释路径和特点在李觏的《周礼致太平论》、王安石的《周官新义》、郑伯谦的《太平经国之书》等《周礼》学文献中得到了充分的体现。

李觏在《周礼致太平论》序言中曰："并序凡五十一篇，为十卷，命之曰《周礼致太平论》。噫！岂徒解经而已哉！唯圣人君子知其有为言之也。"① 李觏申明自己撰《周礼致太平论》五十篇，意非在解经，而是述天下之理、明为政之本、讲先王之制、通古今之义。在从事《周礼》之诠释时，李觏不事文字之训诂，亦无名物制度之考证。他通过征引《周礼》职官职掌之记载，从而提出解决现实社会政治、经济、军事、文化、教育问题之对策。如李觏曰："大司徒以'保息六养万民'。'六曰安富'，谓平其繇役，不专取也。大哉先王之法，其所以有天下而民不斁者乎！孔子谓'既庶矣，富之；既富矣，教之。'《管子》有言：'仓廪实，知礼节；衣食足，知荣辱。'然则民不富，仓廪不实，衣食不足，而欲教以礼节，使之趋荣而避辱，学者皆知其难也。及其为国家则有反是者矣。田皆可耕也，桑皆可蚕也，材皆可伤也，货皆可通也，独以是富者，心有所知，力有所勤，夙兴夜寐，攻苦食淡，以趣天时，听上令也，如此而后可以为人之民，反疾恶之，何哉？疾恶之，则任之重，求之多，劳必于是，费必于是，富者几何其不黜而贫也。使天下皆贫，则为之君者，利不利乎？故先王平其繇役，不专取以安之也。"② 李觏认为，若国家仅给一部分人分派徭役，这部分人势必不堪重负，以至于天下皆贫，国家不安。李觏于此阐述他的平徭役、均赋税思想，先征引《周礼·大司徒》养民、平徭役之记载，在此基础上再阐述自己的思想。李觏于此对《周礼》之记载没有做任何考证，仅将其做为话题之引子。李觏想借助于《周礼》之记载，以明自己的观点有经典依据，而非师心自说。

此外，叶时的《礼经会元》和郑伯谦的《太平经国之书》亦皆是借《周礼》阐发自己思想的说体文献。如郑伯谦认为前人之于《周礼》或"恨不及

---

① （宋）李觏：《周礼致太平论序》，《李觏集》卷五，中华书局2011年版，第70—71页。
② （宋）李觏：《周礼致太平论·国用第十六》，《李觏集》卷八，中华书局2011年版，第95页。

用"，或"愧不能用"，或"悔不善用"，鉴于此，其撰《太平经国之书》，意在纠前人之弊、明圣人之意。郑氏认为，《周礼》所记名物制度是一定的，然其所蕴含的圣人之意却可以深度发掘，故治《周礼》者的首要任务是发掘圣人之意，至于名物制度之考证则非要务所在。如《周礼》有不少职官掌祭祀燕享，郑伯谦对此类职掌之意义做诠释曰："先王之于祭祀宾客至严且重，特设春官以掌之矣。以为未足，而互见于三百六十官之中。……如有膳夫之食饮膳羞，甸师之果蓏薪蒸，酒正之酒浆，笾人、醢人之酰醢，均之为饮食耳。事既连于彼，则势不容不散于此，此数事之所以尽属于膳夫以下也。若夫敬上帝，孝鬼神，怀群臣而恤老幼，考其事而推见其忠厚之意，则深有可论者矣。先王之敬上帝，非徒以自敬，盖将教民敬也；孝宗庙，非徒以自孝，盖将教民孝也；燕群臣，享士庶子，享耆老孤子，非徒以自为忠厚，亦将以教民忠厚也。自武王克商之后，归马放牛，示天下不复用，然后上自朝廷，下至道路州巷，搜狩军旅，而孝悌礼乐之道无不达焉。故祀明堂而民知孝，朝觐然后诸侯知所以臣，耕籍然后诸侯知所以敬；食三老五更于太学，袒而割牲，执酱执爵，然后诸侯知所以悌。"① 郑伯谦认为，《周礼》所设祭祀之职官众多，祭祀种类繁复，此皆有深意在焉；敬上帝意在教百姓敬，孝鬼神意在教百姓孝，燕群臣、享士庶意在教百姓忠厚。郑伯谦于此借古以论今，没有文字之训诂、名物制度之考证。

宋儒于《礼记》之诠释，采用说体文献者更多。刘敞《七经小传》之《礼记小传》，不载《礼记》全文，有说之处，先列原文与旧注，继作说解；无说者，连原文也略而不录。如《七经小传》曰："《玉藻》曰：'大夫私事使，私人摈则称名。'郑云'若晋侯使韩穿来言汶阳之田归之于齐之类'，非也。此乃谓若赵襄子使楚隆吊吴夫差之类尔。凡大夫聘而传命，则当称'寡君'，至于私臣，摈于君命，不得言主，故名之也。楚隆之词曰：'寡君之老无恤，使陪臣隆敢展谢之。'此则名者也。"② 刘敞于此先援引《玉藻》"大夫私事使，私人摈则称名"之经文，然后再列郑玄《注》，即"若晋侯使韩穿来言汶阳之田归之于齐之类"，继而是刘氏之说解，即"此乃谓若赵襄子使楚隆吊吴夫差之类尔"至"此则名者也"。刘敞以《左传》哀公二十年所记赵襄子使楚隆吊吴夫差之事为据，认为郑《注》所引《春秋》成公八年所记"晋侯使韩穿来言汶

---

① （宋）郑伯谦：《太平经国书》卷八，文渊阁《四库全书》第92册，第237—238页。
② （宋）刘敞：《七经小传》卷中，文渊阁《四库全书》第183册，第27—28页。

阳之田归之于齐"之事不能作为诠释经文的材料。刘敞于此所做之诠释,并非全讲义理,而是在对旧注考辨之基础上提出己见,恰好符合说体文献之特征。需要指出的是,刘敞为《礼记》所作的三十一则新传,并非每一则均是上述格式,其根据实际情况灵活安排,如有的诠释不直接言郑《注》之非,但实际上否定了郑《注》。

对于《六经》及《论语》、《孟子》,张载均有解说。目录著录张载说体类著述有《易说》、《春秋说》、《诗说》、《礼记说》、《论语说》、《孟子说》等。张载从事《礼记》之诠释,采用的体式是说体。在本书的个案部分,笔者已对张载的《礼记说》有全面之论述,根据前面之考察,可知张载既疑经文,又疑郑《注》。张载重视《礼记》义理之阐发,然亦不废名物礼制之考证。与吕大临的《礼记解》相比,张载的《礼记说》考辨意味更浓,这也是张载名其书为"说"而非"解"的原因所在。

王安石《礼记》诠释之书名为《礼记发明》,从题目就可以看出,王安石是想在旧有解义基础上为《礼记》寻求新的解义。在本书的个案研究部分,我们可以看到王安石有直接驳郑《注》者,亦有不直接驳郑《注》,而是另出新解者。此外,《礼记发明》还重视经义之阐发。《礼记发明》的这些特点,皆符合说体文献既重视考辨又自宣己见的特点。

## 第二节 义体、疏体、章句体

### 一、义体

义体以阐述重要意义及义理为主,兼及他事。据冯浩菲的研究,义体大致可以分为两类:一是随文作解,二是总论群经要义。[①]

据史志、官目及私目之记载,可知的宋代义体类《周礼》学文献如下:

| 作者姓名 | 作者时代 | 著述名称 | 著录或称引 | 存佚状况 |
| --- | --- | --- | --- | --- |
| 王安石 | 北宋 | 《周官新义》 | 《四库全书总目》 | 存 |
| 刘彝 | 北宋 | 《周礼中义》 | 《直斋书录解题》 | 佚 |
| 黄裳 | 北宋 | 《周礼义》 | 《四库全书总目》 | 存 |
| 黄颖 | 北宋 | 《周礼解义》 | 《经义考》 | 佚 |

---

① 参见冯浩菲:《中国训诂学》,山东大学出版社1995年版,第79页。

| 作者姓名 | 作者时代 | 著述名称 | 著录或称引 | 存佚状况 |
|---|---|---|---|---|
| 程瑀 | 北宋 | 《周礼义》 | 《经义考》 | 佚 |
| 杨时 | 南宋 | 《周礼义辨疑》 | 《宋史·艺文志》 | 佚 |
| 尤袤 | 南宋 | 《周礼辨义》 | 《经义考》 | 佚 |
| 郑锷 | 南宋 | 《周礼解义》 | 《宋史·艺文志》 | 佚 |
| 徐筠 | 南宋 | 《周礼微言》 | 《宋史·艺文志》 | 佚 |
| 易祓 | 南宋 | 《周礼总义》 | 《宋史·艺文志》 | 存 |
| 李叔宝 | 南宋 | 《周礼精意》 | 《经义考》 | 佚 |
| 江与之 | 南宋 | 《周礼秋官讲义》 | 《宋史·艺文志》 | 佚 |

据史志、官目及私目之记载，可知的宋代义体类《仪礼》学文献如下：

| 作者姓名 | 作者时代 | 著述名称 | 著录或称引 | 存佚状况 |
|---|---|---|---|---|
| 刘敞 | 北宋 | 《士相见义》 | 《公是集》 | 存 |
| 刘敞 | 北宋 | 《公食大夫义》 | 《经义考》 | 佚 |
| 陆佃 | 北宋 | 《仪礼义》 | 《宋史·艺文志》 | 佚 |

据史志、官目及私目之记载，可知的宋代义体类《礼记》学文献如下：

| 作者姓名 | 作者时代 | 著述名称 | 著录或称引 | 存佚状况 |
|---|---|---|---|---|
| 刘彝 | 北宋 | 《礼记中义》 | 《通志·艺文略》 | 佚 |
| 刘敞 | 北宋 | 《投壶义》 | 《公是集》 | 存 |
| 韩谨 | 北宋 | 《礼记义解》 | 《经义考》 | 佚 |
| 李夔 | 北宋 | 《礼记义》 | 《经义考》 | 佚 |
| 李格非 | 南宋 | 《礼记精义》 | 《宋史·艺文志》 | 佚 |
| 蒋继周 | 南宋 | 《礼记大义》 | 《经义考》 | 佚 |
| 沈焕 | 南宋 | 《礼记订义》 | 《两浙著述考》 | 佚 |
| 曾光祖 | 南宋 | 《礼记精义》 | 《经义考》 | 佚 |
| 戴溪 | 南宋 | 《礼记口义》 | 《宋史·艺文志》 | 佚 |
| 应镛 | 南宋 | 《礼记纂义》 | 《经义考》 | 佚 |
| 竺大年 | 南宋 | 《礼记订义》 | 《经义考》 | 佚 |
| 杨畿 | 南宋 | 《礼记口义》 | 《经义考》 | 佚 |

根据以上表格统计，可知宋代义体类《周礼》学文献共十二种，其中北宋五种，南宋七种；宋代义体类《仪礼》学文献共三种，皆出自北宋；宋代义体类《礼记》学文献共十二种，其中北宋四种，南宋八种。此以刘敞的《士相见义》及《公食大夫义》、王安石的《周官新义》、李格非的《礼记精义》为例予以说明。

王安石《周官新义》采用了义体，吕本中曰："王介甫解经，皆随文生义，更无含蓄。"① 民国徐振亚曰："荆公……《周礼新义》二十二卷……，皆随文生意，不落汉唐窠臼，何焯比之王弼。"② 如《周礼·天官·冢宰》："惟王建国，辨方正位，体国经野，设官分职，以为民极。"王安石释之曰："昼参诸日景，夜考诸极星，以正朝夕；于是求地中焉，以建王国，此之谓辨方。既辨方矣，立宗庙于左，立社稷于右，立朝于前，立市于后，此之谓正位。宫门、城阙、堂室之类，高下、广狭之制，凡在国者，莫不有体，此之谓体国。井牧、沟洫、田莱之类，远近、多寡之数，凡在野者，莫不有经，此之谓经野。设官，则官府之六属是也；分职，则官府之六职是也。设官分职，内以治国，外以治野，建置在上，如屋之极，使民于是取中而芘焉，故曰'以为民极'。极之字从木从亟，木之亟者，屋极是也。"③ 安石随文释义，虽于经文有训诂，然却以义理为重。

黄裳释《周礼》，亦采用义体。如于《考工记》之百工，黄氏曰："知日造而不知者，百工也；日用而不知者，百工之务。窥理所在，则能审曲；正体所向，则能面势。圜者中规，方者中矩，立者中县，衡者中水，直者如生，继者如附，此其巧也。其为弓也，辨其安危之人；其为轮也，辨其高下之地；其为函也，辨其丰约之体；其为钟也，辨其小大之量；其为兵也，辨其攻守之国，此其知也。若夫仰以观象于天，俯以观法于地，旁以观万物而有作焉，则非百工所与者也。先王之世，或为淫巧以荡上心者禁，或为奇技奇器以惑下志者杀。故其百工知述智者之事，知守智者之法，饬化八材，兴事造业，以贡于上而已。然则六职之序，百工得与王公士大夫相为用于天下，盖无愧焉。"④ 黄

---

① 程元敏辑：《三经新义辑考汇评（三）——周礼》（下），台湾编译馆1987年版，第663页。
② 程元敏辑：《三经新义辑考汇评（三）——周礼》（下），台湾编译馆1987年版，第671页。
③ 程元敏辑：《三经新义辑考汇评（三）——周礼》（上），台湾编译馆1987年版，第3—4页。
④ 黄裳：《周礼义》，《全宋文》第103册，上海辞书出版社、安徽教育出版社2006年版，第123页。

氏认为，百工虽巧，然并非知高深义理者，他们与王公士大夫一起，相为用于天下。

刘敞释《仪礼》，亦采用义体。如《仪礼·士相见礼》记载了士相见之仪节。据《士相见礼》，可知相见礼当以挚为礼物。刘敞于《士相见义》阐发用挚之意义曰："自天子至于庶人，皆有挚。挚者，致也，所以致其志也。天子之挚鬯，诸侯玉，卿羔，大夫雁，士雉。鬯也者，言德之远闻也；玉也者，言一度不易也；羔也者，言柔而有礼也；雁也者，言进退之时也；雉也者，言死其节也。故天子以远德为志，诸侯以一度为志，卿以有礼为志，大夫以进退为志，士以死节为志。明乎志之义，而天下治矣。故执斯挚也者，执斯志者也。君之挚以事神，臣之挚以养人。惟君受挚者，惟君受养也。非其君则辞挚，不敢当养也。"① 刘敞认为，天子、诸侯、卿、大夫、士用挚皆各有不同，且皆各有义。如天子之挚是鬯，义为远德；诸侯之挚是玉，义为一度不易。观刘敞此之文字，可知其释《士相见礼》之用挚，弃考据而重释义，此正是义体之特征也。

又如《仪礼·公食大夫礼》记载了主国国君以礼食招待来小聘的大夫之礼仪。刘敞于《公食大夫义》阐发此礼之意义曰："食礼：公养宾，国养贤，一也。亲之，故爱之；爱之，故养之；养之，故食之。食之而弗爱，犹豢之也。爱而弗敬，犹畜之也。飨礼，敬之至也；食礼，爱之至也。飨为爱，弗胜其敬；食为敬，弗胜其爱。文质之辨也。公使大夫戒必以其爵，恭也。已轻则卑之，已重则是以其贵临之也。宾三辞，听命。言是礼之贵，弗敢当也。弗敢当，故难进也。公迎宾于大门内，非不能至于外也，所以待人君之礼也。臣之意欲尊其君，子之意欲尊其父，故迎宾于大门内，所以顺其为尊君之意也。"② 刘敞认为，从整体上看，公食大夫的意义在于亲、爱、养；公食大夫之具体仪节亦各有义，如公使大夫戒必以其爵，此举意在谦恭；公迎宾于大门内，此举意在顺其为尊君之意。观刘敞此之文字，可知其重在释公食大夫礼之义，其于文字训诂、制度考证则无涉及。

李格非释《礼记》，亦采用义体。卫湜云："《精义》十六卷，就《曲礼》、《檀弓》、《王制》、《丧服小记》、《大传》、《少仪》、《学记》、《乐记》、《杂记》、《丧

---

① （宋）刘敞：《士相见义》，《公是集》卷三十七，文渊阁《四库全书》第1095册，第717页。
② （宋）刘敞：《公食大夫义》，《公是集》卷三十七，文渊阁《四库全书》第1095册，第718页。

大记》、《祭法》十一篇中，随所见为之义。"①据卫氏之记载可知，李格非《礼记精义》并非总论群经要义，而是随文作解。此书已经亡佚，如今所能见到的材料，只有数条保存于卫湜《礼记集说》和清代《钦定礼记义疏》中。下面略举两例以窥李氏采用义体诠释《礼记》之概况。如《王制》："司徒修六礼以节民性，明七教以兴民德，齐八政以防淫。"李格非曰："民之性无非天也，故六礼曰修，修者，言有所因也。人之德无非自得也，故七教曰明，明者，言有所本也。淫者出于民之欲，故八政曰齐，齐者，所以制其过差也。"②李格非认为，民之性因袭于天，故称"修"；人之德来之自我，故称"自得"；邪淫过度出于民之欲望，故防淫之八政称"齐"。李氏于此对经文"修六礼以节民性"、"明七教以兴民德"、"齐八政以防淫"分别做了诠释，重点在于发掘经文蕴义，而非文字训诂。

又如《檀弓上》："穆公之母卒，使人问于曾子曰：'如之何？'对曰：'申也闻诸申之父曰：哭泣之哀，齐斩之情，饘粥之食，自天子达。'"李格非曰："先王之制，小敛殡葬，所以为死者之礼，故自天子以至于庶人有等。哭泣、齐斩、饘粥，所以尽生者之情，故天子达于庶人，一也。由前所以立礼，由后所以立仁，齐斩所以称情而为之也，故曰齐斩之情。"③李格非认为，哭泣、齐斩、饘粥均可表达生者对死者的思念之情，这些仪节，自天子到庶人皆相同；生者为死者所设小敛殡葬，自天子到庶人皆是有等差的。由此可见，李格非看重的是意义之阐发，而非礼制之考证。

**二、疏体**

根据冯浩菲的研究，疏体分为三种：一为讲疏体；二为疏注体；三为条辨体。讲疏体又称讲义体、口义体，以疏解原文大意、阐发思想内容为任务，疏解自行成说，引用前人旧解也为己说服务；疏注体即是一般所说的既释原文又释注文的一种疏类诠释体式；条辨体是一种条疏考辨的疏类训诂体式，虽以"疏"字标称，实际上也可以看成是考辨体的一种。④宋儒从事"三礼"诠释时多采用讲疏体。

据史志、官目及私目之记载，可知的宋代疏体类《周礼》学文献如下：

---

① （宋）卫湜：《礼记集说》卷首《礼记集说名氏》，文渊阁《四库全书》第117册，第13页。
② （清）乾隆敕撰：《钦定礼记义疏》卷十八，文渊阁《四库全书》第124册，第510页。
③ （清）乾隆敕撰：《钦定礼记义疏》卷九，文渊阁《四库全书》第124册，第275页。
④ 参见冯浩菲：《中国训诂学》，山东大学出版社1995年版，第82—84页。

| 作者姓名 | 作者时代 | 著述名称 | 著录或称引 | 存佚状况 |
|---|---|---|---|---|
| 沈季长 | 北宋 | 《周礼讲义》 | 《江苏艺文志》 | 佚 |
| 周必大 | 南宋 | 《周官讲义》 | 《经义考》 | 佚 |
| 周必大 | 南宋 | 《周礼庖人讲义》 | 《经义考》 | 佚 |
| 林之奇 | 南宋 | 《周礼庖人讲义》 | 《经义考》 | 佚 |
| 史浩 | 南宋 | 《周官讲义》 | 《宋史·艺文志》 | 佚 |
| 黄硕 | 南宋 | 《周礼讲义》 | 《经义考》 | 佚 |
| 许弈 | 南宋 | 《周礼讲义》 | 《经义考》 | 佚 |
| 曹叔远 | 南宋 | 《周礼地官讲义》 | 《经义考》 | 佚 |
| 魏了翁 | 南宋 | 《周礼要义》 | 《经义考》 | 佚 |
| 杨杰 | 南宋 | 《周礼讲义》 | 《经义考》 | 佚 |
| 陈普 | 南宋 | 《周礼讲义》 | 《经义考》 | 佚 |
| 唐诸儒 | 南宋 | 《周礼要义》 | 《文渊阁书目》 | 佚 |

据史志、官目及私目之记载，可知的宋代疏体类《仪礼》学文献如下：

| 作者姓名 | 作者时代 | 著述名称 | 著录或称引 | 存佚状况 |
|---|---|---|---|---|
| 魏了翁 | 南宋 | 《仪礼要义》 | 《四库全书总目》 | 存 |
| 马廷鸾 | 南宋 | 《仪礼本经疏会》 | 《经义考》 | 佚 |

据史志、官目及私目之记载，可知的宋代疏体类《礼记》学文献如下：

| 作者姓名 | 作者时代 | 著述名称 | 著录或称引 | 存佚状况 |
|---|---|---|---|---|
| 王安石 | 北宋 | 《礼记要义》 | 《郡斋读书志附志》 | 佚 |
| 王安石 | 北宋 | 《礼记发明》 | 《经义考》 | 佚 |
| 方悫 | 北宋 | 《礼记解义》 | 《宋史·艺文志》 | 佚 |
| 陈祥道 | 北宋 | 《礼记讲义》 | 《经义考》 | 佚 |
| 陈旸 | 北宋 | 《礼记解义》 | 《宋史·艺文志》 | 佚 |
| 上官均 | 北宋 | 《曲礼讲义》 | 《宋史·艺文志》 | 佚 |
| 周行己 | 北宋 | 《礼记讲义》 | 《经义考》 | 佚 |
| 樊光远 | 南宋 | 《礼记讲义》 | 《经义考》 | 佚 |
| 杨简 | 南宋 | 《孔子闲居讲义》 | 《四库全书总目》 | 佚 |
| 魏了翁 | 南宋 | 《礼记要义》 | 《四部丛刊续编》 | 存 |
| 陈普 | 南宋 | 《礼记讲义》 | 《经义考》 | 佚 |

根据以上表格，可知宋代疏体类《周礼》学文献共十二种，其中北宋一种，南宋十一种；宋代疏体类《仪礼》学文献共二种，皆出自南宋；宋代疏体类《礼记》学文献共十一种，其中北宋七种，南宋四种。

魏了翁以疏体释《仪礼》，《仪礼要义序》曰："今以先儒失路，后宜易涂，故悉鄙情，聊裁此疏，未敢专欲，以诸家为本，择善而从，兼增己义。"①如《仪礼·士冠礼》："筮与席，所卦者具馔于西塾。"魏了翁曰："筮所以问吉凶。谓蓍也者，案《曲礼》云：'龟为卜，策为筮。'故知问吉凶谓蓍。案《易》筮法，用四十九蓍，分之为二以象两，挂一以象三，揲之以四以象四时，归奇于扐以象闰，十有八变而成卦是也。云'所卦者'，所以画地记爻者。筮法依七八九六之爻而记之，但古用木画地，今则用钱以三少为重钱，重钱则九也，三多为交钱，交钱则六也，两多一少为单钱，单钱则七也，两少一多为坼钱，坼钱则八也。案《少牢》云'卦者在左'，坐卦以木，故知古者画卦以木也。"②魏了翁于此征引《礼记·曲礼》之记载，并据《周易》和时下之筮法，以释《仪礼》所言"筮"。魏了翁于此以释经文之义为要务，与疏体之特点相合。

又如《仪礼·士冠礼》："陈服于房中西墉下，东领北上。"魏了翁曰："自此至东面，论陈设衣服、器物之等，以待冠事。《丧大记》与《士丧礼》服或西领，或南领。此东领者，此嘉礼，异于凶礼故也。士冠时先用卑服，北上，便也。"③魏了翁于此对士冠礼行礼前陈设之意义作了阐释，并特别对陈服之意义作了说明。此乃疏体重经义的特征之体现。

方悫的《礼记解义》亦是典型的疏体。如《檀弓下》："公之丧，诸达官之长杖。"方悫曰："受命于君者，其名达于上，故谓之达官。若府史而下，虽为在官，皆其官长所自辟除，则不可谓之达矣。孟子曰'不能五十里不达于天子'，与此所言'达'同义。夫杖所以辅病，恩之深者，其病宜重。受命于君者，其恩为深，故公之丧，唯达官之长杖。"④《檀弓下》认为，国君的丧事，凡是国君在世时直接任命的负责官员，服丧时都要手持丧杖。方悫认为，所谓达官，就是直接由国君任命，名达于上者；如果是府史以下的官吏，

---

① （宋）魏了翁：《仪礼要义》卷一，文渊阁《四库全书》第104册，第343页。
② （宋）魏了翁：《仪礼要义》卷一，文渊阁《四库全书》第104册，第347—348页。
③ （宋）魏了翁：《仪礼要义》卷二，文渊阁《四库全书》第104册，第355页。
④ （宋）卫湜：《礼记集说》卷二十，文渊阁《四库全书》第117册，第406—407页。

因为他们皆是所自辟除，故不可谓之达官。方氏认为，丧杖是用以辅助有病之身的，达官对国君的追念之情比一般官吏要深，故达官在国君的葬礼上要持丧杖。

杨简的《孔子闲居讲义》亦采用疏体。该书之序曰："学者当先读孔子之书，俟心通德纯而后可以观子史学者，道心未明而读非圣之书，溺心于似是而非之言，终其身，汩汩良可念也。孔子之言，奚可不精而思之，熟而复之？今孔子之言，出于学者之所记录，犹或失真，况于非圣之书，其害道者多与！"①杨简认为，《孔子闲居》为孔子之书，学者应先读之，从而免溺于似是而非之言。

杨简《孔子闲居讲义》先全录《孔子闲居》原文，再列杨氏之解义。为了说明《孔子闲居讲义》之体式，兹引《讲义》中的一段文字："礼乐之原即五至，五至即三无，三无即五起，五起即能先知四方之败者。道不可言，孔子欲无言，不得已而有言。曰原足矣，何必言五至？五至多矣，又何必言三无？子夏沉溺于文义之渊薮，断非一语之所能晓，敷而明之，曲而畅之，庶几或触其机也。"② 案：杨氏认为，礼乐之原旨是孔子所说的"五至"；"五至"与"三无"意义一致，"三无"与"五起"意义一致，"五起"之义即君子预先知道四方之灾祸；孔子不厌其烦地述说"五至"、"三无"、"五起"，是因为子夏沉溺于文义之渊薮，不知短语之精义。由此可见，杨简据己意解经，成一家之言，正符合讲疏体的特征。

### 三、章句体

汉代就有章句体，如《书》有欧阳和大小夏侯《章句》，东汉赵岐有《孟子章句》。《后汉书·桓谭传》注云："章句谓离章辨句，委曲枝派也。"③ 所谓"委曲枝派"，就是进行详细的分析解说。元代金履祥《尚书表注自序》云："正句，画段，提其章旨与夫义理之微。"④ 章句还有概括章节大意、阐述义理

---

① （宋）杨简：《慈湖遗书续集》卷二《孔子闲居解》，张寿镛辑刊《四明丛书》第四集（一），台湾新文丰出版公司1988年版，第474页。
② （宋）杨简：《慈湖遗书续集》卷二《孔子闲居解》，张寿镛辑刊《四明丛书》第四集（一），台湾新文丰出版公司1988年版，第475页。
③ （南朝）范晔：《后汉书》卷二十七《浣谭冯衍列传第十八上》，中华书局1965年版，第955页。
④ （清）朱彝尊：《经义考》卷一百八十四，中华书局1998年影印本，第465页。

的特征。宋代朱熹的《大学章句》、《中庸章句》，陈埴的《王制章句》等，即以章句体从事《礼记》之诠释。下面以朱熹的《大学章句》为例来做一分析。

《大学》本无章节，朱熹将其分为"经"一章和"传"十章，从而成《大学章句》。兹列《大学章句》两段内容如下：

所谓修身在正其心者，身有所忿懥，则不得其正；有所恐惧，则不得其正；有所好乐，则不得其正；有所忧患，则不得其正。程子曰："'身有'之'身'当作'心'。"忿，弗粉反。懥，敕值反。好、乐，并去声。忿懥，怒也。盖是四者，皆心之用，而人所不能无者。然一有之而不能察，则欲动情胜，而其用之所行，或不能不失其正矣。心不在焉，视而不见，听而不闻，食而不知其味。心有不存，则无以检其身，是以君子必察乎此而敬以直之，然后此心常存而身无不修也。此谓修身在正其心。

右传之七章。释正心修身。此亦承上章以起下章。盖意诚则真无恶而实有善矣，所以能存是心以检其身。然或但知诚意，而不能密察此心之存否，则又无以直内而修身也。自此以下，并以旧文为正。①

以上是朱熹《大学》定本第七章的正文和注释。其中有《大学》原文之诠释，包括文字之考证、经文蕴义之发掘。此外，"右传之七章"、"释正心修身"是朱熹对《大学》第七章内容所做的归纳。朱熹《大学章句》、《中庸章句》皆分章，每章皆有内容之归纳。

## 第三节　考辨体、集解体、序体

### 一、考辨体

考辨体以考论辨正前人说解中所存在的疑难失误为主要任务。此体起源甚早，两汉至隋唐，逐渐发展成熟。宋代以下，成为最常用的训诂体式之一。此训诂体式又可细分为辨正体、解疑体、正误体。②宋代不少学人采用考辨体从事"三礼"之诠释。

据史志、官目及私目之记载，可知的宋代疏体类《周礼》学文献如下：

---

① （宋）朱熹：《大学章句》，朱杰人等编：《朱子全书》（修订本）第6册，上海古籍出版社、安徽教育出版社2010年版，第22页。

② 冯浩菲：《中国训诂学》，山东大学出版社1995年版，第91—92页。

| 作者姓名 | 作者时代 | 著述名称 | 著录或称引 | 存佚状况 |
|---|---|---|---|---|
| 杨 时 | 南宋 | 《周礼辨疑》 | 《宋史·艺文志》 | 佚 |
| 董 渶 | 南宋 | 《周官辨疑》 | 《经义考》 | 佚 |
| 王居正 | 南宋 | 《周礼辨学》 | 《经义考》 | 佚 |
| 徐 焕 | 南宋 | 《周礼辨略》 | 《宋史·艺文志》 | 佚 |
| 薛季宣 | 南宋 | 《周礼辨疑》 | 《经义考》 | 佚 |
| 乐思忠 | 南宋 | 《周礼考疑》 | 《郡斋读书志附志》 | 佚 |
| 杨 恪 | 南宋 | 《周礼辨疑》 | 《经义考》 | 佚 |
| 包 恢 | 南宋 | 《六官疑辨》 | 《经义考》 | 佚 |
| 金叔明 | 南宋 | 《周礼疑答》 | 《经义考》 | 佚 |
| 叶 皆 | 南宋 | 《考工记辨疑》 | 《经义考》 | 佚 |

据史志、官目及私目之记载，可知的宋代疏体类《仪礼》学文献如下：

| 作者姓名 | 作者时代 | 著述名称 | 著录或称引 | 存佚状况 |
|---|---|---|---|---|
| 张 淳 | 南宋 | 《仪礼识误》 | 《四库全书总目》 | 存 |
| 王时会 | 南宋 | 《乡饮酒礼辨疑》 | 《经义考》 | 佚 |
| 朱 熹 | 南宋 | 《记乡射疑误》 | 《经义考》 | 存 |

据以上表格，可知的宋代考辨体《周礼》学文献共十种，皆出自南宋。可知的宋代考辨体《仪礼》学文献共三种，亦皆出自南宋。

张淳《仪礼识误》是宋代辨疑文献之代表作，其参以陆氏《释文》、贾氏《疏》，核订异同，颇为详审。此举数例以见之：

《士冠礼》"奠挚，见于君，遂以挚见于乡大夫、乡先生"。郑玄《注》："挚，雉也。"张淳曰："按《释文》云：'贽，本又作挚。音至。'虽贽、挚皆有，据陆德明所释之本必从贝也。从《释文》。"①

《士丧礼》"受用筐"，张淳曰："按《释文》云：'筐，方鬼反，本或作篚。'从《释文》。"②

《士丧礼》"澳"字，郑玄《注》："盘，承澳濯。"张淳曰："监本'澳'误

---

① （宋）张淳：《仪礼识误》卷一，文渊阁《四库全书》第103册，第6页。
② （宋）张淳：《仪礼识误》卷二，文渊阁《四库全书》第103册，第18页。

作'澳'。按《释文》云：'澳，奴乱反。'从《释文》及诸本。"①

《既夕礼》"夷床"之"夷"字，张淳曰："按《释文》云：'侇，音夷，本亦作夷。'从《释文》。"②

《士虞礼》"间"字，郑《注》曰："饭间啖肉，安食气。"张淳曰："按监、巾、箱、杭本，'间'作'门'。从诸本。"③

张淳从事《仪礼》之校勘时，除了以《仪礼》经文、郑《注》和贾《疏》为校勘依据外，还准之以其他古典文献、《仪礼》刊本。此外，张淳《仪礼识误》一以《释文》为是。

张淳《仪礼识误》于《仪礼》文字之辨疑，对后世《仪礼》校勘学产生了极为深远的影响。如朱子曰："张忠甫所校《仪礼》甚仔细，……较他本为最胜。"④又曰："《仪礼》人所罕读，难得善本，而郑《注》、贾《疏》之外，先儒旧说多不复见，陆氏《释文》亦甚疏略。近世永嘉张淳忠甫校定印本，又为一书，以识其误，号为精密，然亦不能无舛谬。"⑤清人胡培翚、阮元等人从事《仪礼》之校勘，张淳的《仪礼》校勘成果是他们重要的依据。

**二、集解体**

集解体是东汉以下广为使用的一种诠释体式。据冯浩菲的研究，集解体分为三类：一是集众说以作解；二是分传配经，比类相集，为之作解；三是汇集有关文献，为之作解。⑥

据史志、官目及私目之记载，可知的宋代集解体类《周礼》学文献如下：

| 作者姓名 | 作者时代 | 著述名称 | 著录或称引 | 存佚状况 |
| --- | --- | --- | --- | --- |
| 黄 钟 | 南宋 | 《周礼集解》 | 《经义考》 | 佚 |
| 王与之 | 南宋 | 《周礼订义》 | 《四库全书总目》 | 存 |

据史志、官目及私目之记载，可知的宋代集解体类《礼记》学文献如下：

---

① （宋）张淳：《仪礼识误》卷二，文渊阁《四库全书》第103册，第18页。
② （宋）张淳：《仪礼识误》卷二，文渊阁《四库全书》第103册，第20页。
③ （宋）张淳：《仪礼识误》卷二，文渊阁《四库全书》第103册，第22页。
④ （宋）黎靖德辑：《朱子语类》卷八十五，朱杰人等编：《朱子全书》（修订本）第17册，上海古籍出版社、安徽教育出版社2010年版，第2900页。
⑤ （宋）朱熹：《晦庵先生朱文公文集》卷七十《记永嘉仪礼误字》，朱杰人等编：《朱子全书》（修订本）第24册，上海古籍出版社、安徽教育出版社2010年版，第3390页。
⑥ 冯浩菲：《中国训诂学》，山东大学出版社1995年版，第95—96页。

| 作者姓名 | 作者时代 | 著述名称 | 著录或称引 | 存佚状况 |
|---|---|---|---|---|
| 刘懋 | 南宋 | 《礼记集说》 | 《经义考》 | 佚 |
| 岳珂 | 南宋 | 《集解小戴记》 | 《经义考》 | 佚 |
| 卫湜 | 南宋 | 《礼记集说》 | 《四库全书总目》 | 存 |
| 张应辰 | 南宋 | 《礼记集解》 | 《经义考》 | 佚 |

据以上表格，可知的宋代集解体《周礼》学文献共二种，皆出自南宋；可知的宋代集解体《礼记》学文献共四种，亦皆出自南宋。

宋代集解体"三礼"学文献多是集众说以作解义类，如王与之的《周礼订义》、卫湜的《礼记集说》、岳珂的《集解小戴记》、张应辰的《礼记集解》等皆如此。其中或附有编者观点者，如《黄氏日抄》中的《读礼记》先采择数家解义，然后再附以己见。黄氏所附己见，或阐释旧注，或驳前人之说，不一而足。王与之的《周礼订义》征引汉唐诸儒之说者，有杜子春、郑兴、郑众、郑玄、崔灵恩、贾公彦六家；征引宋人之说者达四十五家，包括二程、张载、朱熹、吕祖谦等理学家之解义以及李觏、王安石、郑伯谦等政论家之说。在征引各家解义之基础上，王与之往往以"愚案"的形式引出己见。在"愚案"部分，既有《周礼》成书和流传情况之介绍，又有经文和前人注释之辨析。

宋代有些集解体"三礼"学文献仅列各家解义，而不附己见。最具有代表性的是南宋卫湜的《礼记集说》。该书援引汉唐和两宋《礼记》解义一百四十四家，卫湜没有任何按语。不过这并不代表卫湜没有自己的观点，相反，通过研究卫湜于汉唐两宋《礼记》文献之取舍、剪裁，可知卫湜对于汉学、宋学之态度。卫湜《礼记集说》既引宋人之说，又不废汉唐之解义，由此可知其书是汉宋兼采。通过进一步分析会发现，卫氏援引宋人之说多，且十分重视吕大临、朱熹等理学家之解义。因此可知《礼记集说》固然是汉宋兼采，然却以宋学为重。

王与之《周礼订义》、卫湜《礼记集说》等集解体文献对于后世礼学发展意义重大。如孙诒让云："东岩《周礼订义》采摭浩博，为《周官》说之渊椒，易祓、王昭禹诸书莫能及也。"[①] "搜辑之富，不减卫湜《礼记集说》。"[②] 四

---

① （清）孙诒让：《温州经籍志》卷三《经部·礼类》，《续修四库全书》第918册，第185页。
② （清）孙诒让：《温州经籍志》卷三《经部·礼类》，《续修四库全书》第918册，第186页。

库馆臣评论卫湜《礼记集说》曰:"采摭群言最为赅博,去取亦最为精审。自郑《注》而下,所取凡一百四十四家。其他书之涉于《礼记》者,所采录不在此数焉。今自郑《注》、孔《疏》而外,原书无一存者。朱彝尊《经义考》采摭最为繁富,而不知其书与不知其人者,凡四十九家,皆赖此书以传。亦可云《礼》家之渊海矣。"① 王与之《周礼订义》、卫湜《礼记集说》所采宋人解义尤其丰富,据此二书,可窥宋代《周礼》、《礼记》诠释之盛况,故王与之、卫湜分别为宋代《周礼》、《礼记》诠释之集大成者。

### 三、序体

文献之序,一般是用来说明著述的作者、写作背景和篇目大旨。相传孔子曾作《书》序,子夏曾作《诗》序,可见序体很早就有。宋儒中,也有一些人以序体来从事"三礼"之诠释,周行己的《礼记讲义序》,胡宏的《题吕与叔中庸解》,陈亮的《杨龟山中庸解序》,魏了翁的《横渠礼记说序》和《卫正叔礼记集说序》等,皆如此。这些序文对于人们认识宋代的"三礼"学有一定的参考价值。

如周行己《礼记讲义序》云:"礼经三百,威仪三千,皆出于性,非伪貌饰情也。鄙夫野人,卒然加敬,逡巡逊却而不敢受。三尺童子,拱而趋市,暴夫悍卒莫敢狎焉。彼非素习于数与、邀誉于人而然也。盖其所有于性,感物而出者如此。天尊地卑,礼固立矣。类聚群分,礼固行矣。人者位乎天地之间,立于万世之上。天地与吾同体也,万物与吾同气也。尊卑分类,不设而彰。圣人循此制,为冠、昏、丧、祭、朝、聘、乡、射之礼,以行君臣、父子、兄弟、夫妇、朋友之义。其形而下者,见于饮食器服之用;其形而上者,极于无声无臭之微。众人勉之,贤人行之,圣人由之,故所以行其身与其家与其国与其天下者。礼治则治,礼乱则乱,礼存则存,礼亡则亡。上自古始,下逮五季,质文不同,罔不由是。然而世有损益,惟周为备。是以夫子尝曰'郁郁乎文哉,吾从周',逮其弊也,忠信之簿,而情文之繁。林放有礼本之问,而孔子欲先进之从,盖所以矫正反弊也。然岂礼之过哉,为礼者之过也。秦氏焚灭典籍,三代礼文大坏。汉兴购书,《礼记》四十九篇,杂出诸儒传记,不能悉得圣人之旨。考其文义,时有抵牾。然而其文繁,其义博。学者观之,如适大

---

① (清)永瑢:《四库全书总目》卷二十一《经部·礼类三》,中华书局1965年影印本,第169页。

都之肆,珠珍器帛随其所取;如游阿房之宫,千门万户随其所入。博而约之,亦可弗畔。盖其说也,其粗在应对进退之间,而精在道德性命之要。始于童幼之习,而卒于圣人之归。惟达古道者,然后能知其言;能知其言,然后能得其理。然则礼之所以为礼,其则不远矣。昔者颜子之所以从事,不出于视听言动之间,而《乡党》之记,孔子多在于动容周旋之际。此学者所当致疑以思,致思以达也。"① 周行己此序所言,义有三层:一是论礼之产生。礼既出于性,又出于圣人之制作。二是论礼之功能。礼之功能在于维护社会秩序,有礼则治,无礼则乱;三是明《礼记》一书之概况,以及自己讲述《礼记》之缘由。通过此序,可知周氏《礼记讲义》之渊源以及周氏的礼学观。

又如马廷鸾《仪礼本经注疏会编后序》云:"余生五十八年,未尝读《仪礼》之书。一日从败箧中得景德中官本《仪礼疏》,四帙,正经、注语皆标起止,而疏文列其下。盖古有明经、学究专科,如《仪礼》经注,学者童而习之,不待屑屑然登载本文而已熟,其诵数矣。王介甫新经既出,士不读书,如余之于《仪礼》者,皆是也。然不敢付之茫昧幽冥,将寻访本书传抄,庶几创通大义。然余老矣,惧其费日力,而卒无所补也。长儿请曰:'家有监本《仪礼》经注,可取而附益之以便观览。'意欣然,命之整辑,厘为九帙,手自点校,并取朱氏礼书,与其门人高弟黄氏、杨氏诸家续补之编,分章析条,题要其上,遂为完书。"② 马廷鸾于此对《仪礼本经注疏会编》一书撰作之学术背景、撰作缘由以及撰作过程做了陈述,借此后序,读者可对该书有一大体之认识。

## 第四节 图解体

"三礼"所记载的名物礼制繁多,故要读懂"三礼",只依靠文字是很困难的。于是一些研究者将"三礼"所记载的礼器、宫室甚至仪节绘制成图。借助于这些礼图,复杂难明的礼器、宫室和仪节就变得直观,"三礼"由艰深难读的书变得不那么难懂了。

---

① (宋)周行己:《礼记讲义序》,《全宋文》第137册,上海辞书出版社、安徽教育出版社2006年版,第106—107页。
② (宋)马廷鸾:《仪礼本经注疏会编后序》,《全宋文》第353册,上海辞书出版社、安徽教育出版社2006年版,第456—457页。

宋儒沿袭汉唐学者绘图解《礼》之方法，撰写出一批较有影响力的著作。据史志、官目及私目之记载，可知的宋代图解体"三礼"学文献如下：

| 作者姓名 | 作者时代 | 著述名称 | 著录或称引 | 存佚状况 |
| --- | --- | --- | --- | --- |
| 聂崇义 | 北宋 | 《新定三礼图》 | 《四库全书总目》 | 存 |
| 陈祥道 | 北宋 | 《礼书》 | 《四库全书总目》 | 存 |
| 林希逸 | 南宋 | 《考工记解》 | 《四库全书总目》 | 存 |
| 朱 熹 | 南宋 | 《仪礼图》 | 《明书·经籍志》 | 佚 |
| 赵彦肃 | 南宋 | 《士冠士昏馈食礼图》 | 《两浙著述考》 | 佚 |
| 杨 复 | 南宋 | 《仪礼图》 | 《四库全书总目》 | 存 |
| 杨 复 | 南宋 | 《仪礼旁通图》 | 《四库全书总目》 | 存 |
| 杨明复 | 南宋 | 《冠婚丧祭图》 | 《两浙著述考》 | 佚 |
| 杨 甲 | 南宋 | 《六经图》 | 《四库全书总目》 | 存 |

诸礼图中，以南宋杨复的《仪礼图》为最杰出者。杨复所撰《仪礼图》共十七卷，后附《仪礼旁通图》。杨复在《仪礼图》自序曰："学者多苦《仪礼》难读，虽韩昌黎亦云何为其难也。圣人之文，化工也，化工所生，人物品彙，至易至简，神化天成，极天下之至巧莫能为焉。圣人写胸中制作之妙，尽天理节文之详，经纬弥纶，混成全体，竭天下之心思莫能至焉。是故其义密，其辞严，骤读其书者，如登太华，临沧溟，望其峻深，既前且却，此所以苦其难也。虽然，莫难明于《易》，可以象而求；莫难读于《仪礼》，可以图而见。图，亦象也。"① 杨复认为，以图从事《仪礼》之诠释，与以象从事《周易》之诠释一样：《周易》难解，然借助于象，就不难解了；《仪礼》难读，然借助于图，亦不难读。杨复的《仪礼图》将图与文字很好地结合起来，既以图释《仪礼》经文、郑《注》及贾《疏》，又在图中以文字释所绘仪节和名物。其所绘制的既有平面图，又有立体图。如其于《乡饮酒礼》所绘《主人迎宾图》（图八），以庭中之碑为坐标，将主人、宾、介、众宾于门外之向位清楚地展现出来。又如其于《士丧礼》所绘《朝夕哭位图》（图九），将主人、宾、兄弟、外兄弟之向位描绘出来。杨复此书影响颇为深远，清人陈澧曰："杨信斋作《仪礼图》，厥功甚伟，惜朱子不及见也。《通志堂经解》刻此图，然其书巨帙不易

---

① （清）朱彝尊：《经义考》卷一百三十二，中华书局 1998 年影印本，第 702—703 页。

得，故信斋此图罕有称述者。张皋文所绘图更加详密，盛行于世，然信斋创始之功不可没也。"① 清人张惠言所撰《仪礼图》虽较杨复图更"详密"，然张氏所绘图却是以杨复图为参考也。

图八

聂崇义参考郑玄、阮谌、夏侯伏朗、张镒、梁正及隋开皇时所撰礼图凡六部，成《新定三礼图》。聂氏所绘图，涉及冕服、后服、冠冕、宫室、投壶、射侯图、弓矢、旌旗、玉瑞、祭玉、匏爵、鼎俎、尊彝、丧服、袭敛、丧器等。四库馆臣认为"其书钞撮诸家，亦颇承旧式，不尽出于杜撰"②。聂氏既绘图，又以文字释图，将图与文字很好地结合起来。此外，聂氏所绘者多立体图，形象生动。如其为《士丧礼》所绘《柳车图》（图十），既有柳车之轮廓，又有柳车上之云、山、鸟、黼黻等装饰图案，栩栩如生。此外，聂氏还在柳车周围绘制了送葬者，这些人之着装、所持之物、身体姿势、面部表情等皆得以展现。又如聂氏为《周礼·巾车》、《仪礼·觐礼》所绘的《太常图》（图十一），旗帜上的日月星辰、旗杆之龙首等皆清晰可见。聂氏此书一出，便受

---

① （清）陈澧：《东塾读书记》卷八，《续修四库全书》第1160册，第574页。
② （清）永瑢：《四库全书总目》卷二二《经部·礼类四》，中华书局1965年影印本，第176页。

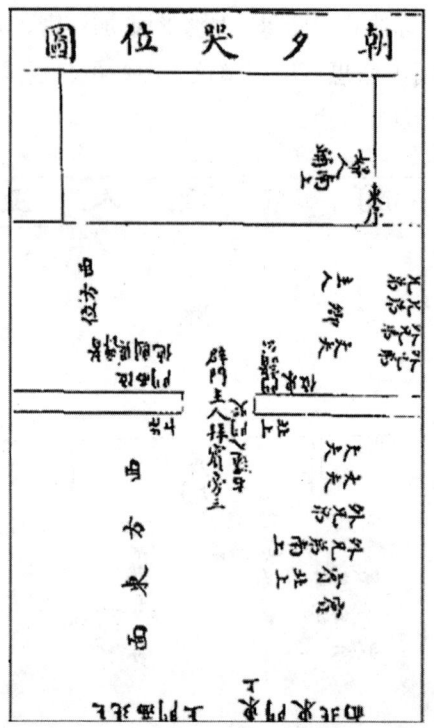

图九

图十

第三章　宋儒"三礼"诠释之体式　421

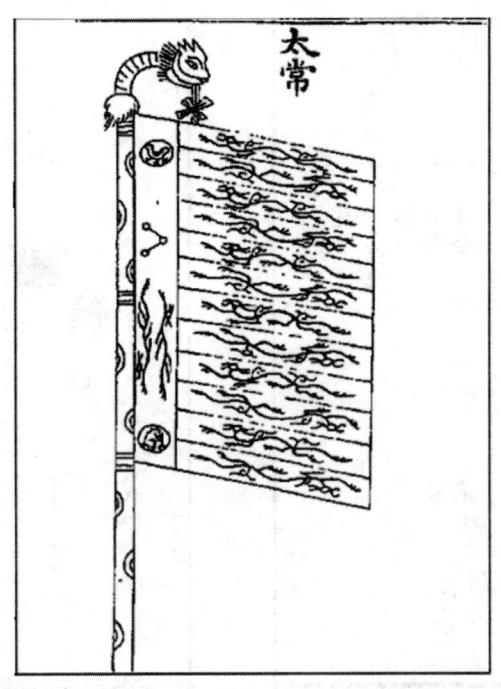

图十一

到朝廷重视，宋太祖览而嘉之，并诏颁行。聂氏新定《三礼图》后，以前的"三礼"图全部亡佚，这从一个侧面说明聂氏此书所具有的集成价值。

　　聂氏《新定三礼图》对陈祥道撰《礼书》产生了深远的影响。陈氏于礼图之分类、绘制，以及释图之文字，取自聂书者多矣。陈祥道《礼书》在绘图和文字考证部分，对聂氏《新定三礼图》有所继承，对聂氏所绘的礼图做了细化和补充。由于陈祥道《礼书》出自聂氏《新定三礼图》之后，因此在礼图的绘制及名物礼制的考证方面，陈书较聂书详备。范祖禹认为陈氏《礼书》"比之聂崇义图尤为精密"，遂主张"乞送学士院及两制或经筵看详如何施行，请付太常寺与聂崇义图参用"①。

　　此外，杨甲的《六经图》亦绘制诸多"三礼"图。该书的《礼记传授图》、《月令仲夏昏星图》、《月令仲秋昏星图》、《月令仲冬昏星图》、《别子祖宗图》、《王制公卿大夫士图》等，皆是以图释《礼记》。如其《礼记传授图》是

――――――――――
① （宋）李焘：《续资治通鉴长编》卷四百五十《哲宗·元祐五年》，中华书局1992年版，第10808页。

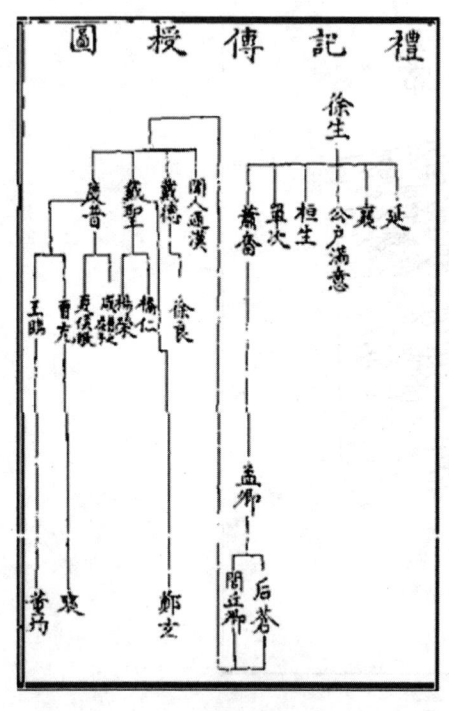 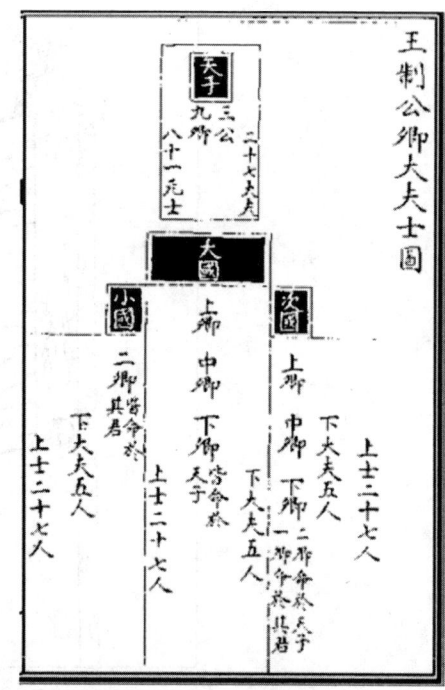

图十二　　　　　　　　图十三

以图释《礼记》之传授统绪，此图结合图与文字，将《汉书·儒林传》于《礼记》的传授统绪用图的形式表现了出来。① 通过观览《礼记传授图》（图十二），《礼记》复杂难明的传授统绪便变得直观和清晰。又如杨甲所撰《王制公卿大夫士图》（图十三）结合《王制》之记载，将天子、大国、次国、小国所记卿、

---

① 关于《礼记》之传授统绪，《汉书》云："汉兴，鲁高堂生传《士礼》十七篇，而鲁徐生善为颂。孝文时，徐生以颂为礼官大夫，传子至孙延、襄。襄，其资性善为颂，不能通经；延颇能，未善也。襄亦以颂为大夫，至广陵内史。延及徐氏弟子公户满意、桓生、单次皆为礼官大夫。而瑕丘萧奋以《礼》至淮阳太守。诸言《礼》为颂者由徐氏。"（班固：《汉书》卷八十八《儒林传第五十八》，中华书局1962年点校本，第3614页）《汉书》又云："孟卿，东海人也。事萧奋，以授后仓、鲁闾丘卿。仓说《礼》数万言，号曰《后氏曲台记》，授沛闻人通汉子方、梁戴德延君、戴圣次君、沛庆普孝公，孝公为东平太傅。德号大戴，为信都太傅；圣号小戴，以博士论石渠，至九江太守。由是《礼》有大戴、小戴、庆氏之学。通汉以太子舍人论石渠，至中山中尉。普授鲁夏侯敬，又传族子咸，为豫章太守。大戴授琅邪徐良斿卿，为博士、州牧、郡守，家世传业。小戴授梁人桥仁季卿、杨荣子孙。仁为大鸿胪，家世传业。荣琅邪太守。由是大戴有徐氏，小戴有桥、杨氏之学。"（班固：《汉书》卷八十八《儒林传第五十八》，中华书局1962年点校本，第3615页）

大夫、士的数量用图的形式表现了出来。① 观览此图,《王制》所记天子、大国、次国、小国所记卿、大夫、士的数量便可了然于胸。

## 第五节 宋儒"三礼"诠释体式反映的学风

文献之内容与文献之诠释体式,二者互相联系,又互相影响。文献要表达特定的意义,恰当的诠释体式是至为重要的。恰当的诠释体式,有利于诠释者更好地传递文义、表达思想。通过考察宋人的"三礼"诠释体式,我们可以得出以下三个结论。

第一,宋人的"三礼"诠释体式反映了宋代重"义理"的经典诠释风尚。

汉唐时期,经学重章句训诂,因此注体、疏体、章句体较为常见,也是最重要的诠释体式。然而到了宋代,学术风气发生了变化,章句训诂之学逐渐被义理之学所取代。如张载强调经典义理之重要性曰:"游心经籍义理之间,……若只泥文而不求大体则失之。"②"学者只是于义理中求,……道理须从义理生。"③胡宏主张"经所以传义",他说:"为天下者,必本于理义。理也者,天下之大体也;义也者,天下之大用也。理不可以不明,义不可以不精。"④宋儒重视经典义理之倾向,在他们的"三礼"诠释中也得到了体现。皮锡瑞曾说:"宋人治经,务反汉人之说。以礼而论,……宋人尽反先儒,一切武断,改古人之事实,以就我之义理;变三代之典礼,以合今之制度。是皆未敢附和以为必然者也。"⑤宋儒于"三礼"诠释时所采用的解体、义体、疏体、说体,正是宋人解经重义理之表现。据前面之统计,宋代"三礼"学文献总数的三分之二是解体、义体、疏体、说体,而这几种诠释体式重在阐发经文大义和经典思想。由此可见,宋人重视义理之经典诠释风格,使他们在从事"三

---

① 《王制》云:"天子三公、九卿、二十七大夫、八十一元士。大国三卿,皆命于天子,下大夫五人,上士二十七人。次国三卿,二卿命于天子,一卿命于其君,下大夫五人,上士二十七人。小国二卿,皆命于其君,下大夫五人,上士二十七人。"
② (宋)张载著,章锡琛点校:《经学理窟·义理》,《张载集》,中华书局 1978 年版,第 276 页。
③ (宋)张载著,章锡琛点校:《经学理窟·学大原下》,《张载集》,中华书局 1978 年版,第 286 页。
④ (宋)胡宏著,吴仁华点校:《知言·义理》,《胡宏集》,中华书局 1987 年版,第 29 页。
⑤ (清)皮锡瑞:《经学历史·经学变古时代》,潘斌编:《皮锡瑞儒学论集》,四川大学出版社 2010 年版,第 177—178 页。

礼"诠释时喜用解体、义体、疏体、说体，而这几种诠释体式之采用，也为宋儒阐发"三礼"义理提供了便利。

第二，宋人的"三礼"诠释体式反映了宋代重视经典辨疑的学术取向。

汉唐学人于经典多信而不疑，宋人则以理性的眼光重新审视经典，辨疑成为宋人学术之风尚。如刘攽曰："凡九经非皆出于孔子，师儒相传，舛错抢攘、龃龉不安者不可胜数。"① 李清臣曰："自秦焚书之后，学者不得完经，亡者已亡，而存者大抵皆杂乱，已不可全信。"② 叶时曰："六经更秦火，而不全者多矣。《书》亡四十三篇，《周雅》亡六篇，《周礼》六官缺一，河间献王求《考工记》以足其书。嗟夫！《书》亡而张霸伪《书》作，《诗》亡而束皙补《诗》作，适资识者捧腹尔。曾是《考工记》而可补礼经乎？"③ 宋人于"三礼"之诠释时所采用的体式，能部分反映宋人疑经之学术取向。据目前所能见到的宋人"三礼"学文献，"辨疑"、"考疑"、"疑答"、"识误"、"疑误"等词常被用作书名，可见考辨体是宋人常用的"三礼"诠释体式。宋人多以考辨体从事"三礼"之诠释，源于他们疑经惑传之学术倾向。反过来讲，正是由于宋人在"三礼"诠释中采用考辨体，才使得他们能于"三礼"文字训诂、名物制度考证上提出新的见解。

第三，宋人的"三礼"诠释体式，反映了两宋经学发展的趋向。

通过宋人"三礼"诠释体式之辨析，还可看到两宋经学的发展趋向。通过以上所做之统计，可知南宋的"三礼"学文献要远多于北宋。这从一个侧面反映出南宋经学要盛于北宋，虽然在努力改变唐以来渐近窒息的经学现状的基础上，北宋的"三礼"学取得了一定的成就，然而宋代"三礼"学之全盛，却出现在南宋。从诠释体式的角度，同样可以看到两宋"三礼"学的发展趋向。根据目录可知，宋代集解体"三礼"学文献皆出自南宋。从两宋经学发展的历程来看，这绝非偶然。汉唐学者重视章句之学，他们的"三礼"之诠释最后由三部礼学文献集大成，即《周礼注疏》、《仪礼注疏》和《礼记正义》。三部礼书皆出自唐代，此正是皮锡瑞所说的"经学统一时代"。宋儒在汉唐经学之基础上，对"三礼"做了新的诠释，他们的诠释体式多样，解义丰富。经过北宋

---

① （宋）刘攽：《彭城集》卷二七《与韩持国论侍讲不合称师》，文渊阁《四库全书》第1096册，第270页。
② （清）朱彝尊：《经义考》卷一百三十九，中华书局1998年影印本，第733页。
③ （清）朱彝尊：《经义考》卷二百九十六，中华书局1998年影印本，第1519—1520页。

和南宋中前期之积累,"三礼"学文献已十分繁富,故有必要对这些解义加以辨析和归纳。王与之的《周礼订义》、卫湜的《礼记集说》、黄震的《黄氏日抄》等礼书遂应运而生。

# 第四章　宋儒于"三礼"之辨疑

自从孔子整理和解释《六经》以后，经学与儒学就结下了不解之缘，孔子开创的儒家学派就以儒家的思想观念去诠释《六经》，从而形成了后世所说的经学。汉唐时期的经学家以"注不驳经"、"疏不破注"的原则从事儒家经典之诠释，他们拘于训诂，不重经义。宋儒批评汉唐笺注之学，他们主张以义理解经，探求微言大义。

研究宋儒于"三礼"之辨疑，不能脱离宋代疑经思潮之大背景。① 将宋儒于"三礼"之辨疑纳入宋代疑经思潮中去考察，才能更加深刻地认识宋儒"三礼"辨疑之动机和特点。② 宋代的疑经思潮有以下三个特点：

一是疑经者众多。据叶国良的考证，宋代有129位疑经者。杨新勋则认为宋代有165位疑经者。③ 其中最有名的是欧阳修、刘敞、李觏、王安石、司马光、张载、程颢、程颐、苏轼、晁说之、郑樵、胡宏、吕祖谦、朱熹、王柏、金履祥等。

二是疑经范围广。南宋陆游云："唐及国初，学者不敢议孔安国、郑康成，况圣人乎？自庆历后，诸儒发明经旨，非前人所及，然排《系辞》，毁《周礼》，疑《孟子》，讥《书》之《胤征》、《顾命》，黜《诗》之序，不难于议经，况传注乎？"④ 陆游指出，庆历以后的学者所疑之经涉及《易》、《书》、《诗》、《周

---

① 笔者认为，"疑经"有广义和狭义之分，广义的疑经包括对经书传注的怀疑以及对经文的改动，而狭义的疑经则专指疑改《六经》正文。笔者于本书所言疑经乃是广义的。
② 关于宋儒疑经之研究，当代学者已有不少成果问世。如台湾学人叶国良《宋人疑经改经考》（台湾大学出版委员会1980年版）对宋儒疑经之情况做了梳理；杨新勋《宋代疑经研究》（中华书局2007年版）以时代和人物为线索对宋儒疑经有所考辨；杨世文《走出汉学——宋代经典辨疑思潮研究》（四川大学出版社2008年版）以专题的形式对宋儒疑经做了考察。
③ 叶国良：《宋人疑经改经考》台湾大学出版委员会1980年版，第205—208页；杨新勋：《宋代疑经研究》，中华书局2007年版，第1页。
④ （宋）王应麟：《困学纪闻》卷八《经说》，《四部丛刊三编》第3册，上海商务印书馆1935年影印本，第22页。

礼》、《孟子》。实际上,两宋诸儒所疑者远不止上述诸经,如欧阳修于《易》、《书》、《诗》、《周礼》、《礼记》、《春秋》、《论语》、《尔雅》,刘敞于《书》、《诗》、《周礼》、《礼记》、《左传》、《公羊传》、《穀梁传》、《孟子》等皆有辨疑。

三是疑经内容丰富。宋儒不仅对经之成书时代的传统观点提出质疑,还对经之真实性和完整性表示怀疑。此外,宋儒对经文旧注多持有异议,前引陆游之说可明之。

由于史书于"三礼"成书之记载不甚清楚,故从汉代开始,"三礼"的成书问题就饱受争议。此外,由于"三礼"在流传过程中,文本难免有讹、脱、衍、倒,郑玄的注释也并非毫无瑕疵。因此,在宋代疑经思潮的大背景下,"三礼"文本及旧注受到重新审视。

## 第一节 宋儒于"三礼"作者和成书之辨疑

由于年代久远,加之文献记载不详,"三礼"的成书问题变得异常复杂。宋儒于"三礼"的成书问题有颇多论述,观点亦莫衷一是。

### 一、宋儒于《周礼》作者和成书之辨疑

(一) 宋代《周礼》成书诸说

宋儒于《周礼》的作者及成书问题有很多探讨,主要观点有三,即西周成书说、秦汉成书说和刘歆伪造说。

1. 西周成书说

(1)《周礼》为周公所作,毫无瑕疵。

《汉书·景十三王传》云:"献王所得书皆古文先秦旧书,《周官》、《尚书》、《礼》、《礼记》、《孟子》、《老子》之属,皆经传说记,七十子之徒所论。……武帝时,献王来朝,献雅乐,对三雍宫,及诏策所问三十余事。"[1] 据《汉书》记载,可知《周礼》为河间献王刘德所献的先秦古文旧书。司马光据《汉书》此之记载,曰:"河间献王生为帝子,幼为人君,……爱古博雅,专以圣人法度遗落为忧。聚残补缺,校实取正,得《周官》、《左氏春秋》、《毛氏诗》而立之。《周礼》者,周公之大典,毛氏言《诗》最密,《左氏》与《春秋》为表里。

---

[1] (汉)班固:《汉书》卷五十三《景十三王传第二十三》,中华书局1962年点校本,第2410—2411页。

三者不出，六艺不明。噫，微献王，则六艺其遂喑乎！"① 司马光认为，《周礼》出自周公，为周公之大典。

有人对《周礼》所记名物、制度、思想做了考证，以明《周礼》出自周公。如王安石云："惟道之在政事，其贵贱有位，其后先有序，其多寡有数，其迟数有时；制而用之存乎法，推而行之存乎人。其人足以任官，其官足以行法，莫盛于成周之时；其法可施于后世，其文有见于载籍，莫具于《周官》之书。"② 王安石对成周之制度多有溢美之词，对于记载成周制度之《周礼》亦褒奖有加。在安石看来，《周礼》规模宏大、影响深远，非周公这样的圣人不可成也。

南宋叶时认为《周礼》蕴含周公之"道"、"法"。他说："虽然有周公则《周礼》作，有成王则《周礼》用，制而用之存乎法，推而行之存乎人，昔周公相成王，兼三王之事，监二代之文，夜以继日，坐以待旦，事为之制，曲为之防，垂至治之法，而先有乱日之忧，处极盛之时，而逆为衰世之虑。纪纲制度纤悉必备，于是乎《周礼》作焉，君臣同德，相与图维，以《立政》、《无逸》之规模，而植立《凫鹥》、《既醉》之事业，以《蓼萧》、《行苇》之恩意，而讲明《洛诰》、《周官》之典刑，精神心术，亹亹忘倦，于是乎《周礼》用焉。……此周公之道，所以为周公之法与。然周公岂有它道哉？尧以是传之舜，舜以是传之禹，禹以是传之汤，汤以是传之文、武、周公。《周礼》一书皆此道也。"③ 叶时认为，周公之治道受自尧、舜、禹、汤，《周礼》是周公记载此治道之书。

郑伯谦亦认为《周礼》是周公所作。他说："三代圣人之纪纲法度、宪章文物，所以本诸身而布诸天下者甚设也，而尤周密详备于成王周公之时。彼其处心积虑，上彻乎尧舜，下及乎万世者也。外不惧天下之谤而私其迹，曰必使我子孙相承，而宗祀不绝也；内实达天下之道而公其心，曰必使我君臣相安，而祸患不作也。是故兼三王，施四事，夜以继日，尽吾精神心术而为之。"④ 郑

---

① （宋）司马光著，李文泽等校点：《司马光集》卷七十三《河间献王赞》，四川大学出版社2010年版，第1473—1474页。
② 程元敏：《三经新义辑考汇评（三）——〈周礼〉》上编《天官冢宰一》，台湾编译馆1987年版，第1页。
③ （宋）叶时：《礼经会元》卷一上，文渊阁《四库全书》第92册，第2—3页。
④ （宋）郑伯谦：《太平经国书序》，《太平经国书》卷首，文渊阁《四库全书》第92册，第187页。

伯谦认为，周公所作《周礼》"上彻乎尧舜"，"下及乎万世"。

吕祖谦认为《周礼》成书于西周。他说："《周礼》，古先王之旧典礼经也。始于太古，成于周，故曰周。……成王即位之七年，太师兼冢宰臣旦定都于洛京，以措太平于千万年，始具经礼，勒为成书，识一国号，兹用诏久传远，垂范无极。盖自尧舜至是凡二千余年而是书始出，则礼既大备而不可复加矣。尝试迹之，凡宇宙之间一物一名，无巨细，无远近，无幽明生死，罔有丝毫遗轶不具，以勤后业之补苴者。浩乎博哉，圆生方育，海停岳萃，不足以议其博也，非圣人其孰能修之？"① 吕祖谦认为，《周礼》措太平于千万年，所记名物、礼制皆无可复加，故太师兼冢宰的周公才能成。

朱熹从编撰纲领的角度对《周礼》的成书问题做了探讨。他说："《周礼》一书好看，广大精密，周家法度在里，但未敢令学者看。"② "《周礼》一书，也是做得缜密，真个盛水不漏。"③ 朱熹认为，《周礼》纲领出自周公，故其结构缜密，蕴含圣人之意。朱熹还从具体内容的角度对《周礼》的成书问题做了探讨。他说："《周礼》只疑有行未尽处。看来《周礼》规模皆是周公做，但其言语是他人做。"④ "大抵说制度之书，惟《周礼》、《仪礼》可信，《礼记》便不可深信。《周礼》毕竟出于一家。谓是周公亲笔做成，固不可，然大纲却是周公意思。"⑤ 朱熹认为，《周礼》规模宏大，其纲领出自周公，其具体内容则由他人完成。

郑樵认为《周礼》出自周公。他说："或谓文王治岐之制，或谓成周理财之书，或谓战国阴谋之书，或谓汉儒附会之说，或谓末世渎乱不验之书，纷纭之说，无所折衷。予谓非圣人之智不及此五等之爵、九畿之服。九州、十二境、闽夷貊、祭天祀地、朝觐会同之事，皆非文王时政所得及也。以是书而加

---

① （宋）吕祖谦：《周礼序》，《全宋文》卷五八八一，第 261 册，上海辞书出版社 2006 年版，第 263—264 页。
② （宋）黎靖德辑：《朱子语类》卷八十六，朱杰人等编：《朱子全书》（修订本）第 17 册，上海古籍出版社、安徽教育出版社 2010 年版，第 2912 页。
③ （宋）黎靖德辑：《朱子语类》卷八十六，朱杰人等编：《朱子全书》（修订本）第 17 册，上海古籍出版社、安徽教育出版社 2010 年版，第 2912 页。
④ （宋）黎靖德辑：《朱子语类》卷八十六，朱杰人等编：《朱子全书》（修订本）第 17 册，上海古籍出版社、安徽教育出版社 2010 年版，第 2911—2912 页。
⑤ （宋）黎靖德辑：《朱子语类》卷八十六，朱杰人等编：《朱子全书》（修订本）第 17 册，上海古籍出版社、安徽教育出版社 2010 年版，第 2912 页。

文王，非爱文王者也。虽其书固详于理财，而其规画也似巧，而惠下也甚厚，其经入也若丰，而奉上也甚约，谓为理财之书，又非深知《周礼》者也。使战国有如是之法，则战国为三代矣。使汉儒有如是之学，尚或为汉儒乎？"①在全面考察前人观点之基础上，郑樵对周公作《周礼》之说予以辩护。如有人认为《周礼》所记制度与《尚书》、《孟子》不合，郑樵驳曰："惟见其所传不一，故武帝视为末世渎乱不验之书，而不知好也。至后世孙处又独为之说曰：'《周礼》之作，周公居摄六年之后，书成归丰，而实未尝行也。'盖周公之为《周礼》，亦犹唐之《显庆》、《开元礼》也，唐人豫为之以待他日之用，其实未尝行也。惟其未经行，故仅述大略，俟其临事而损益之，故建都之制不与《召诰》、《洛诰》合，封国之制不与《武成》、《孟子》合，设官之制不与《周官》合，九畿之制不与《禹贡》合。凡此皆豫为之，未经行也。"②郑樵据《显庆礼》、《开元礼》未能见行于唐代为例，认为《周礼》未行于西周是"豫为之以待他日之用"、"俟其临事而损益之"；由于是"豫为之"，故其所记制度与《尚书》、《孟子》不尽相合。

郑樵还从撰作规模的角度论证《周礼》出自周公。他说："其规模与他经不类，《周礼》一书有阙文，有省文，有兼官，有豫设，有不常制，有举其大纲者，有副相副贰者，有常行者，有不常行者。今观诸经，其措置规模不徒于弼亮天地、和洽人神，而盟诅雠伐，凡所以待衰世者，无不及也。不徒以检柅君身，防绝祸患，而米盐丝枲，凡所以任贱役者，无不及也。使之维持一世，则一世之人安，使之维持百世，则百世之人安，使之维持千万世，则千万世之人安。贻谋燕翼，后世岂无僻王，皆赖前哲以免，则周公之用心也。所谓兼三王、监二代尽在于是。是书之作于周公，与他经不类，《礼记》就于汉儒，则《王制》所说朝聘为文襄时事，《月令》所说官名为战国间事，曾未若《周礼》之纯乎周典也。"③郑樵认为，《周礼》规模宏大，无所不及，乃周公用心之体现；与《礼记》相比较，《周礼》更纯乎周典。

胡宏、洪迈等人据《周礼》在新莽和熙宁政治改革中所遭遇的失败，认为《周礼》非圣人之书。郑樵驳之曰："若夫后世用《周礼》，王莽败于前，荆

---

① （宋）旧题郑樵：《六经奥论》卷六，文渊阁《四库全书》第184册，第105页。
② （宋）旧题郑樵：《六经奥论》卷六，文渊阁《四库全书》第184册，第105—106页。
③ （宋）旧题郑樵：《六经奥论》卷六，文渊阁《四库全书》第184册，第106页。

公败于后，此非《周礼》不可行，而不善用《周礼》者之过也。"① 郑樵认为，新莽、熙宁政治改革遭遇失败，是王莽、王安石不善于利用《周礼》所致，而非《周礼》不可行也。

(2)《周礼》为周公所作，有后人增窜者。

北宋李觏认为《周礼》成书于周公，有后人增窜之迹。他说："觏窃观六典之文，其用心至悉，如天焉有象者在，如地焉有形者载。非古聪明睿智，谁能及此？其曰周公致太平者，信矣。鄙儒俗士，各滞所见，林之学不著，何说《公羊》诚不合礼，盗憎主人，夫何足怪？"② 李觏认为，《周礼》内容严谨，用心至悉，若非周公这样的聪明睿智之人，决不可能达到此等撰作水平。李觏又曰："《周官》六属，其职三百六十，而员数则多。如六乡七万五千家耳。自比长以上，卿大夫士，万八千余人，此大可怪。"③ 李觏认为，《周礼》三百六十职官太过繁冗，不可尽信。

张载认为，虽然《周礼》出自周公，但是书中有可疑之处。他说："《周礼》是的当之书，然其间必有末世添入者。"④《周礼·秋官·司约》有关于盟诅之记载，张载认为此记载非出自周公之手。其曰："盟诅之属，必非周公之意。"其论证曰："盖盟诅起于王法不行，人无所取直，故要之于神，所谓'国将亡，听于神'，盖人屈抑无所伸故也。如深山之人多信巫祝，盖山僻罕及，多为强有力者所制，其人屈而不伸，必咒诅于神，其间又有偶遇祸者，遂指以为果得伸于神。如战国诸侯盟诅，亦为上无王法。今山中人凡有疾者，专使巫者视之，且十人间有五人自安，此皆为神之力，如《周礼》言十失四已为下医，则十人自有五人自安之理。则盟诅决非周公之意，亦不可以此病周公之法，又不可以此病《周礼》。"⑤ 张载认为，《周礼》所记盟诅出于王法不行、人无所取直的时代，从事盟诅者意在要之于神，与相信巫祝者之愿望相同；故《周礼》盟诅之说出自后人增窜，非出自周公之手。

二程尊《周礼》，然亦认为其不完整。有人问："《周礼》之书有讹缺否？"

---

① （宋）旧题郑樵：《六经奥论》卷六，文渊阁《四库全书》第184册，第106页。
② （宋）李觏：《周礼致太平论序》，《李觏集》卷五，中华书局2011年版，第70页。
③ （宋）李觏：《策问三首》，《李觏集》卷二十九，中华书局2011年版，第351页。
④ （宋）张载著，章锡琛点校：《经学理窟·周礼》，《张载集》，中华书局1978年版，第248页。
⑤ （宋）张载著，章锡琛点校：《经学理窟·周礼》，《张载集》，中华书局1978年版，第248页。

程子曰："甚多。周公致治之大法亦在其中，须知道者观之，可决是多也。"① 又曰："《周礼》不全是周公之礼法，亦有后世随时添入者，亦有汉儒撰入者。"② 二程认为，《周礼》既蕴含周公致治之大法，亦有汉儒之增窜。

苏辙认为《周礼》出自周公，然有后人增损。他说："言周公之所以治周者，莫详于《周礼》，然以吾观之，秦汉诸儒以意损益之者众矣，非周公之完书也。"③ 苏辙列举三例以明《周礼》之不可全信。其曰：

"周之西都，今之关中也；其东都，今之洛阳也。二都居北山之阳，南山之阴。其地东西长，南北短。短长相补，不过千里，古今一也。而《周礼》王畿之大，四方相距千里，如画棋局，近郊、远郊、甸地、稍地、大都、小都，相距皆百里。千里之方地，实无所容之，故其畿内远近诸法，类皆空言耳。此《周礼》之不可信者一也。"④

"《书》称：'武王克商而反商政，列爵惟五，分土惟三。'故孟子曰：'天子之制，地方千里，公侯百里，伯七十里，子男五十里。不能五十里，不达于天子，附于诸侯，曰附庸。'郑子产亦云，古之言封建者，盖若是。而《周礼》，诸公之地方五百里，诸侯四百里，诸伯三百里，诸子二百里，诸男百里。与古说异。……此《周礼》之不可信者二也。"⑤

"王畿之内，公邑为井田，乡遂为沟洫。此二者，一夫而受田百亩，五口而一夫为役，百亩而税之十一，举无异也。然而井田自一井而上，至于一同而方百里。其所以通水之利者，沟、洫、浍三。沟、洫之制，至于万夫方三十二里有半，其所以通水之利者，遂、沟、洫、浍、川五。利害同而法制异，为地少而用力博，此亦有国者之所不为也。楚蒍掩为司马，町原防，井衍沃。盖亦川广泽，可以为井者井之；原埠堤防之间，狭不可井则町之。皆因地以制广狭

---

① （宋）程颢、程颐：《河南程氏遗书》卷十四《伊川先生语四》，王孝鱼点校：《二程集》，中华书局1981年版，第230页。

② （宋）程颢、程颐：《河南程氏外书》卷十《大全集拾遗》，王孝鱼点校：《二程集》，中华书局1981年版，第404页。

③ （宋）苏辙：《周公》，《苏辙集》卷六十八，曾枣庄、舒大刚编：《三苏全书》第十八册，语文出版社2001年版，第143页。

④ （宋）苏辙：《周公》，《苏辙集》卷六十八，曾枣庄、舒大刚编：《三苏全书》第十八册，语文出版社2001年版，第143页。

⑤ （宋）苏辙：《周公》，《苏辙集》卷六十八，曾枣庄、舒大刚编：《三苏全书》第十八册，语文出版社2001年版，第143—144页。

多少之异，井田、沟洫盖亦然耳。非公邑必为井田，而乡遂必为沟洫。此《周礼》之不可信者三也。"①

案：苏辙认为，西周东都、西都，东西长而南北短，《周礼》所记王畿四方相距千里，故《周礼》所载都城建置与西周实际不合，"类皆空言"也；《周礼》与《尚书》所记公、侯、伯、子、男之封地相异，故《周礼》所载分封制"与古说异"；现实中，非公邑必为井田，乡遂必为沟洫，故《周礼》所记井田制、沟洫制太过刻板，不可尽信。苏辙曰："三者既不可信，则凡《周礼》之诡异远于人情者，皆不足信也。古之圣人，因事立法以便人者有矣，未有立法以强人者也。立法以强人，此迂儒之所以乱天下也。"②苏辙认为，圣人立法因时制宜，而非立法以强人，以上三则实例说明《周礼》臆想的成分太重，此乃"迂儒"乱天下之设计。

郑锷认为《周礼》是周公授成王之书，然书中有可疑者。他说："以《洛诰》考之，周公营洛，乃是欲成王自服于土中乱为四方新辟，及作六典之职以授之，使往治于洛邑。……盖为成王齐整建官之法，使王往新邑，自教率之，各効其职也。成王灭淮夷，而归在丰，董正治官，治以新书从事，然只在丰而不往洛邑，故《周礼》虽成，终不尽用，故经之授田等事，今皆难信，正由成王不宅洛，故有其法制之文，终不见行之实也。若如此论，则经之首篇'惟王建国，辨方正位'之说，始有其归，其他疑非周公全书，可以意晓也。"③郑锷认为，虽然《周礼》是周公为成王建官之法而作，然书中所记授田等制皆不可信。言下之意，《周礼》有后人增窜者。

陈亮对《周礼》颇为推崇，然其还是认为《周礼》有"不经之言"。他说："《周礼》一书，先王之遗制具在。吾夫子盖叹其郁郁之文，而知天地之功莫备于此。后有圣人，不能加毫末于此矣。世儒之论以为：治至于周公而术已穷，穷则不可以复，继周之后必为秦，吾夫子盖逆知之而不言也。呜呼！果其穷也，则周公之志荒矣。自伏羲、神农、黄帝以来，顺风气之宜而因时制法，凡所以为人道立极，而非有私天下之心也。盖至于周公，集百圣之大成，文理

---

① （宋）苏辙：《周公》，《苏辙集》卷六十八，曾枣庄、舒大刚编：《三苏全书》第十八册，语文出版社2001年版，第144页。

② （宋）苏辙：《周公》，《苏辙集》卷六十八，曾枣庄、舒大刚编：《三苏全书》第十八册，语文出版社2001年版，第144页。

③ （清）朱彝尊：《经义考》卷一百二十，中华书局1998年影印本，第638页。

密察，累累乎如贯珠，井井乎如画棋局。曲而当，尽而不污，无复一毫之间，而人道备矣。人道备，则足以周天下之理，而通天下之变。变通之理具在，周公之道盖至此而与天地同流，而忧其穷哉！"① 陈亮认为，《周礼》成书于周公，记载的是先王遗志。陈亮又指出，今传《周礼》已非该书之原貌，他说："然自秦火之余，此书已非其全，而驳乱不经之言，盖如黑白之不相入，尚可考而知也。虽然，文武之政布在方册，其人存则其政举。自周之衰以迄于今，盖千五百余年矣，天独未厌于斯乎？"② 陈亮认为，秦代焚书，致《周礼》杂不经之言。

（3）《周礼》所记乃西周之制度，然不一定是周公手定。

孙之宏曰："《周官》在汉最晚出。孔氏既无明言，孟轲之徒或未之见，疑信犹未决也。不幸刘歆用之而大坏，王安石用之而益坏。儒生学士真以为无用于后世矣。夫去古辽远，虽使先王之制烂然在目，固难尽弃今之法而求复其初也。然究观其书，以道制欲，以义防利，以德胜威，以礼措刑，尊鬼神，敬卜筮，亲宾客，保小民，蔼然唐虞三代极盛之时，非春秋战国以后所能髣髴也。学者欲知先王经制之备，舍此书将焉取之？"③ 孙氏认为，《周礼》成书于春秋以前，具体年代不能确定；《周礼》非春秋战国之书，其所记乃三代极盛时之制度。

李叔宝将《周礼》与《礼记》做了比较，认为《周礼》成书早于《礼记》。他说："仲长统以为《周礼》礼之经，《礼记》礼之传，《礼记》作于汉儒，虽名为经，其实传也。盖《礼记》所记，多有春秋、战国间事，不纯唐虞夏商周之制，曾未若《周官》之纯乎周礼也。"④ 李氏认为，《周礼》所记周代礼制颇为纯粹，与《礼记》杂记春秋战国之事判然有别。

陈及之既反对《周礼》出自周公说，又反对出自刘歆说。其曰："《周礼》一书，周家法令政事所聚，或政典，或九州，或司马教战之法，或考工记。后之作者，纂其典章法度，而成一代之书，有周公之旧章，有后来更有续者。信

---

① （宋）陈亮著，邓广铭点校：《陈亮集》卷十《六经发题·周礼》，中华书局1987年增订版，第104页。
② （宋）陈亮著，邓广铭点校：《陈亮集》卷十《六经发题·周礼》，中华书局1987年增订版，第105页。
③ （清）朱彝尊：《经义考》卷一百二十，中华书局1998年影印本，第638页。
④ （清）朱彝尊：《经义考》卷一百二十，中华书局1998年影印本，第639页。

之者以为周公作，不信者以为刘歆作，皆非也。"① 陈氏认为，《周礼》汇集了周代的法令政事，然并非周公手定。

2. 秦汉成书说

有些宋人认为《周礼》成书于秦汉。如晁说之云："昔孟子欲言周礼，而患无其籍，今之《周礼》，最出汉末，杂之以六国之制，多汉儒之所论次者。或谓六国阴谋之书，则过也。大要敛财多货，黩祀烦民，冗碎可施于文，而不可措于事者也。"② 晁氏认为，《周礼》成书于汉末，其中多杂汉儒之言。

魏了翁亦认为《周礼》成书于秦汉，他说："《周礼》、《左氏》并为秦汉间所附会之书。《周礼》亦有圣贤遗法，然附会极多。"③ 又云："《周礼》与《左氏》两部，字字谨严，首尾如一，更无疏漏处，疑秦汉初人所作，因圣贤遗言遂成之。"④ 又云："《周礼》一部，可疑处甚多，然制度纲纪，缜密处亦多。看《周礼》须是只用三代法度看，义理方精。郑《注》多引后世之法解释经，尤不是。"⑤ 魏氏认为，《周礼》内容谨严，首位如一，是秦汉儒者根据圣贤遗言附会成书。

3. 刘歆伪造说

南宋胡宏认为《周礼》乃刘歆之伪作。他说："夫歆……所列序之书，假托《周官》之名，剿入私说，希合贼莽之所为耳。"⑥ 洪迈亦曰："《周礼》一书，世谓周公所作，而非也，昔贤以为战国阴谋之书，考其实，盖出于刘歆之手。"⑦ 罗璧亦曰："《礼记》，古今议其杂。《周礼》则刘歆列上之时，包周、孟子张、林硕已不信为周公书，近代司马温公、胡致堂、胡五峰、苏颖滨、晁说

---

① （清）朱彝尊：《经义考》卷一百二十，中华书局1998年影印本，第639页。
② （宋）晁说之：《景迂生集》卷一，文渊阁《四库全书》第1118册，第21页。
③ （宋）魏了翁：《鹤山集》卷一百八《师友雅言上》，文渊阁《四库全书》第1173册，第570页。
④ （宋）魏了翁：《鹤山集》卷一百八《师友雅言上》，文渊阁《四库全书》第1173册，第570页。
⑤ （宋）魏了翁：《鹤山集》卷一百九《师友雅言下》，文渊阁《四库全书》第1173册，第602页。
⑥ （宋）胡宏著，吴仁华点校：《极论〈周礼〉》，《胡宏集》，中华书局1987年版，第259—260页。
⑦ （宋）洪迈：《容斋续笔》卷十六《〈周礼〉非周公书》，上海古籍出版社1978年标点本，第411页。

之、洪容斋,直谓作于刘歆,盖歆佐王莽书,与莽苛碎之政相表里。"①胡宏、洪迈、罗璧等人所做之论证主要是从以下几个方面展开:

(1)从职官职掌的角度以证《周礼》乃刘歆之伪作。

胡宏从宏观的角度批评《周礼》职官之设置,曰:"《周官》太宰、小宰、宰夫之职,有六典、六叙、六职、六联,有八法、八则、八成、八职,有九职、九赋、九式、九贡、九两之制,而皆不取。何也?或其事重复,虽无载可也;或其事颠倒,直不可用也;或其事冗琐,本无足举也。"②胡氏认为,《周礼》职官职掌有"重复"、"颠倒"、"冗琐"之弊。

胡宏又曰:"又按《周官》,司徒掌邦教,敷五典者也。司空掌邦土,居四民者也。世传《周礼》阙《冬官》,愚考其书而质其事,则《冬官》未尝阙也,乃刘歆颠迷,妄以《冬官》事属之《地官》。其大纲已失乱如是,又可信以为经,与《易》、《诗》、《书》、《春秋》配乎!"③胡氏认为,《周礼》的作者将《冬官》属之《地官》,致《周礼》大纲失乱。

胡宏又曰:"厥官说者,谓《周官》三百也。今乃冗滥如是,又设三百六十职焉,其妄诞不经,昭昭矣。自刘歆成书,惟郑康成推赞之,真周公之罪人也。"④胡氏认为,《周礼》职官过于繁琐,荒诞不经,不合圣人之道。

胡宏还通过对《周礼》所记职官职掌之具体内容加以分析,以明《周礼》乃刘歆之伪作。胡宏曰:"谨按,孔子定《书》,《周官》六卿,冢宰掌邦治,统百官,均四海者也。今以刘歆所成《周礼》考之,太宰掌建邦之六典。夫太宰统五官之典以为治者也,岂于五官之外更有治典哉!则掌建六典,歆之妄也。太宰之属,六十小宰也,司会也,司书也,职内也,职岁也,职币也。是六官之所掌,辞繁而事复,类皆期会簿书之末,俗吏掊克之所为,而非赞冢宰进退百官,均一四海之治者也。"⑤胡氏据《周礼》所记冢宰之职掌,认为《周礼》六官"辞繁而事复",与孔子所定六卿冢宰之职掌不合。

胡宏又曰:"古之君国子民者,以义为利,不以利为利,故百乘之家不畜

---

① (清)朱彝尊:《经义考》卷一百二十,中华书局1998年影印本,第642页。
② (宋)胡宏著,吴仁华点校:《极论〈周礼〉》,《胡宏集》,中华书局1987年版,第260页。
③ (宋)胡宏著,吴仁华点校:《极论〈周礼〉》,《胡宏集》,中华书局1987年版,第258页。
④ (宋)胡宏著,吴仁华点校:《极论〈周礼〉》,《胡宏集》,中华书局1987年版,第259页。
⑤ (宋)胡宏著,吴仁华点校:《极论〈周礼〉》,《胡宏集》,中华书局1987年版,第254—255页。

聚敛之臣，与其有聚敛之臣，宁有盗臣。今《天官》有宰夫者，考群都县鄙之治，乘其财用之出入，凡失财用物辟名者诛之，其足用长财善物者赏之。夫君相守恭俭，不向末作，使民务本，此足用长财之要也。百官有司谨守其职，岂敢踰越制度，自以足用长财为事？若刘歆之说，是使百官有司不守三尺，上下交征利，虽剥其民以危亡其国之道，非周公致太平之典也。"①胡氏认为，《周礼》所记职官之职掌有聚敛钱财、以利为利之嫌。

胡宏又曰："古之王者，守礼寡欲，申义而行，无所忌讳，不畏灾患。今《天官·甸师》乃曰：'丧事代王受灾。'此楚昭、宋景之所不为者也，而谓周公立以为训，开后王忌讳之端乎！"②胡氏据《天官》甸师之职掌，认为《周礼》所记职官有畏灾患之嫌，与古之王者"无所忌讳"、"不畏灾患"有异。

胡宏又曰："宫伯掌王宫之士庶子，郑玄以为宫中诸吏之适庶宿卫王宫者也。天子深居九重，面朝后市，谨之以门卫，严之以城郭沟池，环之以乡遂县都，藩之以侯甸男邦采卫，守之以蛮夷戎狄，周匝四垂，中天下而立，定四海之民。今周公乃于宫中置诸吏，又以其士庶子卫王宫，何示人不广而自削弱如此也？"③胡宏据《周礼》宫伯之职掌，认为《周礼》所记宫中诸吏，致天子"不广而自削弱"。

胡宏又曰："女祝掌宫中祷祀襘禬之事。夫祭祀之礼，天子公卿诸侯大夫士行之于外，后妃夫人嫔妇供祭服笾豆于内，况天地、宗庙、山川、百神祀有典常，又安用此么么祷祠襘禬于宫中。此殆汉世女巫执左道入宫中，乘妃姬，争忌妒，与为厌胜之事耳。刘歆乃以为太宰之属，置于王宫，其诬周公也甚矣！"④胡氏认为，《周礼》所记女祝祷祀襘禬之事乃汉代女巫执左道入宫的现实之反映，与祭祀之礼不合。

胡宏又曰："四方贡赋，各有定制，王者为天下主财，奉礼义以养天下，无非王者之财也，不可以有公私之异。今大府乃有式贡之余财，以共玩好之用，不几有如李唐之君受裴延龄之欺罔者乎！玉府乃有王金玉良货贿之藏，不几有如汉桓、灵置私库者乎！内府有四方金玉齿革良货贿之献而共王之好赐，

---

① （宋）胡宏著，吴仁华点校：《极论〈周礼〉》，《胡宏集》，中华书局1987年版，第255页。
② （宋）胡宏著，吴仁华点校：《极论〈周礼〉》，《胡宏集》，中华书局1987年版，第255页。
③ （宋）胡宏著，吴仁华点校：《极论〈周礼〉》，《胡宏集》，中华书局1987年版，第255—256页。
④ （宋）胡宏著，吴仁华点校：《极论〈周礼〉》，《胡宏集》，中华书局1987年版，第256页。

不几有如李唐之君受四方羡余之轻侮者乎!"① 胡氏认为,《周礼》大府有式贡之余财、玉府有王金玉良货贿之藏、内府有四方金玉齿革良货贿之献,此与"王者为天下主财"、"不可以有公私之异"的理念相背。

胡宏又曰:"夫审于音者,聋于官,理势自然。王者布正大之德以治世,不行煦濡姑息之惠以沽名,乃能张理天纲,整顿万姓。若夫买卖赊贷之事,正市井商贾争锥刀之末,而草莽细民私相交际之所为也。岂大君所宜及哉! 其言僢悖如是,乃尊以为经,与《易》、《诗》、《书》、《春秋》并,是学者之不察也。"② 胡氏认为,《周礼》所记职官买卖赊贷之事,与王者"不行煦濡姑息之惠以沽名"不合。

(2) 从文献记载和立学官的角度论证《周礼》乃刘歆之伪造。

洪迈认为"《汉书·儒林传》,尽载诸经专门师授,此独无传",而"至王莽时,歆为国师,始建立《周官经》以为《周礼》,且置博士。而河南杜子春受业于歆,还家以教门徒,好学之士郑兴,及其子众往师之,此书遂行"③。由此,洪氏认为《周礼》乃刘歆之伪造。

又如罗璧曰:"且《汉·儒林传》叙诸经皆有传授,《礼》独无之。或者见其详密,谓圣人一事有一制,意其果周公之遗。不知孔子于礼多从周,使周公礼书如此精详,当不切切于杞宋求夏商遗礼,与夫逆为继周损益之辞,又自卫反鲁,删《诗》定《书》,系《易》,作《春秋》,独不能措一辞于《周礼》。即孟子时周室犹存班爵之制,已云不闻其详,而谓秦火之后乃《周礼》灿然完备如此耶? 兼其中言建国之制,与《书·洛诰》、《召诰》异,言封国之制与《书·武成》及《孟子》异,设官之制与《书·周官》六典异。周之制作大抵出周公,岂有言之与行自相矛盾乎?"④ 罗氏认为,若《周礼》出自周公,孔、孟不会不著一辞;《周礼》与《尚书》、《孟子》所记制度多有矛盾,由此可知《周礼》不是出自周公。

又如黄震曰:"周之建官,备于《尚书·周官》一篇,各率其属,听之六卿,而为君之要在六卿得人而止,其详则自孟子时已不得闻矣。必如今《周

---

① (宋) 胡宏著,吴仁华点校:《极论〈周礼〉》,《胡宏集》,中华书局1987年版,第257页。
② (宋) 胡宏著,吴仁华点校:《极论〈周礼〉》,《胡宏集》,中华书局1987年版,第259页。
③ (宋) 洪迈:《容斋续笔》卷十六《〈周礼〉非周公书》,上海古籍出版社1978年标点本,第412页。
④ (清) 朱彝尊:《经义考》卷一百二十,中华书局1998年影印本,第642页。

礼》所载六乡、六遂之地能几何？而可养官司胥徒二三万，东西胥会，朝夕读法，民且奔走不暇，而何所措手足？"① 黄氏认为《周礼》所记行政建制及官制不合情理，遂以《周礼》"出于王莽，用于安石"②，并主张"恐不可以其名列于经而尽信其书必古书也，亦不过《周官》一篇注疏耳"③。

（3）根据后世利用《周礼》改革之成效以明该书乃刘歆伪造。

胡宏认为刘歆伪造《周礼》造成了严重后果。胡氏云："王安石乃确信乱臣贼子伪妄之书，而废大圣死笔削之经，弃恭俭而崇汰侈，舍仁义而营货财，不数十年，金人内侵，首足易位，涂炭天下，未知终始。原祸乱之本，乃在于是。噫嘻！悲夫！有天下者尚鉴之哉。"④ 胡氏认为，王安石尊信"乱臣贼子伪妄之书"的《周礼》，以至于北宋王朝覆亡。

又如洪迈曰："歆之处心积虑，用以济莽之恶，莽据以毒痛四海，如五均、六筦、市官、赊贷，诸所兴为，皆是也。故当其时，公孙禄既已斥歆颠倒《六经》毁师法矣。历代以来，唯宇文周依六典以建官，至于治民发政，亦未尝循故辙。王安石欲变乱祖宗法度，乃尊崇其言，至与《诗》、《书》均匹，以作《三经新义》。……由中及外，害遍生灵。呜呼！二王托《周官》之名以为政，其归于祸民一也。"⑤ 洪氏认为，刘歆用《周礼》"济莽之恶"，王莽据《周礼》"毒痛四海"，王安石用《周礼》"害遍生灵"，此皆可证《周礼》为刘歆伪造之书。

宋儒于《周礼》成书问题之探讨并非空发议论，不管他们对《周礼》是尊是疑，都积极寻找文献根据，力证自己的观点是正确的。有人通过对《周礼》所记制度之剖析，认为这些制度出自成周极盛之时。有人将《周礼》与《尚书》、《孟子》所记制度相比较，指出《周礼》与《尚书》、《孟子》所记制度不合，进而认为《周礼》不是出自圣人之手。有人通过对《周礼》所记职官之职掌加以分析，认为诸职掌或繁冗，或重利轻义，或不合情理，皆不合圣人

---

① （清）朱彝尊：《经义考》卷一百二十，中华书局1998年影印本，第640页。
② （清）朱彝尊：《经义考》卷一百二十，中华书局1998年影印本，第640页。
③ （清）朱彝尊：《经义考》卷一百二十，中华书局1998年影印本，第640页。
④ （宋）胡宏著，吴仁华点校：《极论〈周礼〉》，《胡宏集》，中华书局1987年版，第259—260页。
⑤ （宋）洪迈：《容斋续笔》卷十六《〈周礼〉非周公书》，上海古籍出版社1978年标点本，第412页。

之道。宋儒并非一定是从文字训诂的角度对《周礼》加以考证，重视解读、剖析《周礼》本身亦是对"文本"的重视。这些解读、剖析，既有制度之考证，亦有义理之推衍。事实上，宋儒在对《周礼》文本加以诠释时，"主观"意味很浓厚。比如关于《周礼》所记之众多职官，疑《周礼》者如胡宏等人认为圣人设官分职不应如此繁琐，尊《周礼》者如郑樵等人则认为此乃圣人经邦治理周密之设计。因此，关于圣人之道，尊《周礼》者与疑《周礼》者各有一套标准，而这种标准无疑是"主观"的。

对于《周礼》的认知，可以部分地反映学者的学术立场或政治立场。今人杨世文曰："对《周礼》的辨疑，……还与宋代政治史密切相关，尊《周礼》者极力提升《周礼》一书的地位，誉之为'太平经国'的大典，政治改革的蓝图；而疑《周礼》者斥之为后儒附会之书，甚至认为是刘歆编造的伪经，不得与其他儒家经典并称，后世按照《周礼》推行改革，无不遭受败亡。随着王安石改革的失败，宋儒对《周礼》的怀疑更趋激进，胡宏等人甚至欲废《周礼》而后快。"① 杨世文于此所做之分析是切合实际的。在中国古代，儒者"学而优则仕"，以上所言从事《周礼》之诠释者，大多既是经纶满腹之儒生，又是跻身赵宋政权之高官。而从汉代新莽改制以来，《周礼》就被赋予了浓厚的政治色彩，尊《周礼》者意赞同改制，疑《周礼》者意否定变革。王安石尊《周礼》，并积极从《周礼》中获取制度和思想资源从事变法，反对派则贬低《周礼》，亦试图在理论上占据优势，阻挠变法。不过需要指出的是，宋代还是有人更多的是从学术的角度对《周礼》的成书问题加以探讨。如朱熹从编撰纲领和具体内容两个层面对《周礼》成书问题所做之研究，就有着浓厚的"纯学术"特点。

宋儒对《周礼》成书问题所做之探讨影响十分深远。如胡宏提出的以《周礼》乃刘歆伪造一说，在后世有一大批追随者。宋代洪迈、黄震、罗璧，清代廖平、康有为，以及近人钱玄同，今人杜国庠、徐复观等皆持此说。如康有为曰："《周官》经六篇，则自西汉前未之见，《史记·儒林传》、《河间献王传》无之，其说与《公》、《穀》、《孟子》、《王制》今文博士皆相反。《莽传》所谓'发得《周礼》以明因监'，故与莽所更法立制略同，盖刘歆所伪撰也。歆欲附成莽业而为此书，其伪群经乃以证《周官》者，故歆之伪学此书为

---

① 杨世文：《走出汉学——宋代经典辨疑思潮研究》，四川大学出版社2008年版，第470页。

首。"① 康有为于此所列《周礼》出自刘歆诸理由，如《周礼》于西汉前未见、《史记》无记载，以及《周礼》与《孟子》等文献所记制度不符等，皆肇始于宋儒也。

（二）宋儒于《考工记》成篇之辨疑

宋儒于《冬官》之成篇，主要有以下两种观点：

1.《冬官》亡佚说

宋代以前，人们普遍认为《周礼·冬官》亡佚，后人以《考工记》补之。此观点又可分为如下诸端：

第一，河间献王以《考工记》补之。陆德明曰："河间献王开献书之路，时有李氏上《周官》五篇，失《事官》一篇，乃购千金不得，取《考工记》以补之。"② 《隋书·经籍志》亦持此说。

第二，刘歆以《考工记》补之。贾公彦引马融序曰："刘向子歆校理秘书，始得列序著于《录》、《略》，然亡其《冬官》一篇，以《考工记》足之。"③

第三，汉武帝时人以《考工记》补之。西晋杨泉曰："鲁恭王坏孔子旧宅，得《周书》，阙《冬官》。汉武购千金而莫有得者，遂以《考工记》备其数。"④

第四，汉文帝时博士作《考工记》补之。《礼记正义》曰："《周官》有六卿，每卿下各有属官六十，凡三百六十。经秦焚烧之后，至汉孝文帝时求得此书，不见《冬官》一篇，乃使博士作《考工记》补之。"⑤

第五，战国时人以《考工记》补之。《周礼·太宰》贾《疏》曰："（《冬官》）六国时亡，其时以《考工记》代之。"⑥

宋代亦有人认为《冬官》已亡，持此观点的代表人物是南宋的林希逸。林氏认为，《周礼》与《考工记》本非一书，他说："《周礼》自为一书，《考工》自为一书，本不相关，皆非周公旧典。"⑦ 林希逸认为汉儒以《考工记》补《冬官》之说属实，他说："《周礼》六官，其五官体制皆同。而《冬官》以《考

---

① （清）康有为：《新学伪经考·汉书艺文志辨伪第三上》，《康有为全集》第一集，中国人民大学出版社2007年版，第393页。
② （唐）陆德明著，黄焯断句：《经典释文》卷一《序录》，中华书局1983年版，第11页。
③ （清）阮元校刻：《十三经注疏（附校勘记）》，中华书局1980年版，第635—636页。
④ （宋）李昉：《太平御览》卷六百一十九《学部一三》，中华书局1960年影印本，第2778页。
⑤ （清）阮元校刻：《十三经注疏（附校勘记）》，中华书局1980年版，第1435页。
⑥ （清）阮元校刻：《十三经注疏（附校勘记）》，中华书局1980年版，第645页。
⑦ （宋）林希逸：《考工记解》卷下，文渊阁《四库全书》第95册，第76页。

工记》补之,又自一体,似造物之意,特亡彼而存此,以成此经之妙也。"① 林氏认为,《周礼》有六官,而《冬官》亡,鉴于《考工记》所记之事与司空之职掌同,后人遂以《考工记》补《冬官》,以成全《周礼》。林希逸认为《周礼·冬官》已佚,此与南宋"《冬官》不亡"论有很大的区别。

林希逸认为,从记载之内容来看,《考工记》非一般人所能为;此外,《考工记》的撰作年代当在先秦。林氏曰:"《冬官》司空掌百工之事,舜命共工即此职也。并之五官,其属亦六十。此记只三十官名,以考工者考试百工之事而记之也。人生日用饮食,百工所为必备,阙一不可。宫室舟车等制,十三卦所象,皆圣人所作也。生民之初,橧巢营窟而已,圣人既处之以宫室衣毛之俗,又易而衣裳百工之事,自此愈多矣。先王独设一官以主之,至周尤详。秦以来法度废坏,及宣帝总核名实,至于百工伎巧,咸精其能,此亦为国急务也。《周官》六典本有六篇,当时所得只五篇,故以《考工记》补之。此记元无'冬官'二字,乃汉人所增也。但文字简古,必战国以来先秦古书,如《小戴·檀弓》一篇,《公羊》、《穀梁》、《春秋传》亦先秦古书也。盖其文简当且聱牙,非汉文字之比。汉人以金帛募书,多有伪作,如此等文字,非后世铅椠书生所及也。"② 林氏认为,冬官司空之所掌乃百工之事,圣人设官主百工之事,有深意存焉。今所传《考工记》本与《周礼》无关,汉人见《周礼》阙《冬官》,遂以《考工记》补之;从《考工记》之文字来看,其属于战国以来先秦古书。

林希逸还对《考工记》的内容做了剖析,他说:"《考工记》不特为周制也,尽纪古百工之事,故匠人以世室、重屋、明堂并言之,三代制度,皆在此也。但书不全矣。"③ 林氏认为,《考工记》所记乃夏商周三代之制。

尽管如此,在林氏看来,《考工记》并非完书。他说:"此书续出,阙略不全,不止韦氏、裘氏、段氏等官而已。其先后次序,亦自参错不齐。如攻木之工轮、舆、弓、庐、匠、车、梓,若以序言,当在上篇。今梓、庐、匠、车、弓皆在下篇,而其序亦自不同。又画缋二官,而止曰画缋之事。玉人亦然。意其全书,凡曰之事者,皆总言之,其列官自别,即车人之事,又有车人为某为

---

① (宋)林希逸:《考工记解》卷上,文渊阁《四库全书》第95册,第2页。
② (宋)林希逸:《考工记解》卷上,文渊阁《四库全书》第95册,第2—3页。
③ (宋)林希逸:《考工记解》卷上,文渊阁《四库全书》第95册,第3页。

某，可知也。况一官非止为一事，如轮人、梓人、匠人、车人，皆一官之名，而分主数事，惜乎其不全见也。"①林氏认为，裘氏、段氏等职官职掌不可见，职官排序与《考工记》序言亦有异，由此可知《考工记》阙略不全。

又如《考工记》："或治丝麻以成之。"林氏曰："此妇功也。自王公、士大夫至于农工商，无衣无褐，不可也。《考工》诸官不及织纴之事，疑有阙也。"②《考工记》于序言及妇功，在具体职官之职掌部分却不言妇功。林氏据此，认为《考工记》阙略不全。

又如《考工记》："金有六齐，六分其金，而锡居一，谓之钟鼎之齐。……五分其金，而锡居二，谓之削杀矢之齐。金锡半，谓之鉴燧之齐。"林氏曰："此文有鼎，有斧斤、鉴燧，而经无此官，疑有缺失。恐冶氏、桃氏所职亦不止一项。以此推之，《考工记》之所失者多矣。"③《考工记》于序言鼎、斧斤、鉴燧，而经文中无此职官。林氏据此，认为《考工记》有阙文。

又如《考工记》所记玉人之职官，林氏曰："此一官所记与《典瑞》略同。盖《周礼》自是一手追记周人之事，《考工记》又是一手，或先或后，固不可知，亦皆追述古制而已。况其间亦有错乱残缺处，所以与《典瑞》又稍异也。"④林氏认为，《考工记》与《周礼》虽皆记述古制，然二者各自为书，所出亦有先后；据《玉人》和《典瑞》，可知《考工记》有错乱残缺处。

林希逸对《考工记》的作者亦做了探讨。如《考工记》："椯其漆内而中诎之，以为之毂长，以其长为之围。以其围之阞捎其薮。"林氏曰："'椯'字，笺注家训'度'。艾轩云：'恐亦是口相传如此说，今且依之。看来《考工记》须是齐人为之，盖言语似《穀梁》。'"⑤林氏认为，此"椯"字训"度"，与《穀梁》语言类似，《穀梁》出自齐人，故《考工记》亦齐人所作。林氏以《考工记》出自齐人之说影响深远，清人江永，今人郭沫若、陈直等皆持此说。如江永认为，《考工记》言"秦无卢，郑之刀"，厉王封其子友始有郑，东迁以后以西周故地与秦始有秦，皆表明《考工记》是东周后齐人之作。江永又认为，《考工记》言淮、济、汶皆齐鲁间水，"终古"、"戚速"、"稗"、"茭"皆齐人语，

---

① （宋）林希逸：《考工记解》卷上，文渊阁《四库全书》第95册，第2页。
② （宋）林希逸：《考工记解》卷上，文渊阁《四库全书》第95册，第4页。
③ （宋）林希逸：《考工记解》卷上，文渊阁《四库全书》第95册，第28页。
④ （宋）林希逸：《考工记解》卷下，文渊阁《四库全书》第95册，第49页。
⑤ （宋）林希逸：《考工记解》卷上，文渊阁《四库全书》第95册，第12页。

这些皆是《考工记》出自齐人之证据。近代以来，郭沫若认为江永之说"近是"而又有不足，郭氏据《考工记》所记之国名，以及将《考工记》与《左传》所计量器换算之制进行比较，从而推知《考工记》的作者出自齐国尚未被陈氏新量取代之时。陈直列《考工记》方言十一条，其中属于齐方言者九条，属于楚方言者两条，由此推知《考工记》为齐人所作而楚人附益之。江永、郭沫若、陈直所持《考工记》齐人所作说，当是源自林希逸的《考工记解》。①

2.《冬官》不亡说

宋人胡宏率先提出"《冬官》不亡"说，他说："按《周官》司徒掌邦教，敷五典者也。司空掌邦土，居四民者也。世传《周礼》阙《冬官》，愚考其书而质其事，则《冬官》未尝阙也，乃刘歆颠迷，妄以《冬官》事属之《地官》，其大纲已失乱如是，又可信以为经，与《易》、《诗》、《书》、《春秋》配乎！"②胡宏认为，《周礼·地官》中的不少职官之职掌应属于《冬官》，由此可知《冬官》未亡；刘歆将《冬官》之职官属之《地官》，遂致《冬官》之职官隐而不见。

程大昌通过计算《周礼》六官职官之数，认为《冬官》不亡。程氏曰："程泰之云五官各有羡数，《天官》六十三，《地官》七十八，《春官》七十，《夏官》六十九，《秋官》六十六。盖断简失次，取羡数凡百工之事归之《冬官》，其数乃周。"③程大昌认为，《周礼》六官各六十职官，全书共三百六十；而现存《周礼》五官之职官已近三百六十，故《冬官》不亡，杂入五官中了。

胡宏和程大昌之后，俞庭椿撰《周礼复古编》，对"《冬官》不亡"说做了系统的论证。其论证思路如下：

第一，现存《周礼》职官之职掌杂治而不专一，非圣人设官之本来面貌。俞氏曰："六官之各有其职，质之于《书》，稽之于《王制》，考之于冢宰、小宰、六典、六属、六职之目，井然而不紊。今《周礼》所存六官，往往多杂治而不专一，岂圣人设官固若是其无统欤？愚请以大司寇、小司寇之职验杂治者之非圣经之旧也。今观大司寇之一篇，自掌邦之三典而下，凡十有三章，无非刑狱之条，未尝有一语杂及它职事者。小司寇亦然。然则圣人设官，固专一不

---

① 可参见本书"绪论"的"'三礼'的文本问题"部分的相关论述。
② （宋）胡宏著，吴仁华点校：《极论〈周礼〉》，《胡宏集》，中华书局1987年版，第258页。
③ （宋）王应麟：《困学纪闻》卷四《周礼》，《四部丛刊三编》第2册，上海商务印书馆1935年影印本，第1页。

杂如此。若司徒之治财赋，任土事，司马之兼职方，非圣经之旧也。至于司仪、行人之非，不待辨而白矣。"① 俞氏据司徒、司马之职官，认为《周礼》现存六官杂治而不专一，非圣人设官之原貌。

第二，《冬官》亡佚为后人传习之误。俞氏曰："司空之篇为逸书，汉人以《考工记》附益之，相传之久，习以为然。虽有巨儒硕学，不复致思研虑。后世遂以考工之事为六官之一。司空所掌，日渐讹误，并与其官废。盖尝绅绎是书，伏而读之，司空之篇，实未尝尽亡也。六官之属，诚有颠错杂乱而未尽正者，编次而辨正之，庶几西周之盛可寻，而六官之掌各得其所，复其旧而摘其讹，使万世恨遗逸而不可考者，一旦稍复其故，则亦于圣经万一有补焉。"② 俞氏认为，汉人不知《冬官》在流传过程中已杂入其他五官，遂以《考工记》补之；后世学人以讹传讹，遂致误说流行，真相被掩盖。

第三，从现存《周礼》五官职官数目及职掌内容，可知《冬官》不亡。程大昌通过计算六官之数以明《冬官》不亡，俞氏继之，曰："周建官三百六十，未闻有溢员也。小宰以官府之六属举邦治，皆曰其属六十，大事则从其长，小事则专达，则六十之外皆羡矣。《周礼》得于秦火之后，官宜少，不宜羡。今五官之羡者四十有二，而其六十员之中，又未必尽其官属，乃司空之属俱亡。今取其羡，与其不宜属者而考之，盖司空之篇可得而考焉。今《天官》之羡者九，《地官》之羡者十有六，《春官》之羡者九，《夏官》之羡者九，《秋官》之羡者五，从其羡而求之，《冬官》皆不亡矣。考之于事而可证，验之于数而可数，学者习其读而未之思焉，不然则五官之羡也何说。"③ 俞氏认为，《周礼》现存五官职官之数，本来皆各六十，共三百，然现存《周礼》五官各职官之数皆大于六十，多出职官四十二，多出之职官属于《冬官》；此外，从职官之职掌来看，其他五官皆有属于司空之事者，凭此亦可知《冬官》不亡也。

既然《周礼》之《冬官》不亡，那么可以通过调整其他五官，从而恢复《冬官》。俞庭椿曰："六经厄秦，至汉稍稍得复，然而多出于儒者记诵传授之学，不能无讹误。既成篇袠，相传至今，世儒信其师承之或有所自也，无或

---

① （宋）俞庭椿：《周礼复古编》，文渊阁《四库全书》第91册，第609页。
② （宋）俞庭椿：《周礼复古编》，文渊阁《四库全书》第91册，第609页。
③ （宋）俞庭椿：《周礼复古编》，文渊阁《四库全书》第91册，第610页。

疑议，遂使圣经之旧泯焉不可复见。《周礼》一书，皆周之旧典礼经，然方诸侯恶其害己，而去班爵禄之籍，已有亡失之渐。况一燔于煨烬，而仅仅出于口传追记之余，安能尽复其故耶！……《周礼·司空》之篇有可得言者，反覆之经，质之于《书》，验之于《王制》，皆有可以是正焉者。而司空之篇实杂出于五官之属，且因司空之复，而六官之讹误，亦遂可以类考，将一一摘其要者议之。"①俞氏认为，《周礼》在流传的过程中已有窜乱之失，司空之职官杂于其他五官，故可从现存五官一一勾稽，从而恢复《冬官》之原貌。俞氏复原《冬官》的方案如下：

《天官》原有职官六十三，俞氏将司裘、染人、追师、屦人、掌皮、典丝、典枲归为《冬官》，并论证曰："司空掌百工，凡此四者工人之官，所以供王之服御，而掌皮、典丝、典枲，则备工之用，而典治丝枲饬化八材，属之司空曰宜。"②俞氏认为，司裘、染人、追师、屦人、掌皮、典丝、典枲诸职官皆工人之官，属于百工之范畴，属于《冬官》司空。俞氏还将兽人、獻、鳖人、兽医并入《冬官》，并论证曰："《天官》掌供王之膳羞固也，而兽人、獻、鳖人，则非所掌。至于兽人，附列于医师，此尤不可者。按《月令》，季春之月，命司空曰：'田猎置罘、罗网、毕翳、喂兽之药，毋出九门。'用是以知此四官属司空无疑也。盖九职三曰'虞衡作山泽之材'，四曰'薮牧养蕃鸟兽'，乃司空之职，则兽人、兽医、獻、鳖人不为《天官》属亦明矣。《月令》虽非必圣人之书，或出于秦，亦去古未远，有古之遗事焉。"③俞氏据《月令》于司空职掌之记载，认为《周礼·天官》中的兽人、獻人、鳖人等属于《冬官》。

《地官》原有职官七十八，虞氏将封人、载师、闾师、县师、均人、遂人、遂师、遂大夫、土均、草人、稻人、土训、山虞、林衡、川衡、泽虞、卝人、角人、羽人、掌葛、掌染草、囿人、场人二十三职官调入《冬官》，将鼓人、舞师调入《春官》。俞氏对诸职官之职掌做了论述，并以之为据论诸职官之归属。如其论封人、载师、闾师、县师、均人、遂人、遂师、遂大夫、土均之职掌及归属曰："司空掌邦土，居四民，时地利，则凡邦之土事与夫地利之

---

① （宋）俞庭椿：《周礼复古编》，文渊阁《四库全书》第91册，第604页。
② （宋）俞庭椿：《周礼复古编》，文渊阁《四库全书》第91册，第613页。
③ （宋）俞庭椿：《周礼复古编》，文渊阁《四库全书》第91册，第613页。

宜实职之,《王制》言执度度地,量地制邑,地邑民居,必参相得,皆其义也。封人之封国造邑,载师之任地定征,闾师之任民,县师之制域,均人之均力政,遂人之遂田野治沟洫,遂师之征财征作役事,遂大夫之修稼政属地治,土均之平地政,均地守,均地事,均地贡。"① 俞氏认为,司空掌邦土、居四民、时地利,封人、载师、闾师、县师、均人、遂人、遂师、遂大夫、土均等职官之职掌皆属司空。

《春官》原有职官七十,俞氏将典瑞、典同、巾车、司常、冢人、墓大夫六职官调入《冬官》,将天府、世妇、内宗、外宗、大史、小史、内史、外史、御史九职官调入《天官》。俞氏曰:"百工之官,隶司空者也。若典瑞与典同、巾车与夫司常,皆治其器物,以备其用者也。治其器物以备用,则是工之属,其隶司空为宜。"② 俞氏认为,典瑞、典同、巾车、司常、冢人、墓大夫皆属治器之职官,故调入《冬官》。

《夏官》原有职官六十九,俞氏将弁师、司弓矢、槀人、职方氏、土方氏、形方氏、山师、川师、邍师九职官调入《冬官》。俞氏曰:"弁师不当在司马,已无可疑者,盖为冕弁以供王之服用者也。司弓矢乃《考工》弓人为弓之事,故合九,合七,皆有其制。槀人掌献素献成,宜以工属。司空愈益明白,谓其为兵,而隶于司马,传讹者也。"③ 俞氏认为,弁师、司弓矢、槀人皆属百工,故宜归入《冬官》。

《秋官》原有职官六十六,俞氏将大行人、小行人、司仪、行夫、掌客、掌讶、掌交、环人八职官调入《春官》。

通过调整,《冬官》司空得于《天官》者十有一,得于《地官》者二十有三,得于《春官》者六,得于《夏官》者九,凡四十有九。俞氏认为《冬官》大司空、小司空之职亦不亡,"大司空、小司空杂出于别官"④。如《周礼·地官·司徒》曰:"大司徒之职,掌建邦之土地之图,与其人民之数,以佐王安扰邦国。"俞氏曰:"大司徒掌邦教者也。掌邦教,然后能佐王以安扰邦国。扰者,教而驯之,如扰龙之义也。教然后安扰,岂土地之图、人民之数遂能安扰之耶?六典曰'二曰教典,以安邦国,以教官府,以扰万民',所谓教者,如

---

① (宋)俞庭椿:《周礼复古编》,文渊阁《四库全书》第91册,第614页。
② (宋)俞庭椿:《周礼复古编》,文渊阁《四库全书》第91册,第616页。
③ (宋)俞庭椿:《周礼复古编》,文渊阁《四库全书》第91册,第617页。
④ (宋)俞庭椿:《周礼复古编》,文渊阁《四库全书》第91册,第618页。

保息六养万民，本俗六安万民，使之相保、相受、相葬、相救、相赒、相宾之类是也。何取于土地之图、人民之数？曰'掌建邦国之土地之图与其人民之数'，此大司空掌邦土，以掌凡邦之役事之事也。盖错乱司空之篇于其首，其非司徒之职事明矣。"① 俞氏认为，大司徒之职掌是佐王以安邦国，故《周礼》言大司徒掌建邦土地之图与人民之数，是大司空所掌邦之役事杂入大司徒之明证也。

《周礼》为周公致太平之书，是自刘歆以来的主流观点。然而在俞氏的观念里，《周礼》有今、古两种，今之《周礼》非古之《周礼》。俞氏认为，由于秦火等原因，《冬官》杂于其他五官，辨析今《周礼》之五官，可部分复原古《周礼·冬官》的原貌，故俞氏《周礼复古编》意在恢复古《周礼》之面貌，并非以《周礼》为伪书。正如杨新勋所说："对《周易》、《尚书》、《周礼》、《诗经》等，宋儒并不是认为某经是伪书，而是认为在流传过程中出了问题，认为这些经籍存世文本的真实性、合理性和完整性上有问题。"②

俞庭椿认为"《冬官》不亡"，是建立在否定汉儒观点基础上的。俞氏曰："曰《司空》篇亡，汉兴以千金求之不得，若以此论，则传授之误，似不必责。郑司农贯通博学，犹不能思索于此，汉儒信于师传之故耳。孟子曰'尽信书不如无书'，武成之事，孟子去古未远，已不敢信，《周礼》经秦火之后，复出于诸儒之口传，其当熟复详考，不宜尽信也决矣。"③ 俞氏认为，汉儒的《冬官》说"不宜尽信"，这种鄙薄汉儒之习在宋代是很普遍的。

俞庭椿认为"冬官不亡"，其论证带有宋人以己意解经的特点。清儒皮锡瑞曰："宋人不信注疏，驯至疑经；疑经不已，遂至改经、删经、移易经文以就己说，此不可为训者也。"④《周礼复古编》一书将《周礼》除《冬官》以外的其他职官加以调整，从而整合出所谓的《冬官》四十九职官，这与北宋刘敞的《七经小传》和南宋朱熹的《仪礼经传通解》、《大学章句》、《中庸章句》的解经风格如出一辙。清儒对宋儒疑经改经之习颇不以为然，如四库馆臣批评俞庭椿曰："庭椿之说，谓五官所属皆六十，不得有羡。其羡者，皆取以补《冬

---

① （宋）俞庭椿：《周礼复古编》，文渊阁《四库全书》第91册，第618页。
② 杨新勋：《宋代疑经研究》，中华书局2008年版，第299—300页。
③ （宋）俞庭椿：《周礼复古编》，文渊阁《四库全书》第91册，第619页。
④ （清）皮锡瑞：《经学通论·经学变古时代》，潘斌编：《皮锡瑞儒学论集》，四川大学出版社2010年版，第32页。

官》。凿空臆断,其谬妄殆不足辩。"① 又曰:"复古之说始于庭椿,厥后邱葵、吴澄皆袭其谬,说《周礼》者遂有《冬官》不亡之一派,分门别户,辗转蔓延,其弊至明末而未已。故特存其书,著窜乱圣经之始,为学者之炯戒焉。"② 清人对俞氏此书持否定态度,如皮锡瑞曰:"宋俞廷椿作《复古篇》,谓司空之属分寄于五官,王与之又作《周官补遗》,邱葵本俞、王之说,取五官所属归于《冬官》,六属各得六十,著为《周礼》定本。……要皆宋元人窜易经文之陋习,不足辨。"③ 皮氏认为俞氏《周礼复古编》改易经文乃宋元时期学人之陋习,其说可谓清儒之共识。

笔者认为,俞庭椿割裂《周礼》经文,辨析《周礼》职官之职掌,重新整合诸职官,多是出于自己的推论,没有多少文献依据。此外,俞氏对《周礼》职官之考证亦颇值得商榷,清人早已指出:"《周礼复古编》……谓《天官》世妇与《春官》世妇、《夏官》环人与《秋官》环人为一官复出,当省并之。其说似巧,而其谬尤甚。二世妇与二环人,无论职掌各殊,即以序官考之,《天官》世妇为王之后宫,故与九嫔、八十一御女皆无官属。至于《春官》世妇为王之宫官,故每宫卿一人,下大夫四人,中士八人,女府二人,女史二人,奚十六人,与《天官》世妇显异。郑《注》以汉之大长秋詹事中少府太仆为证,其说本确,庭椿乃合而一之,是误以《春官》之世妇为妇人也。"④ 因此,从考据的角度看,俞氏《周礼》研究的价值不大。

不过,从《周礼》诠释史的角度来看,正是因为有了《周礼》"《冬官》不亡"说的出现,才使得《周礼》诠释在南宋时期出现了一个小高潮,并影响到了元、明时期的《周礼》学。俞庭椿之后,南宋王与之《周礼订义》据《古文尚书·周官》,亦认为《冬官》不亡。王与之曰:"愚按:汉儒谓《冬官》亡,补以《考工记》。司空果亡乎?以《周官》司空之职掌考之,司空未可以为亡也。夫《周官》言司空掌邦土,居四民,时地利,凡经言田莱、沟洫、都邑、涂巷者,非邦土而何?农工商贾市井里室庐者,非居民而何?桑麻谷粟之所出,山泽林麓之所生,非地利而何?及考小宰言六官设属各有六十,今治官之

---

① (清)永瑢:《四库全书总目》卷十九《经部·礼类一》,中华书局1965年影印本,第150页。
② (清)永瑢:《四库全书总目》卷十九《经部·礼类一》,中华书局1965年影印本,第151页。
③ (清)皮锡瑞:《经学通论·三礼》,潘斌编:《皮锡瑞儒学论集》,四川大学出版社2010年版,第205页。
④ (清)永瑢:《四库全书总目》卷十九《经部·礼类一》,中华书局1965年影印本,第151页。

属六十有三，教官之属七十有九，礼官之属七十有一，政官之属六十有六。意者秦火之余，简编脱落，司空之属错杂五官之中，先儒莫之能辨，遂以《考工记》补之，其实司空一官未尝亡也。"① 王氏认为，据《古文尚书》，可知司空主要是掌邦土、居四民、时地利，而《周礼》中有不少职官皆主此类职事，故司空之职掌存于《周礼》；据《周礼》小宰之记载，可知六官各六十职官，而今之职官多则七十有九，少则六十有三，其原因，是秦火后古籍简编脱落杂陈，《冬官》遂杂入其他五官之中。王与之此说之论证思路，皆是承自胡宏、程大昌和俞庭椿。

南宋邱葵参以诸家之说，订定《天官》之属六十，《地官》之属五十有七，《春官》之属六十，《夏官》之属五十有九，《秋官》之属五十有七，《冬官》之属五十有四。丘氏所做论证，多受前人之影响也。如丘氏曰："今《天官》六十有三，《地官》七十有九，《春官》七十，《夏官》六十有九，《秋官》六十有六，《冬官》全无。秦火后，经籍多残阙，《礼》尤甚。汉儒以《考工记》补《冬官》。今据每官其属六十，而《天官》羡三，《地官》羡十九，《春官》羡十，《夏官》羡九，《秋官》羡六，计其所羡者四十七官，此岂非司空之属官杂在五官乎？秦火后不无阙残，《冬官》岂得全无？"② 丘氏认为，秦火后司空之属杂于其他五官，故《冬官》不亡，此说承自胡宏、程大昌、俞庭椿和王与之。

在《礼经会元·补亡》篇中，叶时对《考工记》与《周礼》的关系做了辨析。叶时认为河间献王以《考工记》补《周礼》的做法是枉费心机。其论证之要点如下：

第一，《六经》缺裂而不全，《周礼》亦如此。叶时曰："《六经》更秦火缺裂而不全者多矣，《书》亡四十三篇，《周雅》亡六篇，《鲁雅》亡六篇，不独《周礼》为然。……献王怅之，乃求《考工记》以足其书，谓可以备《周官》之缺，不知以《考工记》而补《周礼》，何异拾贱医之方以补卢扁之书。"③ 叶时认为，与《诗》、《书》一样，秦火之后的《周礼》亦有亡篇，刘德以《考工记》补《周礼》，可谓弄巧成拙。

第二，以《考工记》补《冬官》，致《周礼》饱受后人诟病。叶时认为，

---

① （宋）王与之：《周礼订义》卷七十，文渊阁《四库全书》第94册，第379页。
② （清）朱彝尊：《经义考》卷一百二十五，中华书局1998年影印本，第665页。
③ （宋）叶时：《礼经会元》卷四下，文渊阁《四库全书》第92册，第183—184页。

《周礼·冬官》本是治教刑政之属，而《考工记》所记乃工匠器械之属，二者本不相类，因此刘德以《考工记》补《冬官》，实际上连累了《周礼》。叶时曰："昔秦人灭学，《周礼》以藏之山岩屋壁而获存。武帝时有季氏得之，以上河间献王德，全书不得见，得见五官斯可矣。河间献王乃以《考工记》补之，司空一职，岂《考工记》之事邪？观其言曰'国有六职，百工与其一焉'，是以治教刑政之属，特与工匠器械等耳，即此一语，可谓不识《周礼》矣。异时奏入秘府，《周礼》虽存，而汉君诋之以为末世渎乱之书，得非刘德一《记》累之邪。故曰累《周礼》者，刘德也。"① 叶时认为，河间献王以《考工记》补《冬官》，启后人疑《周礼》之端绪。在叶时看来，汉武帝以《周礼》为末世渎乱不验之书，"武帝之忽略圣经，未必不自《考工记》一篇启之也"②。

第三，《周礼·冬官》为司空，其职掌见于《周礼》其他职官。叶时曰："嗟夫！《书》亡而张伯伪《书》作，《诗》亡而束皙补《诗》作，适资识者一捧腹尔。曾谓《考工记》而可补《礼经》乎？且百工细事尔，固非《周官》所可无，而于《周官》设官之意何补？又况秋官有典瑞、玉人，不必补可也，夏官有量人、匠人，不必补可也，天官有染人、钟氏、慌氏，虽缺何害乎？地官有鼓人、鲍人、韗人，虽亡何损乎？虽无车人而巾车之职尚存，虽无弓人而司弓矢之职犹在。匠人沟洫之制已见于遂人、鼓人，射侯之制已见于射人。有如攻皮之工五，既补以三，而又阙其二，不知韦氏、裘氏，岂非天官司裘、掌皮之职乎？《周礼》无待于《考工记》，献王以此补之，亦陋矣。"③ 叶时认为，《周礼》其他五官皆有百工之事，故以《考工记》补《冬官》是多余之举。

第四，《周礼·冬官》虽亡，然其意见于其他五官。叶时曰："《周礼》六官虽缺其一，不犹愈于尽亡乎？后世诚能因五官之存，而讲求《周礼》之遗典而施行焉，则西周之美可寻矣。而况《冬官》之书虽亡，《冬官》之意实未尝亡也。太宰事典以富邦国，以任百官，以生万民，小宰事职以富邦国，以养万民，以生百物，则事官之意在《周礼》可考也。《书》之《周官》，亦曰司空掌邦土，居四民，时地利，则司空之意在《周官》可覆也。观此，则司空职虽亡，而未尝亡，《考工记》不必补也。愚既以《考工记》为不必补，则区区

---

① （宋）叶时：《礼经会元》卷一上，文渊阁《四库全书》第92册，第4页。
② （宋）叶时：《礼经会元》卷四下，文渊阁《四库全书》第92册，第184页。
③ （宋）叶时：《礼经会元》卷四下，文渊阁《四库全书》第92册，第184页。

百工之事，亦不必论也。"① 叶时认为，《冬官》本为司空，在六官中属于事官，而任百官、富邦国、养万民之意在《周礼》其他诸官中皆可见，《尚书》中同样有记载，故不必以《考工记》补《冬官》。

南宋黄震曰："《冬官·考工记》，此本《尚书·周官》'司空掌邦土、居四民、时地利'之说而名《冬官》。……愚按：《周礼》出于汉末，郑氏谓汉兴，购求《司空》篇不得，恐未可信。今以五官所余之数，合《考工》三十之数，自可足本篇六十，而谓先儒莫之能辨，此岂难见之事，而先儒莫之能哉？或疑此书正因晚出，故为错脱，以示其为古，未知然否？然五官之属，皆差互不伦，非特司空一官而已也。"② 黄震认为，合《周礼·冬官》以外五官之所余与《考工记》所记职官，可足六十之数，此可证《冬官》不亡。

宋代认为"《冬官》不亡"的学者，除了胡宏、程大昌、俞庭椿和王与之、黄震、叶时以外，还有真德秀、赵汝腾、赵彦卫、车若水、金叔明等。除宋人外，元代的胡一桂、吴澄，明代的方孝孺、何乔新等人，皆持"《冬官》不亡"说。

从经典诠释史的角度来看，"《冬官》不亡"说是《周礼》诠释史上泛起的一大波澜。"《冬官》不亡"说对于丰富《周礼》诠释和经典诠释的内容，有着积极意义。如俞庭椿对孟子"尽信书则不如无书"之说极为赞赏，俞氏对《周礼》经文之分合，多出于自己对《周礼》文本之认识，而非有文献记载可佐证。俞氏认为《周礼》为圣人之书，各职官之数及职掌之内容皆有一定的编排规则。然而事实上，除《冬官》以外，《周礼》诸职官不管是在数量上还是在职掌的内容上，都不尽有规则。俞氏由此认为，《周礼》受秦火之影响，以至于简编脱落，《冬官》杂于其他五官。这是一种典型的从诠释主体意向出发对文本所做的规范。而这种诠释活动，在整个宋代是一种风尚。如北宋张载曰："凡观书，不可以相类而泥其义。不尔，则字字相梗，当观其文势上下。如充实之美，与诗之言美，轻重不同。"③ 南宋朱熹亦云："读书，须从文义上寻，次则看注解。今人却于文义外寻索。"④ 这里所云"文势之意"、"文义"，直接

---

① （宋）叶时：《礼经会元》卷四下，文渊阁《四库全书》第92册，第184页。
② （宋）黄震：《黄氏日抄》卷三十，文渊阁《四库全书》第707册，第848—849页。
③ （宋）张载著，章锡琛点校：《横渠易说·说卦》，《张载集》，中华书局1978年版，第234页。
④ （宋）黎靖德辑：《朱子语类》卷十一，朱杰人等编：《朱子全书》（修订本）第14册，上海古籍出版社、安徽教育出版社2010年版，第351页。

关联的就是诠释主体的意向。尽管宋代这种强调"文义（意）"的诠释活动受到汉学家的批评，但是从经典诠释史的角度来看，其正是对过分强调考据而忽略文本意义追寻的汉唐经学之矫正。

## 二、宋儒于《仪礼》作者和成书之辨疑

先秦时期，《仪礼》只称"礼"，如《庄子·天运》："孔子谓老聃曰：'丘治《诗》、《书》、《礼》、《乐》、《易》、《春秋》六经。'"① 汉代《仪礼》又名"《礼》"、"《士礼》"、"《礼记》"等，《史记·儒林传》："言《礼》自鲁高堂生。"② "诸学者多言《礼》，而鲁高堂生最本《礼》，固自孔子时而其经不具，及至秦焚书，书散亡益多，于今独有《士礼》，高堂生能言之。"③ 许慎曰："鲁恭王坏孔子宅，而得《礼记》、《尚书》、《春秋》、《论语》、《孝经》。"④

汉代尚无《仪礼》之名，对此，古今学者皆无异议。黄以周云："郑氏师弟子并无《仪礼》之名也。《礼》注大题《仪礼》当是东晋人所加。东晋人盛称《仪礼》。"⑤ 东晋元帝司马睿时，尚书仆射荀崧上疏请求增立博士，其中便有"郑《仪礼》博士一人"⑥。由此可见，《仪礼》书名为东晋人所加。

《礼记正义序》云："周公摄政六年，制礼作乐。"崔灵恩、陆德明、孔颖达、贾公彦等人据此，认为《仪礼》是周公所作。如贾公彦云："至于《周礼》、《仪礼》，发源是一。理有终始，分为二部，并是周公摄政太平之书。"⑦ 此说在中国古代影响颇为深远。唐代韩愈曰："余尝苦《仪礼》难读，又其行于今者盖寡，沿袭不同，复之无由，考于今，诚无所用之。然文王、周公之法制粗在于是。孔子曰'吾从周'，谓其文章之盛也。古书之存者希矣，百氏杂家尚有可取，况圣人之制度邪！于是掇其大要，奇辞奥旨著于篇，学者可观

---

① （清）郭庆藩：《庄子集释》卷五下，中华书局2012年版，第533页。
② （汉）司马迁：《史记》卷一百二十一《儒林列传第六十一》，中华书局1959年点校本，第3118页。
③ （汉）司马迁：《史记》卷一百二十一《儒林列传第六十一》，中华书局1959年点校本，第3126页。
④ （汉）许慎：《说文解字》卷一五上，中华书局1963年版，第315页。
⑤ （清）黄以周著，王文锦点校：《礼书通故》第一，中华书局2007年版，第4页。
⑥ （唐）房玄龄等撰：《晋书》卷七十五《列传第四十五·荀崧》，中华书局1974年点校本，第1978页。
⑦ （清）阮元校刻：《十三经注疏（附校勘记）》，中华书局1980年版，第945页。

焉。惜乎！吾不及其时进退揖让于其间。呜呼，盛哉！"① 韩愈认为《仪礼》虽然难读，然成王、周公之法在焉。

宋儒于《仪礼》作者和成书的观点大致可分为两派，即以《仪礼》成于圣人，或以《仪礼》并非成于圣人。

（一）认为《仪礼》成于圣人

不少宋人认为《仪礼》出自圣人，他们在议政论政时多引用《仪礼》之记载作为论据。如在北宋有名的濮议事件中，以司马光为首的台谏派与以欧阳修为首的中书派皆多征引《仪礼》中的《丧服》。司马光还对《仪礼》中的冠、婚、丧、祭诸礼加以改编，以成士庶人通用的《书仪》。在司马光、欧阳修等人的意识里，《仪礼》一书为圣人所修，内容可信。

谓《仪礼》出自周公者，熊朋来可谓代表也。熊氏曰："'三礼'之中，如《周礼》大纲虽正，其间职掌繁密，恐传之者不皆周公之旧。《左传》所引'周公制周礼曰'，殊与今《周礼》不相似，亦恨其仅以《左传》之文尔。大、小戴所记固多格言，而讹伪亦不免。惟《仪礼》为礼经之稍完者，先儒谓其文物彬彬，乃周公制作之仅存者。后之君子有志于礼乐，勿以其难读而不加意也。"② 熊氏认为"三礼"之中，《仪礼》最完整，乃"周公制作之仅存者"。

南宋魏了翁亦认为《仪礼》出自周公，他说："《周礼》、《仪礼》发源是一，理有终始，分为二部，并是周公摄政太平之书。《周礼》为末，《仪礼》为本，本则难明，末便易晓。是以《周礼》注者则有多门，《仪礼》所注后郑而已。其为章疏，则有二家。"③ 魏氏指出，《仪礼》与《周礼》为本末关系，本难明而末易晓，二者皆是周公致太平之书。

南宋张淳认为《仪礼》是圣人之书，"其制度必出于圣人"④，然"周公作之则非"⑤。张淳认为："《周礼》古矣，然圣人设官分职之书也，至其所用以长以治者，岂能舍《仪礼》？"⑥ 张氏认为，《仪礼》是圣人设官分职之书，较《周

---

① （唐）韩愈著，钱仲联等校点：《读仪礼》，《韩愈全集》，上海古籍出版社1997年版，第129页。
② （宋）熊朋来：《经说》卷五，文渊阁《四库全书》第184册，第308—309页。
③ （宋）魏了翁：《仪礼要义》卷一，文渊阁《四库全书》第104册，第342页。
④ （宋）张淳：《仪礼识误序》，《仪礼识误》卷首，文渊阁《四库全书》第103册，第3页。
⑤ （宋）张淳：《仪礼识误序》，《仪礼识误》卷首，文渊阁《四库全书》第103册，第3页。
⑥ （宋）张淳：《仪礼识误序》，《仪礼识误》卷首，文渊阁《四库全书》第103册，第4页。

礼》、《礼记》更为根本。

张淳不信《史记·儒林传》高堂生传《仪礼》之记载。① 张氏曰："鲁人高堂生传《士礼》十七篇，其篇数与今《仪礼》同。陆德明、贾公彦皆以为今《仪礼》。考之西汉《艺文志》，高堂生之《礼》，后仓最明。仓以传大小戴。古经者出鲁淹中，多天子、诸侯、卿大夫制，愈于仓等推士礼以致天子。夫如是，则高堂生所传特士礼尔。今《仪礼》中所谓士礼有冠、昏、相见、丧、既夕、虞、特牲、馈食七篇，他皆天子、诸侯、卿大夫礼，必非高堂生所传者，不知贾、陆二子何据而云尔。"② 张氏认为，高堂生所传是《士礼》，而今之《仪礼》除士礼外还有天子、诸侯、卿大夫礼，故今之《仪礼》非高堂生所传之《士礼》。

张淳之后，朱熹对《仪礼》亦格外重视。从《朱子语类》之记载来看，朱熹总体上对《仪礼》持尊崇态度，且多次明确指出《仪礼》出自圣人。③ 朱熹曰："《仪礼》不是古人预作一书如此。初间只以义起，渐渐相袭，行得好，只管巧，至于情文极细密，极周经处。圣人见此意思好，故录成书。只看古人君臣之际，如公前日所画图子，君临臣丧，坐抚当心，要经而踊。今日之事，至于死生之际，恝然不相关，不啻如路人，所谓君臣之恩义安在！"④ 朱熹认为，在漫长的历史发展过程中，人际交往之情文得以积累，圣人将这些约定俗成的内容加以整理，遂成《仪礼》一书。换言之，《仪礼》之内容出自大众，《仪礼》编纂者则是圣人。

---

① 《史记·儒林传》："言《礼》自鲁高堂生。""诸学者多言《礼》，而鲁高堂生最本《礼》，固自孔子时而其经不具，及至秦焚书，书散亡益多，于今独有《士礼》，高堂生能言之。"[（汉）司马迁：《史记》卷一百二十一《儒林列传第六十一》，中华书局1959年点校本，第3118、3126页]
② （宋）张淳：《仪礼识误序》，《仪礼识误》卷首，文渊阁《四库全书》第103册，第4页。
③ 在《朱子语类》中，亦可见朱熹对《仪礼》有微辞。如朱熹曰："《仪礼》中亦自有不备处，如父母戒女，止有其辞，而不言于某处之类。"[（宋）黎靖德辑：《朱子语类》卷八十五，朱杰人等编：《朱子全书》（修订本）第17册，上海古籍出版社、安徽教育出版社2010年版，第2900页] 朱熹认为，《仪礼》之记载有不备处。此类记载很少，不影响朱熹尊崇《仪礼》之整体学术观念。此外，朱熹于《仪礼》之微辞，可能是朱熹早年讲学之内容，不代表其晚年的观点。
④ （宋）黎靖德辑：《朱子语类》卷八十五，朱杰人等编：《朱子全书》（修订本）第17册，上海古籍出版社、安徽教育出版社2010年版，第2898页。

朱熹认为《仪礼》可全信，他说："今只有《周礼》、《仪礼》可全信。"① "大抵说制度之书，惟《周礼》、《仪礼》可信，《礼记》便不可深信。"② "礼书如《仪礼》，尚完备如他书。"③ 如弟子问服制，朱熹曰："《仪礼》事事都载在里面，其间曲折难行处，他都有个措置得恰好。"朱熹还举例曰："父卒，继母嫁，后为之服报。《传》曰：'何以期也？贵终也。'尝为母子，贵终其恩，此为继母服之义。"④ 朱熹认为，《仪礼》一书完备，所记制度可全信。

朱熹相信《汉书》河间献王得《礼古经》之记载。他说："河间献王所得《礼》五十六篇，却有天子、诸侯之礼，故班固谓'愈于推士礼以为天子、诸侯之礼者'。班固作《汉书》时，此礼犹在，不知何代何年失了。可惜！可惜！"⑤ "河间献王得古《礼》五十六篇，想必有可观。但当时君臣间有所不晓，遂至无传。故先儒谓圣经不亡于秦火，而坏于汉儒，其说亦好。"⑥ "三代之礼，今固难以尽见。其略幸散见于他书，如《仪礼》十七篇多是士礼，邦国人君者仅存一二。遭秦人焚灭之后，至河间献王始得邦国礼五十六篇献之，惜乎不行。至唐此书尚在，诸儒注疏犹时有引为说者。及后来无人说著，则书亡矣。"⑦ 朱熹认为，《礼古经》亡佚，然尚有记载士礼之十七篇不亡，此十七篇即《仪礼》。朱熹曰："今《仪礼》多是士礼，天子诸侯丧祭之礼皆不存，其中不过有些小朝聘燕飨之礼。自汉以来，凡天子之礼，皆是将士礼来增加为之。"⑧ 朱熹认

---

① （宋）黎靖德辑：《朱子语类》卷八十六，朱杰人等编：《朱子全书》（修订本）第17册，上海古籍出版社、安徽教育出版社2010年版，第2911页。
② （宋）黎靖德辑：《朱子语类》卷八十六，朱杰人等编：《朱子全书》（修订本）第17册，上海古籍出版社、安徽教育出版社2010年版，第2912页。
③ （宋）黎靖德辑：《朱子语类》卷八十五，朱杰人等编：《朱子全书》（修订本）第17册，上海古籍出版社、安徽教育出版社2010年版，第2898页。
④ （宋）黎靖德辑：《朱子语类》卷八十五，朱杰人等编：《朱子全书》（修订本）第17册，上海古籍出版社、安徽教育出版社2010年版，第2905页。
⑤ （宋）黎靖德辑：《朱子语类》卷八十五，朱杰人等编：《朱子全书》（修订本）第17册，上海古籍出版社、安徽教育出版社2010年版，第2898页。
⑥ （宋）黎靖德辑：《朱子语类》卷八十六，朱杰人等编：《朱子全书》（修订本）第17册，上海古籍出版社、安徽教育出版社2010年版，第2897页。
⑦ （宋）黎靖德辑：《朱子语类》卷八十四，朱杰人等编：《朱子全书》（修订本）第17册，上海古籍出版社、安徽教育出版社2010年版，第2882页。
⑧ （宋）黎靖德辑：《朱子语类》卷八十五，朱杰人等编：《朱子全书》（修订本）第17册，上海古籍出版社、安徽教育出版社2010年版，第2898页。

为,《仪礼》主要记载士礼,汉代以来皆是"推士礼以至于天子"。

(二)《仪礼》非成于圣人

与张淳、朱熹等人的观点不同,乐史、章如愚等人认为《仪礼》并非出自圣人。乐史提出五条理由以明《仪礼》并非出自周公,其曰:"汉儒传授《曲台杂记》,后马融、郑众始传《周官》,而《仪礼》未尝以教授。"①

乐史认为,后汉马融、郑众等人传《周礼》而不传《仪礼》,说明《仪礼》出现较晚。

又曰:"《周礼》缺《冬官》,求之千金不可得,使有《仪礼》全书,诸儒宁不献之朝乎?班固《七略》、刘歆九种并不著《仪礼》,魏、晋、梁、陈之间,是书始行。"②

乐史认为,班固、刘歆之书不著《仪礼》,说明《仪礼》出现较晚。

又曰:"《聘礼》篇所记宾行饔饩之物、禾米刍薪之数、笾豆簠簋之实、铏壶鼎瓮之列,考之《周官》掌客之说不同。"③

乐史认为,《仪礼》所记聘礼,与《周礼》掌客职掌内容不同,说明《仪礼》非出自周公。

又曰:"其中一篇《丧服》,盖讲师设问难以相解释之辞,非周公之书。"④

乐史认为,《丧服》问答之言乃讲师所设问难之辞,此可说明《仪礼》非周公之书。

又曰:"《周官》所载,自王以下至公侯伯子男皆有其礼,而《仪礼》所谓公食大夫礼及燕礼,皆公与卿大夫之事,不及于王。其他篇所言,曰主人,曰宾而已,似侯国之书,使周公当太平之时,岂不设天子之礼?"⑤

乐史认为,周公所设有天子之礼,而《仪礼》所载仅公、卿、大夫之礼,

---

① (宋)章如愚:《群书考索(附索引)》卷九《经史门·仪礼》,台湾新兴书局有限公司1969年影印本,第299页。
② (宋)章如愚:《群书考索(附索引)》卷九《经史门·仪礼》,台湾新兴书局有限公司1969年影印本,第299页。
③ (宋)章如愚:《群书考索(附索引)》卷九《经史门·仪礼》,台湾新兴书局有限公司1969年影印本,第299页。
④ (宋)章如愚:《群书考索(附索引)》卷九《经史门·仪礼》,台湾新兴书局有限公司1969年影印本,第299页。
⑤ (宋)章如愚:《群书考索(附索引)》卷九《经史门·仪礼》,台湾新兴书局有限公司1969年影印本,第299页。

此可证《仪礼》非出自周公。

乐史是从流传及内容两个方面以证《仪礼》非周公之书。其所提出之理由对后世学人颇有启发，尊《仪礼》者遍寻载籍以释其疑，贬《周礼》者则提出更多证据以增其疑。

南宋章如愚增其疑曰："今考其书，犹有可疑者。且吉、凶、宾、嘉皆有其礼，而军礼独阙焉。自天子至士皆有冠礼，而大夫独无焉。乡饮酒之礼有党正以正齿位，而今独不载焉。宾礼之别有八，燕礼之等有四，冠、昏之篇皆冠以士，大射之礼独名曰仪，朝遇之礼不录，而独存觐礼。其他礼食不载，而独有公食大夫礼，以至言本末之异同。"① 章氏认为《仪礼》可疑，理由有六：一是《仪礼》不载军礼，二是《仪礼·乡饮酒礼》不载正齿位之党正，三是宾、燕之礼有等，而冠、昏礼却仅言士，四是他篇皆言礼而《大射》独言仪，五是载觐礼而不载朝遇之礼，六是食礼仅载公食大夫。

徐积认为"《仪礼》粗为完书，然决非尽出乎圣人"②。徐氏论证曰："且礼者，出乎人情也，而《仪礼》有曰：'父在，母不可以为三年之服。'又曰：'嫂叔无服，所以辟嫌也。'又曰：'师无服。'此岂人情哉？可以决知非圣人所为也。盖多出于汉儒喜行其私意，或欲用其师说，或利其购金，而妄言耳，甚可闵也。"③ 徐积认为，《丧服》"父在为母服"、"叔嫂无服"以及"为师无服"之记载，皆非圣人所为；《仪礼》多出自喜行私意妄言之汉儒。

题名郑樵的《六经奥论》载《仪礼辨》一篇，此文于《仪礼》成书问题之论述前后矛盾。

其一方面承认《仪礼》出自圣人，曰："古人造士，以《礼》、《乐》与《诗》、《书》并言之者，《仪礼》是也。古人《六经》以《礼》、《乐》、《诗》、《书》、《春秋》与《易》并言者，《仪礼》是也。《仪礼》一书，当成王太平之日，周公损益三代之制，作为冠、婚、丧、祭之仪，朝、聘、射、飨之礼，行于朝廷乡党之间；名曰《仪礼》，而乐寓焉。正如后世《礼乐》、《舆服志》之类。"④ 又曰："《仪礼》之书作于周公，春秋以来，礼典之书不存，礼经之意已

---

① （宋）章如愚：《群书考索（附索引）》卷九《经史门·仪礼》，台湾新兴书局有限公司1969年影印本，第299页。
② （宋）徐积：《节孝集》卷三十一《语录》，文渊阁《四库全书》第1101册，第962页。
③ （宋）徐积：《节孝集》卷三十一《语录》，文渊阁《四库全书》第1101册，第962页。
④ （宋）旧题郑樵：《六经奥论》卷五，文渊阁《四库全书》第184册，第97—98页。

失。三家僭鲁,六卿擅晋,礼之大者已不存矣。……则天下所学《仪礼》者,仅容貌威仪之末尔。"①《仪礼辨》认为,《仪礼》是周公损益三代制度而成之书。

其另一方面又认为《仪礼》出自汉儒,曰:"汉兴,传《仪礼》者出于高堂生《士礼》十七篇,而鲁徐生善为容,文帝时以容为礼大夫。后礼之古经出于鲁淹中,河间献王得之,凡五十六篇,并威仪之事。其十七篇与高堂生所传《士礼》同,而字尤多略。今三十九篇乃逸礼。案班固九流、刘歆《七略》并不注《仪礼》,往往汉儒见高堂生所传十七篇,遂模效《礼经》而作之,而范晔作《后汉书》,云《礼古经》与《周官经》前世传其书,未有名家者。中兴以后,郑众、马融等为《周官》作传,并不及《仪礼》。则《仪礼》一书,盖晚出无疑者。故《聘礼》一篇,所记宾介饔饩之物、禾米薪刍之数、笾豆簠簋之实、铜壶时馨之列,考于《周官》掌客之礼,皆不相合。《儒服》一篇,凡发传曰以释其义者凡十有三。又有问者曰何以、何也之辞,盖出于讲师设为问难以相解释。此皆后儒之所增益明矣。"②《仪礼辨》又认为,《仪礼》乃汉儒仿效高堂生所传十七篇《礼经》而成。其还袭乐史之说,认为《仪礼》有颇多可疑之处。

题名郑樵之《仪礼辨》既肯定《仪礼》出自周公,又认为《仪礼》出自汉儒,究其原因,可能如有的学者所云《六经奥论》"杂采诸儒之说"所致。不过,从以上托名郑樵之文字,可窥宋人对于《仪礼》之态度,尊《仪礼》者以其出自周公,疑《仪礼》者以其出自汉儒,两派皆有依据,且言之有理。

在宋代"三礼"诠释史上,学者们较重视《周礼》、《礼记》成书问题之探讨,而疏于《仪礼》成书问题之关注。实际上,并非仅宋代如此,在《仪礼》学成为显学的清代,《仪礼》的成书问题仍然没有太多讨论。究其原因,可能是《仪礼》所载礼仪制度相对完善,故信之者多,而疑之者少。此外,史书于《仪礼》成书之记载,不像《礼记》成书问题那么纷繁,亦不像《周礼》成书有那么多歧见,故《仪礼》成书问题之探讨,没有足够的史料作为前提。

宋人于《仪礼》成书问题的讨论虽然不多,然观点影响深远。如清人胡培翚《仪礼正义》在探讨《仪礼》成书问题时,征引了朱熹、张淳、虙氏、熊朋来之说,并下案语曰:"'三礼'惟《仪礼》最古,亦惟《仪礼》最醇矣。《仪

---

① (宋)旧题郑樵:《六经奥论》卷五,文渊阁《四库全书》第184册,第98页。
② (宋)旧题郑樵:《六经奥论》卷五,文渊阁《四库全书》第184册,第98页。

礼》有经有记,有传有记传,乃孔门七十子之徒之所为,而经非周公莫能作。其间器物陈设之多,行礼节次之密,升降揖让裼袭之繁,读之无不条理秩然。每篇自首至尾,一气贯注,有欲增减而不能者。今所存止十七篇,以为残阙不全,固有之矣。若以为出后人之伪撰,则断乎其未有也。"① 胡氏既肯定《仪礼》出自周公,又认为《仪礼》有残阙,此与张淳、朱熹等人的观点如出一辙。借胡氏之说,可知宋人于《仪礼》成书观点影响之深远。

### 三、宋儒于《礼记》作者和成书之辨疑

《礼记》非成于一人,各篇的写作时代也前后不一。不但如此,《礼记》有些篇目的内容单一而集中,如《月令》、《冠义》等,有些篇目的内容驳杂而无序,每段相互独立,如《曲礼》上下、《檀弓》上下等。自东汉以来,不少学者对《礼记》各篇的作者和写作时代都做过一些探讨,不过由于年代久远,书缺有间,仁者见仁,智者见智,各家之说均难成定论。笔者拟将宋儒于《礼记》成书之认识放到学术史上加以考察,以见宋儒观点的学术价值。

(一)宋儒于《礼记》作者之辨疑

宋儒于《礼记》诸多篇目之作者皆有论说,其最关注的篇目,是《王制》、《儒行》、《月令》、《礼运》、《大学》、《中庸》。

1. 宋儒于《王制》作者之辨疑

《王制》是《礼记》的第五篇,主要记录了周代的爵禄、封国、官职、巡守、朝聘、教学、养老等制度。任铭善曰:"兹篇所记者十事:班爵,禄田,任官,巡狩,朝聘,教学,养老,国用,丧祭,职方,盖损益四代以定一王之法,而未必时行者也。"② 关于《王制》的作者和成篇年代,宋代以前主要有三种观点:一是认为《王制》为汉文帝时博士所作,持此观点的代表人物是司马迁和卢植。司马迁云:"(前164年)夏四月,文帝……而使博士诸生刺《六经》中作《王制》,谋议巡狩封禅事。"③ 卢植云:"汉孝文皇帝令博士诸生作此《王制》之书。"④ 二是认为《王制》作于战国,持此观点的代表人物是郑玄。郑玄云:"孟子当赧王之际,《王制》之作,复在其后。"⑤ 三是认为《王制》作于秦

---

① (清)胡培翚:《仪礼正义》卷二,《续修四库全书》第91册,第595页。
② 任铭善:《礼记目录后案》,齐鲁书社1982年版,第11页。
③ (汉)司马迁:《史记》卷二十八《封禅书第六》,中华书局1959年点校本,第1382页。
④ (清)阮元校刻:《十三经注疏(附校勘记)》,中华书局1980年版,第1231页。
⑤ (清)阮元校刻:《十三经注疏(附校勘记)》,中华书局1980年版,第1231页。

汉之际，持此观点的代表人物是孔颖达。孔氏云："《王制》之作，盖在秦汉之际。"①

宋儒郑樵、叶适、孙景南、项安世、徐自明等人均秉承司马迁和卢植的观点，认为《王制》出自汉代博士。如郑樵云："夫子曰：'述而不作。'又曰：'盖有不知而作之者，我无是也。'汉文帝时，诸儒刺经作《王制》。博士诸生，果何人哉？而能为不刊之典，以传无穷？其论封建、受田、授地、班禄之制，则依放《孟子》；言禘、祫、烝、尝之说，则采《春秋》之说而失其旨；言狱讼正听之辞，则采三代之意而录秦人之官；言巡狩，则窃《书》之文；言官，则窃《左氏》之语；其余杂取《公》、《穀》等说，而益之以己见。甚而所说朝聘为文襄时事，而大聘与朝又是晋文公霸时所制，正所谓不知而作也，虽其言未必尽非，要之抵牾者多矣。孔子之时，杞宋之文献不足，而夏商之礼文不足征矣；孟子之时，诸侯已去其籍，周制又无所稽矣。所谓王制者，将周制乎？抑夏商之制乎？"②郑樵认为，《王制》为汉文帝时博士所作，其内容是博士采自《孟子》、《春秋》、《尚书》、《左传》、《公羊传》、《穀梁传》。在郑樵看来，《王制》虽未必尽是杜撰，但是书中抵牾处很多。

又如孙景南曰："案《前汉·郊祀志》'文帝使博士诸生刺《六经》中作《王制》，谋议巡守封禅事'，则知《礼记》之书杂出于汉儒明矣。特其时去古未远，老师宿儒得于载籍之记，传闻之旧，网罗三代之令典，尚足垂当年而诏后世也。若《王制》之所采，自分田之法，建国之制，设官爵命之数，朝聘巡守之礼，丧祭之仪，征役之限，以至冢宰制国用，司马论官材，司空度地居民，司徒修明礼教，司寇正刑明辟，与夫海内地域之广狭，内外诸侯之多寡，大略尽矣。苟以为非古制，岂汉儒以意言之与？大抵秦汉以下，谋国者类为一切简便，无复古人之意。有如统诸侯之权，自五国则有属长，十国则有连帅，三十国则有卒正，二百一十国则有州伯，此岂后世维持郡国者所暇及也？举贤之法，论于乡则为秀士，论于司徒则为选士，升于学则为俊士，论于大司乐而后为造士，论于司马而后为进士。盖官之爵之禄之犹有所待，则岂后世选用人才所暇及也？听狱一事也，史以狱成告于正，正听之而告于司寇，司寇又听之而告于王，王命三公参听之而后以告于王，王三宥然后行刑焉，何其谨之

---

① （清）阮元校刻：《十三经注疏（附校勘记）》，中华书局1980年版，第1231页。
② （宋）旧题郑樵：《六经奥论》卷五，文渊阁《四库全书》第184册，第103—104页。

至也！受质一事也，司会以其成质于天子，而冢宰受之以退，司徒、司马、司空又以质于天子，而百官受之以退，又何审之详也！非三代之法，其孰能与于此？然苟以为先秦古书，而非汉儒缀辑，则其间尽不免有所抵牾也。……究观诸生之所考，亦既详矣。文帝能使人论次其书，而不能用，与叶公好龙何异？吾尝论汉人不能复古，览《王制》之书，每为之太息也。"① 孙景南据《汉书·郊祀志》文帝使博士诸生刺《六经》中作《王制》、谋议巡守封禅事之记载，认为《礼记》杂出于汉儒。孙氏认为，《王制》并非汉儒向壁虚造，而是老师宿儒得于载籍之记、传闻之旧，以及网罗三代之令典而成。在孙氏看来，《王制》所载多三代之法，汉代已不适用，文帝令博士诸生作《王制》，无异于叶公好龙。

又如项安世曰："《王制》之言爵禄取于《孟子》，其言巡狩取于《虞书》，其言岁三田，及大司徒、大司马、大司空三官则皆取于《公羊氏》，其言诸侯朝聘之节则取于《左氏》，其余必皆有所授。盖文帝合汉初今文博士之传，斟酌增损，共为一书，将以兴王制、致太平者，其说自应与古文诸书不合。郑康成无策以通之，强为之说，曰此殷制也，自是凡不可通者，皆以此语断之，岂非遁辞也哉！"② 项安世认为，《王制》一书为汉文帝时今文经学博士斟酌损益而成，博士作此书之目的是兴王制、致太平。

此外，杨甲、叶适亦以《王制》为汉文帝时博士所作。③ 徐自明虽未明言《王制》为文帝时博士所作，但仍认为"汉儒思古而《王制》所为作也"④。

郑樵、叶适、孙景南、项安世、徐自明认为《王制》是汉文帝时博士诸生所作，内容是博士诸生从《六经》中采择的"三代之法"，这些观点皆上承司马迁、卢植。郑樵等人的观点下启清儒，如清代《礼记》学大家孙希旦、朱彬等人皆持汉博士作《王制》说。⑤ 关于《王制》的作者和成书年代，今人还

---

① （宋）卫湜：《礼记集说》卷二十四，文渊阁《四库全书》第117册，第477—479页。
② （宋）卫湜：《礼记集说》卷二十四，文渊阁《四库全书》第117册，第479页。
③ （宋）杨甲：《六经图》卷八，文渊阁《四库全书》第183册，第372页。
④ （宋）卫湜：《礼记集说》卷二十四，文渊阁《四库全书》第117册，第479页。
⑤ 清人孙希旦云："愚谓《史记》言汉文帝'令博士刺《六经》作《王制》，谋议封禅巡守事'，则此篇作于汉时明矣。"（孙希旦著，沈啸寰等点校：《礼记集解》卷十二，中华书局1989年版，第309页）从清人朱彬所引卢植、郑玄、王懋竑于《王制》作者和成篇年代之观点，可知朱彬认为《王制》出于汉博士之手。[参见（清）朱彬著，饶钦农点校：《礼记训纂》卷五，中华书局1996年版，第163页]

有异议，尚需继续探讨。①

2. 宋儒于《月令》作者之辨疑

《月令》是《礼记》的第六篇，郑玄曰："名曰《月令》者，以其记十二月政之所行也。"② 此篇记载了一年十二个月中，王者根据每月天文、气候的变化，发布合适的政令，从而达到治国安民之目的。关于《月令》的作者和成篇年代，宋代以前主要有四种观点：一是认为《月令》为周公作，持此种观点的有贾逵、马融、蔡邕、王肃等人；二是认为《月令》出自《吕氏春秋》，持此种观点的有高诱、卢植、郑玄、陆德明、孔颖达等人；三是认为《月令》作于夏代，持此种观点的为晋代的束皙；四是认为《月令》杂有虞、夏、殷、周之法，持此种观点的为隋代的牛弘。

宋人于《月令》作者和成篇之认识，大致有五种观点：

一是认为《月令》是杂先王后儒观点为一书的儒家著作。持此种观点的代表人物是马希孟。马氏曰："历象日月星辰以授人时，自尧以来未之有改也。舜齐七政，周用五纪，其究一也。盖日月星辰之往来不穷，或离或合，或赢或缩，进退相代，始终相循者，天以是命万物，而人奉之以为今者，亦因是也。方周之时，以冯相氏会天位，保章氏辨地域，又以太史正岁年，而须官府都鄙以序事，颁邦国以告朔。……《月令》之为书，亦祖先王之余，而后儒傅会增益以成之者也。"③ 马希孟认为，先王根据日月星辰等天象的变化以授人时，这种做法自尧舜以来就未曾改变；《月令》是杂先王后儒观点为一书的儒家著作，此篇继承了先王以天象授人时的做法，亦增入了后儒的看法。马希孟的观点与隋代牛弘以《月令》杂有虞、夏、殷、周之法的观点近似。

二是认为《月令》为秦人所作。持此种观点的代表人物是张载。张氏曰："《月令》大率秦法也。然采三代之文而为之，不无古意。其衣服、器皿、官名皆秦礼也。"④ 张载认为，《月令》为秦人所作，书中追述了古圣先王之道，同时也杂有秦礼。

---

① 晚清学者廖平认为《王制》乃孔子改制之作。（参见廖平：《今古学考》卷下，李耀先主编：《廖平选集》上册，巴蜀书社1998年版，第68—71页）王锷认为："《礼记·王制》成篇于战国中期，《孟子》之前。"（王锷：《礼记成书考》，中华书局2007年版，第184页）
② （清）阮元校刻：《十三经注疏（附校勘记）》，中华书局1980年版，第1352页。
③ （宋）卫湜：《礼记集说》卷三十七，文渊阁《四库全书》第117册，第748—749页。
④ （宋）卫湜：《礼记集说》卷三十七，文渊阁《四库全书》第117册，第748页。

三是认为《月令》出于《吕氏春秋》。持此种观点的有杨甲、郑樵和黄震等人。杨甲曰:"《月令》,吕不韦撰。"① 郑樵云:"吕不韦招秦客作《吕览》一书,著十二月记,合十余万言,名《吕氏春秋》。书成,垂千金咸阳市,曰:'有能增减一字者与之。'汉儒取其篇首皆有'月令',故名之。今以其书考之,周无太尉,惟秦有之,而《月令》云'乃命太尉',是官名不合也。周无腊祭,惟秦有之,而《月令》云'腊先祖',是祭名不合也。秦以十月为岁首,而《月令》云'季秋为来岁受朔',是时不合也。周以大冕郊天,以大裘、五辂、大常迎气,而《月令》车服并依时色,是事不合也。古无有养壮佼之名,《月令》有之,此皆秦人法制,是制不合也。案始皇十二年,不韦已死,至十六年,始皇并天下,以十月为岁首。方秦以建亥首岁,而不韦已死,至十六年数岁矣,今其书以来岁受朔之文,必是后人附益以成书。"② 郑樵认为,《吕氏春秋》为战国时期秦人吕不韦招揽门客所作,汉儒则将《吕氏春秋》每一篇卷首"月令"部分抽出,合而为一书,即成《礼记·月令》。郑樵还批驳了《月令》为周人所作的观点,其依据是《月令》中的职官名称、祭祀名称等符合秦制,而不合周制。可以看出,郑樵此说深受孔颖达之启发。③ 郑樵认为《月令》也有后人附益成分,并非全出自吕氏门客,此说与郑玄、卢植、高诱等人的观点非常接近。黄震云:"《月令》固非尽述三代之制,亦非立为秦人一代之制。吕不韦姑集众闻,而人时行事若可垂训,记礼者又从而取之。"④ 黄震认为《月令》是吕不韦采众说而成,既非全为三代之制,也不全为秦国之制,因此他主张据《吕氏春秋》校勘《月令》。

四是认为《月令》非一人一时之作,吕氏宾客、淮南幕僚以及汉代礼家均为《月令》的作者。持此种观点的是范浚。范氏云:"予详求其说,盖以为吕氏使其客人人著所闻,集论以为《十二纪》,初非出一手也。至汉淮南王安

---

① (宋)杨甲:《六经图》卷八,文渊阁《四库全书》第183册,第372页。
② (宋)旧题郑樵:《六经奥论》卷五,文渊阁《四库全书》第184册,第102—103页。
③ (唐)孔颖达曰:"按吕不韦集诸儒士著为十二月纪,合十余万言,名为《吕氏春秋》,篇首皆有《月令》,与此文同,是一证也。又周无大尉,唯秦官有大尉,而此《月令》云'乃命大尉',此是官名不合周法,二证也。又秦以十月建亥为岁首,而《月令》云'为来岁授朔日',即是九月为岁终,十月为受朔,此是时不合周法,三证也。又周有六冕,郊天迎气则用大裘,乘玉辂,建太常日月之章,而《月令》服饰车旗并依时色,此是事不合周法,四证也。"[(清)阮元校刻:《十三经注疏(附校勘记)》,中华书局1980年版,第1352页]
④ (宋)黄震:《黄氏日抄》卷十六,文渊阁《四库全书》第707册,第460页。

与苏飞、李尚及诸儒大山、小山等著书,又取吕氏《十二纪》附益为《时则训》,今见《淮南鸿烈解》,盖亦诸儒为之,而非出一手也。夫《十二纪》既非出一手,汉人取而附益之,又非出一手,已而礼家抄合于《礼记》,则《月令》岂一人之为哉?意不韦宾客著所闻,或取虞、夏、商、周之遗典,或据时事以为说。其后汉诸儒又增加之,故《月令》官名、时事杂用虞、夏、商、周、秦、汉之制。"① 范浚认为,吕不韦集门客所闻著《吕氏春秋·十二纪》,汉代淮南王又取《吕氏春秋·十二纪》撰《时则训》,汉儒取《十二纪》、《时则训》,抄合而成《礼记》;由于《十二纪》杂虞、夏、商、周之遗典,《时则训》又杂汉儒之说,因此《月令》杂有虞、夏、商、周、秦、汉之制。

五是认为《月令》与《洪范》"固相与为一体"。持此种观点的是高闶,高氏云:"《月令》一书,先儒尝详论其所作之原矣。汉马融、贾逵、晋孔晁皆以为作于周公,郑康成、高诱、唐孔颖达乃谓秦时吕不韦所作。其说所以异同者,盖以《月令》有命相及太尉、奄尹、大酋之文,其官名皆与周异,故疑为秦时书。或谓吕不韦时,始皇未帝也,未帝则仍用周正,而《月令》所称必曰天子,又纪以夏正,则又疑非吕氏书。或谓始皇既为天子,秦人取不韦《十二纪》增加为之。殊不知始皇并天下,既罢侯置守,建三十六郡,以十月朔为正,吏民为黔首矣。而《月令》所载封诸侯、命四监,季冬共饬国典,孟春庆及兆民,则皆非秦制,又疑非始皇为帝时书。或又谓既非周公时书,又非吕不韦书,又非始皇为帝时书,乃汉淮南王安与诸儒取吕氏《十二纪》附益为《时则训》,而礼家复有所增加焉。故《月令》杂用虞、夏、商、周、秦、汉之制耳。凡为此数说者,要之皆非深知《月令》者也。盖《月令》一书所以著入《六经》而垂训万世者,自有深旨。"② 又云:"尝读《洪范》之书,而后得其说。盖《月令》一篇大体与《洪范》相通为一,特先儒未之讲明尔。何则?《洪范》之论,初一曰五行,即《月令》金、木、水、火、土之运见于每事,有所属者也。……次九曰向用五福,即《月令》养衰老、礼贤者,行爵出禄,必推所尊礼者也。至于威用六极,即时令失宜,民多疾疫,迁徙流亡之类是也。虽然《月令》与《洪范》固相与为一体矣,然《洪范》所以能使五行、八政、五纪、三德以及稽疑、庶征、五福、六极之咸得其宜者,以其有敬用五事、建用皇极

---

① (宋)范浚:《范香溪文集》卷二《月令论》,《四部丛刊续编》第 65 册,第 14 页。
② (宋)卫湜:《礼记集说》卷三十七,文渊阁《四库全书》第 117 册,第 749 页。

以为之本原也,而《月令》何所取焉?呜呼!《月令》之本原,学者殆未之考耳。"① 高闶认为,《月令》既不是周公所作,又非吕不韦、淮南王所集;《月令》之所以能被纳入《六经》垂训万世,有深意所在。高闶将《月令》与《洪范》加以比较,认为《洪范》乃《月令》之"本原",二者意义相通,只不过学者没有注意罢了。虽然高氏没有明确《月令》究竟出自何时何人,但是其将《月令》与《洪范》做比较研究,为后人于《月令》成篇问题之探讨提供了新的思路。

宋儒中的不少人认为《月令》出自秦国儒生,此与郑玄、卢植、陆德明和孔颖达等人所持《月令》为秦国吕不韦门客所作的观点接近。宋儒也继承了前人的论证方式,即从《月令》所记职官、祭祀、车服制度等着眼,力图证明《月令》出自秦人。宋儒于《月令》作者之认识影响深远,清人万斯大、王引之,今人任铭善、徐复观等皆认为《月令》出自《吕氏春秋》。②

自古及今,学者们在《月令》作者的认识上意见纷纭,难成定论,不过正是由于历代学者的探讨,《月令》的作者问题才由模糊逐渐变得清晰。宋儒对《月令》成篇问题所做之探讨,偏颇在所难免,不过对于今人还是颇有启发意义的。③

### 3. 宋儒于《礼运》作者之辨疑

《礼运》是《礼记》的第九篇,郑玄云:"'礼运'者,以其记五帝三王相变易及阴阳转旋之道。此于《别录》属通论。"④ 孔颖达云:"不以子游为篇目者,以曾子所问,事类既烦杂,不可以一理目篇;子游所问唯论礼之运转之事,故以'礼运'为标目耳。"⑤ 孔颖达认为,《礼运》所记载的是子游问孔子

---

① (宋)卫湜:《礼记集说》卷三十七,文渊阁《四库全书》第117册,第750页。
② 任铭善:《礼记目录后案》,齐鲁书社1982年版,第15页;徐复观:《〈吕氏春秋〉及其对汉代学术与政治的影响》,《两汉思想史》第二卷,华东师范大学出版社2001年版,第1—52页。
③ 杨宽认为,《礼记·月令》上承《七月》、《夏小正》,是战国末期阴阳五行家的作品,作者是晋国人的后裔。《吕氏春秋》十二纪之首章及《吕氏春秋·音律篇》是吕不韦门客根据《月令》相同的底本改编而成,《淮南子·时则训》也是根据《月令》而来。王锷同意杨宽的观点。参见杨宽《月令考》,原载《齐鲁学报》1941年第2期,后被收入《杨宽古史论文选集》卷七,上海人民出版社2003年版,第463—510页;王锷:《〈礼记〉成书考》,中华书局2007年版,第273页。
④ (清)阮元校刻:《十三经注疏(附校勘记)》,中华书局1980年版,第1413页。
⑤ (清)阮元校刻:《十三经注疏(附校勘记)》,中华书局1980年版,第1413页。

礼之运转之事。关于《礼运》的作者，郑氏和孔氏并未明言。

宋人对于《礼运》所记子游问礼运转之事有异议。《朱子语类》记载：

"'《礼运》言三王不及上古事。人皆谓其说似庄老。'先生曰：'《礼运》之说有理，三王自是不及上古。胡明仲言，恐是子游撰。'"①

"问：'《礼运》似与老子同？'曰：'不是圣人书。胡明仲云：《礼运》是子游作，《乐记》是子贡作。计子游亦不至如此之浅。'"②

案：胡明仲即胡寅，胡安国之侄，他认为《礼运》是子游所作。③ 朱熹认为，《礼运》似老庄之言，不应出自圣人，此外，《礼运》文字浅近，不可能出自子游。

又如黄震曰："《礼运》记五帝三王相变易阴阳转移之道，故以'运'名。虽思太古而悲后世，其主意微近于老子，而终篇混混为一，极多精语。如论造化，谓天秉阳，垂日星，地秉阴，窍于山川。如论治，谓圣人耐以天下为一家，中国为一人。如论人，则谓人者天地之心，谓天地之德，阴阳之交，鬼神之会，五行之秀气。如论礼，则谓礼者固人肌肤之会，筋骸之束，皆千万世名言。"④ 黄震认为，《礼运》之义与道家近似，从总体上看，《礼运》又多精语，为千万世名言。

又如叶适曰："又据《礼运》称仲尼、言偃所论，与孔子在时言礼全不合。孔子之言甚简直下，不立冒子，治乱只在目前，何尝有道行道隐之别、大同小康之辨？盖后学不能以身行礼，浮辞泛说而已。"⑤ 叶适认为，《礼运》所记孔子、子游言语，与孔子的思想全不相合，因此《礼运》不可能是孔子所作，或许成于孔子之后学。

关于《礼运》的作者和成篇时代，宋以后有颇多议论，如元代陈澔"疑

---

① （宋）黎靖德辑：《朱子语类》卷八十七，朱杰人等编：《朱子全书》（修订本）第17册，上海古籍出版社、安徽教育出版社2010年版，第2958页。
② （宋）黎靖德辑：《朱子语类》卷八十七，朱杰人等编：《朱子全书》（修订本）第17册，上海古籍出版社、安徽教育出版社2010年版，第2958页。
③ （宋）胡寅曰："然《礼运》，偃（子游）也所为。《乐记》，商也所为。华实彬彬，亚于经训。后之作者，有能及邪？"［（宋）胡寅著，容肇祖点校：《崇正辩斐然集》卷十九《智京语录序》，中华书局1993年版，第401页］
④ （宋）黄震：《黄氏日抄》卷十八，文渊阁《四库全书》第707册，第512页。
⑤ （宋）叶适：《习学记言》卷八，上海古籍出版社1992年影印本，第65页。

(《礼运》)出于子游门人之所记"①；任铭善认为《礼运》是子游自记，其中有后人窜入者；②王锷认为《礼运》的主体部分应该是子游记录，大概写成于战国中期。③关于《礼运》的作者问题，迄今为止尚无定论。宋儒认为《礼运》非出自子游，并认为书中有道家思想，这些观点影响颇为深远，近代吴虞等人认为《礼运》出自道家，与黄震等人的观点如出一辙。④

4. 宋儒于《儒行》作者之辨疑

《儒行》是《礼记》的第四十一篇，此篇是专论儒者所应有之德行，故名。郑玄《三礼目录》云："名曰'儒行'者，以其记有道德者所行也。儒之言优也，柔也，能安人，能服人。又儒者，濡也，以先王之道能濡其身。此于《别录》属通论。"⑤在此篇中，鲁哀公问孔子儒者应该具有哪些德行，孔子一一作答，并阐述了儒者所应具有的十六种德行。郑玄认为，《儒行》是孔子的著作，他说："《儒行》之作，盖孔子自卫初反鲁时也。孔子归至其舍，哀公就而礼馆之，问儒服而遂问儒行，乃始觉焉。言'没世不敢以儒为戏'，当时服。"⑥

宋儒李觏、程颐、吕大临、朱熹、杨简等人于《儒行》的作者皆有论述。如李觏曰："《儒行》非孔子言也，盖战国时豪士所以高世之节耳。"⑦又说："考一篇之内，虽时与圣人合，而称说多过，其施于父子兄弟夫妇，若家，若国，若天下，粹美之道则无见矣。圣人之行如斯而已乎？或曰：哀公轻儒，孔子有为而言也。曰：多自夸大以摇其君，岂所谓孔子者哉？"⑧李觏认为，《儒行》所阐述儒者所应有之德行与圣人之意不相合，此外，孔子所言有矜夸自大之嫌，与孔子尊君的形象亦有异，故《儒行》所言十六种德行并非真出自孔子。李觏还指出，《儒行》虽非孔子所言，但有些内容不违圣人之意。

又如程颐云："《儒行》之篇，此书全无义理，如后世游说之士所为夸大之

---

① （清）纳喇性德：《陈氏礼记集说补正》卷十三，文渊阁《四库全书》第127册，第116页。
② 参见任铭善：《礼记目录后案》，齐鲁书社1982年版，第23页。
③ 参见王锷：《〈礼记〉成书考》，中华书局2007年版，第241页。
④ 参见吴虞：《儒家大同之义本于老子说》，《新青年》1917年7月3卷5期。
⑤ （清）阮元校刻：《十三经注疏（附校勘记）》，中华书局1980年版，第1668页。
⑥ （清）阮元校刻：《十三经注疏（附校勘记）》，中华书局1980年版，第1671页。
⑦ （宋）李觏：《读儒行》，《李觏集》卷二十九，中华书局2011年版，第343页。
⑧ （宋）李觏：《读儒行》，《李觏集》卷二十九，中华书局2011年版，第344页。

说。观孔子平日语言，有如是者否？"① 又云："《礼记·儒行》、《经解》，全不是。……煞害义理。"② 程颐认为，《儒行》内容不类孔子之言，且与儒家义理不合，应为游说之士夸大之说。此与李觏之说大体一致。

又如吕大临曰："《儒行》者，鲁哀公问孔子儒服，孔子不对，因问儒行，而孔子历言之。今考其书，言儒者之行，诚有是事也；谓孔子言之，则可疑也。儒者之行，一出于义理，皆吾性分之所当为，非以自多求胜于天下也。此篇之说，有矜大胜人之气，少雍容深厚之风，似与不知者力争于一旦。窃意末世儒者，将以自尊其教，有道者不为也。虽然，其言儒者之行不合于义理者殊寡，学者果践其言，亦不愧于为儒矣！此先儒所以存于篇，今日讲解，所以不敢废也。"③ 吕大临认为，《儒行》所记儒者之德行并非出自孔子，原因在于《儒行》语言有矜大胜人之气，而少圣人所应有的雍容之风；《儒行》所记对话，似圣人与无知者无谓之争。吕氏还指出，尽管《儒行》所言儒者德行与儒家义理不合，但是学者若能践行，亦不愧为儒者。

又如朱熹曰："《儒行》、《乐记》非圣人之书，乃战国贤士为之。"④ 朱熹认为，《儒行》非圣人所言，是战国时期贤能之士所作。

又如杨简曰："《家语》、《小戴记》并载《儒行》一篇，其间可疑者良多，最其甚者曰'其过失可微辩，而不可面数也，其刚毅有如此者'，殆非孔子之言。"⑤ 杨简认为，《儒行》可疑之处很多，其中最为可疑者是"其过失可微辩，而不可面数也，其刚毅有如此者"一语。杨简认为此语不可能出自孔子。

由此可见，宋儒普遍认为《儒行》语言有矜大自夸的特点，与圣人气象不合。各家在否定孔子作《儒行》的同时，亦对《儒行》的作者提出了自己的看法，如李觏、朱熹均认为《儒行》出自战国时期贤能之士。

---

① （宋）程颢、程颐：《河南程氏遗书》卷十七《伊川先生语三》，王孝鱼点校：《二程集》，中华书局1981年版，第177页。
② （宋）程颢、程颐：《河南程氏遗书》卷十九《伊川先生语五》，王孝鱼点校：《二程集》，中华书局1981年版，第254页。
③ （宋）吕大临：《礼记解》，陈俊民辑校：《蓝田吕氏遗著辑校》，中华书局1993年版，第360页。
④ （宋）黎靖德辑：《朱子语类》卷八十七，朱杰人等编：《朱子全书》（修订本）第17册，上海古籍出版社、安徽教育出版社2010年版，第2941页。
⑤ （宋）杨简：《慈湖遗书》卷九《论礼乐》，张寿镛辑刊《四明丛书》第四集（一），新文丰出版公司1988年版，第320页。

宋儒于《儒行》作者和成篇之探讨影响深远。元人陈澔、清人孙希旦继承了宋儒的观点，认为《儒行》为战国时人所作。今人任铭善、王梦鸥、杨天宇、吕友仁等人均认为《儒行》是战国贤士假托孔子与鲁哀公问答之辞。① 由此可见，宋儒于《儒行》作者问题之认识，影响一直延续到今天。至于宋儒关于《儒行》作者问题的认识是否正确，还需学界做进一步的探讨。②

5. 宋儒于《大学》作者之辨疑

《大学》是《礼记》的第四十二篇，郑玄《三礼目录》云："名曰'大学'者，以其记博学可以为政也。此于《别录》属通论。"③ 关于《大学》的作者和成篇年代，宋代以前绝少有人提及。对《大学》的作者和成篇年代有较多考察的，当始自宋儒。

程子曰："《大学》乃孔子遗书，须从此学则不差。"④ 程子认为，《大学》是孔子遗书，意即孔子是《大学》的作者。

在二程研究之基础上，朱熹对《大学》的作者和成篇年代做了进一步的探究。朱熹将《大学》分为经、传两部分，他说："右经一章，盖孔子之言，而曾子述之。其传十章，则曾子之意而门人记之也。"⑤ "盖致知格物者，尧舜所谓精一也；正心诚意者，尧舜所谓执中也；自古圣人口授心传而见于行事者，惟此而已。至于孔子集厥大成，然进而不得其位以施之天下，故退而笔之以为《六经》，以示后世之为天下国家者。于其间语其本末终始先后之序，尤详且

---

① 孙希旦云："此篇不类圣人气象，先儒多疑之。而哀公为人多妄，卒为三桓所逐。其于孔子，则生不能用，没而诔之，所谓'言加信，行加义，终没吾世，不敢以儒为戏'者，亦夸大之辞尔。盖战国时儒者见轻于世，故为孔子之学者托为此言，以重其道。"[(清) 孙希旦著，沈啸寰等点校：《礼记集解》卷五十七，中华书局 1989 年版，第 1410 页。另可参见任铭善：《礼记目录后案》，齐鲁书社 1982 年版，第 89 页；王梦鸥：《礼记今注今译》，台湾商务印书馆 1970 年版，第 948 页；杨天宇：《礼记译注》，上海古籍出版社 1997 年版，第 1021 页；吕友仁等：《礼记全译·孝经全译》(下)，贵州人民出版社 1998 年版，第 1071 页]
② 王锷同意郑玄的观点，他说："《儒行》是孔子的著作，是由当时在场的鲁国史官记录后，经孔门弟子整理而成，成篇最迟当在战国前期。"(王锷：《〈礼记〉成书考》，中华书局 2007 年版，第 52 页)
③ (清) 阮元校刻：《十三经注疏 (附校勘记)》，中华书局 1980 年版，第 1673 页。
④ (宋) 卫湜：《礼记集说》卷一百四十九，文渊阁《四库全书》第 120 册，第 567 页。
⑤ (宋) 朱熹：《大学章句》，朱杰人等编：《朱子全书》(修订本) 第 6 册，上海古籍出版社、安徽教育出版社 2010 年版，第 17 页。

明者，则今见于戴氏之记，所谓《大学》篇者是也。"① "三千之徒，盖莫不闻其说，而曾氏之传独得其宗，于是作为传义，以发其意。"② 朱熹认为，《大学》有经有传，经是孔子之言而曾子述之，传是曾子之意而门人记之；《大学》成篇最迟不过战国前期。

朱熹的观点曾一度遭到后人的怀疑，如有人认为《大学》"盖亦七十子门人所记"，或谓"盖亦儒分为八之后，其中一派之说"，或谓"大约是战国时期的作品"，有人甚至认为"《大学》则大部分是荀学"③。不过，随着出土文献的增多和研究的深入，朱熹观点的合理性逐渐凸显出来。朱熹认为《大学》有经有传，这与出土的马王堆帛书《五行》有经、说（传）的体例如出一辙，正如李学勤所云："前人为什么说《大学》是'圣经贤传'，经的部分是孔子之言而曾子述之，传的部分是曾子之意而其门人记之呢？这是由于传文明记有'曾子曰'，而曾子的话又和整个传文不能分割。按战国时的著书通例，这是曾子门人记录曾子的论点，和孟子著书有与其弟子的讨论相同，所以《大学》的传应认为曾子作品。曾子是孔子弟子，因而经的部分就一定是曾子所述孔子之言。"④

6. 宋儒于《中庸》作者之辨疑

《中庸》是《礼记》的第三十一篇，郑玄《三礼目录》云："名曰'中庸'者，以其记中和之为用也。庸，用也。孔子之孙子思伋作之，以昭明圣祖之德。此于《别录》属通论。"⑤ 除郑玄外，司马迁、沈约等人也以《中庸》出自子思。司马迁《史记·孔子世家》云："子思作《中庸》。"⑥《隋书·音乐志》

---

① （宋）朱熹：《晦庵先生朱文公文集》卷十一《壬午应诏封事》，朱杰人等编：《朱子全书》（修订本）第20册，上海古籍出版社、安徽教育出版社2010年版，第572页。
② （宋）朱熹：《晦庵先生朱文公文集》卷七十六《大学章句序》，朱杰人等编：《朱子全书》（修订本）第24册，上海古籍出版社、安徽教育出版社2010年版，第3672—3673页。
③ 任铭善：《礼记目录后案》，齐鲁书社1982年版，第90页；杨天宇：《礼记译注》，上海古籍出版社1997年版，第1033页；吕友仁等：《礼记全译·孝经全译》（下），贵州人民出版社1998年版，第1085页；冯友兰：《中国哲学史》，华东师范大学出版社2001年版，第267—278页。
④ 李学勤：《荆门郭店楚简中的〈子思子〉》，《重写学术史》，河北教育出版社2002年版，第9—10页。
⑤ （清）阮元校刻：《十三经注疏（附校勘记）》，中华书局1980年版，第1625页。
⑥ （汉）司马迁：《史记》卷四十七《孔子世家第十七》，中华书局1959年点校本，第1946页。

引梁沈约之语曰:"《中庸》、《表记》、《坊记》、《缁衣》,皆取《子思子》。"①

宋儒在汉唐学人所做探讨之基础上,对《中庸》的作者问题做了进一步的考证。

二程认为《中庸》为"孔门传授心法",程子曰:"子思恐其久而差也,故笔之于书,以授孟子。其书始言一理,中散为万事,末复合为一理,'放之则弥六合,卷之则退藏于密',其味无穷,皆实学也。善读者玩索而得焉,则终身用之,有不能尽者矣"。②二程认为,子思忧"孔门传授心法"日久渐失,于是著《中庸》以授孟子。

吕大临亦认为《中庸》是子思所作,他说:"《中庸》之书,圣门学者尽心以知性,躬行以尽性,始卒不越乎此书。孔子传之曾子,曾子传之子思,子思述所授之言,以著于篇,故此书之论,皆圣人之绪言,入德之大要也。"③吕氏认为,《中庸》所载是孔子"尽心以知性"、"躬行以尽性"之说,孔子传给曾子,曾子又传给子思,子思将孔子、曾子之言笔之于书,遂成《中庸》。

朱熹继承二程和吕大临的观点,并做了较为详密的论证。朱熹说:"《中庸》何为而作也?子思子忧道学之失其传而作也。……夫尧、舜、禹,天下之大圣也。以天下相传,天下之大事也。以天下之大圣,行天下之大事,而其授受之际,丁宁告戒,不过如此。则天下之理,岂有以加于此哉?自是以来,圣圣相承:若成汤、文、武之为君,皋陶、伊、傅、周、召之为臣,既皆于此而接夫道统之传。若吾夫子,则虽不得其位,而所以继往圣、开来学,其功反若有贤于尧舜者。然当是时,见而知之者,惟颜氏、曾氏之传得其宗。及曾氏之再传,而复得夫子之孙子思,则去圣远而异端起矣。子思惧夫愈久而愈失其真也,于是推本尧舜以来相传之意,质以平日所闻父师之言,更互演绎,作为此书,以诏后之学者。盖其忧之也深,故其言之也切;其虑之也远,故其说之也详。"④

---

① (唐)魏徵:《隋书》卷十三《志第八·音乐上》,中华书局 1973 年点校本,第 288 页。
② (宋)朱熹:《大学章句》,朱杰人等编:《朱子全书》(修订本)第 6 册,上海古籍出版社、安徽教育出版社 2010 年版,第 32 页。
③ (宋)吕大临:《礼记解》,陈俊民辑校:《蓝田吕氏遗著辑校》,中华书局 1993 年版,第 270 页。
④ (宋)朱熹:《中庸章句序》,《中庸章句》卷首,朱杰人等编:《朱子全书》(修订本)第 6 册,上海古籍出版社、安徽教育出版社 2010 年版,第 29 页。

朱熹认为，子思恐异端兴起，"道统"在延续中失真，遂推本尧舜以来相传之意，并以平日所闻父师之言，更互演绎，而成《中庸》。

也有一些宋人认为《中庸》的作者并非子思，如南宋陈善曰："予旧曾为《中庸说》，谓《中庸》者，吾儒证道之书也。然至今疑自'春秋修其祖庙，陈其宗器'以下一段，恐只是汉儒杂记，或因上文论武王、周公达孝，遂附于此。当时虽为之解，然非诚说也。又云：'郊社之礼，所以祀上帝也；宗庙之礼，所以祀乎其先也。明乎郊社之礼，禘尝之义，治国其如示诸掌乎！'此尤不可晓。按：《论语》或问禘之说，子曰：'不知也，知其说者之于天下也，其如示诸斯乎！'指其掌。此孔子以当时之禘有不如礼，不欲斥言之，因以掌而示门人曰其甚易如此耳，弟子因而记孔子所谓'示诸斯'者，是指其掌也。今《中庸》乃言'治国其如示诸掌'，无乃非其义乎？及观《仲尼燕居》，又曰：'明乎郊社之礼，禘尝之义，治国其如指其掌而已乎！'予以此知二者皆汉儒误读《论语》之文，因而立说，非孔子意也。《中庸》本四十九篇，今一篇独存，然以此观之，恐亦非全书。"①陈善认为，《中庸》自"春秋修其祖庙、陈其宗器"下面一段，已非"诚说"，"治国其如指其掌而已乎"更是汉儒误读《论语》而立说，并附益于《中庸》。

又如叶适曰："按：伯鱼答陈亢：无异闻。孔子尝言'中庸之德，民鲜能'，而子思作《中庸》。若以《中庸》为孔子遗言，是颜、闵犹是足告，而独秘其家，非是。若子思所自作，则高者极高，深者极深，宜非上世所传也。然则言孔子传曾子，曾子传子思，必有谬误。"②又曰："汉人虽称《中庸》子思所著，今以书考之，疑不专出子思也。"③叶适认为，孔子的弟子颜渊、闵子骞皆未闻孔子言中庸之道，子思却闻之，似与情理不合。

王十朋亦认为《中庸》非子思所作，他说："《语》曰：'中庸之为德也，其至矣乎！'圣人以中庸为至德，非大全君子不能当其名。是书载夫子之言，有'君子之中庸'，有'小人之中庸'，夫既已小人矣，尚何中庸之有耶？夫子以一贯之道语曾参，参告门人曰：'夫子之道，忠恕而已矣。'是书乃有'忠恕违道不远'之言，则是以道与忠恕为二，而忠恕实未可以为道也，与《论语》

---

① （明）陶宗仪：《说郛》卷二十二上，文渊阁《四库全书》第 877 册，第 269 页。
② （宋）叶适：《习学记言》卷四十九，上海古籍出版社 1992 年影印本，第 65 页。
③ （宋）叶适：《习学记言》卷四十九，上海古籍出版社 1992 年影印本，第 460—461 页。

义何不同也?《系辞》曰:'《易》之兴也,其于中古乎! 作《易》者,其有忧患乎!'盖谓文王也。是书载夫子之言曰:'无忧者,其文王乎!'文王拘羑里而系《易》,乃云'无忧',何也?《语》曰:'三分天下有其二,以服事殷,周之德,可谓至德矣。'是书载夫子之言曰:'武王、周公其达孝矣乎! 善继人之志,善述人之事。'文王终身事纣,武王、周公不待终丧而伐之,而云'善继志、述事',何也?《语》曰:'夏礼、商礼吾能言之,杞宋不足证也。'是书乃曰:'吾学夏礼,杞不足证,吾学商礼,有宋存焉。'又未知其孰是耶? 夫子伤周室之衰,三光五岳之气分,故《春秋》书'王正月'以大一统,是书乃曰'书同文,车同轨',孔子之时,天下曷尝同车书乎? 弟子记圣人之言行,于《论语》皆称'子',如'子曰'及'子以四教'之类,盖尊师重道之辞,未尝有字圣人者,是书亦称'子曰',宜矣,而又有'仲尼曰'、'仲尼祖述尧舜'之语焉,岂有身为圣人之孙而字其祖者乎? 窃意秦火之后,汉儒于四十九篇中缀拾所存,不能无附益之伪,不然何以诡异圣人如是也? 孟子学子思者也,七篇之书,称子思多矣,独无一言及其师之书,又不知是书果子思作否耶?"① 王十朋论证《中庸》非子思所作,理由有三:

第一,《中庸》部分内容与《论语》不合。一是《论语·雍也》有"中庸之为德也,其至矣乎"一语,而《中庸》认为有君子之中庸,也有小人之中庸,既然是小人,何中庸之有? 二是《论语·里仁》载曾参之语"夫子之道,忠恕而已矣",忠恕之道与夫子之道本来为一,而《中庸》言"忠恕违道不远",已将忠恕与道割裂,与《论语·里仁》相违。三是《论语·泰伯》言周文王"三分天下有其二,以服事殷,周之德可谓至德也已矣",而《中庸》认为"武王、周公其达孝矣乎! 善继人之志,善述人之事",文王终身事纣,而武王、周公不待终丧而伐之,而云"善继人之志、善述人之事",与《论语》之记载相矛盾。四是《论语·八佾》载孔子之语曰:"夏礼,吾能言之,杞不足征也;殷礼,吾能言之,宋不足征也。"而《中庸》载孔子之言曰:"吾说夏礼,杞不足征也。吾学殷礼,有宋存焉。"二者自相矛盾。五是《论语》记载孔子言行皆云"子",而《中庸》有时称"子",有时则称"仲尼";子思为孔子之孙,孙称祖之字,显然不可能。

第二,《中庸》部分内容与《易传·系辞》不合。《系辞》曰:"《易》之兴

---

① (宋) 王十朋:《梅溪前集》卷十三《问策》,文渊阁《四库全书》第1151册,第222页。

也，其于中古乎！作《易》者，其有忧患乎！"《系辞》于此讲述的是文王之忧患。而《中庸》载夫子之言曰："无忧者，其惟文王乎！"《系辞》认为文王有忧患，《中庸》认为文王无忧患，二者相矛盾。

第三，《中庸》有"车同轨"、"书同文"之语，此语不是出自孔子时代。

第四，孟子学于子思，《孟子》一书中多处提及子思，却无一语提及子思之《中庸》。

综上所述，可知宋儒于《中庸》作者之认识可分为两派。有人上承汉唐诸儒之观点，又在宋代道统学说的影响下，对子思作《中庸》的观点做了申说；有人则认为《中庸》非子思所作。两派的观点都有深远影响。

同意《中庸》为子思所作者，今人有李学勤、王锷等人。王锷在《〈礼记〉成书考》一书中，对《中庸》的作者问题做了比较深入的考察，得出《中庸》确为子思所作的结论。① 王锷赞同朱熹为《中庸》所划分的章句，并援引了朱熹的观点。

清代崔述、当代冯友兰等人否认《中庸》为子思的作品。崔述认为《论语》为曾子、有子门人所记，"文简而明"，"言皆平实切于日用"，"无高深广远之言"，有子、曾子的门人正与子思同时，"何以《中庸》之言独繁而晦"，"探赜索隐，欲极微妙之致"②。这种将《中庸》与《论语》相比较，以证《中庸》非子思所作的做法，在宋人王十朋那里已有之。今人否定《中庸》为子思所作的主要理由，是认为《中庸》"今天下车同轨，书同文，行同伦"乃秦统一以后的文字。③ 此说王十朋早已论及。对于王十朋的观点，今人或肯定，或否定。不管如何，王十朋的论证还是给人们提供了思考的起点，这也是其学术

---

① 其论证要点有四：一、汉至宋代学者，都认为《中庸》是子思所作。二、《中庸》曾单独流传，在刘向以前有人为之作"说"。《汉书·艺文志》"礼类"著录有"《中庸说》"两篇。《中庸说》可能类似于《汉志》《论语》类中《齐说》、《鲁夏侯说》之类的著作。这说明《中庸》在西汉以前很有影响，不仅有单行本，而且有人为之作"说"。三、唐司马贞《史记索引》、李贤《后汉书注》所引子思子之文，见于今本《中庸》。四、《中庸》文风与《坊记》、《表记》、《缁衣》基本一致，多次引用《诗经》，以证明自己的观点，这说明沈约的说法是有根据的。（王锷：《〈礼记〉成书考》，中华书局2007年版，第77—79页）
② （清）崔述：《丰镐考信录余录》卷三《子思子》，《崔东壁遗书》第11册，上海古书流通处1926年影印本，第6页。
③ 参见廖焕超：《〈中庸〉作者献疑》，《孔子研究》1990年第2期。

价值所在。①

(二) 宋儒于《礼记》纂集成书之辨疑

汉唐以来，关于《礼记》之纂集，存在两种不同的观点。

一种观点认为戴德和戴圣分别传《大戴礼记》八十五篇和《礼记》四十九篇，持这种观点的代表人物是郑玄。孔颖达《礼记正义序》引郑玄《六艺论》曰："今礼行于世者，戴德、戴圣之学也。……戴德传《记》八十五篇，则《大戴礼》是也；戴圣传《礼》四十九篇，则此《礼记》是也。"②

另一种观点认为"小戴删大戴"而成《礼记》，持此种观点的代表人物是晋代的陈邵。陈邵《周礼论序》云："戴德删古《礼》二百四篇为八十五篇，谓之《大戴礼》；戴圣删《大戴礼》为四十九篇，是为《小戴礼》。后汉马融、卢植考诸家同异，附戴圣篇章，去其繁重及所叙略而行于世，即今之《礼记》是也。郑玄亦依卢、马之本而注焉。"③陈邵偏离郑玄，首次提出戴德删古《礼》二百四篇为八十五篇，戴圣又删八十五篇为四十九篇。《隋书·经籍志》云："汉末马融，遂传小戴之学。融又定《月令》一篇、《明堂位》一篇、《乐记》一篇，合四十九篇；而郑玄受业于融，又为之注。"④此即"马融足三篇"说。

宋儒认为《礼记》成书于汉代。如欧阳修云："礼、乐之制，盛于三代，而大备于周。三代之兴，皆数百年，而周最久。始武王、周公修太平之业，画天下以为九服，上自天子至于庶人，皆有法度。方其郊祀天地，开明堂以会诸侯，其车旗服器、文章烂然，何其盛哉！及幽、厉之乱，周室衰微，其后诸侯渐大，然齐桓赐胙而拜，晋文不敢必请隧，以礼维持，又二百余年，礼之功亦大矣。下更战国，礼、乐殆绝。汉兴，《礼》出淹中，后、戴诸儒，共为补缀，得百余篇。三郑、王肃之徒，皆精其学，而说或不同。夫礼极天地、朝廷、宗庙，凡人之大伦，可谓广矣。虽二家殊说，岂不博哉！自汉以来，沿革之制，

---

① 李学勤说："孔子生当春秋晚年，周室衰微，在政治、文化上趋于分裂，已经没有'车同轨，书同文，行同伦'的实际，由此不少学者疑为秦汉统一的反映。按《中庸》此句的'今'应训为'若'，《经传释词》曾列举了许多古书中的例子……都是假设的口气。孔子所说，也是假设，并非当时的事实，不能因这段话怀疑《中庸》的年代。"（李学勤著，傅杰编：《失落的文明》，上海文艺出版社1997年版，第344—345页）
② （清）阮元校刻：《十三经注疏（附校勘记）》，中华书局1980年版，第1226页。
③ （唐）陆德明著，吴承仕疏证：《经典释文序录疏证》，中华书局2008年版，第91页。
④ （唐）魏徵：《隋书》卷三十二《志第二十七·经籍一》，中华书局1973年点校本，第925—926页。

第四章　宋儒于"三礼"之辨疑　477

有司之传，著于书者，可以览焉。"① 欧阳修认为，礼于三代为盛，而周代最为完备。春秋时期，社会秩序又以礼而得以维持。到了战国，礼乐殆绝。汉兴以后，《礼》从淹中出土，二戴诸儒加以补辑，得《礼》文百余篇。欧阳修于此所言出于淹中的《礼》，当指大、小戴《礼记》。由此可见，欧阳修认为《礼记》成书于汉代，纂集者是戴圣。

刘敞亦曰："今之《礼》（《礼记》）非醇经也。周道衰，孔子没，圣人之徒合百说而杂编之，至汉而始备。其间多六国秦汉之制，离文断句，统一不明。"② 刘敞认为，《礼记》的作者是孔子弟子及后学；《礼记》到汉代才成书，非一人一时之作。

欧阳修、刘敞仅言《礼记》纂集成书于汉代，而没有对纂集过程有具体说明。有些宋儒则明确认为《礼记》是西汉戴圣所纂集，如吕大临曰："汉兴，高堂生传《礼》十七篇，今《仪礼》是也。戴圣传《礼》四十九篇，今《礼记》是也。《礼记》所载，皆孔子门人所传授之书，杂收于遗编断简者，皆经礼之变节也。"③ 吕大临认为，《礼记》四十九篇是由西汉戴圣所传，《礼记》所记载的内容出自孔子的门人。

虑氏④亦曰："《周礼》、《仪礼》皆周公所作，而《礼记》则汉儒所录。虽曰汉儒所录，然亦《仪礼》之流也。何以言之？《周礼》虽得之于河间献王，时无有传之者，武帝以为末世渎乱之书，何休以为六国阴谋之书，至于汉末，乃行于世。惟《仪礼》之书，汉初已行，故高堂生传之萧奋，萧奋传之孟卿，孟卿传之后苍，后苍传之戴德、戴圣。二戴因习《仪礼》而录《礼记》，故知《礼记》,《仪礼》之流也。"⑤ 虑氏认为，二戴因习《仪礼》而录《礼记》。据虑氏之意，《礼记》出自戴圣之手。

郑樵和杨甲对《礼记》之纂集有较详细的论说。题名郑樵的《六经奥论·礼记总辨》云："三代正礼残阙，无复能明。《礼记》一书出自孔氏，

---

① （宋）欧阳修著，李逸安点校：《欧阳修全集》卷一百二十四《崇文总目叙释·礼类》，中华书局2001年版，第1881—1882页。
② （宋）刘敞：《疑礼》,《公是集》卷四十六，文渊阁《四库全书》第1095册，第807页。
③ （宋）吕大临：《礼记解》，陈俊民辑校：《蓝田吕氏遗著辑校》，中华书局1993年版，第187页。
④ 虑氏为宋人，卫湜《礼记集说》征引其说，然不言其名字。
⑤ （宋）卫湜：《礼记集说》卷首《礼记集说统说》，文渊阁《四库全书》第117册，第8页。

七十二子各撰所闻，或录旧礼之义，或述变礼之由，或兼记体履，或杂叙得失，编而录之，以为此记。汉兴，孔家之书杂出于当时者二百一十四篇。（自注：汉兴，《记》数万言，于后苍号《曲台杂记》，河间献王得旧《礼》一百有三十篇，集而上之；又有《明堂阴阳记》三十三篇；《孔子三朝记》七篇；王氏、史氏《记》二十一篇，王、史二氏，战国时人；《乐记》二十三篇。凡五种，合为二百一十四篇）大戴删为八十五篇，小戴删为四十六篇。至马融又益以《明堂位》、《月令》、《乐记》三篇为四十九篇，行于世，谓之《礼记》。"① 郑樵认为，《礼记》各篇是孔门弟子记录下来的文字，这些关于《礼》的文字在汉代共出土二百一十四篇，戴德删为八十五篇，戴圣删为四十六篇；东汉时期，马融又在戴圣四十六篇的基础上附以《明堂位》、《月令》、《乐记》三篇，成小戴《礼记》四十九篇。

杨甲云："《礼记》出于戴氏。按：河间献王所得七十子后学者所《记》百三十一篇，至刘向第而叙之，向又得《阴阳明堂记》三十三篇，《王史氏记》二十一篇，《孔子三朝记》七篇、《乐记》二十三篇，凡五种，合二百十四篇。戴《记》删其烦重，合为八十一篇，戴圣又删八十一篇为四十三篇，及马融为之传，乃足以《月令》、《明堂位》、《乐记》三篇，郑康成又为之注，孔颖达疏焉，即今所谓《礼记》也。或曰：先儒谓戴圣删戴德八十五篇为四十六篇，马融又取《月令》、《明堂位》、《乐记》三篇附益之，乃成四十九篇。余谓四十九篇盖衍数也。戴圣删取其实四十三篇，并马融所附益三篇，止四十六。又分《曲礼》、《檀弓》、《杂记》上下三篇为六，则成四十九，而此三篇不当分。"② 杨甲认为，戴圣删定者是四十三篇，加上马融所附益之三篇，共四十六篇；人们又分《曲礼》、《檀弓》、《杂记》为上下，共为四十九篇。

宋儒在《礼记》纂集问题的探讨上，对汉唐诸儒的观点多有沿袭。首先，汉唐诸儒认为《礼记》的纂集者是西汉时期的戴圣，宋儒亦持是说。其次，《隋书·经籍志》"马融足三篇"之说，郑樵、杨甲等人亦袭之。对于汉唐诸儒之说，宋儒并非全盘接受，而是斟酌损益，取其义长者。如郑樵同意《隋志》"马融足三篇"之说，却认为大、小戴《礼记》是各自删《记》而成。

---

① （宋）旧题郑樵：《六经奥论》卷五，文渊阁《四库全书》第184册，第101页。
② （宋）杨甲：《六经图》卷九，文渊阁《四库全书》第183册，第422—423页。

《礼记》的成书问题十分复杂,自汉代以来,学者们议论纷纭,莫衷一是。宋儒于《礼记》成书问题的探讨也较多,主要成就和特色可从以下几个方面来看。

第一,宋儒于《礼记》成书问题探讨的范围较全面。

《礼记》的成书涉及以下几个方面的问题:

一是《礼记》四十九篇,各篇的作者是谁?

二是《礼记》是什么时代、由谁纂集而成?如果《礼记》是由戴圣纂集成书,那么今文学大师戴圣为何会收录《奔丧》、《投壶》等古文作品?

三是"小戴删大戴"、"马融足三篇"之说是否属实?

李觏、二程、朱熹、王十朋等人之论述,均已涉及上述《礼记》成书诸问题。清人和今人于《礼记》成书问题之探讨,受宋人观点之启发者良多。

第二,在论证的方法上,宋儒有得有失。

受宋代学风影响,宋儒在《礼记》成书问题上的探讨多讲义理推求,而疏于考证。如二程、朱熹认为《大学》、《中庸》出于圣贤,主要根据是两书所蕴涵的心性理论。① 这种靠主观推断的论证方式,是宋儒重义理的学风之体现。其优点是可以掌握文本大义,缺点是没有文献依据,难以使人信服。

第三,宋儒于《礼记》成书问题探讨之实质,需要在宋学的视域中来看。

理学家从事《礼记》成书问题之探讨,着眼点是如何构建理学思想体系。宋儒于《礼记》成书问题之探讨,看似与理学体系之建构无关,实则不然。如朱熹云:"若《曲礼》、《少仪》、《内则》、《弟子职》诸篇,固小学之支流余裔。而此篇者(《大学》),则因小学之成功以著大学之明法,外有以极其规模之大,而内有以尽其节目之详者也。三千之徒,盖莫不闻其说,而曾氏之传独得其宗,于是作为传义,以发其意。"② 朱熹将《曲礼》、《少仪》、《内则》、《弟子职》诸篇贬为小学之余裔,意在提升《大学》、《中庸》之地位。③ 二程、吕大临等

---

① 杨新勋引朱熹的《大学章句序》、《中庸章句序》和《壬午应诏封事》,对朱熹论证《大学》、《中庸》作者之方法做了说明。(杨新勋:《宋代疑经研究》,中华书局2007年版,第210—211页)

② (宋)朱熹:《晦庵先生朱文公文集》卷七十六《大学章句序》,朱杰人等编:《朱子全书》(修订本)第24册,上海古籍出版社、安徽教育出版社2010年版,第3672—3673页。

③ 杨新勋已有此认识,他说:"朱熹疑其他诸篇、贬低为'汉儒之作'与推崇《大学》、《中庸》恰好是一个问题的两个方面,是在疑他篇中提升了《大学》和《中庸》地位。"(杨新勋:《宋代疑经研究》,中华书局2007年版,第211页)

人亦极力推崇《大学》、《中庸》，这在前面已述及，此不赘言。理学家从事理学思想体系之建构，最重视的文献就是《四书》，《大学》、《中庸》受到重视，原因就在此。

当然，宋儒从事《礼记》成书问题之探讨不可一概而论，有的学者如李觏、刘敞、王十朋等人更多的是从文献的角度展开讨论，用意不在建构理学思想体系。

第四，宋儒于《礼记》作者和成书问题之探讨，有承前启后的意义。

宋代疑经思潮盛行，然这不是说宋儒于汉唐经说置若罔闻。事实上，宋儒是在考察汉唐经说之基础上才提出新见，或袭之，或疑之，不一而足。

宋儒于《礼记》成书问题之探讨，对汉唐经说有所继承。如关于《王制》的作者，郑樵、叶适、孙景南、项安世、徐自明等人均秉承司马迁和卢植的观点，认为《王制》为汉代博士所作。又如郑樵、杨甲等人认为《月令》出自《吕氏春秋》，与汉代高诱、卢植、郑玄等人的观点非常接近。

宋儒于《礼记》成书问题之探讨，对汉唐经有不少疑义。如陈善、叶适、王十朋等人认为《中庸》非子思作，这与汉唐经说颇有出入。

宋儒于《礼记》成书问题之探讨，影响十分深远。后世经学家如元人陈澔，清人孙希旦、朱彬、崔述等人都深受宋儒的启发。

## 第二节 宋儒于"三礼"经文和旧注之辨疑

宋人在从事"三礼"诠释时，于经文和旧注皆有辨疑。此所言旧注，是指宋代以前解释"三礼"经文的文字，有传、解诂、义疏、正义、集说、集解等形式。

### 一、宋儒于"三礼"经文之辨疑

（一）认为"三礼"文本不可全信

宋儒认为"三礼"文本不可全信，或有后人窜入，或合众人百说而杂编之，或杂收于遗编断简。

有些宋儒认为《周礼》文本不可信。如张载认为《周礼》经文有后人窜入者，他说："《周礼》是的当之书，然其间必有末世添入者。"[①] 此所谓"末

---

[①] （宋）张载著，章锡琛点校：《经学理窟·周礼》，《张载集》，中华书局1978年版，第248页。

世",与《周礼》成书时代已相去甚远。

又如林希逸曰:"《考工记》不特为周制也,尽纪古百工之事,故匠人以世室、重屋、明堂并言之,三代制度,皆在此也。但书不全矣。"① 林希逸认为《考工记》记载了三代之制度,然记叙并不全面。

有些宋儒认为《仪礼》文本不可全信。如张淳认为,由于郑玄参以今古之文,定为之注,故今传《仪礼》"已不纯古矣"②。此外,张淳认为贾《疏》所据《仪礼》是俗本。"此书之传如是而已,岁久而文益讹,既讹而莫之订,礼之又失,其谁尤乎?"③

有些宋儒认为《礼记》文本不可全信。如欧阳修云:"《礼记》杂乱之书,能如此指摘其缪,其功施后世无穷,非止效俗儒著述,求一时之名也。然其中好语,合于圣人者多,但当去其泰甚者尔,更宜慎重。如《坊记》一篇,难破,请更思之。"④ 欧阳修认为,《礼记》为杂乱之书,书中仅部分内容与圣人之道相合。

又如刘敞曰:"今之《礼》非醇经也。周道衰,孔子没,圣人之徒合百说而杂编之,至汉而始备。其间多六国秦汉之制,离文断句,统一不明。惟《曾子问》一篇最详,而又不信。其问曰:'君薨而世子生,则如之何?'对曰:'三月而告于祢。'吾疑非仲尼之言也。古者诸侯将薨,无世子,则命贵公子先为之定也。命之定,则后无篡夺之忧。虽愚人亦知其必然,又恶有既殡而待世子生乎?既殡而待且不可,况既葬而待乎?既葬而待,是或旷年。《春秋》诸侯逾年无君,最其重也,况旷年乎?士三月无君则相吊,此士无君也,况果无君乎?……吾以是观之,今之《礼》非醇经,审矣!"⑤ 刘敞认为,《礼记》是孔子后学合百家之言而杂编之,到汉代才成书;《曾子问》所记载的孔子答曾子之语,可证《礼记》经文不醇,不尽合圣人之意。

又如张载云:"《礼记》则是诸儒杂记,至如礼文不可不信,己之言礼未必胜如诸儒。如有前后所出不同且阙之,《记》有疑议亦且阙之,就有道而正

---

① (宋)林希逸:《考工记解》卷上,文渊阁《四库全书》第95册,第3页。
② (宋)张淳:《仪礼识误序》,《仪礼识误》卷首,文渊阁《四库全书》第103册,第4页。
③ (宋)张淳:《仪礼识误序》,《仪礼识误》卷首,文渊阁《四库全书》第103册,第4页。
④ (宋)欧阳修著,李逸安点校:《欧阳修全集》卷一百五十《与姚编礼二通》,中华书局2001年版,第2482—2483页。
⑤ (宋)刘敞:《疑礼》,《公是集》卷四十六,文渊阁《四库全书》第1095册,第807页。

焉。"① "《礼运》本是一片假文字，混混然一，大意须是据大体而观之乃能见。若句句字字细碎求之，必不能得。常观《礼运》，有时混混然，若身在太虚中，意思弘大，然不能得久。不惟《礼运》要作一大意观之，如《中庸》、《儒行》亦当如是。"② 张载认为，《礼运》、《中庸》、《儒行》等是一片假文字，若仅考察《礼记》之文字，则不能有得，若先握篇目主旨，方能有收获。

又如吕大临云："汉兴，高堂生传《礼》十七篇，今《仪礼》是也。戴圣传《礼》四十九篇，今《礼记》是也。《礼记》所载，皆孔子门人所传授之书，杂收于遗编断简者，皆经礼之变节也。"③ 吕氏认为，《礼记》有"杂收于遗编断简"者，故《礼记》经文有不可信者。

又如朱熹曰："《礼》非全书，而《礼记》尤杂。"④ "今只有《周礼》、《仪礼》可全信。《礼记》有信不得处。"⑤ "大抵说制度之书，惟《周礼》、《仪礼》可信，《礼记》便不可深信。"⑥ 朱熹认为，《礼记》内容驳杂，可信度在《周礼》、《仪礼》之下。

又如郑樵曰："大抵四十九篇之书，虽杂出于诸儒传记，而不能悉得圣人之旨。然其文繁，其义博，学者观之，如适大都之市，珍珠宝贝随其所取，如游阿房之宫，千门万户随其所入。博而约之，亦可弗畔，未可以其言非尽出于夫子而轻议之也。"⑦ 郑樵认为，《礼记》有可取者，然由于其出于诸儒杂记，故不全得圣人之旨。

（二）认为"三礼"经文有讹误

有些宋儒认为《仪礼》经文有讹误。如《仪礼·丧服》："女子子在室为

---

① （宋）张载著，章锡琛点校：《经学理窟·周礼》，《张载集》，中华书局1978年版，第277—278页。
② （宋）卫湜：《礼记集说》卷五十四，文渊阁《四库全书》第118册，第115页。
③ （宋）吕大临：《礼记解》，陈俊民辑校：《蓝田吕氏遗著辑校》，中华书局1993年版，第187页。
④ （宋）黎靖德辑：《朱子语类》卷八十三，朱杰人等编：《朱子全书》（修订本）第17册，上海古籍出版社、安徽教育出版社2010年版，第2870页。
⑤ （宋）黎靖德辑：《朱子语类》卷八十六，朱杰人等编：《朱子全书》（修订本）第17册，上海古籍出版社、安徽教育出版社2010年版，第2911页。
⑥ （宋）黎靖德辑：《朱子语类》卷八十六，朱杰人等编：《朱子全书》（修订本）第17册，上海古籍出版社、安徽教育出版社2010年版，第2912页。
⑦ （宋）旧题郑樵：《六经奥论》卷五，文渊阁《四库全书》第184册，第102页。

父。"郑玄《注》:"言在室者,关已许嫁。"张淳曰:"《注》曰言在室者,谓已许嫁。按监、巾箱、杭本,'谓'作'关'。《疏》云:'关,通也。通已许嫁。'从诸本及《疏》。"① 张淳所见《仪礼》文本,此"关"为"谓",其据监、巾箱、杭本及《疏》,认为此"谓"当作"关"。阮元赞同张淳之说,曰:"张氏曰:'监、巾箱、杭本,"谓"作"关"。《疏》云:"关,通也。通已许嫁。"从诸本及《疏》。'"②

又如《仪礼·丧服》:"女子子适人者为其父母期,故言不报也。"张淳曰:"经曰'女女子适人者,为其父母期',按前章云'女子子适人者为其父母',此经下'女'字当作'子',从前章。"③ 张淳所见《仪礼》文本,此"女子子"为"女女子"。张淳据《丧服》前文有"女子子",推断此"女女子"当为"女子子"。阮元赞同张淳之推论,曰:"按唐石经正作'女子子',张氏不引以为证,盖不见唐石经故也。"④

有些宋儒认为《礼记》经文有讹误。如《王制》:"千里之内曰甸,千里之外曰采、曰流。"刘敞云:"此据绥服居中而言,内千里外千里,则五服可知。'采',亦当作'蔡',声误也。"⑤ 案:孙希旦云:"千里之外曰采,曰流,此《禹贡》侯、绥、要、荒四服之地也。'采'即《禹贡》之'侯服百里采',言但采取美物以贡天子,而不共其田赋也。"⑥ 孙氏之说可信,"采"作"蔡",乃刘氏之臆断。

又如《乐记》:"食三老五更于大学。"张载曰:"五更三老,'更'疑为'叟'。三老,三人。五更,五人。"⑦ 案:张载认为此"更"为"叟"字之误。"三老五更"之说本来就有,"更"为经验丰富、深历世故的老人,《文王世子》云:"三老五更,群老之席位焉。"由此可见,张载此说有误。

(三)认为"三礼"有衍文

有些宋儒认为《礼记》有衍文。如《曲礼上》:"疑事毋质,直而毋有,若

---

① (宋)张淳:《仪礼识误》卷二,文渊阁《四库全书》第103册,第17页。
② (清)阮元校刻:《十三经注疏(附校勘记)》,中华书局1980年版,第1103页。
③ (宋)张淳:《仪礼识误》卷二,文渊阁《四库全书》第103册,第17页。
④ (清)阮元校刻:《十三经注疏(附校勘记)》,中华书局1980年版,第1113页。
⑤ (宋)刘敞:《七经小传》卷中,文渊阁《四库全书》第183册,第27页。
⑥ (清)孙希旦著,沈啸寰等点校:《礼记集解》卷十二,中华书局1989年版,第320页。
⑦ (宋)卫湜:《礼记集说》卷九十九,文渊阁《四库全书》第119册,第180页。

夫坐如尸，立如齐。"刘敞云："'若夫'，说者以为若丈夫。此僻而不辞。予按曾子曰：'孝子惟巧变，故父母安之。若夫坐如尸，立如齐，弗信不言，言必齐色，此成人之善者也，未得为人子之道也。'此两'若夫'之文同，疑《曲礼》本取曾子之言，而误留'若夫'。不然，则当云'若夫坐如尸，立如齐，弗信不言，言必齐色，此成人之善者也'。而全脱一简，失'弗信'以下一十五字。"①刘敞在比勘《曲礼》和《曾子事父母》之基础上，认为《礼记》此段经文或衍或脱，若衍，则是传抄者在录《曾子事父母》时误留"若夫"二字，若脱，则是传抄者在录《曾子事父母》时脱"弗信"以下十五字。朱熹承刘敞之说云："'若夫坐如尸，立如齐'，本《大戴礼》之文。上言事亲，因假说此乃成人之仪，非所以事亲也。记《曲礼》者撮其言，反带'若夫'二字，不成文理。而郑康成又以'丈夫'解之，益谬！他也是解书多后，更不暇仔细。此亦犹'子曰好学近乎智，力行近乎仁，知耻近乎勇'，《家语》答问甚详；子思取入《中庸》，而删削不及，反衍'子曰'两字。"②案：清人俞樾认为此"若夫"是发语词，其驳刘敞曰："郑君此注诚误，然谓失于删去，则记人亦所不受，盖在彼文用为转语，而在此文用为发端，原不必删也。"③清人翁方纲云："'若夫'二字，郑氏注自为句，解作'丈夫'，固谬。然刘原父谓取《大戴礼》文，失删此二字。其实此篇诸条，亦偶以提掇叙述之，下文'夫礼'者另提，'礼'字另提，'是以'另提，皆此类。"④若据《曾子事父母》，《曲礼》此"若夫"二字似当删去，若以"若夫"二字为发语词，文义可通。根据不轻易改字之校勘原则，此"若夫"二字不宜看作衍文。

又如《郊特牲》："飨、禘有乐，而食、尝无乐，阴阳之义也。凡饮，养阳气也；凡食，养阴气也。故春禘而秋尝，春飨孤子，秋食耆老，其义一也，而食、尝无乐。"刘敞认为，此段经文有两处"而食尝无乐"，遂凭己意断定后者为衍文。⑤案：孔《疏》云："'而食尝无乐'者，文承'秋食耆老'之下，以

---

① （宋）刘敞：《七经小传》卷中，文渊阁《四库全书》第183册，第26页。
② （宋）黎靖德辑：《朱子语类》卷八十七，朱杰人等编：《朱子全书》（修订本）第17册，上海古籍出版社、安徽教育出版社2010年版，第2944页。
③ （清）俞樾：《古书疑义举例》卷四，《古书疑义举例五种》，中华书局1956年版，第82页。
④ （清）翁方纲：《礼记附记》卷一，《丛书集成初编》第1022册，中华书局1985年版，第2页。
⑤ （宋）刘敞：《七经小传》卷中，文渊阁《四库全书》第183册，第27页。

秋是阴时，故云'食、尝无乐'，重结之也。"① 秋季款待退休老人的食礼以及在宗庙举行的尝祭礼皆不用乐，经文第二处"而食尝无乐"是对此记载的总结，而非衍文，刘氏判断似显武断。

又如《杂记》："大功之末，可以冠子，可以嫁子。父小功之末，可以冠子，可以嫁子，可以取妇，己虽小功，既卒哭，可以冠、取妻，下殇之小功则不可。"张载曰："'大功之末，可以冠子，可以嫁子。父小功之末，可以冠子，可以嫁子，可以娶妇。'疑'大功之末'已下十二字为衍。宜直云'父大功之末'，云父大功则是己小功之末也，而己之子缌麻之末也，故可以冠取也。盖冠取者，固已无服矣。凡卒哭之后，皆是末也。所以言衍者，以上十二字，义无所附著。己虽小功，既卒哭，可与冠取妻，是己自冠取妻也。"② 案：张载认为，"大功之末，可以冠子，可以嫁子"十二字无所指，故"大功之末"以下十二字为衍文。清人王引之云："'父小功之末'，'小'当为'大'，因下文两言小功而误也。"③ 受张载之影响，王氏认为此段经文文义不通，只不过王氏认为"小"应为"大"，非衍文也。

又如《孔子闲居》："是故正明目而视之，不可得而见也；倾耳而听之，不可得而闻也。"吕大临曰："听欲倾耳，视欲正目，'明'字衍也。"④ 案：吕氏认为，经文"正目"与"倾耳"相对应，"明"在"正目"二字之间，为衍文。清人翁方纲云："正明目而视之，不可得而见，言其无形也；倾耳而听之，不可得而闻，言其无声也。正明目，吕氏谓'明'字衍者，非也。"⑤ 吕氏、翁氏之说皆可通。

又如《孔子闲居》："天有四时，春秋冬夏，风雨霜露，无非教也。地载神气，神气风霆，风霆流形，庶物露生，无非教也。"吕大临曰："此衍'神气风霆'四字，盖天有四时，运行于上，地载神气，动作于下。'春夏秋冬，风雨霜露'，所以释'天有四时'也；'风霆流形，庶物露生'，所以释'地载神

---

① （清）阮元校刻：《十三经注疏（附校勘记）》，中华书局1980年版，第1446页。
② （宋）卫湜：《礼记集说》卷一百四，文渊阁《四库全书》第119册，第267页。
③ （清）王引之：《经义述闻》卷十六，《续修四库全书》第174册，第623页。
④ （宋）吕大临：《礼记解》，陈俊民辑校：《蓝田吕氏遗著辑校》，中华书局1993年版，第266页。
⑤ （清）翁方纲：《礼记附记》卷六，《丛书集成初编》第1023册，中华书局1985年版，第177页。

气'也,衍此四字可知也。"① 案:吕氏以"神气风霆"四字为衍文。吕氏此说,清人疑、信者皆有。信者有李调元、孙希旦、朱彬等人②。如李调元云:"'神气风霆',四字疑衍。"③ 疑者有翁方纲等人。翁氏云:"'地载神气,神气风霆,风霆流形,庶物露生',盖地以载物言之,非比天之四时,故就其显者言之。神气在空虚中,难以领取,故就显而示者,以风霆言之,中间所以必用'神气风霆'四字联系衔接,其义乃备,其势乃足也。蓝田吕氏谓'神气风霆'四字衍文者,非也。"④ 各家之说皆可通,然据不轻易改字之校勘原则,笔者认为翁氏观点为优。

(四)疑"三礼"所记制度和史实

有些宋儒疑"三礼"所记制度和史实。如《檀弓上》:"舜葬于苍梧之野。"司马光驳之曰:"舜南巡守,崩于苍梧之野,葬于江南九嶷,是为零陵。……或曰:'《虞书》称舜陟方乃死,孔安国以为升道南方,巡守而死,《礼记》亦称舜葬于苍梧之野,皆如太史公之言。予独以为不然,何如?'曰:'传记之言,固不可据以为实。藉使有之,又安知无中国之苍梧,而必在江南邪?'"⑤ 司马光认为,《檀弓上》于此之记载是"传记之言",故不可信;即使是"苍梧之野",也不在南方,而是在"中国"。司马光之后,朱熹曾有类似的观点。⑥

又如《曲礼上》:"礼不下庶人,刑不上大夫。"郑玄云:"为其遽于事,且不能备物。"⑦ 孔颖达云:"'礼不下庶人'者,谓庶人贫,无物为礼,又分地是

---

① (宋)吕大临:《礼记解》,陈俊民辑校:《蓝田吕氏遗著辑校》,中华书局1993年版,第268页。
② (清)李调元:《礼记补注》卷四,《丛书集成初编》第1024册,中华书局1985年版,第64页;(清)孙希旦著,沈啸寰等点校:《礼记集解》卷四十九,中华书局1989年版,第1278页;(清)朱彬著,饶钦农点校:《礼记训纂》卷二十九,中华书局1996年版,第755页。
③ (清)李调元:《礼记补注》卷四,《丛书集成初编》第1024册,中华书局1985年版,第64页。
④ (清)翁方纲:《礼记附记》卷六,《丛书集成初编》第1023册,中华书局1985年版,第177页。
⑤ (宋)司马光:《传家集》卷七十三《虞舜》,文渊阁《四库全书》第1094册,第667页。
⑥ 朱熹曰:"舜卒于鸣条,则汤与桀战之地也。而《竹书》有'南巡不反'。《礼记》有'葬于苍梧'之说,何邪?孟子之言必有所据,二书驳杂,恐难尽信。然无他考验,则亦论而阙之可也。"[(宋)朱熹:《孟子或问》卷八,见朱杰人等编:《朱子全书》(修订本)第6册,上海古籍出版社、安徽教育出版社2010年版,第958页]
⑦ (清)阮元校刻:《十三经注疏(附校勘记)》,中华书局1980年版,第1249页。

务，不服燕饮，故此礼不下与庶人行也。"①郑《注》、孔《疏》认为，庶人由于贫穷和劳碌，无暇行礼，所以"礼不下庶人"。李觏曰："予所言者，道也。道者，无不备，无不至也。彼所言者，货财而已耳。谓人贫富不均，不可一以齐之焉。然而《王制》曰：'庶人不悬封，葬不为雨止，不封不树，丧不贰事。'此亦庶人之丧礼也。庶人春荐韭，夏荐麦，秋荐黍，冬荐稻。韭以卵，麦以鱼，黍以豚，稻以雁，此亦庶人之祭礼也。既庶人丧祭皆有其礼，而谓'礼不下庶人'者，抑述《曲礼》者之妄也。"②李觏以《王制》之记载以驳《曲礼》，认为庶人有礼仪。司马光云："《曲礼》曰：'礼不下庶人，刑不上大夫。'按《王制》修六礼以节民性，冠、婚、丧、祭、乡、相见，此庶人之礼也。《舜典》五服三就，大夫于朝，士于市，此大夫之刑也。夫礼与刑，先王所以治群臣万民，不可斯须偏废也。今《曲礼》乃云如是，必有异旨，其可见乎？"③司马光亦据《王制》所记庶人之礼，认为"礼不下庶人"之说有误；据《尚书·舜典》所记载的士大夫之刑，认为"刑不上大夫"之说有误。李觏、司马光之说影响深远，清人孙希旦云："愚谓庶人非无礼也，以昏则缁帛五两，以丧则四寸之棺、五寸之椁，以葬则悬棺而窆，不为雨止，以祭则无庙而荐于寝。"④孙氏认为礼并非不下庶人，理由亦出自《王制》。

又如《王制》："凡四海之内九州，州方千里。州建百里之国三十，……八州，州二百一十国。"朱熹曰："《王制》：'四海之内九州，州方千里。'及论建国之数，恐只是诸儒做个如此算法，其实不然。建国必因其山川形势，无截然可方之理。又，冀州最阔，今河东河北数路，都属冀州。雍州亦阔，陕西秦凤皆是。至青徐兖豫四州皆相近做一处，其疆界又自窄小。其间山川险夷又自不同，难概以三分去一言之。如三代封建其间，若前代诸侯先所有之国土，亦难为无故去减削他。所以周公之封鲁，太公之封齐，去周室皆远。是近处难得空地，偶有此处空隙，故取以封二公。不然，何不只留封近地，以夹辅王室？《左氏》载齐本爽鸠氏之地，其后蒲姑氏因之，而后太公因之。又，《史记》载太公就封，莱人与之争国。当时若不得蒲姑之地，太公亦未有安顿处。又如襄

---

① （清）阮元校刻：《十三经注疏（附校勘记）》，中华书局1980年版，第1249页。
② （宋）李觏：《礼论第七》，《李觏集》卷二，中华书局2011年版，第20页。
③ （宋）司马光：《传家集》卷七十五《进士策问十五首》，文渊阁《四库全书》第1094册，第685页。
④ （清）孙希旦著，沈啸寰等点校：《礼记集解》卷四，中华书局1989年版，第81页。

王以原田赐晋文公，原是王畿地，正以他无可取之处故也。然原人尚不肯服，直至用兵伐之，然后能取。盖以世守其地，不肯遽以予人。若封建之初，于诸侯有所减削，夺彼予此，岂不致乱！圣人处事，决不如此。若如此，则是王莽所为也。"① 朱熹认为，《王制》所记封国制仅是汉代儒生立下的算法；九州之地，有的极阔，有的极狭，故疆域大小未必有定制；三代皆有封建，前代诸侯国土很难无故削减，分封之初，若削减前诸侯之国土，则会导致混乱，圣人如此作为，无异于新莽。朱熹以理性的眼光审视《王制》之理想性记载，有其合理性。清人孙希旦云："愚谓此言畿外八州，每州之内所封之国数也。然立法如此，至其行之，须有变通。盖州有广狭，山川形势有迂曲，不必皆整如棋局，亦不必每州封国必取足于此数而不可增减也。"② 孙氏此说，受朱子影响可谓昭昭也。

又如《文王世子》："文王谓武王曰：'女何梦矣？'武王对曰：'梦帝与我九龄。'文王曰：'女以为何也？'武王曰：'西方有九国焉，君王其终抚诸？'文王曰：'非也。古者谓年龄，齿亦龄也。我百，尔九十，吾与尔三焉。'文王九十七乃终，武王九十三而终。"叶梦得曰："人之精神与天地阴阳流通，故其梦亦与应焉。古者有占梦之官，献吉梦，赠恶梦，参考日月、星辰、阴阳、天地之变，则夫梦者，先王所同以为信也。文王九十七而终，武王九十三而终，果以为梦邪？是寿命不属之天，而损益者人也。由是观之，我百尔九十，非梦也，其传之妄欤。"③ 叶氏认为，梦乃精神，与天地阴阳相通；文王将自己三年的寿命加给武王，本来能活一百岁的文王只活了九十七岁，只能活九十岁的武王却活了九十三岁。此是人为地损益寿命，与天地阴阳不相通，不可能是梦，故《文王世子》此之记载不可信。

又如《文王世子》："成王幼，不能涖阼，周公相，践阼而治，抗世子法于伯禽，欲令成王之知父子君臣长幼之道也。成王有过，则挞伯禽，所以示成王世子之道也。"郑玄《注》："以成王之过击伯禽，则足以感喻焉。"释智圆曰："吾谓周公无挞伯禽之事也，盖传之者滥耳。汉儒因而妄录焉，非圣师仲尼之所述也；康成随而妄注焉，非七十子之徒面受圣旨也。请试论之。夫周公大圣

---

① （宋）黎靖德辑：《朱子语类》卷八十七，朱杰人等编：《朱子全书》（修订本）第17册，上海古籍出版社、安徽教育出版社2010年版，第2952—2953页。
② （清）孙希旦著，沈啸寰等点校：《礼记集解》卷十二，中华书局1989年版，第316页。
③ （宋）卫湜：《礼记集说》卷五十，文渊阁《四库全书》第118册，第53页。

也,治其家有治国之道,故能刑于四海、训乎万世也。罚者必以罪,赏者必以功,不畏强御,不侮鳏寡,是圣人之用心也。于民乃尔,况于己子哉?是故圣人意诚而后心正,心正而后身修,身修而后家齐,家齐而后国治,国治而后天下平。且伯禽传体也,苟无辜而受挞,是周公自挞于己身也。苟成王日十其过,则伯禽十受其挞;百其过,则百受其挞。呜呼!伯禽无辜受挞,其枉滥无告者何甚乎!周公知无罪而挞之,其欺心亦何甚乎!古瞽叟之虐舜,未如是之甚也。何哉?夫瞽叟实不识舜之贤且圣也,以情之所恶,故虐之耳。周公知伯禽之无罪,又非情之恶,但以成王有过,故挞以威之者,则虐于瞽叟远矣,岂圣人之用心哉?"① 释智圆认为,赏罚分明乃圣人之用心,伯禽无辜而受挞,不合圣人之道;此记载系汉儒据前人之说妄录,非七十子之徒受自孔子。

二、宋儒于"三礼"旧注之辨疑

(一)前人解字之辨疑

宋儒于前人之解字多有辨疑。如《周礼·天官·大宰》:"以八柄诏王驭群臣,……八曰诛,以驭其过。"郑玄《注》:"诛,责让也。《曲礼》曰'齿路马有诛'。凡言驭者,所以驱之内之于善。"刘敞驳之曰:"'诛以驭其过',诛者,杀也。过当作祸,声之误耳。有驭其福则有驭其祸矣,福称生,则祸称诛矣。八柄者,先叙赏而后言罚,赏则先重,罚则后重,故诛最后言也。康成谓诛为'齿路马有诛'之'诛',如此,则八柄无死。《书》曰'用罪罚厥死',义不可解。又内史贰八柄,爵、禄、废、置、予、夺、生,七者皆同,而其一为杀,杀则诛也。"② 王安石赞同刘氏此说,曰:"诛言其意,杀言其事。大宰大臣,诏王驭群臣者也,当以道揆,故言其意;内史有司,诏王治当守法而已,故言其事。诛又训责,而知大宰所谓诛为杀者,以内史见之也。诛、杀也,而以驭其过者,废之,则使被废者不至于得罪;杀之,则使众知惧而莫敢为过失也。"③ 刘敞、王安石认为此"诛"字义为"杀",而非"责让"。此说得到清人的赞同。如俞樾曰:"郑君必以'责让'释之者,因诛以驭其过,疑过失但当责让,不当诛杀耳。不知此'过'字当读为'祸',古'祸'、'过'通用。《汉

---

① (宋)释智圆:《周公挞伯禽论》,四川大学古籍所编:《全宋文》第15册,上海辞书出版社、安徽教育出版社2006年版,第243—244页。
② (宋)刘敞:《七经小传》卷中,文渊阁《四库全书》第183册,第16页。
③ 程元敏:《三经新义辑考汇评(三)——〈周礼〉》上编《天官冢宰一》,台湾编译馆1987年版,第27页。

书·公孙弘传》'诸常与弘有隙,虽阳与善,后竟报其过',《史记》'过'作'祸',是其证也。……因段'过'为'祸',郑君遂失其解。贾公彦见《内史》八柄变诛言杀,不知其文异义同,而曲为之说,胥失之矣。"① 孙诒让曰:"案:刘、俞说是也。王安石、王昭禹、姜兆锡说并同。此经凡言诛,虽有训责让者,而此职之诛,以《内史》证之,则不得与杀义岐迆,郑、贾说并未允。"② 由此可见,宋人、清人于此驳郑《注》,乃是受刘敞之影响。

又如《周礼·地官·载师》:"以宅田、士田、贾田任近郊之地。"郑司农曰:"士田者,士大夫之子得而耕之田也。"郑玄破先郑之说曰:"士读为仕,仕者亦受田,所谓圭田也。《孟子》曰:'自卿以下必有圭田,圭田五十亩。'"郑玄认为,此"士"应作"仕"。刘敞曰:"郑云'宅谓致仕者',非也。士田者,'士'当作'工'字误耳。工亦受田,此是矣。贾亦受田,贾田是矣。于近郊之地授处士之田,授百工之田,授商贾之田,三者皆居国中,故授近地。……郑云士田者,'士'读如'仕',仕者亦受田,所谓圭田,非也。仕而受田者,禄也,圭田,则其邑也,非所以耕也。审如郑意,仕且耕乎?又《载师》遍序受田之名,独不及工,工与贾等尔,有贾田,无工田,是工惟不受田乎?"③ 刘敞认为此"士"字当作"工",此说与先郑、后郑皆有异。清儒围绕此"士"字有颇多争议。如沈彤以"士"为"仕",曰:"盖仕之时禄厚,子为学士或任官,无庸别受田;致仕则子孙之不才者,将不免于农,故亦稍授田使习之也。"④ 孙诒让则以先郑为是,曰:"此宅田,盖凡士大夫之退居者所受。以其退居则无禄,而尝仕则不可同于齐民,故别以田给其家。……《汉书·食货志》所谓'士家受田,五口乃当农夫一人'是也。此数者通谓之士田,以卿大夫亦得称士也。后郑破'士'为'仕',义转偏隘,当依《王制》注不破字为是。"⑤ 由此可见,此"士"字尚有争议,刘敞解义可备一家之言。

又如《周礼·春官·簭人》:"掌三易以辨九簭之名……。九簭之名,一曰巫更,……九曰巫環,以辨吉凶。"郑玄曰:"此九巫读皆当为'筮',字之误也。"郑玄认为此"巫"字当作"筮"字。刘敞曰:"予谓掌九簭之名而以辨吉

---

① (清)俞樾:《群经平议》卷十二,《续修四库全书》第178册,第192页。
② (清)孙诒让:《周礼正义》卷二,中华书局1987年点校本,第76页。
③ (宋)刘敞:《七经小传》卷中,文渊阁《四库全书》第183册,第18页。
④ (清)沈彤:《周官禄田考》卷下,文渊阁《四库全书》第101册,第713页。
⑤ (清)孙诒让:《周礼正义》卷二十四,中华书局1987年点校本,第947—949页。

凶，则不可以'巫'为'筮'矣。改巫为筮，似准《太卜》'作龟之八命'而为说也。彼自云八命尔。以九巫况之，不近也，此乃前世通于占者九人，其遗法存于书可传者也。古者占筮之工通谓之巫，更、咸、式、目等皆其名也。巫咸见于他书多矣。'昜'疑为'易'，'易'，古'阳'字，所谓巫阳也。其他则未闻，虽未闻，不害其有也。"①刘敞认为此"易"字为"昜"，此"巫"乃占筮之工的通称，不可更改。陈祥道申刘氏此说曰："古者占筮之工谓之筮。《世本》曰'筮咸作筮'，商为筮咸，后世有神筮季咸，盖祖其名耳。九筮之名，自巫更、巫咸以至巫环，或以其人名书，或以其法名书，非若龟之八命也。郑氏以'巫'为'筮'，以九筮况八命，而已事释之，不可考也。"②与刘敞一样，陈氏亦认为此"巫"字不当作"筮"。刘敞、陈祥道此说影响深远。清人庄存与曰："'巫'字，如字读。"③庄氏认为此"巫"不应读"筮"。孙诒让云："郑意'巫'皆'筮'之坏字。刘敞、陈祥道、薛季宣并读'九巫'如字，谓巫更等为古精筮者九人，巫咸即《世本》作'筮'之巫咸，巫昜，'昜'当为'易'，即《楚辞·招魂》之巫阳。……其说与郑异，而略有根据，附著之以备一读。"④孙氏认为，刘敞、陈祥道此说可备一家之言。

又如《周礼·天官·医师》："掌医之政令，聚毒药以共医事。"郑玄云："毒药，药之辛苦者，药之物恒多毒。"郑玄认为"毒"、"药"为同一事物。贾《疏》申郑《注》曰："云'药之物恒多毒'者，药中有毒者，谓巴豆、狼牙之类是也。药中有无毒者，谓人参、芎䓖之类是也。"宋儒于郑、贾之说有异议，如王安石云："毒，所谓五毒；药，所谓五药。"⑤王昭禹云："毒谓五毒，药谓五药。五药，疾医之所用也。五毒，疡医之所用也。医师则聚之，所以共众医之所用也。以其攻疾，而使主焉，则谓之毒。以其瘳疾，而使乐焉，则谓之药。'毒'与《易》所谓'毒天下'之'毒'同，'药'与《庄子》所谓'至言药也'之'药'同。"⑥郑锷云："治病之法，亦有用善药以补治之者，不必皆

---

① （宋）刘敞：《七经小传》卷中，文渊阁《四库全书》第183册，第21页。
② （宋）陈祥道：《礼书》卷七十三，文渊阁《四库全书》第130册，第473页。
③ （清）庄存与：《周官说补》卷三，《续修四库全书》第80册，第91页。
④ （清）孙诒让：《周礼正义》卷四十八，中华书局1987年点校本，第1964页。
⑤ 程元敏：《三经新义辑考汇评（三）——〈周礼〉》上编《天官冢宰一》，台湾编译馆1987年版，第113页。
⑥ （宋）王昭禹：《周礼详解》卷五，文渊阁《四库全书》第91册，第253页。

用毒药。说者云巴豆、狼牙之类,药之有毒者也。人参、芎䓖之类,药之无毒者也。此言聚毒药,盖谓以毒为主也。愚以为不然。《疡医》云:'以五毒攻之,以五药疗之。'则毒与药二物也。药之毒,与夫药之不毒者,皆不可以卒求,如七年之病求三年之艾,则不可不蚤收而预蓄也。"①《疡医》云"以五毒攻之"、"以五药疗之",王安石、王昭禹、郑锷皆据《疡医》此之记载,认为"毒"、"药"为二物。宋儒此说得到了清人的认可。如姜兆锡云:"毒药,即《疡医》'五毒五药'。"②孙诒让云:"贾《疏》谓'药中有毒者,谓巴豆、狼牙之类',殆未达郑恉。王安石、王昭禹、郑锷……并谓毒药为二,即《疡医职》'五毒五药',亦通。"③姜兆锡、孙诒让认为,《疡医》"五毒五药"与《医师》"毒药"可互相发明,此说明显受到了宋人之启发。

又如《周礼·天官·内宰》:"凡建国,佐后立市,设其次,置其叙,正其肆。"郑玄云:"次,思次也。叙,介次也。"郑玄认为,此"次"乃"思次"之义,"叙"乃"介次"之义。王安石驳之曰:"次,其官之次,则司市所谓'思次'、'介次'是也。叙,其地之叙,司市所谓'各于其地之叙'是也。肆,谓陈物之肆,肆长所谓'各掌其肆之政令'是也。"④王安石据《司市》,认为此"次"有"思次"、"介次"之义,"叙"乃地叙之义。王昭禹《周礼详解》袭安石此说。清人姜兆锡、蒋载康、俞樾、孙诒让等人赞同安石此说。如俞樾云:"乃于此经分次为思次,叙为介次,义殊未安。《司市》职云:'上旌于思次以令市,市师莅焉,而听大治大讼;胥师、贾师莅于介次,而听小治小讼。凡万民之期于市者,辟布者,量度者,刑戮者,各于其地之叙。'以叙与介次别言之,可知此注之非矣。"⑤孙诒让云:"王、俞说是也。"⑥俞氏据《司市》以驳郑玄之说,乃受王安石之启发也。

又如《周礼·春官·大宗伯》:"凡大祭祀,王后不与,则摄而荐豆笾,彻。大宾客,则摄而载果。"郑玄云:"荐彻豆笾,王后之事。载,为也。'果'

---

① (宋)王与之:《周礼订义》卷八,文渊阁《四库全书》第93册,第119页。
② (清)姜兆锡:《周礼辑义》卷二,《续修四库全书》第78册,第455页。
③ (清)孙诒让:《周礼正义》卷九,中华书局1987年点校本,第316页。
④ 程元敏:《三经新义辑考汇评(三)——〈周礼〉》上编《天官冢宰一》,台湾编译馆1987年版,第160页。
⑤ (清)俞樾:《群经平议》卷十二,《续修四库全书》第178册,第198页。
⑥ (清)孙诒让:《周礼正义》卷十三,中华书局1987年点校本,第525页。

读为'祼'。代王祼宾客以鬯。君无酌臣之礼，言为者，摄酌献耳，拜送则王也。"王安石曰："大宾客摄而载果者，亦王后不与而摄也。"①《注》以摄祼为代王，非也；亦谓王后不与而摄其事。"②刘执中曰："谓摄后耳。郑氏谓君无酌臣之礼，误矣。"③郑锷曰："后于宾客，固无亲相授受之礼。其礼也，虽亲酌之，实盛载以往。大宗伯之摄取王后待宾客之义，亦以载为言，此承上文'王后不与'之下，当为摄王后祼宾客耳。"④王与之、刘执中、郑玄等人认为，摄祼唯据摄后，王祼代酌献为常礼，不得云摄。王与之、刘执中、郑玄之说得到了清人的赞同。如林乔荫曰："此大宾客，即指上公，礼当再祼，而王后不与，则大宗伯摄而再祼也。'载'与'再'古通。若是代王，则直曰摄祼可耳，何必言载？"孙诒让亦曰："陈、刘诸家说，与经义合，较郑为长。"⑤林乔荫、孙诒让此说乃袭宋人之说也。

宋儒于《仪礼》旧注之解字亦有辨疑。如《仪礼·士相见礼》："凡侍坐于君子，君子欠伸，问日之早晏，以食具告。"郑玄云："具犹辨也。"'辨'，张淳云："《注》曰'具犹辨也'，按《释文》云'办（辦），皮苋反'，《特牲馈食》注亦曰'具犹辨也。从《释文》。"⑥张淳认为"辨"字当从"办（辦）"，此说受到清人的质疑。如卢文弨曰："张所见本作'辨'，与'办（辦）'同。必从陆改'办（辦）'，转以后来之字易古字，大谬。"⑦张氏盲从《释文》，受到清儒的批评。

又如《仪礼·丧服》："诸侯之子称公子，公子不得祢先君。公子之子称公孙，公孙不得祖诸侯。此自卑别于尊者也。"张淳曰："注'曰不得祖公子'，又曰'不得祀别子'，按《释文》云'不复，扶又反'，'复'谓此二句'得'字误也。'不得'者，禁止之辞也。公子祢先君，公孙祖诸侯，于礼为僭，禁之可也，其曰'不得祢'、'不得祖'宜也。若公子之子孙有封为国君者，则

---

① 程元敏：《三经新义辑考汇评（三）——〈周礼〉》上编《春官宗伯三》，台湾编译馆1987年版，第289页。
② 程元敏：《三经新义辑考汇评（三）——〈周礼〉》上编《春官宗伯三》，台湾编译馆1987年版，第289页。
③ （宋）王与之：《周礼订义》卷三十一，文渊阁《四库全书》第93册，第524页。
④ （宋）王与之：《周礼订义》卷三十一，文渊阁《四库全书》第93册，第524页。
⑤ （清）孙诒让：《周礼正义》卷三十五，中华书局1987年点校本，第1410页。
⑥ （宋）张淳：《仪礼识误》卷一，文渊阁《四库全书》第103册，第9页。
⑦ （清）卢文弨：《仪礼注疏详校》卷三，"中研院"文哲研究所2012年点校本，第61—62页。

后世不祖公子，人情然也，何用禁为？不复云者，盖既祖此则不再祖彼焉尔，经于上'祢先君'、'祖诸侯'皆云'不得'，于下止言'不祖'，义可见矣，今改二句之'得'为'复'。从《释文》。"①张淳据《释文》，改此"得"字为"复"。此说得到阮元的赞同。阮氏曰："按：张说当矣。但《疏》以'则世世祖是人，不得祖公子者'两句为叠，传则'得'字、'者'字宜俱属衍文，下句'得'字乃当作'复'尔，《释文》不云'下同'，明注中止一'复'字。"②阮元认为，《丧服》此二"得"字，后者作"复"，其说明显受到了张淳之启发。

宋儒于《礼记》旧注之解字亦有辨疑，如《曲礼上》："君命召，虽贱人，大夫士必自御之。"郑《注》："'御'当为'讶'，讶，迎也。"③张载曰："御谓御车也。奉君命而召，虽所召者贱，使者当亲御之。"④郑玄训"御"为"讶"，而张载训"御"为"御车"。

又如《曲礼上》："有忧者侧席而坐，有丧者专席而坐。"吕大临曰："侧席，坐不安也。专席，不与人共坐也。有忧者行不能正履，则坐不能安席可知矣。有丧者致于哀慕，心不二事，则不与人共处可知矣。居倚庐，非丧事不言，既练居垩室，不与人居，皆'专席'之义也。先儒以'侧'为'特'，以'专'为'单'，既无所据，而以'侧'为'特'，如《礼》所谓'侧降'、'侧受'之类，所训虽可，然与'专席'无别，则不可以'特'训'侧'也。"⑤郑玄训'侧'为'特'，训'专'为'单'，吕大临认为郑玄解义与经义不符，因为"侧席"乃坐不安之义，"专席"乃不与人共坐之义。

又如《曲礼上》："凡为长者粪之礼，必加帚于箕上，以袂拘而退。其尘不及长者，以箕自乡而扱之。"吕大临云："'以箕自向而扱之'，扱，谓箕扱于粪中以粪也，读如'尸扱以柶祭羊铏'之'扱'，谓箕扱于粪，如柶扱于铏也。《注》以'扱'为'吸'，恐未然。"⑥郑玄释"扱"为"吸"，吕氏则认为"扱"

---

① （宋）张淳：《仪礼识误》卷二，文渊阁《四库全书》第103册，第18页。
② （清）阮元校刻：《十三经注疏（附校勘记）》，中华书局1980年版，第1117页。
③ （清）阮元校刻：《十三经注疏（附校勘记）》，中华书局1980年版，第1253页。
④ （宋）卫湜：《礼记集说》卷九，文渊阁《四库全书》第117册，第190页。
⑤ （宋）吕大临：《礼记解》，陈俊民辑校：《蓝田吕氏遗著辑校》，中华书局1993年版，第213页。
⑥ （宋）吕大临：《礼记解》，陈俊民辑校：《蓝田吕氏遗著辑校》，中华书局1993年版，第202页。

为"扱于粪"之义。清人孙希旦曰:"愚谓'扱'当如字。《说文》:'扱,收也。'谓以箕收敛所粪于箕也。"① 孙氏此说,乃袭自吕氏也。

(二) 前人解礼制之辨疑

汉唐诸儒对《周礼》所记礼制有所考证,宋儒对汉唐诸儒之说多有异议。如《周礼·秋官·大行人》:"时聘以结诸侯之好,殷𪩘以除邦国之慝。"郑玄云:"此二事者,亦以王见诸侯之臣使来者为文也。时聘者,亦无常期,天子有事,诸侯使大夫来聘,亲以礼见之,礼而遣之,所以结其恩好也。天子无事则已。殷𪩘,谓一服朝之岁也。慝犹恶也。一服朝之岁,五服诸侯皆使卿以聘礼来𪩘天子,天子以礼见之,命以政禁之事,所以除其恶行。"郑玄认为,所谓时聘,指天子有事,诸侯遣使来聘,天子以礼见之;所谓殷𪩘,指诸侯使卿以聘礼来𪩘天子,天子以礼见之。刘敞驳之曰:"此与间问等皆王使臣于诸侯之礼也。时聘以时聘诸侯,五服各有时也。殷𪩘者,遍问天下诸侯也,于下七遍𪩘诸侯是也,故曰'以除邦国之慝'。《注》以聘𪩘为诸侯见王,非也,盖惑于《大宗伯》文无间问等,而但言聘𪩘,所以乱之也。"② 刘敞认为,《大行人》所言,乃王遣使于诸侯,非诸侯遣使至天子。宋人郑锷亦驳郑玄此说曰:"诸侯之事,天子则有时聘、殷𪩘之文。《大宗伯》所谓'时聘曰问、殷𪩘曰视'是也。天子之于诸侯,亦有以报其礼,故此行时聘殷𪩘之礼以答之。……先儒谓天子有事,诸侯使大夫来聘,亲以礼见之,遣之,所以结其恩好。考其文意,似非是也。"③ 郑锷认为,此非诸侯遣使至天子之礼。宋人黄度亦曰:"郑见《宗伯》序聘𪩘于朝觐宗遇会同之下,故皆以为王见诸侯之臣。然《大行人》闲问、归脤、贺庆、致禬与殷𪩘联文,不知何以分之?"④ 黄氏认为,若以时聘、殷𪩘为王见诸侯使者之礼,则与《大行人》下文"闲问"、"归脤"、"贺庆"、"致禬"相雷同。刘敞、郑锷、黄度此说得到了清人的肯定,如方苞曰:"注谓诸侯使大夫时聘,王亲以礼见之,非也。……是不命之卿不得上聘王朝,况大夫乎?《小行人》凡四方之使者,大客则𫟛,小客则受其币而听其辞,则小国之卿,王所亲见者鲜矣。"⑤ 孙诒让曰:"刘敞亦谓时聘者以时聘诸侯,殷

---

① (清) 孙希旦著,沈啸寰等点校:《礼记集解》卷二,中华书局1989年版,第34页。
② (宋) 刘敞:《七经小传》卷中,文渊阁《四库全书》第183册,第22—23页。
③ (宋) 王与之:《周礼订义》卷六十七,文渊阁《四库全书》第94册,第304页。
④ (宋) 王与之:《周礼订义》卷六十七,文渊阁《四库全书》第94册,第304页。
⑤ (清) 方苞:《周官析疑》卷三十五,《续修四库全书》第79册,第360—361页。

眺者遍问天下诸侯,即下文三岁遍眺。依范、刘说,则此眺通赅下文存眺省三事,义亦得通。"① 方氏、孙氏之说显然受到了宋人之启发。

汉唐诸儒对《仪礼》所记礼制有所考证,宋儒对汉唐诸儒之说多有异议。如《仪礼·士冠礼》:"若不醴,则醮用酒。"郑玄曰:"若不醴,谓国有旧俗可行。圣人用焉,不改者也。"《士冠礼》"醮于客位",郑玄曰:"夏殷礼也。"刘敞驳郑玄,曰:"醴谓三加毕,以醴酒饮冠者于客位者也。不醴而醮,谓庶子矣。醴重醮轻,曾子问:'除丧不改冠乎?'孔子曰:'天子赐诸侯服有冠醮,无冠醴,醴为重也。'又昏礼,适妇醴之,庶妇醮之。丈夫之冠,犹妇人之嫁。则醮用酒者,必庶子也。下文曰'庶子冠于房外,南面,遂醮焉',是矣。又曰'孤子醴于阼',知凡嫡子,皆醴也。郑《注》云:'若不醴,谓国有旧俗可行,圣人用焉。'又注'醮于客位'云:'夏殷礼也。'皆非也。夏殷有天下千余岁,冠礼行之久矣。设以醮为礼者,溥天之下皆醮也。周公何以改之?"② 郑玄认为不醴而醮乃旧俗。刘敞则认为,此不醴而醮意在明嫡、庶之别。朱熹又创新说曰:"不醴而醮,乃当时国俗不同有如此者。如鲁卫之幕有缟布,袝有离合,皆周礼自不同,未必夏、殷法也。《记》注所云,若以杞、宋二代之后及他远国,未能纯用周礼者言之,则或可通。然亦未有明文可考也。"③ 朱熹认为,国俗不同,遂有不醴而醮,并非如刘敞意在辨嫡庶之说。刘敞、朱熹之说影响深远。如清人盛世佐曰:"如以此节为醮庶子,经当云'若庶子则醮用酒',而下文亦不应别见庶子冠法矣。"④ 盛世佐认为,若意在辨嫡庶,经文则应为"若庶子则醮用酒"。胡培翚认为朱熹"其说诚是"⑤。

汉唐诸儒对《礼记》所记礼制有所考证,宋儒对汉唐诸儒之说多有异议。如《礼记·曲礼下》:"大飨不问卜,不饶富。"吕大临云:"大飨,冬日至祀天,夏日至祭地也。因大地阴阳之至,日月素定,故'不问卜';……郑氏谓:'大飨者,祀五帝于明堂,以总飨五帝,不知主何而卜,故曰莫适卜也。然季秋大飨,既无素定之日,如冬夏至之比,又不问卜,必以人谋而用之。是以私亵事上帝,不敬莫大焉。'其说固不可取矣。郊血大飨腥,或为季秋大飨可也,然

---

① (清)孙诒让:《周礼正义》卷七十一,中华书局1987年点校本,第2948页。
② (宋)刘敞:《七经小传》卷中,文渊阁《四库全书》第183册,第23—24页。
③ (宋)卫湜:《礼记集说》卷一百五十四,文渊阁《四库全书》第114册,第680页。
④ (清)盛世佐:《仪礼集编》卷二,文渊阁《四库全书》第110册,第106页。
⑤ (清)胡培翚:《仪礼正义》卷二,《续修四库全书》第91册,第627页。

不可一例求之。盖《礼记》之文,本非一书,杂收而得之,言各有所当也。"①郑玄以季秋大飨为通行之礼制。吕氏则认为,大飨应是冬至祀天、夏至祀地。

又如《礼记·王制》:"天子三公、九卿、二十七大夫、八十一元士。"郑玄云:"此夏制也。《明堂位》曰'夏后氏之官百',举成数也。"②郑玄据《明堂位》,认为《王制》所记天子所设之职官为夏制。马希孟驳之曰:"天子三公、九卿、二十七大夫、八十一元士,以成数言之,盖百也,此唐虞之制也。《书》曰:'唐虞稽古,建官惟百。'夏商官倍,亦克用,又夏殷之官则倍于唐虞之制。而郑氏则以此为夏制,其说盖误也。"③马希孟据《尚书·周官》之记载,认为《王制》此之记载为唐虞之制。清人亦疑郑玄此说,如孙希旦云:"郑氏以此为夏制,非也。《明堂位》曰'夏后氏官百',以职而计之也。此公、卿、大夫、元士之数,以人而计者也。周官三百六十,而其人数则多矣。夏官百,殷二百,必非一职止一人为之。若夏天子止有官百人,岂足以理天下之事耶?"④孙氏据《明堂位》"夏后氏官百"之记载,认为《王制》所记天子仅有官百人之说不是夏制。

又如《礼记·王制》:"大国三卿,皆命于天子,下大夫五人,上士二十七人。……下大夫五人,上士二十七人。"胡铨曰:"郑氏谓此皆夏制。今案《周礼》,凡三等国,卿大夫、士之数悉与此同。又《春秋》,周法也,鲁季孙司徒、叔孙司马、孟孙司空,三卿也。《曾子问》亦明周法,而云国家五官,则五大夫。又冢宰施典于邦国,设其参,傅其伍,参谓三卿,伍谓伍大夫也。则此乃周制,郑氏必以为夏官,何哉?"⑤郑玄认为《王制》此记载属于夏制,胡铨则据《周礼》、《礼记·曾子问》之记载,认为《王制》此记载属于周制。

(三)认为旧注不合情理

宋儒认为旧注有不合情理者。如《曲礼上》:"餕余不祭,父不祭子,夫不祭妻。"郑玄云:"食人之余曰餕,餕而不祭,唯此类也。食尊者之余则祭,盛

---

① (宋)吕大临:《礼记解》,陈俊民辑校:《蓝田吕氏遗著辑校》,中华书局1993年版,第251—252页。
② (清)阮元校刻:《十三经注疏(附校勘记)》,中华书局1980年版,第1325页。
③ (宋)卫湜:《礼记集说》卷二十七,文渊阁《四库全书》第117册,第543页。
④ (清)孙希旦著,沈啸寰等点校:《礼记集解》卷十二,中华书局1989年版,第320页。
⑤ (宋)卫湜:《礼记集说》卷二十七,文渊阁《四库全书》第117册,第546页。

之。"① 熊安生云:"谓年老致仕,传家事于子孙,子孙有宾客之事,故父得馂其子余。"② 朱熹云:"便是此一说,被人解得都无理会了。据某所见,此二句承上面'馂余不祭'说。盖谓馂余之物,虽父不可将去祭子,夫不可将去祭妻。且如孔子'君赐食,必正席先尝之;君赐腥,必熟而荐之'。君赐腥,则非馂余矣,虽熟之以荐先祖可也。赐食,则或为馂余,但可正席先尝而已;固是不可祭先祖,虽妻子至卑,亦不可祭也。"③ "'馂余不祭,父不祭子,夫不祭妻。'先儒自为一说,横渠又自为一说。看来只是祭祀之'祭',此因'馂余'起文。谓父不以是祭其子,夫不以是祭其妻,举其轻者言,则他可知矣。"④ "'馂余不祭,父不祭子,夫不祭妻',古注说不是。今思之,只是不敢以馂余又将去祭神。虽以父之尊,亦不可以祭其子之卑;夫之尊,亦不可以祭其妻之卑,盖不敢以鬼神之余复以祭也。祭,非'饮食必有祭'之'祭'。"⑤ 郑玄、熊安生认为,子、妻为卑,故父亲食子女所剩饭菜,或丈夫食妻所剩饭菜,皆无须祭先人。朱熹则认为,《曲礼上》于此之"祭"义为"祭祀",剩余之食物不可用于祭祀,父亲不可用剩余饭菜祭子,丈夫不可用剩余饭菜祭妻。朱熹此说深受清人推崇。如孙希旦云:"戴氏溪曰:父不祭子,夫不祭妻,各使其子主之,明有尊也。此与馂余不祭,义不相属。顾氏炎武曰:父不祭子,夫不祭妻,不但名分有所不当,而以尊临卑,则死者之神亦必不安,故其当祭则有代之者。此谓平日四时之祭,若在丧,则祥禫之祭未尝不行。此节诸家之说不同。注疏解'祭'字为'祭食'之祭,谓'食尊者之余则祭之','若父得子余,夫得妻余,不须祭,以其卑故也'。愚谓食之有祭,所以报先代始为饮食之人,若用食余以祭,则非所以为敬。故《玉藻》'特牲三俎,祭肺,夕深衣,祭牢肉',若日中而馂,则不祭也。虽尊者之余,亦不可用以祭矣。且礼惟有卑馂尊者之余,若父馂子余,夫馂妻余,尤礼之所未尝有也。……朱熹与戴氏、顾氏之说皆可通,但上言'御食于君',下言'御同于长者',故因而及于馂余不祭之

---

① (清)阮元校刻:《十三经注疏(附校勘记)》,中华书局1980年版,第1243页。
② (清)阮元校刻:《十三经注疏(附校勘记)》,中华书局1980年版,第1243页。
③ (宋)黎靖德辑:《朱子语类》卷八十七,朱杰人等编:《朱子全书》(修订本)第17册,上海古籍出版社、安徽教育出版社2010年版,第2946页。
④ (宋)黎靖德辑:《朱子语类》卷八十七,朱杰人等编:《朱子全书》(修订本)第17册,上海古籍出版社、安徽教育出版社2010年版,第2946页。
⑤ (宋)黎靖德辑:《朱子语类》卷八十七,朱杰人等编:《朱子全书》(修订本)第17册,上海古籍出版社、安徽教育出版社2010年版,第2946页。

事，忽于其间言吉祭，未免不伦，又似朱熹之说为长也。"① 江永亦云："此经固当断从朱子说，而陈氏《集说》兼存祭食之说，与《注》、《疏》小异，亦可玩也。"② 孙希旦、江永此说乃受朱熹之启发也。

又如《檀弓上》："死而不吊者三：畏、厌、溺。"郑玄云："人或时以非罪攻己，不能有以说之死之者。孔子畏于匡；行止危险之下；不乘桥船。"③ 郑玄认为，畏、厌、溺属于非礼横事，不合哭吊。张载驳之云："知死而不知生，伤而不吊。畏、厌、溺，可伤尤甚也，故特致哀死者，不吊生者以异之。且如何不淑之词，无所施焉。畏，畏惧而死者也。三者皆不得其死，故君子伤之之甚，但知悯死者而已，哀有余而不暇于文也。"④ 张载认为，畏、厌、溺，哀伤之至，鉴于"知死者而不知生伤而不吊"之原则，故无暇吊生人。

（四）认为旧注不完备

宋儒认为前人于"三礼"之诠释有不完备者。如《礼记·曲礼下》："凡祭，有其废之，莫敢举也；有其举之，莫敢废也。非其所祭而祭之，名曰淫祀，淫祀无福。"郑玄云："为其渎神也。废举，谓若殷废农祀弃，后不可复废弃祀农也。"⑤ 郑玄认为，"有其废之，莫敢举也；有其举之，莫敢废也"，才不至于亵渎神灵，这与殷废农而祭弃、后世不废弃而祭农之义同。叶梦得曰："'有其举之，莫敢废也；有其废之，莫敢举也'，郑《注》是矣，然未尽也。先王之制祭祀，如柳下惠所言，盖甚严矣，故《礼》有《祭法》，有《祭义》。若举废皆当于法与义，后固不可改，使有不当，其可姑仍其失而不之正乎？弃之与农，农之功必有不若弃者，则农固不得不废。若柱之为社，世未有能过之者，则虽欲迁而不可改。汤特为之作夏社以晓天下，此《礼》所以言有其举之，有其废之者，谓各有名而非苟作者也。不然，如鲁人之祀爰居，跻僖公，何以书于《春秋》？使后有作者，能以礼正之，孔子岂不许乎？"⑥ 叶梦得认为，柱为社之功，后世无人可及，后世虽迁神主，却不变祭祀，遂有汤为柱立夏社之事；废农祀弃，是因为此农之功小于弃。叶氏此说，是对郑《注》之补充。

---

① （清）孙希旦著，沈啸寰等点校：《礼记集解》卷三，中华书局1989年版，第61—62页。
② （清）江永：《礼记训义择言》卷一，文渊阁《四库全书》第128册，第296页。
③ （清）阮元校刻：《十三经注疏（附校勘记）》，中华书局1980年版，第1279页。
④ （宋）卫湜：《礼记集说》卷十六，文渊阁《四库全书》第117册，第335页。
⑤ （清）阮元校刻：《十三经注疏（附校勘记）》，中华书局1980年版，第1268页。
⑥ （宋）卫湜：《礼记集说》卷十四，文渊阁《四库全书》第117册，第285页。

又如《礼记·曲礼下》："拟人必于其伦。"郑玄云："拟犹比也。伦犹类也。比大夫当于大夫，比士当于士，不以其类，则有所亵。"① 郑玄释"伦"为"类"，以大夫比大夫，以士比士。方悫曰："禹、稷、颜回，时固不同矣，孔子俱以为贤者，为其道之伦而拟之也。夷、惠、伊尹，迹固不同矣，孟子俱以为圣者，为其心之伦而拟之也。子夏以有若似孔子，徒拟之以貌而已，然不知圣贤之德不伦也。公孙丑以管仲比孟子，徒拟之以位而已，然不知王霸之业不伦也。"② 方悫认为，孔子称禹、稷、颜回为贤，孟子称夷、惠、伊尹为圣，是基于道德所做之判断；子夏以有若比孔子，仅是基于外貌所做之判断，公孙丑以管仲比孟子，仅是基于地位所做之判断。方悫认为从道德出发所作之判断更重要。方氏此解义是对郑《注》所做之深化。正如孙希旦所云："愚谓'伦'字，郑氏以位言，方氏以道德言，兼之乃备。"③

## 第三节　宋儒于"三礼"辨疑之方法

叶国良将宋儒疑经方法归纳为二十种：

1. 从旧志不著录而定其伪或可疑；
2. 后人谓某书出现于某时，而彼时人未见此书，可断其伪；
3. 从书之来历暧昧不明而定其伪；
4. 书中引述某人语，则必非某人作，若书是某某作，必无"某某曰"之词；
5. 书中称谥者，出于作者之后，可知是书非作者自著；
6. 用后代之人名地名；
7. 预言将来之事，显露伪迹；
8. 用后代法制；
9. 部分抄自他书；
10. 剽窃前文；
11. 前已为佚文，现反有全书，可知是伪；

---

① （宋）卫湜：《礼记集说》卷十三，文渊阁《四库全书》第117册，第272页。
② （宋）卫湜：《礼记集说》卷十三，文渊阁《四库全书》第117册，第272页。
③ （清）孙希旦著，沈啸寰等点校：《礼记集解》卷六，中华书局1989年版，第148页。

12. 从名词上辨别；

13. 从文体上辨别；

14. 从文法上辨别；

15. 从思想系统与时代关系辨别；

16. 从思想与传授家法辨别；

17. 从袭用后代学说辨别；

18. 二书同为一人所作，而其间思想矛盾，则其中一书为伪；

19. 同书思想矛盾，则部分为伪作；

20. 不合义理，不合人情者，必非圣人之言。

叶国良认为，"前十七条，皆梁任公《古书之真伪及其年代》一书所认可之方法；其十八、十九两条亦皆考据家所习用之要义。唯最后一条，出于主观，宋儒往往采用，而后人每引之以诟病宋儒者。"① 笔者认为，宋儒于"三礼"辨疑之方法主要有两种，即以文献为佐证和以义理审核。

## 一、以文献为佐证

宋儒于"三礼"之辨疑，有以文献为佐证者。如《周礼·天官·玉府》："凡王之献金玉、兵器、文织、良货贿之物，受而藏之。"郑玄云："谓百工为王所作，可以献遗诸侯。古者致物于人，尊之则曰献，通行曰馈。"《孔子家语》："吾闻之，君取于臣谓之取，与于臣谓之赐；臣取于君谓之假，与于君谓之献。"② 王肃取《家语》此说以难郑玄。刘敞曰："《玉府》'凡王之献金玉、文织、良货贿之物、受而藏之'，'献'读如'大夫出疆必告，反必有献于君'之'献'，《传》曰'颖叔考有献于公'，是也。"③ 刘敞据《礼记·曲礼》、《左传》之记载，认为《玉府》此"献"字之义为臣献君。清人江永曰："注谓王用以献遗诸侯，恐不然。此谓臣下有献于王，如《曲礼》所谓'大夫私行，反必有献'，《少仪》所谓'君将适他，臣如致金玉货贝于君'是也。"④ 王引之曰："献者，献于王也。诸侯献金玉、兵器、文织、良货贿之物于王，则玉府为王受而藏之，若鲁僖公纳玉于王十毂之类是也。"⑤ 从文献征引的角度来看，江永、王

---

① 叶国良：《宋人疑经改经考》，台湾大学出版委员会1980年版，第158页。
② （魏）王肃注：《孔子家语》卷九，文渊阁《四库全书》第65册，第98页。
③ （宋）刘敞：《七经小传》卷中，文渊阁《四库全书》第183册，第17页。
④ （清）江永：《周礼疑义举要》卷一，文渊阁《四库全书》第101册，第723页。
⑤ （清）王引之：《经义述闻》卷八，《续修四库全书》第174册，第443页。

引之显然是受到了刘敞的影响。

又如《礼记·礼器》："经礼三百，曲礼三千，其致一也。"郑玄云："经礼谓《周礼》也。《周礼》六篇，其官有三百六十。曲犹事也，事礼谓今礼也。礼篇多亡，本数未闻，其中事仪三千。"① 郑玄认为，《礼器》所云"经礼"指《周礼》，"曲礼"指《仪礼》。朱熹云："'经礼三百'，便是《仪礼》中士冠、诸侯冠、天子冠礼之类。此是大节，有三百条。如始加，再加，三加，又如'坐如尸，立如齐'之类，皆是其中之小目，便有三千条。或有变礼，亦是小目。吕与叔云'经便是常行底，纬便是变底'，恐不然。经中自有常、有变，纬中亦自有常、有变。"② 又云："人只是读书不多。今人所疑，古人都有说了，只是不曾读得。郑康成注'经礼三百'云是《周礼》；'曲礼三千'，云是《仪礼》。某尝疑之。近看臣瓒注《汉书》云，'经礼三百'，乃冠、昏、丧、祭，《周官》只是官名云云。乃知臣瓒之说，已非康成之说矣。盖'经礼三百'，只是冠、昏、丧、祭之类。如冠礼之中，便有天子冠、士冠礼，他类皆然，岂无三百事？但《仪礼》五十六篇今皆亡阙，只存十七篇，故不全尔。'曲礼三千'，乃其中之小目。如冠礼中筮日、筮宾、三加之类，又如'上于东阶，则先右足；上于西阶，则先左足'，皆是也。"③ 朱熹据《汉书》所载臣瓒说，认为《礼器》所云"经礼"指《仪礼》所记冠、昏等礼仪，"曲礼"指更细小之仪节。朱熹此说影响深远。如孙希旦云："贵多谓之大，贵少谓之小，外心谓之显，内心谓之微。经礼者，常行之礼，如《仪礼》冠礼、昏礼之类，其目有三百也。曲礼者，仪文之委屈，如冠礼有三加，昏礼有六礼之类，其目有三千也。礼文虽繁，而莫不得乎大小、微显之宜，则其致一也。惟其然，故人之所行莫不由之，如入室必由户而不可外也。"④ 翁方刚云："窃按经礼三百，必非《周礼》六官之职，郑氏以三百六十官为经礼，非也。朱子曰：礼仪三百，即《仪礼》中士冠、诸侯冠、天子冠之类。如始加、再加、三加，又如坐如尸、

---

① （清）阮元校刻：《十三经注疏（附校勘记）》，中华书局1980年版，第1435页。
② （宋）黎靖德辑：《朱子语类》卷八十七，朱杰人等编：《朱子全书》（修订本）第17册，上海古籍出版社、安徽教育出版社2010年版，第2961—2962页。
③ （宋）黎靖德辑：《朱子语类》卷八十七，朱杰人等编：《朱子全书》（修订本）第17册，上海古籍出版社、安徽教育出版社2010年版，第2962页。
④ （清）孙希旦著，沈啸寰等点校：《礼记集解》卷二十四，中华书局1989年版，第651—652页。

立如齐之类，皆是其中小目。陈云庄《集说》亦从朱子之说。又载赵氏曰：经礼，如冠昏、丧祭、朝觐、会同之类；曲礼，如进退、升降、俯仰、揖逊之类。按此，则注疏迂滞，当以宋儒后定之说为正矣。"①孙希旦、翁方刚之说显然受到了朱子解义之启发。

又如《礼记·祭法》："天下有王，分地建国，置都立邑，设庙祧坛墠而祭之，乃为亲疏多少之数。"郑玄曰："建国，封诸侯也。置都立邑，为卿大夫之采地，及赐士有功者之地。庙之言貌也，宗庙者，先祖之尊貌也。祧之言超也，超上去意。"郑玄认为祧乃"超上去"之义。叶梦得曰："《周官·小宗伯》辨庙祧之昭穆，《聘礼》言'不腆先君之祧'，言宗庙者，亦或谓之宗祧。庙与祧常通称。祧，兆也，庙亲而祧远，则其兆而已。而郑氏以祧为超，超上去之意，祧非毁之谓。若是祧为毁，则自大祖而降，凡无功德者皆当祧，何独此二庙乎？"②叶梦得据《周礼·小宗伯》和《仪礼·聘礼》，认为祧是庙的另一种称谓，祧为"兆"，有远亲庙之义。孙希旦云："'远庙为祧'，盖谓高祖之父、高祖之祖之庙也。谓之远庙者，言其世数远而将迁也。……然《周礼》'守祧八人'，则祧不徒为远庙矣。《聘礼》云'不腆先君之祧'，《左传》'其敢爱丰氏之祧'，臧武仲言'失守宗祧'，是虽五庙、三庙者亦有祧矣。盖'祧'即寝也，其字从兆，乃窈窕幽邃之义。"③孙氏所言"远庙为祧"，与叶氏此说暗合也。

又如《礼记·中庸》："子曰：好学近乎知，力行近乎仁，知耻近乎勇。"朱熹曰："《孔子家语》亦载此章，而其文尤详。'成功一也'之下，有'公曰：子之言美矣！至矣！寡人实固，不足以成之也'。故其下复以'子曰'起答辞。今无此问辞，而犹有'子曰'二字；盖子思删其繁文以附于篇，而所删有不尽者，今当为衍文也。"④朱熹据《孔子家语》，认为《中庸》此"子曰"二字属于衍文。

又如《礼记·表记》："子曰：君子不失足于人，不失色于人，不失口于

---

① （清）翁方刚：《礼记附记》卷二，《丛书集成初编》第1022册，中华书局1985年版，第49页。
② （宋）卫湜：《礼记集说》卷一百九，文渊阁《四库全书》第119册，第360页。
③ （清）孙希旦著，沈啸寰等点校：《礼记集解》卷四十五，中华书局1989年版，第1199页。
④ （宋）朱熹：《中庸章句》，朱杰人等编：《朱子全书》（修订本）第6册，上海古籍出版社、安徽教育出版社2010年版，第49页。

人。"郑玄云:"'失'谓失其容止之节也。《玉藻》曰:'足容重,色容庄,口容止。'"①郑玄据《玉藻》,认为"足"、"色"、"口"之义分别为"足容"、"色容"、"口容"。刘敞曰:"足者,足恭也。色者,令色也。口,巧言也。此仲尼所与左丘明同其耻之三事也。故下自解之曰:'君子貌足畏也,色足惮也,言足信也。'信则不巧矣,惮则不令矣,畏则不足矣。《注》乃云足容、色容、口容,非也。"②刘敞据《论语·公冶长》,认为"足"为"足恭"之义,"色"为"令色"之义,"口"为"巧言"之义。刘敞此说有文献依据,可备参考。

### 二、以义理审核

叶国良所归纳宋儒疑经之方法,其中第二十条最能体现宋儒经典诠释之特色。如果说前十九条是古今辨伪学通用之法,那么第二十条则是宋儒所特有的。辨伪学与宋人疑经的内涵并非完全一致,"宋代疑经者的'义理'往往并非完全从文献、文本自身而来,这样就使其疑经在很大程度上偏离了文献辨伪,宋儒疑经多表现为对经籍的修正和调整,他们的怀疑大都与其思想有关"③。也就是说,汉唐诸儒是通过考察经典本身而得出义理,宋儒则先入为主地将既有之思想贯穿于经典之诠释。正如清儒皮锡瑞所云:"宋儒乃以义理悬断数千年以前之事实。"④由此可见,以义理审核乃宋儒经典辨疑之重要方法。兹举数例以明之:

如《礼记·檀弓上》:"曾子袭裘而吊,子游裼裘而吊。曾子指子游而示人曰:'夫夫也,为习于礼者,如之何其裼裘而吊也?'"张载云:"此一段义正可疑。曾子、子游皆圣门之高弟,其分契与常人殊,若使一人失礼,必面相告,岂有私指示于人而不告之也?"⑤张载认为,曾子、子游皆圣门高弟,不可能私下指陈子游之失。

又如《礼记·王制》:"关讥而不征。"郑玄云:"讥,讥异服,识异言。征亦税也。"⑥郑玄认为,公家仅于边境察异言异服,而不税其往来之货物。刘敞

---

① (清)阮元校刻:《十三经注疏(附校勘记)》,中华书局1980年版,第1638页。
② (宋)刘敞:《七经小传》卷中,文渊阁《四库全书》第183册,第29页。
③ 杨新勋:《宋代疑经研究》,中华书局2007年版,第300页。
④ (清)皮锡瑞:《经学历史·经学变古时代》,潘斌编:《皮锡瑞儒学论集》,四川大学出版社2010年版,第30页。
⑤ (宋)卫湜:《礼记集说》卷十七,文渊阁《四库全书》第117册,第363页。
⑥ (清)阮元校刻:《十三经注疏(附校勘记)》,中华书局1980年版,第1337页。

云:"'关讥而不征',谓羁旅士民也。至于商,犹征之。"① 刘敞认为,"关讥而不征"乃针对羁旅士民而言,至于商人则仍征税。

又如《礼记·郊特牲》:"乡人裼,孔子朝服立于阼,存室神也。"郑玄云:"裼,强鬼也。谓时傩,索室驱疫,逐强鬼也。裼或为献,或为傩。"② 郑玄以"裼"为强鬼。叶梦得曰:"裼读如阳。傩有二名,傩犹禳也,以御阴为义,故文从傩。裼犹祫也,以抗阳为义,故文从易。此以存室神也,故以裼为名。郑氏以为强鬼之名,误也。"③ 叶氏认为"裼"从"易",乃抗阳之义。

又如《礼记·大传》:"牧之野,武王之大事也。既事而退,柴于上帝,祈于社,设奠于牧室,遂率天下诸侯执豆笾,逡奔走,追王大王亶父、王季历、文王昌,不以卑临尊也。"所谓"不以卑临尊",郑玄云:"不用诸侯之号临天子也。"④ 司马光云:"《大传》以为武王克商,祀于牧室,追王太王、王季、文王,不以卑临尊也。夫父子之间,譬犹天地之体,殊君臣之位,绝尊卑之分,天性自然。是以子虽为天子,无害父之尊,父虽为士,子不敢先之,人道之大伦,古今之通义也。武王纂绍前迹,登隆基绪,追尊先世,告成王业。盖以推功归美,崇戴前人,非谓身临四海之尊,不可以诸侯为祖父也。窃谓记礼者,深于圣人之旨失之。"⑤ 吕祖谦亦云:"谓'不以卑临尊',此出于汉儒之说,而非追王之本意也。三王乃武王之祖、父,其尊孰大于是,曷为待追王而后卑哉?《武成》曰:'大王肇基王迹,王季其勤王家,我文考文王克成厥勋,诞膺天命。'盖三王皆肇基之主,所以追王之也。"⑥ 司马光认为,《大传》并没有明白武王封先祖先父之动机;武王既有四海,追思王迹之所由兴、积功开业之艰难,遂推三世而王之,以明非己之功。司马光、吕祖谦于"不以卑临尊"之解义出自心解,而无文献依据。尽管如此,司马氏和吕氏之解义对于经文之理解颇有助益,如清人孙希旦云:"愚谓追王之礼,夏、商之所未有,而始于周。

---

① (宋)刘敞:《七经小传》卷中,文渊阁《四库全书》第183册,第27页。
② (清)阮元校刻:《十三经注疏(附校勘记)》,中华书局1980年版,第1448页。
③ (宋)卫湜:《礼记集说》卷六十四,文渊阁《四库全书》第118册,第368页。
④ (清)阮元校刻:《十三经注疏(附校勘记)》,中华书局1980年版,第1506页。
⑤ (宋)司马光:《传家集》卷六十六《不以卑临尊议》,文渊阁《四库全书》第1094册,第605页。
⑥ 转引自(清)孙希旦著,沈啸寰等点校:《礼记集解》卷三十四,中华书局1989年版,第905页。

盖周之王业，实由三王积累而成，与前代不同，所谓'礼以义起'者也。若谓'不以卑临尊'，则后稷为始祖，犹诸侯尔，祖孙、父子之间，其尊卑岂以爵位哉？"①孙氏此之解义，与司马光、吕祖谦之说相合也。

又如《礼记·杂记》："讣于士，亦曰：'吾子之外私寡大夫某不禄，使某实。'"郑玄云："'实'当为'至'，此读，周秦之人声之误也。"②孔颖达云："以身赴告，故云'使某实'。"③郑《注》、孔《疏》认为，此"实"字应作"至"解，有"到达"之义。刘敞驳之云："实者，以异国传闻疑言，使人实之也。"④刘敞认为，此"实"字为"核实"之义，即异国有疑，大夫请异国派人到本国核实。刘敞之说无文献依据，纯属推测。

又如《礼记·祭法》："共工氏之霸九州。"郑玄云："无录而王谓之霸，在太昊、炎帝之间。"⑤李觏驳之云："项籍亦尝霸九州矣，在秦汉之间矣，尊怀王为义帝，分天下以王诸侯，自立为西楚伯王，非霸九州而何也？然谓籍曰天子，可乎？彼共工氏，盖籍之类也。"⑥李觏的"王霸"观与孟子的仁政思想不同，其驳郑《注》，意在维护自己的"王霸"新说。⑦

又如《礼记·中庸》："自诚明谓之性，自明诚谓之教。"又云："诚者，不勉而中，不思而得。"欧阳修云："《论语》云：'吾十有五而志于学，三十而立，四十而不惑，五十而知天命。'盖孔子自年十五而学，学十五年而后有立，其道又须十年而一进。孔子之圣，必学而后至，久而后成。而《中庸》曰：'自诚明谓之性，自明诚谓之教。'自诚明，生而知之也；自明诚，学而知之也。若孔子者，可谓学而知之者，孔子必须学，则《中庸》所谓自诚而明、不学而知之者，谁可以当之欤？尧用四凶，其初非不思也，盖思之不能无失耳，故曰'惟帝其难之'。舜之于事，必问于人而择焉，故曰'舜好问'。禹之于事，已所不决，人有告之言，则拜而从之，故曰'禹拜昌言'。汤之有过，后知而必

---

① （清）孙希旦著，沈啸寰等点校：《礼记集解》卷三十四，中华书局1989年版，第905页。
② （清）阮元校刻：《十三经注疏（附校勘记）》，中华书局1980年版，第1550页。
③ （清）阮元校刻：《十三经注疏（附校勘记）》，中华书局1980年版，第1550页。
④ （宋）刘敞：《七经小传》卷中，文渊阁《四库全书》第183册，第29页。
⑤ （清）阮元校刻：《十三经注疏（附校勘记）》，中华书局1980年版，第1590页。
⑥ （宋）李觏：《常语下》，《李觏集》卷三十四，中华书局2011年版，第392页。
⑦ 李觏云："霸，诸侯号也。霸之为言伯也，所以长诸侯也，岂天子之所得为哉？……所谓王道，则有之矣，安天下也。所谓霸道，则有之矣，尊京师也。"（李觏：《常语下》，《李觏集》卷三十四，中华书局2011年版，第391页）

改,故曰'改过不吝'。孔子亦尝有过,故曰'幸,苟有过,人必知之'。而《中庸》曰'诚者不勉而中,不思而得'。夫尧之思虑常有失,舜、禹常待人之助,汤与孔子常有过。此五君子者,皆上古圣人之明者,其勉而思之犹有不及,则《中庸》之所谓'不勉而中、不思而得'者,谁可以当之欤?此五君子者不足当之,则自有天地以来,无其人矣,岂所谓虚言高论而无益者欤?夫孔子必学而后至,尧之思虑或失,舜、禹必资于人,汤、孔不能无过,此皆勉人力行不怠,有益之言也。若《中庸》之诚明不可及,则怠人而中止,无用之空言也。故予疑其传之谬也,吾子以为如何?"①欧阳修认为,既然孔子说自己"十有五而志于学,三十而立,四十而不惑,五十而知天命",既然孔子都要"学而后至,久而后有成",那么"自诚明"无人可当之;既然尧、舜、禹、汤、孔子思虑有过失,那么"诚者,不勉而中,不思而得"无人能当之。在此基础上,欧阳修认为《中庸》此说乃虚言高论,于世无益。

又如《礼记·射义》:"故天子之大射谓之射侯,射侯者,射为诸侯也。射中则得为诸侯,射不中则不得为诸侯。"又云:"天子将祭,必先习射于泽。泽者,所以择士也。已射于泽而后射于射宫。射中者得与于祭,不中者不得与于祭。"朱熹曰:"'射中则得为诸侯,不中则不得为诸侯。'此等语皆难信。《书》谓'庶顽谗说,侯以明之'。然中间若有羿之能,又如何以此分别?恐大意略以射审定,非专以此去取也。"②"射观德择人,是凡与射者皆贤者可以助祭之类,但更以射择之。如卜筮决事然,其人贤不肖,不是全用射择之也。小人更是会射。今俗射有许多法,与古法多少别,小人尽会学。后之说者说得太过了,谓全用此射以择诸侯并助祭之人,非也。大率礼家说话,多过了,无杀合。"③案:据《礼记》可知,古代天子以射选诸侯、卿、大夫、士;天子之大射谓之射侯,射侯之义,即争取成为诸侯;射中了靶心就能成为诸侯,射不中就不配为诸侯。朱熹认为以射选诸侯不可信;若有像后羿那样的善射之人,那么没有人可以胜过;经文言以射观德择人未免绝对,因为善射者中不乏小人。

---

① (宋)欧阳修著,李逸安点校:《欧阳修全集》卷四十八《问进士策三首》,中华书局2001年版,第675—676页。
② (宋)黎靖德辑:《朱子语类》卷八十七,朱杰人等编:《朱子全书》(修订本)第17册,上海古籍出版社、安徽教育出版社2010年版,第2991页。
③ (宋)黎靖德辑:《朱子语类》卷八十七,朱杰人等编:《朱子全书》(修订本)第17册,上海古籍出版社、安徽教育出版社2010年版,第2991页。

《射义》此之记载并非纪实，而是基于教化之理想化设计。从事实判断的角度看，朱熹此说自有其合理性。如清人孙希旦曰："愚谓自《冠义》以下七篇，疑皆汉儒所为，其辞义颇浅近。而此篇（指《射义》）与《乡饮酒义》，尤多附会、牵合之说。"①

今人叶国良的《宋人疑经改经考》、杨世文的《宋代经典辨疑思潮研究》以及杨新勋的《宋代疑经研究》均以很大篇幅讨论宋儒于"三礼"之辨疑，由此可见，"三礼"辨疑是宋代疑经思潮的重要组成部分。

宋儒经典辨疑之本质，今人已有深入的探讨。如叶国良云："窃尝以为宋人疑经，所以尊经也：疑此经，所以尊他经；疑此经之一部分，所以尊此经之他部分。"②李裕民云："应当指出，宋代学者这样做，不是要打倒所有儒家经典，而是通过怀疑、批判、拣选出他们满意的部分，阐发他们的义理，构成新儒学。"③宋儒疑经，意非否定经典本身，而是通过疑经而尊经。这在宋儒的"三礼"诠释方面也有充分之体现。一方面，宋儒对"三礼"的部分文字、经义有疑义；另一方面，宋儒又利用"三礼"来阐发思想。如于《大学》、《中庸》，程、朱在疑改的同时，又以之为思想资源来建构理学思想体系。只有明白了宋儒疑经之本质，才不会将宋儒的"三礼"辨疑仅仅看成是一种辨伪行为。

宋儒于"三礼"辨疑之内容，既涉及"三礼"的作者及成书，又涉及"三礼"的经文和旧注。既涉及"三礼"之文字，又涉及"三礼"所记之名物、礼制。宋儒于"三礼"之辨疑，重义理推衍而非考据。其从义理角度于"三礼"经注之辨疑既有真知灼见，又有疑古过勇者。宋儒于"三礼"之辨疑，从文献学的角度来看，其不足之处甚是明显，从学术创新的角度来看，又有其积极意义。如宋儒对《大学》、《中庸》文本所做之疑改，虽然缺乏文献依据，但是对于开创学术研究新局面、丰富宋代思想文化的内容是有积极意义的。

宋儒于"三礼"之辨疑，对后世的"三礼"诠释产生了深远影响。元代吴澄、陈澔和明代胡广等人在宋儒疑义之基础上，对"三礼"经文和注疏做

---

① （清）孙希旦著，沈啸寰等点校：《礼记集解》卷六十，中华书局1989年版，第1446页。
② 叶国良：《宋人疑经改经考》，台湾大学出版委员会1980年版，第154—155页。
③ 李裕民：《论宋学精神及相关问题》，张其凡、陆勇强主编：《宋代历史文化研究》，人民出版社2000年版。

了辨析。清代乾隆以后，许、郑之学大明，"是为专门汉学"①。孙诒让《周礼正义》、俞樾《周礼平议》、盛世佐《仪礼集编》、胡培翚《仪礼正义》、翁方刚《礼记附记》、江永《礼记训义择言》、孙希旦《礼记集解》、李调元《礼记补注》等著述，于宋儒"三礼"疑义颇为重视，并有新的考证。清儒往往是在宋人的启发下，从而对"三礼"经文旧注提出异议，另创新说。清儒对宋儒的"三礼"辨疑时有批评，这从反面说明宋儒"三礼"辨疑之深远影响。②

---

① （清）皮锡瑞：《经学历史·经学复盛时代》，潘斌编：《皮锡瑞儒学论集》，四川大学出版社2010年版，第38页。
② 关于宋儒和清儒的辨伪，要辩证地看，正如李学勤所云："在对古书的辨伪上，晚清的疑古思潮反而是继承宋学。宋人是开始辨伪的，在这一点上，它是完全继承了。宋明理学的一个特点，就是讲究直接读古书，不依靠汉唐注疏，这当然是好事。我常常说，他们对早期儒家的一些认识，在某些点上可能比汉代人认识的还正确些，因为他们直接读古书，不考虑后来的师说，可能有些地方是值得考虑的。不过这种倾向发展到末流，就变成了师心自用，特别是明朝一些人，简直是束书不观了。清人改变了这种风气，但门户之见在带来的副作用中是很重要的一点。"（李学勤：《走出疑古时代》，《李学勤讲中国文明》，东方出版社2008年版，第7页）

# 第五章 "三礼"诠释与宋儒理学思想体系之建构

理学是经学哲学化、宋学哲理化的产物。宋代理学是宋代文化最核心的内容和重要组成部分，学者众多，派别复杂，影响十分深远。① 宋儒通过对儒家经典的诠释，为理学思想体系的建构提供了学理上的支持。

宋儒最重视的儒家经典是《周易》、《春秋》、《论语》、《孟子》和"三礼"。《周易》有"太极"、"阴阳"、"动静"、"道器"、"变易"之概念，对于理学家发挥新思想、构建理学体系颇有帮助。《周易》数字之学，再一次激发了宋儒以象数解《易》的研究热情。如程颐撰《程氏易传》，张载撰《横渠易说》，朱震撰《汉上易传》，朱子撰《周易本义》、《易学启蒙》，张栻撰《南轩易传》，杨简撰《杨氏易传》，皆是通过《周易》之重新诠释，从而阐发天道性命之学。宋代理学家还十分重视《春秋》的微言大义，如胡安国《春秋传》，"事按《左氏》，义采《公羊》、《穀梁》"，朱熹甚至以天理来审视《春秋》三传。宋儒对《论语》、《孟子》亦给予了特别重视，相关文献不胜枚举。

"三礼"中，《周礼》、《仪礼》是制度之书。《周礼》主要记载官制，而《仪礼》主要记载礼制，对于批判"滞心于章句之末"的理学家来说，《周礼》、《仪礼》算不得是理想的依托文本。然而在事实上，理学家们非但不轻忽《周礼》、《仪礼》，还于这两部经典多有研究。如张载不但于《周礼》多有论说，还以《周礼》为据躬耕于故乡；朱子特别重视《仪礼》，并一再强调《仪礼》为经、《礼记》为传，其所编纂的《仪礼经传通解》在《仪礼》学史上是具有划时代

---

① 蔡方鹿对经学、宋学、理学三个概念作了辨析，其曰："经学发展到宋代，形成宋学；理学在宋学的基础上产生，具有经学的形式，亦是中国经学发展到宋代的产物，但理学又与传统经学及宋有所不同，它是经学的哲学化、宋学的哲理化，同时也是中国经学发展的特殊形态和重要阶段，而有别于缺乏哲学思辨的传统经学及非理学的其他宋学流派。"[蔡方鹿：《中国经学与宋明理学研究》（上），人民出版社2011年版，"前言"第1页]

意义的著作；此外，朱子根据《仪礼》、结合司马光《书仪》所成的《家礼》，是宋代以后民间伦理教化的经典教材，影响遍及海内外。

"三礼"中，《礼记》重视礼意之阐发，与宋儒学术之趣相契合。此外，《大学》、《中庸》、《乐记》中的概念、命题，为宋儒构建理学思想体系提供了资源，故受到宋儒的高度重视。朱子《四书章句集注》是理学的代表作，此书的《大学章句》和《中庸章句》的文本依据则是《礼记》的《大学》、《中庸》。由此可见《礼记》在宋儒心目中之重要地位。

## 第一节 《周礼》、《仪礼》诠释与理学体系之建构

在通经致用方面，汉儒与宋儒颇有不同。① 汉儒重通经致用，他们更多的是将经典记载作为现实应用的依据，"以《禹贡》治河，以《洪范》察变，以《春秋》决狱，以三百五篇当谏书"②。汉代今文经学家重视发挥经典的"微言大义"，他们以儒家为主，结合阴阳五行学说，阐发和宣传《公羊传》的"大一统"思想，并强调践行儒术、讲仁政，从而受到了统治者的青睐。

宋儒讲通经致用可追溯到"宋初三先生"之一的胡瑗。胡瑗在苏州、湖州教学时，根据"明体达用"的思想，提出分斋教学法，设置"经义"、"治事"二斋。其曰："经义则选择其心性疏通、有器局、可任大事者，使之讲明《六经》。治事则一人各治一事，又兼摄一事，如治民以安其生，讲武以御其寇，堰水以利田，算历以明数是也。"③ 胡瑗认为，"经义"重在明体，而"治事"重在"达用"。

二程认为经学是实学，如程颐曰："治经，实学也，譬诸草木，区以别矣。道之在经，大小远近，高下精粗，森列于其中。譬诸日月在上，有人不见者。一人指之，不如众人指之自见也。如《中庸》一卷书，自至理便推之于事，如国家有九经，及历代圣人之迹，莫非实学也。如登九层之台，自下而上者，为

---

① 边家珍曰："所谓通经致用，顾名思义，是指通晓经术以求致用。这个'经'，是指以六经经传为主要代表的儒家经典；而这个'用'，主要体现为经学对社会的干预、影响、发挥作用。"（边家珍：《经学传统与中国古代学术文化形态》，人民出版社2010年版，第129页）

② （清）皮锡瑞：《经学历史·经学昌明时代》，潘斌编：《皮锡瑞儒学论集》，四川大学出版社2010年版，第12页。

③ （清）黄宗羲撰，全祖望补：《宋元学案》卷一《安定学案》，中华书局1986年版，第24页。

是人患居常讲习空言无实者，盖不自得也。为学治经最好，苟不自得，则尽治《五经》，亦是空言。今有人心得识达，所得多矣。有虽好读书，却患在空虚者，未免此弊。"① 二程又言："经所以载道，器所以适用也。学经而不知道，治器而不适用，奚益哉？"② "读书将以穷理，将以致用。今或滞心于章句之末，则无所用也。此学者之大患。"③ 二程认为，道为本，经为末，道载于经，学经意在知道，知道意在致用。

宋儒讲通经致用，强调以义理解经，张载曰："义理有碍，则濯去旧见，以来新意。……当自立说以明性，不可以遗言附会解之。"④ 二程亦曰："善学者，要不为文字所梏。故文义虽解错，而道理可通行者不害也。"⑤ "解义理，若一向靠书册，何由得居之安，资之深？不惟自失，兼亦误人。"⑥ 胡宏说："愚以为如是称而逆理害义，虽人谓之圣贤之经，犹当改也。苟于理义无伤害，虽庸愚之说，犹可从也。"⑦ 以义理解经，是宋儒对汉唐章句训诂之学的反叛，意在构建具有思辨性的理学体系。宋儒重视经典义理之阐发，与汉代今文学又有根本的不同。宋儒通过经典诠释，利用经典中的概念，从而构建理气心性之学。在此基础上，宋儒再将他们所寻求的道、理、性贯穿于现实，应用于社会。与汉儒相比，宋儒所讲通经致用的内涵更丰富，更具有思辨性和哲理意味。

宋儒所讲通经致用有两大面向，即思辨性哲学体系之建构和对现实社会

---

① （宋）程颢、程颐：《河南程氏遗书》卷一《二先生语一》，王孝鱼点校：《二程集》，中华书局1981年版，第2页。
② （宋）程颢、程颐：《河南程氏遗书》卷六《二先生语六》，王孝鱼点校：《二程集》，中华书局1981年版，第95页。
③ （宋）程颢、程颐：《河南程氏粹言》卷一《论学篇》，王孝鱼点校：《二程集》，中华书局1981年版，第1187页。
④ （宋）张载著，章锡琛点校：《张子语录·语录中》，《张载集》，中华书局1978年版，第321—323页。
⑤ （宋）程颢、程颐：《河南程氏外书》卷六《罗氏本拾遗》，王孝鱼点校：《二程集》，中华书局1981年版，第378页。
⑥ （宋）程颢、程颐：《河南程氏遗书》卷十五《伊川先生语一》，王孝鱼点校：《二程集》，中华书局1981年版，第165页。
⑦ （宋）胡宏著，吴仁华点校：《皇王大纪论·皇帝王霸》，《胡宏集》，中华书局1987年版，第221页。

之关照,二者是宋明理学两大内容和特质,缺一不可。① 基于此,我们才可以理解为什么宋儒在构建抽象的天道性命之学时,又积极探讨与社会密切相关的礼学路径。下面通过对张载、朱熹等人的论著加以探讨,以见宋儒的《周礼》、《仪礼》诠释与他们的理学体系建构之关系。

张载是关学的创始人,也是宋代理学的奠基者之一。其学术思想在中国思想文化史上占有十分重要的地位,对后世的学术思想产生了深远影响。《宋史》张载传曰:"其学尊礼贵德,乐天安命,以《易》为宗,以《中庸》为体,以《孔》、《孟》为法,黜怪妄,辨鬼神。其家昏丧葬祭,率用先王之意,而传以今礼。又论定井田、宅里、发敛、学校之法,皆欲条理成书,使可举而措诸事业。"② 由此可见,张载既重视《易》,又重视礼学和礼教。事实上,张载对《周礼》、《仪礼》等经典有精深之研究。其通过《周礼》、《仪礼》所记制度之诠释,从而经世致用,进而丰富其理学思想。

张载对"礼"与"理"的关系做了辨析,其曰:"礼者,理也,须是学穷理,礼则所以行其义,知理则能制礼,然则礼出于理之后。"③ 张载认为,理出于礼之先,为礼之依据。张载为礼寻找形上依据,提升了礼的高度,礼具有与理一样的恒常意义。不过,在张载的思想体系中,理并非礼的终极根源。张载将礼的终极依据称作"太虚",他说:"大虚(太虚)即礼之大一(太一)也。大者,大之一也,极之谓也。"④ 此所云"太虚",是无形的、聚而未散的

---

① 余英时说:"宋代理学有两项最突出的特点:一是建构了一个形而上的'理'的世界;二是发展了种种关于精神修养的理论和方法,指点人如何'成圣成贤'。这两点毫无疑问都属于'内圣'的领域,但深一层观察,这两条开拓'内圣'的道路,同是为了通过'治道'以导向人间秩序的重建。这是宋代儒学的主流所在,自古文运动一直贯通到朱熹时代。理学家必须预设此'理世界',作为他们理想中的人间秩序的永恒而又超越的保证,否则他们重建秩序的要求便失去根据了。"(余英时:《宋明理学与政治文化》,吉林出版集团有限责任公司2008年版,"自序"第5页)余先生于此将宋儒建构的"理"世界与精神修养的理论和方法皆归于"内圣",将人间秩序的重建归为"外王"。笔者则认为,"理"世界是宋代理学家之哲学根基,属于形上之范畴;而精神修养及人间秩序之重建则是哲学根基之延伸和开拓,属于形下之范畴。相对于精神修养和人间秩序之重建,"理"是依据、根本。

② (元)脱脱:《宋史》卷四百二十七《列传第一百八十六·道学一》,中华书局1977年点校本,第12724页。

③ (宋)张载著,章锡琛点校:《张子语录·语录下》,《张载集》,中华书局1978年版,第326—327页。

④ (宋)卫湜:《礼记集说》卷五十八,文渊阁《四库全书》第118册,第216页。

气,"太虚无形,气之本体,其聚其散,变化之客形尔"①。张载于此所说的"本体",是指原始的、本来如此的、永恒的状态。张载以太虚为气的本然状态,气就是虚,虚就是气,太虚与气之涵义相当。

张载将礼之本质规定为永恒不变的天道,而落脚点却是"行礼",他说:"礼所以持性,盖本出于性,持性,反本也。凡未成性,须礼以持之,能守礼已不畔道矣。"②"修持之道,既须虚心,又须得礼,内外发明,此合内外之道也。"③在对礼与理、太虚、气关系探讨的基础上,张载力求践行古礼。如其推崇《周礼》所记井田制以期缓和北宋中期的土地兼并问题,推崇《仪礼》所记宗法制以凝聚宗亲、维护儒家伦理等,皆有着很强的当代意识。

张载认为北宋社会的主要问题是土地分配不均,因此他主张推行《周礼》所记之井田制,从而改变土地分配不均之现状。张载认为,"治天下不由井地,终无由得平"④,"仁政必自经界始。贫富不均,教养无法,虽欲言治,皆苟而已"⑤。在《经学理窟·周礼》中,张载亦对井田制有颇多论述,如他说:"一亩,城中之宅授于民者,所谓廛里,国中之地也。百家谓之廛,二十五家为里,此无征。其有未授闲宅,区外有占者征之,'什一使自赋'也。"⑥"五亩,国宅,城中授于士者五亩,以其父子异宫,有东宫西宫,联兄弟也,亦无征。城外郭内授于民者亦五亩,于公无征。"⑦"三百亩,田百亩,莱二百亩者,其征十二。以莱田半见耕之田,通田莱三百亩都计之得十二也。惟其漆林之征二十而五者,其上园地,近郊、远郊、甸、稍、县、都之漆林也。"⑧张载对井田制所做之探讨,制度资源皆源自《周礼》,如"廛"、"莱"、"近郊"、"远郊"、"甸"、"稍"、"县"、"都"等概念,皆出自《周礼·地官·小司徒》。在"得君行道"的愿望破灭以后,张载回到家乡郿县,将自己的井田理论付诸实践。张载回到郿县后,"方与学者议古之法,共买田一方,画为数井,上不失公家之

---

① (宋)张载著,章锡琛点校:《正蒙·太和篇第一》,《张载集》,中华书局1978年版,第7页。
② (宋)张载著,章锡琛点校:《经学理窟·礼乐》,《张载集》,中华书局1978年版,第264页。
③ (宋)张载著,章锡琛点校:《经学理窟·气质》,《张载集》,中华书局1978年版,第270页。
④ (宋)张载著,章锡琛点校:《经学理窟·周礼》,《张载集》,中华书局1978年版,第248页。
⑤ (宋)吕大临著,章锡琛点校:《横渠先生行状》,《张载集》,中华书局1978年版,第384页。
⑥ (宋)张载著,章锡琛点校:《经学理窟·周礼》,《张载集》,中华书局1978年版,第251页。
⑦ (宋)张载著,章锡琛点校:《经学理窟·周礼》,《张载集》,中华书局1978年版,第251—252页。
⑧ (宋)张载著,章锡琛点校:《经学理窟·周礼》,《张载集》,中华书局1978年版,第253页。

赋役，退以其私正经界，分宅里，立敛法，广储蓄，兴学校，成礼俗，救灾恤患，敦本抑末，足以推先王之遗法，明当今之可行"①。张载在关中地区所做的努力，使当地逐渐形成了重礼尚礼的风气。

张载还在《仪礼》诠释中阐发其宗法思想。他说："管摄天下人心、收宗族、厚风俗、使人不忘本，须是明谱系世族与立宗子法。宗法不立，则人不知统系来处。古人亦鲜有不知来处者，宗子法废，后世尚谱牒，犹有遗风。谱牒又废，人家不知来处，无百年之家，骨肉无统，虽至亲，恩亦薄。"②张氏认为，宗法可使人报本反始，当谱牒废除之后，人遂不知所自，以致骨肉无统、亲情淡薄。

张载在从事《周礼》、《仪礼》诠释时主张推行井田制和宗法制，有着很强的理想主义特质，在积弊甚多的北宋中期，这无疑是张载编织的无法实现的梦想。然而我们又不可简单地以"不识时务"、"食古不化"来简单地加以否定。关于这一点，笔者在个案部分已有论述，此不赘言。

朱子以理学闻名。理学探讨精微之义理，颇具思辨性，故提及朱子理学，首先涉及的是各种概念、范畴之界定，各种命题之演绎。由于朱子理学的思辨性和抽象性已超越前贤，达到空前的高度，故理学成为朱子学术之代名词实属情理中事。然而朱子之学问并非幽深玄远、不及现实。事实上，朱子在建构其精微的理学思想体系之时，始终关照现实，体恤民生。朱子一生为官时间颇短，官衔等级亦不高，可见其对政治的热情不大。朱子所热衷的是世道人心之维护，他为此倾注了毕生的心血。这方面最集中的表现，就是其撰写了《仪礼经传通解》、《家礼》等礼学著作，并为江西白鹿洞书院制定学规，设课招生。在朱熹的思想世界中，现实关照与本体哲学之间非但不矛盾，二者还相互辉映、相得益彰。或者说，理学是朱子学问之哲学根基，礼学则是其理学之外在延展和形下支撑。下面我们对此做具体论证。

朱熹是理学之集大成者，天理论是其思想体系之核心。朱熹曰："宇宙之间，一理而已。"③朱子认为，宇宙万物、社会伦理之根据皆在于理。他说："天

---

① （宋）吕大临著，章锡琛点校：《横渠先生行状》，《张载集》，中华书局1978年版，第384页。
② （宋）张载著，章锡琛点校：《经学理窟·宗法》，《张载集》，中华书局1978年版，第258—259页。
③ （宋）朱熹：《晦庵先生朱文公文集》卷七十《读大纪》，朱杰人等编：《朱子全书》（修订本）第23册，上海古籍出版社、安徽教育出版社2010年版，第3376页。

得之而为天,地得之而为地,而凡生于天地之间者,又各得之以为性。其张之为三纲,其纪之为五常,盖皆此理之流行,无所适而不在。若其消息盈虚,循环不已,则自未始有物之前,以至人消物尽之后,终则复始,始复有终,又未尝有顷刻之或停也。"① 朱子天理论极富思辨性,在天理的统摄下,世间万物皆有其根源,可寻其意义。蔡方鹿说:"朱熹的整个思想均以理为指导,政治上以天理治天下;哲学上以理为核心和最高范畴;伦理道德上提出存天理,去人欲;教育上以'明人伦'即明理为教育目的。从而集天理论思想之大成。"② 朱子在天理论的前提下,对礼学展开了研究。

朱熹对理、礼关系做了辨析,他说:"所以礼谓之'天理之节文'者,盖天下皆有当然之理。今复礼,便是天理。但此理无形无影,故作此礼文,画出一个天理与人看,教有规矩可以凭据,故谓之'天理之节文',有君臣,便有事君底节文;有父子,便有事父底节文;夫妇长幼朋友,莫不皆然,其实皆天理也。"③ 又说:"这个典礼,自是天理之当然,欠他一毫不得,添他一毫不得。惟是圣人之心与天合一,故行出这礼,无一不与天合。其间曲折厚薄浅深,莫不恰好。这都不是圣人白撰出,都是天理决定合着如此。后之人此心未得似圣人之心,只得将圣人已行底,圣人所传于后世底,依这样子做。做得合时,便是合天理之自然。"④ 天理是朱熹哲学的最高概念,朱熹认为礼乃天理之节文和天理之当然,是将礼上升到天理的高度来看待。朱子反对空言理而不及礼,他说:"某之意,不欲其只说复礼而不说'礼'字。盖说复礼,即说得著实;若说作理,则悬空,是个甚物事?"⑤ "只说礼,却空去了。这个礼,是那天理节文,教人有准则处。佛老只为元无这礼,克来克去,空了。"⑥《礼记》要

---

① (宋)朱熹:《晦庵先生朱文公文集》卷七十《读大纪》,朱杰人等编:《朱子全书》(修订本)第23册,上海古籍出版社、安徽教育出版社2010年版,第3376页。
② 蔡方鹿:《中国经学与宋明理学研究》(上),人民出版社2011年版,第275—276页。
③ (宋)黎靖德辑:《朱子语类》卷四十二,朱杰人等编:《朱子全书》(修订本)第15册,上海古籍出版社、安徽教育出版社2010年版,第1494页。
④ (宋)黎靖德辑:《朱子语类》卷八十四,朱杰人等编:《朱子全书》(修订本)第17册,上海古籍出版社、安徽教育出版社2010年版,第2885页。
⑤ (宋)黎靖德辑:《朱子语类》卷四十一,朱杰人等编:《朱子全书》(修订本)第15册,上海古籍出版社、安徽教育出版社2010年版,第1475页。
⑥ (宋)黎靖德辑:《朱子语类》卷四十一,朱杰人等编:《朱子全书》(修订本)第15册,上海古籍出版社、安徽教育出版社2010年版,第1454页。

兼《仪礼》读,如冠礼、丧礼、乡饮酒礼之类,《仪礼》皆载其事,《礼记》只发明其理。读《礼记》而不读《仪礼》,许多理皆无安著处。"①朱子认为,言礼可以赋予理以丰富的内涵,不至于沦为佛教之虚无。在朱子之前,张载早就提出礼源于理的命题,然而张、朱二人所说的理在各自思想体系中的地位不尽相同,故二者对于礼与理关系的界定亦有不同。从逻辑上说,朱子于礼与理关系之认知是对张载礼学思想的继承和发展。

朱子对《仪礼》有很高的评价。他说:"今只有《周礼》、《仪礼》可全信。"②"《仪礼》是经,《礼记》是解《仪礼》。如《仪礼》有《冠礼》,《礼记》便有《冠义》;《仪礼》有《昏礼》,《礼记》便有《昏义》;以至燕、射之类,莫不皆然。"③朱熹认为《仪礼》是经,《礼记》是记,经是源,记是流。此种观念在朱熹晚年表现得尤为强烈,他说:"近年读书,颇觉平文不费注解处,意味深长。修得《大学》、《中庸》、《语》、《孟》诸书,颇胜旧本。《礼记》须与《仪礼》相参通修,作一书,乃可观。"④朱子认为,仅修《四书》不够,还需要修礼书。

朱子在绍熙五年(1194)上《乞修三礼札子》,将自己修礼书之愿望做了陈述。其曰:"臣闻之,六经之道同归,而礼乐之用为急。遭秦灭学,礼乐先坏。汉晋以来,诸儒补缉,竟无全书。其颇存者,'三礼'而已。《周官》一书,固为礼之纲领,至其仪法度数,则《仪礼》乃其本经,而《礼记》、《郊特牲》、《冠义》等篇乃其义说耳。前此犹有'三礼',通礼、学究诸科,礼虽不行,而士犹得以诵习而知其说。熙宁以来,王安石变乱旧制,废罢《仪礼》,而独存《礼记》之科,弃经任传,遗本宗末,其失已甚。而博士诸生又不过诵其虚文以供应举,至于其间亦有因仪法度数之实而立文者,则咸幽冥而莫知其源。一有大议,率用耳学臆断而已。若乃乐之为教,则又绝无师授,律尺短长,声音清浊,学士大夫莫有知其说者,而不知其为阙也。故臣顷在山林,尝与一二学

---

① (宋)黎靖德辑:《朱子语类》卷四十二,朱杰人等编:《朱子全书》(修订本)第15册,上海古籍出版社、安徽教育出版社2010年版,第2940页。
② (宋)黎靖德辑:《朱子语类》卷八十六,朱杰人等编:《朱子全书》(修订本)第17册,上海古籍出版社、安徽教育出版社2010年版,第2911页。
③ (宋)黎靖德辑:《朱子语类》卷八十五,朱杰人等编:《朱子全书》(修订本)第17册,上海古籍出版社、安徽教育出版社2010年版,第2899页。
④ (宋)朱熹:《晦庵先生朱文公文集》卷五十《答潘恭叔》,朱杰人等编:《朱子全书》(修订本)第22册,上海古籍出版社、安徽教育出版社2010年版,第2307页。

者考订其说，欲以《仪礼》为经，而取《礼记》及诸经史杂书所载有及于礼者，皆以附于本经之下，具列注疏诸儒之说，略有端绪。而私家无书检阅，无人抄写，久之未成。会蒙除用，学徒分散，遂不能就。而钟律之制，则士友间亦有得其遗意者。窃欲更加参考，别为一书，以补六艺之阙，而亦未能具也。欲望圣明特诏有司，许臣就祕书省太常寺关借礼乐诸书，自行招致旧日学徒十余人，踏逐空闲官屋数间，与之居处，令其编类，虽有官人，亦不系衔请俸，但乞逐月量支钱米，以给饮食、纸札、油烛之费。其抄写人即乞下临安府差拨贴司二十余名，候结局日量支犒赏，别无推恩。则于公家无甚费用，而可以兴起废坠，垂之永久，使士知实学，异时可为圣朝制作之助，则斯文幸甚！天下幸甚！"[1] 朱熹认为，礼乐与教化密切相关，而作为礼乐文化之根本的《仪礼》，应受到特别重视。在此理念下，朱熹与其弟子黄榦等人编成《仪礼经传通解》，将宋代的《仪礼》研究推上了新的高峰。

如果说《仪礼经传通解》还是停留在学术层面，那么朱熹所著《家礼》则走向民间，为士庶人生活提供了准则。朱子《家礼序》云："凡礼有本有文。自其施于家者言之，则名分之守、爱敬之实，其本也；冠、婚、丧、祭、仪章度数者，其文也。其本者有家日用之常礼，固不可以一日而不修；其文又皆所以纪纲人道之始终，虽其行之有时，施之有所，然非讲之素明，习之素熟，则其临事之际，亦无以合宜而应节，是亦不可以一日而不讲且习焉者也。三代之际，《礼经》备矣。然其存于今者，官庐器服之制、出入起居之节皆已不宜于世。世之君子虽或酌以古今之变，更为一时之法，然亦或详或略，无所折衷。至或遗其本而务其末，缓于实而急于文，自有志好礼之士，犹或不能举其要，而困于贫窭者，尤患其终不能有以及于礼也。熹之愚盖两病焉，是以尝独究观古今之籍，因其大体之不可变者而少加损益于其间，以为一家之书。大抵谨名分、崇爱敬以为之本，至其施行之际，则又略浮文、务本实，以窃自附于孔子从先进之遗意。诚愿得与同志之士熟讲而勉行之，庶几古人所以修身齐家之道、谨终追远之心犹可以复见，而于国家所以崇化导民之意，亦或有小补云。"[2] 朱熹认为，《仪礼》所记仪节和制度需要变通，才能适应宋人之需要。

---

[1] （宋）朱熹：《晦庵先生朱文公文集》卷十四《乞修三礼札子》，朱杰人等编：《朱子全书》（修订本）第 23 册，上海古籍出版社、安徽教育出版社 2010 年版，第 687—688 页。

[2] （宋）朱熹：《家礼序》，《家礼》卷首，朱杰人等编：《朱子全书》（修订本）第 7 册，上海古籍出版社、安徽教育出版社 2010 年版，第 873 页。

故其在司马光《书仪》之基础上成《家礼》一书,从而实现崇化导民之愿望。

朱熹之后,魏了翁对礼学也颇为重视。魏了翁是南宋中后期重要的理学家,其综合理学与心学,将心、理融为一体。魏了翁曰:"千百载而一日,千百人而一心也。"① "心者人之太极,而人心已又为天地之太极。"② "民心之所同,则天理也。"③ 魏氏认为民心即天理,此是试图会通程朱理学与陆九渊心学。魏氏还反对"游谈无根"之学,他说:"尝观苏文忠记李氏山房,谓秦汉以来,书益多,学者益以苟简。又云书日传万纸,而士皆束书不观,游谈无根。夫非书之罪也,书日多而说日明,俊慧剿说浮道可以欺世,不必深体笃践也;多赀者广采兼畜可以缉文,不必穷搜博考也。今先生之书满天下,而其道无传焉。"④ 魏了翁还主张"趋事赴功",倡导经世致用。其既是南宋名臣,又创办鹤山书院,收徒讲学。

魏了翁于《易》、《书》、《诗》和"三礼"等儒家经典皆有研究。其于《仪礼要义》卷首云:"《周礼》、《仪礼》发源是一,理有终始,分为二部,并是周公摄政太平之书。《周礼》为末,《仪礼》为本,本则难明,末便易晓。"⑤ 魏氏认为《仪礼》为本,而《周礼》为末,可见《仪礼》在其心目中有很高的地位。魏氏主张以《仪礼》变化气质,他说:"孔孟教人要必以是为先,今所谓《礼记》、《仪礼》诸书,虽曰去籍于周衰,煨烬于秦虐,淆乱于汉儒,然所谓经礼、曲礼者错然于篇帙之中,其要言精义,则有可得而推寻者。使后生小子自其幼学,因而从事乎此,不幸时过而后知。学者亦有以倍致其力焉,则将变化气质,有以复其性情之正。虽柔可强,虽颜子四勿之功可体而自致,而世所谓忠信之薄、人情之伪者,亦将晓然知其为异端之说矣。此先生有功于礼学之大意也。"⑥ 魏了翁认为,《仪礼》虽然经历周衰和秦火,然精义尚存;学者若致

---

① (宋)魏了翁:《鹤山集》卷六十五《题周子靖斋铭后》,文渊阁《四库全书》第1172册,第64页。
② (宋)魏了翁:《鹤山集》卷六十五《乙酉上殿札子三》,文渊阁《四库全书》第1172册,第209页。
③ (宋)魏了翁:《鹤山集》卷五十二《达贤录序》,文渊阁《四库全书》第1172册,第585页。
④ (宋)魏了翁:《鹤山集》卷五十五《朱文公五书问答序》,文渊阁《四库全书》第1172册,第622页。
⑤ (宋)魏了翁:《仪礼要义》卷一,文渊阁《四库全书》第104册,第342页。
⑥ (宋)魏了翁:《鹤山集》卷五十二《横渠礼记说序》,文渊阁《四库全书》第1172册,第585页。

力于此，则有益于"变化气质"、"复性情之正"。

## 第二节 《礼记》诠释与辟释老

隋唐时期，佛教得到了统治者的支持和提倡，发展非常迅速。隋文帝大力扶持佛教，新增的僧人多达五十余万。武则天提高佛教的地位，并直接支持法藏创立了华严宗。佛教在唐代迅速发展，聚敛了大量的钱财，"十分天下之财而佛有七八"①。北宋初年，统治者也对佛教表示支持，宋太祖乾德五年（967）敕令文胜和尚编修《大藏经随函索引》一百六十卷，并认为"浮屠氏之教有裨政治"②。据汤用彤的研究，宋真宗在位期间，仅天禧五年（1021）天下僧人总数就达397615人，尼61240人。③在宋代，除徽宗曾一度崇道抑佛外，宋政权都扶持佛教，政教关系在总体上是呈良性状态的。④

隋唐时期，佛教产生了天台宗、华严宗、唯识宗、禅宗等很多宗派。随着宗派的产生，佛教理论家辈出，人才济济，佛教理论的思辨性达到了很高的程度。在各个宗派中，对后世影响最大的莫过于禅宗。禅理以讲心性见长，六祖慧能所用"心"、"自心"、"本心"等与心相关，所用"本性"、"自性"等则与性相关。慧能的心性理论达到了很高的思辨水平，远非同时期的儒学理论所能及。

道教产生于汉代，尊奉老子为教主，奉《道德经》为经典。与佛教兼重来世的幸福和现世宁静不一样，道教看重此生的满足。与佛教偏重心理平衡和精神超越不同，道教向信仰者承诺的是今生今世的收获。道教拥有非常复杂的生理和心理修炼技术，并有很复杂的药物辅助方法。与佛教相比，道教的理论显得不够精致。道教在魏晋南北朝时期虽然有很大的发展，但是其理论水平并没有得到提升。尽管其间有北方寇谦之的宗教改革和南方陆修静、陶弘景的宗教活动，但是他们关注的是宗教仪式的完善，道教的理论并没有得到太大的

---

① （后晋）刘昫等：《旧唐书》卷一百一《列传第五十一·辛替否》，中华书局1975年点校本，第3158页。
② （宋）李焘：《续资治通鉴长编》卷二十四《太宗·太平兴国八年》，中华书局1979年版，第554页。
③ 汤用彤：《隋唐佛教史稿》，中华书局1982年版，第301页。
④ 刘长东：《宋代佛教政策论稿》，巴蜀书社2005年版，"前言"第3—4页。

提升。

  道教理论的提升，到了隋唐成玄英那里才得以实现。成玄英在魏晋南北朝道教理论的基础上，借助于魏晋玄学理论，发展了道教本体论，并使本体论滑向心性论。成玄英提升"心"的地位，他说："夫心者五脏之主，神灵之宅。"① 在"心"的作用下清除欲望，通过"心"的修炼恢复正性，从而达到"重玄之乡"。通过成玄英的努力和理论建构，道教的理论水平得到了空前的提升。因此，唐代道教理论的系统性和思辨性，亦非当时的儒学理论所能相及。

  汉唐以来，儒学强调儒家伦理，重视现实世界人的生活，缺乏形而上的诉求，因此在精密思辨的佛老理论面前，儒学理论可谓相形见绌。鉴于佛老在社会生活和思想文化方面的巨大影响，以及对儒学的冲击，一些儒家学者为了确保儒学的主体地位，展开了对佛老的批判。中唐的韩愈、李翱，宋代的张载、二程、朱熹等人均排斥和批判佛老。在批判佛老的过程中，儒家学者逐渐认识到只有建立更高理论水平的儒家道统论，才能使儒学在对抗佛老时立于不败之地。

  中唐韩愈等人对佛老仅有一般的感知，而无深入的研究，故其对佛老的批判如隔靴挠痒，难得其要。北宋时期，很多士人泛滥佛老，最终却在研读《六经》的过程中形成了自己的思想体系。此仅以石介、吕大临、黄震等人的"三礼"诠释为例，以见宋儒经典诠释与辟佛老之关系。

  "宋初三先生"之一的石介"尤勇攻佛老，奋笔如挥戈"②，他说："佛、老以妖妄怪诞之教坏乱之，……吾学圣人之道，有攻我圣人之道者，吾不可不反攻彼也。"③ 在石介看来，释老是异端邪说，其乱圣人道，故需攻伐。在《明四诛》中，石介云："《王制》曰：'析言破律，乱名改作，执左道以乱政，杀。作淫声、异服、奇技、奇器以疑众，杀。行伪而坚，言伪而辨，学非而博，顺非而泽以疑众，杀。假于鬼神，时日卜筮以疑众，杀。此四诛者，不以听。'大哉四诛，诚乎王制也！明王制以用四诛，用四诛以靖天下者，惟舜、周公、孔子乎！舜诛四凶，周公诛管、蔡，孔子诛少正卯，王制明矣。呼！王制绝已

---

① （晋）郭象注，（唐）成玄英疏：《南华真经注疏》，中华书局1998年版，第376页。
② （宋）欧阳修：《读徂徕集》，石介著，陈植锷点校：《徂徕石先生文集》附录四《事迹》，中华书局1984年版，第304页。
③ （宋）石介著，陈植锷点校：《徂徕石先生文集》卷五《怪说下》，中华书局1984年版，第63页。

二千年矣，而天下皆干乎四诛无诛之者。夫佛、老者，夷狄之人也，而佛、老以夷狄之教法乱中国之教法，以夷狄之衣服乱中国之衣服，以夷狄之言语乱中国之言语，罪莫大焉，而不诛。夫不以尧、舜、禹、汤、文、武、周公之道事其君者，皆左道也。而有以杨朱、墨翟之言进于其君者，有以苏秦、张仪之说进于其君者，有以韩非、商鞅之术进于其君者，有以声色狗马之玩进于其君者，罪莫大焉，而不诛。夫不道先王之法，言而辩诈相胜；不服先王之德，行而奇谲相矜；不为孔子之经，而淫文浮辞聋瞽天下后生之耳目，罪莫大焉，而不诛。夫不诵《诗》以讽，而倡优郑、卫之戏以乱君耳；夫不执艺事以谏，而雕丽淫巧之器以荡君心，罪莫大焉，而不诛。夫不修大中至正之福，而记阴阳巫鬼之说，以惑天下之民，罪莫大焉，而不诛。夫天下皆干乎四诛而不诛，吾故明之。"① 案：《王制》认为四种人应该诛杀：一是割裂文字，曲解法律，变乱旧名，更造法度，操持邪道来扰乱国政者；二是制作淫声浪调、奇装异服、希奇技艺、怪异器械来蛊惑民众者；三是行为诡诈而坚定不移，言论虚伪而辞理雄辩，学非正学而广博多智，顺从恶事而曲加粉饰用以蛊惑民众者；四是假托鬼神利害、时日祸福、卜筮吉凶来蛊惑民众者。石介认为，惟有舜、周公、孔子能用四诛来安定天下；至宋代，王制断绝已经两千年了，天下犯四诛之罪而并没有被诛杀的，还有以下几类：一是佛氏、老氏以夷狄之教法变乱中国，以夷狄之服变乱中国，以夷狄之言语变乱中国；二是不以尧、舜、禹、汤、文、武、周公之道事其君者，如有人以杨朱、墨翟之言进于其君，有人以苏秦、张仪之说进于其君，有人以韩非、商鞅之术进于其君，有人以声色犬马之玩进于其君；三是不道先王之法、不服先王之德、不为孔子之经者；四是不诵《诗》以讽，而倡优郑卫之戏以乱君耳者，不执艺事以谏，而雕丽淫巧之器以荡君心者；五是记载阴阳巫鬼之说以迷惑天下之民者。石介于此所列举的五种人皆在"四诛"内，皆应诛杀。石氏于此是通过《王制》之诠释，从而辟佛、道、杨、墨，维护儒家之王制。

又如吕大临为《大学》所作解题云："《大学》之书，圣人所以教人之大者，其序如此。盖古之学者，有小学，有大学。小学之教，艺也，行也；大学之教，道也，德也。礼乐、射御、书数，艺也；孝友、睦姻、任恤，行也。自

---

① （宋）石介著，陈植锷点校：《徂徕石先生文集》卷六《明四诛》，中华书局1984年版，第70—71页。

致知至于修身，德也；所以治天下国家，道也。古之教者，学不躐等，必由小学，然后进于大学。自学者言之，不至于大学所止则不进；自成德者言之，不尽乎小学之事则不成。子夏之门人，从事乎洒扫应对，在圣人亦莫不然，恂恂便便，曲尽于乡党朝廷之间，勃如躩如、襜如翼如，从容乎进退趋揖之际，盖不如是，不足谓之成德矣。后之学者，穷一经至于皓其首，演五字至于数万言，沉没乎章句诂训之间，没世穷年，学不知所用，一身且不能治，况及天下国家哉！此不及乎大学者也。荒唐缪悠，出于范围之中，离于伦类之外，慢疏亲戚，上下等差，以天地万物为幻妄，视天下国家以为不足治，卒归于无所用而已，此过乎大学者也。此道之所以不明且不行。秦汉之弊，政薄俗陋，百世而不革；杨墨庄老之道肆行于天下，而莫知以为非，巍冠博带，高谈阔论，偃然自以为先生君子，诬罔圣人，欺惑愚众，皆大学不传之故也。"① 吕氏于此批判了两种人：一是"学不知所用"者，这类人只知训诂考据，而不知治身治国；二是不讲亲疏等差者，这类人"视天地万物为幻妄"，以"天下国家以为不足治"。此所谓第二类人，即释、老之徒。吕氏认为，释、老尚无、空，不讲等差亲疏，看似放达，实则欺惑愚众，不能传道。

南宋时期的吕祖谦也力排佛学。《礼记·曲礼》："年长以倍，则父事之；十年以长，则兄事之；五年以长，则肩随之。"吕祖谦曰："'年长以倍，则父事之'一段，此固止是逊弟之事，然学者至于有所得，多要流入异端，就逊弟中须要理会得等差节文，故致广大，又须尽精微。"②《曲礼》认为，年纪比自己大一倍的人，就当作父辈对待；比自己大十岁的人，就当作兄长对待；比自己大五岁的人，和他并肩行走时，自己要稍错后一些。吕祖谦认为，学者既要懂逊悌，又要辨尊卑、长幼、贵贱、亲疏；若无等差，就可能流于异端。此所谓"异端"，显然是指讲"众生平等"的释氏。

南宋时期的黄震也力排"异端"，倡导儒学。四库馆臣云："大旨于学问排佛老，由陆九渊、张九成以上，溯杨时、谢良佐，皆议其杂禅，虽朱子校正《阴符经参同契》，亦不能无疑。"③ 在《黄氏日抄》中，可见黄震排佛老之倾向。

---

① （宋）吕大临：《礼记解》，陈俊民辑校：《蓝田吕氏遗著辑校》，中华书局1993年版，第370—371页。
② （宋）吕祖谦：《丽泽论说集录》卷五，文渊阁《四库全书》第703册，第367页。
③ （清）永瑢：《四库全书总目》卷九十二《子部·儒家类二》，中华书局1965年影印本，第786页。

如《礼记·祭义》:"致齐于内,散齐于外。齐之日,思其居处,思其笑语,思其志意,思其所乐,思其所嗜,齐三日,乃见其所为齐者。"黄震云:"程氏谓此平日思亲之心,非斋也,斋不容有思。愚意斋之言齐也,齐者,致一也。齐而一于思亲,则外事绝矣。此其祭亲,而可与亲之神灵接也。思亲,不害于为斋也。若谓斋不可有思,其论虽精,然恐邻于庄子心斋之说,后世窃之为禅学者也。程氏讲明正学,而门人多流于禅,往往多附益之,学者宜谨。孔子云:'祭思敬。'"①案:程子认为斋戒之日不容有思,黄震则认为"斋"乃"致一"之义,心志专一思亲,不受外事所扰;若斋戒日不容有思,则可能流于庄子"心斋"说和禅学。

## 第三节 《礼记·大学》诠释与宋儒理学思想体系之建构

宋代的经学诠释与汉唐时期有很大的不同,有学者研究指出:"汉学与宋学经典诠释之不同,大致可以从以下几个方面加以区分:一是就经典诠释所依傍文本的重心而言,汉学以《五经》系统为主,宋学则以《四书》系统为主;二是就经典诠释的方法而言,汉学重训诂,宋学重义理;三是从经典诠释的理论深度而言,汉学以经学诠释为主,宋学则在经学诠释的基础上加以哲学诠释;四是就儒家经学与宗教的关系而言,汉学以排斥佛、道二教为主,宋学则对佛、道二教既有排斥又有吸取。"②

理学为宋学的核心,理学家与汉唐诸儒的经典诠释之别亦大致包括以上所陈四个方面。"理学"一词始称于南宋,朱熹云"理学最难"③,陆九渊也认为"本朝理学远过汉唐"④。朱、陆于此所言"理学",是与辞章相对的义理之学。黄宗羲说:"有明文章事功,皆不及前代,独于理学,前代之所不及也。"⑤黄氏所言"理学",包括程朱的道学和陆九渊的心学。笔者于本书所言理学,

---

① (宋)黄震:《黄氏日抄》卷二十三,文渊阁《四库全书》第707册,第680页。
② 蔡方鹿:《论汉学、宋学经典诠释之不同》,《哲学研究》2008年第1期。
③ (宋)黎靖德辑:《朱子语类》卷六十二,朱杰人等编:《朱子全书》(修订本)第16册,上海古籍出版社、安徽教育出版社2010年版,第2010页。
④ (宋)陆九渊著,钟哲点校:《陆九渊集》卷一《与李省幹》,中华书局1980年版,第14页。
⑤ (清)黄宗羲著,沈芝盈校点:《明儒学案发凡》,《明儒学案》卷首,中华书局1985年版,第17页。

若没有特别交代,都是广义的。

笔者于此节将要探讨的,是宋儒如何通过《礼记·大学》之诠释,从而实现理学思想体系之建构。《大学》是《礼记》的一篇,也是《四书》之一。《四书》是理学最基本的经典,其兴起有着重大的历史文化意义,"中国经学由汉学向宋学的划时代转型,实际是宋儒发动的一个新的儒家'经典诠释运动',它直接同经学中《四书》学的兴起有密切关系"①。《四书》在汉学向宋学转型的过程中发挥了重要作用,是宋代以后最受重视的儒家经典。

### 一、《大学》的思想内容及特点

《大学》是《礼记》的第四十二篇,后来成为《四书》之一。"大学"乃博学之意,孔颖达曰:"此《大学》之篇,论学成之事,能治其国,章明其德于天下,却本明德所由,先从诚意为始。"②《大学》论述了个人的道德修养、为学次第与治国平天下的关系,即所谓的"内圣外王之道"。其主要内容是"三纲领"、"八条目"。"三纲领"指明明德、亲民、止于至善;"八条目"指格物、致知、诚意、正心、修身、齐家、治国、平天下。

《大学》提出的内圣外王之说,受到宋儒的高度重视。《大学》曰:"大学之道,在明明德,在亲民,在止于至善。知止而后有定,定而后能静,静而后能安,安而后能虑,虑而后能得。物有本末,事有终始,知所先后,则近道矣。""明明德"一语,第一个"明"字是动词,有彰显之义,第二个"明"字是形容词,有光明、完美之义。"明明德",即将天所赋予的内在完美德性彰显出来。《尚书》、《左传》已有"明德"思想,因此《大学》"明明德"思想是对儒家明德观念的继承和发展③;《大学》将"明明德"与"亲民"、"止于至善"联系起来,是对儒家明德观的发展。"亲民",孔颖达释之为"爱民","在亲民者,言大学之道在于亲爱于民"④。朱熹则释"亲"为"新",他说:"新者,革其旧之谓也,言既自明其明德,又当推以及人,使之亦有以去其旧染之

---

① 束景南、王晓华:《四书升格运动与宋代四书学的兴起——汉学向宋学转型的经典诠释历程》,《历史研究》2007 年第 5 期。
② (清)阮元校刻:《十三经注疏(附校勘记)》,中华书局 1980 年版,第 1673 页。
③ 《大学》曰:"《康诰》曰:'克明德。'《大甲》曰:'顾諟天之明命。'《帝典》曰:'克明峻德。'皆自明也。"《大学》于此所引《尚书》三篇,其中《康诰》、《帝典》(《尧典》)为《今文尚书》的篇目,《大甲》为《古文尚书》中的篇目。此外,"明德,务崇之之谓也"出自《左传》成公二年。
④ (清)阮元校刻:《十三经注疏(附校勘记)》,中华书局 1980 年版,第 1673 页。

污也。"① 《大学》所言"至善",包括仁、敬、孝、慈、信等信条,即"止于至善",即"为人君,止于仁;为人臣,止于敬;为人子,止于孝;为人父,止于慈;与国人交,止于信"。只有按照这些信条去做,才可能达到至善境界。

《大学》提出了实现上述"三纲领"的八个步骤,即格物、致知、诚意、正心、修身、齐家、治国、平天下。其曰:"古之欲明明德于天下者,先治其国;欲治其国者,先齐其家;欲齐其家者,先修其身;欲修其身者,先正其心;欲正其心者,先致其知;致知在格物。"《大学》对平天下之途径做了说明:"物格而后知至,知至而后意诚,意诚而后心正,心正而后身修,身修而后家齐,家齐而后国治,国治而后天下平。"《大学》认为,通过格物、诚意、正心,从而使个人有良好的修养,再将个人修养推之于家、国,以至于天下平。

根据《大学》之表述,可知这些实践方法和步骤有因果关系。从格物到平天下,是由个人境界向客观世界的转化;从平天下到格物,是由客观世界向个人境界的转化。由内向外与由外向内,是回环互用的关系。

《大学》所提出的"格物"、"致知"两个范畴,受到了宋儒的高度重视。《大学》:"欲诚其意者,先致其知。致知在格物,物格而后知至,知至而后意诚。"《大学》的作者认为"格物"、"致知"之间存在着因果关系,因此将二者联系起来,合成为"格物致知"。虽然《大学》将"格物"、"致知"熔铸在一起,但是于二者之内涵并无阐释,这就给后人留下了很大的发挥余地。

郑玄释《大学》"格物"二字云:"格,来也。物,犹事也。其知于善深,则来善物;其知于恶深,则来恶物,言事缘人所好来也,此'致'或为'至'。"② 孔颖达《疏》:"致知在格物,此经明初以致知积渐而大至明德。……致知在格物者,言若能学习招致所知。格,来也。已有所知,则能在于来物。若知善深则来善物,知恶深则来恶物。言善事随人行善而来应之,恶事随人行恶而亦来应之,言善恶之来,缘人所好也。物格而后知至者,物既来则知其善恶所至。善事来则知其至于善,若恶事来则知其至于恶,既能知至则行善不行恶也。"③ 在郑玄和孔颖达看来,"格物"之"物"指具体事物,这些事物是实实在在的,一点儿也不抽象。

---

① (宋)朱熹:《大学章句》,朱杰人等编:《朱子全书》(修订本)第6册,上海古籍出版社、安徽教育出版社2010年版,第16页。
② (清)阮元校刻:《十三经注疏(附校勘记)》,中华书局1980年版,第1673页。
③ (清)阮元校刻:《十三经注疏(附校勘记)》,中华书局1980年版,第1673页。

《大学》认为，物格才能知至，知至才能意诚，意诚才能心正，心正才能身修，身修才能家齐，家齐才能国治，国治才能天下平。此所言格物是前提，通过考察善恶之事，从而获得正确的认识，进而实现家齐、国治和天下平。从这个角度来看，《大学》所言"格物"有认识论意义。《大学》"格物"之"物"有善恶之别，这是从价值判断的角度所做之界定。"《大学》对'知'及格物致知的论述，虽较为简略，意思不甚明确，但它首次提出格物致知这个认识论命题，兼具伦理学意义，对后世中国哲学认识论的发展，产生了非常重要的影响。"① "格物致知"是理学的重要话题，其在理学中的地位仅次于心性论和知行论。

**二、《大学》与程朱理学体系之建构**

中唐韩愈推崇《大学》，并援之兴儒批佛。不过韩愈看重的是《大学》的"正心诚意"，而非"格物致知"。与韩愈不同，李翱则格外重视《大学》的"格物致知"，并有与郑玄不同的解释。李氏曰："物者，万物也。格者，来也，至也。物至之时，其心昭昭然明辨焉，而不应于物者，是致知也，是知之至也。知至故意诚，意诚故心正，心正故身修，身修而家齐，家齐而后国治，国治而天下平，此所以能参天地者也。"② 李翱将《大学》"格物致知"与《中庸》"尽心复性"相结合，以内心所有之"知"辨万物，从而实现意诚、心正、身修、家齐、国治和天下平。李翱将认识论与修养之道相结合的思路，对程、朱等人颇有启发。不过，李翱继承了郑玄、孔颖达于"物"之解释，强调"物"是具体的，而非形上之存在。

入宋以后，学者们对《大学》的"格物致知"格外重视。首先赋予"格物致知"以理学色彩的是二程兄弟。③ 二程将"格物"与"穷理"联系起来，

---

① 蔡方鹿：《知》，四川人民出版社2004年版，第103页。
② （唐）李翱：《李文公集》卷二《复性书》（中），文渊阁《四库全书》第1078册，第109页。
③ 入宋以后，对《大学》"格物致知"的阐发，并不仅限于理学家。如司马光撰《致知在格物论》一文，专门阐释"格物致知"之义。司马光曰："《大学》曰：'致知在格物。'格，犹扞也，御也。能扞御外物，然后能知至道矣。郑氏以'格'为来，或者犹未尽古人之意乎。"[（宋）司马光著，李文泽等校点：《致知在格物论》，《司马光集》卷七十一，四川大学出版社2010年版，第1450页] 司马光不同意郑玄将"格"训为"来"，而是认为"格"乃"扞"、"御"之义。人只有扞御外物之扰，"然后能知至道"。在司马光看来，人的一切不轨行为、罪恶活动，都是由"物诱"、"物迫"造成的。抵御外物之蔽、之迫，是成"君子"之前提。由此可见，司马光赋予了《大学》"格物致知"以伦理道德之内涵。

如程颐曰:"格犹穷也,物犹理也,犹曰穷其理而已也。"① "格,至也。物,事也。事皆有理,至其理,乃格物也。"② 在程颐看来,"格物"就是"穷理"、"至理"。有人问:"格物是外物,是性分中物?"程颐曰:"不拘。凡眼前无非是物,物物皆有理。"③ 此所言"物",指客观事物。程子将"物"的涵义扩展到万事万物,他说:"物者,凡遇事皆物也。"④

二程所云之"物",其有道德意涵。程子云:"凡一物上有一理,须是穷致其理。穷理亦多端:或读书,讲明义理;或论古今人物,别其是非;或应接事物而处其当,皆穷理也。"⑤ 此"读书讲明义理"、"论古今人物,别其是非"皆为"事"之理,而非"物"之理。程子强调"格物"之"物"主要在人,而非事物,他说:"'致知在格物',格物之理,不若察之于身,其得尤切。"⑥

程子所说"格物"之"物"主要指伦理道德,而非客观事物。"既然所格之'物'主要是道德世界的事理,而不是客观自然世界的物理,那么所致之'知'就不可能是关于外部客观世界的'知识'。如果我们把格物穷理理解为主要是对客观物理的探究,相应地把致知理解为关于客观事物的知识,从而把'格物致知'类比于科学上的认识方法,就明显偏离了程颐'格物致知'的本意。"⑦

不过,为了防止片面追求主体之事理而忽略客观事物,程子强调外物亦不可忽略。如程颐云:"求之性情,固是切于身,然一草一木皆有理,须是察。"⑧ 强调重视外在物理之目的,是避免其学说流于禅学。明代罗钦顺说:"格

---

① (宋)程颢、程颐:《河南程氏遗书》卷二十五《伊川先生语十一》,王孝鱼点校:《二程集》,中华书局1981年版,第316页。

② (宋)程颢、程颐:《河南程氏外书》卷二《朱公掞问学拾遗》,王孝鱼点校:《二程集》,中华书局1981年版,第365页。

③ (宋)程颢、程颐:《河南程氏遗书》卷十九《伊川先生语五》,王孝鱼点校:《二程集》,中华书局1981年版,第247页。

④ (宋)程颢、程颐:《河南程氏外书》卷四《程氏学拾遗》,王孝鱼点校:《二程集》,中华书局1981年版,第372页。

⑤ (宋)程颢、程颐:《河南程氏遗书》卷十八《伊川先生语四》,王孝鱼点校:《二程集》,中华书局1981年版,第188页。

⑥ (宋)程颢、程颐:《河南程氏遗书》卷十七《伊川先生语三》,王孝鱼点校:《二程集》,中华书局1981年版,第175页。

⑦ 彭耀光:《程颐"格物致知"思想新探》,《中国哲学史》2008年第1期。

⑧ (宋)程颢、程颐:《河南程氏遗书》卷十八《伊川先生语四》,王孝鱼点校:《二程集》,中华书局1981年版,第193页。

物，莫若察之于身，其得之尤切。程子有是言矣。至其答门人之问，则又以为求之性情，固切于身。然一草一木亦皆有理，不可不察。盖方是时禅学盛行，学者往往溺于明心见性之说，其于天地万物之理，不复置思，故常陷于一偏，蔽于一己，而终不可与入尧舜之道。二程切有忧之，于是表章《大学》之书，发明格物之旨，欲令学者物我兼照，内外俱融，彼此交尽。正所以深救其失，而纳之于大中，良工苦心，知之者诚亦鲜矣。"[1] 学禅者重视心性修养而不知世务，流于空寂而不求实效，这与儒家切人事、讲事功之特点有冰炭之别。程颐曾云："今之学禅者，平居高谈性命之际，至于世事，往往直有都不晓者，此只是实无所得也。"[2] 程子既重视道德之理，又强调事物之理，意在纠禅学之流弊，维护儒家之伦理。

二程于"格物"之理解与"致知"、"穷理"紧密关联。在二程看来，致知并非一定要到客观世界去寻求，而是可以诉诸内在的道德修养。程颢云："'穷理尽性以至于命'，三事一时并了，元无次序，不可将穷理作知之事。若实穷得理，即性命亦可了。"[3] 由此可见，程颢所言穷理，并非是认识客观事物，而是诉诸"性"、"命"。程颐也有相似论述，其曰："知者吾之所固有，然不致则不能得之，而致知必有道，故曰'致知在格物'。"[4] "'致知在格物'，非由外铄我也，我固有之也。因物有迁，迷而不知，则天理灭矣，故圣人欲格之。"[5] 程颐认为，格物所得之"知"，乃心所固有。在此基础上，程颐释"格物致知"曰："《大学》曰：'物有本末，事有始终，知所先后，则近道矣。'人之学莫大于知本末始终。致知在格物，则所谓本也，始也；治天下国家，则所谓末也，终也。治天下国家，必本诸身，其身不正而能治天下国家者无之。格犹穷也，物犹理也，犹曰穷理而已也。穷其理，然后足以致之，不穷则不能致也。格

---

[1] （明）罗钦顺：《困知记》卷上，文渊阁《四库全书》第714册，第279页。
[2] （宋）程颢、程颐：《河南程氏遗书》卷十八《伊川先生语四》，王孝鱼点校：《二程集》，中华书局1981年版，第196页。
[3] （宋）程颢、程颐：《河南程氏遗书》卷二上《二先生语二上》，王孝鱼点校：《二程集》，中华书局1981年版，第15页。
[4] （宋）程颢、程颐：《河南程氏遗书》卷二十五《伊川先生语十一》，王孝鱼点校：《二程集》，中华书局1981年版，第316页。
[5] （宋）程颢、程颐：《河南程氏遗书》卷二十五《伊川先生语十一》，王孝鱼点校：《二程集》，中华书局1981年版，第316页。

物者适道之始,欲思格物,则固已近道矣。是何也?以收其心而不放也。"① 又曰:"莫先于正心诚意,诚意在致知,致知在格物。格,至也,如'祖考来格'之格。凡一物上有一理,须是穷致其理。"② 程颐训"格"为"至","格物"为"至物",于物而穷其理。由于"理"与"心"为一,故"格物"是在本心、自身上用力的内省工夫。

程子又释"格物"为"穷理"。如程颐曰:"'致知在格物'。格,至也,穷理而至于物,则物理尽。"③ "凡一物上有一理,须是穷致其理。穷理亦多端:或读书讲明义理,或论古今人物,别其是非;或应接事物而处其当,皆穷理也。"④ 程颐认为,《大学》的基本工夫在于穷理,这样就将天理论与知识论沟通起来了。⑤ 在程子看来,穷理范围很大,读书、讲论古今人物、应接事物皆在此范围内。

如何通过"格物"实现"知至"呢?程颐云:"若只格一物便通众理,虽颜子亦不敢如此道。须是今日格一件,明日又格一件,积习既多,然后脱然自有贯通处。"⑥ "人要明理,若止一物上明之,亦未济事,须是集众理,然后脱然自有悟处。然于物上理会也得,不理会也得。"⑦ 程颐认为,格一物便知众理是不可能的,格物需要积累,到一定程度时,就会发生质的飞跃,达到豁然贯通的地步,即达到对普遍天理的认识。

朱熹继承了二程的"格物致知"论,并做了新的探索。在《答朱子绎书》中,朱熹云:"知读《大学》,甚善。大抵其说虽多,多是为学之题目次第,紧

---

① (宋)程颢、程颐:《河南程氏遗书》卷二十五《伊川先生语十一》,王孝鱼点校:《二程集》,中华书局1981年版,第316页。
② (宋)程颢、程颐:《河南程氏遗书》卷十八《伊川先生语四》,王孝鱼点校:《二程集》,中华书局1981年版,第188页。
③ (宋)程颢、程颐:《河南程氏遗书》卷二上《二先生语二上》,王孝鱼点校:《二程集》,中华书局1981年版,第21页。
④ (宋)程颢、程颐:《河南程氏遗书》卷十八《伊川先生语四》,王孝鱼点校:《二程集》,中华书局1981年版,第188页。
⑤ 参见陈来:《宋明理学》,三联书店2011年版,第123页。
⑥ (宋)程颢、程颐:《河南程氏遗书》卷十八《伊川先生语四》,王孝鱼点校:《二程集》,中华书局1981年版,第188页。
⑦ (宋)程颢、程颐:《河南程氏遗书》卷十七《伊川先生语三》,王孝鱼点校:《二程集》,中华书局1981年版,第174页。

要是'格物'两字，却未曾说著下手处。"①朱熹重视格物，有出于斥杂学之需要。时人于格物之理解，受佛教的影响颇深。在《答汪应辰书》中，朱熹云："物必格而后明，伦必察而后尽。格物只是穷理，格物即是理明。此乃《大学》功夫之始，潜玩积累，各有深浅，非有顿悟险绝处也。近世儒者语此，似亦太高矣。吕舍人书，别纸录呈，彼既自谓廓然而一悟者，其于此犹懵然也，则亦何以悟为哉？"②在《杂学辨·吕氏大学解》，朱熹又云："愚谓致知格物，大学之端，始学之事也。一物格，则一知至，其功有渐，积久贯通，然后胸中判然，不疑所行，而意诚心正矣。然则所致之知固有浅深，岂遽以为与尧舜同者一旦忽然而见之也哉？此殆释氏'一闻千悟'、'一超直入'之虚谈，非圣门明善诚身之实务也。"③朱熹认为，格物是逐步积累的过程，积累既久才能豁然贯通，这与佛教顿悟的认知方式是截然不同的。

《大学》提出"格物"、"致知"，却无阐释，这留给宋儒很大的发挥余地。朱熹认为，《大学》惟独"格物致知"条目无传，可知《大学》有脱文，遂凭己意补之。朱熹所补传文为："所谓致知在格物者，言欲致吾之知，在即物而穷其理也。盖人心之灵莫不有知，而天下之物莫不有理，惟于理有未穷，故其知有不尽也。是以《大学》始教，必使学者即凡天下之物，莫不因其已知之理而益穷之，以求至乎其极。至于用力之久，而一旦豁然贯通焉，则众物之表里精粗无不到，而吾心之全体大用无不明矣。此谓物格，此谓知之至也。"④对于朱熹补传之举，后人褒贬不一。有人认为朱熹凭己意为古籍增字，改变了古籍原貌，不合古籍校勘之原则。有人则认为朱熹补传之举有其合理性。如今人陈来曰："朱熹之所以为《大学》的'格物'、'致知'条目补传，就不仅因为《大学》本身有阙文，更不是着眼于典籍的一般整理，而是适应于进一步阐发理学方法论与修养论的需要，而整个章句也是为扩大理学思潮的影响提供了一个更

---

① （宋）朱熹：《晦庵先生朱文公文集》卷五十四《答朱子绎》，朱杰人等编：《朱子全书》（修订本）第23册，上海古籍出版社、安徽教育出版社2010年版，第2560页。
② （宋）朱熹：《晦庵先生朱文公文集》卷三十《答汪尚书》，朱杰人等编：《朱子全书》（修订本）第21册，上海古籍出版社、安徽教育出版社2010年版，第1297—1298页。
③ （宋）朱熹：《晦庵先生朱文公文集》卷七十二《吕氏大学解》，朱杰人等编：《朱子全书》（修订本）第23册，上海古籍出版社、安徽教育出版社2010年版，第3493页。
④ （宋）朱熹：《大学章句》，朱杰人等编：《朱子全书》（修订本）第6册，上海古籍出版社、安徽教育出版社2010年版，第20页。

为完善的哲学教本。"①

朱熹释"格物"之"格"曰:"格,至也。物,犹事也。穷至事物之理,欲其极处无不到也。"②"致知之道在乎即事观理以格夫物。格者,极至之谓,如格于文祖之格,言穷而至其极也。"③"格物者,格,尽也,须是穷尽事物之理。若是穷得三两分,便未是格物。须是穷尽得到十分,方是格物。"④在朱熹看来,"格物"之"格",乃"至"、"尽"之义,"格物"就是"极至"、"穷尽"事物之理;若理有十分,穷得三两分还不算格物,只有穷尽到十分才算"极至"、"穷尽"物理。朱熹认为,"格物"的目标是"极至"、"穷尽"万事万物之理。

朱熹训"格"为"至",古今学人皆有异议。如朱熹后学车若水曾说:"格物是穷理,不可易也。而以格为至,则有可筹绎者。格于上下,可以训至,格物难以训至。曰致知在至物,非辞也。……《玉篇》云:'格,至也,量也,度也。'《广韵》亦然。彼之字义,多出于古时经注。'格,至也'是《尧典》注,不知'度也'、'量也'出在何处。以此训格,正与今文合。"⑤今人陈来曰:"以至训格,无论以格物为至物,或以格物为极尽物理,皆似不通。按程朱说,凡物皆有理,理即在物中,故言物不必更言其理,此说虽为牵强,尚可为说。但穷理之'穷'意仍无着落,格、至皆无穷索之意,而极尽云者,只可言穷之达于极尽,毕竟极尽无穷索之意。"⑥笔者认为,程朱训"格"为"至"、"尽",不能仅从文献的角度来评价。朱熹文本诠释的着眼点是理学体系之建构,其训"格"为"至"、"尽",与他的"致知"、"穷理"思想密切相关。

朱熹继承了二程于"格物"之"物"内涵之界定,认为举凡天地间,眼前所见事,皆是"物"。朱熹说:"圣人只说'格物'二字,便是要人就事物上

---

① 陈来:《朱子哲学研究》,华东师范大学出版社2000年版,第283页。
② (宋)朱熹:《大学章句》,朱杰人等编:《朱子全书》(修订本)第6册,上海古籍出版社、安徽教育出版社2010年版,第17页。
③ (宋)朱熹:《大学或问》,朱杰人等编:《朱子全书》(修订本)第6册,上海古籍出版社、安徽教育出版社2010年版,第512页。
④ (宋)黎靖德辑:《朱子语类》卷十五,朱杰人等编:《朱子全书》(修订本)第14册,上海古籍出版社、安徽教育出版社2010年版,第463页。
⑤ (清)黄宗羲撰,全祖望补:《宋元学案》卷六十六《南湖学案》,中华书局1986年版,第2130页。
⑥ 陈来:《朱子哲学研究》,华东师范大学出版社2000年版,第286页。

理会。且自一念之微，以至事事物物，若静若动，凡居处饮食言语，无不是事。"①在朱熹看来，人的细小念头，万事万物，或动或静，以及关乎人的日常起居、饮食、言语，皆是"物"。也就是说，朱熹所言"格物"之"物"，包括客观的物质世界和人的精神世界，是一个囊括所有现象的总概念。

朱熹释"致知"曰："致，推极也。知，犹识也。推极吾之知识，欲其所知无不尽也。"②"知者，吾自有此知。此心虚明广大，无所不知，要当极其至耳。"③"致知工夫，亦只是且据所已知者，玩索推广将去。具于心者，本无不足也。"④"吾之知识"、"吾自有此知"之"知"，既指知识，还指知觉能力。上文"欲其所知无不尽也"、"此心虚明广大，无所不知"，"知"字皆有知觉能力之义。从表面上看，朱熹此所云"知"存于本心，"致知"之义，即玩索、推极本心固有的知识，使其无所不知。⑤而实际上，朱熹所言"致知"是以"格物"为前提的。"致知"是"格物"扩充的结果，若无"格物"，就不会有知识的扩充。

有人问："致知是欲于事理无所不知，格物是格其所以然之故，此意通否？"朱熹曰："不须如此说。只是推极我所知，须要就那事物上理会。致知，是自我而言；格物是就物而言。若不格物，何缘得知？而今人也有推极其知者，却只泛泛然竭其心思，都不就事物上穷究。如此，则终无所止。"⑥"格物只是就一物上穷尽一物之理，致知便只是穷得物理尽后，我之知识亦无不尽处，若推此知识而致之也。此其文义只是如此，才认得定，便请依此用功。但能格物，则知自至，不是别一事也。"⑦朱熹认为，"致知"是就自我而言，是

---

① （宋）黎靖德辑：《朱子语类》卷十五，朱杰人等编：《朱子全书》（修订本）第14册，上海古籍出版社、安徽教育出版社2010年版，第467页。
② （宋）朱熹：《大学章句》，朱杰人等编：《朱子全书》（修订本）第6册，上海古籍出版社、安徽教育出版社2010年版，第17页。
③ （宋）黎靖德辑：《朱子语类》卷十五，朱杰人等编：《朱子全书》（修订本）第14册，上海古籍出版社、安徽教育出版社2010年版，第474页。
④ （宋）黎靖德辑：《朱子语类》卷十五，朱杰人等编：《朱子全书》（修订本）第14册，上海古籍出版社、安徽教育出版社2010年版，第463页。
⑤ 参见刘桂莉：《格物致知综论》，《中华文化论坛》2004年第4期。
⑥ （宋）黎靖德辑：《朱子语类》卷十五，朱杰人等编：《朱子全书》（修订本）第14册，上海古籍出版社、安徽教育出版社2010年版，第473页。
⑦ （宋）朱熹：《晦庵先生朱文公文集》卷五十一《答黄子耕》，朱杰人等编：《朱子全书》（修订本）第22册，上海古籍出版社、安徽教育出版社2010年版，第2377—2378页。

对固有知识的扩充,"格物"是就物而言,是通过穷究事物之理从而有知;若无"格物",就无"致知"。既然"致知"的前提是"格物",那么"知"并非仅是主体知识的简单扩充,而是在穷究万事万物之后获得的知识。朱熹强调通过"格物"而"致知",与陆九渊所倡导的"发明本心"的知识扩充方式是不同的。

在朱熹的思想世界,理是最高范畴,"穷理"是终极目标。朱熹所言之"理",既有超越性,又有临在性;理先万物而存在,又在万物之中。既然万物皆有理,故可"即物穷理"。朱熹曰:"人多把这道理作一个悬空底物。《大学》不说穷理,只说个格物,便是要人就事物上理会。"①"《大学》所以说格物,却不说穷理。盖说穷理则似悬空无捉摸处。只说格物,则只就那形而下之器上,便寻那形而上之道,便见得这个元不相离。"②朱熹认为,《大学》只言格物,而不言穷理,是要人们通过事物之探究从而达到对理之认知。

关于格物、致知、穷理的关系,朱熹在《答江德功》云:"格物之说,程子论之详矣。而其所谓'格,至也,格物而至于物,则物理尽'者,意句俱到,不可移易。……夫'天生烝民,有物有则',物者形也,则者理也,形者所谓形而下者也,理者所谓形而上者也。人之生也固不能无是物矣,而不明其物之理,则无以顺性命之正而处事物之当,故必即是物以求之。知求其理矣,而不至夫物之极,则物之理有未穷,而吾之知亦未尽。故必至其极而后已。此所谓'格物而至于物',则物理尽者也。物理皆尽,则吾之知识廓然贯通,无有蔽碍,而意无不诚,心无不正矣。此《大学》本经之意,而程子之说然也。其宏纲实用,固已洞然无可疑者;而细微之间,主宾次第、文义训诂详密精当,亦无一毫之不合。"③朱熹认为,物乃形而下者,而理乃形而上者,不知物之理,就不能明性命之正,亦不能处事物之当。理不能脱离物而独立存在,物中有理,故即物才能穷理;知即物穷理而不能至极,似穷极物理,而物理仍未能穷;只有当物理皆尽,穷理者才能达到廓然贯通、无有蔽碍之境地,以至于

---

① (宋)黎靖德辑:《朱子语类》卷十五,朱杰人等编:《朱子全书》(修订本)第14册,上海古籍出版社、安徽教育出版社2010年版,第469页。
② (宋)黎靖德辑:《朱子语类》卷六十二,朱杰人等编:《朱子全书》(修订本)第16册,上海古籍出版社、安徽教育出版社2010年版,第2026页。
③ (宋)朱熹:《晦庵先生朱文公文集》卷四十四《答江德功》,朱杰人等编:《朱子全书》(修订本)第23册,上海古籍出版社、安徽教育出版社2010年版,第2037—2038页。

意无不诚、心无不正。

朱熹对"至夫物之极"之前提做了说明,其曰:"是以《大学》始教,必使学者即凡天下之物,莫不因其已知之理而益穷之,以求至乎其极。至于用力之久,而一旦豁然贯通焉,则众物之表里精粗无不到,而吾心之全体大用无不明矣。此谓格物,此谓知之至也。"①"须是逐一理会,少间多了,渐会贯通,两个合做一个,少间又七八个合做一个,便都一齐通透了。伊川说贯通字最妙。"②朱熹强调"用力之久"、"逐一理会",与程子所云"今日格一件,明日格一件,积习既多,然后脱然自有贯通处"可谓一脉相承。朱熹强调"贯通"之前,要有积累,通过积累,"理会"之物多了,虽不能穷尽万物,但仍能达到"贯通"的地步。

朱熹对"逐一理会"与"贯通万物"之关系亦做了说明,其曰:"今以十事言之,若理会得七八件,则那两三件触类可通。若四旁都理会得,则中间所未通者,其道理亦是如此。"③"欲识其义理之精微,则固当以穷尽天下之理为期。但至于久熟而贯通焉,则不待一一穷之而天下之理固已无一毫之不尽矣。举一而三反,闻一而知十,乃学者用功之深、穷理之熟,然后能融会贯通,以至于此。"④朱熹认为,若要理会十件事,先理会了七八件事,那么剩下的两三件事"触类可通";若周围的事都理会了,那么中间的事可触类旁通;穷理当以穷尽天下之理为目的,然天下之事不可能件件都理会,通过举一反三、闻一知十,可实现融会贯通。

在程、朱的思想世界里,理是最高最根本的存在,超越一切而又统摄一切,"未有天地之先,毕竟也只是理"⑤。从这个角度来看,万物本一理,这就是朱熹所说的"太极"。不过各类事物有差别,或各自有一理。朱熹认为,万

---

① (宋)朱熹:《大学章句》,朱杰人等编:《朱子全书》(修订本)第6册,上海古籍出版社、安徽教育出版社2010年版,第20页。
② (宋)黎靖德辑:《朱子语类》卷十四,朱杰人等编:《朱子全书》(修订本)第14册,上海古籍出版社、安徽教育出版社2010年版,第448页。
③ (宋)黎靖德辑:《朱子语类》卷十八,朱杰人等编:《朱子全书》(修订本)第14册,上海古籍出版社、安徽教育出版社2010年版,第616—617页。
④ (宋)朱熹:《晦庵先生朱文公文集》卷五十二《答姜叔权》,朱杰人等编:《朱子全书》(修订本)第22册,上海古籍出版社、安徽教育出版社2010年版,第2460页。
⑤ (宋)黎靖德辑:《朱子语类》卷一,朱杰人等编:《朱子全书》(修订本)第14册,上海古籍出版社、安徽教育出版社2010年版,第114页。

物"本只是一太极，而万物各有禀受，又自各具有一太极尔。如月在天，只一而已；及散在江湖，则随处可见，不可谓月已分也"①。此即朱熹的"理一分殊"思想。朱熹的格物致知论与他的天理论密切相关。朱熹所说"格物"之"物"，泛指万事万物，万事万物千差万别，各自有理，万物的分理为共同普遍的理所统摄；通过认识分理，才可认识普遍的理；只格一物不能穷理，需要格遍万物，才能豁然贯通。用现代哲学的话语来讲，就是要通过个别上升到一般，从而认识万事万物普遍之理。

### 三、《大学》与湖湘学体系之建构

湖湘学派是宋代重要的理学派别，也是南渡之后理学的第一个大宗。湖湘学派上承二程学术，下启永嘉学派、金华学派和武夷学派，在宋代学术思想上占有比较重要的地位。近年以来，学术界对湖湘学派越来越重视，一些论著陆续出现，从各个不同的角度对湖湘学派加以研究，取得了一定的成绩。②

与宋代其他理学家一样，湖湘学派的创始人胡安国也很重视本体论的建构。胡安国以心、理为本体，他说："无所不在者，理也；无所不有者，心也。物物致察，宛转归己，则心与理不昧；故知循理者，士也。物物皆备，反身而诚，则心与理不违，故乐循理者，君子也。天地合德，四时合序，则心与理为一，无事乎循矣。故一以贯之，圣人也，岂易言哉！"③胡安国认为，作为本体的理无所不在，作为本体的心无所不有。胡氏所论士、君子和圣人的三种境界，心与理都相合，因为客体的理与主体的心皆为本体，两者是相合不二的。

胡安国所说的理具有客观性，与程、朱所说的理很相似。胡安国曰："穷理尽性乃圣门事业。物物而察，知之始也；一以贯之，知之至也。"④胡安国认为穷理的前提是《大学》所说的"致知"。胡氏曰："圣门之学，则以致知为始，穷理为要，知至理得，不昧本心，如日方中，万象毕见，则不疑其所行而内外合也。"⑤胡安国认为，穷理是为学的终极目标，致知则是实现这一目标的

---

① （宋）黎靖德辑：《朱子语类》卷九十四，朱杰人等编：《朱子全书》（修订本）第17册，上海古籍出版社、安徽教育出版社2010年版，第3167—3168页。
② 如蔡方鹿的《张栻及其哲学》，巴蜀书社1990年版；朱汉民的《湖湘学派史论》，湖南大学出版社2004年版。
③ （宋）卫湜：《礼记集说》卷一百四十九，文渊阁《四库全书》第120册，第587页。
④ （宋）卫湜：《礼记集说》卷一百四十九，文渊阁《四库全书》第120册，第586页。
⑤ （宋）胡寅著，容肇祖点校：《崇正辩斐然集》卷二十五《先公行状》，中华书局1993年版，第557页。

途径和方法，当达到对理的认知后，主体的心与客体的理才能合而为一。

从修养方式的角度来看，如果说穷理是外求，那么"求放心"则是内求。胡安国曰："'四端五典，起灭心也。有所谓自本自根，自古以固存者。'夫自本自根，自古以固存者，即起灭心是也。不起不灭心之体，方起方灭心之用。体用一源，显微无间，能操而常存者，动亦存，静亦存，虽百起百灭，心固自若也。放而不知求者，静亦亡，动亦亡，燕居独处，似系马而止也。"①胡安国认为，心乃本体，是不起不灭的，作为心之用需操持，即求放心；若不求放心，心之用就不复存在。

外求即穷理，内求即求放心，此乃胡安国提出的二元修养路线。胡氏认为，心、理皆为本体，而"心与理为一"是通过内求和外求才能达到的境界。在心、理二元本体论的支配下，胡氏主张内求与外求相结合。需要指出的是，尽管胡安国主张内求和外修，但他最为重视的是外修。胡氏曰："学佛者，其语则欲一闻便悟，其行则欲一超直入。纵有是理，必无是人。如舜，可谓上上根矣，然犹好问，犹察言，犹取诸人以为善。独闻斯行之，若决江河，与人异耳。今以中才欲了此事，不从博学、审问、慎思、明辨、笃行以求之，则亦何以异于谈饮食而欲疗饥渴乎？释氏虽有了心之说，然知其未了者，为其不先穷理，反以理为障，只求见解于作用处，全不究竟也。以理为障而求见解，故穷高极大而失其居。失其居，则惑人也，故无地以崇其德。"②胡安国反对佛教讲顿悟、一超直入，他认为即使是舜等"上根"之人，也需好问察言，取人之善，"中才"以下者，则需博学、审问、慎思、明辨、笃行，才能达到穷理之境；明心需以穷理为前提，故佛教的明心说并不能使人明心；没有穷理为前提，所谓明心只是鹜求高远，而实不能达。

胡安国以理和心为本体，以及其所倡导的"致知"、"求放心"的修身工夫，对湖湘学派的发展有重要意义。胡宏、张栻等人所倡导的修养工夫，多受胡安国的影响。从南宋理学发展史来看，朱熹的理本论和陆九渊的心本论实际上是对胡安国"心"、"理"二元本体论的分化，朱、陆倡导的格物穷理与致良知的修养工夫也是对胡安国"致知"和"求放心"修养工夫的继承和分化。

---

① （宋）胡寅著，容肇祖点校：《崇正辩斐然集》卷二十五《先公行状》，中华书局1993年版，第557页。
② （宋）胡寅著，容肇祖点校：《崇正辩斐然集》卷二十五《先公行状》，中华书局1993年版，第557页。

胡安国之子胡宏以"性"为本体，其以性为宇宙的本原、万物存在的依据以及道德的本体。在合主、客体为一的性本论基础上，胡宏提出了二元认识论。胡宏主张致知穷理，从而认识客体的"性"，又主张尽心和反求诸己，从而认识主体的"性"。

胡宏提倡《大学》所说"致知"论，他说："天下万事，莫先乎知矣。是以君子必先致其知。"① 此"知"是外在于人的，并非生而就有。胡宏说："夫人非生而知之，则其知皆缘事物而知。"② "人皆谓人生则有知者也。夫人皆生而无知，能亲师取友，然后有知者也。"③ 胡宏否定了天生有知的先验论，认为获得"知"是以与客观事物的接触为前提的。

胡宏认为，与事物接触并不一定就能获得真知。他说："缘事物而知，故迷于事物，流荡失中，无有攸止，自青阳至于黄发，茫茫如旅人不得归家而安处也。"④ 胡宏认为，若仅以接触事物为获得真知的唯一途径，则可能受事物的迷惑，流离而失中道，没有止境，像旅客不能归家而得安适一样。在此基础上，胡宏提出要"穷理"，此"理"即物理，是客观的万物之理。胡宏云："故学必以穷极物理为先也。然非亲之，则不能知味。惟不知味也，故终有疑，必待人印证也。"⑤ "目流于形色，则志自反，而以理视。耳流于音声，则知自反，而以理听。口流于唱和，则知自反，而以理言。身流于行止，则知自反，而以理动。有不中理未尝不知，知之未尝复行，此颜子所以克己复礼，不远复而庶几圣人者也。及其久也，德盛而万物一体，仁熟而变通不穷，岂特不为事物所迷乱而已哉？"⑥ 胡宏认为，与客观事物的接触是获得真知的前提和手段，与事物的接触需要以理视、以理听、以理言、以理动；如果说接触尚属于感性认识，那么以理视听言动则属于理性认识。

胡宏所言本体的"性"既有客体意义，又有主体意义，因此，除了格物穷理的认识方式和修养方式以外，胡宏还主张"求放心"。胡宏所说的心，实

---

① （宋）胡宏著，吴仁华点校：《知言·汉文》，《胡宏集》，中华书局1987年版，第43页。
② （宋）胡宏著，吴仁华点校：《杂文·复斋记》，《胡宏集》，中华书局1987年版，第152页。
③ （宋）胡宏著，吴仁华点校：《知言·汉文》，《胡宏集》，中华书局1987年版，第43页。
④ （宋）胡宏著，吴仁华点校：《杂文·复斋记》，《胡宏集》，中华书局1987年版，第152页。
⑤ （宋）胡宏著，吴仁华点校：《书·与张敬夫》，《胡宏集》，中华书局1987年版，第131页。
⑥ （宋）胡宏著，吴仁华点校：《杂文·复斋记》，《胡宏集》，中华书局1987年版，第152—153页。

际上是性的外化,"未发只可言性,已发乃可言心"①。在胡宏的哲学中,"性是心的客体化,心是性的主体化"②,因此,要认识客体意义的"性",必须求之于主体意义的"心"。胡宏说:"心无不在,本天道变化,为世俗酬酢,参天地,备万物。人之为道,至大也,至善也。放而不知求,耳目闻见为己蔽,父子夫妇为己累,衣裘饮食为己欲,既失其本矣,犹皆曰我有知,论事之是非,方人之短长,终不知其陷溺者,悲夫!故孟子曰:'学问之道无他,求其放心而已矣。'"③胡宏赞同孟子"求放心"的认识和修养方式。

胡宏以性本论为出发点,阐述了其格物穷理与求放心的修养之道,实际上是对胡安国内求外修的认识、修养方式的继承和发展。胡宏试图以性本体论克服胡安国心、理二元本体论的矛盾,然而在认识论和修养论上,又回到了胡安国的二元论。

张栻是湖湘学派的集大成者,与朱熹、吕祖谦齐名,时称"东南三贤"。张栻理学上承二程,推崇周敦颐《太极图说》,"太极、理、心、性、道是张栻哲学的本体范畴或最高范畴。它们之间的关系是同一层次的横向联系。其中太极、理、性、道是客体性的本体范畴,心则是主体性的本体范畴"④。因此,张栻哲学主张多元本体论。

张栻哲学中的"太极"、"理"、"性"、"道"不仅是事物之本体,也是伦理之本体。张栻曰:"所谓天者,理而已。"⑤此"理",即与天为一的宇宙本体。张栻又曰:"礼者,理之所存也。"⑥此"理",即与礼为一的道德本体。张栻哲学本体范畴的心既为宇宙本原,又为道德本体。他说:"心也者,万事之宗也。"⑦"仁,人心也。人皆有是心,放而不知求,则其本不立矣。"⑧张栻哲学所言之本体,既有宇宙论意义,又有伦理诉求,而张栻最为重视的,是这些本体

---

① (宋)胡宏著,吴仁华点校:《书·与僧吉甫书三首》,《胡宏集》,中华书局1987年版,第115页。
② 朱汉民:《湖湘学派史论》,湖南大学出版社2004年版,第123页。
③ (宋)胡宏著,吴仁华点校:《附录一·宋朱熹胡子知言疑义》,《胡宏集》,中华书局1987年版,第331页。
④ 蔡方鹿:《一代学者宗师——张栻及其哲学》,巴蜀书社1991年版,第95页。
⑤ (宋)张栻:《论语解》卷七,《张栻全集》上册,长春出版社1999年版,第192页。
⑥ (宋)张栻:《论语解》卷一,《张栻全集》上册,长春出版社1999年版,第76页。
⑦ (宋)张栻:《静江府学记》,《张栻全集》中册,长春出版社1999年版,第678—679页。
⑧ (宋)张栻:《孟子说》卷四,《张栻全集》上册,长春出版社1999年版,第379页。

范畴的伦理意义。

在伦理本体论的基础上，张栻对《大学》"格物致知"做了诠释，他说："格之为言至也，理不循乎物，至极其理，所以致其知也。"① 与朱熹一样，张栻训"格"为"至"，主张通过格物从而获得知。不过与朱熹不同的是，张栻认为主体在认识活动之前已"心具万理"。他说："所谓讲学者，宁有它求哉？致其知而已。知者，吾所固有也。"②"良知固有，匪缘事物。卓然独见，我心皦日。物格知至，万理可穷。"③ 张栻认为，讲学者本无他求，只是为"致其知而已"，而"良知"为认识者所固有，不需要从客观世界去获得。

张栻认为，"知"、"良知"并非在主体之外，故通过明心等工夫，可将《大学》外求的"格物"转向内求的"格心"。张栻云："致知所以明是心也。"④"夫心本无非，动于利欲，所以非也。君之心方且在于利欲之中，滋长蔽塞，则是非邪正莫知所适，而万事之统隳矣。故当以格其心非为先。格之为言，感通至到也。《书》曰：'格于上帝。'盖君心之非，不可以气力胜，必也感通至到，而使之自消靡焉，所谓格也。盖积其诚意，一动静，一语默，无非格之之道也。"⑤ 张栻认为"格"为"感通至到"、"积其诚意"之义，格物实际上就是格心。在张栻看来，《大学》所言"格物致知"，是将心所固有的良知彰显出来；"致良知"，是认识心本有的伦理道德。

张栻以格物为格心，这种观点与陆九渊的心学颇为相似。朱熹云："儒者之学，大要以穷理为先。盖凡一物有一理，须先明此，然后心之所发，轻重长短，各有准则。"⑥ 又曰："正心必先诚意，诚意必先致知，其用力次第如此，然后可以得心之正而复其本体之虚，亦非一日之力矣。今直曰无时不虚，又曰既识此心则用无不利，此亦失之太快而流于异学之归矣。"⑦ 朱熹认为，理是客观的，一物有一理，万物有万理，明白事物之理，才可识得此心；穷理与识心

---

① （宋）张栻：《答吕季克》，《张栻全集》下册，长春出版社1999年版，第917页。
② （宋）张栻：《送张荆州序》，《张栻全集》中册，长春出版社1999年版，第765—766页。
③ （宋）张栻：《克斋铭》，《张栻全集》下册，长春出版社1999年版，第1038页。
④ （宋）张栻：《敬斋记》，《张栻全集》中册，长春出版社1999年版，第724页。
⑤ （宋）张栻：《孟子说》卷四，《张栻全集》上册，长春出版社1999年版，第362页。
⑥ （宋）朱熹：《晦庵先生朱文公文集》卷三十《答张钦夫》，朱杰人等编：《朱子全书》（修订本）第21册，上海古籍出版社、安徽教育出版社2010年版，第1314页。
⑦ （宋）朱熹：《晦庵先生朱文公文集》卷三十《答张钦夫》，朱杰人等编：《朱子全书》（修订本）第21册，上海古籍出版社、安徽教育出版社2010年版，第1314页。

分属于认识的不同阶段。陆九渊则以格物致知为致良知。张栻以穷理与识心为一，与朱熹的观点不同，而与陆九渊之说较为接近。

张栻对仅重视致知而忽略践行表示不满，他说："然近岁以来，学者又失其旨，曰吾惟求所谓知而已，而于躬行则忽焉，故其所知特出于臆度之见，而无以有诸其躬，识者盖忧之。此特未知致知力行互相发之故也。"① 张栻对知行关系做了辨析，他说："致知力行，盖互相发。然知常在前，故有始终之异也。"② 又说："知有精粗，行有浅深。然知常在先。固有知之而不能行者矣，未有不知而能行者也。"③ 张栻受程朱的影响，认为知在行先。然而，张栻认为知不能离行，致知、力行应互发，他说："致知力行，互相发也。盖致知以达其行，而力行以精其知，工深力久，天理可得而明，气质可得而化也。"④ "知之进，则行愈有所施；行之力，则知愈有所进。以至于圣人。人伦之至。其等级固远，其曲折固多，然亦必由是而循循可至焉耳。盖致知力行，此两者工夫互相发也。寻常与朋友讲论，愚意欲其据所知者而行之，行而思之，庶几所践之实而思虑之开明。不然，贪高慕远，莫能有之，果何为哉？"⑤ 张栻认为，致知与力行应相辅相成，致知可指导践行，践行反过来使认识更加深入；知行互相促进，从而明天理和化气质，进而达到圣人之境界。

**四、《大学》与陆九渊心学体系之建构**

南宋的陆九渊是心学的创始人，其哲学以心为本体。陆九渊认为，本心为人之所固有，"本心非外铄，当时岂不和平安泰，更无艰难"⑥。"此心之灵，此理之明，岂外铄哉？明其本末，知所先后，虽由其学。及其明也，乃理之固有，何加损于其间哉？"⑦ 陆九渊还以心为道德之源，他说："四端者，即此心也；天之所以与我者，即此心也。人皆有是心，心皆具是理，心即理也，故曰'理义之悦我心，犹刍豢之悦我口'。"⑧ 此"四端"，即孟子所说的"恻隐之心"、

---

① （宋）张栻：《论语说序》，《张栻全集》中册，长春出版社1999年版，第751页。
② （宋）张栻：《孟子说》卷五，《张栻全集》中册，长春出版社1999年版，第412页。
③ （宋）张栻：《寄周子充尚书》，《张栻全集》中册，长春出版社1999年版，第817页。
④ （宋）张栻：《送钟尉序》，《张栻全集》中册，长春出版社1999年版，第772页。
⑤ （宋）张栻：《寄周子充尚书》，《张栻全集》中册，长春出版社1999年版，第817页。
⑥ （宋）陆九渊著，钟哲点校：《陆九渊集》卷四《与诸葛诚之》，中华书局1980年版，第51页。
⑦ （宋）陆九渊著，钟哲点校：《陆九渊集》卷七《与詹子南》，中华书局1980年版，第96页。
⑧ （宋）陆九渊著，钟哲点校：《陆九渊集》卷十一《与李宰》，中华书局1980年版，第149页。

"羞恶之心"、"恭敬之心"和"是非之心"。陆九渊受孟子的启发,把"四端"看作是所有人的"同心"①。在心本体下,陆九渊对《大学》"格物致知"做了新的诠释。

《大学》所言"格物",二程训"格"为"至"、"穷",朱熹训"格"为"至"、"尽"。程朱认为,格物意在穷至本体的理。陆九渊云:"格、至也,与穷字、究字同义,皆磨研考索,以求其至耳。学者孰不曰'我将求至理',顾未知其所知果至与否耳。所当辨、所当察者,此也。"② 陆九渊训"格"为"至"、"穷"、"究",表面上似与程朱之说无异,实质上与程朱有冰炭之别。陆九渊曾与他的学生有下面一段对话:

> 伯敏云:"无个下手处。"
>
> 先生云:"古之欲明明德于天下者,先治其国;欲治其国者,先齐其家;欲齐其家者,先修其身;欲修其身者,先正其心;欲正其心者,先诚其意;欲诚其意者,先致其知;致知在格物。格物是下手处。"
>
> 伯敏云:"如何样格物?"
>
> 先生云:"研究物理。"
>
> 伯敏云:"天下万物不胜其繁,如何尽研究得?"
>
> 先生云:"万物皆备于我,只要明理。然理不解自明,须是隆师亲友。"③

陆氏认为,修、齐、治、平的"下手处"是格物,"格物"之"格"是"研究","格物"之"物"是"物理",所谓"格物"就是"研究物理"。就此而论,陆氏与程朱所言"格物"之义颇为接近。不过,当学生追问如何"研究物理"时,陆九渊说"万物皆备于我",此"物理"在"我","明理"在于明"我"之理,这与程朱以理为客观存在的观点是相反的。

对于"格物"之方法,陆九渊亦有说明。其曰:"'大学之道,在明明德,

---

① 彭永捷:《朱陆之辨——朱熹陆九渊哲学比较研究》,人民出版社2002年版,第96—97页。
② (宋)陆九渊著,钟哲点校:《陆九渊集》卷二十《格矫斋说》,中华书局1980年版,第253页。
③ (宋)陆九渊著,钟哲点校:《陆九渊集》卷三十五《语录下》,中华书局1980年版,第440页。

在亲民，在止于至善'，此言大学指归。欲明明德于天下是入大学标的。格物致知，是下手处。《中庸》言博学、审问、慎思、明辨，是格物之方。"①陆氏以《中庸》所言博学、审问、慎思、明辨为格物之法，也是为学之道。陆九渊重视为学，他说："圣哲之言，布在方册，何所不备。"②"人之不可以不学，犹鱼之不可以无水，而世至视若赘疣，岂不甚可叹哉？"③"自古圣人亦因往哲之言，师友之言，乃能有进。况非圣人，岂有自任私知而能进学者？然往哲之言，因时乘理，其指不一。方册所载，又有正伪、纯疵，若不能择，则是泛观。欲取决于师友，师友之言亦不一，又有是非、当否，若不能择，则是泛从。泛观泛从，何所至止？"④陆九渊认为，圣哲之言见于载籍，后人通过学习，圣哲之意便可了然于胸；人需要学习，就像鱼不能离开水一样，在求学中，自然就有审问、慎思和明辨。

陆九渊与程朱一样，亦重视为学，为之途径也相似。不过，陆九渊与程朱所倡导的为学之道在本质上是不同的。陆九渊云："此理本天所以与我，非由外铄。明得此理，即是主宰。真能为主，则外物不能移，邪说不能惑。所病于吾友者，正谓此理不明，内无所主；一向萦绊于浮论虚说，终日只依藉外说以为主，天之所与我者反为客。主客倒置，迷而不反，惑而不解。坦然明白之理，可使妇人童子听之而喻，勤学之士反为之迷惑，自为支离之说以自萦缠，穷年卒岁，靡所底丽，岂不重可怜哉？"⑤陆氏认为，心即理，理本在我，而非外来。明此理，本心就不会受到外在事物和邪说的迷惑；不明此理，内无所主，虚浮之说成了身之主宰，本心反倒成为附属物。因此，陆九渊反对"支离"，提倡"贯通"之学。

朱熹强调"格物"时要循序渐进，一物一物地格，他说："愚按伊川先生尝言，'凡一物上有一理，物之微者亦有理'。又曰：'大而天地之所以高厚，小而一物之所以然，学者皆当理会。'……程子之为是言也，特以明夫理之所

---

① （宋）陆九渊著，钟哲点校：《陆九渊集》卷三十五《语录上》，中华书局1980年版，第411页。
② （宋）陆九渊著，钟哲点校：《陆九渊集》卷七《语颜子坚》，中华书局1980年版，第92页。
③ （宋）陆九渊著，钟哲点校：《陆九渊集》卷十二《与黄循中》，中华书局1980年版，第170页。
④ （宋）陆九渊著，钟哲点校：《陆九渊集》卷二十一《学说》，中华书局1980年版，第263页。
⑤ （宋）陆九渊著，钟哲点校：《陆九渊集》卷一《与曾宅之》，中华书局1980年版，第4页。

在无间于大小精粗而已。若夫学者之所以用功,则必有先后缓急之序,区别体验之方,然后积习贯通,驯致其极。岂以为直存心于一草木器用之间,而与尧舜同者无故忽然自识之哉?"① 朱熹认为,格物需要逐渐积累而至豁然贯通。②陆九渊认为朱熹所言格物为"支离"之学,他说:"今时学者,悠悠不进,号为知学耳,实未必知学;号为有志耳,实未必有志。若果知学有志,何更悠悠不进。事业固无穷尽,然古先圣贤未尝艰难其途径,支离其门户。夫子曰:'吾道一以贯之。'孟子曰:'夫道一而已矣。'曰:'涂之人可以为禹。'曰:'人皆可以为尧舜。'曰:'人有四端,而自谓不能者,自贼者也。'人孰无心,道不外索,患在戕贼之耳,放失之耳。古人教人,不过存心、养心、求放心。此心之良,人所固有,人惟不知保养而反戕贼放失之耳。……今日向学,而又艰难支离,迟回不进,则是未知其心,未知其戕贼放失,未知所以保养灌溉。此乃为学之门,进德之地。"③ 陆氏认为,有支离之弊者,号称知道如何学习,号称自己有志向,而实际上并非如此;古人教人,意在使人存心、养心和求放心,因此学贵贯通而非支离。

关于"格物"、"致知"之关系,陆九渊亦做了辨析。他说:"《易》言:'知至至之,可与几也;知终终之,可与存义也。'《大学》言:'物格而后知至,知至而后意诚,意诚而后心正,心正而后身修。'《孟子》言:'始条理者,智之事也,终条理者,圣之事也。'皆是圣贤教人,使之知有讲学,岂有一句不实头。"④ "盖学之不讲,物未格,知未至,则其于圣贤之言必未能昭晰如辨苍素、数奇耦之审也。"⑤ 陆九渊认为,圣贤使人知,获得真知有先后;格物为致知之基础,物未格,知不能至,格物在先,致知在后。

程、朱认为"格物致知"的过程意味着"穷理",陆九渊则以"格物致知"为"尽心知性"。陆氏曰:"所谓格物致知者,格此物致此知也,故能明明德于天下。《易》之穷理,穷此理也,故能尽性至命。《孟子》之尽心,尽此心

---

① (宋)朱熹:《晦庵先生朱文公文集》卷七十二《吕氏大学解》,朱杰人等编:《朱子全书》(修订本)第24册,上海古籍出版社、安徽教育出版社2010年版,第3493页。
② 张立文:《朱熹思想研究》,中国社会科学出版社1981年版,第406页。
③ (宋)陆九渊著,钟哲点校:《陆九渊集》卷五《语舒西美》,中华书局1980年版,第63—64页。
④ (宋)陆九渊著,钟哲点校:《陆九渊集》卷七《与彭子寿》,中华书局1980年版,第91页。
⑤ (宋)陆九渊著,钟哲点校:《陆九渊集》卷七《与彭子寿》,中华书局1980年版,第91页。

也，故能知性知天。学者诚知所先后，则如木有根，如水有源，增加驯积，月异而岁不同，谁得而御之？若迷其端绪，易物之本末，谬事之始终，杂施而不逊，是谓异端，是谓邪说，非以致明，只以累明，非以去蔽，只以为蔽。……学绝道丧，不遇先觉，迷其端绪，操末为本，其所从事者非古人之学也。"① 陆九渊所谓"格此物"、"致此知"，皆指"心"而言；"穷理"、"尽心"，亦皆指心而言。陆氏所谓学者"知所先后"，即通过"穷理"、"尽心"，从而达到"尽性至命"、"知性知天"。正如张立文所云："陆九渊'格物'的宗旨是与程、朱有异的。如果程、朱'格物'是'穷理'，则陆九渊为'至心'、'正心'。"②

综上所述，陆九渊对《大学》"格物致知"的诠释与其心学本体论是密切相关的。在陆九渊的思想体系中，心具有本体意义，格物致知则偏重认识论，格物致知之目的不是对天理的体认，而是"存心"、"求放心"。陆九渊所言"存心"、"求放心"与胡安国、胡宏的"求放心"、张栻的"格心"如出一辙。通过对各派"格物致知"论的辨析，我们可以依稀看到宋代理学演变的轨迹。

## 第四节 《礼记·中庸》与宋代理学思想体系之建构

《中庸》是《礼记》的一篇，也是《四书》之一。笔者于此节将要探讨的，是宋儒如何通过《礼记·中庸》之诠释，从而实现理学思想体系之建构。

### 一、《中庸》的思想内容及特点

《中庸》是《礼记》的第三十一篇，后来成为《四书》之一，受到理学家的高度重视。《中庸》主要讲"中庸"、"中和"以及"诚"的思想。

《中庸》提倡中庸之道，"道之不行也，我知之矣，知者过之，愚者不及也；道之不明也，我知之矣，贤者过之，不肖者不及也"。智者的过与愚者的不及，皆非中庸；贤者过之与不肖者不及，亦非中庸。孔子所提倡的中庸之道由此被提升到了哲理的高度。《中庸》还有"时中"的概念，其曰："君子中庸，小人反中庸。君子之中庸也，君子而时中；小人之中庸也，小人而无忌惮也。"所谓"时中"，指不但要与中道相合，还要重视权变。《中庸》所提倡的"中立

---

① （宋）陆九渊著，钟哲点校：《陆九渊集》卷十九《武陵县学记》，中华书局1980年版，第238—239页。
② 张立文：《走向心学之路——陆象山思想的足迹》，中华书局1992年版，第166页。

而不倚"以及"执中"思想，皆是儒家处世坚定信念、不偏不倚的价值取向之体现。

《中庸》讲中和之道，第一次将"中"与"和"连用。《中庸》曰："喜怒哀乐之未发谓之中；发而皆中节谓之和。中也者，天下之大本也；和也者，天下之达道也。致中和，天地位焉，万物育焉。"此段文字之大义，即作为人的情感的喜怒哀乐在未发之前称之为中，中存在于内，是喜怒哀乐等情感的发源地，是天下的根本；喜怒哀乐已发且符合中的原则就称之为和，和是天下之达道；成就了中和之道，天地各就其位而不淆乱，万物化育而不遗漏。《中庸》于此所言"未发"、"已发"、"中和"等概念被宋儒李侗、胡宏、朱熹、张栻等人广泛采用，从而阐发理学思想和构建理学体系。

"诚"是《中庸》的核心概念之一，"信也"、"实也"、"成也"、"敬也"、"一也"是其古义。①"诚"在《中庸》中有十几个出处，有本体之义。如《中庸》曰："诚者自成也，而道自道也。"意即诚是自我完成的，道是自己履行的。《中庸》将诚与道并提，显然是有意将诚本体化。《中庸》又云："诚者物之终始，不诚无物。"意即诚是很重要的，重要到贯穿事物始终的地步，若没有诚，就没有万事万物。今人牟宗三释之曰："就《中庸》言，……'诚'本真实无妄意，为形容名词，其所指目之实体即天道。天道以'生物不测'为内容，即以创生为内容。此作为实体之天道，即以诚代之亦无不可。故诚亦可转为实体字，而曰'诚体'。诚体者即以诚为体也。诚即是体，此即是本然，自然，而当然之天道。"②此外，《中庸》有将诚提升为道德本体之倾向。如《中庸》曰："至诚之道，可以前知，国家将兴，必有祯祥；国家将亡，必有妖孽。见乎蓍龟，动乎四体。祸福将至，善必先知之，不善必先知之。故至诚如神。"人若掌握至诚之道，就同神明一样可预知未来。

唐代以前，已有人将《中庸》从《礼记》中分离出来加以考察。明人杨慎说："《中庸》之存，赖汉儒集于《礼记》中，至晋戴颙作《中庸传》二卷，梁武帝撰《中庸讲疏》一卷，又作《制旨中庸义》五卷，表而出之，不待宋儒矣。"③对《中庸》的特别关注，始于中唐的柳宗元、刘禹锡、李翱等人。柳宗

---

① 参见《尔雅·释诂》、《孟子·尽心上》、《说文》、《广雅·释诂》、《说苑·反质》等。
② 牟宗三：《心体与性体》，正中书局1981年版，第324页。
③ （明）杨慎：《丹铅总录》卷十二，文渊阁《四库全书》第855册，第466页。

元提倡会通儒、佛，推崇中庸之道。他说："吾自得友君子，而后知中庸之门户阶室，渐染砥砺，几乎道真。"① 又说："洎乎获友君子，乃知适于《中庸》，削去邪杂，显陈直正，而为道不谬。"② 在柳宗元看来，《中庸》讲述的是真道，不含邪杂观念，故应予以推崇。

刘禹锡从心性的角度来看《中庸》，他说："曩予习《礼》之《中庸》，至'不勉而中，不思而得'，惧然知圣人之德，学以至于无学。然而斯言也，犹示行者以室庐之奥耳，求其径术而布武，未易得也。晚读佛书，见大雄念物之普，级宝山而梯之。高揭慧火，巧镕恶见；广跂便门，旁束邪径。其所证入，如舟沿川，未始念于前而日远矣，夫何勉而思之邪？是余知突奥于《中庸》，启键关于内典，会而归之，犹初心也。"③ 刘禹锡认为，佛教讲心性，《中庸》亦讲心性，因此心性论并非佛教所独有。

李翱曾作《复性书》三篇，意在发明《中庸》之本义，彰显圣人性命道德之说。欧阳修云："予始读翱《复性书》三篇，曰此《中庸》之义疏尔。"④ 李翱将儒、佛心性论相结合，对宋儒有深远的影响。如朱熹云："至唐李翱，始知尊信其书，为之论说。然其所谓灭情以复性者，又杂乎佛老而言之，则亦异于曾子、子思、孟子之所传矣。"⑤ 此外，李翱《复性书》对《中庸》的"诚"有较系统的阐释。有人问："人之昏也久矣，将复其性者，必有渐也，敢问其方？"李翱曰："弗虑弗思，情则不生，情既不生，乃为正思。正思者，无虑无思也。《易》曰'天下何思何虑'，又曰'闲邪存其诚'；《诗》曰'思无邪'，曰'已矣乎'，曰'未'也。此斋戒其心者也，犹未离于静焉。有静必有动，有动必有静，动静不息，是乃情也。《易》曰'吉凶悔吝生乎动者也'，焉能复其性邪？曰'如之何'，曰'方静之时'，知心无思者，是斋戒也。知本无有思，动静皆离，寂然不动者，是至诚也。《中庸》曰'诚则明矣'，《易》曰'天下

---

① （唐）柳宗元：《柳宗元集》卷四十《与吕道州温论非国语书》，中华书局1979年点校本，第822页。
② （唐）柳宗元：《柳宗元集》卷四十《祭吕衡州温文》，中华书局1979年点校本，第1053页。
③ （唐）刘禹锡：《刘禹锡集》卷二十九《赠别君素上人》，中华书局1990年版，第389页。
④ （宋）欧阳修著，李逸安点校：《欧阳修全集》卷七十二《读李翱文》，中华书局2001年版，第1049页。
⑤ （宋）朱熹：《晦庵先生朱文公文集》卷七十五《中庸集解序》，朱杰人等编：《朱子全书》（修订本）第24册，上海古籍出版社、安徽教育出版社2010年版，第3639页。

之动,贞夫一者也'。"① 李翱于此据《中庸》、《易》、《诗》等儒家经典之记载,提出了修养身心的方法。这种方法提倡无思无虑,摒弃情欲,以臻于"诚"。李翱所言"诚"的境界以及实现的途径,已经超越了《中庸》文本中"诚"的思想内涵。

入宋以后,心性之学兴起,《中庸》受到了学者和统治者的高度重视。范祖禹在《帝学》中云:"景德四年……帝宴饯侍讲学士邢昺于龙图阁,上挂《礼记中庸篇图》,昺指'为天下国家有九经'之语,因讲述大义,序修身尊贤之理,皆有伦贯。坐者耸听,帝甚嘉纳之。"② 《玉海》卷三十四《圣文·御书》亦载:"天圣五年四月辛卯,赐进士王尧臣等。……又人赐御书《中庸》篇各一轴,自后遂以为常。初上欲赐《中庸》,先命中书录本既上,乃令宰臣张知白进读,至修身治人之道,必使反复陈之,上倾听终篇始罢。……景祐元年四月乙卯,赐新第张唐卿诗及《中庸》。庆历二年四月己亥,又赐杨寘。皇祐元年四月戊子赐冯京御书《诗》及《中庸》。"③ 宋初的统治者将《中庸》作为专经赐予臣下;在经筵讲席中,《中庸》亦备受重视。

## 二、《中庸》与宋代理学本体论之建构

在西方思想史上,现象与本体相对应,现象来自本体,但与本体又有根本不同。早在古希腊,柏拉图哲学就有理念世界与现实世界之别。理念世界真实而完满,现实世界虚幻而缺乏;理念世界是本体,现实世界是本体之延展。

在中国传统哲学中,所谓本体也是万事万物的根据和本原。但是就本体与现象的关系而言,两者又是不分不离的,正如蒙培元所说:"西方哲学所说的本体,就是实体。这是哲学上的最后承诺。中国哲学所说的本体,也是一种承诺,但它不是实体,而是本源性存在,或潜在性存在,是一种创造与发展的可能性,其实现则靠作用、功能。这就是中国哲学的'体用观'。它讲本体与作用的关系,最终导向本体与功夫的关系。……本体的实现最终靠功夫,作用全在功夫上。换句话说,本体(天道、天德)是要人来实现的。这是一个过程,其存在方式就是境界。"④ 蒙先生认为,中国哲学所言本体与现象,本质上是本体与工夫、境界的关系。儒家经典中,《易传》和《中庸》的本体色彩最

---

① (唐)李翱:《李文公集》卷二《复性书》中,文渊阁《四库全书》第1078册,第108页。
② (宋)范祖禹:《帝学》卷三,文渊阁《四库全书》第696册,第746页。
③ (宋)王应麟:《玉海》卷三十四《圣文·御书》,文渊阁《四库全书》第943册,第781页。
④ 蒙培元:《心灵超越与境界》,人民出版社1998年版,第78—79页。

重，周敦颐、张载、二程等人在建构理学本体论时，多以两书之记载为思想资源。

还需指出的是，中国哲学中的本体论建构与天人合一思想是紧密相关的。经张岱年的考证，中国古代的"天人合一"思想始于周代，经过孟子的性天相通说与董仲舒的人副天数说，到宋代张载、二程时臻于成熟。"中国古代哲学中所谓天，在不同的哲学家具有不同的涵义。大致说来，所谓天有三种涵义：一指最高主宰，二指广大自然，三指最高原理。由于不同的哲学家所谓天的意义不同，他们所讲的天人合一也就具有不同的涵义。"① 《中庸》云"天命之谓性，率性之谓道，修道之谓教"，"天命之谓性"，义即人性来源于天命，"率性之谓道"，义即通过努力可与天道相合。《中庸》又说"诚者天之道也，诚之者，人之道也"，认为只要发扬"诚"的德性，人即可与天合一。《中庸》于此所言"天命"、"性"、"道"与"教"的关系，以及"诚"与"人"的关系，皆反映了中国哲学本体论与天人合一论的统一。

(一)"诚"

周敦颐历来被学界奉为宋明理学之开山。黄宗羲曰："孔、孟而后，汉儒止有传经之学，性道微言之绝久矣。元公崛起，二程嗣之，又复横渠诸大儒辈出，圣学大昌。故安定、徂徕卓乎有儒者之矩范，然仅可谓有开之必先。若论阐发心性义理之精微，端数元公之破暗也。"② 在宋明心性义理之学方面，周敦颐有启导之功。

在周敦颐的思想体系中，无极、太极指的是宇宙本体，而诚则是人与宇宙本体之合一。③ 在《通书》中，周敦颐对"诚"有系统之论述。

周敦颐首先对诚的本源作了追溯。《通书·诚上第一》曰："诚者，圣人之本。'大哉乾元，万物资始'。诚之源也。'乾道变化，各正性命'。诚斯立焉。纯粹至善者也。故曰：'一阴一阳之谓道，继之者善也，成之者性也。'

---

① 张岱年：《中国哲学中"天人合一"思想的剖析》，《北京大学学报》1985年第1期。
② （清）黄宗羲撰，全祖望补：《宋元学案》卷十一《濂溪学案上》，中华书局1986年版，第482页。
③ 郑熊在《宋儒〈中庸〉学研究》一书中，对周敦颐《太极图说》与《通书》的关系作了考述，他认为《太极图说》是周敦颐思想未成熟时期的作品，《通书》则是周子思想成熟时期的作品，《通书》是对《太极图说》的发展；周敦颐抛弃了道家的"无极"本体，重新构建了"诚"本体。(郑熊：《宋儒〈中庸〉学研究》，陕西人民出版社2010年版，第83—93页)

元、亨，诚之通；利、贞，诚之复。大哉《易》也，性命之源乎！"① 周子于此是以《中庸》之"诚"释《易传》之《乾·彖》。在周敦颐的思想体系中，无极是宇宙本体，太极源于无极，乾元即太极，诚源于乾元，因此诚的终极根源是无极。从天人关系的角度看，仅指出"源"还不够，这不符合中国哲学的性格，本体必须转化为人之性，才有其现实意义。周敦颐据《易传》所云"乾道变化，各正性命，诚斯立焉"，为据，认为性命乃诚在现实之具体呈现。

周敦颐还认为诚是各种伦理道德之本源。《通书·诚下第二》云："圣，诚而已矣。诚，五常之本，百行之源也。静无而动有，至正而明达也。五常百行，非诚非也，邪暗塞也。故诚则无事矣。"② 周子认为，诚为道德之源，亦是道德之依据，即诚是道德之本体。周子又曰："诚，无为；几，善恶。德：爱曰仁，宜曰义，理曰礼，通曰智，守曰信。性焉、安焉之谓圣。复焉、执焉之谓贤。发微不可见，充周不可穷之谓神。"③ 德由诚出，又分为仁、义、礼、智、信，当然，恪守诚，就能到达圣域。

周敦颐认为，作为本体存在，诚具有"寂然不动"的特性。诚不能脱离主体而存在，"寂然不动"之体存在于"感而遂通"之中。周子认为，诚与私欲邪情相对立，他说："君子乾乾，不息于诚，然必惩忿窒欲、迁善改过而后至。"④ 周子认为，人要达到诚之境地，除了心理上惩忿窒欲和行为上迁善改过，还要在思虑上警惕不良倾向，他说："诚心，复其不善之动而已矣。不善之动，妄也；妄复，则无妄矣；无妄，则诚矣。"⑤

综上所述，周敦颐继承了《中庸》的诚本体论，又将诚本体论与《易传》相结合，增强了诚思辨性和提升了诚的本体地位。周子通过将《中庸》与《易》相结合，完成了"诚之源"到"诚之复"之论述，这种天人合一的思维

---

① （宋）周敦颐著，陈克明点校：《通书·诚上第一》，《周敦颐集》卷二，中华书局2009年版，第13—14页。

② （宋）周敦颐著，陈克明点校：《通书·诚下第二》，《周敦颐集》卷二，中华书局2009年版，第15页。

③ （宋）周敦颐著，陈克明点校：《通书·诚几德第三》，《周敦颐集》卷二，中华书局2009年版，第16—17页。

④ （宋）周敦颐著，陈克明点校：《通书·乾损益动第三十一》，《周敦颐集》卷二，中华书局2009年版，第38页。

⑤ （宋）周敦颐著，陈克明点校：《通书·乾损益动第三十一》，《周敦颐集》卷二，中华书局2009年版，第39页。

模式，一直为后世理学家所效法。

张载亦是宋明理学最重要的代表人物之一，他对儒学的研究亦是从《中庸》开始的。史载张载年轻时"志气不群"，并"慨然以功名自许"，上书范仲淹，范仲淹一见张载就"知其远器"，"因劝读《中庸》"，"载读其书，犹以为未足，又访诸释、老，累年究极其说，知无所得，反而求之《六经》"①。张载《中庸》研究的最大的贡献，是对"诚"做了系统的论述，并得出"性与天道合一存乎诚"之命题。其于"诚"之论述，为后来理学的天人合一论奠定了基础。张载曰："凡物莫不有是性。"②其将"性"与"天道"并称，性为人所特有，有别于天道。张载于此所言"天道"，是与"性"相对应的客观法则。在张载看来，只有当主体的性与客体的天道实现合一，才能真正达到诚之境地；诚乃天人合一之范畴，既涵括客体之天道，又统摄主体的性。

张载认为诚为本体，与气之本体的太虚相关联。有学者认为："张载对《中庸》并没有全盘继承，而是摒弃了其以人道擎立起来的'天下之大本'与'天下之达道'，将其贯通天人的'诚'根植于太虚与太极相统一的太和之道的基础上，从而使'诚'以'道'的形式充当从天到人的过渡。"③张载比《中庸》更重视本体论，对诚有更细致的论说。张氏曰："诚则实也，太虚者天之实也。万物取足于太虚，人亦出于太虚，太虚者心之实也。"④"天所以长久不已之道，乃所谓诚"。⑤张载认为"诚则实也"，实是诚的根本内涵；而宇宙"至实"者，莫过于"气之本体"的"太虚"；"太虚"是不"腐"无"摧"而"长久不已"的"天之实"、"万物"与"人"之实。因此，诚即太虚便是张载必然推出的结论。这似乎是以太虚来规定诚，其实是以诚所涵至实的客观实在性，来进一步规定太虚，说明天人万物统一的太虚本体，实即名曰诚的客观实有。⑥值得注意的是，张载所言"心之实"与"天之实"相对应，前者指人，后者指天，显然是天人合一。"心之实"源于"天之实"，"天之实"不离"心

---

① （元）脱脱：《宋史》卷四百二十七《列传第一百八十六·道学一》，中华书局1977年点校本，第12723页。
② （宋）张载著，章锡琛点校：《拾遗·性理拾遗》，《张载集》，中华书局1978年版，第374页。
③ 丁为祥：《虚气相即——张载哲学体系即其定位》，人民出版社2000年版，第99页。
④ （宋）张载著，章锡琛点校：《张子语录·语录中》，《张载集》，中华书局1978年版，第324页。
⑤ （宋）张载著，章锡琛点校：《正蒙·诚明篇第六》，《张载集》，中华书局1978年版，第21页。
⑥ 陈俊民：《张载哲学思想及关学学派》，人民出版社1986年版，第133页。

之实"。因此，张载所说的诚实际上是主、客体统一的代名词。

张载认为，并非所有人都能明诚。他发挥《中庸》"致诚明"思想，用"明"的方式实现诚的自觉。"儒者则因明致诚，因诚致明，故天人合一，致学而可以成圣，得天而未始遗人。"① 此即张载"由穷理而尽性"、"由尽性而穷理"的理论根据。张载言诚，并非游离于现实之外，他说："人生固有天道。人之事在行，不行则无诚，不诚则无物，故须行实事。惟圣人践形为实之至，得人之形，可离非道也。"② 张载强调"行实事"、"践形"，与佛教否定现实人生和现实世界有着根本的不同。张载所言"致诚"，是一种在现实中实现超越的途径。

（二）"中"、"中庸"

"中"为中国哲学术语，《周易·屯》、《师》、《讼》各卦的爻辞以及《论语》皆有"中"之概念。对"中"有较多论述的，还有《中庸》。《中庸》曰："子曰：'舜其大知也与！舜好问而察迩言，隐恶而扬善，执其两端，用其中于民，其斯以为舜乎！'"又曰："喜怒哀乐未发谓之中，发而皆中节谓之和。""中"与"和"本来是两个词，《中庸》将二者结合起来加以论述。如《中庸》曰："仲尼曰：君子中庸，小人反中庸。君子之中庸也，君子而时中；小人之中庸也，小人而无忌惮也。"又曰："子曰：中庸其至矣乎！民鲜能久矣。"宋儒对《中庸》的"中"、"中庸"概念非常重视，论述较多的，是二程及其弟子吕大临。

《中庸》之义得到了二程的提倡，正如胡安国云："夫圣人之道，所以垂训万世，无非中庸，非有甚高难行之说，此诚不可易之至论也。然《中庸》之义，不明久矣。自颐兄弟始发明之，然后其义可思而得。不然，则或谓高明所以处己，中庸所以接物，本末上下，析为二途，而其义愈不明矣。"③ 胡氏认为，二程对《中庸》之阐释，使得《中庸》之义得明，天命论得以建立。

何谓"中"？二程曰："一物不该，非中也；一事不为，非中也；一息不存，非中也。何哉？为其偏而已矣。故曰：'道也者，不可须臾离也，可离非

---

① （宋）张载著，章锡琛点校：《正蒙·乾称篇第十七》，《张载集》，中华书局1978年版，第65页。
② （宋）张载著，章锡琛点校：《张子语录·语录中》，《张载集》，中华书局1978年版，第325页。
③ （宋）胡安国：《河南程氏遗书》附录《奉状》，王孝鱼点校：《二程集》，中华书局1981年版，第348—349页。

道也。'修此道者，'戒慎乎其所不睹，恐惧乎其所不闻'而已。由是而不息焉，则'上天之载，无声无臭'，可以驯致也。"①二程将中与具体事物联系起来，认为事物应以中为准则，否则就有偏颇。二程还将中与道联系起来，认为中就是道，人守中应该像修道一样，须臾不离。二程将中与道结合起来论述，实际上已经将准则性或观念性的中提升为本体。②对于中的内涵，二程亦有交代，其曰："杨子拔一毛不为，墨子又摩顶放踵为之，此皆是不得中。至如子莫执中，欲执此二者之中，不知怎么执得？识得则事事物物上皆天然有个中在那上，不待人安排也。安排著，则不中矣。"③二程认为，杨子、墨子皆走了极端，违背了中的原则。二程认为，要到达中之境地，首先要认识到万事万物之上有中之存在，中的存在不以人的意志为转移，如果中的存在受人意志支配，那么中就失去本体意义了。④二程云："'中者，天下之大本'。天地之间，亭亭当当，直上直下之正理，出则不是，唯敬而无失最尽。"⑤二程强调中并非仅是法则，而是万事万物之本体。

二程还将"中"与"庸"结合起来，其曰："中之理至矣。独阴不生，独阳不生，偏则为禽兽，为夷狄，中则为人。中则不偏，常则不易，惟中不足以尽之，故曰中庸。"⑥"中者，只是不偏，偏则不是中。庸只是常。犹言中者是大中也，庸者是定理也。定理者，天下不易之理也，是经也。"⑦"天地之化，虽廓然无穷，然而阴阳之度、日月寒暑昼夜之变，莫不有常，此道之所以为中

---

① （宋）程颢、程颐：《河南程氏遗书》卷四《二先生语四》，王孝鱼点校：《二程集》，中华书局1981年版，第75页。
② 郑熊曰："二程本体论的建构得力于他们的《中庸》研究，而且他们的本体论同样也是对《中庸》'天命'重构的结果。"（郑熊：《宋儒〈中庸〉学研究》，陕西人民出版社2010年版，第108页）
③ （宋）程颢、程颐：《河南程氏遗书》卷十七《伊川先生语三》，王孝鱼点校：《二程集》，中华书局1981年版，第181页。
④ 郑熊亦对二程此段材料有类似的分析，笔者的论述，受到了郑熊的启发。（郑熊：《宋儒〈中庸〉学研究》，陕西人民出版社2010年版，第108—109页）
⑤ （宋）程颢、程颐：《河南程氏遗书》卷十一《明道先生语一》，王孝鱼点校：《二程集》，中华书局1981年版，第132页。
⑥ （宋）程颢、程颐：《河南程氏遗书》卷十一《明道先生语一》，王孝鱼点校：《二程集》，中华书局1981年版，第122页。
⑦ （宋）程颢、程颐：《河南程氏遗书》卷十五《伊川先生语一》，王孝鱼点校：《二程集》，中华书局1981年版，第160页。

庸。"① 二程认为，万事万物曲伸往来，皆遵循中的法则与有常的规律就是中庸之道。中庸之本义，是要求万事万物有标准和限度，不要过与不及。然据二程的论述，"中之理至矣"、"庸者是定理也。定理者，天下不易之理也"，以及"此道之所以为中庸"等，皆是将"中庸"与"道"、"理"相结合。"天理"是二程思想体系中最核心的概念，二程曰："莫之为而为，莫之致而致，便是天理。"② 又曰："天理云者，这一个道理，更有甚穷已？不为尧存，不为桀亡。人得之者，故大行不加，穷居不损。这上头来，更怎生说得存亡加减？是佗元无少欠，百理具备。"③ 二程认为天理是客观存在的，它不会因人的意志而有所加减。二程认为中庸就是天理，如程颢曰："中庸，天理也。"④ 在二程的思想体系中，"中庸已经不单单指人们应遵守的社会道德规范，而且还成了阴阳化生的自然规律，中庸已经冲破了社会范围，成为上自天、下至人共同享有的定理，中庸已经拥有了本体的功能"⑤。

综上所述，二程在建构理学思想体系时，明显受到了《中庸》的启发。他们将"中"、"中庸"与"道"、"理"等理学核心概念相关联，提升了"中"、"中庸"的本体地位，丰富了理学本体论。

二程的弟子吕大临在《中庸》研究方面亦比较深入，其在《中庸》诠释时继承了二程将"中"提升为本体的思路，突出了"中"和"中和"等概念的地位。

吕大临《中庸解》曰："复于故，则一于理。"⑥ 吕大临认为，恢复天理本性，则一于理。吕氏又曰："实有是理，故实有是物；实有是物，故实有是用；

---

① （宋）程颢、程颐：《河南程氏遗书》卷十五《伊川先生语一》，王孝鱼点校：《二程集》，中华书局1981年版，第149页。
② （宋）程颢、程颐：《河南程氏遗书》卷十五《伊川先生语四》，王孝鱼点校：《二程集》，中华书局1981年版，第215页。
③ （宋）程颢、程颐：《河南程氏遗书》卷二上《二先生语二上》，王孝鱼点校：《二程集》，中华书局1981年版，第31页。
④ （宋）程颢、程颐：《河南程氏外书》卷三《陈氏本拾遗》，王孝鱼点校：《二程集》，中华书局1981年版，第367页。
⑤ 郑熊：《宋儒〈中庸〉学研究》，陕西人民出版社2010年版，第110页。此外，以上所涉及二程言论，郑熊《宋儒〈中庸〉学研究》第110页亦有征引。
⑥ （宋）吕大临：《礼记解》，陈俊民辑校：《蓝田吕氏遗著辑校》，中华书局1993年版，第299页。

实有是用,故实有是心;实有是心,故实有是事。"①吕氏继承程颐的理本论,认为即物、心皆是用,只有理才是本体。不过,"天理"论不是吕大临关注的重点,其所关注的是《中庸》"中"、"中和"之诠释。

《中庸》云:"喜怒哀乐之未发谓之中,发而皆中节谓之和。"吕大临释此"中"字曰:"所谓中者,性与天道也。"②"大本,天心也,所谓中也。"③吕大临认为,中就是性、天道、天心,性、天道、天心实际上就是"天理"的代名词。吕大临认为"中"与"天道"、"天心"名异实同,是将"中"提升到了本体地位。这是对程子理本论的继承和发展。

吕大临还将"中"视为道之根源。《中庸》:"天命之谓性,率性之谓道,修道之谓教。"吕大临曰:"'天命之谓性',即所谓中;'修道之谓教',即所谓庸。中者,道之所自出;庸者,由道而后立。盖中者,天道也、天德也,降而在人,人禀而受之,是之谓性。"④吕氏认为,"中"是"道"的根源,又与"天道"、"天德"同义;人禀受中,则谓之性。

关于"中"与"道"的关系,吕大临与二程有过辩论。兹录于下:

  大临云:中者道之所由出。

  先生曰:中者道之所由出,此语有病。

  大临云:谓中者道之所由出,此语有病,已悉所谕。但论其所同,不容更有二名;别而言之,亦不可混为一事。如所谓"天命之谓性,率性之谓道",又曰"中者天下之大本,和者天下之达道",则性与道,大本与达道,岂有二乎?

  先生曰:中即道也。若谓道出于中,则道在中外,别为一物矣。所谓"论其所同,不容更有二名,别而言之,亦不可混为一事",此语固无病。若谓性与道,大本与达道,可混而为一,即未安。在天曰命,在人曰性,

---

① (宋)吕大临:《礼记解》,陈俊民辑校:《蓝田吕氏遗著辑校》,中华书局1993年版,第301页。
② (宋)吕大临:《礼记解》,陈俊民辑校:《蓝田吕氏遗著辑校》,中华书局1993年版,第273页。
③ (宋)吕大临:《礼记解》,陈俊民辑校:《蓝田吕氏遗著辑校》,中华书局1993年版,第307页。
④ (宋)吕大临:《礼记解》,陈俊民辑校:《蓝田吕氏遗著辑校》,中华书局1993年版,第271页。

循性曰道。性也，命也，道也，各有所当。大本言其体，达道言其用，体用自殊，安得不为二乎？①

案：吕大临认为"道"出自"中"，从逻辑上说，"中"优先于"道"，二者亦不相同。程颐认为"中"与"道"并非有逻辑上的先后，而是名异实同的关系，"中即道也"。吕大临据《中庸》"天命之谓性，率性之谓道"、"中者天下之大本，和者天下之达道"，认为"性"、"道"、"大本"、"达道"，名虽不同，内涵却一致。言下之意，"中"与"道"名虽不同，内涵却是一致的。吕氏于"中"、"道"关系之表达有含混之嫌，有其试图与二程观点相调和的印记。关于程氏和吕氏的这段对话，今人郑熊认为："可以说，吕大临与程颐在中道关系的辩论上，双方实际上没有出现交锋，只是在不停变换思路的过程中产生了矛盾。当然，这也与二人对'喜怒哀乐未发谓之中'的'中'的界定有关。吕大临把中提为本体，而且他的《中庸》研究就是围绕中本体展开的，所以他把道看成中的产物；程颐虽然也把中看成本体，只不过是把中看成天理本体的代名词，而且就是把中看成本体，也注重的是中的'在中'之义，注重的是中与道的同一性。"②郑熊将程、吕二人哲学体系中的核心概念做了分辨，并指出正是由于核心概念有异同，所以二人于"中"、"道"关系之认识有差异。

（三）性

"性"之论述，可见于先秦之载籍。孔子曰："性相近也，习相远也。"③此所言"性"，指人相似之本性。战国时期，关于"性"的争论渐多，其中最有代表性的是孟子和荀子。孟子言性善，荀子言性恶，孟荀所说之性，也是指人的本性。汉唐时期，董仲舒、扬雄、王充、荀悦、韩愈亦皆言性，他们论人性，亦皆从善恶着眼。

南宋时期，理学形成了以张载为代表的"气"学派，以程朱为代表的"理"学派，以陆九渊为代表的"心"学派，以邵雍为代表的"数"学派。湖湘学派的胡宏则另辟蹊径，以"性"作为其思想体系的最高范畴。胡宏对前人于人性之论述颇有不满，他说："或问性。曰：'性也者，天地之所以立也。'

---

① （宋）程颢、程颐：《河南程氏经说》卷九《与吕大临论中书》，王孝鱼点校：《二程集》，中华书局1981年版，第606页。
② 郑熊：《宋儒〈中庸〉学研究》，陕西人民出版社2010年版，第140页。
③ （清）阮元校刻：《十三经注疏（附校勘记）》，中华书局1980年版，第2524页。

曰：'然则孟轲氏、荀卿氏、扬雄氏之以善恶言性也，非欤？'曰：'性也者，天地鬼神之奥也，善不足以言之，况恶乎？'"① 胡宏认为，性是天地万物存在之依据，是最高的存在，故仅从善恶的角度谈性，是将问题简单化了。在胡宏看来，孟子的性善说，荀子的性恶说，扬雄的性善恶混说，皆不足以明性。

在批判前人性论的基础上，胡宏以《中庸》为思想资源，阐述了自己的性本论。胡宏的性本体论主要包括以下两个方面的内容：

第一，胡宏认为性为宇宙万物的根源和存在的依据。《中庸》曰"天命之谓性"，以天命论性，超越了"人性"、"物性"，性因此而具有了形上特征。胡宏曰："天命之谓性。性，天下之大本也。"② "性也者，天地之所以立也。"③ "万物皆性所有也。"④ "大哉性乎！万理具焉，天地由此而立矣。世儒之言性者，类指一理而言之尔，未有见天命之全体者也。"⑤ 胡宏认为，性乃天下之根本，是天地所以立之依据；世儒仅从具体的人、物论性，没有将性上升到天命的高度。

胡宏并不忽略人、物之性，不过其论人、物之性是以形上之性为前提的。胡氏曰："形而在上者谓之性，形而在下者谓之物。性有大体，人尽之矣。一人之性，万物备之矣。论其体，则浑沦乎天地，博浃于万物，虽圣人无得而名焉；论其生，则散而万殊，善恶吉凶百行俱载，不可掩遏。论至于是，则知物有定性，而性无定体矣，乌得以不能自变之色比而同之乎？"⑥ 胡宏认为，性是形上之本体，是形下之人性、物性的依据和根本；性乃万物之本体，故有绝对性和完满性，一人之性是绝对完满之性本质的体现；一人之性关乎万物之性，这就是所谓的"物有定性"；不过，绝对完满之性被万物所分有，万物各有特性，此即"性无定体"。胡宏曰："观万物之流形，其性则异；察万物之本性，

---

① （宋）朱熹：《胡子知言疑义》，（宋）胡宏著，吴仁华点校：《胡宏集》附录一，中华书局1987年版，第333页。
② （宋）朱熹：《胡子知言疑义》，（宋）胡宏著，吴仁华点校：《胡宏集》附录一，中华书局1987年版，第333页。
③ （宋）朱熹：《胡子知言疑义》，（宋）胡宏著，吴仁华点校：《胡宏集》附录一，中华书局1987年版，第333页。
④ （宋）胡宏著，吴仁华点校：《知言·一气》，《胡宏集》，中华书局1987年版，第28页。
⑤ （宋）胡宏著，吴仁华点校：《知言·一气》，《胡宏集》，中华书局1987年版，第28页。
⑥ （宋）胡宏著，吴仁华点校：《释疑孟·辨》，《胡宏集》，中华书局1987年版，第319页。

其源则一。"① 此正是对"物有定性"、"性无定体"所做之诠释。

第二，胡宏认为性是变化的依据和根源。张载认为，气为宇宙万物的本体，是宇宙万物存在和变化的依据和根源。胡宏在讨论万物存在的状态时，引入了张载的气论。胡宏曰："一气大息，震荡无垠，海宇变动，山勃川湮，人消物尽，旧迹亡灭，是所以为鸿荒之世欤？气复而滋，万物化生，日以益众，不有以道之则乱，不有以齐之则争。"② 胡宏认为，世界变动不居，是气的变化流行所致。胡宏对气化流行的根源做了追索，其曰："气之流行，性为之主。"③ 又曰："非性无物，非气无形。性，其气之本乎！"④ 胡氏认为，因为有性的主导作用，故有气化流行，没有性就没有宇宙万物的存在和变化，性是气之根本。

### 三、《中庸》与宋代理学心性论之建构

宋明理学提高了中国哲学的理论思辨水平，而心性论是宋明理学中最具思辨性的内容之一。作为理学的重要组成部分，心性论有着重要意义，正如蔡方鹿所云："心性问题是宋明理学讨论的核心问题，理学之所以又被称为心性之学，是因为心性论在宋明理学的范畴和理论体系中占有十分重要的地位，它充分体现了新儒学乃至整个中国哲学的特征。"⑤ 据蔡方鹿的研究，宋明理学心性论的思想渊源，主要是以儒家心性伦理为本位，吸取道家、玄学的自然人性论，借鉴佛教心性本体论的思辨哲学形式，并结合时代发展的需要，进行创造性的理论思维活动，从而大大发展了以往传统儒学心性论，道家、玄学的自然人性论以及佛教哲学心性论。⑥ 在传统儒家心性论中，孟子的心性论影响较大，此外，《中庸》的"天命之谓性"，《易传·系辞》的"穷理尽性以至于命"，以及汉代以来儒生提倡的"性三品说"、"性善恶混论"、"性情三品说"等，均对宋明理学心性论产生了一定影响。笔者于此要讨论的问题，是宋代理学家如何利用《中庸》的心性资源，从而来构建自己的理学思想体系。

（一）《中庸》与程朱理学心性论之建构

程颐、吕大临对《中庸》"喜怒哀乐之未发谓之中"的命题皆表示赞同，

---

① （宋）胡宏著，吴仁华点校：《知言·往来》，《胡宏集》，中华书局1987年版，第14页。
② （宋）胡宏著，吴仁华点校：《知言·一气》，《胡宏集》，中华书局1987年版，第27页。
③ （宋）胡宏著，吴仁华点校：《知言·事物》，《胡宏集》，中华书局1987年版，第22页。
④ （宋）胡宏著，吴仁华点校：《知言·事物》，《胡宏集》，中华书局1987年版，第22页。
⑤ 蔡方鹿：《宋明理学心性论》，巴蜀书社2009年版，第1页。
⑥ 参见蔡方鹿：《宋明理学心性论》，巴蜀书社2009年版，第2—9页。

不过二者的理解却有差异。关于《中庸》于此所言之"中",程颐云:"'喜怒哀乐之未发谓之中',中也者,言寂然不动者也,故曰'天下之大本'。'发而皆中节谓之和',和也者,言感而遂通者也,故曰'天下之达道'。"① 程颐认为,中为静,为本,而和为动,是本之表现。程颐又说:"赤子之心可谓之和,不可谓之中。"② 程颐认为,心为已发之和,而非已发之中。

吕大临也叙述程颐之说,曰:"先生谓凡言心者,皆指已发而言。然则未发之前,谓之无心可乎?窃谓未发之前,心体昭昭具在,已发乃心之用也。"③ 由此可知,程颐认为未发时的"中"指性,已发时的"中"指心。吕大临则认为心不能只是已发,心在未发之先就已存在,已发不过是心之用而已。鉴于吕大临之说,程颐修正自己的观点,曰:"凡言心者,指已发而言,此固未当。心一也,有指体而言者(寂然不动是也),有指用而言者(感而遂通天下之故是也)。"④ 程颐认识到不可将心完全当成已发,遂提出心有体用说,性处于静的状态即心之体,情处于动的状态即心之用。程颐曰:"若言存养于喜怒哀乐未发之时,则可;若言求中于喜怒哀乐未发之前,则不可。"⑤ 又曰:"于喜怒哀乐未发之前,更怎生求?只平日涵养便是。涵养久,则喜怒哀乐发自中节。"⑥ 由此可见,程颐关于"中"的探讨,实际上已涉及心性的已发未发和涵养察识。⑦

程颐在未发、已发认识上前后不一,导致以朱熹为代表的闽学与以张栻、胡宏为代表的湖湘之学对于未发、已发问题的理解上出现了偏差。

朱熹对《中庸》的探讨首先面对的是"中和"问题。近年以来,有些学

---

① (宋)程颢、程颐:《河南程氏经说》卷二十五《伊川先生语十一》,王孝鱼点校:《二程集》,中华书局1981年版,第319页。
② (宋)程颢、程颐:《河南程氏文集》卷九《与吕大临论中书》,王孝鱼点校:《二程集》,中华书局1981年版,第608页。
③ (宋)程颢、程颐:《河南程氏文集》卷九《与吕大临论中书》,王孝鱼点校:《二程集》,中华书局1981年版,第608—609页。
④ (宋)程颢、程颐:《河南程氏文集》卷九《与吕大临论中书》,王孝鱼点校:《二程集》,中华书局1981年版,第609页。
⑤ (宋)程颢、程颐:《河南程氏遗书》卷十八《伊川先生语四》,王孝鱼点校:《二程集》,中华书局1981年版,第200页。
⑥ (宋)程颢、程颐:《河南程氏遗书》卷十八《伊川先生语四》,王孝鱼点校:《二程集》,中华书局1981年版,第201页。
⑦ 参见郑熊:《宋儒〈中庸〉学研究》,陕西人民出版社2010年版,第143页。

者从历史演变的角度对朱熹的"中和"问题做了考辨,如陈来《朱子哲学研究》第七章"已发未发"对朱熹心性论之发展演变过程有较细致的梳理。陈来将朱熹心性论的演变分为五个阶段,即"道南指诀"、"丙戌之悟"、"湖湘之行"、"己丑之悟"、"《知言疑义》"。郑熊认为朱熹的"中和"论的演变不止五步,还应该加上"《中庸章句》"。郑熊认为,《中庸章句》是朱熹对"中和"问题所做的补充。① 笔者于此对朱熹"中和"问题的探讨,关注的重点并非其演变过程,而是朱熹利用《中庸》来构建其"中和"论的方法。

朱熹年轻时师从李侗,李侗学出罗从彦,罗从彦学出二程弟子杨时。从杨时到朱熹这一传承体系通常被称为"道南学派",这一派十分推崇《中庸》的思想。二程有"存养于喜怒哀乐未发之时"的观点,杨时承之并有所发展。杨时曰:"道心之微,非精一其孰能执之?惟道心之微,而验之于喜怒哀乐未发之际,则其义自见,非言论所及也。尧咨舜,舜命禹,三圣相授,惟中而已。"② 又曰:"《中庸》曰:'喜怒哀乐未发谓之中,发而皆中节谓之和。'学者当于喜怒哀乐未发之际以心体之,则中之义自见,执而勿失,无人欲之私焉,发必中节矣。"③ 杨时将体验未发与"道心"相联系,认为"道心"隐微,存在于人喜怒哀乐未发之际,需要以心体之。杨时认为这种体验"非言论所及",有直觉体悟之倾向。④ 体验未发是杨时门下修养实践的重要步骤,杨时的弟子罗从彦、李侗等人均于未发处用力。正如朱熹所说:"闻郡人罗仲素先生得河雒之学于龟山杨文靖公之门,遂往学焉。……从之累年,受《春秋》、《中庸》、《语》、《孟》之说,从容潜玩,有会于心,尽得其所传之奥。"⑤

李侗曾以"体验未发"教导朱熹,"所谓体验未发,是要求体验者超越一切思维和情感,以达到一种特别的心理体验。其基本方法是最大限度地平静思想和情绪,使个体的意识活动转而为一种心理的直觉状态,在这种高度沉静的修养中,把注意力完全集中到内心,成功的体验者常常会突发地获得一种与外

---

① 陈来:《朱子哲学研究》,华东师范大学出版社2000年版,第157—193页;郑熊:《宋儒〈中庸〉学研究》,陕西人民出版社2010年版,第171—180页。
② (宋)杨时:《龟山集》卷十四《答胡德辉问》,文渊阁《四库全书》第1125册,第255页。
③ (宋)杨时:《龟山集》卷二十一《答学者其一》,文渊阁《四库全书》第1125册,第310页。
④ 郑熊:《宋儒〈中庸〉学研究》,陕西人民出版社2010年版,第160页。
⑤ (宋)朱熹:《延平李先生答问》后录,朱杰人等编:《朱子全书》(修订本)第13册,上海古籍出版社、安徽教育出版社2010年版,第349页。

部世界融为一体的浑然感受。"① 朱熹说:"李先生教人,大抵令于静中体认大本未发时气象分明,即处事应物,自然中节。此乃龟山门下相传指诀。然当时亲炙之时贪听讲论,又方窃好章句训诂之习,不得尽心于此,至今若存若亡,无一的实见处,辜负教育之意。每一念此,未尝不愧汗沾衣也。"② 朱熹认为,李侗向自己传授的是自杨时以来体验未发的涵养方法,然而自己已有的章句之习妨碍了"体验未发",最终未能有成。朱熹于此所言"辜负教育之意"、"未尝不愧汗沾衣",皆是出于师道尊严和自谦。实际上,朱熹未必认可李侗提倡的"体验未发"的涵养方法。

朱熹最终放弃了"体验未发"的涵养方法,对"已发未发"问题做了新的探索。这个过程又可分为"中和旧说"和"中和新说"两个阶段。朱熹在《中和旧说序》中云:"余蚤从延平李先生学,受《中庸》之书,求喜怒哀乐未发之旨未达,而先生没。余窃自悼其不敏,若穷人之无归。闻张钦夫得衡山胡氏学,则往从而问焉。钦夫告余以所闻,余亦未之省也。退而沉思,殆忘寝食。一日喟然叹曰:'人自婴貌以至老死,虽语默动静之不同,然其大体莫非已发,特其未发者为未尝发尔。'自此不复有疑,以为《中庸》之旨果不外乎此矣。后得胡氏书,有与曾吉父论未发之旨者,其论又适与余意合,用是益自信。虽程子之言,有不合者,亦直以为少作失传而不之信也。然间以语人,则未见有能深领会者。"③ 朱熹于此所言"一日喟然叹曰",即学人们通常所说的"中和旧说"。前已有述,朱熹以前,杨时强调"体认未发气象",程颐强调"善观者却于已发之际观之",杨时强调未发工夫,而程颐强调已发工夫。朱熹对程颐、杨时、李侗等人的观点思索玩味,终于有所得,这就是朱熹"喟然叹曰"之内容。

朱熹将自己思索所得通过书信告诉了张栻。在第一、第二书中④,朱熹云:"圣贤之言,则有所谓未发之中,寂然不动者。夫岂以日用流行者为已发,而

---

① 陈来:《朱子哲学研究》,华东师范大学出版社2000年版,第158页。
② (宋)朱熹:《晦庵先生朱文公文集》卷四十《答何叔京》,朱杰人等编:《朱子全书》(修订本)第22册,上海古籍出版社、安徽教育出版社2010年版,第1802页。
③ (宋)朱熹:《晦庵先生朱文公文集》卷七十五《中和旧说序》,朱杰人等编:《朱子全书》(修订本)第21册,上海古籍出版社、安徽教育出版社2010年版,第3634页。
④ 郑熊《宋儒〈中庸〉学研究》亦征引了这两则材料并作了分析。笔者于此所作之分析,亦受到郑熊观点之影响。

指夫暂而休息，不与事接之际为未发时耶？尝试以此求之，则泯然无觉之中，邪暗郁塞，似非虚明应物之体，而几微之际一有觉焉，则又便为已发，而非寂然之谓。盖愈求而愈不可见，于是退而验之于日用之间，则凡感之而通，触之而觉，盖有浑然全体应物而不穷者。是乃天命流行，生生不已之机，虽一日之间万起万灭，而其寂然之本体则未尝不寂然也。所谓未发，如是而已，夫岂别有一物，限于一时，拘于一处，而可以谓之中哉？然则天理本真，随处发见，不少停息者，其体用固如是，而岂物欲之私所能壅遏而梏亡之哉？"① 又云："所谓学者于喜、怒、哀、乐未发之际以心验之，则中之体自见，亦未为尽善。大抵此事浑然，无分段时节先后之可言。今著一'时'字一'际'字，便是病痛。……今下一'前'字，亦微有前后隔截气象，如何如何？熟玩《中庸》，只消著一'未'字，便是活处。此岂有一息停住时耶？只是来得无穷，便常有个未发底耳。若无此物，则天命有已时，生物有尽处，气化断绝，有古无今久矣。此所谓天下之大本，若不真的见得，亦无揣摸处也。"② 朱熹指出，所谓"未发"，实际上就是"天命流行、生生不已之机，虽一日之间万起万灭"的寂然本体。朱熹在第二书指出"性无时不行乎心之用"，心总是处于已发状态，因此未发不是心而是性。朱熹亦不同意杨时将未发工夫归结为某种"体认"的涵养实践。朱熹认为，未发、已发是一体的，二者豁然贯通，不分时段。朱熹在第一书中指出，所谓未发、已发并非指一事物前后有别，未发指性之"体"，已发指心之"用"，二者通过已发之"用"表现出来。因此，朱熹的观点可以概括为"心为已发"、"性为未发"。

今人陈来根据现存朱熹与张栻的书信材料，认为张栻当时并没有把胡宏的中和思想完全介绍给朱熹，张栻向朱熹介绍的主要是湖湘学派有特色的"先察识后涵养"学说以及张栻本人对已发未发的若干看法，这在当时对朱熹并没有太大的影响。③ 不过也应该看到，湖湘之学的代表人物之一的胡宏讲"心为已发"、"性为未发"，朱熹在第一次中和之悟前对湖湘之学已有所了解，所以当其得"心为已发，性为未发"之认识后，立即写信告诉远在湖南的张栻。此

---

① （宋）朱熹：《晦庵先生朱文公文集》卷三十《与张钦夫》，朱杰人等编：《朱子全书》（修订本）第21册，上海古籍出版社、安徽教育出版社2010年版，第1315页。
② （宋）朱熹：《晦庵先生朱文公文集》卷三十《与张钦夫》，朱杰人等编：《朱子全书》（修订本）第21册，上海古籍出版社、安徽教育出版社2010年版，第1316—1317页。
③ 陈来：《朱子哲学研究》，华东师范大学出版社2000年版，第162页。

外，湖湘学派倡导的"先察识后涵养"的修养方式对朱熹也有所启发。所谓"先察识后涵养"，指在良心已发处用功，在心之已发处省察。朱熹与张栻之书信曰："其良心萌蘖亦未尝不因事而发见。学者于是致察而操存之，则庶乎可以贯乎大本达道之全体而复其初矣。"① 朱熹于此所说的涵养方式与李侗致力于未发有根本之别，与湖湘学派"先察识后涵养"是一致的。

第一次中和之悟后，朱熹于乾道三年（1167）赴湖南拜访张栻，此即为学人们常说的"湖湘之行"。此次湖湘之行，朱熹与张栻有广泛交流，其对于湖湘学派"先察识后涵养"之说兴趣尤大，也曾表示推崇。不过第二年，朱熹就对"先察识后涵养"提出了异议，他说："熹自去秋之中走长沙，阅月而后至，留两月而后归。……钦夫见处卓然不可及，从游之久，反复开益为多。但其天姿明敏，初从不历阶级而得之，故今日语人亦多失之太高。湘中学子从之游者遂一例学为虚谈，其流弊亦将有害。比来颇觉此病矣，别后当有以救之。"② 在疑张栻观点之基础上，朱熹于乾道五年（1169）对中和有了新的领悟，他说："乾道己丑之春，为友人蔡季通言之，问辨之际，予忽自疑斯理也，……而程子之言出其门人高弟之手，亦不应一切谬误，以至于此。然则予之所自信者，其无乃反自误乎？则复取程氏书，虚心平气而徐读之。未及数行，冻解冰释。"③ 此年为己丑年，朱熹此次中和之悟，即学人们常说的"己丑之悟"。

朱熹在《答张钦夫》四十九中云："然人之一身，知觉运用莫非心之所为，则心者固所以主于身，而无动静语默之间者也。然方其静也，事物未至，思虑未萌，而一性浑然，道义全具，其所谓中，是乃心之所以为体而寂然不动者也。及其动也，事物交至，思虑萌焉，则七情迭用，各有攸主，其所谓和，是乃心之所以为用，感而遂通者也。然性之静也而不能不动，情之动也而必有节焉，是则心之所以寂然感通、周流贯彻，而体用未始相离者也。"④ 案：朱熹认为，"性之静"为未发，"情之动"乃已发；"思虑未萌"到"七情迭用"，是性

---

① （宋）朱熹：《晦庵先生朱文公文集》卷三十《与张钦夫》，朱杰人等编：《朱子全书》（修订本）第21册，上海古籍出版社、安徽教育出版社2010年版，第1315—1316页。
② （宋）朱熹：《晦庵先生朱文公文集》卷四十二《答石子重》，朱杰人等编：《朱子全书》（修订本）第21册，上海古籍出版社、安徽教育出版社2010年版，第1922—1923页。
③ （宋）朱熹：《晦庵先生朱文公文集》卷七十五《中和旧说序》，朱杰人等编：《朱子全书》（修订本）第24册，上海古籍出版社、安徽教育出版社2010年版，第3634—3635页。
④ （宋）朱熹：《晦庵先生朱文公文集》卷三十二《答张钦夫》，朱杰人等编：《朱子全书》（修订本）第21册，上海古籍出版社、安徽教育出版社2010年版，第1419页。

发为情，亦是心由寂然到感通的过程，心则贯穿于此过程之始终。

与"中和旧说"最大的区别在于，朱熹"中和新说"以未发为心之体，以已发为心之用。心有已发、未发之别，故有体用之异，这与程子"心一也，有指体而言者，有指用而言者"的观点是一致的。不过朱熹于此所谓的"发"，不是经验论的发动之发，而是指本体论的发现之发。未发已发是体用性情关系，而不是喜怒哀乐之情是否发动的意思。也就是说，未发是指形而上的超越之心，即潜在的本体意识，而不是经验论的实然之心，即一般的心理活动。①

"己丑之悟"的次年（1170），朱熹在《知言疑义》里对胡宏《知言》提出了批评，并提出了"心统性情"和"心主性情"说，②使其心性论更趋成熟。

首先，朱熹在其心性论中给予"情"以地位。胡宏《知言》云："圣人指明其体曰性，指明其用曰心，性不能不动，动则心矣。"朱熹驳曰："熹按心性体用之云，恐自上蔡谢子失之。此云性不能不动，动则心矣，语犹未安。凡此'心'字皆欲作'情'字，如何？"③朱熹认为胡宏的问题在于没有给"情"以地位。朱熹又云："旧看五峰说，只将心对性说，一个'情'字都无下落。后来看横渠'心统性情'之说，乃知此话有大功，始寻得个'情'字着落。"④朱熹将胡氏此说中的"心"改为"情"，"性体心用"遂为"性体情用"。

其次，朱熹明确提出"心统性情"说。胡宏《知言》曰："心也者，知天地，宰万物，以成性者也。"朱熹曰："'以成性者也'，此句可疑，疑作'而统性情也'，如何？"张栻则说："'统'字亦恐未安，欲作'而主性情'如何？"朱熹以张栻此说为是，并补充说："熹谓所改'主'字极有功。"⑤朱熹提出将

---

① 蒙培元：《理学范畴系统》，人民出版社1989年版，第273页。

② "心统性情"本为张载首先提出，朱熹指出："伊川'性即理也'，横渠'心统性情'，二句颠扑不破。惟心无对，'心统性情'，二程却无一句似此切。"（张载著，章锡琛点校：《张子语录·后录下》，见《张载集》，中华书局1978年版，第338页）但是从现存的材料来看，关于张载"心统性情"说的记载语焉不详，很难知其思想内涵。

③ （宋）朱熹：《晦庵先生朱文公文集》卷七十三《胡子知言疑义》，朱杰人等编：《朱子全书》（修订本）第24册，上海古籍出版社、安徽教育出版社2010年版，第3562页。

④ （宋）黎靖德辑：《朱子语类》卷五，朱杰人等编：《朱子全书》（修订本）第14册，上海古籍出版社、安徽教育出版社2010年版，第226页。

⑤ （宋）朱熹：《晦庵先生朱文公文集》卷七十三《胡子知言疑义》，朱杰人等编：《朱子全书》（修订本）第24册，上海古籍出版社、安徽教育出版社2010年版，第3555页。

《知言》"心以成性"改为"心统性情",张栻则主张改"统"为"主"。张栻的这一提议被朱熹接受。①

今人蔡方鹿认为,朱熹的"心统性情"说主要包括两层涵义:一是心兼性情,二是心主宰性情。心兼性情就是心兼性的静、体、未发,兼情的动、用、已发,心兼有性情的两个方面,把性情各自的属性都纳入心的兼容之中。心主宰性情也包括两个方面的内容:一是心主宰性,二是心主宰情。即指人的理智之心对于人的本性和人的情感的把握与控制。②

"心统性情"说是朱熹心性论的纲领,是其思想体系的重要组成部分。朱熹"心统性情"说既关涉心、性、情,又与已发未发、体用、动静等诸多范畴相联系,共同构成了朱熹心性论的整体系统。笔者认为,朱熹"心统性情"论的提出,意义主要体现在以下两个方面:

第一,朱熹"心统性情"论对于批判佛老心性论有着重要意义,亦使理学更富有思辨性。佛教主张心即性,朱熹驳曰:"吾儒以性为实,释氏以性为空。若是指性来做心说,则不可。"③朱熹明确反对佛教以性为心、性心不分。佛教以性为空,朱熹驳曰:"惟其无理,是以为空。它之所谓心,所谓性者,只是个空底物事,无理。"④在朱熹看来,性包含儒家伦理。

关于佛教所谓"寂灭"、"清净"之心,以及庄子的"死灰"之心,朱熹亦

---

① 关于朱熹"心统性情"说的提出,蔡方鹿认为是朱熹对程颐、张载、胡宏思想的继承、改造和发展,亦是同张栻进行学术交流,受张栻启发的结果;而陈来则认为朱熹后来极力推崇张载"心统性情"之说,以为二程所道不到,而朱熹在提出"统"时却未提及张载,并立即转为赞同张栻改"统"为"主",这表明朱熹和张栻二人都没有注意到张载本有"心统性情"说,也就是说,在《知言疑义》中,朱熹是通过自己悟出了心统性情之说。(蔡方鹿:《宋明理学心性论》,巴蜀书社2009年版,第149页;陈来:《朱子哲学研究》,华东师范大学出版社2000年版,第183页)笔者赞同蔡方鹿的意见,因为朱熹对张载学说非常熟悉,朱子在《知言疑义》中虽然没有明确提及张载,但是这并不能证明朱熹就不知道张载"心统性情"之说。相反,朱熹在《近思录》卷一中提到了张载的"心统性情"说,《朱子语类》卷五中也对张载的"心统性情"说推崇有加。因此,说朱熹在提出"心统性情"说时对张载"心统性情"说一无所知,于情于理都是说不通的。
② 参见蔡方鹿:《宋明理学心性论》,巴蜀书社2009年版,第144—152页。
③ (宋)黎靖德辑:《朱子语类》卷四,朱杰人等编:《朱子全书》(修订本)第14册,上海古籍出版社、安徽教育出版社2010年版,第192页。
④ (宋)黎靖德辑:《朱子语类》卷一百二十六,朱杰人等编:《朱子全书》(修订本)第18册,上海古籍出版社、安徽教育出版社2010年版,第3935页。

有批评，他说："心是个活物，不是帖静死定在这里，常爱动。"① 朱熹认为心有动静。关于此，蒙培元释之曰："这不是动静相对之静，其实它就在动之中，并不是已发之外，另有一个静体。已发固然是动，但动之中已有静之理，不是说动而无静。未发之前寂然不动，是说性；已发之后感而遂通，是说情。这如同理气之有先后，是从逻辑上说，不是从时间上说。"②

朱熹早年曾"泛滥释老"，后来才回归《六经》。朱熹对佛老的认识，远比一般的学者深刻。其回应佛老的挑战，首要任务是儒学理论之重构，从而使儒学理论更精微和更富有思辨力。③ 而朱熹于儒学理论之重构，思辨性最强的就是其天理论和心性说。朱熹的"心统性情"论以其所具有的高度思辨性，对宋明理学以及中国哲学的发展做出了重要贡献。

第二，朱熹"心统性情"说之提出，实际上是其探索完善道德修养，将直觉主义引向理性主义的过程。罗从彦和李侗所倡导的"体验未发"是重视体悟的涵养方式，与佛教禅宗的"悟道"近似。禅宗既不需要日常的思维逻辑，又不需要遵循共同的规范，禅宗的"悟道"经常成为一种完全独特的个体感受和直观体会，亦即个体感性经验的某种神秘飞跃。因之，在任何场合、任何情况、任何条件下，都可以"悟道"，它具有极大的随意性和偶然性。④ 罗氏和李氏所倡导的"体验未发"，与禅宗的"悟道"皆是沉静的体验方式。朱熹后来放弃了"体验未发"的涵养方式，走上继续探求的道路，并非是其所言"好章句之习"的阻碍。实际上，朱熹体会到李侗所倡导的涵养方式与禅宗相似时，便表示不满。朱熹说："元来此事与禅学十分相似，所争毫末耳。然此毫末却甚占地位。"⑤ 在对李侗等人倡导的涵养方式反省之基础上，朱熹有了丙戌、已丑两次中和之悟。朱熹放弃了直觉体验的修养方式，转向了依靠理性和哲学来探寻修养方式的道路。

第一次中和之悟，是朱熹在探索未发、已发时的不成熟想法，其"性体

---

① （宋）陈淳：《北溪字义》卷上，文渊阁《四库全书》第709册，第11页。
② 蒙培元：《理学范畴系统》，人民出版社1989年版，第273页。
③ 彭永捷认为，朱熹在回应佛老的挑战方面的措施有四：一是在理论上建构儒学；二是在内容上和合三教；三是在学术上拨乱反正；四是在教育上培养人才。（彭永捷：《朱陆之辨——朱熹陆九渊哲学比较研究》，人民出版社2002年版，第282页）
④ 李泽厚：《中国古代思想史论》，安徽文艺出版社1994年版，第204页。
⑤ （宋）朱熹：《晦庵先生朱文公续集》卷五《答罗参议》，朱杰人等编：《朱子全书》（修订本）第25册，上海古籍出版社、安徽教育出版社2010年版，第4748页。

心用"说已摆脱了道南一派直觉体悟的涵养方式。第二次中和之悟后，朱熹所提倡的"心统性情"说，以及与之紧密相关的未发、已发说成为其为学方法的理论基础。朱熹并非不重视未发，只是其所倡导的未发已经不是罗氏和李氏所倡导的直觉体验。

(二)《中庸》与宋代心学的建构

在中国思想史上，南宋时期的陆九渊无疑是一个十分重要的人物。他所创立的心学在宋代与程朱理学并驾齐驱，后来通过王阳明的发展，成为中国古代思想文化史上一朵灿烂的奇葩。笔者于此所探讨的问题，是陆九渊、杨简如何利用《中庸》从事心学本体论之建构。

陆九渊对《中庸》颇为重视，其曰："学者之不能知至久矣！非其志其识能度越千有五百余年间名世之士，则《诗》、《书》、《易》、《春秋》、《论语》、《孟子》、《中庸》、《大学》之篇正为陆沉，真柳子厚所谓独遗好事者藻绘，以矜世取誉而已。尧舜禹汤文武周公孔子孟子之心，将谁使属之。"① 陆氏于此将《中庸》与《易》等儒家经典并举，认为《中庸》与其他经典一样是载道之体。②

在陆九渊的思想体系中，心是最高范畴和本体，陆九渊说："四方上下曰宇，往古来今曰宙。宇宙便是吾心，吾心即是宇宙。"③ 以心为宇宙，即以心为万物之本。陆氏又云："此天之所以予我者，非由外铄我也。思则得之，得此者也；先立乎其大者，立此者也；积善者，积此者也；集义者，集此者也；知德者，知此者也；进德者，进此者也。……然由萌蘖之生而至于枝叶扶疏，由源泉混混而至于放乎四海，岂二物哉？《中庸》曰'诚者，物之始终，不诚无物'，又曰'其为物不贰'，此之谓也。"④ 陆九渊认为，本心是天所赋予，人天生就有，而非后天学习所获得；本心是万物产生之根据，人的思、立、积善、知等行为皆是本心推衍之结果。⑤

陆九渊所说的心，还有道德本体之义。其曰："仁义者，人之本心

---

① (宋)陆九渊著，钟哲点校：《陆九渊集》卷十四《与侄孙濬》，中华书局1980年版，第190页。
② 从现存文献来看，陆九渊于《中庸》没有专著，其《中庸》学思想散见于其文集中。
③ (宋)陆九渊著，钟哲点校：《陆九渊集》卷二十二《杂说》，中华书局1980年版，第273页。
④ (宋)陆九渊著，钟哲点校：《陆九渊集》卷一《与邵叔谊》，中华书局1980年版，第1页。
⑤ 郑熊：《宋儒〈中庸〉学研究》，陕西人民出版社2010年版，第226页。

也。"① "仁，人心也，心之在人，是人之所以为人，而与禽兽草木异焉者也，可放而不求哉?"② 陆九渊认为，人有仁心，天所赋予人心的伦理道德使人与万物相区别。

陆九渊还提出"心即理"的命题，其所谓"理"，乃自然和社会之秩序。陆氏曰："天覆地载，春生夏长，秋敛冬肃，俱此理。"③ "典礼爵刑，莫非天理，……古所谓宪章、法度、典则者，皆此理也。"④ 陆九渊强调心、理冥合，不容有二。他说："盖心，一心也，理，一理也，至当归一，精义无二，此心此理，实不容有二。故夫子曰：'吾道一以贯之。'孟子曰：'夫道一而已矣。'又曰：'道二，仁与不仁而已矣。'如是则为仁，反是则为不仁。仁即此心也，此理也。"⑤ 陆九渊认为，心、理归一，前提是理的主观化与心的客观化。在此基础上，陆九渊确立了道德主体与宇宙本体合一的心本体论。

杨简继承并发扬了陆九渊的心学，经明代王守仁的接续，成为影响深远的学术思潮。与陆九渊一样，杨简认为儒家伦理道德为心所本有。他说："经礼三百，曲礼三千，皆吾心所自有。于父母自然孝，于兄弟自然友恭，于夫妇自亲敬，于朋友自信出，而事君自竭忠，与宾客交际自然敬，其在乡党自谦恭，其在宗庙、朝廷自敬。复者，复吾所自有之礼，非外取也。"⑥ 杨简认为，经礼、曲礼皆人心自有，非从外来。⑦《中庸》曰："道之不行也，我知之矣，智者过之，愚者不及也；道之不明也，我知之矣，贤者过之，不肖者不及也。"杨简释之云："夫人心即道，本不假求，学者自昏，误求之外。愚不肖罔然不自知，固为不及；贤智又加之意，故又过之。圣人历观天下，自古人心不失之

---

① （宋）陆九渊著，钟哲点校：《陆九渊集》卷一《与赵监》，中华书局1980年版，第9页。
② （宋）陆九渊著，钟哲点校：《陆九渊集》卷三十二《学问求放心》，中华书局1980年版，第373页。
③ （宋）陆九渊著，钟哲点校：《陆九渊集》卷三十五《语录下》，中华书局1980年版，第450页。
④ （宋）陆九渊著，钟哲点校：《陆九渊集》卷十九《荆国王文公祠堂记》，中华书局1980年版，第233页。
⑤ （宋）陆九渊著，钟哲点校：《陆九渊集》卷一《与曾宅之》，中华书局1980年版，第4—5页。
⑥ （宋）杨简：《慈湖遗书》卷二《复礼斋记》，张寿镛辑刊《四明丛书》第四集（一），台湾新文丰出版公司1988年版，第207页。
⑦ 郑熊：《宋儒〈中庸〉学研究》，陕西人民出版社2010年版，第228页。

不及，即失之过，故为之屡言再叹而深念之也。愚不肖之不及，不足多论。贤智者之过，皆于清明无体无意中而加之意，或有动之意，或有静之意，或有难之意，或有易之意，或有多之意，或有寡之意，或有实之意，或有虚之意，或有精之意，或有粗之意，或有古之意，或有今之意，或有大之意，或有小之意，意态万状，不可胜穷，故孔子每每止绝群弟子之意，亦不一而足。……今夫人之所以不行道者，以其不明也，是明也，不以思，是行也，不以为不思，即不为明，犹强名，而况于行乎？此又非告语之所及。"①杨简认为，人心即道，此所谓道，是涵摄伦理之存在，为人心所自有，不假外求，学者只需"明"之而已；愚者不知本心有道，而假求于外，遂致自昏。

陆九渊认为心与理（道）"归一"，然而心与道各有其指向，即道倾向于客体，而心倾向于主体。杨简则认为，"人心即道"，道与主体之心是合一的，不仅如此，道还具有本体的特质。杨简借《孔丛子》曰："子思问于夫子曰：'物有形类，事有真伪，必审之，奚由？'子曰：'由乎心，心之精神是谓圣，推数究理，不以物疑，周其所察，圣人难诸。'孔子斯言见之子思子之书，世又谓之《孔丛子》，世罕诵习。乌呼！圣人有如此切至之诲，而不载之《论语》，致学者求道于心外，岂不大害？某谨取而为《集语》，觊与我同志者或未观《孔丛子》而偶见此书，庶早悟此心之即道而不他求也。"②杨简强调抑制"学者求道于心外"，使之"早悟此心之即道而不他求也"。杨简于此所言的道，显然具有本体的性质，与主体的心亦是合一的。

杨简的心学完全消弭了主客对立，以心一以贯之。杨简曰："某方反观，忽觉空洞无内外，无际畔，三才、万物、万化、万事、幽明、有无通为一体，略无缝罅。畴昔意谓万象森罗、一理贯通而已，有象与理之分，有一与万之异。及反观后所见，元来某心体如此广大，天地有象、有形、有际畔，乃在某无际畔之中。"③杨简认为，万物一体，象与理、一与万、主与客皆无对立和区别，这与陆九渊"宇宙内事乃己分内事"、"己分内事乃宇宙内事"的观念是一

---

① （宋）杨简：《慈湖遗书》卷十三《论中庸》，张寿镛辑刊《四明丛书》第四集（一），台湾新文丰出版公司1988年版，第380—381页。
② （宋）杨简：《慈湖遗书》卷十五《泛论学》，张寿镛辑刊《四明丛书》第四集（一），台湾新文丰出版公司1988年版，第397页。
③ （宋）杨简：《慈湖遗书续集》卷一《炳讲师求训》，张寿镛辑刊《四明丛书》第四集（一），新文丰出版公司1988年版，第457页。

致的。

杨简以心一以贯之、消弭主客的观念亦在其《中庸》诠释上有所体现。《中庸》将"中"分为"未发"、"已发"以及"大本"、"达道",杨简则指出:"孔子未尝如此分裂,子思何为如此分裂,此乃学者自起如此意见,吾本心未尝有此意见。方喜怒哀乐之未发也,岂曰'此吾之中也',谓此为中,则已发之于意矣,非未发也。及喜怒哀乐之发也,岂曰'吾今发而中节也',发则即发,中则即中,皆不容私。大本达道,亦皆学者徐立此名,吾心本无此名。学者放逸驰骛于心外,自起藩篱,自起限域。孔门惟曰'吾道一以贯之',未尝分裂也。"① 杨简据孔子所言"吾道一以贯之",认为《中庸》"未发"、"已发"以及"大本"、"达道"之分别,皆非孔子所为,而是后人强加分别。在杨简看来,本心浑然一体,无所谓本末;所谓未发,本心并不知其未发,所谓既发,本心亦不知其既发,未发、已发在本心的统摄下合而为一。②

**四、《中庸》与宋代道统论之建构**

何谓"道统论"?蔡方鹿曰:"道统论是由道统传授的形式与道范畴发展的内涵相结合而构成。道统与道缺一不能构成完整的道统论,两者的关系是以道为中心的形式与内容的关系。道统是维系道之所存在和延续的形式;道是道统所传授的内容。"③ 关于道统思想,蔡方鹿亦有说明:"广义的道统思想指在中国文化史上客观存在的、以儒学道统论及其发展演变为主要线索、吸取容纳了中国文化各家各派思想而形成的中华道统思想。狭义的道统思想即指关于儒家圣人之道的理论及其传授系统说。"④ 我们于此所说的是狭义的道统,即儒家圣人之学的传授统绪。

关于道统的"发明"者,人们公认是唐代的韩愈。陈寅恪在《论韩愈》一义中指出,韩愈的"道统论"既源自孟子,又受到禅宗"教外别传"的影响。⑤ 由于来自异域的佛教对中国传统思想世界构成了威胁,再加上道教、黄

---

① (宋)杨简:《慈湖遗书》卷十三《论中庸》,张寿镛辑刊《四明丛书》第四集(一),新文丰出版公司1988年版,第379页。
② 郑熊:《宋儒〈中庸〉学研究》亦征引了此段材料并有分析。笔者于此所作之分析受郑熊观点的启发。
③ 蔡方鹿:《中华道统思想发展史》,四川人民出版社2003年版,第29页。
④ 蔡方鹿:《中华道统思想发展史》,四川人民出版社2003年版,"自序"第2页。
⑤ 陈寅恪:《论韩愈》,《陈寅恪集》之《金明馆丛稿初编》,三联书店2001年版,第319—332页。

老思想纷至沓来,促使中唐以后的儒者重新发掘历史资源,从而达到排击异说、建立新的信仰体系之目的。道统论就是在这种背景下逐渐形成的。

韩愈等人认为《大学》、《中庸》等儒家典籍中有普遍原则的"道",探寻"道",可以为社会秩序的重建提供理论依据。韩愈等人还溯史寻根,以历史资源重构历史,建立一个新的思想谱系,从而与异端思想区分开来。入宋以后,韩愈等人的道统思想被士大夫们再度发掘出来,他们反复凸显被韩愈构造出来的从孔孟到韩愈的思想谱系。北宋的孙复、石介、周敦颐、张载、二程以及南宋的朱熹、陆九渊等人,皆于道统论有颇多论说。二程是道统论的确立者,朱熹则是道统论的集大成者。

二程在论述儒家圣人之道时,特别重视《中庸》。范祖禹曾说:"先生(程颢)于经,不务解析为枝词,要其用在己而明于知天。其教人曰:'非孔子之道,不可学也。'盖自孟子没而《中庸》之学不传,后世之士不循其本而用心于末,故不可与入尧、舜之道。先生独以智自得,去圣人千有余岁,发其关键,直睹堂奥,一天地之理,尽事物之变。"①范祖禹认为,程颢所忧的尧、舜、孔子之道就是《中庸》学,二程的使命就是要将《中庸》之道发扬光大。

朱熹认为二程之所以能接续孟子之后的道统,主要是得益于《中庸》之研究。朱熹说:"自是而又再传以得孟氏,为能推明是书,以承先圣之统,及其没而遂失其传焉。则吾道之所寄不越乎言语文字之间,而异端之说日新月盛,以至于老佛之徒出,则弥近理而大乱真矣。然而尚幸此书之不泯,故程夫子兄弟者出,得有所考,以续夫千载不传之绪;得有所据,以斥夫二家似是之非。盖子思之功于是为大,而微程夫子,则亦莫能因其语而得其心也。惜乎!其所以为说者不传,而凡石氏之所辑录,仅出于其门人之所记,是以大义虽明,而微言未析。至其门人所自为说,则虽颇详尽而多所发明,然倍其师说而淫于老佛者,亦有之矣。"②朱熹于此所言"此书",即指《中庸》。朱熹认为,《中庸》的思想被孟子继承和发扬,可是在孟子之后,道统中断,圣人之道没能被传下去;异端之说日新月盛,以至于老佛之徒出,儒家圣人之道更是不得其传;《中庸》记载了儒家的道统思想,二程正是在《中庸》研究之基础上,

---

① (宋)程颢、程颐:《河南程氏遗书》附录《明道先生行状》,王孝鱼点校:《二程集》,中华书局1981年版,第333—334页。
② (宋)朱熹:《中庸章句序》,《中庸章句》卷首,朱杰人等编:《朱子全书》(修订本)第6册,上海古籍出版社、安徽教育出版社2010年版,第30页。

得以接续千年不传之学；若无二程接续《中庸》之道统思想，那么后人也不能因《中庸》而知圣人之道心。

二程的论著中，"道"字经常被提及，二程所说的道，与先前儒者所说的伦理之道有很大的不同。二程所说的"道"乃宇宙本体、万物依据。在二程看来，"中即道也"①，"中者，只是不偏，偏则不是中。庸只是常。犹言中者是大中也，庸者是定理也。定理者，天下不易之理也，是经也。"②二程认为"中"、"中庸"就是道，是天下不易之定理，因此他们对《中庸》给予了特别的关注。程颐说："《中庸》之书，是孔门传授，成于子思。"③又云："然则《中庸》之书，决是传圣人之学不杂，子思恐传授渐失，故著此一卷书。"④二程认为，子思恐孔子中庸之义渐失，遂著《中庸》，以传圣人之道。在二程看来，子思在圣人之道的传递中起到了关键性的作用。

程颐有云："《中庸》乃孔门传授心法。"⑤心法本为佛教术语，二程借用之，用来说明道统的延续不仅有传授谱系，还存在着超越时空的心传。程颢云："先圣后圣，若合符节。非传圣人之道，传圣人之心也。非传圣人之心也，传己之心也。己之心无异圣人之心，广大无垠，万善皆备。欲传圣人之道，扩充此心焉耳。"⑥在程颢看来，先圣、后圣传道并非一一相续，中间可能有时空的跨越，不过这并不影响圣人之道的传递，因为圣人之道更重心传，以心传心，才是真正地传道。

从表面上看，二程所言心传仅是关于圣人之道如何得以传递的问题，而在心传的背后，却暗含着为自己学说寻找合法依据之意图。我们知道，宋儒不

---

① （宋）程颢、程颐：《河南程氏粹言》卷一《论道篇》，王孝鱼点校：《二程集》，中华书局1981年版，第1182页。
② （宋）程颢、程颐：《河南程氏遗书》卷十五《伊川先生语一》，王孝鱼点校：《二程集》，中华书局1981年版，第160页。
③ （宋）程颢、程颐：《河南程氏遗书》卷十五《伊川先生语一》，王孝鱼点校：《二程集》，中华书局1981年版，第160页。
④ （宋）程颢、程颐：《河南程氏遗书》卷十五《伊川先生语一》，王孝鱼点校：《二程集》，中华书局1981年版，第153页。
⑤ （宋）程颢、程颐：《河南程氏遗书》卷十一《师训本拾遗》，王孝鱼点校：《二程集》，中华书局1981年版，第411页。
⑥ （清）黄宗羲撰，全祖望补：《宋元学案》卷十三《明道学案上》，中华书局1986年版，第560页。

屑于汉唐的笺注经学，而力主以义理解经。二程更是反对训诂章句之学，如程颐说："今之学者有三弊：溺于文章，牵于诂训，惑于异端。苟无是三者，则将安归？必趋于圣人之道矣。"① 程颐所言学者的三大弊端，其中两者皆是汉唐诸儒解经之弊。程颐认为，汉唐诸儒重章句训诂，支离经典而不能悟道，更别说传道。当儒学受到释老挑战之时，由于其缺乏理论建树而处于不利地位。二程认为，儒家的圣人之道并没有因为汉唐诸儒而中断，即使在某个时期无人按道而行，通过心心相传亦能使圣人之道得以延续。二程认为自己是继承了尧、舜、禹、汤、文、武、周公、孔、孟之道，而其思想体系之得来，正是通过心传。二程在否定汉唐诸儒的同时，彰显了自己学说的合理性与合法性。

朱熹继承了二程的道统论，他宣称尧、舜、禹、汤、文、武、周公、孔、孟之道在孟子之后中断了一千多年。朱熹曰："（程子）以兴起斯文为己任。辨异端，辟邪说，使圣人之道涣然复明于世。盖自孟子之后，一人而已。然学者于道不知所向，则孰知斯人之为功？不知所至，则孰知斯名之称情也哉？"② 朱熹认为，二程接续中断了千年之道统，并发扬光大。在二程之基础上，朱熹借《中庸》等文献，建构起自己的道统论。

朱熹道统论之建构，得益于《中庸》者甚多。归纳起来，主要有三点：

一是在为《中庸》作章句时正式提出了"道统"一词；

二是继承了二程的心传说，将《中庸》的"孔门传授心法"与《古文尚书·大禹谟》"十六字心传"联系起来，从而阐发传心与传道的关系；

三是在《中庸章句序》和《大学章句序》扩展了道统的传授统绪。

中唐韩愈明确提出儒家有一个始终一贯、有异于佛老的"道"，这个"道"是儒学之核心，即仁义道德。二程亦言道，内涵与韩愈之说相当，只不过二程将"道"提升至本体的高度。韩愈、二程言道，且有非常明确的道统论的内涵。然而"道统"概念的明确提出，却始自朱熹。据陈荣捷考证，"道统"一词出自南宋李元纲于乾道八年（1172）所作《圣门事业图》中的《传道正统》，此图所列统绪是由尧、舜、禹、汤、文、武、周公、孔子，经颜、曾、思、孟至二程。《传道正统》虽然提出了"道统"概念，但是并没有将"道"

---

① （宋）程颢、程颐：《河南程氏粹言》卷一《论学篇》，王孝鱼点校：《二程集》，中华书局1981年版，第1185页。

② （宋）朱熹：《孟子集注》，朱杰人等编：《朱子全书》（修订本）第6册，上海古籍出版社、安徽教育出版社2010年版，第459页。

与"统"合用。朱熹于淳熙十六年己酉（1189）为《中庸》作序时，将"道统"连称，首次使用"道统"。①朱熹还多次使用"道统"这一概念，如其云："子贡虽未得承道统，然其所知似亦不在今人之后。"②又云："若只谓'言忠信，行笃敬'便可，则自汉唐以来，岂是无此等人，因其道统之传却不曾得，亦可见矣。"③朱熹将"道"、"统"二字连用，正式提出了"道统"概念，在道统思想史上有着开创性意义，正如蔡方鹿所说："在中华道统思想发展史上，（朱熹）第一次把'道统'这一名词概念与'道统'所指的实际内涵结合起来。"④

二程认为"《中庸》为孔门传授心法"，朱熹承之。在《中庸章句》的篇首，朱熹云："子程子曰：'不偏之谓中，不易之谓庸。中者，天下之正道，庸者，天下之定理。'此篇乃孔门传授心法，子思恐其久而差也，故笔之于书，以授孟子。其书始言一理，中散为万事，末复合为一理，'放之则弥六合，卷之则退藏于密'，其味无穷，皆实学也。善读者玩索而有得焉，则终身用之，有不能尽者矣。"⑤朱熹认为，圣人之道的传承并非仅靠谱系，还要靠心传，即通过后世圣贤的感悟，从而使千百年以来的圣人之道得以接续；而道之所传者，即二程所言的"中"和"中庸"。

在二程之基础上，朱熹将古文《尚书》"十六字心传"与《中庸》相结合，对圣人之道的内涵做了进一步探讨。朱熹云："心者，人之知觉，主于身而应事物者也。指其生于形气之私者而言，则谓之人心；指其发于义理之公者而言，则谓之道心。人心易动而难反，故危而不安。道心难明而易昧，故微而不显。惟能省察于二者公私之间以致其精，而不使其有毫厘之杂，持守于道心微妙之本以致其一，而不使其有顷刻之离，则其日用之间，思虑动作自无过不及之差，而信能执其中矣。尧之告舜但曰'允执厥中'，而舜之命禹又推其本

---

① 陈荣捷：《欧美之朱子学》，《朱学论集》，华东师范大学出版社2007年版，第273—297页。
② （宋）朱熹：《晦庵先生朱文公文集》卷三十六《答陆子静》，朱杰人等编：《朱子全书》（修订本）第21册，上海古籍出版社、安徽教育出版社2010年版，第1576页。
③ （宋）黎靖德辑：《朱子语类》卷十九，朱杰人等编：《朱子全书》（修订本）第14册，上海古籍出版社、安徽教育出版社2010年版，第652页。
④ 蔡方鹿：《中华道统思想发展史》，四川人民出版社2003年版，第355页。
⑤ （宋）朱熹：《中庸章句》，朱杰人等编：《朱子全书》（修订本）第6册，上海古籍出版社、安徽教育出版社2010年版，第32页。

末而详言之。"① 朱熹认为,尧舜、舜禹相传皆是"允执厥中"。《古文尚书·大禹谟》记述了舜禅让时对禹之忠告,舜曰:"天之历数在汝躬,汝终陟元后。人心惟危,道心惟微,惟精惟一,允执厥中。"② 朱熹认为道统传递之内容即为"允执厥中",这是朱熹道统思想之创见。

需要注意的是,朱熹阐释"十六字心传"时,有意无意地将程子所强调的"中"转换为"道心人心"之辨。朱熹认为,知觉的来源是不同的,所以有道心、人心之辨,"或生于形气之私,或原于性命之正"③,人心源于形气之私,道心源于性命之正。"人心惟危",指源于形气之私的人心不稳定且危险;"道心惟微",指源于性命之正的道心隐微而难见。形气、性命为人所共有,道心、人心亦与人共存。若道心与人心混杂不辨,那么人之私就会压倒天之公,故"必使道心常为一身之主,而人心每听命焉"④。朱熹认为,正确的做法是分辨混于一身的人心和道心,彰显道心,使道心统领人心,人心就会稳定,从而达到"允执厥中"之境地。

朱熹认为,《中庸》的内涵与道心人心之辨是一致的。他说:"子思惧夫愈久而愈失其真也,于是推本尧舜以来相传之意,质以平日所闻父师之言,更互演绎,作为此书,以诏后之学者。盖其忧之也深,故其言之也切;其虑之也远,故其说之也详。其曰'天命率性',则道心之谓也;其曰'择善固执',则精一之谓也;其曰'君子时中',则执中之谓也。世之相后,千有余年,而其言之不异,如合符节。历选前圣之书,所以提挈纲维、开示蕴奥,未有若是之明且尽者也。"⑤ 朱熹认为,"天命率性"即"道心","择善固执"即"精一","君子时中"即"执中",《中庸》的思想与尧、舜、禹等先圣之说若合符节。

如果说朱熹将"十六字心传"与《中庸》相结合是为了丰富道统之内涵,那么对传授统绪之清理则是为了规范道统之形式。朱熹在《大学章句序》称:

---

① (宋)朱熹:《晦庵先生朱文公文集》卷六十五《大禹谟》,朱杰人等编:《朱子全书》(修订本)第23册,上海古籍出版社、安徽教育出版社2010年版,第3180页。
② (清)阮元校刻:《十三经注疏(附校勘记)》,中华书局1980年版,第136页。
③ (宋)朱熹:《晦庵先生朱文公文集》卷十一《戊申封事》,朱杰人等编:《朱子全书》(修订本)第20册,上海古籍出版社、安徽教育出版社2010年版,第591页。
④ (宋)朱熹:《中庸章句》,朱杰人等编:《朱子全书》(修订本)第6册,上海古籍出版社、安徽教育出版社2010年版,第29页。
⑤ (宋)朱熹:《中庸章句》,朱杰人等编:《朱子全书》(修订本)第6册,上海古籍出版社、安徽教育出版社2010年版,第30页。

"此伏羲、神农、黄帝、尧、舜，所以继天立极。"① 又云："自是以来，圣圣相承：若成汤、文、武之为君，皋陶、伊、傅、周、召之为臣，既皆以此而接夫道统之传。若吾夫子，则虽不得其位，而所以继往圣、开来学，其功反有贤于尧舜者。然当是时，见而知之者，惟颜氏、曾氏之传得其宗。及曾氏之再传，而复得夫子之孙子思，则去圣远而异端起矣。子思惧夫愈久而愈失其真也，于是推本尧舜以来相传之意，质以平日所闻父师之言，更互演绎，作为此书，以诏后之学者。……自是而又再传以得孟氏，……故程夫子兄弟者出，得有所考，以续夫千载不传之绪；得有所据，以斥夫二家似是之非。"② 朱熹指出，道统始于伏羲、神农、黄帝、尧、舜，其后作为君的成汤、文、武，作为臣的皋陶、伊、傅、周、召等人接续上古圣人之传；此后孔子继往圣、开来学，有功于尧舜之传；颜氏、曾氏又得孔子之传；到孔子之孙子思时，由于去圣既远，异端兴起，子思忧道之失传，遂作《中庸》；子思之后，孟子得《中庸》之真传；孟子之后一千余年，圣人之道不得传，直到二程兄弟，圣人之道才复明于世。

韩愈认为圣人之道的传授统绪为尧、舜、禹、汤、文、武、周公、孔、孟。③ 韩愈以弘扬儒家圣人之道为己任，并以自己为孟子之后道统的接续者。宋初理学先驱石介、孙复在韩愈道统传授统绪说之基础上，认为荀子、王通等人亦是道统之传人。二程以弘扬圣人之道为己任，他们认同的道统序列为尧、舜、禹、汤、文、武、周公、孔、孟，还包括伯夷、柳下惠、伊尹等圣贤。二程认为，圣人之道于孟子之后中绝，直到自己重新阐释，圣人之道才得以复明于世。④

---

① （宋）朱熹：《大学章句序》，《大学章句》卷首，朱杰人等编：《朱子全书》（修订本）第6册，上海古籍出版社、安徽教育出版社2010年版，第13页。
② （宋）朱熹：《中庸章句序》，《中庸章句》卷首，朱杰人等编：《朱子全书》（修订本）第6册，上海古籍出版社、安徽教育出版社2010年版，第30页。
③ 韩愈云："斯吾所谓道也，非向所谓老与佛之道也。尧以是传之舜，舜以是传之禹，禹以是传之汤，汤以是传之文、武、周公，文、武、周公传之孔子，孔子传之孟轲，轲之死，不得其传焉。"（韩愈著，钱仲联等校点：《原道》，《韩愈全集》，上海古籍出版社1997年版，第336页）
④ 程颢去世后，程颐为其所刻墓石曰："周公没，圣人之道不行；孟轲死，圣人之学不传。道不行，百世无善治；学不传，千载无真儒。无善治，士犹得以明夫善治之道，以淑诸人，以传诸后；无真儒，天下贸贸焉莫知所之，人欲肆而天理灭矣。先生生千四百年之后，得不传之学于遗经，志将以斯道觉斯民。天不慭遗，哲人早世。乡人士大夫相与议曰：道之不明也久矣。先生出，倡圣学以示人，辨异端、辟邪说，开历古之沉迷，圣人之道得先生而后明，为功大矣。"（程颢、程颐：《河南程氏文集》卷十一《明道先生墓表》，王孝鱼点校：《二程集》，中华书局1981年版，第640页）此篇墓表充分显示了二程以接续圣人之道的信念，同时也体现了二程在道统中的重要地位。

朱熹继承了二程的道统论,并以二程接续孟子,从而集道统学说之大成。朱熹所列道统序列,使宋代理学家的学说与古圣先贤相关联,从而为宋儒高调的道德理想主义找到了理论根源。值得注意的是,二程、朱熹将中唐韩愈排拒在道统序列之外,其用意是要在否定汉唐学人之基础上,凸显程朱学说的合法性。

## 第五节 《乐记》与宋代理学思想体系之建构

### 一、《乐记》的思想内容及特点

《乐记》是《礼记》的第十九篇,主要论述乐的产生、乐与礼的关系、礼乐的作用等。《乐记》的作者和成篇年代,自古以来众说纷纭,莫衷一是。近年来,随着郭店楚简《性自命出》的出土,学者们于《乐记》有了更多的讨论,《乐记》的作者和成篇年代问题亦越来越清楚。李学勤指出:"其(《性自命出》)根本思想与《乐记》一致,即性感于物而生情,而乐足以陶冶性情,发挥教化的作用。梁沈约、唐张守节都曾说《乐记》系公孙尼子所撰,我讨论过,公孙尼子是孔门七十子之弟子,其学说倾向近于子思,又可能同韩非所说仲良氏之儒有关。郭店简儒书多与子思关联,有这样的乐论是自然的。"① 李先生据出土文献,将《性自命出》与《乐记》的思想加以比较,从而认为《乐记》系公孙尼子所作。

《乐记》于礼乐的来源和功能之论述颇具思辨性。如《乐记》云:"天尊地卑,君臣定矣。卑高已陈,贵贱位矣。动静有常,小大殊矣。方以类聚,物以群分,则性命不同矣。在天成象,在地成形,如此,则礼者天地之别也。地气上齐,天气下降,阴阳相摩,天地相荡,鼓之以雷霆,奋之以风雨,动之以四时,暖之以日月,而百化兴焉。如此,则乐者天地之和也。"②《乐记》据《易传·系辞》之记载,从而阐述礼乐产生之原理。其中的"动静"、"性命"、"阴阳"等,是中国古代哲学的重要概念。《乐记》以天人一体、天人合德为理论基础来探寻礼乐之根源,有着深刻的哲学意蕴。

《乐记》又云:"乐由中出,礼自外作。乐由中出,故静;礼自外作,故文。大乐必易,大礼必简。乐至则无怨,礼至则不争。揖让而治天下者,礼

---

① 李学勤:《郭店简与〈乐记〉》,《重写学术史》,河北教育出版社2002年版,第264页。
② (清)阮元校刻:《十三经注疏(附校勘记)》,中华书局1980年版,第1531页。

乐之谓也。"① 《乐记》认为，乐是人心之产物，礼则是规范行为的仪节和制度，这是从社会功能的角度对礼乐所做的探讨。《乐记》于此所言"中"、"外"，为后人从心性角度探讨礼乐的功能提供了可能，如王夫之对"乐由中出"、"礼自外作"所做之诠释就是着眼于心性。②

宋儒非常重视《乐记》，如程子云："《礼记》除《大学》、《中庸》，惟《乐记》为近道，学者深思自得之。"③ 由此可见程子对《乐记》是相当推崇的。《乐记》对宋明理学的最大贡献，是其所提出的"天理人欲之辨"。在探讨《乐记》与理学关系之前，有必要对"天理"、"人欲"的演变过程做一梳理。

"理"是中国古代哲学中的重要概念，许慎《说文解字》云："理，治玉也，从玉里声。""理"的早期含义是指玉石上的条纹。《周易·系辞》云："仰以观于天文，俯以察于地理。"《系辞》于此所言的"理"，是相对于"文"而言的，指天地运行的规律。此"理"已超越其原始意义，成为抽象之存在。在孟子等人那里，"理"已具有伦理内涵，如孟子云："口之于味也，有同耆焉；耳之于声也，有同听焉；目之于色也，有同美焉。至于心，独无所同然乎？心之所同然者，何也？谓理也，义也。"《礼记》云："礼也者，理之不可易者也。"由此可见，孟子和《礼记》已将"理"与"礼"、"义"相关联，"理"的伦理化倾向十分明显，这种倾向对宋明理学的影响很大。宋明理学所云之"理"既是宇宙本体，又是伦理存在。

据现存文献，"天理"最早见于《庄子·养生主》。其云："依乎天理，批大郤，道大窾。"④ 庄子于此所言"天理"，乃牛身体构造之分理，没有伦理意义。韩非子则以"天理"与"性情"相对应，其云："不逆天理，不伤情性。"⑤

---

① （清）阮元校刻：《十三经注疏（附校勘记）》，中华书局1980年版，第1529页。
② 王夫之云："仁义礼智之四德，体用具足，皆人性之固有者也。喜怒哀乐自然之节，父子之亲，长幼之序，爱敬之实，根心生色，发于不容已，经礼三百，仪礼三千，皆由此以生焉。岂文饰外物，拘制筋骸，而后生其恭敬哉！学者反求诸己而自得之，则固知其不妄矣。此章乃云'礼自外作'，是其与告子任人之言旨趣略同，而诬礼甚矣。至于'乐静礼文'之说，拘牵比拟，而无当于至理，盖徒有其言而无其义也。"（王夫之著，船山全书编辑委员会编校：《礼记章句》卷十九，《船山全书》第四册，岳麓书社1989年版，第903页）
③ （宋）程颢、程颐：《河南程氏遗书》卷二十五《伊川先生语十一》，王孝鱼点校：《二程集》，中华书局1981年版，第323页。
④ （清）郭庆藩：《庄子集释》卷二上，中华书局2012年版，第125页。
⑤ （清）王先慎：《韩非子集解》卷八，中华书局2013年版，第225页。

韩非所言"天理"指规律，亦不含伦理。汉代董仲舒丰富了"天理"的内涵，其在《春秋繁露·天人三策》中云："人之形体，化天数而成。人之血气，化天志而仁。人之德行，化天理而义。人之好恶，化天之暖清。"① 董仲舒认为，天是有意志的，为世界万物之主宰，天理是有意志之存在，且有道德内涵。

关于"欲"，春秋战国时期就有人探讨，如孔子主张"欲而不贪"，欲望要有限度，过度膨胀就是贪欲。此处的"欲"，是指人的基本生存需求。在孔子看来，只要需求不过分，欲就是合理的。孔子又云："富与贵，是人之所欲也。"孔子认为富贵是所有人都想要的。此之"欲"，是人生存基础之上较高层次的需求，这种需求亦无可厚非。孟子则认为，追求富贵是人之所欲，然而富贵不能满足人的全部需求，他说："富有天下，而不足以解忧。"在孟子看来，"养心莫善于寡欲"。荀子认为："人生而有欲，欲而不得，则不能无求，求而无度量分界，则不能不争。争则乱，乱则穷。先王恶其乱也，故制礼义以分之，以养人之欲，给人之求。"② 荀子所说的"欲"，既有基本生存需求之义，又有更高层次追求之义。由于战国时期人们欲望的张扬导致社会的失序，所以孟子、荀子更强调节欲。先秦诸子论"欲"，然尚没有人明确提出"人欲"的概念。

据现存文献，可知最早明确提出"天理"、"人欲"概念的是《乐记》。《乐记》云："人生而静，天之性也。感于物而动，性之欲也。物至知知，然后好恶形焉。好恶无节于内，知诱于外，不能反躬，天理灭矣。夫物之感人无穷，而人之好恶无节，则是物至而人化物也。人化物也者，灭天理而穷人欲者也。于是有悖逆诈伪之心，有淫泆作乱之事。是故强者胁弱，众者暴寡，知者诈愚，勇者苦怯，疾病不养，老幼孤独不得其所。此大乱之道也。"③《乐记》于此提出了"天理"、"人欲"的概念，并对二者的关系做了辨析。郑《注》云："言性不见物则无欲。……节，法度也。知，犹欲也。诱，犹道也，引也。躬，犹己也。理，犹性也。穷人欲，言无所不为。"④ 孔《疏》云："言人初生，未有情欲，是其静禀于自然，是天性也。'感于物而动，性之欲也'者，其心本虽静，感于外物，而心遂动，是性之所贪欲也。自然谓之性，贪欲谓之情，是情、性别矣。……'不能反躬，天理灭矣'者，躬，己也。恣己情欲，不能

---

① （清）苏舆著，钟哲点校：《春秋繁露义证》，中华书局1992年版，第318页。
② （清）王先谦：《荀子集解》卷十三，中华书局1988年版，第346页。
③ （清）阮元校刻：《十三经注疏（附校勘记）》，中华书局1980年版，第1529页。
④ （清）阮元校刻：《十三经注疏（附校勘记）》，中华书局1980年版，第1529页。

自反禁止。理,性也,是天之所生本性灭绝矣。"①郑玄和孔颖达认为,《乐记》所言"理"当释为"性",即人初生时无情欲的本性;"欲"当释为"贪欲",即心受外物诱惑所生发的贪欲。

《乐记》将"天理"、"人欲"相对提出,是对先前各家的"理"、"天理"、"欲"等概念所做的重新整合。《乐记》的"天理"、"人欲"论,对于宋儒构建理学思想体系颇有启发。南宋黄震云:"孔氏《疏》谓此书有《乐本》,有《乐论》,有《乐施》,有《乐言》,有《乐礼》,有《乐情》,有《乐化》,有《乐象》,有《宾牟贾》,有《师乙》,有《魏文侯》,盖十一篇合为一篇。且谓汉武帝时河间献王与诸生共采《周官》及诸子所作。愚按:此书间多精语,如曰:'人生而静,天之性也。感于物而动,性之欲也。'如曰'好恶无节于内,知诱于外,不能反躬,天理灭矣',皆近世理学所据以为渊源;如曰'天高地下,万物散殊,而礼制行矣。流而不息,合同而化,而乐兴焉',又晦庵先生所深嘉而屡叹者也。"②黄震指出,宋儒在构建理学思想体系时非常重视《乐记》,特别是该书关于"天理"、"人欲"之论述。

## 二、张载的"天理人欲之辨"

张载的"天理人欲之辨"与其人性论密切相关,他说:"性于人无不善,系其善反不善反而已。"③又说:"形而后有气质之性,善反之则天地之性存焉。故气质之性,君子有弗性者焉。"④张载将性分为天地之性和气质之性,天理即天地之性,人欲即气质之性。

张载对"天理"、"人欲"概念做了阐释,他说:"所谓天理也者,能悦诸心,能通天下之志之理也。能使天下悦且通,则天下必归焉;不归焉者,所乘所遇之不同,如仲尼与继世之君也。'舜禹有天下而不与焉'者,正谓天理驯致,非气禀当然,非志意所与也;必曰'舜禹'云者,余非乘势则求焉者也。"⑤"天下之理无穷,立天理乃各有区处,穷理尽性,言性已是近人言也。既穷物理,又尽人性,然后能至于命,命则又就己而言之也。"⑥"'在帝左右',

---

① (清)阮元校刻:《十三经注疏(附校勘记)》,中华书局1980年版,第1529页。
② (宋)黄震:《黄氏日抄》卷二十一,文渊阁《四库全书》第707册,第622页。
③ (宋)张载著,章锡琛点校:《正蒙·诚明篇第六》,《张载集》,中华书局1978年版,第22页。
④ (宋)张载著,章锡琛点校:《正蒙·诚明篇第六》,《张载集》,中华书局1978年版,第23页。
⑤ (宋)张载著,章锡琛点校:《正蒙·诚明篇第六》,《张载集》,中华书局1978年版,第23页。
⑥ (宋)张载著,章锡琛点校:《横渠易说·说卦》,《张载集》,中华书局1978年版,第235页。

察天理而左右也，天理者时义而已。君子教人，举天理以示之而已；其行己也，述天理而时措之也。"① 根据以上所引张载的言论，可知其"天理"论主要包括以下三个方面的内容：

首先，天理乃天下之公理。此理能悦天下人之心，能通天下人之志，能通天下之理，天下之人必须归服。因此，此天理既是客观事物之理，又是人的共同价值取向。

其次，天下万物之理芸芸总总，不可胜数，而真正意义上的天理只有一个。天理在不同事物上有不同的表象，即所谓"立天理乃各有区处"。

再次，天理虽不以人的意志为转移，却与时相宜。张载认为，即使有舜禹之圣，也当顺从天理，由天理驯致而有理想人格，此非舜禹的个人气质禀赋所可以改变的。不过，"天理者时义而已"，时过境迁，天理也当有新的内涵。君子教育人，昭示天理即可，若要践行之，就要与时相宜。

从现存文献来看，张载于"人欲"没有明确界定，不过根据其论"气质之性"之文字，可以依稀见其于"人欲"之理解。张载云："口腹于饮食，鼻舌于臭味，皆攻取之性也。"② 此"攻取之性"即"气质之性"，亦即"人欲"。张载认为，只要不过度，"欲"就是合理的。他说："'子之不欲，虽赏之不窃。'欲生于不足则民盗，能使无欲则民不为盗。……故为政者在乎足民，使无所不足，不见可欲而盗可息矣。"③ 张载认为，人有基本生存之需要，为政者若能使百姓饱足，自然就无盗窃之事了。

张载继承了《乐记》"天理"、"人欲"对举的模式，他说："今之人灭天理而穷人欲，今复反归其天理。古之学者便立天理，孔孟而后，其心不传，如荀扬皆不能知。"④ 张载将古今学人的天理人欲观做了比较，认为古之学人所立天理，自孔孟以后此心不传，荀子、扬雄等人已不能知；今之学人则灭天理而穷人欲。张载又云："古人耕且学则能之，后人耕且学则为奔迫，反动其心，何者？古人安分，至一箪食，一豆羹，易衣而出，只如此其分也；后人则多欲，

---

① （宋）张载著，章锡琛点校：《正蒙·诚明篇第六》，《张载集》，中华书局1978年版，第23—24页。
② （宋）张载著，章锡琛点校：《正蒙·诚明篇第六》，《张载集》，中华书局1978年版，第22页。
③ （宋）张载著，章锡琛点校：《正蒙·有司篇第十三》，《张载集》，中华书局1978年版，第47页。
④ （宋）张载著，章锡琛点校：《经学理窟·义理》，《张载集》，中华书局1978年版，第273页。

故难能。"① 张载认为，古人且耕且学，故能安心；后人且耕且学，不仅为了生存，还要满足奢求好利之心，遂堕入"穷人欲"之境地了。《乐记》云："人化物也者，灭天理而穷人欲者也。"张载云："徇物丧心，人化物而灭天理者乎！"② 张载认为，若人被物欲左右，就会失去理智，天理因此而不明。

与《乐记》相比，张载的"天理人欲之辨"更具有思辨性，内容也更丰富。

首先，张载是在"天地之性"和"气质之性"的前提下，从而探讨"天理"、"人欲"之关系。相对于《乐记》以"天理"、"人欲"论礼乐之功能，张载"天理人欲之辨"的思辨性更强。

其次，与《乐记》相比，张载"天理人欲之辨"的内涵更丰富。"天理"是天下之公理，不以人的意志为转移，且又与时相宜；正常的欲望应该得到满足，过度就是"人欲"。张载认为，《乐记》主张"灭天理而穷人欲"，"人欲"乃人的贪婪之心所致。

理学背景下的"天理人欲之辨"，张载是第一人。二程、朱熹、陆九渊等人无不重视"天理人欲之辨"，从二程、朱熹等人的论述中，可以看到张载"天理人欲之辨"的影子。

### 三、二程、朱熹的"天理人欲之辨"

二程认为，作为世界本原的"理"，又可称为"道"、"天理"。二程认为"天者理也"③，程颢说："吾学虽有所受，'天理'二字却是自家体贴出来。"④ "天理"二字并非由二程提出，不过在北宋五子中，二程的天理论确实是重建儒家人文信仰最完备的理论形态。⑤ 程颢所言天理是"自家体贴出来"，可能是从这个角度来说的。

二程沿袭《乐记》和张载"天理"、"人欲"对举的模式，赋予了"天理人欲之辨"更丰富的内涵。二程认为，个体的感官欲求与道德理性是对立的，天

---

① （宋）张载著，章锡琛点校：《经学理窟·气质》，《张载集》，中华书局1978年版，第266页。
② （宋）张载著，章锡琛点校：《正蒙·神化篇第四》，《张载集》，中华书局1978年版，第18页。
③ （宋）程颢、程颐：《河南程氏遗书》卷十一《明道先生语一》，王孝鱼点校：《二程集》，中华书局1981年版，第132页。
④ （宋）程颢、程颐：《河南程氏外书》卷十二《传闻杂记》，王孝鱼点校：《二程集》，中华书局1981年版，第424页。
⑤ 朱汉民：《二程天理论的文化意义》，《湖南大学学报》2001年第4期。

理不明，是人的欲望遮蔽使然。二程云："甚矣欲之害人也。人之为不善，欲诱之也。诱之而弗知，则至于天理灭而不知反。故目则欲色，耳则欲声，以至鼻则欲香，口则欲味，体则欲安，此皆有以使之也。然则何以窒其欲？曰思而已矣。"① 又云："昏于天理者，嗜欲乱之耳。"② 很明显，二程对情欲是持排斥态度的，人受情欲的蒙蔽，天理遂不能明。

需要指出的是，二程并不反对人正当的欲求。如二程曰："天下之害，无不由末之胜也。峻宇雕墙，本于宫室；酒池肉林，本于饮食；淫酷残忍，本于刑罚；穷兵黩武，本于征讨。凡人欲之过者，皆本于奉养，其流之远，则为害矣。先王制其本者，天理也；后人流于末者，人欲也。损之义，损人欲以复天理而已。"③ 又曰："今彼言世网者，只为些秉彝又珍灭不得，故当忠孝仁义之际，皆处于不得已，直欲和这些秉彝都消杀得尽，然后以为至道也。然而毕竟消杀不得，如人之有耳目口鼻，既有此气，则须有此识；所见者色，所闻者声，所食者味。人之有喜怒哀乐者，亦其性之自然，今强曰必尽绝，为得天真，是所谓丧天真也。"④ 二程认为，人正当的欲望，如喜怒哀乐等情欲，饮食宫室等奉养欲，以及国家刑罚征伐之欲，都不违背天理；若取消人的这些需求，才是真正不明天理；正当欲求是根本，若在本的基础上产生了末，即超越了人的正当欲求而拥有峻宇雕墙、酒池肉林，则与天理相悖。

二程关于理、欲之论述似乎自相矛盾，其一方面认为天理与人欲是对立的，视二者如水火；另一方面，又认为人欲有与天理相合者。实际上，通过深层之探讨，可知二程的理欲论并不矛盾。

二程的"天理人欲之辨"，实际上关涉公与私的问题。二程认为"理者，天下之至公"⑤，与理一样，人之情欲本来亦是公，只是在个体流行中才有了

---

① （宋）程颢、程颐：《河南程氏遗书》卷二十五《伊川先生语十一》，王孝鱼点校：《二程集》，中华书局1981年版，第319页。

② （宋）程颢、程颐：《河南程氏粹言》卷一《论学篇》，王孝鱼点校：《二程集》，中华书局1981年版，第1194页。

③ （宋）程颐：《周易程氏传》卷三《周易下经上》，王孝鱼点校：《二程集》，中华书局1981年版，第907页。

④ （宋）程颢、程颐：《河南程氏遗书》卷二上《二先生语二上》，王孝鱼点校：《二程集》，中华书局1981年版，第24页。

⑤ （宋）程颐：《周易程氏传》卷三《周易下经上》，王孝鱼点校：《二程集》，中华书局1981年版，第917页。

私。程颐曰:"父子之爱本是公,才著些心做,便是私也。"① 程颐认为,父子之爱本来是公欲,可是有意去维持父子之情,公就变成了私。二程说:"人才有意于为公,便是私心。"② 二程所说的天理,实际上是指公欲,二程又曰:"道心天理,故精微。灭私欲则天理明矣。"③ 二程所说的人欲,实际上是个体之欲。二程云:"夫民,合而听之则圣,散而听之则愚。合而听之,则大同之中,有个秉彝在前,是是非非,无不当理,故圣。散而听之,则各任私意,是非颠倒,故愚。盖公义在,私欲必不能胜也。"④ 由此可见,二程所说的天理与人欲,既是道德理性与情感欲求的关系,又是公与私的关系。⑤

二程十分强调公与私的对立,而这种对立是由道德理性与情感欲求转化而来的。有学者指出,如果在理论上把理欲关系的重点由道德理性与感性欲望转向公私关系,那么理欲之间的互相依存、互相包容就可能转化为相互对立的关系。理欲主要是自身的道德良知与感性欲求之关系,是在同一个体中进行的,而公与私则一定是在自己与他者、社会之间的关系,只能在异体之间展开。二程正是通过将理欲问题归结为公私问题这一十分重要的思维认识途径,顺理成章地推衍出天理人欲互不相容、形同水火的对立关系。⑥

当二程从感性欲求与道德理性的关系推衍出公与私的关系以后,又反过来强调"存天理"、"灭人欲"。二程云:"'人心',私欲也;'道心',天理也。"⑦ "'人心惟危',人欲也;'道心惟微',天理也。"⑧ "不是天理,便是私欲。

---

① (宋)程颢、程颐:《河南程氏遗书》卷十八《伊川先生语四》,王孝鱼点校:《二程集》,中华书局1981年版,第234页。
② (宋)程颐:《河南程氏遗书》卷十八《伊川先生语四》,王孝鱼点校:《二程集》,中华书局1981年版,第192页。
③ (宋)程颢、程颐:《河南程氏遗书》卷二十四《邹德久本》,王孝鱼点校:《二程集》,中华书局1981年版,第312页。
④ (宋)程颢、程颐:《河南程氏遗书》卷二十三《鲍若雨录》,王孝鱼点校:《二程集》,中华书局1981年版,第310页。
⑤ 冯友兰即主张从公私关系的角度来认识宋儒的理欲之辨。(冯友兰:《中国哲学大纲》,中国社会科学出版社1982年版,第445—466页)
⑥ 参见王育济:《论二程的"天理人欲之辨"》,《山东大学学报》1991年第2期。
⑦ (宋)程颢、程颐:《河南程氏遗书》卷十九《伊川先生语五》,王孝鱼点校:《二程集》,中华书局1981年版,第256页。
⑧ (宋)程颢、程颐:《河南程氏遗书》卷十一《明道先生语一》,王孝鱼点校:《二程集》,中华书局1981年版,第126页。

人虽有意于为善，亦是非礼。无人欲即皆天理。"① 二程明确将"人心"、"人欲"与"私欲"相提并论，亦将"道心"、"天理"等同。二程所说的"道心"指人的道德理性，二程所说的"人心"指人的生存需要以及在此基础之上的种种欲求。正如朱熹所云："人自有人心、道心，一个生于血气，一个生于义理。饥寒痛痒，此人心也；恻隐、羞恶、是非、辞逊，此道心也。"② 二程认为天理就是道心，人欲就是人心，道心是公心，人心是私心。二程将天理与人欲对立起来，视二者如冰炭，不是天理，便是私欲。

《程氏遗书》记载了一段对话：

> 问："或有孤孀贫穷无托者，可再嫁否？"
> 曰："只是后世怕寒饿死，故有是说。然饿死事极小，失节事极大。"③

程颐所言"饿死事小，失节事大"，是明清以来不提倡妇女再嫁的金科玉律。自"五四"以来，程颐的这句名言受到了强有力的批判。直到今天，不少思想史论著还是认为程颐的这番话反映了理学家提倡禁欲主义的残酷本质。

对于程颐的这番话，我们应该将其放到二程的理欲观中进行考察，才能知其真义。程颐认为，人生有比生命和生存更重要的价值，就是具有普遍道德意义的公欲。程颐的这番话，实际上是孔子"克己复礼"和孟子"舍身取义"的另一种表达。正如贺麟所言："他（程颐）所提出的'饿死事小，失节事大'这个有普遍性的原则，并不止限于贞操一事，若单就其为伦理原则论，恐怕是四海皆准、百世不惑的原则，我们似乎仍不能根本否认，因为人人都有其立身处世而不可夺的大节，大节一亏，人格扫地。"④ 当门人抛出"守节"还是"饿死"的问题时，程颐从舍生取义的公欲角度出发，肯定既有的守节规范。贺麟所言"四海皆准"、"百世不惑"的原则，就是普遍性的伦理原则。实际上，二

---

① （宋）程颢、程颐：《河南程氏遗书》卷十五《伊川先生语一》，王孝鱼点校：《二程集》，中华书局1981年版，第144页。

② （宋）黎靖德辑：《朱子语类》卷六十二，朱杰人等编：《朱子全书》（修订本）第16册，上海古籍出版社、安徽教育出版社2010年版，第2013页。

③ （宋）程颢、程颐：《河南程氏遗书》卷二十二下《伊川先生语八下》，王孝鱼点校：《二程集》，中华书局1981年版，第301页。

④ 贺麟：《宋儒的新评价》，商务印书馆1988年版，第192页。

程并不反对寡妇再嫁。①

张载的"天理人欲之辨"强调道德理性与感性欲求之对立，二程则通过道德理性与感性欲求之对立，进而引出公私关系。从公私关系的角度来认识天理与人欲，是理学理欲观的重要特点，二程是此种认识方式之首创者，意义之大，不言而喻。

朱熹乃"天理人欲之辨"的集大成者。与张载、二程一样，朱熹首先突出了天理的形上意义，他说："道者，天理之当然，中而已矣。"②"性者，人所受之天理；天道者，天理自然之本体，其实一理也。"③朱熹认为，天理是道、中，具有规律性；人之本性亦来自天理，天道是天理之本体，二者实为一理。

与二程一样，朱熹所言天理亦有伦理意义。朱熹云："所谓天理，复是何物？仁、义、礼、智岂不是天理？君臣、父子、兄弟、夫妇、朋友岂不是天理？"④"浑然天理便是仁，有一毫私欲便不是仁了。"⑤"仁义天理之自然也，居仁由义，循天理而不得不然者也。"⑥"父子兄弟夫妇，皆是天理自然，人皆莫不自知爱敬。君臣虽亦是天理，然是义合。"⑦朱熹认为，儒家所倡导的"四德"和"五伦"皆属于天理之内涵。

此外，朱熹所言"天理"还有强调位分之义。《宋元学案·晦翁学案》记载朱熹语云："同行异情，只如饥渴饮食等事，在圣贤无非天理，在小人无非人欲。所谓同行异情者如此。"同为饥渴饮食之事，在圣贤处即天理，在小人

---

① 有人问："古语有之：'出妻令其可嫁，绝友令其可交。'及此意否？"程子云："是也。"（程颢、程颐：《河南程氏遗书》卷十八《伊川先生语四》，王孝鱼点校：《二程集》，中华书局1981年版，第243页）
② （宋）朱熹：《中庸章句》，朱杰人等编：《朱子全书》（修订本）第6册，上海古籍出版社、安徽教育出版社2010年版，第34页。
③ （宋）朱熹：《论语集注》，朱杰人等编：《朱子全书》（修订本）第6册，上海古籍出版社、安徽教育出版社2010年版，第103页。
④ （宋）朱熹：《晦庵先生朱文公文集》卷五十九《答吴斗南》，朱杰人等编：《朱子全书》（修订本）第23册，上海古籍出版社、安徽教育出版社2010年版，第2837页。
⑤ （宋）黎靖德辑：《朱子语类》卷二十八，朱杰人等编：《朱子全书》（修订本）第15册，上海古籍出版社、安徽教育出版社2010年版，第1029页。
⑥ （宋）朱熹：《孟子或问》卷一，朱杰人等编：《朱子全书》（修订本）第6册，上海古籍出版社、安徽教育出版社2010年版，第920页。
⑦ （宋）黎靖德辑：《朱子语类》卷十三，朱杰人等编：《朱子全书》（修订本）第14册，上海古籍出版社、安徽教育出版社2010年版，第399页。

处即人欲，天理、人欲之分受制于个人之位分（身份）。朱熹主张"安分"，从而使贵贱尊卑的差别得以凸显，他说："'天分'，即天理也。父安其父之分，子安其子之分，君安其君之分，臣安其臣之分，则安得私！"①朱熹认为，"天分"即"天理"，父、子、君、臣各安其分，这就是遵循天理。

朱熹认为人欲与天理相关，人欲中也包含着天理。他说："有个天理，便有个人欲。盖缘这个天理须有个安顿处，才安顿得不恰好，便有人欲出来。"②"天理本多，人欲便也是天理里面做出来。"③"天理人欲，几微之间。"④朱熹认为，有天理便有人欲，如果天理之事处理不当，人欲就产生了。朱熹还认为"人欲中自有天理"⑤，言下之意，天理存于人欲。张岱年将朱熹所言人欲分为"公共之欲"和"私意之欲"，朱熹所反对的仅是人欲中的"私意之欲"⑥。张先生不仅指出了朱熹所云人欲的层次，还彰显了程朱对于人欲认识上的分歧。二程以公私来界定天理与人欲，天理为公，而人欲为私。朱熹则将人欲分为公私两个层面，从公欲的层面来说，人欲就是天理，值得提倡的；从私欲的层面来说，人欲是恶，应该遏止。

朱熹所云人欲中的"私意之欲"，即二程所说的"人欲"，具体地说，就是人对物欲情欲无节制的追求。有人问朱熹："饮食之间，孰为天理，孰为人欲？"朱熹云："饮食者，天理也；要求美味，人欲也。"⑦又有人问："饥食渴饮，冬裘夏葛，何以谓之天职？"朱熹曰："这是天教我如此。饥便食，渴则饮，只得顺他。穷口腹之欲，便不是。盖天只教我饥则食，渴则饮，何曾教我穷口腹

---

① （宋）黎靖德辑：《朱子语类》卷九十五，朱杰人等编：《朱子全书》（修订本）第17册，上海古籍出版社、安徽教育出版社2010年版，第3219页。
② （宋）黎靖德辑：《朱子语类》卷十三，朱杰人等编：《朱子全书》（修订本）第14册，上海古籍出版社、安徽教育出版社2010年版，第388页。
③ （宋）黎靖德辑：《朱子语类》卷十三，朱杰人等编：《朱子全书》（修订本）第14册，上海古籍出版社、安徽教育出版社2010年版，第388页。
④ （宋）黎靖德辑：《朱子语类》卷十三，朱杰人等编：《朱子全书》（修订本）第14册，上海古籍出版社、安徽教育出版社2010年版，第389页。
⑤ （宋）黎靖德辑：《朱子语类》卷十三，朱杰人等编：《朱子全书》（修订本）第14册，上海古籍出版社、安徽教育出版社2010年版，第388页。
⑥ 张岱年：《中国哲学大纲》，中国社会科学出版社1982年版，第458页。
⑦ （宋）黎靖德辑：《朱子语类》卷十三，朱杰人等编：《朱子全书》（修订本）第14册，上海古籍出版社、安徽教育出版社2010年版，第389页。

之欲。"① 朱熹认为，人饥则食，渴则饮，冬天衣裘，夏天衣葛，这是人的正当欲求，属于"公共之欲"，与天理相合。而人无节制地追求美味佳肴，穷口腹之欲，这属于"私意之欲"，与天理相对立，是应摒弃的。朱熹云："不为物欲所昏，则浑然天理矣。"②"只为嗜欲所迷，利害所逐，一齐昏了。"③ 在朱熹看来，物欲、嗜欲与天理相对立。人的耳、目、鼻、口与外界接触，难免会受到外物牵累，"然人有是身，则耳目口体之间，不能无私欲之累"④。朱熹认为，人欲当遏制，他说："人欲者，此心之疾疢，循之则其心私而且邪。"⑤ 人欲就像热病，若不能遏止，任其滋蔓，心就为私，从而走上邪路。

在很多时候，朱熹并不明确区分"公共之欲"与"私意之欲"，而是以"人欲"替代"私意之欲"。因此，在朱熹的著作中，"天理"与"人欲"对举之处甚多，二者近似水火不容、此消彼长的关系。朱熹云，"天理人欲不容并立"⑥，"天理人欲之间每相反而已矣"⑦，"天理人欲常相对"⑧，此所言"人欲"，皆指人欲中的"私意之欲"。

朱熹认为，人欲中的"私意之欲"与天理不仅是对立的，而且是此消彼长的。朱熹曰："天理、人欲相为消长分数。'其为人也寡欲'，则人欲分数少，故'虽有不存焉者寡矣'，不存寡焉，则天理分数多也。"⑨"人只有个天理人

---

① （宋）黎靖德辑：《朱子语类》卷九十六，朱杰人等编：《朱子全书》（修订本）第17册，上海古籍出版社、安徽教育出版社2010年版，第3250页。
② （宋）黎靖德辑：《朱子语类》卷十三，朱杰人等编：《朱子全书》（修订本）第14册，上海古籍出版社、安徽教育出版社2010年版，第389页。
③ （宋）黎靖德辑：《朱子语类》卷八，朱杰人等编：《朱子全书》（修订本）第14册，上海古籍出版社、安徽教育出版社2010年版，第280页。
④ （宋）朱熹：《论语章句》卷十二，朱杰人等编：《朱子全书》（修订本）第6册，上海古籍出版社、安徽教育出版社2010年版，第798页。
⑤ （宋）朱熹：《晦庵先生朱文公文集》卷十三《延和奏札二》，朱杰人等编：《朱子全书》（修订本）第20册，上海古籍出版社、安徽教育出版社2010年版，第639页。
⑥ （宋）朱熹：《孟子集注》卷五，朱杰人等编：《朱子全书》（修订本）第6册，上海古籍出版社、安徽教育出版社2010年版，第310页。
⑦ （宋）朱熹：《论语集注》卷七，朱杰人等编：《朱子全书》（修订本）第6册，上海古籍出版社、安徽教育出版社2010年版，第186页。
⑧ （宋）黎靖德辑：《朱子语类》卷十三，朱杰人等编：《朱子全书》（修订本）第14册，上海古籍出版社、安徽教育出版社2010年版，第389页。
⑨ （宋）黎靖德辑：《朱子语类》卷六十一，朱杰人等编：《朱子全书》（修订本）第16册，上海古籍出版社、安徽教育出版社2010年版，第1996页。

欲，此胜则彼退，彼胜则此退，无中立进退之理。凡人不进便退也。"① "天理人欲相胜之地。自家这里胜得一分，他那个便退一分，自家这里退一分，他那个便进一分。"② "克得那一分人欲去，便复得这一分天理来；克得那二分己去，便复得这二分礼来。"③ 在朱熹看来，天理、人欲是一方战胜另一方的关系，人若寡欲，那么天理多而人欲少，反之就是天理少而人欲多。

朱熹从公欲、私欲的角度来界定人欲，其所言天理并非仅限于"四德"、"五伦"，其所言私欲亦并非全是感性欲求。朱熹云："明德者，人之所得于天，而虚灵不昧，以具众理而应万事者也。但为气禀所拘，人欲所蔽，则有时而昏；然其本体之明，则有未尝息者。故学者当因其所发而遂明之，以复其初也。新者，革其旧之谓也，言既自明其明德，又当推以及人，使之亦有以去其旧染之污也。止者，必至于是而不迁之意。至善，则事理当然之极也。言明明德、新民，皆当止于至善之地而不迁。盖必其有以尽夫天理之极，而无一毫人欲之私也。"④ 朱熹认为，人为"气禀所拘"，"人欲所蔽"，就会智昏；人需要加强修养，由"明明德"，"亲民"，进而达到至善的境地。由此可见，朱熹的"天理人欲之辨"还有对理想人生和理想社会的诉求和憧憬。

综上所述，朱熹在继承二程学说的基础上，对天理、人欲概念做了新的诠释。朱熹所说的天理包括道德理性和对等级秩序的设定，其所云人欲既涵盖了二程所说的私欲，还包括"公共之欲"。在天理与人欲的关系上，朱熹认为人欲中的"公共之欲"与天理紧密相关，二者本为一体，又认为"私意之欲"与天理相对立，二者此消彼长。在前人之基础上，朱熹赋予了《乐记》"天理"、"人欲"以新的内容和深刻内涵，从而成为宋代"天理人欲之辨"的集大成者。

**四、胡宏、张栻的"天理人欲之辨"**

胡宏反对将天理、人欲做绝对划分，他说："天理人欲同体而异用，同行

---

① （宋）黎靖德辑：《朱子语类》卷十三，朱杰人等编：《朱子全书》（修订本）第14册，上海古籍出版社、安徽教育出版社2010年版，第389页。
② （宋）黎靖德辑：《朱子语类》卷五十九，朱杰人等编：《朱子全书》（修订本）第16册，上海古籍出版社、安徽教育出版社2010年版，第1924页。
③ （宋）黎靖德辑：《朱子语类》卷四十一，朱杰人等编：《朱子全书》（修订本）第15册，上海古籍出版社、安徽教育出版社2010年版，第1454页。
④ （宋）朱熹：《大学章句》，朱杰人等编：《朱子全书》（修订本）第6册，上海古籍出版社、安徽教育出版社2010年版，第16页。

而异情。进修君子宜深别焉。"① "同体异用"乃胡宏于"天理"、"人欲"关系之基本认识。朱汉民认为,胡宏理欲论在内容上包括"体"与"用"两个方面。所谓"体",即本体,也就是说理欲在"未发"的道德本原中的地位和关系;所谓"用",即功用,也就是说是理欲在"已发"的道德实践中的地位和关系。② 从胡宏理欲论体用的角度,既可以见其同一性,又可以见其差异性。

胡宏认为性本体涵摄伦理原则,他说:"好恶,性也。小人好恶以己,君子好恶以道。察乎此,则天理人欲可知。"③ 在胡宏看来,天理、人欲同出于性,二者并非针锋相对,而是在形而上的道德本体中合而同一。

朱熹明确反对胡宏天理人欲"同体异用"之命题。朱子云:"今以天理人欲混为一区,恐未允当。"④ 朱熹认为,"本体实然只一天理,更无人欲"⑤,天理是先天存在的,"其在人,则生而有之矣;人欲者,梏于形,杂于气,狃于习,乱于情,而后有者也"⑥。在朱熹之思想世界,天理、人欲乃对立之存在。

从"用"的角度看,胡宏认为天理、人欲是有差异的。胡宏以性为体,以心为用,性为未发,心为已发,天理人欲在"体"的层面属于未发阶段,而在已发阶段,二者已有不同。胡宏曰:"生,求称其欲;死,惧失其欲。冲冲天地之间,莫不以欲为事,而心学不传矣。"⑦ 又曰:"人欲盛,则于天理昏。理素明,则无欲矣。处富贵乎,与天地同其通。处贫贱乎,与天地同其否。安死顺生,与天地同其变,又何宫室、妻妾、衣服、饮食、存亡、得丧而以介意乎?"⑧ 胡宏认为,人欲过盛则天理不明,以至于心学失传。因此,胡宏与程、

---

① (宋)朱熹:《胡子知言疑义》,(宋)胡宏著,吴仁华点校:《胡宏集》附录一,中华书局1987年版,第329页。
② 朱汉民:《湖湘学派史论》,湖南大学出版社2004年版,第136页。
③ (宋)朱熹:《胡子知言疑义》,(宋)胡宏著,吴仁华点校:《胡宏集》附录一,中华书局1987年版,第330页。
④ (宋)朱熹:《胡子知言疑义》,(宋)胡宏著,吴仁华点校:《胡宏集》附录一,中华书局1987年版,第330页。
⑤ (宋)朱熹:《胡子知言疑义》,(宋)胡宏著,吴仁华点校:《胡宏集》附录一,中华书局1987年版,第330页。
⑥ (宋)朱熹:《胡子知言疑义》,(宋)胡宏著,吴仁华点校:《胡宏集》附录一,中华书局1987年版,第329页。
⑦ (宋)胡宏著,吴仁华点校:《知言·文王》,《胡宏集》,中华书局1987年版,第18页。
⑧ (宋)胡宏著,吴仁华点校:《知言·纷华》,《胡宏集》,中华书局1987年版,第24页。

朱一样主张存理去欲，他说："是故察天理，莫如屏欲。"①"修身以寡欲为要，行己以恭俭为先，自天子至于庶人，一也。"②"天理人欲，莫明辨于《春秋》。圣人教人清人欲，复天理，莫深切于《春秋》。"③胡宏认为，明天理的最好办法就是摒除人欲。胡宏推崇《春秋》的原因之一，是因为该书有"清人欲"、"复天理"之内容。

与程、朱一样，胡宏亦不反对正当的欲求，他说："夫妇之道，人丑之者，以淫欲为事也；圣人安之者，以保合为义也。接而知有礼焉，交而知有道焉，惟敬者为能守而勿失也。《语》曰'乐而不淫'，则得性命之正矣。谓之淫欲者，非陋庸人而何？"④胡宏认为，男女性事，若仅为满足淫欲，则是丑陋之事；圣人赋予其以保合之义，并以此知礼明道、得性命之正。胡宏反对人欲中的私欲，他说："释氏之学，必欲出死生者，盖以身为己私也。天道有消息，故人理有始终。不私其身，以公于天下，四大和合，无非至理，六尘缘影，无非妙用，何事非真，何物非我？生生不穷，无断无灭，此道之固然，又岂人之所能为哉？夫欲以人为者，吾知其为邪矣。"⑤胡宏认为，人不应只看重己身，而应以公于天下。胡宏提倡"公共之欲"，他说："老子曰：'不见可欲，使心不乱。'夫可欲者，天下之公欲也，而可蔽之使不见乎？"⑥胡宏认为，老子所云"不见可欲"之"欲"，乃"天下之公欲"，此欲合符天理，不可掩蔽。

胡宏"天理人欲同体异用"之说影响深远，王夫之《读四书大全说》云"人欲之各得，即天理之大同；天理之大同，无人欲之或异"⑦，明确反对离欲而别为理。王氏此说，与胡宏之说可谓如出一辙。

张栻的"天理人欲之辨"深受胡宏之影响。在关于天理、人欲之来源上，张栻曰："理本具于性，贵于充之而已。"⑧张氏认为，天理来源于性。张栻又曰："人受天地之中以生，仁义礼知皆具于其性，而其所谓仁者，乃爱之理之

---

① （宋）胡宏著，吴仁华点校：《书·上光尧皇帝书》，《胡宏集》，中华书局1987年版，第83页。
② （宋）胡宏著，吴仁华点校：《知言·修身》，《胡宏集》，中华书局1987年版，第4页。
③ （宋）胡宏著，吴仁华点校：《知言·一气》，《胡宏集》，中华书局1987年版，第28页。
④ （宋）胡宏著，吴仁华点校：《知言·阴阳》，《胡宏集》，中华书局1987年版，第7页。
⑤ （宋）胡宏著，吴仁华点校：《知言·修身》，《胡宏集》，中华书局1987年版，第4页。
⑥ （宋）胡宏著，吴仁华点校：《知言·阴阳》，《胡宏集》，中华书局1987年版，第9—10页。
⑦ （清）王夫之著，船山全书编辑委员会编校：《读四书大全说》卷四，《船山全书》第六册，岳麓书社1989年版，第639页。
⑧ （宋）张栻：《孟子说》卷七，《张栻全集》中册，长春出版社1999年版，第511页。

所存也。唯其有是理，故其发见为不忍人之心。皆有是心，然为私欲所蔽，则不能推而达之，而失其性之所有者。'先王有不忍人之心，斯有不忍人之政'者，则以其私欲既亡，天理纯备，故能尽其用于事事物物之间也。"① 又曰："饮食有正味，天下之公也。而人为饥渴所移，则其饮食无不甘者，而始乱夫饮食之正矣。非其味之有改也，饥渴害之故也。人心莫不有害，盖人心虚明知觉，万理森然，其好恶是非本何适而非正？惟夫动于私欲，则有所忿懥，有所恐惧，有所好乐，有所忧患，而其正理始昧矣。人能正其心，不使外物害之，如饥渴之害于口腹，则无适而非天理之所存矣。若是人者必无不及人之忧矣。不及人，犹云不若人之谓也。"② 又曰："盖如饥食渴饮、手持足履之类，固莫非性之自然，形乎气体者也。形乎气体，则有天理，有人欲；循其自然，则固莫非天理也。然毫厘之差，则为人欲乱之矣。"③ 张栻认为，仁爱之理源于仁，仁、义、礼、智源于性，由此推知性是仁爱之理的终极依据。因为有仁爱之理，所以有怜恤之心，然而怜恤之心为私欲掩蔽，遂难推致开去，性所本有的仁爱之理因此而丧失；饮食之味本属于天下普遍之理，然而饥渴时所感受到的饮食之味不是正味，因为正味已受损害；同样，好恶是非本存于人心，然而受私欲之影响，人生愤怒、恐惧、好乐、忧患之情，心所具有之正理遂暗昧不彰。

与胡宏一样，张栻亦不反对人的正当欲求。不过，对于遮蔽天理之私欲，张栻则明确表示反对，其曰："若汨于利害，而失夫天理之所存，则虽舜亦何以治天下哉？"④ 又曰："若夫不仁之人，咈理而徇欲，一身将不能以自保，而况于其他乎？"⑤ 张栻认为，人若受私欲之牵引，就会失去本有之天理，其后果是：个人难以保身，圣人不能治天下。

张栻认为"人欲是私，天理是公"，他说："心不违仁，私欲不萌，天理长存也。"⑥ 又说："原人之所以反身而未诚者，由其有己而自私也。诚能推己及人，以克其私，私欲既克，则廓然大公，天理无蔽矣。"⑦ 张栻以公私来区分天

---

① （宋）张栻：《孟子说》卷二，《张栻全集》上册，长春出版社 1999 年版，第 289—290 页。
② （宋）张栻：《孟子说》卷七，《张栻全集》中册，长春出版社 1999 年版，第 480 页。
③ （宋）张栻：《孟子说》卷七，《张栻全集》中册，长春出版社 1999 年版，第 472 页。
④ （宋）张栻：《孟子说》卷七，《张栻全集》中册，长春出版社 1999 年版，第 486 页。
⑤ （宋）张栻：《孟子说》卷二，《张栻全集》上册，长春出版社 1999 年版，第 287 页。
⑥ （宋）张栻：《论语解》卷三，《张栻全集》上册，长春出版社 1999 年版，第 109 页。
⑦ （宋）张栻：《孟子说》卷七，《张栻全集》中册，长春出版社 1999 年版，第 467 页。

理人欲，与程朱的思路可谓一脉相传。

张栻主张存理灭欲，他说："养心莫善于寡欲，此言寡欲为养心之要也。然人固有天资寡欲者、多欲者。其为人寡欲，则不存焉者寡；多欲，则存焉者寡。以是知养心莫善于寡欲也。……若学者以寡欲为要，则当存养扩充，由寡欲以至于无欲，则其清明高远者为无穷矣。"① 张栻认为，人养心莫善于寡欲，寡欲则天理得以扩充，才能最终实现无欲。

张栻还主张以孟子"求放心"的方式存理去欲，他说："所以谓'仁，人心'者，天理之存乎人也；'义，人路'者，天下之所共由也。仁义立而人道备矣。舍其路而弗由，放其心而不知求，则人亦何以异于庶物乎？是可哀也。虽然，舍其路而弗由者，以放其心而不知求故也。……所谓放者，其几间不容息，故君子造次克念，战兢自持，非礼勿视，非礼勿听，非礼勿言，非礼勿动，所以收其放而存之也。存之久则天理寖明，是心之体将周流而无所蔽矣。"② 张栻认为，人心是天理所居之地，义是天下人成仁之路，仁义立则人道备；若放其心而不知求，那么人与物就无甚分别。因此，面对随时而"放"的心，君子应时刻持守，做到视、听、言、动合礼，惟有如此，才能明理去欲。

**五、陆九渊的"天理人欲之辨"**

朱熹认为，"人心"即"人欲"，"道心"即天理，其云："道心者，天理也；微者，精微也。"又云："人心者，人欲也；危者，危殆也。"③ 陆九渊认为，心为本体，为主宰，心即理，心、理不二，"人心"、"道心"无分别。陆氏曰："《书》云：'人心惟危，道心惟微。'解者多指人心为人欲，道心为天理，此说非是。心一也，人安有二心？自人而言，则曰惟危；自道而言，则曰惟微。"④ 陆九渊认为，《古文尚书》所云"人心"、"道心"实为一心，从人的角度来看是"人心"，从道的角度来看是"道心"。

陆九渊认为，程朱以人心为人欲，实际上是贬低了心的本体地位，以道心、人心推衍出的天理、人欲之分，也是错误的。《乐记》曰："人生而静，天

---

① （宋）张栻：《孟子说》卷七，《张栻全集》中册，长春出版社1999年版，第514页。
② （宋）张栻：《孟子说》卷六，《张栻全集》中册，长春出版社1999年版，第439页。
③ （宋）黎靖德辑：《朱子语类》卷七十八，朱杰人等编：《朱子全书》（修订本）第16册，上海古籍出版社、安徽教育出版社2010年版，第2673页。
④ （宋）陆九渊著，钟哲点校：《陆九渊集》卷三十四《语录上》，中华书局1980年版，第395—396页。

之性也。感于物而动，性之欲也。物至知知，然后好恶形焉。好恶无节于内，知诱于外，不能反躬，天理灭矣。夫物之感人无穷，而人之好恶无节，则是物至而人化物也。人化物也者，灭天理而穷人欲者也。"《乐记》认为，人初生之时是禀天之静和善之性，而在成长过程中，人受到物欲的牵引，便产生了贪欲，人性亦因此由善而恶。陆九渊驳《乐记》曰："谓人欲天理，非是。人亦有善有恶，天亦有善有恶（日月蚀，恶星之类），岂可以善皆归之天，恶皆归之人？此说出于《乐记》，此说不是圣人之言。"①陆九渊认为，《乐记》将天理之善归之于天，将人欲之恶归诸人，此非圣人之言；既然天理人欲之辨不是出自圣人，故可以不予遵循。陆氏此说，否定了程朱天理人欲之辨的立论根基。

陆九渊对《乐记》"天理"、"人欲"做了进一步的辨析，他说："天理人欲之言，亦自不是至论。若天是理，人是欲，则是天人不同矣，此其原盖出于老氏。《乐记》曰：'人生而静，天之性也；感于物而动，性之欲也。物至知知，而后好恶形焉，不能反躬，天理灭矣。'天理人欲之言盖出于此。《乐记》之言亦根于老氏。且如专言静是天性，则动独不是天性耶？"②又说："天理人欲之分论极有病。自《礼记》有此言，而后人袭之。《记》曰：'人生而静，天之性也；感于物而动，性之欲也。'若是，则动亦是，静亦是，岂有天理人欲之分？若不是，则静亦不是，岂有动静之间哉？"③陆九渊认为，《乐记》"天理"、"人欲"之说源于道家。④道家老子言"动静相分"，《乐记》亦言之，《乐记》后出，故知《乐记》动静相分说源自老子。陆氏认为，动、静互相渗透，不分彼此，他说："'萧萧马鸣'，静中有动矣；'悠悠旆旌'，动中有静也。"⑤陆九渊

---

① （宋）陆九渊著，钟哲点校：《陆九渊集》卷三十五《语录下》，中华书局1980年版，第463页。
② （宋）陆九渊著，钟哲点校：《陆九渊集》卷三十四《语录上》，中华书局1980年版，第395页。
③ （宋）陆九渊著，钟哲点校：《陆九渊集》卷三十五《语录下》，中华书局1980年版，第475页。
④ 现存《老子》一书，没有将"天理"、"人欲"对举。《老子》第十六章云："致虚极，守静笃。"又云："夫物芸芸，各复归其根。归根曰静，静曰复命。"意即人要有致虚和守静的工夫，达到极笃的境地。万物纷纷芸芸，各自返回它的本根。返回本根称为静，静就是回归本原。老子强调人要守静，并由此复命，从而将动、静的关系割裂开来。
⑤ （宋）陆九渊著，钟哲点校：《陆九渊集》卷三十四《语录上》，中华书局1980年版，第427页。

所言"自《礼记》有此言，而后人袭之"，此所谓"后人"，即程朱。陆氏以动静统一为理论基础，反对《乐记》的天理人欲相分说，进而驳程朱的"天理人欲之辨"。

陆九渊还从天人合一的角度对天理人欲的关系做了辨析。天人合一是宋代理学家的普遍意识，不同的理学家，对天人合一的理解亦有异。张载主张"天地之塞吾其体"，其天人合一是以"天人一气"为基础。二程主张"所以为万物一体者皆有是理"，其天人合一的本质是"天人一理"。陆九渊云："宇宙便是吾心，吾心即是宇宙。"① 又云："宇宙内事是己分内事，己分内事是宇宙内事。"② 陆九渊认为，宇宙与己不必两分，宇宙内事即己分内事。

《乐记》主张天人相分，陆九渊驳之曰："因言庄子云：'眇乎小哉！以属诸人；謷乎大哉！独游于天。'又曰：'天道之与人道也相远矣。'是分明裂天人而为二也。"③ 又曰："天理人欲之言，亦自不是至论。若天是理，人是欲，则是天人不同矣。此其原盖出于老氏。"④ 陆氏认为，庄子以眇小属人，而以謷大属天，可见其主张天人相分；《乐记》的天理人欲之辨，理论来源即道家的天人相分。陆九渊认为道家的天人相分说不足取，《乐记》的天理人欲说亦不足辨。陆九渊从天人合一的角度否定了《乐记》的"天理人欲之辨"，抽离了程朱学说之根基。

陆九渊反对"天理"、"人欲"之分，然其于二者仍有颇多论述，比如他说："夫所以害吾心者何也？欲也。欲之多，则心之存者必寡，欲之寡，则心之存者必多。故君子不患夫心之不存，而患夫欲之不寡，欲去则心自存矣。然则所以保吾心之良者，岂不在于去吾心之害乎？"⑤ 又说："天理人欲之相为消长，其间可谓不容发矣。"⑥ 又说："功赞化育而不居，智协天地而若愚，消彼

---

① （宋）陆九渊著，钟哲点校：《陆九渊集》卷三十四《语录上》，中华书局1980年版，第483页。
② （宋）陆九渊著，钟哲点校：《陆九渊集》卷二十二《杂说》，中华书局1980年版，第273页。
③ （宋）陆九渊著，钟哲点校：《陆九渊集》卷三十四《语录上》，中华书局1980年版，第396页。
④ （宋）陆九渊著，钟哲点校：《陆九渊集》卷三十四《语录上》，中华书局1980年版，第395页。
⑤ （宋）陆九渊著，钟哲点校：《陆九渊集》卷三十二《养心莫善于寡欲》，中华书局1980年版，第380页。
⑥ （宋）陆九渊著，钟哲点校：《陆九渊集》卷二十九《程文》，中华书局1980年版，第335页。

人欲而天焉与徒,谦冲不伐,而使骄盈之气无自而作,则凡不言而信,不怒而威者,乃所以为德也。"①陆九渊认为,欲有害人心,欲越多,本心所存就越少,欲越少,本心所存就越多;"天理"、"人欲"互相排斥、此消彼长,人需要通过涵养,从而"消彼人欲"。

陆九渊既主张"天理"、"人欲"合一,又提倡"天理"、"人欲"相分,对此,张立文主张从陆九渊哲学逻辑结构来考察,才能有清楚之认识。张立文认为,反对"天理"、"人欲"之分比较符合陆氏思想逻辑顺序,而讲"天理"、"人欲"之分,则是其思想演变过程中被放弃的观点。②张立文的观点比较符合陆九渊思想的实际。陆九渊以倡导孟子之学为己任,其在恪守儒家伦理方面,与程朱的态度一样,不容有半点马虎。因此,陆氏心学与程朱理学并非水火不容,二者互相影响之痕迹时时可见。

从概念上来看,"天理"、"人欲"并非由《乐记》首先提出,《乐记》的贡献在于其第一次明确地将"天理"、"人欲"对举,并使二者有了内在的联系。宋儒受《乐记》"天理"、"人欲"对举之启发,从而赋予"天理"、"人欲"更丰富的内涵。

对于《乐记》"天理"、"人欲"相分说,朱熹、二程等人表示认可,陆九渊则表示反对。理学家们对《乐记》"天理"、"人欲"之辨的认识,表明他们是以《乐记》为资源阐发自己的思想,而不是从事《乐记》思想之探寻。

理学家们的"天理人欲之辨"与各自的思想体系是密切相关的。程、朱以理为本体,因此程、朱的"天理人欲之辨"以天理为最高追求,而以人欲为应当摒除者。胡宏以性为本体,天理、人欲同出于性,二者是"同体",而从已发之伦理道德来看,二者是"异用",因此胡宏主张存理灭欲。陆九渊以心为本体,"心即理",故不存在道心、人心之别,也就没有天理、人欲之分。各家的本体论不同,对《乐记》"天理"、"人欲"之诠释亦有异。各家于《乐记》之诠释,意非还原《乐记》之本义,而是利用《乐记》达到"注我"之目的。

综上所述,我们可以得到以下三个结论:

第一,在宋代理学思想体系的建构中,"三礼"起着至关重要的作用。理学的核心文本是朱熹《四书章句集注》,其中的《大学章句》、《中庸章句》

---

① (宋)陆九渊著,钟哲点校:《陆九渊集》卷二十九《程文》,中华书局1980年版,第337页。
② 张立文:《走向心学之路——陆象山思想的足迹》,中华书局1992年版,第310页。

皆直接源自《礼记》。此外，宋儒于释老之批判，理学的核心概念如"心"、"性"、"诚"内涵之界定，理学的核心理论"天理人欲之辨"、"道统"论之提出，皆与"三礼"之诠释密不可分。

第二，宋儒的"三礼"诠释属于宋代经学理学化的重要内容。蔡方鹿说："宋明理学家把经学哲学化、宋学哲理化的过程中，并未脱离经学的形式，而是把经典与诠释、文本与所论问题相结合。理学各派均程度不同地认同儒家经典，以此阐发自己的理学思想，并由此形成了不同于汉唐儒学家侧重于训诂考释的经学观。"[①] 理学家通过儒家经典的诠释来阐发理学思想，从而使经学理学化。"三礼"则是宋儒倚靠的重要经典。通过宋儒"三礼"诠释之考察，可以使人们更加清楚地看到宋代理学体系建构与经典诠释之间的关系。

第三，宋儒的"三礼"诠释对于全面理解理学之学术特质有着重要意义。宋明理学有复杂的概念命题、宏大的体系、高度的思辨性，这表明宋明理学具有的哲学的特质。正因为如此，学界于理学之研究亦多将注意力放在了概念、命题之演绎以及方法之归纳上。甚至连宋儒的"三礼"学著作，学界也少有关注。事实上，宋儒对"三礼"之重视程度，毫不亚于其他诸经。宋代理学家通过"三礼"之诠释，在"理"与"礼"之间架起一座桥梁，从而将形而上之哲学建构与形而下之道德修养、生民教化相贯通。这正可以说明理学并非幽深玄远、脱离现实之学。哲理与应用兼而有之是理学之特质，这在宋明理学研究中值得特别重视。

---

① 蔡方鹿：《中国经学与宋明理学研究》（上），人民出版社2011年版，"前言"第7页。

# 第六章　宋儒"三礼"诠释与修身齐家

伽达默尔说:"它(诠释学)的优越性在于能把陌生的东西变成熟悉的东西,它并非只是批判地消除或非批判地复制陌生的东西,而是用自己的概念把陌生的东西置于自己的视野中,并使它重新起作用。翻译会让他者的真理观点相对于自身而得到保存,从而使陌生的因素和自身的因素在一种新的形态中相互交流。"① 宋儒于"三礼"之诠释,喜以先入为主的观念为框架,借"三礼"之记载,从而论证自己的观点。

宋儒"三礼"诠释有三个方面的内容:一是通过"三礼"之诠释,从而明确版本、文字、音义,这是文本诠释;二是通过"三礼"之诠释,从而构建理学思想体系,这是哲学诠释;三是通过"三礼"之诠释,从而解决社会发展所面临的"时代课题",这是经世致用的内容。② 这方面又可以细分为即修身齐家与治国理政两个方面。

除了"三礼"文本诠释外,哲学体系之建构以及经世致用,正是宋儒"用自己的概念把陌生的东西置于自己的视野中,并使它重新起作用"。在本章和下一章中,笔者将结合相关材料,对宋人的"三礼"诠释与修身齐家、治国理政的关系加以探讨,以见宋人"三礼"诠释的经世致用取向。

---

① (德)伽达默尔:《真理与方法——补充和索引》,商务印书馆2007年版,第218—219页。
② 黄俊杰曾以历代《孟子》的诠释为例,对儒家诠释学作了分析。黄先生认为儒家诠释学有三个突出面相:一是作为解经者心路历程之表述的诠释学,即许多儒者透过注经以表达企慕圣贤境界之心路历程;二是许多儒者在有志难伸之余,遂以注疏经典寄予其经世济民的政治理想;三是历代儒者以经典注疏为武器,排击所谓的"非正统"思想。笔者在从事宋儒"三礼"诠释之探讨时,受到了黄俊杰的启发。

## 第一节 "三礼"诠释与宋儒之修身

宋儒重天道性命之学,不过他们的哲学归根结底还是人学。宋儒对天人关系的论述,对人性的揭示,对道德伦理的设定,落脚点皆在理想人格的塑造上。所谓理想人格,是指"在一定的文化环境和社会制度中,出于现实的需要,人们的利益、要求、期望集中于某一个楷模身上,即为理想人格。理想人格是一个社会、一个民族文化中人们最推崇的人格范型,这种人格范型最典型地体现了该社会文化的基本特征和价值标准"①。"三礼"于儒家理想人格之塑造有重要意义,如《仪礼》所记的礼仪,《礼记·曲礼》所记的处世之道,《礼记·大学》所记的内圣外王之道,《礼记·儒行》所记的道德品行,皆是圣人君子应持守的。

### 一、宋儒论《大学》的内圣外王之道

笼统地讲,儒家的理想人格可称之为内圣外王。所谓内圣,是指人通过心性修养,从而达到高尚的道德境界;所谓外王,是指高尚的道德境界在现实社会的外化和彰显。《礼记·大学》中的"修齐治平"实际上就是儒家倡导的内圣外王之道。今人周予同说:"《大学》主张以格物、致知、诚意、正心、修身为个人内心修养的阶梯,就是《庄子·天下篇》中所谓'内圣'之道,也就是中国学者最喜欢说的'体';以齐家、治国、平天下为个人内心修养完成后之自然的展开,就是《天下篇》所谓'外王'之道,也就是所谓'用'。从格物、致知做到平天下,这正是儒者所谓'体用一原''显微无间'的理想人格的完成者的圣人。"②

宋儒重视《大学》所倡导的内圣外王之道,并做了新的诠释。如《大学》"大学之道在明明德,在亲民,在止于至善",司马光云:"明明德所以修身也,亲民所以治天下国家也。君子学斯二者,必至于尽善然后止,不然不足谓之大学也。定者能固执于至善也,静者不为纷华盛丽之所移夺也,安者悦而时习之也,虑者专精致思以求之也,得者入于圣人之道也。"③司马光认为,君子应具

---

① 朱义禄:《儒家理想人格与中国文化》,辽宁教育出版社1991年版,"绪论"第7页。
② 周予同:《〈大学〉和〈礼运〉》,朱维铮编:《周予同经学史论著选集》,上海人民出版社1983年版,第411页。
③ (宋)卫湜:《礼记集说》卷一百四十九,文渊阁《四库全书》第120册,第575页。

备"修身"和"治天下"之志,才能至于"尽善"。司马光于此所言"修身"和"治天下",实际上是内圣外王的另一种说法。

宋人邵甲曰:"明明德者,成己之事也。明德之上,不假他语,径以'明'之一字重复言之,则知至明之德,己所自有,君子非能有所增加于此心之外也。特明其明,而使之勿蔽耳,《易》曰'君子以自昭明德'是也。新民者,成物之事也。味'新'之一辞,则知导民有方,化民以渐。民日迁善而不知,为之者所以为新民之道也,《易》曰'君子以振民育德'是也。夫始于明明德,已而新其民,复继之曰在止于至善,何也?盖至善即明德新民极致之地,明德而未极于至善,则其明为未周,新民而未极于至善,则其化为尚浅。"①邵氏认为,"明明德"乃自身道德修养之事,"德"为本心所有,非外在所能增益,自己当作的,就是使此"德"外化;"新民"乃成就"他物"者,具体地说,就是以方导民、以渐化民;明德、新民有程度深浅之不同,只有当明德、新民达到"极致",方可称为至善。邵氏于此所言,亦《大学》所谓内圣外王之道。

又如《大学》:"古之欲明明德于天下者,……自天子以至于庶人,壹是皆以修身为本。"叶适曰:"此章极体用而言之也。天下一本也,尧、舜、文、武,一人也。人之生也固有位,天地育万物之功,天未尝私其道于一人也,其充之有小大,学之有至不至而已。是故明明德于天下,而要之以尧、舜、文、武之功,此学者之所当然也。然而天下之人悦其外而忘其内,安其末而不思其本,莫知其所以致知者,何也?故敛其用以反其本,收其远而归于近,则明明德于天下者,必先治其国,治其国者,必先齐其家,以至于正心诚意,敛之无余力,用之无余功。举天地之大,万物之众,而反之于吾一念之顷,未有不厌然充足者也。学至此,则尧、舜、禹、汤、文、武固不得以独私其道,而孔子、孟子亦未尝自异于人。盖必有推一念之功,见大道之本,循序而不躐,体物而不遗者,而后古人一贯之理可得而识矣。欲诚其意者先致其知,致知在格物,物格而后知至者,均是人也。"②叶适认为,明明德于天下,成尧、舜、文、武之功,乃学者之当然。不过天下人注重外在的事功,而不重视内在的修养;尧、舜、禹、汤、文、武未尝独得天之道,孔子、孟子亦与常人无异,然

---

① (宋)卫湜:《礼记集说》卷一百四十九,文渊阁《四库全书》第120册,第579页。
② (宋)卫湜:《礼记集说》卷一百五十,文渊阁《四库全书》第120册,第596—597页。

而他们后来有别于常人，是由于人"一念之顷"有异所致。在叶氏看来，人应该从格物致知开始，以见大道之本，再到齐家、治国、平天下，以至于明明德于天下。

宋人张载云："一国一家一身皆在处其身，能处一身则能处一家，能处一家则能处一国，能处一国则能处天下。心为身本，家为国本，国为天下本。心能运身，心所不欲，身能行乎？"① 张载认为，齐家、治国归根结底都在于"处其身"，而心为身本，故心所不欲，身就不能行。言下之意，心为善，则身能为善，心为恶，则身亦为恶。

《大学》"三纲领"、"八条目"所讲的内圣外王之道，实际上有着本末先后的关系，修身为本，齐家、治国、平天下为末。宋儒的理想人格与儒家传统的理想人格是一致的。宋儒在《大学》之诠释中格外强调内圣，认为外王只不过是内圣之自然外化。

**二、"三礼"诠释与理想人格的构成要素**

宋儒倡导内圣外王之道，他们既褒崇"圣贤气象"②，又身体力行，积极入世。宋儒内圣外王理想的内容极为丰富，这不仅见于他们的经典诠释，还见于他们的杂文、语录、诗歌、行状。"三礼"既于礼仪有记载，又于儒家理想人格之要素如礼、义、敬、中庸等亦有阐释。

（一）礼

作为中国传统文化延续的主要形态的礼有多重含义，如仪节、制度、礼貌等皆是礼的应有之义。在中国古代社会，作为一种意识形态，礼规范着人们的行为和思想观念。宋儒讲礼、崇礼，并将礼作为圣贤必须具备的要素之一。

宋儒从事"三礼"之诠释时，强调君子要有礼。如《礼记·曲礼》曰："礼不踰节，不侵侮，不好狎。"周行己曰："礼者，分而已矣。居下而犯上，则踰上之节，不知下之分也。居上而偪下，则踰下之节，不知上之分也。侵侮者失人，不知人之分也。好狎者失己，不知己之分也。君子明礼而知分，故居上不骄，为下不乱，与人不争，处己必敬。此所以作事可法，容止可观，而为

---

① （宋）卫湜：《礼记集说》卷一百四十九，文渊阁《四库全书》第120册，第582页。
② 姜广辉认为，所谓"气象"，即在品评人的时候，往往指一个人的道德修养、精神境界、人格理想、智慧能力以及气质、风范等综合因素，使别人得到一种印象和审美感受。（参见姜广辉：《理学圣人观漫议》，《理学与中国文化》，上海人民出版社1994年版，第277—297页）

万夫之望者也。"① 周氏认为,《曲礼》所云"不蹋节"、"不侵侮"、"不好狎",意在使人明上下之分,与人不争,处已必敬。

关于《礼记·曲礼》所记日常生活礼仪,吴必大曰:"礼立乎天地之间而人参焉,人之所以异于禽兽者,以其有礼也。……《曲礼》一书,其识饮食之礼备矣。尝试言其略:曰共食不饱,共饭不泽手,夫饱非逊道也,不泽手为其近于秽也。曰流歠,曰固获,曰扬饭,曰嚃羹,曰嚌炙,欲速也,求多也,凡可以得食者无不力也,厚已而薄人也,有声而无容。终食之间,须臾之离,而贤不肖之趋,胸中莫掩焉,是可以观人矣。是故圣人致详于饮食之际也,其旨深。诸生来前,吾语子礼,其承而师,孙而友,谨而饥渴之害,群居终日,唯善是务,觞酒豆肉而成德寓焉。幼之学,壮而行,礼不可胜用矣。"② 吴氏认为,《曲礼》所记载的日常饮食之礼有深义存焉,少而学礼,壮而用礼,礼不可胜用。

又如《曲礼》曰:"人有礼则安,无礼则危。故曰,礼者不可不学也。"张载曰:"学礼,学者之尽也,未有不须礼以成者也。学之大,于此终身焉,虽德性亦待此而长。惟礼乃是实事,舍此皆悠悠,圣庸共由此途,成圣人不越乎礼,进庸人莫切乎礼,是透上透下之事也。"③ 张载认为,学礼是儒者应有之事,不学礼则不能成圣;学礼是学之大者,乃终身之事,人之德性亦由学礼而有长进。

吕大临曰:"富贵者,人之所共敬者也;贫贱者,人之所共慢者也;礼者自卑而尊人,虽负贩之至贱,犹不敢慢而必有所尊,况人之所共敬者乎?古之君子,不侮鳏寡,不畏强御,苟无礼以节于内,则外物之轻重,足以移其常心矣。故富贵者,知其所当敬,则不骄不淫;贫贱者,知其所自敬,则志不慑。"④ 吕氏认为,人常敬重富贵者,常轻慢贫贱者,礼主张尊卑有等,不轻慢贫贱者。古之君子应不侮鳏寡,不畏强御,若无礼归正,那么其心难免

---

① (宋)周行己:《经解》,《全宋文》第137册,上海辞书出版社、安徽教育出版社2006年版,第123页。
② (宋)吴必大:《礼堂记》,《全宋文》第355册,上海辞书出版社、安徽教育出版社2006年版,第164—165页。
③ (宋)卫湜:《礼记集说》卷二,文渊阁《四库全书》第117册,第51页。
④ (宋)吕大临:《礼记解》,陈俊民辑校:《蓝田吕氏遗著辑校》,中华书局1993年版,第193页。

随外诱而役于物。吕大临于此所言"古之君子",实际上就是其所设定之理想人格。

戴溪亦曰:"礼以卑为主,以恭为本。有自是之心者,不可以语礼;有自大之心者,不能以行礼。故礼者,所以柔伏其侈大之意,而习为退逊谦下之道。故有礼之人,其容肃然,以正其气,粹然以和,望其颜色而知其人之可亲也;其容狠,其气暴,望其颜色而生慢易之心者,必其无礼之人也。富贵之失礼以骄,贫贱之失礼以谄,骄者失于亢,谄者失于卑,其为失礼,一也。"①戴溪认为,礼以谦逊为主,以恭敬为本;自以为是之人不能知礼,自大高傲之人不能行礼;礼可以使侈大之心得以柔服,使谦虚就下之道成为常习;懂礼行礼之人容貌坦然文中,神气平正,温和纯粹,一见神态即知其为可亲者,无礼之人容貌阴狠,性情暴烈,望其神态而生慢易之心。

宋儒认为,贤人君子学礼守礼,不仅可提升人之修养,还有益于正天下国家。如《礼运》:"言偃复问曰:'如此乎礼之急也?'孔子曰:'夫礼,先王以承天之道,以治人之情,故失之者死,得之者生。……是故夫礼必本于天,殽于地,列于鬼神,达于丧、祭、射、御、冠、昏、朝、聘。故圣人以礼示之,故天下国家可得而正也。'"宋人刘执中曰:"先王正心诚意,动必如礼者,欲盛厥德,以配天地也,不曰承天之道乎?礼有定制,执民两端,不敢过也,不敢不及也,不曰治人之情乎?人失乎礼则行悖于中,刑祸之道也,不曰死乎?人得其礼则动协于极,不曰生乎?……故天得其礼则阴阳和,地得其礼则刚柔顺,而无干亢之患;鬼神得其礼则生以时,而无咎征之失;至于丧、祭、射、御、冠、昏、朝、聘得其礼,则君臣、父子、兄弟、夫妇、朋友各得其分而不失其常,不曰天下国家可得而正乎?则人之为道无礼焉,性命不可得而正矣。若网之有纲,万目待之然后理,若木之有规,万器待之然后成,惟礼为然。"②刘执中认为,先王"承天之道",即先王正心诚意,言行合礼,弘扬其德,与天地相配;先王"治人之情",即据礼定仪制,择而用之于民,无过无不及;"失之者死",即失礼则悖于中道,灾祸及身;"得之者生",即有礼则行动协调,合符中道;"天下国家可得而正",即天地得礼则阴阳和顺,鬼神得礼则生以时,诸仪得礼,则君臣、父子、兄弟、夫妇、朋友各有职分而不至

---

① (宋)卫湜:《礼记集说》卷二,文渊阁《四库全书》第117册,第52页。
② (宋)卫湜:《礼记集说》卷五十四,文渊阁《四库全书》第118册,第127页。

于混乱。

《礼记》认为,五礼之中莫重于祭。《祭统》曰:"凡治人之道,莫急于礼;礼有五经,莫重于祭。夫祭者,非物自外至者也,自中出,生于心也。心怵而奉之以礼。是故唯贤者能尽祭之义。"宋人方悫曰:"六典之有刑,非不重也,然不若礼之为急。五礼之有军,非不急也,然不若祭之为重。礼有经,义有权,经言其常,权言其变。五经者,礼之常也;可以义起者,礼之变。心有所怵于内,故以礼奉于外而已。盖以其自中出,非外至故也。奉之以礼者,见乎物;尽之以义者,存乎心。徇其物而忘其心者,众人也,发于心而形于物者,君子也,故曰唯贤者能尽祭之义。"① 方悫认为,六典有刑,然不若礼之急迫;五礼有军礼,然不若祭礼之重要;心之感触,以礼的形式得以外化;祭祀时,只有君子、贤者才能尽到思念之情、祭祀之义。

(二) 义

义是与利密切相关的范畴,最先由孔子提出。孔子曰:"君子喻于义,小人喻于利。"② 意即君子明义重义,以义为价值取向;小人明利重利,以利为价值取向。孟子、董仲舒以及《大学》的作者继承了孔子的义利观,并作了发挥。

宋儒重视义利之辨,如张栻认为人之为学"莫先于义利之辨"③,朱熹亦认为"义利之说乃儒者第一义"④。宋儒在《礼记》诸篇所言义理之基础上,阐发了自己的义利观。如《大学》云:"长国家而务财用者,必自小人矣。彼为善之,小人之使为国家,灾害并至,虽有善者亦无如之何矣。此谓国不以利为利,以义为利也。"《大学》认为,治理国家不能以私利为利,而应以道义为利。叶梦得曰:"聚人者财,理财者义。务财用,求所以聚人也;不务财用,求所以为义也。小人不知所以聚人,而务在于聚财,此灾害所以并至也。盖冉求尝问于孔子曰:'既庶矣,又何加焉?'曰:'富之。'及为季氏聚敛,则曰'鸣鼓而攻之可也'。夫始告之以富者,欲以聚人,终责之以聚敛者,为其不

---

① (宋)卫湜:《礼记集说》卷一百十四,文渊阁《四库全书》第119册,第461页。
② (清)阮元校刻:《十三经注疏(附校勘记)》,中华书局1980年版,第2471页。
③ (宋)杨万里:《诚斋集》卷一百十六《张左司传》,文渊阁《四库全书》第1161册,第479页。
④ (宋)朱熹:《晦庵先生朱文公文集》卷二十四《与延平李先生书》,朱杰人等编:《朱子全书》(修订本)第21册,上海古籍出版社、安徽教育出版社2010年版,第1082页。

义。圣人之意盖可知也。"①叶氏认为，聚敛财富的根本目的是聚人，不聚敛财富的目的是求义；小人专事聚财而不知求义，遂招致灾害；专事聚敛财富者不义，是小人之事；以义为目标，不专事聚敛财富者则是君子之事。

又如朱熹曰："怨已结于民心，则非一朝一夕之可解矣。圣贤深探其实，而极言之，欲人有以审于未然，而不为无及于事之悔也。以此为防，人犹有用桑弘羊、孔仅、宇文融、杨慎矜、陈京、裴延龄之徒，以败其国者。故陆宣公之言曰：'民者，邦之本；财者，民之心。其心伤，则其本伤；其本伤，则枝干凋瘁，而根本蹶拔矣。'吕正献公之言曰：'小人聚敛以佐人主之欲，人主不悟，以为有利于国，而不知其终为害也。赏其纳忠，而不知其大不忠也。嘉其任怨，而不知其怨归于上也。'呜呼！若二公之言，则可谓深得此章之指者矣，有国家者可不监哉！"②朱熹引陆贽和吕希哲之语，认为聚敛财富乃小人之事，伤民心，伤国本；人主敛财，令智昏而不知害。由此可见，朱熹认为君子不应聚财，这样于民于国皆有利。

真德秀曰："义者，天理之公也；利者，人欲之私也。二者如冰炭之相反。然一于义，则利自在其中。盖义者，宜也，利亦宜也。苟以义为心，则事无不宜也，不惟宜于己，亦且宜于人，人己两得其宜，何利如之？若以徇利为心，则利于己必害于人，争斗攘夺于是乎兴，己岂能享其利哉！"③真德秀认为，义乃天理之公，而利乃人欲之私，二者似有冰炭之别；以义为心，于己于人均得其宜，以利为心，利己而害人，争斗起，而利不能享。真德秀认为，义乃天理，利乃人欲，带有明显的理学色彩。

叶梦得、朱熹、真德秀皆以义、利为对立之范畴，在他们看来，真正的君子、贤人应重义轻利。这是对孔孟义利观之继承，也是他们所设定的理想人格所应具有之特征。

不过，也有部分宋人不是从道德和物质财富的角度来界定"义"。如《曲礼上》："临财毋苟得，临难毋苟免。很毋求胜，分毋求多。疑事毋质，直而勿有。"吕大临曰："趋利避害，人之情也，虽君子亦然，特主于义而不苟也。义可得则受，义不可得则不受，则得不得有义矣；义可免则免，义不可免则不

---

① （宋）卫湜：《礼记集说》卷一百五十三，文渊阁《四库全书》第 120 册，第 668 页。
② （宋）卫湜：《礼记集说》卷一百五十三，文渊阁《四库全书》第 120 册，第 668—669 页。
③ （宋）卫湜：《礼记集说》卷一百五十三，文渊阁《四库全书》第 120 册，第 670 页。

免,则免不免有义矣。君子所趋,惟义而已。"① 王子墨曰:"君子财有所当得,难有所可免。得其所当得,天下不以为贪;免其所可免,天下不以为怯。至于非所当得,君子泊然无欲心,非所可免,君子毅然无难色,盖惟义所在。"② 费氏曰:"欲富不欲贫,欲得不欲丧,人之常情也。临财不嫌于得,虽君子无异于众人。然苟得财者无所不为,而不思义之可不可,则君子不为也。"③ 吕大临、王子墨、费氏认为,趋利避害是人之常情,君子亦如此;如果财物所得合于"义",则可得,如果财物所得不合于"义",则不可得;面临危难时,如果逃避合于"义",则可逃避,如果逃避不合于"义",则不可逃避。故君子所行,"惟义所在"。

(三) 中庸

先秦时期,儒家多是从道德和方法论层面来界定"中庸",如孔子曰:"中庸之为德也,其至矣乎!民鲜久矣。"④ 孔子亦认为中庸有无过无不及之义,过或不及皆非中庸。《中庸》曰:"故君子尊德性而道问学,致广大而尽精微,极高明而道中庸。"《中庸》认为"极高明而道中庸"乃儒家理想人格之衡量标准。"极高明",是指"高明配天",意即君子的境界与天一样高明。而要达到这种境界,需要人的言行与中庸之道相合,君子应是"极高明"与"道中庸"的完美统一。

宋人杨时曰:"道止于中而已矣,出乎中则过,未至则不及,故惟中为至。夫中也者,道之至微,故中又谓之极。屋极亦谓之极,盖中而高故也。极高明而不道中庸,则贤知之过也;道中庸而不极乎高明,则愚不肖之不及也。世儒以高明、中庸析为二致,非知中庸也。以谓圣人以高明处己,中庸待人,则圣人处己常过之,待人常不及,道终不明不行,与不肖者无以异矣。"⑤ 杨时认为,道之境地是中,过或不及皆非中;中乃道之极致精微,因此中又称极;"极高明"与"道中庸"相统一,"极高明"而不"道中庸",则是贤人智者之过,"道中庸"而不"极高明",则是愚者和不肖者之过。杨时认为,若以"高明"、

---

① (宋) 吕大临:《礼记解》,陈俊民辑校:《蓝田吕氏遗著辑校》,中华书局1993年版,第189页。
② (宋) 卫湜:《礼记集说》卷一,文渊阁《四库全书》第117册,第29页。
③ (宋) 卫湜:《礼记集说》卷一,文渊阁《四库全书》第117册,第32页。
④ (清) 阮元校刻:《十三经注疏(附校勘记)》,中华书局1980年版,第2479页。
⑤ (宋) 卫湜:《礼记集说》卷一百三十四,文渊阁《四库全书》第120册,第288页。

"中庸"分而言之,以高明为圣人处己,以中庸为圣人待人,那么就难明中庸之义,结果将导致中庸之道昏昧不明。

周谞曰:"至德中庸之人,德至道高,明之天道。由天而为人者,必归乎中庸;由人而入天者,必始乎中庸。故曰苟不至德,至道不凝焉。尊德性然后致广大,道问学然后尽精微。致广大然后极高,尽精微然后极明,高明既极矣,而天下为难继,故俯而道乎中庸。"① 周氏认为,德行至高而又守中庸之道,当是明天道之人。由天道而转为人道,最终将归为中庸之道。由人道而上升为天道,也必须由中庸之道为起始。致广大、尽精微而后能极高明,高明既极,而天下难以为继,因此当道中庸使人通晓。

释契嵩曰:"故礼、乐、刑、政者,天下之大节也;仁、义、智、信者,天下之大教也。情之发不踰其节,行之修不失其教,则中庸之道庶几乎。夫中庸者,立人之道也。是故君子将有为也,将有行也,必修中庸,然后举也。饮食可绝也,富贵崇高之势可让也,而中庸不可去也。其诚其心者,其修其身者,其正其家者,其治其国者,其明德于天下者,舍中庸其何以为也!亡国灭身之人,其必忘中庸故也。"② 释契嵩认为,中庸对于诚心修身、明德治国都是十分必要的,舍中庸,将导致亡国灭身。

《中庸》有"时中"之概念③,《中庸》:"仲尼曰:'君子中庸,小人反中庸。君子之中庸也,君子而时中;小人之中庸也,小人而无忌惮也。'"《中庸》认为,君子言行符合中庸之道,小人言行违反中庸之道。君子之中庸,是因为君子的言行时刻合宜适中;小人反中庸,是因为小人的言行肆无忌惮。《中庸》强调"中"有顺"时"而变的灵活性,这种灵活性是以道德原则为主宰和灵魂,并非随意为之。

宋人游酢曰:"君子者,道中庸之实也。小人则窃中庸之名而实背之,是中庸之贼也,故曰反中庸。君子之于中庸,自幼壮至于老死,自朝旦至于暮夜,所遇之时,所遭之事,虽不同,其为中,一也,故谓之时中,言行小变而不失其大常也。小人之于中庸,则居之似忠信,行之似廉洁,而居之不疑,或

---

① (宋)卫湜:《礼记集说》卷一百三十四,文渊阁《四库全书》第120册,第290页。
② (宋)释契嵩:《中庸解第一》,《全宋文》第36册,上海辞书出版社、安徽教育出版社2006年版,第242页。
③ "时中"概念最早出自《周易》,如《易·损卦·彖》:"损刚益柔有时,损益盈虚,与时偕行。"《艮卦·彖》:"时止则止,时行则行。动静不失其时,其道光明。"

诡激以盗名,进锐退速,此所谓无忌惮而反中庸者也。"① 游氏认为,君子言行是中庸之实,小人往往窃取中庸之名而背离其实;所谓"时中",即不同时间,所遇之事各异,"中"的原则却一直贯穿其中;不同时间的言行各异,常道却贯穿其中。

杨时曰:"事各有中,故执中必有权,权犹权衡之权,所以称物之重轻而取中也。中无常主,惟其时焉耳,时者,当其可之谓也。……君子之趋变无常,盖用权以取中也。小人不知时中之义,反常乱德以欺世,其为中庸也,乃所以为无忌惮也。"② 若要执中,那么必须有权衡,事物并非一成不变,因此应根据权衡取其宜;君子懂变化无常,故能权衡以取中;小人不知中庸之义,违反常规,变乱道德,以中庸的假象欺骗世人,肆无忌惮。

朱熹曰:"君子之所以为中庸者,以其有君子之德而又能随时以处中也。小人之所以反中庸者,以其有小人之心而又无所忌惮也。盖中无定体,随时而在,是乃平常之理也。君子知其在我,故能戒谨不睹,恐惧不闻,而无时不中。小人不知有此,则肆欲妄行而无所忌惮矣。"③ 朱熹认为,中无定体,随时而变;有德之君子知随时而处中,故能恪守中庸之道;有小人之心者无所忌惮,故其所行反中庸之道。

《中庸》以是否能恪守中庸之道为衡量君子贤人之标准,宋儒在《中庸》之基础上,从道德和方法论的角度对中庸之道做了辨析。如于《中庸》"极高明而道中庸"之命题,以及"时中"等概念,宋儒之论述皆与他们所设定的理想人格相关联。宋儒于中庸之道之辨析,承《中庸》以君子、小人对举之方式,以践履中庸之道者为君子和贤人,反之则为小人。当然,宋儒于"中庸"、"时中"概念之理解,与《中庸》之原义并非无异,然而在强调中庸之道为理想人格之属性这一点上,宋儒与《中庸》却是一致的。

(四)诚

前面对本体意义的"诚"已有所考察,就字义来说,"诚"乃真实无伪之义,有着明显的道德色彩。宋儒以《中庸》所言"诚"为理想人格之要素,并做了阐释。

---

① (宋)卫湜:《礼记集说》卷一百二十五,文渊阁《四库全书》第120册,第48页。
② (宋)卫湜:《礼记集说》卷一百二十五,文渊阁《四库全书》第120册,第48页。
③ (宋)卫湜:《礼记集说》卷一百二十五,文渊阁《四库全书》第120册,第49页。

如《中庸》曰："诚者，天之道也。诚之者，人之道也。诚者，不勉而中，不思而得，从容中道，圣人也。诚之者，择善而固执之者也。"周敦颐曰："圣人诚而已矣。诚，五常之本，百行之源也。静无而动有，至正而明达也。五常百行非诚非也，邪暗塞也，故诚则无事矣。"①周敦颐认为，诚乃"五常"之本、百行之源，圣人之境界就是达到诚而已矣。

吕大临曰："诚者，理之实然，致一而不易者也。天下万古人心物理，皆所同然，有一无二，虽前圣后圣，若合符节，是乃所谓诚，诚即天道也。天道自然，无勉无思，其中其得，自然而已。圣人诚一于天，天即圣人，圣人即天。由仁义行，何思勉之有？"②吕氏认为，诚是真实之存在，稳定合一而不变，自古以来人心物理皆同，前圣后圣若合符节，就是因为有诚贯穿其中；诚乃天道，天道自然而然，圣人与天道合一，天道之本质在圣人之德性上有所体现。

朱熹曰："诚者，真实无妄之谓，天理之本然也。诚之者，未能真实无妄，而欲其真实无妄之谓，人事之当然也。圣人之德，浑然天理，真实无妄，不待思勉而从容中道，则亦天之道也。未至于圣，则不能无人欲之私，而其为德不能皆实。"③朱熹认为，诚即真实无妄之义，乃天理之本然；圣人与天理浑然为一，故能真实无妄；一般人有人之私欲，虽能部分有诚，却难以完全实现真实无妄。

周敦颐、吕大临、朱熹于此是从哲学与伦理的双重角度对《中庸》"诚"字之诠释。一方面，诚乃本体，为圣人德行之源，圣人德行与诚若合符节，浑然一体；另一方面，诚乃道德概念，其义为真实无妄，圣人有诚，而一般人则需通过学习，部分实现真实无妄。

又如《中庸》曰："诚者自成也，而道自道也。诚者物之终始，不诚无物，是故君子诚之为贵。"《中庸》认为，诚是自我完成的，而道是自己履行的；诚贯通万物之始终，不诚就没有事物，所以君子最珍视诚。程颢曰："圣人言忠信者多矣。人道只在忠信，不诚则无物。且出入无时，莫知其乡者，人心也，若无忠信，岂复有物乎？"④程颢认为，诚之本义为忠信，圣人谈论忠信者很

---

① （宋）卫湜：《礼记集说》卷一百三十二，文渊阁《四库全书》第120册，第231页。
② （宋）卫湜：《礼记集说》卷一百三十二，文渊阁《四库全书》第120册，第233页。
③ （宋）卫湜：《礼记集说》卷一百三十二，文渊阁《四库全书》第120册，第236页。
④ （宋）卫湜：《礼记集说》卷一百三十三，文渊阁《四库全书》第120册，第262页。

多；人道讲求忠信，不忠信则不能成就事情。

程颢又曰："学者不可以不诚，不诚无以为善，不诚无以为君子。修学不以诚，则学杂为事，不以诚则事败；自谋不以诚，则是欺其心而自弃其志；与人不以诚，则是丧其德而增人之怨。今小道异端亦必诚而后得，而况欲为君子者乎！故曰学者不可以不诚。"① 程颢认为，学者不可以不诚，不诚就不能为善，不能成为君子；若学者学习不以诚就不能成就学业，谋划不以诚就是自欺己心、放弃志向，待人不以诚就是丧其德而徒增怨恨；小道异端有诚才会有所得，何况君子，故学者不可以不诚。

喻樗曰："君子之于诚，自成而已，其于道，自道而已，非由外铄我也，我固有之也。生乎由是，死乎由是，盖终始不渝，然后可以言诚，不诚则无物，何以使人观而化，与夫动天地，感鬼神哉！是故君子诚之为贵也。"② 喻氏认为，君子于诚，自我完善而已，于道，自我践履而已；诚、道乃自身所固有，不须外添；生和死亦是自我完成、自我践履，只有始终不变，才可以言诚，不诚就不能成就事情，故君子以诚为贵。

程颢、喻樗于《中庸》"诚"字之诠释，是从道德意义的角度展开的。在二人看来，诚是待人处世的重要原则，君子遵循诚，才会有所得。需要指出的是，程颢既以诚为道德概念，又以诚为本体，我们于此所强调的，主要是程颢所阐述的"诚"的道德意义。

### 三、"三礼"诠释与成圣之途径

宋儒借《大学》以明内圣外王的理想人格，又借《曲礼》、《礼运》、《大学》、《中庸》以明理想人格之道德要素。此外，宋儒还对礼、义、中庸、诚等道德要素内化为人的道德品质之途径做了探讨。在"三礼"之诠释中，宋儒认为理想人格形成之途径有三，即"学"、"致知穷理"和"主敬"。

#### （一）学

在讨论学与宋儒成圣观的关系之前，有必要陈述宋儒于人性与学之关系的认识。

先秦诸子的思想是中国思想的活水源头。先秦诸子中，孟子主张性善，而荀子主张性恶。孟子的性善论与宋儒成圣观相吻合，因此宋儒尊孟而贬荀。

---

① （宋）卫湜：《礼记集说》卷一百三十三，文渊阁《四库全书》第120册，第263页。
② （宋）卫湜：《礼记集说》卷一百三十三，文渊阁《四库全书》第120册，第268页。

理学家为了寻找通过修养进入圣人境界的可能性时，从思孟学派那里寻找到了根据。宋儒提倡性善论，认为"圣人可学而至"①。

《礼记》的《学记》、《中庸》等篇目对为"学"的方法、意义等有全面之探讨。宋儒认为，理想人格之塑造，重要途径之一就是"学"。

首先，宋儒通过《学记》之诠释，为"学"之必要性寻找理论根据。《学记》曰："良冶之子必学为裘，良弓之子必学为箕，始驾马者反之，车在马前。君子察于此三者，可以有志于学矣。"宋人戴溪曰："夫子曰：'性相近也，习相远也。'夫三子言性，止曰性而已，独夫子性习兼言之，此其所以善论性也。夫人性不甚相远，善恶之分全系乎习，习与性成久而自然，人知其为性，不知其为习也。良冶之子必学为裘，良弓之子必学为箕，人情皆然也。始驾马者反之，车在马前，物理亦然也。少而习之，长而安焉，耳目见闻转移心志，而不自知，是故学者贵乎习也。观听以习其外，涵泳以习其内，德之不进，未之有也。"②戴溪据孔子"性相近也，习相远也"一语，认为人性本无差别，人有善恶之分，是由于习之不同所致。戴溪认为，学习乃人之常事，故铁匠的儿子先须学制作裘衣，弓匠的儿子先须学编制簸箕；学习亦是物之常事，故教小马驾车，须先将小马拴在车后，让小马随车而行；年少时学习，通过耳濡目染，心志随之变化，成年后才能安身。

其次，宋儒通过《学记》之诠释，认为学习是成德之重要途径。《学记》曰："君子如欲化民成俗，其必由学乎！"张载曰："何谓学？成德谓之学，学在乎推广，而不可以不思。"③张载认为，学习之目的是完善人的道德品质。

《学记》又云："大学始教，皮弁祭菜，示敬道也。"马氏曰："古之君子，其学也，为道而已，岂为官而学哉？然而士之学者，未有不志于行道者也。"④马氏认为，古之君子学习，是为了完善道德，并非为了做官；士人学习，是为

---

① 关于这一点，姜广辉已有探讨。姜广辉认为，孟子的性善论之所以为宋儒所重视，一是因为唐代惠能所创立的南宗禅实际上是平民哲学，南宗禅使"人人皆有佛性"的观点深入人心，以至于成为当时社会的心理积淀；二是因为宋代理学家们为了提升人们的道德品格来建立清明政治，于是树立了"圣人"这一理想人格。为了证明"优入圣域"的可能性，于是又从思孟那里引来源头活水。（参见姜广辉：《理学圣人观漫议》，《理学与中国文化》，上海人民出版社1994年版，第277—297页）
② （宋）卫湜：《礼记集说》卷九十，文渊阁《四库全书》第118册，第880页。
③ （宋）卫湜：《礼记集说》卷八十八，文渊阁《四库全书》第118册，第832页。
④ （宋）卫湜：《礼记集说》卷八十八，文渊阁《四库全书》第118册，第849页。

了拥有高尚之品格。

《学记》又云："玉不琢，不成器；人不学，不知道。是故古之王者建国君民，教学为先。"戴溪曰："夫人之所以贵于为学者，谓其知道也。道本在我，人唯不学，故有所不知。则道与人为二物，苟不知道，则触事面墙，其意皆以善为之，而卒陷于不义者多矣，况于死生祸福之际乎？"①戴溪认为，学习可使人知"道"，故学习经历为人所重视；道虽为本心所有，不学习却不能明之。若不明道，处世时虽还有善意，最终却陷于不义。

陈祥道云："玉则璞之至美者也，人则性之至贵者也。器待琢而后成，苟不琢焉，虽其质至美，不成器者有矣。道待学而后知，苟不学焉，虽其性至贵，不知道者有矣。"②陈氏认为，玉是璞中最美的，人性则是人之所有中最宝贵的；物需琢磨方能成器，若不琢磨，虽质地优良，亦难成器；道需学习方能晓，若不学习，虽有极高悟性，亦难明道。

再次，宋儒通过《学记》、《中庸》之诠释，认为学习是圣人君子的必然选择。《学记》云："故君子之于学也，藏焉，修焉，息焉，游焉。"宋人胡铨曰："学者，君子之所以藏身，犹鱼之藏于水，不可离也。"③胡氏认为，学习与君子藏身之术，就像鱼与水一样不可分离。

陈祥道亦曰："君子之于学也，将以致道，没身不怠而已。故藏焉以蕴其所已知，月无忘其所能是也。修焉以习其所未知，日知其所亡是也。……君子之于学如此，故能安其学而亲其师，乐其友而信其道矣。"④陈氏认为，学习是致道的必要途径，故君子至死都需要学习；积累可以丰富已知者，每月使已知者不致遗忘；练习可以懂得未知者，每天使自己知道所缺乏的；君子如此对待学习，方能亲近师长、友爱学友和笃信正理。

程颐十分重视后天的学习。如《中庸》："或生而知之，或学而知之，或困而知之，及其知之，一也。"程颐曰："生知者，只是他生自知义理，不待学而知。纵使孔子是生知，亦何害于学？如问礼于老聃、访官名于郯子，何害于孔子？礼文官名，既欲知旧物，又不可凿空撰得出，须是问他先知者始得。"⑤程

---

① （宋）卫湜：《礼记集说》卷八十八，文渊阁《四库全书》第118册，第835页。
② （宋）卫湜：《礼记集说》卷八十八，文渊阁《四库全书》第118册，第834页。
③ （宋）卫湜：《礼记集说》卷八十九，文渊阁《四库全书》第118册，第854页。
④ （宋）卫湜：《礼记集说》卷八十九，文渊阁《四库全书》第118册，第853页。
⑤ （宋）卫湜：《礼记集说》卷一百三十，文渊阁《四库全书》第120册，第193页。

颐虽然认为有生而知之者,但是他于此所强调的是学而知之者。程颐认为,即使是孔子这样的圣人,还是需要学习,如孔子问礼于老聃,访官名于郯子等,因此,对于一般人来说,学习更是修身成德、治国平天下之必要前提。

(二) 致知穷理

《大学》中的"格物"、"致知"概念,前面已从理学的角度做了探讨。实际上,《大学》所言"格物"、"致知"还与宋儒所崇尚的道德理性密切相关。

宋儒认为,圣贤必然明晓天理,因此成圣的途径之一是如何认识天理、摒弃人欲。程颐曰:"格,至也。格物,言穷理也。"①"知者,吾之所固有,因物有迁,则迷而不知。迷而不知,则天理灭矣。故圣人欲格物以致其知也。"② 程颐认为,格物之意在穷理,人受外诱,本有之知不明,天理湮而不彰;格物意在致知,致知意在穷理,穷理即成圣之途径。

朱熹云:"儒者之学,大要以穷理为先。盖凡一物有一理,须先明此,然后心之所发,轻重长短,各有准则。《书》所谓'天叙'、'天秩'、'天命'、'天讨',《孟子》所谓'物皆然,心为甚'者,皆谓此也。……熹以为心之本体固无时不虚,然而人欲已私汩没久矣,安得一旦遽见此境界乎?故圣人必曰正其心,而正心必先诚意,诚意必先致知,其用力次第如此,然后可以得心之正而复其本体之虚,亦非一日之力矣。今直曰无时不虚,又曰既识此心则用无不利,此亦失之太快而流于异学之归矣。"③ 朱熹认为,人心本是清净无欲,不过由于私欲之侵蚀,清净之心遂昏暗不明;儒者通过正心、诚意、致知、穷理,最终实现正心,成为圣人。

胡宏云:"请问大学之方可乎?曰:致知。请问致知。曰:致知在格物。物不格,则知不至。知不至,则意不诚。意不诚,则心不正。心不正而身修者,未之有也。是故学为君子者,莫大于致知。彼夫随众人耳目闻见而知者,君子不谓之知也。"④ 胡宏认为,学为君子,最好的途径莫过于致知,致知与众人耳目闻见之知有根本之区别。胡宏曰:"视而知其形,听而知其声,各以其类者,亦禽兽之所能也。视万形,听万声,而兼辨之者,则人而已。睹形色而知其

---

① (宋) 卫湜:《礼记集说》卷一百四十九,文渊阁《四库全书》第120册,第580页。
② (宋) 卫湜:《礼记集说》卷一百四十九,文渊阁《四库全书》第120册,第580页。
③ (宋) 朱熹:《晦庵先生朱文公文集》卷三十《答张钦夫》,朱杰人等编:《朱子全书》(修订本) 第21册,上海古籍出版社、安徽教育出版社2010年版,第1314页。
④ (宋) 胡宏著,吴仁华点校:《知言·义理》,《胡宏集》,中华书局1987年版,第32页。

性,闻声音而达其义,通乎耳目之表、形器之外,非圣人则不能与于斯矣。"①胡宏认为,圣人能在众人之知的基础上知其性、达其意,因此胡宏所说的致知是超越感性认识的道德理性认识。

关于《大学》中的"格物"、"致知"概念,宋儒出于理学建构之需要,多从认识论的角度加以诠释。不过,"哲学与伦理相结合,是中国传统哲学的重要特征。表现在知范畴理论上,则是认识论与道德论的结合"②。根据以上辨析,可知宋儒于《大学》"格物"、"致知"之诠释有明显的伦理倾向。在宋儒看来,格物意在致知穷理,而致知穷理的最终指向是宋儒的理想人格——圣贤。

(三) 主敬

"敬"是自我体验、自我操持的涵养方法,其主要内容是"主一无适","敬畏"而"不欺慢"。③由于敬是塑造理想人格、实现人性自觉的重要途径,故被宋儒广泛使用和宣传。宋儒在从事"三礼"之诠释时,对"敬"给予了特别关注。

如《曲礼上》曰:"毋不敬,俨若思,安定辞,安民哉!"《曲礼》认为,仪容要端庄稳重,若有所思,措辞要安详确定,这样才能安定民心。张载曰:"事主于敬,则无过举也。动容貌,正颜色,出辞气,则民可望而知也。学者必自此推类。"④张氏认为,君子为人处世专一于敬,就不会有过错;端正姿容体态,整饬面部表情,理顺言谈辞令,百姓见此,便可受到教化。

吕大临曰:"自天子至于庶人,壹是以修身为本。欲修其身,先正其心者,敬之谓也。修身者,正言貌以礼者也。故毋不敬者,正其心也。"⑤吕氏认为,天子到庶人,均以修身为本,要修身则需端正其心,这就是"敬"。

周行己曰:"毋不敬,所以戒夫人之不可以不敬也,盖敬者,君子修身之道也,所以闲邪而存诚者也。敬斯定,定斯正,正者,德之基也。慢斯怠,怠斯邪,邪者,德之贼也。古之人,相在尔室,不愧屋漏,出门如见大宾,使民如承大祭,何所不用其敬哉?"⑥周氏认为,"毋不敬"乃警戒之语,即人不可

---

① (宋)胡宏著,吴仁华点校:《知言·往来》,《胡宏集》,中华书局1987年版,第14页。
② 蔡方鹿:《知》,四川人民出版社2004年版,第16页。
③ 参见蒙培元:《理学范畴系统》,人民出版社1989年版,第405页。
④ (宋)卫湜:《礼记集说》卷一,文渊阁《四库全书》第117册,第21页。
⑤ (宋)卫湜:《礼记集说》卷一,文渊阁《四库全书》第117册,第21—22页。
⑥ (宋)卫湜:《礼记集说》卷一,文渊阁《四库全书》第117册,第22页。

以不敬；敬是君子修身之道，敬才能有专一，专一才能不误，而不误乃道德之基础。

真德秀云："《曲礼》一篇为《礼记》之首，而'毋不敬'一言为《曲礼》之首。盖敬者，礼之纲领也。曰'毋不敬'者，谓身心内外不可使有一毫之不敬也。其容貌必端，严而若思，其言辞必安定而不遽，以此临民，民有不安者乎？"①真氏认为，由于敬是礼的纲领，所以"毋不敬"列于《曲礼》篇首；"毋不敬"，义即身心内外无一不主敬。

又如《礼记·曲礼》："若夫坐如尸，立如齐。"周行己曰："君子之所以必庄必敬者，非所以饰外貌，所以养其中也。盖其心肃者，其貌必庄。其意诚者，其体必敬。为尸者所以象神，不庄不敬则神弗临之矣。必庄必敬然后可以为尸，故君子之坐如之。为齐者所以接神，不庄不敬则神弗接之矣。必庄必敬然后可以为齐，故君子之立如之。方是时也，其心寂然而无一物，其孚颙若而无他虑。是心也，圣人之心也。"②周氏认为，庄敬之姿态并非是做样子给别人看，而是养己之心。

张载、吕大临、周行己、真德秀等人皆重视《礼记》所言"敬"。一方面，他们以敬为正心之前提，敬于此乃修养之方法；另一方面，内外合一、体态端庄、容颜和悦、辞令顺畅乃敬之内容，因此敬本身就是一种境界。

## 第二节 "三礼"诠释与宋儒之齐家

五代时期的战乱和分裂，使社会危机加深，宋王朝"承五季礼废乐坏，大乱之后，先王之泽竭，士弊于俗，学人溺于末习，忘君臣之分，废父子之亲，失夫妇之道，绝兄弟之好，至以众暴寡，以智欺愚，以勇威怯，以强陵弱，庶人服侯服，墙壁被文绣，公卿与皂吏同制，倡优下贱，得为后饰，昏冠丧祭，宫室器用，家殊俗异，人自为制，无复纲纪，几年于兹，未之能革"③。在此背景下，官方积极组织学人编撰士庶通礼，《政和五礼新仪》由此而产生。

---

① （宋）卫湜：《礼记集说》卷一，文渊阁《四库全书》第117册，第20页。
② （宋）周行己：《经解》，《全宋文》第137册，上海辞书出版社、安徽教育出版社2006年版，第121页。
③ （宋）郑居中等撰：《政和五礼新仪序》，《政和五礼新仪》卷首，文渊阁《四库全书》第647册，第2页。

此外，东汉末年以来的士族和庶族之间的门第界限逐渐被打破，门阀等级观念逐渐淡漠，社会结构和等级制度发生了很大变化。特别是隋代实行的科举制度，使更多的士庶人通过考试跻身于统治阶层。士庶地位的提升，使得以前用于区别门第高下的礼仪已不能满足现实的需要。有学者指出："唐代以前的家族以北方地区政治型的门阀世族为主要形态，其主要功能是界定旺族身份以取得世袭特权；宋代以降，家族以东南地区血缘型的家族组织为主要形态，主要功能是敬宗收族。"[1] 宋代有很多"同居共财"的大家族，按"二十四史"的列传所记，南北朝共二十五家，唐朝共三十八家，五代两家，宋代五十家，元代五家，明代二十六家。[2] 大家族的主要凝聚力不是经济，而是血缘亲情和道德教化。血缘亲情是不可选择的，然而道德教化通过努力是可以提升的。从北宋开始，不少人认识到，大家族要长盛不衰，道德教化是前提。家庭和家族伦理建设，需要有相应的士庶通礼的撰作，《书仪》、《家礼》便应运而生了。

**一、《书仪》于"三礼"之诠释及应用**

司马光对礼学重视有加，其认为"人有礼则生，无礼则死。礼者，人所履之常也"[3]，"夫民生有欲，喜进务得，而不可厌者也。不以礼节之，则贪淫侈溢而无穷也。是故先王作为礼以治之，使尊卑有等、长幼有伦、内外有别、亲疏有序，然后上下各安其分，而无觊觎之心，此先王制世御民之方也"[4]。其曾任同知太常礼院，负责礼乐的修改及祀典、神祇、爵号、封袭、继嗣的确定。在礼院任职期间，司马光多次上书仁宗，陈述礼制。

司马光曾撰《书仪》一书，为朱熹编撰《家礼》所效法，并对宋、元、明、清时期士庶礼之制作产生了深远的影响。

（一）《书仪》的撰作缘由

《书仪》是司马光对北宋礼乐不兴之社会现状反思的结果。司马光认为，北宋民间礼仪与礼乐精神相去甚远。如冠礼，《冠义》曰："冠者，礼之始也。……责成人之礼焉者，将责为人子，为人弟，为人臣，为人少者之行也。将责四者之礼行于人，其礼可不重与。"冠礼即成人礼，既然行礼者已成年，

---

[1] 邢铁：《宋代家庭研究》，上海人民出版社2005年版，第2页。
[2] 邢铁：《宋代家庭研究》，上海人民出版社2005年版，第41页。
[3] （宋）司马光：《传家集》卷六十二《答范景仁书》，文渊阁《四库全书》第1094册，第558页。
[4] （宋）司马光《温公易说》卷一，文渊阁《四库全书》第8册，第583页。

那么就应该承担相应的家庭和社会责任。然而北宋中期，冠礼仪式十分混乱，司马光曰："近世以来，人情尤为轻薄，生子犹饮乳已加巾帽，有官者或为之制公服而弄之，过十岁犹总角者盖鲜矣。彼责以四者之行，岂知之哉？往往自幼至长，愚骏如一，由不知成人之道故也。"①司马光认为，时人既不知行冠礼之年龄，又不明行冠礼之装束，冠礼不兴，成人之道渐晦。

又如《仪礼》所记之婚礼，制礼者为慎重起见，先让媒人在男女之间牵线搭桥，后有问名、纳吉等一系列仪式。然而北宋时期择婿择媳较为轻率，司马光曰："世俗好于襁褓童幼之时，轻许为婚，亦有指腹为婚者，及其既长，或不肖无赖，或身有恶疾，或家贫冻馁，或丧服相仍，或从宦远方，遂至弃信负约，速狱致讼者多矣。是以先祖太尉尝曰：吾之男女，必俟既长然后议婚。婚既通书，不数月必成婚，故终身无此悔，乃子孙所当法也。"②司马光认为，"指腹为婚"、"轻许为婚"，将会招致"弃信负约"、"速狱致讼"之恶果。此外，北宋时期择婿、择媳有慕富贵之习，司马光曰："妇者，家之所由盛衰也，苟慕一时之富贵而娶之，彼挟其富贵，鲜有不轻其夫而傲其舅姑，养成骄妒之性，异日为患，庸有极乎？借使因妇财以致富，依妇势以取贵，苟有丈夫之志气者，能无愧乎？"③司马光认为，择婿、择媳慕富贵，可致媳"轻其夫"、"傲其舅姑"，可致婿藉妇势取贵，尽失大丈夫之志气。

又如《仪礼》所记之丧礼，本应以"事死如事生"之仪式，以示对死者之悼念，寄托亲友之哀思。然而北宋时期的丧礼仪式颇为混乱，司马光批评曰："今之士大夫居丧，食肉饮酒，无异平日。又相从宴集，醺然无愧，人亦恬不为怪。礼俗之坏，习以为常。悲夫！乃至鄙野之人，或初丧未敛，亲宾则赍酒馔住劳之，主人亦自备酒馔，相与饮啜，醉饱连日。及葬亦如之。甚者初丧作乐以娱尸，及殡葬则以乐导輀车，而号哭随之。亦有乘丧即嫁娶者。噫！习俗之难变，愚夫之难晓，乃至此乎。"④司马光认为，北宋士大夫居丧期间"食肉饮酒无异平日"、"醉饱连日"，并"作乐以娱尸"、"以乐导輀车"，甚至"乘丧即嫁娶"，这些做法，与丧礼本义相去甚远。

北宋时期，佛教元素已渗入丧葬礼仪。与李觏、张载等人一样，司马光

---

① （宋）司马光：《书仪》卷二，文渊阁《四库全书》第142册，第467页。
② （宋）司马光：《书仪》卷三，文渊阁《四库全书》第142册，第474页。
③ （宋）司马光：《书仪》卷三，文渊阁《四库全书》第142册，第474—475页。
④ （宋）司马光：《书仪》卷六，文渊阁《四库全书》第142册，第495页。

对佛教亦持批判态度。司马光曰:"又世俗信浮屠诳诱,于始死及七七日,百日、期年、再期、除丧,饭僧设道场,或作水陆大会,写经造像,修建塔庙,云为此者灭弥天罪恶,必生天堂,受种种快乐,不为者,必入地狱,剉烧舂磨,受无边波咤之苦。"① 又曰:"人生含气血,知痛痒,或剪爪鬓发,从而烧斫之,已不知苦,况于死者,形神相离,形则入于黄壤,腐朽消灭,与木石等,神则飘若风火,不知何之。假使剉烧舂磨,岂复知之?且浮屠所谓天堂地狱者,计亦以劝善而惩恶也。苟不以至公行之,虽鬼可得而治乎?"② 司马光认为,佛教仪礼无益于教化,佛教仪式以及佛教对死者、生者的承诺皆是荒唐的。

司马光《书仪》的撰作体式渊源有自。所谓"书仪",是指士大夫私家关于书札体式、典礼仪注的著作。关于"书仪"的产生和流传,《黄门侍郎卢藏用仪例一卷》曾有陈述,其曰:"书疏之兴,其来自久。上皇之世,邻国相闻,人至老死不相往来,则无责于斯义。降及三五,延于汉魏,宪章道广,残记郁兴,荚不以书代词,因辞见意。《易》曰'书不尽言,言不尽意',盖书之滥觞也。春秋之时,子产、叔已有往复。爰及李斯、乐毅、少卿、子长,殆不可胜记。并直陈其旨。至于称谓轻重,阙而不闻。既齐梁诸贤,类立标统。然而古今变迁,文质不同;江南士庶,风流亦异。致今晚生后学,无所取则。聊因暇日,纂述诸仪。务存简要以裨未悟。士大夫之风范在是矣!将以传语子弟,非敢出于户庭。"③ 由此可见,书仪这种体裁起源颇早。二十世纪发现的敦煌卷子中,有唐代婚丧礼俗的写本"书仪"。据学者之研究,敦煌写本"书仪"适用于普通庶民,"在民间很受重视,广为流传"④。此外,晚唐的郑余庆曾"采唐士庶吉凶书疏之式,杂以当时家人之礼,为《书仪》两卷";五代的刘岳"取一时世俗所用吉凶仪式,略整齐之",成《书仪》;宋初的胡瑗"略依古礼而以今体书疏仪式附之",成《吉凶书仪》二卷。由此可见,"书仪"这种文献体裁早已有之。司马光据《仪礼》,结合宋代的风俗,采用"书仪"体式,从而撰成指导士庶人行为规范的《书仪》。

---

① (宋) 司马光:《书仪》卷五,文渊阁《四库全书》第 142 册,第 487 页。
② (宋) 司马光:《书仪》卷五,文渊阁《四库全书》第 142 册,第 488 页。
③ 上海古籍出版社、法国国家图书馆编:《法藏敦煌西域文献》第 24 册,上海古籍出版社 2002 年版,第 372 页。
④ 周一良:《敦煌写本书仪中所见的唐代婚丧礼俗》,《文物》1985 年第 7 期。

(二)《书仪》对"三礼"的继承与变通

儒家所讲的伦理纲常,是处理人与人之间关系的学问,这在孔子时就有一套体系。特别是在《仪礼》、《礼记》等儒家经典中,冠、婚、丧、祭、乡、射、朝、聘诸礼有了极为细致的规定,可谓繁文缛节。但是在现实社会中,人们不可能亦步亦趋地恪守礼书之记载。所以在每个时代,都有一些人根据前代的礼典,结合当代的风俗,重新制定礼仪规范。司马光的《书仪》遵循《仪礼》所记之古礼,结合宋代之风俗、前代之礼典,从而形成独具特色的礼仪蓝本。

司马光《书仪》于冠、婚、丧、祭诸礼之仪节,基本上都遵循《仪礼》。比如《书仪》所记之婚礼,虽然在具体仪节上较《仪礼》有所变通,然最重要的礼仪步骤却袭自《仪礼》。《书仪》所记婚礼之六礼,即纳采、问名、纳吉、纳征、请期、亲迎,与《仪礼》并无二致。《书仪》所记之丧礼,相关仪节如初终、复、易服、讣告、沐浴、饭含、铭旌、魂帛、吊酹赙襚、小敛、棺椁、大敛殡、闻丧、奔丧、饮食、丧次、五服制度、成服、夕奠、卜宅兆葬日、穿圹、碑志、明器、下帐、苞筲、祠版、启殡、朝祖、亲宾奠、赙赠、陈器、祖奠、遣奠、在涂、及墓、下棺、祭后土、题虞主、反哭、虞祭、卒哭、袝、小祥、大祥、禫祭,虽然较之《仪礼》有所变通,但是却涵盖了《仪礼》所记丧礼所有重要环节。朱子说司马光《书仪》"大概本《仪礼》"[①],实非虚言。

司马光是通达权变之人,其通过"三礼"之诠释,从而实现古为今用。此可以从以下四个方面来看:

一是扩大《礼记》等文献所记年龄、数量等的范围。

关于冠礼中被加冠者的年龄,《礼记·曲礼上》曰:"男子二十,冠而字。"《左传》曰:"公送晋侯,晋侯以公宴于河上,问公年。季武子对曰:'会于沙随之岁,寡君以生。'晋侯曰:'十二年矣。是谓一终,一星终也。国君十五而生子,冠而生子,礼也。'……公还,及卫,冠于成功之庙。"《礼记》认为男子二十而冠,然据《左传》可知春秋时冠礼并非严格遵守二十而冠之制,鲁君年十二行冠礼可为证。司马光认为"男子年十二至二十皆可",并释之曰:"吉礼虽称二十而冠,然鲁悼公年十二,晋悼公曰'君可以冠矣'。今以世俗之弊

---

① (清)永瑢:《四库全书总目》卷二十二《经部·礼类四》,中华书局1965年影印本,第180页。

不可猝变，故且徇俗，自十二至二十皆许其冠。若敦厚好古之君子，俟其子年十五已上，能通《孝经》、《论语》，粗知礼义之方，然后冠之，斯具美矣。"①司马光据《礼记》和《左传》，认为从十二岁至二十岁皆可加冠；若是敦厚好古之君子，可在二十岁粗知礼义之方时行冠礼。

又如男女嫁娶之年龄，说者不一。《周礼·地官·媒氏》曰："令男三十而娶，女二十而嫁。"《礼记·内则》曰："三十而有室，始理男事。……（女子）十有五年而笄，二十而嫁，有故，二十三而嫁。"《书仪》曰："男子年十六至三十，女子十四至二十。"司马光释之曰："古礼男三十而娶，女二十而嫁。按《家语》，孔子十九娶于宋之亓官氏，一岁而生伯鱼，伯鱼年五十，先孔子卒。然则古人之娶，未必皆三十也。礼盖言其极至者，谓男不过三十，女不过二十耳，过此则为失时矣。今令文凡男年十五，女年十三以上，并听婚嫁，盖以世俗早婚之弊，不可猝革。又或孤弱无人可依，故顺人情，立此制，使不丽于刑耳。若欲参古今之道，酌礼令之中，顺天地之理，合人情之宜，则若此之说当矣。"②司马光据《孔子家语》，认为古书所记载的男女嫁娶年龄只是理想的提法，有男不过三十、女不过二十之义。司马光结合宋代的风俗，认为嫁娶年龄不必一定是男三十、女二十，男子十六至三十，女子十四至二十，已是顺天地之道，合人情之宜。

二是以宋代之事物代替《仪礼》所记之礼器、堂室，仪节亦有变通。

如冠礼的筮日仪节，《书仪》曰："古者大事必决于卜筮。灼龟曰卜，揲蓍曰筮。夫卜筮在诚敬，不在蓍龟。或不能晓卜筮之术者，止用杯珓亦可也。其制，取大竹根判之，或止用两钱掷于盘，以一仰一俯为吉，皆仰为平，皆俯为凶。后婚丧祭仪卜筮准此。《开元礼》自亲王以下，皆筮日、筮宾不用卜。"③司马光认为，筮日仪节重在诚敬，卜筮的方式应不拘一格，不必泥于《仪礼》之记载。

又如冠礼的醴，《书仪》曰："古者冠用醴，或用酒。醴则一献，酒则三醮。今私家无醴，以酒代之，但改醴辞'甘醴惟厚'为'旨酒既清'耳，所以从简。"④司马光认为，北宋时期，私家无醴，故可用酒代替，只不过要将醴辞

---

① （宋）司马光：《书仪》卷二，文渊阁《四库全书》第142册，第467页。
② （宋）司马光：《书仪》卷三，文渊阁《四库全书》第142册，第473页。
③ （宋）司马光：《书仪》卷二，文渊阁《四库全书》第142册，第467—468页。
④ （宋）司马光：《书仪》卷二，文渊阁《四库全书》第142册，第469页。

稍作变换。

又如冠礼，《书仪》曰："执事者设盥盆于厅事阼阶下东南，有台，帨巾在盆北，有架。"司马光释之曰："古礼谨严之事，皆行之于庙，故冠亦在庙。今人既少家庙，其影堂亦褊隘，难以行礼，但冠于外厅，笄在中堂可也。《士冠礼》设洗直于东荣，南北以堂深，水在洗东。今私家无罍洗，故但用盥盆、帨巾而已。盥，濯手也。帨，手巾也。厅事无两阶，则分其中央，以东者为阼阶，西者为宾阶。无室无房，则暂以帟幕截其北为室，其东北为房。此皆据厅堂南向者言之。"① 由于古今建筑布局不同，司马光遂对行冠礼的向位做了调整。

又如丧礼为死去的人沐浴，《书仪》曰："以帷障卧，内侍者设床于尸所卧床前，纵置之，施簀席、簟枕，不施毡褥。"司马光释之曰："古者疾病，废床，人生在地，去床，庶其生气反也。将沐浴，则复迁尸于床矣。故《丧大记》曰：'始死，迁尸于床，帕用敛衾。去死衣，或遇暑月，则君设大槃，大夫设夷槃，实以冰。士无冰，则并瓦槃实以水，置于床下以寒尸。'今人既死，乃卧尸于地讹也。古者沐浴及饭含皆在牖下，今室堂与古异制，故于所卧床前置之，以从宜也。古者沐浴设床袒簀，袒簀者，去席，盖水便也。今籍以簟，不设毡褥，亦于沐浴便。"② 司马光认为，由于古今堂室布局有异，故古人沐浴和饭含皆在牖下，今则在所卧之床前；古人为死者沐浴时设床袒簀，今则籍以簟，皆意在方便沐浴。

又如丧礼中的复，《仪礼》规定人需升屋而号。《书仪》曰："执腰，就寝庭之南，北面，招以衣，呼曰'某人复'。"司马光释之曰："今升屋而号，虑其惊众，故但就寝庭之南面而已。"③ 司马光认为，今升屋而号会惊扰别人，故只需到寝庭之南，面朝北呼喊即可。

又如丧礼中的吊人之服，《书仪》规定："凡吊人者，必易去华盛之服。"司马光释之曰："《丧大记》小敛奠，吊者袭裘，加武带绖，与主人拾踊。孔子羔裘玄冠不以吊，子游吊人，袭裘带绖而入。古者吊服有绖，唐人犹着白衫。今人无吊服，故但易去华盛之服，亦不当着公服。若入酹，则须具公服靴笏也。"④ 司马光主张吊人易去华盛之服，此既是对古人礼意之继承，又是在《礼

---

① （宋）司马光：《书仪》卷二，文渊阁《四库全书》第142册，第468页。
② （宋）司马光：《书仪》卷五，文渊阁《四库全书》第142册，第485页。
③ （宋）司马光：《书仪》卷五，文渊阁《四库全书》第142册，第484页。
④ （宋）司马光：《书仪》卷五，文渊阁《四库全书》第142册，第488页。

记》和唐人习俗基础上所做之变通。

三是简化《仪礼》、《礼记》所记仪节，以求简便易行。

如冠仪有"戒宾"仪节，《书仪》曰："《士冠礼》主人自戒宾、宿宾，今欲从简，但遣子弟若童仆致命，或使者不能记其辞，则为如仪中之辞，后云某上一辞为一纸，使者以次达之，宾答亦然。"① 据《仪礼》之记载，可知主人应亲自前往宾家戒宾。为了简化礼仪，司马光主张派遣童子前往宾家致命即可。

又如冠礼中的宿赞冠者、请期、告期仪节，司马光曰："古文宿赞冠者一人，今从简，但令宾自择子弟亲戚习礼者一人为之。前夕又有请期、告期，今皆省之。"② 据《仪礼》，可知主人在筮宾、宿宾之后，又为宾邀请一位赞冠者；司马光认为，为了简便，可令宾从子弟亲戚中择习礼者一人为赞冠者，至于《仪礼》所记之请期、告期，皆可省去。

又如《仪礼》所记婚礼之纳采，宾主人对话时有摈者传话。司马光曰："《仪礼》先使摈往来传命，别有致命之辞，今从简。"③ 为简便易行，司马光主张省去摈者传话仪节。

又如《仪礼》所记婚礼有夫妇同牢共馔仪节。《书仪》曰："及期，壻具盛馔。"司马光释之曰："古者同牢而食，必杀牲。《开元礼》一品以下用少牢，六品以下用特牲，恐非贫家所便，故止具盛馔而已。"④ 《仪礼》所记婚礼，夫妇同牢而食必杀牲，《开元礼》据官品，夫妇同牢有少牢、特牲之别。司马光认为，《仪礼》、《开元礼》之记载非一般家庭所能为，为简便起见，壻不必杀牲，只是准备丰盛的饭食即可。

又如《仪礼》所记丧礼有陈袭尸衣物之仪节，为死者裹头用的掩是练帛。司马光曰："今幞头以铁为脚，长三尺，而帽用漆纱为之，上有虚檐置于棺中，何由安帖？莫若袭以常服，上加幅巾、深衣、大带及履，既合于古，又便于事。幅巾所以代掩也，其制如今之煖帽。深衣、带履自有制度，若无深衣，带履止用衫勒帛鞋，亦得其幞头公服，腰带靴笏，俟葬时置于棺上可也。"⑤ 袭尸衣物意在保护尸体，而宋代所用幞头以铁为脚，不能起到保护尸体的作用，司

---

① （宋）司马光：《书仪》卷二，文渊阁《四库全书》第 142 册，第 468 页。
② （宋）司马光：《书仪》卷二，文渊阁《四库全书》第 142 册，第 468 页。
③ （宋）司马光：《书仪》卷三，文渊阁《四库全书》第 142 册，第 474 页。
④ （宋）司马光：《书仪》卷三，文渊阁《四库全书》第 142 册，第 476 页。
⑤ （宋）司马光：《书仪》卷五，文渊阁《四库全书》第 142 册，第 485 页。

马光遂主张袭以常服,至于幞头,待葬时置之棺材之上即可。

又如丧礼中的饭含仪节,《书仪》:"又陈饭含沐浴之具于堂前,西壁下,南上。钱三,实于小箱。"司马光释之曰:"《檀弓》曰:'古者饭用米、贝,弗忍虚也。'饭用贝,今用钱,犹古用贝也。古礼诸侯饭七贝,大夫五,士三,大夫以上仍有珠玉。钱多,既不足贵,又口所不容,珠玉则更为盗贼之招,故但用三钱而已。"① 古人饭含用米和贝。司马光则主张以钱代替米和贝,只不过钱不能太多,否则死者之口难容,还可能招致盗贼。

四是积极吸收前朝礼制以及参考当代民俗。

司马光对前代的礼书颇为重视,特别是对于集唐代礼制大成的《开元礼》多有论及。《开元礼》取法唐代贞观和显庆年间的礼仪,并对汉魏以来的礼制做了总结,使唐代礼制臻于完备,对后世礼制建设产生了深远的影响。杜佑称赞《开元礼》云:"於戲!百代之损益,三变而著明,酌乎文质,悬诸日月,可为盛矣。"② 对于《开元礼》所记诸礼,司马光择其可行于北宋者而记之。如丧礼中的复礼(招魂),《书仪》曰:"按《杂记》、《丧大记》,复衣,诸侯以袞,夫人以揄狄,内子以鞠衣。今从《开元礼》上服者,有官则公服,无官则襕衫或衫,妇人以大袖或背子,皆常经衣者。"③《礼记》认为,诸侯、夫人、内子的复衣皆异,而《开元礼》规定可制常服。司马光据《开元礼》,认为有官无官者以及妇人皆可据身份服常服。

又如始丧易服,《书仪》规定:"既复,妻、子、妇、妾皆去冠及上服,被发。男子扱上衽,徒跣。妇人不徒跣。男子为人后者为本生父母及女子已嫁者皆不被发徒跣,但去冠及上服。凡齐衰以下,内外有服亲及在丧侧给事者,皆释去华盛之服,着素淡之衣。"司马光释之曰:"《问丧》:'亲始死,笄纚,徒跣,扱上衽。'注:'亲始死,去冠二日,先去笄纚括发也。上衽,深衣之裳前。'《开元礼》:'初终,男子易以白布衣,披发,徒跣。妇人易以青缣衣,披发,不徒跣。为人后者为本生父母素冠,不徒跣。女子已嫁者髽,齐衰以下,丈夫素冠,妇人去首饰,内外皆素服。'按笄纚,今人平日所不服,被发尤哀毁无容,故从《开元礼》。然白布青缣衣,素冠素服,皆非始死所能办,故但

---

① (宋)司马光:《书仪》卷五,文渊阁《四库全书》第142册,第485页。

② (唐)杜佑著,王文锦等校点:《通典》卷四十一《礼一·沿革一》,中华书局1988年版,1122页。

③ (宋)司马光:《书仪》卷五,文渊阁《四库全书》第142册,第483页。

释去华盛之服。本应三年丧者，则去冠及上服。期丧以下，士大夫帽子、皂衫、青黄勒帛。庶人不改常服。礼，男子括发，妇人髽，故于始死时，期丧以下但去首饰，易华盛之服而已。世俗多忌讳，或为父则被左发，母则被右发，舅则被后左，姑则被后右，皆非礼，宜全被之。"① 司马光结合宋代之风俗，对《开元礼》所记名物有从有违。《礼记》有"笄纚"之记载，《开元礼》无之，宋代民间亦无"笄纚"，司马光遂从《开元礼》。《开元礼》有"披发"之仪，司马光认为当取之；司马光认为，"白布青縑衣"、"素冠素服"非始丧时可办，遂弃之。

司马光撰《书仪》时充分参考了北宋的风俗，当自己时代之风俗合于人情、有益教化时，司马光则从之。如于婚礼亲迎，《书仪》曰："于壻妇之适其室也，主人以酒馔礼男宾于外厅，主妇以酒馔礼女宾于中堂，如常仪。"司马光释之曰："古礼明日舅姑乃享送者，今从俗。"② 司马光于此不取《仪礼》，而从宋代之风俗。

又如"壻见妇之父母"之仪节，《书仪》曰："明日，壻往见妇之父母，皆有币。妇父迎送揖让皆如客礼，拜即跪而扶之。入见妇母，妇母阖门左扉，立于门内。壻拜于门外。次见妻党诸亲，拜起，皆如俗仪，而无币。见诸妇女如见妇母之礼，妇家设酒馔，壻如常仪。"③《仪礼》无女婿见妇之父母的记载，司马光据宋代风俗，增入此仪节。

又如冠礼，宾字冠者后，《书仪》规定"主人酬宾及赞者以币"。司马光释之曰："端匹丈尺，临时随意。凡君子使人，必报之。至于婚丧相礼者，当有以酬之。若主人实贫，相礼者亦不当受也。"④《仪礼》无主人酬宾及赞者以币之仪节，司马光从人情的角度增此仪节。

当所处时代之风俗不合人情、无益教化时，司马光则表示反对。如于婚礼，《书仪》主张"不用乐"，司马光释之曰："曾子问曰：'取妇之家，三日不举乐，思嗣亲也。'今俗，婚礼用乐，殊为非礼。"⑤ 司马光认为，北宋时期婚礼用乐于礼不合，故主张从《仪礼》而不从北宋之风俗。

---

① （宋）司马光：《书仪》卷五，文渊阁《四库全书》第142册，第484页。
② （宋）司马光：《书仪》卷三，文渊阁《四库全书》第142册，第478页。
③ （宋）司马光：《书仪》卷四，文渊阁《四库全书》第142册，第479页。
④ （宋）司马光：《书仪》卷二，文渊阁《四库全书》第142册，第470页。
⑤ （宋）司马光：《书仪》卷三，文渊阁《四库全书》第142册，第478页。

又如司马光对宋代婚礼重视物质利益的现象做了批判,他说:"夫婚姻者,所以合二姓之好,上以事宗庙,下以继后世也。今世俗之贪鄙者将娶妇,先问资装之厚薄,将嫁女,先问聘财之多少。至于立契约,云某物若干某物若干,以求售某女者。亦有既嫁而复欺绐负约者,是乃驵侩鬻奴卖婢之法,岂得谓之士大夫婚姻哉。其舅姑既被欺绐,则残虐其妇以摅其怒,由是爱其女者,务厚资装以悦其舅姑,殊不知彼贪鄙之人不可盈厌,资装既竭,则安用汝力哉!于是质其女以责货于女氏,货有尽而责无穷,故婚姻之家,往往终为仇雠矣。"① 司马光认为,婚姻中过分追求物质利益,将致婚姻之家为仇雠。

(三)《书仪》的影响

五代以来,由于社会动乱和释老的冲击,许多人对儒家礼仪文明茫昧不知,以致纲常松弛、礼乐不兴。为了改变时弊,司马光依据《仪礼》、《礼记》、《开元礼》,在广泛参考宋代风俗之基础上,撰《书仪》和《家范》,为士庶人确立起一套符合礼教的行为方式,并为宋代以后的家族建设确立了一个基本的框架。从这个角度来说,"司马光是宋元以后家庭伦理思想和家族建设的创始巨擘"②。

司马光所撰《书仪》问世以后,被人广泛传抄和珍藏。如北宋时期的陆贺(陆九龄之父)"采司马氏冠昏丧祭仪行于家"③。朱熹的弟子黄灏请取司马光《书仪》等参订诸仪,以完备当时的礼教。④ 朱熹对司马光的《书仪》推崇有加,他说:"二程与横渠多是古礼,温公则大抵本《仪礼》,而参以今之所可行者。要之,温公较稳,其中与古不甚远,是七分好。"⑤ 据统计,《家礼》一半以上的文字出自《书仪》。朱子的《家礼》是以《书仪》为蓝本,并参考诸家之书增损而成。《家礼》冠礼部分主要采用《书仪》,居家杂仪则直接照搬《书仪》,祭仪稍有增损,婚礼、丧礼参用不一。此外,《家礼》所设祠堂制度

---

① (宋)司马光:《书仪》卷三,文渊阁《四库全书》第 142 册,第 475—476 页。
② 参见李昌宪:《司马光评传》,南京大学出版社 1998 年版,第 324 页。
③ (元)脱脱:《宋史》卷四百三十四《列传第一百九十三·儒林四》,中华书局 1977 年点校本,第 12877 页。
④ 参见(元)脱脱:《宋史》卷四百三十《列传第一百八十九·道学四》,中华书局 1977 年点校本,第 12791 页。
⑤ (宋)黎靖德辑:《朱子语类》卷八十四,朱杰人等编:《朱子全书》(修订本)第 17 册,上海古籍出版社、安徽教育出版社 2010 年版,第 2883 页。

受到了《书仪》所设影堂制度的直接影响。①

## 二、《家礼》于"三礼"之诠释及应用

《家礼》是朱子晚年编撰的一部重要礼书。该书影响广泛而深远,其不仅是宋、元、明时期士庶礼仪的蓝本,也是高丽及朝鲜李朝的文化基础。元代至正以前,没有人怀疑朱子是《家礼》的作者。元代至正年间,应氏始疑朱子作《家礼》,明人王懋竑更直接指出《家礼》非朱子之书。乾隆年间,四库馆臣支持王懋竑之说,《家礼》乃伪托之书的观点颇为流行。近代以来,不少学者搜集新材料,对《家礼》的作者问题做了更加深入的考证,《家礼》为朱子所作又逐渐成为当今学界的主流观点。②

### (一)《家礼》的撰作缘由

朱子撰《家礼》之前,对宋代的士庶通礼皆进行了全面的考察。司马光《书仪》对《仪礼》作了剪裁,并根据现实需要做了一些变通。朱子曰:"二程与横渠多是古礼,温公则大概本《仪礼》,而参以今之可行者。要之,温公较稳,其中与古不甚远,是七八分好。"③又曰:"读者见其节文度数之详,有若未易究者,往往未见习行,而已有望风退怯之意。又或见其堂室之广,给使之多,仪物之盛,而窃自病其力之不足,是以其书虽布,而传者徒为箧笥之藏,未有能举而行之者也。"④朱子对《书仪》的评价颇高,原因是《书仪》"与古不甚远",其所谓"古",即《仪礼》等礼典所记之礼仪。朱子亦指出,较之《仪礼》,《书仪》之仪节已减省不少,然而仍显繁芜,故未能在社会上普遍推行。

宋徽宗时所编的《五礼新仪》意在打破"礼不下庶人"的传统,将庶人礼仪正式纳入国家礼典的范畴。不过由于《五礼新仪》没有顾及现实之民俗,故在推行中遇到了一系列的麻烦。陆游在《家世旧闻》中曰:"颁《五礼新仪》,置礼生,令举行。而民间丧葬婚姻,礼生辄胁持之曰:'汝不用《五礼新

---

① 参见李昌宪:《司马光评传》,南京大学出版社1998年版,第324页。

② 钱穆在《朱子新学案》中认为《家礼》不伪。此后,陈来《朱子〈家礼〉真伪考议》、束景南《朱子〈家礼〉真伪辨》、蔡方鹿《朱熹经学与中国经学》亦认为《家礼》不伪。笔者同意《家礼》乃朱子所作的观点。

③ (宋)黎靖德辑:《朱子语类》卷八十四,朱杰人等编:《朱子全书》(修订本)第17册,上海古籍出版社、安徽教育出版社2010年版,第2883页。

④ (宋)朱熹:《晦庵先生朱文公文集》卷八十三《跋三家礼范》,朱杰人等编:《朱子全书》(修订本)第24册,上海古籍出版社、安徽教育出版社2010年版,第3920页。

仪》，我将告汝矣。'必得赂乃已。民庐隘陋，初无堂、寝、陛、户之别，欲行之亦不可得。"① 鉴于《五礼新仪》有颇多不合时宜之礼仪规定，宋徽宗不得不下诏令曰："顷命官修礼，施之天下，冠婚丧祭，莫不有制。俗儒胶古，便于立文，不知达俗。闾阎比户，贫窭细民，无厅寝房廊之制，无阶庭升降之所。礼生教习，责其毕备，少有违犯，遂底于法。至于巫卜媒妁，不敢有行，冠婚丧祭，久不能决。立礼欲以齐民，今为害民之本。开封府申请《五礼新仪节要》并前后指挥，及差礼直官、礼生并教行人公文指挥，可更不施行。"②《五礼新仪》不顾及民间礼俗之实际需要，故其推行受阻，最后不得不取消。

朱子在《家礼序》中指出："三代之际，《礼经》备矣。然其存于今者，宫庐器服之制、出入起居之节皆已不宜于世。世之君子，虽或酌以古今之变，更为一时之法，然亦或详或略，无所折衷，至或遗其本而务其末，缓于实而急于文。自有志好礼之士，犹或不能举其要，而困于贫窭者，尤患其终不能有以及于礼也。"③ 朱子认为，《仪礼》所记礼仪虽全备，然所记不少礼仪已不合时宜。此所谓"世之君子"，即作《书仪》之司马光以及《五礼新仪》之编撰者。朱子认为，司马光等人所编礼书"或详或略"、"无所折衷"，甚至"遗其本而务其末"、"缓于实而急于文"。

《书仪》和《五礼新仪》在推行中受到的冷遇，使如何编纂士庶通礼成为学人不得不反思的问题。在此背景下，朱子试图在《书仪》之基础上，编撰一部具有较强实用性的士庶礼仪著作。朱子曰："是以尝独究观古今之籍，因其大体之不可变者而少加损益于其间，以为一家之书。大抵谨名分、崇爱敬以为之本，至其施行之际，则又略浮文、务本实，以窃自附于孔子从先进之遗意。诚愿得与同志之士熟讲而勉行之，庶几古人所以修身齐家之道、谨终追远之心犹可以复见，而于国家所以崇化导民之意，亦或有小补云。"④ 此所谓"因其大体之不可变者"，即礼仪之基本框架、重要仪节；"少加损益"，即省略一些与

---

① （宋）陆游：《家世旧闻》，中华书局1993年版，第205页。
② 司义祖整理：《宋大诏令集》卷一百四十八《政事一·礼乐上》，中华书局1962年版，第548页。
③ （宋）朱熹：《家礼序》，《家礼》卷首，朱杰人等编：《朱子全书》（修订本）第7册，上海古籍出版社、安徽教育出版社2010年版，第873页。
④ （宋）朱熹：《家礼序》，《家礼》卷首，朱杰人等编：《朱子全书》（修订本）第7册，上海古籍出版社、安徽教育出版社2010年版，第873页。

宋代风俗难以相结合又无关礼义大旨的内容；对于一些名物和仪节，可根据宋代社会实际稍加变通。

(二)《家礼》对《书仪》的损益

不少人在从事《家礼》与《书仪》的比较研究时，认为《家礼》大量减省《书仪》的仪节。然而据笔者之考察，发现《家礼》减省《书仪》仪节是事实，然而所减省的仪节并不多；《家礼》基本遵循《书仪》冠、婚、丧、祭诸礼仪节之安排，基本框架与《书仪》无太大的差异。如《书仪》所记冠礼仪节，包括筮日、筮宾、戒宾、宿宾、三加、宾字冠者、酬宾及赞者、拜见诸父诸兄、拜赞者、见诸母姑姊、见乡先生及父之挚友。《家礼》所记冠礼仪节，包括主人告于祠堂、戒宾、宿宾、三加、宾字冠者、主人以冠者见于祠堂、见尊长、礼宾、见乡先生及父之挚友。又如《书仪》所记丧礼仪节，包括初终、复、易服、讣告、沐浴、饭含、铭旌、魂帛、吊酹赗襚、小敛、大敛、闻丧、奔丧、饮食、丧次、卜宅兆葬日、穿圹、碑志、明器、下帐、苞筲、祠版、启殡、朝祖、亲宾奠赗赠、陈器、祖奠、遣奠、在塗、及墓、下棺、祭后土、题虞主、反哭、虞祭、卒哭、祔、小祥、大祥、禫。《家礼》所记丧礼仪节，包括初终、沐浴、袭、奠、为位、饭含、灵座、魂帛、铭旌、小敛、大敛、成服、朝夕哭奠、上食、吊、奠、赗、闻丧、奔丧、治葬、迁柩、朝祖、陈器、祖奠、遣奠、发引、及墓、下棺、祠后土、题木主、成坟、反哭、虞祭、卒哭、祔、小祥、大祥、禫。通过比较，可知《家礼》基本遵循《书仪》于冠礼、丧礼仪节之安排，《家礼》减省《书仪》所记仪节并不多。

不过《家礼》对《书仪》确有损益，此可从以下几个方面来看：

一是《家礼》对《书仪》的内容安排做了调整。如《书仪》卷二《冠仪》后附"深衣制度"，《家礼》则将"深衣制度"附于卷首《通礼》后。又如《书仪》卷四《婚仪》后附"居家杂仪"，《家礼》则将"司马氏居家杂仪"附于《通礼》后。此外，《书仪》之《婚仪》分为上下两卷，《家礼》则将其合为一卷；《书仪》之《丧仪》分为六部分，丧、祭合于《丧仪》之中，《家礼》则将丧礼合为一卷，祭礼别为一卷。《家礼》还将《书仪》所记仪节的顺序做了调整，如关于"五服"规定，《书仪》安排在吊、酹、赗、遂、饮食、丧次诸仪节之后，《家礼》则安排在吊、酹、赗、遂诸仪节之前。

二是《家礼》将《书仪》的不少正文变为注文。比如冠礼戒宾仪节，《书仪》征引《仪礼》,并将其作为正文,其曰:"乃遣人戒宾曰:'某有子某,将加冠于其子首,愿吾子之教之也。'宾对曰:'某不敏,恐不能供事,以病吾子,敢辞。'主人曰:'某愿吾子之终教之也。'宾对曰:'吾子重有命,某敢不从。'"①《家礼》于此之正文仅"戒宾"二字,上所列《书仪》之正文全部变为注文。又如冠礼宿宾仪节,《书仪》征引《仪礼》,并将其作为正文,其曰:"前一日,又遣人宿宾曰:'某将加冠于某之首,吾子将莅之,敢宿。'宾对曰:'某敢不夙兴。'"②《家礼》于此之正文仅"前一日宿宾"五字,上所列《书仪》之正文全部变为注文。又如丧礼中的复礼,《书仪》正文曰:"侍者一人以死者之上服,左执领,右执腰,就寝庭之南,北面招以衣,呼曰:'某人复!'凡三呼,毕,卷衣入复于尸上。"③《家礼》于此之正文仅"复"字,上所列正文作为注文附于"复"字后。

三是《家礼》大量删减《书仪》的注释。《书仪》在正文之后,往往征引《仪礼》、《礼记》中的内容作为注释。《家礼》则大量删减《书仪》之注释,如《书仪·冠仪》正文"男子年十二至二十皆可冠"之下,司马光征引《礼记·冠义》以为据。《家礼》则删去《书仪》所引《冠义》之文字。又如于丧礼讣告仪节,《书仪》征引《檀弓》以为注释,《家礼》则删去《书仪》所引《檀弓》之文字。又如于丧礼沐浴仪节,《书仪》征引《丧大祭》以为注释,《家礼》则删去《书仪》所引《丧大祭》之文字。又如祭礼中的禫祭,《书仪》征引《仪礼·士虞礼》及郑注以为注释,《家礼》则删去《书仪》所引《士虞礼》及郑注之文字。

四是《家礼》减省了《书仪》的部分仪节。尽管《家礼》在大体上是遵循《书仪》的仪节安排,但是对《书仪》所记仪节仍有删减。如《书仪》卷一所记的是表奏、公文以及家书的格式,《家礼》则全部略去。《书仪》所记冠礼有筮宾仪节,《家礼》亦略去。朱子曰:"古礼筮宾,今不能然,但择朋友贤而有礼者一人可也。"④《书仪》婚礼有"问名"、"纳吉"仪节,《家礼》亦略去。朱子曰:"古礼有问名、纳吉,今不能尽用,止用纳采、纳币,以从

---

① (宋)司马光:《书仪》卷二,文渊阁《四库全书》第142册,第468页。
② (宋)司马光:《书仪》卷二,文渊阁《四库全书》第142册,第468页。
③ (宋)司马光:《书仪》卷五,文渊阁《四库全书》第142册,第483—484页。
④ (宋)朱熹:《家礼》卷二,朱杰人等编:《朱子全书》(修订本)第7册,上海古籍出版社、安徽教育出版社2010年版,第890页。

简便。"①

五是《家礼》大量采择宋人之说。司马光乃北宋中期人,由于时代的缘故,《书仪》采择宋人之说并不多。朱子生当南宋,其能遍览宋人之著述,故《家礼》能大量采择宋人之说。杨复云:"故冠礼则多取司马氏,婚礼则参诸司马氏、程氏。丧礼本之司马氏,后又以高氏之书为最善。及论祔、迁,则取横渠;遗命、治丧则以《书仪》疏略而用《仪礼》祭礼,兼用司马氏、程氏,而先后所见又有不同。节祠则以韩魏公所行者为法。"② 除了大量采纳司马光的观点外,《家礼》还大量征引二程、高氏之说。如仅丧礼之"治丧"仪节,《家礼》征引二程之说就多达三处。

六是《家礼》对《书仪》的观点有所修正。如《家礼》正文"造明器,下帐,苞,筲,罂"之下,司马光自注云:"自明器以下,俟实土及半,乃于其旁穿便房以贮之。"朱子云:"愚按,此虽古人不忍死其亲之意,然实非有用之物,且脯肉腐败,生虫聚蚁,尤为非便,虽不用可也。"③ 司马光主张采用明器,并以变通的眼光看待之;朱子认为明器虽有意义,然非实用之物,且会带来不便,故主张弃之不用。又如丧仪制作神主,《书仪》曰:"府君夫人只为一匣。"④ 朱子曰:"愚按,古者虞主用桑,将练而后易之以栗。今于此便作栗主,以从简便。或无栗,止用木之坚者。椟用黑漆,且容一主,夫妇俱入祠堂,乃如司马氏之制。"⑤《书仪》于椟之制作语焉不详,《家礼》对椟之制作则有具体说明。

七是《家礼》进一步强化了《书仪》中的宗法思想。据古礼,帝王、诸侯、大夫、士都有自家的祭祀场所。《王制》曰:"天子七庙,三昭三穆,与大祖之庙而七。诸侯五庙,二昭二穆,与大祖之庙而五。大夫三庙,一昭一穆,与大祖之庙而三。士一庙。庶人祭于寝。"宗法制的基本信条是"尊祖敬宗",宗庙的作用是维护宗法制。所谓"尊祖",即尊奉共同的祖先;所谓"敬宗",

---

① (宋)朱熹:《家礼》卷三,见朱杰人等编:《朱子全书》(修订本)第7册,上海古籍出版社、安徽教育出版社2010年版,第897页。
② (元)马端临:《文献通考》卷一百八十八《经籍十五》,中华书局1986年版,第1602页。
③ (宋)朱熹:《家礼》卷四,朱杰人等编:《朱子全书》(修订本)第7册,上海古籍出版社、安徽教育出版社2010年版,第917页。
④ (宋)司马光:《书仪》卷七,文渊阁《四库全书》第142册,第504页。
⑤ (宋)朱熹:《家礼》卷四,朱杰人等编:《朱子全书》(修订本)第7册,上海古籍出版社、安徽教育出版社2010年版,第918页。

即宗子掌握祭祀的特权，庶子需要服从宗子。周代宗法制是为了确立和维护贵族的等级制度，解决统治者内部的继承权问题。到了后来，宗法观念逐渐渗透到家族和家庭，族长和家长拥有支配家族或家庭其他成员的权力，成为宗法制的重要内容。由于唐末五代的战乱，家族或家庭祭祀场所家庙遭到破坏，于是北宋时期替代家庙的祭祀场所便出现了。如司马光《书仪》以影堂代之。《书仪》云："影堂门无事常闭，每旦，子孙诣影堂前唱喏，出外归亦然。出外再宿以上，归则入影堂，每位各再拜。将远适及迁官，大事则盥手焚香，以其事告，退各再拜。有时新之物，则先荐于影堂。遇水火盗贼，则先救先公遗文，次祠版，次影，然后救家财。"① 《书仪》所言影堂是家族或家庭成员共有的祭祀场所，内置先祖遗文、祠版、影等物。影堂的设置，意在通过祭祀共同的先祖，从而增强家族的凝聚力。

受《书仪》的启发，《家礼》主张设"祠堂"，并置于《家礼》卷首。《家礼》曰："此章本合在《祭礼》篇，今以报本反始之心，尊祖敬宗之意，实有家名分之守，所以开业传世之本也。故特著此冠于篇端，使览者知所以先立乎其大者。"② "报本反始"、"尊祖敬宗"是《家礼》用意之所在。《家礼》规定："祠堂之内，以近北一架为四龛，每龛内置一卓。大宗及继高祖之小宗，则高祖居西，曾祖次之，祖次之，父次之。继曾祖之小宗，则不敢祭高祖而虚其西龛一。继祖之小宗，则不敢祭曾祖而虚其西龛二。继祢之小宗，则不敢祭祖而虚其西龛三。"③ 祠堂之建置，可使大宗、小宗秩序井然。《家礼》强调嫡长子的主导地位，其曰："非嫡长子，则不敢祭其父。若与嫡长同居，则死而后其子孙为立祠堂于私室，且随所继世数为龛，俟其出而异居乃备其制。若生而异居，则预于其地立斋以居，如祠堂之制，死则因以为祠堂。"④《家礼》规定，只有嫡长子才有祭父的权利，其目的在于敬宗收族。宗子不但主持祭祀，还拥有家族公共财产方面的特权。如于"置祭田"，《家礼》曰："初立祠堂，则计

---

① （宋）司马光：《书仪》卷五，文渊阁《四库全书》第142册，第525—526页。
② （宋）朱熹：《家礼》卷一，朱杰人等编：《朱子全书》（修订本）第7册，上海古籍出版社、安徽教育出版社2010年版，第875页。
③ （宋）朱熹：《家礼》卷一，朱杰人等编：《朱子全书》（修订本）第7册，上海古籍出版社、安徽教育出版社2010年版，第876页。
④ （宋）朱熹：《家礼》卷一，朱杰人等编：《朱子全书》（修订本）第7册，上海古籍出版社、安徽教育出版社2010年版，第876页。

见田，每龛取其二十之一以为祭田，亲尽则以为墓田，后凡正位祔者，皆放此，宗子主之，以给祭用。"① 祭田是家族公共的田产，用处在于祭祀共同的祖先。《家礼》规定宗子对于祭田有处置的特权，意在强化宗子对家族的控制。

正是由于《家礼》对《书仪》做了如此多的损益，才使得《家礼》的可操作性更强，时代特色更明显，从而能广泛满足士庶人之需要。总的来看，《家礼》的优势，主要是其避免了繁文缛节，没有连篇累牍的考证，易为普通大众所接受。此外，《家礼》的编排较《书仪》合理。《书仪》将丧、祭二礼合在一起，容易让人误以为《书仪》不关涉祭礼。《家礼》将丧、祭礼仪分卷叙述，符合传统的冠、婚、丧、祭诸礼之划分。不过，在肯定《家礼》成就的同时，还应看到《书仪》的先导作用，《家礼》合理的编排及其所具有的可操作性，深受《书仪》之启发，《家礼》中数十处"司马公曰"，正可以说明这一点。

朱子是宋代理学的集大成者，其所提倡的理学并不脱离现实。朱子说："所以礼谓之'天理之节文'者，盖天下皆有当然之理。今复礼，便是天理。但此理无形无影，故作此礼文，画出一个天理与人看，教有规矩可以凭据，故谓之'天理之节文'，有君臣，便有事君底节文；有父子，便有事父底节文；夫妇长幼朋友，莫不皆然，其实皆天理也。"② 朱子认为天理是万事万物存在的依据，礼乃天理之节文和天理之当然。《家礼》所规定的各种原则，是朱子将自己所提倡的理学思想融入现实社会的努力和尝试。

朱子《家礼》受到后人的高度评价，如明人丘濬曰："文公先生因温公《书仪》，参以程、张二家之说而为《家礼》一书，实万世人家通行之典也。"③《家礼》简便易行，深受后世学人的欢迎。杨复的《家礼附注》、刘垓孙的《家礼增注》、刘璋的《家礼补注》、邱濬的《家礼仪节》，皆是《家礼》之注本。元代甚至还出现了插图本《纂图集注文公家礼》。明代洪武年间，《家礼》被编入《性理大全》，受到后世学者的普遍推崇。

朱子《家礼》还传入朝鲜半岛，受到学术界和朝鲜政府的推崇。朝鲜人

---

① （宋）朱熹：《家礼》卷一，朱杰人等编：《朱子全书》（修订本）第7册，上海古籍出版社、安徽教育出版社2010年版，第876页。

② （宋）黎靖德辑：《朱子语类》卷四十二，朱杰人等编：《朱子全书》（修订本）第15册，上海古籍出版社、安徽教育出版社2010年版，第1494页。

③ （宋）丘濬：《重编琼台稿》卷九《家礼仪节序》，文渊阁《四库全书》第1248册，第181页。

申义庆、金长生所撰《丧礼备要》序曰:"吾友申生义庆深于礼学,尝博考经籍,撮其大要,编为一书,名曰《丧记备要》。盖因《家礼》本书,而参以古今之礼,诸家之说,随事添补,间亦附以时俗之制便于实用者,节目甚备。愚于此反覆详订,略加损益,大抵规模条例,悉遵朱子之旨,非敢创为臆说叠床架屋而已。"① 藉此序言,可窥朱子《家礼》在朝鲜学人心目中的崇高地位。此外,朝鲜政府命平壤府印刷《朱文公家礼》一百五十部,颁赐各司。此后,《家礼》被不断翻印,在朝鲜民间广为流传,影响十分深远。

---

① 转引自〔日〕木田知生:《略论宋代礼俗思想——以司马光〈书仪〉和〈家范〉为主》,《宋史研究论文集——国际宋史研讨会暨中国宋史研究会第九届年会编刊》,河北大学出版社2002年版,第513页。

# 第七章　宋儒"三礼"诠释与治国理政

宋代在学校教育、人才选拔以及议政论政方面，对于儒家经典之记载都颇为重视。为了论证自己观点或作为之合法和合理性，宋儒总是在儒家经典中寻找资源。而诸经之中，"三礼"之记载于社会教育、风俗以及政治皆有十分密切的关系，故"三礼"之诠释文字不仅见诸宋人之专著、信札，还见诸宋人之诏书、科考试题。本章将通过对宋儒利用"三礼"治国理政状况之考察，以见宋儒在经典诠释与社会实践方面之关系。

## 第一节　"三礼"诠释与宋代教育、人才选拔

宋代"三礼"诠释与教育、人才选拔的关系，可以从学校的建置和教学理念、贡举制度以及书院教育三个方面来看。

### 一、学校建置及教学理念

宋代的学校建置和教育理念多受《周礼》之启发。如嘉祐二年（1057）十二月，王洙侍迩英阁讲《周礼》，至"三年大比，大考州里，以赞乡大夫废兴"，宋仁宗曰："古者选士如此，今率四五岁一下诏，故士有抑而不得进者，孰若裁其数而屡举也。"下有司议，咸请："易以间岁之法，则无滞才之叹。荐举数既减半，主司易以详较，得士必精。且人少则有司易于检察，伪滥自不能容，使寒苦艺学之人得进。"于是下诏："间岁贡举，进士、诸科悉解旧额之半。"①《周礼·地官·司徒》："三年大比，大考州里，以赞乡大夫废兴。"据《周礼》，可知乡大夫每三年在乡里进行一次大校比，考察乡民的德行和道艺，而荐举有德行、有才能的人。仁宗受王洙《周礼》阐释之启发，遂生科举考试

---

① （元）脱脱：《宋史》卷一百五十五《志第一百八·选举一》，中华书局1977年点校本，第3615页。

改革之想法，其提议得到群臣的赞同，遂下诏实行。

此外，一些大臣通过征引"三礼"之记载，以言宋代科举之弊。如熙宁二年（1069）翰林学士吕公著上书言改革贡举制度，曰："臣谨按《学记》：'古之教者，家有塾，党有庠，遂有序，国有学。'《王制》：'命乡论秀士，升之司徒，曰选士。司徒论选士之秀者，而升之学，曰俊士。''乐正崇四术，立四教，顺先王诗书礼乐以造士。''大乐正论造士之秀者，以告于王，而升诸司马，曰进士。司马辨论官材，论进士之贤者，以告于王，而定其论，论定然后官之。'《周礼》：'乡大夫三年则大比，考其德行道艺，而兴贤者能者。乡老及乡大夫帅其吏，与其众寡，以其礼礼宾之。厥明，乡老及乡大夫群吏献贤能之书于王，王再拜受之，登于天府。'自尧舜三代以来，其养士取人之法，虽随时损益不同，然教必本于学校，进必由于乡里，此六七圣人所不易也。……臣窃以谓贡举之弊不可不革，而学校之制所宜渐复。虽进士、经学行之既久，为有司者安于课试之格，为士人者狃于进取之术，可以渐去而未可以遽废。莫若先建学校，兼而行之，学校所进者岁增，则科举所取者岁减，如此不十数年间，士皆以学校进矣。"①吕公著据《礼记》之《学记》、《王制》以及《周礼》所记教育制度，认为隋唐以来贡举之弊在于破坏了以学校选士和举荐人才之古制，遂主张兴办学校，并以道德可为人师者主之。

又如熙宁二年（1069）判太常寺韩维亦上书言贡举之弊曰："臣谨按《周礼》大司徒之职，以乡三物教万民而宾兴之，曰六德，曰六行，曰六艺，所以修身事君，事父母，接兄弟、亲戚、朋友、乡党之道，无不教也。至于射御书数，亦皆时所资用，无非事而为之者，故起而仕之。则其所施设者，皆素业也。今之士固未尝教也，而又诱之以华靡无用之文，程之以诵记不讲之言，至于行能则漫然不省矣。故及其仕也，平居之所先务者，今则无所施矣；前日之所力习者，今则不足用矣。"②韩维以《周礼》所记大司徒职掌中的"六德"、"六行"、"六艺"教育理念为据，认为宋代贡举之弊在于以"华靡无用之文"、"诵记不讲之言"为是，所培养之士人则是"漫然不省"。

与宋代官学相配合的是书院教育。大量事实表明，宋代从太祖到仁宗朝，

---

① （宋）吕公：《上神宗答诏论学校贡举之法》，赵汝愚：《宋代诸臣奏议》卷七八，上海古籍出版社1999年版，第851—852页。
② （宋）韩维：《议贡举状》，（明）黄淮、杨士奇编：《历代名臣奏议》卷一六六，上海古籍出版社1989年版，第2188页。

书院如雨后春笋般蓬勃发展起来。除具有代表性的天下"四书院"外,还有茅山书院、石鼓书院、华林书院等。宋代的书院教育与"三礼"之间亦有密切的关系。

书院之学规有源自"三礼"者。如朱子《白鹿洞书院揭示》云:"博学之,审问之,谨思之,明辨之,笃行之。右为学之序。"①《礼记·中庸》:"博学之,审问之,慎思之,明辨之,笃行之。"朱子引用《中庸》,以成此条学规。

书院所规定的阅读书目有涉及"三礼"者。如朱熹的《沧州精舍示学者》要求生徒"将《大学》、《论语》、《中庸》、《孟子》及《诗》、《书》、《礼记》、程张诸书分明易晓处反复读之"②。案:朱子所列诸书中,《大学》、《中庸》出自《礼记》,朱子将二书单独列出,意在强调二书的重要性。又如宋人徐元杰《延平郡学及书院诸学榜》列日习常式曰:"早上文公《四书》,轮日自为常程,先《大学》,次《论语》,次《孟子》,次《中庸》。"③案:此所列《大学》、《中庸》,即《礼记》之单篇。

书院授课者之讲义亦多涉及"三礼"。如吕祖谦《丽泽讲义》云:"《曲礼》、《少仪》皆是逊志道理。步趋进退,左右周旋,若件件要理会,必有不到处。如常存此心,则自然不违乎礼。心有时而不存,则礼有失。所谓逊志,如徐行后长,如洒扫应对,如相师,皆是逊志气象。"④吕氏据《曲礼》、《少仪》,言人之洒扫应对与守礼之关系。吕祖谦《丽泽讲义》又云:"小人中庸,不必加'反'字。小人自认无忌惮为中庸。"⑤吕氏对《中庸》所记"小人反中庸"提出质疑,其认为此之"反"字乃衍文。

宋宝祐二年(1254)朱貔孙在书院对《周礼·大司徒》之"六德"、"六行"、"六艺"作了解释。其曰:"古人选举之法,大率教之于前,而取之于后,此人才之所以盛也。如不教而取,是犹不耕而期获,不蓄而望畜,无是理也。故尧、舜时,契教人伦,夔典乐,教胄子及其规格,承之庸之,翕受敷施,无

---

① (宋)朱熹:《白鹿洞书院揭示》,邓洪波主编:《中国书院学规集成》第二卷,上海文艺出版有限公司2011年版,第637页。
② (宋)朱熹:《沧州精舍示学者》,《中国书院史资料》上册,浙江教育出版社1998年版,第200页。
③ (宋)徐元杰:《延平郡学及书院诸学榜》,《中国书院史资料》上册,浙江教育出版社1998年版,第203页。
④ (宋)吕祖谦:《丽泽讲义》,《中国书院史资料》上册,浙江教育出版社1998年版,第218页。
⑤ (宋)吕祖谦:《丽泽讲义》,《中国书院史资料》上册,浙江教育出版社1998年版,第220页。

非九德之人，以此教，亦以此取。历夏而商，如出一辙。盖至于周，而其法遂大备焉。《大司徒》曰：'以乡三物教万民，而宾兴之。'所谓三物，德、行、艺是也。明而不惑谓之知，公而不私谓之仁，大而化之谓之圣，行而合宜谓之义，不欺谓之忠，中节谓之和，是六者为天下之全德。自孝而友，自友而睦，自睦而姻，以至任于朋友，恤于乡闾，是曰六行。自五礼、六乐、五射、五御，以至于六书、九数，是曰六艺。"① 朱氏结合典故，对《周礼·大司徒》"六德"、"六行"、"六艺"教育理念提出的背景、内涵皆有说明，符合讲义的特点。

在宋代理学的氛围中，南宋时期的书院对《大学》、《中庸》格外重视。据今存当时书院的讲义，可以清楚地看到这一点。如宋代明道书院的"开堂讲大学"系列，宋淳祐十一年（1251）胡崇、宝祐三年（1255）赵汝训、景定元年（1260）胡立本、景定三年（1262）程必贵皆参与之，并撰写讲义。又如明道书院的"开堂讲《中庸》"系列，宋开庆元年（1259）张显、景定三年（1262）程必贵皆参与之，并撰写讲义。

## 二、贡举之科目及试题

科举是中国古代通过考试选拔官吏的制度，其始于隋，确立于唐，完备于宋。宋代在科举考试制度的创新方面十分突出，故在中国科举史上占有十分重要的地位。

北宋前期继承唐及五代的科举制度，贡举主要有进士、明经、诸科等科目。其中诸科包括九经、五经、三礼、三传、三史、学究、开元礼、明法等科。所谓"九经科"，考试内容是《周礼》、《仪礼》、《礼记》在内的九部儒家经典。② 所谓"五经科"，考试内容是《礼记》在内的五部儒家经典。③ 所谓"三礼科"，考试内容是《周礼》、《仪礼》、《礼记》三部儒家经典。由此可见，诸经科的"九经科"有"三礼"，"五经科"有《礼记》，并还特别设立"三礼科"，由此可见北宋前期科举考试对"三礼"是颇为重视的。

北宋时期科举考试的明经科分为大经、中经和小经三类。嘉祐二年（1057）十二月五日诏书曰："其明经科，并试三经，谓大经、中经、小经各一也。以《礼记》、《春秋左氏传》为大经，《毛诗》、《周礼》、《仪礼》为中经，

---

① （宋）朱熊孙：《开堂讲周礼》，《中国书院史资料》上册，浙江教育出版社1998年版，第257页。

② 其他六经分别是《周易》、《尚书》、《毛诗》、《左传》、《公羊传》、《穀梁传》。

③ 其他四部分别是《周易》、《尚书》、《毛诗》、《春秋》。

《周易》、《尚书》、《穀梁传》、《公羊传》为小经。其习《礼记》为大经者,许以《周礼》、《仪礼》为中经。"①案:北宋科举考试的明经科,大经为《礼记》、《左传》,中经为《周礼》、《仪礼》、《毛诗》,由此可见北宋科举考试的明经科对"三礼"亦是颇为重视的。

"三礼"受到北宋前期科举中的贡举之重视,此可从殿试录取情况见之。如据《续资治通鉴长编》记载:"上乃令贡院籍终场下第者姓名,得三百六十人。……乙亥,上御讲武殿亲阅之,得进士二十六人,士廉预焉;五经四人,《开元礼》七人,'三礼'三十八人,'三传'二十六人,'三史'三人,学究十八人,明法五人,皆赐及第。"②

宋太祖开宝八年(975)二月二十五日,"帝御讲武殿,试礼部奏名进士。……翌日,试诸科,得'三礼'纪自成已下三十四人,赐本科及第、出身"③。

真宗景德二年(1005)三月七日试诸科,"得特奏名诸科'三礼'已下七十五人,第为三等,赐同学究出身,授试衔官"④。

大中祥符八年(1015)三月二十三日殿试,"得进士蔡齐以下百九十七人,并赐及第,六人同出身。又赐六举以上特奏名进士七十八人同'三礼'出身"⑤。

宋仁宗庆历六年(1046)三月十六日殿试,"得郭震已下二百二十三人,并赐同九经、五经、三礼学究出身,授长史、司马、文学"⑥。

嘉祐二年(1057)三月七日殿试,"得张应已下一百二十二人,并赐同五

---

① (清)徐松辑,刘琳等校点:《宋会要辑稿·选举三》,上海古籍出版社2014年版,第5302页。
② (宋)李焘:《续资治通鉴长编》卷四百五十《太祖·开宝六年》,中华书局1979年版,第297页。
③ (清)徐松辑,刘琳等校点:《宋会要辑稿·选举七》,上海古籍出版社2014年版,第5387—5388页。
④ (清)徐松辑,刘琳等校点:《宋会要辑稿·选举七》,上海古籍出版社2014年版,第5391页。
⑤ (宋)李焘:《续资治通鉴长编》卷八十四《真宗·大中祥符八年》,中华书局1985年版,第1920页。
⑥ (清)徐松辑,刘琳等校点:《宋会要辑稿·选举七》,上海古籍出版社2014年版,第5397页。

经、三礼学究出身，授文学、长史"①。

嘉祐六年（1061）二月十九日，"得翟诏已下四十四人，并赐同五经、三礼学究出身，授长史、文学"②。

嘉祐八年（1063）三月二十二日，"特奏名进士刘景阳已下七十二人，诸科程铭已下二十八人，并赐同五经、三礼学究出身，授长史、文学"③。

案：据以上所列材料，可知北宋开宝年间到嘉祐年间，殿试赐进士及第、赐进士出身以及赐学究出身者，其中"三礼"所占的比例很大。比如开宝六年原考终场而落选，经再试合格者，"三礼"及第者最多，达三十六人。开宝八年"三礼"及第者达三十四人。这反映了北宋初年习"三礼"者众多，出现这种状况的根本原因是宋初统治者对"三礼"颇为重视。

王安石变法期间，科举制度进行了改革，考试科目发生了变化。于"三礼"，王安石重视《周礼》和《礼记》，而于《仪礼》置若罔闻。熙宁四年（1071）二月一日，中书言："仍颁贡举新制，进士罢诗赋、贴经墨义，令各占治《诗》、《书》、《易》、《周礼》、《礼记》一经，兼以《论语》、《孟子》之学，试以大义。"④又据记载，元丰元年（1078）七月二十五日，"诏自今在京发解并南省考试，《诗》、《易》各取三分，《周礼》、《礼记》通取二分"⑤。王安石还亲撰《周官新义》作为《周礼》取士的教材，该书摆落郑《注》和贾《疏》，而直击本经，阐发新义。

王安石撰《周官新义》之举措，与其社会政治改革有密切关系。当王安石推出改革的举措后，反对改革的声音亦同时响起，如何找到改革的理论依据，这是关乎改革合理性和合法性的关键。王安石推出《周官新义》，就是为改革提供理论依据。

---

① （清）徐松辑，刘琳等校点：《宋会要辑稿·选举七》，上海古籍出版社2014年版，第5397页。
② （清）徐松辑，刘琳等校点：《宋会要辑稿·选举七》，上海古籍出版社2014年版，第5398页。
③ （清）徐松辑，刘琳等校点：《宋会要辑稿·选举七》，上海古籍出版社2014年版，第5398页。
④ （宋）李焘：《续资治通鉴长编》卷二百二十《神宗·熙宁四年》，中华书局1986年版，第5334页。
⑤ （清）徐松辑，刘琳等校点：《宋会要辑稿·选举三》，上海古籍出版社2014年版，第5308页。

王安石亦重视《礼记》，并撰《礼记发明》，以释《礼记》之经义。

王安石于科举改革废除了明经科，进士科的考试以经义和策论为主，此举措意在选拔具有经纶济世之志的人才。然而《仪礼》主要记载了古代的礼器、礼服和礼仪，此书之研治亦重在名物制度之考证，而非经义之阐发。故对于重视阐发经义之新法，《仪礼》自然不在受重视的经书之列。

王安石于科举之改革影响十分深远，此后数十年，贡举于"三礼"中特重《周礼》，《礼记》次之，而《仪礼》几乎无人问津。出于利禄之考虑，士子们汲汲于《周礼》、《礼记》之研习，于《仪礼》则置若罔闻。这种景象到南宋绍兴年间仍如此。南宋朱子对王安石废《仪礼》之举深恶痛绝。朱子曰："《仪礼》旧与《六经》、《三传》并行，至王介甫始罢去。其后虽复《春秋》，而《仪礼》卒废。今士人读《礼记》而不读《仪礼》，故不能见其本末。场屋中《礼记》义，格调皆凡下。盖《礼记》解行于世者，如方、马之属，源流出于熙、丰。士人作义者多读此，故然。"① 朱子认为，王安石于科举改革废罢《仪礼》，以致士人不习《仪礼》，此乃舍本逐末之举。朱子晚年撰著《仪礼经传通解》一书，原因之一就是回应王安石废罢《仪礼》的举措。

除了贡举科目设置外，考试题目亦可反映宋代科举对"三礼"之重视程度。笔者遍查《全宋文》，将流传至今的宋代贡举考试题目作了整理，借这些题目可见宋代科举题于"三礼"之应用状况。

科举考试中的策问，是以经义或政事等设问要求解答以试士。宋代不少大学问家都曾为策问出题，这在他们的文集中可见之：

如司马光问："《曲礼》曰：'礼不下庶人，刑不上大夫。'按《王制》修六礼以节民性，冠、婚、丧、祭、乡、相见，此庶人之礼也。《舜典》五服三就，大夫于朝，士于市，此大夫之刑也。夫礼与刑，先王所以治群臣万民，不可斯须偏废也。今《曲礼》乃云如是，必有异旨，其可见乎？"②《曲礼》曰："礼不下庶人，刑不上大夫。"《王制》有庶人之礼，《舜典》有大夫之刑。司马光认为《曲礼》此记载有深义存焉，遂以此策问诸生。

曾巩问："《中庸》曰：'君子尊德性而道问学，致广大而尽精微，极高明

---

① （宋）黎靖德辑：《朱子语类》卷八十四，朱杰人等编：《朱子全书》（修订本）第17册，上海古籍出版社、安徽教育出版社2010年版，第2888页。

② （宋）司马光：《策问十道·第七道》，《全宋文》第56册，上海辞书出版社、安徽教育出版社2006年版，第281页。

而道中庸。'子学礼,能言六者之所谓,其著于篇。"① 曾巩以《中庸》为据,策问诸生"尊德性"、"道问学"、"致广大"、"尽精微"、"极高明"、"道中庸"之义。

刘攽曰:"古者藏冰以御雹灾,禁原蚕以蕃马,四时改火以救民疾,出土牛以送寒气。夫天人相感,皆以其类。凡此数者,其说谓何?且其说皆《春秋》、《周礼》、《月令》圣贤之记,非鄙近浅陋所传述者。诸生毋以不通,而轻沮毁之也。"② 刘氏据《春秋》、《周礼》、《月令》所记古代天人感应之事策问诸生。

北宋有南庙试策③,曾问:"《礼》曰:'凡养老,五帝宪,三王有乞言。'厚人伦之义也。是以鳏寡孤独皆有养。后世则不然,教化之不明,衣食之不足,黎民老而不得其养,饥寒转死于沟壑者,往往而是。今将考古养老之礼而行之,惟帝尧而上,不可闻已,虞、夏、商、周之时,其所养何老?所处何学?所衣何服?所食何礼?一岁凡几行之?宜诵所闻悉著于篇。"④《礼记·内则》云:"凡养老,五帝宪,三王有乞言。"南庙试策据《礼记》此之记载,让考生对古代的养老之礼提出自己的看法。

苏轼问:"圣人之治天下,使风淳俗美者,莫善于乐也。去圣既远,咸茎韶濩,间无遗声。所可见者周之制。而《周官》苦战国附益,传籍出暴秦之煨烬,其记载亡几,又复驳异难较,虽传称神瞽考中声以立钧出度,则律先于度,《周官》由嘉量然后见声,则量先于律。传载先王作七声,而《周官》之法,则曰'黄钟为宫,大吕为角,大簇为徵,应钟为羽'。则声止于四而阙其三,律同其三而异其二。至于其间虽有制度,反复可见,而先儒说释,又加谬妄。歌奏二事而曰相通,其音果和耶?圜极两统皆有所避,其法果当耶?法之二三,乐不可正,后世虽欲淳天下风,美天下俗,将何以哉?"⑤ 秦火之后,《周

---

① （宋）曾巩:《策问一十道》,《全宋文》第 57 册,上海辞书出版社、安徽教育出版社 2006 年版,第 118 页。
② （宋）刘攽:《进士策问》,《全宋文》第 69 册,上海辞书出版社、安徽教育出版社 2006 年版,第 22 页。
③ 南庙指进士考试的场所,试题称南庙试策,参加考试的亦称南庙进士。
④ （宋）程颢:《南庙试策五道》,《全宋文》第 79 册,上海辞书出版社、安徽教育出版社 2006 年版,第 333 页。
⑤ （宋）苏轼:《策问六首·古乐制度》,《苏轼文集》卷一〇八,曾枣庄、舒大刚编:《三苏全书》第 14 册,语文出版社 2001 年版,第 313 页。

礼》不全，所记音乐制度与其他典籍有异。苏轼据此，让考生辨析《周礼》所记音乐制度，并说明音乐淳化风俗之功能。

刘弇问："'经礼三百，威仪三千'，言礼而仪反多于礼。……今《周官》礼仪，与戴圣所传号《礼记》者，件举条别，殆有甚于组绘，非其摄齐敛衽之小谨，则簠簋椸枷之繁文也；而《仪礼》又韩愈欲揖逊于其间而不得者。遽以为仪而缓之，可乎？厥今承平百年，亹亹乎趋佳会之适，裁搏茂典，纷纶葳蕤，以与先王方轨之时也，脱有制作，彼所谓仪者，亦可废乎？若曰必有真礼者存，则彼显庆、开元《礼》多至于数百卷，又何取也？……孰谓仪焉而非真礼者？试为言之。"①刘氏据《周礼》、《仪礼》、《礼记》之记载，让诸生对"礼"、"仪"加以辨析。

刘弇又问："久矣，医之不可废于天下也。……《周官》疾医掌养万民之疾病，以五味、五谷、五药养其病，以五气、五声、五色视其死生，两之以九窍之变，参之以九藏之动。虽其苛细之皮肤，若不足治，而祝药劀杀之齐犹掌诸疡医。则所以俟民者亦以尽矣。……今欲如《周官》，岁终则稽其医事，以制其食而上下之，与夫死生，则各书其所以入于医师。然则所谓制其食者，当以何道，书死生定如何也？愿闻其略。"②刘氏据《周礼》之记载，让考生对医生考核之制度提出自己的看法。

晁补之问："《六经》惟礼若强人，而人之情，不可以无礼。……今欲举三代之遗，而求所以施诸今，其义何以？三加弥尊，而弁服之制不同，可得闻乎？冠于阼，醮于客位，爰字孔嘉，使之弃幼志而顺成德，若是可也；以见于母而母拜，以见于兄而兄拜之，不已泰重乎？曰成人而与为礼欤？则丈夫之冠也，父命之，母也、兄也则礼答，父也则不与为礼，何哉？无大夫冠礼，古也，而公侯有冠礼，为夏之末造，则古者冠礼，盖独施于士。抑童子未成人，而顾得与士齿，其说又安取？"③晁补之据《仪礼·士冠礼》之记载，让诸生对士冠礼之义加以阐释。

---

① （宋）刘弇：《策问第十二·仪礼》，《全宋文》第119册，上海辞书出版社、安徽教育出版社2006年版，第11—12页。
② （宋）刘弇：《策问第四十四·疾医》，《全宋文》第119册，上海辞书出版社、安徽教育出版社2006年版，第40页。
③ （宋）晁补之：《策问·冠礼》，《全宋文》第126册，上海辞书出版社、安徽教育出版社2006年版，第225—226页。

方逢辰问:"《中庸》曰:'国家将兴,必有祯祥,不然,必有妖孽。见乎蓍龟,动乎四体。'然则《中庸》之所谓妖尚隐于微者欤?然遽曰见、动,何欤?乃者蜀阃走驿,以嘉、叙地震雹击水怒山裂上闻,京城盛夏而大风拔木发屋,此非天妖欤?所以召此者何失?销此者何修欤?或曰天作孽犹可违,然欤?否欤?豸冠执白简击二竖子,此非人妖欤?然膏之上肓之下,针之不达,药之不及,将何道而可欤?彼且操戈以逐台臣,是可忍,孰不可忍?"① 方氏据《中庸》所言"妖孽",让诸生对"天妖"、"人妖"加以辨析。

综上所述,可知宋代科举重视以"三礼"为据策问诸生。所设题目既重视经义之阐发,又与社会实际密切相关。如前所述南庙策问,题目设计者征引《礼记·内则》关于养老礼之记载,从而引出养老这一社会现实问题,在此基础上让考生结合历史阐述自己对养老问题的认识。答题者既要理解《礼记》之经义,又要对社会现实有所关注,所给答案才能符合题目设计者之初衷。

## 第二节 "三礼"诠释与移风易俗

五代十国时期,社会动荡,民不聊生。北宋建立后,又发动了一系列的统一战争。从建隆三年(962)至太平兴国四年(979),宋以先易后难、先南后北之方略,举兵平荆湖,灭后蜀、南汉、南唐、北汉,最终才实现局部统一。北宋建立后,民生凋敝,百废待兴,统治者无心于教化。经过百余年的发展,社会状况才有所好转,然而世风仍存在诸多问题。元祐元年(1086),朱光庭上书哲宗,力陈礼俗坏乱之现状,曰:"夫礼废而不讲久矣。今天下之人自卯角已衣成人之服,则是何尝有冠礼也。鄙俗杂乱,不识亲迎人伦之重,则是何尝有婚礼也。火焚水溺,阴阳拘忌,岁月无限,死者不葬,葬者无法,五服之制,不明重轻,则是何尝有丧礼也。春秋不知当祭之时,祭日不知早晚之节,器皿今古之或异,牲牢生熟之不同,则是何尝有祭礼也。冠、昏、丧、祭,礼之大者,莫知所当行之法。朝廷之上,未尝讲修,但沿袭故事而已,曾未尽圣人之蕴。公卿士大夫之间,亦未尝讲修,但各守家法而已。何以为天下

---

① (宋)方逢辰:《策题》,《全宋文》第353册,上海辞书出版社、安徽教育出版社2006年版,第236页。

之法？车舆服食、器用玩好，法禁不立，僭侈尤甚，富室拟于王公，皂隶等于卿士。风俗如此，一出于无礼而然也。"①朱氏认为，当时民间所行冠、婚、丧、祭礼，时日不知，仪节杂乱，轻重不明；朝廷行礼亦只沿袭旧制，难尽圣人蕴意；卿大夫守家法，未尝讲修。朱氏由此而发出"礼废而不讲久矣"之感叹。朱光庭请求皇帝召集明礼之人详议五礼以教百姓，其曰："臣今欲乞陛下诏执政大臣各举明礼官参议五礼，上自朝廷所行之制度，下至民庶所守之规矩，纤悉讲明，究极先圣人之蕴，以古参今，酌人情之所安、天下可通行以为法者，著为一代之大典，垂诸象魏，颁诸四海，以正人伦，以变礼俗。此则三王之举也，臣愿陛下勉之而已。"②

北宋统治者后来于移风易俗给予了一定的关注，然而成效并不理想。北宋中期苏辙曾曰："古者礼备而费少，今者费愈多而礼愈阙。古者七世之庙分而为七，今者七世之庙合而为一。古者一岁大祭天者四，五岁大祭宗庙者再；今者三岁迭用其一，而略其余。古者命士以上皆有庙，今至于公卿大夫无之。古者天子五载一巡狩，远者十二年一巡狩；今者非郊祀校猎不出于郊。以今之至简省也，而财至于不给；则古之甚繁者，宜其无以共之。然以古之甚繁而不至于大费，则今之简省而至于不给者，何也？凡今之人皆以费故弃先王之礼，是以礼日益坏，以为今之世有周公、仲尼，其将亦畏费而止欤，其将亦略备其礼而不至于大费欤？然而今之所以至于大费而不可省者，或亦有故也。"③此乃苏辙所设计的一道试策题目。从这段文字，可知苏辙对当时的风俗教化是颇为不满的。苏辙认为，当时礼仪并不及古代繁多，然所花费甚巨，究其原因，是今人专注于费用而弃先王之礼，故虽花费甚巨，然收效甚微。

鉴于北宋前中期礼乐不兴、民生凋敝的现状，不少士人从各个角度对移风易俗提出了自己的见解和主张。如有些人试图通过《仪礼》所记礼仪之诠释，以便于时人能知晓。宋初刘敞结合《仪礼》之记载，对士相见礼、公食大夫礼、投壶礼皆有诠释。

---

① （宋）朱光庭：《乞详议五礼以教民奏》，《全宋文》第92册，上海辞书出版社、安徽教育出版社2006年版，第385—386页。

② （宋）朱光庭：《乞详议五礼以教民奏》，《全宋文》第92册，上海辞书出版社、安徽教育出版社2006年版，第386页。

③ （宋）苏辙：《私试进士策问二十八首》，《苏辙集》卷六十六，曾枣庄、舒大刚编：《三苏全书》第18册，语文出版社2001年版，第120页。

如于士相见礼，刘敞曰："自天子至于庶人，皆有挚。挚者，致也，所以致其志也。天子之挚鬯，诸侯玉，卿羔，大夫雁，士雉。鬯也者，言德之远闻也；玉也者，言一度不易也；羔也者，言柔而有礼也；雁也者，言进退之时也；雉也者，言死其节也。故天子以远德为志，诸侯以一度为志，卿以有礼为志，大夫以进退为志，士以死节为志。明乎志之义，而天下治矣。"①《仪礼·士相见礼》有士与士、士见大夫、大夫相见、士大夫见君所持礼物之说明，然并没有述及所持礼物之意义。刘敞于此对天子挚鬯、诸侯玉、卿羔、大夫雁、士雉之意义做了阐释，认为天子挚鬯言德之远闻，诸侯执玉言一度不易，大夫执雁言进退之时，士执雉言死其节。

又如于公食大夫礼，刘敞曰："公迎宾于大门内，非不能至于外也，所以待人君之礼也。臣之意欲尊其君，子之意欲尊其父，故迎宾于大门内，所以顺其为尊君之意也。三揖至于阶，三让而升堂，充其意，谕其诚也。于庙用祭器，诚之尽也。君子于所尊敬，不敢狎。不敢狎，故神明之。故忠臣嘉宾，乐尽其心也。大夫立于东夹南，西面北上。士立于门东，北面西上。小臣东堂下，南面西上。宰东夹北，西面北上。内官之士在宰东北，面南上。百官有司备，以乐养贤也。设筵加席几，致安厚之仪也。公设酱，然后宰夫荐豆菹醢，士设俎；公设大羹，然后宰夫设铏启簋。言以身亲之也。"②刘敞对《公食大夫礼》的君臣揖让周旋、礼器陈设之义皆做了阐释。如迎宾于大门内意在尊君，三揖三让意在诚敬，百官有司皆备意在乐于养贤。

又如程颐撰《婚礼说》，对婚礼中的"六礼"有简要之解释。如于"纳采"，程颐曰："纳采，谓婿氏为女氏所采，故致礼以成其意。使辞曰：'吾子有惠，贶某室也，某（自注：婿父）有先人之礼，使某也敢纳采。'"③又如于"问名"，程颐曰："问名，谓问所娶女子之名，若今之小名也。使者请辞曰：'某既受命，将加诸卜，敢请女为谁氏。'"④又如于"纳吉"，程颐曰："纳吉，谓婿氏既得女名，以告神而卜之，得吉兆，又往告女氏，犹今之言定。使

---

① （宋）刘敞：《士相见义》，《公是集》卷三十七，文渊阁《四库全书》第1095册，第717页。
② （宋）刘敞：《公食大夫义》，《公是集》卷三十七，文渊阁《四库全书》第1095册，第718页。
③ （宋）程颐：《婚礼说》，《全宋文》第80册，上海辞书出版社、安徽教育出版社2006年版，第315页。
④ （宋）程颐：《婚礼说》，《全宋文》第80册，上海辞书出版社、安徽教育出版社2006年版，第316页。

辞曰：'吾子有贶命，某加诸卜，占曰吉，使某也敢告。"① 又如于"请期"，程颐曰："请期，实告婚期也，必先礼请以示谦。使辞曰：'吾子有贶命，某既申受命矣，惟是三族之不虞，使某也请吉日。'女氏对曰：'某既前受命矣，惟命之从。'使又曰：'某使某听命于吾子。'女氏固辞，使曰：'某使某受命，吾子不许，某敢不告期，曰某日。"② "六礼"的最后一个仪式是"亲迎"，程颐称之为"成婚"。其曰："期日，婿氏告迎于庙。初昏，婿受命于所尊，出乘，前引妇车。"程颐又自注曰："受命而出，乘马前引妇车，迎妇之车也。今或用担子。"③ 程颐用自己时代常用的仪节与《仪礼》相比拟，如其用宋代的"言定"以释《仪礼》"纳吉"，又如其用宋代的"担子"以释《仪礼》亲迎婿引妇车所乘马。

程颐还撰《祭礼》，对四时祭、始祖、先祖、祢皆有说明。如其论四时祭曰："凡祭，洒扫厅事，设几案于阶下，设盥盆帨手巾。祭前一日，视涤濯，五更起，安排如法。具时果并菜三钉或五钉，盏盘匙筯讫。次设香卓，次设盥盆茅缩。更祭服，焚香请曰：'孝孙某，今以仲春之祭，共请太祖某官、高祖某官、曾祖某官、祖某官、考某官，降赴神位。'奠酒焚香，跪，执事者过酒，左手把盘，右手以酒浇酹于灌盆茅缩处。俛伏兴，再拜，左避位，遂行献。执事者注酒，下食二味，或一味，随人家贫富。顷之再拜。亚献如前，三献如前。事毕，焚香曰：'祭事已毕。'揖，执事者彻馔。祭祖妣亦如前式。"④《礼记·王制》："天子诸侯宗庙之祭，春曰礿，夏曰禘，秋曰尝，冬曰烝。"礿、禘、尝、烝即四时祭。程颐于此对四时祭之仪节有详尽的说明，内容包括时间之安排、祭品之陈设、请神之言辞。

程颐对《仪礼》所记婚礼"六礼"以及《礼记》所记四时祭之诠释，可以看到其对《仪礼》、《礼记》所记礼仪之尊崇态度，还可见其顺应时代变迁对礼仪所做的变通性阐释。

---

① （宋）程颐：《婚礼说》，《全宋文》第80册，上海辞书出版社、安徽教育出版社2006年版，第316页。
② （宋）程颐：《婚礼说》，《全宋文》第80册，上海辞书出版社、安徽教育出版社2006年版，第316—317页。
③ （宋）程颐：《婚礼说》，《全宋文》第80册，上海辞书出版社、安徽教育出版社2006年版，第317页。
④ （宋）程颐：《祭礼》，《全宋文》第80册，上海辞书出版社、安徽教育出版社2006年版，第324页。

宋人方逢振撰《冠二子说》，对冠礼之意义做了阐释。其曰："《冠义》一篇，首及礼义，而不先之以冠。礼义备，可矣，未也，必礼义立，然后始及于冠，冠其可以不重乎？……容体正，颜色齐，辞令顺，至于礼义始备，以之正君臣而君臣可正，以之亲父子而父子可亲，以之和长幼而长幼可和。至于礼义立矣，然后加之大人之服。故曰'冠而后服备'，其与童子异也。"① 方氏认为，冠礼是成人区别于童子之标志，由冠礼而礼义始备。

此外，方逢振还对《仪礼·士冠礼》宾祝词的意义作了阐释。其曰："《士冠礼》三加之祝曰'弃尔幼志'，又曰'介尔寿考'，曰'敬尔威仪'，又曰'慎尔黄耇'。人生之岁月易老，天下之义理无穷，髧毗习之有余，头白行之不足。古人于加冠之始，不得不致丁宁告戒之意，盖终身大人之学方自此发轫，故又终之曰'冠者礼之始也'。"② 又曰："后世冠礼废，童子与先生并行，逊让之节既不防闲于幼穉之时，修治之方又不谨严于行冠之始，此人才所以难成，而教道所以夏夏乎难入。"③ 方逢振认为，冠礼的祝词对于受冠礼者有提醒作用，后世不行冠礼，造成少年人不知尊重长者，亦无谦让之节。

至于移风易俗之具体举措，宋人从古老的经典《仪礼》等书中获取资源，并做了阐释。如宋代不少人主张恢复乡饮酒礼，希望借此醇化风俗。孙何《上真宗请复乡饮礼》曰："孝悌立而人伦厚，教化行而邦本固。古先哲王知宇宙之广，不可家督而户劝也，故率之以仁义；知亿兆之众，不可丁诲而口授也，故示之以礼乐。仁义礼乐不可斯须而知也，故为之节文制度，耸动其耳目。节文制度，不可溥博而达也，故因之亲党宴乐，浃洽其肺腑。盖乡饮酒之礼，由是而行于天下，欲其观尊卑之叙而孝慈其父子，见长幼之节而友恭其兄弟，见宾主之仪而肃其宗族邻里。自乡而率邑，自邑而率都，自都而率国，而达四海，薰然而大和，巍然而至治，因此术也。"④ 何氏上真宗书，希望推行《仪礼》所记乡饮酒礼。何氏认为，仁义礼乐乃人不可斯须去身者，若乡饮酒之礼

---

① （宋）方逢振：《冠二子说》，《全宋文》第356册，上海辞书出版社、安徽教育出版社2006年版，第178页。
② （宋）方逢振：《冠二子说》，《全宋文》第356册，上海辞书出版社、安徽教育出版社2006年版，第178—179页。
③ （宋）方逢振：《冠二子说》，《全宋文》第356册，上海辞书出版社、安徽教育出版社2006年版，第179页。
④ （宋）孙何：《上真宗请复乡饮礼》，《全宋文》第9册，上海辞书出版社、安徽教育出版社2006年版，第182页。

行，那么家庭宗族由此而知礼；乡饮礼之推行，可由乡到邑，由邑到都，以至于国家、四海，从而实现天下之大治。

南宋胡颖亦主张推行乡饮酒礼，他说："窃惟三代教民之法，莫切于乡饮酒礼。观其致尊逊以教不争，致洁敬以教不慢，父坐子立以教孝，老坐少立以教悌，序宾以贤以贵德，序坐以齿以贵长，序僎以爵以贵贵，饮食必祭以示不忘本，工歌必献以示不忘功，燕及沃洗以示不忘贱，凡登降辞受献酬之义，笾豆鼎俎之器，升降合乐之节，无非教也。当是时也，父与父言慈，子与子言孝，兄与兄言友，弟与弟言顺，少而习焉，长而安焉，其父兄之教，不肃而成，其子弟之学，不劳而能。……然则是礼之废兴存亡，其所系岂不重欤？万世之下，有志于化民成俗者，舍此而将奚先焉？"① 胡颖认为，乡饮酒之礼，父坐子立、老坐少立、序宾以贤、序坐以齿、序僎以爵、饮食必祭、工歌必献、燕及沃洗等仪节，皆有深义存焉；乡饮酒礼乃三代教民之法，对于化民成俗有重要意义。

南宋李昴英撰《谕乡饮酒观礼者》，对乡饮酒礼敦化民俗之意义做了阐释。如在《谕乡饮酒观礼者》中，李昴英云："某讲行乡饮，率由古礼，俾邦人皆得寓目焉，政有望于相观而善也。动作有法，容止可观，执事者固在所谨，然观者亦当整襟正视，屏气肃容，摄以威仪，共成嘉礼。倘或跛倚谑笑，是干大礼，以自取轻，此岂真好礼之士哉！观礼者固欲观行礼者之敬忽，而观礼者之敬忽，行礼者亦于是而观焉。"② 李昴英认为，推行乡饮酒礼对于民俗政教皆有裨益；从观礼者之容貌举止，可见其是否乃好礼之士。

在士人们的推动下，宋代亦有乡饮酒礼之实践。如蒋汝通于绍定五年（1232）所撰《乡饮酒记》，记载了当时行乡饮酒礼之事。蒋氏记载道："乡饮酒礼，成周盛时，靡岁不举，由汉及唐，间见方策。暨阳古季子国，仅行于绍兴间，礼废乐缺，迨今百年，往往视为迂阔，而念不到此也。郡侯史权院骞之笃意举行，遣辞喻指，命乡之耆秀参订异同，润色绵蕝，修废典而新之，吾党胥悦，翕然乡风，曾不及月，咸熟于事。乃以绍定壬辰春日释菜于泮宫，崴礼于贡闱，凡仕隐爵齿之尊，乡曲贡举之彦，国学京庠之隶籍，堂

---

① （宋）胡颖：《勉寓公举行乡饮酒礼为乡间倡判》，《全宋文》第 343 册，上海辞书出版社、安徽教育出版社 2006 年版，第 144—145 页。
② （宋）李昴英：《谕乡饮酒观礼者》，《全宋文》第 344 册，上海辞书出版社、安徽教育出版社 2006 年版，第 37 页。

校月评之蜚声，与夫名阀故家之熏与德，寓公时贵之子若弟，文武僚属，共事观礼，各尽敬恭。是日也，冠带班列，豆笾有楚，主宾之揖逊逾再，歌笙之升间以三。济济跄跄，雍容和乐，献酬交错，情文粲然，燕席序登，爵乐无算，纯音缛礼，皆畴昔耳目之所未接，礼义之心，油然以生。"① 据蒋氏所言"礼废乐缺，迨今百年，往往视为迂阔"，可知乡饮酒礼之实践在宋代并不普遍。据蒋氏所言"遣辞喻指，命乡之耆秀参订异同，润色绵蕝，修废典而新之"，可知绍定壬辰所行乡饮酒礼并非完全恪守《仪礼》所记之仪节，而是根据宋代的社会实际需求有所变通。乡饮酒礼在宋代可谓古董，宋人怀着"好古"心态去探寻、阐释、实践之，希望借此使宋代社会拥有良善美俗。

## 第三节 "三礼"诠释与议礼制礼

宋人对"三礼"所记之礼制颇为重视，他们通过"三礼"诠释议礼制礼，不仅限于学术探讨，还涉及政治、伦理等各个方面。这些议礼制礼的内容，或以著作、文章、笔记的形式予以表述，或以上奏的形式予以陈述。

**一、关于丧服之讨论**

宋代关于丧服问题之讨论，最典型的莫过于濮议。北宋仁宗皇帝无嗣，濮安懿王允让之子赵曙遂被立为皇太子。仁宗皇帝过世后，赵曙继位，是为宋英宗。英宗即位次年，诏议崇奉生父濮王典礼。侍御史吕诲、范纯仁、吕大防、司马光、王珪等人力主称仁宗为皇考，称濮安懿王为皇伯。中书韩琦、欧阳修等人则主张称濮安懿王为皇考。围绕濮安懿王之称谓，以司马光为首的台谏派与以欧阳修为首的中书派展开了长达十八个月的争论，皇帝、太后和众多朝臣皆卷入此事件，且引起了一系列政治事件。濮议事件牵涉的朝臣众多，延续时间长，过程复杂，故引起了史学研究者的重视。今人在濮议研究方面已有一些成果，借这些成果，可使我们对濮议有越来越清楚之认识。② 本书无意考证濮议事件之具体过程，而是从经典诠释的角度切入，考察朝臣在议礼过程中

---

① （宋）蒋汝通：《乡饮酒记》，《全宋文》第341册，上海辞书出版社、安徽教育出版社2006年版，第203—204页。

② 关于濮议，今人已有研究，如丁功谊《人情与礼制的冲突——濮议中的欧阳修》（《宁夏社会科学》2013年第3期）一文对濮议的来龙去脉作了较为深入的探讨。

对待经典的态度,以及在经典诠释中采用的方法。

《宋史》记载翰林学士王珪之奏议曰:"谨按《仪礼·丧服》:'为人后者'传曰:'何以三年也?受重者必以尊服服之。''为所后者之祖父母妻,妻之父母昆弟,昆弟之子若子。'谓皆如亲子也。又'为人后者为其父母'传曰:'何以期?不二斩,持重于大宗,降其小宗也。''为人后者为其昆弟'传曰:'何以大功?为人后者降其昆弟也。'先王制礼,尊无二上,若恭爱之心分于彼,则不得专于此故也。是以秦、汉以来,帝王有自旁支入承大统者,或推尊其父母以为帝后,皆见非当时,取议后世,臣等不敢引以为圣朝法。况前代入继者,多宫车晏驾之后,援立之策或出臣下,非如仁宗皇帝年龄未衰,深惟宗庙之重,祇承天地之意,于宗室众多之中,简推圣明,授以大业。陛下亲为先帝之子,然后继体承祧,光有天下。濮安懿王虽于陛下有天性之亲,顾复之恩,然陛下所以负扆端冕,富有四海,子子孙孙万世相承,皆先帝德也。臣等窃以为濮王宜准先朝封赠期亲尊属故事,尊以高官大国,谯国、襄国、仙游并封太夫人,考之古今为宜。"① 王珪所征引《仪礼·丧服》之记载的大义如下:受重者要为其所继承的人服斩衰三年;做了别人的继承人,要为自己的亲生父母服丧一年,以报答养育之恩。之所以只服丧一年,是因为做了别人的继承人,别人就是大宗,自己父母就是小宗,在小宗就要降低丧服等级,以大宗为重。王珪认为,虽然濮安懿王是英宗的真正父亲,但是考虑到英宗继位于仁宗,从丧服的原则来看,对于仁宗的礼敬程度应当高于自己的父亲。言下之意,从礼敬程度来看,英宗对濮安懿王之称谓应当低于对仁宗之称谓。当中书认为王珪所议未能详定濮王如何称亲时,王珪回应曰:"濮安于仁宗为兄,于皇帝宜称皇伯。"② 王珪认为,英宗称濮安懿王为皇伯较为允当。司马光、吕诲、范纯仁、吕大防等人皆持此观点。③

程颐亦认为英宗于濮王不得称亲,其从以下几个方面作了论证:

---

① (元)脱脱:《宋史》卷二百四十五《列传第四·宗室二》,中华书局 1977 年点校本,第 8709 页。
② (元)脱脱:《宋史》卷二百四十五《列传第四·宗室二》,中华书局 1977 年点校本,第 8709 页。
③ 吕祖谦所编《宋文鉴》收有司马光《濮安懿王典礼议》一文,与《宋史》所引王珪之奏议同;据《宋史·司马光传》"珪即命吏以其手稿为按"一语,可知王珪此之奏议实际上出自司马光。

第一，古之经典，于统绪、人情皆有系统之论述，此称亲之事关乎统绪。程颐曰："臣以为所生之义，至尊至大。虽当专意于正统，岂得尽绝于私恩？故所继主于大义，所生存乎至情。至诚一心，尽父子之道，大义也；不忘本宗，尽其恩义，至情也。先王制礼，本缘人情。既明大义以正统绪，复存至情以尽人心。是故在丧服，恩义别其所生，盖明至重与伯叔不同也。此乃人情之顺，义理之正，行于父母之前，亦无嫌间。至于名称，统绪所系，若其无别，斯乱大伦。"① 程颐认为，先王所制丧服礼，既有正统绪之需，又有人情之考量；此称亲之事关系统绪，称谓不别，则有乱大伦。

第二，称亲或损统绪，或有不恭之嫌。程颐曰："亲与父同，而所以不称父者，陛下以身继大统，仁庙父也，在于人伦，不可有贰，故避父而称亲。则是陛下明知称父为决不可也。既避父而称亲，则是亲与父异。此乃奸人以邪说惑陛下，言亲义非一，不止谓父。臣以谓取父义，则与称父正同，决然不可；不取父义，则其称甚轻。今宗室疏远卑幼，悉称皇亲，加于所生，深恐非当。孝者以诚为本，乃以疑似无正定之名，黩于所尊，体属不恭，义有大害。称之于仁庙，乃有向背之嫌；去之于濮王，不损所生之重；绝无小益，徒乱大伦。"② 对于此之"亲"，欧阳修曰："亲者，父母之称也。"③ 程颐对"称亲"之"亲"字的内涵作了辨析，认为此之"亲"字，不管是取父母之义，还是不取父母之义，皆"绝无小益，徒乱大伦"。

欧阳修、韩琦等人则主张英宗称亲，反对台谏派称濮王为皇伯。欧阳修所做论证的要点如下：

第一，英宗称亲有《仪礼》为据。欧阳修曰："所谓子者，未有不由父母而生者也，故为人后者，必有所生之父，此理之自然也。其简易明白，不苟不窃，不欺不伪，可以为通制而公行者，圣人之法也。又以为为人后者所承重，故加其服以斩，而所生之亲恩有屈于义，故降其服以期。服可降，父母之名不可讳，故著于《经》曰：'为人后者，为其父母报。'自三代以来，有天下国

---

① （宋）程颢、程颐：《河南程氏文集》卷五《代彭永思上英宗皇帝论濮王典礼疏》，王孝鱼点校：《二程集》，中华书局1981年版，第516页。
② （宋）程颢、程颐：《河南程氏文集》卷五《代彭永思上英宗皇帝论濮王典礼疏》，王孝鱼点校：《二程集》，中华书局1981年版，第516—517页。
③ （宋）欧阳修著，李逸安点校：《欧阳修全集》卷一百二十一《濮议卷二》，中华书局2001年版，第1856页。

家者，莫不用之。"① 欧阳修认为，为人后者必有其生父，故称亲乃理之自然；为他人受重为其生父固然要降服齐衰期，然而服可降，父母之名却不可讳也。欧阳修又曰："谨按《仪礼·丧服记》曰：'为人后者，为其父母报。'报者，齐衰期也。谓之降服，以明服可降，父母之名不可改也。又按开元、开宝《礼》、国朝《五服年月》、《丧服令》皆云：'为人后者，为其所生父齐衰，不杖期。'盖以恩莫重于所生，故父母之名不可改；义莫重于所继，故宁抑而降其服。此圣人所制之礼，著之《六经》，以为万世法者，是中书之议所据依也。若所谓称皇伯者，考于《六经》无之，方今国朝见行典礼及律令皆无之，自三代之后秦汉以来，诸帝由藩邸入继大统者亦皆无之，可谓无稽之臆说矣。"② 欧阳修认为，《仪礼》和宋代礼书皆有为人后者称亲之记载，故主张英宗称生父为皇伯乃"无稽之臆说"。

第二，若英宗称濮王为"皇伯"，那么则属闾阎鄙俚之弊事。有人质问欧阳修：士大夫至于庶人之家养子为后者，皆以生父为伯叔久矣。而古礼所记于今未行，若要行，则属于不合时宜之举。欧阳修回应曰："礼之废失久矣。始于闾阎鄙俚之人不知义礼者坏之，而士族之家因相习见，遂以成风。然国家之典礼则具存也。今士大夫峨冠束带，立于朝廷，号为儒学之臣，为天子议礼，乃欲不遵祖宗之典礼，而徇闾阎鄙俚之弊事，此非臣某之所敢知也。使臣以此得罪，臣固无惭而不悔也，况所谓以养子所生为伯叔父者，今但行于私家尔。"③ 欧阳修认为，闾阎鄙俚之人不知礼，遂称生父为叔伯，称养父为父；士族之家效闾阎鄙俚之俗，遂成风气；为天子议礼应尊祖宗之典礼，称生父为父。欧阳氏认为，王珪等人主张英宗称濮王为皇伯乃"闾阎鄙俚之弊事"，而非"遵祖宗之典礼"。

第三，英宗称亲合乎人情，并非两统贰父。当时有人质疑，若英宗称濮王为父，那么既是以仁宗为父，又是以濮王为父，英宗因此而有两父。欧阳修回应曰："何止二也。父之别有五，母之别有八，皆见于经与礼。而父之别

---

① （宋）欧阳修著，李逸安点校：《欧阳修全集》卷一百二十一《濮议卷二》，中华书局2001年版，第1858页。
② （宋）欧阳修著，李逸安点校：《欧阳修全集》卷一百二十三《濮议卷四》，中华书局2001年版，第1867—1868页。
③ （宋）欧阳修著，李逸安点校：《欧阳修全集》卷一百二十一《濮议卷二》，中华书局2001年版，第1857—1858页。

曰父也、所生父也、所后父也、同居继父也、不同居继父也。不同居继父者，父死而母再适人，子从而暂寓其家，后去而异居矣，犹以暂寓其家之恩，终身谓其人为父。而所生父者，天性之亲也，反不得谓之父，是可谓不知轻重者也。"①欧阳修认为，父之称谓颇多，即使随再嫁之母寓居其家者尝称父，而亲父不称，则有轻重不别之嫌。欧阳修又曰："行路之人，遇其乡间之长者与有德者，则必竦然有肃恭之容；遇其交游故旧久不相见者，则必忻然有欢爱之语。今遇其所生，而既不施恭，又不施爱，是不如行路之人也。忍为斯言者，谁乎？君子之为言也，度可行于己，然后可责于人。今斯人也偶不为人后耳，使其自度为人后，而能以不恭不爱待其父母，则能忍而为此言也。"②欧阳修认为，从人情的角度看，为人后者对生父母称亲，是爱亲之体现。

围绕英宗生父濮王之称谓，以司马光、王珪为首的台谏派，与欧阳修为首的中书派发生了激烈的争论。借双方所做之论证，可窥北宋朝臣对待经典之态度，以及朝臣们利用经典指导现实政治生活之方法。

从司马光、王珪、欧阳修等人所做论证来看，论辩双方皆引经据典，力证自己的观点符合经义，不违古制。如以欧阳修为代表的中书派认为，濮王之称谓，"事体至大，理宜慎重，必合典礼，方可施行"③。此所谓"典礼"，乃礼书所记之礼仪制度。从司马光、欧阳修称引之著述来看，此"典礼"主要是指《仪礼》等先秦礼典。

台谏派与中书派双方的经典依据主要是《仪礼·丧服》。《丧服》云："'为人后者'，传曰：'何以三年也？受重者必以尊服服之。'"又曰："'为人后者为其父母'，传曰：'何以期也？不二斩也，持重于大宗者，降其小宗也。'"又曰："'为人后者为其昆弟'，传曰：'何以大功也？为人后者降其昆弟也。'"又曰："为人后者为其父母，报。"《丧服》的这些记载皆是解释为人后者对所后者服丧之时限；正常情况下，为人后者对自己的本生父母当服三年之丧，若所后者并非为人后者的亲生父母，为人后者应对所后者服斩衰三年，为自己的亲

---

① （宋）欧阳修著，李逸安点校：《欧阳修全集》卷一百二十一《濮议卷二》，中华书局2001年版，第1857页。

② （宋）欧阳修著，李逸安点校：《欧阳修全集》卷一百二十一《濮议卷二》，中华书局2001年版，第1859页。

③ （宋）欧阳修著，李逸安点校：《欧阳修全集》卷一百二十三《濮议卷四》，中华书局2001年版，第1867页。

生父母服齐衰期。《丧服》的这种规定，是对传重者身份的特殊认同，因为在儒家看来，传重者"传所受宗庙、土地、爵位、人民之重也"，传重者不但继承所后者所有财产、地位和荣誉，而且自己是本宗所有成员共同尊崇和服从的核心。

司马光和欧阳修等人对《丧服》的这些记载皆有关注，然而他们的结论迥然不同。司马光与欧阳修的分歧主要在于英宗对濮王的称谓上。司马光等人认为，既然为人后者为所后者服斩衰三年，为本生父服齐衰期，那么濮王于英宗是亲生父亲而非所后者，故英宗对于濮王的称谓要体现降服之义，不得称父，而以"皇伯"代之。程颐亦认为，台谏派以英宗称亲，此"亲"字的含义模糊，然而不管是确指父，还是非确指父，皆与降服之义不符，徒乱大伦。欧阳修则认为："为人后者所承重，故加其服以斩，而所生之亲恩有屈于义，故降其服以期。"① 欧阳子主张英宗为濮王降服，对于称亲之事亦力主之。其所谓称亲，按照欧阳修的说法就是称自己的亲父。欧阳修认为自己的主张与经义并不相违，因为圣人制礼情义兼尽，与人之常情相符合，乃礼仪之基本要义。欧阳修认为，英宗于濮王称亲是符合人之常情，若不称亲则有悖于人情。与欧阳修立场相同的韩琦等人状奏曰："伏以出于天性之谓亲，缘于人情之谓礼。虽以义制事，因时适宜，而亲必主于恩，礼不忘其本，此古今不易之常道也。……臣等忝备宰弼，实闻国论，谓当考古酌礼，因宜称情，使有以隆恩而广爱，庶几上以彰孝治，下以厚民风。"② 在韩琦等人看来，古礼固然重要，却需"以义制事"、"因时适宜"，英宗对其生父称亲，既是对古礼之尊崇，又是"因宜称情"。

以司马光为首的台谏派与以欧阳修为首的中书派的争辩，双方所持理由表明他们有不同的关注点。司马光等人关注《丧服》之本义，小而言之是出于求真之需要，大而言之是对祖宗成法之效法。司马光对《丧服》本义之关注，与其一贯的政治文化立场是相同的。针对王安石提出的"天命不足畏，祖宗不足法，流俗不足恤"③，司马光曰："使三代之君常守禹、汤、文、武之法，虽

---

① （宋）欧阳修著，李逸安点校：《欧阳修全集》卷一百二十一《濮议卷二》，中华书局 2001 年版，第 1858 页。
② （宋）欧阳修著，李逸安点校：《欧阳修全集》卷一百二十二《濮议卷三》，中华书局 2001 年版，第 1861 页。
③ （宋）脱脱：《宋史》卷四十二《本纪第四十二》，中华书局 1977 年点校本，第 822 页。

至今存可也。汉武帝取高帝约束纷更，盗贼半天下。元帝改孝宣之政，汉业遂衰。由此言之，祖宗之法不可变也。"① 司马光认为"祖宗之法不可变"，可见其持保守的政治和文化立场。程颐亦曰："天下国家，必纪纲法度废乱，而后祸患生。圣人既解其难而安平无事矣，是无所往也；则当修复治道，正纪纲，明法度，进复先代明王之治，是来复也，谓反正理也，天下之吉也。"② 程颐认为，复先代明王法治是社会走向太平之前提；主张"复先代明王之法治"，亦是趋于保守的文化政治立场。由此可见，司马光、程颐等人主张恪守《丧服》之经义，是他们所持政治文化立场之反映。

以欧阳修为首的中书派之关注点，更多的是现实需要和血缘亲情。欧阳修认为自己主张英宗于濮王称亲，意在"追崇以彰圣君之孝而示天下也"③。韩琦上奏亦曰"庶几上以彰孝治，下以厚民风"④。欧阳修、韩琦于此所言，是中国儒家知识分子经世济民情怀之体现。不过其深层动机，还在于他们对当政者动机之省察。英宗被立为太子之前，多年在濮王府生活，其对生父濮王的感情要比对仁宗的感情深厚得多。英宗继位后，对濮王之感念需要借尊号得以表达。欧阳修等人看到了英宗的真实需要，他们从现实人情的角度出发，力辩英宗称亲的合法性。在论辩过程中，欧阳修等人对于《丧服》并非视而不见，然其诠释并非恪守经义，而是变通甚至不惜曲解经义，从而满足当朝皇帝之需要。欧阳修的主张与其政治文化立场亦是密切相关的。苏轼曾曰："宋兴七十余年，民不知兵，富而教之，至天圣、景祐极矣，而斯文终有愧于古。士亦因陋守旧，论卑气弱。自欧阳子出，天下争自濯磨，以通经学古为高，以救时行道为贤，以犯颜纳说为忠。长育成就，至嘉祐末，号称多士。"⑤ 庆历前后，不少士人以通经学古、救时行道、犯颜纳说的价值追求代替了以往固陋守旧的价值取向，而在由古典理想主义向现实主义学风转变的过程中，欧阳修起到了关键性的作用。由此可见，欧阳修在《丧服》诠释中表现出的变通精神，与其现

---

① （宋）脱脱：《宋史》卷三百三十六《列传第九十五》，中华书局1977年点校本，第10764页。
② （宋）程颐：《周易程氏传》卷三《周易下经上》，王孝鱼点校：《二程集》，中华书局1981年版，第901页。
③ （宋）欧阳修著，李逸安点校：《欧阳修全集》卷一百二十一《濮议卷二》，中华书局2001年版，第1854页。
④ （宋）韩琦：《濮安懿王合行典礼议》，《司马光集》卷三三，第784页。
⑤ （宋）苏轼：《六一居士集叙》，《苏轼文集》卷八十三，曾枣庄、舒大刚编：《三苏全书》第13册，语文出版社2001年版，第466页。

实主义的政治文化立场是一致的。

以司马光为首的台谏派与以欧阳修为首的中书派于濮王称谓之争长达十八个月,且引起了一连串的政治事件。台谏派和中书派都口口声声地说自己的观点渊源有自、符合经义,其目的,都是尽量使自己的观点合法化。自汉代提倡儒学教育以来,中国历代统治者皆以儒学为官方哲学,"以《禹贡》治河,以《洪范》察变,以《春秋》决狱,以《三百五篇》当谏书"①,儒家经典俨然成为行事之依据、判断是非之法典。即使是理性精神极强的宋儒,对经典权威的认同一点也不含糊。宋儒疑经惑传,然而他们疑经意在更好地尊经。即使是崇奉现实主义的官员,在处理政事时亦不会怀疑儒家经典的神圣性。当然,随着时代的变迁,部分古礼古制已不合时宜,在处理具体问题时,恪守经义或游离于经义之外,彰显的是经典诠释者的文化和政治立场。

除了濮议之外,宋人于丧服制度还有不少讨论。如刘敞《奔丧议》云:"臣窃见旧制,官自三司副使以上及班行使臣,遭父母丧者,例皆有百日公除。孝子虽有思慕之心,犹逼于王命,不得遂行,此诚伤教害理,无取于今。臣伏以三年之丧,通于天下,以义制恩,古人有之,自谓身在军旅,躬被金革者,不敢以私事辞王事尔。……今天下往往有闻哀不举,废哀图仕,源自此始,不可不虑。《传》曰:'君子不夺人之亲,人亦不可夺亲。'窃谓惟在军中者,可权从变礼。其旧制三司副使以上及班行使臣百日公除,不合礼意。宜听行三年之服,以崇孝悌之风。"②《仪礼·丧服》规定,父母之丧,应服斩衰三年。刘敞据《仪礼》之记载,认为北宋时期官自三司副使以上及班行使臣遭父母丧者,例皆百日公除,此制有伤理教。刘敞据《礼记·曾子问》所云"君子不夺人之亲,人亦不可夺亲",力劝朝廷推行三年服制,以崇孝悌之风。

又如刘敞《妾为君之长子三年议》记载,李端懿卒,其庶弟之母疑其服。有人建议:"妾为君之长子三年。"刘敞驳之曰:"妾为君之长子三年,《传》无其文,而郑玄以为礼。然经'大功布衰裳,牡麻绖,缨布带。三月。受以小功衰,即葛九月'章曰:'大夫之妾,为君之庶子。'其《传》曰:'妾为君之党,服得与女君同。'故玄以谓女君三者,妾亦三年矣。按三年之服,齐衰、疏衰,

---

① (清)皮锡瑞:《经学历史·经学昌明时代》,潘斌编:《皮锡瑞儒学论集》,四川大学出版社2010年版,第12页。

② (宋)刘敞:《奔丧议》,《全宋文》第59册,上海辞书出版社、安徽教育出版社2006年版,第111—112页。

无妾为君之长子，则君之长子未可以三年服也。凡礼之所慎，名为大。妾不得体君，是以其服也，有故而遂者矣，以别嫌明统也。然则得体君者，惟小君尔。小君为长子三年，妾又为之三年，则安在其能别嫌明统？且不得体君也，难以言礼。然则所谓'妾为君之党服得与女君同'者，殆指谓庶子以下尔。"①有人据《丧服》"妾为君之党服得与女君同"之记载，认为妾应为君之长子服三年。刘敞则认为，妾为君之长子服三年者，此说于《丧服》无记载；此外，"妾为君之党服得与女君同"，仅适应庶子以下，若女君为长子三年，为妾亦三年，那么丧服别嫌明统之义将不能得到体现。

又如魏仁浦《议妇服制奏》云："谨按《礼·内则》云：'妇事舅姑，如事父母。'则舅姑与父母一也。而古礼有期年之说，至于后唐始定三年之丧，在理为当。况五服制度，前代增益甚多。……况三年之内，几筵尚存，岂可夫处苦块之中，妇被绮纨之饰？夫妇齐体，哀乐不同，求之人情，实伤理本。况妇为夫有三年之服，于舅姑止服期年，乃是尊夫而卑舅姑也。况孝明皇后为昭宪太后服丧三年，足以为万世法。欲望自今妇为舅姑服，并如后唐之制，其三年齐、斩，一从其夫。"②魏氏认为，历代于五服制度皆有增益变通，若妇为舅姑服一年，夫为父母服三年，此皆不合情理之规定。魏氏据《礼记·内则》，认为妇为舅姑应从其夫，服丧三年。

**二、关于祭礼之讨论**

郊礼之争是宋代礼制史和政治史上的大事，许多士人都曾参与讨论。

郊礼是天子祭天地的大礼。《周礼·春官·大司乐》云："冬日至，于地上之圜丘奏之，若乐六变，则天神皆降，可得而礼矣。……夏日至，于泽中之方丘奏之，若乐八变，则地示皆出，可得而礼矣。"又云："乃奏黄钟，歌大吕，舞《云门》，以祀天神。乃奏大簇，歌应钟，舞《咸池》，以祭地示。"《周礼·春官·典瑞》云："四圭有邸，以祀天，旅上帝。两圭有邸，以祀地，旅四望。"圜丘祭天神，冬至日行之；方丘祭地祇，夏至日行之。此外，祭天地所用的音乐、玉器皆各有不同。

历代统治者皆重视郊礼，宋代亦如此。宋人曰："国莫重于祭，所以作民

---

① （宋）刘敞：《妾为君之长子三年议》，《全宋文》第59册，上海辞书出版社、安徽教育出版社2006年版，第289页。

② （宋）魏仁浦：《议妇服制奏》，《全宋文》第2册，上海辞书出版社、安徽教育出版社2006年版，第34页。

恭之先。礼无大于郊，所以报物生之始。"① 赵宋开国以后，关于郊祭之内涵一直有争议。宋初的皇帝合祭天地，元丰年间，有人提出合祭有违古礼。宋神宗遂罢合祭而分皇地祇于方泽北郊，南郊只祭昊天上帝。不过到了元祐年间，合祭又得以恢复。祭天祀地，争议不断，分分合合，贯穿了整个宋代历史。笔者无意梳理郊礼争议之具体过程，而是从经典诠释的角度，考察论辩双方是如何借"三礼"论证自己的观点。

苏轼主张天地合祭，其撰《上圆丘合祭六议札子》、《请诘难圆丘六议札子》，向当朝皇帝陈述合祭之理由。苏轼认为，天地合祭是有经典依据的。他说："古者秋分夕月于西郊，亦可谓阴位矣。至于从祀上帝，则以冬至而祀月于南郊。议者不以为疑，今皇地祇亦从上帝而合祭于圆丘，独以为不可，则过矣。《书》曰：'肆类于上帝，禋于六宗，望于山川，遍于群神。'舜之受禅也，自上帝六宗山川群神，莫不毕告，而独不告地祇，岂有此理哉？……《诗》之序曰：'昊天有成命，郊祀天地也。'此乃合祭天地，经之明文。……《春秋》书：'不郊，犹三望。'……臣以《诗》、《书》、《春秋》考之，则天地合祭久矣。"② 关于天神、地祇之祭，《周礼》的记载最为明确，《书》、《诗》和《春秋》亦有模糊记载。由于苏轼主张天神、地祇合祭，故其征引主张合祭的《书》、《诗》和《春秋》，而不取主张分祀的《周礼》。

苏轼认为合祭天地更符合现实需要，他说："古者以亲郊为常礼，故无繁文。今世以亲郊为大礼，则繁文有不能省也。若帷城幔屋，盛夏则有风雨之虞，陛下自宫入庙出郊，冠通天，乘大辂，日中而舍，百官卫兵，暴露于道，铠甲具装，人马喘汗，皆非夏至所能堪也。王者父事天，母事地，不可遍也。事天则备，事地则简，是于父母有隆杀也，岂得以为繁文末节而一切欲省去乎？"③ 苏轼认为，天地为大礼，故不可轻慢，繁文不可省也；分祭的程序过于复杂，仪节过于繁多，对于行礼之天子以及辅助之百官皆带来极大不便。由此可见，苏轼主张天地合祭，有着很强的现实主义精神。

---

① 司义祖整理：《宋大诏令集》卷一百二十一《熙宁十年南郊赦天下制》,《典礼六·南郊四》，中华书局 1962 年版，第 415 页。

② （宋）苏轼：《上圆丘合祭六议札子》,《苏轼文集》卷三十四，曾枣庄、舒大刚编：《三苏全书》第 12 册，语文出版社 2001 年版，第 188—189 页。

③ （宋）苏轼：《上圆丘合祭六议札子》,《苏轼文集》卷三十四，曾枣庄、舒大刚编：《三苏全书》第 12 册，语文出版社 2001 年版，第 192 页。

翰林学士钱勰、刑部侍郎范纯礼亦主张天地合祭。其曰："先帝亲祠之诏，所宜遵守，但当斟酌时宜，省去繁文末节，以行亲祠之礼，无不可为。若谓盛夏之月天子必不可出郊，即姑从权变礼，以循祖宗故事。"① 钱、范二人认为，是否简便易行是合祭与否之前提；若天子盛夏不行郊礼，那么可以用变通的形式，以示对祖宗成法之遵循。权户部侍郎李琮曰："祭地之礼若能削去浮费，敦正古典，追复三代，诚为尽美。若以乘舆出郊，而暑雨不常，理难预度，六军仪卫、百官车服势难减损，三代典礼或难全复，则合祭权宜，亦难轻罢。"② 李氏认为，分祀天地，简便易行则行之；若气候难料，花费难减，分祀就没有必要。在此基础上，李氏认为不可轻罢合祭。

刘安世、王子韶、朱熹等人则主张天地分祀。如太常少卿王子韶曰："《周礼》，夏日至祭地于方泽。圣人制礼，垂训万世，不易之典。元丰六年修定皇帝亲祠北郊，祭皇地祇于方丘，并上公摄事等仪，已在有司，望举而行之。"③ 王子韶以《周礼》为据，在神宗元丰六年南郊分出地祇之基础上，主张冬至祭昊天上帝，夏至祭皇地祇。

朱熹曰："《礼》'郊特牲而社稷太牢'，《书》'用牲于郊，牛二'及'社于新邑'，此明验也。本朝初分南北郊，后复合而为一。《周礼》亦只说祀昊天上帝，不说祀后土，故先儒言无北郊，祭社即是祭地。古者天地未必合祭，日月、山川、百神亦无一时合祭共享之礼。古之时，礼数简而仪从省，必是天子躬亲行事，岂有祭天却将上下百神重沓累积并作一祭耶？"④ 朱熹据《周礼》、《仪礼》和《书》，认为古代天地并不合祭。朱熹还认为，既然天子是通过郊礼向天神表达敬意，那么就不可能将所有神合在一起祭祀。

礼部郎中崔公度希望借经典之记载平息各家之争议。崔氏曰："谨按《周颂·昊天有成命》之序曰：'《昊天有成命》，郊祀天地也。'又《周礼》：'冬至祀昊天上帝于圜丘，夏至祭皇地祇于方丘。'汉武帝《郊祀歌》曰：'惟泰元尊，媪神蕃厘。经纬天地，作成四时。'……皆合祭天地于南郊之辞也。《周颂》合祭，礼之情也。《周礼》特祀，礼之文也。文必有情，情必有文，然则祭祀

---

① （清）徐松辑，刘琳等校点：《宋会要辑稿·礼三》，上海古籍出版社2014年版，第549页。
② （清）徐松辑，刘琳等校点：《宋会要辑稿·礼三》，上海古籍出版社2014年版，第549页。
③ （清）徐松辑，刘琳等校点：《宋会要辑稿·礼三》，上海古籍出版社2014年版，第548—549页。
④ （元）脱脱：《宋史》卷一百《志第五十三·礼三》，中华书局1977年点校本，第2456页。

天地，或合或特，系于时君，而礼则一也。今特祀难行，即当依旧合祭，并依祖宗旧仪，为圣朝万世不刊之典。"① 崔氏认为，《诗》之记载乃合祭天地之礼，为礼之情，《周礼》之记载乃分祀天地之礼，为礼之文；时下当行合祭，天地分祀难行。崔氏将《周礼》与《诗》之记载作了比较，认为二者乃礼的情与文之表现。崔氏试图通过调和经典之记载，从而平息分祭与合祭之争议。

从郊祭论辩各方所做之论证，可知他们的经典诠释主要有以下几大特点：

首先，论辩双方对于经典都是重视的，不过诠释的路径有所不同。论辩双方都试图证明自己的观点符合古礼古制，如苏轼认为自己的观点是"上合三代六经"②，孔武仲认为冬至祀天、夏至祭地乃"先王之制也"③。在具体的论证过程中，各家皆引经据典，如苏轼征引《书》、《诗》、《春秋》，王子韶、朱熹、崔公度等人则征引《周礼》。

尽管如此，各家的诠释路径还是有所不同。观察苏轼所做之论证，可知其于《周礼》避而不用。苏轼于《周礼》祭天祀地之内容不可能不知，然而其在论证中舍之，原因在于《周礼》主张分祀，与合祭的观点相反。苏轼征引《书》、《诗》、《春秋》之记载，是因为诸书依稀有合祭之内容。苏轼主张合祭，故其于此取《书》、《诗》、《春秋》而舍《周礼》。由此可见，苏轼经典诠释的向度是经典注"我"，与先入为主的观点相符者则取之，不符者则去之。

王子韶、朱熹等人对于苏轼仅征引《书》、《诗》、《春秋》之做法表示不满，如朱熹认为苏轼之说"甚无道理"。王子韶、朱熹以苏轼未曾征引的《周礼》为据，得出了与苏轼截然相反的观点。关于祭天祀地，《周礼》的记载比较清楚，故征引《周礼》之说较符合经义。从这个角度来看，王子韶、朱熹等人的经典诠释向度是"我"注经典。

其次，论辩双方具有很强的现实主义色彩。礼制的诠释，引经据典是必要的。不过从《宋史》、《宋会要》、《续资治通鉴长编》等文献中，可以看到部分人仅据现实需要来议礼，而不顾礼典之记载。如《宋会要辑稿》所记吕大防、杜纯、曾肇等人之言论，引经据典并非常态。此外，不少人更重视近世之

---

① （清）徐松辑，刘琳等校点：《宋会要辑稿·礼三》，上海古籍出版社 2014 年版，第 540 页。
② （宋）苏轼：《请诘难圆丘六议札子》，《苏轼文集》卷三十四，曾枣庄、舒大刚编：《三苏全书》第 12 册，语文出版社 2001 年版，第 194 页。
③ （清）徐松辑，刘琳等校点：《宋会要辑稿·礼三》，上海古籍出版社 2014 年版，第 542 页。

礼，而忽略礼典。如吕大临等认为"宜如祖宗故事合祭天地"①。苏轼等人所列合祭之理由，更多的是现实之需要，如分祀天地可能导致人、财、物的消耗。现实之需要，使苏轼等人的更多考虑是如何简化礼仪，方便天子和百官。为了论证合祭乃"近世变礼"，苏轼甚至断言"今所行皆非周礼"。"周礼"在中国历代儒者的心目中有着崇高的地位，苏轼主张后世行礼不一定非要合于周礼，这与传统的观点相去甚远。其深层用意，在于证明合祭乃正确的选择。苏轼的现实主义精神，于此体现得再明显不过了。

宋代皇帝颁布的诏书亦常征引"三礼"。如宋太宗《狩近郊所获禽兽荐飨太庙诏》曰："《礼》云：'天子诸侯无事，则岁三田，一为乾豆，二为宾客，三为充君之庖。'说者为'乾豆，腊以为祭祀。豆，实也。'夫顺时搜狩，礼有旧章，非乐畋游，将荐宗庙。久隳前制，阙孰甚焉！适属昌期，重兴坠典。昨者爰遵时令，暂狩近郊，既躬获禽，用以荐俎，盖遵故事，肃将至诚。其今月十一日畋猎亲射所获禽兽等，并付所司，以备太庙四时荐飨所用，仍永为定式。"② 此诏书以《礼记·王制》为据，认为田猎之意义主要是供奉宗庙祭祀，进而表达诚敬之义。

宋代群臣对于祭礼的讨论甚多。如北宋大臣陈彭年曾多次向皇帝上奏，陈述自己对于朝廷所行祭礼的看法，如其所上《乞命礼官议定临奠园陵之制奏》（1006）、《上辛祈谷之祀奏》（1006）、《丧服议》（1007）、《请不行孙奭封禅议奏》（1008）、《请详定上尊谥册宝仪奏》（1008）、《乞详定孝惠孝章淑德三皇后禘祫仪制奏》（1012）等，皆是关于祭礼之讨论。如陈氏于《上辛祈谷之祀奏》云："伏觀诏书，来年正月三日上辛祈谷于昊天上帝，至十日始立春。谨按《礼记·月令》'天子以元日祈谷于上帝'注云：'为上辛祈谷，郊祀昊天上帝。'《春秋传》曰：'启蛰而郊，郊而后耕。'盖春气初至，农事方兴，郊祀昊天，以祈嘉谷，故当在建寅之月，迎春之后矣。自晋泰始二年始用上辛，不择立春之先后。齐永明元年立春前郊，议者欲迁日，王俭启云：'宋景平元年、元嘉六年并立春前。'郊遂不迁日。……然则《左氏》所记'启蛰而郊'乃三代彝章，王俭启'郊在春前'乃后世变礼。来年正月十日立春，三日上辛祈

---

① （清）徐松辑，刘琳等校点：《宋会要辑稿·礼三》，上海古籍出版社 2014 年版，第 542 页。
② （宋）赵光义：《狩近郊所获禽兽荐飨太庙诏》，《全宋文》第 4 册，上海辞书出版社、安徽教育出版社 2006 年版，第 180 页。

谷,斯则袭王俭之末议,违《左氏》之明文,理有未安,事当复古。伏望宪章三代,取则《六经》,当以正月立春之后上辛行祈谷之祀。"①陈氏据《左传》、《礼记·月令》的经文和郑《注》,认为行上辛祈谷礼应在立春之后;诏书以景德四年(1007)正月三日祈谷于昊天上帝在立春之前,与古制不合。

北宋大臣孙奭向朝廷上奏,阐述自己对当朝所行礼仪的看法。其所撰《祠祭乞依礼文奏》(998)、《乞于葬前定谥奏》(1006)、《请正北郊祀仪奏》(1007)、《请改用正月上辛后亥日享先农奏》(1007)、《其祭器如礼设置奏》(1007)、《乞太庙终献增用登歌奏》(1008)、《乞释奠礼备差三献奏》(1010)、《乞正冬至圜丘从祀仪制奏》(1011)、《乞不行春秋二时祭唐七圣帝殿奏》(1013)等,皆据"三礼"论祭礼。如其于《请改用正月上辛后亥日享先农奏》云:"伏觏者来年春季昼日,正月一日享先农,九日上辛祈谷祀上帝者。按《春秋传》曰:'启蛰而郊,郊而后耕。'《礼记·月令》云:'天子以元日祈谷于上帝。乃择元辰,天子亲载耒耜,躬耕帝藉。'先儒皆云:元日,谓上辛郊天也。元辰,谓郊后吉亥,享先农而耕藉也。又《六典》及《礼阁新仪》皆言上辛祀天,而后享先农。……伏望改用来年正月上辛后亥日享先农,仍著为甲令。"②孙奭据《左传》、《礼记·月令》的经文和郑《注》,认为祀天在先,享先农在后;正月一日享先农、九日上辛祈谷祀上帝,乃颠倒行礼秩序之举。

又如北宋大臣张齐贤论告朔之礼曰:"礼官《状》云:'经史正文,无天子每月告朔之事者。'谨按:……《周礼》太史职'颁告朔于邦国之中',《礼记·玉藻》'天子听朔于南门之外',皆有闰月居门之事,是天子亦以闰月告朔矣。……又礼官《状》以《周礼·天官》太宰职曰'正月之吉始和,布治于邦国都鄙,乃悬象法于象魏,使万人观之,浃日而敛之',即是谓《礼记·玉藻》之听朔,因此遂谓王者唯以岁首元旦一告朔。此说非也。何者?《太宰》所云'布治于邦国都鄙'者,布其所掌,太宰之典也,故《地官》司徒职则布教典,《春官》宗伯职则布礼典,《夏官》司马职则布政典,《秋官》司寇职则布刑典。唯《冬官》司空职亡,以五官之职言之,则其职亦当布事典也。此乃六官各以

---

① (宋)陈彭年:《上辛祈谷之祀奏》,《全宋文》第9册,上海辞书出版社、安徽教育出版社2006年版,第218页。

② (宋)孙奭:《请改用正月上辛后亥日享先农奏》,《全宋文》第9册,上海辞书出版社、安徽教育出版社2006年版,第351—352页。

正月之吉宣布其职之典，非告朔也。"①礼官《状》据经、史之记载，认为天子无每月听朔之事。张齐贤据《周礼·太史》、《礼记·玉藻》之记载，认为天子有每月告朔之事。礼官《状》据《周礼·天官》太宰职，认为王者仅以岁首元旦告朔，张齐贤则认为太宰与司徒、宗伯、司马、司寇、司空皆布事典，而非每月之告朔。

又如北宋大臣邵必于嘉祐四年（1059）上奏曰："谨案《周礼》小宗伯之职曰：'凡王之会同甸役祷祠，肄仪则为位。'郑氏《注》：'肄，习也。谓若今时肄仪于司徒府。'则是周公制礼，会同祷祀，固有习仪之法。以郑注言之，若汉习仪于司徒府，则周之肄仪，亦于他所明矣。今习祫享仪，而止就太庙中，启室登殿，拜则小揖，奠则虚爵，乐举柷敔，舞备行缀，其亵慢神灵，莫此为甚矣。习仪者，本以防失礼而渎神也。今天子未行亲祀，而有司渎之，臣恐非所以为致恭之意。臣欲乞自今后亲祀，习仪于尚书省，以比汉之司徒府。仍下臣章于两制礼官，重加详定。"②邵必据《周礼》经文及郑《注》，认为汉代肄仪于司徒府，周代肄仪于他所；时下习祫享仪于太庙，仪式简略，乃亵慢神灵之举。邵氏建议可习祫享于尚书省，天子应亲自前往。

北宋大臣张方平认为，禘尝之礼乃治国之本。他说："夫治国之本，莫急于礼；礼有六体，莫重于祭；祭之大，莫大于禘、尝，此其商人之礼乎。《记》曰：'祭有四：礿、禘、尝、烝，四时之事也。'禘阳之盛，尝阴之盛。古者于禘也，发爵赐服，顺阳义也；于尝也，出田邑，发秋政，顺阴义也。故尝之日，发公室，示赏也，草艾则墨；未发秋政，则民莫敢草。故曰禘尝，礼之盛也，治国之本也。夫治国之本莫大于赏罚，赏罚诚得，治国其犹指掌乎。"③《礼记·王制》提出天子、诸侯宗庙之祭，有礿、禘、尝、烝之礼。张氏据此，认为禘尝礼之意义在于明赏罚，而赏罚乃治国之本。

又如《宋史·礼志》认为宋代"大率皆循唐故"、"亦皆用历代之制"，然而"其间情文讹舛"、"多戾于古"者亦不少。陈襄作《详定礼文》，对《熙宁

---

① （宋）张齐贤：《天子每月告朔议》，《全宋文》第5册，上海辞书出版社、安徽教育出版社2006年版，第382—383页。

② （宋）邵必：《乞今后亲祀习祫享仪于尚书省奏》，《全宋文》第29册，上海辞书出版社、安徽教育出版社2006年版，第174页。

③ （宋）张方平：《禘尝治国之本论》，《全宋文》第36册，上海辞书出版社、安徽教育出版社2006年版，第126页。

祀仪》所记礼仪做了辨析。如其于"用制币",云:"臣等看详:《礼记》曰:'太庙之内,大夫赞币,从君牵牲之礼。币曰量币。《周礼·太宰》:祀五帝赞币,享先王亦如之。则知王者祀祖宗,必有币帛,以将诚意。今《熙宁祀仪》,惟奏告太庙,奉礼郎奉币授太尉,若五享及禘祫,天子亲祠与有司摄事,皆无币,实为阙礼,伏请宗庙之享并用制币。"①据《周礼》、《礼记》,可知享先王皆用币。《熙宁祀仪》于五享、禘祫皆无用币之规定。陈氏认为宗庙之享应用币,《熙宁祀仪》不用币为阙礼。

又如陈襄于《南郊摄事用木爵》曰:"臣等看详:《礼记·郊特牲》:'器用陶匏,象天地之性。'故《开元》、《开宝礼》:'有司摄事,亦有瓠爵。'《熙宁祀仪》有司摄事,惟言洗爵、拭爵,而不言瓠,因此不用瓠爵,伏请自今改用之。"②《熙宁祀仪》认为,有司摄事不用瓠爵;陈襄据《礼记·郊特牲》,认为不用瓠爵有违礼制,遂请正之。

又如陈襄于《遇雨望祭服祭服仍设乐》曰:"臣等看详:《礼记》曰:'大夫冕而祭于公,弁而祭于己。'则是臣子助祭不当朝服也。又曰:'年谷不登,祭事不县。'则于祭之时,既行吉礼,不当彻乐也。今礼,祠祭遇雨则望祀,不为违礼,然而服公服不设乐,则非所以奉神。伏请遇雨望祀,服祭服,仍设乐。"③陈氏据《礼记》,认为臣子助祭不应朝服,行吉礼不应彻(撤)乐;时下祠祭,遇雨服公服,不设乐,与礼制相违。陈氏认为,遇雨,望祀服祭服,仍设乐。

又如北宋大臣章衡于熙宁五年(1072)上书曰:"一曰:'僖祖皇帝在七世之外,礼当祧迁。'臣以为不可。谨按《仪礼》曰:'诸侯及其太祖,天子及其始祖之所自出。'说者谓:'太祖,始封之君;始祖,感神灵而生,若稷、契也。故商、周之王,断自稷契以下者,本统相承,重始也。'我太祖受命之初,立亲庙自僖祖始。僖祖以上世次不可得而知,则僖祖之为始祖,与稷、契无以异,其可毁其庙而迁其主乎?"④《仪礼·丧服》云:"诸侯及其大祖,天子及其

---

① (宋)陈襄:《用制币》,《全宋文》第50册,上海辞书出版社、安徽教育出版社2006年版,第66页。
② (宋)陈襄:《南郊摄事用木爵》,《全宋文》第50册,上海辞书出版社、安徽教育出版社2006年版,第86页。
③ (宋)陈襄:《遇雨望祭服祭服仍设乐》,《全宋文》第50册,上海辞书出版社、安徽教育出版社2006年版,第66页。
④ (宋)章衡:《庙祧之序议》,《全宋文》第70册,上海辞书出版社、安徽教育出版社2006年版,第178页。

始祖之所自出。"郑玄《注》："始祖者，感神灵而生，若稷契也。"章衡据《仪礼》经文及郑《注》，认为宋代既然以僖祖为始祖，僖祖之庙就不可毁。

又如北宋大臣周延年于熙宁十年（1077）上奏曰："昨东作坊退卖癸服、簪环、履舄及三司斥卖长源王佩剑带。臣窃谓凡祭祀之物，转移他用，则非所以尊奉神灵。故《记》曰：'祭服敝则焚之，祭器敝则埋之，龟筴敝则埋之，牲死则埋之。'示不欲亵也。愿下礼官详定。凡天地、宗庙、社稷、山川百神之祀，有服器之敝者则焚埋之。"①《礼记·曲礼上》："临祭不惰。祭服敝则焚之，祭器敝则埋之，龟策敝则埋之，牲死则埋之。"郑《注》："不欲人亵之。"周延年据《礼记》及郑《注》，对退卖祭服、祭器之现象做了批评，并建议朝廷禁止这种交易。周氏的建议，得到了朝廷的采纳。②

北宋大臣吕希纯于元祐七年（1092）八月上奏曰："窃考礼经，先王之于祭祀，皆备上古、中古及今世之食。郑康成解《礼运》，以'荐其血毛，腥其俎'为'荐太古之食'，以'熟其殽'、'荐其燔炙'为'荐中古之食'，然后'退而合享，体其犬豕牛羊，实其簠簋笾豆铏羹'为'荐今世之食'。又曰'今世之食，于人道为善也'。……窃虑议者又以为景灵原庙自荐常食，则宗庙之祭可以专用古礼。臣窃以为国家既建宗庙，岁时奉祀，必求祖宗顾享，非以为虚文也。况如僖祖及孝惠等四后，有但祭于太庙，而不祭于景灵者乎？国家于宗庙之祭，非不尊且重也。六官百司奔走承事，然其所荐之馔，乃非今人之所能食。如此则望祖妣之来享，后嗣之蒙福，不亦难乎？臣欲乞今后每遇皇帝亲祀及有司摄事，并依祖宗旧制，每室除礼料外，各荐常食一牙盘。庶于礼义人情，咸得允当。"③牙盘，即雕饰精美的盘子。吕氏认为，宗庙之祭应有牙盘，有规定的礼料，还应以今人所能食者荐之，从而"礼义人情，咸得允当"。吕氏的建议，得到了宋哲宗的赞赏。

又如北宋大臣蔡京论宗庙祭祀曰："《礼·王制》曰：'三昭三穆，与太祖

---

① （宋）周延年：《乞祭祀器敝则焚埋奏》，《全宋文》第85册，上海辞书出版社、安徽教育出版社2006年版，第111—112页。
② 据《续资治通鉴长编》记载，周氏上奏后，"礼院以延年之言合于经意，诏从之"。[（宋）李焘：《续资治通鉴长编》卷二百八十五《神宗·熙宁十年》，中华书局1986年版，第6973—6974页]
③ （宋）吕希纯：《请太庙祭祀复用牙盘食奏》，《全宋文》第109册，上海辞书出版社、安徽教育出版社2006年版，第26页。

之庙而七。'则七庙之制,自先王以来,于今未有之改。恭惟哲宗皇帝嗣神宗皇帝大号,父子相承,自当为世。今若不祧远祖,不以哲宗为世,则是三昭四穆与太祖之庙而八。谓宜深考礼经,迁祔如礼。"① 蔡氏据《礼记·王制》七庙之制,认为时下当祧远祖,以哲宗为世。

又如南宋大臣朱震于绍兴七年(1137)十一月上奏曰:"臣窃见侍从台谏官集议尚书省,伏为圣文仁德显孝皇帝、显肃皇后梓宫未还,请如祠部员外郎勾龙如渊议,依景德元年明德皇后故事,行埋重、虞祭、祔庙之礼。……臣请以《礼经》及先儒旧说论之。《礼记·曾子问》曰:'庙有二主,礼欤?'孔子曰:'天无二日,土无二王,尝禘郊社,尊无二上,未知其为礼也。'……今若止行祔庙之礼,当作栗主。他日梓宫还葬而九虞,又作桑主,是庙有二主也,于礼文不合矣。……又《士丧礼》:'重与柩相随之礼,柩将出,则重倚于道左。柩将入于庙,则重止于门西。'是倚于道左,将埋之者,谓埋于庙门外之道左也。如是,则埋重之所,得远近之中矣。"② 靖康之难中,宋徽宗以及皇后被金人所掳,皇后于绍兴元年(1131)、徽宗于绍兴五年(1135)客死他乡。南宋朝廷遂讨论行埋重、虞祭、祔庙之礼。朱氏据《仪礼·士丧礼》、《礼记·曾子问》,认为既作神主,又作丧主,是违背礼制之举,徽宗及皇后之神主应埋在庙门外之道左。

### 三、关于明堂建置之讨论

明堂是古代帝王宣明政教的地方。凡朝会、祭祀、庆赏、选士、养老等大典,多在明堂举行。因为文献于明堂之记载不一,所以历代儒生议论纷纷,莫衷一是。由于所依据的经典不同,各朝所营建的明堂之形制与规模亦不尽相同,明堂在中国古代没有统一的式样。赵宋多位皇帝对明堂制度颇为重视,他们在位时积极修筑明堂,并在明堂行大典礼。本书不拟全面探讨宋代的明堂制度,而是根据史料,对宋代明堂制度与经典诠释之间的关系做一探讨。

宋人于明堂之设计,主要的经典依据是《周礼》、《礼记》和《大戴礼记》。如仁宗皇祐二年(1050)四月二十九日,太常礼院曰:"准诏检详五室方位,今据典礼,明堂五帝位并为幔室。缘奉事上帝,不容华侈,欲用青绢朱里以为

---

① (宋)蔡京:《太庙迁祔议》,《全宋文》第109册,上海辞书出版社、安徽教育出版社2006年版,第117页。

② (宋)朱震:《论行埋重虞祭祔庙礼奏》,《全宋文》第142册,上海辞书出版社、安徽教育出版社2006年版,第192—193页。

旁帷上幕。其四户八牖，准《大戴礼》'赤缀户，白缀牖'，宜以朱白绢饰户牖。又按《周礼》'夏后氏世室'，郑氏云堂上为五室，象五行：木室于东北，火室于东南，金室于西南，水室于西北，土室在中央。崔灵恩说亦如之。欲依《周礼》郑、崔义说，设五室于大庆殿中央及四隅，于行礼陟降、陈设为便。"① 太常礼院据《大戴礼》明堂四户八牖制、《周礼》明堂五室制，以明明堂的结构及意义。

又如宋神宗元丰三年（1080）八月三日，详定郊庙奉祀礼文曰："臣等看详《明堂仪注》，设御洗于中阶东南。谨按《仪礼》：'设洗南北以堂深，东西当东荣。'《燕礼》：'设洗篚于阼阶东南，当东霤。'说者曰：'当东霤，人君为殿屋也，亦南北以堂深。'《礼记》：'洗当东营，其水在洗东，祖天地之左海也。'《开元礼》、《开宝通礼》，大飨明堂，设御洗于东阶东南，颇与礼合，而《皇祐大飨明堂仪注》则设于中阶东南，是南北不以堂深，东西不当东霤，神位在北而南向盥，又奉盘匜授巾者皆北面，殊不应理。臣等以古礼言之，乡饮酒、乡射礼，主人南面，则宾北面盥以对主人。燕礼，公在堂上，则主人北面盥以对公。特牲少牢礼，神席在奥则尸入门左，北面盥以对神位，其奉槃者则东面于庭南，奉匜水者则西面于盘东，执巾者亦西面于匜北。所有大飨明堂，伏请设御洗于阼阶东南，当东霤；皇帝立于洗南，北向盥。"② 《皇祐大飨明堂仪注》认为御洗应设于中阶东南。太常礼院据《仪礼·燕礼》、《乡饮酒礼》、《乡射礼》、《特牲馈食礼》、《少牢馈食礼》及《礼记》之记载，认为御洗应置于阼阶东南。

又如徽宗崇宁四年（1105）八月丁亥，库部员外郎姚舜仁曰："臣谨参考古礼，绘成图式以献。其制中为一堂，上设重屋，太室居中，四阿重屋，四门四堂，各为一室，共八空以通八方，以拟八卦。外阛四门，以示明四目、达四聪之义。四面各为五门，以应五行。皆法《礼记·明堂位》之文。堂修十四步，其广十四步二分步之一，应《周官》世室之制。其崇九尺，以应《周官》一筵之数。门堂取则于正堂三分之二，其修九步三分步之一，其广十一步三

---

① （清）徐松辑，刘琳等校点：《宋会要辑稿·礼二四》，上海古籍出版社 2014 年版，第 1144 页。
② （清）徐松辑，刘琳等校点：《宋会要辑稿·礼二四》，上海古籍出版社 2014 年版，第 1163 页。

分步之二。"① 姚舜仁据《周礼》和《礼记》之记载，提出了具体的明堂设计方案，并希望此方案能得到徽宗皇帝的采纳。

又如宋徽宗政和五年（1115）七月十五日手诏曰："明堂之制，自三代以还，有为之君虽欲稽法先王，终不能如古。盖违经循俗，惑于众说，失其旨意。朕永惟严父飨帝之礼尚阙未备，取《考工记》所载，考其互见之文，得其制作之本。命工怦图，莫不备具，无一不合。'夏后氏曰世室，堂修二七，广四修一。五室，三四步，四三尺。九阶，四旁两夹窗'。考夏后氏之制，名曰世室，又曰堂者，则世室非庙堂。修二七，广四修一，则度以六尺之步，其堂修十四步，广十七步之半。又曰'五室，三四步，四三尺'者，四步益四尺，中央土室也；三步益三尺，木、火、金、水四室也。每室四户，户两夹窗。此夏后氏之制也。'商人重屋，堂修七寻，崇三尺，四阿重屋'。商人名曰重屋而又曰堂者，非寝也。度以八尺之寻，其堂修七寻。又曰'四阿重屋'者，阿者屋之曲也，重者屋之复也，则商人有四隅之阿，四柱复室，则知下方也。'周人明堂，度以九尺之筵'。三代之制不相袭，夏曰世室，商曰重屋，周曰明堂，则知皆堂也。……朕万机之暇，取夏后氏益五室之度，兼商人四阿重屋之制，从周人度以九尺之筵，上圜象天，下方法地，四户以合四序，八窗以应八节，五室以象五行，十二堂以应十二朔。九阶、四阿，每室四户，夹以八窗，兼三代之制，黜诸儒之臆说。"② 宋徽宗对《考工记》所记载的明堂形制做了分析，决定依《考工记》之记载从事明堂之设计。

宋人还据礼典之记载，对明堂礼配享之对象做了讨论。自古以来，明堂礼的配享对象有很多争议。宋代亦不例外，如宋神宗元丰三年（1080）八月七日下诏："历代以来，合宫所配既紊于经，乃至杂以先儒六天之说，此皆固陋昧古，以失情文之宜。……将来祀英宗皇帝于明堂以配上帝，余从祀群神悉罢。"③ 故神宗朝，明堂常礼皆以英宗配享昊天上帝。

在关于配享问题上，朝臣的意见并不一致。如太常礼院曰："谨按《周礼》

---

① （清）徐松辑，刘琳等校点：《宋会要辑稿·礼二四》，上海古籍出版社2014年版，第1179—1180页。

② （清）徐松辑，刘琳等校点：《宋会要辑稿·礼二四》，上海古籍出版社2014年版，第1178—1179页。

③ （清）徐松辑，刘琳等校点：《宋会要辑稿·礼二四》，上海古籍出版社2014年版，第1163页。

有称昊天上帝，有称上帝，有称五帝，以义推之，称昊天上帝者，一帝而已，如'祀昊天上帝则服大裘而冕，祀五帝亦如之'之类是也。称上帝者，昊天上帝及五帝，如'类造上帝，封于大神'之类是也。称五帝者，昊天上帝不与，如'祀五帝则张大次小次'之类是也。繇是而言，则经所谓'宗祀文王于明堂以配上帝'者，与《周礼》所称上帝同矣。其将来祀英宗皇帝于明堂，合配昊天上帝及五帝，欲以此修入仪注。"①太常礼院据《周礼》，主张以英宗皇帝配祀昊天上帝和五帝。

王安礼曾三次上奏言明堂配享之对象，其曰："臣伏观诏书，将来祀英宗皇帝于明堂，惟以配昊天上帝，余从祀群神悉罢。以臣所闻，郊祀后稷以配天，宗祀文王于明堂以配上帝，盖圜丘则遍及于天之群神，明堂则弗遍也，祭上帝而已。所谓上帝者，则昊天上帝与五帝是也。何以知之？肆师之职，既曰'类造上帝'，又曰'封于大神'，则是以上帝兼及五帝，故又以大神别之也。司服之职，祀昊天上帝则服大裘而冕，祀五帝亦如之。若上帝专谓昊天上帝，则何故不止曰祀上帝，又加以昊天者，何也？由此观之，则上帝之不专为昊天上帝明矣。以《周官》一书考之，其别于五帝则称昊天上帝，其别于昊天上帝则称五帝，其合昊天上帝与五帝而并，则称上帝。前后参验，无一不合于此者。盖自昔言礼者皆以明堂专祭五帝，不及昊天上帝，康成之徒既已乖谬，历代沿袭。朝廷方欲是正典礼，以革前世之弊，虽祀昊天上帝，而今又悉废五帝之祀，则是其失与前世等也。"②又曰："臣近因请对，曾再论列配帝事，伏闻圣论，臣以迫于日旰，未尽所陈。今辄敢援引古义，浼渎宸听。《周礼·掌次》：'王大旅上帝，则张毡案设皇邸。朝日祀五帝，则张大次小次，设重帟重案。'《肆师》：'类造上帝，封于大神。'盖'大旅上帝'者，以上帝兼昊天，故下文以五帝别之。则《掌次》所谓'张大次小次，设重帟重案'者，专为五帝而言也。'类造上帝'者，以上帝兼五帝，故下文以大神别之，则《肆师》所谓封者，专为昊天而言也。《掌次》设文，正与《肆师》互相发明，则上帝兼昊天与五帝，尤为明白矣。"③王氏据《周礼》的《掌次》、《肆师》、《司服》，

---

① （清）徐松辑，刘琳等校点：《宋会要辑稿·礼二四》，上海古籍出版社2014年版，第1163—1164页。

② （宋）王安礼：《论明堂配帝第一札子》，《全宋文》第83册，上海辞书出版社、安徽教育出版社2006年版，第73页。

③ （宋）王安礼：《论明堂配帝第三札子》，《全宋文》第83册，上海辞书出版社、安徽教育出版社2006年版，第74—75页。

认为上帝之称谓包括昊天上帝和五帝，上帝与昊天上帝是有区别的；宋以前以明堂专祭五帝，神宗朝以明堂专祭昊天上帝，皆与古礼不合。

杨完、何洵则曰："谨按《周礼》掌次职曰：'王大旅上帝则张毦案，祀五帝则设大次、小次。'又司服职曰：'祀昊天上帝则服大裘而冕，祀五帝亦如之。'明上帝与五帝异矣。则《孝经》所谓'宗祀文王于明堂以配上帝'者，非可兼五帝也。……今大飨在近，议者犹以谓上帝可以及五帝。请如圣诏，祀英宗皇帝于明堂，惟以配上帝，至诚精湮，以称皇帝严父之意。"① 杨完、何洵认为上帝与五帝有异，英宗当配祀上帝，而非五帝。

各家争论所持的经典依据主要是《周礼》。《周礼·掌次》："王大旅上帝，则张毡案设皇邸。朝日祀五帝，则张大次小次，设重帟重案。"《周礼·肆师》："类造上帝，封于大神。"《周礼·司服》："祀昊天上帝则服大裘而冕，祀五帝亦如之。"太常礼院、王安礼认为，《周礼》的《掌次》所言"上帝"涵昊天上帝，《肆师》所言"上帝"涵五帝，据《掌次》、《肆师》之记载，知上帝兼昊天上帝和五帝。杨完、何洵则认为，《掌次》分言上帝、五帝，可知上帝与五帝异，上帝不可兼五帝。由此可见，各家于配享问题之探讨，虽然皆以《周礼》之记载为据，然而由于各家对《周礼》的诠释不同，所以导致结论相异。

### 四、其他问题之讨论

有些宋人据"三礼"，对宋代之称谓做了讨论。如颜复于《皇族称伯父叔父议》云："《礼记·大传》'君有合族之道，族人不得以其戚戚君位'者，合族之时，族人不得以父兄之尊齿君之位，为正尊卑之序而发也。《仪礼》'公子不得祢先君'，谓别子之子始以别子为诸侯立庙而发也。二者无害称谓之厚。三代盛时，天子谓同姓诸侯曰'伯父'、'叔父'，异姓诸侯曰'伯舅'、'叔舅'，虽无定则，原此而论，不必于上下相接之际，皦皦区异远近，以伤亲亲之意。唐德宗、宣宗之世，有分从称姓之令，亦缘其政苛刻寡恩而然。国朝祖宗敦睦九族，自有博大之制，远符三代之风。若唐衰一时之令，不足稽考。"②《礼记·大传》："君有合族之道，族人不得以其戚戚君位也。"《大传》认为，国君有统领宗族、聚合族人之职责，但是族人要与国君保持一定的距离，以示对国

---

① （清）徐松辑，刘琳等校点：《宋会要辑稿·礼二四》，上海古籍出版社2014年版，第1164页。

② （宋）颜复：《皇族称伯父叔父议》，《全宋文》第82册，上海辞书出版社、安徽教育出版社2006年版，第309—310页。

君的尊重。《仪礼·丧服》："公子不得祢先君。"《丧服》认为，别子不能奉侍先父的宗庙。颜氏认为，《仪礼》、《礼记》于此之记载皆有特定含义，并不妨害三代称谓之盛；三代称同姓诸侯为"伯父"、"叔父"，称异姓诸侯为"伯舅"、"叔舅"，乃"亲亲"之体现；宋代仿此称谓，与三代之风相符。

有些宋人据"三礼"，对宋代服饰做了讨论。如陆佃曰："检会礼部奏，《元丰新礼》皇帝祀天服大裘，虽用黑羔皮为之，仍作短袍样制，袭于衮衣之下，与衮服同冕，虑于礼典未合，乞下礼部太常寺讨论改正者。佃谨按：《礼记·玉藻》曰：'服之袭也，充美也。'又曰：'礼不盛，服不充，故大裘不裼。'则大裘袭可知。袭从衣，从龙，亦或从龖，龖，二龙也。则大裘袭衮可知。大裘袭衮，则与衮同冕亦可知。故《郊特牲》曰：'王被衮以象天，戴冕，璪十有二旒，则天数也。'而《周官》亦曰：'弁师掌王之五冕。'王服有六，而弁师掌王之五冕，则大裘与衮同冕明矣。据此，王冬祀昊天上帝，被大裘，服衮，戴冕，璪十有二旒，经证甚明，无足疑者。"① 陆氏据《周礼》、《礼记》所记王祀天之服饰，对时下皇帝祀天之服饰做了说明。

又如范质云："三公祭服旧皆画升龙，褊裆有绯紫之制，请令礼官检寻故事。按'三礼'，三公毳冕，无龙章；上公衮冕，二品鷩冕。又《周礼》言上公衮冕九旒，以五采绳贯五采珠；旒长九寸，每寸以珠玉填。其衣玄色，五章：山、龙、华虫、火、宗彝，画于衣。其裳朱色，四章：藻、粉米、黼、黻，绣于裳。又按令文，旒并贯青色珠，青纩。其珠及充纩，今请依令文青色之制。"② 范氏于此据《周礼》言服制。

又如宇文粹中曰："又按《周礼》，诸侯爵有五等，而服则三，所谓'公之服自衮冕而下，侯、伯自鷩冕而下，子、男自毳冕而下'是也。古者诸侯有君之道，故其服以五、七、九为节。今之郡守，虽曰犹古之侯、伯，其实皆王臣也。欲乞只用群臣之服，自鷩冕而下，分为三等。三都、四辅为一等，初献鷩冕八旒；经略、安抚、钤辖为一等，初献毳冕六旒，亚献并玄冕二旒，终献无旒；节镇、防、团军事为一等，初献绨冕四旒，亚、终献并玄冕无旒。其衣服之制则各从其冕之等。"③《周礼·春官·司服》："王之吉服，祀昊天上帝裘而

---

① （宋）陆佃：《陶山集》卷五《元祐大裘议》，文渊阁《四库全书》第1117册，第94页。
② （宋）范质：《三公祭服及褊裆制度议》，《全宋文》第2册，上海辞书出版社、安徽教育出版社2006年版，第41—42页。
③ （宋）宇文粹中：《祭服制度议》，《全宋文》第145册，上海辞书出版社、安徽教育出版社2006年版，第246页。

冕；祀五帝亦如之；享先王则衮冕。……公之服自衮冕而下如王之服，侯伯之服自鷩冕而下如公之服，子男之服自毳冕而下如侯伯之服。"宇文粹中据《周礼》司服职掌所记冕服之制，认为古之诸侯之爵位有五等，而服装则仅三种；仿《周礼》，宋代三都、四辅为一等，经略、安抚、钤辖为一等，节镇、防、团军事为一等，各等之服亦各有异。

又如有人据"三礼"讨论宋代之乐舞。宋人杨杰云："谨按《乐记》曰：'夫乐，象成者也。总干而山立，武王之事也；发扬蹈厉，太公之志也；武乱皆坐，周召之治也。'又曰：'武始而北出，再成而灭商，三成而南，四成而南国是疆，五成而分周公左、召公右，六成复缀以崇天子。'……今夫舞者非止发扬蹈厉，进退俯仰，不称成功盛德，差失其所向；而又文舞容节，殊无法度，故曰舞不象成也。伏乞参考《乐记》象成之文，详定二舞容节，及改正所向，以称成功盛德。"①《礼记·乐记》："夫乐者，象成者也；总干而山立，武王之事也；发扬蹈厉，大公之志也。武乱皆坐，周召之治也。"又云："武始而北出，再成而灭商，三成而南，四成而南国是疆，五成而分周公左、召公右，六成复缀以崇天子。"杨杰据《乐记》之记载，认为宋代乐舞不称盛德，文舞容节无法度，与《乐记》歌颂成功盛德之观念不合。在此基础上，杨杰建议参考《乐记》象成之文以定二舞容节及改正所向，以称成功盛德。

## 第四节 "三礼"诠释与议政论政

历代儒者在解释这个世界的同时，也提供一些改变这个世界的可行性论证，他们在批判社会不合理现象的同时，也提出一些方案，设计一些蓝图，试图一劳永逸地解决现实社会的种种难题。其中《礼记·礼运》的大同理想就是这种努力最典型的表现。

宋儒忧国忧民，他们将政治理想的实现寄托于"三代"，并希望以井田制、封建制和宗法制为经济、政治和社会的三大支柱，构筑了一幅幅诗歌田园般的乌托邦。②宋儒重视儒家经典，他们的政治理想与经典诠释息息相关。

---

① （宋）杨杰：《上言大乐七事》，《全宋文》第 75 册，上海辞书出版社、安徽教育出版社 2006 年版，第 183 页。

② 参见范立舟：《论两宋理学家的政治理想》，《政治学研究》2005 年第 1 期。

"三礼"在宋代受到高度重视。宋前期的科举考试,诸科中就有"三礼"一门。王安石变法虽然废罢《仪礼》,但是仍重视《周礼》和《礼记》。据《宋史·选举志》记载:"淳化三年,诸道贡士凡万七千余人。……既廷试,帝谕多士曰:'尔等各负志业,效官之外,更励精文采,无坠前功也。'诏刻《礼记·儒行篇》赐之。"[1] 是年三月初九日,赐新及第进士御制诗、《儒行箴》各一首。十五日,诏新及第进士及诸科贡举人《儒行篇》各一轴,"令至所著于壁,以代座右之诫"[2]。除赐新及第人外,又赐三馆、台省官。[3] 大中祥符年间,宋真宗"又以《礼记·儒行篇》赐亲民厘务文臣"[4]。太宗、真宗以后盖沿为常例,赐进士、文臣《儒行》成为一种优礼。由此可见宋代统治者对《礼记·儒行篇》是十分重视的。"三礼"与儒家的政治理想密切相关,与士人借经抒义之需要相契合。

## 一、"理想国"理论

古今中外,不少思想家描绘了他们心中最完美的社会图景,如西方有古希腊柏拉图提出的由哲学王统治的"理想国",英国空想社会主义者莫尔提出的"乌托邦",中国则有先秦老子提出的"小国寡民",《礼记·礼运》提出的"大同"社会等。

中国古代的"理想国"理论,集中体现于《礼记·礼运》中。《礼运》曰:"大道之行也,与三代之英,丘未之逮也,而有志焉。大道之行也,天下为公,选贤与能,讲信修睦。故人不独亲其亲,不独子其子,使老有所终,壮有所用,幼有所长,矜寡孤独废疾者皆有所养,男有分,女有归。货恶其弃于地也,不必藏于己;力恶其不出于身也,不必为己。是故谋闭而不兴,盗窃乱贼而不作,故外户而不闭。是谓大同。"《礼运》的作者认为,大道通行的时代与三代精英当政的时期,天下为全体人民所公有,选举有贤德有才能的人来管理;讲求诚信,致力友爱;人们不只是爱自己的双亲,不只疼自己的子女,而

---

[1] (元)脱脱:《宋史》卷一百五十五《志第一百八·选举一》,中华书局1977年点校本,第3608页。

[2] (清)徐松辑,刘琳等校点:《宋会要辑稿·选举二》,上海古籍出版社2014年版,第5266页。

[3] (元)脱脱:《宋史》卷四百三十九《列传第一百九十八·文苑一》,中华书局1977年点校本,第13015页。

[4] (元)脱脱:《宋史》卷一百六十八《志第一百二十一·职官八》,中华书局1977年点校本,第4008页。

且能博爱世人，可谓尽善完美的社会。

宋儒在从事《礼运》之诠释时，将他们心中完美的社会理想表达了出来。如刘执中曰："五帝之治，世质民纯，人人内尽其情而情不生，外无其己而善益劝。故君不自尊而天下共尊之，臣不自贤而天下共贤之。一德安于上，而兆民莫不化之；一善出于人，而四海莫不师之。是以选贤与能，讲信修睦，不必自于朝廷，而族党人人公共推让，不敢以为己私也。虽以天下让于人，而人不以为德；虽以天下外于子，而人不以为疏。故不谨于礼而人无作伪以逾于中，不由于乐而人无纵情以失其和。"① 刘执中认为，五帝时代，世风质朴，人民纯洁；国君不刻意要求人们尊崇而世人尊崇之，臣子不刻意展示自己的贤能而世人推举之；德安于上而民众莫不受感化，善出于人而四海莫不仿效学习；选举贤能，讲求诚信，不必由朝廷下令实行，族人推选即可实现；将天下让与别人而不以谦让自居，将天下传给别人之子而不以此为疏离亲人之举。

陈祥道曰："大道之行为大同，大道之隐为小康，以道之污隆升降系乎时之不同而已。盖大道者，礼义之本，礼义者，大道之末。任其本，则末存乎其间，狥其末，则本隐而无存。此尧舜所以为大同，而禹、汤、文、武、成王、周公所以为小康也。庄子述伯成子高对禹之辞，尧治天下，不赏而民劝，不罚而民畏。今子赏而民且不仁，德自此衰，刑自此立，大同小康之辨也。"② 陈祥道认为，尧舜之世为大同，而禹、汤、文、武、成王、周公之世为小康；大同之世，大道运行，礼义有本根，小康之世，大道已隐，礼义失其本根。

蒋君实曰："大道之行，天下为公，居上者恬于势位而不以为乐，在下者安于困贫而不以为尤。是以德化自行而防范不立，情意易通而机巧不生，故位以贤能而任，非有所私而立之也，人以信睦为交，非制之使从也。推而至于耆老幼壮鳏寡孤独之人，交相养于天地之间，而不见其病。男自然而有分，女自然而有归，货恶其弃于地而已，力恶其不出于身而已，是岂有一毫相攘相轧之习哉！"③ 蒋氏认为，大道通行的时代，天下为民所公有，统治者不以身居高位为乐，被统治者亦不以处于贫困而怨；在这样的时代，道德教化自行而不设

---

① （宋）卫湜：《礼记集说》卷五十四，文渊阁《四库全书》第118册，第119页。
② （宋）卫湜：《礼记集说》卷五十四，文渊阁《四库全书》第118册，第119页。
③ （宋）卫湜：《礼记集说》卷五十四，文渊阁《四库全书》第118册，第121页。

防，情意易晓而心机不生；贤能获位而世治，而其获位非出于人欲之私；人际交往崇尚诚信和睦，并非制度匡正所致。

《礼记·王制》有不少理想制度之记载，有些宋人认为这些制度是"三代之法"。如永嘉徐自明曰："《王制》一书，叙次三王四代之制度，盖圣王所以经纶天下之大经，而为万世法程者也。其书推明班爵制禄之法、祭祀养老之义，其立国之纪纲制度，讲若画一而不相逾越。三代所以享国长久，虽有辟王而维持者不乱，盖得其道矣。周衰，上无道揆，下无法守，诸侯坏乱法纪，以隳先王之制多矣。"① 徐自明认为，《王制》所记乃三王、四代之制度，这些制度为圣王经纶天下之大经，应为万世所效法；三代能行《王制》所记先王之道，故能享国长久；周代以来，由于上无道为准，下无成法可守，诸侯坏乱法纪，先王制度坏乱，周遂走向衰微。

高文虎曰："《王制》一篇，皆先王治天下之规模，而本末先后未尝无定序也。夫王者之制，莫大于设官分职、班爵制禄、分地建国，以为斯民之极。故必使内外相维，上下相制，井然有不可逾越之法，是诚立国之本也。……虽然欲使人君尽行古制，天下尽从王者之制，其本又在于人伦天理之不失，此所以终之以六礼七教八政欤。呜呼！《王制》一篇，本末先后不差如此。"② 高文虎认为，《王制》所记乃先王治理天下之设计。王者之制莫重于设官分职、班爵制禄、分地建国，因此这些对于人民来说是最重要的。而《王制》不仅记载了治国之制度，还使这些制度有本末先后之分。

综上所述，宋儒通过《礼运》和《王制》之诠释，从而描绘了自己心中的理想社会。宋儒心中的理想社会是"三代"盛世，最好的社会治理途径是法先王。这些理想体现了宋儒企图改变积弊颇深的社会现实之强烈愿望，是理想主义与现实批判相结合的政治学说。

**二、治国方略和政策**

一些人虽然在国家组织体系的认识上没有原则上的不同，但是在治国方略和政策上却有不同看法，有的甚至成水火之势。宋人中最典型的莫过于王安石与司马光关于治国方略的争论。王安石和司马光皆力图维护宋代的社会制度，不过他们在治国方略的认识上迥然不同。王安石认为"祖宗之法不足

---

① （宋）卫湜：《礼记集说》卷二十四，文渊阁《四库全书》第117册，第479页。
② （宋）卫湜：《礼记集说》卷二十四，文渊阁《四库全书》第117册，第476页。

守"①，故主张变法以富国强兵。司马光则认为"治天下譬如居室，敝则修之，非大坏不更造也"②，因此其激烈反对王安石变法。不少宋儒喜通过经典之诠释，从而提出治国的方略和政策。下面以宋儒"三礼"诠释为考察的中心，以见宋儒在此背景下所提出的治国方略和政策。

（一）"三礼"诠释中的德治思想

宋儒将德治作为一项重要的政治原则，认为"为政不以德，人不附且劳"③。而德治的一个重要内容就是礼治。宋儒在从事"三礼"诠释时，对礼治思想做了阐发。

有些宋儒从理论的角度论述了礼对于治国平天下之必要性。如《曲礼》："夫礼者，所以定亲疏，决嫌疑，别同异，明是非也。"周行己曰："礼者，中而已矣。万物之至情，天下之达德也。君子不敢过，小人不敢不及，一定而不可易者也。犹规矩设而不可欺以方圆，绳墨陈而不可欺以曲直。故天下之亲疏者，于此可以定；天下之嫌疑者，于此可以决；天下之同异者，于此可以别；天下之是非者，于此可以明。苟舍是焉而无以辨，则总总林林，亦何以相与立于天地之间哉？此所以有礼则治，无礼则乱也。"④周氏于此对《曲礼》所言"定亲疏"、"决嫌疑"、"别同异"、"明是非"之义做了辨析，认为天下有礼则治、无礼则乱。

又如《礼运》："故治国不以礼，犹无耜而耕也。"蒋渊曰："噫！圣人为礼以教天下，经而三百，曲而三千，事繁而文至缛，意详而用无不周，将使天下之饮食者如入太仓，陈陈相因，随取辄得。又不惟得食而已，冠冕佩玉之盛，黼黻文绣之美，譬之左殽右胾，脍炙酒浆，又从而侑之，使之充足餍饫而后已。此所以由古及今，使人相安相养于其中，而不知若服田足食之喻，其亦本于养人之意与。"⑤宋人叶氏曰："圣人以礼善其国，亦惟深察乎人情之变，明其大本，详其节目，尽此心以达之而已。盖人性本善，情之既动，则善者或流

---

① （清）徐乾学：《资治通鉴后编》卷七十八，文渊阁《四库全书》第343册，第458页。
② （元）脱脱：《宋史》卷三百三十六《列传第九十五·司马光》，中华书局1977年点校本，第10764页。
③ （宋）张载著，章锡琛点校：《正蒙·有司篇第十三》，《张载集》，中华书局1978年版，第47页。
④ （宋）周行己：《经解》，《全宋文》第137册，上海辞书出版社、安徽教育出版社2006年版，第122页。
⑤ （宋）卫湜：《礼记集说》卷五十八，文渊阁《四库全书》第118册，第231—232页。

而为恶。若其情以养其善，亦或防闲其情以制其不善，明其大本焉以立其经，详其节目焉以定其归，夫然后人情治，人性明，而人道立矣。"①蒋渊认为，圣人制礼以教天下，繁文缛节，意义详备，功用周遍，就如人进太仓，饮食随取；礼文仪节之功用还在于使人安养其中。叶氏认为，圣人对人情深有体察，故以礼治国；人性本善，受人情之影响，性之本善可变为恶，以礼治国，可防人情对善性之负面影响，以臻人情治、人性明之境地。

又如《礼记·乐记》云："是故先王之制礼乐也，非以极口腹耳目之欲也，将以教民平好恶而反人道之正也。"陈祥道曰："作好则失仁，作恶则失义，故平其好所以反之仁，平其恶所以反之义。《易》曰：'立人之道曰仁与义。'则反仁与义者，反人道之正也。《周官》五礼防民之伪，而教之中；六乐防民之情，而教之和。所谓防民之情伪者，平好恶也，教之中和者，反人道之正也。"②马希孟曰："先王之制礼乐也，不知者以为极口腹耳目之欲。极口腹耳目之欲，从其小体而已。先王之为礼乐，将以教民平好恶，平之使中其节也。反人道之正，则非强其所无也，使之复其性之本而已。"③辅广曰："人之好恶本无不正也，蔽于私，夺于气，则不得其平而失其正矣。礼所以防其私，乐所以平其气也。"④陈祥道认为，礼乐可使民养中和之气，从而实现好恶平、人道正。马氏认为，先王制礼作乐，意非满足人们的口腹之欲，而是教人平好恶、返人道之正。辅广认为，人之好恶无不正，可是由于私心所蔽，血气所夺，好恶遂不得其正；礼乐之功能是防其私、平其气。

又如《曲礼上》："道德仁义，非礼不成；教训正俗，非礼不备；分争辩讼，非礼不决；君臣、上下、父子、兄弟，非礼不定。"吕大临曰："先王制礼教民之中而已，教不本于礼，则设之不当，设之不当，则所以教者不备矣。教训正俗，其义皆教也。立教之谓教，训说理义之谓训，皆所以正风俗之不正，故曰非礼不备也。理有可否则争，情有曲直则讼，惟礼为能决之。盖分争者，合于礼则可，不合于礼则不可。辩讼者，有礼则直，无礼则不直，故曰非礼不决。君臣、上下、父子、兄弟，人之大伦，由礼而后定也。故冠、昏、丧、

---

① （宋）卫湜：《礼记集说》卷五十八，文渊阁《四库全书》第118册，第232页。
② （宋）卫湜：《礼记集说》卷九十二，文渊阁《四库全书》第119册，第26页。
③ （宋）卫湜：《礼记集说》卷九十二，文渊阁《四库全书》第119册，第27页。
④ （宋）卫湜：《礼记集说》卷九十二，文渊阁《四库全书》第119册，第27页。

祭、射、乡、朝、聘所以明者，人伦而已，故曰非礼不定。"① 戴溪曰："风俗不易正也，将欲教训而整齐之，非刑政所能及也。使天下各安其分，则风俗正矣。备之为言，无一不顺之谓也。……狱之所以不决者，由其无以服人心也。决争讼而一于礼，则人心服矣，其功可至于无讼。君臣、上下、父子、兄弟，虽有自然之分，然轻重厚薄必定于礼，此礼之功所以与天地并也。"② 吕大临认为，先王制礼意在使民有中，教训意在正风俗；分辨争讼，与礼相合则可，不合则不可；君臣、上下、父子、兄弟乃人之大伦，有礼尊卑上下才有定。戴溪认为，风俗不易矫正，故需教训；狱讼不能决，是由于刑政不服人心；如果以礼指导狱讼，人从内心信服，那么才可使民免于争讼。

理学诸子认为，君主的品行是国家治乱兴衰之根本原因。如真德秀在《大学衍义札子》云："盖其所谓格物、致知、诚意、正心、修身者，体也。其所谓齐家、治国、平天下者，用也。人主之学，必以此为据依，然后体用之全可以默识矣。"③ 真德秀认为，《大学》所言格物、致知、诚意、正心、修身是体，齐家、治国、平天下是用；作为人主，应以《大学》为根据，从而实现对体用的贯通性认识。

宋儒认为，君王若不重视个人修养，则可能坏乱国家，殃及己身。石介借《文王世子》云："《文王世子》，郑康成《注》曰：'文王以忧勤损寿，武王以安乐延年。'余谓忧勤所以延年，非损寿也；安乐所以损寿，非延年也。……康成以为文王以忧勤损寿。且文王享年九十有七，所不至禹、汤者三岁，岂为损寿乎？又谓武王以安乐延年，且武王继父之事，受天之命，顺人之心，与八百诸侯同伐纣，以生万民，以启天下，天下有一夫横行，武王则羞，为安乐乎？康成之妄也如此。夫忧勤天下者，圣人之心；安乐一身者，匹夫之情也。心忧乎天下，则骄奢淫佚、邪乱非僻之志无自入也。骄奢淫佚、邪乱非僻之志无自入，则性情安而血气盈。性情安、血气盈，则寿命固矣。乐在乎一身，则骄奢淫佚、邪乱非僻之志有自入矣。骄奢淫佚、邪乱非僻之志入，则性情乱而血气耗。情性乱、血气耗，则寿命夭矣。呜呼！如康成之言，其害深矣。后世人君以谓安乐延年也，则盘于游畋，耽于逸乐，湎于酒，淫于色，连宵奏钟

---

① （宋）卫湜：《礼记集说》卷二，文渊阁《四库全书》第117册，第43页。
② （宋）卫湜：《礼记集说》卷二，文渊阁《四库全书》第117册，第44页。
③ （宋）真德秀：《大学衍义劄子》，《大学衍义》卷首，文渊阁《四库全书》第704册，第500页。

鼓，竟日不视朝，曰安乐可以延年。以为忧勤损寿也，则怠于庶政，弛于万机，天下将乱而不之忧，生民甚苦而不之顾，朝廷隳坏而不之省，宗社覆亡而不之虑，曰忧勤惧其损寿。东汉而下，至于魏、晋、梁、隋、唐、五代，其人君皆耽于逸乐，荒于酒色，败德失度，倾国丧家，寿命不长，享国不永者，康成之罪也。康成之言，其害深矣。"①《文王世子》郑《注》："文王以勤忧损寿，武王以安乐延年。"石介认为，忧勤并不损寿，而可延年，安乐并不延年，而是损寿；文王享年九十七，并非损寿；武王与八百诸侯共讨商纣，并非安乐。石介看似批评郑玄，实际上是阐述自己对于人君为政之认识。在石介看来，忧勤天下乃圣人之心，只图一身安乐乃匹夫之情。心忧天下，骄奢淫逸、邪乱非僻之志无自入，性情安而血气盈，寿命则增；乐在一身，骄奢淫逸、邪乱非僻之志有自入，性情乱而血气耗，寿命则减。石介认为，郑玄提出的"勤忧损寿"、"安乐延年"之说，使后世人君以安乐延年为借口，从而耽于享乐，沉湎于酒色，以至于不过问朝政，天下乱而不忧，生民困而不顾，朝廷隳而不察，宗社覆而不虑。

（二）"三礼"诠释中的仁政思想

君王通过修德以正心，并以仁政的形式外化出来，否则将如孟子所说"有其心，无其政，是谓徒善"。有善心，是仁政之基础。宋儒认为君王应实行仁政，如二程云："王道之本，仁也。"②朱熹亦云："先王之道，仁政是也。"③宋儒在从事"三礼"诠释时，有关于仁政之论述。

宋儒认为，百姓与统治者休戚相关，民为邦本，君主应有爱人之心。《大学》："大学之道在明明德，在亲民，在止于至善。"宋人倪思曰："'亲民'者，伊川读'亲'作'新'，以下文'作新民'为证。朱氏祖之。然先儒皆不敢改，盖于民言亲自有义。亲，近也，爱也。《书》曰：'民可近不可下。'亲，近之义也。《孟子》曰：'亲亲而仁民。'亲，爱之义也。圣人为民父母，视民如子，推爱子之心以爱民，不止于近之而已。《中庸》曰'子庶民'，此篇引《康诰》

---

① （宋）石介著，陈植锷点校：《徂徕石先生文集》卷十一《忧勤非损寿论》，中华书局1984年版，第120—121页。

② （宋）程颢、程颐：《河南程氏文集》卷五《上仁宗皇帝书》，王孝鱼点校：《二程集》，中华书局1981年版，第513页。

③ （宋）朱熹：《孟子集注》卷七，朱杰人等编：《朱子全书》（修订本）第6册，上海古籍出版社、安徽教育出版社2010年版，第336页。

曰'如保赤子',又曰'此之谓民之父母',皆亲民之义。"① 程、朱将"亲民"读作"新民"。倪思则认为,"亲"有"近"、"爱"之义,圣人为民父母,以爱子之心爱百姓,因此圣人对百姓不仅是亲近,还有关爱。

宋儒认为,施行仁政要善于养民。二程云:"保民之道,以食为本。"② 要保障民生,最基本的是要保证饮食有充足之供应,因此国家需要有积蓄以应对歉收之年。《王制》曰:"国无九年之蓄曰不足,无六年之蓄曰急,无三年之蓄曰国非其国也。三年耕必有一年之食,九年耕必有三年之食。以三十年之通,虽有凶旱水溢,民无菜色,然后天子食日举以乐。"宋儒马希孟、李氏(名不可考)借《王制》以明国家积蓄之重要性。马氏曰:"预备不虞者,古之善政也。急者,迫而不缓也。无九年六年之蓄,虽非完国,犹足以为国也。至于无三年之蓄非其国也,盖国之所以为国者,以有民也,民之所以为民者,以有财也。苟无其财,则民散而之四方矣,故曰无三年之蓄非其国也。三年耕必有一年之食,推而至于二十七年耕必有九年之食,以三十年言之者,举成数也。说者以为三十年为一世,三年耕必有一年之食,至三十年之通,此人力也,虽有凶旱水溢,此天变也,人力备则可以应天变。盖王者与民同患,故虽有凶旱水溢而民无菜色。"③ 马氏认为,因为有人民,所以有国家,因为有财产,所以有人民;若没有财产,人民就会流散四方,因此国家需要有足够的积蓄,以应对天灾之年;君主应与百姓共患难,即使有凶旱水溢,也不会使百姓遭受饥馑。

宋代李氏(名不可考)曰:"鲁庄公冬大无麦禾,臧孙告籴于齐,《传》曰古者税十一,丰年补败不外求,而上下皆足也,虽累凶年,民弗病也。一年不艾而百姓饥,君子非之。明王制民之产业,上地食九人,而准之以七人,故三年耕而有一年之食,九年耕而有三年之食。夫欲九年之蓄,而以三十年之耕,常以其有余计之,此补不足之道也。"④ 李氏认为,古人十一而税,丰收之年的积蓄能补歉收之年的不足,虽然凶岁多年,但是百姓不会挨饿。

宋儒认为,施行仁政还需要恤民,反对苛政。如《檀弓下》:"夫子曰:'小子识之,苛政猛于虎也。'"方悫曰:"虎之害人也,机罟槛阱所能制之;政

---

① (宋)卫湜:《礼记集说》卷一百四十九,文渊阁《四库全书》第120册,第577—578页。
② (宋)程颢、程颐:《河南程氏文集》卷五《为家君应诏上英宗皇帝书》,王孝鱼点校:《二程集》,中华书局1981年版,第520页。
③ (宋)卫湜:《礼记集说》卷三十,文渊阁《四库全书》第117册,第606—607页。
④ (宋)卫湜:《礼记集说》卷三十,文渊阁《四库全书》第117册,第607页。

之害人也,无可制之械焉。虎之害人也,深宫固门所能逃之;政之害人也,无可逃之地焉。此泰山妇人所以宁遭虎之累伤,而不忍舍其政之无苛也。扬雄之论酷吏曰:'虎哉!虎哉!角而翼者也。'与此同意。"①方悫认为,虎害人,人用机械尚能制之,为政害人,无任何机械可制;虎害人,人可以深宫固门避之,为政害人,无任何可逃之地;泰山妇人屡遭虎害而不逃离,是因为苛政之害较虎害更可怕。

宋儒认为,仁政还要明教慎刑。如李清臣曰:"圣策曰:'将以六正八疵察迹夫忠邪之端,则悼不能以情见;以七教三法化陶乎善恶之类,则患不能以家抚。'……陛下用此而忠邪判然,皆不得而混矣,而何取于六正八疵之辩、庄周之语乎?若夫《戴礼·王制》以父子、兄弟、夫妇、君臣、长幼、朋友、宾客命之曰七教,以兴民德;《周官》以三刺:一曰讯群臣,二曰讯群吏,三曰讯万民;三宥:一曰不识,二曰过失,三曰遗忘;三赦:一曰幼弱,二曰老耄,三曰蠢愚,总之曰三法,以求民情、断民中,而施上服下服之罪,此皆二经之至要。陛下果得良吏而任之,使之明教慎刑而陶善恶之类,则何至于家抚而有治道之不兴乎?"②《礼记·王制》:"司徒修六礼以节民性,明七教以兴民德。"孔《疏》云:"七教,即父子一、兄弟二、夫妇三、君臣四、长幼五、朋友六、宾客七也。"《周礼·秋官》司刺职掌曰:"掌三刺、三宥、三赦之法,以赞司寇听狱讼。壹刺曰讯群臣,再刺曰讯群吏,三刺曰讯万民。壹宥曰不识,再宥曰过失,三宥曰遗忘。壹赦曰幼弱,再赦曰老耄,三赦曰憃愚。"《周礼》有"三刺"、"三宥"、"三赦",《礼记》有"七教",李氏认为,君主若能知之,则可别邪正、辨真伪。

**三、据"三礼"提出施政措施**

如何作政治决策以及如何将政策付诸实践,这也是宋儒比较关心的话题。这些问题包括用人、进谏、庭议、考课、监察等。笔者在爬梳宋儒"三礼"诠释的材料时,发现了不少关于施政措施及权术的主张。

一是主张法律应体现公平。

如夏竦《狱市为寄论》曰:"先王以明慎用刑而不留狱。《礼》曰:'悉其

---

① (宋)卫湜:《礼记集说》卷二十二,文渊阁《四库全书》第117册,第455页。
② (宋)李清臣:《御试制策一道》,《全宋文》第78册,上海辞书出版社、安徽教育出版社2006年版,第318页。

聪明，致其忠爱以尽之。'市者聚会民物，贸迁有无。贪贾纵欲，翔贵时价。憸民幸利，杂良以苦。在乎节驵侩于末民，戒巧诈于贪夫。先之以经制，后之以教令。《周礼》曰：'量度而成价，质剂以结信。'《王制》曰'奸色乱正色'，'五穀不时'，'不鬻于市'。周、孔二君子制礼刊书，罔不尽圣人之道，绝奸宄之路。"① "悉其聪明，致其忠爱以尽之"，语出《礼记·王制》。夏氏征引《周礼》、《礼记》之记载，以明"物必辨其良伪"、"刑必正其枉直"之狱讼理念。

又如《文王世子》："公族，其有死罪，则罄于甸人。其刑罪，则纤剸，亦告于甸人。公族无宫刑。"朱熹曰："'公族有罪无宫刑，不翦其类也'。纤剸于甸人，特不以示众耳，刑固不可免。今之法，乃杀人不死！祖宗时宗室至少，又聚于京师，犯法绝寡，故立此法。今散于四方万里，与常人无异，乃纵之杀人，是何法令！不可不革。"② 《文王世子》认为，公族有人犯了死罪，就送交掌管公田的官员甸人去吊杀；犯有该处以肉刑罪的，轻的刺面，重的割鼻、断脚，也送交甸人处置；不过，对公族犯人从不处以宫刑，即摧残生殖器官的刑法。朱熹认为，《文王世子》所列古人犯法尚且不能免刑，当今法令之杀人不死的相关规定是纵容人犯罪，故不可不革除。

二是主张化解宗室纷争。

如刘攽曰："臣等伏见《周礼》封爵诸侯，皆有命书典策，又有约剂，书于宗彝。……昨因邢国公世永亡殁，冀王、越王两宫争讼，寻求故事，以断是非，自中书、宗正寺、礼院、史院皆无文书可以讨论。然亦非有司有所坠失也。臣等以谓诸宫传袭封国者甚多，今不为造作约束，恐后日常有纷竞不已。宗室争辩，薄义伤化，甚非美事。本朝制度虽不尽用三代，自当因宜立宪，著为律令，使可遵守，藏之大宗，副在中书，太史礼官贰之，合于《周礼》之宗彝约剂，汉氏之丹书铁契，传示无穷，于体甚便。欲望朝廷特赐详酌，下礼官等参议施行。"③《周礼·秋官》："司约掌邦国及万民之约剂。……凡大约剂书於宗彝，小约剂书於丹图。若有讼者，则珥而辟藏，其不信者服墨刑。若大

---

① （宋）夏竦：《狱市为寄论》，《全宋文》第17册，上海辞书出版社、安徽教育出版社2006年版，第161页。

② （宋）黎靖德辑：《朱子语类》卷八十七，朱杰人等编：《朱子全书》（修订本）第17册，上海古籍出版社、安徽教育出版社2010年版，第2958页。

③ （宋）刘攽：《太常寺论封爵状》，《全宋文》第69册，上海辞书出版社、安徽教育出版社2006年版，第33页。

乱，则六官辟藏，其不信者杀。"此所谓"约剂"，即古代用作凭据的文书、契券。刘氏据《周礼》宗彝约剂之记载，认为宋代于诸宫传袭封国者，应有命书典策以断是非，从而解决宗室纷争，有益风化。

三是主张以爵禄辨仪等、定名分。

儒家一向注意维护君臣名分，宋儒亦如此。如《王制》："王者之制禄爵，公、侯、伯、子、男，凡五等。诸侯之上大夫卿、下大夫、上士、中士、下士，凡五等。"宋人徐自明曰："先王视贤以制爵，视庸以制禄，禄爵二柄，圣王所以辨仪等，定名分，立国维纲，与天下共守而不相逾越者也。夫自寰外诸侯五等之差，而下及于五等诸侯之异，皆爵以命有德者也。自天子田千里之外而下及于三等侯国之地，皆禄以命有功者也。禄爵之经制一定，使上下有纪，内外相维，而立国之大意见矣。"① 徐氏认为，《王制》所言爵禄是先王视贤、庸而定，其功用是"辨仪等"、"定名分"、"立国维纲"，从而使上下、内外皆有纲纪。

又如北宋名臣夏竦在《慎爵禄策》曰："臣闻《周官》曰：'以贤制爵，则民慎德。''以庸制禄，则民兴功。'盖爵以待贤，禄以待庸。贤不及爵，爵非其贤，则民嫚；庸不及禄，禄非其庸，则民惰。嫚则废德，惰则无功。……伏愿陛下崇不讳之德，采狂瞽之议，改立明制，垂法万世，使日月之光流被子孙。"② 夏氏据《周礼》之记载，规劝君主慎以爵禄辨庸贤。

四是主张年老当致仕。

《礼记·曲礼》曰："大夫七十而致事。"《礼记》主张人到了七十岁就应该告老还乡。北宋时期，年满七十仍不致仕者不在少数。曹修古于天圣四年（1026）上奏，力主七十当致仕。其曰："伏闻七十致仕，载在《礼》经。中代以还，贪荣尤甚。昔唐太宗患其如此，故特下诏书，再三责论，仍令内外文武官年在致仕，抗表去职者，宜在本品见任之上，盖欲其知耻而退也。近年以来，中外臣僚有年仅八十，尚未辞官。既心力之尽衰，何职务之能济？钟鸣漏尽，未晤夜行之非；日暮途远，多作身后之计。或贪财暴法，或见姓书名。以此临民，何以致理？"③ 曹氏据《礼记》"大夫七十而致仕"，对七十致仕之必要

---

① （宋）卫湜：《礼记集说》卷二十四，文渊阁《四库全书》第117册，第483页。
② （宋）夏竦：《慎爵禄策》，《全宋文》第17册，上海辞书出版社、安徽教育出版社2006年版，第42页。
③ （宋）曹修古：《内外官七十并令致仕奏》，《全宋文》第16册，上海辞书出版社、安徽教育出版社2006年版，第192页。

性做了陈述。曹氏认为，年老者体力、心力渐衰，不能胜任职务；年老者多作身后之计，易导致腐败。在曹修古等人的努力下，宋代七十而致仕者渐渐多起来。

包拯于皇祐三年（1051）上奏曰："伏以人臣之义，七十致仕，著在《礼》经，卓为明训，所以优假老成，遂其安逸。既不违达尊之教，且开知足之端。……然而近岁寖成弊风，搢绅之间贪冒相尚。但顾子孙之计，殊愆羞恶之心。驰末景于桑榆，负厚颜于钟漏。不知其过，自以为得，诚非朝廷所以待士大夫之意，又非士大夫所以遵礼义之常也。"① 包拯据《礼记》，力陈年老而不致仕之弊。包拯认为，年老而不致仕，既不符合朝廷待士大夫之本意，亦不符合士大夫之礼。

五是选贤任能。

任何政策都是由人予以贯彻，人乃政治得失之关键因素。宋儒亦重视选贤任能，如二程曰："帝王之道也，以择任贤俊为本，得人而后与之同治天下。"② 朱熹亦曰："人君为政在于得人。"③

有些宋儒通过"三礼"之诠释，阐述自己择贤用人之主张。如宋人田锡曰："古者唐、虞建官，三载考绩，三载黜幽而陟明。虽唐、虞之时，人亦未尽知，贤亦未尽识，故必俟考绩，然后贤者用之，而不肖者黜之。下至《周官》，用人于乡举里选，凡贤之与不肖，正直之与奸佞，久而彰知其贤，识其不肖。谙其正直，考其奸佞，莫越于乡里也。故周命乡里外举士之秀者，然后论辨而用之。自汉至唐，用士驳杂，不能如唐、虞之考绩，又不能如《周官》之乡举。……今若复唐虞之考绩，用《周官》之乡举，则人不难知矣。"④《周礼·地官·乡大夫》主张"三年则大比"，以此考察乡人之德行、选拔贤能者。田氏主张用《周礼》选贤用人之法，因为此乃知人之良策。

又如《王制》："凡官民材，必先论之，论辨然后使之，任事然后爵之，位

---

① （宋）包拯：《论百官致仕奏》，《全宋文》第 25 册，上海辞书出版社、安徽教育出版社 2006 年版，第 321 页。
② （宋）程颢、程颐：《河南程氏遗书》卷八《二先生语八》，王孝鱼点校：《二程集》，中华书局 1981 年版，第 1035 页。
③ （宋）朱熹：《中庸章句》，朱杰人等编：《朱子全书》（修订本）第 6 册，上海古籍出版社、安徽教育出版社 2010 年版，第 45 页。
④ （宋）田锡：《知人安民孰难论》，《全宋文》第 5 册，上海辞书出版社、安徽教育出版社 2006 年版，第 268—269 页。

定然后禄之。"方悫曰："民之有材，犹木之材也，欲授之以官，可不随其人材而用之乎？然一人之知识固不足以尽其大小之论也，可不与众而公言之乎？"①方悫认为，选才并非易事，仅凭个人之力很难有成，需要众人之审查方能择取真正的贤能者。

又如李觏主张以事功取人，以实效用人。他说："苟非试其事考其功，而遽与之爵禄，则旷天官败公事何足道哉？《王制》曰：'论定然后官之，任官然后爵之，位定然后禄之。'所谓官之者，使试守也。尧舜岂不圣？而试臣以职，慎之至也。若是，则贤者必用，不肖者必舍，能者必行，否者必藏。"②李觏据《王制》之记载，认为用人应先试之以事功，方能做到名实相符。

又如苏轼云："古之用人者，取之至宽，而用之至狭。取之至宽，故贤者不隔；用之至狭，故不肖者无所容。《记》曰：'司马辨论官材，论进士之贤者，以告于王，而定其论。论定然后官之，任官然后爵之，位定然后禄之。'然则是取之者未必用也。今之进士，自二人以下者皆试官。夫试之者，岂一定之谓哉？固将有所废置焉耳。……方今之便，莫若使吏六考以上，皆得以名闻于吏部，吏部以其资考之远近，举官之众寡，而次第其名，然后使一二大臣杂治之，参之以其才器之优劣而定其等，岁终而奏之，以诏天子废置。度天下之吏，每岁以物故罪免者几人，而增损其数，以所奏之等补之，及数而止，使其予夺亦杂出于贤不肖之间，而无有一定之制。则天下之吏，不敢有必得之心，将自奋厉磨淬，以求闻于时。而向之所谓用人之大弊者，将不劳而自去。"③《王制》："司马辨论官材，进士之贤者，以告于王，而定其论。论定然后官之，任官然后爵之，位定然后禄之。"《王制》认为，军政长官司马分别考评进士中尤为优异的人才，一并报告给国君，从而确定其考评；考评确定了，然后委任官务；任官称职了，然后授以品位；品位确定了，然后发给相应的俸禄。苏轼据《王制》，认为六考以上官吏皆应登记于吏部，吏部以其资考之远近，举官之众寡，从而排列先后；吏部委派专人对这些官吏的治才加以考察，根据治才之优劣而列其等，年终时请天子对这些官吏予以废置；官吏有逝世或被罢免的，就从上奏列等的官吏中取人替补，贤者进之，不贤者夺之，无一定之制。

---

① （宋）卫湜：《礼记集说》卷二十七，文渊阁《四库全书》第 117 册，第 563 页。
② （宋）李觏：《周礼致太平论·官人第二》，《李觏集》卷十一，中华书局 2011 年版，第 109 页。
③ （宋）苏轼：《策别课百官二》，《苏轼文集》一一〇，曾枣庄、舒大刚编：《三苏全书》第 14 册，语文出版社 2001 年版，第 337—338 页。

苏轼认为，若此法行，天下官吏就知奋发勤政，用人之弊亦可轻易除去。

六是臣子要敢于进谏。

如《曲礼下》："为人臣之礼，不显谏，三谏而不听，则逃之。子之事亲也，三谏而不听，则号泣而随之。"《曲礼下》认为，臣子不要公开批评国君，若再三规劝而不被采纳，就应该离去。马希孟曰："事君不显谏者，人臣之礼也。有犯而无隐者，人臣之义也。子路问事君，子曰：'勿欺也，而犯之。'盖为臣而有欺，不若有犯，有犯而取辱，不若不显之为顺。然则人臣之义，岂必有所犯？有所犯者，不得已也。虽然，亦非大臣之道焉。大臣以道事君，不可则止，毋自辱焉。孔子之于鲁也，犹不谏而去，君子不以为不义，亦曰有大臣之道焉。不谏而去，有大臣之道，则三谏不逃者，可以为非礼矣。"① 马氏认为，批评国君乃臣子之义，不公开批评国君乃臣子之礼；公开批评国君，乃臣子不得已而为之，并非常道；若臣子屡加劝止而君不采纳，则可离君而去。

又如胡铨曰："显谓明言其恶，周公谏成王毋若殷王受之迷乱，非显谏乎？然不显谏，非后世面谀腹非者比也。"② 胡氏认为，《王制》所言"不显谏"并不完全正确，然即使是不显谏，也并非后世阿谀奉承之辈可及。

七是要维护天子权威。

有人借"三礼"之记载以维护天子之权威。如《周礼·春官·典命》："上公九命为伯，其国家、宫室、车旗、衣服、礼仪，皆以九为节。……其士一命，其宫室、车旗、衣服、礼仪各视其命之数。"刘安节曰："《周官》设典命之职，掌诸侯之五仪，诸臣之五命，而曰'其宫室车旗衣服礼仪各视其命之数'，凡以是而已。命者君所令也，谓之命，则若天之命。万物长短小大，一成而不可易也。上言而令之，下禀而听焉，人岂得而私之哉？诸侯之命以九、以七、以五，皆阳数也，人君故也。诸臣之命以八、以六、以四，皆阴数也，人臣故也。邦国之制既详于诸侯，而诸臣之命尤不可废。……逮夫王室微弱，诸侯恣横，先王礼籍之用，恶其害已而削之殆尽。……夫以诸臣之卑而上僭天子之贵，则错乱甚矣，尚何名器之足信乎？是以后之君子思为政于天下，则曰周公之典在焉，盖将有所考而正之也，惜夫！"③ 典命掌诸侯五等礼仪，宫室、车旗、衣

---

① （宋）卫湜：《礼记集说》卷十三，文渊阁《四库全书》第117册，第271页。
② （宋）卫湜：《礼记集说》卷十三，文渊阁《四库全书》第117册，第271页。
③ （宋）刘安节：《其宫室车旗衣服礼仪各视其命之数》，《全宋文》第137册，上海辞书出版社、安徽教育出版社2006年版，第257页。

服、礼仪皆依命数而定。所谓命数，即爵位或官职的品级，此品级反映的是政治秩序。刘氏据此，认为为政者当查考《周礼》，以明官秩分别之大义是不违命犯上。

又如《王制》："天子使其大夫为三监，监于方伯之国，国三人。"刘孟冶曰："天子之于大国诸侯，何其拳拳不释焉？三卿之命，诸侯不得而专，皆出于天子矣。又使其大夫为三监，监其国。盖天下之患当制其始，始之不制，终将若何？故堤防益密，法度愈详，不如是，则不足分其权也。不惟此也，诸侯之征伐，固所以捍外患而御外陵，必天子赐之弓矢，然后敢征。诸侯之生杀，固所以助天子之赏善罚恶，必天子赐之鈇钺，然后敢杀。今也诸侯之贵，而大夫有以制之，有以见天子之重矣。"① 刘孟治借《王制》此段经文，阐发了分权以维护天子权威的思想。

### 四、据"三礼"规劝皇帝

宋真宗信"天书封禅"，他大兴土木，建玉清昭应宫以供奉"天书"。对于真宗此举，群臣无人敢言，只有王曾于大中祥符二年（1009）上《乞罢营玉清昭应宫疏》，极力劝说真宗以邦国大计为重，不要大兴土木、伤民力。王曾曰："王者抚御寰区，顺承天地，举动必遵于时令，财成不失于物宜，靡崇奢侈之风，罔悖阴阳之序。臣谨按：《月令》：'孟夏无发大众，无起土工，无伐大木。'今肇基卜筑，冲冒郁蒸，俶扰厚坤，乖违前训。矧复旱暵卒瘁，雷电迅风，拔木飘瓦，温沴之气，比屋罹灾，得非似未承天地之明效欤？"② 王曾力陈建玉清昭应宫有五害，笔者于此所引者，乃五害中之第四害。王曾据《礼记·月令》，认为建玉清昭应宫是不遵时令、失于物宜之举。

有些大臣还借"三礼"之记载议后宫之事，如张方平曰："夫六宫之位，稽诸《昏义》，则有三夫人、九嫔、二十七世妇、八十一女御之数。其在《周礼》，则世妇、女御职存而数阙，盖明君子不苟于色，有妇德则择以充位，无则阙之矣。自姬室衰陵，诸侯僭纵，秦并六国，迁其后宫，恣用汰心，益崇爵号。汉自文、景，务循俭德，奕世累盛；而至武、元，选纳益广，嬖幸用烦，至乃掖庭三千，增级十四。是以人君耽娱佚之乐，起骄怠之惑，倦勤废政，乱

---

① （宋）卫湜：《礼记集说》卷二十七，文渊阁《四库全书》第117册，第550页。
② （宋）王曾：《乞罢营玉清诏应宫疏》，《全宋文》第15册，上海辞书出版社、安徽教育出版社2006年版，第382—383页。

是用长。"① 张氏据《周礼》、《礼记》所载后宫之位数，认为古之君子不苟于色，有妇德则有其位，无妇德则位阙；从汉武帝、汉元帝开始，后宫人数大增，人君沉湎于女色，以至于朝政荒废。张氏于此借古讽今，提醒宋代统治者要勤于朝政，不能沉湎于声色之娱。

又如韩维曰："臣累日以来，传闻禁中泛至诸臣之家，为颍王择妃，审如此者，臣窃以为非便。臣闻夫妇者，居室之大伦，将以正家则，承宗祀，以继万世之嗣。故礼之用，惟婚姻为兢兢。兢兢者，谨之至也。《坊记》曰：'诸侯不下渔色，故君子远色以为民纪。'此言诸侯不得自于其国网取容色，若捕渔然，所以推远女色，为民之纪法也。伏以皇子颍王孝友聪明，动履法度，方向经义，以观成德。今卜族授室，其系尤重，臣愚以为宜历选勋望之家，谨择淑哲之媛，考古纳采问名之义，以礼成之，不宜苟取华色而已。近世简弃礼教，不以为务。婚娶之法，自朝廷以达民庶，荡然无制。故风俗流靡，犯礼者众。贤士大夫未尝不发愤叹息，窃幸国家有以振之。今陛下始初清明，为元子求妇。而姑出苟简，殆非所以矫世励俗，反之雅正，且无以示颍王，使知室家之道在德而不在色也。"② 英宗时，禁中遣使泛至诸臣之家为颍王择妃。韩维据《礼记·坊记》，认为颍王家室之择取，首先应注意门第之出身，即家室应出自功勋卓著的名门望族，而非泛至诸臣之家；其次应注意"矫世励俗"之效应，即应据古代纳采、问名之仪式，遵照《仪礼》婚礼之程序；三是家室之择取，不应限于貌美之女子，从而使颍王知"室家之道在德而不在色"。

又如嘉祐年间，宋仁宗不亲临虞祭，而使宗正卿代行其事。司马光上书曰："臣闻礼：'既葬而虞。'虞，安也。柩既藏矣，孝子不忍一日离其亲，恐精神彷徨无所依归，故祭以安之也。然则虞者，孝子之事，人主当亲其礼，非臣下所得摄也。臣窃见今月三日虞祭，百官皆入就位而哭，而陛下不亲其礼，使宗正卿摄事，臣窃惑之。伏以永昭陵距京师犹五顿，木主还，未至之时，不可一日不虞，故使群臣摄事。今木主已达京师，近在内殿，而有司不根礼意，尚如途中使群臣行事，于亲疏之序有所不称，于哀恭之情有所未尽。臣恐闻见之人不知有司之失，而归责于陛下。今未至卒哭，尚有三虞，欲望自来日以

---

① （宋）张方平：《后妃》，《全宋文》第36册，上海辞书出版社、安徽教育出版社2006年版，第43页。

② （宋）韩维：《上英宗乞不泛于诸臣家为颍王择妃》，《全宋文》第49册，上海辞书出版社、安徽教育出版社2006年版，第137页。

后,陛下亲行其礼,取进止。"①虞祭,乃葬后安魂魄于殡宫的祭礼,出自《仪礼·士虞礼》。司马光认为,虞祭时,皇帝当亲自前往,不可以臣子代行此礼。

又如元祐元年(1086)九月太常丞吕希纯上奏曰:"臣谨按《礼记·檀弓》:'卫有太史曰柳庄,寝疾,公曰:"若疾革,虽当祭,必告。"公再拜稽首,请于尸曰:"有臣柳庄也者,非寡人之臣,社稷之臣也。"闻之死,请往。'……以此见古之人君,闻大臣之丧,虽宗庙之祭皆废。今来宰臣司马光,其薨适在明堂散斋日内。严父配天,国之大典,固不可废;至于御楼肆赦,恐亦难罢。唯是紫宸殿受贺一节,缘是庆贺之事,比之宗庙之祭为轻。方圣情轸悼元臣,而群臣拜舞称庆,恐于礼义人情,未为宜称。所有今来礼毕紫宸立班,伏乞圣慈,特赐详酌指挥。"②《礼记·檀弓下》记载,卫国太史柳庄在卫君主持祭祀时去世,卫君接到报告,没来得及脱掉祭服就赶往柳庄家,还把身上所穿祭服脱下赠给死者,并将裘氏邑和潘氏县封给柳庄作采邑。宋哲宗欲在紫宸殿受贺,然受贺之日乃在司马光去世之明堂散斋日内。吕希纯于此征引《檀弓下》之记载,规劝哲宗不可在司马光明堂散斋日内受贺,若在散斋日内受贺,乃于礼义人情不相合。

又如徽宗时,身为王安石女婿的蔡卞结党营私,当时朝臣议事,凡是王安石与宋神宗意见不同者,尽改神宗之说以从安石,以此取悦蔡卞。陈瓘对朋党之争深为痛绝,他秉公进言曰:"臣闻为善者可爱,为恶者可憎。《礼》曰:'爱而知其恶,憎而知其善。'则是可憎者有可爱也,可爱者有可憎也。此乃圣人经世大公之法,人主用之,两平之术,非两可也。前日朝廷之上深疾两可,凡安石之所可,而神考之所谓不可者,必改神考之不可,以从安石之可。执一而废百,其为乖谬也甚矣。然则一可者偏,两可者平。平者之言,必有可采。臣故曰两可可问。孔子曰:'我则异于是,无可无不可。'无所不可,其可多矣,况两可乎? 此正是圣主制变之所当务也。"③"爱而知其恶"、"憎而知其善",语出《礼记·中庸》,是说对所喜欢的人也能知道他的缺点,对所讨厌的人也

---

① (宋)司马光:《虞祭札子》,《全宋文》第54册,上海辞书出版社、安徽教育出版社2006年版,第325页。
② (宋)吕希纯:《上哲宗论司马光薨乞罢紫宸殿称贺奏》,《全宋文》第109册,上海辞书出版社、安徽教育出版社2006年版,第23页。
③ (宋)陈瓘:《论两可奏》,《全宋文》第129册,上海辞书出版社、安徽教育出版社2006年版,第76—77页。

要知道他的长处。陈瑾据《礼记·中庸》，规劝徽宗要全面看待王安石与宋神宗之不同政见，不可执一以废百。

又如绍圣三年（1096）九月，宋哲宗废孟后，次年九月立宫女出身的刘氏为后。邹浩上疏言立刘后之弊曰："臣闻《礼》曰：'天子之与后，犹日之与月，阴之与阳，相须而成者也。''天子理阳道，后治阴德，天子听外治，后听内职。'然则立后以配天子，安得不谨？今陛下为天下择母，而所立乃贤妃刘氏，一时公议，莫不疑惑。……今果立之，则天下之所以期陛下者皆莫之信矣。载在史册，传示万世，不免上累圣德，可不惜哉！……万一自此以后，士大夫有以妾为妻，臣寮纠劾以闻，陛下何以处之？不治则伤化败俗，无以为国；治之则上行下效，难以责人。"① "天子之与后，犹日之与月，阴之与阳，相须而后成者也"，"天子理阳道，后治阴德，天子听外治，后听内职"，语皆出自《礼记·昏义》。邹浩征引《昏义》此文，认为哲宗立宫女出身之刘氏为后乃轻率之举，不能垂范天下。

---

① （宋）邹浩：《谏哲宗立刘后疏》，《全宋文》第131册，上海辞书出版社、安徽教育出版社2006年版，第140—141页。

# 结　语

赵宋王朝建立之初，所面对的是五代"礼废乐坏"之残局，不少人"忘君臣之分，废父子之亲，失夫妇之道，绝兄弟之好"①，以至于"以众暴寡，以智欺愚，以勇威怯，以强陵弱，……昏冠丧祭，宫室器用，家殊俗异，人自为制，无复纲纪"②。鉴于道德陵夷、世风坏乱之社会现实，不少人希望在古老的经典中获得资源，从而解决时代所面临的问题。由于"三礼"关乎伦理纲常，故受到宋儒的青睐。宋儒利用"三礼"来修身齐家、移风易俗，可以从以下三个方面来看。

第一，宋儒以《礼记·大学》为据阐发内圣外王的人格理想。

宋儒对天人关系的论述，对伦理道德的设定，落脚点皆在理想人格之塑造上。所谓理想人格，是指"一个社会、一个民族文化中人们最推崇的人格范型，这种人格范型最典型地体现了该社会文化的基本特征和价值标准"③。笼统地说，儒家的理想人格就是"内圣外王"。内圣是指人通过心性修养，从而达到高尚的境界；外王是指高尚的境界在现实社会的外化和彰显。这种理想人格，集中地反映于《礼记·大学》"修齐治平"之论述上。

宋儒重视《大学》所倡导的内圣外王之道，并做了新的诠释。如司马光据《大学》"大学之道在明明德，在亲民，在止于至善"，认为君子应具备"修身"和"治天下"之志，才能至于"尽善"。他说："明明德所以修身也，亲民所以治天下国家也。君子学斯二者，必至于尽善然后止，不然不足谓之大学也。定者能固执于至善也，静者不为纷华盛丽之所移夺也，安者悦而时习

---

① （宋）郑居中等撰：《政和五礼新仪序》，《政和五礼新仪》卷首，文渊阁《四库全书》第647册，第2页。
② （宋）郑居中等撰：《政和五礼新仪序》，《政和五礼新仪》卷首，文渊阁《四库全书》第647册，第2页。
③ 朱义禄：《儒家理想人格与中国文化》，辽宁教育出版社1991年版，"绪论"第7页。

之也,虑者专精致思以求之也,得者入于圣人之道也。"① 司马光于此言君子应"修身"、"治天下"兼备,实际上是"内圣外王"的另一种说法。宋人邵甲亦据《大学》此语曰:"夫始于明明德,已而新其民,复继之曰在止于至善,何也?盖至善即明德新民极致之地,明德而未极于至善,则其明为未周,新民而未极于至善,则其化为尚浅。"②邵氏认为,明明德乃自身道德修养之事,德为本心所有,非外在所能增益,自己当作的就是使此德外化;新民乃成就他物者,具体地说,就是以方导民、以渐化民;明德、新民有程度深浅之不同,只有当明德、新民达到"极致",方可称为至善。邵氏于此所言,亦是对《大学》所言内圣外王之道所作之阐释。

《礼记·大学》又言"自天子以至于庶人,壹是皆以修身为本"。叶适认为,《大学》此章极体用而言之。他说:"天下之人悦其外而忘其内,安其末而不思其本,莫知其所以致知者,何也?故敛其用以反其本,收其远而归于近,则明明德于天下者,必先治其国,治其国者,必先齐其家,以至于正心诚意,敛之无余力,用之无余功。"③ 在叶适看来,人应该从格物致知开始,以见大道之本,再到齐家、治国,以至于明明德于天下。张载亦据《大学》此语云:"一国一家一身皆在处其身,能处一身则能处一家,能处一家则能处一国,能处一国则能处天下。心为身本,家为国本,国为天下本。心能运身,心所不欲,身能行乎?"④ 在张载看来,"处其身"是齐家、治国之前提,能处一身则能齐家,能齐家则可治国、平天下。

《大学》"三纲领"、"八条目"所讲的内圣外王之道,实际上有着本末先后的关系,修身为本,齐家、治国、平天下为末。司马光、邵甲、叶适、张载等人从事《大学》诠释时强调内圣,认为外王只不过是内圣的自然外化,这与儒家传统的人格理想是一致的。

至于儒家理想人格之要素,"三礼"亦有记载,义、敬、中庸等皆此类也。宋儒还以"三礼"为据,对理想人格的构成要素作了阐释。如宋儒讲礼、崇礼,认为礼乃圣贤必备的要素。《礼记·曲礼》言"礼不踰节,不侵侮,不好狎",宋人周行己据此认为:"礼者,分而已矣。居下而犯上,则踰上之节,不

---

① (宋)卫湜:《礼记集说》卷一百四十九,文渊阁《四库全书》第120册,第575页。
② (宋)卫湜:《礼记集说》卷一百四十九,文渊阁《四库全书》第120册,第579页。
③ (宋)卫湜:《礼记集说》卷一百五十,文渊阁《四库全书》第120册,第596—597页。
④ (宋)卫湜:《礼记集说》卷一百四十九,文渊阁《四库全书》第120册,第582页。

知下之分也。居上而偪下，则蹈下之节，不知上之分也。侵侮者失人，不知人之分也。好狎者失己，不知己之分也。君子明礼而知分，故居上不骄，为下不乱，与人不争，处己必敬。此所以作事可法，容止可观，而为万夫之望者也。"① 周氏认为《曲礼》"不蹈节"、"不侵侮"、"不好狎"，意在使人明上下之分，与人不争，处己必敬。又如《礼运》言"礼，先王以承天之道，以治人之情，故失之者死，得之者生"，宋人刘执中据此曰："先王正心诚意，动必如礼者，欲盛厥德，以配天地也，不曰承天之道乎？"② 刘氏认为"失之者死"即失礼则悖于中道，灾祸及身；"得之者生"即有礼则行动协调，合符中道；"天下国家可得而正"即天地得礼则阴阳和顺，鬼神得礼则生以时，诸仪得礼则君臣、父子、兄弟、夫妇、朋友各有职分而不及乱。

宋儒重视义利之辨，故义亦是宋儒理想人格之要素。如《大学》主张"国不以利为利，以义为利也"，宋人叶梦得释之曰："聚人者财，理财者义。务财用，求所以聚人也；不务财用，求所以为义也。小人不知所以聚人，而务在于聚财，此灾害所以并至也。"③ 叶氏认为，聚敛财富之根本目的是聚人，不聚敛财富之目的是求义；小人专事聚财而不知求义，遂招致灾害；专事聚敛财富者不义，是小人之事；以义为目标，不专事聚敛财富者则是君子之事。朱熹引陆贽和吕希哲之语，亦认为聚敛财富乃小人之事，伤民心，伤国本；人主敛财，令智昏而不知害。朱熹曰："怨已结于民心，则非一朝一夕之可解矣。圣贤深探其实，而极言之，欲人有以审于未然，而不为无及于事之悔也。以此为防，人犹有用桑弘羊、孔仅、宇文融、杨慎矜、陈京、裴延龄之徒，以败其国者。"④ 朱熹认为君子不应以聚财为务，如此方能利国利民。

第二，宋儒以"三礼"为据从事家庭伦理道德建设。

中国古人认为家庭家族是社会稳定、人民福祉的基础，而伦理道德建设又是家庭家族兴旺繁荣、长盛不衰的前提。由于五代的战乱和破坏，北宋时期的家庭家族礼仪，以及与之相关的婚、葬、祭诸礼皆存在很大问题。如司马光批评当时的婚俗曰："今世俗之贪鄙者将娶妇，先问资装之厚薄，将嫁女，先

---

① （宋）周行己：《经解》，《全宋文》第137册，上海辞书出版社、安徽教育出版社2006年版，第123页。
② （宋）卫湜：《礼记集说》卷五十四，文渊阁《四库全书》第118册，第127页。
③ （宋）卫湜：《礼记集说》卷一百五十三，文渊阁《四库全书》第120册，第668页。
④ （宋）卫湜：《礼记集说》卷一百五十三，文渊阁《四库全书》第120册，第668—669页。

问聘财之多少。至于立契约，云某物若干某物若干，以求售某女者。亦有既嫁而复欺绐负约者，是乃驵侩鬻奴卖婢之法，岂得谓之士大夫婚姻哉。"① 据司马光所言，可知北宋前中期的婚姻普遍看重物质利益，而忽视婚礼神圣之本义。鉴于社会风俗坏乱的现实，有些宋儒希望通过编撰礼书，从而为家庭家族的伦理道德建设提供支持。众多的礼书中，司马光的《书仪》和朱熹的《家礼》最具有代表性，二者是在结合当时的社会风俗，并参考《仪礼》和《礼记》所记冠、婚、丧、祭诸礼的基础之上从而制定的士庶人通礼。

司马光《书仪》所记诸礼仪节之展开，是以《仪礼》为依据，并以《周礼》、《礼记》之记载为佐证。如《书仪》所记冠仪的筮日、筮宾、戒宾、宿宾、三加、宾字冠者、冠者见诸父诸兄、拜赞者、见诸母姑姊诸仪节，与《仪礼·士冠礼》所记冠礼仪节皆相合。南宋朱熹认为《书仪》"大概本《仪礼》"②，准确道出了《书仪》与《仪礼》的密切关系。不过也应看到，司马光并非照搬《仪礼》之记载，他以变通的眼光，结合历代礼仪和当时的社会风俗，对《仪礼》所记诸礼加以改造，从而更好地满足当时社会之需要。如关于男女的嫁娶年龄，《周礼·地官·媒氏》认为"男三十而娶，女二十而嫁"，《礼记·内则》认为"（男子）三十而有室，始理男事"，"（女子）十有五年而笄，二十而嫁"。司马光认为，古书所言男女嫁娶年龄仅是理想之记载，而非事实之反映。他结合宋代的风俗，认为顺天地之道、合人情之宜的嫁娶年龄，"男子年十六至三十，女子十四至二十"③，而不必男子三十、女子二十。

司马光还以宋代熟悉的事物代替《仪礼》所记之礼器和行礼场地，于《仪礼》所记仪节亦有变通。如冠礼筮日，《仪礼》必决于卜筮，灼龟曰卜，揲蓍曰筮。司马光则认为"卜筮在诚敬，不在蓍龟，或不能晓卜筮之术者，止用杯珓亦可也"④，甚至"取大竹根判之，或止用两钱掷于盘，以一仰一俯为吉，皆仰为平，皆俯为凶"⑤。又如《仪礼》所记冠礼有醴礼，而宋代私家无醴，司马光遂主张"以酒代之，但改醴辞'甘醴惟厚'为'旨酒既清'耳，所以从

---

① （宋）司马光：《书仪》卷三，文渊阁《四库全书》第142册，第475—476页。
② （清）永瑢：《四库全书总目》卷二十二《经部·礼类四》，中华书局1965年影印本，第180页。
③ （宋）司马光：《书仪》卷三，文渊阁《四库全书》第142册，第473页。
④ （宋）司马光：《书仪》卷二，文渊阁《四库全书》第142册，第467—468页。
⑤ （宋）司马光：《书仪》卷二，文渊阁《四库全书》第142册，第467—468页。

简"①。又如《仪礼》所记丧礼有为尸沐浴仪节,司马光则认为古今堂室建置有异,古人沐浴和饭含皆在牖下,今则可在所卧之床前,"以从宜也"②;古人沐浴设床袒簧,袒簧者去席,盖水便也,今籍以簟,不设毡褥,"亦于沐浴便"③。《书仪》对《仪礼》所记诸礼所作之变通,意在守礼之意的同时,方便今人之实施。

朱熹认为司马光《书仪》"无所折衷"、"遗其本而务其末"、"缓于实而急于文",遂损益《书仪》而成《家礼》。在冠、婚、丧、祭礼仪框架方面,《家礼》与《书仪》大致相同。不过在礼仪操作方面,《家礼》对《书仪》作了很多简化。比如《书仪》引经据典者颇多,朱熹认为正文太繁使礼之实施者难得其要,遂将《书仪》的不少正文变为注文。《书仪》的注释繁冗,《家礼》则大量简化。此外,《家礼》对《书仪》的部分仪节亦有剪裁,如《书仪》于公文、表奏、家书的撰写格式有详尽之说明,《家礼》则略而不言。《书仪》所记冠礼有筮宾仪节,朱熹认为筮宾仪节"今不能然,但择朋友贤而有礼者一人可也"④。《书仪》所记婚礼有问名和纳吉仪节,朱熹认为这两种仪节已为宋代所不尽用,遂主张"止用纳采、纳币,以从简便"⑤。由于朱熹《家礼》更简练和更具有操作性,因此对宋代以及宋代以后的家庭家族礼仪建设远较《书仪》深远。

第三,宋儒还通过"三礼"诠释,从而移风易俗。

北宋建立后,民生凋敝,礼乐不兴。鉴于民风凋敝之社会现实,不少士人从各个角度对移风易俗提出了自己的主张。其中不少士人试图通过"三礼"之诠释,从而移风易俗。

如程颐撰《婚礼说》,对婚礼中的"六礼"有简要之解释。如于"纳吉",程颐曰:"纳吉,谓壻氏既得女名,以告神而卜之,得吉兆,又往告女氏,犹今之言定。使辞曰:'吾子有贶命,某加诸卜,占曰吉,使某也敢告。'"⑥"六

---

① (宋)司马光:《书仪》卷二,文渊阁《四库全书》第142册,第469页。
② (宋)司马光:《书仪》卷五,文渊阁《四库全书》第142册,第485页。
③ (宋)司马光:《书仪》卷五,文渊阁《四库全书》第142册,第485页。
④ (宋)朱熹:《家礼》卷二,朱杰人等编:《朱子全书》(修订本)第7册,上海古籍出版社、安徽教育出版社2010年版,第890页。
⑤ (宋)朱熹:《家礼》卷三,朱杰人等编:《朱子全书》(修订本)第7册,上海古籍出版社、安徽教育出版社2010年版,第897页。
⑥ (宋)程颐:《婚礼说》,《全宋文》第80册,上海辞书出版社、安徽教育出版社2006年版,第316页。

礼"的最后一个仪式是"亲迎",程颐称之为"成婚"。其曰:"期日,婿氏告迎于庙。初昏,婿受命于所尊,出乘,前引妇车。"程颐自注曰:"受命而出,乘马前引妇车,迎妇之车也。今或用檐子。"① 程颐用宋代常用的仪节或事物与《仪礼》相比况,如其用宋代的"言定"以释《仪礼》的"纳吉",用宋代的"檐子"以释《仪礼》亲迎婿引妇车所乘之马。透过程颐对《仪礼》所记婚礼六礼之诠释内容,可知程颐对《仪礼》所记礼仪之尊崇态度,还可见其与时俱进的变通精神。

至于移风易俗之具体举措,宋儒积极从《仪礼》等书中获取资源,并加以阐释。如不少宋儒主张恢复乡饮酒礼,希望借此醇化风俗,有益教化。孙何上真宗书,希望推行《仪礼》所记乡饮酒礼。孙何曰:"孝悌立而人伦厚,教化行而邦本固。古先哲王知宇宙之广,不可家督而户劝也,故率之以仁义;知亿兆之众,不可丁诲而口授也,故示之以礼乐。……盖乡饮酒之礼,由是而行于天下,欲其观尊卑之叙而孝慈其父子,见长幼之节而友恭其兄弟,见宾主之仪而肃其宗族邻里。自乡而率邑,自邑而率都,自都而率国,而达四海,薰然而大和,巍然而至治,因此术也。"② 何氏认为,仁、义、礼、乐乃不可斯须去身者,若乡饮酒之礼行,那么家庭宗族由此而知礼;乡饮酒礼之推行,可由乡到邑,由邑到都,以至于国家、四海,从而实现天下之大治。

在士人们的推动下,宋代有乡饮酒礼之实践。如据蒋汝通于绍定五年(1232)所撰《乡饮酒记》,可窥见当时地方行乡饮酒礼之概况。蒋氏记载道:"礼废乐缺,迨今百年,往往视为迂阔,而念不到此也。郡侯史权院骞之笃意举行,遣辞喻指,命乡之耆秀参订异同,润色绵蕝,修废典而新之。……是日也,冠带班列,豆笾有楚,主宾之揖逊逾再,歌笙之升间以三。济济跄跄,雍容和乐,献酬交错,情文粲然,燕席序登,爵乐无算,纯音缛礼,皆畴昔耳目之所未接,礼义之心,油然以生。"③ 据蒋氏所言"礼废乐缺,……往往视为迂阔",可知乡饮酒礼之实践在宋代并不普遍;据蒋氏所言"遣辞喻指,……修

---

① (宋)程颐:《婚礼说》,《全宋文》第80册,上海辞书出版社、安徽教育出版社2006年版,第317页。

② (宋)孙何:《上真宗请复乡饮礼》,《全宋文》第9册,上海辞书出版社、安徽教育出版社2006年版,第182页。

③ (宋)蒋汝通:《乡饮酒记》,《全宋文》第341册,上海辞书出版社、安徽教育出版社2006年版,第203—204页。

废典而新之",可知绍定所行乡饮酒礼并非完全恪守《仪礼》所记之仪节,而是根据社会实际需求有所变通。对于宋人来说,乡饮酒礼已算是古董,然而宋人怀着"好古"心态去探寻、阐释、实践之,希望借此使宋代社会拥有良善美俗。

北宋庆历以后,土地兼并日益严重,官僚和地主占有大片土地,而贫者无地可耕作。此外,冗员、冗兵也给政府带来很大的财政压力。鉴于当时社会存在的各种问题,不少士人希望通过改革从而缓解社会矛盾。在中国古代,社会改革的前提无疑是要得到统治者的支持。这种支持之获得,除了改革的主张要符合社会实际以外,还要有经典依据。在中国古人的意识中,经典具有神圣意义,经典之记载是学说或治国理政措施合理性与合法性最基本的依据。为了获得宋代统治者的支持,不少士人积极著书立说,从古老的经典中寻找理论依据和制度资源,从而议政论政。① 如李觏以《周礼》为主、兼取《礼记》等儒家经典,从而阐发致太平思想。熙宁变法期间,王安石从《周礼》等经典中寻找制度和思想思源,为变法的合理性和合法性提供依据。张载、叶时、郑伯谦等人亦据《周礼》从而阐发自己的经略思想。此外,不少士人还通过"三礼"之诠释,从而阐发社会理想、规劝当政者。

第一,宋儒据"三礼"之记载从而阐发社会政治理想。

中国古代的"理想国"思想,集中地体现于《礼记·礼运》。《礼运》认为,大同社会尽善尽美,天下为全体人民所公有,选举有贤德有才能的人来管理;讲求诚信,致力友爱;人们不只是爱自己的双亲,不只是疼爱自己的子女,而且能博爱世人。宋儒在从事《礼运》之诠释时,将他们的社会理想表达了出来。如宋人刘执中认为,五帝时代世风质朴、人民纯洁,"是以选贤与能,讲信修睦,不必自于朝廷,而族党人人公共推让,不敢以为己私也。虽以天下让于人,而人不以为德;虽以天下外于子,而人不以为疏。故不谨于礼而人无作

---

① 在中国,利用经典议政论政是古老的传统,中国古人"以《禹贡》治河,以《洪范》察变,以《春秋》决狱,以《三百五篇》当谏书,治一经得一经之益"。(皮锡瑞:《经学历史》,中华书局2012年版,第56页)由于"三礼"所记载的礼仪制度和蕴含的礼学思想对于人的道德提升以及社会秩序整合有积极意义,所以受到历代统治者的高度重视。如王莽效法《周礼》推行改制,北周宇文泰命苏绰、卢辩仿《周礼》置六卿官。虽然王莽、宇文泰据《周礼》从事社会改革都走向失败,但是这并没有影响宋人采用《周礼》从事政治经济制度改革的热情。

伪以逾于中，不由于乐而人无纵情以失其和"①。宋人陈祥道认为，尧、舜之世为大同，而禹、汤、文、武、成王、周公之世为小康，"大道之行为大同，大道之隐为小康，以道之污隆升降系乎时之不同而已。盖大道者，礼义之本，礼义者，大道之末。……此尧舜所以为大同，而禹、汤、文、武、成王、周公所以为小康也"②。

此外，《礼记·王制》有不少理想化的政治制度之记述。有些宋儒对《王制》所记政治制度的评价甚高，如永嘉徐自明认为"《王制》一书，叙次三王四代之制度，盖圣王所以经纶天下之大经，而为万世法程者也"③，高文虎认为"《王制》一篇皆先王治天下之规模，而本末先后未尝无定序也"④。不少宋儒还据《王制》所记之政治制度，从而阐发自己的社会政治理想。如徐自明曰："《王制》……推明班爵制禄之法、祭祀养老之义，其立国之纪纲制度，讲若画一而不相逾越。三代所以享国长久，虽有辟王而维持者不乱，盖得其道矣。周衰，上无道揆，下无法守，诸侯坏乱法纪，以隳先王之制多矣。"⑤ 在徐氏看来，三代能行《王制》所记先王之道，故能享国长久；周代以来，由于上无道为准，下无成法可守，先王制度坏乱，诸侯恣意妄为，周遂走向衰微。又如高文虎认为，王者之制莫重于设官分职、班爵制禄、分地建国，因为这些制度"为斯民之极，故必使内外相维，上下相制，井然有不可逾越之法，是诚立国之本也。……虽然欲使人君尽行古制，天下尽从王者之制，其本又在于人伦天理之不失，此所以终之以六礼七教八政欤"⑥。

宋儒通过《礼运》和《王制》之诠释，从而描绘了自己心中的理想社会。宋儒心中的理想社会是"三代"盛世，最好的社会治理途径是"法先王"。这些理想体现了宋儒企图改变积弊颇深的社会现实之强烈愿望，是理想主义与现实批判相结合的政治学说。

第二，宋儒还通过"三礼"之诠释，从而提出治国的方略和政策。

针对北宋时期土地兼并之社会现实，北宋李觏、张载以及南宋叶时等人

---

① （宋）卫湜：《礼记集说》卷五十四，文渊阁《四库全书》第118册，第119页。
② （宋）卫湜：《礼记集说》卷五十四，文渊阁《四库全书》第118册，第119页。
③ （宋）卫湜：《礼记集说》卷二十四，文渊阁《四库全书》第117册，第479页。
④ （宋）卫湜：《礼记集说》卷二十四，文渊阁《四库全书》第117册，第476页。
⑤ （宋）卫湜：《礼记集说》卷二十四，文渊阁《四库全书》第117册，第479页。
⑥ （宋）卫湜：《礼记集说》卷二十四，文渊阁《四库全书》第117册，第476页。

通过《周礼》之诠释，从而为土地制度改革提供依据，并提出了改革的具体方案。

北宋李觏以《周礼》为据，兼取其他儒家经典的相关内容，成《周礼致太平论》一书。在该书的《国用》十六篇中，李觏根据《周礼·大司徒》、《遂人》、《载师》之记载，主张土地的分配应该多元化。他说："载师'以宅田、士田、贾田任近郊之地；以官田、牛田、赏田、牧田任远郊之地'。宅田，致仕者之家所受田也。士田，仕者亦受田。……若余夫、致仕者、仕者、贾人、庶人在官者、畜牧者之家，皆受田，则是人无不耕。无不耕，则力岂有遗哉？一易再易，莱皆颁之，则是地无不稼。无不稼，则利岂有遗哉？"①李觏认为，《周礼》所记宅田、士田、贾田、官田、牛田、赏田、牧田等，皆可为宋代统治者划分土地时所效法。此外，余夫、致仕者、仕者、贾人、庶人在官者、畜牧者之家，也应分得土地，由此人人有其田之愿景就不难实现。

北宋张载在《经学理窟·周礼》中主张恢复周代之井田制。在张载看来，"仁政必自经界始。贫富不均，教养无法，虽欲言治，皆苟而已。世之病难行者，未始不以亟夺富人之田为辞，然兹法之行，悦之者众，苟处之有术，期以数年，不刑一人而可复，所病者特上未之行尔"②。张载认为，北宋社会的主要问题是土地分配不均，时下紧要的是推行西周井田制，从而改变土地分配不均的现状。张载还据《周礼》，对井田制推行之具体措施有所阐述。如他说："百五十亩，田百亩，莱五十亩。《遂人职》曰：'夫廛，余夫亦如之。'廛者，统百亩之名也。又有莱五十亩，可薪者也。野曰莱，乡曰牧，犹民与氓之别。"③"二百亩，田百亩，此在二十而三与十二之征之间，必更有法。"④张载于此所言"廛"、"莱"、"牧"，皆源自《周礼》。

宋儒还据《周礼》，从而提出财税制度改革方案。如李觏以《周礼》、《礼记》为据，对国家收入以及获得收入的途径作了阐述，所论及的有农业、手工业、器用、赋税、财赂、燕私之物、水旱灾之防御、任民、钩考等各个方面。如李觏据《周礼·天官·大府》记大府所掌有关市、邦中、四郊、家削之赋、

---

① （宋）李觏：《周礼致太平论·国用第四》，《李觏集》卷六，中华书局2011年版，第82页。
② （宋）吕大临著，章锡琛点校：《横渠先生行状》，《张载集·附录》，中华书局1978年版，第384页。
③ （宋）张载著，章锡琛点校：《经学理窟·周礼》，《张载集》，中华书局1978年版，第252页。
④ （宋）张载著，章锡琛点校：《经学理窟·周礼》，《张载集》，中华书局1978年版，第252页。

邦甸、邦县、邦都、山泽、币余之赋，认为《周礼》赋税种类划分如此之细有特定的意义。他说："凡其一赋之出，则给一事之费。费之多少，一以式法。如是而国安财阜，非偶然也。"① 在李觏看来，一种赋税是为了应对某类事件之花费，赋税的征收要据花费而定，如此才能实现国泰民安。

北宋儒学功利派的代表人物王安石亦是通过对《周礼》等儒家经典加以诠释，从而阐发自己的经略思想。熙宁变法时期，王安石所撰《周官新义》乃变法的经典依据之一。在此书中，王安石以《周礼》的《泉府》、《膳宰》等职官之职掌为据，从而阐发自己的财税改革思想。如王安石以《周礼·地官》泉府职掌为据推行青苗法，希望借此改变北宋农民和手工业者遭受富商大贾高利贷盘剥之现实，从而增加政府的收入。《泉府》言"敛市之不售货之滞于民用者，以其贾买之，物楬而书之，以待不时而买者"，王安石据此认为，"善为国者，不取于民而财用足"②，"泉府所言国之财用，凡以赊贷之息供之"③，"周人国事之财用，取具于息钱"④。凡此诸言，皆是为青苗法抑豪强、平物价、广积蓄诸主张提供经典依据。

王安石还以《周礼》为据陈述变法的合理性，反击反对派。如有官员上书宋仁宗指斥安石所推青苗法、市易法"言补助则为虚名，言敛散则为徒扰"⑤，"上以欺罔圣听，下以愚弄天下之人"⑥，有人甚至指斥青苗法、市易法"非圣人之意"⑦。针对这些指责和攻击，王安石屡次称引《周礼》泉府之记载以驳之。王安石认为，与《周礼》泉府所记借贷利率相比，青苗法的二分息已经很低。王安石还以《周礼》为据力陈推行青苗法、市易法之合理性，他说：

---

① （宋）李觏：《周礼致太平论·国用第一》，《李觏集》卷六，第 80 页。
② 程元敏：《三经新义辑考汇评（三）——〈周礼〉》上编《地官司徒二》，台湾编译馆 1987 年版，第 213 页。
③ 程元敏：《三经新义辑考汇评（三）——〈周礼〉》上编《地官司徒二》，台湾编译馆 1987 年版，第 212 页。
④ 程元敏：《三经新义辑考汇评（三）——〈周礼〉》上编《地官司徒二》，台湾编译馆 1987 年版，第 212 页。
⑤ （清）徐松辑，刘琳等校点：《宋会要辑稿·食货五》，上海古籍出版社 2014 年版，第 6058 页。
⑥ （宋）韩琦：《上神宗论条例司画一申明青苗事》，赵汝愚编：《宋名臣奏议》卷一百十二，文渊阁《四库全书》第 432 册，第 385 页。
⑦ （宋）刘攽：《彭城集》卷二七《与王介甫书》，文渊阁《四库全书》第 1096 册，第 272 页。

"政事所以理财,理财乃所谓义也。一部《周礼》理财居其半,周公岂为利哉?奸人者,因名实之近而欲乱之,以眩上下,其如民心之愿何?"① 既然出自圣人周公的《周礼》是如此重视理财,那么重视理财的青苗法、市易法不可能不合圣人之意。

第三,宋儒据"三礼"之记载议政、规劝当政者。

宋儒喜据"三礼"议政。如有人据《礼记》,认为当政者应以礼治国。《礼运》云"治国不以礼,犹无耜而耕也",宋人蒋渊据此,认为圣人制礼以教天下,繁文缛节,意义详备,功用周遍,就如人进太仓,饮食随取,从而"使人相安相养于其中,而不知若服田足食之喻,其亦本于养人之意与"②。宋人叶氏据《礼运》此语,认为圣人于人情深有体察,故有以礼治国之主张;受人情之影响,性之本善可变为恶,以礼治国可防人情对人性的负面影响,以臻"人情治,人性明,而人道立矣"③。

又如有人据《礼记》,力主官员七十而致仕。《礼记·曲礼》云"大夫七十而致事",然而北宋时期,年满七十仍在位的官员不在少数。曹修古于天圣四年(1026)上奏,力主七十当致仕。在此奏中,曹氏据《礼记》以论七十致仕之必要性。其理有三,一是"七十致仕载在礼经"④;二是年老者体力、心力渐衰,不能胜任职务;三是年老者多作身后之计,易导致腐败。包拯于皇祐三年(1051)上奏亦认为"七十致仕著在礼经,卓为明训"⑤,年老而不致仕,既不符合朝廷待士大夫之本意,亦不符合士大夫之礼。在曹修古等人的努力下,仁宗年间,七十而致仕者较前代稍多。

宋儒还以"三礼"之记载为据,规劝当政者勤于朝政,懂得节俭,重视礼教。如宋真宗信"天书封禅",他大兴土木,建玉清昭应宫以供奉"天书"。对于真宗此举,群臣无人敢言,只有王曾上《乞罢营玉清昭应宫疏》,极力劝

---

① (宋)王安石:《临川文集》卷七十三《答曾公立书》,文渊阁《四库全书》第1105册,第608页。
② (宋)卫湜:《礼记集说》卷五十八,文渊阁《四库全书》第118册,第231—232页。
③ (宋)卫湜:《礼记集说》卷五十八,文渊阁《四库全书》第118册,第232页。
④ (宋)曹修古:《内外官七十并令致仕奏》,《全宋文》第16册,上海辞书出版社、安徽教育出版社2006年版,第192页。
⑤ (宋)包拯:《论百官致仕奏》,《全宋文》第25册,上海辞书出版社、安徽教育出版社2006年版,第321页。

说真宗以邦国大计为重，不要大兴土木、伤民力。王曾曰："臣谨按：《月令》：'孟夏无发大众，无起土工，无伐大木。'今肇基卜筑，冲冒郁蒸，俶扰厚坤，乖违前训。矧复旱暵卒痒，雷电迅风，拔木飘瓦，温沴之气，比屋罹灾，得非似未承天地之明效欤？"① 王曾据《礼记·月令》，认为建玉清昭应宫是不遵时令、失于物宜之举。

又如英宗时，禁中遣使泛至诸臣之家为颖王择妃。韩维据《礼记·坊记》"诸侯不下渔色，故君子远色以为民纪"，认为颖王家室之择取，首先"宜历选勋望之家"，"不宜苟取华色而已"。② 其次应注意"矫世励俗"之效应，因为"近世简弃礼教，不以为务。婚娶之法，自朝廷以达民庶，荡然无制，故风俗流靡，犯礼者众"，所以英宗应"考古纳采问名之义，以礼成之"③。韩维认为英宗应据古代纳采、问名之仪式，遵从《仪礼》婚礼之程序，从而劝民向善、有益风化。

综上所述，可知宋儒据"三礼"议政论政，有着现实主义与理想主义的双重特质。对于王安石、曹修古、包拯等统治阶层的实权派来说，他们据"三礼"议政论政的现实主义成分要多些，而对于李觏、张载、叶时等士人来说，理想主义的成分则更明显。王安石、曹修古、包拯等人借经典以推行自己的改革主张，获得了统治者的支持，并获得了一定的成效。而李觏、张载、叶时等人借经典提出的改革主张，没有得到当权者的重视。不过从士人理想的文化价值角度来看，李觏、张载、叶时等人所提出的带有复古色彩的改革主张并非毫无其价值，比如他们倡导的井田制就是如此。《周礼》所记井田制，是夏、商、周时期的土地国有制度，是夏、商、周时期社会结构稳定的经济保障。但是宋代主要实行土地私有制，土地国有制只占很小比例。面对土地兼并成风的社会现实，土地均平的主张看似有其合理性，实际上却行不通。然而我们不能简单地否定李觏、张载、叶时等人所提出的井田制主张之意义。在中国古代，士人理想除了修身、齐家，还要治国、平天下，张载甚至主张"为天地立心，为生

---

① （宋）王曾：《乞罢营玉清诏应宫疏》，《全宋文》第 15 册，上海辞书出版社、安徽教育出版社 2006 年版，第 382—383 页。

② （宋）韩维：《上英宗乞不泛于诸臣家为颖王择妃》，《全宋文》第 49 册，上海辞书出版社、安徽教育出版社 2006 年版，第 137 页。

③ （宋）韩维：《上英宗乞不泛于诸臣家为颖王择妃》，《全宋文》第 49 册，上海辞书出版社、安徽教育出版社 2006 年版，第 137 页。

民立命,为往圣继绝学,为万世开太平"①。中国古代的士人往往带有理想主义气质,他们所绘的理想蓝图往往与社会现实有一定的张力,甚至是难以实现的梦想。不过他们的出发点却是善意的,他们的用心是良苦的。李觏、张载、叶时等人的井田梦想,有着古典理想主义的特质,是中国古代士人价值追求之体现。

宋人对"三礼"所记之礼制颇为重视,他们依据"三礼"议礼制礼,涉及学术、政治、伦理等各个方面。宋儒议礼制礼的内容,或以专著、文章、笔记的形式予以表达,或以上奏的形式予以陈述。宋儒据"三礼"议礼制礼的例子,最典型的莫过于濮议和郊礼之争。今拟通过对濮议和郊礼之争的探讨,以见宋儒据"三礼"议礼制礼之一般特点。

北宋仁宗无嗣,濮安懿王允让之子赵曙继位,是为宋英宗。英宗即位的第二年,诏议崇奉生父濮王典礼。侍御史吕诲、范纯仁、吕大防、司马光、王珪等人力主称仁宗为皇考,称濮安懿王为皇伯。中书韩琦、欧阳修等人则主张称濮安懿王为皇考。围绕英宗生父濮王之称谓,以司马光、王珪为首的台谏派与欧阳修为首的中书派发生了激烈的争论。论辩双方皆引经据典,力证自己的观点符合经义、不违古制。

司马光、王珪等人据《丧服》认为,既然为人后者为所后者服斩衰三年,为本生父服齐衰期,那么濮王于英宗是亲生父亲而非所后者,故英宗对于濮王的称谓要体现降服之义,不得称父,而应以"皇伯"代之。如王珪曰:"先王制礼,尊无二上,若恭爱之心分于彼,则不得专于此故也。"②程颐亦认为,台谏派以英宗称亲,此"亲"字的含义模糊,然而不管是确指父,还是不确指父,皆与降服之义不符,徒乱大伦。

欧阳修则力主英宗称亲,他说:"为人后者所承重,故加其服以斩,而所生之亲恩有屈于义,故降其服以期。"③欧阳修认为,圣人制礼,情义兼尽,符合人之常情,乃礼仪之要义;英宗于濮王称亲符合人情,不称亲则有悖于人

---

① (清)黄宗羲著,全祖望补:《宋元学案》卷十七《横渠学案》,中华书局1986年版,第664页。
② (元)脱脱:《宋史》卷二百四十五《列传第四·宗室二》,中华书局1977年点校本,第8709页。
③ (宋)欧阳修著,李逸安点校:《欧阳修全集》卷一百二十一《濮议卷二》,中华书局2001年版,第1858页。

情。与欧阳修立场相同的韩琦亦认为，古礼固然重要，却需"以义制事"、"因时适宜"①，英宗对其生父称亲，既是对古礼之尊崇，又是"因宜称情"②。

司马光、程颐对《仪礼·丧服》本义之关注，与其一贯的政治文化立场是相同的。针对王安石提出的"天命不足畏，祖宗不足法，人言不足恤"③，司马光认为"祖宗之法不可变"④，程颐亦主张"复先代明王之法治"⑤，司马光、程颐所持的是趋于保守的文化政治立场，他们主张恪守《丧服》之义，正是他们所持政治文化立场之反映。以欧阳修为首的中书派之关注点，更多的是现实需要。欧阳修认为，自己主张英宗于濮王称亲，意在"追崇以彰圣君之孝而示天下也"⑥，韩琦上奏亦曰"庶几上以彰孝治，下以厚民风"⑦。欧阳修、韩琦的深层动机，是他们对当政者动机之省察。英宗被立为太子之前多年在濮王府生活，其对生父濮王的感情要比对仁宗的感情深厚得多。英宗继位后，其对濮王之感念需要借尊号得以表达。欧阳修等人看到了英宗的真实需要，他们从现实人情的角度出发，力辩英宗称亲的合法性。在论辩过程中，欧阳修等人对于《丧服》并非视而不见，然其诠释并非恪守经义，而是变通甚至不惜曲解经义，从而满足当朝皇帝之需要。欧阳修的主张与其政治文化立场亦是密切相关的。庆历前后，不少士人以救时行道的价值追求代替了以往固陋守旧的价值取向，而在由古典理想主义向现实主义学风转变的过程中，欧阳修起到了关键性的作用。欧阳修在《丧服》诠释中表现出的变通精神，体现了其现实主义的政治文化立场。

郊礼之争亦是宋代礼制史和政治史上的大事，许多士人都曾参与讨论。据《周礼·春官·大司乐》、《周礼·春官·典瑞》之记载，可知郊礼是天子祭

---

① （宋）欧阳修著，李逸安点校：《欧阳修全集》卷一百二十二《濮议卷三》，中华书局2001年版，第1861页。
② （宋）欧阳修著，李逸安点校：《欧阳修全集》卷一百二十二《濮议卷三》，中华书局2001年版，第1861页。
③ （元）脱脱：《宋史》卷四十二《本纪第四十二》，中华书局1977年点校本，第822页。
④ （元）脱脱：《宋史》卷三百三十六《列传第九十五》，中华书局1977年点校本，第10764页。
⑤ （宋）程颐：《周易程氏传》卷三《周易下经上》，王孝鱼点校：《二程集》，中华书局1981年版，第901页。
⑥ （宋）欧阳修著，李逸安点校：《欧阳修全集》卷一百二十一《濮议卷二》，中华书局2001年版，第1854页。
⑦ （宋）韩琦：《濮安懿王合行典礼议》，《司马光集》卷三三，第784页。

天地的大礼。历代统治者皆重视郊祭，宋代亦如此。宋人曰："国莫重于祭，所以作民恭之先。礼无大于郊，所以报物生之始。"①赵宋开国以后，关于郊祭之内涵一直有争议。宋初的皇帝实行天地合祭，然而元丰年间有人提出合祭有违古制。宋神宗遂罢合祭而分皇地祇于方泽北郊，南郊只祭昊天上帝。不过到了元祐年间，合祭又得以恢复。祭天祀地，争议不断，分分合合，贯穿了整个宋代历史。

不少宋儒参与了郊祭之争，如北宋苏轼等人主张天地合祭。苏轼撰《上圆丘合祭六议札子》、《请诘难圆丘六议札子》，向当朝皇帝陈述合祭之理由。苏轼认为，天地合祭是有经典依据的，他说："《书》曰：'肆类于上帝，禋于六宗，望于山川，遍于群神。'……《诗》之序曰：'昊天有成命，郊祀天地也。'……《春秋》书：'不郊，犹三望。'……臣以《诗》、《书》、《春秋》考之，则天地合祭久矣。"②苏轼主张合祭天神、地祇，故其征引持合祭之说的《书》、《诗》和《春秋》，而不取持分祀之说的《周礼》。苏轼还认为，合祭天地更符合现实需要，因为分祭程序过于复杂，仪节过于繁多，对于行礼之天子以及辅助之百官皆带来极大不便。除了苏轼，权户部侍郎李琮亦主张天地合祭，他认为"乘舆出郊，而暑雨不常，理难预度，六军仪卫、百官车服势难减损，三代典礼或难全复，则合祭权宜，亦难轻罢"③。李琮所言，亦是出于现实之考虑。

刘安世、王子韶、朱熹等人则主张天地分祀。如王子韶曰："《周礼》，夏日至祭地于方泽。圣人制礼，垂训万世，不易之典。元丰六年修定皇帝亲祠北郊祭皇地祇于方丘，并上公摄事等仪，已在有司，望举而行之。"④王子韶以《周礼》为据，认为冬至应祭昊天上帝，夏至应祭皇地祇。朱熹据《周礼》、《仪礼》和《书》，认为古代天地并不合祭。他说："《礼》'郊特牲而社稷太牢'，《书》'用牲于郊，牛二'及'社于新邑'，此明验也。本朝初分南北郊，后复合而为一。《周礼》亦只说祀昊天上帝，不说祀后土，故先儒言无北郊，祭社

---

① 司义祖整理：《宋大诏令集》卷一百二十一《熙宁十年南郊赦天下制》，《典礼六·南郊四》，中华书局1962年版，第415页。
② （宋）苏轼：《上圆丘合祭六议札子》，《苏轼文集》卷三十四，曾枣庄、舒大刚编：《三苏全书》第12册，语文出版社2001年版，第188—189页。
③ （清）徐松辑，刘琳等校点：《宋会要辑稿·礼三》，上海古籍出版社2014年版，第549页。
④ （清）徐松辑，刘琳等校点：《宋会要辑稿·礼三》，上海古籍出版社2014年版，第548—549页。

即是祭地。古者天地未必合祭,日月、山川、百神亦无一时合祭共享之礼。古之时,礼数简而仪从省,必是天子躬亲行事,岂有祭天却将上下百神重沓累积并作一祭耶?"① 在朱熹看来,既然天子是通过郊祭向天神表达敬意,那么就不可能将所有神合在一起祭祀。

礼部郎中崔公度希望借经典之记载平息各家之争议,他说:"《周颂》合祭,礼之情也。《周礼》特祀,礼之文也。文必有情,情必有文,然则祭祀天地,或合或特,系于时君,而礼则一也。今特祀难行,即当依旧合祭,并依祖宗旧仪,为圣朝万世不刊之典。"② 崔氏认为,《诗》之记载乃合祭天地之礼,为礼之情,《周礼》之记载乃分祀天地之礼,为礼之文;时下当行合祭,天地分祀难行。崔氏试图通过调和经典之记载,从而平息分祭与合祭之争议。

从郊祭论辩各方所作之论证,可知论辩双方皆重视经典依据,都试图证明自己的观点符合古礼古制,如苏轼认为自己的观点是"上合三代六经"③,孔武仲认为冬至祀天、夏至祭地乃"先王之制"④。在论证过程中,论辩双方亦皆引经据典,如苏轼以《书》、《诗》、《春秋》为据,刘安世、王子韶、朱熹、崔公度等人则以《周礼》为据。苏轼于《周礼》祭天祀地之内容不可能不知,然而其在论证时舍之,是因为《周礼》主张分祀,与《书》、《诗》、《春秋》所记合祭的观点相反。由此可见,苏轼有先入为主之见,若经典之记载与自己观点相合则取之,不符则去之。苏轼等人所列合祭之理由,更多的是出于现实之考量,如分祀天地可能导致人、财、物的消耗。现实之需要,使苏轼等人考虑更多的是如何简化礼仪,方便天子和百官。为了论证合祭乃正确的选择,苏轼甚至断言"今所行皆非周礼"⑤。"周礼"在中国历代儒者的心目中有着崇高的地位,苏轼主张后世所行并非要尽合于周礼,其现实主义精神体现得再明显不过了。王子韶、朱熹等人以苏轼未曾征引的《周礼》为据,得出了与苏轼截然相反的观点。王氏和朱氏现实成分的考虑要少一些,他们更多的是关注郊祭与经

---

① (元)脱脱:《宋史》卷一百《志第五十三·礼三》,中华书局1977年点校本,第2456页。
② (清)徐松辑,刘琳等校点:《宋会要辑稿·礼三》,上海古籍出版社2014年版,第540页。
③ (宋)苏轼:《请诘难圆丘六议札子》,《苏轼文集》卷三十四,曾枣庄、舒大刚编:《三苏全书》第12册,语文出版社2001年版,第194页。
④ (清)徐松辑,刘琳等校点:《宋会要辑稿·礼三》,上海古籍出版社2014年版,第542页。
⑤ (宋)苏轼:《上圆丘合祭六议札子》,《苏轼文集》卷三十四,曾枣庄、舒大刚编:《三苏全书》第12册,语文出版社2001年版,第194页。

典记载之吻合程度，至于现实行礼之繁文缛节，在他们看来正是郊祭的应有内容。平心而论，关于郊祭中的分合问题，《周礼》的记载较为翔实和准确，而《诗》、《书》、《春秋》的记载既零散又模糊不清。苏轼与王子韶、朱熹等人的郊祭之争，皆反映了宋代士人通经致用的经典诠释取向，只不过在现实的面前，苏轼等人选择了游离于经义之外，而王子韶、朱熹等人选择了恪守经之本义。

  北宋建立以后，统治者采取了偃武修文的政策，政府重视并大量选用文人治国理政。此外，宋代的政治氛围也比较宽松，臣民上书言事、民间自由讲学蔚然成风。在这样的社会文化背景下，宋代实现了文化的高度繁荣。而自汉代提倡儒学以来，包括宋代在内的历代统治者皆是以儒学为官方哲学，儒家经典俨然成为立身行事之依据、判断是非之法典。在学风较为自由、学术高度发达的宋代，通经致用更是当时士人从事经典诠释的学术价值诉求。苏轼曾说："宋兴七十余年，民不知兵，富而教之，至天圣、景祐极矣；而斯文终有愧于古。士亦因陋守旧，论卑气弱。自欧阳子出，天下争自濯磨，以通经学古为高，以救时行道为贤，以犯颜纳说为忠。长育成就，至嘉祐末，号称多士。"①据苏轼所言，可知北宋庆历以后，以往固陋的价值观被士人抛弃，通经致用逐渐成为士人的主流观念。宋儒的"三礼"诠释，正好印证了这一经典诠释观念之演变。北宋欧阳修、司马光、李觏、王安石、张载、二程，南宋朱熹、叶时、郑伯谦，以及其他很多的两宋士人，都积极从事"三礼"之诠释。他们从事"三礼"诠释之初衷是解决现实社会所存在的各种问题，这些问题涉及社会制度层面，也涉及社会教化层面，还有人的伦理道德和心灵归宿层面，即使是实学色彩较浓的《仪礼》诠释，也不乏通经致用取向。②如朱熹编撰的《仪礼经传通解》所言冠、婚、丧、祭诸礼部分皆是关乎修身，所言王朝礼部分皆是关乎社会秩序的整合。总而言之，宋代宽松的氛围、自由的学风、士大夫的担当精神使宋儒的"三礼"诠释有着鲜明的通经致用取向，而宋儒"三礼"诠释的价值取向，也反过来印证了宋代的学风和士人精神。

---

① （宋）苏轼：《六一居士集叙》，《苏轼文集》卷八十三，曾枣庄、舒大刚编：《三苏全书》第13册，语文出版社2001年版，第466页。
② 从"三礼"诠释的体式，亦可窥宋儒经典诠释的方法和旨趣。据笔者统计，可知宋代"三礼"学文献总数的三分之二是解体、义体、疏体和说体等诠释体式，这几种经典诠释体式皆重在阐发经文大义和经典思想。

# 参 考 文 献

说明：

1. 清代及清代以前的著作（包括现代整理本）按经、史、子、集顺序排列，各部分之下再按著者年代先后排列（含现代整理本）；

2. 经的部分按《周易》、《周礼》、《仪礼》、《礼记》、《孟子》、"三礼"总义、群经总义的顺序排列；

3. 今人的著作、论文按写作或出版年代先后排列。

## 一、清代及清代以前著述

（宋）司马光：《温公易说》，文渊阁《四库全书》本。

（宋）王昭禹：《周礼详解》，文渊阁《四库全书》本。

（宋）易祓：《周官总义》，文渊阁《四库全书》本。

（宋）叶时：《礼经会元》，文渊阁《四库全书》本。

（宋）真德秀：《周礼订义》，文渊阁《四库全书》本。

（宋）俞庭椿：《周礼复古编》，文渊阁《四库全书》本。

（宋）王与之：《周礼订义》，文渊阁《四库全书》本。

（宋）林希逸：《考工记解》，文渊阁《四库全书》本。

（宋）郑伯谦：《太平经国书》，文渊阁《四库全书》本。

（元）陈友仁辑：《周礼集说》，文渊阁《四库全书》本。

（清）乾隆敕撰：《钦定周官义疏》，文渊阁《四库全书》本。

（清）江永：《周礼疑义举要》，文渊阁《四库全书》本。

（清）沈彤：《周官禄田考》，文渊阁《四库全书》本。

（清）姜兆锡：《周礼辑义》，《续修四库全书》影印清雍正九年寅清楼刻本。

（清）方苞：《周官析疑》，《续修四库全书》影印清康熙六十年陈彭年、雍正九年朱轼、乾隆八年周力堂等递修本。

（清）庄存与：《周官说补》，《续修四库全书》影印清嘉庆八年味经斋刻、道光七年增修汇印味经斋遗书本。

（清）孙诒让：《周礼正义》，中华书局 1987 年点校本。

（宋）李如圭：《仪礼集释》，文渊阁《四库全书》本。

（宋）李如圭：《仪礼释宫》，文渊阁《四库全书》本。

（宋）张淳：《仪礼识误》，文渊阁《四库全书》本。

（宋）朱熹：《仪礼经传通解》，朱杰人等编：《朱子全书》，上海古籍出版社、安徽教育出版社 2010 年版。

（宋）魏了翁：《仪礼要义》，文渊阁《四库全书》本。

（宋）杨复：《仪礼图》，文渊阁《四库全书》本。

（元）敖继公：《仪礼集说》，文渊阁《四库全书》本。

（清）万斯大：《仪礼商》，文渊阁《四库全书》本。

（清）姚际恒《仪礼通论》，《续修四库全书》影印国家图书馆分馆藏抄本。

（清）姜兆锡：《仪礼经传内外编》，《续修四库全书》影印清乾隆元年寅清楼刻本。

（清）盛世佐：《仪礼集编》，文渊阁《四库全书》本。

（清）刘沅：《仪礼恒解》，《续修四库全书》影印民国十五年致福楼重刻本。

（清）卢文弨：《仪礼注疏详校》，"中央研究院"中国文哲研究所 2012 年点校本。

（清）沈彤：《仪礼小疏》，文渊阁《四库全书》本。

（清）褚寅亮：《仪礼管见》，《续经解三礼类汇编》（二），艺文印书馆 1986 年版。

（清）吴廷华：《仪礼章句》，《清经解三礼类汇编》（二），艺文印书馆 1986 年版。

（清）胡培翚：《仪礼正义》，《续修四库全书》影印清木犀香馆刻本。

（宋）吕大临：《礼记解》，陈俊民辑校：《蓝田吕氏遗著辑校》，中华书局 1993 年版。

（宋）朱熹：《大学章句》，朱杰人等编：《朱子全书》，上海古籍出版社、安徽教育出版社 2010 年版。

（宋）朱熹：《大学或问》，朱杰人等编：《朱子全书》，上海古籍出版社、安徽教育出版社 2010 年版。

（宋）朱熹：《中庸章句》，朱杰人等编：《朱子全书》，上海古籍出版社、安徽教育出版社 2010 年版。

（宋）魏了翁：《礼记要义》，《续修四库全书》影印宋淳佑十二年魏克愚徽州刻本。

（宋）张虙：《月令解》，文渊阁《四库全书》本。

（宋）真德秀：《大学衍义》，文渊阁《四库全书》本。

（宋）卫湜：《礼记集说》，文渊阁《四库全书》本。

（元）陈澔：《礼记集说》，文渊阁《四库全书》本。

（元）吴澄：《礼记纂言》，文渊阁《四库全书》本。

（清）万斯大：《礼记偶笺》，《丛书集成初编》本。

（清）乾隆敕撰：《钦定礼记义疏》，文渊阁《四库全书》本。

（清）纳喇性德：《陈氏礼记集说补正》，文渊阁《四库全书》本。

（清）江永：《礼记训义择言》，文渊阁《四库全书》本。

（清）翁方刚：《礼记附记》，《丛书集成初编》本。

（清）李调元：《礼记补注》，《丛书集成初编》本。

（清）孙希旦：《礼记集解》，中华书局1989年点校本。

（清）朱彬：《礼记训纂》，中华书局1996年点校本。

（宋）朱熹：《孟子集注》，朱杰人等编：《朱子全书》，上海古籍出版社、安徽教育出版社2010年版。

（宋）朱熹：《孟子或问》，朱杰人等编：《朱子全书》，上海古籍出版社、安徽教育出版社2010年版。

（宋）聂崇义：《新定三礼图》，清华大学出版社2006年点校本。

（宋）陈祥道：《礼书》，文渊阁《四库全书》本。

（宋）司马光：《书仪》，文渊阁《四库全书》本。

（宋）朱熹：《家礼》，朱杰人等编：《朱子全书》，上海古籍出版社、安徽教育出版社2010年版。

（清）秦蕙田：《五礼通考》，文渊阁《四库全书》本。

（唐）陆德明：《经典释文》，中华书局1983年版。

（宋）刘敞：《七经小传》，文渊阁《四库全书》本。

（宋）杨甲：《六经图》，文渊阁《四库全书》本。

（宋）旧题郑樵：《六经奥论》，文渊阁《四库全书》本。

（元）熊朋来：《经说》，文渊阁《四库全书》本。

（清）阮元校刻：《十三经注疏（附校勘记）》，中华书局1980年版。

（清）黄以周：《礼书通故》，中华书局2007年点校本。

（清）王引之：《经义述闻》，《续修四库全书》影印清道光七年王氏京师刻本。

（清）俞樾：《群经平议》，《续修四库全书》影印清光绪二十五年刻《春在堂全书》本。

（清）皮锡瑞：《经学通论》，潘斌编：《皮锡瑞儒学论集》，四川大学出版社2010年版。

（清）皮锡瑞：《经学历史》，潘斌编：《皮锡瑞儒学论集》，四川大学出版社 2010 年版。

（汉）司马迁：《史记》，中华书局 1959 年点校本。

（汉）班固：《汉书》，中华书局 1962 年点校本。

（汉）荀悦：《前汉纪》，台湾商务印书馆 1973 年影印本。

（南朝）范晔：《后汉书》，中华书局 1965 年点校本。

（唐）魏徵：《隋书》，中华书局 1973 年点校本。

（唐）房玄龄：《晋书》，中华书局 1974 年点校本。

（唐）杜佑：《通典》，中华书局 1988 年点校本。

（唐）刘知几著，赵吕甫校注：《史通新校注》，重庆出版社 1990 年版。

（后晋）刘昫：《旧唐书》，中华书局 1975 年点校本。

（宋）李昉：《太平御览》，中华书局 1960 年影印本。

（宋）郑居中：《政和五礼新仪》，文渊阁《四库全书》本。

（宋）晁公武：《郡斋读书志》，文渊阁《四库全书》本。

（宋）李焘：《续资治通鉴长编》，中华书局 1986 年版。

（宋）洪迈：《容斋续笔》，上海古籍出版社 1978 年标点本。

（宋）陆游：《家世旧闻》，中华书局 1993 年版。

（宋）尤袤：《遂初堂书目》，文渊阁《四库全书》本。

（宋）朱熹：《伊洛渊源录》，文渊阁《四库全书》本。

（宋）赵汝愚：《宋名臣奏议》，文渊阁《四库全书》本。

（宋）陈振孙：《直斋书录解题》，上海古籍出版社 1987 年点校本。

（宋）王称：《东都事略》，文渊阁《四库全书》本。

（宋）章如愚：《群书考索（附索引）》，新兴书局 1969 年影印本。

（宋）王应麟：《困学纪闻》，《四部丛刊三编》本。

（宋）王应麟：《玉海》，文渊阁《四库全书》本。

（宋）赵希弁：《郡斋读书后志》，文渊阁《四库全书》本。

（宋）黎靖德辑：《朱子语类》，朱杰人等编：《朱子全书》，上海古籍出版社、安徽教育出版社 2010 年版。

（元）马端临：《文献通考》，中华书局 1986 年版。

（元）脱脱：《宋史》，中华书局 1977 年点校本。

（明）陶宗仪：《说郛》，文渊阁《四库全书》本。

（清）黄宗羲撰，全祖望补：《宋元学案》，中华书局 1986 年点校本。

（清）黄宗羲：《明儒学案》，中华书局 1985 年点校本。

（清）朱彝尊：《经义考》，中华书局 1998 年影印本。

（清）徐乾学：《资治通鉴后编》，文渊阁《四库全书》本。

（清）王太岳、王燕绪等辑：《钦定四库全书考证》，书目文献出版社 1991 年版。

（清）永瑢等：《四库全书总目》，中华书局 1965 年影印本。

（清）永瑢、纪昀：《钦定四库全书简明目录》，文渊阁《四库全书》本。

（清）徐松辑：《宋会要辑稿》，上海古籍出版社 2014 年点校本。

（清）丁丙：《善本书室藏书志》，《续修四库全书》影印清光绪二十七年钱塘丁氏刻本。

（清）陆心源：《仪顾堂续跋》，《续修四库全书》影印清刻《潜园总集》本。

（清）章学诚：《文史通义》，世界书局 1989 年版。

（清）孙诒让：《温州经籍志》，《续修四库全书》影印民国十年浙江公立图书馆刻本。

（宋）宋绶子孙编：《宋大诏令集》，中华书局 1962 年版。

（晋）郭象注，（唐）成玄英疏：《南华真经注疏》，中华书局 1998 年版。

（宋）刘敞：《公是弟子记》，文渊阁《四库全书》本。

（宋）范祖禹：《帝学》，文渊阁《四库全书》本。

（宋）叶适：《习学记言》，上海古籍出版社 1992 年影印本。

（宋）陈淳：《北溪字义》，文渊阁《四库全书》本。

（宋）黄震：《黄氏日抄》，文渊阁《四库全书》本。

（明）罗钦顺：《困知记》，文渊阁《四库全书》本。

（明）杨慎：《丹铅总录》，文渊阁《四库全书》本。

（清）顾炎武著，旧题何义门批校：《顾炎武日知录》，台北明伦出版社 1970 年版。

（清）崔述：《丰镐考信录》，《崔东壁遗书》本。

（清）陈澧：《东塾读书记》，《续修四库全书》影印清光绪刻本。

（清）俞樾：《古书疑义举例》，《古书疑义举例五种》，中华书局 1956 年版。

（清）苏舆：《春秋繁露义证》，中华书局 1992 年点校本。

（唐）韩愈：《韩愈全集》，上海古籍出版社 1997 年点校本。

（唐）刘禹锡：《刘禹锡集》，中华书局 1990 年版。

（唐）李翱：《李文公集》，文渊阁《四库全书》本。

（唐）柳宗元：《柳宗元集》，中华书局 1979 年点校本。

（宋）范仲淹：《范文正集》，文渊阁《四库全书》本。

（宋）石介：《徂徕石先生文集》，中华书局 1984 年点校本。

（宋）欧阳修：《欧阳修全集》，中华书局 2001 年点校本。

（宋）李觏：《李觏集》，中华书局 2011 年点校本。

（宋）周敦颐：《周敦颐集》，中华书局 2009 年点校本。

（宋）司马光：《司马光集》，四川大学出版社 2010 年点校本。

（宋）司马光：《传家集》，文渊阁《四库全书》本。

（宋）刘敞：《公是集》，文渊阁《四库全书》本。

（宋）张载：《张载集》，中华书局 1978 年点校本。

（宋）王安石：《王安石全集》，上海古籍出版社 1999 年点校本。

（宋）刘攽：《彭城集》，文渊阁《四库全书》本。

（宋）徐积：《节孝集》，文渊阁《四库全书》本。

（宋）程颢、程颐：《二程集》，中华书局 1981 年点校本。

（宋）苏轼：《苏轼文集》，曾枣庄、舒大刚编：《三苏全书》，语文出版社 2001 年版。

（宋）苏辙：《苏辙集》，曾枣庄、舒大刚编：《三苏全书》，语文出版社 2001 年版。

（宋）范祖禹：《范太史集》，文渊阁《四库全书》本。

（宋）杨时：《龟山集》，文渊阁《四库全书》本。

（宋）晁说之：《景迂生集》，文渊阁《四库全书》本。

（宋）胡寅：《崇正辩斐然集》，中华书局 1993 年点校本。

（宋）胡宏：《胡宏集》，中华书局 1987 年点校本。

（宋）范浚：《范香溪先生文集》，《四部丛刊续编》本。（川大）

（宋）王十朋：《梅溪前集》，文渊阁《四库全书》本。

（宋）杨万里：《诚斋集》，文渊阁《四库全书》本。

（宋）朱熹：《晦庵先生朱文公文集》，朱杰人等编：《朱子全书》，上海古籍出版社、安徽教育出版社 2010 年版。

（宋）张栻：《张栻全集》，长春出版社 1999 年点校本。

（宋）薛季宣：《浪语集》，文渊阁《四库全书》本。

（宋）吕祖谦：《丽泽论说集录》，文渊阁《四库全书》本。

（宋）陆九渊：《陆九渊集》，中华书局 1980 年点校本。

（宋）杨简：《慈湖遗书续集》，张寿镛辑刊《四明丛书》，新文丰出版公司 1988 年版。

（宋）陈亮：《陈亮集》，中华书局 1987 年点校本。

（宋）魏了翁：《鹤山集》，文渊阁《四库全书》本。

（明）丘濬：《重编琼台稿》，文渊阁《四库全书》本。

（清）王夫之：《船山全书》，岳麓书社1989年点校本。

（清）卢见曾：《雅雨堂文集》，《续修四库全书》影印清道光二十年卢枢清雅堂刻本。

（清）全祖望：《鲒崎亭集》，《续修四库全书》影印清嘉庆九年史梦蛟刻本。

（清）戴震：《戴震文集》，中华书局1980年版。

（清）阮元：《揅经室集》，《续修四库全书》影印清道光阮氏文选楼刻本。

（清）胡培翚：《研六室文钞》，《续修四库全书》影印清道光十七年泾川书院刻本。

（清）廖平：《今古学考》，载李耀先主编：《廖平选集》，巴蜀书社1998年版。

（清）康有为：《康有为全集》，中国人民大学出版社2007年点校本。

曾枣庄、刘琳主编：《全宋文》，上海辞书出版社、安徽教育出版社2006年版。

## 二、民国以来重要著述

陈钟凡：《两宋思想述评》，商务印书馆1933年版。

[德] 黑格尔：《历史哲学》，三联书店1956年版。

胡玉缙撰，王欣夫辑：《四库全书总目提要补正》，中华书局1964年版。

杨宽：《古史新探》，中华书局1965年版。

王梦鸥：《礼记今注今译》，台湾商务印书馆1970年版。

程元敏：《王柏之生平与学术》，学海出版社1975年版。

徐复观：《〈周官〉成立之时代及其思想性格》，学生书局1980年版。

叶国良：《宋人疑经改经考》，台湾大学出版委员会1980年版。

张立文：《朱熹思想研究》，中国社会科学出版社1981年版。

牟宗三：《心体与性体》，正中书局1981年版。

蒙培元：《心灵超越与境界》，人民出版社1998年版。

任铭善：《礼记目录后案》，齐鲁书社1982年版。

汤用彤：《隋唐佛教史稿》，中华书局1982年版。

冯友兰：《中国哲学大纲》，中国社会科学出版社1982年版。

黄俊杰：《儒学传统与文化创新》，东大图书公司1983年版。

张文杰等编译：《现代西方历史哲学文集》，上海译文出版社1984年版。

王重民：《中国善本书提要》，明文书局1984年版。

"中央"图书馆特藏组：《"中央"图书馆善本书目》（一），"中央"图书馆1986年增订二版。

陈俊民：《张载哲学思想及关学学派》，人民出版社1986年版。

侯家驹：《周礼研究》，联经出版事业公司 1987 年版。

顾实：《汉书艺文志讲疏》，上海古籍出版社 1987 年版。

程元敏：《三经新义辑考汇评（三）——〈周礼〉》，台湾编译馆 1987 年版。

贺麟：《宋儒的新评价》，商务印书馆 1988 年版。

蒙培元：《理学范畴系统》，人民出版社 1989 年版。

蔡方鹿：《一代学者宗师——张栻及其哲学》，巴蜀书社 1991 年版。

朱义禄：《儒家理想人格与中国文化》，辽宁教育出版社 1991 年版。

吴怀琪：《宋代史学思想史》，黄山书社 1992 年版。

庞万里：《二程哲学体系》，北京航空航天大学出版社 1992 年版。

张立文：《走向心学之路——陆象山思想的足迹》，中华书局 1992 年版。

金春峰：《〈周官〉之成书及其反映的文化与时代新考》，台湾东大图书股份有限公司 1993 年版。

李泽厚：《中国古代思想史论》，安徽文艺出版社 1994 年版。

钱玄：《三礼通论》，南京师范大学出版社 1996 年版。

杨天宇：《礼记译注》，上海古籍出版社 1997 年版。

李学勤著，傅杰编：《失落的文明》，上海文艺出版社 1997 年版。

周何：《礼学概论》，台北三民书局 1998 年版。

吕友仁等：《礼记全译·孝经全译》，贵州人民出版社 1998 年版。

李昌宪：《司马光评传》，南京大学出版社 1998 年版。

陈谷嘉、邓洪波编：《中国书院史资料》，浙江教育出版社 1998 年版。

马积高：《荀学源流》，上海古籍出版社 2000 年版。

陈来：《朱子哲学研究》，华东师范大学出版社 2000 年版。

丁为祥：《虚气相即——张载哲学体系即其定位》，人民出版社 2000 年版。

钱穆：《两汉经学今古文平议》，商务印书馆 2001 年版。

杨志刚：《中国礼仪制度研究》，华东师范大学出版社 2001 年版。

马承源主编：《上海博物馆藏战国楚竹书》（一），上海古籍出版社 2001 年版。

王文锦：《礼记译解》，中华书局 2001 年版。

徐复观：《两汉思想史》，华东师范大学出版社 2001 年版。

冯友兰：《中国哲学史》，华东师范大学出版社 2001 年版。

陈寅恪：《陈寅恪集》，三联书店 2001 年版。

卢连章：《程颢程颐评传》，南京大学出版社 2001 年版。

李学勤：《重写学术史》，河北教育出版社 2002 年版。

彭永捷：《朱陆之辨：朱熹陆九渊哲学比较研究》，人民出版社 2002 年版。

上海古籍出版社、法国国家图书馆编：《法藏敦煌西域文献》，上海古籍出版社 2002 年版。

丁鼎：《仪礼·丧服考论》，社会科学文献出版社 2003 年版。

陈鼓应：《老子今注今译》，商务印书馆 2003 年版。

姜广辉编：《中国经学思想史》第一、二卷，中国社会科学出版社 2003 年版。

蔡方鹿：《中华道统思想发展史》，四川人民出版社 2003 年版。

杨天宇：《周礼译注》，上海古籍出版社 2004 年版。

蔡方鹿：《朱熹经学与中国经学》，人民出版社 2004 年版。

蔡方鹿：《知》，四川人民出版社 2004 年版。

彭林：《中国古代礼仪文明》，中华书局 2004 年版。

朱汉民：《湖湘学派史论》，湖南大学出版社 2004 年版。

余英时：《朱熹的历史世界》，三联书店 2004 年版。

刘长东：《宋代佛教政策论稿》，巴蜀书社 2005 年版。

邢铁：《宋代家庭研究》，上海人民出版社 2005 年版。

刘成国：《荆公新学研究》，上海古籍出版社 2006 年版。

彭林：《礼乐人生——成就你的君子风范》，中华书局 2006 年版。

[德] 伽达默尔：《真理与方法——补充和索引》，商务印书馆 2007 年版。

王锷：《〈礼记〉成书考》，中华书局 2007 年版。

杨树达：《汉书窥管》，湖南教育出版社 2007 年版。

杨新勋：《宋代疑经研究》，中华书局 2007 年版。

王锷：《三礼研究论著提要》，甘肃教育出版社 2007 年版。

吴承仕：《经典释文序录疏证》，中华书局 2008 年版。

李学勤著，东方出版社编：《李学勤讲中国文明》，东方出版社 2008 年版。

杨世文：《走出汉学——宋代经典辨疑思潮研究》，四川大学出版社 2008 年版。

余英时：《宋明理学与政治文化》，吉林出版集团有限责任公司 2008 年版。

梁启超：《要籍解题及其读法》，《国学要籍研读法四种》，国家图书馆出版社 2008 年版。

彭林：《〈周礼〉主体思想与成书年代研究》，中国人民大学出版社 2009 年版。

王国维著，谢维扬等编：《王国维全集》，浙江教育出版社 2009 年版。

蔡方鹿：《宋明理学心性论》，巴蜀书社 2009 年版。

周予同著，朱维铮编：《周予同经学史论》，上海人民出版社 2010 年版。

边家珍：《经学传统与中国古代学术文化形态》，人民出版社 2010 年版。

郑熊：《宋儒〈中庸〉学研究》，陕西人民出版社 2010 年版。

陈来：《宋明理学》，三联书店 2011 年版。

夏微：《〈周礼订义〉研究》，吉林人民出版社 2011 年版。

钱穆：《朱子新学案》，九州出版社 2011 年版。

蔡方鹿：《中国经学与宋明理学研究》，人民出版社 2011 年版。

邓洪波主编：《中国书院学规集成》，上海文艺出版有限公司 2011 年版。

潘斌：《宋代〈礼记〉学研究》，吉林人民出版社 2011 年版。

## 三、当代重要研究论文

吴虞：《儒家大同之义本于老子说》，《新青年》1917 年 7 月 3 卷 5 期。

白寿彝《〈仪礼经传通解〉考证》，《国立北平研究院院务汇报》1936 年 7 月 7 卷。

杨宽：《月令考》，《齐鲁学报》1941 年第 2 期。

龚道耕：《礼记郑义疏发凡》，《志学》1942 年第 3 期。

郭沫若：《周官质疑》，《沫若文集》第十四卷，人民文学出版社 1957 年版。

史景成：《周礼成书年代考（下）》，《大陆杂志》1966 年第 32 卷第 7 期。

戴君仁：《朱子〈仪礼经传通解〉与修门人及修书年岁考》，《文史哲学报》1967 年第 16 期。

严定暹：《〈周礼·春官〉礼乐思想研究》，台湾师范大学国文研究所 1976 年硕士学位论文。

李玉和：《〈周礼·秋官〉刑法思想研究》，台湾师范大学国文研究所 1977 年硕士学位论文。

顾颉刚：《"周公制礼"的传说和〈周官〉一书的出现》，《文史》第六辑，中华书局 1979 年版。

金景芳：《周公对巩固姬周政权所起的作用》，《古史论集》，齐鲁书社 1981 年版。

定县汉墓竹简整理组：《定县 40 号墓出土竹简简介》，《文物》1981 年第 8 期。

洪业：《礼记引得序——两汉礼学源流考》，《洪业论学集》，中华书局 1981 年版。

[日] 深泽助雄：《日本学术界对思想史及比较思想史的研究概况》，《中国哲学史研究》1982 年第 3 期。

戴君仁：《书朱子〈仪礼经传通解〉后》，李曰刚编：《三礼论文集》，黎明文化事业股份有限公司 1982 年版。

陈铁凡：《四书章句集注考源》，《论孟论文集》，台北黎明文化事业公司 1982 年版。

杨向奎：《〈周礼〉的内容分析及其成书年代》，《绎史斋学术文集》，上海人民出版社 1983 年版。

姜国柱：《李觏的"礼论"思想》，《江汉论坛》1983 年第 6 期。

张岱年：《中国哲学中"天人合一"思想的剖析》，《北京大学学报》1985 年第 1 期。

周一良：《敦煌写本书仪中所见的唐代婚丧礼俗》，《文物》1985 年第 7 期。

陈来：《朱子〈家礼〉真伪考议》，《北京大学学报》（哲学社会科学版）1989 年第 3 期。

刘雨：《西周金文中的祭祖礼》，《考古学报》1989 年第 4 期。

廖焕超：《〈中庸〉作者献疑》，《孔子研究》1990 年第 2 期。

刘起釪：《〈周礼〉真伪之争及其书写成的真实依据》，《古史续辨》，中国社会科学出版社 1991 年版。

王育济：《论二程的"天理人欲之辨"》，《山东大学学报》1991 年第 2 期。

叶国良：《介绍宋儒林之奇的〈大学〉改本》，《幼狮杂志》第 18 卷第 4 期。

束景南：《朱熹〈家礼〉真伪辨》，《朱子学刊》1993 年第 1 辑。

姜广辉：《理学圣人观漫议》，《理学与中国文化》，上海人民出版社 1994 年版。

姜义华：《论〈礼记〉及其文化内涵》，《中国文化》1996 年第 2 期。

彭林：《张淳〈仪礼识误〉校勘成就论略》，《北京图书馆馆刊》1996 年第 3 期。

黄侃：《礼学略说》，《二十世纪中国礼学研究论集》，学苑出版社 1998 年版。

陈来：《郭店简可称"荆门礼记"》，《人民政协报》1998 年 8 月 3 日。

张立行：《战国竹简露真容》，《文汇报》1999 年 1 月 5 日。

郑重：《"上博"看竹简》，《文汇报》1999 年 1 月 14 日。

龚建平：《郭店简与〈礼记〉二题》，《武汉大学学报》1999 年第 5 期。

赖井洋：《略论李觏对荀子〈礼论〉的继承和发展》，《韶关大学学报》1999 年第 6 期。

彭林：《经田遗秉偶拾》，《学林漫录》第 14 辑，中华书局 1999 年版。

李裕民：《论宋学精神及相关问题》，张其凡、陆勇强主编：《宋代历史文化研究》，人民出版社 2000 年版。

杨天宇：《略论汉代今古文经学的斗争与融合》，《郑州大学学报》2001 年第 2 期。

王贻梁：《〈仪礼经传通解〉与朱熹礼学思想体系》，《21 世纪的朱子学——纪念朱熹诞辰 870 周年逝世 800 周年论文集》，华东师范大学出版社 2001 年版。

殷慧：《论朱熹〈仪礼经传通解〉的特点》，《朱子学与 21 世纪国际学术研讨会论文集》，三秦出版社 2001 年版。

詹子庆:《〈礼记〉的史学价值》,《光明日报》2001 年 4 月 10 日。

朱汉民:《二程天理论的文化意义》,《湖南大学学报》2001 年第 4 期。

[日] 木田知生:《略论宋代礼俗思想——以司马光〈书仪〉和〈家范〉为主》,《宋史研究论文集——国际宋史研讨会暨中国宋史研究会第九届年会编刊》,河北大学出版社 2002 年版。

孙致文:《朱熹〈仪礼经传通解〉研究》,台湾"中央"大学 2004 年博士学位论文。

刘桂莉:《格物致知综论》,《中华文化论坛》2004 年第 4 期。

姜广辉:《论宋明理学与经学的关系》,《湖南大学学报》2004 年第 5 期。

范立舟:《论两宋理学家的政治理想》,《政治学研究》2005 年第 1 期。

沈文倬:《略论礼典的实行和〈仪礼〉书本的撰作》,《菿闇文存》,商务印书馆 2006 年版。

王启发:《朱熹〈仪礼经传通解〉的编纂及其礼学价值》,《炎黄文化研究》第三辑,大象出版社 2006 年版。

束景南、王晓华:《四书升格运动与宋代四书学的兴起——汉学向宋学转型的经典诠释历程》,《历史研究》2007 年第 5 期。

林乐昌:《张载礼学论纲》,《哲学研究》2007 年第 12 期。

陈荣捷:《欧美之朱子学》,《朱学论集》,华东师范大学出版社 2007 年版。

蔡方鹿:《论汉学、宋学经典诠释之不同》,《哲学研究》2008 年第 1 期。

彭耀光:《程颐"格物致知"思想新探》,《中国哲学史》2008 年第 1 期。

潘斌:《王安石〈礼记〉学探论》,《社会科学辑刊》2008 年第 1 期。

邓声国:《〈仪礼经传通解〉"今按"之文献学面面观》,《齐鲁文化研究》第八辑,泰山出版社 2009 年版。

潘斌:《王安石佚书〈礼记发明〉辑考》,《古代文明》2010 年第 2 期。

邓声国:《李如圭〈仪礼集释〉的解经特色》,《江西社会科学》2010 年第 11 期。

宋燕、邓声国:《李如圭生平事迹考》,《古籍整理研究学刊》2013 年第 2 期。

丁功谊:《人情与礼制的冲突——濮议中的欧阳修》,《宁夏社会科学》2013 年第 3 期。

# 索 引

## 人 名

### A

敖继公　54, 305, 709

### C

蔡方鹿　67, 68, 298, 301, 351, 510, 516, 524, 527, 536, 539, 558, 565, 570, 574, 597, 614, 626, 715, 716, 717, 719

陈澔　56, 57, 58, 59, 141, 142, 374, 382, 383, 467, 470, 480, 508, 710

陈来　29, 33, 68, 203, 301, 530, 531, 532, 560, 561, 562, 565, 626, 715, 717, 718

陈亮　254, 378, 416, 433, 434, 713

陈祥道　71, 98, 147, 152, 153, 157, 169, 174, 214, 215, 216, 217, 218, 219, 220, 221, 222, 223, 224, 225, 226, 227, 261, 266, 293, 321, 333, 378, 395, 396, 409, 418, 421, 491, 612, 674, 677, 698, 710

程颢　111, 188, 196, 197, 198, 199, 200, 201, 202, 203, 204, 205, 206, 207, 266, 376, 377, 378, 426, 432, 469, 512, 528, 529, 530, 553, 554, 556, 559, 571, 572, 573, 576, 578, 582, 583, 584, 585, 586, 610, 641, 651, 679, 680, 684, 713, 716

程颐　111, 188, 196, 197, 198, 199, 200, 201, 202, 203, 204, 205, 206, 207, 266, 343, 349, 376, 377, 378, 426, 432, 468, 469, 510, 511, 512, 528, 529, 530, 553, 554, 555, 556, 559, 560, 561, 565, 571, 572, 573, 576, 578, 582, 583, 584, 585, 586, 612, 613, 645, 646, 647, 651, 654, 655, 679, 680, 684, 695, 696, 703, 704, 713, 716, 719

程元敏　65, 66, 92, 93, 94, 95, 96, 97, 98, 99, 102, 106, 118, 137, 201, 202, 244, 264, 406, 428, 489, 491, 492, 493, 700, 714, 715

### D

戴德　19, 26, 35, 36, 40, 52, 55, 422, 476, 477, 478

戴圣　19, 26, 33, 35, 36, 37, 39, 40, 52, 55, 367, 422, 476, 477, 478, 479, 482, 642

## F

方悫　147, 148, 150, 151, 152, 154, 155, 156, 164, 165, 166, 167, 168, 169, 220, 266, 302, 339, 362, 370, 378, 410, 500, 604, 680, 681, 685

## H

韩愈　108, 169, 199, 359, 380, 453, 454, 521, 527, 556, 570, 571, 573, 576, 577, 642, 712

何休　6, 76, 257, 267, 279, 477

胡安国　9, 57, 261, 266, 378, 467, 510, 536, 537, 538, 539, 545, 552

胡宏　9, 11, 50, 221, 256, 257, 263, 264, 266, 378, 416, 423, 426, 430, 435, 436, 437, 438, 439, 440, 444, 450, 452, 512, 537, 538, 539, 545, 546, 556, 557, 558, 560, 562, 564, 565, 590, 591, 592, 596, 613, 614, 713

胡培翚　55, 277, 283, 285, 289, 291, 292, 294, 295, 297, 298, 307, 414, 459, 460, 496, 509, 709, 714

黄以周　22, 98, 215, 221, 223, 224, 225, 226, 227, 293, 453, 710

黄震　56, 62, 67, 351, 382, 384, 385, 386, 387, 388, 389, 390, 391, 426, 438, 440, 452, 464, 467, 468, 521, 523, 524, 580, 712

## J

贾公彦　3, 5, 22, 26, 48, 49, 50, 53, 61, 76, 94, 153, 211, 213, 222, 224, 229, 235, 237, 238, 260, 261, 264, 267, 269, 270, 272, 286, 287, 288, 291, 292, 297, 311, 316, 328, 329, 332, 333, 378, 415, 441, 453, 455, 490

江永　5, 52, 54, 59, 76, 94, 98, 121, 122, 123, 125, 126, 127, 128, 140, 141, 142, 170, 180, 313, 314, 341, 351, 352, 443, 444, 499, 501, 502, 509, 708, 710

姜兆锡　59, 94, 315, 490, 492, 708, 709

## K

孔安国　2, 4, 24, 91, 426, 486

孔颖达　35, 40, 44, 50, 53, 56, 61, 157, 167, 205, 210, 213, 222, 286, 341, 353, 355, 361, 367, 370, 374, 377, 379, 380, 381, 384, 387, 388, 453, 461, 463, 464, 465, 466, 476, 478, 486, 506, 525, 526, 527, 580

## L

李翱　199, 203, 380, 390, 521, 527, 546, 547, 548, 712

李觏　5, 50, 57, 62, 75, 76, 77, 78, 79, 80, 81, 82, 83, 84, 85, 86, 87, 88, 89, 90, 103, 104, 109, 112, 129, 130, 131, 132, 133, 134, 135, 136, 137, 169, 198, 235, 243, 261, 378, 400, 402, 403, 415, 426,

431, 468, 469, 470, 479, 480, 487, 506, 618, 685, 697, 699, 700, 702, 703, 707, 713, 718

李如圭 54, 280, 281, 285, 286, 287, 288, 289, 290, 291, 292, 293, 294, 295, 296, 297, 298, 305, 307, 326, 333, 709, 719

林希逸 166, 396, 418, 441, 442, 443, 444, 481, 708

刘敞 50, 56, 61, 66, 71, 120, 121, 122, 123, 124, 125, 126, 127, 128, 129, 136, 266, 310, 311, 365, 375, 378, 400, 403, 404, 406, 407, 426, 427, 448, 477, 480, 481, 483, 484, 489, 490, 491, 495, 496, 501, 502, 504, 505, 506, 644, 645, 656, 657, 710, 712, 713

刘歆 2, 4, 5, 9, 10, 11, 24, 37, 38, 39, 40, 48, 49, 51, 54, 62, 76, 101, 102, 107, 235, 236, 237, 238, 245, 255, 257, 263, 385, 427, 434, 435, 436, 437, 438, 439, 440, 441, 444, 448, 457, 459

陆德明 3, 32, 40, 48, 122, 125, 271, 272, 278, 281, 283, 367, 369, 370, 373, 374, 378, 387, 413, 441, 453, 455, 463, 466, 476, 710

陆佃 56, 116, 147, 158, 160, 161, 163, 167, 168, 169, 220, 227, 266, 302, 339, 367, 369, 378, 671

陆九渊 184, 333, 365, 378, 519, 523, 524, 534, 537, 540, 541, 542, 543, 544, 545, 556, 566, 567, 568, 569, 570, 571, 582, 593, 594, 595, 596, 713, 716

吕大临 56, 61, 66, 67, 109, 111, 141, 170, 172, 173, 176, 177, 178, 179, 180, 181, 182, 186, 187, 188, 190, 191, 193, 195, 196, 204, 206, 214, 266, 335, 339, 345, 348, 365, 367, 369, 373, 374, 375, 378, 381, 382, 388, 396, 397, 400, 404, 415, 468, 469, 472, 477, 480, 482, 485, 486, 494, 496, 497, 514, 515, 521, 522, 523, 552, 554, 555, 556, 559, 602, 603, 605, 606, 609, 614, 615, 661, 677, 678, 699, 709

## M

马希孟 56, 147, 148, 149, 150, 152, 153, 154, 157, 158, 159, 160, 161, 162, 167, 168, 169, 220, 302, 339, 365, 367, 378, 396, 463, 497, 677, 680, 686

## N

聂崇义 71, 207, 208, 209, 210, 211, 212, 213, 214, 215, 216, 217, 218, 219, 333, 418, 419, 421, 710

## O

欧阳修 2, 50, 61, 66, 112, 168, 215, 426, 427, 454, 476, 477, 481, 506, 507, 521, 547, 649, 651, 652, 653, 654, 655, 656, 703, 704, 707, 713

## P

皮锡瑞 6, 58, 62, 236, 239, 260, 286,

297, 312, 313, 321, 333, 379, 423, 424, 448, 449, 504, 509, 511, 656, 697, 711

## Q

秦蕙田　54, 215, 216, 221, 264, 265, 710

## S

沈彤　54, 294, 490, 708, 709

盛世佐　25, 54, 496, 509, 709

司马光　76, 87, 101, 102, 104, 105, 195, 199, 378, 426, 427, 428, 454, 486, 487, 505, 506, 511, 519, 527, 599, 600, 616, 617, 618, 619, 620, 621, 622, 623, 624, 625, 626, 627, 629, 630, 631, 633, 640, 649, 650, 651, 653, 654, 655, 656, 675, 676, 688, 689, 691, 692, 694, 695, 703, 704, 707, 708, 710, 713, 715, 719

苏轼　66, 104, 145, 426, 641, 642, 655, 658, 660, 661, 685, 686, 705, 706, 707, 713

孙希旦　44, 59, 62, 63, 121, 122, 123, 126, 127, 128, 139, 140, 141, 142, 143, 148, 151, 152, 154, 156, 157, 166, 169, 174, 175, 178, 340, 341, 342, 343, 351, 374, 383, 462, 470, 480, 483, 486, 487, 488, 495, 497, 498, 499, 500, 502, 503, 505, 506, 508, 509, 710

孙诒让　2, 3, 4, 5, 52, 76, 94, 96, 98, 119, 215, 221, 241, 270, 415, 490, 491, 492, 493, 495, 496, 509, 709, 712

## W

万斯大　51, 54, 58, 121, 125, 222, 223, 312, 313, 351, 352, 466, 709, 710

王安石　5, 11, 50, 56, 61, 62, 64, 66, 67, 76, 87, 88, 89, 90, 91, 92, 93, 94, 95, 96, 97, 98, 99, 100, 101, 102, 103, 104, 105, 106, 107, 109, 110, 112, 113, 114, 118, 119, 136, 137, 138, 139, 140, 141, 142, 143, 144, 145, 146, 147, 153, 154, 156, 157, 160, 167, 168, 169, 196, 214, 220, 221, 227, 228, 235, 242, 243, 244, 257, 261, 264, 266, 284, 286, 296, 297, 301, 302, 303, 338, 378, 379, 382, 398, 400, 402, 404, 406, 409, 415, 426, 428, 431, 434, 439, 440, 489, 490, 491, 492, 493, 517, 639, 640, 655, 673, 675, 676, 689, 690, 697, 700, 701, 702, 704, 707, 713, 719

王锷　33, 35, 42, 65, 152, 362, 399, 463, 466, 468, 470, 475, 716

王莽　2, 4, 9, 10, 48, 54, 64, 90, 101, 102, 236, 237, 340, 430, 431, 436, 438, 439, 488, 697

王引之　124, 141, 310, 466, 485, 501, 502, 710

王与之　5, 50, 51, 61, 66, 94, 95, 96, 97, 98, 101, 103, 120, 168, 228, 242, 259, 260, 261, 262, 263, 264, 265, 267, 268, 269, 270, 286, 414, 415, 416, 425, 449, 450, 452, 492, 493, 495, 708

王昭禹 94, 114, 115, 116, 117, 118, 119, 120, 168, 242, 261, 265, 269, 270, 297, 378, 395, 397, 398, 399, 415, 490, 491, 492, 708

卫湜 56, 57, 58, 59, 61, 62, 66, 67, 127, 137, 139, 140, 141, 142, 143, 144, 145, 146, 147, 148, 149, 150, 151, 152, 153, 154, 155, 156, 157, 158, 159, 160, 161, 162, 163, 164, 165, 166, 167, 168, 169, 170, 171, 172, 173, 174, 175, 179, 180, 183, 185, 186, 189, 265, 270, 286, 302, 311, 345, 347, 360, 361, 362, 363, 364, 365, 366, 367, 369, 370, 371, 372, 373, 374, 375, 376, 377, 378, 379, 380, 381, 382, 383, 384, 385, 386, 388, 389, 408, 410, 415, 416, 426, 462, 463, 465, 466, 470, 477, 482, 483, 485, 488, 494, 496, 497, 499, 500, 503, 504, 505, 513, 536, 599, 600, 601, 602, 603, 604, 605, 606, 607, 608, 609, 610, 611, 612, 613, 614, 615, 674, 675, 676, 677, 678, 680, 681, 683, 685, 686, 687, 692, 693, 698, 701, 710

魏了翁 54, 56, 57, 59, 62, 68, 97, 98, 170, 326, 327, 328, 329, 330, 331, 332, 333, 351, 352, 353, 354, 355, 356, 357, 358, 359, 360, 363, 364, 378, 389, 409, 410, 416, 435, 454, 519, 520, 709, 714

翁方刚 59, 121, 127, 128, 175, 342, 343, 484, 485, 486, 502, 503, 509, 710

吴澄 5, 51, 54, 57, 58, 66, 137, 302, 313, 314, 351, 449, 452, 508, 710

## Y

杨复 54, 296, 313, 315, 316, 317, 318, 319, 320, 321, 322, 323, 324, 325, 326, 333, 378, 418, 419, 630, 632, 709

杨世文 11, 66, 426, 440, 508, 716

杨新勋 66, 91, 200, 201, 202, 344, 426, 448, 479, 504, 508, 716

叶国良 66, 91, 202, 426, 500, 501, 504, 508, 714, 718

叶时 50, 235, 236, 237, 238, 239, 240, 241, 242, 243, 244, 245, 246, 261, 297, 400, 402, 424, 428, 450, 451, 452, 697, 699, 702, 703, 707, 708

易祓 228, 229, 230, 231, 232, 233, 234, 235, 261, 265, 266, 267, 270, 415, 708

俞庭椿 50, 51, 263, 400, 401, 444, 445, 446, 447, 448, 449, 450, 452, 708

俞樾 484, 489, 490, 492, 509, 710, 712

## Z

张淳 54, 271, 272, 273, 274, 275, 276, 277, 278, 279, 280, 281, 282, 283, 284, 285, 291, 297, 306, 307, 329, 333, 413, 414, 454, 455, 457, 460, 481, 483, 493, 494, 709, 718

张立文 67, 68, 544, 545, 596, 714, 715

张栻 266, 267, 378, 510, 536, 537, 539, 540, 541, 545, 546, 559, 561, 562, 563, 564, 565, 589, 591, 592, 593, 604, 713,

715

张载 56, 57, 61, 62, 66, 76, 84, 88, 89, 90, 107, 108, 109, 110, 111, 112, 113, 170, 171, 172, 173, 174, 175, 176, 179, 180, 182, 183, 184, 185, 186, 188, 189, 190, 191, 192, 193, 194, 195, 196, 214, 235, 243, 258, 261, 263, 335, 348, 349, 374, 375, 378, 382, 401, 404, 415, 423, 426, 431, 432, 452, 453, 464, 480, 481, 482, 483, 484, 485, 494, 499, 504, 505, 510, 511, 512, 513, 514, 515, 517, 521, 549, 551, 552, 557, 558, 564, 565, 571, 580, 581, 582, 583, 586, 595, 601, 602, 612, 614, 615, 618, 676, 692, 693, 697, 699, 700, 702, 703, 707, 713, 715, 719

郑伯谦 5, 50, 239, 242, 245, 246, 247, 248, 249, 250, 251, 252, 253, 254, 261, 400, 401, 402, 403, 415, 428, 429, 697, 707, 708

郑樵 5, 426, 429, 430, 431, 440, 458, 459, 461, 462, 464, 477, 478, 480, 482, 710

郑玄 4, 5, 19, 24, 26, 34, 35, 36, 38, 39, 40, 48, 49, 52, 53, 55, 58, 59, 61, 71, 76, 86, 87, 93, 121, 123, 125, 126, 127, 128, 136, 140, 141, 152, 154, 162, 167, 202, 205, 207, 208, 210, 213, 214, 217, 222, 223, 224, 225, 227, 229, 230, 231, 232, 233, 235, 236, 237, 238, 255, 257, 258, 260, 261, 262, 264, 265, 267, 269, 270, 272, 286, 287, 289, 290, 291, 292, 293, 295, 307, 308, 309, 310, 311, 316, 320, 328, 329, 330, 332, 333, 339, 340, 341, 342, 347, 349, 351, 353, 354, 355, 360, 367, 368, 373, 374, 377, 379, 380, 384, 389, 398, 399, 403, 413, 415, 419, 427, 437, 460, 462, 463, 464, 466, 468, 470, 471, 476, 480, 481, 483, 486, 488, 489, 490, 491, 492, 493, 494, 495, 496, 497, 498, 499, 500, 501, 502, 503, 504, 505, 506, 526, 527, 580, 656, 665, 679

周敦颐 196, 335, 374, 378, 539, 549, 550, 571, 609, 713

周公 2, 3, 5, 6, 7, 9, 10, 15, 18, 20, 21, 22, 23, 25, 39, 40, 62, 76, 86, 88, 89, 90, 100, 101, 102, 103, 106, 107, 108, 112, 119, 127, 131, 144, 158, 179, 210, 235, 236, 238, 239, 240, 243, 244, 245, 246, 248, 249, 250, 251, 255, 256, 257, 263, 267, 268, 269, 270, 271, 286, 287, 309, 310, 340, 388, 390, 427, 428, 429, 430, 431, 432, 433, 434, 435, 436, 437, 438, 439, 441, 448, 453, 454, 457, 458, 459, 460, 463, 465, 466, 473, 474, 476, 477, 487, 488, 489, 496, 519, 521, 522, 567, 573, 576, 644, 663, 672, 674, 686, 698, 701, 717

朱彬 59, 62, 63, 123, 126, 141, 156, 170, 351, 462, 480, 486, 710

朱熹 50, 54, 56, 57, 58, 59, 62, 66, 67, 68, 76, 105, 111, 112, 127, 141, 148, 167, 170, 171, 172, 173, 184, 186, 188,

195, 196, 198, 200, 201, 202, 204, 207, 221, 224, 235, 244, 254, 255, 256, 257, 258, 259, 261, 264, 266, 279, 284, 285, 286, 296, 297, 298, 301, 303, 304, 305, 306, 307, 308, 309, 310, 311, 314, 315, 317, 333, 334, 335, 336, 337, 338, 339, 340, 341, 342, 343, 344, 345, 346, 347, 348, 349, 350, 351, 352, 359, 367, 369, 374, 375, 378, 380, 381, 386, 387, 388, 389, 390, 391, 395, 412, 414, 415, 426, 429, 440, 448, 453, 455, 456, 457, 460, 467, 468, 469, 470, 471, 472, 473, 475, 479, 480, 482, 484, 486, 487, 488, 496, 498, 499, 502, 503, 504, 507, 508, 510, 513, 515, 516, 517, 518, 519, 521, 524, 526, 531, 532, 533, 534, 535, 536, 538, 539, 540, 541, 542, 544, 546, 547, 557, 560, 561, 562, 563, 564, 565, 566, 567, 571, 572, 573, 574, 575, 576, 577, 582, 585, 586, 587, 588, 589, 590, 593, 596, 597, 604, 605, 608, 609, 613, 616, 625, 626, 627, 629, 630, 631, 632, 636, 659, 660, 661, 679, 682, 684, 693, 694, 695, 705, 706, 707, 708, 709, 710, 711, 713, 714, 716, 718, 719

## 关键词

### D

大学　6, 8, 9, 11, 12, 13, 20, 26, 27, 29, 33, 39, 41, 42, 56, 57, 58, 59, 62, 66, 67, 68, 77, 87, 88, 90, 91, 101, 102, 129, 131, 147, 173, 197, 199, 200, 201, 202, 203, 204, 207, 208, 209, 210, 211, 212, 213, 214, 218, 236, 239, 241, 260, 286, 297, 298, 301, 303, 312, 313, 315, 321, 333, 334, 335, 336, 337, 338, 339, 343, 344, 346, 347, 348, 351, 352, 356, 363, 365, 366, 367, 378, 379, 380, 381, 386, 387, 390, 393, 395, 404, 408, 412, 414, 423, 426, 428, 440, 441, 448, 449, 460, 466, 470, 471, 472, 479, 480, 483, 489, 501, 504, 508, 509, 511, 517, 523, 524, 525, 526, 527, 528, 529, 530, 531, 532, 533, 534, 535, 536, 537, 538, 539, 540, 541, 542, 543, 544, 545, 549, 560, 561, 562, 565, 567, 571, 573, 574, 576, 578, 582, 584, 589, 590, 597, 599, 600, 601, 604, 610, 612, 613, 614, 625, 626, 633, 636, 637, 640, 656, 678, 679, 691, 692, 693, 709, 710, 711, 713, 714, 715, 716, 717, 718, 719

道统　169, 472, 473, 475, 521, 570, 571, 572, 573, 574, 575, 576, 577, 597, 716

### F

法先王　105, 112, 113, 119, 144, 242,

398, 668, 675, 698

## H

黄氏日抄　382, 384, 385, 386, 387, 388, 389, 390, 391, 415, 426, 452, 464, 467, 524, 580, 712

## J

集解体　385, 395, 412, 414, 415, 424
家礼　67, 208, 210, 301, 312, 511, 515, 518, 519, 616, 625, 626, 627, 628, 629, 630, 631, 632, 633, 634, 694, 695, 710, 718
经典释文　3, 35, 40, 48, 123, 271, 275, 278, 281, 283, 370, 441, 476, 710, 716

## K

考辨体　408, 412, 413, 424

## L

礼记发明　61, 66, 137, 138, 145, 167, 302, 382, 400, 404, 409, 640, 719
礼记集解　44, 59, 62, 122, 123, 126, 127, 140, 141, 142, 143, 148, 151, 152, 154, 156, 157, 166, 169, 174, 175, 178, 340, 341, 342, 374, 383, 415, 462, 470, 483, 486, 487, 488, 495, 497, 499, 500, 502, 503, 505, 506, 508, 509, 710
礼记集说　57, 58, 59, 61, 66, 67, 127, 137, 138, 139, 140, 141, 142, 143, 144, 145, 146, 147, 148, 149, 150, 151, 152, 153, 154, 155, 156, 157, 158, 159, 160, 161, 162, 163, 164, 165, 166, 167, 168, 169, 170, 171, 172, 173, 174, 175, 179, 180, 183, 185, 186, 189, 265, 270, 286, 302, 311, 345, 347, 360, 361, 362, 363, 364, 365, 366, 367, 370, 371, 372, 373, 374, 375, 376, 377, 378, 379, 380, 381, 382, 383, 384, 385, 387, 388, 389, 408, 410, 415, 416, 426, 462, 463, 465, 466, 468, 470, 477, 482, 483, 485, 488, 494, 496, 497, 499, 500, 503, 504, 505, 513, 536, 599, 600, 601, 602, 603, 604, 605, 606, 607, 608, 609, 610, 611, 612, 613, 614, 615, 674, 675, 676, 677, 678, 680, 681, 683, 685, 686, 687, 692, 693, 698, 701, 710
礼记训义择言　59, 122, 123, 126, 127, 141, 142, 170, 180, 341, 499, 509, 710
礼记要义　57, 136, 137, 302, 352, 353, 354, 355, 356, 357, 358, 359, 409, 709
礼经会元　50, 235, 236, 237, 238, 239, 240, 241, 242, 243, 244, 245, 246, 261, 400, 401, 402, 428, 450, 451, 452, 708
理学　56, 62, 63, 67, 68, 69, 128, 136, 157, 170, 172, 183, 184, 186, 187, 188, 195, 196, 197, 200, 203, 254, 260, 261, 263, 333, 337, 344, 345, 350, 380, 381, 391, 415, 479, 480, 508, 509, 510, 511, 512, 513, 515, 516, 519, 524, 525, 527, 530, 531, 532, 536, 537, 539, 545, 546, 548, 549, 551, 554, 556, 558, 564, 565,

566, 567, 576, 577, 578, 580, 582, 585, 586, 595, 596, 597, 598, 601, 605, 611, 613, 614, 632, 637, 672, 678, 715, 716, 717, 718, 719

## M

明堂　20, 23, 24, 32, 35, 36, 41, 42, 47, 58, 113, 157, 158, 178, 179, 211, 213, 243, 294, 303, 314, 334, 337, 351, 352, 366, 368, 403, 442, 476, 478, 481, 496, 497, 666, 667, 668, 669, 670, 689

## P

濮议　454, 649, 651, 652, 653, 654, 655, 656, 703, 704, 719

## Q

七经小传　50, 98, 120, 121, 123, 124, 125, 126, 138, 374, 400, 403, 448, 483, 484, 489, 490, 491, 495, 496, 501, 504, 505, 506, 710

## R

人欲　68, 143, 159, 183, 184, 191, 248, 386, 516, 529, 560, 576, 578, 579, 580, 581, 582, 583, 584, 585, 586, 587, 588, 589, 590, 591, 592, 593, 594, 595, 596, 597, 605, 609, 613, 675, 718

## S

丧服　22, 23, 25, 26, 27, 28, 29, 30, 33, 34, 35, 41, 42, 44, 53, 54, 55, 120, 129, 142, 160, 162, 175, 176, 177, 193, 208, 220, 223, 303, 313, 315, 318, 319, 326, 328, 332, 334, 337, 338, 352, 357, 365, 366, 367, 407, 419, 454, 457, 458, 482, 483, 493, 494, 617, 649, 650, 651, 652, 653, 654, 655, 656, 657, 661, 664, 671, 703, 704, 716

书仪　368, 454, 511, 519, 616, 617, 618, 619, 620, 621, 622, 623, 624, 625, 626, 627, 628, 629, 630, 631, 632, 633, 694, 695, 710, 718, 719

疏体　53, 395, 404, 408, 409, 410, 411, 412, 413, 423, 424, 707

说体　395, 400, 401, 402, 403, 404, 423, 424, 707

## T

太平经国书　239, 245, 246, 247, 248, 249, 250, 251, 252, 253, 254, 261, 403, 428, 708

天理　62, 68, 119, 183, 184, 186, 191, 203, 204, 205, 206, 297, 299, 316, 344, 350, 380, 386, 418, 510, 515, 516, 519, 529, 530, 536, 541, 545, 554, 555, 556, 562, 566, 568, 576, 578, 579, 580, 581, 582, 583, 584, 585, 586, 587, 588, 589, 590, 591, 592, 593, 594, 595, 596, 597, 605, 609, 613, 632, 675, 698, 718, 719

## W

王制 2, 9, 34, 40, 41, 42, 43, 47, 57, 98, 120, 129, 131, 134, 135, 136, 138, 139, 140, 143, 154, 155, 156, 159, 160, 161, 162, 174, 175, 176, 180, 190, 198, 199, 224, 232, 246, 259, 287, 288, 303, 334, 337, 339, 340, 352, 353, 365, 366, 369, 384, 385, 407, 408, 412, 421, 422, 423, 430, 440, 444, 446, 447, 460, 461, 462, 463, 480, 483, 487, 488, 490, 497, 504, 521, 522, 583, 616, 630, 635, 640, 646, 650, 651, 661, 663, 665, 666, 675, 677, 678, 680, 681, 682, 683, 684, 685, 686, 687, 698, 703

## X

心性 68, 144, 146, 249, 252, 259, 380, 479, 511, 512, 520, 521, 527, 529, 547, 548, 549, 558, 559, 560, 564, 565, 566, 578, 599, 691, 716

心学 68, 157, 333, 519, 524, 540, 541, 545, 567, 568, 569, 590, 596, 715

新定三礼图 71, 207, 208, 209, 210, 211, 212, 213, 214, 215, 216, 217, 218, 219, 418, 419, 421, 710

序体 412, 416

## Y

乐记 32, 33, 34, 36, 37, 41, 42, 43, 44, 45, 46, 56, 68, 120, 123, 129, 131, 132, 133, 135, 164, 165, 166, 170, 171, 174, 184, 185, 192, 197, 303, 314, 334, 337, 338, 350, 352, 365, 366, 397, 407, 467, 469, 476, 478, 483, 511, 577, 578, 579, 580, 581, 582, 589, 593, 594, 595, 596, 672, 677

仪礼集释 54, 280, 281, 285, 286, 287, 288, 289, 290, 291, 292, 293, 295, 296, 297, 298, 305, 307, 326, 709, 719

仪礼经传通解 54, 62, 67, 224, 265, 284, 285, 286, 296, 298, 301, 304, 305, 306, 307, 308, 309, 310, 311, 312, 313, 314, 315, 316, 359, 448, 511, 515, 518, 640, 707, 709, 717, 718, 719

仪礼识误 54, 271, 272, 273, 274, 275, 276, 277, 278, 279, 280, 281, 282, 283, 284, 285, 291, 307, 329, 413, 414, 454, 455, 481, 483, 493, 494, 709, 718

仪礼释宫 54, 285, 293, 294, 709

仪礼图 54, 55, 316, 317, 318, 319, 321, 323, 324, 325, 326, 418, 419, 709

仪礼要义 54, 327, 328, 329, 330, 331, 332, 333, 352, 409, 410, 454, 519, 709

义体 168, 395, 404, 405, 406, 407, 408, 423, 424, 707

月令 2, 34, 35, 36, 41, 42, 47, 129, 132, 148, 165, 166, 174, 176, 198, 199, 215, 231, 232, 241, 242, 303, 314, 334, 352, 358, 366, 384, 397, 399, 400, 421, 430, 446, 460, 463, 464, 465, 466, 476, 478, 480, 641, 661, 662, 687, 702, 709, 717

## Z

章句体 395, 404, 411, 412, 423

中庸 34, 41, 42, 56, 58, 59, 62, 68, 120, 129, 131, 132, 144, 145, 146, 173, 183, 184, 185, 191, 196, 197, 199, 203, 204, 205, 206, 207, 303, 334, 335, 336, 337, 343, 344, 346, 347, 348, 349, 350, 351, 352, 353, 358, 365, 366, 367, 368, 372, 373, 374, 378, 380, 381, 386, 388, 389, 390, 391, 412, 416, 448, 460, 471, 472, 473, 474, 475, 476, 479, 480, 482, 484, 503, 506, 507, 508, 511, 513, 517, 527, 543, 545, 546, 547, 548, 549, 550, 551, 552, 553, 554, 555, 556, 557, 558, 559, 560, 561, 562, 567, 568, 569, 570, 571, 572, 573, 574, 575, 576, 578, 586, 597, 601, 606, 607, 608, 609, 610, 611, 612, 636, 637, 641, 643, 680, 684, 690, 692, 709, 717, 718

周官新义 50, 66, 89, 90, 91, 92, 93, 98, 102, 104, 114, 119, 167, 242, 244, 261, 265, 286, 402, 404, 406, 639, 700

周官总义 228, 229, 230, 231, 232, 233, 234, 235, 708

周礼订义 50, 61, 66, 94, 95, 96, 97, 98, 101, 103, 120, 228, 259, 260, 261, 262, 263, 264, 265, 266, 267, 268, 269, 270, 271, 286, 414, 415, 416, 426, 449, 450, 492, 493, 495, 708, 717

周礼详解 114, 115, 116, 117, 118, 119, 120, 395, 397, 398, 399, 491, 492, 708

周礼致太平论 50, 75, 76, 77, 78, 79, 80, 81, 82, 83, 84, 85, 86, 87, 88, 89, 103, 104, 261, 400, 402, 431, 685, 699, 700

# 后　记

　　本书是我承担的国家社科基金项目"宋代'三礼'诠释研究"（批准号：14CZX031）的最终成果。本书的《礼记》学部分是我于2006—2009年在四川大学攻读博士学位时完成的，《仪礼》学、《周礼》学以及专题部分是近些年完成的。本项目结题时，专家的鉴定等级是"优秀"，这是学界先进给予我的鼓励，让我更有信心和力量在此领域继续做一些探讨。

　　本书的写作，断断续续经历了多年。在这期间，我既感受到学术研究的快乐，也尝到学术研究的艰辛和不易。在校念书时的生活比较简单，可以全身心投入学习。可是成家和工作以后，读书的时间少了很多。即使是想利用起来的节假日，也会被分割得七零八碎。本书的写成，得益于一些访学的机会。2015年下半年在美国做访问学者期间，我特意租住在哈佛大学旁边，为了本书的写作，我几乎每天都去哈佛大学燕京学社图书馆。该图书馆的馆藏极为丰富，在这里我可以看到很多国内不易见到的文献。在该图书馆地下室的中文书库，我一坐就是十多个小时，往往沐浴晨光出门，披戴夜色回住处。本书的专题部分就是在那半年完成。2017年春天去台湾"中央研究院"做访问学者，文哲所的藏书也十分丰富，一些大型丛书可以随便翻阅，这大大方便了我的研究。我一早就去自己的研究室，很晚才回宿舍。拥有静心研究的环境，对于我来说已是十分奢侈的事情，不知道随着时间的推移，这种奢侈会不会变为寻常。

　　从2006年开始从事"三礼"学研究，到今天已经12年，期间得到很多师友的提携和帮助。最让我感激的是吾师舒大刚先生。舒师对我影响最大的，一是做人的道理，二是学术的方向和格局。舒师受业于金景芳先生，学术有家法，且视野宏阔。我曾热衷于思想史，而忽略了文献底子。到了四川大学后，舒师命我从事"三礼"学研究，且要从文献做起。舒师为我指出了一条正确且重要的学术道路。"三礼"学是礼学之根本，礼学是儒学之根本，而儒学是中国传统文化之主干,故从"三礼"学研究切入,是全面深刻认识中国传统文化之正途。十余年来,我一直致力于"三礼"学术史之探讨,不敢稍有懈怠,虽然成绩平平,但是未敢忘却师命和初心。这一切,是与舒师的言传身教、耳提面命分不开的。

感谢四川大学李文泽先生,李先生逐字逐句审读书稿,并提出了宝贵的修改意见。感谢台湾地区詹海云先生,四川师范大学蔡方鹿先生、黄开国先生,四川大学杨世文先生,西南财经大学唐晓勇先生、杨海洋先生、周铭山先生、兰敏先生、刘金石先生、何毅先生对本书出版的热情帮助。特别感谢人民出版社方国根先生对本书出版的大力支持,方先生的古道热肠、对后学的提携令人感动。《仪礼》学专家邓声国先生拨冗赐序,令本书增色不少,在此谨致谢忱。感谢吾妻佳卉无怨无悔地承担大部分家务和照顾两个孩子,我的学术研究能有一点成绩,都是我们共同努力的结果。

这本书算是我前十余年学术研究的一个小结。由于我天性愚钝、才疏学浅,所以本书一定还有很多疏失,恳请学界同仁不吝指正。

潘 斌

2018年5月3日

策划编辑:方国根

责任编辑:方国根　李之美　夏　青　崔秀军

**图书在版编目(CIP)数据**

宋代"三礼"诠释研究/潘斌 著.—北京:人民出版社,2018.11
ISBN 978-7-01-019917-7

Ⅰ.①宋…　Ⅱ.①潘…　Ⅲ.①礼仪-研究-中国-宋代　Ⅳ.①5892.9

中国版本图书馆 CIP 数据核字(2018)第 230792 号

宋代"三礼"诠释研究

SONGDAI SANLI QUANSHI YANJIU

潘　斌　著

**人民出版社** 出版发行

(100706　北京市东城区隆福寺街99号)

北京汇林印务有限公司印刷　新华书店经销

2018年11月第1版　2018年11月北京第1次印刷
开本:710毫米×1000毫米 1/16　印张:46.75
字数:785千字

ISBN 978-7-01-019917-7　　定价:120.00 元

邮购地址 100706　北京市东城区隆福寺街99号
人民东方图书销售中心　电话 (010)65250042　65289539

版权所有·侵权必究
凡购买本社图书,如有印制质量问题,我社负责调换。
服务电话:(010)65250042